lonely planet

Estland, Lettland & Litauen

Peter Dragicevich, Hugh McNaughtan und Leonid Ragozin

REISE-PLANUNG

REISEZIELE IM BALTIKUM

NATIONALPARK LAHEMAA, ESTLAND S. 89

NICO TONDINI/ROBERTHARDING/GETTY IMAGES ©

BERG DER KREUZE, LITAUEN S. 365

PAUL BIRIS/GETTY IMAGES ©

KAVALENKAVAVOLHA/GETTY IMAGES ©

Inhalt

ALTSTADT RIGA, LETTLAND
S. 206

DAS BALTIKUM VERSTEHEN

Willkommen in Estland, Lettland & Litauen

Verfallene Burgen, mächtige Dünen, verwunschene Wälder und zauberhafte Seen – eine Reise ins Baltikum beweist, dass Märchen wahr werden können.

Klein, aber oho

Estland, Lettland und Litauen gehören zu den kleineren Ländern Europas. So gibt es hier auf überschaubarem Raum drei völlig unterschiedliche Kulturen zu entdecken – jede mit ihrer eigenen Sprache, Tradition und Mentalität. Das beste Beispiel sind die drei ganz verschiedenen Hauptstädte, die jede auf ihre Art faszinieren: das majestätisch mittelalterliche Tallinn, der Jugendstilschick von Riga und die extravagante Barockarchitektur von Vilnius. Im Baltikum ist das nächste Kulturerlebnis immer nur einen Katzensprung entfernt.

Zeugen des Kalten Krieges

Trotz aller Unterschiede durchlitten die baltischen Staaten die Widrigkeiten des 20. Jhs. gemeinsam. Und als es dann so weit war, eroberten sie in der „Singenden Revolution" Hand in Hand ihre Unabhängigkeit zurück. Vieles erinnert noch an die furchtbaren Gräuel der Nazizeit und der Sowjetära: Kriegsdenkmäler, Gedenkstätten an Massengräbern und ausgezeichnete Geschichtsmuseen sorgen dafür, dass sie nicht in Vergessenheit geraten. Andererseits üben die stalinistische Architektur und die Kunst des Sozialistischen Realismus immer noch eine beklemmende Faszination aus. Und wer freut sich nicht über ein Happy End?

Natur ohne Ende

Endlose Sandstrände, zahlreiche Seen, weite Wälder, artenreiche Feuchtgebiete: Die baltische Landschaft ist eher platt, aber doch sehr reizvoll. Und dank der niedrigen Bevölkerungsdichte kann man sie ganz in Ruhe genießen. Viele größere Säugetiere haben hier ein ruhiges Eckchen gefunden, auch wenn Wölfe, Bären, Elche und Luchse es nicht darauf anlegen, Touristen vor die Linse zu laufen. Besser stehen die Chancen, Weißstörche zu sichten, deren badewannengroße Nester auf Laternenpfählen balancieren, fröhlich hämmernde Spechte zu entdecken oder ein Reh am Straßenrand aufzuschrecken.

Märchenwelt

Vom türmchengeschmückten Tallinn bis zu den gespenstischen Ruinen von Schloss Ludza hat die uralte Kulturlandschaft für Romantiker viel zu bieten. Volksmärchen erzählen von heiligen Seen, wundertätigen Quellen, Hexen und Kobolden, die düstere Wälder und tückische Moore bevölkern. Diesen Winkel Europas erreichte das Christentum zuletzt. Selbst heute noch stößt man auf heilige Lichtungen, deren Bäume mit Bändern geschmückt sind, und geheimnisvolle Opfersteine, auf denen Münzen liegen. Aufgeschlossene Gemüter finden hier reichlich Futter für ihre Phantasie.

Warum ich Estland, Lettland & Litauen so liebe

Peter Dragicevich, Autor

Ich bin in Neuseeland aufgewachsen, wo selbst die ältesten Gebäude keine 200 Jahre alt sind. Das macht mich für den Zauber einer Stadt wie Tallinn wohl besonders empfänglich. Von dem Augenblick, als ich ihre gepflasterten Gässchen, windschiefen Mauern und spitzen Kirchtürme das erste Mal zu Gesicht bekam, war ich hin und weg. Der Aufeinanderprall von Geschichte und Moderne macht alle drei baltischen Staaten für mich unendlich faszinierend. Und bei jedem Besuch entdecke ich etwas Neues, in das ich mich verlieben kann.

Mehr Infos über unsere Autoren gibt's auf S. 467

Burg aus dem 13. Jh. in Cēsis (S. 277), Lettland

Estland, Lettland & Litauen

Kurische Nehrung
Die Kraft der Elemente erleben (S. 382)
Berg der Kreuze
Myriaden von Kruzifixen aller Formen und Größen (S. 365)
Vilnius
Unkonventionelle Hauptstadt voll Kopfsteinpflaster (S. 302)
Höhenstufe
250 m
200 m
150 m
100 m
50 m
0
LITAUEN
LATGALE
RUSSLAND
POLEN
WEISSRUSSLAND
Ostsee
VILNIUS
MINSK
Kaunas
Klaipėda
Šiauliai
Panevėžys
Daugavpils
Kaliningrad

Estlands, Lettlands & Litauens Top 17

1

Die märchenhafte Altstadt von Tallinn

1 Es gab eine Zeit, da waren die meisten europäischen Städte von wuchtigen Mauern mit Wehrtürmen umgeben, doch die Mehrzahl fiel Kriegszerstörungen und dem autogerechten Umbau der Städte zum Opfer. In Estland erlaubt die Altstadt von Tallinn (S. 52) einen wunderbaren Einblick in diese entschwundene Welt der Ritter und Damen, Händler und Bauern – unterstützt vom Hang der Einheimischen zu historischen Trachten. Von mittelalterlichen Häusern gesäumte Gassen schlängeln sich zu Plätzen mit einladenden Cafés und Märkten, die Souvenirs und Kunsthandwerk feilbieten.

Mittsommer

2 Auch wenn das Baltikum heute christlich ist, haben sich in allen drei Ländern tief verwurzelte Rituale aus heidnischer Zeit gehalten. Störche werden verehrt, Sträuße mit einer geraden Zahl von Blumen aus Aberglauben abgelehnt, und die Sommersonnenwende ist das wichtigste aller Feste. Das spirituelle Element der Mittsommernacht ist zwar in den Hintergrund getreten, doch immer noch versammeln sich in dieser hellen Nacht Familien und Freunde auf dem Land bei Bier und Freudenfeuern. Einer der schönsten Orte, um die Mittsommernacht zu erleben, ist der Plateliai-See in Litauen (S. 401).

Rechts: Mitsommerfeier in Klaipėda, Litauen

2

Burgen & Herrenhäuser

3 Ein Blick auf die Karte verdeutlicht die strategische Lage des Baltikums an den alten Handelsrouten zwischen Westeuropa und Russland. Seine Kiefernwälder wimmeln von bröckelnden Burgruinen, jede Zeugnis eines vergessenen Königreichs. Jahrhundertelang war die Region ein feudaler Flickenteppich; aus dieser Zeit blieben Dutzende von Adelssitzen. Eine Übernachtung in einem der elegant restaurierten Herrenhäuser, z. B. im lettischen Gauja-Tal (S. 269), ist ein unvergessliches Erlebnis.

Oben: Bischofsburg Turaida in Sigulda, Nationalpark Gauja

Kurische Nehrung

4 Der schönste Küstenabschnitt Litauens, ein langer schmaler Streifen majestätischer Sanddünen an der Südostküste der Ostsee, hat etwas Elementares und leicht Altmodisches an sich. Vielleicht liegt es am Kieferndutt oder an der Meeresbrise oder an der Abgeschiedenheit, die schon Thomas Mann zu schätzen wusste, der hier in den frühen 1930er-Jahren zu Gast war. Die Kurische Nehrung (S. 382) lädt dazu ein, die Akkus wieder aufzuladen und den Glauben an die regenerierenden Kräfte von Wind und Wasser zu erneuern.

3

4

A. ALEKSANDRAVICIUS/SHUTTERSTOCK ©

HOLGER LEUE/GETTY IMAGES ©

Die barocke Altstadt von Vilnius

5 Versteckte Winkel, einladende Innenhöfe, Barockkirchen und Bierterrassen: Nirgends im Baltikum kann man sich schöner verlaufen als in der Altstadt der litauischen Kapitale Vilnius (S. 305). Alt und Neu gehen hier nahtlos ineinander über. Besucher, die nach einer Secondhand-Boutique, einem Biobäcker, einem gemütlichen kleinen Buchladen oder einfach nur einem ruhigen Café suchen, finden wahrscheinlich alles nebeneinander in einer kopfsteingepflasterten Gasse, die sie auf den ersten Blick fast übersehen hätten.

Saaremaa

6 Ein Inselabstecher ist immer ein besonderes Reiseerlebnis. Saaremaa (S. 148) in Estland ist zwar kein Tropenparadies, doch der gemächliche Rhythmus der bewaldeten Insel hat seinen ganz eigenen Zauber. Das Highlight ist die Bischofsburg von Kuressaare: Die besterhaltene mittelalterliche Festung des Baltikums thront stolz hinter ihrem Burggraben am Hafen. Die Windmühlen der Insel, besonders die fünf fotogenen Mühlen von Angla, finden sich als Wahrzeichen auf Bier-, Wodka- und Wasserflaschen überall in Estland.

Oben rechts: Windmühlenhügel von Angla, Saaremaa

Jugendstilarchitektur in Riga

7 Wer einen Einwohner von Riga fragt, wo denn die weltberühmte Jugendstilarchitektur (S. 219) der Stadt zu finden sei, erhält die Antwort: „Schauen Sie nach oben!“ Über 750 Gebäude – mehr als in jeder anderen Stadt Europas – sind im extravaganten Jugendstil verziert. Leicht kann man einen Nachmittag damit verbringen, mit der Kamera durch die Rigaer Neustadt zu streifen und Details der phantasievollen Fassaden voller kreischender Dämonen, entrückter Gottheiten, wuchernder Flora und bizarrer geometrischer Muster einzufangen.

8

BOKSTAZ/SHUTTERSTOCK ©

9

10

Wild & lecker

8 Allen Vorurteilen über eine von Kartoffeln und Schweinezunge geprägte Küche zum Trotz erinnert baltisches Essen heute nicht mehr an sowjetische Kantinen. Der Trend zur regionalen Küche ist in vollem Schwange, und ihr Maskottchen ist der Pilz. Pilzesammeln ist hier kein Freizeitvergnügen, sondern eine Obsession. Das feuchte Klima macht Gegenden wie den litauischen Nationalpark Dzūkija (S. 349) zum Eldorado für Pilzsammler. Aber Vorsicht: Nicht-Pilzkundler, die unbedingt auch mal in der Wildnis auf Futtersuche gehen möchten, halten sich besser an die Beerensaison.

Berg der Kreuze

9 Der erste Gedanke, wenn man in der flachen litauischen Landschaft nach diesem Wahrzeichen sucht, ist sicher: „Wo gibt's denn hier einen Berg?" Und dann erblickt man ihn in der Ferne, mehr Hügelchen als Berg, bedeckt mit Zehntausenden von Kreuzen. Der Berg (S. 365) gewinnt etwas an Statur, wenn man bedenkt, dass sich mit diesem Meer an Kreuzen nicht nur der religiöse Glaube Ausdruck verschafft, sondern die ureigene Identität des Landes.

Saunen & Spas

10 Vielleicht sind die Finnen, Türken und Russen für ihre Saunen berühmter, aber auch die Balten genießen ein schönes Bad und einen Saunagang im Adamskostüm. Im Baltikum gibt es jede Menge Wellnesszentren – wie das wunderbare Aqva (S. 97) im estnischen Rakvere –, wo man sich von Experten genüsslich durchkneten lassen kann. Die meisten Einheimischen bevorzugen aber das traditionelle Saunaerlebnis und lassen sich bei Temperaturen von über 60 °C mit trockenen Birkenzweigen auspeitschen. Hört sich echt entspannend an ...

Unten rechts: Rauchsauna, Estland

Nationalpark Gauja

11 Der lettische Nationalpark Gauja (S. 269), in dem hier und da schnuckelige Städtchen und spektakuläre Burgen verstreut liegen, begeistert alle Besucher. Majestätisch erhebt sich der Turm der Burg Turaida (S. 270) über den dichten Kiefernwald – eine glanzvolle Hinterlassenschaft der Fürstengeschlechter, die einst über die Region herrschten. Und nach der Geschichtsstunde ist es Zeit für ein bisschen Nervenkitzel wie einen Bungeesprung aus einer Seilbahn oder eine rasende Bobbahnsause.

Tartu

12 Tartu (S. 107) ist für Estland, was Oxford und Cambridge für England sind. Wie sie verdankt es seine Atmosphäre einer altehrwürdigen Universität und deren Studenten. An fast jeder Ecke findet sich ein Museum und in gefühlt jedem zweiten Keller eine schmuddelige Kneipe. Bei Sonnenschein lassen sich auf den Rasenflächen des zentralen Domhügels die ewigen Klischees des Studentenlebens beobachten: ernsthafte Diskussionen, hoffnungsloses Flirten, eifriges Trinken.

Unten: Universitätsgebäude in Tartu

Nationalpark Lahemaa

13 Lahemaa (S. 89) vereint alle wichtigen Ökosysteme Estlands (Küste, Wälder, Ebenen, Torfmoore, Seen und Flüsse) in sich und das nur 80 km von der Hauptstadt entfernt – ideal also für Besucher auf Kurzurlaub. Neben den Naturschönheiten gibt es hier außerdem Herrenhäuser im eleganten Barockstil, urige Dörfchen und Landgasthöfe als Zuflucht bei schlechtem Wetter oder leerem Magen.

Jūrmala

14 Das lettische Jūrmala (S. 241) war einst das schickste Kur- und Strandbad des gesamten russischen Reichs. Und auch wenn die große Zeit der Sanatorien vorbei ist, bietet der überaus beliebte Ort immer noch alle erdenklichen bizarren Verwöhnbehandlungen an – wie wär's mit einer Schokoladenmassage? Selbst wenn man nicht im seichten Wasser am Strand planschen möchte, lohnt sich ein Tagesausflug von Riga, um die schönen alten Holzvillen zu sehen und das protzige Gebaren der Neureichen zu beobachten.

GORSH13/GETTY IMAGES ©

DANITA DELIMONT/GETTY IMAGES ©

Pärnu

15 Vielleicht erwartet man im Baltikum keine endlosen Sandstrände, aber genau die hat Pärnu (S. 137) zu bieten. Als kurz vor Ende des 19. Jhs. die merkwürdige Idee des Badens im Meer populär wurde, entwickelte sich Pärnu zum beliebtesten Seebad Estlands – und das ist es auch heute noch. Architekturjuwele aus jener Zeit und Relikte aus der Hansezeit verlocken zu Erkundungsspaziergängen durch seine hübschen Straßen, in denen interessante Restaurants und Kneipen auf Kundschaft warten.

Oben links: Die orthodoxe Katharinenkirche, Pärnu

Küste von Kurzeme

16 Während sich die Litauer an den Dünen der Kurischen Nehrung erfreuen und die Esten das Inselleben auf Saaremaa und Hiiumaa genießen, ist die Küste des lettischen Kurzeme (Kurland; S. 245) dazwischen ein recht verlassenes Gebiet mit nur wenigen Orten zwischen faszinierenden Küstenfelsen und verfallenden sowjetischen Wachtürmen. Im Süden liegt das punkige Liepāja, weiter nördlich die cremefarbenen Strände von Ventspils. Den dramatischen Höhepunkt bildet die Begegnung von Ostsee und Rigaer Bucht bei Kolka am äußersten Nordzipfel.

Sowjet-Relikte

17 Es ist knapp 25 Jahre her, dass die Balten den Eisernen Vorhang in Stücke rissen. Zwar sind die jungen Staaten mit Riesenschritten auf dem Weg in die Globalisierung, doch erinnern noch viele triste Wohnblocks und bröckelnde Küstenwachtürme an schlimmere Zeiten. Andere sowjetische Relikte entführen Besucher in eine Bondsche Vergangenheit: Ehemals geheime Anlagen wie der Pensions-Bunker (S. 276) im lettischen Nationalpark Gauja sorgen bei jedem auch nur minimal Geschichtsinteressierten für Schmunzeln, Staunen und Betroffenheit.

Oben rechts: Getarnter Eingang zum Pensions-Bunker

Gut zu wissen

Mehr Infos unter Allgemeine Informationen (S. 430)

Währung

Euro (€)

Sprachen

Estland: Estnisch
Lettland: Lettisch
Litauen: Litauisch

Viele Bewohner der baltischen Staaten sprechen auch Russisch.

Visa

Besucher aus der EU und aus der Schweiz benötigen für die Einreise nach Estland, Lettland und Litauen kein Visum.

Geld

Es gibt überall Geldautomaten. Die meisten Restaurants und Hotels akzeptieren Kreditkarten.

Handy

Prepaid-SIM-Karten sind überall erhältlich und funktionieren mit den meisten ausländischen Handys.

Zeitzone

Osteuropäische Zeit (OEZ) – d. h. es ist 1 Std. später als bei uns.

Reisezeit

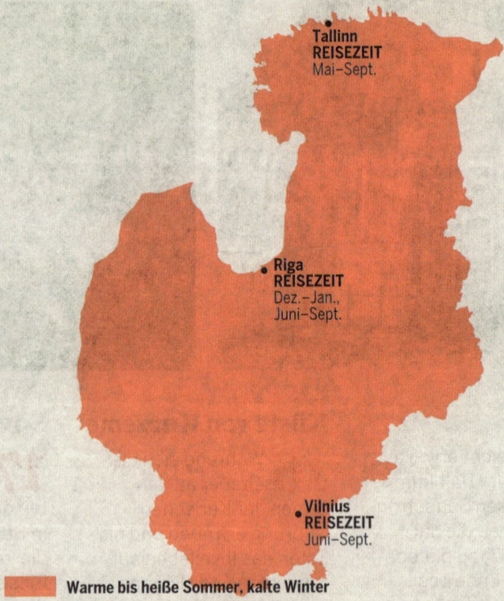

Hauptsaison
(Juni–Aug.)

- Die Hotels in den Hauptstädten sind oft ausgebucht – frühzeitig reservieren!
- Lange Tage und warmes Wetter laden zum Essen unter freiem Himmel ein.
- Mittsommerfeste nicht verpassen!

Zwischensaison
(Mai & Sept.)

- Wesentlich günstigere Flugpreise als im Sommer
- Relativ mildes Wetter
- Viele Sehenswürdigkeiten verkürzen ihre Öffnungszeiten.

Nebensaison
(Okt.–April)

- Frostige Temperaturen und wenig Tageslicht
- Die Küstenorte machen praktisch dicht.
- In der Weihnachtszeit herrscht in den Hauptstädten und Skilanglaufgebieten erhöhter Andrang.

Websites

Baltic Times (www.baltictimes.com) Englischsprachige Zeitung für alle drei baltischen Länder

Visit Estonia (www.visitestonia.com) Estlands offizielle Tourismus-Website

Lettland (www.latvia.travel) Lettlands offizielle Tourismus-Website

Lithuanian Travel (www.lithuania.travel) Das führende Tourismusportal von Lettland

Baltic Country Holidays (www.traveller.lv) Umfangreiches Buchungsnetz für ländliche Unterkünfte in allen drei Ländern

Lonely Planet (www.lonelyplanet.com) Reiseinfos, Traveller-Forum uvm.

Wichtige Telefonnummern

Ländervorwahl Estland	☎372
Ländervorwahl Lettland	☎371
Ländervorwahl Litauen	☎370
Internationale Gespräche	☎00
Notruf	☎112

Wechselkurs

Schweiz	1 SFr	0,91 €
	1 €	1,09 SFr

Aktuelle Wechselkurse siehe www.xe.com.

Tagesbudget

Budget: bis 60 €

- Hostel oder Pension: 10–35 €
- Zwei Mahlzeiten: 15 €
- Stadtbummel: kostenlos
- Museumseintritt: 3 €
- Getränke im Biergarten: 7 €

Mittelklasse: 60–120 €

- Hotelzimmer: 50 €
- Zwei Mahlzeiten: 28 €
- Öffentliche Verkehrsmittel: 2 €
- Durchschnittlicher Eintritt zu zwei Spitzenmuseen: 10 €
- Getränke in einer schicken Lounge-Bar: 15 €

Gehoben: über 120 €

- Luxushotelzimmer: 75 €
- Zwei Mahlzeiten: 55 €
- Taxis: 8 €
- Ein Museumstag: 15 €
- Kneipentour: 20 €

Öffnungszeiten

Die Öffnungszeiten sind je nach Saison und Größe des Orts sehr unterschiedlich. Die hier aufgeführten Standardöffnungszeiten können als Anhaltspunkt dienen:

Banken Mo–Fr 9–16 bzw. 17 Uhr

Bars So–Do 12–24, Fr & Sa bis 2 bzw. 3 Uhr

Cafés 9–22 Uhr

Postämter Mo–Fr 8–18, Sa 9–14 Uhr

Restaurants tgl. 12–23 bzw. 24 Uhr

Geschäfte Mo–Fr 10–18, Sa 10–15 Uhr

Supermärkte tgl. 8–22 Uhr

Ankunft im Baltikum

Flughafen Riga (S. 239)

Bus 22 (2 €, 25 Min.) fährt mind. alle 30 Min. ins 13 km entfernte Stadtzentrum. Ein Taxi in die Stadt kostet um die 12 €.

Flughafen Tallinn (S. 85)

Bus 2 braucht ca. 20 Min. bis ins Stadtzentrum (1,60 €). Ein Taxi sollte unter 10 € kosten.

Flughafen Vilnius (S. 333)

Bus 1 pendelt zwischen Flughafen und Bahnhof. Von 6 bis 23.30 Uhr fahren außerdem alle halbe Stunde Züge zum Hauptbahnhof. Das Ticket ist im Zug für 0,72 € zu erwerben; die Fahrt dauert nur 10 Min. Ein Taxi ins 5 km entfernte Zentrum kostet 10–15 €.

Unterwegs vor Ort

Die öffentlichen Verkehrsmittel sind preisgünstig, schnell und zuverlässig.

Auto Gut, um im eigenen Tempo zu reisen oder Regionen zu besuchen, die schlecht ans öffentliche Verkehrsnetz angebunden sind. Mietwagen gibt es in allen größeren und kleineren Städten.

Bus Estland, Lettland und Litauen haben ausgedehnte Busnetze mit guten Verbindungen zwischen größeren Städten und zu kleineren Orten.

Zug Das Zugnetz ist nicht so dicht gestrickt. Wer mit dem Zug von einem Land ins andere will, muss umsteigen.

Flugzeug Alle drei Hauptstädte sind durch regelmäßige Linienflüge verbunden.

Mehr zum Thema **Transport** s. S. 438

Was gibt's Neues?

Kulinarische Revolution in Estland

Tallinns exzellente Gastronomie ist stark von der Neuen Nordischen Küche beeinflusst. Jetzt greift die kulinarische Revolution auf das estnische Kernland über, wo bisher Kartoffeln und Schweinefleisch die Oberhand hatten. Von den 50 besten Restaurants des Landes befindet sich fast die Hälfte außerhalb der Hauptstadt – vor einigen Jahren war es erst eine Handvoll.

Kalamaja kommt groß raus

Im Tallinner Stadtviertel Kalamaja, das bei Künstlertypen seit Langem beliebt ist, machen in den letzten Jahren immer mehr neue Restaurants, Cafés und Bars auf. Das Viertel profitiert dabei auch vom Erfolg der benachbarten Telliskivi Loomelinnak (Kreativstadt). (S. 64)

Lennusadam-Wasserflugzeughafen

Die Verwandlung des architektonisch interessanten Hangars in ein topmodernes Seefahrtsmuseum hat bewirkt, was niemand zu hoffen wagte: Selbst die Pauschaltouristen lassen sich aus der Tallinner Altstadt hier heraus locken. (S. 61)

Fernsehturm Tallinn

Nach fünfjähriger Runderneuerung wurde der Teletorn, ein wichtiges Wahrzeichen von Tallinn, wieder eröffnet – mit neuen interaktiven Präsentationen und schwindelerregendem Blick von der Aussichtsplattform in 175 m Höhe. (S. 68)

Mark-Rothko-Kunstzentrum Daugavpils

Der Geburtsort des Letten Mark Rothko, der zu den berühmtesten Künstlern des 20. Jh. zählte, ist durch die Eröffnung des ihm gewidmeten Kunstzentrums deutlich interessanter geworden. (S. 283)

Eck-Haus

Die elegante Architektur dieses Gebäudes in Riga steht im krassen Kontrast zu seiner düsteren Geschichte, aber die einstige Zentrale des sowjetischen Geheimdienstes KGB leistet heute Wiedergutmachung, indem sie die Geschichte der Opfer erzählt. (S. 217)

Vilnius startet durch

Die litauische Hauptstadt ist in einem Stadium der kreativen Erneuerung. Ihre Restaurant- und Kneipenszene explodiert förmlich, und das Bewusstsein für ihre künstlerische und kulturelle Stellung in Europa wächst zusehends. (S. 302)

Litauen wird kreativ

Die litauische Kunsthandwerkerszene wächst und gedeiht. Vor allem in Vilnius boomen ganze Subkulturen von „Erzeugern", die auf traditionellen Webstühlen weben oder Papier, Schmuck, Mode und Puppen fabrizieren. (S. 329)

Baltische Spezialbiere

Die weltweite „Craft Beer"-Welle schwappt jetzt auch über das Baltikum. Vor allem die Hipster-Zonen von Estland und Lettland wimmeln von bärtigen Mikrobrauern, die leckere Gebräue kreieren. (S. 184)

Noch mehr Tipps und Empfehlungen gibt es unter lonelyplanet.com

Wie wär's mit…

Burgen

Das Baltikum war einst ein Flickenteppich feudaler Territorien. Die noch erhaltenen Burgen, teils restauriert, teils als Ruinen, zeugen von der strategischen Bedeutung der Region.

Burg Trakai Die märchenhafte Backsteinburg auf einer winzigen Insel bildet eine wunderbare Kulisse für Paddeltouren auf den umgebenden Seen. (S. 335)

Bischofsburg von Kuressaare Die besterhaltene mittelalterliche Burg des Baltikums, mit Burggraben und allem Pipapo. (S. 152)

Herrmansfeste, Narva Wie eine gigantische Schachfigur trotzt sie dem russischen Gegenstück am anderen Flussufer. (S. 100)

Ordensburg Rakvere Hier können sich kleine Prinzessinnen und Ritter kostümieren, Tiere hätscheln und sich prächtig amüsieren. (S. 96)

Schloss Bauska Zwei in einem: An die Burgruine aus dem 15. Jh. wurde im 16. Jh. ein Schloss angebaut, das bis heute bestens erhalten ist. (S. 262)

Burg des Livländischen Ordens Die klotzige Festung in der lettischen Küstenstadt Ventspils beherbergt ein faszinierendes Museum zur regionalen Geschichte. (S. 247)

Museen

Im Baltikum gibt es jede Menge Geschichte zu dokumentieren, aber viele Museen widmen sich nicht nur der kriegerischen Vergangenheit der Region, sondern auch kurioseren Steckenpferden der Balten.

Besatzungsmuseum, Lettland Fünf Jahrzehnte Besatzungsgeschichte werden durch die persönlichen Geschichten der Überlebenden sehr bewegend dokumentiert. (S. 253)

Freilicht-Kunstmuseum Pedvāle Riesige Skulpturen schmücken ein entlegenes Landgut tief im Herzen des lettischen Abava-Tals. (S. 255)

Teufelsmuseum In der Neustadt von Kaunas lauert Luzifer in all seinen (oder ihren) Erscheinungsformen. (S. 357)

Stadtmuseum Tallinn Erzählt die Geschichte der Stadt an zehn Standorten; sein Hauptsitz ist ein Kaufmannshaus aus dem 14. Jh. (S. 56)

Litauisches Kunstmuseum Eine der landesweit verteilten Zweigstellen des Museums befindet sich im Radzwilli-Palast in Vilnius. (S. 316)

Estnisches Freilichtmuseum In einem Waldstück am Stadtrand von Tallinn sind altehrwürdige Gebäude aus dem ganzen Land versammelt. (S. 68)

Zeugnisse des Krieges

Ob Sowjets oder Nazis, alte Stammesfehden oder marodierende Armeen des Mittelalters – das Baltikum hat mehr Blutvergießen erlebt als so manche andere Region.

Pensions-Bunker Der Hochsicherheitsbunker, der jahrzehntelang topsecret war, ist heute ein spannendes Zeugnis der Sowjetspionage. (S. 276)

Paneriai Düstere Gedenkstätte für die 100 000 Menschen, die die Nazis hier im Zweiten Weltkrieg ermordeten. (S. 334)

Gefängnis Karosta Das einstige russische Militärgefängnis bietet Besuchern die einmalige Chance, das Dasein als Häftling nachzuerleben. (S. 251)

Museum des Kalten Krieges Der Nationalpark Žemaitija hütet eines der großen sowjetischen Geheimnisse: eine unterirdische Atomraketenbasis. (S. 401)

Kiek in de Kök Das Museum in diesem imposanten Geschützturm widmet sich den Befestigungen und der Militärgeschichte von Tallinn. (S. 60)

Halbinsel Sõrve Auf dem einsamen Südzipfel der Insel Saaremaa liegen Schlachtfelder, Kriegsgräber, Bunker und ein Militärmuseum. (S. 148)

Strände

Die baltischen Sommer sind kurz, aber in den warmen Monaten kommen Strandfans an den endlosem Sandstränden voll auf ihre Kosten.

Nida Friedvolle Stille und unvergleichlich schöne Natur zwischen Dünen und Kiefernwäldern (S. 386)

Jūrmala Der alte Nobelkurort am Meer ist immer noch ein Lieblingsziel für reiche Russen und ihre Familien. (S. 241)

Pärnu Ein estnisches Epizentrum des sommerlichen Strandvergnügens mit goldenem Sand ohne Ende (S. 137)

Tahkuna Der relativ ruhige Strand auf der estnischen Insel Saaremaa ist über einen Waldweg zu erreichen. (S. 167)

Palanga Wer Partyatmosphäre sucht, ist an diesem Strand richtig – Litauens Topziel für Spiel und Spaß in der Sommersonne. (S. 394)

Saulkrasti Wunderschöner Sandstrand in Lettland mit erstaunlich wenig Andrang (S. 266)

Architektur

Die Architektur der drei baltischen Hauptstädte ist wunderschön und abwechslungsreich, von barocken Schnörkeln, mittelalterlichen Giebeln und überwältigendem Jugendstil bis zu stalinistischen Zuckerbäckerbauten und Meisterwerken der Moderne.

Jugendstil in Riga Verschwenderisch verzierte Fassaden schmücken Hunderte imposanter Bauten auch außerhalb des Zentrums. (S. 219)

Altstadt von Vilnius Ein Meer aus Kirchtürmen, Kuppeln und

Oben: Die lettische Nationalbibliothek des Architekten Gunnar Birkerts

Unten: Torfmoor im Nationalpark Soomaa

Pfeilern – die wunderbar erhaltene Altstadt von Vilnius strotzt vor Barockpracht. (S. 305)

Altstadt von Tallinn Wo man geht und steht, stößt man auf Befestigungen, Wohnhäuser und öffentliche Gebäude aus dem Mittelalter. (S. 52)

Kumu Sieben Stockwerke aus Kalkstein, Glas und Kupfer: Tallinns Kunstmuseum setzt neue Maßstäbe. (S. 66)

Lettische Nationalbibliothek Ein neuer „Palast des Lichts" am Ufer der Daugava (S. 222)

Annenkirche Nicht die größte, aber nach allgemeinem Dafürhalten die schönste Kirche von Vilnius (S. 307)

Urige Dörfer

Wem der Sinn nach reizenden Bauernhöfen und stillen Dörfern steht: Das Baltikum hat sie im Überfluss, zumal immer mehr Einheimische dem idyllischen Landleben den Rücken kehren und in die großen Städte ziehen.

Koguva Das malerisch aus der Zeit gefallene Fischerdorf wirkt wie ein Fenster in die Vergangenheit. (S. 145)

Labanoras Unglaublich schnuckeliges Walddorf mitten im Naturschutzgebiet (S. 343)

Kuldīga Der Ort, „an dem die Lachse fliegen", dient oft als Kulisse für lettische Historienfilme. (S. 257)

Rõuge Das Dorf in einem Tal mit sieben kleinen Seen ist das urtypische estnische Landidyll. (S. 124)

Plateliai Ein hübsches Plätzchen direkt am Seeufer und das Tor zum Nationalpark Žemaitija (S. 401)

Pāvilosta Verschlafener Strandort mit einer besonders aktiven Wassersportszene (S. 250)

Nationalparks

Estland, Lettland und Litauen kamen den anderen Sowjetrepubliken zuvor, indem sie Anfang der 1970er-Jahre die ersten Nationalparks in der UdSSR einrichteten. Sie bezaubern Besucher bis heute.

Nationalpark Lahemaa Estlands „Land der Buchten" ist ein Wunderland aus Stränden, Wäldern, Mooren und Flüssen. (S. 89)

Nationalpark Gauja In dem dicht bewaldeten Flusstal in Lettland liegen viele bezaubernde Burgen verstreut. (S. 269)

Nationalpark Rāzna Das ruhige Reservat schützt einen großen Teil der Seenlandschaft von Latgale. (S. 287)

Nationalpark Žemaitija Eine mystische Landschaft aus Wäldern und Seen, ideal für Camping, Wandern und Wassersport (S. 400)

Nationalpark Soomaa Besucher können auf gut gepflegten Stegen durch dieses estnische „Land der Moore" wandern, um Ausschau nach Hexen, Kobolden, Bären und Wölfen zu halten. (S. 135)

Schlösser & Herrenhäuser

Wenn gerade mal kein Krieg war, zog der baltische Adel aus seinen Festungen in komfortable Landsitze um. Einige davon wurden sorgsam restauriert; von anderen blieben nur Ruinen.

Schloss Rundāle Lettlands prächtigster Palast zeugt von der Prunkentfaltung der deutsch-baltischen Oberschicht. (S. 262)

Schloss Kadriorg Der hübsche Palast, den Zar Peter der Große in Tallinn erbauen ließ, beherbergt heute eine Zweigstelle des Estnischen Kunstmuseums. (S. 65)

Großfürstliches Schloss Gewissenhafter Nachbau des Machtzentrums des 17. Jhs. im Herzen von Vilnius (S. 303)

Muižas der Gauja-Region Eine Übernachtung in einem der markanten *muižas* (Gutshäuser), die in der lettischen Landschaft verstreut liegen, ist ein besonderes Erlebnis. (S. 274)

Gutshaus Palmse Diese zentrale Attraktion des estnischen Nationalparks Lahemaa wurde mitsamt ihrer vielen Nebengebäude komplett restauriert. (S. 91)

Gutshof Kau Das bis vor Kurzem noch baufällige Gutshaus im ländlichen Herzen von Estland beherbergt jetzt ein sehr eigenwilliges Hotel und ein hoch gelobtes Restaurant. (S. 89)

Monat für Monat

TOP-EVENTS

Mittsommer, Juni

Sängerfeste, Juli (alle fünf Jahre)

Positivus Festival, Juli

Filmfestival der Schwarzen Nächte, November

Weihnachten, Dezember

Januar

Die Neujahrsfeierlichkeiten wärmen die Herzen und helfen den Balten, den scheinbar endlosen Winter zu überstehen.

Neujahr

Die Silvesterfestivitäten gehen an diesem Feiertag weiter; bei Familienfeiern greift man auf heidnische Bräuche zurück, um ein glückliches und gesundes Jahr heraufzubeschwören.

Februar

Der dunkle, eisige Winter hält noch an, aber die Einheimischen machen das Beste draus, strömen aufs Land und schnallen sich die Langlaufskier unter.

Tartu-Skimarathon

Das Langlaufrennen über 63 km lockt rund 10 000 Teilnehmer in die estnische Landschaft hinaus. Die Besten absolvieren die Strecke in weniger als drei Stunden. Los geht's im sportverrückten Otepää.

Robbenfestival von Palanga

Das dreitägige Palangos Ruoniai findet Mitte Februar im litauischen Badeort Palanga statt und zieht jede Menge hungrige Fischfreunde an, die die begehrten Stinte probieren möchten. Außerdem gibt es jedes Jahr das Eisbärenfest, bei dem abgehärtete Naturen in die eiskalte Ostsee hüpfen.

März

Man zieht schon mal die Vorhänge auf, um nach dem Wetter zu schauen… ups, immer noch Winter da draußen. Grund zum Feiern geben am ehesten die Ostertage, die aber manchmal in den April fallen.

Litauische Volkskunst

Anfang März findet in Vilnius und Kaunas der Kasimir-Markt (Kaziuko *mugė)* statt, ein Festival der Volkskunst und des Kunsthandwerks.

April

Die Frostnächte sind offiziell vorbei; die Durchschnittstemperatur pendelt sich deutlich oberhalb des Nullpunkts ein. Der Frühling steht vor der Tür, und alle verlassen ihre verrammelten Häuser, um ein wenig Frühlingsluft zu schnuppern.

Haapsalu Horror- & Fantasy-Filmfestival

Zombies bevölkern die Straßen und Leinwände von Haapsalu an der Westküste Estlands. Das Festival wird jeweils so gelegt, dass es zum April-Vollmond stattfindet.

Jazz in Tallinn

Jazzgrößen aus der ganzen Welt treffen sich Mitte April beim zweiwöchigen Jazzkaar-Festival in Tallinn. Gespielt wird nicht nur in Konzertsälen, sondern auch auf der Straße, auf Plätzen, in Parks und sogar am Flughafen.

Studententage in Tartu

Bei diesem wilden heidnischen Fest zum Ende des Semesters und zur Begrüßung des Frühlings lassen die Studenten von Tartu die Sau raus. Eine kleinere Version des Fests gibt es Mitte Oktober.

Jazz in Kaunas

Das alljährliche Kaunas Jazz Festival Ende April ist wohl die renommierteste und beliebteste Jazzveranstaltung Litauens.

Mai

Die Tage werden merklich länger, und das Wetter bessert sich gewaltig. Die Tourismusbranche erwacht aus dem Winterschlaf; aufgeregte Vorfreude auf den Sommer breitet sich aus.

Altstadttage

Die Tallinner Altstadttage in den malerischen Gassen aus dem 14. Jh. bringen eine Woche lang Tanz, Konzerte, kostümierte Schausteller, Sport und jede Menge Mittelalterspaß.

New Baltic Dance Festival

Das einwöchige Festival des zeitgenössischen und modernen Tanzes, das alljährlich Anfang Mai in Vilnius stattfindet, lockt Tanzensembles aus Litauen und der ganzen Welt an.

Baltisches Ballett

Das International Baltic Ballet Festival bietet in Riga drei Wochen lang tolle Darbietungen lettischer und ausländischer Tanztruppen.

Juni

Nach der scheuen Frühjahrssonne im April und Mai herrscht jetzt beständig warmes Wetter. Mittsommerfestivitäten überall in der Region läuten den Hochsommer ein.

Internationales Folklore-Festival Baltica

Das alljährliche Großevent, das abwechselnd in Tallinn (2016, 2019), Vilnius (2017, 2020) und Riga (2018, 2021) stattfindet, ist eine Feier der baltischen Volkstraditionen, an der Tausende von Künstlern teilnehmen.

Rigaer Opernfestival

Das Vorzeigeevent der Lettischen Nationaloper dauert zehn Tage und bietet Auftritte weltberühmter Künstler.

Good Food Festival – Grillfest

Gigantischer Grillschmaus für Zehntausende von Urlaubern im estnischen Strandort Pärnu

Kulturnacht

Künstler und Musiker beleben die litauische Hauptstadt Vilnius eine Juninacht lang mit allen möglichen Installationen und Darbietungen. (www.kulturosnaktis.lt)

Baltic Pride

Das jährliche Pride-Festival der baltischen Schwulen- und Lesbenszene findet abwechselnd in den drei Hauptstädten statt: 2016 (und 2019) in Vilnius, 2017 (und 2020) in Tallinn, 2018 (und 2021) in Riga.

Mittsommernacht

Das größte Fest der Region erlebt man am besten auf dem Land: Hier wird mit riesigen Freudenfeuern die Nacht durchgefeiert.

International Folk Festival

Alljährlich lockt dieses Festival in Nida auf der Kurischen Nehrung Volksmusiker und -tanzgruppen aus verschiedenen Regionen Litauens und ganz Europa an. Es findet an einem Wochenende Ende Juni statt.

Hansetage

Die estnischen Städte Viljandi und Pärnu feiern ihre Vergangenheit als Mitglieder des ehrwürdigen Hansebunds mit ausgelassener Mittelaltergaudi.

Juli

Der Sommer ist in vollem Gange und unter der Woche trifft man sich auf den Terrassen und Veranden auf ein Bier. Am Wochenende fliehen alle aus den Städten in ihre Wochenendhäuschen.

Rigas Rhythmen

Anfang Juli steigt in der lettischen Hauptstadt Rīgas Ritmi, ein internationales Festival der Jazz-, Welt- und Improvisationsmusik. Weitere Konzerte gibt es im Winter und Frühjahr.

Klassikkonzerte

Den ganzen Juli und August bringt das Christopher Summer Festival Klassik-, Jazz- und Weltmusikkonzerte in die litauische Hauptstadt Vilnius.

Filmfestival Pärnu

Das vom Museum für Neue Kunst in Pärnu organisierte Filmfestival präsentiert Dokumentarfilme aus aller Welt. Es findet Anfang des Monats im Museum und an anderen Spielstätten im beliebtesten Badeort Estlands statt.

Bier & Bands

Das extrem populäre Bier- und Rockmusikfest Õllesummer (Biersommer) wird Anfang Juli drei Tage lang auf dem historischen Sängerfestgelände der estnischen Hauptstadt Tallinn gefeiert.

Meeresfest in Klaipėda

Das fünftägige Festival findet alljährlich am dritten Wochenende im Juli statt und zelebriert das reiche nautische Erbe der litauischen Hafenstadt.

Devilstone Music Festival

Das Rock- und Metal-Festival steigt Mitte Juli in der zentrallitauischen Stadt Anykščiai. Auf die Ohren gibt es Hardrock, Heavy Metal, Gothic, Electronica und Speed Metal – ein Mekka für Headbanger. (www.devilstone.net)

Võru-Folklorefestival

Mitte Juli wimmelt Võru von Tänzern, Sängern und Musikern in den bunten Trachten Estlands und zahlreicher anderer Länder, die ihre jeweiligen ethnischen Traditionen und Kulturen feiern.

Oben: Ein Musiker beim Positivus Festival

Unten: Weihnachtsmarkt in der Altstadt von Riga

Hansetage in Tartu

Mitte Juli herrscht in Tartu drei Tage Mittelalteratmosphäre mit kostümierten Bauern, Damen, Narren, Rittern, Handwerksvorführungen, Märkten, Darbietungen für Kinder und vielem mehr.

Weinfest

Das lettische Dorf Sabile ist berühmt für seinen Weinberg – der weltweit nördlichste Weinanbau unter freiem Himmel. Die einzige Chance, den hier produzierten Wein zu probieren, bietet sich bei diesem Fest.

Sängerfeste

Jedes der drei Länder hat sein eigenes Sänger- oder Liederfest, das alle fünf Jahre stattfindet. Zu diesen Riesenfestivals kommen Menschen mit baltischen Wurzeln aus aller Welt, um in Massenchören oder Tanzdarbietungen mitzuwirken, deren Dimensionen selbst Nordkoreas Massentänze in den Schatten stellen.

Positivus

Das Positivus-Festival, das inmitten der stillen Kiefern des nördlichen Vidzeme stattfindet, ist inzwischen ein jährliches Pilgerziel für viele Letten, die sich hier mehrere Tage lang Rock, Electronica und Indiemusik zu Gemüte führen.

Sommer-Sound

Liepāja ist das lettische Mekka für Punk- und Garagenbands, und alle seine Musikfestivals lohnen einen Abstecher, ganz besonders aber das Summer Sound, das jedes Jahr bis zu 40 000 Besucher anlockt. (www.summersound.lv)

Viljandi-Folkfestival

Während dieses äußerst beliebten viertägigen Festivals wird die estnische Stadt Viljandi von Fans der Folkmusik überschwemmt. Bei den mehr als 100 Konzerten treten estnische und internationale Musiker vor insgesamt über 20 000 Zuschauern auf.

Opernfestival Sigulda

Gegen Ende des Monats lockt das dreitägige Opernfestival unter freiem Himmel international gefeierte Sangestalente in die Burgruinen des lettischen Sigulda. (www.opersvetki.lv)

Nida Jazz Marathon

Das Festival bringt jährlich von Ende Juli bis Anfang August den Jazz in die Dünen des litauischen Seebads. Mehrere Tage lang finden Konzerte mit anschließenden Jamsessions an Spielorten auf der Kurischen Nehrung statt.

August

Lange wolkenlose Nachmittage sind perfekt für ausgedehnte Strandurlaube, bei denen die Balten jeden Sonnenstrahl auskosten – unbeirrt von gelegentlichen Regenschauern.

Meeresfreuden

Anfang des Monats feiert Kuressaare auf der estnischen Insel Saaremaa sein maritimes Erbe mit dem Meeresfest, einem Wochenende voller Aktivitäten, die etwas mit dem Meer zu tun haben: Regatten, Märkte, Show-Zubereitung von Heringen, Musik und Marinepräsenz.

Freiluftkino

Beim einwöchigen Openair-Filmfest tARTuFF werden auf dem stimmungsvollen Rathausplatz im Herzen des estnischen Tartu kostenlos Arthouse- und Dokumentarfilme gezeigt. Dichterlesungen und Konzerte runden das Programm ab.

Gespenstergeschichten

Das Fest der Weißen Dame auf dem Gelände der Burg von Haapsalu in Westestland gipfelt in einer geisterhaften Erscheinung im Kirchenfenster, die durch die Spiegelung des Vollmonds im Glas entsteht.

Heidnische Musik

Das MJR-Festival für alternative Musik (Mėnuo Juodaragis) feiert offiziell die heidnischen Wurzeln Litauens, bietet aber vor allem sonst selten gehörte Musikgenüsse. Das Festival findet am letzten Augustwochenende auf einer Insel bei der ostlitauischen Stadt Zarasai statt. (www.mjr.lt)

Birgitta-Festival

Das verfallene Birgittenkloster in Pirita, dem beliebtesten Strandvorort von Tallinn, ist eine stimmungsvolle Kulisse für Klassikkonzerte, Ballett, Opern, Chöre und modernen Tanz.

Kulturnacht

Die Baltā Nakts (Weiße Nacht), veranstaltet vom Forum für zeitgenössische Kunst, macht die lettische Hauptstadt Riga eine Nacht lang zu einer großen Bühne für Künstler und Kultur.

Piens Fest

Das Hipster-Festival im Rigaer Stadtteil Miera iela wirkt fast wie eine zufällige Versammlung einheimischer Musiker und anderer Künstler. Man kann Frittiertes schmausen, nach Secondhandmode stöbern oder auf dem Gras sitzen und den Indie-Beats lauschen. (www.piens.nu/fest)

Ezera Skaņas

Wohl das esoterischste Musikevent Lettlands: Um 5 Uhr früh schippert man im Boot auf dem Kāla-See und hört sphärische Klänge übers Wasser wabern. (www.ezeraskanas.lv)

Future Shorts

Ein Filmfestival rund um Kurzfilme aus aller Welt. (www.facebook.com/pages/Future-Shorts-Latvia/137370992955145)

September

Die Spätsommertage gehen rasch in den milden Frühherbst über. Ab Monatsende regnet es öfter, das Laub färbt sich bunt und rieselt zu Boden.

Welttheater

Bei dem beliebten internationalen Theaterfestival Sirenos (Sirenen) gastieren von Mitte September bis Mitte Oktober Theaterensembles aus der ganzen Welt im litauischen Vilnius.

Oktober

Die Tage werden merklich kürzer; die Nachmittage am Strand sind nur noch eine ferne Erinnerung. Die touristischen Betriebe machen allmählich dicht, und alles bereitet sich auf den Winterschlaf vor.

Gaida Music Festival

Ein Höhepunkt des litauischen Musikkalenders ist diese alljährliche Feier der klassischen und neuen Musik aus Mittel- und Osteuropa in Vilnius.

November

Der Herbst wird zum Winter; aus Regen- werden Schneetage. Dies ist wohl einer der ruhigsten Monate des Jahres – der Sommer ist lange vorbei, doch die festliche Adventsstimmung lässt noch auf sich warten.

Scanorama

Das Festival in den vier größten Städten Litauens (Vilnius, Kaunas, Klaipėda und Šiauliai) präsentiert europäisches Filmschaffen diverser Formate und Genres. (www.scanorama.lt)

Mama Jazz

Jedes Jahr im November lockt das größte Jazzevent von Vilnius illustre Musiker aus Europa und der ganzen Welt an.

Filmfestival der Schwarzen Nächte

Ab Mitte November zeigt das größte Filmfestival Estlands in Tallinn zwei Wochen lang Filme aus der ganzen Welt – mit Sparten für Zeichentrickfilme, Kinderkino und Streifen von Filmstudenten.

Lettischer Nationalfeiertag

Eine ganze Festwoche rankt sich um den Jahrestag der Unabhängigkeitserklärung Lettlands am 18. November; dazu gehört auch das Rigaer Lichtfest.

Arēna New Music Festival

Präsentiert zeitgenössische Komponisten und Musiker, die im weitesten Sinne in der klassischen Tradition stehen, auf vielen Bühnen im lettischen Riga.

Dezember

Die Weihnachtsfeierlichkeiten lenken bestens von den frostigen Temperaturen ab. Die Straßen sind festlich geschmückt, und Familien kommen von überallher zum Feiern zusammen.

Weihnachten in Tartu

An den vier Adventssonntagen kann man auf dem stimmungsvoll beleuchteten Rathausplatz zusehen, wie die Adventskerzen entzündet werden – von Chorgesang begleitet (Estland).

Weihnachtsmärkte

Weihnachtsschmuck, Kunst und Kunsthandwerk, traditionelle Speisen und Vergnügungen erhellen in den Altstädten der drei Hauptstädte (und vielen anderen Städten) die dunklen Tage bis zum Weihnachtsfest.

Silvester

Auf den Hauptplätzen von Tallinn, Riga und Vilnius wird das neue Jahr mit Feuerwerk und Party begrüßt.

Reiserouten

2 WOCHEN Highlights des Baltikums

Wer trotz begrenztem Zeitbudget das Beste sehen will, was alle drei baltischen Länder zu bieten haben, kann auf dieser Kurzroute viele der Top-Attraktionen abklappern.

Los geht's in der estnischen Hauptstadt **Tallinn** mit einem Bummel durch die märchenhaften mittelalterlichen Gassen der **Altstadt** und Kostproben des tollen gastronomischen Angebots der Stadt. Es folgt ein Besuch im **Nationalpark Lahemaa**. Letzte Station in Estland ist die vielseitige Unistadt **Tartu**. In Lettland warten die bröckelnden Burgen von **Cēsis** und **Sigulda** im **Nationalpark Gauja**. Nach der Übernachtung in einem der noblen *muižas* (Gutshäuser) in der Nähe geht's weiter nach **Riga** mit seinen üppig geschmückten Fassaden. Ein Stück weiter südlich lockt das opulente Schloss von **Rundāle**, das Versailles des Baltikums, entworfen von dem Architekten, der auch den St. Petersburger Winterpalast erbaute. Von Rundāle überquert man die Grenze nach Litauen und wirft einen kurzen Blick auf den **Berg der Kreuze** in Šiauliai, um dann die **Kurische Nehrung** ganz im Westen anzusteuern. Hier kann man zwischen urigen Holzhäuschen, Sanddünen und Wildschweinen schön ein paar Tage abhängen. Endpunkt der Reise ist **Vilnius** mit seiner extravaganten Barockarchitektur.

4 WOCHEN

Die große Baltikum-Rundreise

Mit einem Monat Zeit kann man Strandpausen und Wanderausflüge einplanen, mehr von den urigen Städtchen der Region sehen und einen Abstecher nach Helsinki machen.

Den Auftakt bilden zwei Tage in Litauens schöner Hauptstadt **Vilnius**, wo es gepflasterte Sträßchen voll historischem Charme zu erkunden und den **Gediminas-Berg** zu erklimmen gibt. Nach einem Stopp bei der **Wasserburg von Trakai** geht es nach Westen Richtung Meer. Im **Nationalpark Žemaitija** kann man sich über sowjetische Atomraketen informieren, um sich dann in der Dünenlandschaft der **Kurischen Nehrung** eine ausgiebige Entspannungspause zu gönnen. Danach führt die Route an der Ostsee entlang über die Hafenstadt **Klaipėda** und das nette **Palanga** zur lettischen Grenze.

Erster Stopp in Lettland ist das für seine vergoldete Nikolaus-Kathedrale berühmte **Liepāja**. Bei gutem Wetter lohnt die Weiterfahrt nach Norden zum Surferort **Pāvilosta**, wo die Route landeinwärts zum malerischen Dorf **Kuldīga** schwenkt. Dann locken die langen Sandstrände von **Ventspils**, wo man auch übernachten kann, bevor es zum wilden, windigen **Kap Kolka** weitergeht. Von hier schlängelt sich die Strecke zwischen Küste, Wäldern und stillen Dörfern bis zum Kurbad **Jūrmala**: Das Lieblingsziel reicher Russen ist ein prima Boxenstopp, nur einen Katzensprung von **Riga** entfernt.

Nach zwei Tagen in der lettischen Hauptstadt geht es über die estnische Grenze zum Strandfaulenzen bei **Pärnu** und dann westwärts zum Inselhopping von **Muhu** über **Saaremaa** nach **Hiiumaa**. Nach einer Mittagspause mit Burgbesichtigung in **Haapsalu** ist man schon bald in **Tallinn**. Für die Schätze der estnischen Hauptstadt gehen locker drei Tage drauf. Dann legt die Fähre zum Übernachtungsbesuch in **Helsinki** ab. Nach der Rückkehr wartet ein Nachtlager im **Nationalpark Lahemaa**. Über **Rakvere** und **Mustvee** am Peipus-See führt der Weg für ein, zwei Nächte nach **Tartu**.

Weiter geht es über die kauzige Grenzstadt **Valga/Valka** zum lettischen **Nationalpark Gauja**. Dort kann man im reizenden **Cēsis** durch die Burgruinen schlendern und sich in **Sigulda** am Bobfahren oder Bungeejumping versuchen. Die Rundreise endet in Riga oder mit der Rückfahrt nach Vilnius, um den Mietwagen zurückzugeben.

1 WOCHE Lettland pur

Eine ganze Woche Lettland reicht aus, um zahlreiche Attraktionen auch jenseits der aufregenden Hauptstadt zu erkunden.

Nach dem Besuch in **Riga** geht es in die mit Burgen gespickten Wälder bei **Sigulda** und dann weiter zum geheimen Sowjetbunker von **Līgatne** und der steinernen Festung von **Cēsis**. In der friedvolle Seenlandschaft von Latgale kann man in einem Gästehaus oder auf einem Campingplatz am **Rāzna-See** nächtigen, um am Tag darauf die Basilika von **Aglona** zu erreichen.

Dann führt die Reise zurück gen Westen, über das prunkvolle Schloss **Rundāle** zur Küstenstadt **Liepāja**, die Lettlands Garagenband-Szene, aber auch den unglaublich tristen Stadtteil Karosta beherbergt. Einen Schlenker landeinwärts liegt das überaus niedliche Städtchen **Kuldīga**. Als Nachtquartier bietet sich das von Stränden umrahmte **Ventspils** an. Nächste Station ist **Kap Kolka**, wo die Rigaer Bucht auf die Ostsee trifft.

Immer am Meer entlang verläuft die Straße durch einsame Küstendörfer nach **Jūrmala**, dem berühmtesten Seebad des Baltikums, und zuletzt zurück nach Riga.

10 TAGE Hauptstadt-Hopping

Zehn Tage sind gerade genug, um sich einen Eindruck von den drei Hauptstädten zu verschaffen.

Los geht's in **Vilnius** (Litauen) mit seiner prachtvollen Barockarchitektur. Bei zwei Tagen Aufenthalt reicht die Zeit auch für einen Besuch auf dem **Gediminas-Berg** und die Erkundung der bewegten **jüdischen Geschichte** der Stadt.

Nach einem Abstecher zur Burg von **Trakai** führt die Tour weiter zur lettischen Hauptstadt **Riga**, der größten Stadt des Baltikums. Wenn man nicht gerade auf dem **Zentralmarkt** um Heidelbeeren feilscht, geht der Blick hier meist nach oben zu den grandiosen **Jugendstilfassaden**. Wer noch einen Tagesausflug einbauen möchte, kann sich im Seebad **Jūrmala** mit der russischen Schickeria tummeln oder in **Sigulda** mit Abenteuersport sein Adrenalin in Wallung bringen.

Dann steht die estnische Hauptstadt **Tallinn** auf dem Programm, die Besucher mit einer mittelalterlichen Märchenkulisse und Weltklasse-Gastronomie verwöhnt. Den Abschluss bildet ein Tag im stillen **Nationalpark Lahemaa**.

1 WOCHE Litauisches Solo

Im kompakten Litauen bekommt man in einer Woche viel zu sehen, aber wer die Zeit hat, kann die Route auch etwas entspannter auf zehn Tage verteilen.

Nach ausgiebiger Würdigung der Kathedrale und der Museen von **Vilnius** geht es zur Inselburg von **Trakai** und dann weiter zum quicklebendigen **Kaunas** mit seinen Ecken und Kanten. Strandfans zieht es von hier an die Ostseeküste und nach einem Zwischenstopp in der Hafenstadt **Klaipėda** hinaus auf die Kurische Nehrung. Hier sucht man sich am besten ein Quartier im bezaubernden Ort **Nida**.

Von der Küste verläuft die Route wieder landeinwärts nach **Plateliai** im Nationalpark Žemaitija, wo eine einstige sowjetische Raketenbasis das Museum des Kalten Krieges beherbergt. Auf dem Weg nach Osten kann man den **Berg der Kreuze** bestaunen, bevor man **Visaginas** erreicht, das in den 1970er-Jahren für die Arbeiter des stillgelegten Kernkraftwerks Ignalina gebaut wurde. Dann warten der **Nationalpark Aukštaitija** mit seinen Seen und Wanderwegen und ein Nachtlager in **Labanoras** im Regionalpark Labanoras. Die letzte Etappe führt zurück nach Vilnius.

1 WOCHE Estnische Highlights

Wer sich vom märchenhaften Tallinn losreißen kann, entdeckt auf dieser Route, was Estland sonst noch alles zu bieten hat: Strände, Landschaft, Burgen, historische Städte und urige Dörfer.

Von der Woche sollte man **Tallinn** mindestens zwei Tage widmen, um alle Winkel der reizvollen mittelalterlichen Altstadt zu erkunden und die Kreationen der estnischen Gourmetszene auszukosten. Ein schöner Tagesausflug führt in den **Nationalpark Lahemaa**, während die Universitätsstadt **Tartu** mit kultiviertem Stadtflair auch jenseits der Hauptstadt aufwartet. Nach einem Besuch in **Otepää**, der „Winterhauptstadt“ des Landes, geht es weiter nach **Pärnu**, dessen Strände Scharen von Sonnenanbetern anlocken.

Den Ausklang bilden die estnischen Ostseeinseln. Besonders sehenswert ist das Museumsdorf **Koguva** auf Muhu. Der hübsche Kurort **Kuressaare** auf Saaremaa mit einer altehrwürdigen Wasserburg im Zentrum ist eine gute Basis, um die bewaldete Insel mit ihren Windmühlen, einsamen Kirchen und schroffen Küstenfelsen zu erkunden. Von hier gibt es auch Direktflüge zurück nach Tallinn.

Reiseplanung

Mit dem Auto

Ob man nun seine Reiseroute genau austüftelt oder einfach der Küste und dem Duft von Salz und Räucherfisch folgt – Autofahren im Baltikum ist nicht nur eine bequeme Art, die Region zu erkunden, sondern macht richtig Spaß. Die Straßen sind relativ gut und meist verkehrsarm, und die Balten fahren einigermaßen zivil.

Reiseplanung

Auto oder öffentliche Verkehrsmittel?

Es ist durchaus möglich, das Baltikum mit öffentlichen Verkehrsmitteln zu bereisen. Die Argumente für einen Mietwagen lauten: Fahrspaß, Bequemlichkeit und Ungebundenheit (außerdem ist das Auto prima als mobiler Riesenkoffer). Ein Auto eröffnet die Flexibilität, auch das ruhige Hinterland der baltischen Staaten zu erforschen, von den mächtigen Dünen der Kurischen Nehrung in Litauen über die windgepeitschten estnischen Ostseeinseln bis zu den Kiefernwäldern im Landesinneren von Lettland. Abseits der Hauptstraßen stolpert man über winzige Dörfer, in denen die Zeit stillzustehen scheint, oder merkwürdige Hinterlassenschaften aus der Sowjetzeit, als die Russen den Westen mit Weltraumtechnologie ausspionierten.

Vielerorts sind die eigenen vier Räder viel praktischer als die öffentlichen Verkehrsmittel. Für Reisende, die nur zwischen den größeren Städten und Hauptstädten pendeln wollen, ist das Bus- und Zugnetz allerdings eine sinnvolle Wahl. Es ist auf Berufspendler ausgerichtet und daher sehr komfortabel. Doch um die Nationalparks, ländliche Dörfer oder die estnischen Inseln zu besuchen, ist das Busnetz einfach ungeeignet.

Für alle, die mit der Familie oder in einer kleinen Gruppe unterwegs sind,

Die besten Tagesausflüge mit dem Auto

Von Tallinn

Wer Estlands schöne Natur entdecken will, macht sich am besten frühmorgens Richtung Osten auf, um im Nationalpark Lahemaa mitzuerleben, wie der Wald zum Leben erwacht. Wenn genug Zeit bleibt, kann man danach noch bis nach Rakvere hinunterfahren, um sich die Burg anzusehen, bevor es zurück in die Hauptstadt geht.

Von Riga

Reisende mit fahrbaren Untersatz müssen sich nicht auf die üblichen Ziele für Tagesausflüge (Nationalpark Gauja, Rundāle, Jūrmala) beschränken, sondern können stattdessen auch mal weiter nach Westen fahren. Nach einem Stopp in Pedvāle, wo die Skulpturen des Freilicht-Kunstmuseums zu bewundern sind, geht es weiter zum urigen Kuldīga, einem liebenswerten Städtchen wie aus einer anderen Zeit.

Von Vilnius

Die meisten Besucher zieht es westwärts zur Burg von Trakai. Da ist es eine gute Idee, dem Trend zu trotzen und nach Nordosten aufzubrechen, um die ruhigen Seen und Wanderwege des Nationalparks Aukštaitija zu erkunden. Unterwegs bietet sich ein Zwischenstopp in Labanoras an.

dürfte sich die Freiheit, die ein Auto bietet, wirklich bezahlt machen – zumal die Spritpreise recht günstig sind. In den Hauptstädten kann die Parkplatzsuche allerdings zur Nervenprobe werden. Besser nimmt man sich mehrere Tage Zeit, um sie zu Fuß zu erkunden, bevor man den Mietwagen abholt und losdüst.

Reisezeit

Die beste Reisezeit mit dem eigenen Fahrzeug ist natürlich der Sommer (Juni bis August), da man dann nicht mit Schnee, Graupeln oder anderen Wetterkapriolen zu kämpfen hat. Allerdings ist auch im Sommer mit gelegentlichem Regen zu rechnen. Zu besonders verkehrsreichen Zeiten (vor allem an den Wochenenden und um die Mittsommerzeit) sollte man die Fähren zu den estnischen Inseln rechtzeitig vorausbuchen. Die Tage sind lang, sodass man auch spätabends noch sicher unterwegs ist.

Start & Ziel

Fast alle Autovermietungen erlauben ihren Kunden, die Mietwagen in allen drei baltischen Ländern zu fahren (teils gegen Aufschlag). Es gibt allerdings kaum einen Autovermieter, bei dem sich diese Freizügigkeit auch auf weitere Nachbarländer erstreckt. Wer einen Wagen bei einer kleinen örtlichen Firma leiht, muss ihn gewöhnlich auch dort wieder abgeben. Größere Anbieter ermöglichen die Abgabe des Wagens in einem anderen Ort, in der Regel gegen Aufpreis. So wäre es durchaus möglich, per Flieger nach Tallinn anzureisen und von Vilnius wieder zurückzufliegen. Wer sich die Überführungsgebühr sparen will und eine Baltikumsreise mit identischem Start- und Zielort vorzieht, kann z. B. in Riga starten, eine Schleife nordwärts durch Estland, eine zweite südwärts durch Litauen fahren und dann zum Ausgangspunkt zurückkehren.

Tanken & Pannenhilfe

Das ländliche Baltikum wirkt zwar oft einsam und verlassen, aber es gibt in allen drei Ländern genügend Tankstellen; man muss sich schon anstrengen, wenn man ohne Sprit dastehen will. Wer seinen Mietwagen abholt, sollte sich mit Servicenummern für alle drei Länder bewaffnen – für den Fall, dass es unterwegs Probleme mit dem Fahrzeug gibt. Besonders in Lettland, wo die Straßenbedingungen nicht so gut sind wie in Estland und Litauen, sind Reifenpannen keine Seltenheit.

Verkehrsregeln

Es herrscht Rechtsverkehr. Ältere Städte und Dörfer wimmeln von Einbahnstraßen und Kreisverkehren. Die Promillegrenzen sind niedrig: 0,2 in Estland, 0,4 in Litauen, 0,5 in Lettland.

Der relativ schlechte Ruf der baltischen Länder, was das Verkehrsverhalten und die Unfallzahlen angeht, ist größtenteils unbegründet. In den größeren Städten ist der Fahrstil manchmal etwas aggressiver, aber die meisten Fahrer nehmen falsches Abbiegen und hektische Spurwechsel gelassen hin. Man sollte es aber möglichst vermeiden, werktags zu den Hauptverkehrszeiten in die Innenstädte zu fahren – in den wärmeren Monaten ist die schlimmste Zeit freitagnachmittags, wenn alle zu ihren Wochenendhäuschen im Grünen aufbrechen. In den dünn besiedelten ländlichen Gebieten ist das Autofahren keine besondere Herausforderung. Vorsicht aber vor überholenden Fahrzeugen, die ohne Vorwarnung und oft in ungünstig gewählten Momenten an einem vorbeirasen.

Besonders vorsichtig sollte man auf der Autobahn Tallinn–Tartu fahren, bei den Einheimischen auch „Straße des Todes“ genannt. Hier sind zahlreiche Blitzer installiert, ebenso wie an der Autobahn Tallinn–Narva und überall in Lettland.

Reiseplanung

Outdoor-aktivitäten

In den baltischen Ländern begegnet man Mutter Natur auf eine ganz persönliche, sehr sanfte Weise: auf Paddeltouren über glitzernde Seen, bei Wanderungen oder Radtouren durch hübsche Wälder, beim Faulenzen am Strand. Statt sich den Hals nach himmelhohen Gipfeln zu verrenken, erfreuen sich Reisende hier an leicht zugänglicher Natur und idyllischen Landschaften.

Raus in die Natur

Das ziemlich platte Baltikum eröffnet vielleicht keine so atemberaubenden Panoramen wie manche Gebirgsregionen, aber es gibt einige Orte, an denen die ungezähmte Natur doch ganz klar das Sagen hat – etwa auf der imposanten Kurischen Nehrung mit ihren Wanderdünen oder am windgepeitschten, gottverlassenen Kap Kolka.

Außerdem bieten die baltischen Staaten reichlich Bewegungsfreiheit und somit im Vergleich zu vielen anderen europäischen Ländern ideale Möglichkeiten, die Menschenmassen hinter sich zu lassen und unbehelligt durch die Wildnis zu streifen. Schon ein kurzer Blick auf die Bevölkerungszahlen verdeutlicht, dass Platzmangel hier kein Thema ist.

Ein reich gedeckter Tisch voll verlockender Unternehmungen wartet hier auf Besucher mit Appetit auf Aktivitäten in freier Natur. Wie wäre es mit Beerenpflücken als *amuse gueule*, bevor das Festmahl aus frischer, salziger Luft, traumhaften weißen Sandstränden und eisblauen Ostseepanoramen unterm weiten Himmel aufgefahren wird? Nachschlag gefällig? Zur Auswahl stehen Radtouren durch dichte, nach Harz duftende Kiefernwälder, Kanufahrten auf gemächlich dahinströmenden Flüssen oder Exkursionen durch die Tier- und Pflanzen-

Top-Erlebnisse

Ultimative Radroute

An der Ostsee entlang von der Kurischen Nehrung um die Küste von Kurzeme und die Rigaer Bucht bis auf die ruhigen Ostseeinseln

Authentisches Saunaerlebnis

Zum lettischen Traditionsritual *pirts* gehören extreme Temperaturen, die „Auspeitschung" mit Birkenzweigen und ein Sprung in einen Teich.

Waldwanderungen

Nationalpark Lahemaa (Estland), Nationalpark Gauja (Lettland), Nationalpark Žemaitija (Litauen)

Die tollsten Kanureviere

Naturpark Haanja (Estland), Seenlandschaft Latgale (Lettland), Nationalpark Aukštaitija (Litauen)

Sehenswerte Tierwelt

Blaue Kühe in der lettischen Kurzeme-Region, Wildschweine auf der Kurischen Nehrung in Litauen, Storchennester auf estnischen Strommasten

Website für Outdooraktivisten

Country Holidays (www.traveller.lv) Detaillierte Infos über Radrouten, Wanderwege und Sehenswürdigkeiten im gesamten Baltikum

welt friedlicher Naturschutzgebiete. Auch für Adrenalinjunkies finden sich ein paar aufregende Angebote, vom Bobsport bis zum Bungeespringen. Wer noch ein Dessert vertragen kann, probiert es vielleicht mal mit leichtem Abfahrtski, Skilanglauf oder genussvollem Schwitzen in einer ländlichen Traditionssauna.

Radfahren

Das flache Gelände des Baltikums ist ein ideales Revier für Radfahrer jeder Kondition. Auf Gelegenheitsradler warten bequeme, asphaltierte Wege, während sich gut trainierte Fahrer auf anspruchsvolleren mehrtägigen Radwanderungen austoben. Es gibt nur wenige schmale Steilpfade zu bewältigen, dafür umso mehr ungeteerte Wege durch Wälder und abwechslungsreiche, stets friedliche Landschaft, an der man sich niemals sattsieht.

Auch die baltischen Hauptstädte geben sich alle Mühe, das Radfahren zu fördern. Jedes Jahr werden neue Radwege durch die Städte angelegt und immer mehr Radleihsysteme eingerichtet.

Zu den beliebtesten Gebieten für Radtouren gehören in Litauen die spektakuläre Kurische Nehrung, die Seenlandschaft des Nationalparks Dzūkija, die Gegend um den Plateliai-See und die Waldwege des Regionalparks Labanoras.

EIN SCHWEISSTREIBENDES VERGNÜGEN

Da im Baltikum viele Monate im Jahr Kälte, Dunkelheit und Schnee herrschen, wundert es kaum, dass die Sauna ein tief verwurzelter Teil der regionalen Kultur ist. Die meisten Hotels haben eine, und in manchen Städten gibt es auch öffentliche Bäder mit Sauna. Die urtypischste Saunaerfahrung versprechen aber die Schwitzhütten, die an Seen und Flüssen, am Meer oder tief im Wald still vor sich hinglühen.

Es gibt im Baltikum drei Haupttypen von Sauna:

- Die elektrisch beheizte finnische Sauna mit hoher Lufttemperatur (zwischen 70 und 95 °C) und niedriger Luftfeuchtigkeit. Sie ist sehr verbreitet in Privathäusern, Hotels, Wellnesszentren, Erlebnisbädern usw. In öffentlichen Saunen zahlt man pro Stunde; es gibt auch viele kleine Privatsaunen, die stundenweise zu mieten sind. Manche Hotels nehmen Geld für die Saunanutzung, bei anderen ist die Sauna für Gäste frei oder ein kostenloser Saunabesuch am Morgen oder Abend im Preis enthalten. Manche Suiten haben sogar eine eigene Sauna neben dem Bad.
- Die Rauchsauna: Bei diesem Urtyp wird in der abzugslosen Sauna (meist eine einfache Holzhütte) ein Feuer unter Steinen entzündet, um die Sauna bis zu fünf Stunden aufzuheizen. Dann wird das Feuer gelöscht; die Hitze kommt jetzt von den aufgeheizten Steinen. Bevor die Saunagänger hereinkommen, wird kurz gelüftet, um den Rauch abziehen zu lassen. Die rußgeschwärzten Wände gehören zum besonderen Erlebnis. Rauchsaunen sind selten, aber in letzter Zeit wieder beliebt.
- Die russische Sauna (Dampfsauna/Dampfbad) ist im Baltikum nicht so beliebt wie die finnische, doch in Wellnesszentren und Erlebnisbädern anzutreffen. Hier herrschen mittlere Temperaturen (um 50 °C) und hohe Luftfeuchtigkeit.

Unabhängig vom Saunatyp „geißeln" sich die Einheimischen gern sanft mit Birkenzweigen, um die Durchblutung anzuregen. Manche reiben sich auch mit Ölen und Salben ein (Honigprodukte sind sehr beliebt). Zum Saunagang gehört auch die Abkühlung hinterher: Die meisten finnischen Saunen haben Duschen oder Tauchbecken; die urigen Rauchsaunen stehen normalerweise gleich neben einem Fluss oder See. Im tiefen Winter wälzen sich die Saunagänger auch schon mal im Schnee oder schlagen ein Loch in die Eisdecke eines Sees, um kurz unterzutauchen.

In öffentlichen Saunen sind meist Verhaltensregeln ausgehängt. Wo Männer und Frauen gemeinsam saunieren, ist normalerweise Badekleidung vorgeschrieben (für Männer in der Regel eng anliegende Badehosen – Surfshorts sind in manchen Einrichtungen verboten). Bei Geschlechtertrennung wird meist hüllenlos geschwitzt. Manche Saunen halten Handtücher oder Papierunterlagen zum Draufsetzen bereit.

In Estland locken die ruhigen Nebensträßchen der Inseln Muhu, Saaremaa and Hiiumaa und der waldreiche Nationalpark Lahemaa am Finnischen Meerbusen.

In Lettland sind Drahtesel ideal, um Liepaja, Ventspils, Sigulda und Jūrmala zu erkunden. Für längere Touren bietet sich die Seenlandschaft von Latgale an, durch deren herrliche Wildnis zahlreiche geteerte und ungeteerte Straßen führen. Sehr beliebt ist auch die Gegend um Kap Kolka.

Reiseplanung

Eine Reihe spezialisierter Radreiseveranstalter bietet alles von der Routenplanung bis hin zu geführten Radwanderungen mit allem Drum und Dran. Wer lieber auf eigene Faust plant, finde unter www.eurovelo.org massenhaft nützliche Infos.

BaltiCCycle (www.bicycle.lt; Litauen)

City Bike (www.citybike.ee; Estland)

Wellness & Sauna

Estland

Die Esten sind große Fans von Wellnessbädern und genauso saunasüchtig wie ihre Nachbarn, die Finnen. Beim Mihkli-Bauernhofmuseum auf der Insel Hiiumaa können Neugierige eine traditionelle Rauchsauna ausprobieren. Die Insel Saaremaa verdankt ihren zahlreichen Heilbädern, besonders in Kuressaare, den Spitznamen „Spa-remaa". Pärnu, Rakvere, Võru und Tallinn warten ebenfalls mit ausgezeichneten Wellnesseinrichtungen auf.

Lettland

Der lettische Badeort Jūrmala ist zweifelsohne die Wellnesshauptstadt des Baltikums. Zu seinen Glanzzeiten war dies das Urlaubsmekka des gesamten russischen Reichs – Tausende Adlige strömten hierher, um sich im Heilschlamm zu wälzen, ihn mit Schwefelwasser abzuspülen und die prachtvolle Aussicht auf die Bucht zu genießen. Das Städtchen hat sich einiges von diesem Charme bis heute bewahrt und ist immer noch sehr beliebt bei solventen Russen, die sich hier Ferienhäuser bauen und Massageanwendungen gönnen. Wer ein urtypisches Reinigungsritual erleben will, muss aber die Massen in Riga oder Jūrmala weit hinter sich lassen und aufs Land fahren, wo sich die Einheimischen ihre eigenen *pirts* gleich ans Wasser gebaut haben – ob Teich, Fluss, See oder Meer. Einige private *pirts* können von Reisenden gebucht werden, wie etwa dasjenige, das sich mehrere Hotels in Sigulda teilen; ansonsten muss man sich mit Einheimischen anfreunden, um Zugang zu einer solchen Sauna zu erhalten.

Litauen

Litauens Wellness- und Saunaszene ist weniger entwickelt als in den beiden anderen baltischen Ländern, aber auch hier gibt es einige Orte, um sich verwöhnen zu lassen. Die beiden beliebtesten Wellnessziele sind Birštonas und der im 19. Jh. zu Berühmtheit gelangte Kurort Druskininkai am Fluss Nemunas – für echte Wellnessfreaks ist Druskininkai erste Wahl. Die Stadt, die schon seit 200 Jahren Kurort ist, hat Mineralquellen, deren Wasser von Magen- bis zu Herzproblemen so ziemlich alles kurieren soll, Schlammbäder, ein recht mildes Klima und drum herum jede Menge Wald, der für frische und saubere Luft sorgt. Moderne Vergnügungsmöglichkeiten wie der riesige Wasserpark machen die Stadt zu einem tollen Erholungsziel für Gesunde und Kränkelnde gleichermaßen.

Wandern

Auch wenn die baltischen Länder nicht mit so schroffen Bergen oder weitläufiger Wildnis aufwarten können wie manche ihrer Nachbarländer, lohnt es sich, ein oder zwei Wandertage in einem der waldreichen Nationalparks einzuplanen. All dieser Wald (der 51 % von Estland, 45 % von Lettland und 33 % von Litauen bedeckt) will schließlich erkundet werden, vor allem da, wo es Biberdämme zu erspähen, Beeren zu pflücken oder Volksmärchen über ortsansässige Hexen und Feen zu hören gibt.

Also nichts wie rein in die Wanderstiefel, um draufloszutippeln und frischen Kieferndurft zu schnuppern, z. B. im litauischen Nationalpark Žemaitija, im lettischen Nationalpark Gauja oder im estnischen Nationalpark Lahemaa. Als Ausgangspunkte für Wanderungen eignen sich hübsche Dörfer wie Otepää und Rõuge in Estland, Valmiera und Cēsis in Lettland und Nida in Litauen. Wer das nicht aufregend genug findet, kann im estnischen Nationalpark Soomaa eine geführte Wanderung mit speziellen Moorschuhen unternehmen, um sonst kaum zugängliche Feuchtgebiete des Parks zu erwandern.

Wassersport

Nachdem sich die Balten den größten Teil des Winters zu Hause eingeigelt haben, erwacht die Region im Sommer richtig zum Leben. Während der herrlich langen Sommertage nutzen Einheimische und Besucher jede Gelegenheit, etwas Sonne zu tanken und den Vitamin-D-Spiegel zu heben. Das Meer oder der nächste See mit Möglichkeiten zum Angeln, Segeln, Windsurfen und Schwimmen sind nie weit. Und sollte das Wetter mal zu ungemütlich für Freiluftvergnügen sein, gibt es in den Großstädten und Touristenorten genügend Spaß- und Erlebnisbäder mit Hallenbad, Wasserrutschen, Saunen usw., deren Betreiber wissen, dass ein baltischer Sommer noch keine Garantie für Strandwetter ist.

Besonders schöne Strände bieten Pärnu, Narva-Jõesuu und Saaremaa in Estland, Jūrmala, Ventspils, Pāvilosta und Liepāja in Lettland sowie Palanga, Klaipėda und Nida in Litauen. Im lettischen Pāvilosta können Aktive aufregendere Wassersportarten wie z. B. Kitesurfen ausprobieren.

Kanufahren & Rafting

Auf einem ruhigen Fluss gemächlich durch die Landschaft zu gleiten, ist eine wunderbare Art, die Natur mal aus einer anderen Perspektive zu erleben. Da die Flüsse der Region nicht gerade für ihre wilden Stromschnellen bekannt sind, ist dies die ideale Gegend auch für Kanuanfänger und Familien. Doch die landschaftliche Schönheit und Ruhe der Region verspricht selbst Wasserratten, die es sonst etwas wilder mögen, ein großartiges Erlebnis.

In Lettland bieten sich die Flüsse Gauja und Abava für mehrtägige Kanutouren an. Kanutouristen können sich einer organisierten Tour anschließen oder die Ausrüstung mieten und die Routen auf eigene Faust befahren – die besten Ausgangspunkte sind Sigulda für die Gauja und Kandava für die Abava. Auch die Seenlandschaft von Latgale ist ein Traumziel. In Litauen sind der Nationalpark Aukštaitija, der Regionalpark Labanoros, der Nationalpark Dzūkija, Trakai und der Regionalpark Nemunas-Schleife großartige Kanureviere. Kanus oder traditionelle *haabjas* (eine Art finno-ugrische Einbäume) sind prima, um den Nationalpark Soomaa im südwestlichen Estland zu erkunden – hier kann man sogar lernen, wie man seinen eigenen *haabja*-Einbaum schnitzt. Otepää ist noch ein guter Ort in Estland für organisierte oder individuelle Kanutouren, ebenso wie der Naturpark Haanja.

Angeln

Die zahlreichen Seen und ewig langen Flüsse und Bäche in allen drei Ländern bieten reichlich Gelegenheit zum Angeln. Regionale Touristeninformationen geben Insidertipps zu den besten Angelplätzen und Infos zu Angelscheinen.

Im langen, düsteren baltischen Winter gibt es wohl keine tollere Erfahrung, als sich mit Wodka schlürfenden Einheimischen am Eisfischen zu versuchen – ob auf dem zugefrorenen Kurischen Haff vor Litauens Westküste oder bei Trakai.

Der Regionalpark Nemunas-Delta ist ein weiteres gutes Angelrevier im Westen Litauens. In Lettland ist die Seenlandschaft von Latgale mit ihren Hunderten tiefblauer Seen ideal zum Angeln. Ein weiteres Ziel ist der Engure-See (im nördlichen Kurzeme. Bei den Anglern in Estland ist der riesige Peipus-See besonders beliebt.

Beeren & Pilze sammeln

Die tiefe Verbundenheit der Balten mit der Natur äußert sich auch in ihrer Begeisterung für das Beeren- und Pilzesammeln – in allen drei Ländern eine Art Volkssport. Wer Einheimische zur sommerlichen Beerenernte oder herbstlichen Pilzsuche in den Wald begleiten kann, wird diese Begeisterung verstehen lernen.

Besucher, die auf Beeren- oder Pilzjagd gehen möchten, aber keinen Experten vor Ort kennen, können sich einer organisierten Tour anschließen (die Einheimischen hüten das Geheimnis ihrer Sammelstellen wie ihren Augapfel; bloß so herumzufragen, bringt wahrscheinlich nichts). Infos über Beeren- und Pilzsammeltouren gibt es unter www.atostogoskaime.lt (Litauen),

Oben: Ein junger Kormoran im Nationalpark Kurische Nehrung (S. 382)

Unten: Kajaktour auf der Gauja, Sigulda (S. 274)

MARTINS VANAGS/SHUTTERSTOCK ©

MITTSOMMERMANIE

In heidnischen Zeiten war die Mittsommernacht eine Nacht der Magie, in der wilde Hexen nackt herumtobten und Pflanzen, Menschen und Tiere verzauberten. Im bäuerlichen Kalender bedeutete der Termin das Ende der Frühlingsaussaat und den Beginn der sommerlichen Ernte. In der Sowjetära wurde Mittsommer zur politischen Festivität: In jeder Hauptstadt wurde eine Fackel der Unabhängigkeit entzündet, deren Flamme weitergetragen wurde, um Freudenfeuer im ganzen Land zu entfachen.

Heute ist der Mittsommertag am 24. Juni, auch als Sommersonnenwende oder Johannistag gefeiert, im Baltikum die größte Party des Jahres. In dieser Nacht wird es kaum dunkel – das allein wäre schon Grund genug zum Feiern in einer Region mit so kurzen Sommern und so langen, dunklen Wintern. In Estland heißt der Mittsommertag Jaanipäev, in Lettland Jāņi, Jānu Diena oder Līgo und in Litauen Joninės oder Rasos (der alte heidnische Name).

Die Feiern beginnen am 23. Juni, besonders in Lettland, das den Mitsommer mit der größten Begeisterung begeht. Traditionell zieht es die Menschen aufs Land, um diese besondere Nacht zwischen Seen und Kiefernwäldern zu feiern. Sie brauen spezielles Bier, bereiten Käseplatten, backen Kuchen, flechten Kränze aus Gräsern und hängen daheim glückbringende Kräuter auf, die die Familie vor bösen Geistern beschützen. Männer schmücken sich mit Kronen aus Eichenblättern, Frauen mit Blumenkränzen.

Am Vorabend des Mittsommertags werden Freudenfeuer entzündet und dann geht es hoch her, mit Musik und reichlich Alkohol. Niemand darf schlafen, bevor die Sonne unter- und wieder aufgegangen ist – sonst droht Unheil für das kommende Jahr. Man singt Volkslieder, tanzt und labt sich am besagten Bier, Käse und Kuchen! Es soll Glück bringen, über das Feuer zu springen. In Litauen gilt es als noch glückverheißender, über ein Feuerrad zu hüpfen, das den Hügel hinabgerollt wird. In Estland schaukeln die Feiernden auf doppelseitigen Jaanipäev-Schaukeln, die an Bäumen auf einer Waldlichtung oder auf dem Dorfplatz aufgehängt werden.

Die Mittsommernacht ist die Nacht der Liebenden. In Estland trifft sich das mythische Paar Koit (Morgendämmerung) und Hämarik (Abenddämmerung) ein einziges Mal im Jahr zu einer Umarmung, die nur so lang wie die kürzeste Nacht des Jahres dauert. Überall suchen Liebende nach der mythischen Farnblume, die nur in dieser Nacht blüht. Der Tau, der Blumen und Farne in der Mittsommernacht bedeckt, soll Heilkräfte haben und ist ein begehrtes Antifaltenmittel. Wer sein Gesicht darin badet, wird augenblicklich schöner und jugendlicher. Man hüte sich aber vor den Hexen des Jaanipäev/Jāni/Joninės, die ihn zu weniger bezaubernden Zwecken verwenden.

www.maaturism.ee (Estland), www.traveller.lv (Lettland) und bei den örtlichen Touristeninformationen.

Von den über 1000 Pilzarten der Region sind rund 400 essbar und etwa 100 giftig. Deshalb sollte man auf keinen Fall Pilze verzehren, die man nicht mit 100%iger Sicherheit identifizieren kann. Wer keinen einheimischen Experten dabei hat, tut besser daran, frisch gepflückte Pilze auf dem Markt einzukaufen. Zu den leckersten Sorten gehören Pfifferlinge und Steinpilze. Auch auf den Speisekarten der Restaurants stehen in der Saison oft Leckerbissen aus den Wäldern der Region.

Ein Toptermin für Pilzfreaks ist das Pilzfest, das jedes Jahr im September in Varėna stattfindet.

Vogelbeobachtung

Dank ihrer günstigen Lage an den Nord-Süd-Routen der Zugvögel sind die baltischen Länder ein Paradies für Vogelfreunde. Alljährlich machen hier Hunderte von Vogelarten Station, angelockt von den Feuchtgebieten, die von Fischen wimmeln, und der weiten, offenen und relativ menschenleeren Landschaft. Im Frühjahr treffen Tausende von Weißstörchen ein, die überall auf Hausdächern und Telegrafenmasten nisten. Auch Wiesenrallen, Rohrdommeln, Kraniche, Höckerschwäne, Schwarzstörche und alle möglichen Gänsearten sind regelmäßig zu Gast.

Estland

Eines der besten baltischen Ziele für Vogelfans ist der Nationalpark Matsalu in Estland, wo sich 280 Vogelarten (darunter viele Zugvögel) beobachten lassen und regelmäßig Touren angeboten werden. Höhepunkt der Frühlingszugsaison sind die Monate April/Mai, aber einige Arten kommen auch schon im März. Der Herbstzug beginnt im Juli und kann bis November andauern. Auch der Nationalpark Vilsandi vor der Insel Saaremaa ist ein bevorzugter Tummelplatz von Vögeln. Die Parkverwaltung vermittelt Beobachtungstouren.

Litauen

Rund 270 der 330 Vogelarten, die in Litauen vorkommen, sind im Regionalpark Nemunas-Delta anzutreffen, der somit im Reiseprogramm begeisterter Vogelbeobachter nicht fehlen darf. Die Parkverwaltung organisiert in den Hauptzugzeiten Beobachtungsexkursionen. Im nahen Nationalpark Kurische Nehrung gibt es bis zu 200 Vogelarten inmitten dramatischer Küstenlandschaft zu sichten.

Lettland

In Lettland können Besucher im herrlichen Nationalpark Gauja nach einigen der seltensten Vögel Europas ausspähen. Auch der Nationalpark Ķemeri im Norden von Kurzeme ist mit seinen dichten Wäldern und vielen Feuchtgebieten ein gutes Revier. 186 Vogelarten (44 davon bedroht) nisten im bedeutenden Vogelschutzgebiet um den Engure-See und seine sieben Inselchen.

Skifahren

Bloß weil sie keine Berge haben, lassen sich die Esten und Letten den winterlichen Skispaß nicht nehmen. Sie arbeiten halt mit dem, was sie zur Hand haben, legen Skilifte und Pisten selbst auf den winzigsten Hügeln an und nutzen Hausdächer und Erdhaufen als Sprungschanzen. Wenigstens das Klima ist auf ihrer Seite: Durch die kalten Wintertemperaturen gibt es hier mindestens vier Monate im Jahr Schneegarantie. Natürlich darf man kein anspruchsvolles Terrain oder lange Pulverschneepisten erwarten – aber von seinen Skierfahrungen im Baltikum erzählen zu können, ist schon eine coole Sache.

Das beste baltische Wintersportzentrum ist wohl Otepää im Südosten von Estland. Hier gibt es einige wenige Abfahrtpisten, jede Menge Loipen für Skilangläufer, eine Skisprungschanze und zahlreiche Ausrüstungsverleiher. Auch das rege Nachtleben und die Skiort-Atmosphäre tragen zum Reiz des Ganzen bei. Im Nationalpark Soomaa gibt es Tretschlittentouren, Skilanglaufloipen und Schneeschuhexkursionen.

Zentrum der lettischen Wintersportszene ist das Gauja-Tal. Cēsis hat kurze, aber nette Abfahrten und eine Fülle von Langlaufloipen zu bieten. Adrenalinsüchtige, denen Siguldas Pisten zu sanft sind, können sich den ultimativen Kick auf der 1200 m langen Bobbahn des Orts holen – die Gefährte für fünf Personen werden bis zu 80 km/h schnell!

Litauen bietet Abfahrtski bei Anykščiai und Langlauf durch rauschende Wälder zwischen zugefrorenen Seen im schönen Nationalpark Aukštaitija. Außerdem gibt es in Druskininkai eine große Skihalle.

Reiten

Das geruhsame Tempo einer Entdeckungsreise hoch zu Ross passt ausgezeichnet zur altertümlichen Atmosphäre mancher Regionen des Baltikums. Zu den schönsten ländlichen Idyllen, um sich den Hintern im Sattel wund zu scheuern, gehören der Nationalpark Lahemaa und die Inseln Hiiumaa und Saaremaa in Estland. Die dortigen Veranstalter bieten meist kombinierte Ausritte durch ländliche Gebiete und an der Küste an und können auch mehrtägige Wanderritte organisieren. Die besten lettischen Ziele für Pferdefreunde sind Plosti zwischen Kandava und Sabile im malerischen Abava-Tal, die **Untumi-Ranch** (☎6463 1255; www.untumi.lv), 7 km nordwestlich von Rēzekne, und die bewährten Klajumi-Stallungen bei Krāslava im Seengebiet von Latgale. Litauenurlauber auf der Suche nach Reitspaß kommen in Trakai oder beim Pferdemuseum im Dorf Niūronys bei Anykščiai auf ihre Kosten.

Reiseplanung

Reisen mit Kindern

Auf Reisende mit Kindern – ob Babys oder Teenager – warten in den baltischen Ländern keine besonderen Schwierigkeiten, dafür aber vielfältige Möglichkeiten für Familienspaß. Selbst wenn das Wetter mal nicht mitspielt, gibt es genug zu sehen und erleben.

Top-Ziele für Kinder

Estland

Estland hält für kleine Wasserratten endlose Sandstrände mit seichtem Wasser und ausgezeichnete Erlebnisbäder bereit. Außerdem gibt es gute, auf Kinder ausgerichtete Museen, Märchenschlösser und mittelalterliche Altstädte.

Lettland

Der Nationalpark Gauja ist ein verwunschener Wald voller himmelhoher Kiefern, Märchenschlösser, versteckter Monster, getarnter Sowjetbunker und aufregender Aktivitätsangebote wie Seilgärten, Seilrutschen und Kanutouren. Lettlands Westküste bietet einen tollen Mix aus Freizeitbädern und Sandstränden.

Litauen

Die litauische Küstenlinie ist ein einziger großer Tummelplatz, von Kirmesattraktionen und dem Unterhaltungsangebot der Restaurants in Palanga und Šventoji bis zu den Leihrädern und -booten auf der Kurischen Nehrung. Weiter landeinwärts warten bewaldete Landschaften darauf, zu Fuß oder per Kanu erkundet zu werden. In Vilnius können die Kids den Fernsehturm erklimmen, mit der Standseilbahn auf den Gediminas-Berg fahren und im örtlichen Spaßbad planschen.

Estland, Lettland & Litauen für Kinder

Im Vergleich zu früher, als Estland, Lettland und Litauen noch sozialistische Sowjetrepubliken waren, sind Reisen mit Kindern durch die Region heutzutage völlig problemlos. Alle drei Länder sind EU-Mitglieder, sodass hier für alles von Babynahrung bis zu Kindersitzen ähnlich hohe Standards gelten wie bei uns.

Die bewegte Geschichte der baltischen Länder mag für die meisten erwachsenen Besucher faszinierend sein, aber Kleinkinder und Teenager dürften Museen zur Sozialgeschichte eher zum Gähnen finden. Zum Glück verschaffen die diversen Burgen und Schlösser, Bauernhöfe, interaktive Museen und dergleichen auch den jüngeren Mitreisenden reichlich Gelegenheit, die Region auf vergnügliche und anregende Weise zu erforschen. Fast alle Sehenswürdigkeiten bieten Tickets zum halben Preis für Kinder im Schulalter und freien Eintritt für Kleinkinder.

Überall in der Region werden Touren zu den bedeutendsten Attraktionen angeboten – oft als Tagesausflüge von den Hauptstädten aus. Die meisten davon sind aber nicht besonders kindertauglich. Wer seine Kleinen im Schlepptau hat, tut besser daran, individuelle Ausflüge nach den eigenen Bedürfnissen zu gestalten.

Essenszeit

Manierliche Kinder sind in fast allen Esslokalen der Region willkommen; am angenehmsten für Eltern und Nachwuchs sind wohl die zwangloseren, familienfreundlichen Restaurants. In Lettland sind die Selbstbedienungs-Bistros der LIDO-Kette besuchenswert, ganz besonders die Filiale im riesigen Atpūtas Centrs (S. 231) am Stadtrand von Riga, mit einer mächtigen Windmühle und einem Freizeitpark nebenan. In Estland ist alles, was unter *kõrts* (Taverne) läuft, ein guter Tipp.

Die herzhafte, eher sparsam gewürzte Traditionskost des Baltikums dürfte den Geschmack vieler Kinder treffen. Auch wenn eingelegte Heringe und Sauerkraut nicht jedermanns Sache sind, sollte bei den vielen Rezepten mit Schweinefleisch, Huhn und Kartoffeln für die meisten etwas Passendes zu finden sein.

Außerdem sind bewährte Klassiker wie Pizza und Pasta allgegenwärtig und meist von ausreichender Qualität, um auch Erwachsenen zu munden. Viele Lokale haben spezielle Kindergerichte in kleineren Portionsgrößen. Etwas Abwechslung versprechen die ebenso preiswerten, sättigenden und allseits beliebten *pelmeņi*, eine Art Maultaschen aus der russischen Küche.

Ein kleiner Wermutstropfen: Kinderstühle wird man in den meisten Restaurants vergeblich suchen, und Wickelräume sind praktisch unbekannt.

Praktische Infos

Die Supermärkte der größeren Orte führen Windeln und Babynahrung bekannter Marken, teils auch in Bioqualität.

Alle Zweigstellen der großen, bekannten Autovermietungen sollten Kindersitze in passenden Größen bereithalten, aber wer auf Nummer sicher gehen will, fragt besser vorher nach und reserviert. Wer daheim eine hochwertige, komfortable Babyschale hat, die auch als tragbares Bettchen dienen kann, bringt sie am besten mit.

Highlights für Kinder

Lebendige Geschichte

- **Altstadt von Tallinn, Estland** Märchenlandschaft mit Türmchen, mittelalterlichen Gassen und Bedienungen in bäuerlicher Tracht (S. 69)
- **Museumsreservat Turaida, Lettland** Hier können die Kids die Burg erkunden, Schmieden bei der Arbeit zusehen und die seltsamen Skulpturen im Gesangsgarten bestaunen. (S. 270)
- **Grūtas-Park, Litauen** Eine Zeitreise in die Sowjetära samt Spielplatz mit „antiken“ Spielgeräten und Streichelzoo (S. 345)
- **Ordensburg von Rakvere, Estland** Kleine Kinder können sich als Prinzessinnen und Ritter verkleiden und Tiere tätscheln, größere sich in der Folterkammer gruseln und Alchemisten bei ihrem explosiven Tun zusehen. (S. 96)
- **Die Pension, Līgatne, Lettland** Ein versteckter Bunker voller Überbleibsel aus der Sowjetära – für jedes Alter spannend (S. 276)
- **Hermannsfeste, Narva, Estland** Im Sommer verwandelt sich der Burghof in ein Städtchen aus dem 17. Jh. (S. 100)
- **Kunsthandwerkszentrum Ludza, Lettland** Wolle spinnen, töpfern, nähen – da kriegen die Kids richtig was zu tun. (S. 287)
- **Haus des Kunsthandwerks, Ventspils, Lettland** Kunsthandwerksvorführungen in einem Klassenzimmer aus alter Zeit (S. 248)

Museen & Co.

- **Science Centre AHHAA, Tartu, Estland** Erlebnispädagogik: Spannende Exponate zum Anfassen verwandeln den Nachwuchs in verrückte Wissenschaftler. (S. 112)
- **Spielzeugmuseum in Tartu, Estland** Spielzeug zum Anstaunen, Spielzeug zum Spielen, Spielzeug, das bei Erwachsenen nostalgische Sehnsüchte weckt ... (S. 111)
- **Lennusadam-Wasserflugzeughafen, Tallinn, Estland** Jede Menge interaktive Exponate und ein echtes U-Boot, ein Eisbrecher und ein Minensuchschiff für kleine Entdecker. (S. 61)
- **Schmalspurbahnmuseum, Anykščiai, Litauen** Besucher können mit einer Draisine und einer historischen Eisenbahn fahren. (S. 372)
- **Tallinner Zoo, Estland** Große Tiere und knuddelige Kreaturen zum Anschauen und Dazulernen (S. 69)
- **Pferdemuseum, Niūronys, Litauen** Hier gibt es einiges zu erleben: historische Karren und Kutschen bewundern, Pferdewagen fahren und Schwarzbrot selber backen. (S. 372)
- **Oskar-Luts-Kirchspiel-Schulmuseum, Palamuse, Estland** Wo sonst ermutigen Erwachsene Kinder, zur Schleuder zu greifen, um einen Stein durch eine echte Fensterscheibe zu schießen? (S. 106)

➡ **Nuku, Tallinn, Estland** Im nationalen Marionettenmuseum gibt es Verkleidungsmöglichkeiten, Theaterpuppen zum Spielen und Ansehen und regelmäßige Puppentheateraufführungen. (S. 69)

➡ **Ilons Wunderland, Haapsalu, Estland** Das Museum entführt kleine Besucher in die Welt der bekannten Kinderbuchillustratorin Ilon Wikland. (S. 160)

Aktivitäten

➡ **Sigulda, Lettland** Seit alters her ein Topziel für Adrenalinsüchtige. Außer haarsträubenden Bungeesprüngen und Schussfahrten auf der Bobbahn gibt es aber auch viele zahmere Aktivitäten für kleinere Kinder. (S. 271)

➡ **Kurische Nehrung, Litauen** Mit ihren Wanderdünen und kilometerlangen, windgepeitschten Stränden der beste Ort des Baltikums, um die ultimative Sandburg zu bauen (S. 382)

➡ **Ventspils, Lettland** Riesiger Spielplatz (Kinderstadt), Bimmelbahn und jede Menge spaßige Aktivitäten am Strand (S. 247)

➡ **Palanga, Litauen** Das Strandbad wimmelt von kinderfreundlichen Vergnügungen: aufblasbare Rutschen, Karussells, Elektroautos uvm. (S. 394)

➡ **Pärnu, Estland** Der historische Badeort ist mit seinen lauschigen Parks, dem riesigen Erlebnisbad und dem schönen Sandstrand mit seichtem Wasser ein regelrechter Magnet für Familien. (S. 137)

➡ **Otepää, Estland** Estlands selbst ernannte „Winterhauptstadt" bietet das ganze Jahr über eine Vielfalt von Aktivitäten in der Natur, u. a. einen ausgezeichneten Hochseilgarten. (S. 127)

➡ **Jūrmala, Lettland** Ein besonders familienfreundliches Strandbad (S. 241)

➡ **Aquapark, Druskininkai, Litauen** Außer dem phantastischen Spaßbad für Kinder gibt es hier auch Wellnessbehandlungen für die Eltern. (S. 346)

Reiseplanung

Reisezeit

Der Sommer mit seinen langen Tagen und seinem milden Wetter ist die ideale Zeit, um mit Kindern ins Baltikum zu reisen – auch wenn die taghellen Nächte um die Mittsommerzeit den Schlafrhythmus der Kleinen etwas durcheinanderbringen können. Im Sommer läuft die touristische Infrastruktur auf Hochtouren: Die Strandorte erwachen zum Leben, und im Landesinneren gibt es unzählige Häuschen zu mieten. Da das Baltikum bei Urlaubern jeder Spezies sehr beliebt ist, sollten Unterkünfte und Mietwagen unbedingt rechtzeitig reserviert werden (nicht vergessen, dabei ggf. auch nach Kinderbetten und -sitzen zu fragen).

Was gehört ins Reisegepäck?

Langes Kopfzerbrechen beim Packen kann man sich sparen: Was immer man vergessen hat, ist in den Hauptstädten sicherlich zu bekommen. Badesachen sind unabhängig von der Jahreszeit ein Muss, denn es gibt genug beheizte Hallenbäder, falls gerade mal kein Strandwetter ist.

Wer auf die Inseln oder in die Nationalparks will, sollte sich mit Insektenschutzmittel eindecken, denn die Mücken hier sind riesig und unersättlich.

Unterkünfte

Die meisten Hotels geben sich alle Mühe, es kleinen Gästen heimelig zu machen. Viele haben Familienzimmer mit einem Doppelbett für die Eltern und einem Einzelbett oder Etagenbett für den Nachwuchs. Auch Kinderbettchen und Zustellbetten sind oft zu bekommen, vor allem in den größeren Häusern. Am besten fragt man aber vorher nach und reserviert eines. Manchmal wird ein kleiner Aufschlag für das Zusatzbett erhoben, aber in den meisten Fällen dürfen Kleinkinder im Doppelzimmer gratis mitwohnen.

Das Baltikum im Überblick

Auf den ersten Blick wirken die drei baltischen Staaten fast austauschbar, wie sie da an der Nordostgrenze Europas übereinander gestapelt liegen. Doch obwohl durch die gemeinsame Geschichte und Geografie der Region eng verbunden, sind die drei Länder in vielerlei Hinsicht ganz unterschiedlich – wobei Sprache, Religion und Mentalität nur die offensichtlichsten Aspekte darstellen.

Ein gutes Beispiel hierfür bieten die drei Hauptstädte. Die estnische präsentiert sich als Mittelaltermärchen, die litauische voller barocker Schnörkel, die lettische wiederum ist berühmt für ihre überkandidelten Jugendstilbauten, die mit Göttern, Monstern, durchgeknallten Katzen und Naturmotiven geschmückt sind.

So sind die baltischen Staaten nicht so sehr Variationen eines gemeinsamen Themas, als vielmehr separate Sätze einer Sinfonie, die man entweder einzeln auskosten oder zu einem Gesamtopus zusammenfassen kann, und das in jeder beliebigen Reihenfolge.

Estland

Historische Orte
Burgen
Natur

Hanseatisches Erbe

Von der malerischen mittelalterlichen Altstadt Tallinns über die eleganten Straßen und Parks von Pärnu bis zum Univiertel von Tartu: Estland bezaubert mit Orten, an denen die Zeit stillzustehen scheint.

Trutzige Festungen

Die Lage am Rande der Zivilisation und die Jahrhunderte voller Kriege haben zumindest ein wunderbares Erbe hinterlassen: die faszinierenden Burgen im ganzen Land.

Wälder & Feuchtgebiete

Die estnische Landschaft mag im Vergleich zu gebirgigeren Regionen Europas platt und unspektakulär erscheinen, aber mit seiner geringen Bevölkerungsdichte und seinen ausgedehnten Wäldern, Mooren und Sümpfen ist das Land ein wichtiger Lebensraum für große und kleine Säugetiere und die zweimal im Jahr hier einfallenden Scharen von Zugvögeln.

S. 45

Lettland

Architektur
Schlösser
Natur

Jugendstilpracht in Riga

Keiner beherrschte den Jugendstil so gut wie die Rigaer Architekten des ausgehenden 19. und frühen 20. Jhs., die unzählige Fassaden der Stadt mit kreischenden Kobolden, betenden Göttinnen, rankenden Reben und geometrischen Mustern schmückten.

Aristokratische Überbleibsel

Lettland, einst Spielwiese deutscher Adliger, ist übersät mit den verwitterten Zeugnissen einer vergangenen Zeit. Viele dieser Schlösser und Gutshäuser sind liebevoll restauriert und in hübsche Landgasthöfe verwandelt worden – perfekte Orte, um vom Märchenprinzen zu träumen.

Einsame Landschaft

Jenseits der Kirchtürme und Plattenbauten von Riga erstrecken sich endlose stille Wälder, idyllische Seenlandschaften und die weite Ostseeküste.

S. 202

Litauen

Natur
Architektur
Nachtleben

Unberührte Natur

Die Ostseeküste, die Dünen der Kurischen Nehrung und von Wiesen und Seen unterbrochene weite Wälder: Litauen ist herrlich unberührt. Die gute touristische Infrastruktur ermöglicht schöne Wanderungen sowie Rad- und Bootstouren auf eigene Faust.

Prunk & Farbenfreude

Die schöne Altstadt von Vilnius strotzt vor Renaissance-, Barock- und klassizistischer Architektur. Außerhalb der Stadt entzücken einfache Holzbauten mit bunten Farben und reichem Schnitzwerk.

Vilnius bei Nacht

In Vilnius und Kaunas tummeln sich Tausende von Studenten, die einen zuverlässigen Kundenstamm für Hunderte von Cafés, Kneipen, Restaurants und Clubs bilden. In Vilnius ist die Altstadt das Zentrum des Geschehens, aber auch in anderen Stadtteilen herrscht kein Mangel an netten Lokalen.

S. 299

Reiseziele im Baltikum

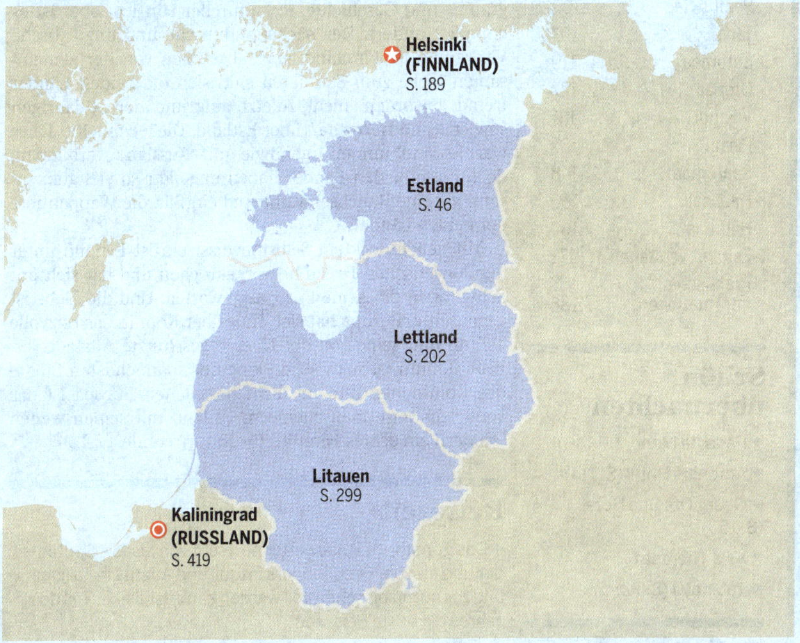

Estland

☎ 372 / 1,3 MIO.

Inhalt ➜

Schön übernachten

- Pädaste Manor (S. 146)
- Antonius Hotel (S. 114)
- Georg Ots Spa Hotel (S. 155)
- Villa Theresa (S. 97)
- Tabinoya (S. 72)

Gut essen

- Mr Jakob (S. 131)
- Kuur (S. 167)
- Ö (S. 78)
- Rataskaevu 16 (S. 76)
- Retro (S. 156)

Auf nach Estland

Estland muss sich nicht sonderlich anstrengen, um sich als etwas Besonderes zu präsentieren: Es ist absolut einzigartig. Zwar teilt es mit Lettland und Litauen eine ähnliche Geographie und Geschichte, in kultureller Hinsicht aber ist es komplett anders. Der nächste ethnische und linguistische Verwandte ist Finnland, aber abgesehen von der gemeinsamen Liebe zum Saunieren sind sich die beiden Länder fremd geworden, nicht zuletzt aufgrund der 50-jährigen sowjetischen Herrschaft über Estland. Die letzten 300 Jahre war Estland immer irgendwie mit Russland verbunden, doch diese beiden Länder haben ungefähr so viel gemeinsam wie eine Rauchschwalbe und ein Bär, die Wappentiere der beiden Länder.

Mit neuentdecktem Selbstbewusstsein ist Estland unter der sowjetischen Decke hervorgekrochen und hat sich mit Schwung in die Arme Europas geworfen. Und die Liebe ist gegenseitig. Europa hat sich Hals über Kopf in das reizvolle Tallinn und seine von der Unesco geschützte Altstadt verliebt. Tallinn ist inzwischen eine der spannendsten Städte des Kontinents. Und im dicht besiedelten Europa ist das vergleichsweise menschenleere Estland mit seinen weiten Wäldern ein echtes Paradies für Naturfreunde.

Reisezeit

- Das günstigste Reisewetter herrscht von Mai bis September und obwohl es besonders im Juli und August in Tallinn und Pärnu ein bisschen voll werden kann, ist dieser Teil des Jahres die beste Reisezeit.
- Fast alle Feste und Festivals finden im Sommer statt; das größte Event ist die Mittsommernacht.
- Freunde des Skilanglaufs sollten im Winter nach Otepää fahren, der inoffiziellen Winterhauptstadt des Landes.
- Unvergesslich ist die Weihnachtszeit in Tallinn, mit Weihnachtsmärkten und einem Weihnachtsbaum auf dem Hauptplatz der Stadt – Letzteres eine fast 600 Jahre alte Tradition.

TALLINN

414 000 EW.

Wer unter dem Label „ehemalige Sowjetunion" nur öde graue Städte erwartet und alle Touristenzentren für seelenlos hält, der wird in Tallinn eines Besseren belehrt. Diese Stadt ist überaus charmant und vermählt Moderne und Mittelalter zu einer einzigartigen, betörenden Mischung aus alten Kirchtürmen, gläsernen Wolkenkratzern, barocken Palästen, einladenden Restaurants, düsteren Festungsmauern, glitzernden Einkaufszentren, verwitternden Holzhäusern und Cafés auf sonnigen Plätzen – dazu kommen als besondere Note ein paar Relikte aus der Sowjetzeit.

Auch wenn Tallinn in den letzten Jahren einen wahren Wirtschaftsboom erlebt hat, konnte die Stadt den märchenhaften Charme ihrer Altstadt mit Unterstadt und Domberg bewahren. Sie hat einen der faszinierendsten Stadtkerne Europas, die noch von einer alten Stadtmauer umgeben sind. So charmant wirkte das Ganze aber nicht immer. Eine Zeitlang sah es so aus, als würde Tallinn seine Seele verkaufen, um zu einem Bangkok an der Ostsee zu werden: Mit billigem Alkohol und weit verbreiteter Prostitution zog es Horden junger Männer an. Auch wenn sich nach wie vor zwielichtige Elemente herumtreiben, hat sich das ziemlich gelegt: Offenbar hat man erkannt, dass sich mehr Geld verdienen lässt, wenn man sich etwas nobler präsentiert. Daher schießen ständig neue erstklassige Restaurants und stimmungsvolle Hotels für eine gut geölte Fremdenverkehrsbranche aus dem Boden, sodass ein Besuch in der Stadt eine wahre Freude ist, egal welche Sprache man spricht.

Tallinn wird also immer kultivierter, ohne steril zu wirken, es hat seinen Blick in die Zukunft gerichtet, ohne die Vergangenheit zu vergessen, und ist daher eine wirklich faszinierende Stadt.

Geschichte

Das Gebiet von Tallinn soll um 2500 v. Chr. von einem finno-ugrischen Volk besiedelt worden sein. Ab dem 9. Jh. war der Ort bereits als Handelssiedlung bekannt; im 11. Jh. wurde ein hölzernes Bollwerk auf dem Toompea (Domberg) errichtet. Die Dänen unter König Waldemar II. (der Nordestland 1219 eroberte) trafen in Tallinn auf entschlossenen Widerstand und waren schon auf dem Rückzug, als eine weiße Flagge mit rotem Kreuz vom Himmel und in die Hand ihres Bischofs fiel. Die Dänen sahen darin ein Zeichen göttlicher Unterstützung, kämpften weiter und siegten: Die Flagge wurde später ihre Nationalflagge. Die Dänen bauten ihre eigene Burg auf dem Domberg, worauf auch die Herkunft des Namens Tallinn zurückgeführt wird: *Taani linn* ist die wortwörtliche estnische Übersetzung für „Dänenstadt" (*linn* = Stadt).

Die Ritter des Schwertbrüderordens entrissen den Dänen 1227 Tallinn und bauten die erste Steinfestung auf dem Domberg. Deutsche Händler kamen von Visby auf der Ostseeinsel Gotland und gründeten mit 200 Mann eine Kolonie unterhalb der Festung. 1238 geriet Tallinn wieder unter dänische Kontrolle. 1285 trat es der Hanse bei: Die Stadt lag auf dem Handelsweg von Nowgorod über Pihkva (russisch: Pskov) nach Westen: Pelze, Honig, Leder und Robbenfett wurden nach Westeuropa verschifft, im Gegenzug wurden Salz, Stoffe, Hering und Wein nach Osten gebracht.

Mitte des 14. Jhs., als die Dänen Nordestland an den Deutschen Orden verkauft hatten, war Tallinn eine bedeutende Hansestadt mit rund 4000 Einwohnern. Ein Interessenkonflikt mit den Rittern und dem Bischof auf dem Domberg hatte zur Folge, dass die meist deutschen Handwerker und Händler in der Unterstadt eine Befestigungsmauer bauten, um sich vom Domberg abzugrenzen. Tallinn erlebte eine wirtschaftliche Blütezeit und entwickelte sich zu einer der größten Städte Nordeuropas. Neben dem estnischen Namen trug die Stadt bis 1918 auch den deutschen Namen Reval.

Die Blütezeit fand im 16. Jh. ihr vorläufiges Ende. Die Hanse war geschwächt und Russen, Schweden, Dänen, Polen und Litauer stritten um die baltische Region. Tallinn überstand zwischen 1570 und 1571 eine

ESTLAND AUF EINEN BLICK

Währung
Euro (€)

Sprache
Estnisch

Hauptstadt
Tallinn

Fläche
45 339 km²

Highlights

1 Beim Bummeln durch die geschichtsträchtigen mittelalterlichen Gassen von **Tallinn** (S. 47) stimmungsvolle Lokale und versteckte Kneipen entdecken

2 Im **Nationalpark Lahemaa** (S. 89) Waldpfade, über Moore führende Bohlenwege, einsame Strände und Gutshöfe erkunden

3 In den Museen und Studentenkneipen von **Tartu** (S. 107), Estlands zweitgrößter Stadt, auf Bildungsreise gehen

4 Auf der Insel **Saaremaa** (S. 148) entspannen, die mit

Windmühlen, Burgen, Kirchen, Klippen und einem Krater aufwartet

5 Nach **Muhu** (S. 145) übersetzen, wo im Dorf Koguva die Zeit stillzustehen scheint

und der Gutshof Pädaste mit kulinarischen Leckerbissen lockt

6 Den goldenen Sandstrand und die eleganten Straßen **Pärnus** (S. 137), der „Sommerhauptstadt" Estlands, entlangschlendern

7 In der „Winterhauptstadt" **Otepää** (S. 127) die Natur genießen – auch wenn gerade kein Schnee liegt

Tallinn

Tallinn

Highlights

1 Estnisches Freilichtmuseum A3

Sehenswertes

2 Estnische Nationalbibliothek D3
3 Schloss Maarjamäe F2
4 Stallungen von Schloss Maarjamäe G2
5 Gedenkstätte Maarjamäe G2
6 Strand von Pirita G1
7 Brigittenkloster G1
8 Stroomi-Strand B2
9 Sängerfestgelände F2
10 Tallinner Zoo A4
11 Telliskivi Creative City D3

Aktivitäten, Kurse & Touren

12 Bootsverleih Bell-Marine G1
13 Club 26 .... E3
14 Tallinner Sommerschule E3

Schlafen

15 Kreutzwald Hotel Tallinn D3
16 Swissôtel Tallinn E3
17 United Backpackers E3
18 Valge Villa C4
19 Y-Residence D3

Essen

F-hoone .... (s. 11)
Horisont .... (s. 16)
20 Neh E3

Ausgehen & Nachtleben

21 Club 69 .... D3
Pudel .... (s. 11)

Unterhaltung

22 A. Le Coq Arena D4
23 Saku Suurhall A4

Shoppen

24 Zentralmarkt E3
25 Stockmann Kaubamaja E3
Telliskivi-Flohmarkt .... (s. 11)

29 Wochen währende Belagerung durch Iwan den Schrecklichen. 1561 bis 1710 wurde die Stadt von Schweden beherrscht und ergab sich dann – durch die Pest dezimiert – dem russischen Zaren Peter dem Großen.

1870 wurde die Eisenbahnstrecke zwischen St. Petersburg und Tallinn fertiggestellt: Tallinn wurde der wichtigste Hafen des russischen Zarenreiches. Befreite Bauern strömten vom Land in die Stadt und erhöhten den estnischen Bevölkerungsanteil innerhalb von 30 Jahren von 52 % (1867) auf 89 % (1897). Bis zum Ersten Weltkrieg entstanden in Tallinn große Schiffswerften, über 100 000 Menschen lebten in der Stadt.

Im Zweiten Weltkrieg erlitt Tallinn große Schäden – Tausende Gebäude wurden 1944 durch sowjetische Bombardierungen, die sich gegen die stationierten deutschen Truppen richteten, zerstört. Nach dem Krieg folgte die Industrialisierung Tallinns unter sowjetischer Kontrolle: In der Stadt wurde u. a. der größte Getreidehandelshafen der UdSSR gebaut, die Einwohnerzahl stieg von 175 000 (1937) auf fast 500 000. Die Zugezogenen kamen zum Großteil aus Russland; neue Trabantenstädte mit Hochhäusern entstanden vor den Toren der Stadt, um die vielen Zugezogenen unterzubringen.

Die vielen Siedlungen im sowjetischen Plattenbaustil bedeuteten einen Verlust des kulturellen Lebens im Zentrum. In den 1980er-Jahren sah die Altstadt ziemlich heruntergekommen aus – die meisten Leute lebten lieber in den neuen Vororten als im Zentrum. Die Renovierung der Altstadt begann Ende der 1980er-Jahre; die Unabhängigkeitsbewegung fand in weiten Teilen auf den Straßen von Tallinn statt.

In den 1990er-Jahren verwandelte sich Tallinn dann in die heutige mittelgroße Stadt, mit einer wunderschön restaurierten Altstadt und einem modernen Geschäftsviertel. Tallinns IT-Firmen stehen an vorderster Front der New Economy und die mit dem Internet bestens vertraute und ans WLAN angeschlossene Bevölkerung begrüßt die Errungenschaften der Gegenwart mit offenen Armen. Die Vorstädte bräuchten allerdings noch ein Facelifting, wie es der Altstadt verpasst wurde. Doch in diese Randgebiete der Stadt verirren sich selten Besucher: Armut und Arbeitslosigkeit sind hier offensichtlicher als im Zentrum.

Sehenswertes

Zwar liegen die meisten Sehenswürdigkeiten Tallinns leicht erreichbar in der Altstadt, doch auch die etwas abseits gelegenen Attraktionen lohnen einen Besuch – und Tallinn ist insgesamt so kompakt, dass man auch dort gut hinkommt. Besonders Kadriorg sollte nicht auf dem Besuchsprogramm fehlen.

Altstadt

Die Altstadt (Vanalinn) von Tallinn, das mittelalterliche Juwel Estlands, ist wohl eines der faszinierendsten Ziele im ganzen Land. In den engen Kopfsteinpflastergassen erlebt man eine Reise in die Zeit des 15. Jhs. – nicht zuletzt dank der Neigung vieler Geschäfte, ihr Personal in historische Bauernkleidung zu stecken. Der Weg führt vorbei an alten Kaufmannshäusern, versteckten mittelalterlichen Innenhöfen, hoch aufragenden Kirchturmspitzen und Treppen, die zu herrlichen Aussichtspunkten mit Blick über die Stadt hinaufführen. Dafür, dass sie ein überaus beliebtes Touristen-Highlight ist, hält sich die Altstadt noch bemerkenswert gut. Zwar ist fast jedes Gebäude mit einer Informationstafel (auf Estnisch und Englisch) versehen, doch ist nicht die gesamte Altstadt übermäßig gentrifiziert. Ein Teil des Charmes der Altstadt besteht darin, dass der Schick mit dem Heruntergekommenen eine gute Verbindung eingeht.

Natürlich hat die Beliebtheit der Altstadt auch ihre Schattenseiten. Im Sommer legen manchmal sechs Kreuzfahrtschiffe gleichzeitig im Tallinner Hafen an, sodass sich wahre Besucherströme träge durch die Altstadt winden. Wer mit einem solchen Schiff in Tallinn ankommt, sollte wissen, dass es vom Fährhafen nur ein kurzer Fußmarsch in die Altstadt ist; statt einer organisierten Führung zu folgen, lohnt sich eine Erkundung auf eigene Faust. Für alle anderen Besucher gilt: Die meisten Schiffe legen am Nachmittag wieder ab und spätestens ab 17 Uhr kann man sich dann wieder auf den Straßen bewegen.

Unterstadt

Freiheitsplatz PLATZ

(Vabaduse väljak; Karte S. 54) Dieser große gepflasterte Platz wird für Sommerkonzerte, zum Skateboarden und für spontane Fußballspiele genutzt; am Südende wird auf einer riesigen Leinwand *Estland sucht den Superstar* (*Eesti Otsib Superstaari*) übertragen. Der Platz liegt unmittelbar vor

TALLINN IN ...

... zwei Tagen

Der erste Tag gehört ganz der **Altstadt**. Nach unserem **Stadtspaziergang** (S. 58) am Vormittag bietet sich eine Mittagspause in einem der vielen hervorragenden Restaurants an. Am Nachmittag laden ein oder zwei Museen zur Erkundung – vielleicht das **Stadtmuseum** (S. 56) und der Ableger des Museums für Estnische Geschichte im **Haus der Großen Gilde** (S. 55). Abends macht man sich fein für ein Abendessen im **Tchaikovsky** (S. 77) und lässt den Tag in einer der Kneipen in der Altstadt ausklingen.

Am folgenden Tag schwimmt man gegen den Touristenstrom und verlässt die Altstadt. Als Erstes steht ein Bummel durch den **Kadriorg-Park** (S. 64) und die dortigen Galerien auf dem Programm. Danach geht's weiter nach **Maarjamäe** (S. 67) mit seinen Museen und dem Kriegsdenkmal. Und am Abend lockt das **Rotermann-Viertel** (S. 64).

... vier Tagen

Vier Tage bieten genügend Zeit für die wichtigsten Highlights der Stadt. Zusätzlich zum Zweitagesprogramm bietet sich ein Besuch im **Lennusadam Seaplane Harbour** (S. 61), im **Besatzungsmuseum** (S. 60), im **Estnischen Freilichtmuseum** (S. 68) und auf dem **Fernsehturm** (S. 68) an. Auch sollte man ein bisschen Zeit für die **Telliskivi Creative City** (S. 64) und die Erkundung des Stadtteils Kalamaja reservieren.

SPRACHE

Guten Tag	*Tere*
Auf Wiedersehen	*Head aega*
Ja	*Jah*
Nein	*Ei*
Danke	*Tänan*
Bitte	*Palun*
Entschuldigung	*Vabandage*
Prost	*Terviseks*

einem der ehemaligen Stadttore; dessen Überreste sind bei der Nordwestecke unter Glas erhalten. Am westlichen Ende des Platzes erinnert ein riesiges Glaskreuz an den Estnischen Unabhängigkeitskrieg.

Über dem Ostende des Platzes thront die lutherische **Johanneskirche** aus dem 19. Jh. In der Nähe erinnert ein **Gedenkstein** an die Solidarnosc, die beim Fall des Kommunismus in Polen eine wichtige Rolle spielte. Sowohl der Stein als auch die nahe **Chopin-Sitzbank**, die Konzerte des Komponisten spielt, waren ein Geschenk der polnischen Botschaft.

Museum für Fotografie — MUSEUM

(Fotomuuseum; Karte S. 54; www.linnamuuseum.ee; Raekoja 6; Erw./Kind 2/1 €; ⌚Do–Di 10.30–17.30 Uhr) Das kleine Museum im ehemaligen Stadtgefängnis ist sicher nur für große Fotoliebhaber interessant. Ausgestellt sind z. B. alte Kameras und Fotos aus den Anfangszeiten der estnischen Fotografie.

★Rathausplatz — PLATZ

(Raekoja plats; Karte S. 54) Schon seit dem 11. Jh. bildet der Raekoja plats als Marktplatz das Herz der Stadt. Eine Seite nimmt das gotische Rathaus ein, den Rest säumen hübsche pastellfarbene Gebäude aus dem 15. bis 17. Jh. Ob bei Sonne oder Schnee – dies ist stets ein sehr fotogenes Eckchen.

Im Sommer laden hier jede Menge Cafés zum Verweilen und Leutebeobachten ein. Zur Weihnachtszeit ziert eine riesige Kiefer die Mitte des Platzes – und das schon seit 1441: Damals war der von der Bruderschaft der Schwarzhäupter errichtete Baum der erste öffentlich aufgestellte Weihnachtsbaum weltweit, was die Einwohner von Riga allerdings heftig bestreiten.

Rathaus — HISTORISCHES GEBÄUDE

(Tallinna Raekoda; Karte S. 54; ☎645 7900; www.raekoda.tallinn.ee; Raekoja plats; Erw./Stud. 5/2 €; ⌚Juli–Aug. Mo–Sa 10–16 Uhr, Sept.–Juni nach Vereinbarung) Das 1404 fertig gestellte Gebäude ist das einzige erhaltene gotische Rathaus Nordeuropas. Zu besichtigen sind drinnen das Kaufmannsgewölbe (mit einem Besucherbuch voller Promi-Einträge), der Ratssaal (mit den ältesten Holzschnitzereien Estlands, von 1374), der mit einer Gewölbedecke versehene Bürgersaal, die gelb-schwarz geflieste Kämmerei und eine kleine Küche. Unter dem steilen Dach sind Ausstellungen zur Geschichte des Gebäudes und seiner Restaurierung untergebracht.

Gelegentlich finden in dem Gebäude hochkarätige Wanderausstellungen statt, dann ist der Eintritt u. U. erheblich höher.

Falls die Kinder unruhig werden, kann man ihnen die eisernen Ringe zeigen, die auch heute noch an der dem Platz zugewandten Außenwand hängen.

Rathausturm — AUSSICHTSPUNKT

(Karte S. 54; Erw./Kind 3/1 €; ⌚Juni–Aug. 11–18 Uhr) Der Alte Thomas (Vana Toomas), Tallinns Stadtsymbol, wacht seit 1530 hoch oben auf dem Rathaus als Wetterfahne über die Stadt – das Original befindet sich heute allerdings im Stadtmuseum. Wer die 115 Stufen zur Spitze des Turmes erklimmt, hat fast denselben Ausblick wie Thomas. Der Legende nach wurde der elegante, 64 m hohe minarettähnliche Turm nach einer Skizze gebaut, die ein Forschungsreisender nach einem Orientbesuch angefertigt hatte.

Ratsapotheke — HISTORISCHES GEBÄUDE

(Raeapteek; Karte S. 54; www.raeapteek.ee; Raekoja plats 11; ⌚Di–Sa 10–18 Uhr) Niemand weiß genau, wann sie ihre Pforten öffnete, aber 1422 hatte diese Apotheke schon ihren dritten Eigentümer. Somit ist sie die älteste fortwährend betriebene Apotheke Europas. 1583 übernahm Johann Burchardt das Ruder und ein Nachfahre desselben Namens

Tallinn – Zentrum

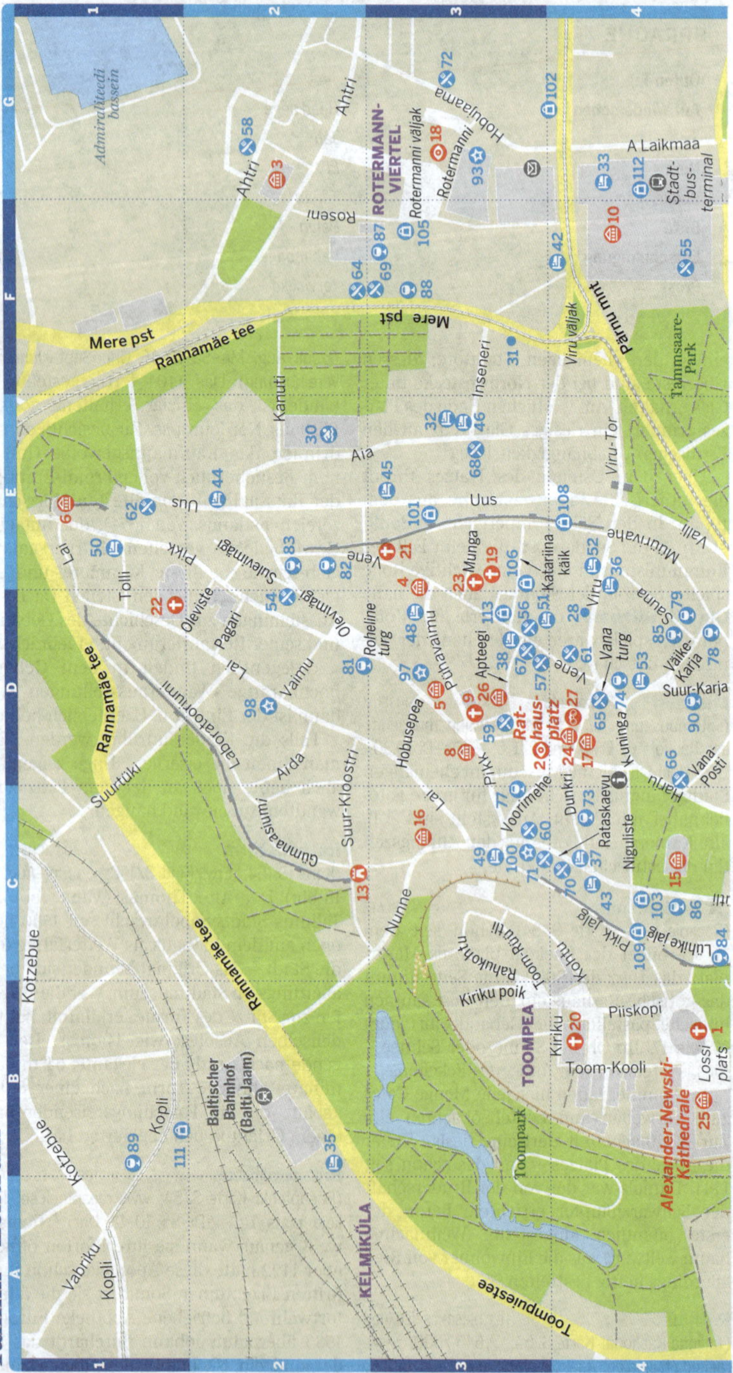

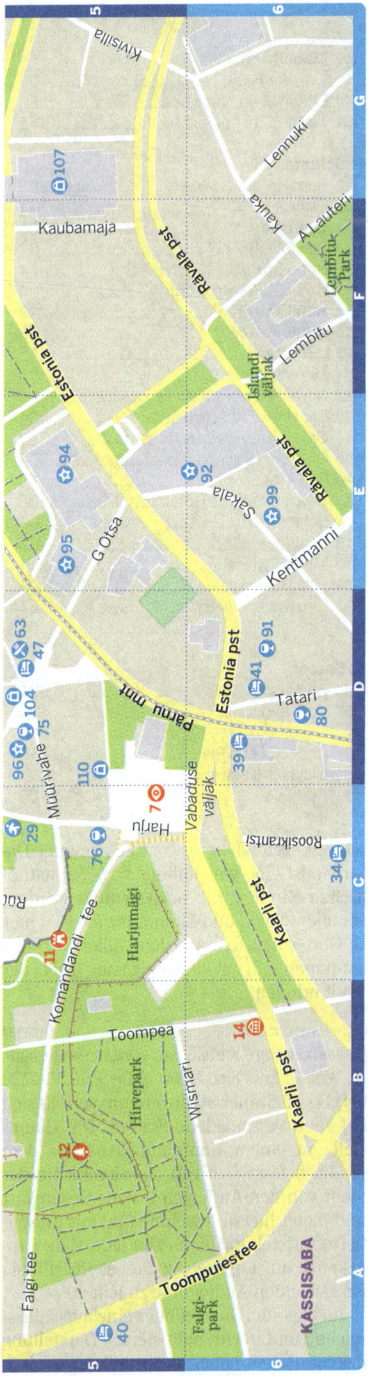

betrieb sie bis 1913 – insgesamt zehn Generationen! Drinnen gibt's bemalte Balken und eine kleine historische Ausstellung, oder man besorgt sich hier einfach seine Schmerz- und Verhütungsmittel.

Heiliggeistkirche KIRCHE
(Pühavaimu kirik; Karte S. 54; www.eelk.ee/tallinna.puhavaimu/; Pühavaimu 2; Erw./Kind 1/0,50 €; ⌚ Jan.–Mitte März Mo–Fr 12–14, Sa 10–16 Uhr, Mitte März–April & Okt.–Dez. Mo–Sa 10–15 Uhr, Mai–Sept. Mo–Sa 10–17 Uhr) Die leuchtende blau-goldene Uhr von 1684 an der Fassade der eindrucksvollen gotischen Kirche aus dem 13. Jh. ist die älteste in Tallinn. In der Kirche findet man feine Holzschnitzarbeiten und Gemälde, darunter einen Altar von 1483 und eine Barockkanzel aus dem 17. Jh.

Johann Koell, ein ehemaliger Pastor dieses Gotteshauses, wird als erster Autor eines estnischen Buches angesehen: Er veröffentlichte 1535 einen Katechismus. Regelmäßig werden hier klassische Konzerte gegeben.

Haus der Großen Gilde MUSEUM
(Suurgildi hoone; Karte S. 54; www.ajaloomuuseum.ee; Pikk 17; Erw./Kind 5/3 €; ⌚ 10–18 Uhr, Okt.–April Mi geschl.) Das Museum für Estnische Geschichte präsentiert im schönen Haus der Großen Gilde von 1410 Überlegungen zur estnischen Kulturgeschichte anhand von interaktiven und ungewöhnlichen Exponaten. Münzsammler sollten sich die Ausstellung in der alten Schatzkammer nicht entgehen lassen, während auf Militärfreaks die Ausstellung im Keller wartet. Hier unten wird auch auf die Geschichte der Großen Gilde selbst eingegangen.

Die größte Abteilung, *Der Geist des Überlebens – 11 000 Jahre estnischer Geschichte,* stellt Fragen wie „Ist Estland das säkularste Land der Welt?" und „Waren die Esten in ihrem eigenen Land glücklich?" – die Antwort auf die zweite Frage fällt zurzeit anscheinend negativ aus: Statistiken zufolge sind die Esten eines der am wenigsten glücklichen Völker Europas.

Draakoni-Galerie GALERIE
(Karte S. 54; www.eaa.ee/draakon; Pikk 18; ⌚ Mo–Sa 11–18 Uhr) GRATIS Zwischen den Gildehäusern verbirgt sich hinter einer prunkvollen Jugendstilfassade diese Galerie mit kleinen, oft interessanten zeitgenössischen Kunstausstellungen.

Katharinenkloster KIRCHE
(Karte S. 54; www.kloostri.ee; Vene 16; Erw./Kind 2/1 €) Das Katharinenkloster wurde 1246 von

Tallinn – Zentrum

Highlights
1 Alexander-Newski-Kathedrale ... B4
2 Rathausplatz ... D3

Sehenswertes
3 Architekturmuseum ... G2
Bastion-Tunnel ... (s. 11)
4 Stadtmuseum ... E3
5 Draakoni-Galerie ... D3
6 Dicke Margarete ... E1
7 Freiheitsplatz ... C5
8 Haus der Großen Gilde ... D3
9 Heiliggeistkirche ... D3
10 Hotel Viru & der KGB ... F4
11 Kiek in de Kök ... C5
12 Lindaberg ... B5
13 Untere Stadtmauer ... C2
14 Besatzungsmuseum ... B6
15 Niguliste-Museum ... C4
16 Nuku ... C3
17 Museum für Fotografie ... D4
18 Rotermann-Viertel ... G3
19 Katharinenkloster ... E3
20 Domkirche St. Marien ... B4
21 Nikolaikirche ... E3
22 Olaikirche ... D1
23 Peter-und-Paul-Kirche ... E3
24 Rathaus ... D4
25 Toompea-Schloss ... B4
26 Ratsapotheke ... D3
27 Rathausturm ... D4

Aktivitäten, Kurse & Touren
28 Blue Super Segway ... D4
City Bike ... (s. 82)
29 Eislaufbahn an der Harju ... C5
30 Erlebnisbad Kalev Spa ... E2
31 Tallinn City Tour ... F3

Schlafen
32 Bern Hotel ... E3
33 Estoria ... G4
34 Euphoria ... C6
35 Go Hotel Schnelli ... B2
36 Hotel Cru ... E4
37 Hotel St Petersbourg ... C4
38 Hotel Telegraaf ... D3
39 Hotell Palace ... D6
40 L'Ermitage ... A5
41 Monk's Bunk ... D6
42 Nordic Hotel Forum ... F4
43 Old House Apartments ... C4
44 Old House Hostel & Guesthouse ... E2
45 Old Town Backpackers ... E3
46 Red Emperor ... E3
47 Savoy Boutique Hotel ... D5
48 Schlössle Hotel ... D3
49 Tabinoya ... C3
50 Three Sisters ... E1
51 Villa Hortensia ... D3
52 Viru Backpackers ... E4
53 Zinc ... D4

Essen
54 Bocca ... D2
55 Café Lyon ... F4
Chedi ... (s. 54)
Chocolats de Pierre ... (s. 51)
Clayhills Gastropub ... (s. 8)
56 Dominic ... D3

Dominikanermönchen gegründet. Zu seiner Glanzzeit verfügte es über eine eigene Brauerei und ein Krankenhaus. Während der Reformation steckten wütende Lutheraner 1524 das Ganze in Brand und die nächsten 400 Jahre dämmerte das Kloster vor sich hin, bis es 1954 zum Teil restauriert wurde. Zum Ruinenkomplex zählen heute die düstere Hülle der kargen Kirche und ein friedvoller Kreuzgang mit verzierten Grabsteinen.

Das Kloster ist nur sporadisch geöffnet, aber oft durch eine Tür im Foyer der benachbarten Kirche zugänglich.

Peter-und-Paul-Kirche KIRCHE
(Peeter-Paul katedraal; Karte S. 54; ☎ 644 6367; www.katoliku.ee; Vene 18; ⏲ So 9.30–13, Mo, Di & Do–Sa 17.30–18.30, Mi 7.45–9.30 Uhr) Neben dem Kloster steht diese hübsche katholische Kirche von 1844, die ziemlich spanisch anmutet. Sie wurde vom berühmten Architekten Carlo Rossi entworfen, der das klassizistische St. Petersburg wesentlich prägte. Die Kirche ist eine von Tallinns wenigen katholischen Kirchen, die noch genutzt werden; vor allem Polen und Litauer treffen sich hier zu Gottesdiensten. Auf dem stillen Vorplatz kann man sich gut ein wenig vom Trubel der Stadt erholen.

Stadtmuseum MUSEUM
(Linnamuuseum; Karte S. 54; www.linnamuuseum.ee; Vene 17; Erw./Kind 4/3 €; ⏲ Di–So 10.30–17.30 Uhr) Das Tallinner Stadtmuseum verteilt sich auf zehn verschiedene Stätten. Die Hauptstelle in einem Kaufmannshaus aus dem 14. Jh. befasst sich mit der Geschichte der Stadt von den Anfängen bis zur Gegenwart und bietet hierzu fesselnde und gut präsentierte Ausstellungen. Es gibt jede Menge Infos auch auf Englisch, sodass es überflüssig ist, sich einen Audioguide zu leihen.

Im obersten Stock gibt es eine aufschlussreiche (und recht politisierte) Darstellung des estnischen Lebens während der sowjetischen Besatzung, außerdem ein hoch spannendes Video über die Zeit rund um den Zusammenbruch des Systems.

Nikolaikirche — KIRCHE

(Püha piiskop Nikolause kirik; Karte S. 54; Vene 24; ⌚9.30–17 Uhr) Die orthodoxe Nikolaikirche wurde 1827 an der Stelle einer älteren Kirche erbaut. Sie war die Kirche der russischen Kaufleute an der Vene-Straße und ist berühmt für ihre kostbare Ikonostase.

Dicke Margarete — MUSEUM

(Paks Margareeta; Karte S. 54; www.meremuuseum.ee; Pikk 70; Erw./Kind 5/3 €; ⌚10–18 Uhr, Okt.–April Mo geschl.) Die Große Strandpforte, das Stadttor zum Hafen, wurde gesichert durch die Dicke Margarete, eine runde Bastion aus dem 16. Jh. Sie ist heute als Museum die schlankere, ältere Schwester des Lennusadam Seaplane Harbour (S. 63) und beherbergt Modellschiffe und andere Artefakte zu Estlands Seefahrtsgeschichte aus der Sammlung des Estnischen Seefahrtmuseums. Es sind Kombitickets erhältlich (Erw./Kind 16/10 €).

Olaikirche — KIRCHE

(Oleviste kirik; Karte S. 54; www.oleviste.ee; Lai 50; Turm Erw./Kind 2/1 €; ⌚Sept.–Juni 10–18 Uhr, Juli & Aug. bis 20 Uhr) Von 1549 bis 1625, als er vom Blitz getroffen wurde und abbrannte, war der 159 m hohe Turm der heute baptistischen Kirche eines der höchsten Bauwerke der Welt. Der jetzige Turm erreicht immer noch beachtliche 124 m und 258 Stufen führen eine enge Treppe hinauf zur Aussichtsplattform mit wunderbaren Ausblicken auf den Domberg und die Dächer der Unterstadt.

Die Kirche steht dort mindestens seit dem 13. Jh., ist aber im Verlauf der Jahrhunderte immer wieder erweitert worden. Das Innere ist von typischer Kargheit; nur an der hinteren Außenwand entgingen einige Bildhauerarbeiten dem Bildersturm der Reformation.

Obwohl die Kirche dem im 11. Jh. herrschenden König Olaf II. von Norwegen geweiht ist, verbinden die örtlichen Überlieferungen einen ganz anderen Olaf mit ihr: ihren Architekten, der die Schicksalsprophezeiungen ignorierte, dass demjenigen etwas zustoßen werde, der den Kirchenbau vollendet. Was passierte? Olaf stürzte vom Turm und war tot. Es heißt, es seien ihm eine Kröte und eine Schlange aus dem Mund gekrochen.

Untere Stadtmauer STADTMAUER

(Linnamüür; Karte S. 54; Väike-Kloostri 3; Erw./Kind 1,50/0,75 €; ⌚ Juni–Aug. 11–19 Uhr, April, Mai, Sept. & Okt. Fr–Mi bis 17 Uhr, Nov.–März Fr–Di bis 16 Uhr) Der malerischste Abschnitt der erhaltenen Tallinner Stadtmauer verbindet am Westrand der Altstadt neun Türme miteinander. Besucher können auf eigene Faust die Ecken und Winkel von drei Türmen erkunden und Fotos von den roten Dächern der Stadt schießen.

Niguliste-Museum MUSEUM

(Karte S. 54; www.nigulistemuuseum.ee; Niguliste 3; Erw./Stud. 5/3 €; ⌚ Mai–Sept. Di–So 10–17 Uhr, Okt.–April Mi–So) Die imposante Nikolaikirche (Niguliste kirik) aus dem 13. Jh. wurde 1944 von sowjetischen Bombern und in den 1980er-Jahren durch ein Feuer schwer beschädigt, ist heute aber wieder in ihrer alten gotischen Pracht zu besichtigen. Sie beherbergt eine Filiale des Estnischen Kunstmuseums mit sakraler Kunst. Die Akustik der Kirche ist erstklassig und an den meisten Wochenenden finden Orgelkonzerte statt.

Das berühmteste hier ausgestellte Werk ist Berndt Notkes unheimlicher *Totentanz* aus dem 15. Jh.: Egal ob König, Papst oder Taugenichts, wir tanzen alle mit dem Tod. Ansonsten gibt's hier noch Altaraufsätze (darunter den herausragenden Hauptaltar der Kirche, 1481 von dem Lübecker Meister Herman Rode gefertigt), verzierte Grabsteine und eine Kammer voller Silberarbeiten.

Toompea (Domberg)

Über der Unterstadt erhebt sich der alte befestigte Domberg. In deutscher Zeit war dies die Domäne des Adels, der von hier oben auf die Kaufleute und anderes Fußvolk herabblickte. Heute sind hier Amtsgebäude, Kirchen, Botschaften und Läden zu finden, die Bernsteinnippes und Kühlschrankmagneten feilbieten.

Domkirche St. Marien KIRCHE

(Tallinna Püha Neitsi Maarja Piiskoplik Toomkirik; Karte S. 54; www.toomkirik.ee; Toom-Kooli 6; Kirche/

Stadtspaziergang
Die Altstadt von Tallinn

START FREIHEITSPLATZ
ZIEL VIRU-PFORTE
LÄNGE/DAUER 4 KM; 3 STUNDEN

Der Rundgangs durch die mittelalterlichen Straßen Tallinns beginnt am 1 **Freiheitsplatz** (S. 52). Über die Treppen geht's auf den Domberg und weiter auf den 2 **Lindaberg**. Vom Berg aus sind die verbliebenen mittelalterlichen Teile der 3 **Burg** zu sehen. Von hier geht's zurück und nach links zum Lossi plats (Schlossplatz), der einen Blick auf die barocke Fassade bietet. Auf der anderen Seite des Platzes steht die 4 **Alexander-Newski-Kathedrale** mit ihren Zwiebeltürmen.

Die Toom-Kooli führt zur lutherischen 5 **Domkirche**. Nach dem Verlassen der Kirche geht man nach links über den Kiriku plats (Kirchplatz) auf die Rahukohtu, von der eine Gasse zum 6 **Aussichtspunkt Patkul** (Patkuli vaateplats) führt, mit tollen Ausblicken über die Altstadt zum Meer. Durch mehrere Gassen führt der Weg dann zum 7 **Aussichtspunkt Gerichtsplatz** (Kohtuotsa vaateplats).

An der Rückseite beider Kirchen entlang und durch die Öffnung in der Mauer geht's zum 8 **Garten der Dänischen Könige**, wo im Sommer Maler ihre Staffeleien aufstellen. Dann geht man nach links und anschließend die Treppe hinauf durch den 9 **Kurzbein-Torturm** – hier will man schon Geister gesehen haben, darunter einen gekreuzigten Mönch und einen schwarzen Hund mit glühenden Augen. Rechts führt das „Lange Bein" (Pikk jalg) hinunter zum 10 **Langbein-Torturm** (1380) und in die Unterstadt.

Weiter führt der Rundgang links entlang der Nunne und dann rechts in die Väilke-Kloostri mit dem besterhaltenen Teil der 11 **Unteren Stadtmauer** (S. 58) mit 9 der 26 erhaltenen Türme – einst gab es 45. Geht man durch das Tor und dann rechts, hat man einen besseren Blick. Durch den Park und die nächste kleine Lücke in der Mauer geht's zurück auf die Aida und am Ende der Straße links in die Lai (Breite Straße), die mit deutschen Kaufmannshäusern gesäumt ist. Viele davon entstanden im 15. Jh. und sind drei oder vier Stockwerke hoch; in den unteren

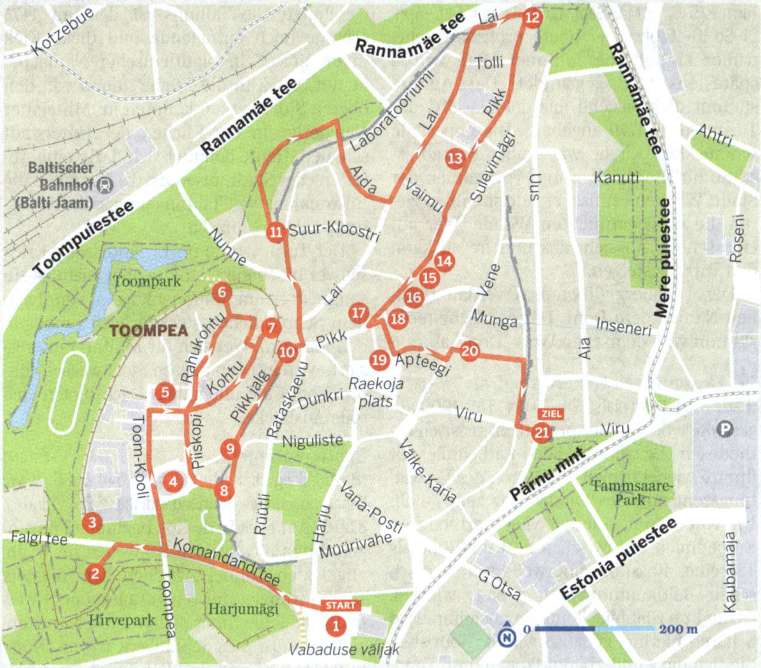

beiden waren Wohn- und Empfangsräume, in den oberen Lagerräume.

Am Ende der Lai führt ein kleiner Pfad nach rechts an der Mauer entlang zur 12 **Großen Strandpforte**, dem eindrucksvollsten der erhaltenen mittelalterlichen Tore. Beachtenswert sind das Wappen an der Außenmauer und das Kruzifix in einer Nische auf der Stadtseite.

An der Pikk (Langen Straße) sollte man kurz derer gedenken, die im Haus Nr. 59, dem 13 **ehemaligen KGB-Hauptquartier**, litten. Die Souterrain-Fenster des Gebäudes waren zugemauert, damit keine Geräusche nach draußen drangen. Ein kleines Denkmal an der Wand trägt die Inschrift: „Dieses Gebäude beherbergte das Repressionsorgan der sowjetischen Besatzungsmacht. Hier begann für Tausende Esten ihr Leidensweg." Mit typisch schwarzem Humor witzelten die Einheimischen, von dem Gebäude aus hätte man den besten Blick Estlands – bis nach Sibirien.

Weiter die Straße entlang stehen Gebäude der Stadtgilden, der Kaufmanns- oder Handwerkervereinigungen, die fast alle von den Deutschen beherrscht wurden. Das erste Gildehaus ist bei Nr. 26 das 14 **Schwarzhäupterhaus** (Mustpeade maja). Die Schwarzhäupter waren ledige junge Männer, die ihren Namen ihrem Schutzheiligen verdankten, dem hl. Mauritius, einem legendären aus Afrika stammenden römischen Soldaten; sein Bildnis findet sich an der Fassade des Hauses (von 1597) oberhalb einer reich verzierten, bunten Tür. Das Nachbarhaus, das 15 **Olaigildenhaus** (Olevi gildi hoone), war das Stammhaus der wohl ersten Gilde in Tallinn, die aus dem 13. Jh. stammt. Dieser Gilde gehörten kleinere, nicht-deutsche Handwerke und Kaufleute an.

Als nächstes kommt die 16 **Kanutgilde** (S. 82) von 1860 mit Statuen von Martin Luther und dem Schutzpatron der Gilde. Etwas weiter die Straße entlang steht das 17 **Haus der Großen Gilde** (S. 55) von 1410, der die wichtigsten Kaufleute angehörten.

Dann spaziert man über einen kleinen Platz, vorbei an der malerischen 18 **Heiliggeistkirche** (S. 55) und durch die schmale Gasse Saiakang (Weckengang, benannt nach einer alten Bäckerei) zum 19 **Rathausplatz** (S. 53). Links geht's zur Vene (Estnisch für „russisch", benannt nach den russischen Kaufleuten, die hier einst ansässig waren) und dann durch das Tor in die 20 **Katariina käik** (S. 83). Am Ende geht's rechts und dann links zur Viru, einer der belebtesten Straßen der Altstadt. Der Rundgang endet an der 21 **Viru-Pforte** zwischen der Altstadt und dem modernen Stadtzentrum.

Turm 2/5 €; ⏲Mai–Sept. tgl. 9–17 Uhr, Okt.–April Di–So 10–16 Uhr) Der heute protestantische, früher katholische Tallinner Dom wurde spätestens 1233 gegründet. Das Äußere stammt überwiegend aus dem 15. Jh., der Turm wurde 1779 angebaut. Die imposante schmucklose Kirche war früher Begräbnisstätte für die Reichen und Vornehmen der Stadt; Wappen estnischer Adelsfamilien zieren die weiß getünchten Wände. Wer auf eine schöne Aussicht aus und fit ist, kann den Turm besteigen.

Der Domberg (Toompea) verdankt seinen Namen dem Dom: Das estnische *toom* stammt vom deutschen Wort „Dom" ab.

★ Alexander-Newski-Kathedrale KIRCHE

(Karte S. 54; Lossi plats; ⏲8–19 Uhr) Der 1900 abgeschlossene Bau der prächtigen russisch-orthodoxen Alexander-Newski-Kathedrale mit ihren Zwiebeltürmen im Herzen des Verwaltungszentrums des Landes war kein Zufall: Die Kirche war eine der vielen orthodoxen Kathedralen, die zwischen 1894 und 1900 als Teil einer Russifizierungswelle in den russischen Baltikumprovinzen gebaut wurden. Orthodoxe Gläubige kommen noch immer in Scharen hierher, genauso wie die Touristen, die sich die wunderbaren Ikonen und Wandmalereien anschauen. Stille, respektvolle und angemessen gekleidete Besucher sind willkommen – Kameras dagegen nicht.

Toompea-Schloss HISTORISCHES GEBÄUDE

(Karte S. 54; Lossi plats) Von der Burg der Schwertbrüder sind heute nur noch drei Türme übrig. Der schönste ist der Pikk Hermann (Lange Hermann), am besten zu sehen von der Rückseite des Schlosses. Im 18. Jh. wurde die Festung unter der russischen Zarin Katharina der Großen umfassend umgebaut und in den rosa Barockpalast verwandelt, in dem heute das estnische Parlament (Riigikogu) tagt.

Lindaberg PARK

(Lindamägi; Karte S. 54; Falgi tee) Dieser kleine Hügel, dem 250 Jahre alte Linden Schatten spenden, erhebt sich bei der höchsten Stelle des Dombergs. Er ist nach Linda benannt, der Frau von Kalev, dem heldenhaften ersten Anführer der Esten. In der Sowjetzeit war die Statue der trauernden Linda das inoffizielle Denkmal für die Opfer der stalinistischen Deportationen und Säuberungen.

Kiek in de Kök BURG, MUSEUM

(Karte S. 54; ☎644 6686; www.linnamuuseum.ee; Komandandi tee 2; Erw./Kind 5/3 €; ⏲Di–So 10.30–17.30 Uhr) Einer der eindrucksvollsten Geschütztürme Tallinns ist der um 1475 erbaute hoch aufragende und dicke Kiek in de Kök. Sein plattdeutscher Name bedeutet „Guck in die Küche", denn von den oberen Stockwerken konnten im Mittelalter Neugierige in die Küchen der Unterstadt schauen. Heute befindet sich darin eine Abteilung des Stadtmuseums, das vor allem die Entwicklung von Tallinns umfassenden Festungsanlagen aufzeigt.

Der Turm wurde im Livländischen Krieg schwer beschädigt, stürzte aber niemals zusammen (neun Kanonenkugeln von Iwan dem Schrecklichen stecken noch immer in den Mauern). Wer sich für Militaria interessiert, wird auf den oberen Stockwerken fündig. Vom Café unter dem Dach bieten sich tolle Ausblicke.

Bastionstunnel FESTUNG

(Bastionikäigud; Karte S. 54; ☎644 6686; www.linnamuuseum.ee; Komandandi tee 2; Erw./Kind 6/3,50 €) Am Kiek in de Kök beginnen Führungen durch die von den Schweden im 17. Jh. angelegten Tunnel zwischen den Türmen. Die Führungen müssen vorausgebucht werden; die Teilnehmer sollten sich warm anziehen und festes Schuhwerk tragen. Kombitickets für Turm und Führung kosten 9 €.

Besatzungsmuseum MUSEUM

(Okupatsioonide muuseum; Karte S. 54; www.okupatsioon.ee; Toompea 8; Erw./Kind 6/3 €; ⏲Di–So 10–18 Uhr) Fotos und Exponate veranschaulichen 50 Jahre der Unterdrückung durch Nazis und Sowjets. Die Ausstellungen sind gut gemacht, doch den tiefsten Eindruck hinterlassen die Videos, die zwar etwas langatmig, aber doch spannend sind – und natürlich ein Happy End haben.

Der längeren Periode sowjetischer Besatzung wird erheblich mehr Raum eingeräumt als der kurzen Zeit deutscher Besatzung – Näheres zur deutschen Besatzung erfährt man in den Stallungen von Schloss Maarjamäe (S. 67).

Kalamaja

Diese Enklave unmittelbar nordwestlich der Altstadt, mit vom Alter gezeichneten Holzhäusern und zerfallenden Fabriken, hat sich rasant zu einem der interessantesten Teile Tallinns entwickelt. Der Furcht einflößende Koloss des Patarei-Gefängnisses schien immer einen düsteren Schatten auf diesen Teil der Stadt zu werfen, sodass die Verwandlung des Viertels in den letzten paar Jahren geradezu wie ein Wunder anmutet. Größere

Kalamaja

Kalamaja

Sehenswertes
1 Estnisches Museum für zeitgenössische Kunst D3
2 Lennusadam Seaplane Harbour B1
3 Linnahall D3
4 Patarei B2

Aktivitäten, Kurse & Touren
5 Kalma Saun B4

Essen
6 Boheem A4
Klaus .... (s. 9)
7 Moon C3

Ausgehen & Nachtleben
8 Tops B3

Shoppen
9 Estonian Design House C3

Straßenbauprojekte und das neue eindrucksvolle Museum in Lennusadam sind nur die sichtbarsten Zeichen einer Revolution, die damit begann, dass heimische Hipster in verlassenen Lagerhäusern und abgewrackten Läden Cafés und Kneipen eröffneten.

Lennusadam Seaplane Harbour MUSEUM
(www.lennusadam.eu; Vesilennuki 6; Erw./Kind 14/7 €, mit Dicker Margarete 16/10 €; ⏲Mai–Sept. 10–19 Uhr, Okt.–April Di–So; P) Als der Hangar mit seinen drei Wölbungen 1917 fertig gestellt wurde, war seine Stahlbeton-Rahmenkonstruktion weltweit einzigartig. Der dem klassischen Hauptquartier eines Bond-Schurken ähnelnde riesige Bau wurde komplett restauriert und 2012 als faszinierendes Seefahrtmuseum voller interaktiver Exponate eröffnet. Zu den Highlights zählen ein U-Boot aus den 1930er-Jahren sowie die Eisbrecher und Minensuchboote, die draußen vor Anker liegen.

STEFAN CIOATA/GETTY IMAGES ©

1. Pärnu (S. 137)
Das malerische Pärnu ist Estlands Sommerhauptstadt.

2. Hiiumaa (S. 164)
Die Insel lockt mit Windmühlen, Leuchttürmen, unheimlichen alten Sowjetbunkern und leeren Stränden.

3. Altstadt, Tallinn (S. 52)
Durch die schmalen Kopfsteinpflastergassen zu schlendern ist wie eine Zeitreise ins 15. Jh.

4. Nationalpark Lahemaa (S. 89)
Findlinge, die Gletscher aus Skandinavien mitbrachten, schmücken den Nationalpark.

MATT MUNRO/LONELY PLANET ©

Patarei HISTORISCHES GEBÄUDE

(☎ 504 6536; www.patarei.org; Kalaranna 2; Erw./Kind 3/2 €, Führungen 8 €; ⌚ Mai–Sept. 12–19 Uhr) Die ehemalige Meeresfestung samt Gefängnis zählt sicher zu den unheimlichsten Bauwerken in ganz Estland: Sie hat eine lange grausame Geschichte als Ort der Gewalt und Unterdrückung. Ein Teil der Anlage ist heute als eine Art exzentrisches Kunstprojekt zugänglich, mit Graffiti und Installationen in einigen der feuchten Zellen. Durch andere Teile des 4 ha großen Komplexes können Führungen gebucht werden.

1840 unter den russischen Zaren als Seefestung erbaut, diente Paterei („Batterie") zunächst als Kaserne – die jedoch von Beginn an feucht und ungemütlich war. Als Gefängnis wurde sie zum ersten Mal 1920 nach der estnischen Unabhängigkeit genutzt, doch ihren berüchtigten Ruf erwarb sie sich in sowjetischer Zeit und unter deutscher Besatzung. Zahlreiche Menschen wurden hier brutal verhört und hingerichtet. Zu den Opfern zählen auch 250 von den Nazis ermordete französische Juden. An sie erinnert ein schlichter Gedenkstein beim Südeingang.

Am anderen Ende des Komplexes weist ein Schild den Weg zum Hinrichtungsraum, in dem lediglich ein Haken an der Decke und eine Falltür im Boden auf seine Funktion hinweisen. Die letzte Hinrichtung fand hier 1991 statt, ganz am Ende der sowjetischen Herrschaft. Das Gefängnis behielt noch bis 2002 seine Funktion. Seitdem steht es leer und vergammelt.

Der derzeitige „Kulturpark" ist vielleicht der am wenigsten anstößige Versuch, den Komplex neu zu nutzen – ob jedoch die Strandbar hinter Stacheldraht so eine gute Idee ist, sei dahingestellt.

Estnisches Museum für zeitgenössische Kunst KUNSTMUSEUM

(Eesti kaasaegse kunsti muuseum; www.ekkm.ee; Põhja pst 35; ⌚ April–Okt. Di–So 13–19 Uhr) GRATIS Trotz des hochtrabenden Namens macht dieses heruntergekommene alte Lagerhaus einen eher zusammengeschusterten als eleganten Eindruck. Die Ausstellungen hier sind avantgardistischer und schräger als das, was man in den gesetzteren Kunstmuseen der Stadt findet.

Telliskivi Creative City VIERTEL

(Telliskivi Loomelinnak; Karte S. 50; www.telliskivi.eu; Telliskivi 60a; ⌚ Geschäfte Mo–Sa 8.30–21, So 9–19 Uhr) Die zehn verlassenen Fabrikgebäude bilden heute das alternativste Einkaufs- und Unterhaltungsviertel der Stadt. Hier finden sich alle Klischees der Hipster-Kultur: Cafés, ein Fahrradladen, Kneipen, in denen Craft-Biere kredenzt werden, mit Graffiti verzierte Mauern, Künstlerateliers, Imbisswagen usw. Aber auch Bartlose zieht es nach Telleskivi in die Mode- und Designgeschäfte, in die Cafés und auf den wöchentlichen Flohmarkt.

Stadtzentrum

Hotel Viru & der KGB MUSEUM

(Karte S. 54; ☎ 680 9300; www.viru.ee; Viru väljak 4; Führung 10 €; ⌚ Mai–Okt. tgl., Nov.–April Di–So) Als das Hotel Viru 1972 erbaut wurde, war es nicht nur der erste Wolkenkratzer Estlands, sondern auch der einzige Ort, an dem Touristen übernachten konnten. Wenn die Ausländer alle an einem einzigen Ort versammelt waren, waren sie viel einfacher zu kontrollieren – das Gleiche galt natürlich für die Einheimischen, die mit ihnen Kontakt hatten. Der Kontrolle diente dem KGB ein Spionagezentrum im 23. Stock. Durch das Hotel werden faszinierende Führungen in verschiedenen Sprachen angeboten; Buchung erforderlich.

Rotermann-Viertel VIERTEL

(Rotermanni kvartal; Karte S. 54; www.rotermann.eu) Hier zwängt sich eindrucksvolle moderne Architektur zwischen Backsteinlagerhäuser des 19. Jhs. Mit diesem Erschließungsprojekt ist ein alter Fabrikkomplex ins nobelste Einkaufs- und Ausgehviertel der Stadt verwandelt worden.

Architekturmuseum MUSEUM

(Arhitektuurimuuseum; Karte S. 54; www.arhitektuurimuuseum.ee; Ahtri 2; Erw./Kind 4/2 €; ⌚ Mi–So 11–18 Uhr) Ein restauriertes Kalksteingebäude, der alte Rotermann-Salzspeicher, beherbergt dieses kleine Museum mit Gebäude- und Stadtmodellen sowie regelmäßigen Sonderausstellungen.

Kadriorg

Kadriorg PARK

(Kadrioru park; www.kadriorupark.ee) Der schöne Park ungefähr 2 km östlich der Altstadt ist die beliebteste grüne Oase der Tallinner. Auftraggeber für den Park und das barocke Schloss Kadriorg war Zar Peter der Große, der die Anlage gleich nach der Eroberung Estlands für seine Frau Katharina I. errichten ließ (Kadriorg bedeutet „Katharinental").

Eichen, Flieder und Rosskastanien spenden Schatten für Spaziergänger und Leute,

Kadriorg

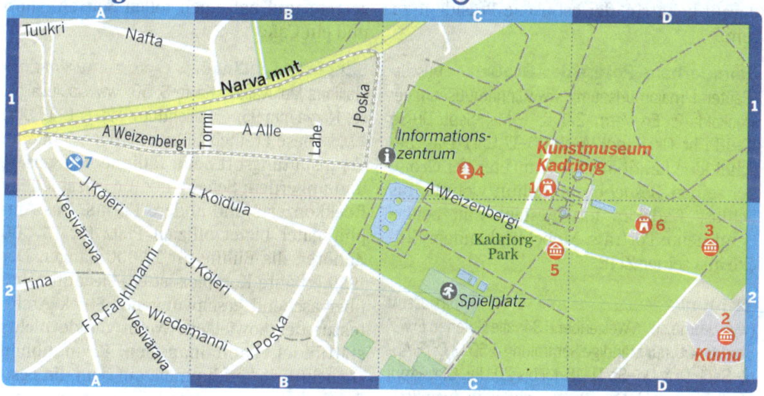

die ihr Picknick ausbreiten, die formalen Gärten mit Teich bilden eine schöne Kulisse für romantische Spaziergänge und Hochzeitsfotos und den Spielplatz liebt der Nachwuchs der Stadt zum Toben.

Das **Informationszentrum** (Kadrioru pargi infopunkt; Weizenbergi 33; ⏲ Mi–So 10–17 Uhr) des Parks in einem hübschen Holzhaus des 18. Jhs. beim Haupteingang wartet mit einem Modell von Schloss und Park auf.

Die Straßenbahnen 1 und 3 halten direkt beim Kadriorg-Park, die Busse 1A and 34A (und andere) halten an der Haltestelle J. Poska an der Narva maantee am Fuß des Parks und die Busse 31, 67 und 68 fahren in die Nähe des Kumu.

★ Kunstmuseum Kadriorg — SCHLOSS, KUNSTMUSEUM

(Kardriorukunstimuuseum; www.kadriorumuuseum.ee; A Weizenbergi 37; Erw./Kind 5,50/3,50 €; ⏲ Mai–Sept. Di & Do–So 10–18, Mi bis 20 Uhr, Okt.–April Mi 10–20, Do–So bis 17 Uhr) Schloss Kadriorg wurde zwischen 1718 und 1736 unter Zar Peter dem Großen erbaut. Im Schloss befindet sich heute ein Zweig des Estnischen Kunstmuseums, der deutsche, niederländische und italienische Gemälde vom 16. bis 18. Jh. sowie russische Werke vom 18. bis frühen 20. Jh. präsentiert – skurril ist im Obergeschoss das Zierporzellan mit kommunistischer Bildersprache. Das Gebäude ist genauso prächtig und verspielt, wie man das von einem Palast erwartet. Hinter dem Schloss lockt ein schöner Blumengarten im französischen Stil.

Mikkel-Museum — GALERIE

(Mikkeli muuseum; www.mikkelimuuseum.ekm.ee; A Weizenbergi 28; Erw./erm. 3,50/2 €; ⏲ Mai–Sept. Di & Do–So 10–18, Mi bis 20 Uhr, Okt.–April Mi 10–20, Do–So bis 17 Uhr) Weitere Stücke der Sammlung des Estnischen Kunstmuseums werden im ehemaligen Küchentrakt des Schlosses Kadriorg gezeigt, in einer kleinen, aber interessanten Ausstellung von Gemälden und Porzellan. Außerdem finden hier Wechselausstellungen statt. Ein Kombiticket für Palast und Museum kostet 6,50 €.

Präsidentenpalast — PALAST

Dieses stattliche Gemäuer wurde 1938 im Stil von Schloss Kadriorg als offizielle Residenz des estnischen Präsidenten erbaut – diese Funktion erfüllt es auch heute wieder. Für die Öffentlichkeit ist das Gebäude nicht zugänglich, aber man kann durch die Tore einen Blick auf die Ehrengarde vorm Palast werfen.

Estlands erstem Präsidenten Konstantin Päts war es nicht vergönnt, seinen Aufenthalt hier lange zu genießen. Nach der sowjetischen Besetzung 1940 verbrachte er den Rest seines Lebens zumeist eingesperrt in psychiatrischen Anstalten – er wurde offizi-

Kadriorg

Highlights
1 Kunstmuseum Kadriorg C1
2 Kumu D2

Sehenswertes
3 Sommerhaus Peters des Großen D2
4 Kadriorg-Park C1
5 Mikkel-Museum C2
6 Präsidentenpalast D2

Essen
7 NOP A1

ell für geisteskrank erklärt, da er weiterhin darauf beharrte, der estnische Präsident zu sein.

Sommerhaus Peters des Großen MUSEUM
(Peeter I majamuuseum; www.linnamuuseum.ee; Mäekalda 2; Erw./erm. 2/1 €; ⌚Mai–Sept. Di–So 10–18 Uhr, Okt.–April Mi–So 10–17 Uhr) Das bescheidene Landhaus, in dem Peter der Große bei seinen Besuchen in Tallinn wohnte, bis Schloss Kadriorg fertiggestellt war, beherbergt heute Porträts, Möbel und andere Stücke aus seiner Zeit.

★ **Kumu** KUNSTMUSEUM
(www.kumu.ee; A Weizenbergi 34; alle Galerien Erw./Stud. 6/4 €, nur ständige Sammlung 4,50/3 €; ⌚April–Sept. Di & Do–So 11–18, Mi bis 20 Uhr, Okt.–April Mo & Di geschl.) Das 2006 eröffnete futuristische, nach finnischen Entwürfen errichtete Gebäude mit sieben Stockwerken ist ein spektakulärer Bau aus Kalkstein, Glas und Kupfer und fügt sich wunderbar in seine Umgebung. Das Kumu (kurz für *kunstimuuseum*) beherbergt die größte Sammlung estnischer Kunst und bietet außerdem Wechselausstellungen zeitgenössischer Werke.

Die „Schatzkammer" (im 3. Stock) umfasst Werke vom Beginn des 18. Jhs. bis zum Ende des Zweiten Weltkriegs. Im 4. Stock zeigt die Ausstellung „Schwere Entscheidungen" die Werke einheimischer Künstler in der Sowjetära. Die modernsten Werke werden im 5. Stock gezeigt. Das Museum ist rollstuhlgerecht und hat einen tollen Souvenirshop und ein Café.

Sängerfestgelände AMPHITHEATER
(Tallinna lauluväljak; Karte S. 50; www.lauluvaljak.ee; Narva mnt 95; ⌚Leuchtturm Mo–Fr 8–16 Uhr) GRATIS Diese Freilichtbühne ist der wichtigste Veranstaltungsort beim Tallinner Sängerfest und außerdem Schauplatz für verschiedene Rockkonzerte und andere Events. Das Amphitheater bietet offiziell Platz für 75 000 Zuhörer, die Bühne für 15 000 Sänger. Der 1959 erbaute Komplex ist ein elegantes und überraschend geschwungenes Stück Architektur der Sowjetzeit. Wenn gerade nichts stattfindet, kann man den 42 m hohen „Leuchtturm" erklimmen, auf dem die Festflamme entzündet wird; drinnen ist eine Fotoausstellung zur Geschichte des Sängerfests zu sehen.

Im September 1988 quetschten sich hier 300 000 Menschen für ein Sängerfest zusammen und verlangten öffentlich Unabhängigkeit und läuteten so die „Singende Revolution" ein. Ungefähr 500 000 Menschen, darunter eine große Anzahl estnischer Emigranten, sollen beim 21. Sängerfest 1990 dabei gewesen sein, dem letzten Festival vor der Unabhängigkeit. Ein estnisches Repertoire wurde neu erarbeitet und rund 29 000 Sänger sangen zum ersten Mal seit 50 Jahren wieder unter der Nationalflagge.

GROSS UND GRÖSSER

Nichts verkörpert die ehemalige Sowjetunion so gut wie ein gigantisches öffentliches Gebäude und Tallinn hat gleich zwei davon, beide kaum zu übersehen und beide entworfen vom Tallinner Architekten Raine Karp.

Linnahall (Stadthalle; www.linnahall.ee; Mere pst 20) Der Bau wurde für die Olympischen Sommerspiele 1980 in Moskau errichtet und hieß ursprünglich „Leninpalast für Kultur und Sport". Im Innern des zerbröckelnden und mit Graffiti übersäten Betonkastens verbirgt sich eine riesige Konzerthalle. Die Stadt Tallinn ist sich nicht recht schlüssig, was sie mit dem Monstrum anfangen soll. Das tempelähnliche Bauwerk steht unter Denkmalschutz, ist jedoch seit seiner Schließung 2009 schon ziemlich verfallen und bildet ein kolossales Hindernis zwischen der Altstadt und dem Hafen. In letzter Zeit wurde darüber gesprochen, die Linnahall in ein Konferenzzentrum umzubauen. Bis dahin bummeln Touristen weiter über die Gehwege auf dem Dach und schießen Fotos von ihrer Begegnung mit postsowjetischem Verfall.

Estnische Nationalbibliothek (Eesti rahvusraamatukogu; Karte S. 50; www.nlib.ee; Tõnismägi 2; ⌚Mo–Fr 12–18 Uhr) Mit dem Bau der Estnischen Nationalbibliothek wurde 1985 begonnen, jedoch wurde das Gebäude erst 1993 fertig gestellt, sodass dieses mustergültige Beispiel sowjetischen Monumentalismus eines der ersten neuen öffentlichen Gebäude des unabhängigen Estlands war. Ein Block ins Foyer des mit dolomitischem Kalkstein erbauten Komplexes lohnt sich schon wegen der spitzen roten Stühle. Auf den oberen Stockwerken finden oft Ausstellungen statt.

Maarjamäe

Die Küstenstraße Pirita tee verläuft an der Bucht von Tallinn durch Maarjamäe Richtung Norden und ist eine beliebte Strecke für Jogger, Radfahrer und Inlineskater. Bei Sonnenuntergang bieten sich schöne Ausblicke auf die Altstadt. Die Busse 1A, 5, 8, 34A und 38 halten entlang der Straße.

Schloss Maarjamäe MUSEUM
(Maarjamäe loss; Karte S. 50; www.ajaloomuuseum.ee; Pirita tee 56; Erw./Kind 4/2 €; ⌚Mi–So 10–17 Uhr) Nördlich des Kadriorg-Parks liegt das neogotische Schloss Maarjamäe, erbaut 1874 für einen russischen Grafen. Heute ist hier das **Estnische Filmmuseum** ansässig und das **Museum für estnische Geschichte** unterhält eine eher selten besuchte Abteilung zur turbulenten Geschichte des 20. Jhs. Interessant ist auch der Friedhof für sowjetische Skulpturen hinter dem Gebäude.

Der Bankettsaal protzt mit einem besonders schönen Wandgemälde im Stil des Sozialistischen Realismus: der *Völkerfreundschaft* mit triumphierenden Fabrikarbeitern, Bauern, Kosmonauten und Lenins Gesicht, das unter roten Fahnen hindurchscheint. Als das Gemälde 1987 enthüllt wurde, konnte noch niemand etwas von den dramatischen Ereignissen der kommenden Jahre ahnen.

Zuletzt gab es Pläne, das Schloss zu restaurieren und den Komplex in ein „Erlebnismuseum“ zu verwandeln, unter Einbeziehung der alten sowjetischen Standbilder und mit Freiluftkonzerten und Filmvorführungen. Es lohnt sich also, sich über den Fortlauf des Projekts auf dem Laufenden zu halten.

Stallungen von Schloss Maarjamäe MUSEUM
(Maarjamäe lossi tallihoone; Karte S. 50; www.ajaloomuuseum.ee; Pirita tee 66; Erw./Kind 3/2 €, mit Schloss 6 €; ⌚Mi–So 10–18 Uhr) Details zur langen sowjetischen Herrschaft über Estland werden an anderen Orten erzählt. Diese Abteilung des Museums für estnische Geschichte in den Stallungen (19. Jh.) des Schlosses Maarjamäe widmet sich einzig der deutschen Besatzung (1941–1944). Unter dem Titel *Türme & Bauern* wird auf faszinierende und teils erschütternde Weise vom Leben unter den Nazis berichtet, z. T. mit interaktiven Exponaten und Video-Interviews mit Überlebenden der Konzentrationslager.

Nach den Schrecken der ersten sowjetischen Besatzung 1940 im sogenannten „Roten Jahr“ empfingen viele Esten die Deutschen anfänglich mit offenen Armen. Heute schätzt man, dass die Nazis rund 8000 Esten, darunter 1000 estnische Juden (fast die gesamte jüdische Bevölkerung, die noch nicht geflohen war) und 250 bis 500 estnische Roma, hinrichteten. Außerdem wurden etwa 12 500 ausländische Juden in Lager in Estland verschleppt, v. a. aus den anderen baltischen Ländern, jedoch auch aus anderen Staaten wie Frankreich.

Wer sich für dieses düstere Kapitel der estnischen Geschichte interessiert oder den Opfern seine Ehrerbietung erweisen möchte: Das Museum für estnische Geschichte hat auf dem Gelände des ehemaligen Konzentrationslagers Klooga, 38 km südwestlich von Tallinn, eine Freilichtausstellung eingerichtet.

Die Stallungen sind im letzten größeren Gebäude des Komplexes in der Nähe der Kriegsgedenkstätte untergebracht.

Gedenkstätte Maarjamäe DENKMAL
(Karte S. 50; Pirita tee) Auf der Landspitze beim Schloss Maarjamäe steht dieses Denkmal aus der Sowjetzeit. Es besteht aus einem elegant gebogenen Obelisken inmitten eines großen bröckelnden Betonplatzes. Der Obelisk wurde 1960 im Gedenken an die 1918 gefallenen Sowjetsoldaten errichtet – wohl kaum ein populäres Bauwerk, da der Krieg gegen Estland geführt wurde und alle Denkmäler zu Ehren der estnischen Gefallenen kurz nach der sowjetischen Machtübernahme zerstört wurden – viele davon wurden inzwischen wieder aufgebaut.

Der Rest des Komplexes – breite Betonalleen, spitz zulaufende Mauern usw. – wurde 1975 als Gedenkstätte für die Soldaten der Roten Armee angelegt, die im Kampf gegen Nazi-Deutschland fielen. Zum Teil überdeckte die Anlage einen deutschen Soldatenfriedhof von 1941 mit 2300 Gräbern. Der Friedhof wurde 1998 erneut geweiht und ist jetzt durch Gruppen aus drei Granitkreuzen kenntlich gemacht, wie sie für die deutschen Soldatenfriedhöfe des Zweiten Weltkriegs europaweit typisch sind.

Pirita

Kurz hinter Maarjamäe mündet die Pirita in die Tallinner Bucht und hier beginnt der beliebteste Strand der Stadt. Außerdem wurde Pirita 1980 als Austragungsort der Segelwettbewerbe der Olympischen Sommerspiele von Moskau berühmt; auch heute werden hier noch internationale Regatten veranstaltet.

Die Busse 1A, 8, 34A und 38 verkehren allesamt zwischen dem Stadtzentrum und Pirita.

Strand von Pirita STRAND
(Pirita rand; Karte S. 50) Nur 6 km vom Stadtzentrum entfernt erstreckt sich der größte und beliebteste Strand Tallinns. Im Sommer tummeln sich hier und in den lockeren Cafés in der Nähe die Sonnenanbeter. Bei schlechtem Wetter präsentiert sich der Strand öde und windumtost, aber bei guten Bedingungen sorgen jede Menge Wind- und Kiteboarder für Unterhaltung.

Brigittenkloster RUINEN
(Pirita klooster; Karte S. 50; www.piritaklooster.ee; Kloostri tee; Erw./Stud. 2/1 €; ⏲ April–Okt. 10–18 Uhr, Nov.–Feb. 12–16 Uhr) Die gewaltigen gotischen Mauern sind das Einzige, was von diesem 1436 fertig gestellten Kloster erhalten geblieben ist; der Rest wurde 1577 von Iwan dem Schrecklichen im Livländischen Krieg zerstört. 1996 erhielten Nonnen des Ordens der hl. Birgitta die Erlaubnis, zurückzukehren und das Kloster wieder neu zu beleben. Das neue Präsidium steht nun neben der Ruine. In den warmen Monaten finden hier stimmungsvolle Konzerte statt.

Kloostrimetsa

Der „Klosterwald“ erstreckt sich am Nordufer der Pirita. Vom Stadtzentrum fahren die Busse 34A und 38 am Strand von Pirita entlang hierher.

Fernsehturm AUSSICHTSPUNKT
(Tallinna teletorn; www.teletorn.ee; Kloostrimetsa tee 58a; Erw./Kind 8/5 €; ⏲ 10–19 Uhr) Vom 22. Stock (175 m) des für die Olympischen Spiele 1980 errichteten futuristischen, 314 m hohen Fernsehturms bieten sich phänomenale Ausblicke. Per Knopfdruck lassen sich Milchglasscheiben im Boden in klare Fenster mit direktem Blick nach unten verwandeln. Danach kann man sich interaktive Displays zu Gemüte führen. Wagemutige können auch noch den „Walk on the Edge“ (20 €) austesten.

Der dramatischste Augenblick in der Geschichte des Turms ereignete sich am 20. August 1991, am Tag nach der offiziellen Unabhängigkeitserklärung Estlands, als sowjetische Soldaten den Turm mit Gewalt einnehmen wollten. Während Zivilisten dem Panzer den Weg versperrten, verbarrikadierten sich vier Männer im Kontrollraum, um sicherzustellen, dass weiterhin gesendet werden konnte. Auf dem Platz vor dem Turm erinnert ein Denkmal an diese Ereignisse.

Botanischer Garten GÄRTEN
(Tallinna botaanikaaed; www.botaanikaaed.ee; Kloostrimetsa tee 52; Erw./Kind 5/2,50 €, mit Fernsehturm 11 €; ⏲ Okt.–April 9–17 Uhr) Üppige Wälder und der Fluss Pirita umranden den 1,2 km² großen Botanischen Garten. Hier gedeihen über 8000 Pflanzenarten, die in Gewächshäusern und in verschiedenen Themengärten und Arboreten gezogen werden. Wer Picknickzutaten mitbringt, kann hier den ganzen Nachmittag verbringen.

Haabersti

Im westlichsten Teil Tallinns leben mehr als 43 000 Menschen; die meisten verschlug es jedoch erst nach der Fertigstellung der Wohnsiedlung Väike-Õismäe (Kleiner Blumenberg) in den 1970er-Jahren hierher. Dieses interessante Beispiel einer Stadtplanung sowjetischer Prägung umfasst einen riesigen ovalen Ring aus großen Wohnblocks um einen künstlich angelegten See herum. Ganz in der Nähe befindet sich Rocca al Mare Kaubanduskeskus, das zweitgrößte Einkaufszentrum Estlands,

★ **Estnisches Freilichtmuseum** MUSEUM
(Eesti vabaõhumuuseum; Karte S. 50; www.evm.ee; Vabaõhumuuseumi tee 12, Rocca Al Mare; Erw./Kind Mai–Sept. 7/3,50 €, Okt.–April 5/3 €; ⏲ Mai–Sept. 10–20 Uhr, Okt.–April bis 17 Uhr) Wenn die Touristen nicht aufs Land fahren, dann bringt man das Land eben in die Stadt! Das scheint das Motto dieses hervorragenden, großen Freilichtmuseums mit von anderen Orten hierher versetzten alten Gebäuden zu sein. Im Sommer wird das Gefühl einer Zeitreise noch durch kostümiertes Personal verstärkt, das inmitten der hölzernen Bauernhäuser und Windmühlen traditionellen Tätigkeiten nachgeht.

Außerdem gibt's hier eine Kapelle von 1699 und ein altes Holzgasthaus, Kolu Kõrts, das traditionelle estnische Küche serviert. Toll für Kinder sind die Pferdekutschfahren (Erw./Kind 5/3 €) und es können auch Fahrräder gemietet werden (3 € pro Std.). Wer am Mittsommerabend (23. Juni) in Tallinn ist, kann hier die traditionellen Feierlichkeiten mit Feuerwerk und allem Drum und Dran erleben.

Mit dem Auto gelangt man vom Zentrum über die Paldiski maantee hierher; kurz bevor die Straße das Wasser erreicht, geht's rechts in die Vabaõhumuuseumi tee. Bus 21 vom Bahnhof (mind. stündl.) hält direkt vor dem Museum. Für das Freilichtmuseum und den 20 Fußminuten entfernten Zoo sind Familientickets erhältlich.

Tallinner Zoo ZOO
(Tallinna loomaaed; Karte S. 50; www.tallinnzoo.ee; Paldiski mnt 145, Veskimetsa; Erw./Kind 7/4 €; ⏲Mai–Aug. 9–21 Uhr, März, April, Sept. & Okt. bis 19 Uhr, Nov.–Feb. bis 17 Uhr) Der Tallinner Zoo besitzt die weltgrößte Menagerie an Bergziegen und -schafen (!) sowie rund 350 andere Tierarten (darunter Löwen, Leoparden und afrikanische Elefanten). Der große, weitläufige Tierpark baut seine Gehege je nach finanziellen Möglichkeiten in moderne, tierfreundliche Gehege um. Hier kann man gut all jene estnischen Tiere wie Bären, Luchse, Eulen und Adler beobachten, die man in freier Wildbahn kaum zu Gesicht bekommt.

Für Tierfreunde ist der Zoobesuch jedoch ein ambivalentes Erlebnis: Während einige der älteren Gehege keinesfalls artgerecht sind – besonders leid taten uns die alten Bären –, wird die Lage sichtlich besser und der Zoo braucht Besucher, um Geld für die Neugestaltung zu haben. Besonders dringend ist der Bau des neuen Eisbärengeheges, für das gerade gesammelt wird.

Ein Neuling im Zookomplex ist der **Abenteuerpark** (Erw./Kind 17/6 €) mit Hochseilgarten. Letzter Einlass zum Zoo ist zwei Stunden vor Schließung; montags sind alle Innengehege geschlossen. Am besten ist der Zoo mit dem Bus 21 oder Trolleybus 7 zu erreichen – beide fahren vom Bahnhof – oder mit dem Trolleybus 6 ab Freiheitsplatz.

Stroomi STRAND
(Karte S. 50) Der seichte Stroomi-Strand liegt in Pelguranna, einem von den Russen in Tallinn bevorzugten Stadtteil. Zwar ist es hier angesichts der Kulisse aus Hafenanlagen und Wohnblocks nicht so einladend wie in Pirita, doch zieht es die Sonnenfreunde in Scharen an den langen Strand. Im Sommer prägen hier die Einheimischen das Bild. Der Strand befindet sich 3 km westlich der Altstadt (20 Minuten mit Buslinie 40 ab Viru Keskus oder 48 ab Freiheitsplatz).

Aktivitäten

Die Esten schreiben dem guten alten Schwitzen alle möglichen gesundheitsfördernden Wirkungen zu – und eigentlich ist eine Reise nach Estland ohne einen Saunabesuch auch keine runde Sache. Saunen sind nicht schwer zu finden: Es gibt sie in den meisten Hotels, aber Tallinn wartet zudem noch mit einigen guten öffentlichen Saunen auf.

Club 26 WELLNESS
(Karte S. 50; ☎631 5585; www.club26.ee; Liivalaia 33; private Sauna 25–65 € pro Std.; ⏲7–22 Uhr) Im obersten Stockwerk des Radisson Blu Hotel Olümpia und mit entsprechend toller Aussicht gehört dieser Laden zu den

TALLINN FÜR KINDER

Mit ihren belebten mittelalterlichen Straßen und Festungsanlagen ist die Altstadt von Tallinn ein echtes Erlebnis für Kinder unter 12 Jahren – jedoch ist das Kopfsteinpflaster nicht gerade kinderwagenfreundlich. Kinder sind fast überall willkommen; viele Restaurants bieten besondere Kinderkarten und die meisten größeren Hotels verfügen über Spielbereiche und Babysitterservice.

Neben den unten genannten Sehenswürdigkeiten sind für Kinder auch noch das Estnische Freilichtmuseum, der Zoo, die Strände, das Erlebnisbad Kalev Spa und die Harju-Eislaufbahn interessant. Im Kadriorg-Park gibt's einen großen Spielplatz, ein weiterer befindet sich im Hirvepark unterhalb des Dombergs.

Nuku (Karte S. 54; ☎679 555; www.nuku.ee; Nunne 8; Eintritt 4,80 €; ⏲Di–So 11–18 Uhr) Das staatliche Puppenmuseum wartet mit zahlreichen alten Puppen hinter Glas auf, hat aber auch viele, mit denen gespielt werden darf. Es gibt einen „Horrorkeller" mit „bösen und furchteinflößenden Puppen" (u. a. einem Vampirkaninchen), ein Verkleidungszimmer und ein Schattentheater. Durch Fenster kann man in die Werkstätten blicken, wo die Puppen hergestellt werden. Leider finden im Sommer keine Vorstellungen statt, nur im restlichen Jahr am Wochenende – dann sind sie im Eintrittspreis zum Museum enthalten. Die Aufführungen sind auf Estnisch, aber auch das bloße Zuschauen ist ein großer Spaß.

Tschu-Tschu (Erw./Kind 5/3 €) Die Touristenbahn befährt im Sommer eine 20-minütige Schleife durch die Altstadt – beliebt bei den Kleinen und bei fußmüden Erwachsenen.

luxuriösesten Saunen der Stadt. Es gibt zwei Privatsaunen, jede mit eigenem Schwimmbecken und Minibalkon. Sogar Speisen und Getränke werden serviert. Die Preise gelten für bis zu zehn Personen.

Außerdem gibt es hier ein Solarium, ein kleines Fitnessstudio, ein Massagezentrum und einen 16-m-Pool.

Kalma Saun WELLNESS

(☎627 1811; www.kalmasaun.ee; Vana-Kalamaja 9a; Eintritt 7,50–10 €; ⏲11–23 Uhr) Tallinns älteste öffentliche Sauna liegt in einem großen Gebäude hinter dem Bahnhof: Es verströmt die Atmosphäre einer altmodischen russischen *banya* (Badehaus) – hier ist auf jeden Fall die Selbstgeißelung mit einem Birkenzweig angesagt. Es gibt getrennte Abteilungen für Männer und Frauen (für die Frauen ist's etwas billiger) sowie Privatsaunen (20 € pro Std., bis zu 6 Pers.).

Kalev Spa SCHWIMMEN, WELLNESS

(Karte S. 54; www.kalevspa.ee; Aia 18; Erw./Kind 13/10 € für 2½ Std.; ⏲Mo–Fr 6.45–21.30, Sa & So 8–21.30 Uhr) Für Schwimmer gibt's hier ein Indoor-Olympiabecken, dazu aber auch Wasserrutschen, Wellnessbäder, Saunen und ein Kinderbecken. Außerdem verfügt das Bad über ein Fitnesscenter, ein Tagesspa und drei private Saunen – die größte davon kann man mit bis zu 15 Schwitzfreunden teilen.

Bootsverleih Bell-Marine BOOTFAHREN

(Karte S. 50; ☎621 2175; www.bellmarine.ee; Kloostri tee 6a; Kajak/Ruderboot 10/15 € pro Std.; ⏲Juni–Aug. 10–22 Uhr) Der Fluss Pirita ist ein idyllischer Wasserlauf für eine geruhsame Paddeltour inmitten dichten Uferwaldes. Ruderboote und Kajaks können Ausflügler bei der Straßenbrücke in der Nähe der Klosterruine mieten.

Eislaufbahn an der Harju EISLAUFEN

(Harju tänava uisuplats; Karte S. 54; ☎610 1035; www.uisuplats.ee; Harju; Erw./Kind/Schlittschuhmiete 5/3/2,50 € pro Std.; ⏲Nov.–März 10–22 Uhr) Warm einpacken für die Eislaufbahn in der Altstadt! Am Ende hat man sich dann sicher einen *hõõgvein* (Glühwein) verdient.

☞ Geführte Touren

Die Touristeninformation und viele Reisebüros vermitteln Deutsch sprechende Stadtführer. Reservierung erforderlich.

Tallinn Traveller Tours TOUREN

(☎5837 4800; www.traveller.ee) Unterhaltsame, preisgünstige Touren – darunter eine zweistündige Führung durch Tallinn, Beginn täglich um 12 Uhr bei der Touristeninformation (offiziell umsonst, aber es wird ein Trinkgeld erwartet). Außerdem im Angebot: Geisterführungen (15 €), Kneipenbummel (20 €), Radtouren (ab 19 €) und Tagesausflüge, z. B. nach Riga (55 €).

EstAdventures TOUREN

(☎5308 3731; www.estadventures.ee; Touren ab 19 €; ⏲Mai–Sept.) Bietet Themenrundgänge durch Tallinn (z. B. „Altstadt & Kalamaja", „Spuk in Tallinn") sowie Tagesausflüge z. B. zum Nationalpark Lahemaa sowie nach Rakvere und Haapsalu.

Estonian Experience TOUREN

(☎5346 4060; www.estonianexperience.com; Touren für 1/4 Pers. ab 80/96 €) Bietet Führungen zu zahlreichen Spezialthemen wie „Mittelalterliche Bierprobe & Legenden", „Jüdisches Tallinn", „Familienrundgang & Marzipan-Workshop", teilweise inklusive Transport, Essen und Getränken. Die Angebote richten sich an Individualreisende, günstiger ist es allerdings, wenn man in einer kleinen Gruppe teilnimmt.

City Bike RADTOUREN

(Karte S. 54; ☎511 1819; www.citybike.ee; Vene 33; ⏲10–19 Uhr) Die „Willkommen in Tallinn"-Radtouren (19 €, 2 Std.) werden ganzjährig angeboten und führen auch nach Kadriorg und Pirita. Eine andere Tour geht nach Kalamaja und zum Stroomi-Strand (ab 19 €, 2½ Std.), während die Tour „Countryside Cycling & Old Town Walking" bis zum Freilichtmuseum hinausführen (ab 47 €, 4 Std.). Außerdem werden vorgeplante Tagesausflüge auf eigene Faust und längere Routen geboten.

Tallinn City Tour BUSTOUREN

(Karte S. 54; ☎627 9080; www.citytour.ee; 24-Std.-Pass Erw./Kind 19/16 €) Betreibt rote Doppeldeckerbusse, die einen schnell und angenehm zu den wichtigsten Sehenswürdigkeiten der Stadt fahren – Fahrgäste können nach Belieben aus- und zusteigen. Erläuterungen gibt's vom Band. Die Haupthaltestelle befindet sich an der Mere puiestee unmittelbar außerhalb der Altstadt. Es gibt Kombitickets mit Museumseintritt, Bootsfahrt oder Heißluftballonfahrt.

Die rote Linie deckt das Stadtzentrum und Kadriorg ab, die grüne Linie Pirita, den Botanischen Garten und den Fernsehturm und die blaue Linie fährt zum Zoo und zum Freilichtmuseum.

Blue Super Segway SEGWAY
(Karte S. 54; ☎512 0030; www.bluesupersegway.ee; Viru 7; Verleih 1 Std. 30 €, Guide 60 € pro Gruppe) Segway-Verleih und -Führungen.

Euro Audio Guide RUNDGÄNGE
(www.euroaudioguide.com; iPod-Miete 13 €) Die Touristeninformation verleiht mit Kommentaren zu verschiedenen Sehenswürdigkeiten in der Altstadt bespielte iPods. Wer einen eigenen iPod, ein iPhone oder ein iPad hat, kann sich die Tour und ein E-Book für 15 € herunterladen.

360° Adventures KAJAKFAHREN
(☎5686 4634; www.360.ee) Veranstaltet von Ende Juni bis August jeden Mittwoch drei- bis vierstündige geführte Kajaktouren durch die Tallinner Bucht (33 €). Ebenfalls im Programm: mehrtägige Kajak-, Moorwander-, Schneeschuh- und Naturexkursionen.

Reimann Retked KAJAKFAHREN
(☎511 4099; www.retked.ee) Bietet Seekajak-Exkursionen, u. a. eine vierstündige Tour zur Insel Aegna (35 €). Außerdem Tauchen, Rafting, Moor- und Schneeschuhwanderungen und Biberbeobachtung.

Festivals & Events

Im Sommer scheint in der Stadt ständig etwas los zu sein. Eine komplette Liste aller Festivals in Tallinn gibt's auf www.culture.ee und unter dem Menüpunkt „Aktivitäten/Veranstaltungen" auf www.tourism.tallinn.ee.

Jazzkaar MUSIK
(www.jazzkaar.ee) Zehn Tage lang spielen Mitte April Jazzgrößen aus aller Welt in Tallinn – ein hörenswertes Ereignis. Der Veranstalter bietet aber auch zwei kleinere Events im Herbst und zur Weihnachtszeit.

Altstadttage KULTUR
(www.vanalinnapaevad.ee) Eine der größten Veranstaltungen in der Stadt. Ende Mai/Anfang Juni werden eine Woche lang in jedem Winkel der Altstadt Thementagen (Musiktag, Mittelaltertag, Kindertag usw.) mit Tanz, Konzerten, kostümierten Darstellern und vielen mittelalterlichen Belustigungen gefeiert.

Internationales Folklore-Festival Baltica KULTUR
(www.folkloorinoukogu.ee) Musik, Tanz und Ausstellungen zur Volksmusiktradition des Baltikums und anderer Regionen. Das Festival teilen sich Riga, Vilnius und Tallinn; Tallinn ist im Juni 2016, 2019 und 2022 wieder an der Reihe.

Öllesummer BIER, MUSIK
(Biersommer; www.ollesummer.ee) Diese ausgesprochen beliebte Bier-, Wurst- und Rocksause findet Anfang Juli vier Tage lang auf dem Sängerfestgelände statt. Neben Coverbands und heimischen Liedermachern treten gewöhnlich auch ein paar international bekannte Zugpferde auf wie zuletzt Placebo oder die Cardigans, Pet Shop Boys und Scissor Sisters.

Estnisches Lieder- & Tanzfest KULTUR, MUSIK
(www.laulupidu.ee) Das gigantische Fest findet jeweils im vierten und neunten Jahr einer Dekade im Juli statt; Höhepunkt ist ein traditioneller Chor mit 34 000 Sängern! Die Jugendversion ist dann jeweils im zweiten und siebten Jahr des Jahrzehnts dran.

Mittelaltertage KULTUR
(www.folkart.ee) Eine Woche Mitte Juli wird mit Umzug, Kirmes und einem Ritterturnier sowie Kunsthandwerksständen auf dem Rathausplatz das Mittelalter heraufbeschworen.

Internationales Tallinner Orgelfest MUSIK
(www.concert.ee) Zehn Tage Orgelmusik in den Kirchen der Stadt; ab Ende Juli.

TALLINNER SOMMERSCHULE

Wer sich einen Sommer lang in Sachen estnischer Kultur weiterbilden oder Estnisch lernen will, kann das in der **Sommerschule** (Karte S. 50; ☎640 9218; http://summerschool.tlu.ee; Narva mnt 25; Kurs 440 €, Kulturprogram Stud./Nichtstud. 350/400 €) der Universität Tallinn. Jedes Jahr im Juli finden dreiwöchige Estnisch-Intensivkurse statt. Diese können mit einer Einführung in die estnische Kultur kombiniert werden, die Vorlesungen, Führungen und Tagesausflüge zu Geschichte, Kunst und Musik und zu estnischen Traditionen umfasst.

Der Sprachunterricht findet unter der Woche vormittags statt, die kulturellen Angebote nachmittags und am Wochenende, sodass man nur eins von beidem oder beides zusammen absolvieren kann. Wer nicht unbedingt Estnisch lernen möchte, kann es auch mit Russisch oder Mandarin (Unterrichtssprache Englisch) oder einer Vielzahl von kreativen und technischen Fächern versuchen.

Birgitta-Festival MUSIK
(www.birgitta.ee) Hier kann man in verschiedenen Genres das Zusammentreffen von Musik und Theater live erleben – mit Chorälen, Opern, Ballett, modernem Tanz und klassischen Konzerten. Das Ganze findet Mitte August eine Woche lang in der stimmungsvollen Klosterruine in Pirita statt.

Filmfestival der Schwarzen Nächte FILM
(www.poff.ee) Filme aus der ganzen Welt bringen bei Estlands größtem Filmfestival ab Mitte November zwei Wochen lang Leben in die kalten Winternächte. Dazu gibt's kleinere Festivals für Trick-, Studenten- und Jugendfilme.

Schlafen

Das reizende Tallinn ist schon längst kein Geheimtipp mehr, sodass man Übernachtungen im Sommer weit im Voraus buchen sollte. In der Hauptsaison (mit Höhepunkt im Juli und August) steigen die Preise erheblich und unabhängig von der Preiskategorie kann es sehr schwierig sein, ein Bett für ein Wochenende zu ergattern, wenn man sich nicht mindestens zwei Wochen im Voraus bemüht.

Tallinn verfügt in allen Preislagen über eine gute Auswahl an Unterkünften. Die meisten tummeln sich in der Altstadt und der unmittelbaren Umgebung: Hier gibt es selbst für Backpacker Unterkünfte in stimmungsvollen alten Häusern. Wer mit dem Auto unterwegs ist, der findet zumeist etwas weiter außerhalb einen kostenlosen Parkplatz.

Altstadt

★ **Tabinoya** HOSTEL €
(Karte S. 54; ☎ 632 0062; www.tabinoya.com; Nunne 1; B/EZ/DZ ab 15/30/40 €; @ 📶) Das erste japanisch geführte Hostel des Baltikums belegt die beiden obersten Stockwerke eines reizenden alten Gebäudes. Es hat Schlafsäle und eine Gemeinschaftslounge oben sowie geräumige Privatzimmer, eine Küche und eine Sauna unten. Die Bäder werden geteilt. Hier herrscht eine etwas gemütlichere und ruhigere Atmosphäre als in den meisten anderen Tallinner Hostels. Vorausbuchen!

Red Emperor HOSTEL €
(Karte S. 54; ☎ 615 0035; www.redemperorhostel.com; Aia 10; B/EZ/DZ ab 12/21/32 €; @ 📶) Das über einer wunderbar abgerockten Livemusik-Bar gelegene Red Emperor ist Tallinns angesagtestes Party-Hostel für bärtige Hipster. Die Einrichtungen sind gut: bunte Zimmer, Holzbetten und jede Menge Duschen, und jeden Tag werden organisierte Aktivitäten wie Karaoke und Gemeinschaftsessen angeboten. Leute mit leichtem Schlaf sollten gute Ohrstöpsel mitnehmen!

FERIENWOHNUNGEN & -APARTMENTS

Besonders für Reisende mit mittlerem Budget, die Wert auf ihre Privatsphäre legen und unabhängig sein wollen, sind Wohnungsvermittlungen eine hervorragende Idee. Zwar trifft man so keine anderen Reisenden, dafür hat man aber in der Regel viel mehr Platz als in einem Hotelzimmer und bekommt zusätzlich eine komplett ausgestattete Küche, einen Wohnbereich und oft auch eine Waschmaschine. In der Nebensaison und bei längeren Aufenthalten sinken die Preise für Wohnungen erheblich. Old House Apartments (S. 73) hat ein gutes Angebot in der Altstadt.

Romeo Family Apartments (☎ 644 4255; www.romeofamily.ee; Apt. 55–110 €; 📶) Dieser Familienbetrieb mit einem Dutzend makellos gepflegter Wohnungen in der Altstadt ist eine äußerst gute Wahl. Die meisten Wohnungen sind geräumig und nett eingerichtet, mit Küche und Möglichkeit zum Wäschewaschen. Außerdem wird die Abholung vom Flughafen (10 €) angeboten.

Goodson & Red (☎ 666 1650; www.redgroup.ee; Apt. ab 49 €) Diese Agentur listet 22 Wohnungen, von modernen Studio-Apartments bis zu Wohnungen mit zwei Schlafzimmern. Die meisten sind sehr gut gelegen, einige sogar am Rathausplatz. Der Mindestaufenthalt liegt bei zwei Nächten und es wird eine Endreinigungsgebühr von 40 € erhoben.

Ites Apartments (☎ 631 0637; www.ites.ee; Apt. ab 80 €; 📶) Der freundliche und effiziente Anbieter hat mehrere gut ausgestattete Wohnungen in der Altstadt und deren Umgebung. Bei mehr als einer Übernachtung gibt's erhebliche Ermäßigungen.

Old House Hostel & Guesthouse HOSTEL €
(Karte S. 54; ☎641 1281; www.oldhouse.ee; Uus 22 & Uus 26; B/EZ/DZ ab 14/29/48 €; P @) Obwohl eins als Hostel und eins als Gästehaus firmiert, verströmen beide Häuser ein gemütliches Gästehaus-Ambiente mit Hostel-Einrichtungen (Schlafsäle ohne Stockbetten, Gemeinschaftsbäder, Gästeküchen und Lounges). Die altmodische Einrichtung mit Antiquitäten, schrägen Tapeten, Pflanzen und Lampen sowie die recht ruhige Lage in der Altstadt sprechen vor allem kostenbewusste Traveller an, die es gern nett und behaglich mögen.

Old Town Backpackers HOSTEL €
(Karte S. 54; ☎5351 7266; www.tallinnoldtownbackpackers.com; Uus 14; B/EZ 15/35 €; @) Wer dieses barocke Gebäude betritt, hat das ganze Hostel schon vor sich: einen großen Raum mit rund einem halben Dutzend Betten, der gleichzeitig als Küche und Wohnzimmer dient. Wegen der Beengtheit werden nächtliche Partys nicht gern gesehen, dafür lernt man seine Mitbewohner gut kennen – denn es gibt auch eine Sauna und ein Spa.

Old House Apartments APARTMENTS €€
(Karte S. 54; ☎641 1464; www.oldhouseapartments.ee; Rataskaevu 16; Apt. ab 89 €; P) Old House ist als Name für dieses wundervolle Kaufmannshaus aus dem 14. Jh. sicher eine kleine Untertreibung. Das Haus verfügt über acht schön eingerichtete Wohnungen (darunter eine geräumige Wohnung mit zwei Schlafzimmern und Spuren mittelalterlicher Deckenbemalung). Weitere 21 Wohnungen verteilen sich auf ähnliche Gebäude in der Altstadt, wenn sich auch die Qualität des Gebotenen und die Einrichtungen stark unterscheiden.

Zinc HOSTEL €€
(Karte S. 54; ☎5781 0173; www.zinchostel.ee; Väike-Karja 1; 2BZ/3BZ/FZ 35/50/60 €;) Das Zinc wirkt eher wie eine günstige Pension, nicht wie ein traditionelles Hostel. Es hat keine Schlafsäle, aber die properen Zimmer teilen sich Gemeinschaftsbäder sowie eine Küche und eine Fernsehlounge. Bunte Schablonenzeichnungen schmücken die Wände des hundert Jahre alten Gemäuers. Eine stillere Unterkunft in einer lauten Gegend.

Bern Hotel HOTEL €€
(Karte S. 54; ☎680 6604; www.bern.ee; Aia 10; Zi. ab 63 €;) Dieses Hotel, eines einer Reihe neuerer Hotels am Rande der Altstadt, ist von außen nichts Besonderes, aber die kleinen, liebevoll gestalteten Zimmer sind modern und ihren Preis durchaus wert. Schöne Extras sind Morgenmäntel und Pantoffeln, Minibar, Haartrockner und Klimaanlage.

Villa Hortensia APARTMENTS €€
(Karte S. 54; ☎504 6113; www.hoov.ee; Vene 6; EZ/DZ ab 45/65 €;) In der Villa Hortensia im netten Meisterhof stehen vier Studio-Apartments mit zwei Ebenen, kleiner Küche und Zugang zu einer Gemeinschaftslounge zur Verfügung. Besonders schön sind die beiden größeren Apartments mit Balkon und jeder Menge Flair. Im Sommer kann es in den Apartments sehr warm werden. Das Café unten hat bis Mitternacht geöffnet, sodass Leute, die früh zu Bett gehen, am besten Ohrstöpsel dabeihaben.

Viru Backpackers HOSTEL €€
(Karte S. 54; ☎644 6050; www.virubackpackers.com; 3. Stock, Viru 5; EZ/DZ ab 28/42 €;) Der kleine, aber viel schickere Ableger von Monk's Bunk (S. 74) bietet gemütliche, farbenfrohe Privatzimmer, teils mit eigenem Bad. Es ist für sich genommen ruhiger als das Monk, liegt jedoch in einer lärmigeren Ecke der Stadt.

★ **Hotel Cru** HOTEL €€€
(Karte S. 54; ☎611 7600; www.cruhotel.eu; Viru 8; EZ/DZ/Suite ab 88/110/198 €;) Dieses Boutiquehotel aus dem 14. Jh. verfügt hinter seiner taubenblauen Fassade in einem Labyrinth von Fluren über toll ausgestattete Zimmer mit Charakteristika alter Bauten wie Holzbalken und unverputztem Mauerwerk. Die billigsten Zimmer sind recht eng.

Three Sisters HOTEL €€€
(Karte S. 54; ☎630 6300; www.threesistershotel.com; Pikk 71; Zi./Suite ab 195/305 €;) Luxus pur in drei aneinander angrenzenden Kaufmannshäusern aus dem 14. Jh. Die 23 Zimmer sind großzügig geschnitten und individuell eingerichtet. Beeindruckende Extras bieten sie alle: altmodische Badewannen, Original-Holzbalken, winzige Balkone und Himmelbetten. Für Gäste mit königlichen Ansprüchen gibt's die Piano-Suite.

Hotel Telegraaf HOTEL €€€
(Karte S. 54; ☎600 0600; www.telegraafhotel.com; Vene 9; EZ/DZ/Suite ab 165/185/605 €; P) Dieses noble Hotel in einer umgebauten Telegrafenstation aus dem 19. Jh. ist absolut stilvoll. Es bietet einen Wellnessbereich, einen schönen Hof, ein renommiertes Restaurant, ein hinreißendes Interieur

und hervorragende Mitarbeiter. Die „Superior"-Zimmer im älteren Teil des Gebäudes verströmen mehr historisches Flair, wir würden aber die etwas günstigeren „Executive"-Zimmer wählen: Sie sind ein wenig größer und moderner ausgestattet.

Savoy Boutique Hotel HOTEL €€€
(Karte S. 54; ☎680 6688; www.tallinnhotels.ee; Suur-Karja 17/19; EZ/DZ/Suite ab 98/116/278 €; 📶) Warme Creme- und Karamelltöne sowie doppelverglaste Fenster machen die Zimmer zu einer Oase der Entspannung (in den oberen Stockwerken kommt noch ein toller Blick über die Dächer hinzu). Nette Extras sind das Obst zur Begrüßung und die Gästebademäntel und -pantoffeln in allen Zimmern. Was das Haus aber besonders auszeichnet, ist das freundliche und aufmerksame Personal.

Hotel St Petersbourg HOTEL €€€
(Karte S. 54; ☎628 6500; www.schlossle-hotels.com; Rataskaevu 7; Zi./Suite ab 153/216 €; ❄📶) In diesem eklektisch eingerichteten Hotel trifft russisch-kaiserliches Flair auf zeitgenössischen Glamour. Zum kuriosen Stilmix gehören extravagante Lampen, Spiegelkommoden, großformatige Fotos von Ballerinen und eine riesige Oscar-Statue im Foyer. Im Preis inbegriffen sind das Frühstück und ein morgendlicher Saunagang.

Schlössle Hotel HOTEL €€€
(Karte S. 54; ☎699 7700; www.schlossle-hotels.com; Pühavaimu 13/15; Zi./Suite ab 167/275 €; ❄📶) Das Boutiquehotel residiert in einer Ansammlung von mittelalterlichen Gebäuden um einen Hof herum. Es besitzt nur 23 Zimmer und eine ausgesprochen stimmungsvolle Gewölbekellerbar. Die Zimmer unterscheiden sich stark in Größe und Stil; die kleineren weisen mehr historischen Charme auf, die größeren wirken für den Preis etwas armselig.

Stadtzentrum

United Backpackers HOSTEL €
(Karte S. 50; ☎5685 0415; www.unitedbackpackers.ee; Narva mnt 9j; B/DZ ab 14/32 €; @📶) Das gepflegte, freundliche winzige Hostel versteckt sich in ein paar Gebäuden abseits einer Hauptstraße. Die ansprechend eingerichteten, geräumigen Zimmer versammeln sich auf einer einzigen Etage. Sie bieten genügend Möglichkeiten, all die mitgebrachten elektronischen Gerätschaften aufzuladen, denn zu jedem Bett gehören sechs Steckdosen! Es gibt nur Gemeinschaftsbäder, davon aber reichlich. Den Gästen stehen ein Billardtisch und eine rund um die Uhr geöffnete Bar zur Verfügung.

Euphoria HOSTEL €
(Karte S. 54; ☎5837 3602; www.euphoria.ee; Roosikrantsi 4; B/Zi. ab 11/35 €; P@📶) Relaxter als hier geht es kaum. Dieses hippiemäßige Hostel unmittelbar südlich der Altstadt ist eine unterhaltsame Unterkunft mit einem ausgeprägten Traveller-Gemeinschaftssinn. Wer auf Wasserpfeifen und spontane nächtliche Jamsessions steht, ist hier genau richtig. Wer das alles nicht so schätzt, bringt sich besser Ohrstöpsel mit.

Monk's Bunk HOSTEL €
(Karte S. 54; ☎636 3924; www.themonksbunk.com; Tatari 1; B 11–14 €, Zi. 38 €; @📶) Die „Mönchskoje" ist eine echte Partyhochburg – der einzige Mönch, der hier vielleicht hinpasst, wäre Bruder Tuck. Jeden Abend werden Aktivitäten angeboten, darunter legendäre Kneipenzüge, die anscheinend auf einen maximalen Rausch abzielen. Die Einrichtungen sind gut: hohe Decken, kostenlose Schließfächer und Fußbodenheizung in den Bädern.

★ **Y-Residence** APARTMENT €€
(Karte S. 50; ☎502 1477; www.yogaresidence.eu; Pärnu mnt 32; Apt. ab 80 €; 📶) Das „Y" steht für Yoga – ein ziemlich merkwürdiger Name für sehr moderne, frische und gut ausgestattete Apartments nicht weit von der Altstadt. Neben freundlichem Personal gibt's hier kleine Küchen sowie eine Waschmaschine. Nördlich der Altstadt befindet sich ein Ableger in einem älteren Gebäude.

Hotell Palace HOTEL €€€
(Karte S. 54; ☎640 7300; www.tallinnhotels.ee; Vabaduse Väljak 3; Zi./Suite ab 100/170 €; ❄📶🏊) Das architektonisch interessante Hotel aus den 1930er-Jahren ist kürzlich renoviert worden und wartet jetzt mit gemütlichen, geschmackvoll eingerichteten Zimmern auf. Das Hotel liegt direkt gegenüber vom Freiheitsplatz und der Altstadt. Zum Komplex gehören ein Schwimmbad, ein Spa, Saunen und ein kleines Fitnesszentrum – die Benutzung dieser Einrichtungen ist allerdings nur für die Gäste in den „Superior"-Zimmern und Suiten kostenlos.

Swissôtel Tallinn HOTEL €€€
(Karte S. 50; ☎624 0000; www.swissotel.com; Tornimäe 3; Zi. ab 158 €; ❄📶🏊) Das 30-stöckige 238-Zimmer-Hotel bietet elegante, üppig

ausgestattete Zimmer mit phantastischem Ausblick. Das Badezimmer-Design ist ultracool (bronzefarbene und schwarze Fliesen, frei stehende Badewannen und Duschkabinen) und es gibt auch noch ein Hotelspa. Freundliches Personal.

Estoria HOTEL €€€
(Karte S. 54; ☎680 9300; www.sokoshotels.ee; Viru väljak 4; Zi. ab 134 €; ❄📶) Das Designteam von Sokos Hotels hat erfolgreich sämtliche KGB-Spuren aus diesem Gebäude getilgt, das mit dem berüchtigten Hotel Viru verbunden ist. Orangefarbene und grüne Sessel, Morgenmäntel und Pantoffeln sorgen für gute Laune, und jede Etage hat einen eigenen kleinen Loungebereich mit Kaffeemaschine, Pralinen und Schachbrettern.

Nordic Hotel Forum HOTEL €€€
(Karte S. 54; ☎622 2900; www.nordichotels.eu; Viru väljak 3; Zi./Suite ab 119/189 €; P❄@📶🏊) Für ein großes Businesshotel zeigt das Forum überraschend viel Charakter: Die Fassade schmückt Schablonenkunst, der Teppich auf den Fluren versetzt einen ins Grüne, die Bäder locken mit blumigem Rauchglas und auf dem Dach wachsen Bäume. Zur Hotelausstattung zählen Saunen sowie ein Hallenbad im 8. Stock mit schönem Ausblick.

Kassisaba & Kelmiküla

Diese beiden kleinen Viertel unmittelbar westlich der Altstadt am Fuß des Dombergs warten mit einem guten Angebot an modernen mittelgroßen Hotels mittlerer Preislage in günstiger Lage zum Bahnhof auf. Kassisaba ist das estnische Wort für „Katzenschwanz", was den Pfad durch die Befestigungen zum Domberg ganz gut beschreibt; Kelmiküla heißt „Schelmendorf", was wiederum zu dem noch immer etwas schelmisch wirkenden Bahnhofsviertel gut passt.

Go Hotel Schnelli HOTEL €€
(Karte S. 54; ☎631 0100; www.gohotels.ee; Toompuiestee 37; EZ/DZ/Apt. ab 56/59/117 €; P❄📶) Das moderne Gebäude direkt beim Bahnhof bietet einen Katzensprung von Kalamaja und der Altstadt entfernt frische, gemütliche Zimmer. Dank der vorhandenen Parkplätze ist dieses Hotel eine ausgezeichnete Wahl für Leute, die mit dem Auto unterwegs sind. Von den Zimmern zur Straße raus bieten sich tolle Ausblicke auf die Skyline des Dombergs.

L'Ermitage HOTEL €€
(Karte S. 54; ☎699 6400; www.lermitagehotel.ee; Toompuiestee 19; EZ/DZ/Suite ab 67/76/125 €; P❄📶) Dieses metallverkleidete Gebäude, das man entweder liebt oder hasst, wurde zwar 2004 erbaut, wirkt aber eher wie ein 70er-Jahre-Bau. Das Hotel hat schnörkellose, aber gemütliche Zimmer im Angebot. Das Innere wirkt mit seinen bunten Farbakzenten auf weißen Wänden erheblich moderner als das Äußere. Die Zimmer nach hinten raus sind ruhiger.

Kreutzwald Hotel Tallinn HOTEL €€
(Karte S. 50; ☎666 4800; www.kreutzwaldhotel.com; Endla 23; Zi. ab 68 €; @📶) Hier trifft skandinavischer Schick auf japanischen Minimalismus und das Resultat ist ein hervorragendes Mittelklassehotel. Die teureren „Zen"-Doppelzimmer verfügen über Spabäder, Flachbildfernseher und entspannende Stimmungsbeleuchtung. 15 Minuten zu Fuß von der Altstadt.

Kristiine

Valge Villa GÄSTEHAUS €€
(Karte S. 50; ☎654 2302; www.white-villa.com; Kännu 26/2; EZ/DZ ab 35/45 €; P📶) Das heimelige und einladende dreistöckige Gästehaus mit zehn Zimmern in einem ruhigen Wohngebiet 3 km südlich des Zentrums ist besonders für Leute mit eigenem Fahrzeug eine gute einfache Wahl. Alle Zimmer sind mit Kühlschrank und Wasserkocher ausgestattet und verfügen über Kamin, Balkon, kleine Küche und Badewanne. Gute Verbindung zur Altstadt mit öffentlichen Verkehrsmitteln.

Essen

Wer jetzt Essen im Stil der ehemaligen Sowjetunion erwartet, wird mit Sicherheit sehr positiv überrascht sein. In Tallinn hat man angesichts eines interessanten und vielfältigen Angebots die Qual der Wahl. Und das Ganze kostet nur einen Bruchteil dessen, was man für vergleichbare Qualität in anderen europäischen Hauptstädten und Urlaubsorten zahlen würde – auch wenn die Preise derzeit schnell steigen. Der Service ist teilweise durchwachsen, kommt jedoch zumeist mit einem Lächeln daher.

In anderen Touristenzentren auf der Welt ist es oft schwer, gutes Essen zu guten Preisen zu finden – nicht so in der Altstadt von Tallinn. Und die Atmosphäre ist nur schwer zu toppen: Im Winter macht man es sich in behaglichen Kellergewölben gemütlich und im Sommer sitzt man überall draußen auf blumengeschmückten Terrassen.

Für Leute, die auch beim Essen auf echte Schnäppchen aus sind, gibt es nicht weit von der Altstadt in Kalamaja ein paar wunderbare Lieblingsrestaurants der Einheimischen.

Altstadt

★V VEGAN €
(Karte S. 54; ☎626 9087; Rataskaevu 12; Hauptgerichte 6–9 €; ⏰12–23 Uhr; ☎) In diesem tollen Restaurant kommen Veganer voll auf ihre Kosten. Im Sommer möchten alle einen der vier Tische draußen auf der Straße ergattern, aber auch drinnen ist es sehr stimmungsvoll. Das Essen ist erstklassig, z. B. gibt's Süßkartoffel-Erdnuss-Curry, scharfen Tofu mit Quinoa und gefüllte Zucchini.

III Draakon CAFÉ €
(Karte S. 54; Raekoja plats; Hauptgerichte 1–3 €; ⏰9–24 Uhr) Das winzige Café unterm Rathaus strotzt nur so vor Flair. Auf der Speisekarte stehen superbillige Elchsuppe, Würstchen und vor Ort frisch gebackene Pasteten. Das historische Ambiente wird auch noch ordentlich ausgeschlachtet, mit Bier aus Tonkrügen sowie kostümierten „Animierdamen".

Chocolats de Pierre CAFÉ €
(Karte S. 54; ☎641 8061; www.pierre.ee; Vene 6; Hauptgerichte 5–13 €; ⏰8–24 Uhr) Dieses lauschige Café am malerischen Meisterhof ist eine wahre Oase inmitten des Altstadttrubels. Es ist bekannt für seine göttlichen, je doch teuren handgefertigten Pralinen. Es gibt aber auch Gebäck, Sandwiches und Quiches – toll für einen kleinen Frühstücks- oder Mittagsimbiss. Später sind auch Nudelgerichte im Angebot.

Kompressor CRÊPERIE €
(Karte S. 54; Rataskaevu 3; Pfannkuchen 5 €; ⏰11 Uhr–spät) Hier kommen preisgünstige und sehr sättigende süße und pikante Pfannkuchen auf den Teller. Abends ist der Laden auch eine gute Adresse für einen preisgünstigen Drink – nicht gerade schick, aber mit sehr gutem Preis-Leistungs-Verhältnis.

Must Puudel CAFÉ €
(Karte S. 54; Müürivahe 20; Hauptgerichte 6,50–11 €; ⏰So–Mi 9–23, Do–Sa bis 2 Uhr; ☎) Zusammengewürfeltes Mobiliar aus den 1970er-Jahren, ein bunter Musikmix, Tische im Hof, hervorragender Kaffee, warmes Frühstück für unter 5 €, köstliche, leichte Gerichte, lange Öffnungszeiten und ein Name, der „Schwarzer Pudel" bedeutet – dies ist ohne Frage das hippste Café in der Altstadt.

Kehrwieder CAFÉ €
(Karte S. 54; www.kohvik.ee; Saiakang 1; Snacks 2–6,90 €; ⏰So–Do 8–23, Fr & Sa bis 1 Uhr) Erstes Plus in diesem Laden sind die Tische auf dem Rathausplatz, aber im Inneren bietet das gemütlichste Café der Stadt noch mehr Ambiente – hier können sich die Gäste auf einer Couch ausstrecken, bei Laternenlicht lesen oder sich den Kopf an der Gewölbedecke stoßen. Zu essen gibt's nur Gebäck, Kuchen und Pralinen sowie Fertig-Wraps und -Salate.

Rimi SUPERMARKT €
(Karte S. 54; Aia 7; ⏰8–23 Uhr) In der Altstadt gibt es sonst keine Lebensmittelläden, daher erweist sich dieser kleine, aber gut bestückte Supermarkt als besonders praktisch.

★Rataskaevu 16 ESTNISCH €€
(Karte S. 54; ☎642 4025; www.facebook.com/Rataskaevu16; Rataskaevu 16; Hauptgerichte 6,90–15 €; ⏰12–23 Uhr; ☎) Wem je nach Elchschmorbraten gelüstete, ist hier genau richtig. Es ist zwar eigentlich kein traditionelles estnisches Lokal, doch auf der Karte stehen einige estnische Klassiker wie gebratene Ostseeheringe, Schweinefilet vom Grill und estnischer Käse. Legendär ist der Schokoladenkuchen.

Von Krahli Aed MODERN EUROPÄISCH €€
(Karte S. 54; ☎626 9088; www.vonkrahl.ee/aed/; Rataskaevu 8; Hauptgerichte 8,50–17 €; ⏰12–24 Uhr; ☎☎) In diesem rustikalen Restaurant (*aed* bedeutet „Garten") mit vielen Pflanzen findet man jede Menge Grünzeug auf seinem Teller: Frische Aromen stehen hier hoch im Kurs. Vegane Gerichte und solche ohne Gluten, Laktose und Eier sind auf der Speisekarte entsprechend gekennzeichnet.

Pegasus MODERN EUROPÄISCH €€
(Karte S. 54; ☎662 3013; www.restoranpegasus.ee; Harju 1; Hauptgerichte 7,80–15 €; ⏰12–23 Uhr; ☎) Das hippe Restaurant breitet sich auf drei stylischen Etagen eines sehr coolen Gebäudes aus der Sowjetzeit aus; es hat Bullaugenfenster und Rauputzwände. Auf der Karte findet sich viel Leichtes wie Salate und Suppen und zu den Hauptgerichten gibt's jeweils großzügig Grünes. Das hausgemachte Brot ist vielleicht das beste in Tallinn. Reizendes Personal.

Vanaema Juures ESTNISCH €€
(Karte S. 54; www.vonkrahl.ee/vanaemajuures; Rataskaevu 10/12; Hauptgerichte 12–15 €; ⏰12–22 Uhr) „Essen wie bei Großmuttern", könnte man sagen, wenn diese Großmutter Estin

und dazu noch eine verdammt gute Köchin war. „Großmutters" war in den 1930er-Jahren eines der angesagtesten Tallinner Restaurants und gilt immer noch als eine der besten Adressen, was traditionelle estnische Hausmannskost angeht. Im Speisesaal mit seinen Antiquitäten und alten Fotografien ist die Atmosphäre etwas steif.

Elevant INDISCH €€

(Karte S. 54; ☎631 3132; www.elevant.ee; Vene 5; Hauptgerichte 8,50–22 €; ⏲12–23 Uhr; ✍) Schon beim Betreten der schmiedeeisernen Treppe, die zum hellen Restaurant im 2. Stock führt, steigen einem die unglaublichsten Gerüche in die Nase: Hier genießen die Gäste köstliche indische Gerichte – viele davon vegetarisch und einige sehr ungewöhnlich (Elch-Korma, Wildschwein-Curry oder Krokodil in Mangosauce).

Clayhills Gastropub KNEIPE €€

(Karte S. 54; www.clayhills.ee; Pikk 13; Hauptgerichte 12–15 €; ⏲So–Do 11–24, Fr & Sa bis 2 Uhr) Wegen der Live-Bands, der gemütlichen Sofas, des Raumes oben mit blanken Steinwänden und der sonnigen Sommerterrasse ist das Clayhills unsere Lieblingskneipe in der Altstadt. Und dazu gibt's noch sehr gute alte Pub-Klassiker (Würstchen mit Kartoffelbrei, Gourmet-Burger und Snackteller).

La Bottega ITALIENISCH €€

(Karte S. 54; ☎627 7733; www.labottega.ee; Vene 4; Hauptgerichte 10–20 €; ⏲12–23 Uhr) Die alten Holzbalken und Steinpfeiler im Speisesaal mit seiner hohen Decke kontrastieren mit der großen Kiefernholztreppe – ein schönes Ambiente für das herzhafte sardische Essen. Natürlich stehen jede Menge Fischgerichte auf der Karte, darunter traditionelle Köstlichkeiten wie gefüllter Tintenfisch; dazu gibt's estnisches Wildfleisch wie Wildschwein und Kaninchen.

★Tchaikovsky RUSSISCH, FRANZÖSISCH €€€

(Karte S. 54; ☎600 0610; www.telegraafhotel.com; Vene 9; Hauptgerichte 24–26; € ⏲Mo–Fr 12–15 & 18–23, Sa & So 13–23 Uhr) Das Tchaikovsky befindet sich in einem Glaspavillon inmitten des Telegraaf Hotel und prunkt mit Kronleuchtern, Goldrahmen und üppiger Bepflanzung. Der formvollendete Service ist tadellos, genauso wie die französisch-russische Küche, deren Genuss von live gespielter Kammermusik untermalt wird.

★Leib MODERN ESTNISCH €€€

(Karte S. 54; ☎611 9026; www.leibresto.ee; Uus 31; Hauptgerichte 15–16 €; ⏲12–23 Uhr) Durch ein unauffälliges Tor gelangt man auf einen großen Rasen, über den Büsten von Sean Connery und Robert Burns wachen – willkommen im ehemaligen Schottischen Club von Tallinn! Hier wird einfaches estnisches Essen zusammen mit hausgemachtem *leib* (Brot) serviert. Außergewöhnlich gut sind die Gerichte aus langsam gegartem Fleisch und gegrilltem Fisch.

Dominic EUROPÄISCH €€€

(Karte S. 54; ☎641 0400; www.restoran.ee; Vene 10; Hauptgerichte 15–17 €; ⏲Mo–Sa 12–24, So bis 21 Uhr) Im Dominic sorgen weiße Tischdecken und Kerzenlicht für ein romantisches Ambiente. Das Restaurant wartet mit einer stark französisch geprägten Speise- und Weinkarte auf, z. B. gibt's perfekt zubereitete Ente oder ein herzhaftes Bœuf bourguignon und zum Nachtisch ein Stück Kuchen aus Roquefort und weißer Schokolade.

Chedi ASIATISCH €€€

(Karte S. 54; ☎646 1676; www.chedi.ee; Sulevimägi 1; Hauptgerichte 12–32 €; ⏲12–23 Uhr) Der englische Koch Alan Yau (von den Londoner Michelin-Restaurants Hakkasan und Yauatcha) war bei der Speisenauswahl des schicken, raffinierten Chedi behilflich und einige der Gerichte entsprechen tatsächlich genau seinem Stil. Das moderne panasiatische Essen ist wirklich erstklassig, so etwa der köstlich knusprige Entensalat und die ausgezeichneten chinesischen Knödel.

Olde Hansa ESTNISCH €€€

(Karte S. 54; ☎627 9020; www.oldehansa.ee; Vana turg 1; Hauptgerichte 15–50 €; ⏲10–24 Uhr) Kerzenlicht beleuchtet die Räume des mittelalterlich gehaltenen Olde Hansa und Kellner im Bauernoutfit hantieren mit großen Platten Wild: Hier macht es Spaß, sich der Völlerei hinzugeben. Und wem das alles etwas zu kitschig erscheint, dem sei gesagt, dass die Köche genau recherchiert haben, wie man zur damaligen Zeit gekocht hat – auch wenn das Ergebnis nicht unbedingt raffinierteste Kochkunst ist.

MEKK MODERN ESTNISCH €€€

(Karte S. 54; ☎680 6688; www.mekk.ee; Suur-Karja 17/19; Hauptgerichte 17–22 €; ⏲Mo–Sa 12–23 Uhr) Der Name des Restaurants im Erdgeschoss des Savoy Boutique Hotel steht für *Moodne Eesti Köök* (moderne estnische Küche) – und das sagt schon fast alles. Dies ist ein tolles Restaurant für ein schickes Mahl in edlem Ambiente mit fachmännischem Service.

Ribe MODERN EUROPÄISCH €€€
(Karte S. 54; ☎631 3084; www.ribe.ee; Vene 7; Hauptgerichte 17–19 €; ⏲12–23 Uhr) Das Ribe liegt an einer Ecke der Restaurantmeile der Altstadt, im Sommer mit Tischen draußen. Die Atmosphäre ist formell bis bieder, das Essen frisch und saisonal estnisch.

Bocca ITALIENISCH €€€
(Karte S. 54; ☎611 7290; www.bocca.ee; Olevimägi 9; Hauptgerichte 15–22 €; ⏲12–23 Uhr) Stil und Glanz lenken nicht von den frisch zubereiteten Köstlichkeiten der italienischen Küche ab. Die kreativen Gerichte passen zu den ausgesuchten Weinen, die auf der umfangreichen Weinkarte stehen. In der gemütlichen Lounge und Bar trifft sich Tallinns A-Prominenz zum Cocktail.

Kalamaja

F-hoone KNEIPE €
(Karte S. 50; www.fhoone.ee; Telliskivi 60a; Hauptgerichte 5,50–8,70 €; ⏲Mo–Sa 9–23, So 10–21 Uhr; 📶🍴) Der große Vorreiter im überhippen Telliskivi-Komplex gibt sich ganz dem Industriechic hin und bietet eine gute Auswahl an Pasta, Burgern, Eintöpfen, gegrilltem Gemüse und Falafeln. Runterspülen können die Gäste ihr Mahl mit einem der Craft-Biere aus dem umfassenden Angebot.

Boheem CAFÉ €
(Kopli 18; Hauptgerichte 5,40–6,50 €; ⏲9–23 Uhr; 📶) Die erste Adresse für die Hipster von Kalamaja hat köstliche und erschwingliche Crêpes, Wraps, Salate, Eintöpfe, Quiches und Pastagerichte. Oder man genehmigt sich nur einen Kaffee oder ein Bierchen.

★ **Moon** RUSSISCH €€
(☎631 4575; www.kohvikmoon.ee; Võrgu 3; Hauptgerichte 12–17 €; ⏲Mo–Sa 12–23, So 13–21 Uhr, Juli geschl.) Das beste Restaurant im immer trendigeren Kalamaja ist locker, aber hervorragend: Russische und europäische Einflüsse werden köstlichst kombiniert. Platz lassen fürs Dessert!

Klaus CAFÉ €€
(☎5691 9010; www.klauskohvik.ee; Kalasadama; Hauptgerichte 9,50–12 €; ⏲9–23 Uhr; 📶) Das zwanglose Café unten am Wasser verströmt ein frisches Designer-Ambiente. Auf der Karte stehen allerlei leckere kleine wie auch größere Speisen, darunter Lamm-Köfte, Pasta und Steak. Sehr gut ist das Pulled-Pork-Sandwich, doch sollte man das schwierig zu bezwingende Monstrum nicht gerade bei einem Date verspeisen.

Stadtzentrum

Vapiano ITALIENISCH €
(Karte S. 54; www.vapiano.ee; Hobujaama 10; Hauptgerichte 6–9 €; ⏲11–23 Uhr; 📶) Hier suchen die Gäste Pasta oder Salate am entsprechenden Schalter aus und können bei der Zubereitung zusehen. Wer eine Pizza möchte, wird mittels Pager informiert, sobald sie fertig ist. Das ist „Fastfood" auf recht gesunde Art – frisch und preisgünstig. Das Restaurant selbst ist geräumig, hell und voller Leben. Einen zweiten Vapiano gibt's im Solaris Centre.

Café Lyon CAFÉ, FRANZÖSISCH €€
(Karte S. 54; ☎622 9297; www.cafelyon.ee; Viru väljak 4; Frühstück 2,80–5,30 €, Hauptgerichte 5,90–13,90 €; ⏲So–Mi 8–23, Do–Sa bis 1 Uhr; 👶) Das geräumige Café gegenüber vom Park am Rand des Viru Centre wartet mit einem Tresen auf, der vollgepackt ist mit leckeren Backwaren und Kuchen im französischen Stil. Abends wird Bistrokost aufgetischt.

Sfäär MODERN EUROPÄISCH €€
(Karte S. 54; ☎5699 2200; www.sfaar.ee; Mere pst 6e; Hauptgerichte 9–15 €; ⏲Mo–Mi 8–22, Do & Fr bis 24, Sa 10–24, So 10–22 Uhr) Das schicke Sfäär punktet im Lagerhausambiente mit einer innovativen Karte mit den besten estnischen Zutaten. Die Einrichtung könnte einem nordischen Designkatalog entstammen. Auch wer nur ein Getränk anpeilt: Das Angebot an Cocktails und Weinen wird sicher nicht enttäuschen. Und falls sich nach dem Drink Konsumlaune einstellt, kann man im angeschlossenen teuren Modeladen schnell Geld loswerden.

★ **Ö** MODERN ESTNISCH €€€
(Karte S. 54; ☎661 6150; www.restoran-o.ee; Mere pst 6e; 4-/5-/7-Gänge-Menü 46/59/76 €; ⏲Mo–Sa 18–23 Uhr, Juli geschl.) Dieses preisgekrönte Restaurant hat sich in Tallinns kulinarischer Welt einen Spitzenplatz erkämpft. Im Mittelpunkt stehen in Anlehnung an die Neue Nordische Küche einfallsreiche Probiermenüs aus saisonalen estnischen Zutaten. Der dezent elegante Speisesaal steht den Kunstwerken aus der Küche in nichts nach.

Neh MODERN ESTNISCH €€€
(Karte S. 50; ☎602 2222; www.neh.ee; Lootsi 4; Hauptgerichte 22–24 €; ⏲Mitte Sept.–Feb. Di–Sa 18–24 Uhr) Das Neh treibt es in puncto saisonaler Küche auf die Spitze und macht im Sommer komplett zu – dann geht's zum Pädaste Manor auf die Insel Muhu, um eines

der besten Restaurants Estlands zu betreiben. In der Nebensaison geht's dann zurück in die Stadt, mit Inselaromen im Gepäck.

Horisont MODERN EUROPÄISCH €€€

(Karte S. 50; ☎624 3000; www.horisont-restoran.com; Swissôtel, 30. Stock, Tornimäe 3; Hauptgerichte 17–29 €; ⊙Di–Sa 18–22 Uhr) Das Horisont vereint exzellenten Service, eine kreative Karte, eine stilvolle Einrichtung und tolle Ausblicke auf fast die gesamte Stadt (leider nicht auf die Altstadt). Dazu bietet es ein wunderbares Speiseerlebnis auf gehobenem Niveau. Brot und Dips, Appetitanreger und gaumenschmeichelnde Sorbets werden großzügig um die Gänge herum gereicht.

Enzo EUROPÄISCH €€€

(Karte S. 54; ☎607 1150; www.enzocafe.ee; Laeva 2; Hauptgerichte 15–24 €; ⊙12–23 Uhr; 📶) Russland, Estland, Frankreich und Italien gehen in diesem Edelrestaurant eine raffinierte Küchenallianz ein. Wer sich von den göttlichen Eclairs im Cafébereich losreißen kann und im formelleren Restaurant unter den wie explodierende Feuerwerkskörper wirkenden Leuchten Platz nimmt, wird dort zwischen den einzelnen Gängen mit kleinen Leckereien verwöhnt.

Kadriorg

NOP CAFÉ €€

(www.nop.ee; J Köleri 1; Hauptgerichte 7–12 €; ⊙8–22 Uhr; 👪) Dieses Feinkostcafé, ein Favorit selbstbewusster Mütter mit Anhang, Hipster und Gourmets, liegt abseits der Touristenströme. Den Rahmen setzen weiße Wände, Holzfußböden und eine Kinderspielecke. Auf der Karte stehen z. B. warmes Frühstück, Suppen, Salate und Wraps. Nicht weit vom Kadriorg-Park.

Pirita

★**NOA** INTERNATIONAL €€€

(☎508 0589; www.noaresto.ee; Ranna tee 3; Hauptgerichte 12–18 €, 5/7 Gänge 59/79 €; ⊙12–23 Uhr; 🖉) Der weite Weg hinaus zu diesem eleganten Restaurant an der abgelegenen Seite von Pirita lohnt sich auf jeden Fall. Es wurde 2014 eröffnet und noch im gleichen Jahr zum besten Restaurant Estlands gekrönt. NOA residiert in einem stilvollen Pavillon mit Blick über die Tallinner Bucht auf die Altstadt. Gäste haben die Wahl zwischen dem lockereren À-la-carte-Restaurant und der Chef's Hall, in der es nur Verkostungsmenüs gibt.

Ausgehen & Nachtleben

Nach der Unabhängigkeit erwarb sich Tallinn einen Ruf als Partymekka; zwar hat sich das Ganze inzwischen etwas abgekühlt, jedoch fallen hier noch immer marodierende Truppen britischer Junggesellenabschiedler und finnischer Zechgesellen ein, besonders an Sommerwochenenden. Da sie sich aber gewöhnlich um eine kleine Ansammlung irischer und britischer Pubs in der Südostecke der Altstadt (grob gesagt im Dreieck zwischen Viru, Suur-Karja und Stadtmauern) tummeln, kann man ihnen leicht aus dem Weg gehen – bzw. sie leicht finden, falls einem danach ist. Ansonsten gibt's ein vielfältiges Angebot an Kneipen und Bars, in denen es durchaus möglich ist, in aller Ruhe einen Drink zu sich zu nehmen.

Altstadt

Für Cocktails siehe auch Bocca (S. 78), für Livemusik und nette Pubatmosphäre den Clayhills Gastropub (S. 77) und für Livemusik und aufgekratzte Partylaune die wunderbar abgerockte Bar im Hostel Red Emperor (S. 72).

DM Baar BAR

(Karte S. 54; www.depechemode.ee; Voorimehe 4; ⊙12–4 Uhr) Eine Kneipe für echte Depeche-Mode-Fans. Die Wände sind mit allen möglichen Erinnerungsstücken bedeckt, darunter Bilder von den hier gehuldigten Stars bei ihrem Besuch in der DM Baar. Und was läuft für Musik? Die Frage erübrigt sich wohl ...

Kultuuriklubi Kelm BAR

(Karte S. 54; Vene 33; ⊙Mo–Do 17–2, Fr bis 6, Sa 19–6, So 19–2 Uhr) Bei diesem „Kulturclub" handelt es sich um eine künstlerisch angehauchte Rockbar mit viel Livemusik, Kunstausstellungen, Tischtennisturnieren und mittwochabends Filmvorführungen.

Hell Hunt PUB

(Karte S. 54; www.hellhunt.ee; Pikk 39; ⊙12–2 Uhr; 📶) Dieser Oldtimer preist sich als „erster Pub Estlands" an und wartet mit einer einladenden Atmosphäre und einer riesigen Auswahl an Bieren aus dem In- und Ausland auf. Der bedrohlich klingende Name bedeutet „Sanfter Wolf". Im Sommer gibt's auch Tische auf dem kleinen Platz auf der anderen Straßenseite.

Pôrgu PUB

(Karte S. 54; www.porgu.ee; Rüütli 4; ⊙Mo–Do 12–24, Fr & Sa bis 2 Uhr) Der Name der Kneipe bedeutet zwar „Hölle", jedoch ist der Abstieg in diese Unterwelt für Freunde des Gerstensafts eher himmlisch. Unter der guten, umfangreichen Auswahl an heimischen und ausländischen Bieren sind 13 Fassbiere, dazu kommen noch zwei Cidres vom Fass. Auch das Essen kann sich sehen lassen.

Von Krahli Baar BAR
(Karte S. 54; www.vonkrahl.ee; Rataskaevu 10; ⏲10–24 Uhr; 📶) Das gemütlich abgerockte Von Krahli verfügt neben Tischen draußen im Hof über ein scheunenähnliches Innenleben; hier treten ab und zu auch Bands und DJs auf. Toll für eine billige Mahlzeit oder ein günstiges Bier in alternativem Ambiente.

Paar Veini WEINBAR
(Karte S. 54; www.paarveini.ee; Sauna 1; ⏲Mo & Di 18–23, Mi & Do bis 1, Fr & Sa bis 5 Uhr) Der Name bedeutet „ein paar Weine" und genau zu diesen streben die Einheimischen hierher. Die Stimmung ist entspannt und gemütlich, mit bequemen Sofas, nicht zusammenpassenden Stühlen und Kerzen auf den Tischen.

Frank BAR
(Karte S. 54; www.frankbistro.ee; Sauna 2; ⏲12–24 Uhr) Unter all den Kneipen in der Altstadt erfreut sich diese bei den Tallinnern besonderer Beliebtheit, egal ob auf einen Burger, ein warmes Frühstück zur Abendessenszeit oder einen gemütlichen Drink in lockerem Ambiente.

ORGANISIERTER RAUSCH

Für einen organisierten gepflegten Vollrausch hält Tallinn einige Optionen bereit.

Der **Epic Bar Crawl** (☎5624 3088; www.ministryofentertainment.ee; Tour 15 €; ⏲Mi–Sa 21.30 Uhr) vermarktet sich als der „spaßigste und zügelloseste Kneipenbummel in Tallinn". Im Preis inbegriffen sind ein Willkommensbier oder -cidre, in drei Kneipen jeweils ein Schnaps und der Eintritt in einen Club. Außerdem werden besonders grausige Pakete für Junggesellenabschiede geboten.

Das Party-Hostel Monk's Bunk (S. 74) hebt die Kunst des Gelages bei seinem **Mad Monk Pub Crawl** auf eine neue Stufe. Los geht's mit einer Stunde unbegrenztem Zechen (Bier oder Cidre) in der eigenen Bar, dann gibt's kostenlose Schnäpse in zwei Kneipen. Inbegriffen ist außerdem der Eintritt zu einem Club. Der ganze Spaß kostet 12 € für Hostel-Gäste bzw. 15 € für alle anderen.

Drink Bar & Grill PUB
(Karte S. 54; www.facebook.com/Drinkbaarandgrill; Väike-Karja 8; ⏲Mo–Do 12–23, Fr & Sa bis 2 Uhr) Eine Kneipe, die sich Drink nennt, meint es fürwahr ernst. Dies ist der beste der britischen Pubs in Tallinn: Bier und Cidre sind hier eine ernste Angelegenheit. Dazu gibt's Pubessen und lange Happy Hours.

Levist Väljas BAR
(Karte S. 54; www.facebook.com/levistvaljas; Olevimägi 12; ⏲So–Do 15–3, Fr & Sa bis 6 Uhr) In dieser Kellerbar (die nachts gewöhnlich als letzte schließt) trifft man auf kaputte Möbel, billigen Fusel und eine bunte Mischung aus gutgelaunten Punks, Grunge-Kids und allen anderen, die sich abseits der ausgetretenen Touri-Pfade bewegen.

Clazz BAR
(Karte S. 54; www.clazz.ee; Vana turg 2; ⏲So & Mo 12–24, Di–Sa bis 2 Uhr) Hinter dem mittelmäßig originellen Namen (Kurzform von „*classy jazz*") verbirgt sich eine beliebte Loungebar mit allabendlicher Livemusik von Jazz und Soul bis Funk, Blues und Latin.

Beer House KLEINBRAUEREI
(Karte S. 54; www.beerhouse.ee; Dunkri 5; ⏲So–Do 11–24, Fr & Sa bis 2 Uhr) Die einzige Mikrobrauerei Tallinns schenkt in einem großen Saal sieben Haussorten aus und abends scheppert deutsche Humtata-Musik. Manchmal ganz schön lärmig – für alle, die von den eher gemütlichen Lokalen die Nase voll haben.

Museumscafé Jungfernturm WEINBAR
(Neitsitorn Muuseum Kohvik; Karte S. 54; www.linnamuuseum.ee/neitsitorn; Lühike jalg 9a; Eintritt 2 €; ⏲12–21 Uhr) Für die paar Ausstellungsstücke zur Geschichte der estnischen Süßwarenindustrie in der Filiale des Stadtmuseums lohnt sich das Eintrittsgeld nicht und auch das Café kann man getrost vergessen. Doch ganz oben in diesem mittelalterlichen Turm befindet sich eine lockere Weinbar mit gemütlichen Stühlen, von denen man auf die Altstadt blickt.

St. Patrick's PUB
(Karte S. 54; www.patricks.ee; Suur-Karja 8; ⏲So–Do 11–2, Fr & Sa bis 4 Uhr) Dieser ansprechende und lebhafte Pub gehört zu einer Kette mit fünf Niederlassungen in der Stadt. Er hat genügend Bier für einen netten Abend und

zieht eine unglaubliche Menge Esten an. Außerdem liegt er mitten im Bermudadreieck der Junggesellenabschiede, sodass am Wochenende hier bierselige Touristen den Ton angeben.

Club Privé CLUB
(Karte S. 54; www.clubprive.ee; Harju 6; Eintritt ab 14 €; ⌚ Fr & Sa 0–6 Uhr) Das Privé residiert in einem alten Revuetheater mit opulenten Kronleuchtern und barocken Spiegeln. Die Preise sind hoch und die Einlasskontrolle ist streng. Aber dies ist dank einer tollen Auswahl an ausländischen und estnischen DJs nun mal der glamouröseste Club Estlands.

Club Hollywood CLUB
(Karte S. 54; www.club-hollywood.ee; Vana-Posti 8; ⌚ Mi–Sa 23–5 Uhr) Dieser Club, der sich über mehrere Ebenen erstreckt, zieht die Massen an: Jede Menge Touristen und die Tallinner Partymeute tanzen hier zur Musik in- und ausländischer DJs. Mittwochs ist Ladies' Night (freier Eintritt für Frauen), dann sind hier jede Menge einsame Wölfe auf der Pirsch.Oft ist dies die letzte Anlaufstelle der organisierten Kneipentouren, kann also ziemlich feuchtfröhlich werden.

Kalamaja

Die Tallinner Hipster überlassen die teuren Bars der Altstadt gern den Touristen und steuern stattdessen Kalamaja an. Die lebendigste Ecke ist die Telliskivi Creative City (S. 64) – besonders das F-hoone (S. 78) –, doch im gesamten Stadtteil finden sich gemütliche Kneipen mit heimischem Publikum.

Speakeasy by Põhjala BAR
(Karte S. 54; www.speakeasy.ee; Kopli 4; ⌚ Mi–Sa 18–2 Uhr) Diese hippe kleine Bar ist schlicht (Spanplattenwände, Möbel vom Trödler und ein Innenhof umgeben von heruntergekommenen Häusern), aber quasi auch das Brauhaus einer der besten Kleinbrauereien Estlands. Hier debattieren jede Menge bärtige Typen die Vorzüge des India Pale Ale gegenüber dem Imperial Baltic Porter.

Pudel BAR
(Karte S. 50; www.pudel.ee; Telliskivi 60a; ⌚ So–Fr 16–24, Sa 12–2 Uhr) Der entspannte und freundliche kleine Laden beeindruckt mit 13 Craft-Bieren vom Fass und kleinen Speisen als Grundlage.

Tops BAR
(www.kohviktops.ee; Soo 15; ⌚ Di–Do 16–23, Fr 16–2, Sa 12–2 Uhr) Alles, was eine gemütliche Nachbarschaftskneipe braucht: gemütliche Sofas, eine gute Auswahl an Gerstensäften und ein bunt gemischtes Publikum aus unangepassten Einheimischen. Wem das allzu gemütlich ist: An Themenabenden wie Femme Fatale und Funky Friday sorgen DJs für Aufruhr.

Stadtzentrum

Sowohl das Sfäär (S. 78) als auch das Enzo (S. 79) stellen kultivierte Ausgehmöglichkeiten dar; Cocktails hoch oben in den Wolken bietet das Horisont (S. 79).

Protest BAR
(Karte S. 54; www.protest.ee; Mere pst 6a; ⌚ 14 Uhr–spät) Die schummrig beleuchtete Bar ganz unten in einem alten Gebäude im schicken Rotermann-Viertel hat eine Gewölbedecke und an jeder Wand, die nicht golden besprüht ist, schräge Kunst. Die Musik schlägt problemlos den Bogen von Tame Impala zu Vanilla Ice und lockt eine bunte Schar aus heimischen Hipstern und Gästen aus dem benachbarten Hostel an.

Scotland Yard BAR
(Karte S. 54; www.scotlandyard.ee; Mere pst 6e; ⌚ So 9–23, Mo–Do 11–23, Fr 11–2, Sa 9–2 Uhr) Diese Themenkneipe ist toll aufgezogen: Die Toiletten sehen aus wie Gefängnisklos und die Angestellten wie englische Bobbys. Es gibt eine umfangreiche Speisekarte mit ganztägig erhältlichem Kneipenessen, eine kleine Terrasse und clubtaugliche Lederbänke. Was nicht ganz ins Bild passt, sind ein großes Aquarium und die Klos, die wie elektrische Stühle aussehen, aber alles zusammen – nicht zu vergessen die Live-Bands – ergeben ein vergnügliches Ganzes.

☆ Unterhaltung

Im Vergleich zu anderen Hauptstädten ist Tallinn klein und entsprechend gemächlich, aber Langeweile kommt sicher nicht auf. Veranstaltungen werden an den Häuserwänden und in Flyern beworben sowie in Zeitungen angekündigt. Der beste Veranstaltungskalender auf Englisch ist das alle zwei Monate erscheinende *Tallinn in your Pocket* (www.inyourpocket.com); käuflich kann es man es in Buchläden oder bei der Touristeninformation erwerben (2,50 €), man kann es aber auch kostenlos von der Website herunterladen. Außerdem ist in der Touristeninformation und an anderen Stellen in der Stadt das kostenlose Magazin *Tallinn This Week* erhältlich, das trotz des Namens ebenfalls nur

TALLINN FÜR SCHWULE & LESBEN

Tallinn hält das Monopol in Estland bezüglich einer offenen schwulen Szene. Es gibt eine kleine Ansammlung von Lokalen südlich der Altstadt. Das wichtigste Fest ist Baltic Pride, das jährlich zwischen Tallinn, Riga und Vilnius pendelt, gewöhnlich im Juni. Tallinn ist 2017 und 2020 wieder an der Reihe. Wer möchte, kann sich die kostenlose *Gay Map* (www.tallinn.gaymap.ee) herunterladen, die jedoch nicht regelmäßig aktualisiert wird.

X-Baar (Karte S. 54; www.xbaar.ee; Tatari 1; ⌚ So–Do 16–1, Fr & Sa bis 3 Uhr) Diese alteingesessene Bar ist der Dreh- und Angelpunkt der Schwulen- und Lesbenszene, mit einem gemischten Publikum vorwiegend einheimischer Männer und Frauen. Der entspannte Laden hat eine kleine Bar und eine große Tanzfläche.

G-Punkt (Karte S. 54; www.gpunkt.ee; Pärnu mnt 23; Eintritt 5 €; ⌚ Di–Do 18–1, Fr & Sa 20–6 Uhr) Wer sehen möchte, wie osteuropäische Gay-Clubs vor 15 Jahren aussahen, sollte diesen freundlichen Laden aufsuchen, der vor allem russischsprachige Lesben anlockt. Der Club ist nicht beschildert und daher etwas schwer zu finden – genau wie der G-Punkt. Der Zugang zum Club erfolgt von der Tatari über einen Parkplatz.

Club 69 (Karte S. 50; www.club69.ee; Sakala 24; Eintritt 16 €; ⌚ So–Do 16–2, Fr & Sa bis 7 Uhr) Wer Einlass in diese Schwulensauna begehrt, klingelt am diskret angebrachten Türschild.

alle zwei Monate erscheint. Veranstaltungen im Bereich Theater und Tanz verzeichnen www.culture.ee, www.concert.ee und www.teater.ee.

Tickets für Konzerte und Großveranstaltungen verkauft **Piletilevi** (www.piletilevi.ee), sowohl online als auch im Einkaufszentrum Viru Keskus.

Livemusik

Livemusik gibt's regelmäßig im Kultuuriklubi Kelm (S. 79), im Clazz (S. 80), im Clayhills Gastropub (S. 77) und im Scotland Yard. Musiker und Bands aus dem Ausland gastieren in der Regel auf dem Sängerfestgelände (S. 66), in der A. Le Coq Arena oder in der Saku Suurhall.

Größere klassische Konzerte finden gewöhnlich in der Konzerthalle Estonia statt. Kammermusik- und Orgelkonzerte sowie andere kleine Konzerte werden in verschiedenen Sälen und Kirchen in der Stadt veranstaltet.

Konzerthalle Estonia KLASSISCHE MUSIK
(Eesti Kontserdisaal; Karte S. 54; www.concert.ee; Estonia pst 4) Die größten klassischen Konzerte der Stadt finden in diesem Konzerthaus statt. Es ist die wichtigste Tallinner Bühne und Spielstätte für die **Estnische Nationaloper** (www.opera.ee) samt Ballett und das **Estnische Nationale Symphonieorchester** (www.erso.ee).

Theater & Tanz

Die meisten Theateraufführungen sind auf Estnisch, einige auch auf Russisch.

Stadttheater Tallinn THEATER
(Tallinna Linnateater; Karte S. 54; www.linnateater.ee; Lai 23) Das beliebteste Theater der Stadt spielt auf sieben Bühnen im Haupthaus an der Lai-Straße, im Sommer auch auf einer Bühne hinterm Gebäude. Karten sind oft schwer zu ergattern.

Estnisches Dramentheater THEATER
(Eesti Draamateater; Karte S. 54; ☎ 680 5555; www.draamateater.ee; Pärnu mnt 5) Das estnische Aushängeschild zeigt meist klassische Stücke.

Teater No99 THEATER
(Karte S. 54; ☎ 660 5051; www.no99.ee; Sakala 3) Hier stehen eher experimentelle Produktionen auf dem Programm.

Von-Krahli-Theater THEATER
(Karte S. 54; ☎ 626 9090; www.vonkrahl.ee; Rataskaevu 10) Bekannt für seine experimentellen Stücke.

Kanutgilden-Saal TANZ
(Kanuti Gildi Saal; Karte S. 54; ☎ 646 4704; www.saal.ee; Pikk 20) Tallinns Tempel des modernen Tanzes zeigt hin und wieder auch klassische Tanzstücke.

Sport

A. Le Coq Arena FUSSBALL
(Karte S. 50; Asula 4c) Das Heimstadion des Tallinner Fußballclubs **FC Flora** (www.fcflora.ee) liegt rund 1,5 km südwestlich der Stadt. Hier trägt auch die Nationalmannschaft ihre Heimspiele aus.

Saku Suurhall BASKETBALL
(Karte S. 50; www.sakusuurhall.ee; Paldiski mnt 104b) Basketball zählt zu den beliebtesten Sportarten in Estland. Die großen Spiele finden in dieser Halle westlich des Zentrums statt.

Kino

Filme werden gewöhnlich in der Originalsprache gezeigt, mit estnischen und russischen Untertiteln.

Artis KINO
(Karte S. 54; www.kino.ee; Estonia pst 9) Dieses im neuen Solaris Center gelegene, aber etwas schwer zu findende Programmkino präsentiert estnische, andere europäische sowie unabhängige Produktionen.

Kino Sõprus KINO
(Karte S. 54; www.kinosoprus.ee; Vana-Posti 8) Das Kino in einem tollen Filmtheater aus der Stalinära – interessant sind die Reliefs an der Fassade – zeigt ein exzellentes Repertoire an Arthouse-Produktionen.

Coca-Cola Plaza KINO
(Karte S. 54; www.forumcinemas.ee; Hobujaama 5) Modernes Kino mit elf Leinwänden, auf denen die neuesten Hollywoodstreifen laufen.

Shoppen

Das schickste Shopping-Viertel der Stadt ist das Rotermann-Viertel (S. 64) mit Dutzenden kleiner Läden für alles von Streetwear über skandinavische Möbel bis zu Gourmet-Lebensmitteln und Wein. In der Telliskivi Creative City (S. 64) gibt's weniger Geschäfte, die dafür aber vielfältiger sind. An Läden für *käsitöö* (Kunsthandwerk) herrscht in der Tallinner Altstadt wahrlich kein Mangel. Dutzende kleiner Geschäfte verkaufen Souvenirs wie Leinen, Strickwaren, ledergebundene Bücher, Keramik, Schmuck (besonders Bernstein), Glasmalereien und Haushaltswaren aus Dolomit oder Wacholderholz. In den zahlreichen Antiquitätenläden ist alles Mögliche von Kunstwerken bis hin zu Sowjetrelikten zu finden.

Wem nichts anderes einfällt: Eine Flasche Vana-Tallinn-Likör ist als Mitbringsel meist eine sichere Sache.

Altstadt

Meisterhof KUNSTHANDWERK
(Meistrite Hoov; Karte S. 54; www.hoov.ee; Vene 6; ⏲10–18 Uhr) In diesem beschaulichen Innenhof sind neben einem netten Café auch kleine Läden und Werkstätten angesiedelt, in denen man Töpferwaren, Glas, Schmuck, Strickwaren, Holzarbeiten und Kerzen erstehen kann.

Katariina käik KUNSTHANDWERK
(Katharinengasse; Karte S. 54; abseits Vene 12) Dieses hübsche Gässchen säumen mehrere Kunsthandwerkateliers. Hier kann man in aller Ruhe bummeln und stöbern. Es gibt Keramiken, Textilien, Patchworkdecken, Hüte, Schmuck, Glasmalereien und wunderschöne ledergebundene Bücher.

Ivo Nikkolo MODE
(Karte S. 54; www.ivonikkolo.ee; Suur-Karja 14; ⏲Mo–Fr 10–19, Sa & So 11–16 Uhr) Klassische Damenmode mit Pepp – von locker und kess bis dezent und professionell –, aber immer aus hochwertigen Naturstoffen. Die Filiale in der Altstadt hat zwei Etagen mit Damenbekleidung und Accessoires; es gibt aber auch eine zweite im Viru Keskus.

Rae Antiik ANTIQUITÄTEN
(Karte S. 54; www.oldtimes.ee; Raekoja plats 11; ⏲Mo–Fr 10–18, Sa bis 16 Uhr) Jede Menge Schätze lassen sich in diesem vollgestopften Geschäft im Haus der Ratsapotheke heben – oder auch online entdecken. Nicht gerade billig!

Nu Nordik GESCHENKE, BEKLEIDUNG
(Karte S. 54; www.nunordik.ee; Vabaduse väljak 8; ⏲Mo–Sa 10–18, So 12–18 Uhr) Viele tolle Sachen, von Haushaltswaren bis zu Bekleidung, Taschen und Schmuck.

Galerii Kaks KUNSTHANDWERK
(Karte S. 54; www.facebook.com/galeriikaks; Lühike jalg 1; ⏲10–18 Uhr) An der hinauf zum Domberg führenden Gasse Lühike jalg findet sich eine gute Auswahl an Kunsthandwerksgalerien. Die beste ist wohl die Galerii Kaks: Sie bietet interessante Keramiken, Schmuck, Stoffe und Glasarbeiten.

Lühikese Jala Galerii KUNSTHANDWERK
(Karte S. 54; www.hot.ee/lgalerii; Lühike jalg 6; ⏲10–18 Uhr) Diese kleine Galerie wartet mit weich fließenden Stoffen, Schmuck, Glaskunst und Keramik auf. Zudem plätschert ein natürlicher Wasserfall die hintere Wand herunter.

Zizi HAUSHALTSWAREN
(Karte S. 54; www.zizi.ee; Vene 12; ⏲Mo–Sa 10–18, So bis 16 Uhr) Führt hochwertige, in Estland gefertigte Leinenservietten, Platzsets, Tischdecken und Kissenbezüge zu fairen Preisen.

Chado GETRÄNKE
(Karte S. 54; www.chado.ee; Uus 11; ⌚ Mo–Fr 12–18, Sa & So bis 16 Uhr) Dieser mit Leidenschaft geführte Laden ist auf Tee aus aller Welt spezialisiert. Die Mitarbeiter kennen sich bestens aus und bieten Verkostungen an.

Kalamaja

Estonian Design House GESCHENKE
(Eesti Disaini Maja; www.estoniandesignhouse.ee; Kalasadama 8; ⌚ Di–Sa 12–18 Uhr) Der schicke kleine Laden stellt die Arbeit estnischer Designer vor, die alles Mögliche von Schuhen bis zu Lampen kreieren. Interessant ist das umweltfreundliche Label Reet Aus: Es stellt Kleidung aus den Resten her, die bei der Massenproduktion anfallen.

Stadtzentrum

Viru Keskus EINKAUFSZENTRUM
(Karte S. 54; www.virukeskus.com; Viru väljak 4; ⌚ 9–21 Uhr) Das Vorzeige-Einkaufszentrum Tallinns beherbergt Modeboutiquen, eine tolle Buchhandlung (Rahva Raamat) und eine Filiale der Ticketagentur Piletilevi. Im hinteren Bereich ist es mit dem Kaufhaus Kaubamaja verbunden. Im Untergeschoss liegt der Terminal für Stadtbusse.

Kaubamaja KAUFHAIUS
(Karte S. 54; www.kaubamaja.ee; Gonsiori 2; ⌚ 9–21 Uhr) Das 1960 gegründete Warenhaus ist das edelste der Stadt. Hier werden alle möglichen noblen Modemarken für Damen und Herren geführt wie Hugo Boss, Michael Kors und DKNY, dazu heimische Labels wie Ivo Nikkolo, Bastion und Monton. Außerdem gibt's Schuhe, Kinderbekleidung, Spielwaren, Haushaltswaren und Kosmetikartikel.

Stockmann Kaubamaja KAUFHAUS
(Karte S. 50; www.stockmann.ee; Liivalaia 53; ⌚ 9–21 Uhr) Das edle finnische Warenhaus war einer der ersten ausländischen Läden, die hier nach der Unabhängigkeit eröffneten. Damit endete die Zeit der sowjetischen Mangelwirtschaft und die Ära des Konsumtaumels westlichen Stils begann.

Foorum EINKAUFSZENTRUM
(Karte S. 54; www.foorumkeskus.ee; Narva mnt 5; ⌚ 10–20 Uhr) Diese Einkaufspassage wartet mit einer glitzernden Abfolge von noblen Läden auf. Wer eine estnische SIM-Karte fürs Handy braucht: Hier gibt's auch einen Laden von Tele2.

Kalev LEBENSMITTEL
(Karte S. 54; www.kalev.eu; Roseni 7; ⌚ Mo–Sa 10–20, So 11–18 Uhr) Diese estnische Legende fertigt schon seit 1806 köstliche Schokolade und andere Leckereien. Die Tallinner Altstadt macht sich prächtig auf dem Deckel einer Pralinenschachtel – ein hübsches Mitbringsel.

Praktische Informationen

Benu Apteek (www.benu.ee; Aia 7; ⌚ Mo–Sa 8.30–20.30, So 10–18 Uhr) Eine der gut sortierten Apotheken der Stadt.

Post (Karte S. 54; Narva mnt 1; ⌚ Mo–Fr 8–20, Sa & So 10–16 Uhr) Eingang Hobujaama.

MARKTWIRTSCHAFT

Ob man Zutaten für ein Picknick oder einen alten Leninwecker sucht – die Tallinner Märkte eignen sich wunderbar zum Stöbern und Leutegucken.

Bahnhofsmarkt (Jaama Turg; Karte S. 54; Kopli; ⌚ 8–18 Uhr) Ein Hauch des alten Russlands, hinter dem Bahnhof. Der Markt ist teils ein wenig zwielichtig (auf Wertsachen achten!), aber es gibt jede Menge faszinierende Trödelläden zum Durchstöbern.

Telliskivi-Flohmarkt (Telliskivi Kirbuturg; Karte S. 50; www.kirbuturg24.ee; Telliskivi 60a; ⌚ Sa 10–15 Uhr) Hier verhökern die Coolen der Stadt ihre abgelegten Klamotten oder suchen nach neuen Schätzchen. Verkauft wird alles Mögliche von Kleidung über Bücher bis zu Haushaltskrimskrams.

Strickmarkt (Karte S. 54; Müürivahe) Entlang der Altstadtmauern hoffen Dutzende Händler auf kühle Witterung und bieten selbst hergestellte Wollschals, Pullover, Handschuhe, Mützen und Socken an.

Zentralmarkt (Keskturg; Karte S. 50; Keldrimäe 9; ⌚ 8–18 Uhr) Im Mittelpunkt stehen Obst und Gemüse, aber in einem der dunklen Läden am Rand des Markts stößt man hin und wieder auch auf ein Juwel aus der Sowjetzeit. Erreichbar mit Straßenbahnlinie 2 oder 4 bis zur Haltestelle Keskturg.

Tõnismäe Südameapteek (☎ 644 2282; www.sudameapteek.ee; Tõnismägi 5; ⏲ 24 Std.) Rund um die Uhr geöffnete Apotheke südlich der Altstadt.

Touristeninformation (Karte S. 54; ☎ 645 7777; www.visittallinn.ee; Niguliste 2; ⏲ Mai–Aug. Mo–Fr 9–19, Sa & So bis 17 Uhr, Sept.–April Mo–Fr 9–18, Sa & So bis 15 Uhr) Broschüren, Karten, Eventkalender und andere Infos.

Zahnklinik Tallinn (Tallinna Hambapolikliinik; ☎ 1920; www.hambapol.ee; Toompuiestee 4; ⏲ Mo–Fr 8–20, Sa & So 9–15 Uhr)

Zentralkrankenhaus Ost-Tallinn (Ida-Tallinna Keskhaigla; ☎ 620 7002; www.itk.ee; Ravi 18) Rundumversorgung inklusive rund um die Uhr geöffneter Notaufnahme.

ℹ An- & Weiterreise

AUTO & MOTORRAD

Wie auch die Unterkünfte werden Mietwagen im Sommer schnell knapp, sodass man am besten vorab bucht. Die großen internationalen Autovermietungen sind alle vor Ort vertreten, so auch am Tallinner Flughafen. Wer keinen Mietwagen reserviert hat, kann sich bei der Touristeninformation nach den kleinen heimischen Mietwagenfirmen erkundigen – diese sind gewöhnlich billiger.

Advantec (☎ 520 3003; www.advantage.ee) Sommerpreise ab 39 € pro Tag (bei längerer Mietspanne weniger).

Bulvar (☎ 503 0222; www.bulvar.ee) Ab 26 € pro Tag (gute Deals bei längerer Mietdauer).

Europcar (☎ 605 8031; www.europcar.ee)

Hansarent (☎ 655 7155; www.hansarent.ee)

Hertz (☎ 605 8923; www.hertz.ee)

R-Rent (☎ 605 8929; www.rrent.ee) Einzeltagespreise ab 32 €.

BUS

Fernbusse zu Zielen in der Region und im Ausland fahren vom **Zentralen Busbahnhof** (Tallinna bussijaam; Karte S. 50; ☎ 12550; www.bussijaam.ee; Lastekodu 46; ⏲ 5–1 Uhr), 2 km südöstlich der Altstadt; Anfahrt mit Straßenbahn 2 oder 4. Von hier fahren Busse nach Lettland (S. 187) und zu anderen europäischen Zielen (S. 443).

Das staatliche Busnetz ist umfassend und verbindet Tallinn mit praktisch jedem Ort, den man ansteuern möchte. Alle Verbindungen sind auf der sehr praktischen Website T pilet (www.tpilet.ee) zusammengefasst. Einige der Hauptstrecken:

Haapsalu (4,35–8,50 €, 1¾ Std., mind. stündl.)
Kuressaare (15–17 €, 4 Std., 11-mal tgl.)
Pärnu (6,50–11 €, 3 Std., mind. stündl.)
Tartu (7–12 €, 2½ Std., mind. halbstündl.)
Viljandi (9,50–11 €, 2½ Std., 11-mal tgl.)

FLUGZEUG

Der **Flughafen Tallinn** (Tallinna Lennujaam; Karte S. 50; ☎ 605 8888; www.tallinn-airport.ee; Tartu mnt 101) liegt 4 km südöstlich der Altstadt. Zahlreiche Fluglinien fliegen von anderen Zielen im Baltikum (S. 188) und von weiter entfernt (S. 444) nach Tallinn. Für Inlandsflüge – nur zu den Hauptinseln – ist Avies zuständig.

Avies (☎ 630 1382; www.avies.ee) Fliegt mindestens täglich nach Kärdla (Hiiumaa) sowie an den meisten Tagen auch nach Kuressaare (Saaremaa).

SCHIFF/FÄHRE

Fähren fahren von Tallinn nach Helsinki (S. 200) und zu anderen Zielen an der Ostsee (S. 445).

ZUG

Der **Baltische Bahnhof** (Balti Jaam; Toompuiestee 35) liegt am nordwestlichen Rand der Altstadt. Trotz des Namens verkehren von hier keine direkten Züge in die anderen baltischen Länder. **GoRail** (www.gorail.ee) bietet eine tägliche Verbindung nach St. Petersburg und Moskau mit Stopp in Rakvere (ab 6 €, 1¼ Std.) und Narva (7,90 €, 3 Std.).

Das estnische Bahnnetz wird von **Elron** (www.elron.ee) betrieben; u. a. werden folgende Orte angefahren:

Narva (11 €, 2¾ Std., 2-mal tgl.)
Pärnu (7,60 €, 2¼ Std., 3-mal tgl.)
Rakvere (5,50 €, 1½ Std., 3-mal tgl.)
Tartu (11 €, 2–2½ Std., 8-mal tgl.)
Viljandi (8,40 €, 2¼ Std., 4-mal tgl.)

ℹ Unterwegs vor Ort

AUTO & MOTORRAD

In Tallinn Auto zu fahren bietet einige Herausforderungen: So muss man sich z. B. die Straßen mit Straßenbahnen und Trolleybussen teilen. Wenn die Straßenbahnhaltestelle in der Straßenmitte liegt, müssen Autos anhalten, bis die ausgestiegenen Fahrgäste die Straße verlassen haben.

Die Innenstadt hat ein kompliziertes Einbahnstraßensystem und oft ist das Abbiegen verboten, was für Neulinge verwirrend sein kann. Überraschenderweise ist der größte Teil der Altstadt nicht autofrei – jedoch geht's hier nur langsam voran, es gibt kaum Parkplätze und die Zufahrt ist nur über einige wenige Straßen möglich. Einfacher ist es, das Fahrzeug für die Zeit des Aufenthalts in Tallinn abzustellen und die Stadt zu Fuß und mit öffentlichen Verkehrsmitteln zu erkunden.

Das Parken ist selbst für Einheimische kompliziert und oft muss man per Handy bezahlen (was für Leute ohne estnische SIM-Karte schwierig ist). Man halte Ausschau nach Parkverbotsschildern, hoffe, dass man sie richtig versteht, und stelle sich für den Fall, dass man sie missachtet, schon mal auf eine Geldbuße ein. Einige Unterkünfte haben Gästeparkplätze (kostenlos sind allerdings die wenigsten) oder können zumindest den nächstgelegenen Parkplatz nennen. Am besten also immer zuerst dort nachfragen.

FAHRRAD

Neben geführten Touren bietet City Bike (S. 70) alles, was für eine Radtour durch Tallinn, Estland oder das Baltikum von Nutzen sein könnte. Außer Fahrrädern (Stadträder und Mountainbikes 7/15 € für 3/24 Std., Straßenräder und E-Bikes 15/20 €) kann man Fahrradtaschen, Navis und Kinderräder/-sitze/-anhänger mieten. Es gibt außerdem einen Reparaturservice, viel Kartenmaterial und gute Ratschläge. Bei längeren Touren ist gegen Aufpreis auch Einwegmiete möglich.

VON/ZU DEN FÄHRTERMINALS

Es gibt drei Hauptanleger für Passagierfähren, alle weniger als 1 km von der Altstadt entfernt. Die meisten Fähren und Kreuzfahrtschiffe legen am Old City Harbour (Vanasadama) an. Die Eckerö Line, Viking Line und St. Peter Line nutzen die **Terminals A & B** (Karte S. 50; Sadama), Tallink den **Terminal D** (Karte S. 50; Lootsi) auf der anderen Seite des Hafens. Die Fähren der Linda Line steuern das große Terminal **Linnahall** (Kalasadama) ein Stückchen weiter westlich an.

Busse der Linie 2 fahren alle 20 bis 30 Minuten von der Haltestelle beim Terminal A über den Terminal D, das Stadtzentrum und den Zentralen Busbahnhof zum Flughafen; wer vom Zentrum aus zum Fährhafen fahren möchte, nimmt den Bus an der Haltestelle A. Laikmaa vor dem Tallink Hotel. Vom Stadtzentrum fahren außerdem die Straßenbahnen 1 und 2 und der Bus 3 zur Haltestelle Linnahall (an der Põhja pst, beim Beginn der Sadama), fünf Fußminuten von allen Terminals entfernt.

Ein Taxi zwischen Stadtzentrum und Fährterminals kostet etwa 5 €.

VOM/ZUM FLUGHAFEN

➡ Die Buslinie 2 startet ungefähr alle 20 Minuten (von 6.30 bis 24 Uhr) von der Haltestelle A. Laikmaa gegenüber vom Tallink Hotel neben dem Viru Keskus. Auf der Fahrt vom Flughafen ins Zentrum hält der Bus an sechs Haltestellen und fährt dann weiter zum Fährterminal. Tickets gibt's beim Fahrer für 1,60 €. Die Fahrzeit ist vom Verkehr abhängig, beträgt aber selten mehr als 20 Minuten.

➡ Ein Taxi zwischen Flughafen und Zentrum sollte keine 10 € kosten. Die Flughafenverwaltung empfiehlt, ein Taxi zu nehmen, das an einem offiziellen Taxistand wartet, um nicht übers Ohr gehauen zu werden. Für die Fahrt zum Flughafen lässt man sich am besten von seiner Unterkunft bei einer renommierten Taxifirma ein Taxi vorbuchen.

ÖFFENTLICHE VERKEHRSMITTEL

Tallinn hat ein hervorragendes öffentliches Netz an Bussen, Straßenbahnen und Trolleybussen; diese fahren gewöhnlich von etwa 6 bis 24 Uhr. Das wichtigste **Busterminal** (Karte S. 54; Viru Väljak 4) befindet sich unter dem Einkaufszentrum Viru Keskus, die Routen einiger Busse enden aber in den umliegenden Straßen. Fahrpläne aller öffentlichen Verkehrsmittel stehen online auf der Website www.tallinn.ee.

Für die Tallinner sind die öffentlichen Verkehrsmittel kostenlos. Besucher müssen bezahlen, entweder beim Fahrer (1,60 € für die einfache Fahrt) oder mittels des elektronischen Ticketsystems. Man kauft eine Plastik-Smartcard (2 € Pfand), lädt ein Guthaben auf und entwertet die Karte zu Beginn einer jeden Fahrt an den orangefarbenen Kartenlesern. Mit dem E-Ticket-System kosten die Fahrkarten 1,10/3/6 € für eine Stunde/einen Tag/fünf Tage.

Wer die Tallinn-Card besitzt, fährt kostenlos. Schwarzfahren wird mit 40 € geahndet.

TAXI

In Tallinn fahren unzählige Taxis, jedoch macht jedes Taxiunternehmen seine eigenen Preise. Die Tarife sollten gut sichtbar angegeben sein. Wer an der Straße ein Taxi anhält, läuft Gefahr, übers Ohr gehauen zu werden. Eine telefonische Bestellung ist der sicherere Weg. Die Mitarbeiter in den Taxizentralen sprechen Englisch, geben die Autonummer (Nummernschild) und die voraussichtliche Ankunftszeit (meist 5–10 Min.) durch. Wer denkt, zu viel gezahlt zu haben, verlangt am besten eine Quittung, die der Fahrer ausstellen muss.

In der Altstadt sind zahlreiche Fahrradtaxis unterwegs; oft warten einige innerhalb der Stadtmauern an der Viru-Straße.

ℹ TALLINN CARD

Tallinn Card (www.tallinncard.ee; 1/2/3 Tage Erw. 31/39/49 €, Kind 16/19/24 €) Mit der Tallinn Card gibt's freien Eintritt bei den meisten Sehenswürdigkeiten der Stadt, Rabatte beim Shoppen, Essen und bei Unterhaltungsangeboten sowie Freifahrten mit Tallinns öffentlichen Verkehrsmitteln. Außerdem hat man Anspruch auf eine kostenlose Stadtführung nach Wahl. Wer sowieso an einer Stadtführung teilnehmen wollte, für den lohnt sich die Karte. Ansonsten muss man jede Menge Sehenswürdigkeiten in einen Tag zwängen, damit sich die Ausgabe lohnt. Erhältlich ist die Karte online, in der Touristeninformation und in vielen Hotels.

UNTERWEGS

- *maantee* – Landstraße (oft mnt abgekürzt)
- *puiestee* – Allee (oft pst abgekürzt)
- *sild* – Brücke
- *tänav* – Straße (auf Karten und in Adressen gewöhnlich weggelassen)
- *tee* – Straße
- *väljak/plats* – Platz

Krooni Takso (☎1212; www.kroonitakso.ee; Grundgebühr 2,50 €, 6–23 Uhr 0,50 €, 23–6 Uhr 0,55 € pro km)

Reval Takso (☎1207; www.reval-takso.ee; Grundgebühr 2,29 €, 0,49 € pro km)

Takso24 (☎1224; Grundgebühr 2,90 €, 0,58 € pro km)

Tallink Takso (☎1921; www.tallinktakso.ee; Grundgebühr 3,90 €, 6–23 Uhr 0,79 €, 23–6 Uhr 0,89 € pro km) Wer in einer größeren Gruppe unterwegs ist, bucht ein 8- bis 12-sitziges Maksitakso (Grundgebühr 5,75 €, 1,25 € pro km).

Tulika Takso (☎1200; Grundgebühr 3,65 €, 6–23 Uhr 0,69 €, 23–6 Uhr 0,80 € pro km)

RUND UM TALLINN

Der Bezirk Harju (Harjumaa) mit Tallinn im Zentrum nimmt rund die Hälfte der estnischen Nordküste ein und dehnt sich auch ins Hinterland aus. Einige Sehenswürdigkeiten sind im Rahmen einfacher Tagesausflüge von der Hauptstadt aus zu erreichen oder bieten sich als Abstecher auf der Weiterreise von Tallinn an.

Keila-Joa

Schloss Fall SCHLOSS, WASSERFALL

(www.schlossfall.com; Schloss Erw./Kind 8/5 €; ⌚Schloss 10–18 Uhr) Das flache Estland ist nicht gerade für seine Wasserfälle berühmt und mit 6 m Höhe ist der Wasserfall von Keila-Joa nicht gerade umwerfend. Dafür ist er jedoch besonders malerisch, u. a. wegen des Kontrasts zu dem 1883 für Graf Alexander von Benckendorf erbauten neogotischen Herrenhaus. Ein zinnenbewehrter Turm verleiht dem Gebäude etwas Burghaftes, aber die Festungsanleihen sind lediglich romantischer Natur. Zwei Hängebrücken führen durch üppiges Land zur Spitze des hufeisenförmigen Wasserfalls, in dessen Sprühnebel Regenbögen tanzen.

Zar Nikolaus I. stattete Schloss Fall zweimal einen Besuch ab und war so beeindruckt, dass er dessen Architekten Andrei Stackenschneider mit dem Bau mehrerer Paläste in St. Petersburg und dem Umbau eines Teils des Winterpalastes beauftragte. Während seines Besuchs 1833 ertönte hier zum ersten Mal die russische Kaiserhymne *Gott schütze den Zar*. Ein kleines Museum im Untergeschoss des Schlosses erinnert an dieses denkwürdige Ereignis. Ob dies allerdings das Eintrittsgeld lohnt, sei dahingestellt.

Das Gebäude wurde 1917 geplündert, 1920 verstaatlicht, 1940 von der Roten Armee und 1941 von den Deutschen beschlagnahmt und wurde schließlich 1953 zum Hauptquartier des sowjetischen 572. Kampfgeschwaders. Es versteht sich von selbst, dass es sich in keinem guten Zustand befand, als es von der Estnischen Denkmalschutzbehörde übernommen wurde. Nach der Renovierung sehen die Böden und die Stuckarbeiten jetzt vielleicht ein bisschen zu neu aus.

Doch lohnt sich die 30-minütige Fahrt von Tallinn Richtung Westen allemal – für ein Picknick am Wasserfall. Anfahrt von Tallinn über die Paldiski maantee und 12 km hinter dem Zoo rechts in Kiia auf die Straße 410 abbiegen.

Padise

Kloster Padise RUINE

(Padise klooster; www.padiseklooster.ee) GRATIS Die große düstere Hülle dieses ehemaligen Klosters schreit quasi danach, erkundet zu werden. Stufen führen hinauf in die Ruinen, wo man inmitten der Mauern herumwandern und den Turm besteigen kann, von dem sich meilenweite Ausblicke übers platte Land bieten. Die ehemalige Kirche verfügt noch über ihr Dach und ihre gotischen Fenster und selbst in diesem verfallenen Zustand lässt sie erahnen, wie stattlich sie einmal gewesen sein muss.

Im Jahr 1220 erhielten die Zisterzienser das Land als Dank für ihren Beitrag zur Christianisierung der estnischen Heiden, doch erst 1317 wurde mit dem Bau des Klosters begonnen. Wenn es eher wie eine Festung als ein Kloster wirkt, hat das seinen guten Grund. Die Beziehungen zur versklavten estnischen Bevölkerung waren durchwachsen und während des Aufstands in der Georgsnacht wurde das Kloster von den Einheimischen angegriffen. Sie töteten 28 Mönche und brannten das Kloster nieder.

Um 1480 wurde es wieder aufgebaut und erreichte in der Folge schließlich den Höhepunkt seiner Machtentfaltung. 1558 wurde es von den Rittern des Livländischen Ordens eingenommen, die die Mönche vor die Tür setzten und die Befestigungen verstärkten. In den nachfolgenden Kriegen wechselte das Kloster mehrere Male den Besitzer, bevor es im 17. Jh. in einen Gutshof verwandelt wurde. Bei einem Blitzeinschlag 1766 brannten die Gebäude erneut ab und wurden aufgegeben. Mit den Steinen erbaute man einen Teil des benachbarten Herrenhauses Padise.

Gutshaus Padise HOTEL €€
(Padise Mõis; ☎608 7877; www.padisemois.ee; EZ/DZ ab 79/84 €; P Wi-Fi) Das historische Herrenhaus steht zwar nah an der Straße, ist jedoch außergewöhnlich schön gelegen, umgeben von Rasenflächen mit einem See und den geheimnisvollen Ruinen des Klosters Padise. Die Zimmer sind gut ausgestattet und verströmen historisches Flair – eine tolle Wahl für ein Refugium auf dem Land.

Kaberneeme

Das verschlafene kleine Nest an der Spitze einer Landzunge 40 km östlich von Tallinn ist eigentlich völlig unscheinbar, wartet jedoch mit zwei tollen Sachen auf: einem langen, menschenleeren, von Kiefern gesäumten Sandstrand und einem überraschend guten Restaurant. Obwohl es direkt am Jachthafen einen Strand gibt, fährt man besser rund 1,5 km Richtung Südosten an der Küste entlang und hält nach den Parkplätzen im Kiefernwald Ausschau.

Aktivitäten

Aktiivne Puhkus WASSERSPORT
(☎504 6019; www.aktiivnepuhkus.ee; Sadama tee; ⏲Mitte Juni–Aug. 10–21 Uhr) Der Anbieter „Aktive Ferien" verleiht in einem Schuppen am Strand beim Jachthafen Kajaks (10 € pro Std.), Surfbikes (40 €), Motorboote (120 €) und Jetboote (120 €).

Schlafen & Essen

OKO MODERN EUROPÄISCH €€€
(☎5300 4440; www.okoresto.ee; Sadama tee 1; Hauptgerichte 14–19 €, Zi. 80 €; ⏲12–23 Uhr) Die kleine Schwester des estnischen Top-Restaurants NOA huldigt seiner Lage direkt am kleinen Hafen von Kaberneeme mit einer maritimen Einrichtung, einer Sonnenterrasse und einer Karte voller Fisch und Meeresfrüchte. Wer nach dem Essen nicht zurück nach Tallinn fahren möchte, kann oben in einem der netten Zimmer mit Balkon nächtigen; die Bäder könnten allerdings eine Auffrischung vertragen.

An- & Weiterreise

Nach Kaberneeme verkehren keine öffentlichen Verkehrsmittel. Anfahrt von Tallinn: in Koogi von der Schnellstraße von Tallinn nach Narva (Nationalstraße 1) abbiegen und der Ausschilderung folgen. Von Osten kommend in Kiiu abbiegen.

NORDOSTESTLAND

Lahemaa ist der schönste der estnischen Nationalparks und nimmt den größten Teil des Nordostens ein. Im Park liegen unberührte Küstenstriche von rauer Schönheit, ausge-

Nordostestland

ABSTECHER

ADEL VERPFLICHTET

Estland ist mit zahlreichen einst stattlichen Gutshäusern der lange verschwundenen baltendeutschen Elite gespickt. Die meisten Häuser sind heute aufgrund von Kriegseinwirkungen oder Vernachlässigung nur noch Ruinen, aber immer mehr werden zu Boutiquehotels und Restaurants umgebaut. Auf dem Weg von Tallinn nach Tartu bieten sich abseits der Nationalstraße 2 zahlreiche tolle Möglichkeiten zur Einkehr.

Im **Gutshaus Kau** (☎ 644 1411; www.kau.ee; Triigi, Gemeinde Kose; Zi. ab 130 €, Hauptgerichte 14–19 €; ⊙ Restaurant Mi–Fr 17–22, Sa 13–22, So 13–20 Uhr; P) lebte im 19. Jh. der Entdecker Otto von Kotzebue. Das Haus ist jetzt vor dem Verfall gerettet und in ein fabelhaft extravagantes Hotel und renommiertes Restaurant verwandelt worden. Sowohl die Einrichtung als auch die Karte sind inspiriert von Kotzebues Reisen: Historische Drucke zieren stark vergrößert die Wände und überall sind ausgestopfte Tiere zu finden.

Die Zimmer im Haupthaus sind mit Antiquitäten und alten Stoffen eingerichtet, die im Kutschenhaus präsentieren sich genauso komfortabel, aber zurückhaltender. Im Preis sind das Frühstück und ein morgendlicher Saunagang oder eine Runde in der Schwimmhalle inbegriffen.

Das Restaurant Eight Legs (Kaheksa Jalga) verdankt seinen Namen einem besonders überkandidelten Kronleuchter im Speiseraum. Die Karte wechselt monatlich, wobei die Gerichte sich jeweils an einem der Reiseziele von Kotzebues orientieren.

Das Gutshaus Kau liegt 50 km südöstlich des Zentrums von Tallinn, 9 km abseits der Straße von Tallinn nach Tartu (in Kose abfahren).

Der verblichene Charme des **Gutshauses Põhjaka** (☎ 526 7795; www.pohjaka.ee; Mäeküla, Gemeinde Paide; Hauptgerichte 12–15 €; ⊙ Juni–Aug. tgl. 12–20 Uhr, Sept.–Mai Mi–So;) dient einem wunderbaren Restaurant als Kulisse, das sich v. a. frischen estnischen Zutaten verschrieben hat. Hier schwingen sich traditionelle Speisen wie Schweinerippchen und Kartoffelpüree auf neue kulinarische Höhen. Das Gutshaus ist an der Straße von Tallinn nach Tartu gut ausgeschildert, 90 km vom Zentrum von Tallinn bzw. 95 km von Tartu entfernt.

dehnte Wälder im Hinterland und verschlafene Dörfer an Seen, Flüssen und Buchten.

Der Park liegt bei gut einem Drittel der Wegstrecke zwischen Tallinn und der russischen Grenze. Östlich des Parks verwandelt sich die ländliche Idylle in eine trostlose Industriebrache. In den Städten sind die Narben, die die russische Industrie hinterlassen hat, vielfach noch sichtbar: In Kunda steht eine riesige Zementfabrik, Kohtla-Järve ist das Zentrum des umweltschädlichen Ölschieferabbaus (hier steht die größte Anlage der Region) und in Sillamäe stand Estlands Uranaufbereitungsanlage.

Wer sich ausreichend Zeit nimmt, entdeckt viele attraktive Orte: die junge Stadt Rakvere, die malerischen Kreidefelsen bei Ontika und die interessante Hafenstadt Sillamäe – ein Paradebeispiel der stalinistischen Architektur. Die beeindruckendste Stadt der Region ist jedoch Narva, deren imposante Burg aus dem 13. Jh. stammt.

Für alle, die einen Eindruck von Russland bekommen möchten, ohne langwierig ein Visa beantragen oder die Grenze überqueren zu müssen, bietet der Nordosten Estlands einen guten Einstieg. Viele Bewohner sind Russen; auf der Straße und in den Läden und Restaurants wird immer noch Russisch gesprochen. Und es gibt viele Gelegenheiten, wunderschöne orthodoxe Kirchen, Ostblock-Mietskasernen und weitere Hinterlassenschaften des östlichen Nachbarn zu besichtigen und zu fotografieren.

Nationalpark Lahemaa

Der größte *rahvuspark* (Nationalpark) Estlands ist ein perfekter Zufluchtsort, wenn man dem Trubel der Hauptstadt entfliehen möchte: ein 725 km^2 großes unberührtes Stück Estland. Die zerklüftete Küste wird durch Halbinseln und Buchten gegliedert und rund 475 km^2 der Parkfläche nehmen die Kiefernwälder des Küstenhinterlands mit Seen, Flüssen und Mooren sowie historisch und kulturell interessanten Stätten ein.

Die Landschaft präsentiert sich weitgehend flach oder leicht gewellt, der höchste Punkt liegt nur 115 m über dem Meeresspie-

Nationalpark Lahemaa

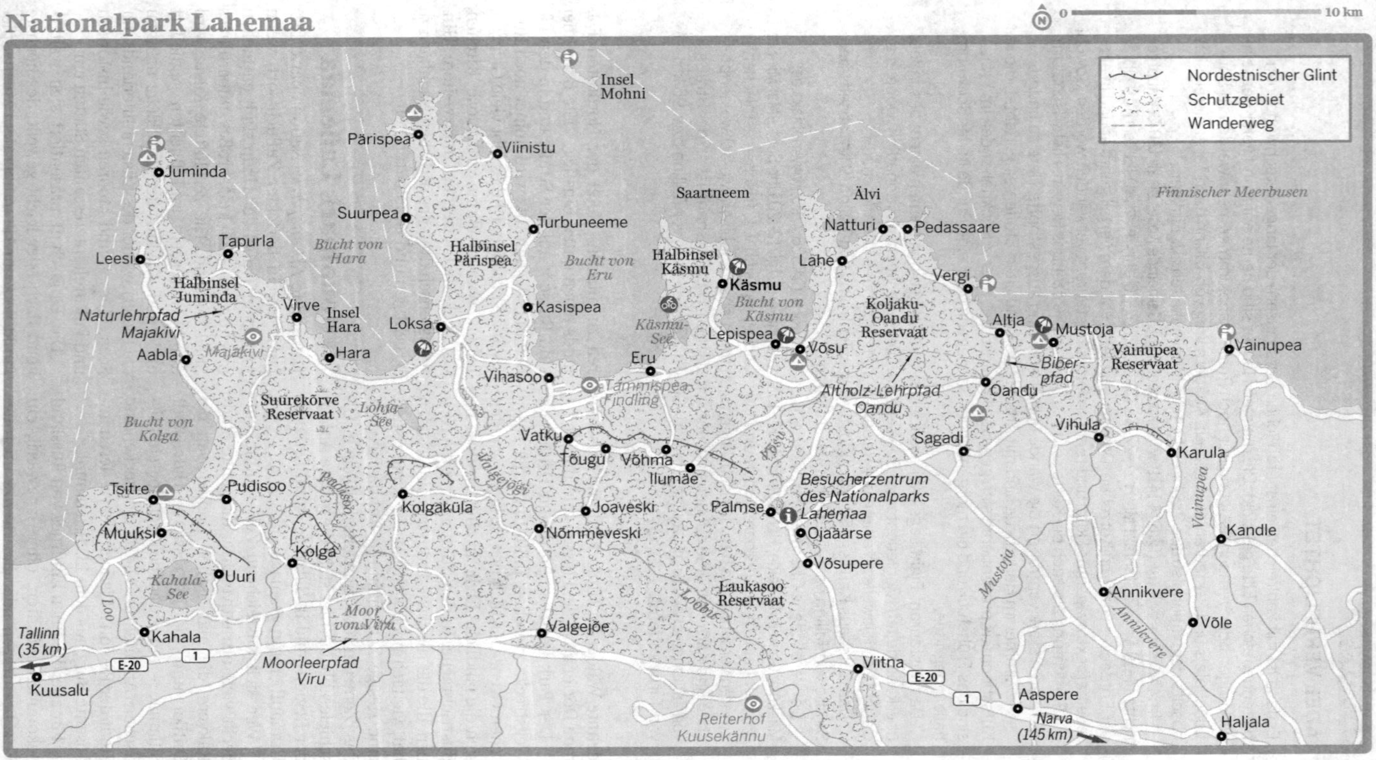

gel. Typisch für die estnische Landschaft sind Steinfelder, Alvare und Findlinge. Alvare sind steppenartige Landschaften mit einer extrem dünnen Schicht Muttererde (maximal 30 cm). Findlinge, sogenannte erratische Blöcke, brachte die letzte Eiszeit aus Skandinavien hierher.

Fast 840 Pflanzenarten, darunter 34 seltene, haben Botaniker im Park gefunden. 50 verschiedene Säugetiere leben hier, darunter Braunbären, Luchse und Wölfe. Aber ohne die Hilfe von Führern werden Besucher kaum einem von ihnen begegnen. 222 Vogelarten, darunter Höckerschwäne, Schwarzstörche, Prachttaucher und Kraniche, nisten hier. 24 Fischarten wurden gesichtet. In den Flüssen laichen Lachse und Forellen. Sie ernähren sich von den zahllosen Mücken, die hier im Sommer eine echte Plage sind – Mückenschutz nicht vergessen!

Im Winter verwandelt sich der Park in eine magische Landschaft mit verschneiter Küste, zugefrorenen Seen und glitzernden Bäumen.

Die touristische Infrastruktur ist gut: Es gibt gemütliche Pensionen, restaurierte Herrenhäuser, abgelegene Campingplätze und ein weit verzweigtes Netz an Waldwegen für Wanderer, Radler und Reiter.

Heute ist die Hauptattraktion das Wasser, von 1945 bis 1991 war der gesamte Küstenstreifen des Nationalparks jedoch militärisches Sperrgebiet – ein 2 m hoher Stacheldrahtzaun sorgte dafür, dass Dorfbewohner keinen Zugang zum Strand hatten.

Loksa, der Hauptort im Park, verfügt über einen beliebten Sandstrand, ist aber ansonsten eher gesichtslos. **Võsu**, die nächstgrößte Siedlung, ist mit ihrem langem Sandstrand und den Sommerbars viel netter. In der Hauptsaison fällt hier junges Partyvolk ein, obwohl der Ort eigentlich nur ein übergroßes Dorf ist.

Geschichte

Lahemaa wurde 1971 gegründet und war damit der erste Nationalpark der Sowjetunion. Zwar gab es auch damals schon Schutzgebiete, doch glaubte die Regierung, mit der Gründung eines Nationalparks den Nationalstolz fördern zu können. Nach mühseliger Überzeugungsarbeit (nicht zuletzt unter Berufung auf ein angeblich von Lenin unterzeichnetes Dekret, in dem Nationalparks als eine wünschenswerte Form des Naturschutzes bezeichnet wurden) und jahrelangen Vorbereitungen kam schließlich die Genehmigung. Weitere Nationalparks wurden 1973 und 1974 in Lettland und Litauen gegründet, erst 1983 wurde der erste Nationalpark auf heutigem russischem Territorium ins Leben gerufen.

Sehenswertes

Mit der Erkundung des Parks beginnt man am besten am Besucherzentrum des Lahemaa im Gutshof Palmse.

Gutshaus Palmse HISTORISCHES GEBÄUDE
(www.palmse.ee; Erw./Kind 7/5 €; ⏲10–19 Uhr) Der inzwischen komplett restaurierte Gutshof Palmse ist das Juwel des Nationalparks; in den alten Stallungen ist das Besucherzentrum des Parks untergebracht. Das hübsche Herrenhaus (1720, umgebaut in den 1780er-Jahren) ist heute ein Museum mit Möbeln und Kleidern aus der Zeit. Auch weitere renovierte Gutsgebäude werden heute für andere Zwecke genutzt: In der Brennerei residiert ein Hotel, das Haus des Gutsverwalters ist ein Gästehaus, im Badehaus am See befindet sich ein Sommerrestaurant und die Arbeiterunterkünfte beherbergen eine Gaststätte.

Der Gutshof mit mehr als 20 Gebäuden auf einem 52 ha großen Anwesen zeugt vom Reichtum der deutschen Großgrundbesitzer. Im 13. Jh. befand sich hier ein Zisterzienserkloster. Von 1677 bis 1923 befand sich das Gut dann im Besitz der baltendeutschen Familie von der Pahlen. 1923 wurde es verstaatlicht; dieses Ereignis feiert das einfache, steinerne Landreformdenkmal, das über den Zierteich und den französischen Garten schadenfroh hinüber zum Herrenhaus blickt. Erkundet werden können außerdem noch heute genutzte Gewächshäuser und eine Orangerie.

Gutshaus Sagadi & Forstmuseum HISTORISCHES GEBÄUDE
(Sagadi Mõis & Metsamuuseum; ☎676 7888; www.sagadi.ee; Erw./Kind 3/2 €; ⏲Mai–Sept. 10–18 Uhr, Okt.–April nach Vereinbarung) Das rosa-weiße barocke Herrenhaus wurde 1753 fertig gestellt und ist von wunderschönen Gärten (kostenlos zugänglich) umgeben, in denen es einen See, moderne Skulpturen, ein Arboretum und einen „endlosen" Ausblick durch eine Baumallee gibt. Die Eintrittskarte zum Haus gewährt auch Zutritt zum benachbarten Forstmuseum, das sich der Forstwirtschaft und der Flora und Fauna des Parks widmet.

Das Gut Sagadi wurde in der Zeit der ersten Unabhängigkeit Estlands verstaatlicht, jedoch durfte die Adelsfamilie der von Focks hier bis 1939 wohnen bleiben. Die Gebäude dienen heute anderen Zwecken: Hier sind das Staatliche Forstverwaltungszentrum (Riigimetsa Majandamise Keskus; RMK), dessen Schulungszentrum, ein Hotel und ein Hostel untergebracht.

Altja DORF

Das 1465 zum ersten Mal urkundlich erwähnte Fischerdorf wartet mit zahlreichen restaurierten oder nachgebauten traditionellen Gebäuden auf, darunter eine wunderbar alt wirkende Kneipe, die aber von 1976 stammt. Der Schaukelhügel (Kiitemägi) von Altja mit einer traditionellen estnischen Holzschaukel ist schon seit Langem das Zentrum der jährlichen Mittsommernachtsfeiern im Lahemaa. Am Schaukelhügel beginnt ein 3 km langer Rundweg, der **Natur- & Kulturlehrpfad Altja**, der an Netzschuppen und Fischerhäuschen und am Findlingsfeld vorbeiführt, dem „Freilichtmuseum der Steine".

Einige gute Strände gibt's Richtung Osten zwischen Altja und Mustoja. Nach Osten führt entlang der alten Straße von Altja nach Vainupea auch eine hübsche Wander- und Radroute.

Käsmu DORF

Im als Dorf der Kapitäne bekannten winzigen Käsmu war von 1884 bis 1931 eine Marineschule ansässig, die Kapitäne ausbildete; zeitweise soll es in jeder Familie im Dorf mindestens einen Kapitän gegeben haben. In den 1920er-Jahren war ein Drittel aller Schiffe in Estland hier registriert.

Käsmu liegt in einem Findlingsfeld mit der größten Zahl an Findlingen in Estland. Diese kann man sich auf Wanderwegen anschauen, die ganz am Ende der Straße beginnen. Der 4,2 km lange, 90-minütige **Natur- & Kulturlehrpfad Käsmu** führt an der Küste entlang und durch Kiefernwald. Bei der Kapelle beginnt außerdem ein 15 km langer Wander- und Radweg zum **Käsmu-See** (Käsmu järv).

Seefahrtmuseum Käsmu MUSEUM

(Käsmu Meremuuseum; www.kasmu.ee; Merekooli 1; Eintritt per Spende) In der ehemaligen Kaserne der sowjetischen Küstenwache in Käsmu wurde mittlerweile ein Museum mit allen möglichen Gegenständen und Karten mit Bezug zur Seefahrt untergebracht. Es ist ein Privatmuseum; die Betreiber wohnen vor Ort, daher gibt es hier keine festen Öffnungszeiten.

Kunstmuseum Viinistu KUNSTMUSEUM

(Kunstimuuseum; www.viinistu.ee; Erw./Kind 4/2 €; ⌚ Mi–So 11–18 Uhr) Kaum zu glauben, dass ein abgeschiedenes Dorf an der Spitze der Pärispea-Halbinsel eines der besten Kunstmuseen des Landes beherbergt: Viinistu verfügt über die bemerkenswerte private Kunstsammlung von Jaan Manitski, angeblich einem der reichsten Männer des Landes. Diese ständig erweiterte Sammlung umfasst nur estnische Kunst und ihre besondere Stärke ist zeitgenössische Malerei. Es sind aber auch Skulpturen, Radierungen, Zeichnungen und ein paar ältere Gemälde im traditionellen Stil zu sehen.

Manitski wurde im Dorf Viinistu geboren, verließ es aber bereits als Kleinkind und machte später ein Vermögen als Manager der schwedischen Superstars ABBA. Durch sein Museum sowie das benachbarte Hotel und Restaurant in der alten Fischfabrik am Wasser hat er das ganze Dorf umgekrempelt. Im Sommer erklingt hier oft Livemusik.

Findling Tammispea WAHRZEICHEN

Im Lauf der Jahrtausende ist dieser riesige, 7,8 m hohe Felsbrocken in mehrere kleinere Teile zerbrochen, bietet jedoch noch immer ein eindrucksvolles Bild. Zu dem in einem hübschen Wäldchen gelegenen Findling gelangt man, indem man von der Küstenstraße abbiegt, das Dorf Tammispea durchquert und auf der unbefestigten Straße weiterfährt – nach dem Schild kurz hinter dem Haus mit den Eisbärskulpturen Ausschau halten.

Museum & Gutshaus Kolga MUSEUM

(www.kuusalu.ee; Erw./Kind 2/1 €; ⌚ Mitte Mai–Mitte Sept. 10–18 Uhr, sonst Mo–Fr 9–16 Uhr) GRATIS Das fotogen heruntergekommene klassizistische Gutshaus in Kolga wurde 1642 errichtet, dann aber 1768 und 1820 in großem Stil umgebaut. Es befindet sich heute wieder im Besitz der Familie Stenbock, der es auch vom 17. bis zum frühen 20. Jh. gehörte. Ihre Bemühungen, das Haus zu restaurieren, sind jedoch aus finanziellen Gründen ins Stocken geraten. Das kleine Heimatmuseum in einem Nachbargebäude bietet nur wenige Informationen auf Englisch, jedoch gibt's eine interessante Ausstellung über Gräber aus der Bronzezeit am nahen Kahala-See.

Aktivitäten

Radfahren

Die schattigen Nebenstraßen des Lahemaa eignen sich bestens für Radtouren. Viele Unterkünfte im Park vermieten Räder (um

10 € pro Tag), darunter Lepispea Caravan & Camping, Merekalda, der Gutshof Sagadi, Toomarahva Turismitalu und Uustula B&B.

Die beste Geländestrecke ist der 11,6 km lange **Käsmu-Radtrail**, im Grunde eine Schleife mit mehreren längeren Abstechern. Er beginnt am Ende der Straße in Käsmu und führt durch den Wald zum Findling Matsikivi, dann weiter zur Spitze der Halbinsel, hinunter zum Käsmu-See und bei der Kirche zurück ins Dorf. Auf www.looduse gakoos.ee kann man auf der Lahemaa-Seite eine Karte herunterladen.

City Bike (S. 70) bietet ab Tallinn vorgeplante Tagesausflüge auf eigene Faust im Park (ab 29 €, ohne Zugfahrt nach Kadrina), inklusive Leihrad.

Reiten

Reiterhof Kuusekännu REITEN

(Kuusekännu Ratsatalu; ☎325 2942; www.kuuse kannuratsatalu.ee; Ausritte 20 € pro Std.) Dieser Reiterhof bei Viitna unmittelbar außerhalb des Nationalparks veranstaltet Ausritte im Nationalpark. Die zweitägigen Ausritte umfassen Verpflegung und eine Übernachtung in Käsmu (295 €). Bei den Dreitagestouren wird in Käsmu und entweder Atlja oder Sagadi übernachtet (ab 390 €). Vorher anrufen; die Anfahrt ist auf der Website beschrieben.

Wandern

In den verschiedenen Landschaften des Parks wurden mehrere schöne Wanderwege angelegt, Karten und Weginfos hat das Besucherzentrum des Nationalparks.

Der **Altholz-Lehrpfad Oandu**, ein 4,7 km langer Rundwanderweg 3 km nördlich von Sagadi, ist vielleicht der interessanteste im Park. Unterwegs sind an den Bäumen Kratzspuren von Wildschweinen und Bären zu sehen, die Rinden wurden häufig von Elchen abgeknabbert. Die Kiefern tragen Narben, weil die Tiere versuchen, ans Harz zu kommen.

Der schöne, 1 km lange **Bieberpfad** (Koprarada) zwischen Oandu und Altja führt an einigen Biberdämmen im Fluss Altja vorbei. Die scheuen Tiere zeigen sich leider nur selten.

Der **Moorlehrpfad Viru**, ein 3,5 km langer Weg durch das Moor von Viru, beginnt nach 1 km an der Straße nach Loksa (bei Kolga), die von der Schnellstraße Tallinn–Narva abzweigt. Hier steht auch der insektenfressende Sonnentau (Venusfliegenfalle) – die Lieblingspflanze von Charles Darwin.

Der 7 km lange **Naturlehrpfad Majakivi** beginnt in der Nähe des auf reizende Art altmodischen Küstendorfes Virve an der Straße von Loksa nach Leesi und führt am

DIE ESTNISCHE TIERWELT

In Estland leben 64 verschiedene Landsäugetierarten. Einige Tiere, die andernorts verschwunden sind, haben in Estlands ausgedehnten Wäldern überlebt. Der Braunbär stand um 1900 bereits kurz vor dem Aussterben; heute leben in Estland mehr als 600 Bären. Der europäische Biber, der als beliebtes Jagdtier kurz vor der Ausrottung stand, wurde in den 1950er-Jahren erfolgreich wieder angesiedelt und hat sich inzwischen auf rund 20 000 Exemplare vermehrt.

Der Rehwild- und Wildschweinbestand ist mit Zehntausenden von Tieren zwar erheblich, nimmt aber kontinuierlich ab, was so manch einer auf die Raubtiere zurückführt – tatsächlich werden diese Tiere jedoch fleißig gejagt, um dann (zusammen mit Elchen und Bären) auf den Speisekarten der teuren Restaurants wieder aufzutauchen. In Estland leben immer noch Wölfe (schätzungsweise 135 Tiere) sowie Luchse (über 750 Exemplare), hübsche Pinselohrkatzen mit eindrucksvollen Pranken, die im Winter als „Schneeschuhe" fungieren. Luchse, Bären, Wölfe und Biber sind nur einige der Tiere, auf die jedes Jahr Jagd gemacht wird; jedoch wird mit einem Quotensystem versucht, die Bestände konstant zu halten.

Estland besitzt auch eine reichhaltige Vogelwelt mit 363 bekannten Arten. Wegen des eiskalten Winters sind die meisten Arten Zugvögel. Obwohl sie fast überall auf der Welt zu finden ist, genießt die Rauchschwalbe einen beinahe königlichen Status als estnischer „Nationalvogel". Sie kehrt im April oder Mai aus ihrem Winterdomizil zurück. Ein anderer gern gesehener Gast ist der Storch. Während seine Zahl in vielen Teilen Europas abnimmt, ist der Weißstorch hier noch auf dem Vormarsch – oft sieht man ihn auf großen runden Nestern oben auf den Laternenpfählen. Die Zahl der Schwarzstörche nimmt jedoch ab.

7 m hohen Majakivi (Hausfels) vorbei. Dieser ist mit einem Volumen von 580 m³ der größte Findling im Lahemaa.

Geführte Touren

Sowohl Tallinn Traveller Tours (S. 70) als auch EstAdventures (S. 70) bieten Ausflüge von Tallinn aus in den Park (ab ca. 55 €). Eine private Tour mit z. B. Estonian Experience (S. 70) kostet zwischen 320 € für eine Person und 460 € für vier.

Schlafen

Im an einer felsigen Küste gelegenen Käsmu liegen einige günstige Gästehäuser. Wem es am Strand zu ruhig ist, sollte nach Võsu fahren: Dort hängen im Sommer viele estnische Studenten rum. Doch auch abseits der Küste finden sich Pensionen im Hinterland. Das Besucherzentrum in Palmse führt Zimmerlisten. Vorsicht: Viele kleine Pensionen halten sich große pflichtbewusste Hunde – also lieber nicht über den Zaun springen.

Lahemaa ist ideal zum Zelten – RMK bietet viele einfache Zeltplätze, die kostenlos genutzt werden können; u. a. bei Tsitre an der Kolga-Bucht, am nördlichen Ende der Halbinseln Juminda und Pärispea, unmittelbar südlich von Võsu und an der Straße von Sagadi nach Altja – 300 m südlich des Oandu-Wanderwegs. Kleine Holzschilder mit den Buchstaben „RMK" weisen den Weg. Alle Zeltplätze (die kostenlosen von RMK und die privaten) sind in der hervorragenden Nationalparkkarte *Lahemaa Rahvuspark* eingezeichnet, sie ist im Besucherzentrum für 1,90 € erhältlich.

Lepispea Caravan & Camping CAMPINGPLATZ €
(☎5450 1522; www.lepispea.eu; Lepispea 3; Zelt 5 € pro Pers., Wohnwagen 15 €; ⏲Mai–Sept.; P 📶 🐾) Dieser Campingplatz in Lepispea, 1 km westlich von Võsu, erstreckt sich über ein von Bäumen eingerahmtes großes Feld und endet an einem kleinen, schilfgesäumten Strand. Die Einrichtungen mit Saunahütte sind gut. Es werden auch Fahrräder verliehen (pro Tag 10 €).

Uustula B&B & Campsite GÄSTEHAUS, CAMPINGPLATZ €
(☎3252965; www.uustalu.planet.ee; Neeme tee 78a, Käsmu; Stellplätze 4 € pro Pers., Wohnwagen 10 €, EZ/DZ 30/45 €; P) Dieser Komplex in Käsmu hat schlichte, freundliche Zimmer am Wasser. Frühstück kostet 6 € extra. Camper können ihre Zelte auf dem Rasen aufschlagen, jedoch müssen sie fürs Duschen extra zahlen (3 €). Leihräder kosten 8 € pro Tag.

★ **Merekalda** GÄSTEHAUS, APARTMENTS €€
(☎323 8451; www.merekalda.ee; Neeme tee 2, Käsmu; Hütte/Zi. 20/45 €, Apt. 69–99 €; ⏲Mai–Sept.; P 📶) Diese ruhige Unterkunft am Ortseingang von Käsmu liegt in einem hübschen großen Garten direkt an der Bucht. Am schönsten sind natürlich die Apartments mit Seeblick und Terrasse, die sich aber nur bei zeitiger Reservierung ergattern lassen. Wer knapp bei Kasse ist, kann in einer spartanischen, aber romantischen Hütte am Wasser unterkommen. Mit Boots- und Fahrradvermietung.

★ **Toomarahva Turismitalu** GÄSTEHAUS, CAMPINGPLATZ €€
(☎505 0850; www.toomarahva.ee; Altja; Zelt/Heuboden 3/5 € pro Pers., Wohnwagen 10 €, EZ/DZ 25/50 €, Apt. 80–110 €; 📶) Der charmante Bauernhof besteht aus reetgedeckten Holzhäusern und einem Garten voller Blumen und Skulpturen. An Unterkünften stehen zur Verfügung: zwei niedliche, gemütliche Zimmer mit Gemeinschaftsbad, eine Wohnung, die mit einem oder zwei Schlafzimmern gemietet werden kann – und im Sommer kann man auch noch im Heu schlafen. Eine traditionelle Sauna ist außerdem vorhanden.

Gutshof Sagadi HOTEL, HOSTEL €€
(☎676 7888; www.sagadi.ee; Sagadi; B 15 €, EZ/DZ ab 60/80 €; @📶) Im feinen Ambiente des Gutshofes Sagadi mit seinem eleganten Garten zu nächtigen ist ein schönes Erlebnis. Im alten Gutsverwalterhaus ist ein gepflegtes 31-Betten-Hostel untergebracht, während das Hotel in den weiß getünchten Stallungen auf der anderen Seite des Rasens frische, gemütliche Zimmer bietet.

Gästehaus Palmse GÄSTEHAUS €€
(☎5386 6266; www.palmse.ee; Gutshaus Palmse; EZ/DZ ohne Bad 25/50 €, Suite 76–96 €; P 📶) Das Gästehaus im alten Gutsverwalterhaus von 1820 ist stimmungsvoller als das Haupthotel von Palmse. Allerdings verfügen nur die Junior-Suiten und die Suiten über eigene Bäder.

Viinistu Hotel HOTEL €€
(☎5373 6446; www.viinistu.ee; Viinistu; EZ/DZ/FZ 40/50/70 €) Die Einrichtung dieses hellen Hotels am Wasser neben dem privaten Kunstmuseum von Jaan Manitski erfreut mit maritimer Frische. Die Familienzimmer sind erheblich größer als die normalen und verfügen über kleine Küchen. Am besten bucht man ein Zimmer mit Meerblick und Balkon.

Vihula Manor HOTEL €€€
(☎326 4100; www.vihulamanor.com; Vihula; Zi./Suite ab 94/164 €; P ☎ ≋) Im Zuge seiner Umgestaltung zum schicken Countryclub und Wellnesscenter hat dieser Gutshof sein Herrenhaus und mehrere der historischen Nebengebäude mit Gästezimmern, Restaurants und einem Tagesspa ausgestattet. Besonders die Zimmer im Haupthaus präsentieren sich schick und elegant und beeindrucken mit einladenden Badewannen. Für eine kleine Paddeltour auf dem See kann man Boote mieten.

Essen & Ausgehen

Bei **Meie** (www.meietoidukaubad.ee; Mere 67; ⌚10–20 Uhr) in Võsu (drinnen gibt's einen Geldautomaten) und dem viel größeren **Loksa Kauplus** (Tallinna 36; ⌚9–22 Uhr) in Loksa kann man sich mit Proviant eindecken.

★ **Altja Kõrts** ESTNISCH €
(www.palmse.ee; Altja; Hauptgerichte 6–8 €; ⌚12–20 Uhr) In dem sehr rustikalen Lokal in einem reetgedeckten Haus mit großer Terrasse wird auf kerzenbeschienenen Holztichen köstliche traditionelle Kost wie gebackenes Schweinefleisch mit Sauerkraut serviert. Sehr stimmungsvoll und gesellig.

Viinistu Restaurant EUROPÄISCH €
(☎5558 6984; www.viinistu.ee; Viinistu; Hauptgerichte 8 €; ⌚12–21 Uhr; ☎) Das schicke Restaurant (mit Bar) ist auf saisonale Küche spezialisiert und bietet auf einer kleinen Karte Köstlichkeiten wie Pasta mit Tintenfischsud und frische Salate. Es gibt eine große Terrasse, aber bei weniger schönem Wetter sind die Ausblicke durch die großen Panoramafenster des Restaurants genauso gut.

Viitna Kõrts ESTNISCH €
(☎520 9156; www.viitna.eu; Viitna; Hauptgerichte 6–13 €; ⌚11–22 Uhr; ☎) Das rekonstruierte Gasthaus aus dem 18. Jh. ist perfekt für einen Stopp auf der Reise zwischen Tallinn und Narva. Die umfangreiche Karte bietet verlockende traditionelle Gerichte wie Schweinebraten mit Honig und Hering mit Frischkäse. Nebenan serviert ein einfaches Café ab 7 Uhr Kaffee und Sandwiches. Außerdem gibt's noch einen Dönertresen.

Palmse Kõrts ESTNISCH €€
(www.palmse.ee; Palmse; Hauptgerichte 7,50–13 €; ⌚11–21 Uhr) Das in den Arbeiterunterkünften von 1831 untergebrachte rustikale Gasthaus liegt nur einen kurzen Fußmarsch südlich des Gutshauses Palmse und wirkt mit seinen schweren Deckenbalken durchaus historisch. Auf der Karte steht eine kleine Auswahl traditioneller estnischer Speisen. Der Kartoffelsalat mit Eiern ist ganz schön schwer, aber sehr lecker – genauso wie „Omas Kuchen".

La Boheme EUROPÄISCH €€€
(☎326 4100; www.vihulamanor.com; Gutshof Vihula; Hauptgerichte 18–22 €; ⌚14–23 Uhr; P ☎) Wer im Garten oder auf der Terrasse speist, versäumt das prachtvolle Ambiente des Ballsaals des Gutshauses. Auf der Speisekarte stehen vor allem Wild und Fisch aus der Umgebung und der Service ist erstklassig. Auf jeden Fall Platz für den Nachtisch lassen!

O Kõrts PUB
(Jõe 3, Võsu; Hauptgerichte 5–10 €; ⌚So–Do 11–24, Fr & Sa bis 4 Uhr) Die Gaststätte gleich an der Hauptstraße von Võsu (gegenüber der Polizei) hat eine hübsche Blumenterrasse und einen gemütlichen Gastraum mit viel Holz. Die Karte reicht von leichten Imbissgerichten bis zu Vertrautem wie Schweinefleisch, Steak und Lachs. An langen Sommerabenden gibt's Livemusik oder legen DJs auf.

Praktische Informationen

Besucherzentrum des Nationalparks Lahemaa (☎329 5555; www.loodusegakoos.ee; Gutshof Palmse; ⌚Mai–Okt. tgl. 9–17 Uhr, Okt.–April Mo–Fr) Hier gibt's die nützliche Nationalparkkarte (1,90 €) sowie Infos zu Wanderwegen, Unterkünften und Guides. Es empfiehlt sich, den Parkbesuch hier mit dem kostenlosen 17-minütigen Film *Lahemaa – Nature and Man* zu beginnen.

Anreise & Unterwegs vor Ort

Lahemaa lässt sich am besten per Auto oder Fahrrad erkunden, da es im Park nur sehr wenige Busverbindungen gibt. Die wichtigsten Busstrecken durch den Park:

- Von Tallinn nach Altja (6,50 €, 1¾ Std., tgl.) über Loksa, Käsmu, Lepispea und Võsu.
- Von Rakvere nach Sagadi (1,55–1,95 €, 45 Min., 1- bis 4-mal tgl.), Palmse (1,75–2 €, 50 Min., 1-mal tgl.), **Altja** (1,90–2,25 €, 1 Std., an den meisten Tagen), **Võsu** (1,95–2,25 €, 1 Std., 6-mal tgl.) und **Käsmu** (2,20–2,55 €, 1 Std., 4-mal tgl.).

Rakvere

15 300 EW.

Das auf halber Strecke zwischen Tallinn und Narva gelegene Rakvere ist ein überaus angenehmer Ort für einen Zwischenstopp oder gar eine Übernachtung. Hier herrscht im Allgemeinen eine fröhliche, jugendliche und moderne Stimmung – ganz im Unterschied zu Narva.

Laut feiert das Städtchen seine Verbindung zu Estlands berühmtestem Sohn, dem Komponisten Arvo Pärt, der als Kind hierher kam. Rakvere ist außerdem für eine etwas ungewöhnlichere Musiktradition bekannt, das **Estnische Punkliedfestival** (www.punklaulupidu.ee). Das Ganze begann als Protest gegen den Konservatismus des nationalen Sängerfests und findet inzwischen alle drei oder vier Jahre statt, zuletzt im August 2015. Ein unvergessliches Erlebnis ist es, *Anarchy in the UK* von einem Massenchor mit knallbunten Haaren, Irokesenschnitt und starkem estnischem Akzent gesungen zu hören.

Sehenswertes & Aktivitäten

Ordensburg Rakvere BURG

(Rakvere Linnus; ☎507 6183; www.rakverelinnus.ee; Vallikraavi; Erw./Kind 7/5 €; ⏲Mai–Sept. 10–19 Uhr, Okt.–April Mi–So 10–16 Uhr) Die Hauptattraktion der Stadt unterscheidet sich von anderen Ruinen dadurch, dass hier mittelalterliche Vergnügungen angeboten werden, die vor allem Kinder ansprechen: Sie können sich verkleiden und Tiere streicheln. Erwachsene hantieren mit – Gott sei Dank stumpfen – Schwertern, versuchen sich im Bogenschießen und Lanzenstechen oder probieren im Gasthaus Bier und mittelalterliche Speisen. Der Eintritt umfasst Alchemie- und Kanonenfeuer-Vorführungen sowie Führungen durch die Folterkammer mit viel rotem Licht, nachgemachten Skeletten und falschen Särgen – obwohl die Burg nie eine solche Kammer besaß.

Auf dem Hügel entstanden die ersten Befestigungen Estlands, und zwar im 5. oder 6. Jh. Die Burg selbst wurde im 14. Jh. von den Dänen erbaut. Seitdem hat die Festung mehreren Herren gedient: dem Livländischen Orden, den Russen, Schweden und Polen. Während der Kämpfe zwischen Schweden und Polen im Jahr 1605 wurde die Festung stark beschädigt und Ende des 17. Jhs. zu einem prächtigen Herrenhaus umgebaut.

Im Sommer wird das Burggelände zur Bühne für Konzerte und Theaterstücke; einen Spielplan hat die Touristeninformation.

Tarvas-Statue DENKMAL

In der Nähe der Burg erhebt sich diese 7 t schwere, 3,5 m hohe und 7,1 m lange Statue, die der hiesige Künstler Tauno Kangro 2002 zum 700. Geburtstag der Stadt geschaffen hat. Die Statue stellt einen Auerochsen dar, ein seit dem 17. Jh. ausgestorbenes Wildrind mit langen Hörnern.

In der *Livländischen Chronik* von 1226 wird eine hölzerne Festung auf dem Hügel Rakvere erwähnt. Sie trug den Namen Tarvanpea, was soviel bedeutet wie „Kopf eines Auerochsen" – daher also die Statue.

Rakvere-Eichenhain WALD

(Rakvere tammik) Der 23 ha große Eichen- und Lindenwald auf dem Hügel neben dem Burghügel bietet sich wunderbar für einen schattigen Bummel an. Wahrscheinlich befand sich in alten Zeiten hier ein heiliger Eichenhain. Der Wald ist jedoch mehrere Male vollständig abgeholzt worden, zuletzt um 1800 herum.

Auf einem Stück Rasen am Südende des Waldes steht die **Okaskroon** (Dornenkrone), ein Denkmal für Einheimische, die in der Sowjetzeit nach Sibirien deportiert wurden. Tiefer im Wald versteckt sich ein kleiner **deutscher Soldatenfriedhof**.

Bürgerhausmuseum MUSEUM

(Linnakodaniku majamuuseum; www.svm.ee; Pikk 50; Erw./Kind 1,60/1 €; ⏲Mai–Sept. Di–Sa 11–17 Uhr, Okt.–April Di–Fr 11–17, Sa bis 15 Uhr) An der Pikk liegen zahlreiche alte Holz- und Steinhäuser, darunter dieses Wohnhaus aus dem 18. Jh., das größtenteils im Stil des frühen 20. Jhs. eingerichtet ist. Zu sehen sind u. a. eine Schusterwerkstatt, eine Sammlung von Kinderspielzeug und ein Klavier, das einst Arvo Pärt gehörte.

Dreifaltigkeitskirche KIRCHE

(Kolmainu kirik; www.kolmainu.ee; Pikk 17; ⏲Juni–Aug. Mo–Sa 10–18, So bis 12.30 Uhr) Diese ziemlich hübsche lutherische Kirche vom Beginn des 15. Jhs. wurde in der Folge mehrere Male beschädigt und wieder aufgebaut. Sie verfügt über einen 62 m hohen Kirchturm, eine geschnitzte Kanzel mit Bildtafeln (1690) und einige eindrucksvolle große Gemälde. Jedes Jahr am 16. September findet hier anlässlich von Arvo Pärts Geburtstag ein Konzert statt.

Marktplatz PLATZ

(Turuplats; Lai, Laada & FG Adoffi) Für einen Platz aus der Sowjetära ist der große Hauptplatz der Stadt schon einigermaßen cool. Große gelbe Straßenlaternen biegen sich über Pflasterkreise und Brunnen. Dazu kommt eine witzige Statue des Komponisten Arvo Pärt als kleiner Junge mit seinem Fahrrad. Der Platz ist gesäumt von Cafés und einer Touristeninformation.

Mariägeburtskirche KIRCHE
(Jumalaema Sündimise kirik; Tallinna 17; ⌚10–16 Uhr) Die schöne russisch-orthodoxe Kirche aus dem 19. Jh. bekam kürzlich durch die Vergoldung ihrer eleganten Zwiebeltürme neuen Glanz verpasst. Im Innern beherbergt sie die Reliquien von Sergius Florinsky, einem heimischen Priester, der 1918 von den örtlichen Kommunisten erschossen wurde und in der russisch-orthodoxen Kirche heute als Heiliger gilt.

Wasserpark & Saunazentrum Aqva SCHWIMMEN, WELLNESS
(www.aqvahotels.ee; Parkali 4; 2½ Std. 9–13 €, mit Sauna 12–18 €; ⌚9–22 Uhr) Der Pool- und Saunakomplex des Hotels Aqva ist einer der besten seiner Art in ganz Estland. Schwimmer können im 25-m-Hallenbad ihre Bahnen ziehen, während die Kinder im Wellenbecken herumplanschen oder eine Rutsche hinabschießen. Das Planschbecken erfreut sich bei den Kids unter fünf größter Beliebtheit. Draußen gibt's noch ein kleines Becken und eine Sonnenterrasse.

Alle Umkleideräume verfügen über eine Sauna, doch es lohnt sich, in die teurere Eintrittskarte zu investieren, um die verschiedenen Trockensaunen und Dampfräume im Saunazentrum ausprobieren zu können, v. a. die besonders entspannende Salzsauna.

Schlafen

★ Villa Theresa HOTEL €€
(☎322 3699; www.villatheresa.ee; Tammiku 9; EZ/DZ 55/65 €; P❄📶) Das wundervolle Boutiquehotel in einer waldigen Ecke am Ortsrand, 1,5 km südlich des Hauptplatzes, bietet eine einnehmende Kombination aus Stille, Komfort, tollem Essen und vernünftigen Preisen. Vom alten Holzhaus vorne bis zu den Zimmern im neuen Anbau zieht sich nahtlos ein altmodisches Flair.

Art Hotell HOTEL €€
(☎323 2060; www.arthotell.ee; Lai 18; EZ/DZ 38/60 €; P📶) Dieses kleine Hotel gehört den Betreibern des schicken Cafés gegenüber. Es wirkt sehr unaufdringlich mit klaren Linien, Dachschrägen, Milchglastrennscheiben in den Bädern und Flachbild-TV. Früher war es ein Bordell.

Aqva Hotel & Spa HOTEL €€€
(☎326 0000; www.aqvahotels.ee; Parkali 4; EZ/DZ/Suite ab 93/105/215 €; 📶🏊) Dieser große, architektonisch interessante Komplex beherbergt ein Tagesspa und ein tolles Erlebnisbad und ist vor allem bei finnischen Familien ein Renner. Das Wasserthema wird bis zum Gehtnichtmehr ausgeschöpft: Das beginnt mit dem violetten Teppich mit Wirbelmuster, setzt sich beim Aquarium fort und endet noch lange nicht mit der Wasserwand in der Lobby. Die Standardzimmer sind relativ klein, aber modern und stilvoll.

Essen & Ausgehen

Art Café CAFÉ €
(www.artcafe.ee; Lai 13; Hauptgerichte 5,50–12 €; ⌚Mo–Sa 11–23, So bis 21 Uhr; 📶) Mit Großstadtflair, einem hübschen Garten und einer breit gefächerten Kundschaft ist dieser Laden immer eine gute Wahl – vom Frühstück bis zum abendlichen Drink stimmt hier alles. Das freundliche, aber recht behäbige Personal hilft bei der Wahl zwischen verschiedenen Salaten, Suppen, Pfannkuchen, Pastagerichten und anderen, kreativeren Speisen.

Inglise Pubi KNEIPE €
(www.inglisepub.ee; Tallinna 27; Hauptgerichte 6,50–9,90 €; ⌚11–24 Uhr; 📶) Den Pub nach englischem Vorbild schmücken alte Tapeten, dunkles Holz und Messingelemente. Der Biergarten bildet den idealen Rahmen für das eine oder andere Pint und für Standardgerichte wie Wiener Schnitzel, Schweinskoteletts und gegrillten Lachs.

Villa Theresa EUROPÄISCH €€€
(☎322 3699; www.villatheresa.ee; Tammiku 9; Hauptgerichte 15–19 €; ⌚12–22 Uhr) Wer es gern nobler und formeller mag, kann das Restaurant im Hotel Villa Theresa ansteuern. Auf der Karte stehen sahnige Nudelgerichte sowie zahlreiche köstliche, sättigende Hauptgerichte im französischen Stil.

Praktische Informationen

Touristeninformation (☎324 2734; www.rakvere.ee; Laada 14; ⌚ganzjährig Mo–Fr 9–17 Uhr, Mitte Mai–Mitte Sept. außerdem Sa & So 9–15 Uhr) Das freundliche Personal versorgt Besucher mit einem Stadtplan und einer Broschüre für einen Rundgang.

An- & Weiterreise

BUS

Der Busbahnhof liegt an der Kreuzung von Laada und Vilde – eine Straße südlich der Touristeninformation. Wichtige Verbindungen:

Narva (5–9 €, 2 Std., 10-mal tgl.)
Pärnu (9–11 €, 2¾–4 Std., 3-mal tgl.)

Tallinn (3,50–7 €, 1½ Std., 19-mal tgl.)
Tartu (7–9 €, 3 Std., 8-mal tgl.)
Võsu (1,95–2,55 €, 1 Std., 6-mal tgl.)

ZUG

➡ Elron bietet drei Verbindungen täglich nach Tallinn (5,50 €, 1½ Std.) und zwei nach Narva (5,60 €, 1½ Std.).

➡ Die Züge von GoRail nach Moskau und St. Petersburg halten zweimal täglich auch in Rakvere; weitere Stopps: Narva (4,30 €, 1½ Std.) und Tallinn (ab 6 €, 1¼ Std.).

➡ Der Bahnhof liegt an der Jaama puiestee, 1,2 km nordöstlich des Hauptplatzes.

Landschaftsschutzgebiete Ontika & Oru-Park

Diese schmalen Schutzgebiete zwischen der engen Küstenstraße und dem Meer etwa auf halber Strecke zwischen Rakvere und Narva schützen einen Abschnitt der Steilküste des sogenannten Baltischen Glints, wo das Land urplötzlich abbricht und bis zu 54 m hohe Klippen hinterlässt. Die Felswände erstrecken sich über 1200 km von Schweden bis zum Lagoda-See in Russland; 500 km davon liegen unter Wasser.

Der einzige größere Ort an diesem Küstenabschnitt ist **Toila**, ein kleines Kur- und Ferienstädtchen zwischen den beiden Reservaten.

Sehenswertes

Valaste juga WASSERFALL

In Valaste gewähren eine Aussichtsplattform und eine Stahltreppe einen Blick auf den höchsten Wasserfall Estlands (26–30 m), der je nach Jahreszeit ein reißender Schwall, ein kleines Rinnsal oder fotogen gefroren ist.

Landschaftsschutzgebiet Oru-Park PARK

(Oru Pargi Maastikukaitseala) Das majestätische Schloss Oru ließ sich 1899 der bekannte Petersburger Geschäftsmann Grigori Eliseev errichten, einer der reichsten Kaufmänner Russlands. 1935 mutierte es zur Sommerresidenz des estnischen Präsidenten, wurde aber leider im Krieg vollständig zerstört. Das Gebäude ist also verschwunden, aber der umliegende Park zählt zu den reizendsten des Landes.

Eine Allee aus alten Bäumen führt zu den im französischen Stil gestalteten Gärten und der noch erhaltenen Schlossterrasse, von der der Blick zum Meer schweift. Durch das 75 ha große Schutzgebiet winden sich Pfade, z. B. zu einer Grotte mit einer Frischwasserquelle, einem Aussichtsturm, einem Friedhof aus dem Zweiten Weltkrieg und dem Strand.

Schlafen & Essen

Herrenhaus Saka HOTEL, CAMPINGPLATZ €€

(☎336 4900; www.saka.ee; Stellplatz 3,20 € pro Pers., Hotel EZ/DZ ab 60/80 €, Herrenhaus DZ/Suite ab 110/230 €; P ᯤ ⛆) Dieser Gutshof in ruhiger Lage auf einer Klippe ist an der Landstraße östlich von Varja ausgeschildert. Er umfasst einen Campingplatz, ein einladendes Wellnesshotel und das Herrenhaus im italienischen Stil (1864) mit Gästezimmern und einem Restaurant (Hauptgerichte 8–16 €) im Untergeschoss. Eine Metalltreppe führt ans Ufer hinab.

Feriendorf Valaste GÄSTEHAUS, CAMPINGPLATZ €€

(☎332 8200; www.valaste.eu; Valaste; Stellplatz/Hütte 4/17 € pro Pers., EZ/DZ 30/40 €) Das kleine, bunt bemalte Gästehaus am Valaste-Wasserfall wartet mit großer Gemeinschaftsküche, gepflegten Gemeinschaftsbädern und großem Platz für Camper auf. Der Empfang befindet sich im Café; hier kann man Tag und Nacht kalorienreiche Snacks bekommen.

Toila Spa Hotell & Camping Männisalu HOTEL, CAMPINGPLATZ €€

(☎334 2900; www.toilaspa.ee; Ranna 12, Toila; Stellplatz 5 € pro Pers., Hütte 45–70 €, EZ/DZ ab 53/78 €; P ᯤ ⛆) Das Mittelklassehotel richtet sich sowohl an junge Familien als auch ältere Reisende. Es verfügt über ein großes Erlebnisbad und ein Wellnesszentrum, einen Kinderspielplatz, ein Fitnessstudio und Restaurants. Die Zimmer sind bescheiden, aber sauber. Gut ist auch der Campingbereich unter den Kiefern mit Zelt- und Wohnmobilstellplätzen sowie einfachen Holzhütten.

An- & Weiterreise

Von Tallinn oder Narva gibt's keine direkten Busverbindungen hierher; man muss in Jõhvi oder Kohtla-Järve umsteigen.

Sillamäe

14 000 EW.

Das Küstenstädtchen scheint auf ewig zwischen der UdSSR (an einem ihrer guten Tage) und dem modernen Estland zu verharren – ein interessanter Ort vor allem für Freunde stalinistischer Architektur. Leningrader Architekten haben die Stadt geplant: Zu den stattlichen Gebäuden zählt auch das

Rathaus, das wie eine lutherische Kirche aussehen sollte. Im Park gegenüber steht die die Sowjetzeit wunderbar wiedergebende **Skulptur** eines muskulösen Arbeiters, der ein Atom in die Höhe hält.

Das Schicksal der Region wurde in den Nachkriegsjahren besiegelt, als Wissenschaftler entdeckten, dass Ölschiefer geringe Mengen Uran enthält. Die berüchtigte Fabrik zur Uranaufbereitung und Herstellung nuklearer Stoffe wurde innerhalb kürzester Zeit von 5000 politischen Gefangenen hochgezogen. Die Stadt selbst bauten 3800 Gefangene aus dem Baltikum, die zuvor in der deutschen Armee gekämpft hatten. Ab 1946 war der Ort Sperrgebiet und unter mehreren abstrusen Codenamen wie Leningrad 1 oder Moskau 400 bekannt. Auf vielen Karten aus der Sowjetzeit ist er überhaupt nicht verzeichnet. Trotzdem hatten die Arbeiter hier im Allgemeinen ein besseres Leben als in anderen Teilen der Estnischen Sowjetrepublik.

In der Fabrik wurde ausschließlich nicht angereichertes Uran hergestellt. Doch die gespenstisch leer stehenden Gebäude am Westrand der Stadt belegen, dass die Sowjets planten, hier reines, reaktorfähiges Uran zu produzieren. Letztendlich bewahrte die Auflösung der UdSSR die estnische Umwelt vor noch Schlimmerem. Die Uranverarbeitung endete 1989 und seither liegt der radioaktive Abfall unter einer Betonschicht im Meer begraben. Um den Giftmüll zu sichern und ein Austreten in die Ostsee zu verhindern, wurden bereits enorme Summen an EU-Geldern investiert.

Heute ist die privatisierte Fabrik der weltweit wichtigste Produzent der seltenen Metalle Niobium und Tantalum, die u. a. bei der Herstellung medizinischer und elektronischer Geräte zum Einsatz kommen.

Sehenswertes

Stadtmuseum MUSEUM
(www.sillamae-muuseum.ee; Kajaka 17a; Erw./Kind 2/1 €; Mo–Do 10–18, Fr bis 16 Uhr) Bis vor Kurzem war das kleine Museum vollgestopft mit faszinierenden Relikten aus der Sowjetära wie Uniformen, Flaggen und großen Porträts von Lenin und Stalin. Inzwischen sind Lenin und seine Kumpel in eine Filiale im **Kulturzentrum Sillamäe** (Kesk 24) verbannt und durch Puppen und Teddybären ersetzt worden. Geblieben ist neben einer recht trockenen Ausstellung über die örtliche Rohstoffindustrie die hervorragende Mineralienausstellung. Interessant ist auch der Raum, der wie eine Wohnung der 1950er-Jahre eingerichtet ist.

Das Museum ist nicht leicht zu finden: Es liegt etwas zurückversetzt zwischen den Straßen Kajaka und Majakovski, eine Straße landeinwärts vom Wasser.

An- & Weiterreise

Die Busse nach St. Petersburg halten hier. Wichtige Ziele im Inland sind u. a.:
Narva (1,47–4 €, 45 Min., mind. stündl.)
Pärnu (15 €, 4¼ Std., tgl.)
Rakvere (5–7 €, 1½ Std., 9-mal tgl.)
Tallinn (7–12 €, 3 Std., 21-mal tgl.)
Tartu (7–12 €, 2¾ Std., 7-mal tgl.)

Narva

58 400 EW.

Nur der Fluss Narva trennt Estlands östlichste Stadt von Iwangorod in Russland. Narva ist fast ausschließlich von Russen bewohnt und eine echte Grenzstadt: Die Brücke am Ende der Hauptstraße ist die wichtigste Verbindung des Landes nach Russland und das Grenzsperrgebiet reicht bis an den Stadtplatz heran. Außer der prächtigen Festung und dem barocken Alten Rathaus fiel der überwältigende Teil der wunderbaren Architektur der Stadt dem Zweiten Weltkrieg zum Opfer. Die neu aufgebaute Stadt wirkt melancholisch und bedrückend; vom Wohlstand in anderen Landesteilen ist hier nur wenig zu spüren. Doch ist die drittgrößte Stadt des Landes ein beeindruckender Ort – keine estnische Stadt ist mit ihr vergleichbar.

Geschichte

Narva liegt an einer wichtigen Handelsroute und schon in der Steinzeit gab es hier eine Siedlung. Nach der Christianisierung lag die Stadt an der Grenze zwischen West- und Ostkirche, also zwischen Katholizismus und Orthodoxie. Daher überrascht es wenig, dass Narva im Verlaufe der Jahrhunderte immer wieder in Grenzstreitigkeiten und Kriege verwickelt war. Davon legt auch die Hermannsfeste Zeugnis ab, der auf der anderen Seite des Flusses in Iwangorod eine von Iwan III. 1492 errichtete Burg gegenüberstand. Im 16. und 17. Jh. wechselte Narva mehrmals den Besitzer und gehörte manchmal zu Russland, dann wieder zu Schweden, bis es 1704 schließlich vorerst endgültig an Russland fiel.

Im Zweiten Weltkrieg wurde die Stadt sowohl von den Deutschen als auch den Sowjets bombardiert. Als die Rote Armee 1944 Narva zurückeroberte, wurde es fast komplett zerstört. Danach wurde Narva Teil des größten Industriegebietes Estlands und gehörte zu den europäischen Städten mit der schlimmsten Umweltverschmutzung. Heute sind die Emissionen deutlich zurückgegangen – auch dank sauberer Technologien, in die viel Geld investiert wurde und wird.

Sehenswertes

Hermannsfeste BURG

(Peterburi 2) Die imposante Burg wurde Ende des 13. Jhs. von den Dänen errichtet und im Verlauf der Jahrhunderte immer weiter befestigt. Am Flussufer gegenüber steht ihr Pendant, die russische Festung Iwangorod. Zusammen bilden sie ein in Europa einzigartiges architektonisches Ensemble. Im **Burghof**, einer für die Öffentlichkeit zugänglichen großen Rasenfläche, steht höchstwahrscheinlich eine der letzten öffentlichen Leninstatuen in Estland. Nachdem die Schäden aus dem Zweiten Weltkrieg behoben waren, richtete man im Turm Langer Hermann das Stadtmuseum ein.

Der beste Blick auf das malerische Ensemble mit den beiden Burgen bietet sich vom beliebten Strand am Fluss unmittelbar südlich der Festungen.

Stadtmuseum MUSEUM

(www.narvamuuseum.ee; Hermannsfeste, Peterburi 2; Erw./Kind 6/3 €; ⏲10–18 Uhr, Sept.–Mai Mo & Di geschl.) Die Eintrittskarte berechtigt dazu, die Aussicht vom Langen Hermann zu genießen und während des Aufstiegs die Ausstellungen auf den einzelnen Etagen zu besichtigen (unterschiedlich interessant und bedeutsam und nicht immer englisch beschriftet). Am interessantesten sind die Fotos der Stadt vor und nach der Zerstörung. Im Sommer entsteht im **Nordhof** eine Stadt des 17. Jhs. mit Apotheke, Schmiede, Töpferei und Spitzenklöppler-Werkstatt. Der Eintritt ist im Ticket fürs Museum inbegriffen.

Altstadt VIERTEL

Das Wenige, das von der stark in Mitleidenschaft gezogenen Altstadt von Narva noch übrig ist, liegt in den Straßen nördlich der Burg. Am eindrucksvollsten ist das barocke **Alte Rathaus** am Raekoja plats, das zwischen 1668 und 1671 entstand. Das auffallende Gebäude daneben ist das **Narva-Colleg der Universität Tartu**. Über das alte Gebäude hinaus, einen Nachbau der alten barocken Börse, die hier einst stand, erstreckt sich ein großer moderner Erweiterungsbau.

Genau wie Tallinn und Tartu umgaben die Schweden die Altstadt mit einem sternförmigen Festungsring und die meisten Erdwälle sind auch heute noch sichtbar.

NICHT VERSÄUMEN

KUREMÄE

Einst eine heidnische Kultstätte, ist das auf einem Hügel gelegene stille Dorf Kuremäe (20 km südöstlich von Jõhvi) nun Heimat eines prächtigen russisch-orthodoxen Klosters. Gemäß der Überlieferung erschien die Jungfrau Maria in einem Eichenhain hier in der Nähe einem Hirten – was den vorchristlichen estnischen Glauben spiegelt, nach dem in heiligen Hainen göttliche Wesen hausten. Später wurde unter einer der Eichen eine Ikone des Entschlafens Mariä gefunden; heute gehört sie dem Kloster, das sich zu einer Pilgerstätte entwickelt hat. Eine heilige Quelle auf dem Klostergelände friert angeblich nie zu.

Um mit dem Bus zum Kloster zu gelangen, muss man gewöhnlich in Jõhvi oder Kohtla-Järve umsteigen; außerdem fahren von Tallinn (8,60 €, 3½ Std.) und Rakvere (6,70 €, 2 Std.) zwei Direktbusse pro Woche hierher.

Kloster Pühtitsa (☎337 0715; www.orthodox.ee; ⏲7–19 Uhr) Die beeindruckende, zwischen 1885 und 1895 errichtete Hauptkirche des Nonnenklosters hat fünf weithin sichtbare Türme, die von grünen Zwiebelhauben gekrönt werden. Auf Wandbildern am Eingang ist die Jungfrau Maria zu sehen, der das Kloster geweiht ist. Die russisch-orthodoxen Nonnen leben autark und bestellen das umliegende Land; gegen eine geringe Gebühr bieten sie Führungen an. Ansonsten kann man, sofern man angemessen gekleidet ist, die Kirche auch auf eigene Faust besichtigen.

Vom schattigen **Dunklen Garten** *(Pimeaed)* auf der Bastion Victoria genießt man einen schönen Blick auf den Fluss.

Kunstigalerii KUNSTMUSEUM
(www.narvamuuseum.ee; Vestervalli 21; Erw./Kind 2/1 €, mit Museum 7/3,50 €; ⌚10–18 Uhr) Die städtische Galerie befindet sich im Munitionslager des 19. Jhs. der Bastion Gloria und präsentiert auf drei Etagen eine interessante Sammlung von Kunstwerken; das Highlight sind die Arbeiten aus der Zeit vor dem Zweiten Weltkrieg.

Alexanderkirche KIRCHE
(Aleksandri kirik; www.narvakirik.ee; Kiriku 9) Die nach dem russischen Zaren, der während der Bauzeit der Kirche (1881–1884) ermordet wurde, benannte Kirche ist das größte sakrale Bauwerk Estlands. Sie wurde in beiden Weltkriegen schwer beschädigt; der wuchtige Glockenturm wurde erst nach der Unabhängigkeit von der UdSSR wieder aufgebaut. Heute dient die Kirche als Narvas lutherisches Gotteshaus.

Auferstehungskathedrale KIRCHE
(Voskresensky sobor; www.narvasobor.ee; Bastrakovi 4) Die in typischer Sowjetmanier zwischen öden Mietskasernen nordwestlich des Bahnhofs versteckte russisch-orthodoxe Kirche von 1896 wartet mit einem hübschen Backstein-Exterieur und einem reich glitzernden Innenleben auf. Schön sind die Fresken in der Kuppel und die wunderbar verzierte Ikonostase.

Schlafen & Essen

Hotel King HOTEL €€
(☎357 2404; www.hotelking.ee; Lavretsovi 9; EZ/DZ 28/36 €, Hauptgerichte 5–17 €;) Das Hotel King in einem Gebäude von 1681 ist nicht weit von der Burg in der Altstadt entfernt. Es hat moderne, gemütliche Zimmer und ein ausgezeichnetes, aber düsteres Restaurant mit schattiger Terrasse. Wer etwas Neues ausprobieren möchte, kann ein Neunauge aus dem Fluss Narva kosten.

Elektra Külalistemaja GÄSTEHAUS €€
(☎716 6651; www.elektra.nev.ee; Kerese 11; EZ/DZ 40/45 €; P) Dass dieses merkwürdige kleine Gästehaus bei einem zerbröselnden Kraftwerk eine der besten Unterkünfte der Stadt ist, sagt schon einiges über Narva. Die Zimmer sind sauber und verfügen über kleine Küchen. Im Sommer kann es in ihnen allerdings sehr warm werden und die dünnen Vorhänge sehen nicht sehr schön aus. Pluspunkte sind dagegen eine Sauna und ein Wellnessbad.

100% China House CHINESISCH €
(☎357 5099; www.chinahouse.ee; Tallinna mnt 6b; Hauptgerichte 5–13 €; ⌚12–23 Uhr) Es ist vielleicht nicht das beste chinesische Essen, das man je essen wird, aber mit Sicherheit das beste in Estland. Das China House residiert in einem von der Hauptstraße zurückversetzten großen gelben Haus und wartet mit einer umfangreichen, mit Fotos illustrierten Speisekarte (mit einigen koreanischen Vorspeisen) sowie einer kitschigen Einrichtung mit jeder Menge Drachen und Lampions auf. Nicht schlecht!

Kebabhaus Antalya TÜRKISCH €
(Aleksander Puškini 15; Hauptgerichte 4–8 €; ⌚11.30–23 Uhr) Natürlich keine Gourmetküche, aber wem der Sinn gerade nach köstlichem Pide, Döner, Schaschlik oder tiefschwarzem Kaffee steht, der ist in diesem bescheidenen Etablissement genau richtig. Um die Ecke und gegenüber von der Touristeninformation.

Shoppen

Antiquitäten Aleksandr ANTIQUITÄTEN
(Aleksander Puškini 13; ⌚Di–Fr 11–18, Sa bis 15 Uhr) Für Russland-Nostalgiker gibt's hier Leninbüsten, Medaillen, Schmuck und Ikonen. Dazu kommt noch einiges an modernem Nippes.

Praktische Informationen

Touristeninformation (☎359 9087; http://tourism.narva.ee; Peetri plats 3; ⌚10–17.30 Uhr) Das freundliche und effiziente englischsprachige Personal verteilt Stadtpläne und Stadtinfos, obendrein gibt's interaktive Bildschirme.

An- & Weiterreise

Der Bahnhof und der Busbahnhof liegen nebeneinander in der Vaksali 2, am südlichen Ende der Hauptstraße Aleksander Puškini.

BUS

Von hier fahren Busse nach Riga und St. Petersburg. Ziele im Inland sind z. B.:

Narva-Jõesuu (2 €, 30 Min., etwa stündl.)
Pärnu (15 €, 4¾ Std., tgl.)
Sillamäe (1,47–4, 45 € Min., mind. stündl.)
Tallinn (7–13 €, 3¼ Std., etwa stündl.)
Tartu (7–12 €, 3 Std., 9-mal tgl.)

ZUG

Elron bietet zweimal täglich Verbindungen nach Tallinn (11 €, 2¾ Std.) und Rakvere (5,60 €, 1½ Std.). Die GoRail-Züge nach Moskau und St. Petersburg (S. 445) halten auf dem Weg nach Rakvere (4,30 €, 1½ Std.) und Tallinn (7,90 €, 3 Std.) zweimal täglich in Narva.

Narva-Jõesuu

2630 EW.

Etwa 13 km nördlich von Narva liegt der schöne, aber etwas marode Ferienort Narva-Jõesuu („Mündung der Narva"). Sein langer Sandstrand mit den Kiefernwäldern als Kulisse macht ihn seit dem 19. Jh. zu einem beliebten Kurort. Erhalten blieben einige schöne Holzhäuser und Holzvillen, die zu Beginn des 20. Jhs. gebaut wurden und den Ort zum idealen Ausgangspunkt für die Erkundung des Städtchens Narva machen. Zur Auswahl stehen ein halbes Dutzend Hotels und Kurhäuser am Strand – und es wird weiter gebaut, vor allem für russische Urlauber. Zentrum des Geschehens ist die Gegend um das Hotel Meresuu.

Schlafen

Meresuu Spa & Hotel RESORT €€

(☎357 9600; www.meresuu.ee; Aia 48a; EZ/DZ/Suite ab 88/99/176 €; P) Das 11-stöckige Hotel hat freundliche Mitarbeiter, attraktive Zimmer, Meerblick sowie zahlreiche tolle Extras wie das „Aquacenter" (mit sieben Becken!), Saunen, ein Fitnessstudio, ein Wellnesszentrum, ein Spielzimmer, einen Fahrrad- und Jachtverleih. Das zugehörige Restaurant bietet Buffets, aber auch Essen à la carte.

Noorus Spa Hotel RESORT €€€

(☎356 7100; www.noorusspahotel.com; L Koidula 19; EZ/DZ/Suite ab 132/149/229 €; P@) Angesichts eines Namens, der „Jugend" bedeutet, ist nicht ganz klar, ob der große neue Komplex junge Leute anlocken möchte oder ob es ihm eher um die ewige Jugend geht. Die Zimmer sind modern und komfortabel und die Einrichtungen erstklassig: Schwimmbecken drinnen und draußen, ein Wellnesszentrum mit acht verschiedenen Saunen, ein Fitnessstudio, ein Restaurant, eine Bar und sogar eine Bowlingbahn.

An- & Weiterreise

Busse der Linie 31 fahren ungefähr jede Stunde von Narva nach Narva-Jõesuu (2 €, 30 Min.). Außerdem gibt's Direktverbindungen nach Tallinn (7–14 €, 4¼ Std., 3-mal tgl.), Rakvere (7–9,40 €, 3 Std., 2-mal tgl.) und Sillamäe (3–3,60 €, 1 Std., 3-mal tgl.).

SÜDOSTESTLAND

Sanfte Hügel, idyllische Seen, riesige Wälder: Estlands schönste Landschaften liegen im Südosten des Landes. Und auch eine der wichtigsten Städte: die lebendige Universitätsstadt Tartu.

Außerhalb von Tartu – egal, in welche Richtung man sich bewegt – warten einzigartige Naturlandschaften. Im Süden liegen die Städte Otepää und Võru – ideale Standorte für diverse Aktivitäten im Freien: Wandern oder Schwimmen im See während der Sommermonate und Langlauf in den Wintermonaten. Reizvolle Orte an mäandrierenden Flüssen und in malerischen Tälern sind weitere Sehenswürdigkeiten. Wer eine ordentliche Dosis Wald braucht, kann die klaren Seen und sanften Hügel im Naturpark Haanja oder den Nationalpark Karula besuchen.

Im Osten liegt der Peipsijärv (Peipus-See), einer der größten Seen Europas. Seine Ufer säumen schöne Sandstrände und eine überraschend unberührte Küste. Man kann schwimmen, Boot fahren, fischen und die Landschaft genießen oder entlang des Westufers einige der kleinen am See verstreuten Dörfer besichtigen. Unterwegs liegen genügend Imbissbuden für den Hunger zwischendurch.

Einer der spannendsten Orte Estlands ist zugleich einer der am wenigsten besuchten. Ganz im Südosten leben in einigen Dörfern unweit des Pihkva-Sees die Setos. Die Nachfahren baltisch-finnischer Stämme ließen sich hier im 1. Jahrtausend nieder.

Wer der Region nur eine Stippvisite abstatten will, kommt gut mit dem Bus aus. Wer aber auch abgelegenere Ziele besuchen will – besonders rund um den Naturpark Haanja, in Setumaa und um den Peipus-See –, der spart mit dem Auto viel Zeit, da die Busse zu unregelmäßig fahren.

Peipus-See

Der Peipus-See (Peipsijärv; auf Russisch Chudskoe Ozero) an der Grenze zwischen Estland und Russland ist mit einer Fläche von 3555 km² der fünftgrößte See Europas. Seine größte Tiefe beträgt allerdings nur

RUSSISCHE ALTGLÄUBIGE

Zwischen 1652 und 1666 führte der russische Patriarch Nikon einige Reformen ein, um die Glaubenssätze der russisch-orthodoxen Kirche denen der griechisch-orthodoxen Kirche anzugleichen. Aus heutiger Sicht erscheinen diese liturgischen Reformen vielleicht trivial – u. a. ging es darum, wie man sich bekreuzigte, in welche Richtung eine Prozession verlaufen sollte und wie oft „Halleluja" gesagt werden sollte –, doch waren diese Vorschriften vielen Gläubigen unendlich wichtig. Wer die Reformen ablehnte, wurde gefoltert oder gar hingerichtet – viele Wohnhäuser von Gläubigen und Kirchen wurden zerstört.

Im Laufe der nächsten Jahrhunderte flohen Tausende Altgläubige an das Westufer des Peipsijärv (Peipus-See), wo sie neue Dörfer und Kirchen errichteten. Zwar entgingen die Flüchtlinge so der Verfolgung, sie mussten sich aber nach wie vor dem zaristischen Russland unterwerfen und durften ihre Religion nicht offen ausüben – bis zur Unabhängigkeit Estlands 1918. Heute leben in Estland rund 2600 russische Altgläubige in elf Gemeinden, vorwiegend am Peipus-See.

15 m. Einige schöne, einsame Strände säumen die sandige, 42 km lange Nordküste des Sees. Während der Sowjetzeit gab es hier beliebte Ferienorte, von denen viele jedoch später dem Verfall überlassen wurden. Nur wenig ist hier inzwischen neu entstanden.

An der Nordostecke des Sees liegt das abgeschiedene Fischerdorf **Vasknarva** mit rund 100 Einwohnern und einem stimmungsvollen russisch-orthodoxen Kloster, das einst eine Funküberwachungsstation des KGB beherbergt haben soll. In dem See entspringt der Fluss Narva und bildet auf seinem Weg zur Ostsee die Grenze zu Russland. Am Seeufer in Vasknarva stehen noch die traurigen Reste einer Ordensburg von 1349.

Die bedeutendste orthodoxe Kirche im Umkreis steht in **Alajõe**. Den schönsten und beliebtesten Strand der Gegend hat **Kauksi**. Das Dorf liegt dort, wo die Hauptstraße aus Richtung Norden auf den See trifft.

Mit seinen 1320 Einwohnern ist **Mustvee** der größte Ort am See, mit kleinem Hafen und Sandstrand. Ein Stückchen weiter am See entlang steht am Ufer ein einsames Denkmal an den Zweiten Weltkrieg, *Die trauernde Jungfrau* (1973) mit gesenktem Haupt. Es erinnert an 264 Soldaten der Roten Armee, die hier in einem Massengrab beerdigt sind. In der Nähe steht eine hübsche Altgläubigen-Kirche von 1927.

Im 18. und 19. Jh. fanden am Westufer des Sees russische Altgläubige *(Starovyery)* Zuflucht – eine russisch-orthodoxe Glaubensgemeinschaft, die verfolgt wurde, da sie sich weigerte, die liturgischen Reformen von 1666 zu akzeptieren. Die Gemeinschaft überlebt in mehreren von ihr gegründeten Küstendörfern, das größte davon ist **Kallaste**.

In Kallaste leben seit 1720 Altgläubige. Damals nannte man die Gegend Krasniye Gori – „Rote Berge", denn bis zu 11 m hohe rote Sandsteinklippen säumen den Ort. Die meisten der 819 Einwohner sprechen Russisch. Interessant ist der Altgläubigen-Friedhof am südlichen Ortsrand. Außerdem gibt's einen Sandstrand mit kleinen Höhlen.

Kolkja ist ein Dorf der russischen Altgläubigen mit einer zierlichen grünen Holzkirche und einem winzigen Altgläubigen-Museum in einem wie ein privates Wohnhaus wirkenden Gebäude. Andere von Altgläubigen besiedelte Orte sind Kasepää, Varnja und die Insel Piirissaar.

Sehenswertes & Aktivitäten

Schloss Alatskivi HISTORISCHES GEBÄUDE
(Alatskivi loss; ☎5303 2485; www.alatskiviloss.ee; Erw./Kind 5/3 €, ⊙Juni–Aug. tgl. 11–19 Uhr, Mai, Sept. & Okt. Mi–So 11–18 Uhr, Nov.–April Mo–Fr 10–16 Uhr) Das an der Hauptstraße von Kallaste nach Tartu ausgeschilderte Schloss Alatskivi bringt ein Stück schottisches Hochland in einen besonders fruchtbaren Teil Estlands: Die weißen Türmchen und die unterschiedliche Höhe der beiden Gebäudeteile sind vom Lieblingsschloss der britischen Queen inspiriert, dem Balmoral Castle. Oben sind fünf Räume dem Leben von Eduard Tubin (1905–1982) gewidmet, einem bedeutenden estnischen Komponisten und Dirigenten; die Beschreibungen sind ausschließlich auf Estnisch. Das umliegende Anwesen umfasst 130 ha für die Öffentlichkeit frei zugängliches Parkland mit Eichen, Eschen, Ahorn, Erlen und einer Lindenallee.

Schon seit Jahrhunderten steht hier ein Gutshaus, das heutige neogotische Haupthaus stammt jedoch von 1885. Nach der Verstaatlichung im Jahr 1919 diente das Gebäude als Schule, Kaserne der Kavallerie, staatlicher Bauernhof, Verwaltungsgebäude, Kino und Bücherei. Inzwischen erstrahlt es wieder in alter Pracht, wobei die Restaurierung auf der Grundlage alter Fotos geschah, welche die Nachfahren der hier einst ansässigen Adelsfamilie zur Verfügung stellten.

Neben dem Tubin-Museum umfasst das Haus ein Restaurant sowie vier Suiten für Reisende (80 € pro Nacht mit Frühstück).

Liiv-Museum MUSEUM
(www.muusa.ee; Rupsi; Erw./Kind 2/1 €; ⏲ Juni–Aug. 10–18 Uhr, Sept.–Mai Di–Sa 10–16 Uhr) Dieses Museum ist Juhan Liiv (1864–1913) gewidmet, einem bedeutenden Schriftsteller, Dichter und in gewisser Weise auch estnischen Nationalisten. Auch wenn man noch nie von ihm gehört hat: Das Museum erfreut sich einer idyllischen Lage auf dem Land und die Hofgebäude aus dem 19. Jh., in denen die Familie Liiv einst lebte, sind an sich schon ganz interessant. Manchmal finden hier Konzerte und Dichterwettstreite statt.

Museum der Altgläubigen MUSEUM
(www.hot.ee/k/kolkjamuuseum/; Kolkja; Erw./Kind 3/1 €; ⏲ April–Sept. Mi–So 11–18 Uhr, Okt.–März Sa & So 11–17 Uhr) Das kleine private Museum im Dorf Kolkja zeigt nicht besonders viel. Trotz-

Südostestland

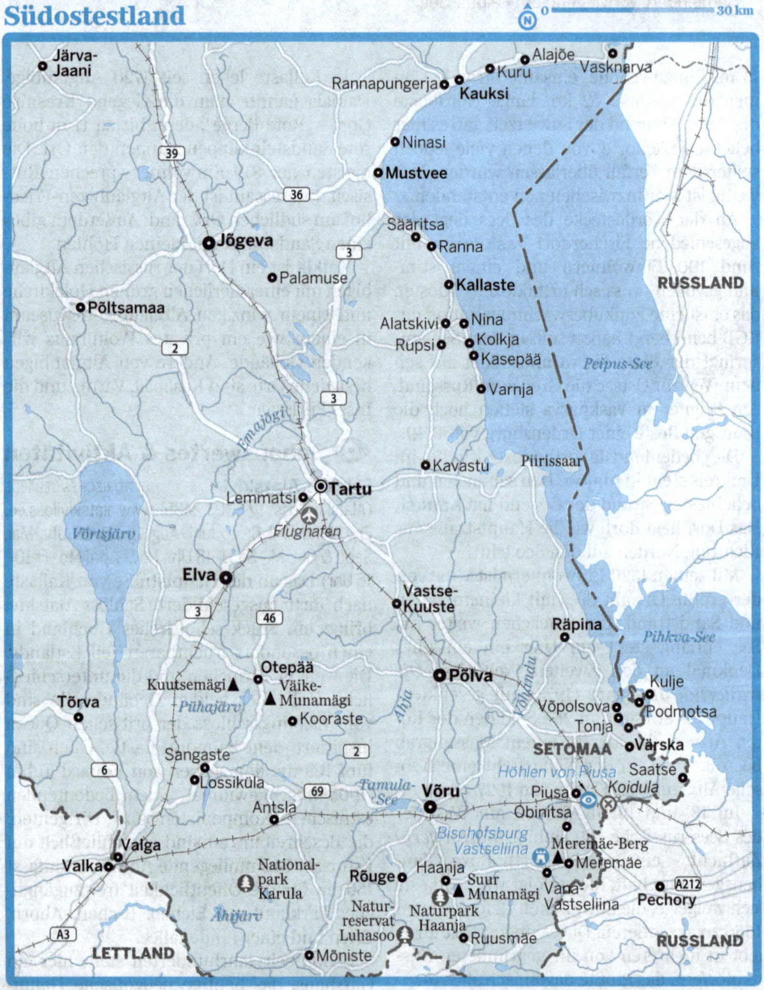

dem ist es interessant, sich über die scheinbar winzigen liturgischen Änderungen zu informieren, die so viel Blutvergießen zur Folge hatten. Das Museum ist etwas schwer zu finden: Bei der estnischen Fahne geht's nach links, dann vorbei am blau gestrichenen Restaurant und am See rechts.

Peipsirent BOOTFAHREN, RADFAHREN
(☎504 1067; www.peipsirent.eu; Narva 9c, Mustvee) Im Hotel Kalamesteemaja in Mustvee verleiht Peipsirent Motorboote (35–120 € pro Tag) und Fahrräder (10 € pro Tag). Im Winter geht's in einem Schneemobil-Schlitten hinaus auf den See.

Schlafen

Wer am See nächtigt, sollte auf jeden Fall Insektenschutz dabei haben.

Hostel Laguun GÄSTEHAUS €
(☎505 8551; www.hostel-laguun.ee; Liiva 1a, Kallaste; Stellplatz/Zi. 4/17 € pro Pers.) Die kleine Pension mit zehn Betten bietet eine erstklassige Seelage in Kallaste. Sie hat einfache Zimmer ohne eigenes Bad (manche mit Seeblick), Stellplätze für Camper, einen großen Garten mit Grillplatz sowie eine Gästeküche.

Kuru Puhkemajad CAMPINGPLATZ €
(☎529 5088; www.kurupuhkemajad.ee; Kuru; EZ/DZ 12/24 €, Hütte 30–48 €, Wohnwagen 10 € pro Pers.; P) Dieser Komplex in Kuru, ein paar Kilometer östlich von Kauksi an der Straße vom See nach Iisaku, bietet Zimmer in scheunenartigen Gebäuden sowie Holzhütten (mit einer Gemeinschaftsküche und einfachen Gemeinschaftsbädern). Die Anlage ist schön gestaltet und hat Grillstellen und Kinderspielzeug. Außerdem können Fahrräder (2 € pro Std.) und Motorboote (100 € pro Std.) gemietet werden.

Aarde Villa B&B €€
(☎518 3617; www.aardevilla.ee; Sääritsa; Stellplätze 5 € pro Pers., EZ/DZ/Suite 26/52/56 €; P WLAN) Das Anwesen am See auf halbem Weg zwischen Mustvee und Kallaste bietet gemütliche Zimmer mit Bad in einem Steinhaus von 1711 mit eigenem Strand. Der wunderbar friedvolle Rückzugsort ermöglicht zahlreiche Aktivitäten: Es gibt ein Boot mit Angelausrüstung und Fahrräder zu leihen. Auf dem schattigen Gelände kann auch gezeltet werden.

Essen

Frisch gefangener, geräucherter Fisch (Forelle oder Lachs) ist eine Spezialität der Gegend. Manche behaupten, dieser leckere Fang allein lohne schon den Weg zum See. Also die Augen offen halten nach *suitsukala* (Räucherfisch) – Imbissbuden, die überall entlang der Hauptstraße um den See stehen, verkaufen ihn. Supermärkte gibt's in Mustvee und Kallaste sowie ein *pood* (Lebensmittelgeschäft) in Kuru.

Kivi Kõrts ESTNISCH €
(☎745 3872; www.kivikorts.ee; Tartu mnt 2, Alatskivi; Hauptgerichte 2,70–7,90 €; ⏲Mo–Mi 10–20, Do–So bis 22 Uhr) Dieser gemütliche, schummrig beleuchtete Gasthof ist eines der stimmungsvollsten Lokale der Region für eine preisgünstige, herzhafte Mahlzeit. Die Dekoration erinnert an eine Mischung aus Antiquitätengeschäft und Schrottplatz (das meiste davon kann man auch kaufen). Auf der teils englisch übersetzten Karte stehen überwiegend Gerichte mit Schweinefleisch, aber es gibt auch Fisch und Geflügel.

Fisch- & Zwiebel-Restaurant RUSSISCH €
(Kala-Sibula Restoran; ☎745 3445; www.hot.ee/k/kolkjarestoran; Kolkja; Hauptgerichte 6–8 €; ⏲tgl. 12–18 Uhr, im Winter nach Vereinbarung) Das schlichte, blau gestrichene Restaurant im Dörfchen Kolkja bietet die Gelegenheit, die Küche der Altgläubigen kennen zu lernen. Sie basiert weitgehend auf vor Ort gefangenem Fisch und Zwiebeln aus den Dorfgärten. Wer Russisch spricht, sollte wegen der Öffnungszeiten vorher anrufen.

Praktische Informationen

Touristeninformation Kallaste (☎745 2705; www.kallaste.ee; Oja 22; ⏲Juni–Aug. Mo–Fr 10–18, Sa & So 10–16 Uhr)

Anreise & Unterwegs vor Ort

Das beste und bequemste Fortbewegungsmittel fürs Abklappern der Dörfer am See ist sicher das Auto. Von Mustvee fahren Busse nach:
Alatskivi (3,40 €, 40 Min., tgl.)
Kallaste (2,80 €, 30 Min., 2-mal tgl.)
Narva (5 €, 2 Std., 5-mal tgl.)
Tallinn (13 €, 3 Std., tgl.)
Tartu (4–5 €, 1 Std., 10-mal tgl.)

Palamuse

Der verschlafene kleine Ort 35 km nördlich von Tartu ist ein beliebtes Ziel für estnische Touristen. In Palamuse spielt nämlich Oskar Luts' Entwicklungsroman *Kevade* (dt. *Der Frühling*), der 1969 hier auch verfilmt wurde. Jedes Jahr zu Weihnachten wird der Film im

BLAU, SCHWARZ & WEISS

Die estnische „Trikolore" verdankt ihre Existenz dem Theologiestudenten Jaan Bergmaan, der 1881 ein Gedicht über eine wunderschöne, über Estland flatternde Fahne schrieb. Das einzige Problem dabei: Eine solche Fahne war reine Phantasie, es gab sie nicht. Klar, dass dagegen etwas unternommen werden musste. Schließlich war das ausklingende 19. Jh. die Ära der Nationalbewegungen in Europa – und auch in Estland schwelgte jeder jugendliche Träumer in Ideen über ein unabhängiges Estland.

Im September 1881 trafen sich 20 Studenten und ein Ehemaliger beim Estnischen Studentenbund in Tartu, um über eine eigene Flagge nachzudenken. Bei dem Treffen war man sich schnell einig, dass die Nationalfahne den Charakter des Landes, die estnische Landschaft und die Farben der volkstümlichen Kleidung aufgreifen musste. Nach langer Debatte entschieden sich die Studenten für Blau, Schwarz und Weiß. Einer Lesart zufolge sollte das Blau die Hoffnung für die Zukunft des Landes symbolisieren – es steht aber auch für Treue. Schwarz erinnerte an die dunkle Geschichte Estlands (die aber für immer und ewig Vergangenheit bleiben sollte) und steht für die schwarze Erde des Landes. Weiß wiederum erinnerte an die Erfolge von Aufklärung und Bildung – ein Ziel für alle Esten. Außerdem symbolisierte es den Schnee, die hellen Nächte im Sommer und die estnische Birke.

Nachdem die Farben einmal ausgewählt waren, dauerte es noch drei Jahre, bis die erste Nationalfahne im Wind flattern konnte. Drei junge Damen – Emilie, Paula und Miina Beermann – nähten aus verschiedenen Seidenstücken eine große Fahne. Bei einem Studentenmarsch 1884 von Tartu nach Otepää (einem Ort, der weit genug von misstrauischen Russen entfernt lag) versammelten sich alle Studenten der Studentenvereinigung um die Fahne, die zum ersten Mal über dem Pfarrhaus von Otepää hochgezogen wurde. Später wurde das gute Stück in das Wasser des (für die Esten heiligen Sees) Pühajärv getaucht und anschließend sicher von einem Studenten versteckt.

Die Inauguration der Flagge war zwar eher ein kleines Happening als eine staatstragende Geste, aber schnell sprach sich die Existenz einer Fahne herum und bald tauchte die Farbkombination bei Gewerkschaften und in Chören auf und hing an Bauernhäusern in ganz Estland. Ende des 19. Jhs. wurde die Farbkombination auch in Parteien und bei Hochzeitsfeiern gesehen. Politisch spielte sie allerdings erst 1917 eine Rolle, als Tausende Esten nach St. Petersburg marschierten und die Unabhängigkeit einforderten. Ein Jahr darauf erklärte Estland seine Unabhängigkeit und die Fahne wurde auf dem Langen Hermann in der Altstadt von Tallinn gehisst. Dort flatterte sie stolz im Wind, bis die Sowjetunion das kleine Land 1940 eroberte.

Während der Besatzungszeit verbannten die Sowjets die Fahne; und ein zweites Mal wanderte das Blau-Schwarz-Weiß in den Untergrund. Doch die Erinnerung an die Fahne war für die Esten ein kleines, aber hoffnungsvolles Symbol für eine neuerliche Unabhängigkeit. Die Leute versteckten Fahnen unter Bodendielen oder trennten die einzelnen Stoffbahnen und versteckten sie einzeln in Bücherregalen. Wer mit der Fahne ertappt wurde, musste mit harten Strafen rechnen – möglicherweise sogar mit der Deportation in ein sibirisches Lager. Als die Sowjetunion später kurz vor dem Kollaps stand, tauchten die Farben der Nationalflagge rasch wieder auf. Und im Februar 1989 wurde die Fahne wieder auf dem Langen Hermann hochgezogen. Estland sollte bald seine Unabhängigkeit zurückgewinnen.

Fernsehen ausgestrahlt – ohne Zweifel ist er der beliebteste Familienfilm der Esten. Aber auch ohne Kenntnis von *Kevade* ist Palamuse ein netter ländlicher Zwischenstopp.

Sehenswertes

O.-Luts-Kirchenspielschulmuseum MUSEUM
(O Lutsu kihelkonnakoolimuuseum; www.palmuseum.ee; Köstri allee 3; Eintritt 1,50 €, Zwille 0,90 €; Mai–Sept. 10–18 Uhr, Okt.–April Mo–Fr 10–17 Uhr) Der Romancier Oskar Luts ging in diesem rustikalen Gebäude von 1895 bis 1899 zur Schule, verewigt in *Der Frühling*, seinem berühmtesten Buch. Es wurde vor Ort verfilmt, und im Schulhaus sind heute Ausstellungen zum Film, zum Buch und zu ihrem Schöpfer zu sehen.

Leider ist das Meiste nur auf Estnisch beschriftet. Dennoch ist es ganz nett, sich in den nachgebauten Klassenräumen, dem

Schlafsaal und dem Zimmer des Schulmeisters umzuschauen und sich die Schwarzweiß-Szenenfotos aus dem Film und von verschiedenen Bühnenfassungen anzusehen.

Am schönsten: Man kann eine Zwille ausleihen und versuchen, eine Szene aus dem Film nachzustellen und in einem Nachbargebäude ein Fenster zu zerschießen. Die Museumsmitarbeiter behaupten, dass Kinder dabei viel mehr Erfolg haben als Erwachsene – auf jeden Fall wird das Fenster immer schnell ersetzt.

Bartholomäuskirche KIRCHE
(Püha Bartholomeuse kirik; Köstri allee 2; ⌚Mai–Sept. 10–17 Uhr) Ein weiterer Star der *Frühling*-Verfilmung ist diese hübsche gotische lutherische Kirche, die auf das 13. Jh. zurückgeht, wenn sie danach auch umfassend umgestaltet wurde. Am interessantesten ist die geschnitzte Kanzel von 1696 mit ihren Heiligen und Engeln.

ℹ Praktische Informationen

Touristeninformation Jõgevamaa (☎776 8520; www.visitjogeva.com; Köstri allee 1; ⌚Mitte Mai–Mitte Sept. Mo–Fr 10–17, Sa & So bis 15 Uhr, sonst Mo–Fr 10–17 Uhr)

ℹ An- & Weiterreise

Öffentliche Verkehrsmittel beschränken sich auf einen einzigen Bus pro Tag von/nach Tartu (1 Std.).

Tartu

98 000 EW.

Tartu beansprucht für sich, Estlands spirituelle Hauptstadt zu sein – die Einheimischen sprechen von einem besonderen *vaim* (Geist), der die Holzhäuser und stattlichen Gemäuer der Stadt umweht. Die Zeit scheint hier stillzustehen. Ein wunderschöner Park und das Flussufer laden zum Träumen ein.

Die kleine Provinzstadt mit dem ruhig dahinfließenden Emajõgi in ihrer Mitte ist Estlands wichtigste Universitätsstadt. Studenten machen nahezu ein Siebtel der Einwohner aus. So kommt Leben in die grüne, geschichtsträchtige Szenerie und verleiht dem landesweit zweitgrößten Ort im Süden ein für seine Größe überraschend lebendiges Nachtleben. An langen Sommerabenden versammeln sich die Studenten, die sich nicht an einen Strand geflüchtet haben, auf dem Hügel hinter dem Rathaus zum Flirten und Trinken.

Tartu war im 19. Jh. die Wiege der estnischen Nationalbewegung und es entzog sich der sowjetischen Stadtgestaltung stärker als Tallinn. Im Stadtkern stehen klassizistische Häuser des 18. Jhs., die heute einfallsreich genutzt werden. Die Stadt ist selbst reich an Sehenswürdigkeiten, darunter einige interessante Galerien und Museen, und ist außerdem ein gutes Sprungbrett für die Reise in den Süden des Landes.

Geschichte

Bereits im 6. Jh. existierte in Tartu eine estnische Festung. 1030 gründete Jaroslaw der Weise aus Kiew hier eine Siedlung namens Jurjew. Die Esten kamen danach erneut an die Macht, wurden aber 1224 vom Schwertbrüderorden besiegt, der eine Burg und eine Kathedrale bauen ließ und den Toomemägi (Domberg) zum Bischofssitz machte. Die Stadt war von da an bis zum Ende des 19. Jhs. unter ihrem deutschen Namen Dorpat bekannt.

Während des 16. und 17. Jhs. erlitt Dorpat mehrere Angriffe und wechselte mehrmals den Besitzer, als Russland, Schweden und Polen-Litauen im Baltikum um die Vormacht rangen. Am friedlichsten ging es unter der schwedischen Herrschaft zu, während der 1632 die Universität gegründet wurde – für die Zukunft der Stadt ein überaus wichtiges Ereignis. Doch der Friede endete 1704: Während des Nordischen Kriegs nahm Peter der Große Tartu ein. 1708 verwüsteten seine Truppen die Stadt, der Großteil der Einwohner wurde nach Russland deportiert.

Mitte des 18. Jhs. wurde Tartu zum Zentrum der estnischen Nationalbewegung: 1869 fand hier das erste Sängerfest statt, auch die erste Zeitung in estnischer Sprache wurde in Tartu verlegt – beide Ereignisse trugen zum Erwachen des estnischen Nationalgefühls bei.

Den Friedensvertrag, der Estland (zum ersten Mal in seiner Geschichte) Unabhängigkeit zusicherte, unterzeichneten Russland und Estland am 2. Februar 1920 in Tartu. Die Stadt wurde 1941 beim Rückzug der sowjetischen Truppen schwer beschädigt. Damals wurde auch die große steinerne Flussbrücke Kivisild (1784) in die Luft gesprengt. Bei der Rückeroberung der Stadt von den Nationalsozialisten entstanden 1944 erneut massive Schäden. Beide Besatzungsmächte begingen Gräueltaten an der Bevölkerung. Ein Mahnmal an der Valga tänav erinnert an das Blutbad der Nazis, die in Lemmatsi 12 000 Menschen töteten.

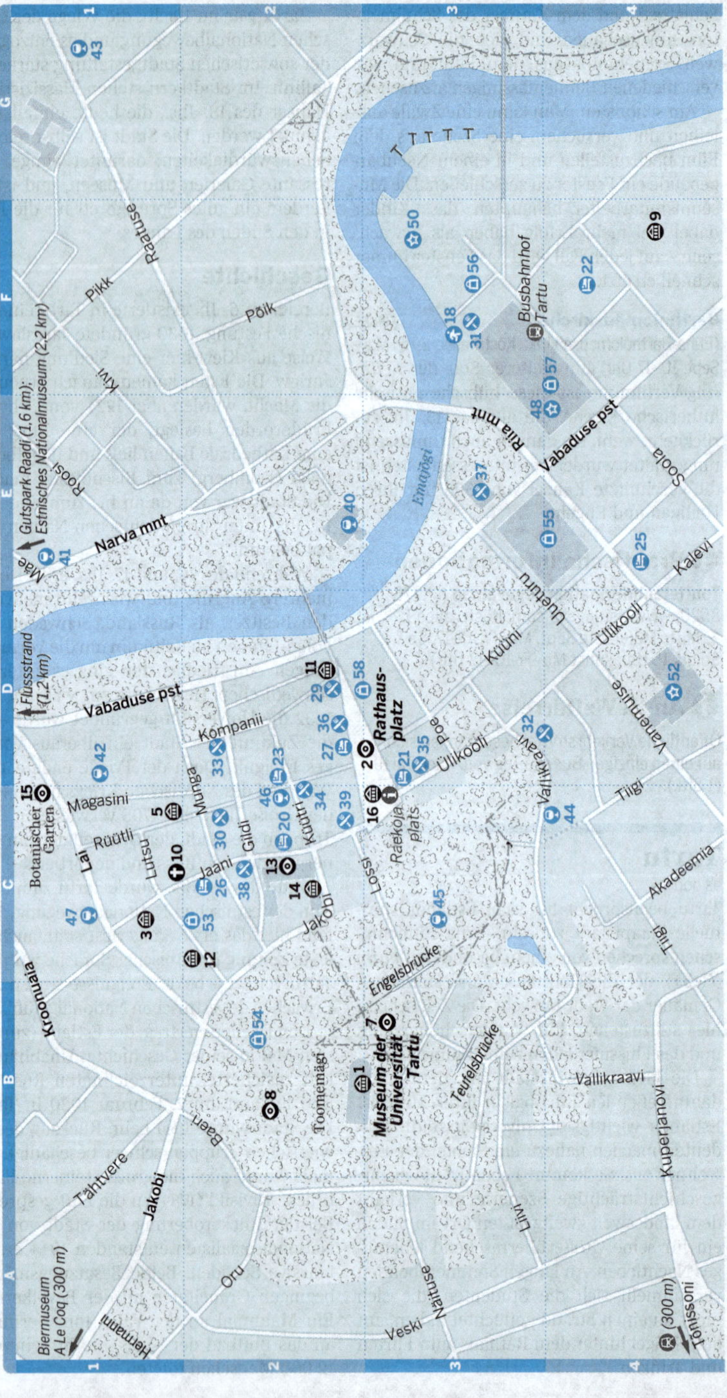
Tartu
0
400 m
Gutspark Raadi (1,6 km); Estnisches Nationalmuseum (2,2 km)
Flussstrand (1,2 km)
Biermuseum A Le Coq (300 m)
(300 m)
Emajõgi
Rathausplatz
Museum der Universität Tartu
Busbahnhof Tartu
Botanischer Garten
Toomemägi
Engelsbrücke
Teufelsbrücke
Raekoja plats
Narva mnt
Vabaduse pst
Riia mnt
Raatuse
Pikk
Põik
Kivi
Roosi
Mäe
Kompanii
Munga
Magasini
Rüütli
Lai
Lutsu
Jaani
Gildi
Küütri
Jakobi
Lossi
Poe
Ülikooli
Küüni
Uueturu
Soola
Kalevi
Vanemuise
Vallikraavi
Tiigi
Akadeemia
Kroonuaia
Baeri
Tähtvere
Hermanni
Oru
Näituse
Veski
Liivi
Kuperjanovi
Tõnissoni

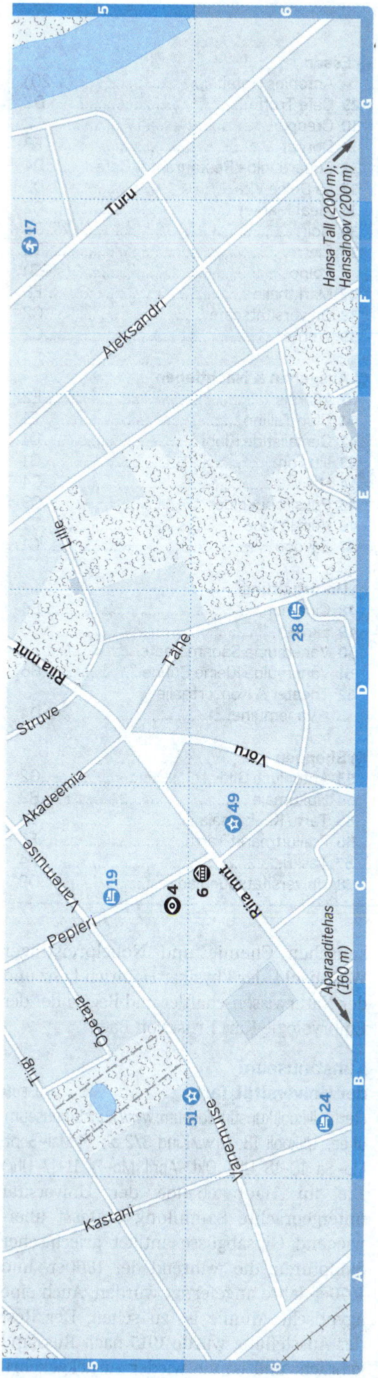

Sehenswertes

Tartu ist die Bewahrerin des kulturellen Erbes Estlands und wartet mit Museen zu allen möglichen Themen auf. Wer etwas ganz Bestimmtes sucht – z. B. landwirtschaftliche Geräte aus Metall –, kann in der Touristeninformation nachfragen.

Altstadt

★ Rathausplatz PLATZ

(Raekoja plats) Der Hauptplatz von Tartu ist mit stattlichen Gebäuden gesäumt und im Sommer erfüllt vom Klirren der Gläser und Klappern des Geschirrs. Prunkstück ist das Rathaus, vor dem eine bemerkenswerte Brunnenfigur steht: ein sich unter einem Regenschirm küssendes Studentenpaar. Auf der Südseite des Platzes schmückt die Fassade des Hauses Nr. 5 ein kommunistisches Hammer-und-Sichel-Relief.

Rathaus HISTORISCHES GEBÄUDE

(Raekoja plats) Die Pläne für das zwischen 1782 und 1789 erbaute elegante Rathaus lieferte der deutsche Architekt Johann Heinrich Bartholomäus Walter, der sich niederländische Rathäuser zum Vorbild nahm. Gekrönt wird es von einem Turm mit Wetterfahne. Später wurde noch eine Uhr angebracht, um den Studenten etwas mehr Pünktlichkeit beizubringen. Neben Büros der Stadtverwaltung sind hier auch die Touristeninformation und eine Apotheke ansässig.

Kunstmuseum Tartu KUNSTMUSEUM

(Tartu Kunstimuuseum; www.tartmus.ee; Raekoja plats 18; Erw./Stud. 4/3 €; ⏲ Mi & Fr–So 11–18, Do bis 21 Uhr) Wer aus einer der Kneipen am Rathausplatz stolpert und nicht sicher ist, ob er noch geradeaus sehen kann, sollte dieses Gebäude nicht als Prüfstein wählen. Da das Fundament zum Teil auf einer alten Stadtmauer ruht, steht das Gebäude in auffälliger Schieflage. Bei dem Gebäude handelt es sich um das ehemalige Haus des Generals Barclay de Tolly (1761–1818). Der verbannte Schotte brachte es in der russischen Armee 1812 im Kampf gegen Napoleon zu militärischen Ehren. Heute ist hier auf drei Etagen ein spannendes Kunstmuseum untergebracht; auf der untersten Etage finden Sonderausstellungen statt.

Den Großteil der ständigen Sammlung machen Gemälde aus, dazu gibt's Skulpturen, Fotos, Videokunst und Mixed-Media-Arbeiten, darunter einige wunderbare Porträts aus dem 20. Jh.

Tartu

Highlights
1 Museum der Universität Tartu B2
2 Rathausplatz D3

Sehenswertes
3 Bürgerhaus-Museum C1
4 Kornblumendenkmal C5
5 Estnisches Sportmuseum C1
6 KGB-Museum C6
Postmuseum .... (s. 5)
7 Rotunda B3
8 Opferstein B2
9 Wissenschaftszentrum AHHAA F4
10 Johanneskirche C1
11 Kunstmuseum Tartu D2
12 Spielzeugmuseum Tartu C2
13 Universität Tartu C2
14 Kunstmuseum der Universität Tartu ... C2
15 Botanischer Garten der Universität Tartu C1
16 Rathaus C3

Aktivitäten, Kurse & Touren
17 Aura Veekeskus F5
18 Pegasus F3

Schlafen
19 Academus Hostel C5
20 Antonius Hotel C2
21 Domus Dorpatensis D3
22 Hotel Tartu F4
23 London Hotell D2
24 Looming B6
25 Pallas Hotell E4
26 Tampere Maja C2
27 Terviseks D2
28 Villa Margaretha D6
Wilde Guest Apartments .... (s. 32)

Essen
Antonius Hotel .... (s. 20)
29 Cafe Truffe D2
30 Crepp C2
31 Dorpat F3
32 Eduard Vilde Restaurant & Café D4
33 La Dolce Vita D2
34 Meat Market C2
35 Noir D3
36 Pierre D2
Polpo .... (s. 23)
37 Markthalle E3
38 Universitätscafé C2
39 Werner C2

Ausgehen & Nachtleben
40 Atlantis E2
41 Club Tallinn E1
42 Genialistide Klubi D1
43 Illusion G1
44 Naiiv C4
45 Püssirohukelder C3
46 Vein ja Vine C2
47 Zavood C1

Unterhaltung
48 Cinamon E4
49 Ekraan C6
50 Vanemuine Sadamateater F3
51 Vanemuine Kleine Bühne B6
52 Theater & Konzerthalle Vanemuine D4

Shoppen
53 Antoniuse Gild C2
54 Nukumaja B2
55 Tartu Kaubamaja E4
56 Freiluftmarkt Tartu F3
57 Tasku F4
58 Universitätsbuchladen D2

Universität Tartu UNIVERSITÄT
(Tartu Ülikool; www.ut.ee; Ülikooli 18) Das imposante Hauptgebäude der Universität mit seinen sechs dorischen Eingangssäulen entstand zwischen 1803 und 1809. Die Universität wurde 1632 vom schwedischen König Gustav Adolf II. gegründet, um evangelische Geistliche und Regierungsbeamte auszubilden. Vorbild war die Universität von Uppsala.

Während des Großen Nordischen Kriegs wurde der Lehrbetrieb 1710 eingestellt, doch 1802 wieder aufgenommen. Die Universität entwickelte sich zu einem der wichtigsten Ausbildungszentren des Russischen Reichs. Der frühere naturwissenschaftliche Schwerpunkt wird durch die großen Forscher belegt, die hier während des 19. Jhs. studierten: u. a. der Pionier auf dem Gebiet der physikalischen Chemie und Nobelpreisträger W. Ostwald, der Physiker Heinrich Lenz und der Naturwissenschaftler und Begründer der Embryologie Karl Ernst von Baer.

Kunstmuseum der Universität Tartu MUSEUM
(Tartu Ülikooli kunstimuuseum; www.kunstimuuseum.ut.ee; Ülikooli 18; Erw./Kind 3/2 €; ⏲ Mai–Sept. Mo–Sa 10–18 Uhr, Okt.–April Mo–Fr 11–17 Uhr) Die im Hauptgebäude der Universität untergebrachte Sammlung umfasst überwiegend Gipsabgüsse antiker griechischer Skulpturen, die während der 1860er- und 1870er-Jahre angefertigt wurden. Auch eine ägyptische Mumie ist zu sehen. Der Rest der Ausstellung wurde 1915 nach Russland gebracht und ist nie wieder zurückgekehrt.

Im Eintritt inbegriffen ist der **Karzer** mit seinen vollgekritzelten Wänden, in dem während des 19. Jhs. Studenten für die verschiedensten Vergehen eingesperrt wurden.

Wer damals ein Buch aus der Bibliothek nicht rechtzeitig zurückgab, kam für zwei Tage in den Karzer. Wer eine Frau beleidigt hatte, musste vier Tage dort absitzen. Fünf Tage gab es für alle, die einen (eher zartbesaiteten?) Aufseher beleidigt hatten und bis zu drei Wochen für diejenigen, die sich duelliert hatten.

Johanneskirche KIRCHE

(Jaani kirik; www.jaanikirik.ee; Jaani 5; Turm Erw./Kind 2/1,50 €; ⌚Juni–Aug. Mo–Sa 10–19 Uhr, Sept.–Mai Di–Sa 10–18 Uhr) Der imposante Backsteinbau der lutherischen Kirche geht mindestens ins Jahr 1323 zurück. Einzigartig ist die Kirche dank der seltenen Terrakottaskulpturen, die innen und außen in Nischen platziert wurden (ein Blick nach oben lohnt sich!). Nach einem sowjetischen Bombenangriff 1944 blieb von dem Gotteshaus nur noch eine Ruine; erst 2005 war es vollständig wiederhergestellt. Auf den 30 m hohen Turm führen 135 Stufen.

Spielzeugmuseum MUSEUM

(Tartu mänguasjamuuseum; www.mm.ee; Lutsu 8; Erw./Kind 5/4 €; ⌚Mi–So 11–18 Uhr) Der schönste Ort für verregnete Stunden ist das ausgezeichnete Spielzeugmuseum, das bei Kindern unter acht Jahren Begeisterungsstürme hervorruft und auch bei Erwachsenen gut ankommt. In einem Gebäude aus dem späten 18. Jh. zeigt es Puppen, Modelleisenbahnen, Schaukelpferde, Spielzeugsoldaten und viele andere Dinge, von denen Kinder in den vergangenen Jahrhunderten geträumt haben. Das Ganze ist wunderbar interaktiv, mit Exponaten in Schubfächern und einem Spielzimmer für Kinder.

Im angrenzenden Hofhaus sind Figuren und Requisiten aus estnischen Zeichentrickfilmen und TV-Sendungen zu Hause. Im Eintrittsgeld inbegriffen ist zudem ein kleines Museum voller Marionetten im Untergeschoss des Theaterhauses zwei Türen weiter.

Bürgerhaus-Museum MUSEUM

(Linnakodaniku muuseum; http://linnamuuseum.tartu.ee; Jaani 16; Erw./Kind 2/1 €; ⌚April–Okt. Mi–Sa 11–17, So 11–15 Uhr, Nov.–März Mi–So 10–15 Uhr) In einem alten Holzhaus mit zeitgenössischen Möbeln ist zu sehen, wie eine bürgerliche Familie in den 1830er-Jahren lebte. Es gibt nur wenige Räume, aber es ist dennoch recht interessant.

Botanischer Garten der Universität Tartu GARTEN

(Tartu Ülikooli botaanikaaed; ☎737 6180; www.botaanikaaed.ut.ee; Lai 38; Gewächshaus Erw./Kind 3/2 €; ⌚Garten 7–19 Uhr, Juni–Aug. bis 21 Uhr, Gewächshäuser 10–17 Uhr) GRATIS Im Botanischen Garten der Universität, der 1803 angelegt wurde, werden 6500 Pflanzenarten gepflegt und im riesigen Gewächshaus eine Vielzahl an Palmen gehalten. An Sommertagen gehen auf den Wegen und um den Zierteich herum immer zahlreiche Familien spazieren.

Estnisches Sportmuseum MUSEUM

(Eesti Spordimuuseum; www.spordimuuseum.ee; Rüütli 15; Erw./erm. 2,30/1,60 €; ⌚Mi–So 11–18 Uhr) Dieses schräge Museum dokumentiert nicht nur die olympischen Erfolge Estlands – obwohl die Medaillensammlung dieses Anliegen glänzend erfüllt –, sondern beweist Sinn für Humor. Auch wenn sich die aufgeplusterten Bodybuilder auf den Fotos vom Beginn des 20. Jhs. sehr ernst zu nehmen scheinen, wird das von den Besuchern nicht erwartet. Wer sich inspiriert fühlt, kann eine Runde auf dem Heimtrainer drehen oder beim interaktiven Seilziehen seine Kraft messen.

Postmuseum MUSEUM

(Postimuuseum; www.erm.ee; Rüütli 15; Eintritt 1,20 €; ⌚Mi–So 11–18 Uhr) Das im selben Gebäude wie das Sportmuseum untergebrachte Postmuseum ist zwar biederer, aber auf seine leise Art dennoch interessant. Anhand der Briefmarkenausstellungen kann die estnische Geschichte nachgezeichnet werden: So erschien z. B. 1941 das Hakenkreuz auf den Marken, das 1945 von Hammer und Sichel abgelöst wurde.

Toomemägi (Domberg)

Der Toomemägi (Domberg) westlich des Rathauses ist der eigentliche Grund für die Existenz der Stadt, denn er diente seit dem 5. oder 6. Jh. als Festung. Heute ist er ein friedlicher Park, in dem sich die Gehwege durch die Bäume schlängeln. Ein malerischer **Pavillon** dient im Sommer als Café.

Vom Rathausplatz führt die Lossistraße auf den Domberg; auf dem Weg liegt die **Engelsbrücke** (Inglisild), die zwischen 1836 und 1838 errichtet wurde. Die Einheimischen sagen, wer sie zum ersten Mal überquert und dabei die Luft anhält, hat einen Wunsch frei. Etwas weiter höher am Hügel folgt noch die **Teufelsbrücke** (Kuradisild).

★ **Museum der Universität Tartu** MUSEUM

(Tartu Ülikool muuseum; www.muuseum.ut.ee; Lossi 25; Erw./Kind 4/3 €; ⏲ Mai–Sept. Di–So 10–18 Uhr, Okt.–April Mi–So 11–17 Uhr) Oben auf dem Domberg stehen die Ruinen des gotischen Doms. Er wurde im 13. Jh. von Deutschordensrittern erbaut, im 15. Jh. erheblich umgebaut und 1525 während der Reformation geplündert und eine Zeitlang als Scheune genutzt. Von 1804 bis 1809 wurde die Kirche teilweise wiederaufgebaut, um die Universitätsbibliothek zu beherbergen. Letztere ist heute ein Museum und zeigt unterschiedliche Dinge aus dem Studentenleben.

Am besten fährt man zunächst mit dem alten Aufzug aus den 1920er-Jahren nach oben. Der **Morgensternsaal** weist noch immer das Aussehen der alten Bibliothek auf: Er ist mit Statuen der griechischen Musen gesäumt. Kinder freuen sich v. a. über das **Kabinett des verrückten Wissenschaftlers**, wo sie selbst an wissenschaftlichen Experimenten teilnehmen können. Weitere Highlights sind der schöne **Weiße Saal** und die **Schatzkammern** mit ihrer vielfältigen Sammlung, z. B. der Totenmaske des russischen Dichters Alexander Puschkin, einem Dürer-Druck von 1504, einer menschlichen Hand, die einst in Anatomievorlesungen benutzt wurde, und einigen raffinierten Schummelzetteln von Studenten aus den 1980er-Jahren.

Von Mai bis September darf man mit der Eintrittskarte auch die Aussichtsplattform auf dem Domturm besteigen.

Opferstein SCHREIN

In vorchristlicher Zeit wurden in den tassenförmigen, aus dem Stein gehauenen Löchern Opfergaben hinterlegt, so wie es auf Hunderten von Steinen im ganzen Land der Brauch war. Auch heute noch werden hier Sachen wie Münzen oder Blumen abgelegt, selbst auf den Schälchensteinen, die ihren Weg ins Museum fanden. Auf diesem Stein hier auf dem Domberg hinterlassen Studenten gerne ihre verbrannten Vorlesungsmitschriften.

Ganz in der Nähe ist der sogenannte Kussberg, auf dem frischvermählte Russen Schlösser mit ihren eingeritzten Namen anbringen.

Stadtzentrum

Wissenschaftszentrum AHHAA MUSEUM

(Teaduskeskus AHHAA; www.ahhaa.ee; Sadama 1; Erw./Kind 12/9 €, Planetarium 4 €, Flugsimulator 1 €, 4-D-Kino 2 €; ⏲ 10–19 Uhr) Unter der Kuppel verstecken sich tolle interaktive Exponate, die sowohl in Kindern als auch Erwachsenen den verrückten Professor wecken. Für das Drücken von Knöpfen, Herumspritzen von Wasser und Drehen an Schaltern sollte man mindestens zwei Stunden einplanen.

SKULPTUREN IN TARTU

In Parks versteckt, auf Plätzen stolz ausgestellt und in Gassen lauernd – die Skulpturen von Tartu erscheinen oft überraschend und sind zuweilen echt bizarr. Hier einige schöne Exemplare:

Die beliebteste Die küssenden Studenten vor dem Rathaus.

Die skurrilste Oscar Wilde und der estnische Schriftsteller Eduard Vilde teilen sich nicht nur den Nachnamen, sondern auch eine Parkbank vor dem Haus Vallikraavi 4. In Wahrheit haben sie sich nie getroffen.

Die unheimlichste In der Küüni hält ein mannsgroßes nacktes Baby Händchen mit einem babygroßen nackten Mann. Bei der Skulptur handelt es um ein Selbstporträt des Künstlers mit seinem Sohn.

Die cleverste Der Brunnen an der Ecke Vanemuise und Struve sieht auf den ersten Blick wie ein Gewirr aus Stahlrohren aus, aus dem hinten Wasser heraustritt; bei Betrachtung aus bestimmten Winkeln jedoch verwandelt sich das Ganze in eine dreidimensionale Karikatur des berühmten Professors Yuri Lotman (1922–1993).

Die unappetitlichste Vor dem Markt steht auf einem Fass ein Schwein, auf dessen einer Seite der Metzger schon die Fleischstücke gekennzeichnet hat.

Beste Zeitreise in die 1970er *Frauen vom Land* vor der Kunstgalerie. Die Jeanshosen mit Schlag und das offensichtliche Fehlen eines BHs deuten auf das Jahr 1978, selbst wenn das nicht auf einer Tafel vermerkt wäre.

Das höchste der Gefühle ist es, ein Tablett mit magnetisierten Eisenspänen zum Soundtrack *Smalltown Boy* von Bronski Beat zum „Tanzen" zu bringen. Oben gibt's eine grausige Sammlung eingelegter Organe und deformierter Föten aus den Schätzen der medizinischen Fakultät.

KGB-Museum MUSEUM
(KGB kongide muuseum; http://linnamuuseum.tartu.ee; Riia mnt 15b, Eingang Pepleri; Erw./Kind 4/2 €; ⌚Di–Sa 11–16 Uhr) Was macht man, wenn man ein ehemals verstaatlichtes Gebäude zurückerhält, das einen furchtbaren Ruf genießt und in dessen Keller sich Gefängniszellen verbergen? In diesem Fall schenkte die Familie das Haus dem Stadtmuseum von Tartu, das daraufhin diese düstere, aber sehr lohnenswerte, fesselnde Ausstellung einrichtete. Sie vermittelt eine Vorstellung von den Deportationen, dem Leben im Gulag, dem estnischen Widerstand und den Vorgängen in diesem einstigen Hauptquartier des KGB, bekannt als „Graues Haus".

Kornblumendenkmal DENKMAL
Neben dem KGB-Gebäude wurde 1990 das metallene Kornblumendenkmal, zum Gedenken an die Opfer sowjetischer Unterdrückung, aufgestellt. Die blaue Kornblume ist die Nationalblume Estlands. Allerdings müsste das Denkmal dringend instandgesetzt werden.

Karlova & Vaksali

Aparaaditehas VIERTEL
(www.aparaaditehas.ee; Kastani 42) Zuletzt war dies immer noch teils verlassenes Gebäude, teils Baustelle. Dennoch lohnt dieser alte Fabrikkomplex vielleicht einen Besuch, denn es gibt Pläne, ihn in ein hippes Restaurant-, Ausgeh-, Einkaufs- und Kulturzentrum ähnlich der beliebten Telliskivi Creative City (S. 64) in Tallinn zu verwandeln.

Tähtvere

Biermuseum A. Le Coq MUSEUM
(☎744 9726; www.alecoq.ee; Laulupeo 15; Erw./Kind 5/2 €; ⌚Führungen Do 14, Sa 10, 12 & 14 Uhr) Im Museum der Brauerei A. Le Coq wird die Geschichte des Bierbrauens umrissen, doch der Schwerpunkt liegt auf den Maschinen und der Brauereitechnik. A.-Le-Coq-Bier gibt es bereits seit 1879 und am Ende jeder Führung kann man es hier kostenlos probieren.

Raadi-Kruusamäe

★ **Estnisches Nationalmuseum** MUSEUM
(Eesti rahva muuseum; www.erm.ee; Narva mnt 177) Bei unserem letzten Besuch hatte das Estnische Nationalmuseum in seinem großen spannenden Neubau noch nicht eröffnet. Das neue Gebäude entsteht auf einem sowjetischen Flugfeld auf dem Gelände des Gutshofs Raadi, wo das Museum bis zum Krieg untergebracht war. Es verfügt über eine Fläche von 34 000 m² und wird ein Café und Restaurant sowie Ausstellungen zu solch hehren Themen wie „Estnische Dialoge" und „Echo des Ural" beherbergen. Über den aktuellen Stand informiert die Website.

Gutspark Raadi PARK
(Raadi Mõisapark; www.erm.ee; Narva mnt 177; ⌚7–22 Uhr) GRATIS An der Hauptstraße Richtung Norden liegen die traurigen Überreste des Gutshofs Raadi. Einst stand hier ein schöner Barockbau, doch nach dem Zweiten Weltkrieg war nur noch ein Backsteinskelett übrig. Im 19. Jh. galt das Gutsgelände als eine der schönsten Parkanlagen Estlands. Heute ist sie nur noch ein Schatten ihrer selbst, doch die Einheimischen kommen trotzdem hierher, um spazieren zu gehen und im See zu schwimmen.

Aktivitäten

Pegasus FLUSSRUNDFAHRT
(☎733 7182; www.dorpat.ee; Erw./Kind 8/6 €; ⌚Di–So 12 & 14, Sa außerdem 16 Uhr) 90-minütige Flussrundfahrten ab dem Anleger beim Hotel Dorpat.

Flussstrände STRAND
Schafft man es an einem heißen Tag nicht bis nach Pärnu, dann gibt es auch in Tartu zwei schöne Strände an den beiden Ufern des Emajõgi, etwa 1 km nordwestlich der Kroonuaia-Brücke.

Aura Veekeskus WASSERPARK
(www.aurakeskus.ee; Turu 10; Pool 3–6 €, Erlebnisbad 6–8 €; ⌚10–22 Uhr, Juli geschl.) Hallenbad mit 50-m-Becken und familienfreundlicher Wasserpark mit allen Schikanen.

Festivals & Events

Tartu veranstaltet regelmäßig phantastische Feste – siehe www.kultuuriaken.tartu.ee.

Studententage FEST
(Tartu Tudengipäevad; www.studentdays.ee) Bei dieser wilden Party Ende April feiern Tartus

Studenten das Semesterende und den Frühlingsanfang. Eine kleinere Feier dieser Art findet Mitte Oktober statt.

Hansetage KIRMES
(Hansapäevad; www.hansapaevad.ee) Im Mittelalter gehörte Tartu zur Hanse – dies wird Mitte Juli ein Wochenende lang mit Kunsthandwerk-Workshops, Märkten, diversen Darbietungen für die ganze Familie und einem Umzug gefeiert.

tARTuFF FILM
(www.tartuff.ee) Beim einwöchigen Open-Air-Filmfestival im August wird der Rathausplatz zur Filmbühne. Es werden kostenlos Filme gezeigt. Neben Arthouse-Filmen gibt es Dokumentarfilme, Dichterlesungen und Konzerte.

Weihnachtsstadt Tartu WEIHNACHTEN
(Jõululinn Tartu; www.joululinntartu.ee) Wenn an den Adventssonntagen auf dem Rathausplatz um 16 Uhr die Kerzen entzündet werden, sorgen Chöre für musikalische Begleitung. Dann zeigt sich der Platz von seiner zauberhaftesten Seite: mit Lichtern und Weihnachtsbäumen geschmückt und mit Schnee bedeckt.

Schlafen

Altstadt

Terviseks HOSTEL €
(☎565 5382; www.terviseksbbb.com; oberste Etage, Raekoja plats 10; B 15–17 €, EZ/DZ 22/44 €; @ 📶) Das ausgezeichnete Hostel in bester Lage in einem historischen Gemäuer am Hauptplatz bietet Schlafsäle (höchstens 4 Betten, keine Stockbetten), Privatzimmer, eine komplett ausgestattete Küche und jede Menge aktuelle Infos über die Stadt. Eine tolle Absteige! Darauf ein *terviseks!* (Prost!).

★ **Domus Dorpatensis** APARTMENTS €€
(☎733 1345; www.dorpatensis.ee; Raekoja plats 1; EZ 40–69 €, DZ 55–84 €; 📶) Das Haus mit zehn Gästewohnungen in unschlagbarer Lage wird von einer akademischen Stiftung unterhalten und bietet ein phantastisches Preis-Leistungs-Verhältnis. Die Wohnungen sind unterschiedlich groß, aber alle verfügen über Schreibtische (für die Gelehrten!) und fast alle über eine kleine Küche. Das Personal ist ausgesprochen hilfsbereit, gibt Tipps zur Parkplatzsuche und weist den Weg zu den Waschmaschinen. Der Eingang befindet sich in der Ülikooli.

Tampere Maja GÄSTEHAUS €€
(☎738 6300; www.tamperemaja.ee; Jaani 4; EZ/DZ/3BZ/4BZ ab 48/79/99/132 €; P ❄ @ 📶) Dieses gemütliche Gästehaus hat enge Verbindungen zur finnischen Stadt Tampere, der Partnerstadt Tartus. Es gibt sechs warme, helle Zimmer in unterschiedlicher Größe. Das Frühstück ist im Preis inbegriffen und Kochgelegenheiten sind vorhanden. Und da das Ganze finnisch ist, gibt's auch eine richtige Sauna (1–4 Pers. 13 €), die übrigens auch Tagesgästen offensteht.

Wilde Guest Apartments APARTMENTS €€
(☎511 3876; www.wildeapartments.ee; Vallikraavi 4; Apt. 60–90 €; 📶) Die Leute vom Eduard Vilde Restaurant vermieten fünf schöne Gästewohnungen für Selbstversorger. Vier davon befinden sich in der Nähe des Restaurants, entweder an der Vallikraavi oder der Ülikooli, die fünfte liegt in einem auffallenden Hochhaus am Fluss. Alle verfügen über ein separates Schlafzimmer und ein Schlafsofa in der Lounge.

★ **Antonius Hotel** HOTEL €€€
(☎737 0377; www.hotelantonius.ee; Ülikooli 15; EZ/DZ/Suite ab 88/108/196 €; ❄ 📶) Das erstklassige 18-Zimmer-Boutiquehotel direkt gegenüber vom Hauptgebäude der Universität strotzt nur so vor Antiquitäten und historischen Einrichtungselementen. Das Frühstück wird im alten Kellergewölbe aus dem 18. Jh. serviert, das sich abends in ein edles Restaurant verwandelt.

London Hotell HOTEL €€€
(☎730 5555; www.londonhotel.ee; Rüütli 9; EZ/DZ ab 79/99 €; P @ 📶) Im Vergleich zu der glamourösen Lobby mit ihrem Messingschmuck und Wasserspiel erweisen sich die Zimmer dieses recht noblen Hotels als eher glanzlos. Toll ist allerdings die Lage.

Stadtzentrum

Academus Hostel HOSTEL €
(☎5306 6620; www.academus.ee; Pepleri 14; EZ/2BZ/FZ 30/40/50 €; P 📶) Die Universität betreibt drei Hostels, aber nur dieses eine ist ganzjährig für Nicht-Studenten offen. Die Zimmer sind hell, sauber und einigermaßen groß und haben eigene kleine Küchen und Bäder. Das Ganze wirkt etwas anstaltsmäßig, ist dafür aber sehr preisgünstig. Auf jeden Fall im Voraus reservieren!

Hotel Tartu HOTEL €€
(☎7314300; www.tartuhotell.ee; Soola 3; EZ/DZ 49/68 €, ohne Bad 33/44 €; P ❄ @ 📶) Das Hotel in

praktischer Lage gegenüber vom Busbahnhof und Einkaufszentrum Tasku bietet Zimmer, deren Einrichtung aus der Ikea-Schule stammt – die Zimmer sind einfach, aber sauber und modern. Neben den normalen Zimmern gibt's auch einen Hostelflügel mit billigeren Zimmern mit Gemeinschaftsbad. Außerdem lockt eine Sauna (25 € pro Std.).

Pallas Hotell HOTEL €€
(☎730 1200; www.pallas.ee; Riia mnt 4; EZ/DZ 60/80 €; P @) Das Pallas residiert in einer ehemaligen Kunstschule und hat versucht, in seine Einrichtung eine Aura von Kreativität einfließen zu lassen. Die Zimmer sind hell und großzügig geschnitten. Am besten sind die mit Kunstwerken ausgestatteten im 3. Stock mit Blick auf die Stadt. In einem Glaspilz an der Seite des Gebäudes befindet sich der britische Big Ben Pub.

Karlova & Vaksali

Looming HOSTEL €
(☎5699 4398; www.loominghostel.ee; Kastani 38; B 15–17 €, EZ/DZ 32/39 €; @) Das Looming (Estnisch für „Schöpfung") wird von umweltbewussten Städtern geführt, die recycelte Materialien und Nachhaltigkeit groß schreiben. In einem umgebauten Jugendstil-Fabrikgebäude gibt's schicke Schlafsäle (ohne Etagenbetten) und Privatzimmer, eine nette Dachterrasse und Leihfahrräder (10 € pro Tag).

Villa Margaretha BOUTIQUEHOTEL €€
(☎731 1820; www.margaretha.ee; Tähe 11/13; EZ/DZ/Suite ab 50/60/150 €; P) Dieses wunderbare Jugendstil-Holzhaus ist mit seinem winzigen Türmchen und den romantischen Zimmern mit Schlittenbetten und kunstvoll drapierten Textilien wahrhaft märchenhaft. Die billigeren Zimmer im modernen Nebengebäude im hinteren Bereich sind dagegen eher nichtssagend. Das Hotel liegt etwas abseits, aber noch in Gehnähe zur Altstadt.

Essen

Altstadt

Werner CAFÉ €
(www.werner.ee; Ülikooli 11; Backwaren 2–3 €; Mo–Do 7.30–23, Fr & Sa 8–1, So 9–21 Uhr) Oben gibt's ein richtiges Restaurant, in dem Nudel-und fleischlastige Hauptgerichte serviert werden, doch netter ist das muntere Café unten. Der Tresen ächzt unter der Last der Quiches und verführerischen Kuchen, und hinterm Haus befindet sich noch ein reizender kleiner Hof.

Noir EUROPÄISCH €
(☎744 0055; www.cafenoir.ee; Ülikooli 7; Hauptgerichte 7–8 €; Mo–Sa 11–23, So bis 18 Uhr;) Wer bei einem Date beeindrucken will, ist in diesem coolen, schwarz gestrichenen Restaurant mit Weinstube genau richtig. Perfekt für ein entspanntes Essen bei einem guten Glas Wein. Es liegt etwas versteckt an einem Hof abseits der Ülikooli und hat auch Tische im Freien sowie ein erschwingliches Angebot an Salaten und Pasta zu bieten.

Crepp CRÊPERIE €
(www.crepp.ee; Rüütli 16; Hauptgerichte 4,50–8,50 €; 11–23 Uhr) Dieses Lokal genießt bei den Einheimischen einen guten Ruf. Das warme, stilvolle Ambiente passt kaum zu den supergünstigen Preisen der Crêpes (süß oder herzhaft, mit tollen Kombinationen wie Kirschschokolade und Mandeln). Auch köstliche Salate.

Cafe Truffe MODERN EUROPÄISCH €€
(☎742 8840; www.truffe.ee; Raekoja plats 16; Hauptgerichte 7,50–15 €; So–Do 11–23, Fr & Sa bis 1 Uhr) Das Truffe nennt sich Café, auch wenn es mehr wie eine noble Bar wirkt. Das Essen hat auf jeden Fall Restaurantqualität, und überhaupt ist dies das beste Esslokal am Rathausplatz und insgesamt eines der besten der Stadt. Im Sommer lässt sich auf der großen Terrasse schön z. B. ein Steak mit Trüffelsauce oder eine fein geräucherte Entenbrust genießen.

Polpo MODERN EUROPÄISCH €€
(☎730 5566; www.polpo.ee; Rüütli 9; Hauptgerichte 9,50–17 €; Mo–Sa 11–23 Uhr;) Zwar liegt das Polpo etwas unterhalb der Straße, doch der Gewölberaum unter dem London Hotell ist überraschend hell und modern. Und trotz des Namens erweist sich die Karte als nicht besonders italienisch. Es gibt herzhafte Gerichte wie Rinderbacke, Lammbraten und geräuchertes Schwein, dazu einige einfache, aber kreative Pasta- und Risottogerichte.

La Dolce Vita ITALIENISCH €€
(☎740 7545; www.ladolcevita.ee; Kompanii 10; Hauptgerichte 7–15 €; 11.30–23 Uhr) Das fröhliche, familienfreundliche Lokal serviert Holzofenpizza mit knusperdünnem Boden. Die Einrichtung ist klassisch, aber ungezwungen (rot-weiß karierte Tischdecken und Fellini-Poster) und die Speisekarte umfangreich, mit Bruschetta, Pizza, Pasta und Grillgerichten.

Pierre CAFÉ €€
(☎730 4680; www.pierre.ee; Raekoja plats 12; Hauptgerichte 6,50–18 €; Mo–Do 8–23, Fr bis 1, Sa 10–1, So bis 22 Uhr) Der beliebte Tallinner

Chocolatier hat sich auch am Rathausplatz von Tartu niedergelassen und bietet eine kultivierte Atmosphäre, eine nostalgische Einrichtung und natürlich die alles entscheidenden Trüffelpralinen. Ein Toptipp zu jeder Tageszeit und für alle, die ihre Dosis Kaffee oder etwas Süßes brauchen. Außerdem wird noch eine ausführliche Bistrokarte geboten.

Eduard Vilde Restaurant & Café MODERN EUROPÄISCH €€
(☎734 3400; www.vilde.ee; Vallikraavi 4; Hauptgerichte 8–19 €; ⊙Mo–Mi 11.30–21, Do bis 23, Fr & Sa 12–1, So bis 17 Uhr) Das Café unten lockt mit gesundem Essen, das Restaurant oben mit Pasta, Elchkoteletts und Cäsarsalat – oder man begnügt sich mit einem Getränk auf der sehr netten Terrasse.

Universitätscafé CAFÉ €€
(Ülikooli Kohvik; ☎737 5405; www.kohvik.ut.ee; Ülikooli 20; Hauptgerichte 7–16 €; ⊙Mo–Mi 11.30–21, Do–Sa bis 24 Uhr) Diese altehrwürdige Institution befindet sich in einem Labyrinth elegant eingerichteter Räume, die Glanz und Gemütlichkeit vereinen. Die üppigen Portionen sättigen auch die hungrigsten Akademiker. Abends übernimmt der Tartu Jazz Club die untere Etage.

Antonius EUROPÄISCH €€€
(☎737 0377; www.hotelantonius.ee; Ülikooli 15; Hauptgerichte 18–24 €; ⊙18–23 Uhr) Das nobelste Restaurant der Stadt residiert im kerzenbeschienenen romantischen Gewölbekeller des Hotels Antonius, der im Vergleich zu dem Gebäude aus dem 19. Jh. darüber ein paar Jahrhunderte mehr auf dem Buckel hat. Gäste erwartet hier ein ausgewähltes Angebot an Fleischgerichten mit besten estnischen Zutaten.

Meat Market STEAKHAUS €€€
(☎653 3455; www.meatmarket.ee; Küütri 3; Hauptgerichte 15–22 €; ⊙Mo–Do 12–23, Fr & Sa bis 1, So bis 21 Uhr) Der Name („Fleischmarkt") sagt alles – hier kommt vom Elch-Carpaccio übers Livländer-Rind bis zum rauchigen Azeri-Schaschlik (das brennend an den Tisch gebracht wird) alles Mögliche auf den Teller. Auch die Gemüsebeilagen sind hervorragend. Bis spät abends werden außerdem Cocktails serviert.

Stadtzentrum

Dorpat BUFFET €
(www.dorpat.ee; Soola 6; Buffet 4–6,50 €; ⊙Buffet Mo–Fr 12–14 Uhr) Das elegante Restaurant im Dorpat bietet zwar auch eine gute Karte, besonders einladend ist jedoch das Mittagsbuffet unter der Woche. Für nur 4 € gibt's hier Suppe nach Wahl in unbegrenzter Menge und dazu Salat. Für 6,50 € kann man am gesamten Mittagsbuffet zugreifen.

Markthalle MARKT €
(Tartu Turuhoone; www.tartuturg.ee; Vabaduse pst 1; ⊙Mo–Fr 7.30–17, Sa & So bis 15 Uhr) In der Markthalle am Fluss wird v. a. Fleisch feilgeboten, aber es gibt auch Stände mit Obst und Gemüse, Käse und Backwaren. Die Fischhändler haben eine duftende Abteilung ganz für sich allein.

Karlova & Vaksali

Hansa Tall ESTNISCH €€
(www.hansahotell.ee; Aleksandri 46; Hauptgerichte 9,50–16 €; ⊙So–Do 7–22, Fr & Sa 8–24 Uhr; 📶) Wenn man mal eine Speisekarte in den Händen halten möchte, der man ansieht, in welchem Land man sich befindet: Dann ist dieses superrustikale scheunenartige Gasthaus südöstlich des Zentrums genau der richtige Ort. Es müssen ja nicht gleich geräucherte Schweinsohren oder Blutwürste sein. Das Angebot ist herzhaft und überaus vielseitig. Bei Livemusik versammelt sich hier eine lebhafte, einheimische Gästeschaft.

Ausgehen & Nachtleben

Im Sommer geht es in den Kneipen eher ruhig zu, es sei denn, sie haben auch draußen Plätze. Die meisten Studenten, die gerade nicht in den Ferien sind, trifft man dann auf dem Hügel hinter dem Rathaus an. Während der Vorlesungszeit ist der Mittwoch der traditionelle Partyabend für Akademiker.

Genialistide Klubi BAR, CLUB
(www.genklubi.ee; Magasini 5; ⊙Mo–Sa 12–3 Uhr) Dieser Club ist ein abgerocktes subkulturelles Allzweckétablissement, gleichzeitig Kneipe, Café, alternativer Club, Livemusikladen, Kino, auf estnische Musik spezialisiertes CD-Geschäft und überhaupt der hippste Laden in ganz Tartu.

Naiiv BAR
(www.naiiv.ee; Vallikraavi 6; ⊙Di–Do 18–1, Fr & Sa bis 3 Uhr) Eine weiße Katze ist das Oberhaupt dieser sehr coolen Craft-Bier- und Cocktail-Bar. Die Auswahl ist umfassend, sodass man am besten das fachkundige Personal nach Empfehlungen für heimische Gebräue fragt. Dann lässt man sich in eines der bequemen Sofas sinken oder begibt sich in den kleinen Hof hinterm Haus.

Püssirohukelder KNEIPE
(www.pyss.ee; Lossi 28; Hauptgerichte 7–17 €; ⌚Mo–Sa 12–2, So bis 24 Uhr) In dieser munteren Kneipe in einem riesigen Schießpulverkeller von 1738 unter dem Domberg gibt's unter der 10 m hohen Gewölbedecke Snacks und herzhafte Speisen zum Bier. Regelmäßig wird Livemusik gespielt und vorne erstreckt sich noch ein großer Biergarten.

Vein ja Vine WEINBAR
(www.veinjavine.ee; Rüütli 8; ⌚Di–Sa 17–1 Uhr) Die kleine Bar serviert Wein und köstliche kleine Snacks und lockt eher etwas ältere Semester an. Voll wird's trotzdem, sodass man sich im Sommer draußen vor dem Lokal wiederfindet.

Zavood KNEIPE
(www.zavood.ee; Lai 30; ⌚19–5 Uhr) Die mitgenommene Kellerbar zieht mit ihren preiswerten Drinks und ihrer Gradlinigkeit ein alternatives, bodenständiges Publikum an. Manchmal spielen hier Studentenbands.

Club Tallinn CLUB
(www.facebook.com/ClubTallinn; Narva mnt 27; Eintritt 5–7 €; ⌚Mi–Sa 23–3 Uhr) Der beste Club in Tartu ist ein opulentes, verwinkeltes Etablissement mit diversen Dancefloors. Spitzen-DJs locken schicke, feierfreudige Gäste an.

Illusion CLUB
(www.illusion.ee; Raatuse 97; Eintritt 3–6 €; ⌚Mi, Fr & Sa 23–4 Uhr) Der Club nördlich vom Fluss in einem ehemaligen Kino aus der Sowjetzeit besticht mit üppiger Deko und wird von einer schicken Club-Klientel frequentiert. Während der Semesterferien im Sommer ist der Club geschlossen.

Atlantis CLUB
(www.atlantis.ee; Narva mnt 2; Eintritt 3–7 €; ⌚Di–Sa 23–4 Uhr) Das beliebte Atlantis ist nicht besonders stilvoll eingerichtet, aber der Blick auf den Fluss macht das wieder wett. Wenn man in der richtigen Laune ist, sorgen die alten Hits für eine gute Stimmung.

☆ Unterhaltung

Informationen über klassische Konzerte siehe www.concert.ee.

Theater & Konzerthalle Vanemuine THEATER
(☎744 0165; www.vanemuine.ee; Vanemuise 6) In dem Theater mit dem Namen eines altestnischen Sängergottes stehen Theater und Musik unterschiedlichster Ausprägung auf dem Programm. Weitere Aufführungen finden in der **Kleinen Bühne** (Vanemuise 45) und im **Sadamateater** (Hafentheater; Soola 5b) statt. Letzteres liegt erstklassig am Emajõgi-Ufer und bietet überwiegend moderne, unabhängige Produktionen.

Hansahoov LIVEMUSIK
(☎737 1802; www.hansahoov.ee; Aleksandri 46) Konzerte und Theater im großen rustikalen Innenhof des Gasthauses Hansa Tall.

Cinamon KINO
(www.cinamon.ee; Turu 2) Hollywoodhits im Multiplex über dem Einkaufszentrum Tasku.

Ekraan KINO
(www.forumcinemas.ee; Riia 14) Der kleine Kinokomplex zeigt neben Publikumsrennern auch anspruchsvollere Streifen.

Shoppen

Antoniuse Gild KUNSTHANDWERK
(Lutsu 5; ⌚Di–Fr 12–18 Uhr) In 16 interessanten Werkstätten rund um den Antoniushof fertigen Kunsthandwerker Töpferwaren, Glaskunst, Schmuck, Textilien, Schnitzereien, Puppen etc.

Tartu Kaubamaja EINKAUFSZENTRUM
(www.kaubamaja.ee; Riia 1; ⌚Mo–Sa 9–21, So 10–19 Uhr) Tartus größtes und schickstes Einkaufszentrum birgt in der Mitte eine Filiale des Tallinner Kaufhauses Kaubamaja. Ansonsten: jede Menge Top-Mode u. v. m.

Tasku EINKAUFSZENTRUM
(www.tasku.ee; Turu 2; ⌚Mo–Sa 10–21, So bis 18 Uhr) Großes Einkaufszentrum mit einem Rimi-Supermarkt im Erdgeschoss, einem Multiplexkino ganz oben und einer Filiale der tollen Buchhandelskette Rahva Raamat dazwischen.

Nukumaja SPIELWAREN
(www.facebook.com/Nukumaja; Lai 1a; ⌚Do & Fr 11–17, Sa bis 15 Uhr) Der nette kleine Laden an der Flanke des Toomemägi (neben Tartus Version des Hauses der Addams Family) verkauft handgemachte Puppen und Spielzeug für Junge und Junggebliebene.

Freiluftmarkt MARKT
(Tartu avaturg; www.tartuturg.ee; Soola 10; ⌚7–17, Sa & So bis 15 Uhr) Auf dem Markt beim Busbahnhof werden Schnittblumen, billige Klamotten, Sonnenbrillen und andere Schnäppchen feilgeboten.

Universitätsbuchladen BÜCHER
(Ülikooli raamatupood; Raekoja plats 11; ⌚Mo–Fr 10–18 Uhr) Neben einem breiten Sortiment an Büchern gibt's hier Universitäts-T-Shirts, -Krawatten, -Schals und -Becher.

SÜDESTNISCHE SPRACHEN

Wer ein Ohr dafür hat, wird im Südosten des Landes neben der estnischen Sprache eine vom Estnischen sehr abweichende, etwas abgehackt klingende Sprache hören. Bis zum Ende des 19. Jhs. existierten die estnischen Sprachen im Norden und Süden unabhängig nebeneinander. Dann wurde die Idee einer gemeinsamen Nation, eines Landes mit gemeinsamer Sprache propagiert. Das dominantere Nord-Estnisch wurde die Hauptsprache des Landes.

In der Südsprache existieren mehrere Dialektgruppen. Die bei Weitem größte davon ist Võro mit ungefähr 75 000 Muttersprachlern, die zumeist in Võrumaa leben. Võro ist eng verwandt mit Seto, das rund 12 600 Menschen sprechen. Andere Varianten sind die Dialekte von Mulgi und Tartu mit 9700 bzw. 4100 Sprechern.

Mehr über die einzigartige Sprache Võro erfährt man beim **Võro-Institut** (www.wi.ee).

ℹ Praktische Informationen

Raekoja Apteek (☎742 3560; www.apotheka.ee; Raekoja plats 1a; ⏲24 Std.) Rund um die Uhr geöffnete Apotheke im Rathaus.

Touristeninformation (☎744 2111; www.visittartu.com; Rathaus, Raekoja plats; ⏲Mitte Mai–Mitte Sept. 9–18 Uhr, sonst Mo–Fr 9–17, Sa & So 10–14 Uhr) Bietet Stadtpläne und Broschüren, bucht Unterkünfte und vermittelt Stadtführer. Kostenloser Internetzugang.

ℹ An- & Weiterreise

AUTO & MOTORRAD

Die Touristeninformation hält ein aktuelles Verzeichnis von Autovermietungen bereit (mit Preisen).

Avis (☎744 0360; www.avis.ee; Flughafen Tartu)

Budget (☎605 8600; www.budget.ee; Flughafen Tartu)

City Car (☎523 9669; www.citycar.ee; Busbahnhof Tartu)

Europcar (☎605 8031; www.europcar.ee; Flughafen Tartu)

Hertz (☎506 9065; www.hertz.ee; Busbahnhof Tartu)

BUS

Busse in die Region und ins Ausland (S. 187) fahren vom **Busbahnhof Tartu** (Tartu Autobussijaam; ☎12550; Turu 2, Eingang Soola; ⏲6–21 Uhr) am Einkaufszentrum Tasku.

Wichtige Inlandsstrecken:

Kuressaare (18 €, 5½ Std., 2-mal tgl.)

Otepää (2–3,50 €, 1 Std., 10-mal tgl.)

Pärnu (9,60–12 €, 2¾ Std., 12-mal tgl.)

Tallinn (7–12 €, 2½ Std., mind. halbstündl.)

Viljandi (5,80 €, 1¼ Std., 14-mal tgl.)

FLUGZEUG

Der Flughafen Tartu (TAY; ☎605 8888; www.tartu-airport.ee; Lennu tn 44, Reola küla) liegt 9 km südlich vom Stadtzentrum. Die einzigen planmäßigen Flüge sind die täglichen Finnair-Verbindungen nach Helsinki (S. 188).

ZUG

Tartus schön restaurierter hölzerner **Bahnhof** (☎673 7400; www.elron.ee; Vaksali 6), erbaut 1877, liegt 1,5 km südwestlich der Altstadt am Ende der Kuperjanovi-Straße. Vier Express- (2½ Std.) und vier reguläre (2 Std.) Züge fahren täglich nach Tallinn (jeweils 11 €). Außerdem verkehren drei Züge täglich nach Sangaste (3,70 €, 1 Std.) und Valga (4,40 €, 70 Min.).

ℹ Unterwegs vor Ort

AUTO

In der Innenstadt sind für die Parkplätze von Montag bis Freitag zwischen 8 und 18 Uhr Gebühren fällig, im Juli auch am Wochenende. Man kann auf www.parkimine.ee eine Tageskarte (7,50 €) kaufen oder pro Stunde an den Parkuhren (0,50–1,50 €) bezahlen. Beim Club Atlantis an der Narva maantee 2 gibt's einen kostenlosen Parkplatz.

BUS

Tartu ist problemlos zu Fuß zu erkunden, es gibt jedoch auch städtische Busse. Einzelfahrscheine gibt's an den Kiosken für 0,83 € oder für 1 € beim Busfahrer. Man muss sie beim Einsteigen entwerten, wenn man keine Geldbuße riskieren will. An den Kiosken sind außerdem Tageskarten (2,50 €) erhältlich.

FAHRRAD

Fahrräder verleihen **Jalgratas** (☎742 1731; www.kauplusjalgratas.ee; Laulupeo 19; 14 € pro Tag; ⏲Mo–Fr 10–18, Sa 10–15 Uhr) und das Hostel Looming.

VOM/ZUM FLUGHAFEN

Der Flughafenshuttle von **Tartaline** (☎505 4342; www.tartaline.ee; Tickets 5 €) fährt 10 Minuten nach Ankunft eines Fluges vom Flughafen bzw. 80 Minuten vor jedem Abflug vom Tartu Kaubamaja. Abholung vom Hotel kann im Voraus gebucht werden. Taxis kosten etwa 10 €.

TAXI

Örtliche Taxiunternehmen sind z. B. **Takso Üks** (☎742 0000; www.taksod.ee; Grundgebühr

2,80 €, pro km 0,60 €) und **Tartu Taksopark** (☎730 0200; www.gotaksopark.ee; Grundgebühr 2,95 €, pro km 0,69 €).

Setomaa

Ganz im Südosten Estlands liegt die (politisch nicht als eigenständig anerkannte) Region Setomaa, die sich bis nach Russland hinein erstreckt. Kulturell ist diese Region ganz anders als das übrige Estland – ein interessantes Gebiet für einen kurzen Zwischenstopp.

Värska (1170 Ew.), der größte Ort im estnischen Setomaa, ist schon seit 5000 Jahren besiedelt. Er ist für seinen Heilschlamm und sein Mineralwasser bekannt, das überall in Estland verkauft wird. Die malerische Steinkirche von 1907 mit ihrem schattigen Friedhof unterstreicht noch die ländliche Idylle.

Das winzige Dorf **Podmotsa** an der Spitze der Halbinsel nordöstlich von Värska hatte einst enge Verbindungen zum Seto-Dorf Kulje auf der anderen Seite der Bucht in Russland. Die schöne orthodoxe Kirche von Kulje, einst Podmotsas Gemeindekirche, ist vom Seeufer klar erkennbar, genauso wie ein Grenzwachturm. Es ist schon ein merkwürdiges Gefühl, über das Wasser zu blicken, auf drei Seiten umringt von Russland, und sich zu fragen, ob man beobachtet wird. Der Dorffriedhof birgt drei alte Steinkreuze. In heidnischer Zeit stand in der Nähe ein heiliger Hain.

Die zwei klassischen Seto-Dörfer liegen einige Kilometer nördlich von Värska an der Westseite der Bucht von Värska. Zu sehen gibt's hier nicht so viel, aber die Nebenstraßen der Gegend eignen sich toll für Radtouren. In **Võpolsova** steht ein Denkmal für die Sängerin Anne Vabarna, die 100 000 Verse auswendig gekannt haben soll. Die Höfe in Võpolzova bestehen typischerweise aus einem Ring von Gebäuden, die sich um einen Innenhof gruppieren. Im benachbarten **Tonja** sind alle Häuser auf den See ausgerichtet, dem das Dorf auch sein Auskommen verdankt.

Für eine Mittagspause eignet sich das nette Dorf **Obinitsa**. Eine Statue der Seto-„Liedermutter" blickt ernst über den kleinen Obinitsa-See, der am einen Ende aufgestaut ist und über einen Badeponton verfügt.

Sehenswertes & Aktivitäten

Seto-Bauernhofmuseum MUSEUM
(Seto talumuuseum; www.setomuuseum.ee; Pikk 56, Värska; Erw./Kind 2/1 €; ⏲ Juni–Aug. Di–So 10–18 Uhr, Sept.–Mai Di–Sa 10–16 Uhr) Der von einer Holzskulptur des Gottkönigs Peko bewachte nachgebaute Hof aus dem 19. Jh. umfasst Ställe, Kornkammern und die ehemaligen Metall- und Töpferwerkstätten. Ein Besuch des einladenden Restaurants und des tollen Souvenirladens (der beste der Gegend) lohnen sich ebenfalls. Hier werden selbst gestrickte Fäustlinge und Strümpfe, Hüte, Puppen, Webstoffe, Bücher und traditionelle Seto-Musik verkauft.

Sandsteinhöhlen von Piusa BERGWERK
(Piusa Koopad; www.piusa.ee; ⏲ Mai–Mitte Sept. tgl. 11–18 Uhr, sonst Sa & So 12–16 Uhr) Piusa liegt auf einem fast 500 m dicken Band aus Sandstein. Von 1922 bis 1966 gab es hier einen großen Steinbruch; dann wurde entdeckt, dass der Stein zu 99 % aus Quarz bestand und sich perfekt für die Glasproduktion eignete. Das Ergebnis ist ein 22 km langes Netz aus riesigen aus dem Fels gehauenen Höhlen. Im Eintritt zum schicken Besucherzentrum mit Grassodendach ist eine Führung in den Eingangsbereich der Höhlen inbegriffen.

Im Besucherzentrum laufen Filme über die Geschichte und Ökologie der Stätte. Mittels einer interaktiven Computersimulation lassen sich die Tiefen erkunden und man kann ein großes Pendel in Bewegung setzen, das anmutige Bögen in den Sand auf dem Fußboden malt. Außerdem gibt's ein Café und einen Spielplatz.

Die Höhlen bilden das größte Überwinterungsquartier für Fledermäuse im Baltikum, darunter auch mehrere seltene Arten. Von Oktober bis April versammeln sich hier rund 3500 dieser Tiere aus einem Umkreis von 100 km. Die Führungen gehen nur bis zur Öffnung der Haupthöhle und nicht wirklich in die Höhlen hinein – aus Sicherheitsbedenken und zum Schutz der Fledermäuse. Selbst an sehr warmen oder sehr kalten Tagen liegt die Temperatur unter der Erde konstant bei 4 bis 5 °C – also warme Kleidung mitnehmen.

Außerdem ist hier der Ausgangspunkt des **Naturlehrpfads Piusa**, eines ruhigen, 1,4 km langen Rundwegs durch Kiefernwald und vorbei an Schützengräben des Zweiten Weltkriegs. Eine Reihe von Teichen wurde als Zufluchtsort für den seltenen Nördlichen Kammmolch angelegt.

Wer von Piusa Richtung Süden nach Obinitsa fährt, findet die Höhlen in der Nähe der Eisenbahnbrücke links ausgeschildert.

Seto-Hausmuseum Obinitsa MUSEUM
(Obinitsa Seto muuseumitarõ; ☎785 4190; www.obinitsamuuseum.ee; Erw./Kind 2/1 €; ⏲ Mitte Mai–

DIE SETOS

Die Kultur der in Setomaa lebenden Setos ist eine Mischung aus estnischen und russischen Traditionen. Die Setos sind wie die Esten ursprünglich finno-ugrischer Abstammung, wurden aber orthodox statt protestantisch. Der Grund dafür war, dass dieser Landesteil von Nowgorod und später Pihkva (russ.: Pskov) beherrscht und nicht wie der Rest Estlands von deutschen Baronen kontrolliert wurde.

Die Setos haben sich jedoch nie vollständig der russischen Lebensweise angepasst und über Jahrhunderte hinweg ihre Sprache bewahrt. Viele Elemente ihrer Sprache stehen dem Alt-Estnischen sogar näher als das heutige moderne Estnisch. Gleiches gilt für bestimmte Traditionen, z. B. den Brauch, Speisen auf das Grab eines Verstorbenen zu legen – vor der Christianisierung war dies eine allgemeine estnische Gepflogenheit.

Setomaa lag von 1920 bis 1940 im unabhängigen Estland, heute gehört der größere Teil zu Russland. Der Ort Pechory (estnisch Petseri) liegt 2 km hinter der Grenze in Russland und gilt als die „Hauptstadt" von Setomaa. Seine größte Sehenswürdigkeit ist ein Kloster aus dem 15. Jh., das viele für das ungewöhnlichste Kloster ganz Russlands halten.

Die Kultur der Setos scheint heute einem schleichenden, aber unaufhörlichen Prozess des Verschwindens unterworfen zu sein. Es wird zwar noch versucht, die Sprache zu unterrichten und zu erhalten und die Traditionen im Rahmen von Festen zu pflegen, aber die jüngere Generation passt sich immer schneller den modernen estnischen Lebensgewohnheiten an. Die seit 1991 unüberwindbare Grenze zu Russland hat die Gemeinschaft zusätzlich geschwächt.

Gegenwärtig sprechen in Estland rund 12 600 Menschen Seto, von denen aber nur etwa 3000 im estnischen Setomaa leben. Da die Setos auf der russischen Seite auf der Grundlage der Grenzen aus vorsowjetischer Zeit ein Anrecht auf estnische Staatsbürgerschaft haben, sind fast alle russischen Setos nach Estland umgezogen. Man schätzt, dass nur noch 200 auf russischer Seite leben; viele Setos benötigen heute also einen Pass, um die Kirchen und Gräber ihrer Vorfahren zu besuchen.

Die Dörfer von Setomaa sind ganz untypisch für Estland: In den festungsähnlichen Dörfern stehen sich die Häuser in Gruppen gegenüber und sind vielfach eingezäunt. Ganz anders dagegen die typisch estnischen Dörfer: Hier liegen die frei stehenden Höfe so weit wie möglich voneinander entfernt. Die orthodoxe Tradition sorgt anscheinend für einen engeren Gemeinschaftssinn.

Eine Besonderheit ist der große silberne Brustschmuck, der zur Tracht der Frauen gehört. Sonst zeichnen sich die Setos vor allem durch ihre Lieder aus. Setomaa ist bekannt für seine Sängerinnen, die immer wieder neue Texte improvisieren, während sie ihre Strophen singen. Die Lieder der Setos *(leelo)* sind vielstimmig – auf die gesprochenen Verse einer Sängerin folgt im Wechselspiel ein vom Chor gesungener Refrain. Der Gesang wird von keinem Instrument begleitet und wirkt sehr archaisch.

Neben der orthodoxen Religion hat der Kult um Peko überlebt, einen heidnischen Erntegott, auch wenn die Setos ihn heute eher als eine Art König sehen. *Pekolanõ,* das 8000-Zeilen-Epos in Seto, erzählt die Geschichte dieses ziemlich machohaften Gottes, dessen Riten nur Männern bekannt waren. Das Epos geht auf das Jahr 1927 zurück, als die populärste Seto-Volkssängerin, Anne Vabarna, die Geschichte zum ersten Mal hörte und spontan vertonte: Sie dichtete auf der Stelle ein Lied und sang es tapfer bis zur 8000. Zeile – angeblich, ohne zwischendurch viel Luft zu holen.

Informationen über die Region bieten die Websites www.setomaa.ee und www.visitsetomaa.ee.

Mitte Sept. tgl. 11–18 Uhr, sonst Mo–Fr 11–16 Uhr) Das Einraummuseum wartet mit Trachten, Wandteppichen, Kochutensilien und einigen alten Fotos auf, hat aber keine Erläuterungen auf Englisch. Hier kann man gut touristische Broschüren einsammeln.

Meremäe-Berg AUSSICHTSPUNKT

In einem solch flachen Land ist ein bescheidener 204-Meter-Huckel schon ein echtes Highlight. Dieser hier hat einen vierstöckigen Aussichtsturm. Er befindet sich gleich neben dem Ferienhof Setomaa, einem Komplex mit Tagungsräumen und Gruppenunterkünften, der oft mit Hochzeitsgesellschaften ausgebucht ist.

Bischofsburg Vastseliina BURG
(Vastseliina piiskopilinnus; www.vastseliina.ee/linnus; Vana-Vastseliina; Museum & Burg Erw./Kind 4/3 €, nur Burg 1 €; ⏲ Juni–Aug. tgl. 10–18 Uhr, Sept. Mi–So) Die stimmungsvolle, malerisch verfallene Burgruine erhebt sich hübsch auf einem hohen Steilhang über dem Fluss Piusa am Rand von Setomaa. Nur der Teil einer Mauer und drei zerbröckelnde Türme sind noch erhalten, allesamt beliebte Storchennistplätze. In einem benachbarten Gasthaus aus dem 17. Jh. ist ein Museum zur Geschichte der Burg und des Mittelalters (Pilgerfahrten, Folter, Hinrichtungen, Alchemie, Medizin, Tod usw.) eingerichtet worden.

Vastseliina (oder Neuhausen, wie es damals hieß) wurde 1342 von den Rittern des deutschen Livländischen Ordens an der damaligen Grenze zu Russland errichtet und war die mächtigste Festung in Alt-Livland. Sie florierte dank ihrer Lage an der Handelsroute von Pihkva nach Riga, aber sie war auch eine wichtige Pilgerstätte: Hier gab es ein wundersames weißes Kreuz, das praktischerweise plötzlich in der Kapelle aufgetaucht war. Nachdem die Burg im Jahr 1700, früh im Großen Nordischen Krieg, an die Russen gefallen war, wurde sie schließlich zerstört.

Der Eintritt zum Museum umfasst auch den Zugang zum Burggelände, wo man auf den Ruinen herumkraxeln und einen der Türme besteigen kann. Unmittelbar außerhalb der Burgmauern lässt sich auch noch eine kleine Kapelle besichtigen. Gegenüber vom Museum teilt sich ein **Kunsthandwerksladen** ein altes Steingebäude mit einem kleinen **Café**; hier gibt's Suppe, Kuchen und Pfannkuchen.

Die Burg ist Ausgangspunkt eines 15 km langen **Wanderwegs** zum Dorf Lindora.

Busse fahren von Võru (1,70 €, 1 Std., 4-mal tgl.) und Obinitsa (0,80 €, 20 Min., 3-mal tgl.) nach Vana-Vastseliina.

Festivals & Events

Tag des Königreichs von Seto KULTUR
(www.visitsetomaa.ee) Der Legende nach schläft der Seto-Gottkönig Peko Tag und Nacht in seiner Sandhöhle bei Pechory. Am Tag des Königreichs von Seto – der Tag wird alljährlich am ersten Samstag im August begangen – versammeln sich die Setos jedes Jahr in einem anderen Teil ihres Bezirks, um für ihr Königreich einen „Regenten" *(ülemtsootska)* zu bestimmen. Diese bunte Veranstaltung ist genauso faszinierend wie verrückt.

Die Bewerber für das Regentenamt müssen fließend Seto sprechen und von zehn ihrer Standesgenossen nominiert werden, außerdem muss ein traditioneller *leelo*-Chor ihr Begehren gesanglich unterstützen. Dann stellen sie sich auf einen Baumstumpf, während sich die Setos vor ihrem jeweiligen Favoriten versammeln.

Genauso wichtig wie die Wahl dieses Mannes, der quasi als Kulturbotschafter dient, ist die Bewahrung der traditionellen Kunsthandwerke der Setos. So finden auch Wettbewerbe statt, um die besten Handschuhstricker, Gürtelweber und Brot-, Bier-, Wein- und Käsehersteller zu ermitteln. Außerdem gibt's noch einen Kraftwettkampf.

Und so ist der Königshof perfekt: Bei den Feierlichkeiten werden traditionelle Seto-Lieder und -Tänze zum Besten gegeben und man wünscht sich gegenseitig alles Gute. Die Frauen tragen traditionelle Seto-Spitze und große, silberne Brustplatten und Halsketten, die jeweils bis zu 3 kg wiegen können. Am Ende des Tages werden die Toten geehrt und alle reihen sich in den Umzug der „Seto-Armee" ein und schwingen Bauernwerkzeuge und Ähnliches.

Verklärungsfest RELIGIÖSES FEST
Jedes Jahr am 19. August kommen Hunderte Setos nach Obinitsa, um an einer Prozession von der Kirche zum Friedhof teilzunehmen, der schon seit 1800 Jahren (also auch schon lange vor der Christianisierung) als Begräbnisstätte diente. Das Ganze endet mit einem gemeinsamen Picknick aus Äpfeln und Honig auf dem Friedhof, und den Verstorbenen wird Essen auf die Gräber gelegt.

Schlafen & Essen

Ferienzentrum Hirvemäe GÄSTEHAUS €€
(Hirvemäepuhkekeskus; ☎ 7976105; www.hirvemae.ee; Silla 6; EZ/DZ ab 33/57 €; P 📶) Die attraktive Pension an einem hübschen See bei der Brücke, die nach Värska hineinführt, hat komfortable Zimmer mit Holzfußböden. Auch zelten ist möglich. Das große Gelände umfasst einen kleinen Strand, Tennisplätze, einen Minigolfplatz, eine Sauna und einen Spielplatz. Das Speisenangebot des angeschlossenen Cafés ist knapp, einfach und preiswert (Suppe, Salat, Fleisch).

Seto-Teehaus SETO-KÜCHE €
(Seto tsäimaja; www.setomuuseum.ee; Pikk 56, Värska; Hauptgerichte 4,70–7 €; ⏲ Mitte Mai–Mitte

RUSSISCHE GRENZE

Der offizielle Grenzübergang nach Russland in dieser Gegend ist in Koidula, unmittelbar nördlich von Pechory (estnisch: Petseri), jedoch ist Setomaa übersät mit aufgegebenen Kontrollposten, anscheinend unbewachten Holzzäunen und unheimlichen Sackgassen mit einsamen Plastikschildern. Die Straße von Värska nach Saatse kreuzt die russische Zickzackgrenze und verläuft 2 km lang auf russischem Territorium; hier darf man nicht anhalten.

Das Überschreiten der Grenze an dafür offiziell nicht vorgesehener Stelle ist (selbst mit russischem Visum) illegal und kann die Verhaftung zur Folge haben. Hier in der Gegend wurde Ende 2014 ein estnischer Sicherheitsoffizier von russischen Soldaten verhaftet und später wegen Spionage zu 15 Jahren Gefängnis verurteilt. Die Esten meinen, dass er auf estnischer Seite gekidnappt wurde, während die Russen darauf beharren, dass er auf russischer Seite verhaftet wurde. Angesichts der derzeitigen Spannungen sollte man hier also keinerlei Risiko eingehen.

Sept. Di–Sa 11–19, So bis 17 Uhr, sonst Di–Sa 11–17 Uhr;) Das Lokal neben dem Seto-Bauernhofmuseum bietet in einem malerischen Blockhaus eine unschlagbare Kulisse für traditionelle Hausmannskost. Das Essen ist nicht sensationell (kalte Seto-Suppe, geräuchertes oder geschmortes Schweinefleisch, Hering mit saurer Sahne, Brathähnchen), aber das Restaurant ist ein Schmuckstück.

Taarka Tarõ Köögikõnõ SETO-KÜCHE €
(www.taarkatare.com; Obinitsa; Hauptgerichte 2–2,50 €; Mai–Sept. 10–20 Uhr;) Dieses lockere Lokal im Gemeindezentrum von Obinitsa serviert traditionelle Seto-Gerichte wie kalte Milchsuppe mit Tomaten, Gurken und Kopfsalat (überraschend gut!). Hier spricht man nur wenig Englisch.

Praktische Informationen

Touristeninformation Värska (512 5075; www.verska.ee; Pikk 12; Mitte Mai–Mitte Sept. Di–Fr 11–17, Sa & So bis 16 Uhr, sonst Mo–Fr 11–17 Uhr)

An- & Weiterreise

Auch diese Gegend lässt sich am allerbesten mit einem eigenen Auto oder mit dem Rad erkunden. Von Tartu (6,60 €, 1¾ Std., 8-mal tgl.) und Tallinn (14 €, 4¼ Std., 2-mal wöchentl.) fahren Busse nach Värska. Von Võru fahren Busse nach Obinitsa (2 €, 1 Std., 4-mal tgl.) und Meremäe (2 €, 1 Std., 3-mal tgl.).

Võru

12 500 EW.

Võru am Tamula-See empfängt Besucher mit einer Mixtur aus Holzhäusern des 19. Jhs., von denen viele ziemlich heruntergekommen aussehen, und einigen furchtbar hässlichen Bausünden aus der Sowjetzeit. Die größte Attraktion des Ortes ist sein sandiges Seeufer, das inzwischen mit einer neuen Promenade verschönert wurde und im Sommer zahlreiche Strandliebhaber anlockt.

Die Stadt wurde 1784 per Dekret von Katharina der Großen gegründet. Archäologische Funde aus der Gegend sind jedoch mehrere Tausend Jahre alt. Der berühmteste Einwohner der Stadt war aber weder ein Frühmensch noch eine Zarin, sondern der Dichter Friedrich Reinhold Kreutzwald (1803–1882), der mit seinem volkstümlichen Epos *Kalevipoeg* (Kalevs Sohn) zum Vater der estnischen Literatur wurde.

Sehenswertes

Dr.-F.-R.-Kreutzwald-Gedenkmuseum MUSEUM
(Dr. Fr. R. Kreutzwaldi memoriaalmuuseum; www.lauluisa.ee; Kreutzwaldi 31; Erw./Kind 2/1 €; Mi–So 10–17 Uhr) Das interessanteste Museum des Orts befindet sich in dem Haus, in dem Kreutzwald von 1833 bis 1877 lebte und als Arzt praktizierte. Das 1793 erbaute Haus zählt zu den ältesten des Ortes; hinter dem Gebäude gibt's einen hübschen Garten. Die Ausstellung befasst sich mit dem Leben und Wirken des Arztes. Der Schwerpunkt liegt natürlich auf seiner dauerhaftesten Hinterlassenschaft: dem Epos *Kalevipoeg*, das auf einer tiefgründigen Erforschung estnischer Volkslegenden gründet.

Eines der Nebengebäude widmet sich den Ausgaben von *Kalevipoeg* in einer überraschenden Vielzahl von Sprachen (darunter Mandarin und Hindi); dazu gibt's Buchillustrationen und andere von dieser Geschichte inspirierte Kunst.

Im Park am unteren Ende der Katariina allee in der Nähe des Sees steht ein Denkmal für den Schriftsteller.

Võrumaa-Regionalmuseum MUSEUM
(Võrumaa muuseum; Katariina allee 11; Erw./Kind 1,30/0,70 €; ⌚Mi–So 11–17 Uhr) Dieses Museum in einem der hässlichsten Gebäude der Stadt bietet mäßig interessante Ausstellungen zu Geschichte und Brauchtum der Region. Die Beschriftung ist auf Estnisch und Russisch, es ist aber eine Broschüre mit englischen Übersetzungen erhältlich. In einer Galerie finden wechselnde Ausstellungen mit vorwiegend heimischer Kunst statt.

Lutherische Katharinenkirche KIRCHE
(Katariina kirik; Jüri 9) Võrus wichtigste lutherische Kirche ist der frühchristlichen Märtyrerin Katharina geweiht, jedoch eigentlich zu Ehren von Zarin Katharina der Großen benannt. Sie wurde 1793 fertig gestellt, nur neun Jahre nach Gründung der Stadt. Die Pyramide über dem Türsturz ist ein Symbol der Dreifaltigkeit. Auf dem benachbarten Platz steht ein Denkmal aus Granit für die 17 Bewohner der Stadt, die 1994 beim Fährunglück der *Estonia* ums Leben kamen.

Orthodoxe Katharinenkirche KIRCHE
(Ekaterina kirik; Lembitu 1a; ⌚Mai–Sept. Sa 16–19, So 7–11 Uhr) Wie ihre lutherische Cousine ist auch die wichtigste orthodoxe Kirche zu Ehren der Gründerin des Orts, Katharina der Großen, der hl. Katharina geweiht. Die 1804 fertig gestellte elegante klassizistische Kirche krönen eindeutig russisch wirkende gerundete Türme. Das Kircheninnere birgt eine schöne Ikonostase sowie die sterblichen Überreste von Nikolai Bežanitski, einem von den Bolschewiken ermordeten Priester, der in der russisch-orthodoxen Kirche inzwischen als Heiliger verehrt wird.

Festivals & Events

Võru-Folklorefestival KULTUR
(Võru folkloorifestival; www.vorufolkloor.ee) Das Mitte Juli stattfindende Festival ist die größte und bunteste Veranstaltung der Stadt. Fünf Tage lang feiern Tänzer, Sänger und Musikanten in farbenfroher traditioneller Tracht ihre Kultur.

Schlafen & Essen

Kubija HOTEL €€
(☎786 6000; www.kubija.ee; Männiku 43a; EZ/DZ/Suite 69/79/129 €; P) Dieses ältere Hotel liegt versteckt an den bewaldeten Ufern des Sees am Südrand von Võru. Von außen sieht es vielleicht ein bisschen nach der alten Sowjetunion aus, aber die Zimmer sind aufgefrischt worden und das runderneuerte Wellnesszentrum ist eines der besten Estlands. Mutige Einheimische tummeln sich draußen in den Saunahäusern, um zum Abschluss ein sehr erfrischendes Bad im See zu nehmen.

Ränduri GÄSTEHAUS, KNEIPE €€
(☎786 8050; www.randur.ee; Jüri 36; EZ/DZ 45/55 €, Hauptgerichte 6–9 €; ⌚Kneipe 8–24 Uhr; P) Über der rustikalen, holzverkleideten Gaststube befinden sich zehn nette Zimmer, jedes thematisch und farblich besonders gestaltet – japanisch, ägyptisch, russisch etc. Die Kneipe im Erdgeschoss ist eines der besseren Lokale in Võru für ein einfaches herzhaftes Mahl, besonders mit Schweine- oder Hühnchenfleisch.

Spring Cafe CAFÉ €
(www.springcafe.ee; Petseri 20; Hauptgerichte 6–13 €; ⌚Mo–Sa 11–21 Uhr) Falls es mal keine Kneipe, sondern eher eine Café-Bar sein soll, ist dieses schicke Uferlokal ein Treffer. Es hat eine hübsche Terrasse, einen modernen Speiseraum mit Ziegel- und Holzdekor sowie einen gemütlichen Gastraum mit großen Fenstern im 2. Stock. Auch das Essen ist toll; Spezialität ist Schwein und Huhn vom Grill, außerdem gibt's Salate und typischere Cafékost.

Ausgehen & Unterhaltung

Õlle 17 KNEIPE
(www.olle17.ee; Jüri 17; ⌚So–Do 11–24, Fr & Sa bis 2 Uhr) Der gesellige Sport-Pub mit Billardtisch, Großbild-TV, Terrasse und umfangreicher Speisekarte ist ein beliebter Treff der Einheimischen.

Võru Kannel KINO, THEATER
(www.vorukannel.ee; Liiva 13) Im Garten hinter dem Kulturzentrum finden gelegentlich Konzerte und Volksfeste statt. Das Zentrum selbst dient auch als Kino- und Theatersaal der Stadt. Über geplante Veranstaltungen kann die Touristeninformation Auskunft geben.

Shoppen

Karma ANTIQUITÄTEN
(www.antiques.ee; L Koidula 14; ⌚Di–Fr 10.30–16, Sa 10–14 Uhr) Dies ist eins der besten Antiquitätengeschäfte Estlands und der perfekte Laden zum Stöbern. Hier findet jeder garantiert noch etwas, das er nicht zu Hause hat:

Helme aus dem Zweiten Weltkrieg, alte Sensen, Schlittenglocken, sowjetische Streichholzschachteln oder hölzerne Bierkrüge.

Praktische Informationen

Touristeninformation (☎ 782 1881; www.visitvoru.ee; Jüri 12, Eingang L Koidula; ⌚ Mitte Mai–Mitte Sept. Mo–Sa 10–17 Uhr, sonst Mo–Fr) Bietet einen Stadtplan und Infos über Feste, Attraktionen und Ferienhöfe im Bezirk Võru.

An- & Weiterreise

Wichtige Busverbindungen vom/zum **Busbahnhof** (Võru bussijaam; ☎ 782 1018; Vilja 2) von Võru:

Pärnu (14 €, 2¾ Std., tgl.)
Rõuge (0,75–3 €, 25 Min., 8-mal tgl.)
Tallinn (10–14 €, 4 Std., 10-mal tgl.)
Tartu (2–5,60 €, 1½ Std., 16-mal tgl.)
Valga (4,50 €, 2 Std., 2-mal tgl.)

Naturpark Haanja

Mit 169 km² voller dichter Wälder, glitzernder Seen und sich windender Flüsse umschließt dieses Schutzgebiet einige der schönsten Landschaften des Landes.

Das charmante Dorf **Rõuge** schmiegt sich inmitten sanfter Hügel an den Rand des leicht ansteigenden Ööbikuorg (Nachtigallental). Das Tal verdankt seinen Namen den Nachtigallen, die sich hier im Frühjahr zu ihrem eigenen „Sängerfest" versammeln. In dem Urstromtal verteilen sich sieben kleine Seen, darunter der tiefste See Estlands, der Suurjärv (Große See, 38 m) in der Mitte des Dorfes – ihm werden Heilkräfte nachgesagt. Auf dem Linnamägi, dem Berg oberhalb des Linnjärv (Stadtsee), stand vom 8. bis 11. Jh. eine altestnische Burg. Im 13. Jh. lebte hier der Heiler Rõugetaja, zu dem die Kranken von weither strömten. Vom Burgberg hat man einen schönen Blick über das Tal (Zugang hinter dem Nachtigallentalzentrum).

Das Nachtigallentalzentrum in Rõuge sowie die Touristeninformationen in Võru, Otepää und Tartu halten Karten und Informationen über die vielfältigen Wander- und Skilanglaufmöglichkeiten im Park bereit.

Sehenswertes & Aktivitäten

Suur Munamägi AUSSICHTSPUNKT
(www.suurmunamagi.ee; Treppe Erw./Kind 4/3 €, Aufzug 6 €; ⌚ Turm April–Aug. 10–20 Uhr, Sept. & Okt. bis 17 Uhr, Nov.–März Sa & So 12–15 Uhr) Der Suur Munamägi (wörtlich „Großer Eierberg") ist mit nur 318 m der höchste „Gipfel" des Baltikums – und wer nach dem bewaldeten Berg nicht direkt Ausschau hält, übersieht ihn leicht. Vom 1939 errichteten, 29 m hohen Aussichtsturm kann man an einem klaren Tag die Fernsehtürme von Tartu und die Zwiebeltürme der russischen Stadt Pihkva (Pskov) sehen sowie die sich in alle Richtungen endlos erstreckenden Wälder.

Im Erdgeschoss gibt's ein nettes Café mit Plätzen drinnen und draußen. An der Hauptstraße befindet sich ein weiteres, das Burger und Buttertoffees verkauft.

An der Straße von Võru nach Ruusmäe führen rund 1 km südlich des unscheinbaren Dorfs Haanja (13 km südlich von Võru) Treppen auf den Berg.

Marienkirche KIRCHE
(Maarja kirik; Haanja mnt 10, Rõuge; ⌚ Juni–Aug. Do–So 9–15 Uhr) Rõuges weißgetünchte Steinkirche stammt von 1730; sie ersetzte eine Kirche aus dem 16. Jh., die im Großen Nordischen Krieg zerstört worden war. Drinnen richtet sich das Hauptaugenmerk auf das von einem klassizistischen Relief eingerahmte Altarbild *Christus am Kreuz* (1854). Draußen erinnert ein Denkmal an die Ortsansässigen, die im Unabhängigkeitskrieg 1918–1920 fielen. In der Sowjetzeit war das Denkmal in einem Garten vergraben, um es vor der Zerstörung zu schützen.

Naturreservat Luhasoo NATURRESERVAT
(Luhasoo maastikukaitseala) Das Naturschutzgebiet in einer Moorlandschaft an der Grenze zu Lettland – es liegt außerhalb des Naturparks Haanja – bietet einen faszinierenden Einblick in Estlands Urgeschichte. Ein 4,5 km langer und gut markierter Weg bringt die Besucher zu mehreren Mooren und einem samtschwarzen See mit Venusfliegenfallen und Seerosen. Vielleicht erblickt man auch Elche und Rehe, von den Wölfen, Bären und Luchsen wird man aber wohl nur Spuren entdecken können.

Der Anfahrtsweg zum Naturlehrpfad führt über die Straße von Rõuge nach Krabi; nach der Bushaltestelle von Pärlijõe biegt links eine Straße Richtung Kellamäe ab.

Haanja Hikes OUTDOORAKTIVITÄTEN
(Haanjamatkad; ☎ 511 4179; www.haanjamatkad.ee; Fahrrad/Kanu 10/32 € pro Tag) Dieser Veranstalter in Võru verleiht Kanus und Fahrräder und veranstaltet außerdem Kanu- und Raftingexpeditionen (Kanu: 3–6 Std., Erw./

Kind 20/10 €; Rafting: 4–6 Std., 10-Pers.-Raft 200 €) sowie zweitägige Rad- und Wandertouren.

Schlafen & Essen

Wer im Park nächtigen möchte, tut dies am besten in Rõuge. Die Verpflegungsmöglichkeiten sind begrenzt, jedoch gibt's im Dorf einen kleinen Supermarkt und im Nachtigallentalzentrum ein kleines Sortiment köstlicher traditioneller Lebensmittel und Backwaren.

Ööbikuoru Puhkekeskus CAMPINGPLATZ €
(☎509 0372; www.visit.ee; Ööbikuoru 5, Rõuge; Stellplätze Erw./Kind 4/2 €, Hütten 9–15 € pro Pers., Haus 115 €) Von diesem Campingplatz fällt der Blick ins Tal der Nachtigallen. Wer nicht zelten will, kann in einfachen Holzhütten oder Ferienhäuschen (für bis 6 Pers.) übernachten. Auch Ruderboote (pro Std. 4 €), Kanus (4 €) und Fahrräder (2 €) werden verliehen und es gibt eine Sauna (2 Std. 30 €). Ööbikuoru liegt 600 m von der Hauptstraße entfernt. Die Zufahrt in Richtung Süden ist beschildert.

★ **Ööbikuoru Villa** HOTEL, CAFÉ €€
(☎509 9666; www.oruvilla.ee; Tiida küla; Zi. ab 58 €, Hauptgerichte 8–12 €; P 📶) Diese sich auf zwei benachbarte Gebäude an einem kleinen See verteilende Unterkunft ist wohl die erste Wahl in Rõuge sowohl zum Übernachten als auch zum Essen. Von den verschnörkelten Stilmöbeln darf man sich nicht täuschen lassen: Das Ganze ist mehr oder weniger nagelneu und die Zimmer sind so komfortabel und modern, wie man es sich nur wünschen kann. Unten im Cafe Andreas wird köstliches Mittag- und Abendessen im Bistrostil zubereitet.

Rõuge Suurjärve Külalistemaja GÄSTEHAUS €€
(☎524 3028; www.maremajutus.ee; Metsa 5, Rõuge; EZ/DZ 25/35 €, ohne Bad 11/22 €; P) Der perfekte Ort, um die Landschaft zu genießen und die Seele baumeln zu lassen. Vom hübschen Garten blickt man aufs Tal, und das große gelbe Haus (im Familienbetrieb) bietet eine Auswahl schnörkelloser Zimmer (die meisten mit Bad, einige mit Fernseher, wenige mit Balkon). Die Abzweigung zum Gästehaus befindet sich gegenüber der Marienkirche in Rõuge. Die Familie spricht kaum Englisch.

Praktische Informationen

Nachtigallentalzentrum (Ööbikuorg Keskus; ☎785 9245; ⏲Mitte Mai–Aug. 10–18 Uhr) An der Straße nach Haanja etwa 1,5 km östlich der Kirche von Rõuge ausgeschildert. Hier gibt's einen Informationsschalter mit Infos zu Wandermöglichkeiten in der Gegend sowie einen Kunstgewerbeladen und ein Geschäft, in dem Essen aus Lebensmitteln der Region verkauft wird (Snacks 1,50 €).

> NICHT VERSÄUMEN
>
> **NATIONALPARK KARULA**
>
> Feen, Geister und Hexen tummeln sich im 123 km² großen Nationalpark Karula mit seinen bewaldeten Erhebungen, kleinen Seen und alten steinernen Grabhügeln – zumindest der volkstümlichen Überlieferung zufolge. In der Mitte des Parks liegt der **Ähijärv**, ein schöner, von Wald und Schilf gesäumter See, der schon seit vorchristlicher Zeit als heilig gilt.
>
> Das am See gelegene **Besucherzentrum** (☎786 8360; www.keskkonnaamet.ee; Dorf Ähijärve; ⏲Mitte Mai–Mitte Sept. 10–18 Uhr) des Parks bietet Informationen und Karten zu den verschiedenen Wanderwegen. Eine Wanderung auf dem idyllischen, 4 km langen **Ähijärv-Pfad** um das Nordende des Sees und durch Wälder und Wiesen dauert rund 90 Minuten. Unterwegs kann man nach Spechten und Orchideen Ausschau halten.
>
> Der Park wird erschlossen durch eine teils unbefestigte Straße zwischen dem Dorf Mõniste im Süden und dem Ort Antsla im Norden.

An- & Weiterreise

Von Võru fahren Busse zum Dorf Haanja (0,70–1,40 €, 25 Min., 5-mal tgl.) und nach Rõuge (0,75–3 €, 25 Min., 8-mal tgl.).

Valga

12 400 EW.

Wer schon den Grenzübergang im Zentrum von Narva merkwürdig fand, wird sich in Valga noch mehr wundern. Dies war das einzige Gebiet, das nach dem Ersten Weltkrieg zwischen Lettland und Estland umstritten war. Ein hinzugezogener britischer Schlichter legte den bis heute gültigen Grenzverlauf fest – und teilte damit die Stadt. Das Ergebnis: Wer heute im Stadtzentrum herumläuft, wechselt ständig zwischen dem estnischen Valga und dem lettischen Valka. Glücklicherweise gibt's heutzutage keine Grenzkontrollen mehr (jedoch sollte man seinen Pass immer dabeihaben) und die beiden Stadtverwaltungen arbeiten bei Sachen wie der Touristeninformation und dem Busnetz zusammen.

Valga putzt sich langsam etwas mehr heraus, aber an die alten Holzhäuser und die Parks grenzen nach wie vor einige triste Industriegebiete. Wer mag, begibt sich auf die Spuren der blutigen Kriegsvergangenheit, bevor die Reise weitergeht. Zwar gibt es in Valka einige große Bunker und Soldatenfriedhöfe, doch die meisten interessanten Sachen befinden sich auf estnischer Seite.

Sehenswertes

Stadtmuseum MUSEUM

(www.valgamuuseum.ee; Vabaduse 8; Museum Erw./Kind 2/1 €, Galerie 1/0,50 €; Mi–Fr 11–18, Sa & So 10–15 Uhr) Das Museum residiert in einem Jugendstilgebäude, das früher ein Theater und eine Bank beheimatete. Es zeigt Ausstellungen zur Naturkunde, Archäologie, zu den Deportationen und zum Alltag während der Sowjetzeit und zum Ortshelden Alfred Neuland, der bei den Olympischen Spielen 1920 eine Goldmedaille im Gewichtheben gewann. Das heißt, es beschäftigt sich v. a. mit der Geschichte der Region. Die meisten Beschriftungen sind auf Estnisch, doch es sind Broschüren mit englischen Übersetzungen erhältlich. Bevor man sich in die angeschlossene Galerie begibt, kann man erstmal durch die Fenster spähen und schauen, ob die Ausstellung einen interessiert.

Johanneskirche KIRCHE

(Jaani kirik; Kesk 23) Diese merkwürdig proportionierte Kirche in der Nähe der Touristeninformation wurde 1816 errichtet und ist die einzige ovale Kirche Estlands. Das zweite Ruhmesblatt ist eine seltene Orgel aus dem 19. Jh.

Gedenkstätte Zweiter Weltkrieg DENKMAL

(Roheline) Im deutschen Kriegsgefangenenlager Stalag-351 starben geschätzte 29 000 Rotarmisten vorwiegend durch Erhungern, Erfrieren und Krankheit. Es befand sich in umgebauten Ställen in Priimetsa am Stadtrand von Valga. Von dem Lager ist nichts mehr zu sehen, nur ein schlichtes, bewegendes Denkmal mit dem Namen *Trauernde Mutter* erinnert noch daran. Später übernahmen die Sowjets das Lager und internierten hier deutsche Kriegsgefangene; 300 von ihnen sind in der Nähe unter den Tannen auf einem offiziellen Soldatenfriedhof bestattet.

Schlafen & Essen

Metsis HOTEL €€

(☎766 6050; www.hotellmetsis.com; Kuperjanovi 63; EZ/DZ ab 53/65 €, Hauptgerichte 8,50–13 €; P📶) Das in weitläufigen Rasenflächen eingebettete Hotel von 1912 ist die beste Unterkunft der Stadt, mit netten Zimmern, teils mit eigener Sauna und eigenem Whirlpool. Das Restaurant unten ist ebenfalls sehr gut, auch wenn die Jagdtrophäen nicht jedermanns Sache sind.

Voorimehe Pubi KNEIPE €

(☎767 9627; www.voorimehepubi.ee; J Kuperjanovi 57; Hauptgerichte 6–8,50 €) Die stimmungsvolle Kneipe mit viel dunklem Holz serviert sättigende Gerichte (Lachs, Schnitzel, Schweinefleisch u. Ä.). Am Wochenende legen DJs auf.

Praktische Informationen

Touristeninformation (☎766 1699; www.valgamaa.ee; Kesk 11; Mitte Mai–Mitte Sept. tgl. 10–17 Uhr, sonst Mo–Fr 10–17, Sa & So 10–14 Uhr) Stadtpläne und Infos für beide Teile der Stadt.

An- & Weiterreise

Der Busbahnhof und Bahnhof von Valga (☎512 0295; Jaama pst 10) liegt ein paar Straßen südöstlich der Stadtmitte.

BUS

Hierher fahren Busse aus Russland und Lettland. Wichtige Inlandsverbindungen:

Otepää (3,30 €, 1 Std., 4-mal tgl.)
Pärnu (10 €, 2½ Std., tgl.)
Tallinn (14 €, 4 Std., 6-mal tgl.)
Tartu (5,50–7 €, 1¾ Std., 5-mal tgl.)
Viljandi (6,50–7,20 €, 1¾ Std., 6-mal tgl.)

ZUG

Valgas historischer Bahnhof ist Endpunkt sowohl der estnischen als auch der lettischen Eisenbahn; wer etwa von Tartu nach Riga (S. 188) fährt, muss hier auf jeden Fall umsteigen. Auf estnischer Seite gibt's drei Direktverbindungen pro Tag nach Tartu (4,40 €, 70 Min.).

Sangaste

228 EW.

Es gibt zwei gute Gründe, an der Straße von Valga nach Otepää in diesem kleinen Dorf zu halten, und beide haben viel mit Roggen zu tun. Sangaste ist auch als „Roggenhauptstadt Estlands" bekannt, was in einem roggenverrückten Land sicher eine tolle Auszeichnung ist. Das verdankt der Ort v. a. den Bemühungen des hiesigen baltendeutschen Adligen Friedrich Georg Magnus von Berg (1854–1938), der als „Roggengraf" bekannt wurde. Er entwickelte eine Roggensorte, die heute in aller Welt angebaut wird.

Sehenswertes

Schloss Sangaste HISTORISCHES GEBÄUDE
(Sangaste Loss; www.sangasteloss.ee; Erw./Kind 3/2 €; ⏲10–18 Uhr) Der Einfluss des englischen Windsor Castle auf die Architektur des majestätischen Backstein-Herrenhauses ist unverkennbar. Es wurde 1881 für den „Roggengrafen" Friedrich von Berg errichtet und gilt als eines der schönsten Beispiele der Neogotik im Baltikum. Die Zeit hat ihre Spuren hinterlassen, doch können Besucher den imposanten achteckigen Ballsaal erkunden und über eine wackelige Treppe den Turm erklimmen.

Während die meisten Gutshäuser in der ersten Phase der estnischen Unabhängigkeit verstaatlicht wurden, tilgte der beliebte Graf das „von" aus seinem Namen und durfte bis zu seinem Tod im Alter von 93 Jahren als Bürgerlicher Friedrich Berg weiter hier leben. Später diente das Haus der Roten Armee als Kaserne, den Deutschen als Lazarett und nach dem Krieg als Kino und als Jugendcamp der sowjetischen Pioniere. Das Hotel und das Café, die es jetzt hier gibt, haben das anstaltsmäßige Flair nicht gänzlich abschütteln können, doch wird das Gebäude je nach Finanzlage langsam restauriert.

Schloss Sangaste liegt 3,5 km südöstlich des Hauptdorfes Sangastein, im Ort Lossiküla („Schlossdorf").

Andreaskirche KIRCHE
(⏲Mai–Aug. So 12–13.30 Uhr) Eine Theorie besagt, dass der Name Sangaste vom lateinischen *Sanguis Christi* (Blut Christi) herrührt. Dies bezieht sich auf eine Reliquie in der ursprünglichen Kirche aus dem 13. Jh. Das derzeitige Gotteshaus stammt von 1742; der barocke Giebelturm kam 1873 hinzu. Drinnen präsentiert sich die Kirche recht schlicht. Schön sind der Sternenhimmel im Altarraum und die Kalvarienbergszene über dem Altar, 1883 in München geschaffen.

Schlafen & Essen

Sangaste-Roggenhaus ESTNISCH €
(Sangaste Rukki Maja; ☎766 9323; www.rukkimaja.ee; Valga mnt 13; Hauptgerichte 7–8 €, EZ/DZ 35/45 €; P❄📶👪) Dieses gemütliche Restaurant feiert den Titel Sangastes als „Roggenhauptstadt Estlands" mit einer Speisekarte, die ganz im Zeichen dieses Getreides steht. Neben köstlichem Roggenbrot gibt es eine überraschende Vielfalt von traditionellen Suppen und Schweinefleisch-, Lachs- und Hühnchengerichten. Und wer hier nächtigen möchte: Oben finden sich saubere Zimmer zu günstigen Preisen.

An- & Weiterreise

Es gibt keinen Busbahnhof, jedoch täglich Busse nach:

Otepää (1,70 €, 30 Min., 6-mal tgl.)
Tallinn (13 €, 4 Std., tgl.)
Tartu (5 €, 1¼ Std., 3-mal tgl.)
Valga (2,20 €, 35 Min., 7-mal tgl.)

Otepää

1900 EW.

Der kleine Ort auf einem Hügel 44 km südlich von Tartu liegt inmitten einer malerischen Landschaft mit Wäldern, Seen und Flüssen. Esten lieben dieses Fleckchen Erde ganz besonders – wegen der Schönheit der Natur und den vielen Möglichkeiten zum Wandern, Radfahren, Schwimmen und Langlaufen. Der Ort ist Estlands „Winterhauptstadt" und an den Winterwochenenden ist hier einiges los. Das gesamte Gebiet wird auch scherzhaft „Estnische Alpen" genannt – was sich offensichtlich nicht auf irgendwelche Gipfel, sondern auf die schönen Loipen bezieht. Jedes Jahr im Februar beginnt hier der 63 km lange Tartu-Skimarathon; doch selbst im Sommer sind Profi-Athleten und Hobby-Enthusiasten auf Skirollern unterwegs.

Der Hauptteil von Otepää liegt um die Kreuzung der Fernstraßen nach Tartu, Võru und Valga herum, mit dem Hauptplatz, Geschäften und einigen Wohnstraßen. Ein kleines Wäldchen trennt diesen Teil von einer kleineren Siedlung am See 2 km südwestlich.

Sehenswertes

Pühajärv SEE
Der Legende nach entstand der 3,5 km lange und 8,5 m tiefe Pühajärv (Heiliger See) aus den Tränen der Mütter, die ihre Söhne in einer Schlacht verloren; die fünf Inseln sind demnach die Grabhügel der Gefallenen. So wird es jedenfalls im Epos *Kalevipoeg* beschrieben. Vorchristliche Traditionen sind hier noch recht lebendig; so finden jedes Jahr große Sonnenwendfeiern statt. Der be-

Otepää

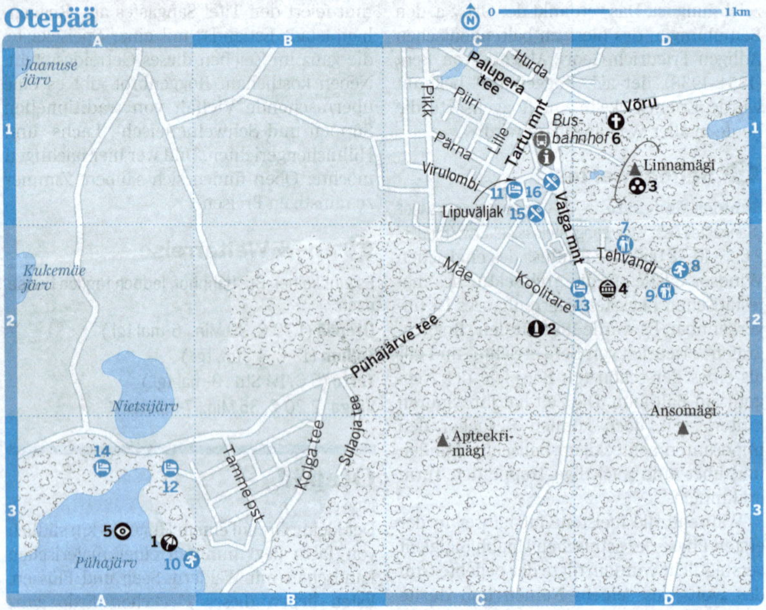

Otepää

Sehenswertes
1 Strand ... A3
2 Energiesäule ... C2
3 Linnamägi ... D1
4 Wintersportmuseum Otepää ... D2
5 Pühajärv ... A3
6 Marienkirche ... D1

Aktivitäten, Kurse & Touren
7 Fan-Sport ... D2
8 Waldabenteuerpark Otepää ... D2
9 Sportzentrum Tehvandi ... D2
10 Veesõidukite Laenutus ... A3

Schlafen
11 Edgari Külalistemaja ... C1
12 GMP Clubhotel ... A3
13 Murakas ... D2
14 Spa & Ferienresort Pühajärve ... A3

Essen
Edgari Pood ... (s. 11)
15 l.u.m.i. ... C1
16 Oti Pubi ... C1
Pühajärve Pub ... (s. 14)
Restaurant Pühajärve ... (s. 12)

liebte **Strand** (Ranna tee) am Nordostufer lockt mit Wasserrutschen, einem Badeponton und einem Café und wird im Sommer von Rettungsschwimmern bewacht.

Als der Dalai Lama 1991 nach Tartu kam, segnete er den See; an seinen Besuch erinnert ein radförmiges **Denkmal** beim Sandstrand.

Um den See herum führt ein 13 km langer Weg, der jedoch meist der Straße folgt und daher nicht so interessant ist. Erheblich schöner ist der 3,5 km lange **Murrumetsa-Wanderweg**. Der Rundweg beginnt beim Pühajärve Spa Hotel, schlägelt sich gegen den Uhrzeigersinn um den See herum, über eine sumpfige Wiese und schließlich durch ein schönes Birken-, Erlen- und Fichtenwäldchen.

Energiesäule WAHRZEICHEN
(Energiasammas; Mäe) Wer sich nach der Wanderung um den See etwas schlapp fühlt, kann an diesem merkwürdigen, mit Bären verzierten Pfahl neue Energie auftanken. Er wurde 1992 aufgestellt, nachdem Menschen mit medialen Fähigkeiten schon lange den Glauben daran verbreitet hatten, dass diese Gegend positive Energie ausstrahlt.

Wintersportmuseum Otepää MUSEUM
(Otepää talispordimuuseum; www.spordimuuseum.ee; Tehvandi-Stadionhaus, Valga mnt 12; Erw./Kind 1,50/1 €; ⌚ Mi–So 11–16 Uhr) Das große, schicke

Tehvandi-Stadion, in dem Fußballspiele und Skievents stattfinden, zeugt von der Sportbesessenheit Otepääs. Unter der Haupttribüne zeigt dieses Museum in zwei Räumen Sportausrüstung und -bekleidung sowie Medaillen einiger der berühmtesten Wintersportler des Landes. Wer sich jetzt zu sportlichen Höchstleistungen angestachelt fühlt, kann am Tresen ein Frisbee (4 €) leihen und auf dem nahen Parcours eine Runde „Diskusgolf" spielen.

Linnamägi RUINEN

Der hübsche baumbestandene Berg südlich der Kirche war zu altestnischer Zeit 800 Jahre lang eine Festung, ehe er 1224 mit einer Bischofsburg gekrönt wurde. Der Berg ist als „Bärenkopf" *(oti pää)* bekannt – daher stammt der Name des Orts. Oben auf dem Berg sind noch immer Überreste der Festungsanlagen zu sehen; außerdem eröffnet sich von hier ein wunderbarer Ausblick auf die umliegenden Täler. 1396 wurde die Burg während einer Schlacht zwischen dem Bischof von Tartu und dem Livländischen Orden größtenteils zerstört.

Marienkirche KIRCHE

(Maarja Luteri kirik; Võru mnt; ⌚ Mitte Mai–Mitte Sept. Di–Sa 10–19 Uhr) Die neogotische lutherische Kirche auf dem Hügel von Otepää stammt von 1671, wurde aber 1890 umfassend umgebaut. Im Inneren wartet sie mit feinen Holzschnitzarbeiten, tief hängenden Kronleuchtern und einer eindrucksvollen Kreuzigungsszene (1880) über dem Altar auf. Hier weihte der Estnische Studentenverein seine neue blau-schwarz-weiße Fahne, die später zur Flagge des unabhängigen Estlands wurde. Draußen erinnern Flachreliefs beiderseits der Kirchentüren an dieses Ereignis; sie wurden ursprünglich 1934 angebracht, während der Sowjetzeit zerstört und 1989 erneut angebracht.

Gegenüber dem Hauptportal befindet sich ein kleiner Erdhügel mit einem Denkmal für die Gefallenen des Unabhängigkeitskrieges von 1918–1920. Der obere Teil des Denkmals war von 1950 bis 1989 eingegraben, um ihn vor der Zerstörung zu schützen.

Aktivitäten

Die Touristeninformation hat Karten und Infos über die Wander-, Rad- und Skilanglaufwege im Park, von kurzen Wegen für Familien mit Kindern bis zu einer 20 km langen Route. Sie informiert auch über weitere Aktivitäten in der Region wie Reiten, Frisbee-Golf und Golf im Sommer oder Schlauchrodeln, Schlittenfahren und Schneemobilsafaris im Winter.

Die nächstgelegenen Langlaufloipen beginnen am Stadtrand beim Tehvandi-Sportzentrum. Gute Routen gibt's auch beim Kääriku-See.

Wem der Sinn nach einem Kanu- oder Raftingtrip steht, sollte ein oder zwei Tage vorher anrufen. Die Anbieter holen ihre Teilnehmer vom Hotel ab, bringen sie zum See und nachher auch wieder zurück.

Waldabenteuerpark Otepää ABENTEURSPORT

(Otepää seikluspark; ☎ 504 9783; www.seikluspark.ee; Tehvandi 3; ⌚ Mai–Okt. 10–19 Uhr) Hier kann man die Baumwipfel auf einem Hochseilparcours (Erw./Kind 20/10 €) oder das Unterholz auf einem Abenteuerweg für Kinder (Größe 90–120 cm, 5 €) erkunden. Oder man schwingt sich per Zipline (Erw./Kind 8/6 €) bis zum Linnamägi oder lässt sich mit dem Bungee-Katapult (6 €) hoch in die Lüfte schießen.

Sportzentrum Tehvandi SKIFAHREN, RADFAHREN

(Tehvandi spordikeskus; ☎ 766 9500; www.tehvandi.ee; Tehvandi; Skitrainingsbahn 6 € pro Tag, mit Skispringen 12 €, Schießen 12 €) Das ehemalige Trainingszentrum für das olympische Wintersportteam der Sowjetunion mit großem Hotel ist ein Mekka für alle möglichen Winter- und Sommeraktivitäten wie z. B. Skilanglauf, Skisprung, Schießen, Radfahren, Rollskifahren und Eislaufen. Außerdem gibt es hier eine 34 m hohe Kletterwand mit Aussichtsplattform am Schanzenturm (Aufzug/Treppe 2/3 €).

Kuutsemäe SKIFAHREN

(☎ 766 9007; www.kuutsemae.ee; Tagespass Mo–Fr 17 €, Sa & So 20 €) Wichtigster Besuchermagnet der Region ist zwar der Skilanglauf, aber dieses Skigebiet hat auch sechs bescheidene Abfahrten mit einer Länge von 214 bis 476 m zu bieten. Dies ist das am besten erschlossene Skigebiet der Region, mit Gasthaus, Unterkünften und einer Ski- und Snowboard-Schule. Das Gebiet befindet sich 14 km westlich von Otepää am Kuutsemägi.

VeeTee KANUFAHREN, RAFTING

(☎ 506 0987; www.veetee.ee) Bietet Kanu- und Raftingtrips auf den Flüssen Ahja und Võhandu sowie auf den kleinen Seen im Kooraste-Tal (20 € pro Pers.). Verleiht außerdem Skier und Snowboards und bietet Unterricht.

Toonus Pluss KANUFAHREN, SKIFAHREN
(☎505 5702; www.toonuspluss.ee) Hat sich auf Kanutouren im Tal des Flusses Ahja spezialisiert; bei individuellen Trips können Kanufahrten, Wanderungen und Mountainbiketouren kombiniert werden. Auch Skiverleih und Unterricht.

Fan-Sport WINTERSPORT
(☎507 7537; www.fansport.ee; Tehvandi) Verleiht im Winter im Hotel Karupesa Langlaufskier (3 Std./Tag 7/13 €), Abfahrtsskier (10/13 €) und Snowboards (10/13 €) und bietet Skiunterricht.

Veesõidukite Laenutus BOOTFAHREN
(☎5343 6359; Ranna tee 5; ⌚Juni–Aug. 10–19 Uhr) Verleiht am Strand am Nordostufer des Pühajärv Ruderboote (10 €), Kanus (8 €), Kajaks (6 €) und Tretboote (8 €); alle Preise pro Stunde.

Safaripark Paap Kõlar WINTERSPORT
(Paap Kõlari Safarikeskus; ☎505 1015; http://safarikeskus.paap.ee/; Dorf Nüpli; Einführung 25 €, 90 € pro Std.; ⌚Jan.–März) Für die Erkundung der winterlichen Traumlandschaft können hier Zwei-Personen-Schneemobile gemietet werden (Reservierung erforderlich). Von deselben Leuten betrieben wie das Surf Paradiis auf Hiiumaa.

Festivals & Events

Tartu-Skimarathon SPORT
(www.tartumaraton.ee) Otepää ist jedes Jahr im Februar Startpunkt des berühmten 63 km langen Skimarathons nach Elva, der jährlich 10 000 Teilnehmer anzieht. Der Organisator veranstaltet im Laufe des Jahres auch andere Sportereignisse (Straßenradrennen, Mountainbike-Rennen, Wettläufe usw.) in und um Tartu.

Schlafen

Die Nebensaison dauert hier von April bis Mai und von September bis November; die Hotels sind dann 10 bis 15 % billiger. Am höchsten sind die Preise an Wochenenden in der Hauptsaison.

Murakas HOTEL €€
(☎731 1410; www.murakas.ee; Valga mnt 23a; EZ/DZ 45/50 €; P 📶) Mit nur zehn Zimmern wirkt das Murakas eher wie eine größere Pension als ein Hotel. Gestreifte Teppiche, helles Holz und Balkone verleihen den Zimmern ein Gefühl der Frische und auch der Frühstücksraum unten präsentiert sich ähnlich luftig.

Spa & Ferienresort Pühajärve RESORT €€
(☎766 5500; www.pyhajarve.com; Pühajärve tee; EZ/DZ/Suite ab 60/75/125 €; P @ 📶 🏊) Das Beste an diesem großen weißen Komplex ist seine Lage auf ausgedehnten Rasenflächen direkt am See. Toll ist auch die wunderbare Schwimmhalle mit Seeblick. Ansonsten herrscht in der Anlage noch ein gewisses sowjetisches Flair. Die Zimmer sind zwar groß genug, aber recht spartanisch.

Edgari Külalistemaja GÄSTEHAUS €€
(☎766 6550; http://edgari.otepäält.ee; Lipuväljak 3; EZ/DZ 25/50 €; 📶) Das Gästehaus befindet sich auf den oberen Etagen eines hübschen Backsteinhauses mitten im Zentrum; unten gibt's einen Feinkostladen und ein Café. Einige Zimmer sind winzig, andere größer und mit Balkon. Sie werden alle zum selben Preis vermietet – am besten fragt man also bei der Buchung nach einem großen.

GMP Clubhotel APARTMENT €€€
(☎799 7000; www.clubhotel.ee; Tennisevälja 1; Apt. ab 120 €; P 📶) Das superschicke Gebäude am See ist mit kleinen Küchen, tollen Möbeln, bequemen Betten und übergroßen Fotos eingerichtet. Die Krönung des Ganzen sind die beiden luxuriösen, nach Geschlechtern getrennten Saunen im obersten Geschoss; sie sind abends geöffnet für Leute, die den Sonnenuntergang schwitzend begehen möchten.

Essen & Ausgehen

l.u.m.i. CAFÉ €
(☎742 4020; www.lumikohvik.ee; Munamäe 8; Hauptgerichte 5,50–13 €; ⌚Mo–Do 12–20, Fr & Sa bis 23, So bis 18.30 Uhr) Das Hippie-Manifest am Anfang der Speisekarte informiert die Gäste, dass *lumi* „Schnee" bedeutet. Hinter dem ganzen Gerede von guter Energie verbirgt sich aber ein eher traditionelles Angebot an Nudel-, Fisch-, Schweinefleisch-, Lamm- und Hühnchengerichten. Die groovige Atmosphäre verdankt sich dem zusammengewürfelten Mobiliar und einigen coolen Besteck-Lampenschirmen. Eine sehr gute Wahl!

Edgari Pood BÄCKEREI, FEINKOST €
(http://edgari.otepäält.ee; Lipuväljak 2; Backwaren 0,80 €; ⌚Mo–Fr 8–18, Sa 9–15 Uhr) Hier kann man sich mit Wurst und Wodka eindecken oder Backwaren für ein billiges, aber köstliches Frühstück erstehen.

Oti Pubi KNEIPE €€
(www.otipubi.ee; Lipuväljak 26; Hauptgerichte 7–13 €; ⌚10–24 Uhr; 📶) Der mit allen möglichen Skiutensilien dekorierte zwanglose „Bären-

pub" in einem achteckigen Gebäude im Stadtzentrum hat seine treuen Stammgäste und ist gut für einen Drink oder auch eine Mahlzeit, solange man auf der Karte nichts Außergewöhnlicheres als Suppe, Pasta, Pizza und Grillgerichte erwartet.

Restaurant Pühajärve MODERN EUROPÄISCH €€
(☎799 7000; www.clubhotel.ee; Tennisevälja 1; Hauptgerichte 9–18 €; ⌚12–22 Uhr) Von den 1960er- bis zu den 1980er-Jahren war dies das berühmteste Restaurant in Otepää, aber mit dem Zerfall der Sowjetunion ging auch das Restaurant den Bach hinunter. Mit der Eröffnung des benachbarten Clubhotels wurde ihm jedoch neues Leben eingehaucht. Auf einer Terrasse oberhalb des gleichnamigen Sees bietet das Pühajärve jetzt köstliche Gerichte.

Pühajärve Pub KNEIPE €€
(☎766 5500; www.pyhajarve.com; Pühajärve tee; Hauptgerichte 6–19 €; ⌚So–Do 11–23, Fr & Sa bis 1 Uhr) Die lockere, ganztägig geöffnete Kneipe des Seehotels spricht mit ihrer umfangreichen Karte ein breites Publikum an, so auch Kinder und Vegetarier. Schön ist die Sonnenterrasse, aber auch drinnen – mit Billardtischen und Kamin – lässt es sich gut aushalten.

★ **Mr Jakob** MODERN ESTNISCH €€€
(☎5375 3307; www.otepaagolf.ee; Mäha küla; Hauptgerichte 14–18 €; ⌚12–21 Uhr; 📶) Otepääs bestes Restaurant versteckt sich beim Golfclub 4 km westlich des Pühajärv. Die Karte ist so modern und verspielt wie die Einrichtung: Aus alten estnischen Klassikern wie Schweinerippchen und marinierten Heringsfilets werden ziemlich außergewöhnliche Gerichte geschaffen. Dazu kommen noch ein superfreundlicher Service und tolle Ausblicke über den Golfplatz und die umliegenden Felder.

ℹ Praktische Informationen

Touristeninformation (☎766 1200; www.otepaa.eu; Tartu mnt 1; ⌚Mitte Mai–Mitte Sept. Mo–Fr 10–17, Sa & So bis 15 Uhr, sonst Di–Fr 10–17, Sa bis 15 Uhr) Die fachkundigen Mitarbeiter verteilen Karten und Broschüren und geben Tipps zu Aktivitäten, Unterkünften und geführten Touren in der Region.

ℹ Anreise & Unterwegs vor Ort

Der **Busbahnhof** (Tartu mnt 1) ist neben der Touristeninformation. Es fahren Busse u. a. nach:

Narva (10 €, 4¼ Std., 2-mal wöchentl.)
Sangaste (1,70 €, 30 Min., 6-mal tgl.)
Tallinn (13 €, 3½ Std., tgl.)
Tartu (2–3,50 €, 1 Std., 10-mal tgl.)
Valga (3,30 €, 1 Std., 4-mal tgl.)

SÜDWESTESTLAND

Die Hauptattraktion dieses Teils des Landes sind die Strände. Mit seinem schönen Sandstrand zieht Pärnu während des Sommers Heerscharen von Urlaubern an. Aus Tallinn und Tartu kommen wegen der vielen Clubs junge Partygänger, Busladungen voller älterer Menschen strömen in die Kuranlagen mit ihren Schlammanwendungen.

Östlich von Pärnu erstreckt sich der Nationalpark Soomaa, der in einer Landschaft aus Weiden und Mooren eine artenreiche Tier- und Pflanzenwelt schützt. Östlich des Nationalparks liegt das entspannte regionale Unterzentrum Viljandi, ein Mekka für Folkloristisches, besonders Musik.

Viljandi

17 600 EW.

Viljandi ist mit seiner Lage in einem malerischen Tal und dem stillen See in der Mitte eine der hübschesten Städte Estlands. Im 13. Jh. errichtete der Schwertbrüderorden an diesem Ort eine Ordensburg. Die Stadt selbst trat später der Hanse bei, jedoch gaben sich auch hier in der Folgezeit Schweden, Russen und Polen die Klinke in die Hand. Beim Flanieren durch das kleine Zentrum mit seiner stimmungsvollen Burgruine und seinen historischen Gebäuden und üppigen Grünflächen entsteht schnell der Eindruck, als sei die Zeit stehen geblieben.

Wer Ende Juli kommt, sollte unbedingt vorher sein Zimmer buchen: Das viertägige Folkfestival Viljandi ist Estlands größtes Musikfest.

Sehenswertes

Die Altstadt nördlich der Burg ist von hübschen Holzhäusern mit feinen Verzierungen gesäumt, weiter außerhalb trübt sich das nette Bild dann jedoch ein.

> **ℹ VILJANDI-DREIERTICKET**
>
> Für das Viljandi-Museum, das Kondas-Zentrum und den Alten Wasserturm ist ein Kombiticket (Erw./Kind 5/3 €) erhältlich.

Südwestestland

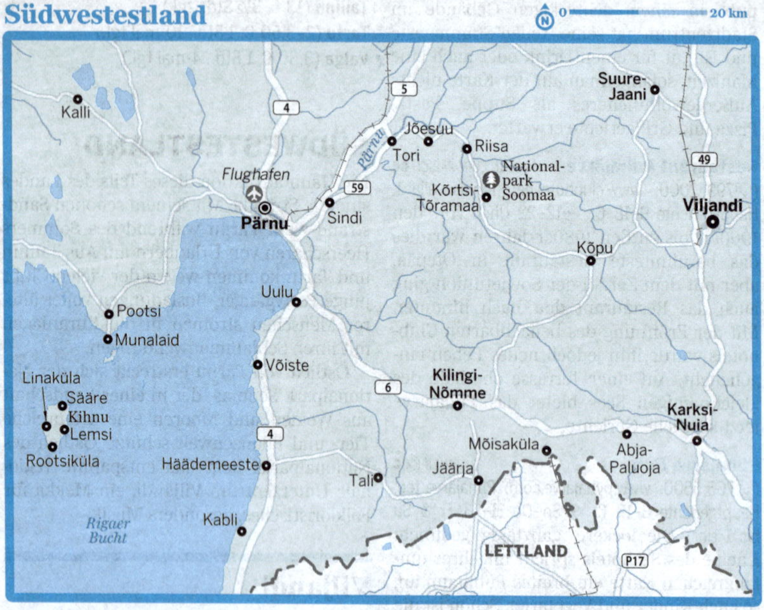

★ Ordensburg Viljandi

BURG

(Viljandi ordulinnus; Lossimäed) GRATIS In einem üppigen Park bilden die kargen Überreste von Viljandis Burg einen malerischen Anblick. Zudem bieten sich von hier oben weite Ausblicke über das Tal und den See. Die 1224 von den Schwertbrüdern auf drei kleinen, durch Schluchten getrennten Hügeln errichtete Festung ersetzte eine seit dem 9. Jh. bestehende estnische Festungsanlage. Nach dem Polnisch-Schwedischen Krieg im 17. Jh. verfiel die Burg langsam.

Heute sind nur noch kleine Mauer- und Fundamentreste übrig, doch auf interessanten Infotafeln ist die Burganlage beschrieben. Einen der Zugänge zur Burg bildet eine elegante, 50 m lange Fußgänger-Hängebrücke, die 1879 für Burgruinen in Tarvastu gebaut und erst 1931 hierher versetzt wurde.

Auf einem kleinen Friedhof im hinteren Bereich des Burgparks liegen deutsche Soldaten begraben, die hier im Zweiten Weltkrieg ihr Leben ließen.

Johanneskirche

KIRCHE

(Jaani Kirik; Pikk 6; ⏲ Mitte Mai–Mitte Sept. Mo–Sa 11–18, So 9–18 Uhr) Die mittelalterliche lutherische Kirche mit blassgrauer Farbgebung und Steinaltar wurde restauriert und somit aus ihrem Sowjetdasein als Möbellager erlöst. Ursprünglich gehörte das Gotteshaus zu einem Franziskanerkloster des 15. Jhs. – daher das Buntglasbild des Heiligen rechts vom Altar –, und wer genau hinschaut, erkennt über dem Bogen, der vom Vorbau in die eigentliche Kirche führt, die Reste der vorreformatorischen Bemalung.

Kondas-Zentrum

GALERIE

(Kondase keskus; www.kondas.ee; Pikk 8; Erw./Stud. 2/1 €; ⏲ Jan.–März Mi–Sa 10–17 Uhr, April & Sept.–Dez. Mi–So, Mai–Aug. tgl. 11–18 Uhr) Die Galerie zeigt die farbenfrohen Arbeiten des estnischen Malers Paul Kondas (1900–1985) und anderer autodidaktischer Künstler, die jenseits des Mainstreams agierten. Sie ist die einzige Galerie Estlands, die sich mit naiver Kunst befasst, und nicht schwer zu finden – in einer wundervollen Anspielung auf Kondas' Werk *Erdbeerenesser* von 1965 weisen die Stängel aller im Ort verteilten riesigen Erdbeeren auf die Galerie.

Stadtmuseum

MUSEUM

(☎ 433 3316; www.muuseum.viljandimaa.ee; Laidoneri plats 10; Erw./Kind 2/1 €; ⏲ April & Sept.–Dez. Di–Sa 10–17 Uhr, Mai–Aug. tgl. 11–18 Uhr) Das bescheidene zweistöckige Museum am alten Marktplatz dokumentiert die Geschichte der Stadt von der Steinzeit bis zur Mitte des 20. Jhs. Gezeigt werden Trachten, ausgestopfte Tiere, alte Fotos, Schmuck aus der

Wikingerzeit und ein Modell der ursprünglichen Burg, so wie sie wahrscheinlich aussah. Nur wenige englische Erläuterungen.

Alter Wasserturm AUSSICHTSPUNKT
(Vana veetorn; www.sakalakeskus.ee; Laidoneri plats 5; Erw./Kind 2/1 €; ⌚Mai–Aug. 11–18 Uhr, Sept. Di–Sa 10–17 Uhr) Vom etwas merkwürdig ausschauenden, 30 m hohen Backstein-Wasserturm mit seinem sechseckigen Holzaufbau, einem der bekanntesten Wahrzeichen von Viljandi, bieten sich schöne Ausblicke übers Land.

Viljandi järv SEE
Der von der Straße Pikk über einen steilen Pfad zu erreichende See ist an warmen Sommertagen ein beliebtes Plätzchen für ein Bad. Alle üblichen Kennzeichen eines estnischen Strands wie Volleyballfeld, Cafés und Bootsverleih sind vorhanden und nicht weit vom Ufer gibt's einen Badeponton. Zur Sonnenwendfeier finden hier die wichtigsten Feierlichkeiten statt.

Paulskirche KIRCHE
(Pauluse kirik; Kiriku 5; ⌚Juni–Aug. Di–Fr 10–15, So bis 13 Uhr) Die 1866 errichtete lutherische Kirche ist ein großer neogotischer Backsteinbau, der ein wenig trutzig wirkt. Im Innern gibt's eine Holzkanzel und eine Galerie sowie über dem Altar eine große Kreuzigungsszene.

Geführte Touren

Stadtrundgang STADTFÜHRUNG
(Erw./Kind 1/0,50 €; ⌚Juni–Aug. 13 Uhr) Im Sommer beginnt vor der Touristeninformation jeden Tag für wenig Geld eine einstündige Stadtführung auf Englisch und Estnisch. Bezahlt wird in der Touristeninformation.

Festivals & Events

Hansetage KULTUR
(www.hansa.viljandi.ee; Hansapäevad) Historisches Stadtfest an einem langen Wochenende Anfang Juni.

Festival Alter Musik MUSIK
(Viljandi vanamuusika festival; www.vivamu.ee) Bei dem Mitte Juli in den Kirchen und Konzertsälen der Stadt stattfindenden einwöchigen Festival werden mit historischen Instrumenten alte Musikformen dargeboten.

Viljandi-Folkfestival MUSIK
(Viljandi pärimusimuusika festival; www.folk.ee) Mit Abstand das bedeutendste Ereignis des Festkalenders ist das enorm beliebte viertägige Volksmusikfest, das um das letzte Juliwochenende herum stattfindet und für seine freundliche, entspannte Stimmung und das enorme Aufgebot an ausländischen Künstlern bekannt ist. Für die Dauer der Veranstaltung verdoppelt sich die Einwohnerzahl der Stadt: Über 20 000 Besucher lauschen den mehr als 100 Konzerten.

Schlafen

Hostel Ingeri GÄSTEHAUS €€
(☎433 4414; www.hostelingeri.ee; Pikk 2c; EZ 29 €, DZ 40–45 €; P 📶) Die Pension mit sechs Zimmern an einer der schönsten Straßen von Viljandi hat ausgesprochen gute und günstige Zimmer – alle mit Bad und TV. Grünpflanzen und eine Gästeküche schaffen eine heimelige Atmosphäre und die Lage am Park könnte gar nicht schöner sein.

Grand Hotel Viljandi HOTEL €€
(☎435 5800; www.ghv.ee; Tartu 11; EZ/DZ 76/98 €; P 📶) Das einigermaßen schicke Hotel im Herzen der Altstadt von Viljandi beeindruckt mit Art-déco-Zimmern, dunklem Holz, Satinstühlen, großen Fenstern und Teppichen mit ziemlich gewagten Mustern. Davor hat im Sommer ein nettes Café seine Tische und das gepflegte Restaurant serviert Gerichte à la carte. Zu erkennen ist das Hotel am Schild mit der Aufschrift „EVE" (so heißt das 1938 errichtete Gebäude, in dem es sich befindet).

Villa Hilda GÄSTEHAUS €€
(☎433 3710; www.hildavilla.ee; Valuoja pst 7; Zi. 46–84 €; P 📶) Das heimelige Gästehaus macht von außen nicht viel her, beeindruckt drinnen aber mit zahlreichen Ausstattungsmerkmalen der 1930er-Jahre: polierten Holzböden, alten Öfen und einigen wunderbaren Möbelstücken. Von den nur drei Zimmern verfügt eins über einen Balkon mit Blick auf den Park.

Endla GÄSTEHAUS €€
(☎433 5302; www.reinup.ee; Endla 9; EZ/DZ ab 30/35 €; @ 📶) Das kleine Gästehaus an einer ruhigen Seitenstraße nördlich des Busbahnhofs wirkt leicht schweizerisch. Die einfachen Zimmer sind schick eingerichtet und makellos in Schuss.

Essen & Ausgehen

Die Speisemöglichkeiten sind in Viljandi für eine Stadt dieser Größe und Bedeutung eher bescheiden, dafür gibt's aber ein paar nette Kneipen.

Viljandi

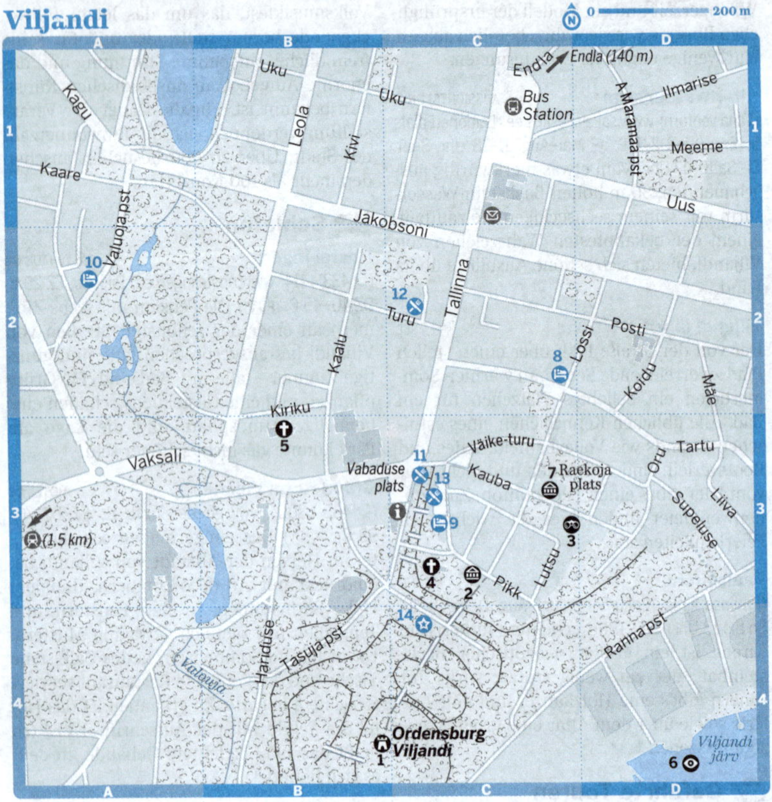

Aida CAFÉ €
(☎ 434 2066; www.aidakohvik.ee; Tasuja pst 6; Hauptgerichte 7,80–9,60 €; ⊙ Mo–Sa 11–23, So bis 19 Uhr) Das Café im Zentrum für Volksmusik hat von allen Speiselokalen der Stadt die beste Aussicht: Durch deckenhohe Fenster und von der Dachterrasse blicken die Gäste auf den Burgpark. Serviert wird herzhaftes, gekonnt zubereitetes estnisches Essen, dazu Pasta, pfannengerührtes Gemüse im asiatischen Stil und eine gute Auswahl an Salaten.

Suur Vend KNEIPE €
(www.suurvend.ee; Turu 4; Hauptgerichte 4,50–9 €; ⊙ So & Mo 12–22, Di & Mi bis 24, Do–Sa bis 3 Uhr;) Freundliche Bedienungen, große Portionen, ein Billardtisch und Jukebox-Musik verleihen dieser gemütlichen Kneipe eine sympathische Atmosphäre. Sie hat Tische im Freien und viel dunkles Holz im Gastraum. Die umfangreiche Karte enthält viele Imbissgerichte zum Bier – aber keine großen Überraschungen. Später am Abend sorgen Disko und Karaoke für Unterhaltung.

Tegelaste Tuba KNEIPE €
(www.facebook.com/TegelasteTuba; Pikk 2b; Hauptgerichte 3,50–9 €; ⊙ So–Do 11–24, Fr & Sa bis 2 Uhr;) Die Terrasse mit Blick auf den Park ist der Trumpf dieses Gasthauses. Aber auch drinnen ist es recht gemütlich. Estnisches Kunsthandwerk ziert die Wände und ein bunt gemischtes Publikum genießt Suppen, Salate und herzhafte russische und estnische Hauptgerichte (Klöße und viel Schwein und Huhn) von der umfangreichen Karte.

Fellin CAFÉ €€
(☎ 435 9795; www.kohvikfellin.ee; Kauba 2; Hauptgerichte 9–16 €; ⊙ So & Mo 11–20, Di–Sa bis 22 Uhr) „Heimisches Essen und Livemusik" – unter diesem Motto steht diese sehr coole Café-Bar, die sich aus dem übrigen Ess- und Ausgehangebot der Stadt weit hervorhebt. Auf der Karte steht alles von kleinen Gerichten,

Viljandi

Highlights
1 Ordensburg Viljandi B4

Sehenswertes
2 Kondas-Zentrum C3
3 Alter Wasserturm C3
4 Johanneskirche C3
5 Paulskirche B3
6 Viljandi järv D4
7 Stadtmuseum C3

Schlafen
8 Grand Hotel Viljandi C2
9 Hostel Ingeri C3
10 Villa Hilda A2

Essen
Aida .... (s. 14)
11 Fellin C3
12 Suur Vend C2
13 Tegelaste Tuba C3

Unterhaltung
14 Zentrum für Volksmusik C4

Salaten und Suppen bis zu substantielleren Gerichten wie Entenbrust, geräuchertem Schweinefleisch und gedämpftem Fisch. Oder man trinkt nur ein Gläschen Wein und lauscht der Musik.

Unterhaltung

Zentrum für Volksmusik LIVEMUSIK
(Pärimusmuusika ait; www.folk.ee; Tasuja pst 6) Mit der Eröffnung dieses sehr unfolkloristisch modernen Zentrums im Jahr 2007 wurde die Stellung Viljandis als Volksmusikhauptstadt Estlands untermauert. Das Zentrum dient nicht nur Forschungszwecken, sondern verfügt auch über zwei moderne Konzertsäle und ein nobles Café. Über das Programm kann man sich vor Ort oder in der Touristeninformation erkundigen.

Praktische Informationen

Touristeninformation (433 0442; www.visitestonia.com; Vabaduse plats 6; Mitte Mai–Mitte Sept. Mo–Fr 10–18, Sa & So bis 15 Uhr, sonst Mo–Fr 10–17 Uhr) Hier gibt's Stadtpläne und Informationen in allen möglichen Sprachen, auch zum Nationalpark Soomaa.

Anreise & Unterwegs vor Ort

FAHRRAD

Joosepi Jalgrattapood (434 5757; www.jalgrattad.eu; Kaalu 9; 4,50/10 € pro Std./Tag; Mo–Fr 9–18, Sa bis 15 Uhr) Fahrradverleih und -reparatur.

BUS

Der **Busbahnhof** (bussijaam; 433 3680; www.bussireisid.ee; Ilmarise 1; Mo–Sa 6.15–20, So 8–20 Uhr) liegt 500 m nördlich der Touristeninformation. Wichtige Verbindungen:
Kuressaare (18 €, 5 Std., 2-mal tgl.)
Pärnu (6–6,80 €, 1½ Std., 11-mal tgl.)
Tallinn (9,50–11 €, 2½ Std., 11-mal tgl.)
Tartu (5,80 €, 1¼ Std., 14-mal tgl.)
Valga (6,50–7,20 €, 1¾ Std., 6-mal tgl.)

ZUG

Der **Bahnhof** (raudteejaam; 434 9425; www.elron.ee; Vaksali 44) befindet sich 1,6 km südwestlich der Touristeninformation. Von und nach Tallinn (8,40 €, 2¼ Std.) verkehren täglich vier Züge.

Nationalpark Soomaa

Soomaa bedeutet so viel wie „Land der Moore". Der 390 km² große Nationalpark Soomaa, Estlands größtes Moor-, Wiesen- und Auwaldgebiet, umfasst die vier Moore Valgeraba, Öördi, Kikepera und Kuresoo, die durch Nebenflüsse des Pärnu geteilt werden. Die Torfmächtigkeit beträgt hier teilweise 7 m. Für die Bewohner des Moorgebietes gibt es nicht vier, sondern fünf Jahreszeiten, da alljährlich im März und April das Wasser auf einen Stand von 5 m steigen kann.

Im Nationalpark leben bis zu 43 Säugetiergattungen, darunter Wölfe, Braunbären, Elche, Luchse, Wildschweine und Otter. Tausende Zugvögel legen alljährlich in Soomaa eine Rast ein, insgesamt 180 Arten wurden registriert. Die beste Besuchszeit für Tierfreunde ist von September bis Mai: Dann kann man im Schnee zumindest Spuren verfolgen und umgeht außerdem die sommerlichen Attacken durch die Mückenschwärme.

Ein gutes Fortbewegungsmittel in dieser Wasserlandschaft ist das Kanu oder das *haabja*. Das aus dem Stamm einer Espe geschnitzte Einmannboot nutzten die finno-ugrischen Bewohner jahrhundertelang zum Fischen und Jagen, für den Heutransport und als Fortbewegungsmittel.

Die Moorgebiete stellten für die Esten in der Vergangenheit wichtige Rückzugsgebiete dar. Auch Hexen wurden hier vermutet – jedoch wurden auch traditionelle Heilerinnen zuweilen mit diesem Label bedacht. Laut Überlieferung locken Irrlichter die Menschen ins Moor, wo sie bleiben müssen, bis sich das Moorgas entzündet

DIE WALDBRÜDER

Die verträumte Marschlandschaft und die stillen Wälder Estlands sind heute ein Zufluchtsort für frei lebende Tiere, doch zwischen 1944 und 1945 mussten weite Teile des heutigen Nationalparks und der Naturschutzgebiete der Unabhängigkeitsbewegung Metsavendlus Schutz bieten. Die Metsavennad (Waldbrüder) kämpften erbittert gegen die sowjetischen Besatzer; viele zogen sich in den Untergrund in die Wälder zurück und hausten dort jahrelang. Sie kannten das Gelände wie ihre Westentasche und nutzten dieses Wissen im Kampf ums eigene Überleben und in ihrem Kampf für die Wiedererrichtung der Republik.

Die Sowjets hatten Estland im berüchtigten deutsch-sowjetischen Nichtangriffspakt von 1939 für sich beansprucht. Als sich die Deutschen nach drei Jahren Besatzung zurückzogen, rückten die Sowjets 1944 nach Tallinn vor, um ihren Anspruch durchzusetzen. Der anfängliche Widerstand war hart, denn die Esten waren sich sicher, dass die russische Besetzung gemäß der britisch-amerikanischen Atlantikcharta von 1941 nicht anerkannt werden würde. Jener Vertrag sah vor, dass die durch Krieg geraubte Souveränität und Unabhängigkeit eines Landes rechtmäßig wiederhergestellt werden müsse. Die Esten griffen zu den Waffen – und erwarteten Unterstützung in einem neuerlichen Krieg. Doch die internationale Unterstützung blieb aus und die Esten waren in ihrem Kampf um Unabhängigkeit auf sich gestellt.

Der Widerstand begann mit einzelnen Angriffen auf Einheiten der Roten Armee; dabei starben rund 3000 Rotarmisten. Taktisches Können und sichere geheime Nachrichtennetze führten zu vernichtenden Offensiven gegen die Russen. Auf der Höhe des Widerstands gab es rund 30 000 Waldbrüder und Unterstützer, darunter auch Frauen, Alte, junge Leute und ein Netzwerk von „Stadtbrüdern". Die Folgen ihres Kampfes spiegeln sich in den sowjetischen Dokumenten jener Zeit wider, die jeden Sabotageakt auf Eisenbahnen oder Straßen peinlich genau aufführten. Sie sind ein eindringliches Dokument des estnischen Widerstands gegen den sowjetischen Versuch, aus dem kleinen Land eine Sowjetrepublik zu schmieden.

Doch in den Folgejahren erlitt Metsavendlus große Verluste und stieß auf immer hartnäckigeren Widerstand. Die russische Geheimpolizei NKVD (später KGB) bot der Bevölkerung Belohnungen an, wenn sie die Waldbrüder verrieten. Die sowjetische Massendeportation von mutmaßlichen Anhängern des Widerstands und Freunden der Metsavennad war darauf ausgelegt, dass sich die Esten ihrerseits gegen die Waldbrüder stellten. Bis 1947 waren 15 000 Widerstandskämpfer verhaftet oder getötet worden. Die Verschleppung von 20 000 Menschen im Jahr 1949 – vor allem Frauen, Kinder und Alte, die den Nachschub garantiert und die Untergrundkämpfer gedeckt hatten – war am Ende der Todesstoß.

Zwar kämpfte die Bewegung noch einige Jahre weiter, doch die zunehmende Macht der Sowjets und der Verlust jeglicher Unterstützung vor Ort aufgrund der kontinuierlichen Deportationen und der anschließenden Zwangskollektivierung der Bauernhöfe erschwerten den Kampf immens. Einige der überlebenden oder verhafteten Metsavennad konnten nach Skandinavien und Kanada fliehen.

Unter den Waldbrüdern gibt es viele Helden – die meisten fanden ein tragisches Ende. Kalev Arro und Ants Kaljurand (*hirmus*, oder „schreckliche Ameise gegen die Sowjets") waren für ihre cleveren Verkleidungen, ihren Humor sowie ihre Taktik bekannt, ständig die Russen hinters Licht zu führen. Erst 1980 fand man Oskar Lillenurm, der als der letzte Waldbruder galt, erschossen im Landkreis Lääne.

Die Geschichte der Bewegung wurde mit Hilfe von Augenzeugenberichten sorgfältig aufgezeichnet. Die überlebenden Waldbrüder werden in Estland als Nationalhelden verehrt und mit den höchsten Ehrungen des Landes ausgezeichnet. Eine gute Quelle für nähere Infos zum Widerstand ist das Buch des früheren estnischen Premierministers (und Historikers) Mart Laar *Der vergessene Krieg. Die bewaffnete Widerstandsbewegung in Estland 1944–1956*.

und die Moorgeister aufschreckt, sodass sie für alle sichtbar werden. In der jüngsten Geschichte versteckten sich hier die Partisanen vor fremden Invasoren. Diese konnten die Moore nicht so leicht durchkämmen wie die Wälder – und vielleicht hatten auch sie Angst vor den Geistern.

Aktivitäten & Geführte Touren

Am Naturzentrum Sooma beginnt auch der 1,8 km lange **Biberpfad**, der an mehreren Biberdämmen vorbeiführt. Ein weiterer hübscher, leichter Weg ist der **Naturlehrpfad Riisa**, eine 4,8 km lange Schleife auf einem gut unterhaltenen Bohlenpfad durch den Riisa-Sumpf (1,2 km davon sind derzeit rollstuhltauglich). Vor einer Wanderung sollte man das Besucherzentrum per E-Mail oder persönlich darüber in Kenntnis setzen.

Soomaa.com OUTDOORAKTIVITÄTEN
(☎ 506 1896; www.soomaa.com) Bietet zahlreiche Aktivitäten wie geführte und nicht geführte Kanutouren, Biberbeobachtungen per Kanu, Moorwanderungen und Pilzexkursionen sowie im Winter auch Skiwanderungen, Schneeschuhtouren und Fahrten mit Tretschlitten. Der Tagesausflug **Wildniserlebnis** umfasst eine Moorwanderung und eine Kanutour (50 € pro Pers., mind. 2 Pers., Mai–Sept.; Abholung in Pärnu 20 €).

Schlafen

Im Park gibt es 10 ausgewiesene einfache Zeltplätze (kostenlos), darunter einen beim Naturzentrum. Jeder Platz verfügt über ein Plumpsklo, eine Kochgelegenheit und (gewöhnlich) Feuerholz, jedoch kein fließendes Wasser.

Praktische Informationen

Naturzentrum Soomaa (☎ 435 7164; www.keskkonnaamet.ee; ⏲ Mitte April–Mitte Sept. 10–18 Uhr, sonst Mo–Fr 10–16 Uhr) Diese freundliche, sehr professionelle Einrichtung in Kõrtsi-Tõramaa liefert Infos zum Nationalpark wie z. B. Wanderkarten. Vermittelt auch Unterkünfte sowie Führer – vorher anrufen!

An- & Weiterreise

AUTO & MOTORRAD

Am leichtesten ist der Park aus Richtung Pärnu (Westen) über Tori und Jõesuu zugänglich. Eigentlich liegt Viljandi näher, doch ist die 23 km lange Straße vom Dorf Kõpu zum Besucherzentrum zum größten Teil nicht asphaltiert.

BUS

Es fährt täglich ein Bus von Pärnu nach Riisa (2,20 €, 1 Std.), das 6 km vom Naturzentrum entfernt ist.

Pärnu

39 800 EW.

Pärnu ist der bedeutendste Badeort Estlands. Hierher kommen estnische Familien, hormongesteuerte Jugendliche sowie Urlauber aus Deutschland, Schweden und Finnland – und alle beschwören den Wettergott, damit sie die Sandstrände, die weitläufigen Parks und das historische Zentrum des malerischen Städtchens genießen können. Der Name der Stadt gilt als Synonym für Strandvergnügen – und ein Einheimischer hat Pärnu sogar als das „Miami Estlands" bezeichnet, gewöhnlich gibt sich die Stadt aber mit dem Titel der „Sommerhauptstadt Estlands" zufrieden.

Eigentlich ist Pärnu ein ziemlich ruhiger Ort mit schattigen Straßen, weitläufigen Parks und prachtvollen Villen im Stil der Wende zum 20. Jh., die an Pärnus glanzvolle Vergangenheit als angesagter mondäner Badeort erinnern. Bis heute ist der Kurort ein beliebtes Ziel für ältere Gäste aus Finnland und Osteuropa, die hier Ruhe und Gesundheit durch die viel gepriesenen Schlammkuren suchen.

Geschichte

Eine Handelsniederlassung gab es hier bereits vor dem Einmarsch des Deutschen Ritterordens. Die erste schriftliche Nennung folgte 1234: Von da an galt der Fluss Pärnu als Grenze zwischen dem Gebiet des Bischofs von Ösel-Wiek (Norden, Westen) und dem Gebiet des Livländischen Ritterordens (Süden, Osten). Pärnu war auf dem Wasserweg mit Viljandi, Tartu und dem Peipus-See verbunden; im 14. Jh. gehörte die Hafenstadt Pernau zur Hanse. (Da der Wasserspiegel seither gesunken ist, gibt es diese Verbindungen heute nicht mehr.)

In Pernau gab es eine große Gruppe deutscher Kaufleute aus Lübeck, die hier noch im 18. Jh. tätig waren. Die Stadt überstand Kriege, Feuer, Seuchen und die wechselnden deutschen, polnischen, schwedischen und russischen Herrscher. In der Schwedenzeit im 17. Jh. blühte die Stadt, während der Napoleonischen Kriege litt ihre Wirtschaft stark an den Folgen der europaweiten Handelsblockaden.

Nach 1838 entwickelte sich Pärnu immer mehr zu einem beliebten Urlaubsort – die berühmten Schlammbäder und der Strand zogen die Gäste an. Als die Sowjets 1944 einmarschierten, blieb nur der Kurbereich (weitgehend) von Zerstörungen verschont. Große Teile der Altstadt sind inzwischen wieder aufgebaut worden.

Sehenswertes

Pärnu liegt auf beiden Seiten des gleichnamigen Flusses, der hier in die Bucht von Pärnu mündet. Südlich des Flusses liegen die meisten Sehenswürdigkeiten wie die Altstadt und der Strand. Hauptstraße der Altstadt ist die mit prächtigen Gebäuden des 17. Jhs. gesäumte Straße Rüütli.

★ Strand von Pärnu — STRAND

Der lange, breite Sandstrand von Pärnu ist mit seinen Volleyballfeldern, Cafés und Umkleidekabinen zweifelsohne die wichtigste Attraktion der Stadt. Am Strand zieht sich ein gewundener Pfad entlang, gesäumt von Brunnen, Parkbänken und einem tollen Kinderspielplatz. Die Ranna puiestee, die Allee, die parallel zum Strand verläuft, schmücken Gebäude aus dem frühen 20. Jh. Der

Pärnu

0 — 400 m

formelle **Rannapark** auf der anderen Straßenseite ist ein schönes Plätzchen für ein sommerliches Picknick.

★ Museum für Neue Kunst KUNSTMUSEUM
(Uue kunstimuuseum; ☎ 443 0772; www.mona.ee; Esplanaadi 10; Erw./Kind 3/1,50 €; ⌚ 9–21 Uhr) Das ehemalige Hauptquartier der Kommunistischen Partei beherbergt heute eine der avantgardistischsten Galerien Estlands. Um die künstlerischen Horizonte zu erweitern, findet jeden Sommer eine internationale Ausstellung mit Aktkunst statt. Jedes Jahr veranstaltet das vom Filmemacher Mark Soosaar gegründete Kunstmuseum außerdem ein Filmfestival.

Es gibt auch einen tollen kleinen Shop und ein Café mit einem Internetterminal (2 € pro Std.).

Tallinner Tor TOR
(Tallinna Värav) Die typische Sternform der schwedischen Befestigungsanlagen aus dem 17. Jhs. ist auf einem farbigen Stadtplan leicht zu erkennen: Die meisten der spitzen Bastionen sind heute Parks. Das einzige intakte Stück mitsamt Wassergraben befindet sich westlich des Zentrums. Dort, wo das Westende der Kuninga tänav auf den Festungswall trifft, liegt das tunnelförmige Tallinner Tor, durch das einst die Hauptstraße zur Flussfähre und weiter nach Tallinn führte.

Elisabethkirche KIRCHE
(Eliisabeti kirik; www.eliisabet.ee; Nikolai 22; ⌚ Juni–Aug. Di–Sa 12–18, So 9–12 Uhr) Das nach der Mutter Johannes' des Täufers sowie nach der russischen Kaiserin zur Zeit der Erbauung (1747) benannte barocke lutherische Gotteshaus wartet drinnen mit tief hängenden Kronleuchtern, einer neogotischen Holzkanzel und einem wunderbaren Altarbild der Wiederauferstehung aus Rotterdam (1854) auf.

Katharinenkirche KIRCHE
(Ekatarina Kirik; Vee 8) Die wunderbare russisch-orthodoxe Barockkirche ist nach der russischen Zarin Katharina der Großen benannt und gedenkt natürlich auch der frühchristlichen Märtyrerin.

Rathaus HISTORISCHES GEBÄUDE
(Nikolai 3) In dem klassizistischen Gebäude von 1797 sind heute die Touristeninformation und eine kleine Galerie untergebracht. Schräg gegenüber verdient auf der anderen Seite der Nikolaistraße ein Fachwerkbau von 1740 Beachtung.

Pärnu

Highlights
1 Museum für Neue Kunst ... C3
2 Strand von Pärnu ... B5

Sehenswertes
3 Stadtmuseum ... C1
4 Katharinenkirche ... B2
5 Elisabethkirche ... C2
6 Tallinner Tor ... B2
7 Rathaus ... C2

Aktivitäten, Kurse & Touren
8 Hedon Spa ... B4
9 Tervise Paradiis Veekeskus ... D5

Schlafen
10 Frost Boutique Hotel ... B2
11 Hommiku Hostel ... C2
12 Hotell Legend ... C4
13 Inge Villa ... D5
14 Tervise Paradiis ... D5
15 Villa Ammende ... A3
16 Villa Johanna ... B4

Essen
17 Lime Lounge ... C2
18 Mahedik ... C2
19 Alter Markt ... D3
20 Piccadilly ... C2
21 Piparmünt ... C5
22 Port Arturi Konsum ... C1
23 Raimond ... B5
24 Steffani ... C2
25 Steffani ... B5
26 Supelsaksad ... C3
27 Trahter Postipoiss ... B2

Ausgehen & Nachtleben
28 Citi ... C2
29 Pärnu Kuursaal ... B4
30 Puhvet APTEK ... C2
Rock Club Volume ... (s. 29)
31 Romantic Bar ... D5
32 Sunset ... B5
33 Sweet Rosie ... C2
34 Veerev Õlu ... C2

Unterhaltung
35 Endla Teater ... B2
36 Konzerthalle ... C1

Shoppen
37 Maarja-Magdaleena Gild ... C2

Stadtmuseum MUSEUM
(☎ 443 3231; www.parnumuuseum.ee; Aida 3; Erw./Kind 4/2 €; ⌚Di–So 11–18 Uhr) Das Museum behandelt 11 000 Jahre Regionalgeschichte, von prähistorischen archäologischen Relikten bis zum Nachbau einer Wohnung der Sowjetära. Star der Ausstellung ist jedoch die 8000 Jahre alte „Steinzeitmadonna".

Koidula-Museum MUSEUM
(www.parnumuuseum.ee; Jannseni 37; Erw./Kind 2/1 €; ⌚Juni–Aug. Di–So 10–18 Uhr, Sept.–Mai Di–Sa 10–17 Uhr) In dem 6-Raum-Museum in ihrem ehemaligen Zuhause und Schulhaus wird die Erinnerung an eine der großen Dichterinnen des Landes wachgehalten, Lydia Koidula (1843–1886). Das alte Klassenzimmer und das Wohnzimmer und die Schlafzimmer mit ihren vielen Antiquitäten sind sehenswert, selbst wenn man sich nicht sonderlich für die Wiedergeburt estnischer Kultur interessiert.

Aktivitäten

Hedon Spa WELLNESS
(☎ 449 9011; www.hedonspa.com; Ranna pst 1; Anwendungen ab 25 €; ⌚Mo–Sa 9–19, So bis 17 Uhr) Das hübsche neoklassizistische Gebäude wurde 1927 für die berühmten Schlammbäder von Pärnu errichtet. Es ist kürzlich vollständig restauriert worden und heute ein Tagesspa, in dem alle möglichen Verwöhnanwendungen angeboten werden – nur bei einigen kommt tatsächlich Schlamm zum Einsatz.

Tervise Paradiis Veekeskus WASSERPARK
(www.terviseparadiis.ee; Side 14; Erw./Kind 3 Std. 13/9 €, Tag 20/15 €; ⌚10–22 Uhr) Am Ende des Strands lockt der größte Wasserpark Estlands mit Schwimmbecken, Rutschen, Röhren und anderen Späßen. Bei schlechtem Wetter ist das Bad besonders für Familien mit Kindern unwiderstehlich. Das große Resort bietet außerdem Wellnessanwendungen, Fitnesskurse und Bowlingbahnen.

Festivals & Events

Die Touristeninformation verteilt das Veranstaltungsmagazin *Pärnu This Week*, das alle wichtigen Events auflistet.

Grillfest Good Food Festival ESSEN
(Hea Toidu Festival; www.grillfest.ee) Am zweiten Wochenende im Juni belagern rund 45 000 Besucher die 200 Essensstände im Vallikäär-Park, um beste estnische Küche zu genießen.

Pärnu-Hansetage KULTUR
(Pärnu Hansapäevad; http://hansa.parnu.ee) An einem Wochenende Ende Juni steht Pärnu ganz im Zeichen des Mittelalters, mit Ritterturnier, Marktständen, Darbietungen und einer Geflügel- und Hornviehmesse.

Pärnu-Filmfestival FILM
(Pärnu Filmifestival; www.chaplin.ee) Das immer renommierter werdende Filmfestival präsentiert seit 1987 Dokumentarfilme. Zu sehen sind die Filme über zwei Wochen Anfang Juli im Museum für Neue Kunst sowie an anderen Orten in Pärnu.

Schlafen

Im Sommer muss man im Voraus buchen, besonders wenn man an einem Wochenende in Pärnu übernachten möchte. Außerhalb der Saison werden oft erhebliche Ermäßigungen angeboten, teilweise bis zur Hälfte der normalen Preise.

Konse Motel & Camping CAMPINGPLATZ €
(☎ 5343 5092; www.konse.ee; Suur-Jõe 44a; Stellplätze 9–15 €, Zi. mit/ohne Bad ab 52/40 €; P @ ☜) Eingezwängt am Fluss bietet Konse 1 km vom Zentrum Camping und verschiedene Zimmer mit Küchennutzung. Die Lage ist nicht besonders reizvoll, aber es gibt eine Sauna (15 € pro Std.) und es werden Fahrräder (10 € pro Tag) und Ruderboote (10 € pro Std.) verliehen.

Embrace B&B, APARTMENTS €€
(☎ 5887 3404; www.embrace.ee; Pardi 30; Zi. ab 75 €; P ❄ ☜) Die Zimmer in dem gemütlichen alten Holzhaus in einer Wohnstraße nicht weit vom Strand und Erlebnisbad weisen eine nette Balance zwischen Alt und Modern auf. Im Nebengebäude gibt's außerdem vier moderne Apartments für Selbstversorger.

Inge Villa GÄSTEHAUS €€
(☎ 443 8510; www.ingevilla.ee; Kaarli 20; EZ/DZ/Suite 56/70/82 €; ❄ ☜) In erstklassiger Lage nicht weit vom Strand wartet dieses hübsche und bescheidene „schwedisch-estnische Villa-Hotel". Seine elf Zimmer sind schlicht ausgestattet, mit nordischem Minimalismus und in gedeckten Tönen. Garten, Sauna und eine Lounge runden das Angebot ab.

Villa Johanna B&B €€
(☎ 443 8370; www.villa-johanna.ee; Suvituse 6; EZ/DZ/Suite 50/80/100 €; P ☜) Das mit Blumenkübeln und Pflanzkästen geschmückte hübsche, altmodische Haus bietet behagliche

Zimmer mit viel Kiefernholz an einer ruhigen Straße in Strandnähe. Ein Zimmer hat einen eigenen Balkon. Englisch wird kaum gesprochen.

Hotell Legend HOTEL €€
(☎442 5606; www.legend.ee; Lehe 3; EZ/DZ/Suite ab 50/70/90 €; P@) Die Lampen im Tiffany-Stil, die Schiffsmodelle und die Holzvertäfelung verleihen der Lobby ein altmodisches Gepräge – ein recht starker Kontrast zum kastenförmigen Äußeren. Saubere Zimmer, reizendes Personal und die Nähe zum Strand machen das Haus zu einer guten Mittelklasse-Unterkunft.

Hommiku Hostel GÄSTEHAUS €€
(☎445 1122; www.hommikuhostel.ee; Hommiku 17; EZ/DZ ab 25/35 €; P) Das zentral gelegene Hommiku wirkt eher wie ein günstiges Hotel als ein Hostel. Die Zimmer verfügen über eigene Bäder, Fernseher und Kochecken, einige auch über alte Balkendecken.

Villa Ammende HOTEL €€€
(☎447 3888; www.ammende.ee; Mere pst 7; EZ/DZ/Suite ab 165/210/400 €; P) Die exquisit renovierte Jugendstil-Residenz von 1904 liegt inmitten eines entzückenden, gepflegten Gartens und funkelt nur so vor Luxus und Klasse. Der prachtvollen Außenansicht entsprechen die elegante Lobby und die individuell mit Antiquitäten ausgestatteten Zimmer. Die Zimmer im einstigen Gärtnerhaus sind erschwinglicher, aber nicht ganz so atemberaubend.

Frost Boutique Hotel HOTEL €€€
(☎5303 0424; www.frosthotel.ee; Kuninga 11; Zi./Suite ab 140/210 €; P) Das überraschend schicke Hotel hinter einem alten, ausgebrannten Gebäude hat die überkandideltste Innenausstattung von ganz Pärnu: mit rustikalen Holzwänden, Lüstern, metallenen Badezimmerkacheln, Pelzdecken, Kuhfell-Puffs, Teddybären u. v. m. Frühstück kostet 12 € extra.

Tervise Paradiis RESORT €€€
(☎445 1600; www.terviseparadiis.ee; Side 14; EZ/DZ/Suite ab 91/104/153 €; P) Das große (rund 120 Zimmer umfassende), elegante und im Sommer sehr volle Hotel in Wassernähe bietet geschniegelte Zimmer – alle mit Balkon und Strandblick (am schönsten sind die in den oberen Etagen). Hier gibt's alles, was das Urlauberherz begehrt: eine Bowlinganlage, ein Spielzimmer, ein Wellnesszentrum, einen Fitnessclub, einen Wasserpark, Restaurants und eine Bar. Da das Hotel bei Schweden und Finnen sehr gefragt ist, sollte man im Sommer zeitig reservieren.

Essen

★ Piccadilly CAFÉ, VEGETARISCH €
(www.wine.kohvila.com; Pühavaimu 15; Hauptgerichte 4,50–7,50 €; ⏲Mo–Sa 9–23, So 10–20 Uhr;) Das Piccadilly verspricht entspannenden Genuss für Weinfreunde und Vegetarier sowie ein breites Angebot an heißen Getränken. Zur Auswahl an Herzhaftem zählen köstliche Salate, Sandwiches und Omeletts. Ansonsten dreht sich alles um die süßen Naschereien: süchtig machender Käsekuchen und hausgemachte Pralinen.

Steffani PIZZA €
(www.steffani.ee; Nikolai 24; Hauptgerichte 6,10–8,30 €; ⏲So–Do 11–24, Fr & Sa bis 2 Uhr;) Die Warteschlange davor verrät es: Dies ist eines der besten Pizzalokale der Stadt – und besonders gefragt im Sommer, wenn die Gäste auch im Freien auf der großen Blumenterrasse essen können. Neben Pasta stehen merkwürdigerweise auch Burritos auf der Karte. Im Sommer ist auch eine **Strandfiliale** (Ranna pst 1; Hauptgerichte 7,10–9,90 €) geöffnet.

Port Arturi Konsum SUPERMARKT €
(Lai mnt 11; ⏲9–22 Uhr) Der am zentralsten gelegene Supermarkt befindet sich im Einkaufszentrum Port Artur.

Alter Markt MARKT €
(Vana Turg; Suur-Sepa 18; ⏲Di–Sa 7–16.30, So 7–15 Uhr) Markthalle, gut für Obst und Gemüse.

Piparmünt MODERN EUROPÄISCH €€
(☎442 5736; www.kurgovilla.ee; Papli 13; Hauptgerichte 11–17 €; ⏲12–23 Uhr) Trotz des ruhigen Ambientes und der versteckten Lage – es gehört zu einem kleinen Hotel in einer Nebenstraße in Strandnähe – zählt das Piparmünt zu den besten Restaurants von Pärnu. Die Karte wechselt ständig, aber stets werden interessante, kunstvoll arrangierte und geschmacksintensive Gerichte gereicht.

Supelsaksad CAFÉ €€
(☎442 2448; www.supelsaksad.ee; Nikolai 32; Hauptgerichte 10–18 €; ⏲So–Do 8–22, Fr & Sa 9–24 Uhr) Dieses fabelhafte Café sieht zwar so aus wie aus dem Alptraum eines Kitschhassers – knallrosa und mit jeder Menge Streifen und Blümchentapeten –, es serviert jedoch ansprechende Speisen, ob Salate, Nudel- oder Fleischgerichte. Und danach lockt ein Stück aus dem opulenten Kuchenangebot.

Mahedik CAFÉ €€
(☎442 5393; www.mahedik.ee; Pühavaimu 20; Frühstück 5–6 €, Hauptgerichte 8–15 €; ⌚So 10–19, Mo–Do 9–21, Fr & Sa 10–23 Uhr) Der Name bedeutet ungefähr „bio-mäßig" und so steht in diesem gemütlichen Café auch regionale, saisonale Küche im Mittelpunkt: warmes Frühstück, Fisch aus der Gegend und himmlischer Kuchen.

★ **Lime Lounge** INTERNATIONAL €€€
(☎449 2190; www.limelounge.ee; Hommiku 17; Hauptgerichte 12–21 €; ⌚Mo–Sa 12–24, So bis 21 Uhr; 📶📋) Die helle, schwungvolle Lime Lounge wirkt eher wie eine Cocktailbar als ein Restaurant, doch das Essen ist wirklich hervorragend. Auf der vielfältigen Karte reist man von Russland (Borschtsch) über Frankreich (Entenbrust) und Italien (köstliche Pasta) bis nach Thailand (*tom kha gai*-Suppe).

Raimond MODERN EUROPÄISCH €€€
(☎5556 2686; www.hedonspa.com; Ranna pst 1; Mittagessen 8 €, Abendessen 19–25 €; ⌚13–24 Uhr) Das hinter dem Heddon Spa & Hotel am Wasser gelegene Raimond bietet den Strandbesuchern auf seiner Terrasse leichte Kost wie Suppen, Salate und ein legendäres Rindertatar. Abends treffen sich die Gutbetuchten im noblen Speiseraum und genießen sättigendere Sachen wie Wildfilet, Rinderlende und frischen Fisch.

Trahter Postipoiss RUSSISCH €€€
(☎446 4864; www.trahterpostipoiss.ee; Vee 12; Hauptgerichte 13–22 €; ⌚12–23 Uhr) Das Postgebäude von 1834 beherbergt eine rustikale Gaststätte mit ausgezeichneter russischer Küche von einfach bis raffiniert, ausgelassenen Gästen und Porträts, die hochherrschaftlich auf das Treiben hinabblicken. Im Sommer gibt es Plätze auf der großen Terrasse; an Wochenenden heizt Livemusik die Stimmung an.

🍷 Ausgehen & Nachtleben

Veerev Õlu KNEIPE
(Uus 3a; ⌚Mo–Sa 11–1, So 13–1 Uhr) Das „Rolling Beer" (in Anlehnung an die Rolling Stones) gewinnt den Preis für die mit Abstand sympathischste und gemütlichste Kneipe der Stadt: ein kleines, rustikales Lokal mit prima Stimmung, billigem Bier und gelegentlichen Folkrockkonzerten (tanzen muss man dann wohl auf den Tischen, so wie es aussieht).

Sweet Rosie KNEIPE
(www.sweetrosie.eu; Munga 2; ⌚So–Do 11–24, Fr & Sa bis 2 Uhr) In dem vergnüglichen irischen Pub drängen sich die Nachtschwärmer und genießen verschiedenste Biere, köstliches Kneipenessen, gelegentlich Livemusik und die tolle Stimmung.

Puhvet APTEK BAR, CLUB
(www.aptek.ee; Rüütli 40; ⌚Mi & Do 22–2, Fr & Sa bis 4 Uhr) Eine Apotheke aus den 1930er-Jahren ist geschickt in eine schicke Bar verwandelt worden. Die fabelhafte Einrichtung mit Original-Schränken, -Flakons und -Flaschen buhlt mit Cocktails und DJs um die Aufmerksamkeit der Gäste.

Pärnu Kuursaal KNEIPE
(www.kuur.ee; Mere pst 22; Hauptgerichte 3,50–5,50 €; ⌚So–Mi 12–22, Do bis 24, Fr & Sa bis 4 Uhr) Der Tanzpalast aus dem späten 19. Jh. wurde zu einer Schenke im ländlichen Stil umgebaut und hat hinten einen großen Biergarten. Der Laden lockt Touristen und Einheimische etwas fortgeschrittenen Alters an, die auf ein Fassbier vorbeikommen oder eines der Konzerte sehen wollen. Auf der Karte stehen überwiegend Fleisch- und Imbissgerichte.

Citi KNEIPE
(Hommiku 8; Hauptgerichte 5–13 €; ⌚Mo–Sa 10–23, So 11–21 Uhr) Bei sonnigem Wetter drängen sich die Gäste auf der Terrasse dieser belebten Cafébar. Der rustikale Gastraum passt zur schlichten Speisekarte mit Snacks und preiswerten Fisch- und Fleischgerichten (Lachsfilet, Brathähnchen, Schweinebraten). Das Citi ist bei Urlaubern und Einheimischen gleichermaßen beliebt – und sein Besitzer ein stadtbekanntes Original.

Romantic Bar BAR
(www.terviseparadiis.ee; 8. Stock Tervise Paradiis, Side 14; ⌚14–24 Uhr) Trotz des kitschigen Namens und der eher tristen Hotelbarstimmung ist dies dank herrlichem Meerblick die perfekte Kulisse für einen Cocktail bei Sonnenuntergang – entweder drinnen auf weißen Lederstühlen oder auf der kleinen Freiterrasse.

Sunset CLUB
(www.sunset.ee; Ranna pst 3; ⌚Juni–Aug. Fr & Sa 23–6 Uhr) Der größte und bekannteste Sommer-Club in Pärnu glänzt mit einer Strandterrasse und gepflegten Räumen auf mehreren Etagen. Wenn es auf der Tanzfläche zu voll wird, kann man sich in Nischen zurückziehen. Internationale DJs und Bands sorgen bis in die frühen Morgenstunden für Stimmung.

Rock Club Volume CLUB
(www.rockclubvolume.ee; Mere pst 22; Eintritt 7–12 €; ⌚unterschiedlich) Der dem Kuursaal angeschlossene Rockclub zieht mit dort aufspielenden Livebands und DJs ein gieriges Volk junger Metalfans an.

☆ Unterhaltung

Im Sommer finden an verschiedenen Orten Konzerte statt – etwa in der Konzerthalle und im Kuursaal, aber auch in Parks, im Rathaus, in Kirchen und im Garten der hübschen Ammende Villa.

Konzerthalle KLASSISCHE MUSIK
(Pärnu konserdimaja; ☎445 5810; www.concert.ee; Aida 4) Die auffällige Konstruktion aus Glas und Stahl am Fluss gilt dank ihrer exzellenten Akustik als beste Konzerthalle in ganz Estland.

Endla Teater THEATER
(☎442 0667; www.endla.ee; Keskväljak 1; ⌚Juni geschl.) Pärnus bestes Theater bringt ein breites Spektrum an Produktionen auf die Bühne (meist auf Estnisch). Im gleichen Gebäude befinden sich eine Kunstgalerie, ein Jazzclub und ein Café mit Plätzen im Freien.

Shoppen

Maarja-Magdaleena Gild KUNSTHANDWERK
(www.maarjamagdaleenagild.ee; Uus 5; ⌚Mo–Fr 10–18, Sa bis 15 Uhr) Im Hauptladen unten und in den verschiedenen kleinen Ateliers im ganzen Gebäude verkaufen Künstler Leder-, Glas-, Papier- und Filzarbeiten sowie Schmuck und Keramik.

Praktische Informationen

Touristeninformation (☎447 3000; www.visitparnu.com; Uus 4; ⌚Mitte Mai–Mitte Sept. 9–18 Uhr, sonst Mo–Fr 9–17, Sa & So 10–14 Uhr) Die sehr hilfsbereite Touristeninformation bietet Karten und Broschüren, bucht Unterkünfte und Mietwagen (gegen eine kleine Gebühr) und hat eine Gepäckaufbewahrung (2 € pro Tag). Dazu gibt's hier noch eine kleine Galerie sowie Toiletten und Duschen.

Zentralbibliothek (Pärnu keskraamatukogu; www.pkr.ee; Akadeemia tänav 3; ⌚Mo–Fr 10–19, Sa bis 15 Uhr) Schicke moderne Bücherei mit kostenlosem Internetzugang.

An- & Weiterreise

AUTO & MOTORRAD

Ein Autoverleiher ist **Avis** (☎667 1515; www.avis.ee; Rüütli 44) im Hotel Pärnu.

BUS

Busse halten an der Ecke von Pikk und Ringi, aber das Fahrkartenbüro (Ringi 3; ⌚6.30–19.30 Uhr) befindet sich 100 m entfernt auf der anderen Seite der Ringi (nach dem roten *bussijaam*-Schild Ausschau halten). Von hier fahren Fernbusse bis nach St. Petersburg und Vilnius (S. 187). Die wichtigsten Ziele im Inland:

Haapsalu (5,05 €, 2½ Std., tgl.)
Kuressaare (13 €, 3½ Std., 4-mal tgl.)
Tallinn (6,50–11 €, 2 Std., mind. stündl.)
Tartu (9,60–12 €, 2¾ Std., 12-mal tgl.)
Viljandi (6–6,80 €, 1½ Std., 11-mal tgl.)

FLUGZEUG

Der **Flughafen Pärnu** (Pärnu lennujaam, EPU; ☎447 5000; www.parnu-airport.ee; Lennujaama tee, Eametsa) liegt am nördlichen Stadtrand, 4 km vom Zentrum entfernt und westlich der Straße nach Tallinn. Er wird nur von einer kleinen Fluggesellschaft genutzt: Wenn im Winter kein Schiffsverkehr möglich ist, bietet Luftverkehr Friesland-Harle (LFH) Flüge von Pärnu zu den Inseln Kihnu und Ruhnu. Vom Busbahnhof fährt die Linie 23 zweimal am Tag zum Flughafen (15 Min.); ein Taxi sollte nicht mehr als 3 € kosten.

SCHIFF/FÄHRE

In der Marina des **Jachtclubs Pärnu** (Pärnu jahtklubi; ☎447 1750; www.jahtklubi.ee; Lootsi 6) befinden sich eine Zollstelle sowie ein Restaurant und Unterkünfte.

ZUG

Drei Züge pro Tag verkehren zwischen Tallinn und Pärnu (7,60 €, 2¼ Std.), allerdings liegt der **Bahnhof Pärnu** (Liivi tee) 5 km östlich des Zentrums an schwer zu findender und schwer zugänglicher Stelle an einer Hauptstraße. Es gibt dort keinen Schalter; die Fahrkarten sind im Zug zu lösen. Wer von Tallinn kommt, sollte sicher sein, im richtigen Wagen zu sitzen, da ein Teil des Zugs in Lelle abgekoppelt wird und auf einer anderen Strecke nach Viljandi weiterfährt.

Unterwegs vor Ort

BUS

Es fahren Stadtbusse, da aber alle Sehenswürdigkeiten dicht beieinander liegen, benötigt man sie wohl nicht. Tickets kosten, wenn man sie vorher löst, 0,64 € (sonst 1 € beim Fahrer).

FAHRRAD

Im Sommer verleiht **Tõruke Rattarent** (☎502 8269; www.bicyclerentalparnu.eu; Ranna pst 1a; Fahrrad 2,50/10/43 € pro Std./Tag/Woche; ⌚Juni–Aug. 9–19 Uhr) an einem Stand in Strandnähe an der Ecke Ranna puiestee und Supeluse Fahrräder. Für 1 € extra kann man sich das Rad zur Unterkunft bringen lassen.

TAXI

Taxis warten beim Busbahnhof an der Ringi. Taxiunternehmen sind **E-Takso** (☎ 443 1111; www.etakso.ee; Grundgebühr 2,90 €, 0,96 € pro km) und **Pärnu Takso** (☎ 443 9222; www.parnutakso.ee; Grundgebühr 2,88 €, 0,96 € pro km).

Kihnu

502 EW.

Die Insel Kihnu (Kühno), 40 km südwestlich von Pärnu im Golf von Riga, ist so etwas wie ein lebendiges Museum der estnischen Kultur. Viele Frauen tragen hier auch heute noch fast täglich ihre traditionellen, bunt gestreiften Röcke. Auf der 7 km langen Insel gibt es vier Dörfer; lange, einsame Strände säumen die Westküste.

Im Dezember 2003 nahm die Unesco die Insel Kihnu in ihre Liste des immateriellen und oralen Weltkulturerbes der Menschheit auf. Grund dafür ist die reiche kulturelle Tradition, die bis heute ihren Niederschlag in Liedern, Tänzen, im Kunsthandwerk und im Feiern traditioneller geistlicher Feste findet. Zur Erhaltung der Sitten und Gebräuche über die Jahrhunderte hinweg hat nicht zuletzt die geografische Isolation der Insel beigetragen.

Zunächst besiedelten Kriminelle und Verbannte vom Festland die Insel. Während die Männer Fische fingen und Robben jagten, regelten die Frauen in ihrer Abwesenheit das Zusammenleben auf der Insel. Der wohl bekannteste Bewohner von Kihnu ist Kapitän Enn Uuetoa (besser bekannt als Kihnu Jõnn). Er hat angeblich sein Leben lang die Weltmeere bereist. 1913 starb er vor Dänemark, als sein Schiff sank – auf der letzten Fahrt vor seinem Ruhestand. Er wurde zunächst in der dänischen Stadt Oksby beerdigt, aber 1992 nach Kihnu überführt.

Nach dem Zweiten Weltkrieg wurde eine Fischerei-Kooperative eingerichtet. Bis heute leben die Inselbewohner weitgehend vom Fischfang und der Rinderzucht.

Sehenswertes

Kihnu-Museum MUSEUM

(☎ 446 9983; www.kihnu.ee; Linaküla; Erw./Kind 3/1,50 €; ⏲ Mai–Aug. 10–17 Uhr, Sept. Di–Sa 10–14 Uhr, Okt.–April Di–Fr 10–14 Uhr) Weitere Einzelheiten über Kihnu Jõnn und das Leben auf der Insel erfährt man in diesem Museum in der Nähe der bildschönen orthodoxen Kirche.

Nikolaikirche KIRCHE

(Nikolaose kirik; Linaküla; ⏲ Mai–Sept. 10–15 Uhr) Die Bewohner gehören zu den wenigen Esten russisch-orthodoxen Glaubens. Diese reizende kleine orthodoxe Kirche in der Inselmitte stammt von 1786, einige Anbauten von 1862.

Leuchtturm von Kihnu LEUCHTTURM

(Kihnu Tuletorn; Erw./Kind 3/1,50 €; ⏲ Juni–Aug. 10–18 Uhr, Mai & Sept. Sa & So 10–15 Uhr) Der 29 m hohe Leuchtturm an der Südspitze der Insel wurde 1864 mit aus England herbeigeschafften Teilen erbaut. Im Sommer kann er bestiegen werden, um die schönen Ausblicke zu genießen.

Schlafen & Essen

Privatzimmer bieten die Gelegenheit, mit den Einheimischen in Kontakt zu treten und Hausmannskost zu genießen. Ein Verzeichnis gibt's auf www.visitestonia.com. Jedoch kann es sein, dass die Gastgeber kein Englisch sprechen.

Rock City GÄSTEHAUS €

(☎ 446 9956; www.rockcity.ee; Sääre; Stellplätze 4 € pro Pers., EZ/DZ ab 15/30 €; ⏲ Mai–Aug.) In Hafennähe sind einfache Gästezimmer mit Holzfußböden und ohne eigenes Bad zu haben. Außerdem gibt's Leihräder, eine Sauna und Ausflüge. Das Restaurant tischt herzhafte Landkost auf.

Ferienhof Tolli GÄSTEHAUS €€

(☎ 527 7380; www.kihnukallas.ee; Sääre; Stellplätze 6 € pro Pers., EZ/DZ 32/40 €; ⏲ Mai–Sept.) Der Ferienhof 2 km nördlich des Hafens bietet Unterkünfte im Hauptgebäude, in der Scheune oder in einem rustikalen Blockhaus. Man kann aber auch zelten. Die Betreiber organisieren Bootsausflüge, außerdem gibt es eine Sauna und nach Bestellung auch Mahlzeiten. Auf Wunsch können Gäste sich sogar vom Festland abholen lassen.

Praktische Informationen

Reisebüro Kihnurand (☎ 525 5172; www.kihnurand.ee; Sääre) Arrangiert Tagesausflüge und andere Touren.

An- & Weiterreise

FLUGZEUG

Im Winter (gewöhnlich ab Dezember oder dem Zeitpunkt, da der Schiffsverkehr eingestellt wird) bietet **LFH** (☎ 512 4013; www.lendame.ee) Flüge von und nach Pärnu.

SCHIFF/FÄHRE

- Solange die Eisverhältnisse es gestatten (mindestens von Mitte Mai bis Ende Oktober), bietet **Veeteed** (☎ 443 1069; www.veeteed.com) Fährverbindungen nach Kihnu ab Munalaid (Erw./Kind/Auto/Fahrrad 3/1,50/12/1 €, 50 Min., 2- bis 4-mal tgl.), 40 km südwestlich von Pärnu.
- Busse von Pärnu nach Munalaid sollen laut Fahrplan Anschluss an die Fähren bieten.
- Zur Zeit der Recherche verkehrten außerdem Fähren von Pärnu (Erw./Kind/Auto/Fahrrad 5/2,50/15 €/frei, 2½ Std., nur Do–So). Jedoch wurde darüber nachgedacht, diese Fährverbindung dauerhaft einzustellen. Aber selbst wenn man den Bus nimmt, ist die Strecke über Munalaid sowieso erheblich schneller.
- Tickets sind in beiden Häfen erhältlich.
- Aktuelle Fahrpläne hat die Touristeninformation in Pärnu.
- Der Fähranleger auf Kihnu befindet sich auf halbem Weg zwischen den Dörfern Sääre und Lemsi.

Unterwegs vor Ort

Das beste Fortbewegungsmittel auf Kihnu ist das Fahrrad. Fahrräder werden auf der Insel vielerorts verliehen, u. a. von den meisten Unterkünften.

WESTESTLAND & DIE INSELN

Der Westen Estlands gehört zu den attraktivsten Regionen des Baltikums – mit bewaldeten Inseln, idyllischen Landstrichen und stillen Küstendörfern im Schatten mittelalterlicher Burgen.

Kiefernwälder und Wacholderhaine bedecken die beiden größten estnischen Inseln Saaremaa und Hiiumaa. Staubige Straßen umrunden sie und führen an einsamen Küsten vorbei, die völlig unberührt wirken würden, wenn da nicht die Leuchttürme aus dem 19. Jh. und die alten Holzwindmühlen stünden. Beide sind heute Wahrzeichen der Inseln. Die Inselidylle eignet sich hervorragend für Wanderungen und Ausritte oder einen Streifzug auf der Suche nach versteckt liegenden Natursteinkirchen und verfallenen Festungen. Ruinen haben nicht nur vorchristliche estnische Krieger und deutsche Ordensritter des 14. Jhs., sondern auch sowjetische Militärplaner des 20. Jhs. hinterlassen.

Die größere und häufiger besuchte Insel Saaremaa hat einige Kurorte, eine wunderbare Burg und eine schöne „Hauptstadt", die im Sommer zum Leben erwacht. Von hier fahren Boote zur Insel Vilsandi, wo der Nationalpark Vilsandi zahlreiche Pflanzen- und Tierarten schützt.

Haapsalu auf dem Festland ist ein bezaubernder, wenn auch etwas heruntergekommener Ort. Hier verbrachten schon die russischen Aristokraten des 19. Jhs. ihren Urlaub. Die Attraktion der Altstadt ist eine Bischofsburg aus dem 14. Jh., in der heute Freiluftkonzerte und Sommerfeste stattfinden.

Muhu

1560 EW.

Die durch einen 2,5 km langen Damm mit Saaremaa verbundene Insel Muhu gilt ungerechtfertigterweise als „Fußmatte" der größeren Nachbarinsel: Auf dem Weg vom Fähranleger passieren jede Menge Leute die Insel, aber nur wenige halten an. Doch die drittgrößte Insel Estlands hat einiges zu bieten, nicht zuletzt eines der besten Restaurants des Landes und einige hervorragende Unterkünfte. Es gibt keine Touristeninformation auf der Insel, eine gute Infoquelle ist jedoch die Website www.muhu.info.

Sehenswertes & Aktivitäten

Freilichtmuseum MUSEUM

(www.muhumuuseum.ee; Koguva; Erw./erm. 3/2 €; ⏲ Mitte Mai–Mitte Sept. 9–18 Uhr, sonst Di–Sa 10–17 Uhr) Koguva, 6 km abseits der Hauptstraße im äußersten Westen von Muhu, ist ein erstaunlich gut erhaltenes, märchenhaftes Fischerdorf, das heute als Freilichtmuseum unter Denkmalschutz steht. Die Eintrittskarte erlaubt die Besichtigung eines alten Schulhauses, eines Hauses, das schöne traditionelle Textilien aus der Gegend präsentiert, darunter überaus fein gearbeitete Trachten, und des Ahnenhofs des Schriftstellers Juhan Smuul (1922–1971). Hier kann man sich in verschiedenen Hofgebäuden umschauen; eins beherbergt eine Ausstellung verschiedener Singer-Nähmaschinen.

Das Dorf ist immer noch normal bewohnt, v. a. von Familien, die hier schon seit Generationen ansässig sind. Man sollte ihre Privatsphäre achten und sich an die ausgewiesenen Museumsbereiche halten.

Koguva Kunstitall GALERIE

(Koguva; ⏲ Juni–Aug. 12–17 Uhr) GRATIS In Koguva lohnt ein Besuch dieser hübschen modernen Kunstgalerie samt Café.

Eemu Tuulik WINDMÜHLE

(Erw./Kind 1/0,50 €; ⏲ Mitte Mai–Mitte Sept. Mi–So 10–18 Uhr) Die nach wie vor funktionierende Windmühle an der Hauptstraße bei Nautse verfügt über eine Infotafel; es wird Brot aus hier frisch gemahlenem Mehl verkauft.

Festung Muhu FESTUNG

(Muhu Maalinn) Bei diesen überwachsenen Erdwällen südwestlich der Windmühle von Eemu leisteten die heidnischen Esten 1227 einer 20 000 Mann starken Streitmacht unter Führung der Schwertritter Widerstand, bevor sie sich schließlich ergaben. Ein Steinobelisk erinnert an das anschließende Massaker, bei dem alle 2500 Krieger von den Christen hingemetzelt wurden.

Straußenfarm Muhu BAUERNHOF

(Muhu Jaanalinnufarm; www.jaanalind.ee; Erw./Kind 3,50/2,50 €; ⏲ Mitte Mai–Mitte Sept. 10–18 Uhr) Die schrulligen Besitzer erzählen einem alles über diese seltsamen Kreaturen und Mutige können sie sogar füttern (auf die Finger aufpassen!). Außerdem gibt es auf dem Gelände Kängurus, Wallabys, Emus und Ponys – und es wird auch Ponyreiten für Kinder angeboten. In einem kleinen Laden werden nicht nur Federn und Eier, sondern auch Geldbörsen und Schuhe aus Straußenleder verkauft. Die ausgeschilderte Abzweigung zum Hof liegt 200 m östlich der Windmühle.

Radrouten RADFAHREN

(www.muhu.ee/Activities-on-Muhu/) Die stillen Landsträßchen von Muhu eignen sich bestens zur Erkundung per Drahtesel. Zwei Radrouten sind ausgewiesen worden: eine 52,5 km lange Nordroute und eine 26 km lange Südroute. Beide beginnen am Fähranleger und enden am Damm nach Saaremaa, sodass sie auch zu einer großen Schleife verbunden werden können. Auf der Website kann eine Karte heruntergeladen werden.

Kurse

Nami Namaste KOCHKURSE

(www.naminamaste.com; Simisti; 245 € pro Pers.; ⏲ Mai–Sept.) Der finnische Fernsehstar Sikke Sumari bietet in einem rustikal-schicken Bauernhaus im Süden von Muhu maßgeschneiderte Kochkurse inklusive Verpflegung und Unterkunft. Sikke verwendet überwiegend frische Zutaten aus der Region (oft aus dem eigenen Garten); die Kurse werden in verschiedenen Sprachen angeboten, u. a. auf Englisch. Außerdem kann hier auch übernachten und essen, wer keinen Kurs besucht, jedoch sind die Kapazitäten begrenzt.

Schlafen

Vanatoa Turismitalu GÄSTEHAUS €€

(☎ 454 8884; www.vanatoa.ee; Koguva; EZ/DZ ab 30/60 €; P 📶) Dieser Familienbetrieb am Dorfrand von Koguva verfügt in einem Bauernhofensemble mit Reetdächern über frisch renovierte Zimmer mit schicken kleinen Bädern (mit Fußbodenheizung). Das Bild auf der Website täuscht: Das Gästehaus liegt nicht auf einer Klippe. Das angeschlossene Restaurant serviert estnische Magenfüller wie Schweinefilet und Hering. Oft mit Hochzeitsgesellschaften oder Schulgruppen belegt, also vorausbuchen.

★ **Pädaste Manor** HOTEL €€€

(☎ 454 8800; www.padaste.ee; Pädaste; Zi./Suite ab 159/265 €; ⏲ März–Okt.; P 📶) Falls Geld keine Rolle spielt – hier lohnt es sich, über die Stränge zu schlagen! Das gepflegte Anwesen an einer Bucht umfasst das restaurierte Herrenhaus (mit 14 Zimmern und einem Gourmetrestaurant), das ehemalige Kutschenhaus (ein Steinbau mit neun Zimmern und einem Wellnesscenter) und ein separates Steingebäude mit einer Bierstube. Die Liebe zum Detail ist nicht zu toppen: von den ausklappbaren Fernsehern bis zu den antiken Möbel und Stickereien von Muhu.

Essen

Muhu Kalakohvik FISCH, ESTNISCH €

(☎ 459 8551; Liiva; Hauptgerichte 5,50–7,50 €; ⏲ Sommer 12–20 Uhr) Dieses kleine Lokal etwas abseits der Hauptstraße in Liiva serviert quasi im Esszimmer einer Familie erstklassige Fischgerichte. Das Ganze ist recht informell, daher sind die Angaben über die Öffnungszeiten eher über den Daumen gepeilt. Wer auf Nummer sicher gehen will, ruft vorher an.

Alexander MODERN EUROPÄISCH €€€

(☎ 454 8800; Pädaste; 3/5/7/9 Gänge 67/80/103/119 €; ⏲ März–Mai & Sept. 13–14.30 Uhr, März–Mitte Okt. 19–22.30 Uhr) Wer kein Interesse an einem kulinarischen Abenteuer hat, sollte woanders hingehen. Zwar werden auch dreigängige Mahlzeiten angeboten, im Mittelpunkt stehen jedoch die mehrgängigen Probiermenüs – Neue Nordische Küche auf höchstem Niveau, mit Elementen der Molekulargastronomie und tollen Zutaten von

Westestland & die Inseln

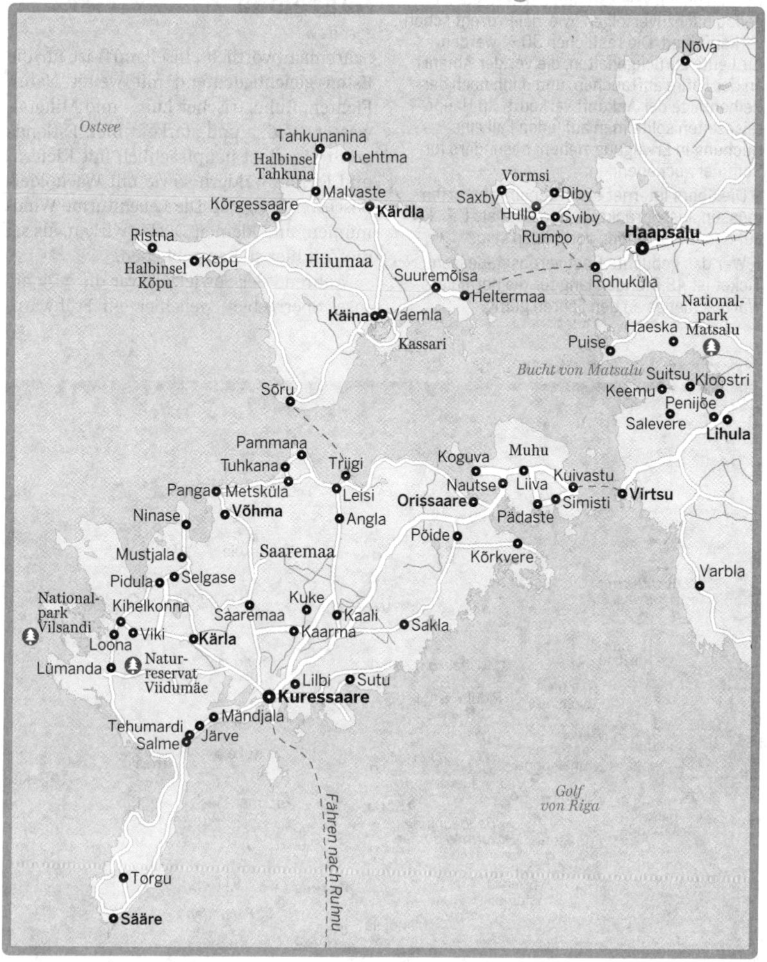

der Insel. Von Juni bis August wird auf der Sea House Terrace ein leichteres Mittagessen serviert.

An- & Weiterreise

BUS

Busse kommen mit der Fähre vom Festland und fahren über den Damm nach Saaremaa; unterwegs halten sie an der Hauptstraße. Einige Busse von Kuressaare nach Kuivastu fahren an Werktagen über Koguva und Pädaste. Wichtige Ziele:

Kuressaare (5–5,60 €, 1 Std., 18-mal tgl.)
Pärnu (8,80 €, 2½ Std., 4-mal tgl.)
Tallinn (12–14 €, 3 Std., 11-mal tgl.)
Tartu (17 €, 5 Std., 2-mal tgl.)
Viljandi (15 €, 4 Std., 2-mal tgl.)

SCHIFF/FÄHRE

- Die von **SLK** (☎ 4524 4444; www.tuulelaevad.ee; Erw./Kind/Auto 2,60/1,30/7,40 €) betriebenen Autofähren brauchen für die Überfahrt von Virtsu auf dem Festland nach Kuivastu auf Muhu rund 25 Minuten.
- Die Fähren fahren ab Virtsu von ca. 5.35 Uhr bis Mitternacht, und zwar bis 22.15 Uhr mindestens ein- oder zweimal pro Stunde.
- Freitags ab 13 Uhr (Hinfahrt) und sonntags ab 13 Uhr (Rückfahrt) muss für Fahrzeuge ein Aufpreis von 50 % gezahlt werden.

➔ Rund 70 % der Plätze auf jedem Schiff werden online verkauft; auf der Website ist genau nachzuverfolgen, wie viel Prozent schon verkauft sind. Die restlichen 30 % werden für Leute zurückgehalten, die vor der Abfahrt an der Fähre auftauchen, und dann nach der Reihenfolge der Ankunft verkauft. Zu Hauptreisezeiten sollte man auf jeden Fall eine Buchung in Erwägung ziehen, besonders für Sommerwochenenden.

➔ Die übers Internet erworbenen Fahrkarten müssen ausgedruckt werden oder als E-Ticket auf dem Smartphone vorhanden sein.

➔ Wer das gebuchte Boot verpasst, dessen Ticket ist 48 Stunden lang für die normale Warteschlange an den Fähren gültig.

Saaremaa

31 600 EW.

Saaremaa (wörtlich „Inselland") ist für die Esten gleichbedeutend mit weiter Natur, Fichten, Ruhe, frischer Luft – und Mineralwasser, Wodka und starkem Bier. Estlands größte Insel ist hauptsächlich mit Kiefern- und Fichtenwäldern sowie mit Wacholderbuschwerk bedeckt. Die Leuchttürme Windmühlen, und kleinen Dörfer wirken, als sei die Zeit hier stehen geblieben.

Während der Sowjetzeit war die gesamte Insel Sperrgebiet, weil hier ein Frühwarn-

Saaremaa & Muhu

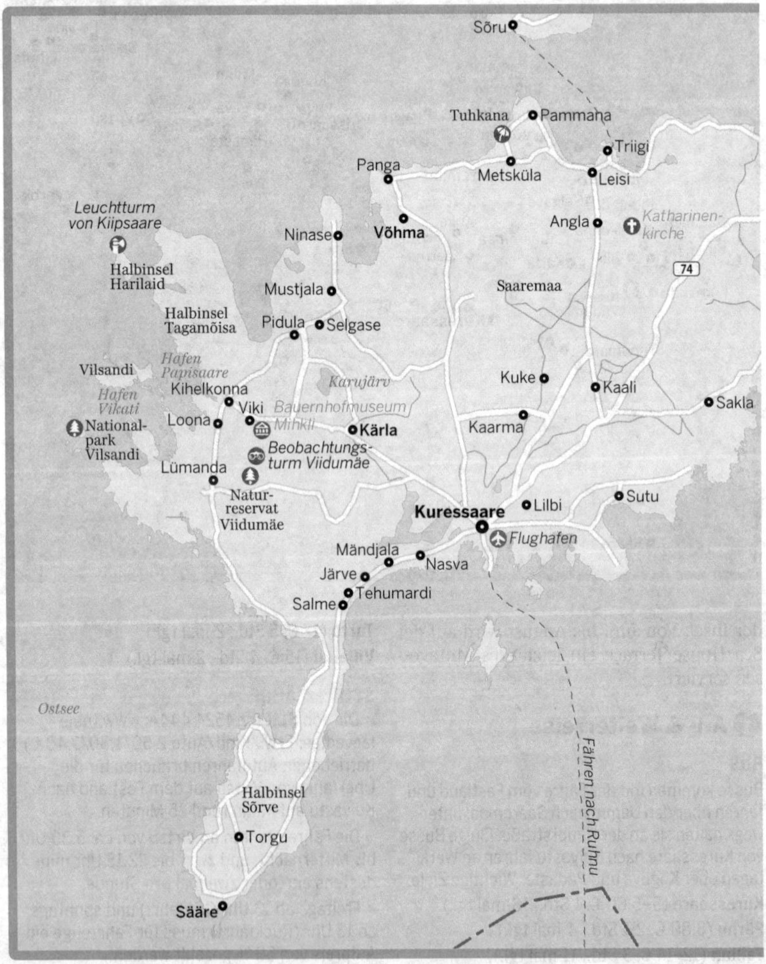

system und eine Raketenbasis stationiert waren. Selbst Esten vom Festland brauchten eine Erlaubnis, um die Insel betreten zu dürfen. Dank den Sowjets gibt es fast keine Industrie auf der Insel, die sich so ihren ländlichen Charme bewahren konnte.

Diese einzigartige urtümliche Stimmung geht Hand in Hand mit einem unerschütterlichen Stolz der Einheimischen. Saaremaa hatte schon immer einen Drang zur Unabhängigkeit und fiel meist als letzter Landesteil an die ausländischen Eroberer. Die Inselbewohner pflegen ihre eigenen Bräuche und Lieder und tragen ganz spezielle Trachten.

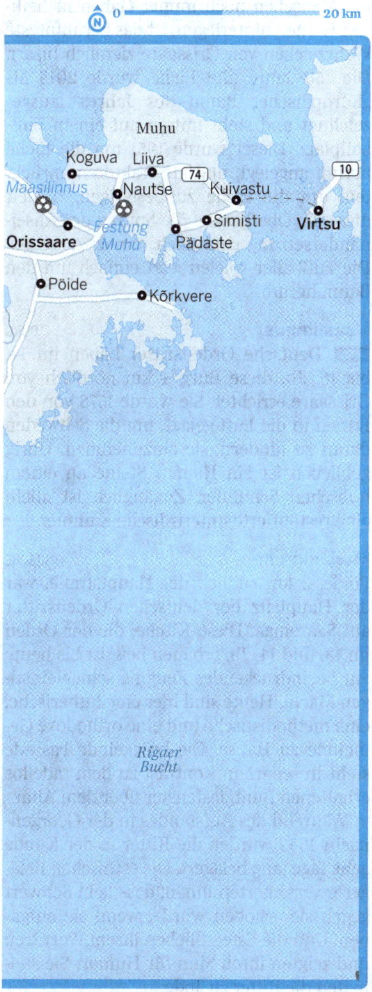

Sie haben nichts für die Kalevipoeg-Legende des Festlands übrig, denn Saaremaa hat in Suur Töll einen eigenen Helden, der im Umkreis der Insel oftmals gegen Dämonen und Teufel kämpfte.

Kuressaare, die Hauptstadt der Insel, liegt an der Südküste, 75 km vom Fährterminal von Muhu entfernt, und bietet sich fast automatisch als Quartier für Besucher an. Angesichts der vielen noblen Hotels hier ist leicht zu verstehen, wie die Insel zu ihrem Namen „Spa-remaa" gekommen ist. Wenn die Tage länger werden, schwärmen die Finnen und Schweden auf der Insel ein und machen den Urlaubern aus den estnischen Städten die Saunen und den Strand streitig.

Weitere Informationen bietet die Website www.saaremaa.ee.

Geschichte

Die ersten Küstensiedlungen Saaremaas (aus dem 4. Jahrtausend v. Chr.) liegen heute im Landesinneren, denn die Insel hat sich in den vergangen 5000 Jahren um 15 m gehoben. Während des 10. bis 13. Jhs. waren Saaremaa und Muhu die am dichtesten besiedelten Regionen Estlands. Dänemark versuchte Anfang des 13. Jhs., Saaremaa zu erobern, doch 1227 unterwarf der deutsche Schwertbrüderorden die Insel. Danach wurde sie zwischen dem Orden und dem in Haapsalu residierenden Bischof von Ösel-Wiek geteilt. Die Ritter nahmen sich Muhu und den Osten und Nordwesten Saaremaas, der Bischof baute in Kuressaare seine Festung.

Zwischen 1236 und 1343 lehnten sich die Inselbewohner mehrfach gegen die deutschen Herrscher auf. 1343 gelang es, die Burg der Ordensritter zu zerstören und die Deutschen von Saaremaa zu vertreiben. Aber der Erfolg währte nicht lange, denn schon 1345 eroberten die Ordensritter die Insel zurück.

Im Livländischen Krieg (16. Jh.) wurde Saaremaa an Dänemark verkauft, 1645 fiel es durch den Vertrag von Brömsebro an die Schweden. Schließlich übernahm 1710 Russland während des Großen Nordischen Kriegs die Macht: Die Insel wurde als Teil der russischen Provinz Livland vom heute lettischen Riga aus regiert.

ℹ An- & Weiterreise

Die meisten Reisenden erreichen Saaremaa, indem sie die Fähre von Virtsu nach Muhu nehmen und dann über den 2,5 km langen Damm auf die Insel kommen.

BUS

Busse vom Festland kommen mit der Fähre nach Muhu und dann über den Damm nach Saaremaa, mit Endstation Kuressaare. Die wichtigsten Verbindungen:

Insel Muhu (5–5,60 €, 1 Std., 18-mal tgl.)
Pärnu (13 €, 3½ Std., 4-mal tgl.)
Tallinn (15–17 €, 4 Std., 11-mal tgl.)
Tartu (18 €, 5½ Std., 2-mal tgl.)
Viljandi (18 €, 5 Std., 2-mal tgl.)

FLUGZEUG

Der **Flughafen Kuressaare** (Kuressaare Lennujaam; ☎ 453 0313; www.kuressaare-airport.ee; Roomassaare tee 1) liegt bei Roomassaare, 3 km südöstlich des Zentrums.

Busse der Linien 2 und 12 verbinden ihn mit dem Busbahnhof in Kuressaare.

Avies (S. 85) fliegt montags bis samstags zweimal und sonntags einmal von/nach Tallinn.

SCHIFF/FÄHRE

Außer der Fähre nach Muhu betreiben **SLK Ferries** (☎ 4524 4444; www.tuulelaevad.ee) zwei Schiffe pro Tag von Sõru auf Hiiumaa nach Triigi an der Nordküste von Saaremaa (Erw./Kind/Auto 2,60/1,30/7,40 €, 65 Min.); von Mitte September bis Mitte Mai verkehren dienstags, donnerstags und samstags keine Fähren. Tickets gibt's am Hafen oder im Internet (das Ticket muss jedoch ausgedruckt vorliegen).

Saaremaa ist auch bei Skippern sehr beliebt. Die beste **Marina** (☎ 503 1953; www.kuressaare.ee/sadam/en; Tori 4) befindet sich in Kuressaare. Infos über diesen Hafen und andere Marinas der Insel stehen auf www.sadamaregister.ee.

ℹ Unterwegs vor Ort

Auf Saaremaa gibt es ein 400 km langes Netz an befestigten Straßen und noch sehr viel mehr unbefestigten Straßen. Entlang der Hauptstraßen ist Trampen möglich, kostet aber Zeit – und auf den kleineren Straßen ist einfach zu wenig los, als dass es sich lohnt.

BUS

Die Inselbusse verkehren nicht gerade häufig. Wichtigster Busbahnhof ist der **Busbahnhof Kuressaare** (Kuressaare Bussijaam; ☎ 453 1661; Pihtla tee 2); ein Routenplan findet sich auf www.bussipilet.ee.

FAHRRAD

Das flache Saaremaa ist ein tolles Terrain für Pedalritter. Außer der Hauptstraße von Muhu nach Kuressaare herrscht auf den meisten Straßen nur wenig Verkehr und es bieten sich zahlreiche Nebenstrecken zur Erkundung an.

Viele Unterkünfte verleihen Fahrräder. In Kuressaare vermietet **Bivarix** (☎ 455 7118; www.bivarix.ee; Tallinna mnt 26; 4/6/10 € pro 1 Std./4 Std./Tag; ⏲ Mo–Fr 10–18, Sa bis 14 Uhr) Räder und Ausrüstung wie Kinder- und Gepäckanhänger und hat Tipps zu interessanten Strecken.

Ost-Saaremaa

Außer dem Ort Orissaare an der Meerenge zwischen Muhu und Saaremaa ist der östliche Teil der Insel nur dünn besiedelt und angenehm ländlich.

👁 Sehenswertes & Aktivitäten

Eiche von Orissaare — WAHRZEICHEN

(Kuivastu mnt) Selbst in einem Land, in dem die Menschen noch immer Gaben in heiligen Hainen hinterlegen, ist das berühmteste Wahrzeichen von Orissaare ziemlich bizarr. Die 150 Jahre alte Eiche wurde 2015 als „Europäischer Baum des Jahres" ausgezeichnet und steht mitten auf einem Fußballplatz. Dieser wurde 1951 um die Eiche herum angelegt, und als Traktoren anrückten, um die Eiche zu beseitigen, behielt diese die Oberhand – die Spuren der Auseinandersetzung sind noch immer zu sehen. Die Fußballer spielen jetzt einfach um den Baum herum.

Maasilinnus — BURG

GRATIS Deutsche Ordensritter haben im 14. bis 16. Jh. diese Burg 4 km nördlich von Orissaare errichtet. Sie wurde 1578 von den Dänen in die Luft gejagt, um die Schweden daran zu hindern, sie einzunehmen. Übrig geblieben ist ein Haufen Steine an einem hübschen Schilfufer. Zugänglich ist allein eine restaurierte unterirdische Kammer.

Marienkirche — KIRCHE

Pöide, 3 km südlich der Hauptstraße, war der Hauptsitz der deutschen Ordensritter auf Saaremaa. Diese Kirche, die der Orden im 13. und 14. Jh. erbauen ließ, ist bis heute ein beeindruckendes Zeugnis seiner einstigen Macht. Heute sind hier eine lutherische, eine methodistische und eine orthodoxe Gemeinde zu Hause. Die bröckelnde Fassade steht in scharfem Kontrast zu dem tadellos erhaltenen Buntglasfenster über dem Altar.

Während des Aufstandes in der Georgennacht 1343 wurden die Ritter in der Kirche acht Tage lang belagert. Die estnischen Belagerer versicherten ihnen, dass kein Schwert gegen sie erhoben würde, wenn sie aufgäben. Und die Esten blieben ihrem Wort treu und zeigten ihren Sinn für Humor: Sie steinigten die Ritter zu Tode.

Tika Talu REITEN
(☎504 4169; www.tikatalu.ee; Kõrkvere: 12 € pro Std.) Bietet schlichte Zimmer mit Frühstück und viele Reitangebote für Erwachsene und Kinder.

Zentral-Saaremaa

Wenn man mit der Fähre von Hiiumaa ankommt, ist die erste Siedlung **Leisi**, ein hübsches Dorf mit alten Holzhäusern 3,5 km vom Hafen Triigi entfernt. An diesem Abschnitt der Nordküste gibt's einige Sehenswürdigkeiten, weitere dann beiderseits der Hauptstraße Richtung Süden nach Kuressaare.

Sehenswertes

Tuhkana STRAND
Der hinter einem Kiefernwald versteckte Strand Tuhkana ist vor allem dank seiner Abgeschiedenheit einer der besten Sandstrände der Insel. Um von Leisi hierher zu gelangen, fährt man 11 km Richtung Westen nach Metsküla und biegt dann rechts auf die unbefestigte Straße ab. Nach 3 km erscheint links ein Parkplatz.

Panga Pank AUSSICHTSPUNKT
Die höchsten Klippen der Insel erstrecken sich über 3 km entlang der Nordküste bei Panga. Der höchste Punkt (21,3 m) war einst eine heilige Stätte, an der dem Meeresgott Opfer dargebracht wurden; manchmal werden hier auch heute noch Gaben in Form von Blumen, Münzen, Wodka und Bier hinterlegt. Ein hübsches Örtchen mit Ausblick auf das trügerisch idyllische Nass in der Tiefe.

Windmühlenhügel von Angla WINDMÜHLEN
(Angla Tuulikumägi; Erw./Kind 3,50/1,50 €; ⏲Mai–Aug. 9–20 Uhr, Sept.–April bis 17 Uhr) Fotofreaks, aufgepasst: Hier findet sich die größte und fotogenste Ansammlung von Holzwindmühlen auf den Inseln. Zu Beginn des 16. Jhs. standen auf diesem Hügel bereits neun Mühlen. Heute gibt es vier kleine Mühlen, die überwiegend aus dem 19. Jh. stammen, und eine große Mühle im niederländischen Stil von 1927. Schöne Ausblicke bieten sich von der Straße, für eine kleine Eintrittsgebühr darf man sich auch im Inneren der Mühlen umschauen.

Außerdem gibt's noch eine Sammlung alter Traktoren und Pflüge sowie eine hervorragende Gaststätte, in der bäuerlich verkleidetes Personal hausgemachtes Brot, Kuchen und Bier auftischt.

Katharinenkirche, Karja KIRCHE
(Karja Katariina kirik; Dorf Linnaka; ⏲Mitte Mai–Mitte Sept. Mo–Sa 10–17.30, So 12.30–17.30 Uhr) In der trutzigen Kirche aus dem 14. Jh. treffen Heidnisches und Christliches zusammen. Draußen informiert eine interessante Tafel über vorchristliche Symbole, mit besonderem Bezug zu einigen der trapezförmigen Grabsteine aus dem 13. und 14. Jh., die hier zu finden sind. Drinnen in der Kirche winden sich Eichenblätter oben um die Säulenenden und an die Wände sind einige interessante Symbole gemalt.

Interessant ist außerdem die ungewöhnliche Kreuzigungsszene rechts oberhalb des Außenportals: Sie zeigt Jesus zwischen den beiden Dieben. Die Seele des guten Diebes tritt in Gestalt einer kleinen Figur aus seinem Mund in die Arme eines Engels, der darauf wartet, sie in den Himmel zu tragen. Auf die andere Seele wartet ein ähnlich aussehender Teufel.

Kaali-Krater SEE
Estland ist wirklich sehr anziehend: Kaum irgendwo sonst schlagen so viele Meteoriten ein. Das Land hat daher mit die höchste

INSELGEBRÄU

Saaremaa schaut auf eine lange Geschichte der privaten Bierbrauerei zurück und auch das kommerzielle Bier der Insel genießt einen sehr guten Ruf. Am beliebtesten ist das Tuulik mit seinem unverwechselbaren Windmühlen-Logo (das allerdings mittlerweile in Tartu gebraut wird – auch der beliebte Saaremaa-Wodka schmückt sich mit einer Windmühle, wird jedoch ebenfalls nicht hier hergestellt).

Interessanter ist vielleicht Pöide (besonders die dunkle Variante), das in einer kleinen Brauerei im gleichnamigen Dorf gebraut wird. Es ist in den Kneipen in Kuressaare sowie in Craft-Bier-Läden im ganzen Land erhältlich.

Wer dem Gerstensaft nicht abhold ist und zu einem privat gebrauten Bier eingeladen wird, sollte die Einladung unbedingt annehmen. Entsprechend der langen Inseltradition enthalten die Biere Malz, Hefe und Hopfen und hinterlassen einen leicht säuerlichen Nachgeschmack. Die Biere sind leicht und im Sommer sehr erfrischend und schmecken am besten aus einem Holzkrug.

Konzentration dokumentierter Meteoritenkrater weltweit. 18 km nördlich von Kuressaare liegt bei Kaali ein 100 m breiter und 22 m tiefer merkwürdig runder See, der vor mindestens 4000 Jahren durch einen Meteoriteneinschlag entstand. In der Umgebung gibt es weitere acht Nebenkrater mit einem Durchmesser von 12 bis 40 m, gebildet durch Fragmente desselben Meteoriten. In der skandinavischen Mythologie ist dieser Ort als „Grab der Sonne" bekannt.

Es ist hier eine Art Feriendorf entstanden, mit einem kleinen **Museum** (www.kaali.kylastuskeskus.ee; Erw./Kind 1,50/0,70 €; ⌚9–19 Uhr), Kunsthandwerksläden und einem Hotel; in einer traditionellen Kneipe werden estnische Gerichte und heimisches Bier verkauft.

GoodKaarma BAUERNHOF
(☎5348 4006; www.goodkaarma.com; Kuke; ⌚Juni–Aug. 10–18 Uhr, sonst nach Vereinbarung) Das von einem englisch-estnischen Paar von ihrem Hof beim Dorf Kaarma, etwa 15 km nördlich von Kuressaare, geführte Unternehmen GoodKaarma produziert Bioseifen aus lokalen Ingredienzen wie Wacholder, Kiefern und Sanddorn. Wer selbst zur Tat schreiten möchte, kann sich für einen 75-minütigen Workshop zum Thema Seifenherstellung anmelden (Erw./Kind 7,50/4 €, mindestens vier Teilnehmer).

Es gibt auch eine hübsche Gartenterrasse und ein Café mit hausgemachten Snacks, Biotee, heimischem Bier usw. Neben Seife verkauft der Hofladen Kunsthandwerk aus der Region.

Praktische Informationen

Touristeninformation Leisi (☎457 3073; ⌚Juni–Aug. 13–19 Uhr; 📶) Wer mit der Fähre von Sõru auf Hiiumaa in Triigi ankommt, kann sich in der winzigen Touristeninformation von Leisi im hübschen, rebenbewachsenen Restaurant Sassimaja mit Karten und allgemeinen Infos über Saaremaa eindecken.

Kuressaare

13 000 EW.

Kuressaare, die wichtigste Stadt der Insel, ist ein malerisches Städtchen mit schattigen Straßen und einer stolzen Burg im Zentrum, umgeben vom üblichen eher unschönen Sammelsurium von Wohn- und Gewerbegebieten. Die Stadt wurde bereits im 19. Jh. als Kurort bekannt, nachdem man die heilsame Wirkung des Küstenschlamms entdeckt hatte und die ersten Kuranlagen eröffnet hatten. Jetzt gibt es Dutzende davon und das Spektrum reicht von alten Ostblocksanatorien bis zu schicken, top-modernen Spas.

Die eigentliche Keimzelle der Stadt ist seine Bischofsburg, die im 13. Jh. für den in Haapsalu residierenden Bischof von Ösel-Wiek gebaut wurde, zu dessen Diözese die Insel zum Teil gehörte. Kuressaare wurde Saaremaas wichtigstes Handelszentrum und entwickelte sich rasant, nachdem es 1645 in schwedische Hände gefallen war. Von 1952 bis 1988 hieß Kuressaare zu Ehren von Viktor Kingissepp, einem estnischen Kommunisten aus den 1920er-Jahren, Kingissepa.

Außer der Burg gruppieren sich die schönsten historischen Gebäude der Stadt um den Hauptplatz Keskväljak herum. Die Touristeninformation befindet sich im Rathaus (1670), einem von zwei schönen Steinlöwen flankierten Barockgebäude. Die Kneipe Vaekoja auf der anderen Seite des Platzes residiert in einer alten Waage, ebenfalls aus dem 17. Jh.

Sehenswertes

★ **Bischofsburg Kuressaare** BURG
Die majestätische Bischofsburg erhebt sich im Süden der Stadt auf einer künstlichen Insel am Meer, die von einem Wassergraben umgeben ist. Sie gilt als die am besten erhaltene Burg des Baltikums und ist die einzige mittelalterliche Steinburg der Region, die nicht zerstört wurde. Das Burggelände ist jederzeit öffentlich zugänglich; wer jedoch den Burgfried besichtigen möchte, benötigt eine Eintrittskarte des Saaremaa-Museums.

Schon um 1260 wurde hier eine Burg gegründet, aber die mächtige Dolomitfestung, die heute zu sehen ist, stammt aus dem 14. Jh. Weitere Schutzmauern wurden im 15. und 18. Jh. ergänzt. Die Burg sollte gleichermaßen als Verwaltungssitz und als Festung dienen. Der schlankere der beiden hohen Ecktürme – Pikk Hermann („Langer Hermann") im Osten – ist durch einen Schacht vom Rest des Gebäudes getrennt. So konnte er nur über eine Zugbrücke erreicht werden und diente bei einem Angriff als letzte Zufluchtsstätte der Burgbewohner.

Im Burghof finden im Sommer Konzerte statt und Besucher können sich auch im Bogenschießen versuchen. An der Ostmauer erinnert ein **Denkmal** an die 90 Personen, die 1941 in der Burganlage von Rotarmisten getötet wurden. Das düstere Pendant befindet sich außerhalb der Burgmauern auf einer der Befestigungen der Insel: ein großes **Denkmal** für die 300 Menschen, die während der Nazi-Besatzung hingerichtet wurden.

Der schattige Park rund um den Burggraben herum wurde 1861 angelegt. Im und um den Park liegen mehrere schöne Holzvillen aus den glanzvollen Tagen der Kurstadt um die Jahrhundertwende, darunter der **Kursaal** (Kuursaal) von 1899, der jetzt ein Restaurant beherbergt, und der benachbarte Musikpavillon von 1920. Bei schönem Wetter kann man beim Kursaal Ruderboote (10 € pro Std.) und Fahrräder (4 € pro Std.) mieten.

Saaremaa-Museum MUSEUM

(www.saaremaamuuseum.ee; Erw./erm. 5/2,50 €; ⏲Mai–Aug. 10–19 Uhr, Sept.–April Mi–So 11–18 Uhr) Das Museum im Burgfried der Bischofsburg widmet sich der Natur und Geschichte der Insel. Besonders interessant ist es, das Labyrinth aus Kammern, Sälen, Gängen und Treppen zu erkunden. Von einem Raum bei der Kammer des Bischofs blickt man in ein Verlies, in dem der Überlieferung zufolge zum Tode verurteilte Gefangene den Löwen zum Fraß vorgeworfen wurden – was man sich in der Phantasie ausmalt, wird durch Löwenknurren vom Band noch verstärkt.

Einer anderen Geschichte zufolge wurde im 18. Jh. bei der Öffnung einer versiegelten Kammer die Leiche eines Ritters gefunden, die auf der Stelle zu Staub zerfiel – was zu immer weiteren wilden Spekulationen über die Ursache seines tragischen Tods führte. Das Ganze ist inzwischen mit unheimlicher Wirkung nachgestellt.

Im eigentlichen Museum finden sich nicht viele englische Erläuterungen – bis zur von der EU gesponserten Abteilung über die Nachkriegszeit; dann werden aus den estnisch-russischen Beschriftungen estnisch-englische. Hier gibt's ein paar interessante Informationen über den Alltag unter den Sowjets, so etwa eine typische Wohnungseinrichtung. Einige der Erläuterungen sind allerdings recht propagandistisch.

Auf der obersten Etage verfügt das Museum über ein Café mit schönem Ausblick auf die Bucht und das umliegende Land.

Strand von Kuressaare STRAND

(Raiekivi tee 1) Zwar liegen die besten Strände außerhalb der Stadt, doch füllt sich dieser kleine Sandstrand hinter der Bischofsburg im Sommer mit Sonnenanbetern, Paddlern und Volleyballspielern.

Suur Töll & Piret STATUE

Am Ufer beim Spa Hotel Meri erfreut Estlands witzigste Statue. Sie stellt Saaremaas legendären gigantischen Helden Suur Töll und seine Frau Piret dar, wie sie auf ihren nackten Schultern ein Boot voller Fisch tragen.

Nikolaikirche KIRCHE

(Püha Nikolai kirik; Lossi 8; ⏲Mo–Fr & So 10–13, Sa 16.30–18.30 Uhr) Saaremaas älteste orthodoxe Kirche (1790) beeindruckt mit zwei Türmen und einem Tor aus Dolomit und Schmiedeeisen. Auf der Außenmauer zur Straße hin ist noch blass ein Bildnis des namengebenden Heiligen zu erkennen. Drinnen finden sich ein paar hübsche Ikonen, darunter eine mit einem Bildnis der Kirche selbst.

Laurentiuskirche KIRCHE

(Laurentiuse kirik; Tallinna 13; ⏲Juni–Aug. Di–Fr 10–17, Sa bis 14 Uhr) Die große Kirche stammt zwar nur von 1836, doch ihr bekanntestes Ausstattungsmerkmal ist erheblich älter: ein mittelalterliches steinernes Taufbecken, wahrscheinlich vom frühen 15. Jh., verziert mit drachenähnlichen Wesen. Interessant sind auch die grauen hölzernen Kirchenbänke, die tief hängenden Leuchter und das schöne Gewölbedach über dem Altarraum, geschmückt mit interessanter Trompe-l'œil-Malerei.

Gedenkmuseum Johannes & Joosep Aavik MUSEUM

(Johannes & Joosep Aaviku majamuuseum; www.saaremaamuuseum.ee; Vallimaa 7; Erw./Kind 1/0,50 €; ⏲Mi–So 11–17 Uhr) Das Haus der Familie Aavik ist heute ein kleines Museum. Es ist dem Leben und Schaffen des Sprachwissenschaftlers (1880–1973) Johannes Aavik, der wichtige Reformen der estnischen Sprache einführte, sowie seinem musikalischen Cousin Joosep Aavik (1899–1989) gewidmet.

Aktivitäten

Spa Hotel Rüütli WASSERPARK

(www.saaremaaspahotels.eu; Pargi 16; Erw./Kind 7/4 €; ⏲7–21 Uhr) Bei schlechtem Wetter bietet sich mit Kindern ein Besuch des Erlebnisbads des Hotels Rüütli mit seiner 52 m langen Wasserrutsche an. Für Mama und Papa gibt's Wellnessanwendungen.

Saare Golf GOLF

(☎453 3502; www.saaregolf.ee; Merikotka 35; 9/18 Löcher 35/60 €, Schlägermiete 20 €) Dieser 18-Loch-Golfplatz liegt unmittelbar westlich des Stadtzentrums von Kuressaare.

Kuressaare

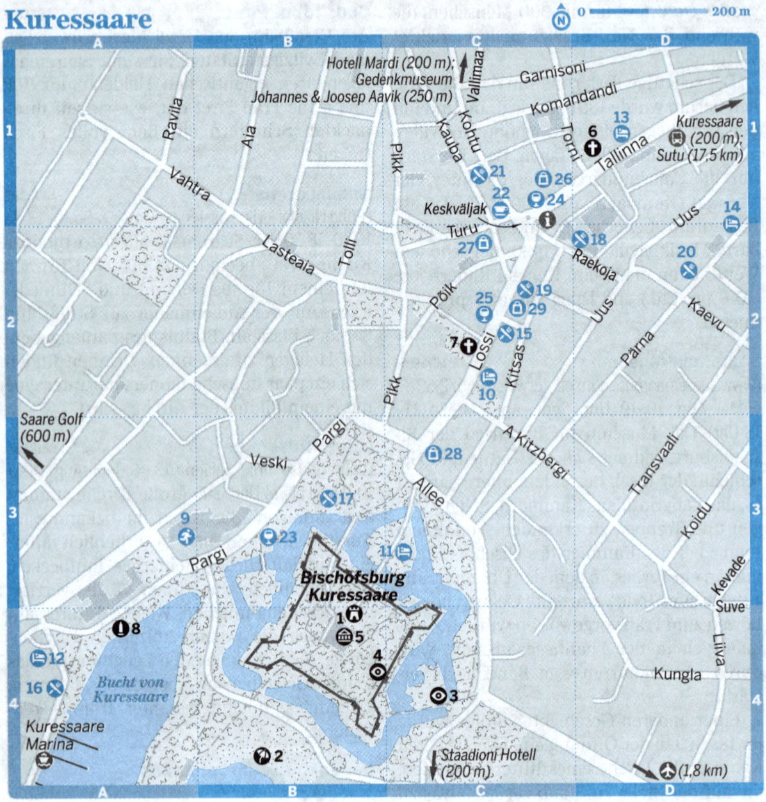

Kuressaare

Highlights

1 Bischofsburg Kuressaare B4

Sehenswertes

2 Strand von Kuressaare B4
3 Denkmal für die Opfer der Nazis C4
4 Denkmal für die Opfer der Roten Armee B4
5 Saaremaa-Museum B4
6 Laurentiuskirche D1
7 Nikolaikirche C2
8 Suur Töll & Piret A4

Aktivitäten, Kurse & Touren

9 Spa Hotel Rüütli A3

Schlafen

10 Arensburg C2
11 Ekesparre C3
12 Georg Ots Spa Hotel A4
13 Grand Rose Spa Hotel D1
14 Karluti Hostel D2

Essen

15 Classic Cafe C2
16 Gospa Restaurant A4
17 Ku Kuu B3
18 Rae Konsum D2
19 Retro C2
20 Saaremaa Trahter D2
21 Vanalinna C1

Ausgehen & Nachtleben

22 Chameleon C1
23 John Bull B3
24 Vaekoja Pubi C1
25 Vinoteek Prelude C2

Shoppen

26 Zentralmarkt C1
27 GoodKaarma C2
28 Lossi Antiik C3
29 Saaremaa Kunstistuudio C2

Festivals & Events

An Veranstaltungen herrscht im Sommer gewiss kein Mangel. Neben den renommierten Festivals finden im Sommer im Burghof und im angrenzenden Park regelmäßig Konzerte statt. Die Touristeninformation informiert über alle aktuellen Veranstaltungen.

Opernfestival MUSIK
(Saaremaa ooperipäevad; www.saaremaaopera.eu) Ende Juli drängeln sich eine Woche lang rund 2000 Zuhörer auf der Anlage der Bischofsburg, um sich die Inszenierungen eines internationalen Gastensembles zu Gemüte zu führen.

Kammermusiktage MUSIK
(Kuressaare kammermuusika päevad; www.kammerfest.ee) Ende Juli/Anfang August finden fünf Tage lang überall in der Stadt Konzerte statt.

Seefahrtfestival KULTUR
(Kuressaare merepaevad; www.merepaevad.ee) An Ständen am Strand hinter der Burg werden Essen, Getränke und Kunsthandwerk feilgeboten, während Künstler für Unterhaltung sorgen. An einem Wochenende Anfang August.

Schlafen

Die Touristeninformation vermittelt Privatzimmer und Unterkünfte auf Ferienhöfen auf der ganzen Insel. Von September bis April liegen die Hotelpreise um bis zu 50 % niedriger. Die Wellnessanlagen der Hotels stehen meist auch Tagesgästen offen.

Hotell Mardi HOSTEL, HOTEL €
(☎ 452 4633; www.hotelmardi.eu; Vallimaa 5a; Hostel EZ/2BZ 20/30 €, Hotel EZ/DZ ab 44/67 €; P 📶) Diese einfachen, schnörkellosen Zimmer sind einer Berufsschule angeschlossen. Sie verfügen über Stockbetten und Gemeinschaftsbäder und wirken etwas anstaltsmäßig, sind aber wohl die besten billigen Unterkünfte in Kuressaare.

★ **Georg Ots Spa Hotel** HOTEL €€
(Gospa; ☎ 455 0000; www.gospa.ee; Tori 2; Zi./Apt./Suite ab 75/149/194 €; P ❄ 📶 🏊) Das nach einem berühmten estnischen Opernsänger benannte Hotel hat moderne Zimmer mit gestreiften Teppichen, riesigen Betten und einem warmen, aber minimalistischen Design. Die meisten bieten einen Balkon und zum Haus gehören ein Fitnesscenter und ein Wellnesszentrum mit Pool und verschiedenen Saunen. Auch separate freistehende „Residenzen" stehen zur Verfügung. Insgesamt sehr gut für Familien.

Staadioni Hotell HOTEL €€
(☎ 453 3556; www.staadionihotell.ee; Staadioni 4; EZ/DZ 44/56 €; ⏲ Mitte Mai–Anfang Sept.; P @ 📶) Preisgünstige, geräumige und helle Zimmer bietet dieses angenehme, abgeschiedene Hotel südlich der Burg, umgeben von Parks und Sportanlagen. Es werden Fahrräder vermietet (8 € pro Tag) und es gibt eine Sauna.

Karluti Hostel GÄSTEHAUS €€
(☎ 501 4390; www.karluti.ee; Pärna 23; 2BZ/3BZ ohne Bad 38/55 €; @ 📶) Das fröhliche senffarbene Gästehaus inmitten großer Rasenflächen an einer ruhigen Wohnstraße nicht weit vom Zentrum wird von einem reizenden älteren Paar geführt. Wer auf dem Volleyballplatz ordentlich Kalorien verbrannt hat, kann sich anschließend in der Gästeküche die Löcher im Kalorienhaushalt stopfen. Das Haus hat nur eine Handvoll helle, gepflegte Zimmer – es ist also ratsam vorzubuchen, besonders im Sommer.

★ **Ekesparre** BOUTIQUEHOTEL €€€
(☎ 453 8778; www.ekesparre.ee; Lossi 27; Zi. ab 125 €; P 📶) Das elegante Zehnzimmerhotel profitiert von seiner Pole Position auf dem Burggelände und wurde in alter Jugendstil-Pracht renoviert – mit historischen Tapeten und Teppichen, Tiffany-Lampen und hie und da einigen Orchideen, die seine kultivierte Club-Atmosphäre betonen. Ein wahres Schmuckstück ist die Bibliothek im 3. Stock.

Arensburg BOUTIQUEHOTEL €€€
(☎ 452 4700; www.arensburg.ee; Lossi 15; EZ 115 €, DZ 130–185 €, Suite 250 €; P 📶 🏊) Das Arensburg wirkt wie zwei Hotels in einem – hin und her gerissen zwischen Alt und Neu. Wir bevorzugen die schicken, schwarz gestrichenen Zimmer im modernen Anbau, den das historische Hotel 2007 erhalten hat. Die Standardzimmer im alten Teil sind auch nicht schlecht, aber nichts Besonderes. Die Krönung sind ein Wellnesszentrum und zwei Restaurants.

Grand Rose Spa Hotel HOTEL €€€
(☎ 666 7000; www.grandrose.ee; Tallinna 15; EZ/DZ/Suite ab 130/135/205 €; 📶 🏊) Blumig und schnörkelig mag man es in diesem Hotel, von den barocken schwarzen Samtstühlen, Kronleuchtern und Wasserspielen in der

rosendekorierten Lobby bis zum Teppich mit Rosenmuster im gesamten Haus. Die Luxuszimmer haben einen Balkon, eine Badewanne und eine Duschkabine und überbordende Betten, wirken aber beengter als die Standardzimmer. Das Spa und das Restaurant sind beide sehr gut.

Essen

★ Retro CAFÉ €

(☎ 5683 8400; www.kohvikretro.ee; Lossi 5; Hauptgerichte 7,50–8,50 €; ⌚ Mo–Do 12–22, Fr & Sa bis 24, So bis 20 Uhr; 📶 👪) Die Karte der hippen kleinen Café-Bar ist scheinbar einfach (Pasta, Burger, Steak, gegrillter Fisch), aber das Retro hebt das Ganze auf ein neues Level, mit hausgemachter Pasta und selbst gemachten Burgerbrötchen sowie nur den besten und frischesten regionalen Zutaten. Auch die Nachspeisen sind köstlich. Dazu kommt noch eine tolle Auswahl an estnischem Craft-Bier, perfekt für die große Terrasse hinterm Haus.

Vanalinna BÄCKEREI, CAFÉ €

(☎ 455 5309; www.vanalinna.ee; Kauba 8; Snacks 1–2 €; ⌚ Mo–Sa 7.30–19, So 8–16 Uhr) In diesem Café mit einer Einrichtung aus Holz und Stein und Schwarzweißfotos an den orangefarbenen Wänden herrscht eine angenehme Stimmung. Am Tresen hat man die Qual der Wahl aus Sandwiches, Salaten, Backwaren und Eiscreme.

Rae Konsum SUPERMARKT €

(Raekoja 10; ⌚ 9–21 Uhr) Hinter der Touristeninformation.

Ku Kuu MODERN EUROPÄISCH €€

(☎ 453 9749; www.kuressaarekuursaal.ee; Lossipark 1; Hauptgerichte 6–15 €; ⌚ Mai–Mitte Sept. 11–24 Uhr; 📶) Das reizendste Restaurant auf Saaremaa residiert im eleganten Kursaal, dem es auch seinen Namen verdankt – Ku Kuu steht für Kuressaare Kuursaal. Die Holzvertäfelung und das Buntglas in den Fenstern bilden einen stimmungsvollen Hintergrund für die köstlichen Speisen mit Fisch und Zutaten von der Insel, zubereitet mit starkem französischem Akzent.

Saaremaa Trahter ESTNISCH €€

(☎ 453 3776; www.saaremaaveski.ee; Pärna 19; Hauptgerichte 9–12 €; ⌚ So–Do 11–22, Fr & Sa bis 24 Uhr; 👪) Wann hat man schon die Gelegenheit, in einer Windmühle aus dem 19. Jh. zu speisen? Und sie wirkt nicht einmal sehr touristisch. Qualität und Ambiente werden hier ganz groß geschrieben. Die Karte dominieren herzhafte einheimische Gerichte wie Wildschwein-Eintopf, Rote-Beete-Suppe und Saaremaa-Käse.

Classic Cafe CAFÉ, PIZZA €€

(Lossi 9; Hauptgerichte 5–16 €; ⌚ 9–22 Uhr) Man kann auch Fleischgerichte im Bistrostil bestellen, doch ein erheblich besseres Preis-Leistungs-Verhältnis bieten die frischen Salate, die Suppen, die Pasta und besonders die Pizza. Trotz der stilvollen Einrichtung ist dies ein legeres Lokal.

Gospa Restaurant EUROPÄISCH €€€

(☎ 455 0000; www.gospa.ee; Tori 2; Hauptgerichte 12–20 €; ⌚ 12–23 Uhr) Die Panoramafenster des hellen und luftigen Restaurants des Georg Ots Spa Hotel bringen die Aussicht auf den Jachthafen voll zur Geltung. Das Essen ist leicht, frisch und phantasievoll, wenn auch nicht immer perfekt zubereitet, und lässt den regionalen Zutaten Raum zur Entfaltung.

Ausgehen & Nachtleben

Vinoteek Prelude WEINBAR

(☎ 453 3407; www.prelude.ee; Lossi 4; Hauptgerichte 11–12 €; ⌚ 16–24 Uhr; 📶) Den Eingang dieser gemütlich-dämmerigen Weinbar in einem Gebäude aus dem 18. Jh. zieren Trauben. Eine Treppe führt hinauf zu Sofas unter dem Dach. Dort wählt man aus einer internationalen Weinkarte (viele Tropfen werden im Glas serviert) und allerlei Antipasti und Bistrogerichten.

John Bull KNEIPE

(Lossipark 4; ⌚ 11–22 Uhr) Trotz des Namens kommt diese Kneipe im Burgpark nicht sonderlich englisch daher. Eigentlich herrscht hier eher ein sowjetisches Flair: Die Theke besteht aus einem alten russischen Bus und es gibt sogar eine „rote Ecke" mit Lenin-Porträts. Von der Terrasse eröffnet sich ein schöner Blick über den Burggraben auf die Burg.

Chameleon CAFÉ, BAR

(www.chameleon.ee; Kauba 2; Hauptgerichte 7,50–14 €; ⌚ So–Do 11–23, Fr & Sa bis 1 Uhr; 👪) Das Chameleon macht seinem Namen wirklich alle Ehre: Es verwandelt sich abends vom Tagescafé zur Cocktailbar, was auch am besten zu ihm passt. Die gepflegte schwarzgraue Ausstattung (mit rosa Beleuchtung) verbreitet einen Hauch von städtischer Eleganz. Und doch ist man sich hier nicht zu vornehm für ein Kinder-Spielzimmer.

Vaekoja Pubi KNEIPE
(www.vaekoda.ee; Tallinna 3; So–Mi 10.30–23, Do bis 5, Fr & Sa bis 6.30 Uhr;) Der Name der Kneipe bedeutet „Waagehaus": Sie befindet sich in einem der bedeutsamsten historischen Gebäude der Stadt, der 1663 erbauten Waage, in der Waren zwecks Besteuerung gewogen wurden. Heute ist hier eine entspannte, schnörkellose Kneipe untergebracht, die auch Tische draußen auf der Straße hat. Für echte Nachtschwärmer ist dies die letzte Anlaufstelle der Nacht.

Shoppen

Lossi Antiik ANTIQUITÄTEN
(www.lossiantiik.eu; Lossi 19; Mo–Sa 10–16 Uhr) Der vollgestopfte kleine Laden liegt auf dem Weg zur Burg und verkauft alle möglichen Antiquitäten, von bäuerlichem Gerät aus dem 19. Jh. bis zu Erinnerungsstücken aus der Sowjetzeit. Sehr nett zum Stöbern!

Zentralmarkt MARKT
(Tallinna 5; 9–17 Uhr) Auf dem Freiluftmarkt im selben Straßenkarree wie der Vaekoja-Pub werden alle möglichen Leckereien und Erzeugnisse von Saaremaa angeboten: Dolomitbehälter, Wollpullover, Honig, Erdbeeren usw.

Saaremaa Kunstistuudio KUNST
(453 3748; www.kunstistuudio.ee; Lossi 5; Mo–Fr 11–19, Sa 12–17 Uhr) Diese helle Galerie bietet unterschiedlichste Arbeiten estnischer Künstler, darunter interessante Textilarbeiten, Keramiken, Skulpturen und Gemälde.

GoodKaarma KOSMETIK
(www.goodkaarma.com; Kauba 3; Mo–Sa 10–18 Uhr) Wer es nicht zu dem Bauernhof auf Saaremaa schafft, wo sie hergestellt werden, kann die Bioseifen von GoodKaarma auch hier kaufen.

Praktische Informationen

Touristeninformation Kuressaare (453 3120; www.kuressaare.ee; Tallinna 2; Mitte Mai–Mitte Sept. Mo–Fr 9–18, Sa & So 10–16 Uhr, sonst Mo–Fr 9–17 Uhr) Im alten Rathaus; verkauft Karten und Reiseführer, vermittelt Unterkünfte und bietet Informationen zu Bootsausflügen und Inseltouren.

Anreise & Unterwegs vor Ort

Kuressaare Takso (453 0000; www.kuressaaretakso.ee; Grundgebühr Tag/Nacht 2,20/2,40 €, pro km 0,80/0,95 €) ist ein zuverlässiges örtliches Taxiunternehmen.

Südwestküste

Der lange Sandstreifen zwischen **Mändjala** und **Järve** westlich von Kuressaare ist Saaremaas wichtigster Strand. Er biegt sich langsam Richtung Süden, wo er in die 32 km lange **Halbinsel Sõrve** übergeht. Dieser schöne, aber kaum besiedelte Landfinger findet sein dramatisches Ende in **Sääre**, mit einem Leuchtturm und einer schmalen Sandbank, die sich ins Meer hinein erstreckt.

Die Halbinsel war während des Zweiten Weltkriegs Schauplatz heftiger Kämpfe. Auch heute noch sind verlassene Bunker und Geschützstellungen sowie die Überreste der Panzerabwehrlinie zwischen Lõme und Kaimri zu sehen.

Sehenswertes

Nachtschlachtmahnmal von Tehumardi DENKMAL
Im Küstendorf Tehumardi fand am Abend des 8. Oktober 1944 ein furchtbarer Kampf zwischen sich zurückziehenden deutschen Truppen und estnisch-russischen Schützen statt. Auf unvorstellbar grausame Weise kämpften die Soldaten blind gegeneinander, schossen nach Gefühl oder ertasteten den Feind. Das große sowjetische Mahnmal hat die Form eines Schwertes, in das die stilisierten Reliefs von Gesichtern gearbeitet sind. Die gefallenen estnischen Soldaten liegen in der Nähe in Doppelgräbern begraben.

Militär- & Naturkundemuseum Sõrve MUSEUM
(Sõrve militaarmuuseum & loodusmuuseum; Sääre; Erw./Kind 4/2 €; Juni–Aug. 9–20 Uhr, Sept.–Mai 10–17 Uhr) Dieses marode Museum in der alten sowjetischen Grenzwachkaserne zeigt militärische Hinterlassenschaften, die zumeist auf dem umliegenden Schlachtfeld eingesammelt wurden. Interessanter als die Sammlung selbst sind vielleicht die Ruinen einer riesigen Geschützstellung und andere Mauerreste im Garten. Die Eintrittskarte gewährt auch Zugang zu einem mit einem bunten Sammelsurium von Insekten, Schmetterlingen, Federn, Schädeln, Moosen und ausgestopften Tieren vollgestopften Häuschen in der Nähe.

Besucherzentrum Sõrve MUSEUM
(Sõrve külastuskeskus; www.sorvekeskus.ee; Sääre; Erw./Kind 4/2 €; Mai–Aug. tgl. 10–19 Uhr, Sept.–April Do–So 11–18 Uhr) Zwar wurde für dieses

schicke Besucherzentrum im alten Leuchtturmwärterhaus von Sääre offenbar viel Geld ausgegeben, doch ist es eigentlich nicht sonderlich interessant – zumindest für Leute, die kein Estnisch sprechen. Die Ausstellungen verteilen sich auf mehrere Etagen und befassen sich u. a. mit Leuchttürmen, der Natur und dem Meer (Schiffswracks und Seenotrettung). Dazu gibt's noch ein Spielzimmer für Kinder. Der erste Leuchtturm entstand hier 1646, der jetzige, schwarze stammt jedoch nur von 1960.

Schlafen & Essen

Tehumardi Camping CAMPINGPLATZ €
(☎457 1666; www.tehumardi.ee; Tehumardi; Zelt-/Wohnwagenstellplatz 5/15 €, Zi. & Hütte 50 €; P 📶) Der beste Campingplatz an diesem Strandstreifen nimmt eine schattige Stelle an einem Teich ein. Neben einfachen Holzhütten für vier Personen gibt's auch kleine Hotelzimmer mit Bad und größere Häuser und Schlafsäle für Familien und Gruppen.

★ **Piibutopsu** APARTMENTS €€
(☎5693 0288; www.piibutopsu.ee; Ülejõe 19a, Nasva; DZ/3BZ/4BZ 60/90/120 €; P 📶) Diese Unterkunft befindet sich auf der weitläuigen Rasenfläche eines Privathauses an einer Nebenstraße in Nasva, der ersten kleinen Siedlung westlich von Kuressaare. Geboten werden vier gut ausgestattete Ferienwohnungen in einem neuen Gebäude. Die Wohnungen gruppieren sich um eine Lounge mit Kamin und sogar ein Mini-Spa ist vorhanden. Eine sehr gute Wahl!

Sääre Paargu FISCH €€
(☎5624 5585; www.saarepaargu.ee; Sääre; Hauptgerichte 9–13 €; ⏲Mai–Sept. So–Do 10–22, Fr & Sa bis 4 Uhr; 📶) Paargu bedeutet „Sommerhaus" und so ist dieser schicke kleine Pavillon bei der Spitze der Halbinsel Sõrve auch nur in den wärmeren Monaten geöffnet. Auf der Karte steht zumeist gegrillter Fisch, frisch gefangen von den heimischen Fischern. Im Verlauf des Abends wird die Rockmusik ein bisschen lauter und das Ganze wirkt dann eher wie eine Kneipe.

West-Saaremaa

Selbst im Sommer kann man auf dieser Seite der Insel den Besuchermassen problemlos entkommen. Der Hauptort ist das verschlafene Kihelkonna, mehr ein ausgewachsenes Dorf als eine Stadt. Kihelkonna ist das Tor zum Vilsandi, dem abgeschiedensten der estnischen Nationalparks.

Sehenswertes

Naturreservat Viidumäe NATURRESERVAT
(Viidumäe looduskaitseala) Das 1957 gegründete Naturschutzgebiet Viidumäe ist 26 km² groß. Ein 22 m hoher **Beobachtungsturm** markiert die höchste Stelle der Insel (54 m). Zum Turm fährt man 2 km auf einer unbefestigten Straße, die in Viidu von der Hauptstraße zwischen Kuressaare und Lümanda abzweigt. Der Blick – am schönsten ist das Licht bei Sonnenuntergang – reicht über den Wald und die ganze Insel. Zwei **Naturlehrpfade** (2,2 und 1,5 km lang) führen in die verschiedenen Lebensräume der Gegend.

Viidumäe ist ein botanisches Schutzgebiet: Dank des günstigen Klimas wachsen hier seltene Pflanzen. Das Informationszentrum in der Nähe des Turms zeigt eine kleine Ausstellung; hier können auch Führungen gebucht werden.

Bauernhofmuseum Mihkli BAUERNHOF
(Talumuuseum; www.saaremaamuuseum.ee; Viki; Erw./Kind 1,50/1 €; ⏲Mitte Mai–Aug. tgl. 10–18 Uhr, Anfang Mai & Sept.–Mitte Okt. Mi–So) Der südöstlich von Kihelkonna hübsch gelegene Bauernhof aus dem frühen 18. Jh. ist komplett erhalten, mit reetgedeckten hölzernen Hofgebäuden, Sauna (30 € pro Std.), Windmühle und traditioneller Dorfschaukel.

Michaelskirche KIRCHE
(Mihkli kirik; Kiriku 4; ⏲Mai–Aug. 10–17 Uhr) Die hohe, karge Kirche von Kihelkonna stammt aus früher deutscher Zeit und wurde vor 1280 erbaut. Drinnen ist sie ziemlich düster, zum Teil wegen der Holzbalken, die das Dach stützen. Interessant sind das Renaissance-Triptychon des *Letzten Abendmahls* (1591) über dem Altar und die Kanzel (1604). Ihren Turm erhielt die Kirche erst 1899. Davor wurden die Glocken im freistehenden **Glockenturm** (1638) etwa 100 m entfernt geläutet; er ist der einzige seiner Art, der in Estland noch erhalten ist.

Halbinsel Tagamõisa HALBINSEL
Ein großer Teil der schönen und selten besuchten Westküste der Halbinsel Tagamõisa ist im Nationalpark Vilsandi geschützt, so auch die Halbinsel Harilaid. An der Nordwestspitze dieser Halbinsel (nur zu Fuß erreichbar) befindet sich der auffallende **Leuchtturm von Kiipsaare**, der dank der Küstenerosion jetzt 30 m von der Küste entfernt im Meer steht. Die Erosion verursachte auch seine Schräglage, die von Zeit zu Zeit jedoch korrigiert wird, wenn sich die Sandmassen verschieben.

Schlafen & Essen

Loona Manor GÄSTEHAUS €€
(☎454 6510; www.loonamanor.ee; Loona; Stellplätze 5 € pro Pers., Zi./Suite 75/85 €; ⏲April–Okt.; P 📶) Loona ist zwar ein Herrenhaus aus dem 16. Jh., jedoch ist es eher heimelig als palastartig, mit einfachen, sauberen Zimmern und geräumigeren Suiten. Auf dem Gelände befindet sich das Besucherzentrum des Nationalparks Vilsandi. Es werden auch Fahrräder (pro Tag 10 €), Zweier-Kanus (26 €), Schlauchboote (4 Std. 32 €) und Skier (7 €) verliehen.

Söögimaja ESTNISCH €
(☎457 6493; www.soogimaja.planet.ee; Lümanda; Hauptgerichte 5–11 €; ⏲10–22 Uhr) Das rustikale Bauernrestaurant liegt an der Hauptstraße von Lümanda, gleich neben der Dorfkirche, und vermittelt über das Essen ein einzigartiges Bild des Insellebens. Auf der Karte stehen Gerichte, wie sie frühere Insulanergenerationen schon gegessen haben: Fischsuppe, gekochtes Schweinefleisch mit Karotten und Steckrüben, Kohlrouladen etc.

Nationalpark Matsalu

Das Vogelparadies Matsalu (Matsalu Rahvuspark) ist eine wichtige Station für Zugvögel und ein erstrangiges Brutgebiet – sowohl im baltischen als auch im europaweiten Maßstab. Etwa 282 verschiedene Vogelarten wurden hier gezählt. Das 1957 gegründete und 2004 zum Nationalpark erhobene Schutzgebiet umfasst 486 km² Feuchtgebiete, darunter die 20 km lange Bucht von Matsalu, den tiefsten Meeresarm an der Westküste Estlands.

Der Vogelzug im Frühling erreicht im April/Mai seinen Höhepunkt, die Schwäne kommen aber schon im März. Der herbstliche Vogelzug beginnt im Juli und kann bis November dauern. **Vogelbeobachtungstürme**, von denen man einen guten Blick auf Nistplätze im Gelände hat, gibt es in Keemu, Suitsu, Penijõe, Kloostri und Rannajõe. Außerdem führen markierte **Naturlehrpfade** in Penijõe (3,2–7 km), Salevere (1,5 km) und Suitsu (1 km) durch das Gebiet. Wichtig ist festes Schuhwerk, denn der Boden ist nass und matschig.

Die Verwaltung des Reservats liegt 3 km nördlich der Straße von Tallinn nach Virtsu in Penijõe, einem Gutshof vom frühen 18. Jh. bei Lihula. Dort gibt es auch ein kleines **Naturlehrzentrum** (☎472 4236; www.loodusegakoos.ee; ⏲Mitte April–Sept. tgl. 9–17 Uhr, sonst Mo–Fr) mit einer ständigen Ausstellung und einem kostenlosen 20-minütigen Film. Auch Führungen werden organisiert: Das Angebot reicht von einer zweistündigen Kanufahrt durch das Schilf bis zu einer mehrtägigen ornithologischen Exkursion. Die Mitarbeiter helfen auch bei der Suche nach einem Zimmer – am besten vorher anrufen.

Estonian Nature Tours (☎5349 6695; www.naturetours.ee) im nahen Lihula beschäf-

ABSTECHER

VILSANDI

Vilsandi westlich von Kihelkonna ist die größte von 161 Inseln vor der Westküste von Saaremaa, die zum **Nationalpark Vilsandi** zusammengefasst wurden – zum Schutzgebiet gehören auch Teile von Saaremaa selbst, darunter die Halbinsel Harilaid. Der Nationalpark ist 238 km² groß (163 km² Meer und 75 km² Land) und wird bzw. wurde intensiv wissenschaftlich untersucht. Ein Schwerpunkt war das Brutverhalten der Eiderente und der Flug der Nonnengänse. Im Park ziehen Ringelrobben ihren Nachwuchs auf; Orchideenliebhaber finden hier 32 Arten.

Die flache und bewaldete Insel Vilsandi ist 6 km lang und stellenweise bis zu 3 km breit. Auf den kleinen Inseln rundherum wuchern Johannisbeeren und Wacholder. Rund 250 Vogelarten wurden hier schon beobachtet. Im Frühling und Herbst begeben sich die Wasservögel auf die Reise: bis zu 10 000 Nonnengänse legen Mitte Mai auf Vilsandi eine Rast ein und sogar Seeadler und Fischadler wurden schon gesichtet.

Das **Besucherzentrum des Nationalparks** (☎5301 2772; www.loodusegakoos.ee; ⏲Juni–Aug. tgl. 10–18 Uhr, sonst Mo–Fr 9–17 Uhr) befindet sich im Gutshaus Loona auf Saaremaa. Hier gibt's Informationen zu den vier einfachen, kostenlosen Campingplätzen im Park und zu den beiden privaten Ferienhöfen, die Unterkünfte und Bootstransfers bieten.

Islander (☎5667 1555; www.islander.ee; ⏲Mai–Sept.) bietet Schnellboot-Wassertaxis zur Insel sowie Tauch-, Wasserski-, Tubing- und Robbenbeobachtungstouren.

tigt gut ausgebildete Naturführer, die sich mit der Tier- und Pflanzenwelt von Matsalu bestens auskennen. Die angebotenen Touren sind auf der Website aufgelistet.

Haapsalu

10 200 EW.

Haapsalu (Haapsal) liegt auf einer gabelförmigen Halbinsel, die sich weit in die Bucht von Haapsalu erstreckt. Es lohnt sich, auf der Reise zu den Inseln in dem reizvollen, ruhigen Ferienort (100 km von Tallinn) einen Zwischenstopp einzulegen. Er hat einige Museen und Galerien und außerdem ein paar bescheidene Kurhotels zu bieten. Größte Attraktion ist die außergewöhnliche Burg. Die etwas raue Altstadt wirkt eher ländlich als urban: Hier stehen alte Holzhäuser an engen Straßen, eine schmale Promenade verläuft entlang der Bucht und es gibt viele versteckte Ecken, um dem Sonnenuntergang zuzusehen.

Schlammkuren und andere Anwendungen sind nicht nur in Pärnu oder Kuressaare, sondern auch in Haapsalu möglich, wenngleich die Einrichtungen hier etwas weniger schick sind. Haapsalu besteht aber darauf, den besseren Schlamm zu haben – er wird schließlich von Gesundheitszentren in ganz Estland verwendet.

Geschichte

Wie viele andere estnische Städte wechselte auch Haapsalu seit seiner Gründung mehrmals den Besitzer. 1224 eroberte der deutsche Schwertbrüderorden die Region und Haapsalu wurde zur Bischofsresidenz. Schon bald begann der Bau der Festung und der Domkirche. Während des Livländischen Kriegs (um 1559) kamen die Dänen an die Macht, im 17. Jh. folgten die Schweden. Sie verloren die Stadt im 18. Jh. im Großen Nordischen Krieg an die Russen.

Unter den Zaren erlebte die Stadt eine wirtschaftliche Blütezeit – für die ganz wesentlich der Schlamm verantwortlich war. Nachdem im 19. Jh. die heilenden Eigenschaften der Küste entdeckt worden waren, wurde Haapsalu zu einem Kurort. Der russische Komponist Tschaikowsky und Mitglieder des Zarenhauses kamen in die Stadt, um sich hier Schlammkuren zu unterziehen. Eine Zugstrecke von St. Petersburg nach Haapsalu wurde 1907 fertiggestellt. In sowjetischer Zeit war Haapsalu für Ausländer gesperrt.

Sehenswertes & Aktivitäten

Bischofsburg Haapsalu BURG

(Haapsalu piiskopilinnus; www.haapsalulinnus.ee; Lossiplats 3; Erw./Kind 4/3 €; ⌚Mai–Sept. 10–18 Uhr, Okt.–April Fr–So 11–16 Uhr) Die Hauptsehenswürdigkeit Haapsalus ist seine Bischofsburg, vom 13. bis zum 16. Jh. die Kommandozentrale Westestlands, heute jedoch nur noch eine Ruine, die dafür aber sehr malerisch ist – erhalten sind ein behelmter Turm, ein Großteil der Außenmauern und ein Stück Wassergraben. Der Zugang zur Burganlage ist das ganze Jahr über kostenlos; wer aber die eigentliche Burg betreten möchte, muss eine Eintrittskarte lösen. Drinnen gibt's ein **Museum** zur Geschichte der Burg, mit einigen unheimlichen Gängen und dramatisch zur Schau gestellten mittelalterlichen Waffen.

Von innerhalb des Museums erfolgt auch der Zugang zur eindrucksvollen **Domkirche** (Nikolaikirche), erbaut in einer Mischung aus Romanik und Gotik und im Inneren mit drei Kuppeln. Sie ist die größte einschiffige Hallenkirche des Baltikums und verfügt über eine phänomenale Akustik – hier finden regelmäßig Konzerte statt. Man halte in der Kirche auch Ausschau nach dem Geist der Weißen Dame.

Im Sommer wird der Park innerhalb des äußeren Mauerrings für Konzerte genutzt. Es gibt einen wunderbaren **Kinderspielplatz** mit Piratenschiff sowie eine **Aussichtsplattform** in einem der Türme. Unmittelbar vor dem Haupttor kann man sich im Bogenschießen versuchen (5 €).

Rathausmuseum MUSEUM

(Raekoda muusem; www.salm.ee; Kooli 2; Erw./Kind 3/2 €; ⌚Mai–Aug. 10–18 Uhr, Sept.–April Mi–So 11–17 Uhr) Das 1775 erbaute alte Rathaus von Haapsalu beherbergt heute ein reizvolles kleines Museum mit Ausstellungsstücken zur Stadt- und Regionalgeschichte, einer nachgebauten Apotheke und der gut erhaltenen Amtsstube des Bürgermeisters.

Ilons Wunderland GALERIE

(Iloni Imedemaa; www.ilon.ee; Kooli 5; Eintritt 6 €; ⌚Mai–Aug. 11–18 Uhr, Sept.–April Mi–So 11–17 Uhr) Zu sehen sind hier Werke der estnisch-schwedischen Illustratorin Ilon Wikland, die ihre Jugend in Haapsalu verbracht hat. Sie ist vor allem für ihre Illustrationen der Pippi-Langstrumpf-Bücher bekannt. Die Galerie zeigt sich ausgesprochen kinderfreundlich und viele der Bilder sind auf Augenhöhe der Kinder angebracht.

Haapsalu

Haapsalu

Sehenswertes

1 Afrikastrand ... D1
2 Vogelbeobachtungsturm ... D1
3 Estnisches Eisenbahnmuseum ... C4
4 Bischofsburg Haapsalu ... C2
5 Haapsalu Kuursaal ... C1
6 Ilons Wunderland ... D2
7 Waldpark Paralepa ... A3
8 Promenaadi ... D1
9 Johanneskirche ... D2
10 Tschaikowsky-Bank ... C1
11 Rathausmuseum ... D2

Aktivitäten, Kurse & Touren

12 Fra Mare Thalasso Spa ... A4

Schlafen

13 Endla Hostel ... C3
14 Kongo Hotell ... C3
15 Lahe Maja ... C2

Essen

16 Hapsal Dietrich ... C2
17 Müüriääre Kohvik ... C2

Ausgehen & Nachtleben

18 Herman Bistro & Bar ... C2

Johanneskirche KIRCHE
(Jaani Kirik; Kooli 4; ⌚ Mitte Mai–Aug. Fr & Sa 10–14, So 13–16 Uhr) Zwar geht die Kirche insgesamt aufs 16. Jh. zurück, doch das äußere Erscheinungsbild der weiß getünchten lutherischen Kirche verdankt sie größtenteils einer Renovierung von 1858. Drinnen gibt's Reliefs über dem Altar (von 1630) und eine schöne Kanzel.

Vogelbeobachtungsturm AUSSICHTSPUNKT
Die Bucht von Haapsalu ist eines der wichtigsten Habitate von Wasserzugvögeln in

Estland und als solches als **Ramsar Wetland of International Importance** (www.ramsar.org) registriert. Während des Vogelzugs im Frühjahr und Herbst machen hier bis zu 20 000 Vögel Station. Vogelfreunde zieht es daher auf den Vogelbeobachtungsturm unmittelbar südlich vom Afrikastrand. Wer Glück hat, erspäht einen Seeadler.

Afrikastrand STRAND
(Aafrikarand) Gebadet wird trotz des trüben und mit Unkraut angefüllten Wassers wie eh und je am winzigen Afrikastrand. Seinen Namen verdankt er den Figuren wilder Tiere, die früher einmal die Uferpromenade verschönerten (leider haben Sowjetsoldaten sie in den 1940er-Jahren als Brennholz verheizt). Hier gibt's einen tollen Spielplatz.

Promenaadi UFERPROMENADE
Die russischen Promis des 19. Jhs. wollten genau wie ihre Zeitgenossen im viktorianischen England oder auch im Paris der Belle Époque vor allem sehen und gesehen werden, am besten auf einer schönen Uferpromenade. Überall entlang der Promenade stehen Skulpturen aus Haapsalus besseren Tagen. So erinnert etwa eine Sonnenuhr an Dr. Carl Abraham Hunnius, den Entdecker des Heilschlamms. Nett ist auch die eine Symphonie spielende **Tschaikowsky-Bank**, die hier seit 1940 steht.

Haapsalu Kuursaal HISTORISCHES GEBÄUDE
(www.kuursaal.ee; Promenaadi 1; ⌚ Mai–Mitte Sept. 12–20 Uhr) Dieses blassgrün und weiß gestrichene hölzerne Märchengebilde thront inmitten von Rosengärten direkt am Strand. Wer den großen Kursaal (1897) betritt, begibt sich zurück in eine noblere Zeit. An einem Ende befindet sich eine kleine Bühne (die für Konzerte genutzt wird) und am anderen ein Sommerrestaurant. Das Ambiente ist besser als das Essen, aber ein Besuch lohnt sich trotzdem.

Museum der Estnischen Schweden MUSEUM
(Rannarootsi muuseum; www.aiboland.ee; Sadama 32; Erw./Kind 2/1,50 €; ⌚ So & Mo 10–16, Di–Sa bis 18 Uhr) Das urige Museum zeigt historische Gegenstände, Fotos, alte Fischernetze und einen wunderbaren Wandteppich. Es umreißt die Geschichte der Schweden in Estland vom 13. Jh. bis zu ihrer Flucht auf der *Triina* 1944.

Estnisches Eisenbahnmuseum MUSEUM
(Eesti raudteemuuseum; www.jaam.ee; Raudtee 2; Erw./Kind 3/2 €; ⌚ Mai–Aug. 10–18 Uhr, Sept.–April Fr–So 11–16 Uhr) Der bunte Bahnhof von Haapsalu mit seinem feinen Holzschmuck und der prächtigen Kolonnade wurde 1907 eröffnet, sodass russische Adlige den Badeort auch per Zug erreichen konnten. Damit die hohen Herrschaften nicht nass wurden, hat der Bahnhof einen 214 m langen überdachten Bahnsteig, der damals der längste im ganzen russischen Zarenreich gewesen sein soll. Das Museum in der Größe eines Güterwaggons erinnert an die guten alten Zeiten der Bahnreisen. In der Nähe können alte Loks besichtigt werden. Im Sommer verkehrt zwischen dem Museum und der Altstadt eine Touristenbahn (2 €).

Waldpark Paralepa STRAND, WALD
(☎ Ruderbootmiete 5660 3144; Ranna tee; Ruderboot 8 € pro Std.) Der schattige Park am Westrand der Stadt (hinter dem Bahnhof) ist – obwohl ein wenig morastig – mit seinem Strand ein beliebtes Ziel der Sonnenanbeter. Im Sommer gibt's hier ein Café und einen Kiosk, der Ruderboote vermietet. Zum Strand den Schildern zum Fra Mare Thalasso Spa folgen und einfach weiterfahren.

Fra Mare Thalasso Spa WELLNESS
(☎ 472 4600; www.framare.ee; Ranna tee 2; 20-min. Schlammanwendung 37 €) Wer die Heilkräfte des Schlamms von Haapsalu austesten möchte: Dieses Wellnesshotel bietet neben Pool, Sauna und Fitnesscenter verschiedenste Anwendungen wie Massagen und Bäder.

Festivals & Events

Haapsalu bietet ein buntes Programm an Konzerten und Festivals, vor allem von Juni bis August.

Horror- & Fantasy-Filmfestival von Haapsalu FILM
(Haapsalu õudus-ja fantaasiafilmide festival; www.hoff.ee) Bei diesem gruseligen viertägigen Festival, das zum Vollmond im April stattfindet, übernehmen die Zombies die Herrschaft über die Stadt.

Festival Alter Musik MUSIK
(Haapsalu vanamuusika festival; www.haapsalu.ee) Bringt die tolle Akustik der Domkirche bestens zur Geltung; Anfang Juli.

August-Blues MUSIK
(Augustibluus; www.augustibluus.ee) Das größte Bluesfestival Estlands findet an zwei Tagen Anfang August statt.

Fest der Weißen Dame KULTUR
(Valge daami päevad; www.valgedaam.ee) Großes Gespensterevent an drei Tagen im August.

Schlafen

Lahe Maja B&B €€

(☎516 3023; www.lahemaja.com; Lahe 7; Zi./Cottage/Haus ab 70/130/700 €; P 📶) Das niedliche blassblaue Holzhaus – der Name der Pension bedeutet „Haus an der Bucht" – könnte, so wie es sich inmitten gepflegter Rasenflächen am Wasser präsentiert, einem Bilderbuch entsprungen sein. Im großen Haupthaus befinden sich vier Doppelzimmer und ein Familienzimmer für vier Personen und hinterm Haus gibt's noch ein Häuschen mit zwei Schlafzimmern.

Kongo Hotell HOTEL €€

(☎472 4800; www.kongohotel.ee; Kalda 19; EZ/DZ/Suite ab 68/87/150 €; 📶) Die unscheinbare Fassade lässt nicht erahnen, welch elegantes Hotel sich dahinter verbirgt: modernes, skandinavisches Design mit Wänden in Cremetönen, neutraler Bettwäsche und hellen Holzfußböden. Neben den normalen werden auch größere Zimmer mit kleiner Küche vermietet. Und der Name? Der geht auf eine raue Spelunke zurück, die hier einst stand und für ihre Schlägereien berüchtigt war. Sie trug damals den Spitznamen „Kongo", weil das afrikanische Land gerade mit einem Bürgerkrieg in den Schlagzeilen war.

Endla Hostel HOSTEL €€

(☎473 7999; www.endlahostel.ee; Endla 5; EZ/DZ 30/40 €; 📶) Hier spricht man kaum Englisch und das Haus verströmt mehr als nur ein bisschen Anstaltsflair. Es handelt sich aber um eine annehmbare, erschwingliche Budgetunterkunft an einer ruhigen Straße, die kleine, helle Zimmer mit Gemeinschaftsbad und eine Gästeküche hat. Keine Dorms.

Essen & Ausgehen

Selbstversorger können die Supermärkte im neueren Teil der Stadt um die Kreuzung der Straße nach Tallinn mit der Posti-Straße ansteuern. Frisches Obst und Gemüse bietet der Freiluftmarkt an der Jaama-Straße, ein paar Straßen östlich des Busbahnhofs. Im Sommer locken hier köstliche frische Erdbeeren.

Müüriääre Kohvik CAFÉ €

(☎473 7527; www.muuriaare.ee; Karja 7; Hauptgerichte 3–8 €; ⏲10–22 Uhr) Das umwerfende Café mit ungewöhnlich vielen Umlauten im Namen (er bedeutet übrigens „Neben den Mauern") ist – nach den Gästescharen zu urteilen – klarer Favorit in Haapsalu. Hier passt alles: der gemütliche Gastraum, die hübsche Terrasse dahinter, die Vitrine voller Kuchen und die schlichte Karte mit frischen, leichten Gerichten wie Salaten, Pasta und Quiches.

Hapsal Dietrich CAFÉ €€

(☎509 4549; www.dietrich.ee; Karja 10; Hauptgerichte 7–14 €; ⏲9.30–22 Uhr) Das gemütliche Café wartet mit einer internationalen Speisekarte auf, die von Bärlauch-Risotto bis zur thailändischen *tom yum*-Suppe alles abdeckt. Das Ambiente ist heimelig, und der zuvorkommende Service sowie göttlicher Kuchen machen das Ganze noch verführerischer.

Herman Bistro & Bar BAR

(www.hermanhaapsalu.ee; Karja 1a; Hauptgerichte 3–8 €; 📶) Die bunte Kneipe mit warmer, einladender Atmosphäre hat Sandwiches, herzhafte Gerichte und Cocktails und eignet sich außerdem prima für ein Bier.

DIE WEISSE DAME

Der größte Event in Haapsalu, das **Fest der Weißen Dame** (S. 162), fällt mit dem Vollmond im August zusammen. Der Tag beginnt mit witziger Unterhaltung – Geschichten für die Kinder, Theater für die Erwachsenen – und endet in einer gespenstischen Erscheinung: Denn alljährlich im August und Februar fallen die Strahlen des Vollmondes in einem bestimmten Winkel in die Domkirche und zaubern auf dem Kirchenfenster einen geisterhaften Widerschein.

Der Legende zufolge gehört dieser Schatten zu einem jungen Mädchen, das im 14. Jh. bei lebendigem Leibe in den Mauern eingeschlossen wurde. Damals war die Burg ausschließlich von Männern bewohnt und der Erzbischof war ziemlich sauer, als er hörte, dass sich eine junge Frau – verkleidet als Mönch – heimlich zu ihrem Liebhaber (ebenfalls ein Mönch) geschlichen hatte. Im August versammeln sich viele junge Laute und verfolgen auf dem Burggelände vergnügt eine Bühneninszenierung der Geschichte und warten dann gemeinsam an der Kirchenmauer auf den Schatten des Geistes.

Praktische Informationen

Bibliothek (Posti 3; Di–Fr 10–18, Sa 10–15 Uhr) Die Bücherei, die sich mit der städtischen Kunstgalerie (Linnagalerii) ein auffälliges Gebäude aus Eisen und Kalkstein teilt, bietet kostenlosen Internetzugang.

Touristeninformation Haapsalu (473 3248; www.visithaapsalu.com; Karja 15; Mitte Mai–Mitte Sept. 9–17 Uhr, sonst Mo–Fr 10–17 Uhr;) Das freundliche, kompetente Personal hat eine Menge Infomaterial zu Haapsalu und Umgebung.

An- & Weiterreise

Der **Busbahnhof** (Jaama 1) befindet sich beim hübschen, aber stillgelegten Bahnhof. Wichtige Ziele sind u. a. Tallinn (4,35–8,50 €, 1¾ Std., mind. stündl.), Tartu (12 €, 4¼ Std., tgl.) und Pärnu (5,05 €, 2½ Std., tgl.). Zur Insel Hiiumaa: Es fahren täglich zwei Busse nach Kärdla (2¾ Std.) und einer pro Tag nach Käina (2¼ Std.).

Fähren nach Hiiumaa und Vormsi legen in Rohuküla, 9 km westlich von Haapsalu, ab.

Unterwegs vor Ort

- Fahrräder verleiht **Vaba Aeg Rattad** (521 2796; Karja 22; Fahrräder 2,50/10/16 € pro Std./Tag/24 Std.).
- Bus 1 pendelt regelmäßig zwischen Lossi plats, Busbahnhof und Rohuküla (dem Fähranleger 9 km westlich); Fahrpläne hängen am Lossi plats und am Bahnhof aus.

Hiiumaa

8590 EW.

Hiiumaa, mit einer Fläche von 1000 km² die zweitgrößte Insel Estlands, ist friedvoll und nur dünn besiedelt. Es bietet einige nette Küstenabschnitte sowie Wälder im Inselinneren. Die Insel ist touristisch weniger erschlossen als Saaremaa und verfügt somit über erheblich weniger Unterkünfte und Restaurants. Es gibt auch weniger Sehenswürdigkeiten, jedoch kommen die meisten Besucher ohnehin hierher, um frische Luft zu schnuppern und zu entspannen.

Auf Hiiumaa gibt es romantische Leuchttürme, gespenstische alte Sowjetbunker, einsame Strände und ein Naturschutzgebiet mit über 100 Vogelarten. Wer Bewegung sucht, kann wandern, reiten oder Wassersport treiben. Und dank des ganz eigenen Klimas ist es auf der Insel erheblich wärmer als auf dem 22 km entfernten Festland.

Die Inselbewohner haben wenig Kontakt zum Festland und wohl deswegen eine ganz spezielle Sicht der Dinge – und eine Menge Legenden auf Lager wie die von Leiger, der nichts mit Kalevipoeg (dem Sagenheld des Festlands) zu schaffen hatte. Wer neu auf die Insel kommt, wird zehn Jahre lang als *isehakanud hiidlane* (Insulaner in spe) bezeichnet, danach wird er als echter Inselbewohner aufgenommen. Hiiumaa soll auch von Feen und Elfen, den Vorfahren der Einheimischen, bevölkert sein. Doch darüber reden sie ungern, denn es könnte ja ihren zartbesaiteten Verwandten zu Ohren kommen.

Informationen über die Insel bietet die Website www.hiiumaa.ee.

An- & Weiterreise

BUS

Zwischen Kärdla und Tallinn (13 €, 3¾ Std.) verkehren täglich zwei Busse sowie einer zwischen Käina und Tallinn (12 €, 2 Std.); auf beiden Strecken halten die Busse in Suuremõisa, Heltermaa, Rohuküla und Haapsalu.

FLUGZEUG

Avies (S. 85) bietet werktags zwei und am Wochenende eine Verbindung pro Tag zwischen dem **Flughafen Kärdla** (Kärdla Lennujaam; 463 1381; www.kardla-airport.ee; Hiiessaare) und Tallinn. Der Flughafen liegt 5 km östlich des Zentrums von Kärdla; der Busfahrplan ist auf die Ankunfts-/Abflugszeiten der Flüge abgestimmt (1 €).

SCHIFF/FÄHRE

- Die meisten Besucher erreichen Hiiumaa mit den Fähren von **SLK Ferries** (4524 4444; www.tuulelaevad.ee) von Rohuküla nach Heltermaa (Erw./Kind/Auto/Fahrrad 3/1,50/8,80/3,70 €, 1½ Std., 7- bis 9-mal tgl.).
- Am vollsten sind die Fähren Richtung Hiiumaa freitags, auf dem Rückweg sonntags ab 13 Uhr. Diese Überfahrten sind für Fahrzeuge 50 % teurer.
- Rund 70 % der Plätze auf jedem Schiff werden online verkauft; auf der Website ist genau nachzuverfolgen, wie viel Prozent schon verkauft sind. Die restlichen 30 % werden für Leute zurückgehalten, die vor der Abfahrt an der Fähre auftauchen, und dann nach der Reihenfolge der Ankunft verkauft. Zu geschäftigen Zeiten sollte man auf jeden Fall eine Buchung in Erwägung ziehen, besonders für Sommerwochenenden.
- Die übers Internet erworbenen Fahrkarten müssen ausgedruckt werden oder als E-Ticket auf dem Smartphone vorhanden sein.
- Wer das gebuchte Boot verpasst, dessen Ticket ist 48 Stunden lang für die normale Warteschlange an den Fähren gültig.
- Fähren verkehren außerdem zwischen Hiiumaa und Saaremaa (S. 150).

Unterwegs vor Ort

Die Ringstraße von Hiiumaa und einige Seitenstraßen sind geteert, der Rest ist unbefestigt. Wie viele stille Ecken des ländlichen Estlands lässt sich auch Hiiumaa gut mit dem Fahrrad erkunden. Die Insel ist recht flach und nirgends herrscht sonderlich viel Verkehr – es sei denn, es kommen gerade viele Fahrzeuge von der Fähre.

Tankstellen gibt es in Kärdla und Käina. Viele Unterkünfte können Leihräder und Leihwagen vermitteln, so auch **Jaanus Jesmin** (☎511 2225; www.carrent.hiiumaa.ee) in Kärdla; Leihwagen kosten hier ab 20 € pro Tag.

Die Busse, die fast alle in Kärdla losfahren (ei nige auch in Käina), klappern die meisten Inselorte ab, wenn auch nicht besonders oft. Der Fahrplan hängt im Busbahnhof in Kärdla aus und ist im Internet auf www.hiiumaa.eu einzusehen.

Suuremõisa

Das Dorf Suuremõisa („großes Gut") erstreckt sich um ein großes **Gutshaus** (Suuremõisa loss) aus dem 18. Jh., das einst den wohlhabenden Baronen der Familie Ungern-Sternberg gehörte. Das Gutshaus hat sicher bessere Tage gesehen und wirkt mittlerweile ziemlich heruntergekommen – viele der Fenster wurden übermalt –, doch ein Bummel durch die schattigen Anlagen ist ganz nett.

Interessanter ist aber die **Laurentiuskirche** im nahen Pühalepa, das älteste Gebäude auf Hiiumaa (13. Jh.). Der einfache weiße Bau wird durch Buntglas aus dem 20. Jh. aufgelockert; und wer sich gerne auf Friedhöfen umschaut: Hier gibt's einige seltene Rundkreuze.

Kärdla

3009 EW.

Die „Hauptstadt" Hiiumaas entwickelte sich um eine Textilfabrik, die 1829 gegründet und im Zweiten Weltkrieg zerstört wurde. Der ausgesprochen grüne Ort hat viele Gärten und Alleen, wirkt etwas verschlafen und bietet nur wenig Attraktionen. Doch ist Kärdla das Dienstleistungszentrum Hiiumaas und wer sich mit Proviant eindecken möchte, findet hier ein paar Supermärkte.

Der Ort liegt am Rand des „besterhaltenen paläozoischen Meteoritenkraters" der Welt – jedoch ist der Krater trotz seines Durchmessers von 4 km kaum erkennbar. Allerdings kann man wohl mit Sicherheit sagen, dass man vor 455 Millionen Jahren nicht hätte hier sein wollen: Damals schlug der Meteorit hier ein.

Sehenswertes

Pikk Maja MUSEUM
(www.muuseum.hiiumaa.ee; Vabrikuväljak 8; Erw./Kind 3/2 €; ⌚Mai–Sept. 10–18 Uhr, Okt.–April Mo–Fr 10–17 Uhr) Das sogenannte Lange Haus war einst das Wohnhaus der Direktoren der Textilfabrik. Heute gibt's hier eine Ausstellung zur Geschichte der Fabrik mit einem rekonstruierten Arbeiterhäuschen. Außerdem sind Werke einheimischer Künstler zu sehen und oben eine Sammlung estnischer militärischer und ziviler Medaillen.

Strand von Kärdla STRAND
(Lubjaahju) Der sehr seichte Strand von Kärdla ist zwar nicht spektakulär, aber doch recht nett. An den Sandstrand grenzt der Rannapark mit seinen Rasen- und Waldflächen, die sich zum Teil über einen schwedischen Friedhof erstrecken.

Schlafen

Kivijüri Külalistemaja B&B €€
(☎526 9915; www.kivijuri.ee; Kõrgessaare mnt 1; EZ/DZ 40/55 €; P Wi-Fi) Das sympathische, leuchtend rote Landhaus hat vier Zimmer mit Fernseher und Bad. Das Frühstück ist hervorragend – so ziemlich das beste, das wir je in Estland hatten. Außerdem gibt's einen Garten und hinter dem Haus eine Terrasse. Wer will, kann auch zelten, und der freundliche, mehrsprachige Besitzer vermittelt Fahrräder und Mietwagen. Sehr empfehlenswert.

Padu Hotell HOTEL €€
(☎463 3037; www.paduhotell.ee; Heltermaa mnt 22; EZ/DZ/Apt. ab 40/55/65 €; P Wi-Fi) Wer hier absteigt, hat das Gefühl, in einer Sauna zu wohnen: Wände, Böden, Decken, Türen, Möbel – alles ist aus Kiefernholz. Die Zimmer sind gemütlich, passabel ausgestattet und alle mit Balkon. Erheblich größer sind die Apartments, die zudem jeweils eine eigene Sauna haben. Außerdem gibt's eine Gemeinschaftssauna und ein Café.

Essen & Ausgehen

Gahwa Cafe CAFÉ €
(Põllu 3; Snacks 1–2 €; ⌚Mo–Fr 10–18, Sa & So bis 15 Uhr; Wi-Fi) Das hübsche Café mit Tischen drinnen und draußen bietet kleine Gerichte wie Suppen und Quiches. Auf jeden Fall Platz für den sensationellen Schokoladenkuchen lassen!

Linnumäe Puhkekeskus EUROPÄISCH €
(☎462 9244; www.linnumae.ee; Heltermaa mnt; Hauptgerichte 5,50–13 €; ⌚11.30–19 Uhr; Wi-Fi) Die

Hiiumaa & Vormsi

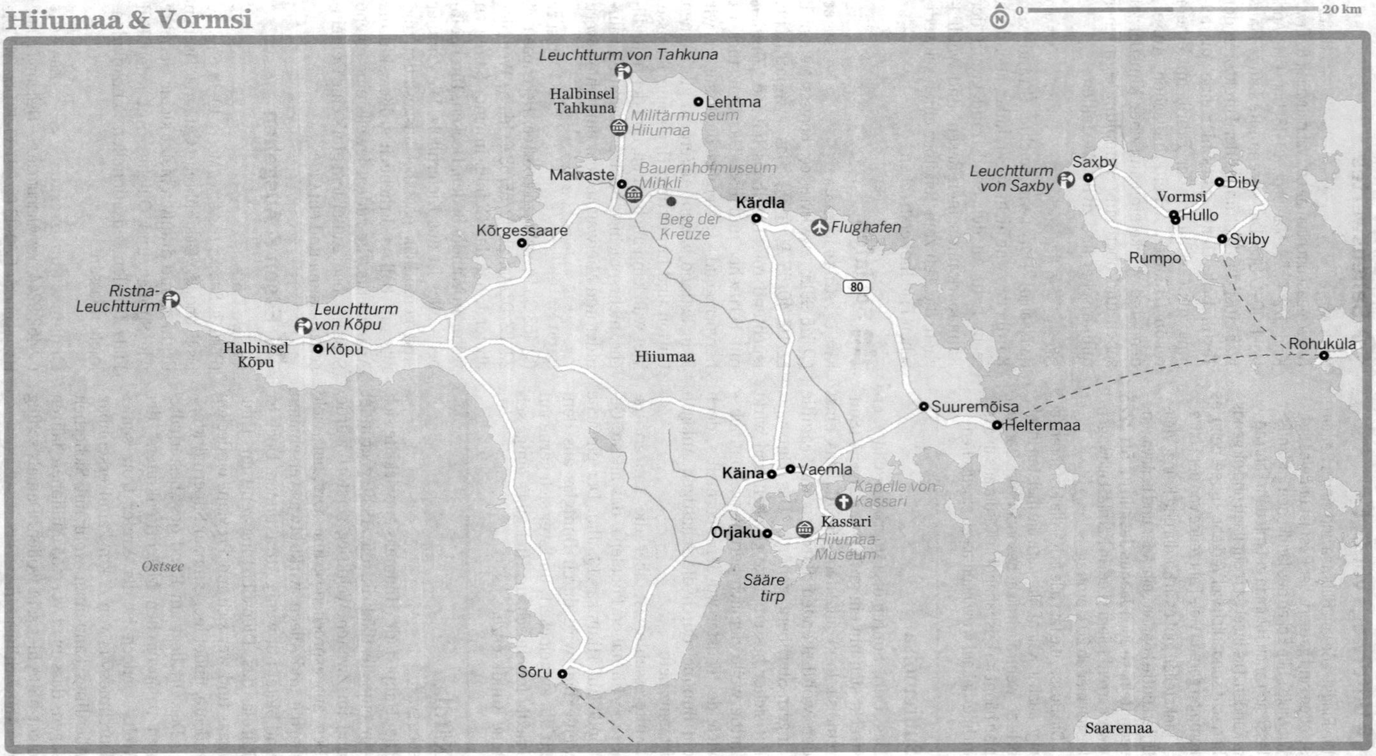

Freiterrasse dieser Restaurant-Bar ist prima für ein Bier am Nachmittag und drinnen kann man gut essen. Die Karte bietet keine Überraschungen, aber die Preise sind günstig, die Zubereitung ist in Ordnung und die Portionen können sich sehen lassen. Besonders zu empfehlen ist die leckere Forelle mit Sauce béarnaise. Das Lokal befindet sich am Ortsrand (500 m hinter dem Padu Hotell).

★Kuur MODERN EUROPÄISCH €€
(www.restokuur.ee; Sadama 28; Hauptgerichte 11–12 €; Mai–Sept. 11–23 Uhr;) Zwar bedeutet der Name „Schuppen", doch ist das Sommerrestaurant am Hafen mit seinen zwei Glaswänden und einer Wand aus kunstvoll gestapeltem Feuerholz um Längen schicker, als der Name vermuten lässt. Das Essen ist außergewöhnlich: Es gibt nur drei Vorspeisen und Hauptgerichte, aber alles schön angerichtet, kreativ und wirklich lecker. Dazu kommen noch der tolle Service und eine sonnige Terrasse – bei Weitem das beste Restaurant auf Hiiumaa!

Rannapaargu CLUB
(www.rannapaargu.ee; Lubjaahju 3; Fr & Sa 22–4 Uhr) Das pyramidenförmige Restaurant wartet mit großen Fenstern und Strandblick auf. Das Essen ist nichts Besonderes, aber am Wochenende machen regelmäßig rund 300 Leute zur Musik der besten DJs der Insel und Livebands richtig Party – aber erst weit nach Mitternacht.

Praktische Informationen

Touristeninformation Hiiumaa (462 2232; www.hiiumaa.eu; Hiiu 1; ganzjährig Mo–Fr 10–17 Uhr, Mitte Mai–Mitte Sept. außerdem Sa & So 10–14 Uhr) Die in einem alten Feuerwachtturm untergebrachte freundliche Touristeninformation verteilt Karten und vermittelt Unterkünfte und Führer. Hier wird auch die 40-seitige Broschüre *Lighthouse Tour* (3 €) für eine Rundfahrt über die Insel verkauft.

West-Hiiumaa

Die Westhälfte von Hiiumaa ist nur dünn besiedelt, selbst für estnische Verhältnisse. Die knubbelige **Halbinsel Tahkuna** war im Zweiten Weltkrieg Schauplatz einer unerbittlichen Schlacht zwischen deutschen und sowjetischen Truppen. An der Straße zum Leuchtturm stößt man auf verlassene sowjetische Militäranlagen, darunter ein vollständiger unterirdischer Bunker, den man – mit einer Taschenlampe bewaffnet – erkunden kann.

Die Insel hat mit der schmalen **Halbinsel Kõpu** einen Ausläufer, der sich wie ein Richtung Stockholm weisender Zeigefinger nach Westen zieht. Wer an ein paar estnischen Stränden gewesen ist und nicht glaubt, dass man hier surfen kann, wird auf Kõpu eines Besseren belehrt: In Ristna am Ende der Halbinsel sind schon bis zu 10 m hohe Wellen gesichtet worden. Schwimmen ist hier sehr gefährlich, denn die Strömungen möchten einen am liebsten bis nach Finnland befördern, aber für erfahrene Surfer ist's klasse.

Sõru, von wo die Fähren nach Saaremaa abfahren, ist ein recht schönes Fleckchen mit einer bewaldeten Schilfküste, die sich in beide Richtungen ertsreckt.

Sehenswertes & Aktivitäten

Berg der Kreuze DENKMAL
(Ristimägi) Im Norden von Hiiumaa lebten freie schwedische Bauern, bis sie Ende des 18. Jhs. auf Befehl von Katharina der Großen das Land verlassen mussten. Viele landeten später in der Ukraine, wohin sie das falsche Versprechen eines besseren Lebens gelockt hatte. Dieser „Berg" 7 km westlich von Kärdla markiert den Ort, an dem die letzten 1000 schwedischen Bewohner noch einmal beteten, bevor sie Hiiumaa 1781 endgültig verlassen mussten.

Inzwischen ist es Tradition, dass Besucher, die zum ersten Mal nach Hiiumaa kommen, sich dem Kampf mit den Mücken stellen und dort ein selbstgemachtes Kreuz niederlegen.

Bauernhofmuseum Mihkli BAUERNHOF
(Mihkli talumuuseum; www.muuseum.hiiumaa.ee; Erw./Kind 2/1,50 €; Mitte Juni–Mitte Aug. Di–Sa 10–18 Uhr) Versteckt im Wald von Malvaste, 2 km nördlich der Straße von Kärdla nach Kõrgessaare, vermittelt der ursprünglich schwedische Bauernhof einen lebensnahen Eindruck vom bäuerlichen Leben in alten Zeiten. Wer möchte, kann hier eine Rauchsauna (90 € für bis zu 10 Pers.) mieten – ein einzigartiges Erlebnis, jedoch nichts für Leute mit empfindlichen Augen. Und man muss vorausbuchen, da das Aufheizen einen ganzen Tag dauert.

Militärmuseum Hiiumaa MUSEUM
(Hiiumaa Militaarmuuseum; www.militaarmuuseum.ee; Erw./Kind 3/1,50 €; Mitte Mai–Mitte Sept. 10–18 Uhr) Trotz der kaum vorhandenen englischen Beschriftungen ist dieses kleine Museum im ehemaligen sowjetischen Grenz-

posten auf der Halbinsel Tahkuna ganz spannend. Draußen kann man sich große militärische Gerätschaften anschauen, drinnen gibt's Uniformen, Fotos, Plakate, Waffen und Medaillen.

Tahkuna-Leuchtturm LEUCHTTURM

(Tahkuna Teletorn, Erw./Kind 2/1 €; ⏲ Mai–Mitte Sept. Di–So 10–19 Uhr) Der 43 m hohe Leuchtturm von 1874 erhebt sich an der Nordwestspitze der Halbinsel Tahkuna. Hinter dem Leuchtturm steht ein schauriges **Denkmal** für die Opfer des Fährunglücks der *Estonia*. Ein zum Meer hin gerichteter, 12 m hoher Metallrahmen umgibt ein großes Kreuz. Daran hängt eine Glocke, auf der Kindergesichter zu erkennen sind. Die Glocke gerät nur dann in Schwingungen, wenn der Wind mit derselben Stärke und Richtung über das Kap weht wie in der fatalen Nacht im September 1994, als die *Estonia* sank.

Zwischen Denkmal und Leuchtturm befindet sich ein merkwürdig niedriges **Steinlabyrinth**, der Nachbau eines uralten auf der Insel gefundenen Irrgartens. Dem Pfad zwischen den Steinen zu folgen soll eine Art Meditation darstellen.

Nach der sowjetischen Militärgeschichtsschreibung über die hier während der deutschen Invasion 1941 in der Nähe tobende Schlacht kämpfte die Rote Armee bis zum bitteren Ende und der letzte Rotarmist erklomm den Leuchtturm und stürzte sich nach unten, wobei er immer noch auf die Deutschen feuerte.

Kõpu-Leuchtturm LEUCHTTURM

(Kõpu Tuletorn; Erw./Kind 2/1 €; ⏲ Mai–Mitte Sept. 10–20 Uhr) Mit seinem pyramidenförmigen Sockel und dem gedrungenen rechteckigen Turm ist der landeinwärts gelegene Leuchtturm von Kõpu das bekannteste Wahrzeichen Hiiumaas. Er soll außerdem der älteste ohne Unterbrechung betriebene Leuchtturm der Welt sein. Auf der Anhöhe steht bereits seit 1531 ein Leuchtturm, der heutige weiße Turm aus Kalkstein stammt jedoch von 1845. Er ist 37 m hoch und kann so noch aus 55 km Entfernung gesehen werden.

Das benachbarte Café (köstlicher Kuchen, grässlicher Kaffee) hat dieselben Öffnungszeiten wie der Leuchtturm. Im Sommer finden auf dem Rasengelände Konzerte statt.

Ristna-Leuchtturm LEUCHTTURM

(Ristna Tuletorn; Erw./Kind 2/1 €; ⏲ Mai–Mitte Sept. 10–19 Uhr) Der zweite Leuchtturm der Halbinsel Kõpu erhebt sich knallrot an der Westspitze der Halbinsel – Stockholm liegt nur 200 km westlich von hier. Er wurde 1874 in Paris gebaut und auf einem Frachtschiff zerlegt hierher transportiert – zusammen mit dem Leuchtturm von Tahkuna. Eine kleine Bar serviert Snacks und Getränke.

Sõru-Museum MUSEUM

(Erw./Kind 2/1 €; ⏲ Juni–Aug. Mi–So 11–17 Uhr, Sept.–Mai Mi–Fr 11–16 Uhr) Wer vor der Überfahrt nach Saaremaa noch Zeit totzuschlagen hat, kann diesem kleinen Gemeindemuseum einen durchaus lohnenden Besuch abstatten. Unten sind vielleicht gerade Kunstwerke der Dorfkindern oder vor Ort hergestellte Filzarbeiten ausgestellt. Oben zeigt eine Dauerausstellung die üblichen Schwarzweißfotos von Fischern und Bauern sowie alte Netze und landwirtschaftliche Gerätschaften. Ganz oben kann man mit schweren sowjetischen Feldstechern den Horizont absuchen.

KUNSTHANDWERK VON HIIUMAA

Freunde des Kunsthandwerks werden mit Sicherheit auf Hiiumaa fündig: Hier feiern traditionelle Kunsthandwerke eine gewisse Wiederauferstehung. Einer der besten Läden ist der Museumsshop in Kassari (S. 169), wo es u. a. erstklassige gewebte Wollteppiche gibt. Interessant sind auch die folgenden Geschäfte:

Kunstgewerbehaus Heltermaa (Heltermaa käsitöömaja; www.heltermaakasitoomaja.voog.com; Heltermaa; ⏲ Juni–Aug. Mo–Fr 10.30–19, Sa bis 17.30 Uhr) Wer vor der Ankunft der Fähre noch Zeit hat, kann sich hier nach Stricksocken, Honig, hölzernen Salatbestecken oder den allgegenwärtigen gewebten Leinenteppichen umschauen.

Wollfabrik Hiiu (Hiiu villavabrik; www.hiiuvill.ee; Vaemla; ⏲ Mitte Mai–Aug. Mo–Sa 9–18, So 10–16 Uhr, sonst Mo–Fr 9–18, Sa 10–16 Uhr) Diese kleine Wollfabrik 4 km östlich von Käina benutzt noch immer Web- und Spinnmaschinen des 19. Jhs. zur Herstellung traditioneller Strickwaren. Man kann fertige Pullover und Handschuhe erstehen oder sich mit Wolle zum Selbststricken eindecken. Im Sommer hat auf dem Gelände ein Café geöffnet.

Surf Paradiis WASSERSPORT

(☎505 1015; http://surfparadiis.paap.ee/; Erw./Kind 40/20 €; ⏲Mai–Nov.) Nach etwa einem Kilometer auf einer extrem holprigen, unbefestigten Straße von Ristna (die Abzweigung liegt unmittelbar vor dem Leuchtturm) befindet sich an einem Sandstrand dieser Anbieter verschiedenster Aktivitäten. Eine Tageskarte für den „Wasserpark" beinhaltet die Benutzung von Surfbrettern, Bodyboards, Wassertrampolinen, Kajaks, Ruderbooten, Schnorchelausrüstung, Sauna und Sonnenterrassen – und oft erklingt auch noch Livemusik.

Weitere Aktivitäten sind Windsurfen, Jetskifahren, Bananenbootfahrten, Angeln und Bogenschießen. Außerdem stehen Unterkünfte zur Verfügung. Allerdings ist es ratsam, vorher anzurufen, da alle Aktivitäten wetterabhängig sind und Gruppen manchmal sämtliche Angebote belegen.

Ristna ist ein überraschend anspruchsvoller Surfspot – also nicht ohne Rücksprache mit dem Anbieter, der einen Rettungsdienst bereitstellt, auf eigene Faust losziehen.

Käina

1880 EW.

Hiiumaas zweitgrößter Ort ist ziemlich unscheinbar. Am interessantesten sind die Ruinen der **Martinskirche** (ca. 1500), die im Zweiten Weltkrieg durch eine Bombe zerstört wurde.

Sehenswertes

Rudolf-Tobias-Hausmuseum MUSEUM

(Rudolf Tobiase Majamuuseum; www.muuseum.hiiumaa.ee; Hiiu mnt; Erw./Kind 2/1,50 €; ⏲Mitte Mai–Mitte Aug. Mi–So 11–17 Uhr) Am Westrand von Käina befindet sich das bescheidene Haus aus Holz und Reet (Baujahr 1840), das dem Komponisten Rudolf Tobias (1873–1918) gehörte. Der Klangkünstler komponierte einige der bedeutendsten estnischen Orchesterwerke. Es gibt keine Erläuterungen auf Englisch, aber das Personal gibt sich größte Mühe, das Wichtigste zu erklären. Hinter dem Haus steht eine Windmühle.

Schlafen

Hotell Liilia HOTEL €€

(☎463 6146; www.liiliahotell.ee; Hiiu mnt 22; EZ/DZ 42/48 €; 📶) Das Liilia befindet sich in einem zweistöckigen Gebäude neben der Kirchenruine und bietet geschmackvolle, gepflegte Zimmer mit hellen Holzböden und Decken. Außerdem gibt's unten ein großes Restaurant mit einladender Terrasse, das jedoch nur öffnet, wenn Bedarf besteht.

> **LEUCHTTURM-KOMBI**
>
> Wer alle drei Leuchttürme auf Hiiumaa besteigen möchte, kauft am besten gleich bei der ersten Leuchtturmbesichtigung eine Kombikarte (Erw./Kind 5/2 €).

Kassari

300 EW.

Die 8 km lange und durch zwei Dämme mit Hiiumaa verbundene Insel ist mit Mischwald bedeckt und hat einige spektakuläre Küstenabschnitte zu bieten. Durch die beiden Dämme wird die Bucht von Käina praktisch vom Meer abgeschnitten. Sie ist ein wichtiges Vogelreservat und dient mehr als 70 verschiedenen Arten als Brutgebiet. Einen guten Ausblick auf die Vogelwelt eröffnet sich vom **Vogelbeobachtungsturm** nördlich von Orjaku, wo es auch einen kurzen Spazierpfad gibt. Im Sommer trocknet ein großer Teil der Bucht aus und verwandelt sich in einen riesigen Schlammacker.

Sehenswertes & Aktivitäten

Hiiumaa-Museum MUSEUM

(www.muuseum.hiiumaa.ee; Erw./Kind 3/2 €; ⏲Mai–Sept. 10–18 Uhr, Okt.–April Mi–So 10–17 Uhr) Das kleine Museum im alten Postamt des Dorfs Kassari widmet sich der Geschichte und Artenvielfalt Hiiumaas. Es präsentiert u. a. einen russischen Fernsehapparat von 1955, ein Prisma aus dem Leuchtturm auf Tahkuna (1874) und den ausgestopften Wolf, der bis zu seinem Ableben 1971 die Insel angeblich in Angst und Schrecken versetzte. Außerdem werden hier sehr schöne Kunsthandwerkartikel und Sonderbriefmarken von der Insel verkauft.

Sääre tirp LANDSPITZE

Im Süden verengt sich Kassari zu einem Kap mit außergewöhnlicher Vegetation und endet in einem schmalen, 3 km langen Finger, dessen Spitze ins Meer hinaussticht. Hier kann man schön spazieren gehen und unterwegs liegt ein kleiner, aber vielversprechend beliebter Schilfstrand.

Der Überlieferung zufolge ist die felsige Landspitze der Überrest einer nicht fertiggestellten Brücke nach Saaremaa, die der Inselheld Leiger zu bauen begann, damit sein Verwandter von Saaremaa, der Held Suur Tõll, ihn leichter besuchen und bei seinen Heldentaten unterstützen konnte. Für Leiger wurde an der Abzweigung nach Sääre Tirp eine Statue errichtet; er trägt einen Felsbrocken auf der Schulter.

Kapelle von Kassari KIRCHE

(Kassari kabel; ⌚Mitte Juni–Aug. 11–16 Uhr) Diese hübsche weiß getünchte und reetgedeckte Kapelle (1801) an der Ostseite von Kassari ist nicht ans Stromnetz angeschlossen, sodass die Gottesdienste hier nach wie vor bei Kerzenlicht stattfinden. Am auffallendsten im Innern ist die über dem Altar platzierte ungewöhnliche Kanzel. Zu der Kapelle ist es ein schöner Ausflug zu Fuß, mit dem Rad oder Auto; ein Schild weist auf einen unbefestigten Weg hin, der vom östlichsten Punkt der einzigen befestigten Straße abgeht.

Von der Kapelle führt ein knapp 2 km langer Pfad zu einer kleinen Bucht an der nordöstlichen Spitze der Insel.

Kassari Ratsamatkad REITEN

(☎5342 3346; www.kassari.ee; Ausritte 13/40 € pro Std./Tag) An der Straße zur Kapelle liegt das größte Gestüt von Hiiumaa. Das Angebot umfasst unterschiedlichste Exkursionen zu Pferd, darunter Mehrtagesritte durch Wälder und unberührte Küstenlandschaft.

Schlafen & Essen

Dagen Haus B&B €€

(☎518 2555; www.dagen.ee; Orjaku; Zi. 65–89 €; P 📶) Der restaurierte ehemalige Getreidespeicher mit rustikalen Mauern und Holzbalken in grüner Umgebung ist eine der reizvollsten Unterkünfte auf Hiiumaa. Hier stehen fünf schicke, moderne Zimmer und wunderschöne Gemeinschaftsräume zur Verfügung. Auch reizvolle Ferienhäuschen für bis zu zwölf Personen kann man zu akzeptablen Preisen (99–219 €) mieten. Weit im Voraus reservieren!

MS ESTONIA: DER GEHEIMNISVOLLE UNTERGANG

Rund 30 Seemeilen nordwestlich der zur Insel Hiiumaa gehörenden Halbinsel Tahkuna liegt das Wrack der Fähre *Estonia*, die auf der Fahrt von Tallinn nach Stockholm am 28. September 1994 in einem Sturm kurz nach Mitternacht sank. Nur 137 Menschen überlebten die Tragödie – 852 starben in einem der schlimmsten Schiffsunglücke der europäischen Seefahrtsgeschichte.

Die Unglücksursache ist bis heute umstritten und bietet viel Anlass für Verschwörungstheorien. Der Abschlussbericht der Gemeinsamen Unfallkommission (JAIC) von 1997, ein offizielles Gremium der estnischen, schwedischen und finnischen Regierungen, kam zu dem Ergebnis, dass die Fähre fehlkonstruiert war und dass außerdem die Mannschaft für Notfall- und Evakuierungsmaßnahmen nicht ausreichend geschult worden war. In dem Bericht hieß es außerdem, dass die Bugklappe für raue See nicht geeignet gewesen sei: Während des Sturms riss die Klappe vom Bug ab, sodass Wasser eindringen konnte. In nur einer Stunde war das Autodeck mit tonnenschwerem Meerwasser gefüllt: Die *Estonia* sank. Die 989 Menschen an Bord hatten gerade einmal etwa 15 Minuten Zeit, das sinkende Schiff zu verlassen, doch viele schafften es wegen des schnellen Sinkens nicht bis zu den Rettungsbooten. Und wem die Flucht von der sinkenden Fähre gelang, konnte in der eiskalten Ostsee nur wenige Minuten überleben.

Der Wahrheitsgehalt des Berichtes wurde stark infrage gestellt, nachdem die Meinungsverschiedenheiten innerhalb der Kommission ans Licht der Öffentlichkeit gerieten. Im Jahr 2000 holte eine deutsch-amerikanische Tauchexpedition die Bugklappe aus dem Meer. Untersuchungen gaben Theorien Nahrung, nach denen es an Bord eine Explosion gegeben habe. Anhänger von Verschwörungstheorien mutmaßten, dass die *Estonia* illegale Munitionslieferungen an Bord hatte, da ein neues Waffenhandelsgesetz kurz zuvor die Ausfuhrbeschränkungen verschärft hatte. Die Gerüchte um eine Vertuschung eines solchen Skandals wurden noch weiter angeheizt, als acht Mannschaftsmitglieder, die eigentlich als Überlebende aufgelistet wurden, verschwunden blieben.

Unerklärbare Veränderungen am Wrack, schließlich der Versuch der schwedischen Regierung, 2000 das Wrack mit Sand zu bedecken und so zu stabilisieren, führten zu immer neuen Gerüchten und ließen erneut den Ruf nach einer Untersuchung laut werden. Die Regierungen von Estland, Finnland und Schweden sind sich einig, dass das Wrack in Gedenken an die Toten auf dem Meeresgrund bleiben muss – es ist das Grab von über 700 Menschen.

Kassari Puhkekeskus HOTEL €€
(☎469 7169; www.kassarikeskus.ee; Dorf Kassari; DZ 70 €, Apt. 85–105 €; P 📶) Verlassene Fabriken gibt's in Estland wie Sand am Meer, doch solch coole Umwidmungen wie diese hier sind selten. Die Einrichtung ist frisch und modern und selbst die Standardzimmer verfügen über eine Mikrowelle und einen kleinen Balkon mit Kunstrasen. Die Ferienwohnungen haben einen separaten Wohnbereich und eine echte Küche und öffnen sich zu einer großen Gemeinschaftsterrasse mit Whirlpool.

Lest & Lammas Grill ESTNISCH €
(☎469 7169; www.kassarikeskus.ee; Dorf Kassari; Hauptgerichte 7,50–11 €; ⏲Juni–Aug. 12–21 Uhr; 📶) Der Name bedeutet „Flunder und Schaf" und deutet schon darauf hin, dass der Schwerpunkt hier auf gegrilltem Fisch und wunderbar mariniertem Lamm liegt. Daneben gibt's noch Würste, Schwein und Huhn vom Grill. Oder man genehmigt sich unter einem reetgedeckten Stand auf einer der Terrassen einfach nur ein Fläschchen Wein. Gehört zum Kassari-Puhkekeskus-Komplex.

Vetsi Tall ESTNISCH €
(☎462 2550; www.vetsitall.ee; Hauptgerichte 4,50–6 €, Stellplatz 4 € pro Pers., Hütte EZ/DZ/3BZ 30/40/55 €, Apt. 100 €; ⏲Juni–Aug. 10–23 Uhr; P) An der Hauptstraße zwischen den Dörfern Orjaku und Kassari bietet diese dunkle, stimmungsvolle Gaststätte von 1843 gutes, einfaches Essen in riesigen Portionen. Inmitten von Apfelbäumen stehen winzige fassförmige Holzhütten und es kann auch gezeltet werden, jedoch sind die sanitären Einrichtungen rudimentär (die Dusche z. B. besteht nur aus einem Schlauch). Über der Kneipe gibt's eine Ferienwohnung mit zwei Schlafzimmern.

Vormsi

277 EW.

Vormsi, die mit 93 km² viertgrößte Insel Estlands, erhob sich vor rund 3000 Jahren aus dem Meer und hebt sich auch weiterhin noch um 3 mm pro Jahr. Die höchste Erhebung der Insel liegt 13 m über dem Meeresspiegel – und soll Trollen als Versteck dienen. Außer von unersättlichen Mücken ist die Insel immer nur sehr dünn besiedelt gewesen. Daher sind die Wälder, Küstenweiden und Waldwiesen auch relativ unberührt. Im 13. Jh. kamen Schweden auf die Insel und bildeten bis zum Zweiten Weltkrieg die große Mehrheit der damals 2500 Bewohner. Während des Krieges flohen sie in großer Zahl nach Schweden und nur wenige kehrten zurück.

Von Osten nach Westen ist die Insel 16 km lang, von Norden nach Süden nur 6 km. Sie lässt sich also gut mit dem Fahrrad besichtigen. Die Insel hat rund 10 km Teerstraßen. Vom Fähranleger sind es 1,5 km zum Dorf **Sviby**. 3 km westlich davon liegt **Hullo**, das größte Dorf der Insel. Auf dem Gelände eines ehemaligen Kollektivhofs direkt bei der Abzweigung nach Hullo stehen die Ruinen einer russisch-orthodoxen Kirche. 2 km südlich von hier befindet sich das viel kleinere **Rumpo** auf einer schönen mit Wacholder bewachsenen Halbinsel, die sich in die Bucht von Hullo erstreckt. Ein großer Teil der Insel, so auch die 30 Inselchen in der Bucht von Hullo, gehört zum **Landschaftsschutzgebiet Vormsi** (Vormsi Maastikukaitseala). Im Reservat, in dem auch seltene Flechten gedeihen, sind Seevögel, Elche, Rehe, Luchse und Wildschweine zu Hause.

Sehenswertes

Eine Touristeninformation gibt's auf der Insel nicht, aber bei der Fähranlegestelle finden sich Informationstafeln.

Bauernhofmuseum Vormsi BAUERNHOF
(Vormsi talumuuseum; www.talumuuseum.vormsi.ee; Sviby; Erw./Kind 2,50/1 €; ⏲Juni–Aug. Mi–So 10–17 Uhr) In dem restaurierten Bauernhaus wird das schwedische Erbe wachgehalten, u. a. mit der einzigartigen Bekleidung der Hofbewohner: Die Frauen trugen dicke rote Socken, um ihre Knöchel zu betonen – starke Beine waren eine Art Sexsymbol, denn niemand wollte eine Ehefrau, die nicht hart anpacken konnte.

Olaikirche KIRCHE
(Püha Olavi kirik; ⏲Mai–Sept. So 10.30–12.30 Uhr) Oberhalb der Tür dieser weiß getünchten Kirche aus dem 14. Jh. etwas außerhalb von Hullo steht in einer Nische eine kleine Statue des hl. Olaf mit seiner zuverlässigen Axt. Die Kirche wartet mit einer schönen bemalten Barockkanzel (1660) und mittelalterlichen Deckenmalereien auf.

Leuchtturm von Saxby LEUCHTTURM
Der 1864 erbaute und 24 m hohe Leuchtturm ist nur einen kurzen Spaziergang von Saxby entfernt, der westlichsten Siedlung der Insel. Saxby wiederum liegt 7 km von Hullo entfernt.

Kirchfels FELSEN
(Kirikukivi) Der 5,8 m hohe Findling befindet sich bei Diby im Nordosten der Insel.

Schlafen & Essen

Unterkünfte können über das Internet (www.vormsi.ee) oder bei der Touristeninformation in Haapsalu gebucht werden. Sowohl Rumpo Mäe Puhketalu als auch Elle-Malle Külalistemaja vermieten Fahrräder und Boote und servieren ein Frühstück, das im Preis inbegriffen ist. Das einzige Esslokal auf der Insel ist **Kõrts Krog No14**, eine nagelneue Kneipe am Dorfrand von Hullo.

Rumpo Mäe Puhketalu B&B €€
(☎5342 9926; www.rumpomae.ee; DZ/3BZ 55/75 €; 📶) Das hübsche reetgedeckte Bauernhaus nur ein paar Schritte von der Küste entfernt in Rumpo hat Gästezimmer mit Bad und altmodischem Flair. Einfachere Unterbringung bieten das rustikale Saunahaus (pro Pers./ganzes Haus 45/220 €) und das „kleine Haus" mit acht Betten (ganzes Haus 135–205 €). Campern steht ein Feld zur Verfügung. Wer nur eine Nacht bleibt, zahlt einen kleinen Aufschlag.

Elle-Malle Külalistemaja B&B €€
(☎5647 2854; ellemalle@gmail.com; Hullo; 24 € pro Pers.) Das freundliche Gästehaus in friedvoller Lage zwischen Hullo und der Olaikirche bietet gepflegte, kiefervertäfelte Zimmer im Haupthaus und ein romantisches Doppelzimmer in einem separaten Holzhäuschen (mit Bad unten). Mahlzeiten können arrangiert werden (3-Gänge-Abendessen 9 €). Der Eigentümer verkauft nebenbei eine kleine Auswahl hochwertiger heimischer Antiquitäten.

Hullo Kauplus SELBSTVERSORGER €
(Hullo; ⏲Mo–Sa 10–20, So bis 17 Uhr; 📶) Im kleinen Gemischtwarenladen in Hullo sind Lebensmittel erhältlich; hier gibt's auch ein Postamt und Internetzugang.

Anreise & Unterwegs vor Ort

Vormsi liegt nur 3 km vom Festland entfernt. **SLK Ferries** (☎4524 4444; www.tuulelaevad.ee) betreibt drei- bis fünfmal am Tag Fähren auf der 10 km langen Strecke zwischen Rohuküla und Sviby (hin & zurück Erw./Kind/Auto/Fahrrad 6,40/3,20/14/2 €, 45 Min.). Die Überfahrten freitags nach 13 Uhr ab Rohuküla und sonntags nach 13 Uhr ab Sviby sind 50 % teurer. Wer im Sommer mit einem eigenen Fahrzeug unterwegs ist, sollte die Überfahrt reservieren (1,60 € extra).

Sviby Bike & Boat Rental (☎517 8722; www.vormsi.ee/sviby; ⏲Ende Mai–Sept.) beim Fähranleger verleiht nicht nur Fahrräder (5/10/15 € für ½/8/24 Std.) und Ruderboote (5 € pro Std.), sondern betreibt auch einen Wassertaxiservice und bietet Touren auf der Insel. Diese Dienstleistungen bieten gewöhnlich auch die Betreiber der Unterkünfte an.

ESTLAND VERSTEHEN

Estland aktuell

Die lange, graue Zeit der sowjetischen Herrschaft ist für die meisten Esten eine weit zurückliegende Episode der Geschichte. Wer heute zum ersten Mal nach Estland reist, ist meist überrascht vom Enthusiasmus, mit dem die Marktwirtschaft angenommen wurde. Viele Esten sehen sich als Unternehmer und seit 1991 hat sich die Wirtschaft enorm diversifiziert.

Besonders in der digitalen Sphäre hat sich Estland herausragend entwickelt und sich in der Welt der neuen Technologien den Spitznamen e-Stonia verdient. Estnische Software-Designer haben verschiedenste Innovationen angestoßen, v. a. Skype, das Programm zur kostenlosen Internettelefonie. Esten können übers Internet wählen, ihre Steuererklärung abgeben und Dokumente digital unterzeichnen. 2014 bot Estland als erstes Land Nichtbürgern eine virtuelle „e-Residency".

Estland wurde als die große Erfolgsgeschichte aller Länder der ehemaligen Sowjetunion gefeiert. Das Land ist der EU, der Nato, der OECD (Organisation für wirtschaftliche Zusammenarbeit und Entwicklung) und der Eurozone beigetreten.

Nachdem es den politischen und wirtschaftlichen Ballast der Sowjetzeit abwerfen konnte, orientiert sich das Land nun stark nach Westen und Norden. Die Esten fühlen sich sprachlich und kulturell eher mit ihren finnischen Nachbarn verbunden als mit den südlichen baltischen Staaten. Die Zusammenfassung von Estland, Lettland und Litauen unter der Bezeichnung Baltikum ist für sie nicht viel mehr als eine praktische geografische Konstruktion. Es gibt sogar Überlegungen, die Verbindung mit Finnland durch einen Tunnel unter dem Finnischen Meerbusen noch zu vertiefen, was jedoch an den enormen Kosten scheitern dürfte.

Während sich Estland also immer verstärkter gen Westen orientiert, blickt es gleichzeitig nervös über die Schulter zum russischen Bären im Osten. Die russische Annexion der Krim und der bewaffnete Konflikt mit der Ukraine (wobei im Baltikum gemeinhin angenommen wird, dass der Konflikt von Russland vom Zaun gebrochen wurde) haben viele in dem erst seit Kurzem unabhängigen Land stark beunruhigt. Die Esten erinnern sich mit Sorge an die erste kurze Unabhängigkeit Estlands in den Jahren zwischen den Weltkriegen. Dass die neue Unabhängigkeit jetzt schon länger Bestand gehabt hat als die erste, beruhigt dabei nur wenig.

Estlands Reaktion auf die Ukraine-Krise bestand darin, die Sanktionen gegen Russland enthusiastisch zu unterstützen und gleichzeitig die Verbindungen zur Nato zu stärken: Präsident Toomas Ilves wünschte sich eine permanente Nato-Basis auf estnischem Boden.

Die Spannungen mit Russland eskalierten 2015, als ein estnischer Sicherheitsoffizier von einem russischen Gericht wegen Spionage zu 15 Jahren Gefängnis verurteilt wurde. Die Russen behaupten hartnäckig, dass sie ihn auf ihrer Seite der Grenze verhaftet haben, während Estland (und die EU) darauf beharren, dass er auf estnischer Seite gekidnappt worden sei. Estland hat jetzt verkündet, dass es an seiner Landgrenze zu Russland einen 110 km langen, 2,5 m hohen Zaun bauen wolle – ein Großteil der restlichen Grenze bilden der Peipus-See und der Fluss Narva.

Gleichzeitig ist sich die estnische Regierung verstärkt bewusst, dass die Beziehungen zur großen russischen Minderheit im Land verbessert werden müssen, von der ein großer Teil noch keine estnische Staatsbürgerschaft besitzt (S. 180). Zwar ist der Lebensstandard der in Estland lebenden Russen im Durchschnitt höher als der in Russland lebenden Russen, aber er ist immer noch niedriger als der der Esten. Ein Bericht von Amnesty International aus dem Jahr 2015 merkte an, dass die ethnischen Minderheiten in Estland, von denen die Russen bei Weitem die größte sind, unverhältnismäßig stark von Arbeitslosigkeit und Armut betroffen sind.

Wer durch einige der heruntergekommenen Städte im Nordosten Estlands fährt, wo Arbeit und Hoffnung auf eine bessere Zukunft kaum noch zu finden sind, bekommt eine Ahnung von der russischen Misere. Die Russen sind in den Gefängnis-, HIV- und Drogenstatistiken stark überrepräsentiert und die schlechtere soziale Lage der russischen Mitbürger wiederum bestätigt und verstärkt die Vorurteile vieler Esten.

Offene rassistisch motivierte Feindseligkeiten sind zwar eher selten, kommen jedoch vor. 2007 führte die Entscheidung der Regierung, ein Kriegsdenkmal aus der Sowjetzeit aus dem Zentrum von Tallinn zu verbannen, zu Gewalttätigkeiten und die Spannungen zwischen den Russen und dem Rest der Bevölkerung traten offen zu Tage. Regelmäßig hagelt es Beschwerden – vor allem in den russischen Medien – über die Diskriminierung der russischen Minderheit in Estland. Um den Einfluss der russischen Medien zu begrenzen, sind in Estland selbst russischsprachige Nachrichtensendungen geschaffen worden.

Geschichte

Die Anfänge

Die älteste menschliche Siedlung in Estland ist rund 10 000 Jahre alt, wie beim heutigen Pärnu gefundene Werkzeuge aus der Steinzeit beweisen. Finno-ugrische Stämme aus dem Osten (möglicherweise aus dem Ural) wanderten einige Jahrhunderte später – höchstwahrscheinlich um 3500 v. Chr. – ein, mischten sich mit den Menschen der Jungsteinzeit und siedelten sich im heutigen Estland, Finnland und Ungarn an. Offenbar gefiel ihnen die Region und sie wurden sesshaft. Das damals (und auch noch in den nächsten vier Jahrtausenden) typische Nomadentum vieler europäischer Stämme legten sie bereits zu diesem frühen Zeitpunkt ab.

Christianisierung

Im 9. und 10. Jh. beobachteten die Esten das Treiben der Wikinger mit Misstrauen – doch die waren eher an Handelsrouten nach Kiew und Istanbul als an einer Eroberung des Landes interessiert. Die erste wirkliche Bedrohung ihrer Freiheit stellten denn auch christliche Invasoren aus dem Süden dar.

Dänische Truppen und deutsche Ritterorden folgten dem päpstlichen Aufruf nach einem Kreuzzug gegen die Heiden im Norden und eroberten 1208 die estnische Burg von Otepää. Die Esten leisteten erbitterten Widerstand – es sollte 30 Jahre dauern, bis das gesamte Gebiet erobert war. In der Mitte des 13. Jhs. wurde Estland zwischen den Dänen im Norden und dem Deutschen Orden im Süden aufgeteilt. Der Ritterorden, der sich unbedingt nach Osten ausdehnen wollte, wurde allerdings durch Alexander Newski von Nowgorod am gefrorenen Peipsijärv (Peipus-See) zurückgeschlagen (wunderbar dargestellt in Sergei Eisensteins Film *Alexander Newski*).

Die Invasoren ließen sich in neu gegründeten Städten nieder und übergaben einen Großteil ihrer Macht an die Bischöfe. Gegen Ende des 13. Jhs. wurden die Dome von Reval (Tallinn) und Dorpat (Tartu) erbaut. Zur selben Zeit gründeten die Zisterzienser und Dominikaner Klöster, um die Einheimischen zu missionieren und (wenigstens versuchten sie es) auch zu taufen. Die Esten ließen sich davon allerdings wenig beeindrucken – und leisteten Widerstand.

Der bedeutendste Aufstand begann in der Georgennacht am 23. April 1343: Die Rebellion startete im dänisch kontrollierten Norden Estlands, wo die Esten das Zisterzienserkloster in Padise brandschatzten und alle Mönche töteten. Schließlich belagerten sie Tallinn und die Bischofsburg von Haapsalu und baten die Schweden um Hilfe, um die Dänen endgültig aus dem Land zu werfen. Die Schweden schickten auch tatsächlich Kriegsschiffe über die Ostsee, doch sie kamen zu spät und wurden zur Umkehr gezwungen. Trotz der estnischen Entschlossenheit wurde der Aufstand 1345 niedergeschlagen. Allerdings hatten die Dänen nach all dem Blutvergießen genug vom Land und verkauften ihren Teil kurzerhand an den Livländischen Orden (einen Ableger des Deutschen Ordens).

Die ersten Gilden und Handelsvereinigungen entstanden im 14. Jh. und viele Städte – Tallinn, Tartu, Viljandi (Fellin) und Pärnu (Pernau) – erlebten wirtschaftliche Blütezeiten als Mitglieder der Hanse, des mächtigen mittelalterlichen Städtebundes. Jedoch lebten in diesen Städten vorwiegend deutsche Kaufleute, während die Esten als Bauern auf dem Land schufteten.

Die Esten praktizierten ihren Naturglauben und bei Hochzeiten und Begräbnissen ihre heidnischen Bräuche weiter, obwohl viele Riten im 15. Jh. mit dem Katholizismus verschmolzen. Die estnischen Kinder bekamen nun christliche Namen. Im Verlauf des 15. Jhs. verloren die Bauern all ihre Rechte, sodass zu Beginn des 16. Jhs. die meisten Esten zu Leibeigenen geworden waren.

Die Reformation erreichte Estland aus Deutschland kommend in den 1520er-Jahren; die erste Reformationswelle wurde von lutherischen Geistlichen getragen. Mitte des 16. Jhs. war die Kirche bereits reorganisiert – Kirchen waren nun protestantisch, Klöster wurden geschlossen.

DIE URSPRÜNGE DER ESTEN

Im 1. Jh. n. Chr. beschrieb der römische Historiker Tacitus ein Volk namens „Aestii". Er stellte sie als ziemlich primitives Volk dar, das Standbilder von Göttinnen anbetete und Wildschweine mit Holzkeulen und Eisenwaffen jagte. Die Aestii handelten auch mit Bernstein. Zwar beschrieb Tacitus hier die Vorgänger der Letten und Litauer, doch der Name „Aestii" wurde später auf die Esten übertragen, die sich selbst bis heute „Eesti" nennen.

Der Livländische Krieg

Im 16. Jh. wurde das damalige Livland (es umfasste den heutigen Norden Lettlands und den Süden Estlands) vor allem von Osten her bedroht: Iwan der Schreckliche, der sich 1547 selbst zum ersten Zaren gekrönt hatte, wollte sein Reich weiter nach Westen ausdehnen. Russische Truppen, angeführt von der brutalen zaristischen Kavallerie, griffen die Region 1558 bei Tartu an. Die Kämpfe waren extrem blutig, die Invasoren hinterließen eine Spur der Verwüstung. Auch Polen, Dänemark und Schweden traten in den Krieg ein. Der Krieg zog sich durch das gesamte 17. Jh. – am Ende gingen die Schweden als Sieger hervor.

Wie in allen Kriegen litten auch bei diesem die Zivilisten am stärksten. Während der Kriegszeit (etwa 1552–1629) starb rund die Hälfte der Landbevölkerung, drei Viertel aller Bauernhöfe wurden aufgegeben. Krankheiten wie die Pest, Missernten und die daraus resultierenden Hungersnöte verschärften die Kriegsleiden noch. Bis auf Tallinn wurden alle Burgen und befestigten Städte der Region zerstört – auch die Burg von Viljandi, damals eine der mächtigsten Festungen Nordeuropas. Andere Städte wurden komplett ausradiert.

Schwedische Herrschaft

Nach dem Krieg folgte für Estland unter den schwedischen Herrschern eine friedliche Epoche mit einer wirtschaftlichen Blütezeit. Zwar konnten auch in dieser Ära nur wenige estnische Bauern ihre Situation verbessern, doch die Städte wuchsen dank des zunehmenden Handels. Rasch konnte sich die estnische Wirtschaft von den Kriegswirren erholen. Unter der schwedischen Herrschaft war Estland übrigens zum ersten Mal in seiner Geschichte unter einem einzigen Herrscher vereint – in der langen Geschichte der Fremdherrschaft und Unterdrückung gilt diese Periode als Lichtblick.

Der schwedische König überließ dem baltendeutschen Adel ein bestimmtes Maß an Selbstbestimmung und schenkte ihm sogar Land, das man im Krieg aufgegeben hatte. Zwar war das erste auf Estnisch erschienene Buch schon 1535 gedruckt worden, doch erst in den 1630er-Jahren wurden Bücher in großer Zahl veröffentlicht: Schwedische Geistliche hatten Dorfschulen eröffnet und unterrichteten dort die Landbevölkerung im Lesen und Schreiben. Die Gründung der Universität von Tartu 1632 gab der Kultur und Bildung in Estland einen enormen Schub.

Doch ab Mitte des 17. Jhs. setzte eine rückläufige Entwicklung ein: Der Ausbruch einer Pestepidemie und die Große Hungersnot (1695–1697) töten rund 80 000 Menschen, fast 20 % der damaligen Bevölkerung! Bauern, die sich eine Zeit lang völlig frei hatten bewegen können, verloren ihr Hab und Gut. Der schwedische König Karl XI. wollte die Leibeigenschaft (nach dem schwedischen Vorbild, wo die Bauern frei waren) auch in den baltischen Adelshäusern abschaffen, aber die baltendeutsche Aristokratie kämpfte erbittert für den Erhalt der Leibeigenschaft in ihren Landen.

Der Große Nordische Krieg

Schweden sah sich bald einer ernst zu nehmenden gegnerischen Koalition aus Polen, Dänemark und Russland gegenüber – Länder, die sich alle ihre im Livländischen Krieg verlorenen Gebiete wiederholen wollten. 1700 brach der Große Nordische Krieg aus. Nach einigen Erfolgen – u. a. einem Sieg über die Russen bei Narva – brach Schweden unter dem Druck an mehreren Fronten zusammen. 1708 wurde Tartu zerstört, die Überlebenden wurden nach Russland deportiert. 1710 kapitulierte Tallinn, Schweden war geschlagen.

Aufklärung

Für die estnischen Bauern brachte die nun beginnende russische Herrschaft nichts Gutes: Der Krieg (und die Pest von 1710) hatten Zehntausende Opfer gefordert. Die schwedischen Reformen wurden von Zar Peter I. zurückgenommen – damit machte er jede Hoffnung auf Freiheit für die leibeigenen Bauern zunichte. Erst mit der Aufklärung Ende des 18. Jhs. sollte sich das Schicksal der estnischen Bauern zum Guten wenden.

Eine der wichtigsten Rollen in der Zeit der Aufklärung spielte Katharina die Große (1762–1796), die die Privilegien des Adels einschränkte und pseudo-demokratische Strukturen einführte. Doch erst 1816 wurden die Bauern in Estland endlich aus der Leibeigenschaft befreit. Sie durften nun Nachnamen tragen, sich frei bewegen und konnten sogar (wenn auch sehr beschränkt) auf lokaler Ebene politische Entscheidungen mitgestalten. In der zweiten Hälfte des 19. Jhs. kauften die Bauern den Großgrundbesitzern Grundstücke für eigene Höfe ab und lebten vom Erlös der Agrarprodukte wie Kartoffeln und Flachs (dieser erzielte wegen des US-amerikanischen Bürgerkrieges und der damit einhergehenden Baumwollverknappung in Europa hohe Preise).

Nationalbewegung

Das späte 19. Jh. wurde zur Geburtsstunde der estnischen Nationalbewegung. Angeführt von einer neuen estnischen Elite, begann der Weg des Landes hin zu einer estnischen Nation. Die erste in Estnisch publizierte Zeitung, *Perno Postimees*, erschien 1857. Sie wurde von Johann Voldemar Jannsen herausgegeben, einem der ersten Esten, der den Begriff „Este“ anstatt *maarahvas* (Landleute) verwendete. Ein anderer einflussreicher Denker war Carl Robert Jakobson, der für die politische Gleichstellung der Esten kämpfe und *Sakala*, die erste politische Tageszeitung des Landes, gründete.

Zahlreiche estnische Gesellschaften wurden gegründet; 1869 fand das erste estnische Sängerfest statt – das Ereignis war der Beginn der einzigartigen Chortradition des Landes. Das vielfältige estnische Volkstum wurde jetzt erstmals wahrgenommen und dank einiger Veröffentlichungen wie *Kalevipoeg* auch populär. Friedrich Reinhold Kreutzwald hatte in seinem Epos Hunderte estnischer Legenden und Volksweisen nach dem Vorbild des finnischen Nationalepos *Kalevala* gemischt. Andere Gedichte, vor allem die von Lydia Koidula, trugen zum nationalen Bewusstsein bei – nicht zuletzt geprägt von der Erinnerung an 700 Jahre Unterdrückung.

Aufstand & Erster Weltkrieg

Das späte 19. Jh. war das Zeitalter einer ungezügelten Industrialisierung, das durch den Bau riesiger Fabriken und eines ausgedehnten Eisenbahnnetzes, das Estland mit Russland verbinden sollte, geprägt war. Die Arbeiterschaft, aufgestachelt von sozialistischen Ideen und unter den katastrophalen Arbeitsbedingungen leidend, schloss sich unter Führung der jungen Arbeiterparteien Demonstrationen und Streiks an. Die Unzufriedenheit der russischen Bevölkerung übertrug sich auf Estland, und im Januar 1905, als der bewaffnete Aufstand über die Grenze rollte, schlossen sich die estnischen Arbeiter dem Aufstand an. Die Unruhen hielten bis zum Herbst 1905 an, als 20 000 Arbeiter in den Streik gingen. Zaristische Truppen schlugen den Aufstand blutig nieder und töteten oder verwundeten dabei 200 Arbeiter.

Diese Reaktion von Zar Nikolaus II. stachelte die estnischen Rebellen nur noch stärker an, sie kämpften weiter und zerstörten adeligen Besitz. Schließlich schickte der Zar Tausende weitere Truppen nach Estland und schlug den Aufstand nieder. 600 Esten wurden hingerichtet und Hunderte nach Sibirien deportiert. Die Gewerkschaften und die liberalen Zeitungen wurden verboten, die politischen Führer emigrierten sämtlich ins Ausland.

Radikalere Pläne, um Estland ruhig zu stellen – darunter die Idee, Tausende russische Bauern zur Kolonisierung des Landes hier anzusiedeln – wurden nicht umgesetzt. Denn der Zar und sein zunehmend wankendes Riesenreich hatten ein ganz anderes Problem: den Ersten Weltkrieg. Estland zahlte für die russische Kriegsbeteiligung einen hohen Preis: 100 000 Männer wurden eingezogen, 10 000 starben im Krieg. Viele Esten kämpften auch deshalb im Krieg, weil sie hofften, dass nach einem Sieg über Deutschland der russische Zar den Esten ihre Unabhängigkeit schenken würde. Russland dachte natürlich nicht im Traum daran. Doch 1917 hatte der Zar nichts mehr zu sagen: In St. Petersburg wurde Nikolaus II. zum Abdanken gezwungen, die Bolschewisten übernahmen die Macht. Als Russland ins Chaos stürzte, nutzte Estland seine Chance und erklärte am 24. Februar 1918 seine Unabhängigkeit.

Unabhängigkeitskrieg

Estland musste dabei zwei Gegner fürchten: die Russen und die deutsch-baltischen reaktionären Kräfte. Als die Rote Armee nach Estland vorstieß und im Januar 1919 das halbe Land überrannt hatte, war der Unabhängigkeitskrieg im vollen Gange. Estland schlug sich tapfer – und mithilfe britischer Kriegsschiffe sowie finnischer, dänischer und schwedischer Truppen besiegte es am Ende seinen alten Feind! Im Dezember stimmte Russland einem Waffenstillstand zu und unterschrieb am 2. Februar 1920 den Friedensvertrag von Tartu, der alle vormaligen russischen Herrschaftsansprüche über Estland aufhob. Zum ersten Mal in seiner Geschichte war Estland ein wirklich unabhängiges, freies Land.

Kurze Phase der Unabhängigkeit

Die kurze Ära der ersten Unabhängigkeit war in vielerlei Hinsicht eine Blütezeit für Estland. Die größtenteils baltendeutschen Adligen erhielten ein paar Jahre Frist, um ihre Angelegenheiten zu ordnen, bevor ihre Gutshäuser verstaatlicht und ihre Güter unter estnischen Bauern aufgeteilt wurden. Zum allersten Mal hatten viele Bauern die Möglichkeit, Land zu bewirtschaften, das ihnen selbst gehörte.

Die Wirtschaft entwickelte sich rasant, Estland nutzte seine natürlichen Ressourcen und zog ausländische Investoren an. Die Universität von Tartu mauserte sich zu einer wirklich estnischen Universität, Estnisch wurde die allgemein gesprochene Sprache im Land – wodurch sich für viele ganz neue Berufs- und Karrierechancen eröffneten. Die höhere Schulbildung verbesserte sich (die Zahl der Studenten pro Einwohner übertraf die der meisten anderen Länder Europas). Mit 25 000 zwischen 1918 und 1940 veröffentlichten Büchern in estnischer Sprache entstand erstmals eine wirkliche Buchkultur im Land (auch hier überflügelte Estland mit der Zahl der Bücher pro Kopf die meisten europäischen Länder).

In anderen Bereichen, vor allem in der Politik, sah die Unabhängigkeit keineswegs so rosig aus. Die Angst vor kommunistischer Unterwanderung (u. a. ausgelöst durch den von den Bolschewisten unterstützten Putschversuch von 1924) trieb die Regierung in die rechte politische Ecke. 1934 scherte sich Konstantin Päts, Chef der Übergangsregierung, gemeinsam mit dem Befehlshaber der estnischen Armee, Johan Laidoner, nicht weiter um die Verfassung: Beide rissen die Macht an sich – unter dem Vorwand, die Demokratie vor den Extremisten schützen zu müssen. Damit begann die „Ära der Stille", die Jahre einer autoritären Herrschaft, unter der die Republik bis zum Ausbruch des Zweiten Weltkriegs leiden sollte.

Sowjetische Invasion & Zweiter Weltkrieg

Estlands Schicksal war mit dem Abschluss des geheimen Zusatzprotokolls des deutsch-sowjetischen Freundschaftspaktes 1939 eigentlich besiegelt: Estland war Stalin völlig ausgeliefert. Der geheime Molotow-Ribbentrop-Pakt (Nichtangriffspakt zwischen der UdSSR und Nazi-Deutschland, auch Hitler-Stalin-Pakt genannt) teilte Osteuropa in einen sowjetischen Machtbereich und einen deutschen. Dabei fiel Estland an die Sowjets. Als der Zweite Weltkrieg ausbrach, erklärte sich das Land für neutral, wurde jedoch von Moskau zur Unterzeichnung eines Beistandspaktes gezwungen. Daraufhin rückten zwischen 1939 und 1941 Tausende russische Soldaten nach Estland ein und überall wurden Militär-, Marine- und Luftwaffenstützpunkte errichtet. Die estnische kommunistische Partei inszenierte einen Aufstand des „Volkes", der den Anschluss an die UdSSR zum Ziel hatte. Präsident Päts, General Laidoner und andere führende Esten wurden verhaftet und in russische Gefangenenlager gesteckt, eine Marionettenregierung wurde installiert. Am 6. August 1940 nahm der Oberste Sowjet den „Antrag" Estlands auf Beitritt zur UdSSR an.

Deportationen und der Zweite Weltkrieg zerstörten das Land. Zehntausende wurden zwangsverpflichtet und nicht in den Kampf, sondern zur Arbeit geschickt (und das bedeutete meist den Tod, denn sie schufteten in Arbeitslagern in Nordrussland). Tausende von Frauen und Kindern wurden ebenfalls in Gulags deportiert.

Als sich die Rote Armee unter der ersten Wucht des deutschen Überfalls 1941 zurückziehen musste, wurden die deutschen Truppen in Estland von vielen zunächst als Befreier gefeiert. 55 000 Esten traten der Heimatarmee und der Wehrmacht bei. Doch Hitler dachte gar nicht daran, den Esten ihre Unabhängigkeit zurückzugeben – für die Nazis war das Land nur irgendein besetztes Gebiet in der Sowjetunion. Als die Deutschen damit begannen, kommunistische Kollaborateure in Estland hinzurichten, war jede Hoffnung auf Freiheit dahin. 7000 Bürger Estlands wurden erschossen und diejenigen estnischen Juden, die noch nicht geflüchtet waren, ebenfalls ermordet (etwa 1000). Um der Einberufung in die deutsche Wehrmacht zu entgehen (fast 40 000 Männer wurden zwangsverpflichtet), flohen Tausende nach Finnland und schlossen sich dort dem estnischen Regiment der finnischen Armee an.

Anfang 1944 bombardierte die Rote Armee die Städte Tallinn, Narva, Tartu und weitere Orte. Die barocke Altstadt von Narva wurde fast vollständig dem Erdboden gleichgemacht, als Russland Vergeltung für die „estnischen Verräter" übte. Die Deutschen zogen sich im September 1944 zurück. Viele Esten flohen vor der heranrückenden Roten Armee, 70 000 schafften es bis in den Westen. Bei Kriegsende lebten rund 10 % aller Esten im Ausland. Insgesamt verlor das Land im Krieg 280 000 Menschen (ein Viertel der Bevölkerung): Viele emigrierten, 30 000 waren gefallen. Andere hatte man hingerichtet, in Gulags deportiert oder in Konzentrationslagern ermordet.

Sowjetische Ära

Nach dem Krieg wurde Estland von der UdSSR annektiert – der Beginn der grausamen Ära der stalinistischen Unterdrückung. Tausende wurden in Gefangenenlager geschickt, 19 000 Esten hingerichtet. Die Bauern wurden brutal der Zwangskollektivierung unterworfen und Tausende von Einwanderern strömten aus verschiedenen Regionen der Sowjetunion in das Land. Zwischen 1945 und 1989 sank der Anteil der gebürtigen Esten an der Gesamtbevölkerung von 97 auf 62 %.

Eine Folge der Unterdrückung war die Entstehung einer großen estnischen Untergrundbewegung. Zu den *metsavennad* oder „Waldbrüdern" zählten rund 14 000 Esten, die überall im Land bewaffnet in den Untergrund gingen und in kleinen Gruppen gegen die Rote Armee kämpften. Unglücklicherweise hatten diese Aufständischen wenig Erfolg, 1956 war die Bewegung im Grunde am Ende.

Zwar gab es auch einige optimistisch stimmende Momente während der sowjetischen Besatzung (insbesondere das „Tauwetter" unter Chruschtschow, als Stalins Verbrechen offiziell angeprangert wurden), doch eine wirkliche Gelegenheit zu Veränderungen tat sich erst in den 1980er-Jahren mit Gorbatschows *perestroika* (Umbau) und *glasnost* (Offenheit) auf.

Vor diesem Hintergrund sah die estnische Opposition ihre Chance: Am 50. Jahrestag des Molotow-Ribbentrop-Paktes von 1939 fand in Tallinn eine riesige Demonstration statt. In den folgenden Monaten nahmen die Proteste zu, die Esten forderten die Wiedereinrichtung ihres Staates. Das Sängerfest war eines der machtvollsten Protestforen der Bevölkerung: Das größte Fest fand 1988 statt, als sich 300 000 Menschen auf dem Tallinner Sängerfestgelände versammelten – das Ereignis erregte international große Aufmerksamkeit und machte auf die Situation des baltischen Staates aufmerksam.

Im November 1989 bezeichnete der estnische Oberste Sowjet die Ereignisse von 1940 als militärische Aggression und daher als rechtswidrig. 1990 hielten die Esten – trotz des Verbots aus Moskau – freie Wahlen ab. Die Esten ließen sich nicht mehr aufhalten: 1991 hatten sie ihre Unabhängigkeit erkämpft.

TALLINNS TSCHETSCHENISCHER HELD

Im Januar 1991 besetzten sowjetische Truppen wichtige Gebäude in Vilnius und Riga – auch in Tallinn erhielten die russischen Truppen entsprechende Befehle. Doch der Armeekommandeur in Estland gehorchte dem Befehl aus Moskau nicht, weigerte sich sogar, auf Demonstranten zu schießen, und drohte damit, seine Artillerie gegen jeden Invasionsversuch aus Russland zu richten. Der Befehlsverweigerer war kein geringerer als General Dschochar Dudajew – der spätere Präsident Tschetscheniens, den das russische Militär 1995 tötete. In Estland wird er bis heute wegen seiner Rolle im Kampf um die Unabhängigkeit des Landes tief verehrt.

Die Zeit nach der Unabhängigkeit

1992 wurden die ersten allgemeinen Wahlen unter der neuen Verfassung abgehalten, dabei traten etliche neu gegründete Parteien an. Die Pro-Patria-Union (Vaterlandsunion) gewann nach ihrem Wahlkampf mit dem Motto „Das Haus aufräumen" eine knappe Mehrheit der Sitze. Der Slogan spielte darauf an, alle Entscheidungsträger, die während der kommunistischen Herrschaft eine tragende Rolle gespielt hatten, aus dem Amt zu jagen. Der Führer von Pro Patria, der 32-jährige Historiker Mart Laar, wurde Ministerpräsident.

Laar begann damit, Estland in eine freie Marktwirtschaft umzubauen, er führte eine neue Währung ein, die estnische Krone, und handelte den vollständigen Truppenabzug der Russen aus. (Ihre Präsenz war für viele Esten noch immer ziemlich Angst einflößend und als die Truppen 1994 endlich abzogen, schien das Land aus tiefstem Herzen aufzuatmen ...) Trotz seiner Erfolge galt Laar als zu temperamentvoll und unberechenbar. 1994 trat er zurück, nachdem seine Regierung bei einem Misstrauensvotum im Nationalrat (dem Riigikogu) keine Mehrheit hatte erringen können.

In einem Referendum sprachen sich im September 2003 rund 60 % aller Esten für den EU-Beitritt aus. Und im Frühjahr des Folgejahres wurde Estland dann offiziell in die Nato und die Europäische Union aufgenommen. Im Dezember 2010 folgte dann die Mitgliedschaft in der OECD und zu Beginn des Jahres 2011 die Übernahme des Euro als Landeswährung anstelle der Krone.

Die wichtigsten politischen Themen seit dem EU-Beitritt sind die Wirtschaft, die steigende soziale Ungleichheit und das angespannte Verhältnis zu Russland, besonders im Hinblick auf die große russische Minderheit im Land.

Bevölkerung

Trotz (oder vielleicht gerade wegen) der Jahrhunderte dauernden Besetzung ihres Landes durch Dänen, Schweden, Deutsche und Russen verspüren die Esten eine starke nationale Identität. Sie fühlen sich mit ihrer Geschichte, ihrem Volkstum und der nationalen Gesangstradition tief verbunden. Das Estnische Literaturmuseum in Tartu hat über 1,3 Mio. Seiten mit Volksliedern gesammelt – die zweitgrößte Sammlung dieser Art

UNGLEICHHEIT & LACHS-SANDWICHES

Laut Eurostat verdienen estnische Männer 30 % mehr als estnische Frauen – das ist der größte Einkommensunterschied zwischen den Geschlechtern in der EU. In einem phantasievoll versteckten Protest gegen diese Diskrepanz *(lõhe)* verkaufen die teilnehmenden Cafés und Restaurants am „Tag der Gleichbezahlung" Sandwiches mit Lachs (auf Estnisch ebenfalls *lõhe*) 30 % teurer, wenn sie mit Dill (auf Estnisch *till*, was gleichzeitig ein Slangwort für Penis ist) serviert wurden.

weltweit (nur in Irland gibt es noch mehr). Die estnische Filmindustrie produziert Filme für ein extrem kleines Publikum (nur in Island gibt es noch weniger potenzielle Zuschauer im eigenen Land).

Einem weit verbreiteten Klischee zufolge sind die Esten und besonders die estnischen Männer reserviert und abweisend. Manche sagen, das liege am Wetter – an den langen, dunklen Nächten, die zu endlosem Grübeln verleiten. Auffälliges Verhalten, Trunkenheit und Zärtlichkeiten in der Öffentlichkeit werden allgemein missbilligt. Doch bei Festen – wie Jaanipäev etwa – gelten andere Regeln: Dann treffen sich Freunde, Familie und Bekannte, um ausgelassen zu trinken, zu tanzen und zu feiern.

Die Esten sind für ihre disziplinierte Arbeitsethik bekannt. Wenn sie nicht gerade auf den Feldern ackern oder im Büro sitzen, fahren sie gerne zur Erholung in die Natur. Das ideale Wochenende sieht so aus: im Familienferienhäuschen ausspannen, Beeren oder Pilze sammeln, im Wald spazieren gehen oder mit Freunden beisammensitzen und die Schönheit des Landes bewundern. Immer noch zählt der Besitz eines Häuschens mit Sauna auf dem Land zu den wichtigsten Zielen der Esten.

Von den 1,3 Mio. Einwohnern Estlands sind 69 % Esten, 25 % Russen, 2 % Ukrainer, 1 % Weißrussen und 1 % Finnen. Die estnischen Russen leben vor allem in den Industriestädten des Nordostens; in manchen Orten wie Narva sind die überwältigende Mehrheit der Einwohner Russen. Auch in Tallinn stellen die Russen mit 37 % einen großen Bevölkerungsanteil. Diese Zahlen unterscheiden sich deutlich von denen des Jahres 1934, als die Esten 90 % der Bevölkerung ausmachten. Zwischen 1945 und 1955 strömten zahlreiche Menschen aus anderen Teilen der UdSSR ins Land und auch in den folgenden 30 Jahren wies Estland die höchste Migrationsrate aller Sowjetrepubliken auf.

Eine der am stärksten vernachlässigten ethnischen Gruppen in Estland ist das Volk der Setos (oder Setu). Die Zahl der Setos wird auf bis zu 15 000 geschätzt; sie leben in Südostestland und im benachbarten Russland.

2009 war Estland einer Gallup-Umfrage zufolge das am wenigsten religiöse Land der Erde (inzwischen wurde es durch China an der Spitze abgelöst), obwohl sich viele als spirituell bezeichnen und ihre Ethik auf einem Naturglauben fußt. Seit dem frühen 17. Jh. sind die estnischen Christen vorwiegend protestantisch. Als Estland Teil des russischen Reiches war, konnte sich auch die russisch-orthodoxe Kirche etablieren, die in den letzten Jahren wieder einen Aufschwung erlebt hat. Heute bekennt sich nur eine Minderheit der Esten zu einer Religion: 16 % bezeichnen sich als Orthodoxe und 10 % als Lutheraner. Kein anderes Bekenntnis kann mehr als 1 % der Bevölkerung auf sich vereinen.

Juden kamen schon im 14. Jh. ins Land und zu Beginn der 1930er-Jahre lebten 4300 Juden in Estland. Drei Viertel flohen vor der deutschen Besatzung und von den Verbliebenen wurden fast alle getötet. Heute gibt es rund 2000 Juden in Estland und 2007 feierte die jüdische Gemeinschaft seit dem Holocaust die erste Eröffnung einer Synagoge, eines auffallenden modernen Bauwerks in der Karu 16 in Tallinn.

Kunst & Kultur

Musik

Auf der internationalen Bühne war Estland vor allem auf dem Gebiet der klassischen Musik erfolgreich. Der wichtigste estnische Komponist ist Arvo Pärt (geboren 1935), ein Meister höchst intensiver und ernsthafter Musik, die viele fälschlicherweise als minimalistische Kompositionen auffassen. Pärt emigrierte während der sowjetischen Besatzung nach Deutschland. *Miserere, Litany, Te Deum* und *Tabula Rasa* sind nur einige Beispiele aus seinem international anerkannten Gesamtwerk, das durch drama-

ESTNISCHE STAATSBÜRGERSCHAFT

Als Estland 1991 seine Unabhängigkeit wiedergewonnen hatte, erhielt nicht jeder Einwohner die Staatsbürgerschaft: Wer vor 1940 Bürger der estnischen Republik gewesen war, wurde automatisch eingebürgert (ebenso seine Nachkommen). Immigranten aus der Zeit der sowjetischen Besatzung (vornehmlich russischsprachige Bürger, von denen viele kein Estnisch beherrschten) erhielten (und erhalten) die Staatsbürgerschaft nur, wenn sie Grundkenntnisse der estnischen Geschichte und Sprache nachweisen können. Alternativ dürfen sie aber die russische Staatsbürgerschaft annehmen, auf die alle Bürger der ehemaligen UdSSR Anspruch haben, oder als Staatenlose in Estland bleiben. An den Parlamentswahlen dürfen jedoch nur estnische Bürger teilnehmen.

Diese Vorgehensweise bei der Einbürgerung und die angeblich sehr schwierige Sprachprüfung entwickelten sich zum internationalen Streitpunkt. Die russische Regierung, die EU und mehrere Menschenrechtsorganisationen (darunter Amnesty International) beanstandeten, dass vielen russischsprachigen Einwohnern ihre Staats- und Zivilrechte verweigert würden. Daraufhin wurden die Tests etwas abgeändert und die Zahl der Staatenlosen begann zu sinken. 1992 waren noch 32 % der Einwohner Estlands ohne Staatsbürgerschaft. Heute liegt der Anteil der Staatenlosen laut UNHCR nur noch bei etwa 6,7 %.

Als Folge der estnischen Einbürgerungspolitik sind nur etwa 84 % der Bevölkerung Estlands estnische Staatsbürger und haben fast 9 % einen ausländischen Pass – vor allem der Russischen Föderation, der Ukraine und Finnlands.

tische Traurigkeit, eindringliche, erhaben klingende Höhepunkte und bewusst eingesetzte Stille geprägt ist. Pärt ist heute der am meisten aufgeführte lebende Komponist klassischer Musik weltweit.

Die bedeutendsten estnischen Komponisten des 20. Jhs. schrieben ungemein populäre Musik – die Esten lieben ihre Werke bis heute. Rudolf Tobias (1873–1918) komponierte wichtige Symphonien, Choräle und Konzerte, aber auch Phantasien zu Volksliedern. Mart Saar (1882–1963) studierte bei Rimski-Korsakow in St. Petersburg – in seiner Musik hat sich dieser Einfluss allerdings nicht niedergeschlagen. Seine Lieder und Klaviersuiten waren in der Zeit zwischen den beiden Weltkriegen die meist gespielten Musikwerke des Landes. Eduard Tubin (1905–82) ist ein weiterer hervorragender estnischer Komponist, dessen Werk zehn Symphonien umfasst. Der zeitgenössische Komponist Erkki-Sven Tüür (geboren 1959) lässt sich von der Natur und den Eindrücken aus seiner Heimat Hiiumaa inspirieren.

In den Konzertsälen der Welt genießen die estnischen Dirigenten Tõnu Kaljuste (der 2014 für eine Pärt-Aufnahme einen Grammy gewann), Anu Tali und Paavo Järvi einen hervorragenden Ruf.

Das Ensemble Hortus Musicus ist das wahrscheinlich bekannteste Ensemble des Landes; es spielt vor allem mittelalterliche und Renaissancemusik. Das Ensemble Rondellus tritt bei etlichen Festivals für alte Musik auf und spielt auf mittelalterlichen Instrumenten – ohne Scheu vor Experimenten. Ihr recht gut verkauftes Album *Sabbatum* (2002) ist eine Art Verneigung vor der Band Black Sabbath. Der einzige Unterschied: Ihre Musik wird auf mittelalterlichen Instrumenten gespielt und die Lieder werden auf Latein gesungen.

Erfolgreiche Vertreter des Rock und Punk in Estland sind Bands wie Vennaskond und die etwas schwere, aber zeitlos estnische Gruppe Metsatöll, die sich mit ihren Titeln und Texten stark auf die archaische Sprache und Bilderwelt Estlands bezieht. Etwas eingängiger sind Ultima Thule, Genialistid und Smilers, die zu den ältesten und beliebtesten estnischen Bands überhaupt zählen.

Auch die Pop- und Tanzmusikszene ist stark im Kommen, wie die estnischen Beiträge beim Eurovision Song Contest eindrucksvoll beweisen. 2001 gewann Estland als erste ehemalige Sowjetrepublik den ersten Platz. Die Mädchenband Vanilla Ninja feierte zu Beginn des neuen Jahrtausends mit Titeln auf Englisch große Erfolge in Mitteleuropa. Stig Rästa von den estnischen Hitproduzenten Outloudz tat sich mit der TV-Gameshow-Teilnehmerin Elina Born zusammen, um Estland 2015 beim Eurovision Song Contest zu vertreten; ihr Beitrag *Goodbye To Love* stürmte anschließend in zehn Ländern die Charts.

Die exzentrische Tanzdiva Kerli Kõiv, besser nur unter ihrem Vornamen bekannt, erreichte seit 2011 zweimal Platz 1 der amerikanischen Billboard-Dance-Hitliste. Interessant ist auch der jugendlich wirkende DJ und Produzent Rauno Roosnurm (alias Mord Fustang). Seine Remixes haben ihm auf der internationalen Clubszene eine beachtliche Anhängerschaft eingebracht.

Unter www.estmusic.com gibt's umfassende Interpretenlisten und Hörproben estnischer Musik aller Genres.

Literatur

Das Estnische galt bei den ausländischen Herrschern als reine „Bauernsprache" und nicht als Sprache mit literarischem Potenzial; daher ist die Geschichte des Estnischen als Schriftsprache kaum älter als 150 Jahre. Deutsch-Balten publizierten ein estnisches Grammatik- und Wörterbuch; aber erst mit der Nationalbewegung Ende des 19. Jhs. begann die Publikation von Büchern, Dichtung und Zeitungen.

Die estnische Literatur beginnt mit den Gedichten und Tagebüchern eines jungen Absolventen der Universität Tartu, Kristjan Jaak Peterson. Der sprachbegabte junge Dichter starb jedoch schon 1822 im Alter von nur 21 Jahren. Seine Zeilen „Kann nicht die Sprache dieses Landes, im Winde des Gesangs, zum Himmel aufsteigend, die Ewigkeit suchen?" sind in Tartu in Stein graviert und sein Geburtstag (14. März) wird als Tag der Muttersprache gefeiert.

Bis Mitte des 19. Jhs. wurde estnische Kultur nur durch mündliche Überlieferung unter Bauern weitergegeben. Das nationalepische Gedicht *Kalevipoeg* (Kalevs Sohn), das Friedrich Reinhold Kreutzwald (1803–1882) zwischen 1857 und 1861 geschrieben hat, bediente sich auf brillante Weise der reichen mündlichen Geschichtsüberlieferungen Estlands und war von Finnlands *Kalevala*, einem mehrere Jahrzehnte zuvor entstandenen Epos, inspiriert. Im *Kalevipoeg* vermengen sich Hunderte estnischer Legenden und Volkserzählungen zu einer Geschichte über die Abenteuer des mythischen Helden Kalev. Das Epos endet mit seinem Tod und der Eroberung seines Landes durch Fremde – aber auch mit einem Versprechen, das Land wieder in die Freiheit zu führen. Es spielte für Estlands nationales Erwachen im 19. Jh. eine entscheidende Rolle.

Lydia Koidula (1843–1886) war die Dichterin der estnischen Nationalbewegung und die „First Lady" der Literatur. Anton Hansen Tammsaare (1878–1940) gilt als bedeutendster estnischer Romancier, vor allem wegen seines fünfbändigen Werks *Tõde ja Õigus (Wahrheit und Gerechtigkeit)*, das er zwischen 1926 und 1933 geschrieben hat. Die fünfbändige Saga vom Dorf- und Stadtleben befasst sich mit sozialen, politischen und philosophischen Themen des Landes.

Eduard Vilde (1865–1933) war ein einflussreicher Romanschriftsteller und Theaterautor des frühen 20. Jhs., der 1912 *Tabamata Ime* (Unerreichbares Wunder) schrieb. *Tabamata Ime* war das erste Stück, das 1913 zur Eröffnung des Estonia-Theaters gespielt wurde, aber aufgrund vernichtender Kritiken der damaligen Intelligenzija durch *Hamlet* ersetzt wurde. In den meisten seiner Romane und Stücke schaute Vilde mit großer Ironie auf das seiner Ansicht nach blinde und voreilige Bemühen Estlands, ein Teil Europas zu werden. Für Vilde gilt stattdessen Eigenständigkeit als die ehrlichste Form von Unabhängigkeit.

Paul-Eerik Rummo (geboren 1942) ist einer der führenden estnischen Dichter und Theaterautoren. Er wird auch „estnischer Dylan Thomas" genannt, da er sehr patriotische Stücke schreibt, die sich mit zeitgemäßen Problemen kultureller Identität befassen. Sein Zeitgenosse Mati Unt (1944–2005) spielte eine wichtige Rolle dabei, den estländischen Intellektuellen einen Platz in der modernen Welt zu verschaffen. Er hatte seit den 1960er-Jahren einige ziemlich zynische Romane (hervorzuheben ist *Sügisball* oder *Herbstball*, 1979), Theaterstücke und Artikel über den estnischen Alltag geschrieben.

NOCH MEHR VOKALE, BITTE ...

Fasziniert von der Landessprache? Interessiert, sie zu erlernen? Es gibt im Estnischen 14 Fälle, kein Futur und keine Artikel. Außerdem muss man vokalreiche Wörter wie die folgenden erst einmal aussprechen können:

- *jäääär* – Rand des Eises
- *tööö* – Arbeitsnacht (kann auch *öötöö* heißen)
- *kuuuurija* – Mondforscher
- *kuuüür* – Monatsmiete

Oder wie wär's damit: *Kuuuurijate töööö jäääärel* („die Arbeitsnacht eines Mondforschers am Rande des Eises")!

Der Romancier Jaan Kross (1929–2007) machte sich mit historischen Romanen zu Themen der Sowjetära einen Namen. Sein Werk wurde in mehr als 20 Sprachen übersetzt. Damit ist er der bekannteste Autor seines Landes. Sein populärstes Buch, *Der Verrückte des Zaren* (*Keisri hull*, 1978), erzählt die Geschichte eines estnischen Barons aus dem 19. Jh., der sich in ein Bauernmädchen verliebt und schließlich im Gefängnis landet. Es ist an eine wahre Geschichte angelehnt. Der Hauptschwerpunkt seines literarischen Schaffens besteht in der Kritik an vergangenen und heutigen autoritären Regierungssystemen. Sein halb-autobiographisches Werk *Paigallend* wurde 2003 ins Englische übersetzt *(Treading Air)*.

Jaan Kaplinski (geboren 1941) hat zwei Sammlungen, *The Same Sea In Us All* und *The Wandering Border*, auf Englisch veröffentlicht. Sein Werk drückt das estnische Lebensgefühl hervorragend aus. Der Romanschriftsteller Kross und der Poet Kaplinski wurden beide für den Literaturnobelpreis nominiert.

Tõnu Õnnepalus *Im Grenzland* (*Piiri Riik*, 1993 unter dem Pseudonym Emil Tode veröffentlicht) handelt von einem jungen schwulen Esten, der Europa bereist und zur männlichen Mätresse eines reichen, älteren Gentleman wird und einen quälenden Weg der Selbsterkenntnis einschlägt. Mehr als ein einfaches Bekenntnis ist *Im Grenzland* eine clevere und umfassende Kritik an modernen estnischen Wertvorstellungen. Im Belletristikbereich erzählt Kaur Kender in seinem Buch *Unabhängigkeitstag* (*Iseseisvuspäev*, 1998) die unglücklichen Geschichten junger und ehrgeiziger Unternehmen im Estland nach der Unabhängigkeit.

Der von der Kritik am meisten gefeierte Roman der jüngeren Zeit ist *Fegefeuer* (*Puhastus*, 2008) von Sofi Oksanen, eine erschütternde Geschichte, die die stalinistischen Säuberungen mit dem Menschenhandel und der Sexsklaverei der Jetztzeit verwebt. Das Buch war ein Bestseller in Estland und Finnland, hat sechs wichtige Preise gewonnen und wurde in 36 Sprachen übersetzt. Ursprünglich war der Stoff als Bühnenstück konzipiert; er ist inzwischen verfilmt und in eine Oper umgearbeitet worden.

Kino

Die ersten „bewegten Bilder“ wurden 1896 in Tallinn gezeigt, das erste Lichtspielhaus eröffnete 1908. Estlands Kino hat kein besonderes Profil – mit einigen Ausnahmen. Es ist bemerkenswert, dass Estland – obwohl sein Kinopublikum zu den kleinsten der Welt gehört – mehr Filme produziert als die benachbarten Baltenstaaten. In den estnischen Kinos machen die Eigenproduktionen beachtliche 14 % aus.

Der populärste Film des Landes ist Arvo Kruusements *Kevade* (*Frühling*, 1969), eine Adaptation von Oskar Luts' *Landsaga*. Die Fortsetzung *Suvi* (*Sommer*, 1976) wurde nicht so hochgelobt wie *Frühling*, war aber ebenfalls sehr erfolgreich. Grigori Kromanovs *Viimne Reliikvia* (*Die letzte Reliquie*, 1969) war ein mutiger unerschrocken antisowjetischer Film, der in 60 Ländern gezeigt wurde.

In jüngerer Zeit waren Sulev Keedus' lyrischer Film *Georgica* (1998) über Kindheit, Krieg und Leben auf den westlichen Inseln und Jaak Kilmis *Revolution der Schweine* (*Sigade Revolutsioon*, 2004) über einen antisowjetischen Aufstand in einem Jugend-

KIIKING

Nur die Esten schaffen es, aus einem gemächlichen Schaukelvergnügen eine Extremsportart zu machen (allenfalls die Neuseeländer hätten vielleicht schon früher darauf kommen können). 1997 brachte die verrückte estnische Sportwelt das Kiiking hervor. Die Wettkämpfer stehen dabei auf einer Schaukel (an Händen und Füßen fixiert) und versuchen eine 360-Grad-Drehung um die Schaukelstange. Der Erfinder der Sportart, Ado Kosk, hat festgestellt, dass die komplette Umdrehung umso schwieriger wird, je länger die Aufhängung ist. Daraufhin entwickelte er eine Teleskopkonstruktion, womit der Schwierigkeitsgrad kontinuierlich gesteigert werden kann. Gewinner ist, wer mit der längsten Schaukel eine Umdrehung schafft. Der Rekord liegt derzeit bei knapp über 7 m! Wer sich den Sport jetzt noch nicht wirklich vorstellen kann, bekommt unter www.kiiking.ee einen Eindruck. Hier erfährt man auch, wo man das nächste Event besuchen (oder selbst daran teilnehmen) kann.

sommerlager auf mehreren internationalen Filmfestivals zu sehen. Veiko Õunpuus Film *Herbstball* (*Sügisball*) von 2007 nach dem Roman von Mati Unt wurde auf sieben Festivals von Brüssel bis Bratislava mit Preisen ausgezeichnet.

Tangerines (*Mandariinid*; 2014), eine estnisch-georgische Koproduktion, wurde als erster estnischer Film für einen Oscar als bester fremdsprachiger Film nominiert. Der in Georgien spielende Film erzählt die Geschichte von zwei estnischen Bauern, die in den Georgisch-Abchasischen Krieg verwickelt werden.

Einer der bekanntesten estnischen Filme ist *Names in Marble* (*Nimed Marmortahvlil*, 2002). Er erzählt die Geschichte einer Gruppe junger Klassenkameraden, die im Unabhängigkeitskrieg 1918–20 für die junge Nation gegen die Rote Armee kämpfen. In Szene gesetzt wurde er vom gefeierten estnischen Theaterregisseur Elmo Nüganen. Der Film basiert auf dem gleichnamigen Buch (von Albert Kivikas), das in der Sowjetzeit verboten war.

Theater

Viele Schauspielhäuser des Landes wurden ausschließlich durch Privatspenden finanziert. Das verdeutlicht, welche Rolle das Theater im kulturellen Leben Estlands spielt. Die Beliebtheit des Theaters ist auch an den Besucherstatistiken ablesbar: 2013 erreichte Estland hinter Schweden und den Niederlanden in der sogenannten Eurobarometer-Umfrage zur kulturellen Partizipation den dritten Platz in puncto Theaterbesuch. 45 % der Esten besuchen danach mindestens einmal im Jahr eine Theateraufführung (der EU-Durchschnitt liegt bei 28 %). Reisende ohne Kenntnisse des Estnischen haben jedoch natürlich Probleme, die blühende Theaterszene des Landes zu genießen.

Essen & Trinken

Tallinn ist ein echtes Mekka für Freunde des guten Essens. In den vielen stimmungsvollen Speiselokalen der Stadt sind Kochtraditionen aus aller Welt vertreten und die Preise sind in der Regel erheblich niedriger als in den meisten anderen europäischen Hauptstädten. Mehrere Restaurants sind stark von der Neuen Nordischen Küche beeinflusst. Diese Küche legt großen Wert auf die reinen, saisonalen Aromen des Nordens, wie sie im Kopenhagener Restaurant Noma praktiziert wird, das wiederholt zum besten Restaurant der Welt gewählt wurde.

Inzwischen beginnt auch das restliche Estland mit der Hauptstadt gleichzuziehen. In den letzten Jahren sind in Pärnu, Tartu, Otepää und verschiedenen Gutshäusern auf dem Land einige phantastische Restaurants eröffnet worden.

In vielen Teilen Estlands wird Besuchern jedoch nach wie vor wenig kulinarische Abwechslung geboten; die einzige Frage ist oft, welches Fleisch man zu den Kartoffeln möchte. Grund dafür ist die Tatsache, dass die Schwerstarbeit auf den Feldern (bis zur ihrer Befreiung im 19. Jh. waren viele Bauern Leibeigene) nur mit gehaltvoller Kost zu leisten war. Die Essenszubereitung war einfach und praktisch: Alles, was auf dem Lande wuchs und hergestellt werden konnte, wurde eben gegessen: Haferbrei, Quark und gekochte Kartoffeln waren das Standardessen. An Festtagen und zu besonderen Gelegenheiten gab es auch einmal Fleisch. Küstenbewohner fuhren aufs Meer hinaus, hier standen meist Dorsch und Hering auf dem Tisch. Um das Essen für den Winter haltbar zu machen, wurde der Fisch getrocknet, gesalzen oder geräuchert. Ergänzt wurde der Speiseplan durch eingemachte und konservierte Lebensmittel.

Viele Restaurants haben das Beste aus den bescheidenen Traditionen und ihrer historischen Umgebung gemacht, indem sie wahre Festessen anbieten, die von jungen Leuten in mittelalterlicher Bauernkleidung aufgetischt werden. Das beste Beispiel hierfür ist das Restaurant Olde Hansa in Tallinn, jedoch gibt's auch auf dem Land eine Rückbesinnung auf historische Gaststätten.

Estnische Spezialitäten

Die baltische Gastronomie ist tief mit dem Land verwurzelt: Zuchtvieh und Wild bilden die Grundlage einer deftigen Ernährung. Die estnische Küche basiert vor allem auf *sealiha* (Schwein), anderem roten Fleisch, *kana* (Huhn), *vurst* (Wurst) und *kapsa* (Kohl); Kartoffeln sind besonders im Winter ein wichtiger Lieferant von Kohlehydraten. Insgesamt gilt diese Küche allgemein als langweilig, schwer und dank fehlender Gewürze als fad. Saure Sahne scheint es zu allem dazuzugeben außer zum Kaffee.

Kala (Fisch), meistens *heeringas* (Hering), *forell* (Forelle) oder *lõhe* (Lachs), wird

PREISKATEGORIEN ESSEN

Die Preiskategorien gelten für ein Standard-Hauptgericht.

€ bis 10 €

€€ 10–15 €

€€€ über 15 €

in der Regel in geräucherter oder gepökelter Form als Vorspeise gereicht. Besonders gut für Freunde von *suitsukala* (Räucherfisch) ist der Peipus-See: An den Uferstraßen stehen oft Fischstände. Etwas gewöhnungsbedürftig ist *kilu,* eingelegte baltische Sprotte, oft serviert in Brötchen oder als Teil des Frühstücksbuffets.

Beliebt ist auch *kama,* ein sämiges, milchshakeartiges Getränk. Dabei wird ein Pulver aus gekochten, gerösteten und zerstampften Erbsen sowie Roggen, Hafer und Weizen mit Buttermilch oder Kefir vermischt. Man reicht es oft mit Beeren und Zucker als Nachtisch.

Zur Weihnachtszeit wird aus frischem Blut in Schweinedarm gehüllte *verivorst* (Blutwurst) hergestellt. In den meisten traditionellen estnischen Restaurants kommen Blutrünstige auf ihre Kosten: mit *verivorst, verileib* (Blutbrot) und *verikäkk* (in Mehl und Ei gewälzte Blutbällchen mit Schweinefettstückchen zur Verbesserung des Geschmacks). *Sült* (Fleischsülze) wird ebenfalls als Delikatesse serviert.

Nach wie vor spielen die Jahreszeiten eine große Rolle im estnischen Speiseplan. Im Frühjahr gibt es wilden Lauch, Rhabarber, frischen Sauerampfer und Ziegenkäse, außerdem werden die Osterlämmchen geschlachtet. Im Sommer bringen frisches Gemüse und Kräuter zusammen mit Beeren, Nüssen und Pilzen aus den heimischen Wäldern Abwechslung in den Speiseplan. Das Sammeln ist auch heute noch ein beliebter Zeitvertreib für viele Esten. Auf dem *turg* (Markt) gibt es tonnenweise köstliche Erdbeeren. (Es wird aber auch Importware angeboten, die mit der Qualität heimischer Früchte nicht konkurrieren kann.)

Der Herbst war schon immer die traditionelle Jagdsaison. Zwar sind viele Arten heute durch Abschussquoten geschützt, doch finden sich das ganze Jahr über Elch, Wildschwein, Hirsch und sogar Bär auf den Speisekarten. Um über den harten Winter zu kommen, essen die Esten herzhafte Braten, Eintöpfe, Suppen und viel Sauerkraut.

Ein weiteres Hauptnahrungsmittel ist Brot – ebenfalls ein Relikt der ländlichen Wurzeln. Und die Esten verstehen sich aufs Backen: Am besten schmeckt wahrscheinlich das estnische Roggenbrot, denn es ist feucht, fest und lecker (jedenfalls solange es frisch ist). In der Regel wird es in den Restaurants kostenlos zum Essen gereicht.

Terviseks!

Der traditionelle estnische Trinkspruch bedeutet so viel wie „Prost!" oder „Zum Wohl!". Bier ist das beliebteste alkoholische Getränk in Estland, viele verschiedene Sorten werden überall im Land gebraut. Die am weitesten verbreiteten Marken sind Saku und A. Le Coq, die in unterschiedlichen Sorten auf den Markt kommen. In den letzten Jahren hat die weltweite Craft-Bier-Revolution auch Estland überrollt. In Dutzenden von Kleinbrauereien werden köstliche Gerstensäfte produziert, viele davon mit überraschend hohem Alkoholgehalt – interessant sind z. B. die Erzeugnisse von Põhjala. Auf Saaremaa und Hiiumaa wird ein Inselbier gebraut, das weniger stark ist als Lagerbier und an heißen Tagen eine herrliche Erfrischung ist. Im Winter trinken die Esten auch gerne Glühwein, ein Wundermittel gegen die Kälte der langen Winterabende.

Durch die historische Verbindung zu Russland ist auch Wodka beliebt. Viru Valge ist die beste Marke, die es in unterschiedlichsten Geschmacksrichtungen gibt. Manche Esten mischen ihn auch mit Fruchtsaft. (Ganz lecker ist Wodka mit Vanillegeschmack, gemischt mit Apfelsaft.)

Vana Tallinn ist eine Klasse für sich: Niemand weiß, woraus der sirupartige Likör eigentlich besteht, aber er ist ziemlich süß und stark und hat einen angenehmen Nachgeschmack. Am besten trinkt man ihn pur, im Kaffee, über Eis, mit Milch, in Champagner oder trockenem Weißwein.

Trotz Ermanglung eigener Weinberge sind in größeren Städten Weinlokale absolut angesagt. Allerdings haben nur wenige ein größeres Angebot an Weinen, die auch glasweise serviert werden. In Tallinn gibt es die größten Weinkeller des Baltikums und außerdem viele mittelalterliche Lokale, in denen man gut bechern kann.

Wo, wann & wie

Mahlzeiten werden im *restoran* (Restaurant), *kohvik* (Café), *pubi* (Kneipe), *kõrts* (Gaststätte) und *trahter* (Taverne) serviert. In fast jeder Stadt gibt es einen *turg* (Markt), auf dem man frisches Obst, Gemüse, Fleisch und Fisch bekommt.

Estnische Esssitten ähneln denen in anderen Teilen Nordeuropas. Mittag- oder Abendessen sind die wichtigsten Mahlzeiten. Viele Cafés servieren den ganzen Tag über Backwaren und Kuchen. In Top-Restaurants ist Trinkgeld üblich, aber kein Muss, und beträgt meist 10 % der Rechnungssumme. Besprechungen der besten Restaurants des Landes finden sich auf www.eestimaitsed.com.

Wer zu Esten nach Hause eingeladen wird, den erwarten große Gastfreundschaft und üppige Portionen. Man bringt als Gastgeschenk meist Blumen mit (Achtung: Sträuße mit einer geraden Anzahl von Blumen sind als Trauergabe für die Toten reserviert).

SPRACHFÜHRER ESSEN

Keinen Schimmer, was der Unterschied zwischen *kana* und *kala* ist? Oder was *maasikas* und *marjad* sind? Mit der estnischen Sprache beginnt man am besten beim Essen – und lernt alle Wörter, die dafür gebraucht werden.

Nützliche Wendungen

Kann ich die Speisekarte haben?	*Kas ma saaksin menüü?*
Ich möchte ...	*Ma sooviksin...*
Die Rechnung, bitte.	*Palun arve.*
Ich bin Vegetarier.	*Ma olen taimetoitlane.*
Guten Appetit!	*Head isu!*
Prost!	*Terviseks!*
Frühstück	*hommikusöök*
Mittagessen	*lõuna*
Abendessen	*õhtusöök*

Kulinarisches Glossar

Beeren	*marjad*
Fisch	*kala*
Fleisch (rot)	*liha*
Gemüse	*köögivili*
Grillkotelett	*karbonaad*
Hering	*räim, heeringas*
Huhn	*kana*
Kartoffel	*kartul*
Käse	*juust*
Kaviar	*kaaviar, kalamari*
Kohl	*kapsas*
Lachs	*lõhe*
Obst	*puuviljad*
Pfannkuchen	*pannkook*
Pilze	*seened*
Roggenbrot	*leib*
Schwein	*sealiha*
Sprotten	*kilud*
Weißbrot	*sai*
Wurst	*vorst*

PRAKTISCHE INFORMATIONEN

Allgemeine Informationen

BOTSCHAFTEN & KONSULATE

Das Estnische Außenministerium (www.vm.ee) informiert über die aktuellen diplomatischen Organisationen, ausländischen Botschaften und Konsulate.

Deutsche Botschaft (☎ 627 5300; www.tallinn.diplo.de; Toom-Kuninga 11)

Österreichische Botschaft (☎ 627 8740, www.austrianembassy.ee; Vambola 6)

Schweizer Generalkonsulat (☎ 658 1133; www.eda.admin.ch/riga; Laki 5) Die zuständige Botschaft befindet sich in Riga (Elizabetes iela 2).

FEIERTAGE

Neujahr (Uusaasta) 1. Januar

Unabhängigkeitstag (Iseseisvuspäev) Jahrestag der Unabhängigkeitserklärung am 24. Februar 1918

Karfreitag (Suur reede) März/April

Ostersonntag (Lihavõtted) März/April

Frühlingstag (Kevadpüha) 1. Mai

Pfingstsonntag (Nelipühade) Siebter Sonntag nach Ostern (Mai/Juni)

Siegestag (Võidupüha) Jahrestag der Schlacht von Võnnu (1919) am 23. Juni

Johannistag (Jaanipäev, Mittsommertag) Das Aufeinanderfolgen von Siegestag und Johannistag ist für viele Esten eine praktische Entschuldigung, eine Woche Urlaub zu nehmen.

Tag der Wiedererlangung der Unabhängigkeit (Taasiseseisvumispäev) Am 20. August zur Feier der zweiten Unabhängigkeit 1991

Heiligabend (Jõululaupäev) 24. Dezember

1. Weihnachtsfeiertag (Jõulupüha) 25. Dezember

2. Weihnachtsfeiertag (Teine jõulupüha) 26. Dezember

GELD

Am 1. Januar 2011 trat Estland der Eurozone bei und verabschiedete sich mit Wehmut von der estnischen Krone, die nur auf ein kurzes Dasein zurückblicken durfte. Es gibt jede Menge Geldautomaten und Kreditkarten werden fast überall akzeptiert. Reiseschecks sind eigentlich passé, jedoch tauschen die meisten Banken sie noch ein, wenn auch gegen heftige Gebühren. In Restaurants Trinkgeld zu geben ist inzwischen üblich; man rundet den Rechnungsbetrag einfach so auf, dass 10 % (oder etwas weniger) Trinkgeld dazukommen.

WWOOF-EN

Wem es nichts ausmacht, sich die Hände schmutzig zu machen, der kann billig durch Estland reisen und dabei viel über das Land lernen. Möglich ist das mit freiwilliger Arbeit als Mitglied von **World-wide Opportunities on Organic Farms** (www.wwoof.ee) – auch bekannt als „Willing Workers on Organic Farms" (Freiwillige Arbeiter auf Biohöfen). Als Mitglied dieser etablierten internationalen Organisation (mit Vertretungen in aller Welt) hat man Zugang zur Internetseite von WWOOF-Estland, auf der während unserer Recherche 50 Biobauernhöfe und andere umweltfreundliche Kleinunternehmen im ganzen Land gelistet waren. Als Gegenleistung für die Arbeit bieten die Besitzer Verpflegung, Unterkunft und praktische Erfahrungen im ökologischen Landbau. Nähere Informationen gibt's auf der Website.

INTERNETZUGANG

Drahtloses Internet (WLAN) ist in „E-Land" sehr weit verbreitet (so mancher wird sich wundern, wie schlecht das eigene Heimatland dagegen abschneidet). Landesweit gibt es Hunderte Hotspots (in Städten, Hotels, Hostels, Restaurants, Cafés, Pubs, Einkaufszentren, an Häfen, Tankstellen, in Überlandbussen und sogar mitten im Nationalpark!). Orange-schwarze Symbole kennzeichnen die WLAN-Zonen. Die meisten Hotspots sind kostenlos zu nutzen.

Ohne eigenes Notebook oder Smartphone sind die Möglichkeiten etwas knapper geworden. Einige Unterkünfte haben einen Gästecomputer mit Internetanschluss. Ein paar wenige Internetcafés gibt es auch noch und öffentliche Büchereien bieten frei zugängliche Computer mit Internetanschluss – eventuell ist ein Ausweis mit Foto nötig. In den meisten kleineren Orten gibt es einen gut ausgeschilderten öffentlichen Internetstandort, oft beim örtlichen Gemischtwarenladen.

KARTEN

Wer nur in den größeren Städten und Nationalparks unterwegs ist, kommt mit den Karten, die die Touristeninformationen und Besucherzentren der Nationalparks umsonst verteilen, wunderbar aus. Wer jedoch mit einem eigenen Fahrzeug auch mal abgelegenere Orte erkunden möchte, sollte sich vielleicht einen guten Straßenatlas zulegen. **Regio** (www.regio.ee) produziert einen guten praktischen Straßenatlas mit vergrößerten Plänen für alle wichtigen Orte und Städte. **EO Map** (www.eomap.ee) bietet für jeden Landkreis und jede Stadt Estlands Faltkarten sowie einen Straßenatlas für ganz Estland.

SCHWULE & LESBEN

Gemäß seiner entspannten Haltung zu religiösen Fragen ist Estland ein recht tolerantes und sicheres Land für Schwule und Lesben, vor allem im Vergleich zu seinen Nachbarn. Jedoch hat sich diese Lockerheit nicht in einer spannenden Schwulen- und Lesbenszene niedergeschlagen.

Homosexualität wurde 1992 entkriminalisiert und seit 2001 gilt für alle dasselbe Mindestalter für einvernehmlichen Sex. 2014 erließ Estland als erste ehemalige Sowjetrepublik ein Gesetz, mit dem ab 2016 gleichgeschlechtliche eingetragene Partnerschaften anerkannt werden.

TELEFON

In Estland gibt es keine Ortsvorwahl. Für Inlandstelefonate sind also nur die aufgeführten Nummern erforderlich. Alle Festnetznummern haben sieben Ziffern. Handynummern sind sieben- oder achtstellig und fangen immer mit 5 an. Die Landesvorwahl ist die ☎ 372. Für ein R-Gespräch muss die ☎ 16116 gewählt werden. Bei Auslandsgesprächen gilt: Vor der Landesvorwahl ☎ 00 wählen.

Estlands Mobilfunknetz deckt fast 100 % des Landes ab und jedes Kind hat hier ein eigenes Handy. Um hohe Telefonkosten zu vermeiden, wird das Starterpaket (ca. 5 €) empfohlen. Damit bekommt man eine estländische Nummer, eine SIM-Karte und ein Gesprächsguthaben von 5 €. Die meisten Anbieter verlangen keine Gebühren für eingehende Gespräche. Wer länger telefonieren will, kauft sich eine Aufladekarte und gibt die aufgedruckte Nummer ins Mobiltelefon ein. Karten und Starterpaket sind an Kiosken und in Supermärkten und Postämtern erhältlich.

Öffentliche Telefone akzeptieren die Chipkarten, die es in Hostels, Postämtern und Kiosken zu kaufen gibt. Wer ins Ausland telefonieren will, fährt billiger mit internationalen Telefonkarten mit PIN; sie werden an Kiosken und in Supermärkten verkauft. Diese Karten können nur für Festnetz-, nicht für Mobiltelefone genutzt werden.

TOURISTENINFORMATION

Zusätzlich zu der sehr informativen, mehrsprachigen Internetseite des Estnischen Fremdenverkehrsamtes (www.visitestonia.com) haben viele Städte und Nationalparks des Landes hilfreiche Touristeninformationen. In fast allen arbeitet auch englischsprachiges Personal und es gibt jede Menge kostenloses Informationsmaterial.

UNTERKUNFT

Wer gerne eher spontan reist, könnte in Estland im Juli und August Probleme bekommen. Die besten Unterkünfte sind dann schnell ausgebucht und in Tallinn muss man dann besonders an den Wochenenden über jedes Plätzchen dankbar sein, auf das man sein Haupt betten kann. Eigentlich ist es in Tallinn an jedem Wochenende recht voll: Zwischen Mai und September sollte man einen Monat im Voraus reservieren. Unter der Woche ist die Lage nicht so problematisch.

Hauptsaison in Estland ist im Sommer. Zu anderen Zeiten fallen die Preise erheblich. Die einzige Ausnahme ist Otepää, wo es auch im Winter eine Hauptsaison gibt.

PREISKATEGORIEN SCHLAFEN

Die Preiskategorien gelten für ein Doppelzimmer in der Hauptsaison, jedoch können die Preise zu Spitzenzeiten höher liegen.

€ bis 35 €

€€ 35–100 €

€€€ über 100 €

ZOLL

Für Besucher von außerhalb der EU gelten die üblichen Einfuhrbeschränkungen; auf www.emta.ee finden sich nähere Angaben, auch zu Alkohol und Tabak.

ℹ An- & Weiterreise

AUTO & MOTORRAD

Zwischen Estland und Lettland gibt's dank dem Schengener Abkommen keine Grenzformalitäten. In der Regel ist es kein Problem, mit dem Mietwagen über die Grenze zu fahren. Jedoch muss das Mietwagenunternehmen in Kenntnis gesetzt werden, falls man in die Nachbarländer fahren möchte. Einige Verleiher verlangen dafür eine zusätzliche Gebühr.

BUS

Die folgenden Busunternehmen bieten Verbindungen zwischen Estland und den anderen baltischen Ländern:

Ecolines (☎ 606 2217; www.ecolines.net) Wichtigste Strecken: Tallinn–Pärnu–Riga (7-mal tgl.), zwei davon weiter nach Vilnius; Tallinn–St. Petersburg (4-mal tgl.); Tartu–Valga–Riga (tgl.); Vilnius-Riga–Tartu–Narva–St. Petersburg (tgl.).

Lux Express & Simple Express (☎ 680 0909; www.luxexpress.eu) Wichtigste Strecken: Tallinn–Pärnu–Riga (10- bis 12-mal tgl.), sechs davon weiter nach Panevėžys und Vilnius; Tallinn–Rakvere–Sillamäe–Narva–St. Petersburg (6- bis 9-mal tgl.); Tallinn–Tartu–Võru–Moskau (tgl.); Riga–Valmiera–Tartu–Sillamäe–Narva–St. Petersburg (9- bis 10-mal tgl.).

UAB Toks (www2.toks.lt) Zwei Busse am Tag auf der Strecke Tallinn–Pärnu–Riga–Panevėžys–Vilnius, einer davon weiter nach Kaunas und Warschau.

FLUGZEUG

Elf Fluglinien bieten das ganze Jahr über planmäßige Flüge nach Tallinn, im Sommer kommen noch einige weitere dazu (s. S.440). Die wichtigsten:

airBaltic (www.airbaltic.com) Mehrere Flüge täglich zwischen Tallinn und Riga.

Estonian Air (www.estonian-air.ee) Viermal pro Woche zwischen Tallinn und Vilnius.

Finnair (www.finnair.ee) Vier bis sechs Flüge pro Tag zwischen Helsinki und Tallinn sowie einmal am Tag zwischen Helsinki und Tartu.

ZUG

Valga ist Endpunkt sowohl des estnischen als auch des lettischen Eisenbahnnetzes, jedoch sind die Verbindungen nicht aufeinander abgestimmt. Von Valga fahren estnische Züge der Gesellschaft **Elron** (www.elron.ee) nach Tartu, lettische Züge von **Pasažieru vilciens** (www.pv.lv) nach Valmiera, Cēsis, Sigulda und Riga. Von St. Petersburg und Moskau gibt es Direktverbindungen nach Tallinn (S. 445).

ℹ Unterwegs vor Ort

BUS

- Das estnische Busnetz ist umfangreich: Alle größeren Städte sind miteinander verbunden, von kleineren Orten gibt's Verbindungen zum entsprechenden regionalen Zentrum.
- Alle Busverbindungen sind auf der äußerst praktischen Website **T pilet** (www.tpilet.ee) verzeichnet.
- Man sollte nicht davon ausgehen, dass die Fahrer Englisch sprechen.
- Für Kinder und Senioren gibt's Ermäßigungen.

FAHRRAD, AUTO & MOTORRAD

- Die estnischen Straßen sind im Allgemeinen sehr gut und das Fahren ist kein Problem.
- Wer mit dem Rad unterwegs ist, erfreut sich einer recht flachen Landschaft.
- In ländlichen Gebieten und besonders auf den Inseln sind einige Straßen nicht asphaltiert, jedoch zumeist dennoch gut in Schuss.
- Wer das Fahren bei Schnee und Eis nicht gewohnt ist, für den stellt der estnische Winter sicher eine Herausforderung dar.
- In allen größeren Städten werden Fahrräder und Autos vermietet.

ZUG

Die Bahnverbindungen sind in den vergangenen Jahren beständig verbessert worden. Das estnische Eisenbahnnetz wird von **Elron** (www.elron.ee) betrieben, jedoch kann man zwischen Tallinn, Rakvere und Narva auch mit den Zügen von **GoRail** (www.gorail.ee) fahren, die Estland mit Russland verbinden.

Die wichtigsten Inlandsstrecken:

Tallinn–Rakvere (3-mal tgl.), davon zwei weiter nach Narva

Tallinn–Tartu (8-mal tgl.)

Tallinn–Viljandi (4-mal tgl.)

Tallinn–Pärnu (3-mal tgl.)

Tartu–Sangaste–Valga (3-mal tgl.)

Ausflug nach Helsinki

☎358 / 1 MIO. EW.

Inhalt ➡

Schön schlafen

- Hotelli Helka (S. 195)
- GLO Hotel Kluuvi (S. 196)
- Hotel Finn (S. 195)
- Hostel Academica (S. 193)

Gut essen

- Olo (S. 197)
- A21 Dining (S. 197)
- Skiffer (S. 196)

Auf nach Helsinki

Die beiden Hauptstädte Helsinki und Tallinn thronen vis-à-vis am Flaschenhals des Finnischen Meerbusens, wie zwei gute alte Bekannte, die sonst keine Gesellschaft brauchen. Die 90 km zwischen den beiden sind in zwei Stunden zurückgelegt. Eine Armada von Fähren liegt bereit, um Besuchern diesen Katzensprung zu ermöglichen.

Helsinki versprüht genauso viel Baltikflair wie die drei ostbaltischen Hauptstädte und trumpft mit seiner besonders schönen Lage. Es ist nicht nur eine Stadt, sondern zugleich eine Inselgruppe. So eröffnen sich auf Streifzügen durch die moderne, design-vernarrte Stadt, die bei internationalen Rankings zuverlässig unter den Metropolen mit der höchsten Lebensqualität landet, immer wieder neue Meerpanoramen.

Ein Helsinki-Besuch bietet auch Gelegenheit zu einem historisch interessanten Vergleich, denn Finnland drohte einst dasselbe Schicksal wie den baltischen Staaten. Doch anders als diese konnte es der sowjetischen Invasion von 1939 trotzen und seine Freiheit behaupten. Heute kann man hier studieren, was das ausmacht.

Reisezeit

- Helsinki ist das ganze Jahr reizvoll, hier ist immer was los.
- Im Juni wird die Sommersaison eingeläutet. Alle Cafés und Bars stellen dann ihre Tische raus und die Nächte scheinen nie zu enden.
- Im Juli fahren die Finnen auf ihre Datschen hinaus und die Hauptstadt kommt etwas zur Ruhe, bevor es im August wieder rund geht.
- Wer Helsinki im Winter erleben möchte, sollte im Dezember kommen und vor weihnachtlicher Kulisse Schlittschuh laufen, ehe die Temperaturen noch weiter in den Keller fallen.

Highlights

1 Nach dem Sundowner bei **Maxine** (S. 198) ins Wochenendgetümmel der Kneipen und Bars von Helsinki abtauchen.

2 Mit einem Picknickkorb gerüstet die Inselfestung **Suomenlinna** (S. 191) erkunden, die einst den Hafen der Stadt schützte.

3 In den unendlich vielen Designerläden in **Punavuori** (S. 198) herumstöbern.

4 In einigen der zahlreichen Museen der Stadt, z. B. im **Kiasma** (S. 191), zeitgenössische Kunst bewundern.

5 Mit einem Fahrrad von **Ecobike** (S. 201) das tolle Radwegenetz der Stadt nutzen.

6 In der traditionellen, stimmungsvollen **Kotiharjun-Sauna** (S. 192) alle Alltagssorgen ausschwitzen.

7 Finnische Klassiker wie Fleischfrikadellen oder Leber mit Kartoffelbrei schmausen oder bei **Olo** (S. 197) oder **Kuu** (S. 196) moderne Suomi-Cuisine probieren.

Sehenswertes

Am Kauppatori (Marktplatz) im Zentrum der Stadt schlägt das Herz von Helsinki; hier legen die Stadtfähren an und es gibt Frischfisch, Beeren und Souvenirs zu kaufen.

Helsinki hat über 50 Museen, darunter noch weitere gute Kunstmuseen außer den hier aufgeführten. Die kostenlose Broschüre *Museen* (bei der Touristeninformation) enthält die komplette Liste.

★ Suomenlinna — FESTUNG

(Sveaborg; www.suomenlinna.fi) Mit der Fähre dauert es gerade mal 15 Minuten vom Kauppatori zur „Finnlandfestung" Suomenlinna. Ein Ausflug hierher gehört zum Helsinki-Pflichtprogramm. Die Schweden erbauten die heute als Unesco-Welterbe geschützte Burganlage im 18. Jh. als „Sveaborg" auf einer Gruppe von Inseln, die durch Brücken verbunden sind.

★ Tuomiokirkko — KATHEDRALE

(LutherischeKathedrale;www.helsinginseurakunnat.fi; Unioninkatu 29; Sept.–Mai 9–18 Uhr, Juni–Aug. 9–24 Uhr) GRATIS Der schneeweiße, klassizistische Dom, der über dem Senaatintori thront, ist eines der schönsten Bauwerke von Carl Ludwig Engel. Die weitläufige Treppe des Baus, der die Oberherrschaft Gottes symbolisieren sollte, ist heute ein bevorzugter Treffpunkt für knutschende Pärchen. Das spartanische Innere erinnert fast an ein Mausoleum. Der Raum unter der hohen Kuppel hat kaum Verzierungen außer dem Altarbild und drei strengen Statuen der Helden der Reformation: Luther, Melanchthon und Mikael Agricola schauen den Betrachter an, als hätten sie gerade seine theologische Examensarbeit korrigiert und sähen schwarz für seine Zukunft.

Uspenskin Katedraali — KATHEDRALE

(Uspenski Cathedral; http://hos.fi/uspenskin-katedraali; Kanavakatu 1; Di–Fr 9.30–16, Sa 10–15, So 12–15 Uhr) GRATIS Auf der nahen Insel Katajanokka steht, gegenüber vom Dom, die augenfällige Uspenski-Kathedrale aus rotem Backstein. Die beiden Gebäude thronen Auge in Auge über der Stadt wie die beiden Damen auf einem theologischen Schachbrett. Das Gotteshaus mit den Zwiebelturm-Aufsätzen wurde 1868 als russisch-orthodoxe Kirche erbaut und beherbergt heute die finnisch-orthodoxe Gemeinde. Die reich bebilderte Ikonostase im hohen, quadratischen Innenraum zeigt Darstellungen des Abendmahls und der Himmelfahrt Christi, flankiert von den Evangelisten.

HELSINKI AUF EINEN BLICK

Fläche 745 km² (mit Vororten)

Währung Euro (€)

Amtssprachen Finnisch, Schwedisch

Visa Für Bürger eines Schengen-Landes (also auch für Deutsche, Österreicher und Schweizer) genügt der Personalausweis zur Einreise.

★ Kiasma — KUNSTMUSEUM

(www.kiasma.fi; Mannerheiminaukio 2; Erw./Kind 10 €/frei; So & Di 10–17, Mi–Fr 10–20.30, Sa 10–18 Uhr) Geschwungene Formen, metallischer Glanz: Inzwischen ist das ungewöhnliche Kiasma aus dem Jahr 1998 zwar nur noch eines von mehreren modernen, eleganten Gebäuden im Viertel, doch das Bauwerk von Steven Holl steht nach wie vor für die Modernisierung der Stadt. Es zeigt eine kunterbunte Sammlung zeitgenössischer Kunst aus dem In- und Ausland und bemerkenswerte moderne Ausstellungen, die für Diskussionsstoff sorgen. Das Innere wirkt mit seinen verblüffenden Kurvenlinien und Perspektiven genauso erfrischend wie das Äußere.

★ Ateneum — KUNSTMUSEUM

(www.ateneum.fi; Kaivokatu 2; Erw./Kind 12 €/frei; Di & Fr 10–18, Mi & Do 9–20, Sa & So 10–17 Uhr) Im Obergeschoss des bedeutendsten Kunstmuseums von Finnlands bekommen die Besucher einen perfekten Crashkurs in Sachen finnischer Kunst. Zu sehen sind finnische Gemälde und Skulpturen vom „Goldenen Zeitalter" des späten 19. Jhs. bis in die 1950er-Jahre, u. a. Werke von Albert Edelfelt, Hugo Simberg, Helene Schjerfbeck, den Gebrüdern von Wright und Pekka Halonen. Der Stolz des Hauses ist das von Akseli Gallen-Kallela geschaffene Triptychon zum *Kavevala*-Epos: Es zeigt, wie Väinämöinen der Jungfrau Aino nachstellt. Außerdem hütet das Museum eine kleine, aber feine Sammlung internationaler Kunst aus dem 19. und 20. Jh.

Kansallismuseo — MUSEUM

(www.kansallismuseo.fi; Mannerheimintie 34; Erw./Kind 8 €/frei; Di–So 11–18 Uhr) Mit seinen wuchtigen Mauern und dem hohen, quadratischen Turm wirkt das beeindruckende Nationalmuseum fast wie eine gotische Kirche. Das bedeutendste historische Museum Finnlands, 1916 im nationalromantischen Stil erbaut, deckt in seinen zahlreichen Sälen die verschiedenen Epochen der finnischen Geschichte ab. Gezeigt werden Exponate aus der Vorgeschichte, archäologische Funde, Reliquien, Völkerkundliches und Wechselausstellungen zu kulturellen Themen. Es ist ein sehr umfangreiches Museum der alten Schule und für Kinder vielleicht nicht so der Renner, aber es bietet einen umfassenden Überblick.

Helsingin Kaupunginmuseo MUSEUM
(Stadtmuseum von Helsinki; www.helsinkicitymuseum.fi; Sofiankatu 4; ⌚Mo–Mi & Fr 9–17, Do 9–19, Sa & So 11–17 Uhr) GRATIS Das Stadtmuseum besteht aus einer Gruppe kleiner Museen, die in der Innenstadt verstreut liegen und allesamt freien Eintritt bieten. Jedes beleuchtet einen anderen Aspekt der Vergangenheit oder Gegenwart Helsinkis mit Dauer- und Wechselausstellungen. Am sehenswertesten ist das Haupthaus ganz in der Nähe des Senaatintori. Seine hervorragende Sammlung historischer Objekte und Fotos, ergänzt durch kurzweilige Geschichtsinformationen, zeichnet Helsinkis Vergangenheit von der schwedischen Gründung über die russische Besatzung bis hin zur Unabhängigkeit nach.

★ **Temppeliaukion Kirkko** KIRCHE
(☎09-2340 6320; www.helsinginseurakunnat.fi; Lutherinkatu 3; ⌚Juni–Aug. Mo–Sa 10–17.45, So 11.45–17.45 Uhr, Sept.–Mai bis 17 Uhr) Die Temppeliaukion-Kirche, 1969 von Timo und Tuomo Suomalainen entworfen, ist auch heute noch eine der Hauptattraktionen Helsinkis. Sie wurde direkt in den Fels gehauen und kommt damit dem spirituellen Naturideal der Finnen sehr nahe. Wenn da nicht das atemberaubende Runddach von 24 m Durchmesser aus 22 km blankem Kupferdraht wäre, könnte man glauben, auf einer Lichtung inmitten von Felsen zu sein. Regelmäßig finden Konzerte statt; die Akustik ist genial. Die Öffnungszeiten variieren je nach Veranstaltungsprogramm – am besten vorher anrufen oder auf der Facebook-Seite der Kirche nachsehen. Unter der Woche tummeln sich hier weniger Besuchergruppen.

★ **Seurasaaren Ulkomuseo** MUSEUM
(Seurasaari-Freilichtmuseum; www.seurasaari.fi; Erw./Kind 8/2,50 €; ⌚Juni–Aug. tgl. 11–17 Uhr, Ende Mai & Anfang Sept. Mo–Fr 9–15, Sa & So 11–17 Uhr) Westlich vom Zentrum zeigt dieses toll gemachte Inselmuseum historische Holzbauten, die aus ganz Finnland hierher gebracht wurden. Zu sehen gibt es alles von Scheunen bis zur Villa, ein Pfarrhaus, eine Kirche, und die schönen großen Ruderboote, die zum Transport der Kirchgänger dienten. Die Eintrittspreise und Öffnungszeiten gelten nur für das Betreten der Gebäude, in denen Museumsführer in traditioneller Tracht Volkstänze und alte Handwerke vorführen. Ansonsten ist die hübsche bewaldete Insel frei zugänglich; es gibt auch mehrere Cafés.

Aktivitäten

Zu den größten Outdoor-Freuden in Helsinki gehört das Radfahren, ob am Wasser entlang, durch die vielen Parks oder auf dem gut ausgebauten Radwegenetz der Stadt.

Finnair Sky Wheel RIESENRAD
(www.finnair-skywheel.com; Katajanokanlaituri 2; Erw./Kind 12/9 €; ⌚Mo–Do 10–22, Fr & Sa 10–23, So 10–20 Uhr) Das Riesenrad gleich am Hafen verschafft einen guten Überblick über das Gewusel im Stadtzentrum. Wer 195 € hinblättert, bekommt sogar die VIP-Gondel mit Glasboden, Ledersitzen und einer Flasche Champagner.

★ **Kotiharjun Sauna** SAUNA
(www.kotiharjunsauna.fi; Harjutorinkatu 1; Erw./Kind 12/6 €; ⌚Di–So 14–20, Sauna bis 21.30 Uhr) Die Gemeinschaftssaunen in Mehrparteienhäusern haben solchen Einrichtungen fast schon den Garaus gemacht, dabei bekommen die Gäste dieser traditionellen öffentlichen Holzofensauna aus dem Jahr 1928 etwas ganz typisch Finnisches geboten – Abschrubben und Massage inklusive. Männer und Frauen schwitzen hier getrennt. Die Besucher können ihr eigenes Handtuch mitbringen oder für 3 € eins ausleihen. Die Sauna liegt nur einen kurzen Fußweg von der U-Bahn-Station Sörnäinen. Von Juni bis Mitte August bleibt sie sonntags geschlossen.

Yrjönkadun Uimahalli SCHWIMMBAD, SAUNA
(www.hel.fi; Yrjönkatu 21; Schwimmen 5–5,40 €, Schwimmen & Sauna 14 €; ⌚geöffnet Sept.–Mai, für Männer Di & Do 6.30–20, Sa 8–20 Uhr, für Frauen So & Mo 12–20, Mi & Fr 6.30–20 Uhr) Eine Institution für alle, die schwimmen und schwitzen wollen: Dieses Art-Déco-Bad verbindet die luftige Eleganz des Nordens mit römischer Tradition. Es gibt hier nur reine Männer- und Frauentage. In der Sauna herrscht Textilverbot, im Schwimmbecken kann man Badekleidung tragen.

Bootstouren BOOTSTOUREN
Im Sommer legen unzählige Ausflugsboote am Kauppatori ab. Eine 90-Minuten-Tour kostet 17 bis 20 €; auch Dinnerfahrten, Bus-Boot-Kombitouren und Fahrten bei Sonnenuntergang sind im Angebot. Die meisten

HELSINKI IN ...

... einem Tag

Die Finnen sind Weltmeister im Kaffeetrinken. Deshalb gibt es erst einmal eine Ladung Koffein nebst *pulla* (Zimtbrötchen) in einem klassischen **Café** im Stadtzentrum. Als nächstes ist der **Kauppatori** (Marktplatz) mit der **Kauppahalli** (Markthalle) dran. Hier kann man sich vor der Fährtour zur Inselfestung **Suomenlinna** mit Picknickzutaten eindecken. Später wollen noch der **evangelische Dom** am Senaatintori (Senatsplatz) und die nahe **Uspenski-Kathedrale** besichtigt werden. Mit der Metro geht es zur legendären **Kotiharjun-Sauna**, um vor einem typisch finnischen Abendessen im **Kuu** oder **Olo** ein paar Pfunde abzuschwitzen.

... zwei Tagen

Wer noch einen Tag übrig hat, sollte sich die Kunst- und Designszene genauer ansehen. Zuerst steht im **Ateneum** das Goldene Zeitalter der finnischen Malerei auf dem Programm; anschließend warten zeitgenössische Werke im noch immer kultigen **Kiasma**. Müde Beine? Die **Straßenbahnlinie 3** fährt im Kreis durch die Stadt an den Sehenswürdigkeiten vorbei bis ins Punavuori-Viertel, wo **Designerläden** winken. Danach lockt ein feuchtfröhlicher Abend in der schicken **A21 Cocktail Lounge** oder dem ziemlich schrägen **Mockba** der Kaurismäki-Brüder.

Ausflugsboote kommen an der Suomenlinna vorbei und schlängeln sich zwischen anderen Inseln hindurch. Die Saison dauert von Mai bis September; auch ohne Buchung kommt jeder mit.

Geführte Touren

Eine hervorragende Alternative für den schmalen Geldbeutel ist eine Stadtrundfahrt mit den **Straßenbahnlinien 2** oder **3**. Als Reiseleiter auf dem Weg durch die Innenstadt und hinaus nach Kallio nimmt man sich am besten die kostenlose Broschüre *Sightseeing on Tram* mit.

Natura Viva KAJAKTOUREN
(☎010-292 4030; www.naturaviva.fi; Ramsinniementie 14; ⌚Juni–Aug.) Der Veranstalter mit Sitz im Hotel Rantapuisto in Vuosaari, östlich des Stadtzentrums, bietet täglich dreistündige geführte Kajaktouren durch die Inselwelt von Helsinki an. Die Touren sind anfängerfreundlich, und der Veranstalter holt die Teilnehmer in der Innenstadt ab. Das angeschlossene, schon im Mai und bis Ende September geöffnete Paddelzentrum verleiht Kajaks.

Happy Guide Helsinki STADTRUNDGÄNGE, RADTOUREN
(☎0445 020066; www.happyguidehelsinki.com) Bietet eine ganze Reihe origineller, spaßiger, aber auch informativer Radtouren und Rundgänge durch die Stadt an. Die komplette Auswahl ist auf der Website zu finden.

Festivals & Events

Helsinki Päivä STADTFEST
(Helsinki-Tag; www.helsinkipaiva.fi) Am 12. Juni wird der Geburtstag der Stadt mit vielen kostenlosen Events in den Esplanadi gefeiert.

Helsingin Juhlaviikot MUSIK & DARSTELLENDE KÜNSTE
(Helsinki-Festival; www.helsinginjuhlaviikot.fi) Von Ende August bis Anfang September läuft dieses Kulturfestival mit Kammermusik, Jazz, Theater, Oper und vielem mehr.

Flow Festival MUSIK
(www.flowfestival.com) Das Festival an einem Augustwochenende beschallt den Vorort Suvilahti mit Indie-, Hip-Hop-, Elektronik- und experimenteller Musik.

Baltischer Heringsmarkt ESSEN
(Baltic Herring Fair; www.portofhelsinki.fi) In der ersten Oktoberwoche verkaufen Fischer und Köche auf dem Kauppatori köstliche frische und eingelegte Heringsspezialitäten. Den Heringsmarkt gibt es schon seit 1743.

Schlafen

Übernachtungen in Helsinki sind ein teures Vergnügen. Von Mitte Mai bis Mitte August ist rechtzeitige Reservierung unbedingt ratsam.

★ **Hostel Academica** HOSTEL €
(☎09-1311 4334; www.hostelacademica.fi; Hietaniemenkatu 14; B/EZ/DZ 28,50/63/75 €; ⌚Juni–

Helsinki

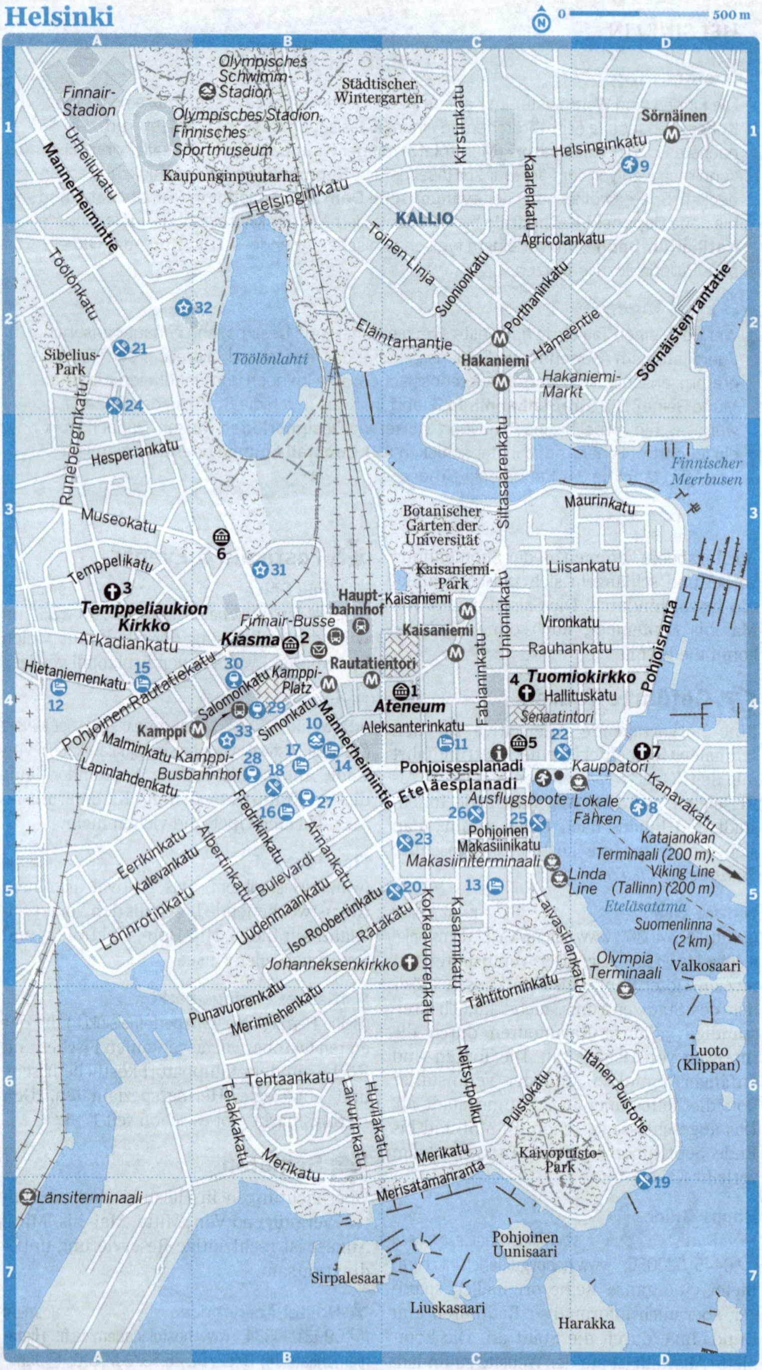
0
500 m
A
B
C
D
1
2
3
4
5
6
7
Olympisches Schwimm-Stadion
Städtischer Wintergarten
Finnair-Stadion
Olympisches Stadion, Finnisches Sportmuseum
Kaupunginpuutarha
Kirstinkatu
Sörnäinen
Helsinginkatu
9
Kaarlenkatu
Urheilukatu
Mannerheimintie
Helsinginkatu
KALLIO
Toinen Linja
Agricolankatu
Suonionkatu
Porthaninkatu
Sörnäisten rantatie
Töölönkatu
32
Eläintarhantie
Hämeentie
Sibelius-Park
21
Töölönlahti
Hakaniemi
Hakaniemi-Markt
24
Runeberginkatu
Hesperiankatu
Siltasaarenkatu
Finnischer Meerbusen
Museokatu
Botanischer Garten der Universität
Maurinkatu
6
31
Kaisaniemi-Park
Liisankatu
Temppelikatu
3
Temppeliaukion Kirkko
Haupt-bahnhof
Kaisaniemi
Finnair-Busse
Kaisaniemi
Vironkatu
Arkadiankatu
Kiasma
2
Rautatientori
Rauhankatu
Unioninkatu
Fabianinkatu
Hietaniemenkatu
15
30
Kamppi-Platz
4
Tuomiokirkko
Pohjoisranta
12
Pohjoinen Rautatiekatu
Salomonkatu
29
1
Ateneum
Hallituskatu
Senaatintori
Kamppi
33
Simonkatu
10
Aleksanterinkatu
11
5
22
Malminkatu
Kamppi-Busbahnhof
28
17
14
Pohjoisesplanadi
7
Kauppatori
Lapinlahdenkatu
18
Eteläesplanadi
Ausflugsboote
Lokale Fähren
8
Kanavakatu
16
27
26
25
Pohjoinen Makasiinikatu
Eerikinkatu
Albertinkatu
Fredrikinkatu
Annankatu
23
Makasiiniterminaali
Katajanokan Terminaali (200 m); Viking Line (Tallinn) (200 m)
Kalevankatu
Bulevardi
20
13
Linda Line
Lönnrotinkatu
Uudenmaankatu
Iso Roobertinkatu
Korkeavuorenkatu
Kasarmikatu
Laivasillankatu
Eteläsatama
Suomenlinna (2 km)
Ratakatu
Johanneksenkirkko
Olympia Terminaali
Valkosaari
Punavuorenkatu
Tähtitorninkatu
Merimiehenkatu
Luoto (Klippan)
Neitsytpolku
Itäinen Puistotie
Tehtaankatu
Laivurinkatu
Huvilakatu
Puistokatu
Telakkakatu
Merikatu
Kaivopuisto-Park
Merikatu
Merisatamanranta
19
Länsiterminaali
Pohjoinen Uunisaari
Sirpalesaar
Liuskasaari
Harakka

Helsinki

Highlights

1 Ateneum C4
2 Kiasma B4
3 Temppeliaukion Kirkko A3
4 Tuomiokirkko C4

Sehenswertes

5 Helsingin Kaupunginmuseo C4
6 Kansallismuseo B3
7 Uspenskin Katedraali D4

Aktivitäten, Kurse & Touren

8 Finnair Sky Wheel D5
9 Kotiharjun Sauna D1
10 Yrjönkadun Uimahalli B4

Schlafen

11 GLO Hotel Kluuvi C4
12 Hostel Academica A4
13 Hotel Fabian C5
14 Hotel Finn B4
15 Hotelli Helka A4
16 Omenahotelli Lönnrotinkatu B5
17 Omenahotelli Yrjönkatu B4

Essen

18 A21 Dining B4
19 Café Ursula D7
20 Fafa's C5
21 Kuu A2
22 Olo C4
23 Skiffer C5
24 Tin Tin Tango A2
25 Vanha Kauppahalli C5
26 Zucchini C5

Ausgehen & Nachtleben

A21 Cocktail Lounge .... (s. 27)
27 Bar Loose B5
28 Corona Baari & Kafe Mockba B4
29 Maxine B4
30 Teerenpeli B4

Unterhaltung

31 Musiikkitalo B3
32 Oopperatalo A2
33 Tavastia B4

Aug.; P @ WLAN) Die finnischen Studenten führen kein schlechtes Leben, und in den Sommerferien können auch Traveller dieses betriebsame, saubere Wohnheim mit viel Drumherum (Pool und Sauna) und gut aufgelegtem Personal nutzen. Die attraktiven modernen Zimmer sind mit Kochnischen und eigenem Bad ausgestattet. Die Mehrbettzimmer haben maximal zwei bis drei Betten. Das umweltbewusst geführte Hostel bietet auch Frühstück an. Gäste mit DJH-Ausweis bekommen Rabatt.

★ **Hotelli Helka** HOTEL €€

(☎ 09-613 580; www.helka.fi; Pohjoinen Rautatiekatu 23; EZ 110–132 €, DZ 142–162 €; P @ WLAN) Das Helka gehört zu den besten Mittelklassehotels im Zentrum. Die Mitarbeiter sind kompetent und freundlich, die Ausstattung ist ausgezeichnet. Mit Glück kann man sogar einen der kostenlosen Parkplätze ergattern. Das Beste sind aber die Zimmer mit ihrem Artek-Mobiliar, Bettlämpchen im Eiswürfel-Look und indirekt beleuchteten Landschaftsmotiven über dem Bett, die den Raum in stimmungsvolles Licht tauchen.

Hotel Finn HOTEL €€

(☎ 09-684 4360; www.hotellifinn.fi; Kalevankatu 3; EZ 59–119 €, DZ 109–199 €; P WLAN) Das freundlich-fröhliche Hotel in zwei Obergeschossen eines historischen Gebäudes im Stadtzentrum hat hilfsbereite Angestellte, Korridore in sinnlichen Schokoladen- und Rottönen und Kunst von jungen finnischen Fotografen an den Wänden. Die Zimmer sind ganz individuell gestylt, aber alle hell, mit modernen Tapeten und winzigen Bädern. Einige sind mit recycelten Materialien eingerichtet. Dank der sehr variablen Preise lassen sich hier manchmal echte Schnäppchen machen.

Omenahotelli HOTEL €€

(☎ 0600 18018; www.omenahotels.com; Zi. 70–130 €; WLAN) Diese preiswerte Hotelkette ohne Personal hat zwei günstig gelegene Standorte in Helsinki: **Lönnrotinkatu** (www.omena.com; Lönnrotinkatu 13) und **Yrjönkatu** (www.omena.com; Yrjönkatu 30). In jedem Zimmer kommen vier Gäste unter; zwei im Doppelbett, zwei weitere auf den ausklappbaren Polstersesseln. Zur Ausstattung gehören Mikrowelle und Minibar. Gebucht wird online oder am Terminal in der Lobby. Da sich die Fenster nicht öffnen lassen, kann es an heißen Tagen schon mal stickig werden.

★ **Hotel Fabian** HOTEL €€€

(☎ 09-6128 2000; www.hotelfabian.fi; Fabianinkatu 7; Zi. 200–270 €; @ WLAN) Das Haus liegt zentral, aber in einem ruhigeren Eckchen als die anderen Designerhotels. Hier stimmt einfach alles: Die eleganten Standardzimmer mit ihren ausgefallenen Lampen und dem unaufdringlich modernen Design sind extrem komfortabel, allerdings ganz unterschiedlich groß. Die teureren Zimmer haben zusätzliche Ausstattung und eine Miniküche. Die überaus hilfsbereiten Mitarbeiter scheinen ihren Job wirklich gern zu machen.

PREISKATEGORIEN – SCHLAFEN

Die angegebenen Preisspannen gelten für ein Doppelzimmer.

€ unter 70 €

€€ 70–160 €

€€€ über 160 €

GLO Hotel Kluuvi HOTEL **€€€**
(☎010-344 4400; www.glohotels.fi; Kluuvikatu 4; EZ 234–269 €, DZ 249–284 €; ❄@📶) Die Leute an der Rezeption dieser relaxten Designerabsteige tragen keine gestärkten Hemden. Die entspannte Atmosphäre setzt sich in den angenehm modischen Gemeinschaftsbereichen ebenso fort wie in den Zimmern. Betten: wahnsinnig einladend. Extras: vom Feinsten und größtenteils kostenlos. Lage: in einer Fußgängerzone im Herzen der Stadt. Niedliches i-Tüpfelchen: ein Plüschtiger auf dem Bett.

Essen

Helsinki bietet eine tolle Auswahl an Restaurants, egal ob finnische Traditionsküche, moderne Suomi-Cuisine oder internationale Kochkunst. Die Restaurants sind ziemlich teuer; als Alternative gibt es aber viele Cafés mit guten Mittagsgerichten. Und da Helsinkis Bewohner geradezu kaffeesüchtig sind, wimmelt die Stadt nur so von netten Lokalen, wo traditionelles Gebäck zu einem Täschen Kaffee gereicht wird. Die praktische Website www.eat.fi zeigt Restaurants auf einem Stadtplan an. Auch wer die finnischen Kommentare nicht lesen kann, sieht schnell, welche Lokale aktuell angesagt sind.

Zucchini VEGETARISCH **€€**
(Fabianinkatu 4; Mittagsgerichte 8–12 €; ⏲Mo–Fr 11–16 Uhr; 🅥) Dieses Café, eines der wenigen für Vegetarier, gehört mittags zu den angesagtesten Läden; nicht selten stehen die Leute bis auf die Straße Schlange. Im Winter helfen dampfend heiße Suppen gegen Fröstelattacken; im Sommer sitzen alle auf der sonnigen Hofterrasse und genießen die frisch gebackene Quiche. Mittags gibt es Suppe oder ein warmes Tagesgericht mit Salat bzw. auf Wunsch auch beides zusammen.

Skiffer PIZZA **€€**
(www.skiffer.fi; Erottajankatu 11; Pizza 12–17 €; ⏲Mo–Do 11–21.30, Fr 11–23, Sa 14–23, So 14–20 Uhr; 📶) Die ebenso beliebte wie unkonventionelle Pizzeria kombiniert leckeren Knusperteig mit köstlich frischen Zutaten zu höchstem Pizzagenuss. Nautisch inspirierte Kunstausstellungen beleben das schummrige Interieur. Da das Lokal ein sehr beliebter Treffpunkt ist, muss man manchmal eine Weile auf einen Tisch warten.

Fafa's KEBAB **€€**
(www.fafas.fi; Iso Roobertinkatu 2; Gerichte 7–11 €; ⏲Mo–Mi 11–21, Do–Fr 11–4, Sa 12–4 Uhr) In dem gehobenen Imbisslokal werde bis spät in die Nacht köstliche Falafel gezaubert. Die eher variablen Öffnungszeiten richten sich nicht zuletzt danach, wie viel Betrieb noch herrscht.

Tin Tin Tango CAFÉ **€€**
(www.tintintango.info; Töölöntorinkatu 7; leichte Gerichte 7–10 €; ⏲Mo–Fr 7–24, Sa 9–24, So 10–24 Uhr; 📶) Das gut besuchte Stammcafé, dessen Wände mit Tim-und-Struppi-Bildern dekoriert sind, fungiert gleichzeitig als Waschsalon. Außerdem gibt es hier Mittagessen, Brunch und gemütliche Tische, an denen man sein Getränk schlürfen oder versuchen kann, die leckeren und mehr als reichlich belegten Sandwiches unfallfrei zu vertilgen. Aber es ist vor allem die anheimelnd zwanglose Atmosphäre, die den Laden so sympathisch macht.

Café Ursula CAFÉ **€€**
(www.ursula.fi; Ehrenströmintie 3; Mittagsgerichte 10–16 €; ⏲So–Di 9–21, Mi–Sa 9–22 Uhr; 📶) Das Café hat eine wunderbare Terrasse mit grandiosem Meer- und Helsinki-Panorama. Im Winter sitzen die Gäste im modernen Interieur und schauen zu, wie die Eisschollen auf dem Meer treiben. Gehobener Mittagstisch mit guten, aber nicht gerade billigen Tagesgerichten, kunstvoll belegte Broten, leckerer Kuchen und Schampus. Im Sommer bleibt das Café bis Mitternacht geöffnet und fährt auch einen sehr empfehlenswerten Sonntagsbrunch auf (22 €).

★ **Kuu** FINNISCH **€€€**
(☎09-2709 0973; www.ravintolakuu.fi; Töölönkatu 27; Hauptgerichte 19–30 €; ⏲Mo–Fr 11.30–24, Sa 14–24, So 14–22 Uhr) An einer Straßenecke hinter dem Crowne Plaza Hotel an der Mannerheimintie versteckt sich dieses ausgezeichnete Restaurant mit traditioneller und moderner finnischer Küche. Die übersichtliche Speisekarte räumt beiden gleich viel Raum ein. Die modernen Gerichte sind kreativ und ansprechend angerichtet; alles, was auf den Tisch kommt, erfreut mit au-

PREISKATEGORIEN – ESSEN

Die angegebenen Preisspannen gelten für ein Hauptgericht.

€ unter 5 €

€€ 5–25 €

€€€ über 25 €

ßergewöhnlicher Geschmacksfülle aus hochwertigen Zutaten. Die Weine sind sehr teuer, aber dafür gibt es auch einige besonders interessante Tropfen.

★ Olo MODERN FINNISCH **€€€**

(☎ 010-320 6250; olo-ravintola.fi; Pohjoisesplanadi 5; Mittagessen 53 €, Probiermenü 89–137 €, mit Getränken 224–292 €; ⏲ Mo 11.30–15, Di–Fr 11.30–15 & 18–24, Sa 18–24 Uhr) Das Restaurant, das viele für das beste in ganz Helsinki halten, residiert jetzt in schicken neuen Räumlichkeiten in einer stattlichen Villa aus dem 19. Jh. direkt am Hafen. Es gehört zur Avantgarde der modernen Suomi-Cuisine und kombiniert in seinen unvergesslichen Probiermenüs den Trend zu Zutaten aus Wildsammlung mit einem Hauch von Molekularküche. Selbst die kürzere „Probierreise" erweist sich als recht ausgedehnter Trip mit vielen kleinen kulinarischen Kostbarkeiten. Einige Wochen im Voraus reservieren.

★ A21 Dining MODERN FINNISCH **€€€**

(☎ 040-171 1117; www.a21.fi; Kalevankatu 17; 5-/7-Gänge-Menü 65/79 €, Cocktailauswahl 49–63 €; ⏲ Di–Sa 17–24 Uhr) Eine ganz und gar nicht alltägliche Erfahrung: Im blendend weißen Ambiente wird ein innovatives Probiermenü aufgetischt, mit einem einstimmenden Entree zu jedem Gang. Das Esserlebnis soll die Gäste in die finnische Natur entführen – ein gelungenes Konzept mit verblüffenden Aromakombinationen und darauf abgestimmten ausgefallenen Cocktails.

Ausgehen & Nachtleben

Zu einem Drink sagen die Finnen nicht nein, und das Nachtleben von Helsinki ist so bunt wie sonst kaum irgendwo in Skandinavien. Im Winter drängen sich die Einheimischen in den gemütlichen Bars und im Sommer schießen überall Biergärten aus dem Boden. Im Zentrum wimmelt es von Bars und Clubs. Besonders trendig alternativ geht es im Punavuori-Viertel rund um die Iso-Roobertinkatu zu.

Die Clubszene von Helsinki ist dynamisch und ständig im Wandel. Bei manchen Clubevents gilt ein Mindestalter (oft ab 20), also im Zweifel im Internet nachschauen.

★ Teerenpeli KNEIPE

(www.teerenpeli.com; Olavinkatu 2; ⏲ Mo–Do 12–2, Fr & Sa 12–3, So 15–24 Uhr; 📶) Diese geniale Kneipe gleich beim Busbahnhof ist genau das Richtige für alle, die vom finnischen Mainstreambier genug haben. Hier wird richtig leckerer Stoff ausgeschenkt: Ale, Stout und Beerenwein aus der hauseigenen Mikrobrauerei in Lahti. Auf zwei Ebenen sitzen die Gäste bei romantischem Schummerlicht an kleinen Tischen. Für Raucher gibt es einen überdachten Innenhof. Dank der relativ stolzen Preise geht es hier für die Gegend recht gesittet zu.

A21 Cocktail Lounge COCKTAILBAR

(www.a21.fi; Annankatu 21; ⏲ Mi 18–24, Do 18–1, Fr & Sa 18–2 Uhr) Wer in diesen schicken Club will, muss klingeln – doch es lohnt sich: Drinnen schwoft die Kunstszene von Helsinki. Die Deko schwelgt in Gold, aber der Hammer sind die Cocktails, vor allem die finnischen Kreationen mit Moltebeerlikör und Rhabarber: In Helsinki kann man sich nirgends innovativer die Kante geben.

Bar Loose CLUB

(www.barloose.com; Annankatu 21; ⏲ Di 16–2, Mi–Sa 16–4, So 18–4 Uhr; 📶) Üppige blutrote Deko und megabequeme Sessel – ist das nicht zu stylisch für eine Rockkneipe? Denn genau darum handelt es sich hier, wie die Porträts der Gitarrenhelden an der Wand zeigen. Oben an den beiden Bars drängen sich die unterschiedlichsten Typen; unten in der Clubarea spielen an den meisten Abenden Livebands und DJs legen alles von Metal bis zu Mod- und Retroklassikern auf.

Corona Baari & Kafe Mockba BAR

(www.andorra.fi; Eerikinkatu 11–15; ⏲ Corona Mo–Di 11–2, Fr & Sa 11–3, So 12–2 Uhr, Kafe Mockba Mo–Do 18–2, Fr & Sa 18–3 Uhr; 📶) Die beiden benachbarten Kneipen wurden von den Kaurismäki-Brüdern ins Leben gerufen, die für ihre schrägen Filme berühmt sind. Corona kommt noch relativ normal rüber: ohne Türsteher, mit Billardtischen, Barinsel und einem gemischten, relaxten Publikum. Mockba ist ein Zeittrip in die UdSSR samt blubberndem Samowar und Schallplatten aus Sowjetzeiten. Als Rausschmeißer zum Ladenschluss dröhnen Breschnew-Reden durch die Lautsprecher.

DIE ALTE MARKTHALLE

Imbissstände, frisches Obst und teure Beeren gibt es im Sommer zwar auch auf dem Kauppatori, aber die richtig leckeren Zutaten für ein Picknick sind gleich nebenan in der **Vanha Kauppahalli** (www.vanhakauppahalli.fi; Eteläranta 1; ⌚Mo–Sa 8–18 Uhr; 📶) zu kriegen. Sie wurde 1889 erbaut und ist trotz ein paar touristischer Anwandlungen (Rentierdöner!) noch heute eine traditionelle finnische Markthalle, in der belegte Brötchen, Käse, Brot, Fisch und eine ganze Reihe typischer kleiner Köstlichkeiten verkauft werden. Auch das Suppenlokal **Soppakeittiö** (www.sopakeittio.fi; Suppen 8–10 €; ⌚Mo–Fr 11–15.30, Sa 11–15 Uhr) bringt hier seine berühmte Bouillabaisse unters Volk.

Im Untergeschoss des Corona residiert die Dubrovnik Lounge & Lobby mit Kinosaal; hier finden auch Albumvorstellungen und andere Events statt.

Maxine BAR, CLUB
(www.maxine.fi; 5. Stock, Kamppi; Eintritt 3,50 €; ⌚Di–Sa 16–4 Uhr, im Winter kürzer; 📶) Der schick aufgemöbelte Club oben auf dem Einkaufszentrum Kamppi bietet von seiner hohen Warte ein beeindruckendes Stadtpanorama. Er ist in drei Zonen unterteilt: den Barbereich – das ideale Plätzchen für einen Sundowner – und zwei Tanzflächen. Die eine davon ist, wie der Name Kirjasto („Bibliothek") schon vermuten lässt, ruhiger und für ein etwas reiferes Publikum gedacht.

☆ Unterhaltung

Helsinki ist Finnlands größte Metropole und hat dementsprechend in puncto Kultur und Nightlife die Nase vorn. Vor allem die Musikszene hat viel zu bieten – von Metal bis Oper. Was aktuell los ist, steht in *Helsinki This Week* – erhältlich bei Touristeninformationen, Shoppingcentern, am Flughafen, am Bahnhof und am Fährhafen.

Konzerte und sonstige Veranstaltungen werden in *Helsinki This Week* veröffentlicht, aber auch in der Touristeninformation und online beim Ticketbüro **Lippupiste** (☎0600 900 900; www.lippu.fi) kann man sich schlau machen.

★ Musiikkitalo KONZERTHAUS
(www.musiikkitalo.fi; Mannerheimintie 13) So kühl und klar wie ein Gin Tonic auf Gletschereis wirkt dieser markante moderne Bau, der eine großartige Bereicherung für das Stadtzentrum darstellt. Auch das Innere lässt nichts zu wünschen übrig: Der große Konzertsaal, der vom Foyer einsehbar ist, begeistert mit überwältigender Akustik. Hier finden regelmäßig Klassikkonzerte zu sehr günstigen Preisen – meist um die 20 € – statt. Die Bar ist ein netter Treffpunkt auf einen Drink.

Oopperatalo OPER, BALLETT
(Opernhaus; ☎09-4030 2211; www.opera.fi; Helsinginkatu 58; Karten ab 14 €) Im Opernhaus gibt es außerhalb der Sommerpause Opern, Ballett und Klassikkonzerte zu erleben. Die finnische Nationaloper führt Opern in der jeweiligen Originalsprache mit finnischen Übertiteln auf.

Tavastia LIVEMUSIK
(www.tavastiaklubi.fi; Urho Kekkosenkatu 4; ⌚So–Do 20–1, Fr 20–3, Sa 20–4 Uhr) In diesem legendären Rockclub ist jeden Tag Programm. Finnische Newcomer stehen hier genauso auf der Bühne wie große internationale Namen. Auch ein Besuch im Semifinal gleich nebenan lohnt sich.

Shoppen

Hier ist der Norden richtig cool: Die finnische Hauptstadt hat sich in Sachen Kunst und Design einen Namen gemacht – von Mode bis zu avantgardistischen Möbeln und Haushaltswaren. Je weiter es von der Touristenmeile Pohjoisesplanadi weggeht, desto tiefer sinken die Preise. Das angesagteste Viertel ist eindeutig Punavuori, wo mehrere gute Boutiquen und Galerien warten. Auch die weitere Umgebung strotzt nur so vor Designläden und Ateliers. Rund 200 haben sich zum **Design District Helsinki** (www.designdistrict.fi) zusammengetan und einen unverzichtbaren Stadtplan herausgegeben (gibt es bei der Touristeninformation).

ℹ Praktische Informationen

Handy dabei? Eine abgespeckte Version der offiziellen Tourismus-Website von Helsinki gibt es unter www.helsinki.mobi aufs Smartphone.

In mehreren Stadtbüchereien können die Besucher umsonst online gehen. Große Teile der Stadt sind mit kostenlosem WLAN versorgt, das gilt auch für viele Bars und Cafés. In einigen stehen auch Gästecomputer; dafür gibt es keine Telefonzellen.

Allgemeiner Notruf (☎112)

HSL/HRT (www.hsl.fi) Infos und Fahrplanauskunft zu öffentlichen Verkehrsmitteln.

HELSINKI CARD

Wer sich viele Sehenswürdigkeiten geben will, dürfte mit einer **Helsinki Card** (www.helsinkiexpert.com; 24/48/72 Std. Erw. 36/46/56 €, Kind 15/18/21 €) gut bedient sein. Mit ihr sind die öffentlichen Verkehrsmittel kostenlos und der Eintritt zu über 50 Attraktionen ist ebenso dabei wie Ermäßigungen für Tagesausflüge. Im Internet kommt sie am günstigsten, aber es gibt sie auch bei der Touristeninformation, in Hotels, an den allgegenwärtigen R-Kiosken, am Flughafen, am Fährhafen und am Bahnhof.

Stadt Helsinki (www.hel.fi) Die offizielle Website der Stadt Helsinki mit Links zu Informationen über alles und jedes.

Touristeninformation der Stadt Helsinki (☎ 09-3101 3300; www.visithelsinki.fi; Pohjoisesplanadi 19; ⏲ Mitte Mai–Mitte Sept. Mo–Fr 9–20, Sa & So 9–18 Uhr, Mitte Sept.–Mitte Mai Mo–Fr 9–18, Sa & So 10–16 Uhr) Die betriebsame, mehrsprachige Touristeninformation hält jede Menge Informationen über die Stadt bereit. Es gibt auch eine Zweigstelle am Flughafen (www.visithelsinki.fi; Terminal 2, Flughafen Helsinki-Vantaa; ⏲ Mai–Sept. 10–20 Uhr, Okt.–April 10–18 Uhr).

Visit Helsinki (www.visithelsinki.fi) Ausgezeichnete, sehr informative Website des städtischen Tourismusbüros.

HELSINKI VERSTEHEN

Helsinki aktuell

Helsinki rangiert bei globalen Rankings regelmäßig unter den Städten mit der höchsten Lebensqualität und hat sich längst vom provinziellen Mauerblümchen zur internationalen Lifestyle-Ikone gemausert. Auch wenn die Wirtschaft vom Auf und Ab der übrigen Eurozone nicht unberührt bleibt, wirkt die Stadt im Großen und Ganzen so stabil und selbstbewusst wie die Schweiz – dazu passt allerdings auch das Preisniveau. Wie anderswo in Europa drehen sich die politischen Debatten in Finnland um Zuwanderung, Flüchtlinge und die Frage, wie viel politische Macht man an Brüssel abtreten sollte. Die Partei der Euroskeptiker, die jetzt nicht mehr „Wahre Finnen", sondern schlicht „Finnen" heißt, verzeichnete bei den Wahlen 2011 erhebliche Zugewinne und ist seit der Parlamentswahl 2015 als zweitstärkste Partei des Landes an der Regierungskoalition beteiligt.

Auch Russland ist ein heißes Eisen. Seit zwei Jahrzehnten profitiert die Stadt von ihrer Nähe zu St. Petersburg: Reiche und gut situierte Russen kommen auf Wochenend-Shoppingtour nach Helsinki, während sich die Finnen jenseits der Grenze mit billigem Alkohol eindecken. Doch seit sich die Beziehungen zwischen dem Kreml und dem Westen abgekühlt haben, lebt auch die Diskussion über die finnische Neutralität wieder auf, die seit dem Ende des Zweiten Weltkriegs als heilige Kuh der Politik galt. Inzwischen plädieren immer mehr Stimmen für einen Nato-Beitritt des Landes, aber es dürfte noch lange dauern, bis sich dafür eine Mehrheit findet.

Geschichte

Helsinki wurde 1550 als Helsingfors vom schwedischen König Gustav Wasa als Gegengewicht zur Hansestadt Reval (dem heutigen Tallinn) gegründet. Mehr als 200 Jahre blieb die Stadt ein unbedeutendes Nest und musste immer wieder russische Überfälle erdulden, bis die Schweden hier 1748 die Festung Sveaborg errichteten, um den östlichen Teil ihres Reichs zu schützen. Nachdem die Russen 1809 Finnland schließlich doch unterworfen hatten, war ihnen an einer Hauptstadt gelegen, die möglichst nahe an St. Petersburg lag, um der finnischen Innenpolitik auf die Finger schauen zu können. Die Wahl fiel auf Helsinki – hauptsächlich wegen der Wasserburg (die inzwischen Suomenlinna hieß) gleich vor dem Hafen. So verlor Turku 1812 seinen langjährigen Status als Hauptstadt und wichtigstes Zentrum Finnlands.

Bis Anfang des 20. Jahrhunderts dehnte sich Helsinki rasch in alle Richtungen aus. Der deutsche Architekt Carl Ludwig Engel wurde beauftragt, dem Stadtzentrum ein würdevolles Aussehen zu verleihen. Heraus kam der klassizistische Senaatintori (Senatsplatz). Im Zweiten Weltkrieg hatte die Stadt unter heftigem sowjetischem Bombardement zu leiden, erholte sich aber nach dem Krieg wieder und richtete 1952 die olympischen Sommerspiele aus.

Heute steht Helsinki in Finnland in jeder Hinsicht im Mittelpunkt, sodass niemand mehr an die Vergangenheit der Stadt als unbedeutender Marktflecken denkt.

PRAKTISCHE INFORMATIONEN

An- & Weiterreise

BUS

Tickets für Fern- und Expressbusse gibt es am **Busbahnhof Kamppi** (www.matkahuolto.fi) oder direkt im Bus. Von hier verkehren Fernbusse zu Zielen in ganz Finnland.

FÄHRE

Fähren verbinden Helsinki mit Stockholm (Schweden), Tallinn (Estland), St. Petersburg (Russland) sowie Zielen in Deutschland und Polen. Tickets gibt es am Fährhafen, bei den Fährunternehmen (oft auch online) und manchmal auch in der Touristeninformation. Zur Hauptsaison (Ende Juni–Mitte Aug.) und am Wochenende ist frühzeitige Buchung dringend ratsam. Zwischen Tallinn und Helsinki pendeln auch Katamarane und Tragflügelboote.

Von den fünf größten Terminals liegen drei in der Nähe des Stadtzentrums:

Katajanokka Erreichbar mit der Buslinie 13 und den Straßenbahnlinien 2, 2V und 4.

Olympia und Makasiini Erreichbar mit den Straßenbahnlinien 3B und 3T.

Länsiterminaali (Westterminal) Erreichbar mit der Buslinie 15.

Hansaterminaali (Vuosaari) Weiter außerhalb; erreichbar mit der Buslinie 90A.

FLUGZEUG

Der **Flughafen** (www.helsinki-vantaa.fi) von Helsinki liegt 19 km nördlich in Vantaa. Direktflüge verbinden ihn mit Tallinn, Riga, Vilnius, Tartu und einer wachsenden Zahl anderer Städte weltweit. Außer von Billigfliegern wie Ryanair, Air Baltic und Blue1 wird der Flughafen vor allem von Finnair und Scandinavian Airlines (SAS) bedient. Aus dem deutschsprachigen Raum fliegen z. B. Lufthansa, Germanwings und Air Berlin nach Helsinki.

ZUG

Der **Bahnhof** (Rautatieasema; www.vr.fi) liegt zentral und ist sehr übersichtlich. Per Unterführung geht es zur Metrostation Rautatientori. Auch der Busbahnhof ist bequem zu Fuß zu erreichen.

Züge sind die schnellste und billigste Möglichkeit, von Helsinki in andere größere Städte des Landes zu kommen. Auch nach Russland (Wyborg, St. Petersburg und Moskau) fahren täglich Züge. Tickets dafür gibt es am Auslandsschalter.

Unterwegs vor Ort

ZUM/VOM FLUGHAFEN

Seit Juli 2015 besteht eine direkte Bahnverbindung zwischen dem Stadtzentrum und dem Flughafen. Bis zum Abschluss der Bauarbeiten an der Station (eigentlich für Ende 2015 angekündigt) ist allerdings der Zugang von der Bahnstation zu den Flughafen-Terminals noch etwas umständlich. Die Bahnfahrt nach Helsinki dauert 30 Min. und kostet 5 €, wenn man das Ticket am Fahrkartenautomaten auf dem Bahnsteig zieht.

Die gute alte Buslinie 615, die bisher zwischen Flughafen und Stadtzentrum pendelte, wird nach Eröffnung des direkten Zugangs zwischen Bahnstation und Terminals seltener verkehren und eine längere Route abfahren. Reisende, die sie nutzen wollen, informieren sich am besten zu gegebener Zeit über die aktuellen Fahrtrouten und Fahrpreise.

Wer direkt an der Haustür abgeholt werden will, kann sich am Vortag (vor 18 Uhr) ein **Airporttaxi** (☎ 0600-555 555; www.airporttaxi.fi; 2/4 Passagiere 29,50/39,50 €) bestellen. Ein normales Taxi sollte auf 45–65 € kommen.

FAHRRAD

Helsinki ist ideal für Radler: Der innere Stadtbereich ist eben, die Radwege sind gut ausgeschildert. Ein Fahrradstadtplan ist bei der Touristeninformation erhältlich.

Im Umkreis von 2 km um den Kauppatori gibt es Stationen mit den auffällig grünen städti-

FÄHREN NACH TALLINN

Eckerö Line (☎ 0600 4300; www.eckeroline.fi) Fährt das ganze Jahr täglich vom Länsiterminaali nach Tallinn (Erw. ab 19 €, Auto ab 19 €, 2½ Std.).

Linda Line (☎ 0600 066 8970; www.lindaline.fi; Makasiiniterminaali; ⏲ April–Okt.) Die schnellste Verbindung. Ein kleines Tragflügelboot (nur für Personentransport) zischt übers Meer nach Tallinn (ab 19 €, 1½ Std.). Achtmal täglich, solange die See eisfrei ist.

Tallink/Silja (☎ 0600 15700; www.tallinksilja.com) Verkehrt achtmal täglich vom Länsiterminaali nach Tallinn (einfache Strecke Erw. 26–44 €, Auto ab 25 €, 2 Std.).

Viking Line (☎ 0600 41577; www.vikingline.fi; Katajanokan Terminaali) Die Autofähren (Erw. 21–39 €, Fahrzeug mit 2 Pers. 60–100 €, 2½ Std.) legen am Katajanokka-Terminal ab.

schen „CityBikes“. Jeder darf kostenlos damit fahren. Einfach 2 € Pfand an der Fahrradstation einwerfen und entriegeln. Das Geld gibt es zurück, wenn das Fahrrad an einer der Stationen wieder angeschlossen wird.

Etwas hochwertigere Räder vermietet **Ecobike** (☎ 040-084 4358; www.ecobike.fi; Savilankatu 1b; ⏲ Mo–Do 13–18 Uhr) zu Preisen ab 10 €.

ÖFFENTLICHE VERKEHRSMITTEL

Zum städtischen Verkehrsverbund **HSL** (www.hsl.fi) gehören Busse, U- und S-Bahnen, Straßenbahnen und die Fähre zum Suomenlinna. Eine Einzelkarte kostet im Fahrzeug/im Vorverkauf 3/2,50 € und gilt ab Entwertung eine Stunde mit beliebig häufigem Umsteigen. Eine reine Straßenbahnkarte kostet 2,20 €. Es versteht sich von selbst, dass in Nokia-Land sämtliche Tickets (zum selben Preis) auch aufs Handy geschickt werden können: Einfach eine SMS mit „A1“ an ☎ 16355 senden. Bei einem Kurzurlaub in Helsinki lohnen sich Tages- oder Mehrtagestickets für bis zu 7 Tage (24/48/72 Std. 7/10,50/14 €).

TAXI

Freie Taxis lassen sich heranwinken; an den Taxiständen am Bahnhof, am Busbahnhof und am Senaatintori steht schon mal eine Schlange wartender Passagiere. Telefonisch sind Taxis unter ☎ 010-00700 zu bestellen.

Lettland

371 / 2,2 MIO. EW.

Inhalt ➡

Gut essen

- Istaba (S. 232)
- Aragats (S. 232)
- 36.Line (S. 243)
- 3 Pavaru (S. 230)
- Fazenda Bazārs (S. 231)

Schön übernachten

- Herrenhaus Rumene (S. 255)
- Hotel Bergs (S. 228)
- Kārlamūiža (S. 278)
- Art Hotel Laine (S. 227)
- Fontaine Royal (S. 253)

Auf nach Lettland

Lettland, ein am Meer gelegener Flickenteppich aus Seen und Wäldern, lässt sich am besten als weite, naturbelassene Landschaft mit nur einer wirklichen Großstadt beschreiben, der weltläufigen Hauptstadt Rīga. Zwar ist das Land klein, doch was jeder Einwohner im Durchschnitt an Raum hat, ist gewaltig. Immer kann man sich ein Stück unberührte Natur ganz für sich allein sichern, sei es zum Wandern, Radfahren oder Träumen an einem weißen Strand hinter mit Kiefern bewachsenen Dünen. Dass das Land im Verlauf seiner Geschichte von quasi allen Mächten der Region erobert worden ist, macht Lettland kulturell sehr vielschichtig und, was seine Bevölkerung betrifft, weniger homogen als seine Nachbarn. Die Menschen hier halten sich für die am wenigsten pragmatischen und dafür die künstlerischsten des Baltikums. Davon zeugen zahllose Feste und eine fröhliche, unbekümmerte Lebenseinstellung – zumindest eine dezentere, nordische Version davon.

Reisezeit

➡ Wo könnte man die Weihnachtsfeiertage wohl besser verbringen als im Geburtsland des Weihnachtsbaums? Und wer sich traut, könnte sich während der kalten Monate Dezember und Januar im Bobfahren versuchen.

➡ Die Sommersonnenwende im Juni läutet die wärmere Jahreszeit ein. Dann zieht es die Letten in ihre Häuschen am Meer, um am Strand zu faulenzen und die Mitternachtssonne zu genießen.

➡ Im September, wenn eine kalte Brise durch die letzten geöffneten Straßencafés zieht, trinken die Einwohner von Rīga ihren Caffè latte unter Heizpilzen, als wollten sie den Sommer noch ein wenig festhalten.

RIGA

703 500 EW.

Die gotischen Türme, die die Rigaer Skyline beherrschen, deuten vielleicht auf Genügsamkeit hin, doch den Geist dieser quirligen, weltoffenen Stadt, der größten der drei baltischen Hauptstädte, verkörpert eher der extravagante Jugendstil. Wie alle Nordlichter ist Riga äußerlich still und besonnen, aber in den hippen Bars und modernen Kulturzentren sowie in den Küchen der coolen, experimentellen Restaurants brodelt eine ungeheure Energie. Das an der gleichnamigen Bucht gelegene Riga ist nur eine kurze Autofahrt vom Promi-Badeort Jūrmala mit seinem atemberaubenden weißen Strand entfernt. Und für Leute, die sich eher nach Einsamkeit und unberührter Natur sehnen, für die beginnen wunderschöne Meeresdünen und Wälder voller Heidelbeeren direkt vor den Toren der Stadt.

LETTLAND AUF EINEN BLICK

Währung
Euro (€)

Sprache
Lettisch, Russisch (inoffiziell)

Hauptstadt
Riga

Fläche
64 589 km²

Geschichte

Wäre Riga ein Mensch, würde es einen Stapel abgelaufener Pässe von einem Dutzend Staaten und Reiche sein Eigen nennen.

Geboren wurde sie 1201 als Deutsche. Bischof Albert von Buxhoeveden gründete Riga als Speerspitze im Kreuzzug gegen die nördlichen „Heiden" – die Balten, die Slawen und die finno-ugrischen Völker. So entwickelte sich Riga zu einem Stützpunkt des Schwertbrüderordens und zum neuen Handelsposten zwischen Russland und dem Westen. Die Schweden eroberten Riga 1621 und machten es zur größten Stadt ihres Reiches (sogar größer als Stockholm!). Dann besetzten die Russen Lettland und bereicherten die lebhafte Metropole mit industrieller Entwicklung. Mitte der 1860er-Jahre war Riga der weltweit größte Holzhafen und Russlands drittgrößte Stadt nach Moskau und St. Petersburg. Im 20. Jh. entstanden Cafés, Salons, Clubs und eine Intellektuellenkultur, die nach der Unabhängigkeit des Landes 1918 eine lettische Färbung erhielt.

All das fand mit der sowjetischen Besatzung 1940 ein Ende, gefolgt vom Zweiten Weltkrieg. Die Stadt wurde bombardiert und verlor zwei wichtige Bestandteile ihrer Einwohnerschaft: die Juden, die von den Nazis ermordet, und die Deutschen, die bei Kriegsende vertrieben wurden. Irgendwie schaffte es die Hauptstadt trotzdem, sich mit ihrem unerschütterlichen internationalen Flair aus den Trümmern zu erheben, und selbst unter der Sowjetherrschaft galt Riga als ein fortschrittliches Zentrum kulturellen Lebens.

Diese kosmopolitische Vergangenheit hat es der Stadt ermöglicht, sich rasch an die globalisierte Welt anzupassen. Heute ist sie nicht nur die Hauptstadt Lettlands, sondern zugleich ein kulturelles Zentrum des Baltikums.

Sehenswertes

Riga liegt am Ufer des Flusses Daugava (Düna), der 15 km weiter nördlich in der Rigaer Bucht mündet. Das historische Stadtzentrum (Vecrīga) erstreckt sich auf einem 1 km langen Streifen am Ostufer und 600 m landeinwärts. Dieser mittelalterliche und weitgehend autofreie Stadtteil besteht aus einem Gewirr gewundener Pflasterstraßen und Gässchen.

Weiter vom Fluss entfernt, am malerischen Parkring, der das mittelalterliche Zentrum von den großen Boulevards trennt, wird

SPRACHE

Guten Tag	*Labdien*
Hallo	*Sveiki*
Wie geht's?	*Kā jums klājas*
Danke	*Paldies*
Bitte/gern geschehen	*Lūdzu*

Highlights

1 Teuflische Wasserspeier, mythische Tiere, betende Göttinnen und verschlungene Ranken an den zahllosen Jugendstilbauten in **Rīga** (S. 203) knipsen

2 In das Labyrinth aus Pflastergassen, Kirchtürmen und Gebäuden im Zuckerbäckerstil von **Rigas Altstadt** (S. 206), einer Welterbestätte der Unesco, eintauchen

3 Den Wellen lauschen, die sich am abgeschiedenen **Kap Kolka** (S. 260) an der Spitze der Kurzeme-Küste brechen

4 Von der Burg in **Cēsis** (S. 277) aus Streifzüge durch

den **Nationalpark Gauja** (S. 269) unternehmen

5 Den Fischen beim Springen über den **Ventas Rumba** (S. 257) zuschauen, den breitesten (und vielleicht kürzesten) Wasserfall Europas

6 Jenseits der Hauptstadt im **Schloss Rundāle** (S. 262) in aristokratischer Dekadenz schwelgen

7 In **Liepājas** (S. 251) baufälligem Bezirk Karosta an sowjetischen Mietskasernen und vergoldeten Kathedralen vorbeispazieren

8 Den russischen Jetset in der mondänen Spaszene von **Jūrmala** (S. 241) aus nächster Nähe erleben

die Kaļķu iela zum Brīvības bulvāris (Freiheitsboulevard). Das kupfergekrönte Freiheitsdenkmal mitten auf dem Brīvības bulvāris ist das inoffizielle Tor zum Zentrum (Centrs). Der im 19. und 20. Jh. erbaute Stadtteil wird von breiten Straßen, luxuriösen Apartmentblocks und jeder Menge Jugendstilarchitektur geprägt. Im Randbereich des Zentrums lösen sowjetische Wohnblocks und *microrajons* (Kleinbezirke oder Vororte) die europäische Pracht ab.

Altstadt (Vecrīga)

Die gewundenen Pflastergassen in Rigas mittelalterlichem Kern erkundet man am besten ohne ein bestimmtes Ziel. Das Gewirr aus Winkelgässchen, Giebeldächern und Kirchtürmen birgt ein bezauberndes Märchenreich mit himmelhohen Kathedralen, verlassenen Stadtplätzen und bröckelnden Burgmauern, die zum Weltkulturerbe zählen.

Rātslaukums

Der touristische Rātslaukums (Rathausplatz) ist der ideale Ausgangspunkt für eine Entdeckungstour durch die Altstadt. Die Touristeninformation (S. 239) im Schwarzhäupterhaus platzt vor Broschüren und Karten förmlich aus den Nähten.

★ Schwarzhäupterhaus HISTORISCHES GEBÄUDE

(Melngalvju nams; Karte S. 208; www.melngalvjunams.lv; Rātslaukums 7) Das altehrwürdige Gebäude wurde 1344 als Verbindungshaus für die Schwarzhäuptergilde unverheirateter deutscher Kaufleute errichtet. Nachdem es bereits 1941 von deutschen Truppen beschossen worden war, machten die Sowjets es schließlich sieben Jahre später dem Erdboden gleich. Wie durch ein Wunder überlebten die Originalbaupläne und 2001, pünktlich zu Rigas 800. Geburtstag, wurde ein exakter Nachbau dieses wunderbar reich verzierten Gebäudes fertig gestellt.

Zuletzt diente das Haus dem lettischen Präsidenten als vorübergehende Herberge und war für Besucher – abgesehen von der Touristeninformation – nicht zugänglich.

Rathaus HISTORISCHES GEBÄUDE

(Karte S. 208; Rātslaukums) Rigas historisches Rathaus wurde im Zweiten Weltkrieg zerstört und 2003 von Grund auf neu errichtet.

RIGA IN ...

... zwei Tagen

Als Auftakt des Riga-Abenteuers bietet sich der Besuch des innig geliebten **Schwarzhäupterhauses** am Rātslaukums an. In der Touristeninformation vor Ort kann man sich mit praktischen Broschüren eindecken und den Rest des Vormittags damit verbringen, durch die Kopfsteinpflastergässchen zu spazieren, die sich durch die mittelalterliche **Altstadt** winden. Nach einem gemütlichen Mittagessen geht's jenseits der alten Mauern weiter, vorbei am **Freiheitsdenkmal** zu den stattlichen Boulevards, die strahlenförmig vom Herzen der Stadt mit der Burg wegführen. Im **Stillen Zentrum** erwarten einen Rigas schönste Beispiele für Jugendstilarchitektur und – nicht verpassen! – **das Jugendstilmuseum**.

Am zweiten Tag kann man sich im **Zentralmarkt** im Feilschen üben, um alles von wilden Beeren bis hin zu T-Shirts zu Schnäppchenpreisen zu ergattern. Nach einem Bummel durch das kleine **Spīķeri-Viertel** geht's auf eine entspannte **Bootsfahrt** auf der Daugava und den Stadtkanälen. Zu einem späten Mittagessen begibt man sich durch das „Stille Zentrum" zur **Miera iela**. Dies ist die Heimat der aufstrebenden Hipster-Café-Kultur, unweit der süß duftenden Laima-Schokoladenfabrik. Abends lockt (in der Saison) die Oper mit einem der europaweit besten Klassikensembles.

... vier Tagen

Im Anschluss an das Zweitage-Programm kann man einen Tag am feinen Sandstrand des Super-Badeorts **Jūrmala** verbummeln. Nachmittags geht's mit dem Mietfahrrad zur Erkundung der eindrucksvollen Holzhäuser am Meer und dann zum Verwöhnenlassen in ein Wellness-Center. Zurück in Riga wird dann in einem der berühmt-berüchtigten Clubs die Nacht zum Tage gemacht.

Der 4. Tag ist den weniger touristischen Ecken der Stadt gewidmet oder aber einem Ausflug in den **Nationalpark Gauja** samt Burgbesuch und sportlichen Aktivitäten. Los geht's in **Sigulda** auf der olympischen Bobrennbahn, dann weiter über **Turaida** in den geheimen Sowjetbunker in **Līgatne** und zuletzt zur Festungsruine von **Cēsis**, bevor der Rückweg in die Hauptstadt angetreten wird.

OH TANNENBAUM ...

Rigas Schwarzhäupterhaus war früher ein Club für ledige Kaufleute und bekannt für seine wilden Partys. An einem kalten Heiligabend im Jahre 1510 schaffte die Junggesellentruppe – vom Weihnachtsgeist (und anderen Geistern) angestachelt – eine große Kiefer ins Clubhaus und dekorierte sie über und über mit Blumen. Am Ende des Abends wurde der Baum in einem lodernden Feuer verbrannt. Daraufhin etablierte sich der Brauch des alljährlichen Baumschmückens und verbreitete sich weltweit – nur das abschließende Verbrennen hat sich nie durchgesetzt.

Eine achteckige, im Pflaster des Rātslaukums eingelassene Gedenktafel markiert heute den Standort des Original-Weihnachtsbaums.

Auf dem Platz vor dem Gebäude erhebt sich eine Statue von **Roland**, dem Schutzheiligen Rigas. Auch bei diesem Standbild handelt es sich um eine Nachbildung. Das Original von 1897 steht heute in der Petrikirche. Wer möchte, kann sich im Rathaus eine wenig interessante Ausstellung mit Geschenken von Delegationen der Partnerstädte Rigas ansehen.

Denkmal für die lettischen Schützen DENKMAL

(Latviešu Strēlnieku laukums; Karte S. 208) Auf dem „Platz der lettischen Schützen", auf der anderen Seite des Besatzungsmuseums, befand sich früher der Zentralmarkt. Heute wird der Platz von dem umstrittenen Denkmal für die lettischen Schützen dominiert, die 1918 den Kern der russischen Roten Armee bildeten. Einige von ihnen dienten als Leibwächter Lenins, doch die meisten kehrten ins unabhängig gewordene Lettland zurück.

Mentzendorffhaus HISTORISCHES GEBÄUDE

(Mencendorfa nams; Karte S. 208; ☎6721 2951; www.mencendorfanams.com; Grēcinieku iela 18; Erw./Kind 2,85/1,14 €; ⊙Mai–Sept. tgl. 10–17 Uhr, Okt.–April Mi–So 11–17 Uhr) Das 1695 als Wohnsitz eines wohlhabenden deutschen Glasers erbaute, spärlich eingerichtete Mentzendorffhaus gewährt einen Einblick in den Alltag erfolgreicher Rigaer Kaufleute. Unten ist eine Dauerausstellung mit moderner Glaskunst zu sehen, auf dem Dachboden werden wechselnde Ausstellungen gezeigt.

Pēterbaznīca Laukums

Petrikirche KIRCHE

(Sv Pētera baznīca; Karte S. 208; www.peterbaznica.riga.lv; Skārņu iela 19; Erw./Kind unter 7 J. 9 €/frei; ⊙Di–Sa 10–18, So 12–18 Uhr) Den Mittelpunkt von Rigas Skyline bildet diese gotische Kirche, die rund 800 Jahre alt sein soll und damit zu den ältesten Gebäuden des Baltikums zählt. Der hoch aufstrebende Innenraum ist mit Ausnahme der an den Pfeilern angebrachten Wappenschilde relativ schlicht. Einen bunten Kontrast bilden die in den Seitenschiffen veranstalteten Kunstausstellungen. Im hinteren Bereich der Kirche bringt ein Aufzug Besucher auf eine Aussichtsplattform in 72 m Höhe.

Das strenge gotische Erscheinungsbild der Kirche wird durch barocke Skulpturen aus dem 17. Jh. aufgelockert; damals entstand auch der Turm, der von da an die Rigaer Skyline prägte. 1721 fiel er einem Brand zum Opfer, obwohl der russische Zar Peter der Große höchstpersönlich bei den Löscharbeiten half. Als der Turm 1746 wieder aufgebaut wurde, wollten die Bauarbeiter einer Legende nach wissen, wie lange der Turm stehen würde, und ließen Glas von seiner Spitze zu Boden fallen. Viele Scherben hätten ihm ein langes Leben prophezeit, aber das Glas landete auf einem Strohhaufen und zerbrach in nur zwei Stücke. Als der Turm nach seiner Zerstörung durch Bombenangriffe im Zweiten Weltkrieg erneut aufgebaut wurde, wiederholte man das zeremonielle Glasexperiment – und dieses Mal war es ein voller Erfolg.

Kunstgewerbemuseum MUSEUM

(Dekoratīvi lietišķās mākslas muzejs; Karte S. 208 ☎6722 7833; www.lnmm.lv; Skārņu iela 10/20; Erw./Kind 4,27/2,13 €; ⊙Di & Do–So 11–17, Mi bis 19 Uhr) Die ehemalige Georgskirche beherbergt heute das Museum für Kunstgewerbe vom Jugendstil bis heute. Gezeigt wird eine stattliche Sammlung von Möbeln, Holzschnitten, Wandteppichen und Töpferarbeiten. Die Grundmauern des Gebäudes stammen von 1207: Damals errichtete der Livländer Schwertbrüderorden hier seine Burg. Da der Rest der alten Ritterburg am Ende des 13. Jhs. von rebellierenden Bürgern zerstört wurde, ist diese Kirche der einzige Überrest aus der Geburtszeit der Stadt.

Altstadt Riga (Vecrīga)

Porzellanmuseum MUSEUM
(Karte S. 208; ☎6750 3769; www.porcelanamuzejs.riga.lv; Kalēju iela 9/11; Erw./Stud. 2,50/1 €; ⊙Di–So 11–18 Uhr) Das urige Museum beherbergt die Porzellansammlung, die in sowjetischer Zeit von der heute nicht mehr existierenden Rigaer Porzellan- und Fayencenfabrik, die wiederum zwei Fabriken der Zeit vor dem Zweiten Weltkrieg beerbte, zusammengetragen wurde. Eine davon wurde von Russen aus der berühmten Gzhel-Fabrik bei Moskau geführt, die andere von Rigaer Deutschen. Aus diesen

beiden Einflüssen entwickelte sich der typische Porzellanherstellungsstil der Stadt.

Johanneskirche KIRCHE

(Jāņa baznīca; Skārņu iela 24; Karte S. 208) Die Johanneskirche entstand zwischen dem 13. und 19. Jh. und vereint Stilelemente aus Gotik und Barock. Zum ersten Mal urkundlich erwähnt wurde sie, als die Bürger auf ihrem Dach Katapulte aufbauten und erfolgreich Ritter des Livländischen Ordens abwehrten. Während der Reformation wurde die ursprünglich von Dominikanermönchen geführte Kirche geplündert, danach diente sie als Stall und Getreidespeicher und wurde schließlich den Lutheranern übergeben, denen sie auch heute noch als Gotteshaus dient. Neben der Kirche geht's durch einen Bogen in den **Jāņa sēta** (Johanneshof) mit den Überresten einer Klostermauer aus dem 13. Jh.

Hier residierte Bischof Albert von Buxhoeveden, der Riga 1201 gegründet hatte. Wer also den Geburtsort der Stadt sucht, sollte vielleicht zuerst an diesen Ort denken. Die gebogenen Linien über den Backsteintoren sollen den Rücken des Esels symbolisieren, auf dem Jesus nach Jerusalem ritt. Ausgedrückt wird hier also: „Folge Christus!"

Kalēju Iela & Mārstaļu Iela

Die gewundenen Straßen Kalēju iela und Mārstaļu iela werden von eindrucksvollen Andenken an Rigas Epoche als wohlhabendes nordeuropäisches Handelszentrum gesäumt. Ein paar der früheren Kaufmannsresidenzen dienen heute als Museen.

Museum der Lettischen Volksfront MUSEUM

(Latvijas Tautas Frontes muzejs; Karte S. 208; ☎6722 4502; Vecpilsētas iela 13–15; ⏲Di 14–19, Mi–Fr 12–17, Sa 12–16 Uhr) GRATIS Dieses Museum, ein Ableger des Lettischen Museums für Geschichte, beleuchtet anhand von modernen, interaktiven Multimedia-Exponaten die Zeit der dritten Atmoda (Nationalbewegung), des Strebens nach Unabhängigkeit in den Jahren der sowjetischen Perestroika. Die vom Umweltaktivisten Dainis Ivans angeführte Lettische Volksfront war eine Dachorganisation, die alle möglichen demokratischen Initiativen umfasste. Sie organisierte solche berühmten Aktionen wie die Baltische Kette, als Letten, Esten und Litauer eine Menschenkette durch alle drei baltischen Länder bildeten.

Lettisches Museum für Fotografie MUSEUM

(Latvijas fotogrāfijas muzejs; Karte S. 208; ☎6722 2713; www.fotomuzejs.lv; Mārstaļu iela 8; Erw./Kind 3,55/1,42 €; ⏲Mi & Fr–So 10–17, Do 12–19 Uhr) In einem alten Kaufmannshaus zeigt das kleine Museum frühe Fotos von Riga sowie wechselnde Ausstellungen mit zeitgenössischer Fotografie. Außerdem gibt's hier eine Camera obscura und eine interessante Aus-

Altstadt Riga (Vecrīga)

Highlights
1 Ausstellungshalle Arsenāls ... B2
2 Kunstmuseum Rigaer Börse ... C3
3 Schwarzhäupterhaus ... C5
4 Dom zu Riga ... B4

Sehenswertes
5 Basteiberg ... E2
6 Katzenhaus ... D3
7 Freiheitsdenkmal ... F2
8 Jakobskaserne ... D2
9 Museum der Lettischen Volksfront ... E6
10 Lettisches Museum für Fotografie ... E6
11 Denkmal für die lettischen Schützen ... C5
12 Lettisches Kriegsmuseum ... D2
13 Mahnmal für die Opfer des 20. Januar 1991 ... D1
14 Mentzendorffhaus ... D6
15 Kunstgewerbemuseum ... D5
16 Besatzungsmuseum ... C5
17 Anglikanische Kirche Riga ... A3
18 Schloss Riga ... A2
19 Museum für Stadtgeschichte & Schifffahrt Riga ... B4
20 Porzellanmuseum Riga ... E5
21 Synagoge von Riga ... E6
22 St.-Jakobs-Kathedrale ... B2
23 Johanneskirche ... E5
24 Petrikirche ... D5
25 Roland ... C5
26 Schwedentor ... C2
27 Drei Brüder ... B3
28 Rathaus ... C5

Aktivitäten, Kurse & Touren
29 Rīga Bike Tours ... E4
30 Rīga by Canal ... E2

Schlafen
31 Dome Hotel ... B3
32 Ekes Konvents ... E5
33 Grand Palace Hotel ... B3
34 Konventa Sēta ... D4
35 Naughty Squirrel ... F6
36 Neiburgs ... C4
37 Radi un Draugi ... E6
38 Rīga Old Town Hostel ... F6
39 Wellton Centra ... E6

Essen
40 3 Pavaru ... D2
41 Gutenbergs ... B4
42 Indian Raja ... E6
43 Ķiploku Krogs ... C3
Le Dome Fish Restaurant ... (s. 31)
44 LIDO Alus Sēta ... C4
45 Pelmeņi XL ... D4
46 Rimi ... F5
47 Rozengrāls ... C4
48 Šefpavārs Vilhelms ... D4
49 Tēvocis Vaņa ... D3
50 V Ķuze ... C2
51 Vecmeita ar kaki ... B3

Ausgehen & Nachtleben
52 Aptieka ... B3
53 Cuba Cafe ... C4
54 DJ Bar ... D4
55 Egle ... C5
56 Folksklub Ala Pagrabs ... D6
57 I Love You ... C2
58 Kama Tea Hub ... C1
59 Nabaklab ... E3

Unterhaltung
60 Große Gilde ... D3
61 Lettische Nationaloper ... F4
62 Look at Riga ... C5
63 Dom ... B4

Shoppen
64 Elina Dobele ... E3
65 Hobbywool ... B3
66 Kafka ... F5
67 Latvijas Balzāms ... E5
68 Pienene ... D5
69 Upe ... E4

stellung über den Rigaer Valters Caps (1905–2003). Er erfand die winzige Minox-Kamera, die bei den Spionen des Kalten Krieges so ungeheuer beliebt war.

Synagoge von Riga SYNAGOGE
(www.jews.lv; Peitavas iela 6/8; Karte S. 208) Die 1905 erbaute Jugendstil-Synagoge war die einzige, die die deutsche Besatzung überlebte – sie in der dicht bebauten Altstadt niederzubrennen hätte benachbarte Gebäude gefährdet. Zu Sowjetzeiten wurden sie wieder als Gotteshaus eröffnet, dann jedoch nach der Unabhängigkeit 1995 und 1998 durch neonazistische Bombenanschläge beschädigt. Erst 2009 wurde sie mit EU-Geldern gänzlich wieder hergestellt.

Livu Laukums

Der quirlige Livenplatz (Livu Laukums) erstreckt sich nahe dem belebtesten Altstadtzugang auf der Kaļķu iela. Im Sommer lockt er mit zahlreichen Biergärten. Den Platz säumen Gebäude aus dem 18. Jh., von denen die meisten heute Restaurants beherbergen.

Katzenhaus HISTORISCHES GEBÄUDE
(Kaķu māja; Miestaru iela 10/12; Karte S. 208) Die Unglück verheißenden schwarzen Katzen

auf den Türmchen des 1909 erbauten, vom Jugendstil beeinflussten Gebäudes sind zu einem Symbol für Riga geworden. Es heißt, dass die Große Gilde gegenüber sich weigerte, den Hausbesitzer in ihre Reihen aufzunehmen. Aus Rache ließ er daraufhin die schwarzen Katzen mit ihren Hinterteilen in Richtung des großen Gildensaals deuten. Die Mitglieder waren empört! Nach einem längeren Rechtsstreit wurde der „Verschmähte" schließlich in den erlesenen Club aufgenommen – unter der Voraussetzung, dass er die Katzenhinterteile in die andere Richtung drehte.

Doma Laukums

★Dom zu Riga KATHEDRALE

(Rīgas Doms; Karte S. 208; ☎6721 3213; www.doms.lv; Doma laukums 1; Eintritt 3 €; ⏲9–17 Uhr) Rigas gigantischer, einst katholischer und jetzt lutherischer Dom wurde 1211 als Sitz der Diözese gegründet und ist die größte mittelalterliche Kirche im ganzen Baltikum. Der Gebäudekoloss umfasst verschiedene Architekturstile des 13. bis 18. Jhs. Am ältesten ist der romanische Ostflügel. Der barocke Turm stammt aus dem 18. Jh. und fast der gesamte Rest wurde im 15. Jh. im gotischen Stil neu errichtet.

In der Sowjetära waren Gottesdienste verboten, doch das Gebäude wurde zusammen mit der riesigen, 6768 Pfeifen umfassenden Orgel sorgfältig rekonstruiert. Sie diente als Konzerthaus für klassische Musik, was auch heute noch der Fall ist (S. 236). Seit der lutherische Bischof von Lettland die Kirche übernommen hat, finden aber auch wieder Gottesdienste statt.

In Fußboden und Wände des hohen Innenraums sind alte Grabplatten eingelassen, auf denen der gesellschaftliche Rang des Verstorbenen eingemeißelt ist. Die wichtigeren Bewohner der Stadt bezahlten dafür, so dicht wie möglich am Altar bestattet zu werden. Eine Überschwemmung, die den Ausbruch von Typhus und Cholera zur Folge hatte und ein Drittel der Bevölkerung von Riga dahinraffte, überflutete diese Gräber – danach wurden neue Bestattungen untersagt.

★Kunstmuseum Rigaer Börse MUSEUM

(Mākslas muzejs Rīgas Birža; Karte S. 208; www.lnmm.lv; Doma laukums 6; Erw./Kind 6,40/2,85 €; ⏲Di–Do, Sa & So 10–18, Fr bis 20 Uhr) Die wunderschön restaurierte Börse bildet einen angemessenen Rahmen für die Kunstschätze der Stadt. Auf der reich verzierten Fassade tanzen Gottheiten zwischen den Fenstern. Drinnen glitzern unter opulent geschmückten Stuckdecken goldene Lüster. Die orientalische Abteilung wartet mit chinesischen und japanischen Keramiken und einer ägyptischen Mumie auf, doch die Hauptsäle sind westlicher Kunst gewidmet: So gibt es hier ein Monet-Gemälde sowie einen verkleinerten Guss von Rodins *Der Kuss*.

Rigaer Museum für Stadtgeschichte & Schifffahrt MUSEUM

(Rīgas vēstures un kuģniecības muzejs; Karte S. 208; www.rigamuz.lv; Palasta iela 4; Erw./Kind 4,27/0,71 €; ⏲Mai–Sept. tgl. 10–17 Uhr, Okt.–April Mi–So 11–17 Uhr) Das älteste Museum im Baltikum existiert seit 1773; es befindet sich im Domkloster. Die Dauerausstellung umfasst Exponate aus der Bronzezeit bis zum Zweiten Weltkrieg, von hübschem vorchristlichem Schmuck bis zu den konservierten Händen, die im Mittelalter Fälschern abgetrennt wurden. Ein Highlight ist die schöne klassizistische Säulenhalle: Sie entstand, als Lettland zum russischen Zarenreich gehörte – mit Gegenständen aus dieser Zeit ist sie dann auch gefüllt.

Drei Brüder HISTORISCHE GEBÄUDE

(Trīs brāļi; Mazā Pils iela 17, 19 & 21; Karte S. 208) Tallinn hat seine „Drei Schwestern", und da wollte Riga nicht hintanstehen und taufte drei seiner ältesten Steinhäuser die „Drei Brüder". Diese architektonischen Schmuckstücke stehen artig in einer Reihe und vermitteln einen Eindruck von der Vielfalt der Baustile in der Altstadt. Das Haus mit der Nr. 17 ist über 600 Jahre alt und damit das älteste Wohnhaus der Stadt. Im Nachbarhaus aus dem 17. Jh. finden Wechselausstellungen statt. Es hat einen Zugang zum Hof, in dem Ornamente aus verschwundenen Altstadthäusern zu sehen sind.

Bemerkenswert sind die winzigen Fensterchen in den oberen Stockwerken. Im Mittelalter wurde die Grundsteuer in Riga nach der Fenstergröße berechnet.

St.-Jakobs-Kathedrale KATHEDRALE

(Sv Jēkaba katedrāle; Karte S. 208; Klostera iela; ⏲7–18 Uhr, Sommer bis 19 Uhr) Die 1225 erbaute Kirche wechselte mehrere Male zwischen Katholiken und Protestanten sowie zwischen Sprachen und Ethnien, darunter Deutschen, Schweden, Polen und Esten, hin und her. Hier hörten die Letten 1523 während einer lutherischen Phase die Messe zum allerersten Mal in ihrer Muttersprache. Genau 400 Jahre später wurde das Gotteshaus wieder katholisch, um als Bischofskirche zu dienen. Auch heute wird es noch als solche genutzt.

Pils Laukums

Schloss Riga BURG

(Rīgas pils; Karte S. 208; Pils laukums 3) Die 1330 als Hauptsitz des Großmeisters des Livländischen Ordens erbaute Burg wurde im Laufe der Zeit umfassend umgestaltet und sieht heute nur aus bestimmten Blickwinkeln wirklich nach einer Burg aus. Bis sie 2013 durch ein Feuer erheblich beschädigt wurde, war sie die offizielle Residenz des lettischen Präsidenten – wenn sie wieder vollständig restauriert ist, wird sie diese Rolle erneut ausfüllen.

★ **Ausstellungshalle Arsenāls** GALERIE

(Izstāžu zāle Arsenāls; Karte S. 208; www.lnmm.lv; Torņa iela 1; Erw./Kind 3,56/2,13 €; Di, Mi & Fr–So 12–17, Do bis 20 Uhr) Hinter einer Reihe unheimlich wirkender Granitköpfe der prominentesten lettischen Künstler befindet sich das 1832 für die zaristische russische Armee erbaute Waffenarsenal, in dem heute internationale und lettische Kunstausstellungen stattfinden. Interessant sind auch die massigen Holztreppen im hinteren Bereich des Gebäudes – ihre einfache Geometrie verweist auf eine vormoderne Architektur.

Torņa Iela

Vom Pils Laukums aus verläuft die malerische Torņa iela schnurgerade zum Stadtkanal (Pilsētas kanāls) auf der gegenüberliegenden Seite der Altstadt. Fast die gesamte Nordseite der Straße wird von der senfgelben **Jakobskaserne** (Jēkaba Kazarmas; Karte S. 208; Torņa iela 4) eingenommen, die im 16. Jh. als riesige Lagerhalle erbaut wurde. Heute birgt das renovierte Gebäude Touristencafés und Boutiquen.

Schwedentor TOR

(Zviedru vārti; Karte S. 208; Torņa iela 11) Das Schwedentor im größten erhaltenen Abschnitt der Stadtmauer ist das einzige erhaltene Altstadttor. Es wurde 1698 während der schwedischen Herrschaft in die mittelalterliche Stadtmauer eingebaut und führt zur Trokšnu iela, der schmalsten und stimmungsvollsten Straße der Altstadt.

Lettisches Kriegsmuseum MUSEUM

(Latvijas kara muzejs; Karte S. 208; www.karamuzejs.lv; Smilšu iela 20; April–Okt. 10–18 Uhr, Nov.–März bis 17 Uhr) GRATIS Der zylindrische Pulverturm aus dem 14. Jh. ist der letzte von ursprünglich 18 Türmen der alten Stadtmauer. In seinen Mauern stecken neun russische Kanonenkugeln von Angriffen aus dem 17. und 18. Jh. Er hat schon als Schießpulverlager, Gefängnis, Folterkammer und studentisches Verbindungshaus gedient. Heute birgt er ein Museum, das die politische und militärische Geschichte Lettlands vom Mittelalter bis heute dokumentiert.

Neustadt (Centrs)

Das Stadtzentrum wird genau in der Mitte von der Kaļķu iela durchschnitten. Dort wo sich diese Straße aus dem städtischen Türmchengewirr löst, geht sie in den Brīvības bulvāris (Freiheitsboulevard) über. Ein Streifen üppig grüner Parkanlagen dient als Pufferzone zwischen mittelalterlichen Mauern und vornehmen Boulevards. Zur bunten Vielfalt der Sehenswürdigkeiten in der Neustadt gehören u. a. das prachtvolle Jugendstilviertel, der weitläufige Zentralmarkt – verteilt auf mehrere riesige Zeppelinhangars – und das wie eine Ikone verehrte Freiheitsdenkmal.

Am Stadtkanal entlang

Pilsētas kanāls (Stadtkanal) PARK

(Karte S. 214) Der alte Stadtgraben Pilsētas kanāls schützte den mittelalterlichen Kern früher gegen Eindringlinge. Heute gehört diese geschwungene Linie zu einem schmalen, aber reizvollen Parkgürtel zwischen Altstadt und Zentrum. Der stattliche Raiņa bulvāris an seiner Nordseite war während der Unabhängigkeit zwischen den Weltkriegen als „Konsulatsmeile" bekannt.

Diese Bezeichnung ist heutzutage wieder zutreffend: Vor der Nr. 7 weht das amerikanische Sternenbanner und vor der Nr. 9 die französische Flagge. Weitere Diplomatensitze säumen den Zentralpark und den Stadtgraben entlang Kronvalda bulvāris und Kalpaka bulvāris.

Am Ufer des Pilsētas kanāls nahe dem Brīvības bulvāris erhebt sich der bescheidene **Basteiberg** (Basteiberg), das letzte Überbleibsel einer mittelalterlichen Befestigungsanlage. Etwas unterhalb liegen fünf rote Steine als Mahnmal für die Opfer des 20. Januar 1991, die beim Sturm der Sowjettruppen auf das nahe gelegene Innenministerium getötet wurden.

Am 18. November 1918 erklärte Lettland im barocken **Nationaltheater** (Nacionālais teātris; Karte S. 214) an der Kreuzung des Kanals mit der K. Valdemāra iela seine Unabhängigkeit. Die beliebte Lettische Natio-

LETTLAND RIGA

naloper (S. 236), die Moskaus Bolschoitheater ähnelt, steht am anderen Parkende nahe der K. Barona iela.

Freiheitsdenkmal DENKMAL

(Brīvības bulvāris) Das liebevoll „Milda" genannte Freiheitsdenkmal ragt zwischen Altstadt und Zentrum in den Himmel. Es wurde durch Spendengelder finanziert und von Kārlis Zāle entworfen. Errichtet wurde es 1935 an der Stelle, an der einst eine Statue des russischen Zaren Peter des Großen stand.

Den Sockel des Monuments zieren neben der Inschrift „Tēvzemei un Brīvībai" (für Vaterland und Freiheit) Granitfriese von Letten, die singend für ihre Freiheit kämpfen. Vielleicht erkennt man unter den Figuren Lāčplēsis, das Mischwesen aus Mann und Bär, das den lettischen Kampf für Unabhängigkeit symbolisiert (S. 234). Gekrönt wird es von einer kupfernen Freiheitsgöttin, die drei goldene Sterne in ihren Händen hält. Diese Sterne stehen für die ursprünglichen Regionen des Landes: Kurzeme, Vidzeme und Latgale (Lettlands vierte Region, Zemgale, gehörte anfangs zu Kurzeme).

Überraschenderweise wurde die Statue während der Sowjetjahre nicht zerstört. Dabei war es sicher hilfreich, dass einer der Schöpfer des Denkmals, Ernests Štālbergs, auch Rigas wichtigste Leninstatue weiter den Brīvības hinauf entwarf, welche 1991 entfernt wurde. Jedoch war zu sowjetischer Zeit der Zutritt zu Milda streng verboten und jeder, der hier Blumen niederlegte, musste mit Bestrafung rechnen.

Heute stehen hier zwischen 9 und 18 Uhr zwei Ehrenwachen, die zu jeder vollen Stunde eine schlichte Wachablösung vollziehen.

Parkgürtel

Esplanāde PARK

(Karte S. 214) Die Esplanāde ist ein großer Park mit alten Bäumen, Holzbänken und Freiluftcafés. Auf der einen Seite des Parks steht das Staatliche Kunstmuseum, auf der anderen erheben sich majestätisch die Kuppeln der russisch-orthodoxen Kathedrale. Einst war der Park angefüllt mit sowjetischer Bildhauerei. Das einzige Zeugnis aus dieser Zeit ist das **Denkmal für Jānis Rainis**, Lettlands wichtigsten Schriftsteller.

Zu ihm haben sich zwei Militärführer gesellt. Das **Oskar-Kalpak-Denkmal** erinnert an den Mann, der 1918 die Keimzelle dessen zusammenführte, was später die lettische Armee werden sollte und gegen die pro-bolschewistischen lettischen Schützen kämpfte. Bei der Bronzefigur eines Mannes mit schief sitzendem Hut neben der Kathedrale handelt es sich um das **Denkmal für Michael Barklay de Tolli**. Er war in Riga geboren, stammte aus einer deutschsprachigen Familie schottischer Abstammung und führte die russische Armee im Kampf gegen Napoleon. Auf ihn geht die Taktik der verbrannten Erde zurück, die den Russen schließlich den Sieg bescheren sollte.

Staatliches Kunstmuseum KUNSTMUSEUM

(Latvijas Nacionālā mākslas muzeja; Karte S. 214; www.lnmm.lv; K Valdemāra iela 10a) Das wichtigste Kunstmuseum Lettlands ist nach umfassender Renovierung wieder geöffnet. Das imposante Gebäude im schattigen Esplanāde-Park wurde 1905 in einem neobarock-klassizistischen Stil als Museum erbaut. Öffnungszeiten und Eintrittspreise siehe Website.

Christi-Geburt-Kathedrale KATHEDRALE

(Kristus Piedzimšanas katedrāle; Karte S. 214; www.pravoslavie.lv; Brīvības bulvāris 23; ⏲ 7–19 Uhr) Mit ihren inmitten der Baumkronen aufblitzenden Kuppeln verleiht die 1883 im byzantinischen Stil erbaute orthodoxe Kathedrale der Skyline der Stadt ein wenig russischen Glanz. In der Sowjetära diente die Kirche als Planetarium, heute erfüllt sie jedoch wieder ihren alten Zweck. Bitte auf die Kleidung achten: keine Shorts! Und Frauen werden gebeten, den Kopf zu bedecken.

Vērmanes dārzs (Wöhrmannscher Garten) PARK

(Karte S. 214) Vom Brīvības bulvāris geht's am farbenprächtigen und rund um die Uhr geöffneten **Blumenmarkt** (S. 237) vorbei, die Tērbatas iela entlang zum einladenden Vērmanes dārzs, der von Einheimischen gerne

RIGA MIT KINDERN

Für Kinder sind die als Weltkulturerbe gelisteten Straßen der Altstadt wie eine magische Reise in die Vergangenheit. In den Sommermonaten bieten sich ein Besuch im **Zoo** (S. 222) im bewaldeten Mežaparks oder eine Tour zum Strand nach Jūrmala an. Ein Alternativprogramm zu wildem Wellenhopsen und Sandburgenbauen ist z. B. **Līvu Akvaparks** (S. 241). Lettlands größter, überdachter Wasserpark lockt mit einem Wellenbad und unzähligen Wasserrutschen.

Stadtzentrum Riga (Centrs)

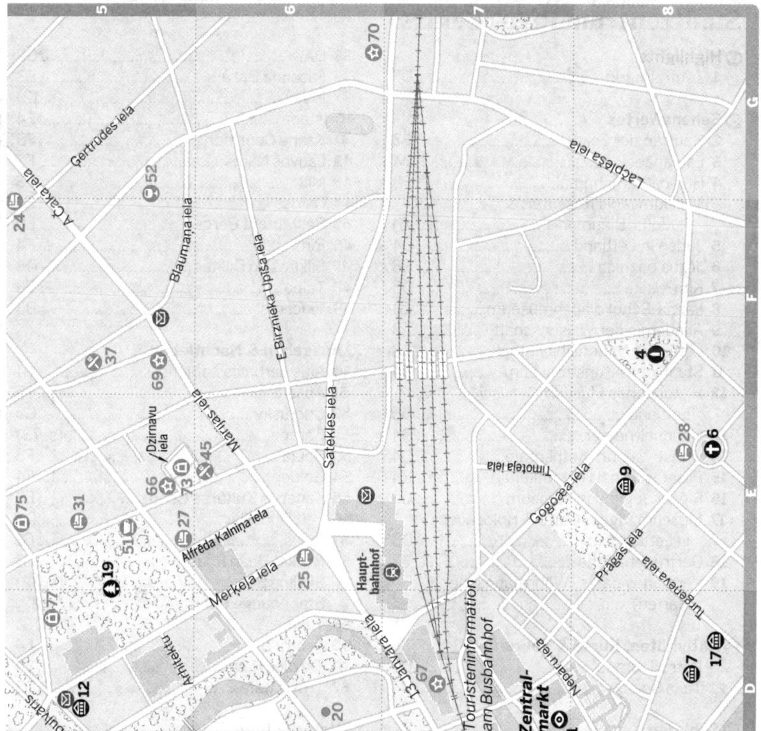
Gertrūdes iela
A Čaka iela
Blaumaņa iela
E Birznieka Upīša iela
Marijas iela
Dzirnavu iela
Satekles iela
Lāčplēša iela
Timoteja iela
Gogoļa iela
Prāgas iela
Turgeņeva iela
Alfrēda Kalniņa iela
Merķeļa iela
Haupt-bahnhof
13. Janvāra iela
Touristeninformation am Busbahnhof
Internationaler Busbahnhof
Zentral-markt
Nēģu iela
Arhitektu
Brīvības bulvāris
Raiņa bulvāris
Aspazijasbulvāris
Teātra iela
Audēju iela
Alberta laukums
Basteja bulvāris
Vaļņu iela
Kaļķu iela
Smilšu iela
Grēcinieku iela
Mārstaļu iela
11 novembra krastmala iela
Kalēju iela
Jauņ iela
Torņa iela
Mazā Pils iela
Pils iela
Pils laukums
11 novembra krastmala
s. Karte Altstadt Riga (Vecrīga; S. 208)
Akmens-Brücke
Daugava
Zaķusala
Vanšu-Brücke
Islande Hotel (850 m);
Žaņis-Lipke-Denkmal (1 km);
Riga City Camping (1,6 km);
Internationaler Flughafen Riga (7,1 km)
Āgenskalns (650 m);
Siegesdenkmal (650 m);
Kalnciema iela (1,1 km)
1
4
6
7
9
10
12
17
19
20
24
25
27
28
31
37
45
47
51
52
66
67
69
70
73
75
77
A
B
C
D
E
F
G
5
6
7
8

Stadtzentrum Riga (Centrs)

besucht wird. Im Sommer spielen in dem kleinen **Freiluft-Amphitheater** örtliche Bands und entlang der Ziegelwege eröffnen Kunsthandwerker ihre Verkaufsstände.

Jugendstilviertel („Stilles Zentrum")

Das Jugendstilviertel (rund um die Alberta iela, Strēlnieku iela und Elizabetes iela) konkurriert mit der Altstadt um den Rang des schönsten Viertels. In Riga gibt es über 750 Jugendstil-Bauten – mehr als in irgendeiner anderen Stadt der Welt (s. S. 219).

★ Alberta Iela ARCHITEKTUR

Es ist wie ein riesiges Gemälde, das man stundenlang anschauen kann, weil man ständig neue faszinierende Details entdeckt. Dabei handelt es sich bei dieser Top-Sehenswürdigkeit der Stadt um eine recht zweckmäßige Straße mit Wohnhäusern, Restaurants und Geschäften – aber erbaut im Jugendstil. Für die meisten Bauten zeichnete Michail Eisenstein verantwortlich, Vater des Filmregisseurs Sergei Eisenstein. Die nach dem Gründer von Riga, Bischof Albert von Buxhoeveden, benannte Straße war das Geschenk des Architekten an die Stadt zu ihrem 700. Geburtstag.

Bei dem 1906 errichteten Haus an der **Alberta iela 2a** reicht die Fassade über das Dach hinaus und wird von lustigen Gesichtern mit Reiterhelmen gekrönt. Im unteren Bereich tummeln sich zwischen klaren Linien und befremdlich roboterhaften Figuren Angst einflößende Masken und garstige Kobolde. Besonders ins Auge fallen die beiden Satyr-Phoenix-Frauen aus Stein, die vorn „Wache halten". Die Fassade des Gebäudes nebenan ist in einem wesentlich besseren Zustand. Drei auffällige Köpfe zieren die **Alberta iela 4**, zwei Hauseingänge von Nr. 2a entfernt. Wie eine Medusa sind sie umgeben von einem Knäuel sich windender Schlangen. Alle sechs Augen richten sich auf eine unsichtbare Szene des Grauens, doch nur zwei der panikerfüllten Gesichter sind in einem Schreckensschrei erstarrt. Den Eingangsbereich schmücken zwei kunstvoll gearbeitete Reliefs mit majestätischen Greifvögeln und auf dem Dach wachen wilde Löwen mit faustähnlich erhobenen Schwänzen. Ein Stück die Straße hinab, an der **Alberta iela 13**, befindet sich Rigas juristische Fakultät. Sie zeigt eindrucksvoll die Liebe zum Detail im Jugendstil: mit einer Fülle von Pfauen, verschlungenen Sträuchern und barbusigen Schönheiten. Über riesigen Masken mit aufgerissenen Mündern thronen Turbane, die an die Soul-Diva Erykah Badu denken lassen und auf denen heitere Landschaftsszenen dargestellt sind. Das Giebeldreieck füllt ein albtraumhaftes Durcheinander: Löwenköpfe, die in Schlangenschwänze übergehen (wie die Chimaira), schmerzvoll verzerrte, weinende Gesichter und eine eigentümlich futuristische Maske, die vom First aus stoisch auf die Stadt hinunterblickt.

Rigaer Jugendstilmuseum MUSEUM

(Rīgas jūgendstila muzejs; Karte S. 214; www.jugendstils.riga.lv; Alberta iela 12; Erw./Kind Mai–Sept. 6/4 €, Okt.–April 3,50/2,50 €; ⌚Mi–So 10–18 Uhr) Wer wissen möchte, was sich hinter den phantasievollen Jugendstilfassaden verbirgt, sollte auf jeden Fall in diesem Museum vorbeischauen. Das ehemalige Wohnhaus von Konstantīns Pēkšēns (einem einheimischen Architekten, der mehr als 250 Gebäude in der Stadt entworfen hat) wurde umfassend restauriert und sieht aus wie ein bürgerliches Apartment aus den 1920er-Jahren. Der Eingang befindet sich auf der Strēlnieku iela (bei Nr. 12 klingeln).

Man beachte die spektakuläre Treppe, die geometrischen Schablonenbilder, die Möbel mit den abgerundeten Ecken, das Buntglas im Esszimmer und den noch immer funktionstüchtigen Ofen in der Küche. Ein sehenswertes Zehn-Minuten-Video (kostenlos) informiert über das stadttypische Dekor.

Auf der Website des Zentrums sind Spaziergänge zu Jugendstilgebäuden beschrieben.

Museum Janis Rozentāls & Rūdolfs Blaumanis MUSEUM

(Karte S. 214; ☎6733 1641; Alberta iela 12; Eintritt 1,42 €; ⌚Mi–So 11–18 Uhr) Über eine herrlich opulente Treppe gelangt man ins 5. Stockwerk zur ehemaligen Wohnung von Janis Rozentāls, einem der bekanntesten Maler Lettlands. Er lebte hier zusammen mit seiner Frau Elli Forssell, einer berühmten finnischen Sängerin, und seinem Freund Rūdolfs Blaumanis, einem bekannten lettischen Schriftsteller. Der Eingang ist auf der Strēlnieku iela (bei Nr. 9 klingeln).

Juden in Lettland MUSEUM

(Karte S. 214; www.jewishmuseum.lv; Eintritt per Spende; ⌚So–Do 11–17 Uhr) In dem kleinen, recht informellen Museum wird die Geschichte der Rigaer Juden bis 1945 anhand von Gegenständen und Fotos beleuchtet, allerdings nicht sehr detailliert. Die hiesigen Juden waren, anders als in Vilnius, gut in die Gesellschaft integriert. Im Untergeschoss befindet sich ein winziges koscheres Café (Eingang auf der Dzirnavu iela). Dort gibt's traditionelle Leckerbissen wie *challa*-Brot und „gefilte Fisch".

Haus an der Ecke MUSEUM

(Ehemaliges KGB-Gelände; Stūra Māja; Karte S. 214; www.okupacijasmuzejs.lv/en/kgb-building; Brīvības iela 69; Erw./Stud. 5/2 €; ⌚Mo, Di, Do & Fr 10–17.30, Mi 12–19, Sa & So 10–16 Uhr) Das imposante Gebäude von der Wende zum 20. Jh. ist Generationen von Letten als örtliches Hauptquartier der berüchtigten sowjetischen Geheimpolizei in Erinnerung, des NKVD bzw. KGB. Willkürliche Verhaftungen, Folter, Hinrichtungen – hier gab's alles. Heutzutage beherbergt das

Gebäude eine Ausstellung, die den Opfern der politischen Unterdrückung der Jahre 1940–1941 gewidmet ist, von der rund 26 000 Letten direkt betroffen waren. Täglich um 10.30 Uhr (mittwochs um 12 Uhr) findet eine englischsprachige Führung durch die Folterkeller statt.

Im Hof sind oft Kunstausstellungen zu sehen. Eine löste 2015 eine Kontroverse aus: Die Installation in Form einer gekreuzigten Wladimir-Putin-Puppe wurde von Anhängern des russischen Präsidenten zerstört.

Lettisches Nationalmuseum für Geschichte MUSEUM

(Latvijas Nacionālais vēstures muzejs; Karte S. 214; ☎6722 1357; www.lnvm.lv; Brīvības bulvāris 32; Erw./Stud. 3/1,50 €; ⊙Di–So 10–17 Uhr) Wer sich für lettische Geschichte interessiert bekommt sie in diesem Museum erzählt, von der Steinzeit bis zum Zeitalter der Hipster.

Gertrudenkirche KIRCHE

(Svētās Ģertrūdes baznīca; Karte S. 214; Ģertrūdes iela 8) Diese anmutige neogotische Backsteinkirche ist uns Reisenden gewidmet, denn unsere Schutzpatronin, die hl. Gertrud, erhört die Gebete aller, die unterwegs sind. Daher wurde diese Kirche auch am damaligen Stadtrand errichtet, wo die Landstraße ihren Anfang nahm. Die heute von Jugendstilarchitektur umrahmte Kirche ist einer der besten Treffpunkte der Stadt und ein Liebling der Fotografen, denn im Sommer bildet sie das perfekte Gegenstück zu den purpurroten Sonnenuntergängen, für die die Stadt bekannt ist.

Genau wie der Rigaer Dom ist St. Gertrud sowohl Gotteshaus als auch Konzertbühne. Die 1906 gebaute Orgel zählt zu den besten der Stadt und es finden regelmäßig Konzerte mit klassischer Musik statt.

Miera Iela

Gleich hinter dem Jugendstil-Pomp des „Stillen Zentrums" führt die Miera iela durch ein Industrieviertel, in dem die Laima-Schokoladenfabrik für ein olfaktorisches Erlebnis der besonderen Art sorgt. Über die Hauptstraße gelangt man zu ein paar charmanten Cafés, Kunsthandwerkerläden und Buchhandlungen. Die Straße stößt auf die Aristida Briāna iela mit einer Ansammlung beliebter Bars und Clubs

Laima-Schokoladenmuseum MUSEUM

(Karte S. 214; www.laimasokoladesmuzejs.lv; Miera iela 22; Erw./Stud./Kind 7/5/3 €; ⊙Di–So 10–19 Uhr) Das süße Verlangen erwacht vielleicht schon einige Straßen von der historischen Laima-Schokoladenfabrik entfernt – der Kakaoduft durchweht nämlich das gesamte Viertel. Die 1921 von Vilhelms Kuze gegründete Fabrik verwandelte die gesamte Nation in hemmungslose Schoko-Junkies. Das kleine Museum richtet sich v. a. an Kinder. Sie lernen etwas über die Schokoladenherstellung, um ihre Eltern anschließend ins angeschlossene Schokoladengeschäft zu zerren.

Maskavas Forštate

Die durch den Hauptbahnhof von der Altstadt getrennte Moskauer Vorstadt ist eines der ältesten Innenstadtviertel. Jedoch scheint es im Gegensatz zum restlichen Zentrum die wirtschaftlichen Härten der 1990er-Jahre noch nicht verwunden zu haben. Auch wegen seiner düsteren Geschichte macht das Viertel einen verwunschenen Eindruck – während der deutschen Besetzung Lettlands war es das jüdische Getto. Heute befinden sich hier jedoch der reizende Zentralmarkt sowie das erste gentrifizierte alte Industriegebiet der Stadt.

Lettische Akademie der Wissenschaften HISTORISCHES GEBÄUDE

(Latvijas Zinātņu Akadēmija; Karte S. 214; www.panoramariga.lv; Akadēmijas laukums 1; Panorama 4 €; ⊙8–22 Uhr) Dieser Turm im stalinistischen Zuckerbäckerstil, der sich über der Moskauer Vorstadt erhebt, war ein nicht so arg willkommenes Geschenk der russischen Hauptstadt, die über sieben solcher Turmbauten verfügt – nur größer. Mit dem Bau von „Stalins Geburtstagstorte" begann man 1951, doch das Gebäude wurde erst 1961 fertig gestellt, als Stalin schon keine Geburtstage mehr feierte. Leute mit Adlerauge erkennen in der verzierten Fassade Hammer und Sichel. Die wunderbare Aussichtsplattform im 17. Stock ist der beste Aussichtspunkt der Stadt.

★Zentralmarkt MARKT

(Rīgas Centrāltirgus; Karte S. 214; www.centraltirgus.lv; Nēģu iela 7; ⊙8–17 Uhr) Der riesige Zentralmarkt ist in einer Reihe von Zeppelinhangars aus dem Zweiten Weltkrieg untergebracht und breitet sich auch draußen aus. Er ist ein echtes Riga-Erlebnis: Man kann toll dem Treiben zusehen oder sich mit Zutaten für ein Picknick eindecken. Zwar nimmt die Zahl der Händler stetig ab, doch die in unterschiedlichen Hangars untergebrachten Abteilungen für Milchprodukte und Fisch bieten ein buntes Bild des Überflusses, das bei Besuchern uralte Sammlertriebe aktiviert.

RIGAER JUGENDSTIL

Wer in Riga einen Einheimischen fragt, wo denn die weltberühmte Jugendstilarchitektur zu finden sei, wird immer dieselbe Antwort bekommen: „Einfach Augen auf und nach oben schauen!" Über 750 Gebäude in Riga (mehr als in irgendeiner anderen Stadt Europas) glänzen in diesem prachtvollen und beeindruckenden Stil. Und es gibt immer mehr zu bewundern, da derzeit unzählige Restaurierungsprojekte in Angriff genommen werden. Die Bezeichnung Jugendstil geht auf die Münchner Zeitschrift *Die Jugend* zurück, die diesen Stil populär machte.

Die ersten Einflüsse gingen von japanischen Kunstdrucken aus, die sich über ganz Westeuropa verbreitet hatten. Doch als die Bewegung in Schwung kam, wurde der Stil pompöser und freier. Fabelwesen, Fratzen, Blütenranken, Gottheiten und Kobolde traten in Erscheinung. Zur Jahrhundertwende hatte die Jugendstilbewegung ihren Höhepunkt erreicht und eroberte alle wichtigen Städte Europas – von Porto bis St. Petersburg.

Der Jugendstil in Riga kann in drei Phasen unterteilt werden: Die erste „dekorative, eklektizistische Jugendstilphase" kam zwischen 1900 und 1905 auf. In dieser Zeit stand die Fassade, nicht die Inneneinrichtung im Mittelpunkt des Interesses. Rigaer Architekten brachten verschnörkelte Muster aus ihrem Studienland Deutschland mit. Die aufwendigen Schmuckelemente wurden aber auch vor Ort gestaltet, vor allem von August Volz, der ebenfalls in Deutschland studiert hatte. Beispiele für diese erste Designphase findet man vor allem im Zentrum, da sie in denselben Zeitraum fiel wie die Eröffnung einer Architekturfakultät vor Ort.

Nach der gescheiterten russischen Revolution von 1905 verlor dieser Stil jedoch schnell an Bedeutung, als lettische Architekten sich intensiv mit der Idee befassten, ein Gestaltungsschema mit nationalistischem Flair zu entwerfen. Daraus ging der sogenannte „Nationale Romantizismus" hervor, der lettische ethnographische Motive widerspiegelte. Natürliche Materialien machten Schule, Stadthausfassaden wurden absichtlich nicht gestrichen, um die Grau- und Brauntöne der Baustoffe zu offenbaren. Die Fassaden sollten gewissermaßen wie Fenster sein, die die Beschaffenheit der Struktur dahinter offenlegten. Diese Form des Jugendstils war nicht besonders kunstvoll und nur vier Jahre in Mode, sie fiel jedoch zeitlich mit einem Handelsboom zusammen, weshalb es noch heute eine ganze Menge Beispiele des Nationalen Romantizismus gibt.

Die dritte und letzte Phase (ca. 1908–1912) wurde als „Lotrechter Jugendstil" bezeichnet und stellte eine Mischung aus den existierenden Jugendstilspielarten und der Rückkehr zu klassischen Motiven dar (ausgeführt in stark stilisierter Form). Besonders auffällig waren die vertikalen Linien, ebenso wie die Vorliebe für Balkons und Erkerfenster.

Rigas bekanntester Jugendstilarchitekt war Mikhail Eisenstein, der seine Ideen an der **Alberta iela** (S. 216) umsetzte.

Der Markt am Daugava-Ufer existierte seit 1570 und florierte, als Riga Mitte des 17. Jhs. Stockholm an Größe überholte und zum wichtigsten Stützpunkt des schwedischen Reiches wurde. Hier trafen sowohl mit Waren beladene Flussschiffe als auch Ostsee-Handelsschiffe ein, um ihre Waren auszutauschen.

An seinen heutigen Ort zwischen Zentralriga und Maskavas („Klein Moskau") gelangte der Markt 1930, weil die Eisenbahnlinie besser genutzt werden sollte, die den Fluss mittlerweile als Haupthandelsroute abgelöst hatte. Angesichts des anhaltenden Wachstums kaufte die Stadt fünf riesige Zeppelinhangars aus der westlettischen Stadt Vainode. Diese Hangars – jeder 35 m hoch – bescherten dem Markt zusätzliche 57 000 m² Verkaufsfläche – genug für 1250 weitere Händler.

Spīķeri VIERTEL

(www.spikeri.lv) Auch das Lagerhallenviertel hinter dem Zentralmarkt steht mittlerweile ganz im Zeichen der Gentrifizierung. In den alten Ziegelsteinbauten baumelte einst reihenweise das abgehangene Fleisch von den Decken, heutzutage findet man hier vorallem hippe Cafés und junge Unternehmen. Tagsüber könnte man im **Kim?** (Karte S. 214; ☎6722 3321; www.kim.lv; Maskavas iela 12/1; Eintritt 3 €; ⌚Di 12–20, Mi–So bis 18 Uhr) vorbeischauen, einem Ausstellungsbereich für experimentelle Kunst mit jeder Menge moderner Medien. Abends lädt der **Nachtmarkt** mit seinen Lebensmittelständen zum Bummeln ein.

Museum Rigaer Getto & Holocaust in Lettland MUSEUM
(Karte S. 214; www.rgm.lv; Maskavas iela 14A; ⏲So–Fr 10–18 Uhr) GRATIS Das Kernstück dieses recht bescheidenen Museums bildet ein Holzhaus mit rekonstruierter Wohnung. Diese sieht so aus wie jene, in die die Juden umziehen mussten, nachdem die Nazis 1941 in diesem Teil der Stadt ein Getto eingerichtet hatten. Im Erdgeschoss des Hauses sind Modelle der Synagogen zu sehen, die in den größeren lettischen Städten gestanden hatten. Draußen dokumentiert eine Fotoausstellung den Holocaust in Lettland.

Jēzus baznīca KIRCHE
(Karte S. 214; www.jezusdraudze.lv; Elijas iela 18) Sie wäre einfach eine klassizistische protestantische Kirche wie viele andere, wäre sie nicht vollständig aus Holz. Das macht sie zu einem einzigartigen architektonischen Juwel und einem Augenschmaus an einem überraschend hübschen Platz. Dank ihrer Schönheit lohnt die Kirche auf jeden Fall einen Abstecher.

Holocaustmahnmal DENKMAL
(Karte S. 214) Unbedingt sehenswert ist das bewegende Holocaustmahnmal in einem ruhigen Garten, ein Block hinter dem Akadēmijas laukums. An dieser Straßenecke stand einst eine große Synagoge, die im Zweiten Weltkrieg niederbrannte – tragischerweise war während des Brands die gesamte Gemeinde darin eingeschlossen. Es gab keine Überlebenden. Mit dem Mahnmal, das heute an dieser Stelle steht, wird der mutigen Letten gedacht, die während des Krieges ihr Leben riskierten, um verfolgte Juden zu verstecken.

Vororte

Wer über Rigas Zentrum mit Kopfsteinpflastergassen und einzigartiger Jugendstilarchitektur hinausblickt, entdeckt eine blühende Künstlerkolonie, einige hervorragende Museen und weitere Viertel, die das Bild dieser weltoffenen Hauptstadt abrunden.

Pārdaugava

Jenseits des Flusses wird Riga spürbar ruhiger. Hier halten sich alte Holzhäuser und neuere Steinhäuser die Waage.

Stadtspaziergang
Mit Albert durch die Jahrhunderte

START FREIHEITSDENKMAL
ZIEL ALBERTA IELA
LÄNGE/DAUER 3 KM; 2 STUNDEN

Bischof Albert von Buxhoeveden gründete Riga 1201 – die Alberta iela trägt seinen Namen. Dieser gemütliche Stadtspaziergang umspannt die sieben Jahrhunderte zwischen mittelalterlicher Stadtgründung und Jugendstil-Schwelgereien.

Ausgangspunkt ist das 1 **Freiheitsdenkmal** (S. 213), die ruhmreiche Milda. Von hier geht's über die Straßenbahnschienen in die Altstadt und links in die Vaļņu iela, eine Straße voller Geschäfte. Doch dem Trubel der Moderne entflieht man schnell, indem man in die Kopfsteinpflastergasse Gleznotāju iela einbiegt.

Dies ist das mittelalterliche Riga. Weiter geht's zur Kalēju iela, wo man sich links hält; nach 30 m kommt eine Backsteinmauer mit einem Tor. Dieses führt in den 2 **Jāņa sēta** (S. 238), den Hof der Johanneskirche, wo Bischof Albert residierte, als er 1201 Riga gründete.

Im Tor führt rechts ein schmaler Gang in den nächsten mittelalterlichen Hof, den 3 **Konventa Sēta** (S. 226) mit dem gleichnamigen Hotel, ehemals ein Altenheim für die Witwen reicher Kaufleute.

Als nächstes folgt man dem blauen Pfeil Richtung Georga zale. Auf der linken Seite der Gasse befindet sich die Mauer der ehemaligen 4 **Georgskirche** (S. 207). Die Kirche ist das einzige Gebäude, das seit der Gründung der Stadt im 13. Jh. noch mehr oder weniger intakt ist.

Rechts geht es dann in die parallel verlaufende, namenlose Gasse zur touristischen Bar 5 **Black Magic**. Vielleicht verspürt man jetzt das Bedürfnis, ein Gläschen „schwarze Magie" hinunterzukippen, nämlich einen Rigaer Schwarzen Balzām, bevor es auf der anderen Seite der Kneipe in die geschäftige Kaļķu iela geht. Wer keinen Durst hat, spaziert einfach links durch einen grünen Gang um die Bar herum.

Anschließend biegt man in die Šķūņu iela, die bis zum Domplatz führt. Den Bau des 6 **Rigaer Doms** (S. 211) nahm Bi-

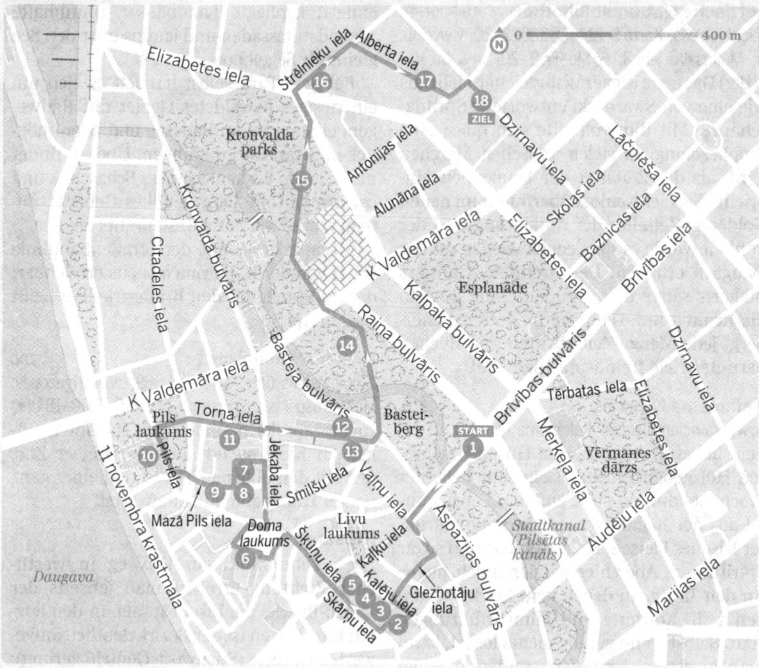

schof Albert sofort in Angriff, sobald er einen Fuß in die Stadt gesetzt hatte. Weiter geht es durch die Jēkaba iela zur 7 **St.-Jakobs-Kathedrale** (S. 211). Hier hielten die Protestanten 1523 ihre erste lutherische Messe ab.

Durch eine kleine Gasse links von der Kirche gelangt man zum Geschäft 8 **Hobbywool** (S. 237). Hier gibt's alle möglichen Strickwaren wie Schals, Hüte und Socken. Weiter geht's in der Mazā Pils iela.

Hier hat man eine Verabredung mit den 9 **Drei Brüdern** (S. 211). Die drei niedlichen alten Häuser stammen aus dem 15. bis 17. Jh. – der älteste Bruder musste also 200 Jahre auf den jüngsten warten. In dieser Zeit wurden die deutschen Ordensritter als Herrscher über die Stadt durch die Polen und dann die Schweden abgelöst.

Die Mazā Pils iela führt weiter zum 10 **Ordensschloss** (S. 212). Seine derzeitige Gestalt verdankt es den Polen und Schweden. In der Torņa iela befindet sich hingegen ein Erbe der Russen, die sofort nach der Übernahme der Stadt 1710 gewaltige Baumaßnahmen in Angriff nahmen. Der Weg führt vorbei am 11 **Arsenāls** (S. 212; heute ein tolles Kulturzentrum) und an der 12 **Jakobskaserne** (S. 212; heute ein Restaurant), die ihr jetziges Aussehen Zar Peter dem Großen verdankt.

Nach einer Verbeugung vor dem 13 **Pulverturm** (S. 212; jetzt sind wir wieder in schwedischer Zeit) geht's über die Straßenbahnschienen und die Kanalbrücke, auf der gewöhnlich Straßenmusiker spielen. Auf der anderen Seite wird man vom 14 **Denkmal für den Schriftsteller Rūdolfs Blaumanis** in Empfang genommen.

Über die Krišjāņa Valdemāra iela und einen großen, gähnend leeren sowjetischen Platz hinweg führt der Rundgang zum schönen 15 **Kronvalda-Park**. Das Rigaer Jugendstilviertel ist jetzt nur noch einen Katzensprung entfernt. Einen Vorgeschmack bietet das reich verzierte Gebäude der 16 **Stockholm School of Economics** in der Strēlnieku iela 4a. Jetzt befinden wir uns im frühen 20. Jh.

Um die Ecke wartet in der 17 **Alberta iela** (S. 216) eine ganze Galerie von Meisterwerken. Am Ende der Straße befindet sich in der Dzirnavu iela das Albert Hotel. Hier nimmt man den Aufzug bis ganz nach oben zur 18 **Star Lounge Bar Riga** (S. 235). Mit einem Drink in der Hand kann man vom Balkon auf die Stadt hinabblicken, die man sich gerade erwandert hat.

Lettische Nationalbibliothek BIBLIOTHEK
(Lichtschloss; Karte S. 214; ☎22022920; www.lnb.lv; Mūkusalas iela 3; ⏰Mo–Fr 9–20, Sa & So 10–17 Uhr) Das neue Rigaer Wahrzeichen sieht aus wie eine von Swarovski entworfene Sprungschanze. Mit ihm vollfüllte sich quasi eine Prophezeiung: In vielen lettischen Märchen wird, als das Zeitalter der Dunkelheit einbricht, das Lichtschloss überflutet; im neuen Goldenen Zeitalter der Aufklärung und der Freiheit würde es sich jedoch wieder aus der Daugava erheben. Der Architekt Gunnars Bikkerts setzte diese Prophezeiung 2014 in die Realität um. Die neue Bibliothek beherbergt jede Menge Zeitschriften und Bücher, darunter viele fremdsprachige Titel.

Kalnciema Kvartāls VIERTEL
(www.kalnciemaiela.lv; Kalnciema iela 35) In einem liebevoll restaurierten Hof mit mehreren Holzgebäuden findet ein sehr beliebter Wochenendmarkt statt, auf dem Lebensmittel aus der Region verkauft werden, darunter frisches Fleisch, Käse, Gemüse und sogar Spirituosen. Aber hier passiert noch mehr: An den Tagen, an denen kein Markt ist, finden z. B. Konzerte und Filmvorführungen statt. Selbst wenn gerade nichts los ist, kann man in einem der Cafés wunderbar einen Kaffee trinken und die Atmosphäre eines alten Rigaer Stadtteils genießen.

Infos über Veranstaltungen hält die Website bereit.

Siegesdenkmal DENKMAL
In einer weitläufigen Grünanlage (die heute v. a. zum Fußballspielen genutzt wird) steht das sowjetische Siegesdenkmal, das an das Heldentum der sowjetischen Soldaten im Zweiten Weltkrieg erinnert. Dabei ist es nicht unumstritten, denn jedes Jahr am 9. Mai treffen sich hier Tausende russische Letten, um den Sieg über den Faschismus zu feiern. Für die meisten anderen Letten ist das Denkmal hingegen ein Symbol der sowjetischen Unterdrückung.

Mežaparks

Das bewaldete Mežaparks (wörtlich: „Waldpark"), am Ķīšezers-See 7 km nördlich des Zentrums, ist Europas ältester planmäßig angelegter Vorort. Die im frühen 20. Jh. von Deutschen geschaffene „Gartenstadt" hieß ursprünglich Kaiserwald. Sie war Anlaufstelle für wohlhabende Geschäftsleute, die dem Grau der industriellen Innenstadt entfliehen wollten, und ihre Atmosphäre hat sich in den letzten 100 Jahren kaum verändert: gepflegte Landhäuser, traumhafte Jugendstilfassaden und lautlos über den See gleitende Segelboote.

Bei dem Park selbst handelt es sich um ein riesiges bewaldetes Gebiet mit Radwegen, einem großen Badesee und allen möglichen Strandvergnügungen. Überall findet man Stände für kaukasisches Schaschlik und *chebureky* (mit Tatar gefülltes Gebäck). Zudem gibt's zwei nette Restaurants am See.

Mežaparks ist mit der Straßenbahnlinie Nr. 11 von der K. Barona iela aus erreichbar; die Haltestelle für den Bruderfriedhof heißt Brāļu Kapi.

Rigaer Nationalzoo ZOO
(Zoologiskais dārz; ☎6751 8669; www.rigazoo.lv; Meža prospekts 1; Erw./Kind 2/1,50 €; ⏰10–16 Uhr) In Mežaparks befindet sich in einem hügeligen Kiefernwald auch der Rigaer Zoo, der mit den üblichen Tieren und einer ganz neuen Tropenabteilung aufwartet.

Ķīpsala

Nach zehnminütigem Fußweg in westlicher Richtung erreicht man jenseits der Vanšu-Brücke die Insel Ķīpsala. In den letzten fünf Jahren ist der Bezirk deutlich aufgewertet worden (Stichwort Gentrifizierung): Holzhäuser wurden vollständig saniert und leer stehende Fabriken in trendige Lofts verwandelt. Das baumbestandene Flussufer lädt dazu ein, über die Daugava hinweg tolle Fotos vom Stadtzentrum zu schießen. Beim Herumbummeln kann man nach einem bronzenen Känguru Ausschau halten, das ein neu restauriertes Holzhaus ziert – der Eigentümer hat Verbindungen nach Australien.

Žanis-Lipke-Denkmal MUSEUM
(www.lipke.lv; Mazais Balasta dambis 8; ⏰Di–Sa 12–18 Uhr) Kaum ein anderer Ort in Lettland kann eine so prägnante und optimistische Geschichte erzählen wie dieses labyrinthhafte Denkmal. Žanis Lipke war ein großherziger Mann mit einem Sinn für Abenteuer. Während der deutschen Besatzung besorgte er sich einen Job bei der deutschen Luftwaffe und konnte aus dem Rigaer Getto unter dem Verwand, sie als Arbeiter einzusetzen, 56 Personen herausschmuggeln. Diese versteckte er in seinem Haus – hier steht heute dieses Denkmal.

Lipke wurde von seiner Frau und einem Netz an Helfern unterstützt. Einige davon spielten mit ihrem Leben, als sie sich ins Getto begaben, um anstelle der Versteckten beim Zahlenappell anzutreten. Ein Lipke geweihter Baum steht direkt neben dem von Oskar Schindler in der Allee der Gerechten der Holocaust-Gedenkstätte Yad Vashem in Jerusalem.

Nördliche Vororte

Das Rigaer Motormuseum und das Ethnografische Freilichtmuseum liegen ein paar Kilometer außerhalb des Stadtzentrums.

Ethnografisches Freilichtmuseum MUSEUM

(Latvijas etnogrāfiskais brīvdabas muzejs; www.brivdabasmuzejs.lv; Brīvības gatve 440; Erw./Kind Mai–Okt. 4,27/1,42 €, Nov.–April 2,13/0,71 €; ⌚10–17 Uhr) Dieses Freilichtmuseum ist ein Muss für alle, die nicht genug Zeit für einen Abstecher ins ländliche Lettland haben. In einem Waldgebiet am Jugla-See gleich nordöstlich der Stadt stehen über 100 Holzbauten (Kirchen, Windmühlen, Bauernhäuser usw.) aus allen vier Regionen Lettlands. Anfahrt mit der Buslinie 1 von der Ecke Merķeļa und Tērbatas iela bis zur Haltestelle Brīvdabas muzejs.

Rigaer Motormuseum MUSEUM

(Rīgas Motormuzejs; ☎6709 7170; www.motormuzejs.lv; Eizenšteina iela 6; ⌚10–18 Uhr) Highlights der beeindruckenden Sammlung sind die Autos ehemaliger Sowjetgrößen wie Gorki, Stalin, Chruschtschow und Breschnew – inklusive ziemlich respektloser lebensgroßer Figuren der Politiker. Stalin, detailgetreu nachgebildet mit Pockennarben im Gesicht, sitzt wie ein König im Fond seiner 7 t schweren Panzerlimousine mit mehr als 6 l Hubraum. Der Wagen hat eine 1,5 cm dicke Stahlpanzerung und die Scheiben bestehen aus 8 cm dickem Sicherheitsglas. Der Spritverbrauch lag bei 40 l auf 100 km.

Um hierhin zu gelangen, folgt man der Brīvības iela vom Zentrum 8 km stadtauswärts und fährt dann 2 km in Richtung Süden zum Vorort Mežciems. Alternativ nimmt man die Buslinie 21 von der russisch-orthodoxen Kirche bis zur Haltestelle Pansionāts an der Šmerļa iela.

Aktivitäten

Adrenalinkicks wie beim Bungeejumping, Bobfahren, Mountainbiken oder Fallschirmspringen holt man sich am besten in der Stadt Sigulda (S. 269) im Nationalpark Gauja. Für Wassersportfans ist ein Aufenthalt in Jūrmala (S. 241) das Richtige. Fahrradfahrer dürfen sich auf Dutzende Radwege in der näheren Umgebung freuen. Mieträder (S. 244) sind an zwei Dutzend Stellen in der Stadt und vier weiteren in Jūrmala zu haben.

Nicht nur in Jūrmala gibt es professionelle Wellnesseinrichtungen, auch Riga hat ein paar herausragende Adressen für ein

TOP 5: TAGESAUSFLÜGE AB RIGA

Lettland hat auch abseits der Jugendstilfiguren und Kirchturmspitzen in Riga einiges zu bieten: goldene Küsten, riesige Paläste, idyllische Provinzstädtchen und urwüchsige Wälder.

Jūrmala Am sowjetischen Prestigestrand tummelt sich die russische Elite. Wer dorthin will, nimmt die S-Bahn in Richtung Skola oder Tukums. Sie hält nach 30 Minuten an der Haltestelle Majōri mitten im Badeort. (S. 241)

Saulkrasti Wer einen ruhigeren Strand bevorzugt, wird sich in Saulkrasti wohlfühlen, das nur eine Stunde Zugfahrt entfernt an der Küste von Vidzeme liegt. (S. 266)

Sigulda Kaum jemanden lässt der Anblick von Schloss Turaida im Kiefernwald des Nationalparks Gauja unbeeindruckt. Adrenalinjunkies kommen bei unzähligen Aktivitäten wie Bobfahren oder Bungeespringen aus einer fahrenden Seilbahn auf ihre Kosten. Sigulda ist mit Bus oder Bahn in 1¼ Stunden zu erreichen. (S. 269)

Schloss Rundāle Lettlands Miniaturausgabe von Versailles (aber ohne Menschenmengen) ist eine glanzvolle, 138 Räume umfassende Hommage an aristokratischen Prunk. Die 75 km dorthin kann man im Rahmen einer Bustour (ab 25 €) oder mit dem Mietwagen zurücklegen. Öffentliche Busse fahren bis Bauska, 12 km vor dem eigentlichen Ziel. Von dort geht's mit Lokallinien weiter. (S. 262)

Abava-Tal Das ruhige Tal des gurgelnden Flusses Abava ist ein schöner Kontrast zu Rigas hektischem Stadtkern. Hier kann man durch charmante Straßendörfchen und vorbei an Biobauernhöfen spazieren und ein Picknick unter den Skulpturen des Freilicht-Kunstmuseums Pedvāle genießen. Ein Mietfahrzeug ist das beste Verkehrsmittel. (S. 254)

Verwöhnprogramm auf Lettisch zu bieten. Sich mit trockenen Birkenzweigen auspeitschen lassen, während man bei über 40 °C schwitzt … Klingt doch entspannend, oder?

Baltā Pirts WELLNESS
(☎6727 1733; www.baltapirts.lv; Tallinas iela 71; Sauna ab 10 €; ⊙Mi–So 8–20 Uhr) Mehr Einheimische als Touristen lockt Baltā Pirts mit seiner Kombination aus traditionellen, lettischen Entspannungstechniken (der Name bedeutet „Weißbirke") und orientalischem Interieur. Anfahrt mit der Straßenbahn via A Čaka nach Norden bis zur Tallinas iela.

Taka Spa WELLNESS
(Karte S. 214; ☎6732 3150; www.takaspa.lv; Kronvalda bulvāris 3a; Anwendungen ab 28 €; ⊙Mo–Fr 10–21, Sa & So bis 19 Uhr) Das luxuriöse Taka Spa bietet Massagen, Wickel, Scrubs (Abreibungen) und Saunagänge. Markenzeichen ist das „Eröffnungsritual", bei dem die Teilnehmer zwischen Sauna und Pool hin- und herwechseln und dabei Kräutertees trinken.

Geführte Touren

In und um Riga gibt es zahllose Anbieter von Führungen und Tagestouren zu Sehenswürdigkeiten der Region.

Amber Way BUSTOUREN, RUNDGÄNGE
(☎6727 1915; www.sightseeing.lv; Touren ab 15 €) Verschiedenste Stadtführungen mit dem Bus oder zu Fuß beginnen täglich um 11, 12, 13 und 15 Uhr. Interessant ist das Kombiangebot Stadtspaziergang-Bus-Mittagessen für 29 € Tagesausflüge führen zum Schloss Rundāle (samstags), nach Sigulda (freitags) und nach Jūrmala (sonntags). Sie beginnen jeweils um 11 Uhr am Opernhaus. Die meisten Mittel- und Spitzenklassehotels können für ihre Gäste diese Touren buchen.

Riga Bike Tours RADTOUREN
(☎28225773; www.rigabikerent.com; Riharda Vagnera iela 14; ⊙10–18 Uhr) Bietet täglich dreistündige Radtouren durch Riga (15 €; 10 € mit eigenem Fahrrad) sowie längere Touren durch Lettland. Operiert unter der Marke Riga Explorers Club.

E.A.T. Riga RUNDGÄNGE
(☎22469888; www.eatriga.lv; Touren ab 12 €) Die Abkürzung steht für „Experience Alternative Tours" und der Schwerpunkt liegt auf thematischen Rundgängen abseits der Touristenpfade (Alt-Riga, Jugendstil, Alternatives Riga, Retro-Riga). Für Freunde des guten Essen wird Riga Food Tasting angeboten, für Radler eine Radtour durch Jūrmala.

Riga Culture Free Tour KULTURTOUREN
(☎20338877; www.rigaculturefreetour.lv) GRATIS Ein täglicher Stadtrundgang auf Englisch mit Experten für heimische Kultur. Die zweistündige Führung beginnt um 12 Uhr am Jānis-Rainis-Denkmal an der Esplanāde.

Retro Tram KULTURTOUREN
(Karte S. 214; ☎6710 4817; www.rigassatiksme.lv/en/services/retro-tram; Tickets 2 €) Hier geht's mit einer restaurierten alten Straßenbahn durch das Jugendstilviertel und weiter nach Mežaparks. Am Wochenende und an Feiertagen gibt's kostenlose Führungen zu Fuß durch das Jugendstilviertel. Gestartet wird fünfmal am Tag an der S-Bahnhaltestelle Auseklа.

Riga by Canal BOOTSFAHRTEN
(☎25911523; www.kmk.lv; Erw./Kind 18/9 €; ⊙10–20 Uhr) An Bord der reizenden, 100 Jahre alten „Darling" kann man die Stadt einmal aus einer anderen Perspektive erleben. Dieselbe Strecke auf dem Stadtkanal und der Daugava befahren noch drei weitere Boote der Flotte.

Riga City Tour BOOTSFAHRTEN
(☎26655405; www.citytour.lv; Touren 15 €) Doppeldeckerbusse starten vom Rathausplatz stündlich zu Stadtrundfahrten. Die Passagiere können an 15 Haltestellen beidseits der Daugava zu- und aussteigen, beliebig oft und einen ganzen Tag lang.

Festivals & Events

Die Bewohner Rigas finden immer einen Grund zum Feiern, vor allem in den Sommermonaten. Einen umfassenden Veranstaltungskalender mit lokalen Events gibt's unter www.rigatourism.lv.

Internationales baltisches Ballett-Festival TANZ
(www.ballet-festival.lv) Läuft ab Ende April drei Wochen lang; hier zeigen lettische und internationale Tanzgruppen ihr Können.

Rigaer Opernfestival MUSIK
(Rīgas Operas festivāls; www.opera.lv) Die wichtigste Veranstaltung der Nationaloper findet im Juni statt und bringt zehn Tage lang weltbekannte Künstler auf die Bühne.

Sommersonnenwende KULTUR
Am 23. Juni kehren die Letten mit der Feier der Sommersonnenwende zu ihren heidnischen Wurzeln zurück und versammeln sich entlang des Flusses. Öffentliche Verkehrsmittel können umsonst genutzt werden.

Rīgas Ritmi MUSIK
(www.rigasritmi.lv) „Rigas Rhythmen", das internationale Musikfest der Hauptstadt, findet Anfang Juli statt.

Summer Sound MUSIK
(www.summersound.lv) Dieses Festival mit dem Besten, was die lettische Popszene zu bieten hat, sowie bekannten internationalen Zugpferden findet im Juli in Lettlands Musikhauptstadt statt.

Piens Fest MUSIK
(http://piens.nu) Rigas bester Club veranstaltet im August sein eigenes Festival mit Zirkusvorstellungen und Dichterlesungen neben jeder Menge Musik.

Future Shorts FILM
Das beliebte Festival für kurze Dokumentarfilme von lettischen und ausländischen Regisseuren findet derzeit im August im Kalnciema Kvartāls (S. 222) statt.

Baltā Nakts KUNST
(www.baltanakts.lv) Im September veranstaltet das Lettische Zentrum für zeitgenössische Kunst seine „weiße Nacht". Diese Feier entspricht einer ähnlichen Veranstaltung in Paris, bei der die ganze Nacht hindurch überall in der Stadt Künstler und Kulturveranstaltungen zu bestaunen sind.

Survival Kit KUNST
Bei diesem Event, das jedes Jahr im September stattfindet, stellen die besten zeitgenössischen Künstler Lettlands sowie Gäste aus der EU und den ehemaligen Sowjetrepubliken aus.

Arēna New Music Festival MUSIK
(www.arenafest.lv) Auf verschiedenen Bühnen in ganz Riga treten während der letzten zwei Oktoberwochen zeitgenössische Musiker auf.

Lichterfest LICHTERFEST
(www.staroriga.lv) Das Lichterfest steigt rund um den Nationalfeiertag im November und lässt Riga noch einmal erstrahlen, bevor der lange Winter endgültig Einzug hält. Nachts sind zahllose öffentliche Gebäude und Objekte beleuchtet.

Weihnachtsbaumweg WEIHNACHTEN
Die Rigaer behaupten, dass ihre Stadt die Wiege des Weihnachtsbaums ist (S. 207). Jedes Jahr zu Weihnachten wird viel Aufhebens um das Schmücken des Baums auf dem Rātslaukums gemacht.

Schlafen

Bei der Unterkunftssuche sollte man sich zuerst überlegen, ob man in der Altstadt oder lieber im Zentrum sein möchte. Beide Optionen sind super, aber aus unterschiedlichen Gründen. Die Stadt kann wunderbar zu Fuß erkundet werden – was das betrifft, sind beide Bezirke gleich gut geeignet. Wer nur wenig Zeit hat, ist wahrscheinlich in Alt-Riga besser aufgehoben, da sich dort die wichtigsten Sehenswürdigkeiten befinden. Ist man etwas länger in der Stadt, ist das Zentrum vielleicht attraktiver, denn es ist nicht ganz so touristisch und die Preise sind hier günstiger. Außerdem kann im Sommer in der Altstadt Lärm ein Problem darstellen. Bis spät am Abend sind Straßenmusiker unterwegs und die Feierwütigen erfreuen sich am Klang ihrer lauten Stimmen.

Im Sommer wimmelt es in Riga von Besuchern; egal, wo man übernachtet, zwischen Juni und August sollte man Unterkünfte auf jeden Fall vorab reservieren.

In der Rigaer Unterkunftsszene dominieren Hostels das untere Preissegment. Steigende Grundstückspreise bescheren dem Rucksacktourismus einen ständigen Wandel, denn manche Unterkünfte schließen über Winter und können dann zur nächsten Saison nicht wieder eröffnen. Internet und WLAN-Zugang gibt's praktisch überall kostenlos. Am Wochenende sind Übernachtungen übrigens teurer.

Rigas Nobelunterkünfte können in zwei Kategorien unterteilt werden: Marke „Extravagant" mit Antiquitäten, üppigen Textilien etc., die die aristokratische Vergangenheit der Stadt wieder lebendig werden lässt, und Marke „Avantgardistisch" wie aus einem brandaktuellen skandinavischen Einrichtungsmagazin.

Altstadt (Vecrīga)

Riga Old Town Hostel HOSTEL €
(☎ 6722 3406; www.rigaoldtownhostel.lv; Valņu iela 43; B ab 17 €; ❄ 📶) Der gemütliche australische Pub im Erdgeschoss fungiert gleichzeitig als „Wohnzimmer" des Hostels. Hat man seinen Rucksack durch die als Bücherregal getarnte Tür und die Treppe hinaufmanövriert, gelangt man zu geräumigen Mehrbettzimmern mit Kronleuchtern und viel natürlichem Licht.

★ **Naughty Squirrel** HOSTEL €
(☎ 6722 0073; www.thenaughtysquirrel.com; Kalēju iela 50; B ab 18 €; ❄ @ 📶) Kräftige Farben

LETTISCHES BESATZUNGS-MUSEUM

Die kompakte **Multimedia-Ausstellung** (http://okupacijasmuzejs.lv; Raiņa bulvāris 7; ⌚ Mai–Sept. 11–18 Uhr, Okt.–April 11–17 Uhr) GRATIS erzählt die Geschichte der sowjetischen und deutschen Besatzung Lettlands zwischen 1940 und 1991 – grundlegend für alle, die das heutige Lettland wirklich begreifen wollen. Das eigentliche Museum, in dem die Ausstellung normalerweise zu sehen ist, wird gerade renoviert und frühestens 2017 wieder eröffnet.

und Graffiti schmücken Rigas Backpackerhochburg. Man kann Kicker spielen oder im TV-Zimmer ausspannen, an den regelmäßigen Kneipentouren oder Grillabenden (im Sommer) teilnehmen und adrenalingeladene Tagestouren unternehmen.

Radi un Draugi HOTEL €€
(☎6782 0200; www.draugi.lv; Mārstaļu iela 1; EZ/DZ ab 50/60 €; @📶) Diese zuverlässige und schalldichte Unterkunft im Herzen des Ausgehviertels der Altstadt wurde ursprünglich für lettische Emigranten erbaut, die nach Jahrzehnten im Exil ihre alte Heimat wiedersehen wollten. Die Einrichtung ist insgesamt eher schlicht, was man aber durchaus auch als stylisches Understatement interpretieren kann.

★ **Ekes Konvents** HOTEL €€
(☎6735 8393; www.ekeskonvents.lv; Skārņu iela 22; Zi. ab 60 €; 📶) Nicht zu verwechseln mit dem Konventa Sēta nebenan! Das Ekes Konvents ist in einem 600 Jahre alten Gebäude untergebracht, das vor mittelalterlichem Charme nur so sprüht. In die Steinnischen am Ende jedes Flurs kann man sich wunderbar mit einem Buch zurückziehen. Das Frühstück wird in dem Café die Straße runter serviert.

Konventa Sēta HOTEL €€
(☎27087501; www.konventa.lv; Kalēju iela 9/11; EZ/DZ ab 71/76 €; P📶) Die Lage in einem restaurierten Kloster aus dem 15. Jh. im Herzen des mittelalterlichen Riga ist unschlagbar. Die Zimmer sind so blitzsauber und klein wie eine Klosterzelle – und das genau waren sie auch bis 1938, als die letzten Nonnen das Feld räumten.

Wellton Centra HOTEL €€€
(☎6721 2012; www.centra.lv; Audēju iela 1; Zi. ab 84 €; @📶) Eine gute Wahl für Besucher, die im Altstadtzentrum komfortabel wohnen wollen. Die geräumigen Zimmer sind mit Designerstücken wie LCD-TV, Porzellanwaschbecken und minimalistischen Kunstwerken ausgestattet. Die Zimmer im 5. und 6. Stockwerk haben niedrigere Decken, dafür aber eine bessere Aussicht auf die mittelalterlichen Straßen der Stadt.

★ **Neiburgs** HOTEL €€€
(☎6711 5522; www.neiburgs.com; Jaun iela 25/27; EZ/DZ ab 170/185 €; ❄📶) Das in einem der schönsten Jugendstilhäuser der Altstadt residierende Neiburgs steht für schicken Boutiquestil und vereint moderne Elemente mit altmodischen Details. Am besten nimmt man ein Zimmer in einer der oberen Etagen; dort hat man einen tollen Blick auf die bunten Giebeldächer und gewundenen mittelalterlichen Türmchen.

Grand Palace Hotel HISTORISCHES HOTEL €€€
(☎6704 4000; www.grandpalaceriga.com; Pils iela 12; EZ/DZ ab 195/209 €; @📶) Nirgendwo ist der Verwöhnfaktor größer als im opulenten Grand Palace. Die Zimmer sind mit alten Möbeln eingerichtet und haben wirklich Stil. Das nette Personal schwelgt gern in Erinnerungen an verschiedene illustre Gäste wie Catherine Deneuve und REM, dabei ist das Hotel eher auf blaues Blut als auf Rockstars zugeschnitten.

★ **Dome Hotel** HOTEL €€€
(☎6750 9010; www.domehotel.lv; Miesnieku iela 4; Zi. ab 237 €; 📶) Es ist nur schwer vorstellbar, dass dieser 100 Jahre alte Bau einst zu einer Reihe von Metzgereien gehörte. Heute führt eine wunderbare Holztreppe zu den Zimmern mit einzigartiger Einrichtung hinauf: Dachschrägen, Holzvertäfelungen, Polstermöbel, große Fenster mit Blick auf die Stadt.

Neustadt (Centrs)

★ **Cinnamon Sally** HOSTEL €
(Karte S. 214; ☎22042280; www.cinnamonsally.com; Merķeļa iela 1; B ab 12 €, Zi. 45 €; @📶) Das für den Bahnhof und Busbahnhof praktisch gelegene Cinnamon Sally bietet blitzsaubere Zimmer, sehr hilfsbereite Mitarbeiter und einen Gemeinschaftsbereich mit lauter geselligen Typen. Vielleicht macht es zunächst einen etwas merkwürdigen Eindruck, an der Rezeption gebeten zu werden, die Schuhe

auszuziehen, aber auch dies gehört zum ständigen Bemühen, eine wohnliche Atmosphäre zu schaffen.

Riga City Camping CAMPINGPLATZ €
(☎ 6706 5000; www.rigacamping.lv; Ķīpsalas iela 8; Stellplätze Erw./Kind/Zelt 3/1,50/6 €; ⊙ Mitte Mai–Mitte Sept.; @ 🐾) Dieser große Campingplatz liegt erstaunlich zentrumsnah auf der Insel Ķīpsala. Er bietet jede Menge Platz für Camper und Wohnmobile. Ab vier Übernachtungen gibt's Rabatte.

Albert Hotel HOTEL €€
(Karte S. 214; ☎ 6733 1717; www.alberthotel.lv; Dzirnavu iela 33; EZ/DZ ab 74/79 €; P ❄ @ 📶) Das kastenartig-modernistische Äußere passt nicht unbedingt zwischen die anmutigen Jugendstil-Gebäude, dafür ist der Innenbereich auf sympathische Art schräg und widmet sich ganz seinem Namensgeber Albert Einstein: Auf dem gemusterten Teppich sind kleine Atomsymbole erkennbar, die Uhren in der Lobby zeigen „imaginäre" und „lineare Zeit" und anstelle der üblichen „Bitte nicht stören"-Türhänger steht auf roten Schildchen „Ich denke".

Hanza Hotel HOTEL €€
(Karte S. 214; ☎ 6779 6040; www.hanzahotel.lv; Elijas iela 7; EZ/DZ ab 46,50/52 €; @ 📶) Direkt hinter dem Zentralmarkt liegt dieser Neuzugang in Rigas Hotelszene. Ein umgebauter Wohnblock mit sechs Stockwerken, ordentlichen Zimmern und teils prima Ausblick auf die Jēzus baznīca.

★ **Art Hotel Laine** HOTEL €€
(Karte S. 214; ☎ 6728 8816; www.laine.lv; Skolas iela 11; EZ/DZ ab 34/44 €; P 📶) Das Hotel liegt in einem Wohnblock, dessen alter Aufzug die Gäste zur Rezeption im dritten Stock befördert. Hier fühlt man sich heimischer als in den meisten anderen Hotels der Stadt. Dazu tragen auch die dunkelgrünen Wände und Samtsessel, die Kunst an den Wänden und die Retro-Badewannen und -Möbel bei.

Edvards HOTEL €€
(Karte S. 214; ☎ 6743 9960; www.hoteledvards.lv; Dzirnavu iela 45/47; EZ/DZ 65/75 €; 📶) Das Edvards versteckt sich in einem stillen Hof im Herzen von Rigas Geschäftszentrum und liegt gleich weit von allen Sehenswürdigkeiten sowie nur einen Katzensprung von einigen der besten Cafés und Restaurants der Stadt entfernt. Die Einrichtung der Zimmer spiegelt die lakonische, gradlinige Eleganz des 1890 erbauten Hauses.

Hotel Valdemārs HOTEL €€
(Karte S. 214; ☎ 6733 4462; www.valdemars.lv; K Valdemāra iela 23; EZ/DZ ab 59/67 €; ❄ 📶) Das in einem Jugendstilblock versteckte Hotel der Kette Clarion Collection ist eine ausgezeichnete Wahl für alle, die vernünftige Preise einer schicken Einrichtung vorziehen. Und es gibt sogar Frühstück, Nachmittagssnacks und ein einfaches Abendbuffet für alle Gäste.

Islande Hotel HOTEL €€
(☎ 6760 8000; www.islandehotel.lv; Ķīpsalas iela 20; EZ/DZ 74/80 €; @ 📶) Die Lage auf der Insel Ķīpsala macht einen fast ländlichen Eindruck, doch der Blick über den Fluss auf die Altstadt ist unschlagbar und dorthin sind es zu Fuß nur 20 Minuten – vielleicht besser, als die ganze Nacht dem Altstadtlärm ausgesetzt zu sein.

Jakob Lenz GASTHOF €€
(Karte S. 214; ☎ 6733 3343; www.guesthouselenz.lv; Lenču iela 2; EZ/3BZ 55/64 €, DZ/4BZ mit Gemeinschaftsbad 40/45 €; @ 📶) 25 wunderschöne Zimmer verborgen in einer Seitenstraße am Rand des Jugendstilviertels. Phantastisches Frühstück.

Teater City Hotel HOTEL €€
(Karte S. 214; ☎ 6731 5140; www.cityhotel.lv; Bruņinieku iela 6; Zi. ab 60 €; 📶) Das Teater im „Stillen Viertel" verfügt als Lobby über einen stylischen überdachten Innenhof. Vom Frühstücksraum im obersten Stock blicken die Gäste auf das palastartige Jugendstilkrankenhaus Stradinš. Die großen, komfortablen Zimmer riechen ein wenig chemisch, was wir mal der frischen Farbe zuschreiben wollen.

B&B Riga APARTMENTS €€
(Karte S. 214; ☎ 6727 8505; www.bb-riga.lv; Ģertrūdes iela 43; Zi. ab 55 €; P 📶) Nette, in einer Wohnanlage verteilte Apartmentzimmer in unterschiedlicher Ausführung (besonders lauschig sind die Suiten mit erhöhter Schlafetage). Nur schade, dass die Betten und Kissen nicht bequemer sind.

★ **Europa Royale** HOTEL €€€
(Karte S. 214; ☎ 6707 9444; www.europaroyale.com; K Barona iela 12; Zi. ab 85 €; ❄ @ 📶) Hier lebte einst die Medienzarin Emīlija Benjamiņa. Das reich verzierte Gebäude mit ausladenden Treppen, hohen Decken, prachtvoller Bar und tollem Frühstücksraum hat kaum etwas von seiner ursprünglichen Pracht eingebüßt. Nicht alle Zimmer sind so opulent, aber die Zimmer mit Erkerfenster enttäuschen nicht.

Hotel Bergs HOTEL €€€
(Karte S. 214; ☎6777 0900; www.hotelbergs.lv; Elizabetes iela 83/85; Suite ab 187 €; P ❄ ᯤ) Das renovierte Gebäude aus dem 19. Jh. besitzt eine schicke Erweiterung im skandinavischen Stil. Jeder Zentimeter verkörpert Luxus. Die geräumigen Suiten sind mit hochwertigem unifarbenem Mobiliar ausgestattet und einige haben eine Küche. Es gibt sogar eine „Kissenkarte": Die Gäste können ihr Kopfkissen aus einer Reihe unterschiedlicher Formen und Materialien auswählen.

Radisson Blu Elizabete Hotel HOTEL €€€
(Karte S. 214; ☎6778 5555; www.radissonblu.com/elizabetehotel-riga; Elizabetes iela 73; Zi. ab 109 €; P ❄ ᯤ) Das elegante Hotel wurde von einem aufstrebenden Londoner Architektenbüro gestaltet. Die Fassade ist ein echter Hingucker: Sie verbindet Chrom- und Stahlelemente mit viel Glas. Auch die Inneneinrichtung ist beeindruckend. Die clever geschnittenen Zimmer mit den stilvollen Möbeln sind gleichermaßen gemütlich und trendy.

Radisson Blu Hotel Latvija HOTEL €€€
(Karte S. 214; ☎6777 2222; www.radissonblu.com/latvijahotel-riga; Elizabetes iela 55; Zi. ab 120 €; P ❄ ᯤ ≋) Unter dem Sowjetregime war dieses Hotel ein düsterer Koloss und mehrere Stockwerke dienten der Gästeüberwachung. Heute – nach einem dringend benötigten Facelifting – sind die Tage der Spionage vorbei, das Personal ist nett und die Zimmer sind mit unterschiedlichster Kunst geschmückt. Die Skyline Bar im 26. Stock (S. 235) gewährt eine tolle Aussicht.

EIN BRITE IM RATHAUS

Bei der Rigaer Oper begegnet man vielleicht einem altmodischen Paar aus Bronze, das einen – ebenfalls bronzenen – Chow-Chow ausführt. Auf den ersten Blick wirken die beiden vielleicht wie zwei typische Bewohner aus dem Riga an der Wende zum 20. Jh. – in Bronze gegossen, um die heutigen Bewohner an ihre Urgroßeltern zu erinnern. Aber das Paar – und den Hund – gab es wirklich, und sie waren bedeutend genug, dass Königin Elisabeth 2006 nach Riga kam, um das Denkmal zu enthüllen.

Denn bei dem Mann handelt es sich um George Armitstead, der während der Belle Époque, als die Stadt ihr jetziges großstädtische Gepräge erhielt, in Riga das Zepter schwang (1901–1912). Rigas bester Bürgermeister aller Zeiten war ein Brite, hineingeboren in eine Familie von aus Yorkshire stammenden Jutehändlern.

Was also ist Armitsteads Erbe? Fast alles außerhalb der Altstadt erblickte während seiner Amtszeit das Licht der Welt, darunter 680 Jugendstilgebäude, die der Stadt heute ihren architektonischen Stempel aufdrücken. Und dazu noch das prächtige Lettische Nationalmuseum für Kunst, der wichtigste Boulevard der Stadt, der Brīvības bulvāris, die Parks um die Altstadt herum, die elektrische Straßenbahn, das immer noch funktionierende Trinkwassersystem, der Zentralmarkt und Dutzende andere Dinge.

Und noch viel wichtiger war, dass sich Riga während seiner Zeit als Bürgermeister in eine einzigartige Weltstadt verwandelte, die die Moderne begrüßte, aber auch ihre Vergangenheit nicht vergaß.

Obwohl die Armitstead-Männer immer wieder Frauen aus dem baltendeutschen Adel heirateten und sich bemühten, loyale Bürger des russischen Zarenreichs zu sein, blieben sie doch unerschütterlich britisch. Ihre Familie erbaute Rigas **Anglikanische Kirche** (www.anglicanriga.lv; Anglikāņu iela 2). Und George Armitsteads Landsitz Schloss Jaunmoku (S. 246) strotzt vor Nostalgie für das Land seiner Vorfahren. Auch die Leidenschaft der Familie für Hunde galt damals als typisch britische Eigenheit.

Und wer ist 2016 Bürgermeister von Riga? Ebenfalls eine herausragende multikulturelle Persönlichkeit. Der ehemalige Journalist Nils Ushakovs ist der einzige Russe, der einer Hauptstadt der EU vorsteht. Er ist vollständig zweisprachig und spricht in einer Stadt, in der die beiden etwa gleich stark vertretenen ethnischen Gruppen noch immer mehr oder wenig getrennt nebeneinanderher leben, sowohl Russen als auch Letten an.

Kann man ihn dabei sehen, wie er einen Hund ausführt? Nein, denn Ushakovs ist ein Katzentyp. Er hält sich mindestens drei Katzen, die man vielleicht im Rathaus herumschleichen sieht. Bedeutet das etwas für Riga? Hoffentlich nicht. Selbst im Hinblick auf die nicht immer ungetrübten ethnischen Beziehungen ist die Redensart "wie Hund und Katze" keineswegs angebracht.

Essen

Jahrhundertelang bedeutete Essen für die Letten nichts weiter als Nahrungsaufnahme, die hart arbeitenden Bauern Kraft geben und sie in den eisigen baltischen Wintern wärmen musste. Die Ära der gekochten Kartoffeln und des Schweineschmalzes ist vorbei und aus dem notwendigen Übel wird allmählich ein Erlebnis für die Sinne. Es wird zwar noch dauern, bis Globetrotter die hiesigen Restaurants nicht mehr nur mit den Worten „für Rigaer Verhältnisse ganz okay" umschreiben, aber es ist nicht zu leugnen, dass sich die Restaurantszene in den letzten zehn Jahren erstaunlich gemausert und vergrößert hat. Dabei bleiben immer wieder ein paar Betriebe auf der Strecke, insbesondere vor dem aktuellen Hintergrund der kriselnden Weltwirtschaft. Restaurants öffnen und schließen wieder im Rhythmus der Jahreszeiten.

Derzeit setzt sich die Slowfood-Bewegung durch. Auf den Speisekarten mit Gerichten der Saison finden sich sorgfältig und natürlich zubereitete Gerichte aus regionalen Bioprodukten. Abgesehen von trendigeren Lokalen hat man häufig den Eindruck, dass der Begriff Slowfood allzu wörtlich interpretiert wird und die Bedienungen sich wahrhaftig im Schneckentempo fortbewegen.

Mit der Zunahme ausländischer Einflüsse ist auch das Trinkgeld *(apkalpošana)* immer öfter nicht mehr freiwillig, sondern zur Pflicht geworden. In der Hauptstadt sind 10 % üblich und viele Restaurants setzen es direkt auf die Rechnung.

Altstadt (Vecrīga)

Eine gute Adresse für Selbstversorger ist die Filiale von **Rimi** (www.rimi.lv; Audēju iela16; ⌚8–22 Uhr), einer renommierten Supermarktkette, im Einkaufszentrum Galerija Centrs in der Altstadt.

Šefpavārs Vilhelms FASTFOOD €
(Šķūņu iela 6; Pfannkuchen 0,60–0,90 €; ⌚9–21 Uhr) Hier kann man sich für ein schnelles, unkompliziertes Backpacker-Frühstück anstellen und einen Teller mit gefüllten oder ungefüllten Pfannkuchen beladen, die man dann mit Belägen überhäuft.

LIDO Alus Sēta LETTISCH €
(www.lido.lv; Tirgoņu iela 6; Hauptgerichte ca. 5 €; WLAN) Das netteste Restaurant der LIDO-Gruppe (Rigas weit verbreiteter Buffetrestaurantkette) erinnert an ein altes lettisches Brauhaus. Es wird ebenso von Einheimischen wie von Touristen frequentiert, denn das traditionelle Essen und das selbst gebraute Bier sind preiswert, aber köstlich. Während der wärmeren Monate kann man an Tischen draußen auf der Kopfsteinpflasterstraße sitzen.

V Ķuze CAFÉ €
(www.kuze.lv; Jēkaba iela 20/22; Snacks 4 €; ⌚10–21 Uhr; WLAN) In diesem niedlichen kleinen Café ächzt der Tresen geradezu unter der Last des Kuchens und der Pralinen. Benannt ist es nach dem Chocolatier Vilhelms Ķuze, der seine Verbannung nach Sibirien nach dem Zweiten Weltkrieg nicht überlebte. Heute floriert sein Unternehmen wieder.

Pelmeņi XL RUSSISCH €
(Kaļķu iela 7; Hauptgerichte ca. 2,50 €; ⌚9–4 Uhr) Diese große Cafeteria ist eine Rigaer Institution für Rucksacktouristen und Trunkenbolde. Bis spät in die Nacht werden leckere *pelmeņi* (eine Art russische Ravioli mit Fleischfüllung) zubereitet. Das Dekor schwankt zwischen Gaudí und Familie Feuerstein (muss man mit eigenen Augen sehen!). Das Essen wird nach Gewicht abgerechnet, aber selbst für eine große Schüssel muss man nicht die Reisekasse plündern.

Index SANDWICHES €
(Karte S. 214; www.indexcafe.lv; Brīvības iela 32; Sandwiches & Salate 2,80 €; ⌚Mo–Fr 7–22, Sa & So 10–22 Uhr) Lettlands trendigere Version eines Fastfood-Imbisses bietet Sandwiches weit über Supermarktniveau. Schwarz-gelbe Schablonenkunst ziert die Wände und riesige Panoramafenster geben den Blick auf die Brīvības frei – der perfekte Ort zum Leutebeobachten. Es gibt noch eine weitere (etwas gemütlichere) Filiale im Herzen der Altstadt (Šķūņu iela 16).

Vecmeita ar kaki INTERNATIONAL €€
(Die Jungfer & ihre Katze; Mazā Pils iela 1; Hauptgerichte 5–12 €; ⌚11–23 Uhr; Speisekarte) Dieses etwas düstere Lokal gegenüber vom Schloss Riga hat sich auf recht preiswerte, sättigende Speisen spezialisiert. Bei wärmeren Temperaturen wird draußen an umgebauten Nähmaschinentischen gesessen.

Ķiploku Krogs EUROPÄISCH €€
(Knoblauchkneipe; www.kiplokukrogs.lv; Jēkaba iela 3/5; Hauptgerichte 7–14 €; ⌚12–23 Uhr) Vampire aufgepasst: Hier enthält wirklich alles Knoblauch – sogar die Eiscreme. Manche Gerichte sind ganz gut geglückt, andere we-

ESSEN WIE DIE LETTEN

Dies sind die Säulen der lettischen Gastronomie:

Schwarzer Balzām Das tintenschwarze, 45 %-ige Gebräu basiert auf einem Geheimrezept mit mehr als einem Dutzend Zutaten wie aus dem Märchenbuch, darunter Eichenrinde, Wermut und Lindenblüten. Ein Likörchen pro Tag hält Körper und Seele zusammen, so sagt ein Großteil der lettischen Rentner. Am besten mixt man ihn mit einem Glas Cola, dann brennt er nicht so.

Pilze Die Letten sind leidenschaftliche Pilzsammler. Sobald der Herbst Einzug gehalten hat, strömen sie in die Wälder hinaus.

Alus Dafür, dass Lettland so winzig ist, gibt es ganz schön viel *alus* (Bier)! Jede größere Stadt hat ihre eigene Sorte; Užavas aus Ventspils ist ein todsicherer Tipp.

Räucherfisch Dutzende Fischbuden säumen die Küste Kurlands (Kurzeme); man beachte die „Rauchzeichen" über den Baumkronen. Einfach eine Portion Fisch zum Mitnehmen bestellen – der perfekte Snack.

Kvass Um das Jahr 2000 herum hat dieses Getränk aus vergorenem Roggenbrot Coca Cola in die Knie gezwungen. Überraschend beliebt bei Kindern und Jugendlichen!

Roggenbrot Roggenbrot ist nicht nur lecker und wahrscheinlich gesünder als Weizenbrot, sondern es hat auch eine ästhetische Qualität, passt es doch bestens zum schwarzen Holz der nordisch geprägten Raumausstattungen Lettlands.

Beeren Wenn man alle Flächen mit Brombeergebüschen und Cranberry-Mooren zusammenzählt, machen diese wohl einen großen Teil der Landesfläche aus. Im ganzen Land werden auf den Märkten Beeren verkauft – man braucht sich also nicht selbst in die tiefen Wälder zu wagen.

niger. Dringend abraten würden wir vom Knoblauch-Pesto, das einem über mehrere Tage schlechten Atem beschert (ernsthaft!). Der Eingang befindet sich auf der Mazā Pils.

★ 3 Pavaru MODERN EUROPÄISCH €€€
(☎20370537; www.3pavari.lv; Torņa iela 4; Hauptgerichte 23–27 €; ⌚12–23 Uhr) Die drei Top-Köche, die hier den Laden schmeißen, haben ein jazziges Verhältnis zum Kochen: Improvisation prägt das kleine, aber ständig wechselnde Angebot. Der Schwerpunkt liegt auf Experimentellem wie gebackenem Kabeljau mit Ochsenschwanz-Eintopf sowie einer kunstvollen Präsentation, die selbst Mark Rothko oder Joan Miró bewundert hätte.

Le Dome Fish Restaurant FISCH & MEERESFRÜCHTE €€€
(☎6755 9884; www.zivjurestorans.lv; Miesnieku iela 4; Hauptgerichte 22–30 €; ⌚8–23 Uhr; 📶) Das Restaurant im Dome Hotel lässt keinen Zweifel daran, dass das Meer samt seiner köstlichen Früchte nicht weit ist. Der Service ist 1a und die Gerichte (darunter auch einige Fleisch- und vegetarische Gerichte) werden formvollendet zubereitet. Die Speisekarte zeigt, wie vielseitig die moderne lettische Küche ist.

Indian Raja INDISCH €€€
(Sue's Indian Raja; ☎6722 3240; www.indianraja.lv; Skārņu iela 7; Hauptgerichte 12–17 €; 📶) Wer hätte geahnt, dass es im Baltikum derartig gutes indisches Essen gibt?! Versteckt in einer mittelalterlichen Gasse bekommt man das willkommene Gegenstück zur tendenziell eher faden lettischen Küche. Hier dreht sich alles um leckere Currys mit Gewürzen, die aus Indien importiert werden.

Gutenbergs LETTISCH €€€
(www.gutenbergs.eu; Doma laukums 1; Hauptgerichte 15–20 €; ⌚Mai–Okt.) Noch eine Spur besser, als beim Essen einen tollen Ausblick auf die Dächer der Altstadt zu haben, ist es, wenn man sich mittendrin befindet. Auf der Dachterrasse des Hotel Gutenbergs sorgen Blumenkübel, Engelsstatuen und Brunnengeplätscher für florentinisches Flair, während die Speisekarte sich mehr auf einheimische Spezialitäten konzentriert.

Tēvocis Vaņa RUSSISCH €€€
(Onkel Wanja; ☎27886963; www.unclevanya.lv; Smilšu iela 16; Hauptgerichte 14–21 €; ⌚11–23 Uhr) In diesem urigen Restaurant setzt Russland einen freundlichen Tschechow-Hut auf. Serviert werden märchenhafte *blini*

(Pfannkuchen), *pelmeni* (Teigtaschen) und *kholodets* – Sülzfleisch, das zusammen mit Essiggurken einen unvermeidlichen Bestandteil einer *samogon* (selbstgebrannter Wodka) -Sause darstellt.

Rozengrāls LETTISCH €€€
(☎25769877; www.rozengrals.lv; Rozena iela 1; Hauptgerichte 15–27 €; ⌚12–24 Uhr) Wie war das wohl damals, vor 500 Jahren, als die Kartoffel noch nicht das A und O der lettischen Küche war? Im Kerzenschein des Rozengrāls unternimmt man eine Zeitreise in die Vergangenheit: Kostümierte Kellner servieren mittelalterliche Wildgerichte, garantiert kartoffelfrei.

Neustadt (Centrs)

Selbstversorger können den **Rimi** (Karte S. 214; www.rimi.lv; K Barona iela 46; ⌚8–23 Uhr) im Einkaufszentrum Barona Centrs ausprobieren oder auf dem Zentralmarkt (S. 218) vorbeischauen.

★**Miit** CAFÉ €
(Karte S. 214; www.miit.lv; Lāčplēša iela 10; Hauptgerichte 5 €; ⌚Mo 7–21, Di & Mi bis 23, Do bis 1, Fr bis 3, Sa 9–1, So 10–18 Uhr) Auf gemütlichen Sofas zwischen alten Fahrradersatzteilen schlürfen Rigaer Studenten hier ihren Espresso und verfassen Blogbeiträge über Nietzsche. Das zweigängige Mittagsmenü lässt Sparfüchse frohlocken. Eine Suppe und ein Hauptgericht kosten gewöhnlich weniger als 5 € und das Angebot wechselt täglich.

Arbooz DESSERTS €
(Karte S. 214 www.facebook.com/arbooz.lv; Dzirnavu iela 34a; Macarons 2 €, Cupcakes 3,85 €; ⌚Mo–Fr 10–20, Sa 11–18 Uhr) Dieses kleine Lokal wäre auch dann „süß“, wenn es nicht diese leichten, fruchtigen Cupcakes und Baisers hätte. Wer keinen der nur vier Tische ergattert, kann sich die Köstlichkeiten auch schön verpacken lassen und die Kaffeepause auf einer Parkbank genießen.

Austra INTERNATIONAL €
(Karte S. 214; www.facebook.com/cafe.austra; Krišjāna Baronaiela 41/43; Hauptgerichte 5–8 €; ⌚Mo & Di 12–21, Mi bis 22, Do bis 23, Fr bis 24, Sa 13–23 Uhr) Die phantasievolle Fusionsküche in dem kleinen, unprätentiösen Esslokal hat die Qualität des Essens in einem Nobelrestaurant, ist aber zum Preis von Cafeteriakost zu haben. Das zweigängige Mittagessen für 5 € zählt zu den besten Deals der Stadt.

Lauvas Nams CAFETERIA €
(Karte S. 214; ☎6731 2661; Brīvības iela 82; Mahlzeiten 3–5 €; ⌚24 Std.) Generationen hungriger Partylöwen sind in dieser rund um die Uhr geöffneten Cafeteria auf dem Weg vom Zentrum zu den Kneipen um die Miera iela schon eingekehrt. Das einfache lettische Essen am Tresen wie Schweinefleischeintopf mit Kartoffeln kommt in großen Portionen und dazu gibt's traditionelle Milch- und Fruchtgetränke wie Kefir und *mors*.

DAD CAFÉ €
(Karte S. 214; www.dadcafe.lv; Miera iela 17; Hauptgerichte 5 €; ⌚10.30–23 Uhr; 📶) DAD sind die Initialen der Besitzer, die stolz verkünden, dass DAD aber noch für viel, viel mehr steht (am besten selbst nachfragen). Sofas, Stühle und ein Klavier prägen das bescheidene Dekor und in den wärmeren Monaten stehen auch ein paar Tische an der Straße. Das Ambiente ist leger und unprätentiös, genau richtig für ein Treffen mit alten Freunden (oder um neue Bekanntschaften zu schließen!).

LIDO Atpūtas Centrs LETTISCH €
(LIDO-Freizeitzentrum; www.lido.lv; Krasta iela 76; Hauptgerichte ca. 5 €; ⌚11–23 Uhr) Wenn es etwas gibt, das Lettland und Disney World verbindet, dann ist es der gigantische Holzbau, der sich voll und ganz der fettigen Landesküche verschrieben hat. Kellnerinnen in baltischem Milchmädchendress schwirren umher, während sich die Gäste an den Buffettischen bedienen. Draußen gibt's einen Freizeitpark mit Ponyreiten und Eislaufbahn.

Das Restaurant liegt 3,5 km südöstlich vom Rigaer Zentralmarkt, zu erreichen mit den Straßenbahnen 3, 7 und 9; an der Haltestelle „LIDO“ aussteigen und auf die große Windmühle zuhalten.

★**Fazenda Bazārs** MODERN EUROPÄISCH €€
(Karte S. 214; www.fazenda.lv; Baznīcas iela 14; Hauptgerichte 7–12 €; ⌚Mo–Fr 9–22, Sa 10–22, So 11–22 Uhr) Obwohl es mitten im Zentrum liegt, wirkt dieses Restaurant, als wäre man lange unterwegs gewesen und hätte jottwede plötzlich ein einladendes Gasthaus gefunden. Das Holzhaus mit Kachelofen verströmt tonnenweise reizendes Flair und das Essen ist trotz der globalen Ausrichtung wahnsinnig anheimelnd.

★**Kasha Gourmet** MODERN EUROPÄISCH €€
(Karte S. 214; ☎20201444; www.kasha-gourmet.com; Stabu iela 14; Hauptgerichte 9–14 €; ⌚9–22 Uhr) Vielleicht schmeckt das Essen besser,

weil der Teller wie ein modernes Kunstwerk aussieht, oder vielleicht liegt's an dem postmodernen Zutatenmix – dies ist eines der ungewöhnlichsten und meist unterschätzten Restaurants in Riga. Besonders schön ist das auf Holzbrettern servierte Frühstück.

Siļķītes un Dillītes FISCH & MEERESFRÜCHTE €€
(Karte S. 214; www.facebook.com/SilkitesUnDillites; Centrāltirgus iela 3; Hauptgerichte 7–10 €; ⌚8–18 Uhr) Wer die Fischstände auf dem Rigaer Zentralmarkt in Augenschein genommen hat, hat sich vielleicht gefragt: „Wo kriege ich das gekocht?" Nun, eben im „Hering & Dill", wie der Name dieser unkonventionellen Küche samt Bar übersetzt lautet – man sucht sich einfach Fisch aus und ein paar Minuten später wird er gebraten und mit Gemüse und Pommes serviert.

Das Lokal befindet sich in der Passage zwischen der Fisch- und der Gemüseabteilung des Markts.

Telpa MODERN EUROPÄISCH €€
(Karte S. 214; www.ecocatering.lv; Matīsa ielas 8; Mittagessen 9 €; ⌚12–18 Uhr) Das Mittagsbuffet bietet indisch angehauchte vegetarische Speisen, tolle Salate und einen Blick auf den Vidzeme-Markt von der großen Terrasse. Die schräge Lage über einem Fahrradladen im Hof einer ehemaligen Brauerei verleiht dem kulinarischen Erlebnis noch etwas Abenteuerliches.

Osīriss CAFÉ €€
(Karte S. 214; K Barona iela 31; Hauptgerichte 8–15 €; ⌚Mo–Sa 8–23, So 10–23 Uhr; 📶) In Rigas schnelllebiger Cafészene ist das Osīriss eine Art Fels in der Brandung. Seit Mitte der 1990er-Jahre sind die unechten grünen Marmortische unverändert geblieben. Auch die Kundschaft ist noch dieselbe wie damals: verklemmte Künstlerseelen, die bei einem Glas Rotwein und einem großen Teller mit lettischem Trostessen geschäftig in ihre Notizbücher kritzeln.

Aragats GEORGISCH €€
(Karte S. 214; ☎6737 3445; Miera iela 15; Hauptgerichte 7–18 €; ⌚Di–So 13–22 Uhr) Nur nicht von all dem Plastik abschrecken lassen: In diesem charmant altmodischen Lokal geht's einzig um meisterliche Kochkünste aus dem Kaukasus. Zur Vorspeise gibt's eingelegtes Gemüse, das perfekt zum selbst gebrannten *tschatscha* (georgischer Wodka) passt, und anschließend herzhaften Lammeintopf, den die Chefin noch am Tisch mit frischen Kräutern verfeinert.

★ **Istaba** CAFÉ €€€
(Karte S. 214; ☎6728 1141; K Barona iela 31a; Hauptgerichte 17 €; ⌚12–23 Uhr) Das „Zimmer" gehört Koch und TV-Größe Mārtiņš Sirmais und befindet sich über einer Galerie. Eine Speisekarte gibt es nicht – man ist den Launen des Kochs ausgeliefert –, aber zum Essen werden allerlei Gratisbeigaben wie Brot, Dips, Salat und Gemüse serviert, was sich dann insgesamt zu einer gewaltigen Portion summiert.

★ **Vincents** EUROPÄISCH €€€
(Karte S. 214; ☎6733 2830; www.restorans.lv; Elizabetes iela 19; Hauptgerichte 24–35 €; ⌚Mo–Sa 18–22 Uhr) Im von van Gogh inspirierten Ambiente von Rigas glamourösestem Restaurant haben schon alle möglichen Promis wie Kaiser Akihito, Prinz Charles und Elton John diniert. Der Chefkoch, Martins Ritins, ist Anhänger der Slowfood-Bewegung und kreiert seine ständig wechselnden Meisterwerke zumeist aus Zutaten, die direkt von Kleinbauern in Lettland stammen.

Restaurant Bergs INTERNATIONAL €€€
(Karte S. 214; ☎6777 0957; Elizabetes iela 83/85; Hauptgerichte 20–35 €; ⌚Mo–Sa 7.30–11 & 12–23, So bis 16 Uhr) Die kurze Speisekarte mit ständig wechselndem internationalen Angebot liest sich wie ein Gedicht: Lachsfilet mit Orangen-Fenchel-Salat, Lammkarree mit Körnersenf und Aubergineneintopf.

Charlestons INTERNATIONAL €€€
(Karte S. 214; ☎6777 0573; www.charlestons.lv; Blaumaņa iela 38/40; Hauptgerichte 9–21 €; ⌚10–23 Uhr; 📶) Keine Lust mehr auf Schweinezunge & Co.? Dann ist das Charlestons eine gute Adresse. Im Hofraum eines Wohnblocks gibt's delikaten norwegischen Lachs, gebratene Ente und den besten Caesar Salad im Baltikum.

Ausgehen & Nachtleben

Wer wie die Letten feiern will, schnappt sich ein paar Freunde und zieht mit ihnen – lachend und Bier trinkend – von Bar zu Bar. Natürlich gehört auch Schwarzer Balzām dazu. An Sommerabenden sind die Biergärten in der Altstadt eine gute Anlaufstelle.

Die Tanzflächen von Rigas Clubs sind immer voll. Sie sind vornehmlich russisches Terrain – die Letten ziehen tendenziell lieber durch die Bars und trinken Wodka mit Freunden. Nach Einbruch der Dunkelheit verwandeln sich viele Lokale in Etablissements mit hämmernden Beats.

Teilweise haben die Abendlokale eine etwas zwielichtige Klientel; *Riga in Your Pocket* veröffentlicht unter „Kultur & Events“ eine schwarze Liste, die von der US-Botschaft zusammengestellt wird.

Altstadt (Vecrīga)

Cuba Cafe BAR

(www.cubacafe.lv; Jaun iela 15; ⌚So–Di 12–2, Mi–Sa bis 5 Uhr; 📶) Ein authentischer Mojito und ein Tisch mit Blick über den Doma laukums sind genau das Richtige nach einem anstrengenden Sightseeing-Tag. An kühleren Tagen genießt man den Caipirinha drinnen unter kubanischen Flaggen, schaukelnden Kristallglasleuchtern und bei gedämpftem Trompetenjazz.

Egle BIERGARTEN

(www.spogulegle.lv; Kaļķu iela 1a; ⌚11–1 Uhr) Der beste der Rigaer Biergärten teilt sich in eine lautere Hälfte, in der es an den meisten Abenden Livemusik von Folk bis Rockabilly gibt, und eine ruhigere Hälfte, die gewöhnlich früher schließt. Bei sehr schlechtem Wetter bleiben im ganzen Laden die Schotten dicht.

★ **Folksklub Ala Pagrabs** BIERHALLE

(www.folkklubs.lv; Peldu iela 19; ⌚So–Di 12–1, Mi bis 3, Do bis 4, Fr & Sa bis 6 Uhr) Dieser riesige Laden ist erfüllt mit dem brodelnden Magma aus Bierseligkeit, Folk-Punk-Musik, Tanz und lettischem Nationalismus und somit eine wichtige Rigaer Institution für Bierfreunde – egal, was kultiviertere Einheimische auch darüber denken mögen. An der Theke gibt man sich Mühe, der Vielfalt der lettischen Bierproduktion voll und ganz gerecht zu werden, aber es gibt auch Cidre, Fruchtweine und *šmakouka*-Schaps.

DJ Bar BAR

(www.djbar.lv; Mazā Jaunavu iela 5; ⌚18–1 Uhr) Die auf Electronic Underground spezialisierte winzige Bar versteckt sich in einer kleinen Gasse. Hier können junge DJs ihr Talent ausprobieren – nur muss die Musik leise genug sein, um Gespräche bei Cocktails und Wein nicht unmöglich zu machen.

Aptieka BAR

(Pharmacy Bar; www.krogsaptieka.lv; Mazā Miesnieku iela 1; ⌚So–Mi 16–1, Do–Sa bis 4 Uhr) Antike Apothekerflaschen unterstreichen das dezente, stilvolle Ambiente dieser beliebten Mottobar. Der Betreiber hat lettisch-amerikanische Wurzeln. Die Musik ist in der Regel ausgezeichnet und es gibt auch gutes amerikanisches Kneipenessen wie Burger usw.

I Love You BAR

(Aldaru iela 9; ⌚12 Uhr–spät) Die drei Worte, die jeder gerne hört, bezeichnen in diesem Fall einen coolen Treff in einer holperigen Altstadtgasse. Im Erdgeschoss warten zahlreiche kuschelige Sofas und donnerstagabends legt ein DJ Alternative-Musik auf. In den Sommermonaten findet man viele Sitzgelegenheiten im Freien.

Kama Tea Hub TEEHAUS

(www.facebook.com/KamaTeaHub; Jēkaba iela 26/28; ⌚12–24 Uhr) Das Sanskrit-Wort Kama (wie in Kama Sutra) bedeutet „Liebe“ und hier werden diejenigen belohnt, die Tee und Muße sowie ein vage indisches New-Age-Ambiente lieben, das sich krass von der klassischen Alte-Welt-Kulisse vor der Tür abhebt. Wer hier eine Kanne Masala Chai genießt, träumt bald vom Taj Mahal und den Teeplantagen in Kerala.

Nabaklab CLUB

(www.nabaklab.lv; ZA Meierovica bulvāris 12; ⌚Mo–Mi 12–24, Do & Fr bis 4, Sa 17–4 Uhr) Man stelle sich vor, der Lieblingsradiosender für alternative Musik würde einen Club aufmachen und all die heiß geliebten experimentellen (Elektro-)Stücke spielen. Genau das hat Naba (93,1 FM) gemacht. Rigas Bohemiens und Hobos lieben diesen Schuppen in einem 100 Jahre alten Keller wegen der DJ-Klänge und des billigen Biers.

Neustadt (Centrs)

Piens BAR, CLUB

(Milk; Karte S. 214; www.klubspiens.lv; Aristida Briāna iela 9; ⌚So–Di 12–24, Mi–Sa bis 16 Uhr) Das Piens nimmt ein großes Industriegelände im Miera-iela-Bezirk ein und wartet mit einem netten Stilmix, alten Sofas und sonnigen Terrassen auf.

Rocket Bean Roastery KAFFEE

(Karte S. 214; www.facebook.com/pages/Rocket-Bean-Roastery; Miera iela 29/31; ⌚Mo 8–21, Di–Do bis 22, Fr & Sa bis 23, So bis 18 Uhr) „Was für einen kolumbianischen Kaffee hättest du denn gern?“ – Diese Leute gehen an den Kaffee vielleicht etwas zu akademisch heran, doch der luftige, von Hipstern belagerte Laden mit nackten Backsteinwänden und einer großen Bar ist eine tolle Einkehrmöglichkeit im angesagten Viertel um die Miera iela. Auch das Essen ist gut.

Trusis Kafe CAFÉ

(Karte S. 214; ☎26582462; www.trusiskafe.lv; Dzirnavu iela 43; ⏰Mo–Fr 10–22, Sa 10–20 Uhr) Die nette unscheinbare Hipster-Höhle (das „Kaninchen") beeindruckt mit einem großen Angebot an lettischen Getränken, von Malduguns-Craft-Bier und -Cidre bis zu Sabile-Weinen und Rhabarber-„Champagner". Ein prima Ort, um mit Freunden zu trinken und zu plaudern, ohne sich über die Musik hinweg anbrüllen zu müssen, aber auch gut für eine kleine Kaffee-Meditation am Tag.

Garage WEINBAR

(Karte S. 214; www.vinabars.lv; Berga Bazārs, Elizabetes iela 83/85; ⏰10–24 Uhr) Außer der halbindustriellen Einrichtung mit poliertem Betonboden und Metallstühlen hat diese schicke kleine Bar nichts von einer Autowerkstatt. Die Kombi aus Weinbar und Café (mit exzellentem Kaffee) serviert neben einigen Hauptgerichten auch Tapas.

Gauja BAR

(Karte S. 214; Tērbatas iela 56; ⏰12–23 Uhr) In dieser kleinen Bar mit der Einrichtung im sowjetischen Stil fühlt man sich in die Vergangenheit zurückversetzt. Umgeben von antiken Möbeln liefern sich die Gäste spannende Schachduelle auf Retro-Spielbrettern oder legen hölzerne Dominosteine aneinander. Dazu läuft außergewöhnliche Musik – die Besitzer haben ein eigenes Aufnahmestudio.

Terrace Riga BIERGARTEN

(Karte S. 214; Gallerija Riga, Dzirnavu iela 67; ⏰10–23 Uhr) Hoch über den stattlichen Boulevards im Zentrum erstreckt sich eine riesige Open-Air-Fläche auf dem Dach des Einkaufszentrums Gallerija Riga, die eine Art Miami-South-Beach-Flair verströmen soll, wobei Schirme die Palmen ersetzen und anstelle von Daiquiris und Piña Coladas bodenständigere Spirituosen kredenzt werden.

DER BÄRENTÖTER

Diesen lettischen Thriller hat Hollywood doch glatt übersehen! Dabei liegt er so offensichtlich zutage, dass man sich fragen muss warum. Normalerweise dauert es nur ein paar Tage, bevor man in Lettland über eine Lāčplēša-Straße stolpert – es gibt eine in so gut wie jeder Stadt – oder ein Lāčplēša-Bier genießt. Und Lettlands wichtigste militärische Auszeichnung trägt den Namen Lāčplēsis-Orden.

Was hat es also mit dem Namen auf sich? War es ein Anführer der Befreiungsbewegung, ein Militärheld, ein beliebter Präsident? Nein, nichts so Banales. Denn bei Lāčplēsis handelt es sich um eine Art Übermenschen, dessen Geschichte auf uralte Sagen und die Phantasie des lettischen Schriftstellers Andrejs Pumpurs aus dem 19. Jh. zurückgeht. Er ist Lettlands wichtigster Nationalheld, von den alten Göttern auserkoren zur Errettung des Landes von den Eindringlingen.

Als Sohn eines Menschen und einer Bärin erbte er von seiner Mutter die Ohren, die als geheime Quelle übernatürlicher Fähigkeiten dienten. Geheim, da sie stets von seiner leicht hippiemäßigen Frisur überdeckt wurden.

Als junger Mann tötete er einen aggressiven Bären, indem er mit seinen bloßen Händen dessen Maul zerriss. Daraufhin begannen die Menschen ihn Lāčplēsis zu nennen, „Bärentöter". Mit seinen vielen diakritischen Zeichen sieht das Wort denn auch typisch lettisch aus. Ein Standbild von Lāčplēsis mit dem getöteten Bären ziert den Fuß des Freiheitsdenkmals (S. 213).

Lāčplēsis beginnt seine Karriere als Superheld, indem er einen estnischen Riesen besiegt, doch seine wirklichen Feinde sind die Deutschen, dargestellt als düstere, höllische Figuren, die den Letten, die zu den alten Göttern beten, ihre unheilvolle Religion aufzwingen wollen – das Christentum. Die ganze Geschichte entwickelt sich zu einer Art Odyssee, als Lāčplēsis über die Ostsee schippert, um seine Geliebte aus deutscher Gefangenschaft zu befreien.

Nachdem er das geschafft hat, schmeißt er ein Hochzeitsfest, doch die Deutschen stören die Feierlichkeiten. Ihr kräftigster Kämpfer, der Dunkle Ritter, schneidet Lāčplēsis seine Bärenohren ab und nimmt ihm so seine Zauberkräfte. Doch der Held kämpft weiter, bis die beiden in die Daugava stürzen – um nie wiedergesehen zu werden.

Wer mehr über die Geschichte erfahren möchte, kann dem **Andrejs-Pumpurs-Museum** (☎6505 3759; E. Kauliņa aleja 20; ⏰Di–Sa 10–17, So 10–15 Uhr) in Lielvārde an der Straße nach Latgale einen Besuch abstatten. Oder noch besser – einem Hollywood-Produzenten vorschlagen, einen Film draus zu machen.

Russische Touristen lieben das Terrace Riga, aber an warmen Sommerabenden trifft sich hier so ziemlich jeder.

Taka BAR

(Karte S. 214; Miera iela 10; ⌚Mo–Mi 14–24, Do & Fr bis 2, Sa 12–2, So 19–23 Uhr; 📶) Die alteingesessene Kneipe in der Hipstergegend um die Miera iela wartet mit bunten Wandbildern und besonders gemütlichen Sofas auf – ein gutes Plätzchen, um ungewöhnlichere Biere zu probieren und Underground-Musik zu lauschen.

Skyline Bar COCKTAILBAR

(Karte S. 214; www.skylinebar.lv; Elizabetes iela 55; ⌚So–Do 17–1, Fr & Sa 15–3 Uhr; 📶) Dieses Glanzstück im 26. Stock des Radisson Blu Hotel Latvija ist ein Muss. Die Aussicht ist die beste der ganzen Stadt – selbst von den Toiletten! – und die bunte, glamoursüchtige Kundschaft macht es zum idealen Plätzchen, um die unterschiedlichsten Leute zu beobachten.

Star Lounge Bar Riga BAR

(Karte S. 214; www.alberthotel.lv; Dzirnavu iela 33; ⌚So–Do 15–1, Fr & Sa bis 2 Uhr) Außerhalb der Wintermonate überrascht Riga seine Besucher mit langen, atemberaubenden Sonnenuntergängen. Am besten lassen sich diese vom großen Balkon oben auf dem Albert Hotel genießen. Beim Blick auf die Türme der Altstadt und die fernen Vororte hinter der Daugava kann man hier schön seinen Balzām-Cocktail schlürfen.

Apsara TEEHAUS

(Karte S. 214; Elizabetes iela 74; ⌚10–22 Uhr) Das Apsara in einer hübschen Holzpagode im Vērmanes dārzs ist eine kleine Schatzkiste voller seltener Teesorten aus verschiedenen Regionen jenseits des Himalajas. Die Gäste nippen vornehm an ihren Tassen, bequem gebettet auf pastellfarbenen Kissen auf dem Fußboden.

Chomsky BAR

(Karte S. 214; www.facebook.com/chomskybar; Lāčplēša iela 68; ⌚16–24 Uhr) Vom akademischen Namen sollte man sich nicht täuschen lassen – hier geht's nur darum, sich das Leben mit Bier und überraschend gutem georgischem Wodka schön zu trinken. Gemütliche Sofas und ein großer Außenbereich laden zu langen, alkoholgeschwängerten Debatten mit Philosophie- und Kunststudenten ein, die einen großen Teil des Publikums ausmachen.

★Kaņepes Kultūras Centrs BAR

(Karte S. 214; Skolas iela 15; ⌚14–1 Uhr) Das heruntergekommene Gebäude einer ehemaligen Musikschule, die die Hälfte aller Rigaer über 40 besucht zu haben scheint, beherbergt heute eine Bar mit einem großen Außenbereich und einem künstlerisch angehauchten studentischen Publikum. In dem großen Raum, in dem sich die Eltern der heutigen Gäste durch ihre Geigenstunden quälten, wird oft wild gestanzt.

Left Door Bar COCKTAILBAR

(Karte S. 214; Antonijas iela 12; ⌚16–24 Uhr) Rigas Großloge der Meistermixer verkleidet sich als unscheinbare Bar im Jugendstilviertel. Die preisgekrönten Experten ruhen sich nicht auf ihren Lorbeeren aus, sondern experimentieren immer weiter, um fachkundige Globetrotter aus aller Welt zu beeindrucken. Für jeden Cocktail gibt's ein besonders geformtes Glas.

Mit dem Rum-basierten Cocktail Belgium Avenue schaffte es sein Schöpfer Juris Ķeniņš 2015 zur Bacardi-Legacy-Endrunde in Sydney.

Alus darbnīca Labietis BIERHALLE

(Karte S. 214; www.facebook.com/AlusDarbnica Labietis; Aristida Briāna iela 9A-2; ⌚13–1 Uhr) Durch das minimalistische Design wirkt dieses Lokal, das sich die Förderung unbekannterer lettischer Brauereien und Craft-Biere auf die Fahnen geschrieben hat, ein bisschen wie eine gotische Kirche. Ein toller Neuling im langsam aufstrebenden alten Fabrikgebiet am Ende der Miera iela.

Golden SCHWULE & LESBEN

(Karte S. 214; www.mygoldenclub.com; Ģertrūdes iela 33/35; Eintritt Club 10 €; ⌚Di–Do 16–23, Fr 19–5, Sa 23–5 Uhr) Dies ist der *golden boy* der Rigaer Schwulenszene (was allerdings nicht viel heißt), eine freundliche kleine Bar in einer Art Wintergarten sowie ein Club am Wochenende.

Teātra Bārs BAR

(Karte S. 214; Lāčplēša iela 26; ⌚So–Do 12–24, Fr & Sa bis 5 Uhr) Die abgerockte Kneipe direkt gegenüber von einem beliebten Theater ist eine dieser uralten Lokalinstitutionen, die es sich leisten können, wie irgendeine beliebige andere Kellerkneipe auszusehen, aber trotzdem jede Menge Gäste anlocken, v. a. Schauspieler, Künstler und Studenten. Hier wird Livemusik geboten und auf der eher kleinen Tanzfläche geht's in den frühen Morgenstunden ganz schön wild zu.

☆ Unterhaltung

Die Zeitschriften *Riga in Your Pocket* und *Riga This Week* bieten topaktuelle Termine – u. a. für Oper, Ballett, Gast-DJs und Livemusik. Tickets für Konzerte können in der Touristeninformation im Schwarzhäupterhaus gebucht werden. Verschiedene Veranstalter arrangieren Bar- oder Clubtouren und es gibt Hostels, die für ihre Gäste Kneipentouren oder Partys organisieren.

Oper, Ballett & Theater

Rigas Ballett-, Opern- und Theatersaison hat von Juni bis September Pause.

Neues Rigaer Theater THEATER
(Jaunais Rīgas Teātris; Karte S. 214; ☎6728 0765; www.jrt.lv; Lačplēša iela 25) Moderne Theaterstücke.

Dailes-Theater THEATER
(Karte S. 214; ☎6727 0463; www.dailesteatris.lv; Brīvības iela 75) Das größte moderne Theater der Stadt mit vielen Originalbauelementen aus der Sowjetzeit.

Lettische Nationaloper OPER, BALLETT
(Latvijas Nacionālajā operā; ☎6707 3777; www.opera.lv; Aspazijas bulvāris 3) Die Nationaloper genießt international einen hervorragenden Ruf als eines der besten Opernensembles in ganz Europa und ist daher der Stolz ganz Lettlands. Hier ist außerdem das Rigaer Ballett zu Hause und hier begann auch die Karriere des in Riga gebürtigen Mikhail Baryshnikov.

Konzerte

Arēna Rīga LIVEMUSIK
(☎6738 8200; www.arenariga.com; Skantes iela 21) In Rigas Arena mit 10 000 Sitzplätzen werden die Spiele der beliebtesten Sportarten – Eishockey und Basketball – ausgetragen. Außerdem wird sie für Tanzrevuen und Popkonzerte genutzt.

Dom zu Riga KLASSISCHE MUSIK
(Rīgas Doms; ☎6721 3213; www.doms.lv; Doma laukums 1) Unter der Woche finden kurze Orgelkonzerte statt, ein längeres Konzert gibt's freitagabends.

Große Gilde KLASSISCHE MUSIK
(☎6722 4850; www.lnso.lv; Amatu iela 6) Sitz des gefeierten Lettischen Symphonieorchesters.

Sapņu Fabrika LIVEMUSIK
(Karte S. 214; ☎6728 1222; www.sapnufabrika.lv; Lāčplēša iela 101) Die „Traumfabrik" in einer ehemaligen Industrieanlage veranstaltet häufig Liveauftritte mit Hip-Hop und Electronica.

Palladium LIVEMUSIK
(Karte S. 214; Marijas iela 21) Das Palladium auf dem Gelände eines alten Kinos lockt oft internationale Stars nach Riga.

Daile KONZERTSAAL
(Karte S. 214; ☎1189; K Barona iela 31) Dem ehemaligen Kino ist als Konzertsaal neues Leben eingehaucht worden. Er scheint sich auf akustische Musik spezialisiert zu haben.

Bites Blues Club JAZZ
(Karte S. 214; ☎6733 3123; www.bluesclub.lv; Dzirnavu iela 34a; ⏲Mo–Mi 11–23, Do–Sa bis 2 Uhr) Wer hier ein, zwei Stunden vor Beginn der Show noch isst (es gibt v. a. französische und italienische Gerichte), spart den Eintritt und kann den Musikern beim Soundcheck zuhören. Im Sommer finden die Auftritte meist freitags statt, im Winter auch donnerstags und samstags.

Kinos

Ein Kinobesuch ist eine tolle Alternative für einen Regentag in Riga (und davon gibt's nicht wenige). Filme werden generell mit O-Ton – meist auf Englisch – und lettischen oder russischen Untertiteln gezeigt. Karten kosten 4 bis 7 €, abhängig von Wochentag und Kino. Spielpläne sind den jeweiligen Internetseiten zu entnehmen. Außer K Suns haben alle Häuser Sitzplatzreservierung.

Kino Citadele KINO
(Karte S. 214; ☎1189; www.forumcinemas.lv; 13 Janvāra iela 8) Rigas Multiplex verfügt über Stadionsitze, 14 Leinwände und ein Café im obersten Stock. Es zeigt die üblichen Hollywoodstreifen und gelegentlich einen lettischen Film.

ℹ RIGA CARD

Für alle, die viel unternehmen wollen, lohnt sich der Kauf einer Riga Card. Zu den Vorteilen dieser Karte gehören die kostenlose Nutzung der öffentlichen Verkehrsmittel, freier Eintritt in die meisten Museen, 10 bis 20 % Rabatt bei der Unterkunft, ein kostenloser, geführter Rundgang durch die Altstadt und eine Gratisausgabe von *Riga in Your Pocket*. Erhältlich sind die Karten u. a. in der Touristeninformation, am Flughafen und in einigen der größeren Hotels. Die 1-/2-/3-Tages-Karte kostet 25/30/35 €. Näheres auf www.liveriga.com.

Look at Riga KINO

(www.lookatriga.lv; Latviešu Strēlnieku laukums 1; Tickets 8 €; ⌚Mo–Fr 11–19, Sa & So 10–19 Uhr) Ein 5-D-Flugerlebnis in einem unmöglichen Flugzeug, das unter sehr niedrigen Brücken hindurch- und in vollen Straßen knapp über die Köpfe der Menschen hinwegfliegen kann. Die Filme dauern zehn Minuten und es gibt fast keine Warteschlangen.

Splendid Palace KINO

(Karte S. 214; ☎6718 1143; www.splendidpalace.lv; Elizabetes iela 61) Das Art-déco-Juwel versteckt sich hinter sowjetischer Lego-Architektur; es war das erste Filmtheater der Stadt, in dem Tonfilme gezeigt wurden. Heute ist es auf Arthausfilme, Festival-Retrospektiven und lettische Streifen spezialisiert.

K Suns KINO

(Ka Suns; Karte S. 214; ☎6728 5411; www.kinogalerija.lv/ksuns.php; Elizabetes iela 83/85, Bergs Bazārs) Ein alternatives Kino mit nur einer Leinwand. Es zeigt vorwiegend Autorenfilme und verkauft Popcorn und alkoholfreie Getränke.

Shoppen

Die Letten lieben Einkaufszentren, jene typischen Begleiterscheinungen der Globalisierung, doch Touristen werden sich sicher vor allem über die vielen Geschäfte freuen, in denen alle möglichen Gegenstände made in Lettland verkauft werden: Strickwaren, Handwerk, Spirituosen und Mode. Eine tolle Auswahl bietet der **Berga Bazārs** (Karte S. 214; www.bergabazars.lv; Elizabetes iela 83/85), ein Labyrinth aus Edelboutiquen rund um das Fünfsternehotel Bergs. Straßenhändler bieten ihre Waren – Bernsteinschmuck, Gemälde und russische Puppen – vor der Petrikirche in der Skārņu iela und am Südende der Valņu iela an. Rigas große Kunsthandwerksmesse **Gadatirgus** findet am ersten Juniwochenende im Vērmanes dārzs (S. 213) statt. Beachtenswert sind besonders die wunderschönen Nameju-Ringe, die von Letten in aller Welt als Erkennungszeichen getragen werden.

Madam Bonbon ACCESSOIRES

(Karte S. 214; www.madambonbon.lv; Alberta iela 1-7a; ⌚Mo–Fr 11–19, Sa bis 15 Uhr) Auf jeder Fläche dieses altmodischen Jugendstilapartments sind Schuhe gekonnt in Szene gesetzt. Man könnte in einen der Stilettos auf dem Klavier schlüpfen oder einen der Stiefel hinter der Teekanne auf dem Küchentisch anprobieren.

Sakta-Blumenmarkt MARKT

(Karte S. 214; Tērbatas iela 2a; ⌚24 Std.) Der Markt ist rund um die Uhr geöffnet – prima für all diejenigen, die um Mitternacht ein Geschenk zum Besänftigen ihrer Freundin kaufen wollen, weil ein „Sorry, ich habe mich verspätet" vielleicht nicht reicht.

Elina Dobele SCHUHE

(www.elinadobele.com; Valņu iela 12; ⌚Mo–Sa 11–19 Uhr) Die Rigaer Designerin Elīna Dobele ist auf maßgefertigte Damen- und Herrenschuhe spezialisiert. Es handelt sich um echte Handwerkskunst, entworfen und gefertigt in der Werkstatt hinter dem Laden.

Riija MODE

(Karte S. 214; www.riija.lv; Tērbatas iela 6/8; ⌚Mo–Fr 10–19, Sa bis 17 Uhr) Jeder auf Hochglanz polierte Zentimeter dieser neuen Fashionenklave im Herzen der Neustadt besticht durch skandinavisch elegantes Design. Schweden muss sich warm anziehen – die lettischen Modemacher sind auf dem Vormarsch!

Pienene KOSMETIK, KUNSTHANDWERK

(Kungu iela 7/9; ⌚10–20 Uhr; 📶) Der „Löwenzahn" ist eine Boutique samt Café im Zentrum der Altstadt, wo lettische Kosmetikprodukte, seidige Schals und Duftkerzen verkauft werden.

Upe MUSIK

(Vāgnera iela 5; ⌚Mo–Sa 11–19 Uhr) Begleitet von Klängen klassischer lettischer Musik begutachten die Kunden traditionelle Instrumente und durchstöbern die CDs einheimischer Volks-, Rock- und Experimentalmusiker.

Gandrs OUTDOORAUSRÜSTUNG

(www.gandrs.lv; Kalnciema iela 28; ⌚Mo–Fr 10–20, Sa & So bis 18 Uhr) Wer sich für sein Abenteuer in der freien Natur noch irgendwie ausstatten muss, wird in dem wunderbaren Laden auf der anderen Seite der Daugava sicher fündig.

Latvijas Balzāms GETRÄNKE

(www.lb.lv; Audēju iela 8; ⌚9–22 Uhr) Eine von zig Filialen in der Stadt einer beliebten Spirituosenladenkette, die auch den berühmt-berüchtigten Schwarzen Balzām verkauft.

Hobbywool KUNSTHANDWERK

(www.uzadi.lv; Mazā Pils iela 6; ⌚Mo–Sa 10–18, So 11–15 Uhr) Der kleine Laden ist von oben bis unten vollgestopft mit farbenfrohen gestrickten Schals, Handschuhen, Socken und Jacken.

Robert's Books BÜCHER
(Karte S. 214; www.robertsbooks.lv; Dzirnavu iela 51; ⏲10–19 Uhr) Robert hat früher mal für den *Economist* geschrieben, doch jetzt hat er sich in Riga niedergelassen und widmet sich seinem kleinen Sortiment an gebrauchten englischen Büchern, traditionellen Textilien und Bienenwachskerzen.

Jāņa Sēta BÜCHER
(Karte S. 214; www.mapshop.lv; Elizabetes iela 83/85; ⏲Mo–Fr 10–19, Sa bis 17 Uhr) Die größte baltische Fachbuchhandlung für Reiseliteratur bietet massenhaft Kartenmaterial, Bildbände und Lonely Planet Reiseführer.

Art Nouveau Riga SOUVENIRS
(Karte S. 214; www.artnouveauriga.lv; Strēlnieku iela 9; ⏲10–19 Uhr) Hier gibt's allerlei Jugendstilsouvenirs von Büchern über Postkarten bis hin zu steinernen Wasserspeiern und Buntglaswaren.

Kafka BÜCHER
(Vaļņu iela 26; ⏲Mo–Fr 11–20, Sa 12–18 Uhr) Der moderne zweistöckige Laden wartet mit einem guten Angebot an englischsprachigen Büchern auf, darunter auch viele Lonely Planet-Titel. Zum Geschäft gehört ein kleines Café, in dem man vor und nach dem Bücherkauf schmökern kann.

ℹ Praktische Informationen

GELD

In der Hauptstadt gibt es überall Geldautomaten, vor allem an der Kaļķu iela (die in den Brīvības bulvāris übergeht). Bargeld am Automaten zu ziehen, ist weitaus besser, als Reiseschecks einzulösen oder Geld zu wechseln. Die Wechselstuben haben ausgesprochen schlechte Kurse und akzeptieren meist keine Reiseschecks. Umrechnungstabellen gibt's unter www.bank.lv.

INFOS IM INTERNET

www.1188.lv Listet nahezu alle Einrichtungen in Riga und im restlichen Lettland. Es gibt zwar eine englische Übersetzung, die meisten Suchergebnisse erhält man jedoch auf der lettischen Seite. Die Suchmaschine findet auch aktuelle Veranstaltungen und Verkehrsinfos.

www.rigaoutthere.com Internetpräsenz – auch auf Deutsch – eines örtlichen Reiseveranstalters. In der rechten Spalte gibt's einen praktischen Reiseplaner.

www.zl.lv Exzellente Datenbank mit Detailinfos zu Unternehmen in Riga und ganz Lettland.

INTERNETZUGANG

Selbst in den abgeschiedensten Hotels ist kostenloses WLAN Standard, genauso wie in den meisten Cafés und Restaurants (man muss dann nur nach einem Passwort fragen). Die Nationalbibliothek (S. 222) ist als ruhiger Arbeitsplatz und zum Surfen im Internet unschlagbar; das Ausstellen eines Bibliotheksausweises dauert nur ein paar Minuten.

Birojnica (www.birojnica.lv; Dzirnavu iela 84 k-2; ⏲Mo–Fr 10–18 Uhr) Wer weg von zu Hause einen richtigen Schreibtisch benötigt (wie das ja bei Freischaffenden oft der Fall ist) sowie schnelles Internet und einen Drucker, kann diesen schön eingerichteten Co-working-Space im Berga Bazārs ansteuern. Die Kosten liegen bei 1,50 € pro Stunde (nur Internetzugang) bzw. 6 € pro Tag (Internet, Kaffee ohne Ende, Drucker).

MEDIZINISCHE VERSORGUNG

ARS (☎6720 1006; www.ars-med.lv; Skolas iela 5) Die Ärzte sprechen Englisch und sind rund um die Uhr im Einsatz.

POST

Hinter den blauen Fassaden mit der Aufschrift „Pasta" verbergen sich keine italienischen Restaurants, sondern Postfilialen. Näheres unter www.post.lv.

Hauptpostamt (Karte S. 214; Brīvības bulvāris 32; ⏲Mo–Fr 7.30–20, Sa 8–18, So 10–16 Uhr) Internationale Telefon- und Faxverbindungen.

Postamt (Karte S. 214; Elizabetes iela 41/43; ⏲Mo–Fr 7.30–19, Sa 9–15 Uhr)

ℹ LOKALE WEGWEISER

Die folgenden Publikationen sind einen Blick wert:

Another Guide (www.anothertravelguide.com) Diese Website gewährt einen Einblick in die beliebtesten Treffs und führt zu unbekannteren Sehenswürdigkeiten der Stadt. Eine Sammlung der Besprechungen ist in einem schön gestalteten Buch erhältlich, das in größeren Buchläden verkauft wird.

Riga in Your Pocket (www.inyourpocket.com/latvia/riga) Praktischer Stadtführer, der alle zwei Monate erscheint und in den meisten Mittel- und Spitzenklassehotels ausliegt (kostenlos). Alternativ lädt man die PDF-Version aus dem Internet herunter.

Riga This Week (www.rigathisweek.lv) Ein hervorragender (und kostenloser) Stadtführer, den man in fast allen Unterkünften in Riga bekommen kann. Alle zwei Monate neu.

TOURISTENINFORMATION

Touristeninformation (☎ 6730 7900; www.liveriga.com; Rātslaukums 6; ⊙10–18 Uhr) Hier sind Stadtpläne und Broschüren mit Stadtspaziergängen erhältlich. Die Mitarbeiter helfen bei der Unterkunftssuche, können Tagesausflüge buchen und verkaufen Konzerttickets sowie die Riga Card (S. 236) für Rabatte bei Sehenswürdigkeiten und Restaurants und kostenlose Fahrten mit den öffentlichen Verkehrsmitteln. Weitere Informationsbüros befinden sich am Livu laukums (Mai–Sept.) und am Busbahnhof.

An- & Weiterreise

BUS

Überlandbusse fahren am **Internationalen Busbahnhof** (Rīgas starptautiskā autoosta; Karte S. 214; www.autoosta.lv; Prāgas iela 1) jenseits des Bahndamms südöstlich der Altstadt ab und steuern Ziele wie Tallinn, Vilnius, Warschau, Pärnu, Kaunas, St. Petersburg und Moskau an. Einige Anbieter: **Ecolines** (☎ 6721 4512; www.ecolines.net), **Eurolines Lux Express** (☎ 680 0909; www.luxexpress.eu) und **Nordeka** (☎ 6746 4620; www.nordeka.lv).

Von Riga aus können u. a. folgende Städte im Baltikum erreicht werden (die hier angegebene Häufigkeit bezieht sich auf den Vormittag; nachmittags fahren weniger oder keine Busse):

Aglona (9 €, 4 Std., tgl. um 16 und/oder 18 Uhr)
Bauska (3 €, 1¼ Std., halbstündl.)
Cēsis (4,15 €, 2 Std., halbstündl.)
Daugavpils (9 €, 3½–4¼ Std., alle 1–2 Std.)
Dobele (3,25 €, 1½ Std., halbstündl. bis stündl.)
Jelgava (2,30 €, 1 Std., halbstündl.)
Kandava (5 €, 1½–2 Std., 10-mal tgl.)
Kaunas (20–25 €, 4–5½ Std., 3-mal tgl.)
Kolka (6,25–7,85 €, 3½–4½ Std., 5-mal tgl.)
Kuldīga (6,40 €, 2½–3¼ Std., stündl.)
Liepāja (8,50 €, 4 Std., stündl.)
Pärnu (11 €, 2¾ Std., stündl.)
Pāvilosta (8,70 €, 4½ Std., tgl.)
Sigulda (2,15 €, 1 Std., alle 45 Min.)
Tallinn (14 €, 4½ Std., stündl.)
Ventspils (7,55 €, 3–4 Std., stündl.)
Vilnius (13–19 €, 4 Std., 13-mal tgl.)

FLUGZEUG

Der **Internationale Flughafen von Riga** (Starptautiskā Lidosta Rīga; ☎ 1817; www.riga-airport.com; Bezirk Mārupe; 🚌 22) befindet sich im Vorort Skulte, 13 km südwestlich des Zentrums. Bei Redaktionsschluss war Riga die einzige Stadt in Lettland mit einem kommerziellen Flughafen.

SCHIFF/FÄHRE

Vom **Passagierfährenterminal** (☎ 6732 6200; www.portofriga.lv; Eksporta iela 3a), etwa 1 km flussabwärts (nördlich) der Akmens-Brücke, fahren drei- bis viermal pro Woche Fähren von **Tallink** (☎ 6709 9700; www.tallink.lv) nach Stockholm.

ZUG

Rigas **Hauptbahnhof** (Centrālā stacija; ☎ 6723 2135; www.pv.lv; Stacijas laukums 2) ist in einem Betonkasten aus der Sowjetzeit (heute Teil eines gläsernen Einkaufszentrums) unmittelbar außerhalb der Altstadt untergebracht und sowohl von der Altstadt als auch von der Neustadt aus gut zu erreichen.

In einer großen Halle rechts vom Haupteingang verkaufen die Schalter 1 bis 6 Fahrkarten zu Zielen im Ausland, z. B. nach Moskau (142 €, 16 Std., tgl.), St. Petersburg (107 €, 15 Std., tgl.) und Minsk (66 €, 12 Std., tgl.). Tickets für Inlandsfahrten gibt's an den Schaltern 7 bis 15. Nebenan ist auch das Informationsbüro (7–19 Uhr).

Die meisten Letten leben in den riesigen Vororten und Randbezirken rund um Riga und pendeln zur Arbeit. Für sie wurde ein sehr gutes Netz mit Vorortzügen eingerichtet, mit denen man z. B. Tagesausflüge in benachbarte Städte unternehmen kann.

Es umfasst sechs Linien: Für Reisende am interessantesten sind die Linie Dubulti–Sloka–Ķemeri–Tukums, die ganz Jūrmala durchquert, und die Linie Sigulda–Cēsis–Valmiera, die ins Herz des Nationalparks Gauja führt. Die Skulte-Linie ist gut für Saulkrasti.

Im Osten führt eine Strecke nach Krustpils, wo sie sich teilt. Eine Linie geht nach Rēzekne, Ludza und Russland, die andere Richtung Süden nach Daugavpils und Weißrussland. Fahrpläne und Preise für nationale wie internationale Züge findet man unter www.ldz.lv. Die Zugverbindungen nach Westlettland sind umständlich.

Hier die beliebtesten Verbindungen. Nachts verkehren keine Züge, nur nach Jūrmala fahren Züge bis Mitternacht.

Cēsis (3,50 €, 2 Std., 4-mal tgl.)
Daugavpils (7 €, 3½ Std., 3-mal tgl.)
Jūrmala (Majori) (1,40 €, 30 Min., 2- bis 3-mal stündl.)
Ludza (7,80 €, 4 Std., 2-mal tgl.)
Rēzekne (7,20 €, 3½ Std., 2-mal tgl.)
Saulkrasti (2,20 €, 1 Std., stündl.)

Unterwegs vor Ort

Sämtliche Informationen zu öffentlichen Verkehrsmitteln und zum Parken in Riga bietet die ausgezeichnete städtische Website www.rigassatiksme.lv.

AUTO & MOTORRAD

Riga ist in sechs Parkzonen aufgeteilt. Städtische Parkplätze im Zentrum kosten 2 bis 3 € pro Stunde. Wer länger parken möchte, kann auf www.europark.lv nachschauen – das Unternehmen betreibt mehrere Parkplätze in der Stadt und bietet ein flexibleres Zeit- und Preissystem.

FAHRRAD

Wer möchte, kann mit einem der Räder von **Sixt Rent a Bicycle** (Sixt velo noma; ☎ 6767 6780; www.sixtbicycle.lv; 0,90/9 € pro 30 Min./Tag) durch die Stadt flitzen. In Riga und Jūrmala gibt es ein paar Stationen in günstiger Lage. Einfach ein Fahrrad aussuchen, die Nummer des Verleihservice wählen und sich den Code geben lassen, um das Rad aufschließen zu können.

VOM/ZUM FLUGHAFEN

Vom Flughafen in die Stadt kommt man am günstigsten mit der Buslinie 22 (2 €, 25 Min.). Sie fährt mindestens jede halbe Stunde und steuert etliche Haltestellen in der ganzen Stadt an, u. a. den Stockmanns-Komplex und die Flussseite der Altstadt. Ein Taxi vom Flughafen in die Innenstadt kostet gewöhnlich 12 €.

ÖFFENTLICHE VERKEHRSMITTEL

Das Zentrum von Riga ist für die meisten Besucher zu kompakt, als dass sie überhaupt über öffentliche Verkehrsmittel nachdenken müssten. Wer jedoch entlegenere Gebiete ansteuern möchte, kann dafür Straßenbahnen, Busse und Trolleybusse nutzen. Fahrpläne und Preise findet man auf www.rigassatiksme.lv. Tickets kosten 1,15 € (0,30 € für Studenten mit ISIC-Karte). Zeitkarten gibt's für 24 Stunden (5 €), drei Tage (10 €) und fünf Tage (15 €). Erhältlich sind die Fahrkarten an den Narvessen-Zeitungskiosken sowie an den Automaten in neuen Straßenbahnen und in der Unterführung beim Hauptbahnhof.

TAXI

Eine Taxifahrt kostet 0,60 bis 0,80 € pro Kilometer. Man sollte den Fahrer vor der Abfahrt bitten, das Taxameter einzustellen. Der Grundpreis liegt gewöhnlich bei etwa 1,50 €. Eine kurze Strecke sollte nicht mehr als 5 € kosten (z. B. die Überquerung der Daugava für ein Abendessen in Ķīpsala). Taxistände befinden sich vor dem Bus- und Hauptbahnhof, am Flughafen und vor ein paar großen Hotels im Zentrum (z. B. dem Radisson Blu Hotel Latvija).

RUND UM RIGA

Es ist kaum zu glauben, aber nur 20 km vom Zentrum der Hauptstadt entfernt erstrecken sich lange, weiße Strände und schattige Kiefernwälder. Die beiden Nationalparks Jūrmala und Ķemeri eignen sich wunderbar für Tagesausflüge.

Die Autobahn zwischen Riga und Jūrmala (Lettlands einzige mit sechs Spuren) trug während der Sowjetära den Beinamen „zehn Minuten in Amerika", weil sie als Set für alle lettischen Filme diente, die in den USA spielen sollten.

IM KONZENTRATIONSLAGER SALASPILS STÖHNT DIE ERDE

Wer sich für Kriegsmahnmale im Stil sowjetischer Gigantomanie interessiert, findet mit der Gedenkstätte Konzentrationslager Salaspils am Stadtrand von Riga an der Straße nach Latgale ein gutes Beispiel für diese Art Denkmal. Das deutsche Lager des Zweiten Weltkriegs war kein Vernichtungslager wie Auschwitz, doch die Lebensbedingungen für die Insassen – zumeist linke Letten und sowjetische Kriegsgefangene sowie einige Tausend deutsche Juden – waren hart und viele Häftlinge starben.

Den Kern bildet ein riesiger Betonbunker, der wie ein umgekippter Fahrstuhlschacht gen Himmel weist und den Aufstieg zur Ewigkeit durch Leiden symbolisiert. Die Inschrift darauf lautet „Hinter diesem Tor stöhnt die Erde" – eine Zeile aus einem Gedicht des lettischen Schriftstellers Eizens Veveris, der Gefangener in diesem Lager war.

Davor stehen auf einer Rasenfläche sieben steinerne Klagefiguren mit Namen wie „Der Unbesiegte", „Der Erniedrigte", „Solidarität" und „Eid". Im Bunker befindet sich eine Ausstellung über die Zustände im Lager. Daneben liegt ein 6 m langer polierter Steinblock mit einem eingebauten Metronom, das wie ein unheimlicher Herzschlag ununterbrochen tickt.

Um von Riga hierher zu kommen, nimmt man den Vorortzug der Linie Ogre–Krustpils bis zum Bahnhof Dārziņi (nicht Salaspils). An den Baracken beginnt ein fünfzehnminütiger Fußweg vom Bahnhof zum *piemineklis* (Mahnmal). Mit dem Auto nimmt man von Riga aus die A6 und dann die (leicht zu verpassende!) Abfahrt 300 m vor der Kreuzung mit der A5.

Jūrmala

56 000 EW.

Jūrmala ist die baltische Version der französischen Riviera: eine Reihe von Kleinstädten mit Sommervillen, von denen jede ihren eigenen Stil aufweist. Selbst als der Kommunismus alles beherrschte, besaß Jūrmala einen gewissen Glamour. Heute machen russische Industriekapitäne und ihre glamourösen Frauen einen gut sichtbaren Teil der Einwohnerschaft aus. Hier flanieren die Reichen und Schönen in schicken Badeklamotten und lassen sich – zwischen ihren Wellnessbehandlungen – von der Sonne verwöhnen. An Sommerwochenenden zieht es Heerscharen von Jetsettern und Hauptstädtern zum Sonnenbaden hierher.

Jūrmala erstreckt sich über eine Länge von 32 km und umfasst 14 Gemeinden. Gäste ohne eigenes Auto oder Fahrrad steuern daher meist direkt ins Zentrum des Geschehens: nach Majori und Dzintari. Ein 1 km langer Fußweg, die Jomas iela, verbindet die beiden Orte. Er gilt als die Hauptstraße von Jūrmala und ist gesäumt von zahlreichen touristischen Angeboten. Anders als in den meisten europäischen Badeorten liegen Restaurants und Hotels hier mehrere Blocks vom Strand entfernt, wodurch die Küste weitgehend natürlich geblieben ist.

Sehenswertes

Neben dem mit der „Blauen Flagge" ausgezeichneten Strand sind die farbenfrohen Jugendstil-**Holzhäuser** mit edlen Sonnensegeln, aufwendigen Fassaden und Türmen die Hauptattraktion. Es gibt über die Stadt verteilt mehr als 4000 Holzbauten (meist pompöse Sommerhäuser). Eine gute Auswahl findet man entlang der **Jūras iela**, die parallel zur Jomas iela zwischen Majori und Dzintari verläuft. Der Zustand der Gebäude ist sehr unterschiedlich. Manche sind baufällig und verlassen, andere wunderbar renoviert und einige wurden sogar ganz neu wiederaufgebaut. Die Touristeninformation hat die praktische Broschüre *The Resort Architecture of Jūrmala City* mit Stadtspaziergängen zu den architektonischen Highlights; auf Seite 8 geht's um Majori.

Eine ganz andere Art von Architektur bieten die protzigen, sowjetischen Sanatorien. Besonders typisch ist das gigantische **Vaivari-Sanatorium** (Asaru prospekts 61) 5 km westlich von Majori an der Hauptstraße. Es erinnert an ein gestrandetes Kreuzfahrtschiff aus der Breschnew-Ära. Überraschenderweise ist es sogar noch in Betrieb und bedient eine betagte Klientel, die regelmäßig hierherkommt – wahrscheinlich seit der Breschnew-Ära.

Stadtmuseum Jūrmala MUSEUM
(☎ 6776 4746; Tirgoņu iela 29; ⌚ Di–So 10–18 Uhr) GRATIS Nach einer kostspieligen Renovierung zeigt dieses Museum nun eine gelungene Dauerausstellung über Jūrmalas schillernde Geschichte als sowjetisches Urlaubsmekka.

Freilichtmuseum Jūrmala MUSEUM
(☎ 6775 4909; Tīklu iela 1a; ⌚ Di–So 10–18 Uhr) In Lielupe zwischen Jūrmala und Riga sind Fischerhütten aus dem 19. Jh. und diverse Exponate aus dem Bereich der Schifffahrt zu sehen. Wer Glück hat, kann traditionell zubereiteten Räucherfisch probieren.

Art Rezidence „Inner Light" GALERIE
(☎ 6787 1937; www.jermolajev.lv; Omnibusa iela 19; Erw./Kind 3/1 €; ⌚ 11–17 Uhr) Dies ist der ideale Ort, um einen trüben Tag zu überbrücken. Ein ortsansässiger russischer Künstler leitet das Studio und experimentiert mit Leuchtfarben, durch die sich seine Porträts je nach Lichtverhältnissen verändern. Sphärische Enya-Musik im Hintergrund verstärkt das psychedelische Erlebnis noch zusätzlich.

Aktivitäten

Jūrmalas erstes Wellnesszentrum eröffnete 1838. Seitdem gilt die Region als baltische Wellnesshauptstadt. Angeboten werden die Behandlungen in namhaften Hotels und klotzigen Sowjetsanatorien am Strand in Richtung Ķemeri-Nationalpark. Viele Unterkünfte bieten Pauschalangebote inklusive Wellness und Übernachtung.

Baltic Beach Spa WELLNESS
(☎ 6777 1446; www.balticbeach.lv; Jūras iela 23/25; Anwendungen ab 15 €; ⌚ 8–22 Uhr) Das Spa eines Strandhotels ist das größte Wellnesszentrum im Baltikum. Es umfasst drei riesige Stockwerke voller Massageräume, Saunas, Yogastudios, Schwimmbäder und Whirlpools.

Der 1. Stock ist sehr rustikal und bietet belebende Wechselbäder (zwischen Dampfbädern und Güssen mit Eiswasser aus dem Eimer fühlt man sich wie Jennifer Beals in *Flashdance*).

Līvu Akvaparks WASSERPARK
(☎ 6775 5636; www.akvaparks.lv; Viestura iela 24; Tageskarte Erw./Kind 29/20 €; ⌚ Mo–Fr 11–22, Sa & So 10–22 Uhr) In Lielupe, zwischen Jūrmala und Riga, gibt es einen riesigen familienfreundlichen Wasserpark.

Jūrmala

Festivals & Events

In Jūrmala fanden einst große Musik- und Comedy-Festivals fürs russische Fernsehpublikum statt, aber all das war mit dem Beginn des Ukraine-Krieges zu Ende. Trotzdem ist hier immer noch viel los - siehe www.tourism.jurmala.lv.

Joma-Straßenfest STADTFEST
(www.jurmala.lv) Jūrmalas alljährliches Stadtfest im Juli; 2009 jährte sich der Zusammenschluss von Jūrmalas Gemeinden zum 50. Mal. Ein Highlight ist der Sandskulpturen-Wettbewerb (www.magicsand.lv).

Schlafen

Das Wort „billig" scheint es in Jūrmala nicht zu geben. Budgetreisende sollten in Erwägung ziehen, in Riga zu übernachten und von dort aus einen Tagesausflug nach Jūrmala zu unternehmen. In Jūrmala selbst hilft die Touristeninformation bei der Zimmerbuchung in der gewünschten Preisklasse und führt eine Liste örtlicher Privatunterkünfte. Am höchsten sind die Preise im Sommer; in der Nebensaison fallen sie beträchtlich.

★ **Hotel MaMa** BOUTIQUEHOTEL €€
(☎6776 1271; www.hotelmama.lv; Tirgonu iela 22; Zi. ab 75 €; 📶) Die Schlafzimmertüren haben innen eine dicke, matratzenartige Isolierverkleidung (psycho-chic?) und die supermodernen Suiten ertrinken förmlich in weißen Stoffen, silberfarbenen Gemälden und Feenstaub-Akzenten. So stellt man sich ein Bordell im Himmel vor.

Parus HISTORISCHES HOTEL €€
(☎6776 2391; www.parus.lv; Smilšu iela 2; EZ/DZ/3BZ 65/80/110 €) Das hübsche grüne Haus, eine der für Jūrmala typischen Sommervillen, wartet mit gemütlichen Zimmern unterschiedlicher Form und Größe auf. Der Strand ist nur eine Düne entfernt.

Villa Joma BOUTIQUEHOTEL €€€
(☎6777 1999; www.villajoma.lv; Jomas iela 90; EZ/DZ ab 100/110 €) Einladendes Boutiquehotel mit 15 makellosen, individuell ausgestatteten Zimmern; teilweise mit Dachfenster. Es liegt mehrere Blocks vom Strand entfernt, hat aber eine schöne, sonnige Gartenterrasse. Das großzügig gestaltete Restaurant im Erdgeschoss bietet ausgezeichnete Leckereien an.

Hotel Jūrmala Spa HOTEL €€€
(☎6778 4415; www.hoteljurmala.com; Jomas iela 47/49; Zi. ab 80 €; @📶🏊) Die Zimmer dieses gigantischen schwarzen Kolosses sind eher klein, erstrahlen jedoch in frischem Glanz.

Jūrmala

Sehenswertes

1 Art Rezidence „Inner Light" ... B2
2 Stadtmuseum Jūrmala ... B3

Aktivitäten, Kurse & Touren

3 Baltic Beach Spa ... B2

Schlafen

4 Hotel Jūrmala Spa ... B2
5 Hotel MaMa ... B3
6 Parus ... B2
7 Villa Joma ... C2

Essen

8 Il Sole ... B2
MaMa ... (s. 5)
9 Sue's Asia ... C2

Ausgehen & Nachtleben

Seaside Bar ... (s. 4)

Unterhaltung

10 Konzerthalle Dzintari ... C1
11 Kulturhaus & Kino Majori ... B2

Die Zimmer im 8. und 9. Stock bieten phantastische Ausblicke – sowohl landeinwärts auf den Fluss als auch übers Meer. Im obersten Stock gibt's eine coole Cocktaillounge.

Essen

Im Sommer verkaufen Bierzelte, Terrassencafés und Trendrestaurants entlang der Jomas iela allerhand Leckereien. Wer Vertrautes sucht, der findet in Jūrmala fast die gleiche Auswahl an Kettenrestaurants wie in Riga. Die meisten haben ganzjährig geöffnet. Sie verwöhnen im Sommer die Strandurlauber und im Winter die Kurgäste. Auch die meisten Hotels haben ein Restaurant.

MaMa FUSIONSKÜCHE €€
(http://hotelmama.lv/en/restaurant; Tirgoņu iela 22; Hauptgerichte 10–22 €; ⌚12–22 Uhr) Hier gibt's italienisch-lettische Fusionsküche, weiß gedeckte Tische und unterschiedliche thronartige Stühle. Auffällig sind mehrere extrakleine Sitzplätze, die für Vierbeiner bestimmt sind (der Koch hat sogar ein Gourmetmenü für sie kreiert). Ein echtes Highlight ist auch das farbenfrohe Bad mit einer witzigen Überraschung an der Decke.

Sue's Asia INDISCH €€
(Jomas iela 74; Hauptgerichte 9–12 €; ⌚12–23 Uhr) Obwohl es merkwürdig ist, wenn asiatische Gerichte von wasserstoffblonden, baltischen Kellnerinnen serviert werden, ist dieses Restaurant bei den Einheimischen sehr beliebt wegen seiner nahezu authentischen Küche. Würziges Curry und zartes Hühnchen werden inmitten betender Gottheiten serviert.

Orizzonte GOURMETKÜCHE €€
(www.orizzonte.lv; Baznīcas iela 2B; Hauptgerichte 10–20 €; ⌚11–23 Uhr) Das Orizzonte liegt direkt am Sandstrand im Dubulti-Bezirk und ist ein phantastischer Ort, um den Sonnenuntergang über der Rigaer Bucht zu beobachten. Nach Einbruch der Dunkelheit steht das Ambiente ganz im Zeichen von weißen Tischtüchern, Kerzenlicht und dezenten Gitarrenklängen.

Il Sole ITALIENISCH €€€
(Jūras iela 23/25; Hauptgerichte 14–30 €; ⌚11–23 Uhr) Dieses romantische Restaurant im Baltic Beach Hotel hat die tollsten Sitzplätze direkt am Meer. Auf der umfangreichen Speisekarte stehen sehr gute italienische Gerichte und die dazu passenden Importweine. Der Anblick des Sonnenuntergangs lenkt von dem ziemlich kitschigen, florentinischen Dekor ab.

★ **36.Line** MODERN LETTISCH €€€
(☎22010696; www.lauris-restaurant.lv; Līnija 36; Hauptgerichte 12–30 €; ⌚11–23 Uhr; 📶) In diesem wunderbaren Restaurant an einem Strandabschnitt am östlichen Ende von Jūrmala bietet der populäre lettische Koch Lauris Alekseyev traditionelle lettische Küche mit modernem Einschlag. Man kann am Strand ausspannen und dann ein Mittagessen (in legerer Kleidung) oder ein Abendessen (aufgebrezelt) genießen. Abends legen regelmäßig DJs auf.

Ausgehen & Unterhaltung

Seaside Bar BAR
(☎6778 4415; Jomas iela 47/49; ⌚15–2, So bis 24 Uhr) Dieser angesagte Tanztreff liegt hoch über den Bäumen im 11. Stock des Hotel Jūrmala Spa. Die Cocktails schlürfen die Gäste entweder in futuristischen Schalensitzen oder direkt unter der glitzernden Diskokugel.

Kulturhaus & Kino Majori LIVEMUSIK, KINO
(Majori Kultūras nams; ☎6776 2403; Jomas iela 35) Filmvorführungen, Konzerte und wechselnde Kunstausstellungen.

Konzerthalle Dzintari LIVEMUSIK
(Dzintari Koncertzāle; ☎6776 2092; Turaidas iela 1) Die Freiluft-Konzertbühne (sie hat ein Dach, aber keine Wände) existiert schon seit 1897, jedoch nicht in der jetzigen Form. Einst war das Dzintari sehr begehrt bei sowjetischen Musikern und Komikern und diente auch russischen Pop-Künstlern als zweites Zuhause – bis 2015, als Lettland wegen des Kriegs in der Ukraine zwei große russische Festivals absagte. Jetzt ist das Programm internationaler und vielseitiger. Konzerte finden hier von Juni bis August statt.

ℹ Praktische Informationen

Die Touristeninformation bietet kostenlosen Internetzugang und das Stadtmuseum Jūrmala kostenloses WLAN.

Bulduri-Krankenhaus (Vienības prospekts 19/21)

Touristeninformation (☎6714 7900; Lienes iela 5; ⏰Mo–Fr 9–19, Sa 10–17, So 10–15 Uhr) Gegenüber dem Bahnhof Majori. Hier gibt's allerlei Broschüren über Wanderpfade, Radwege und Sehenswürdigkeiten. Die Angestellten helfen bei der Zimmerreservierung und verleihen Fahrräder. Die riesige Karte draußen verschafft einen Überblick, wenn geschlossen ist.

ℹ Anreise & Unterwegs vor Ort

AUTO & MOTORRAD

Wer mit dem Auto nach Jūrmala hineinfährt, muss vor der Überquerung des Flusses Lielupe pro Tag 2 € Maut bezahlen, selbst wenn man nur auf der Durchreise ist. An der Jūras iela gibt's jede Menge meist kostenlose Parkplätze.

FAHRRAD

Sixt Rent a Bicycle (Sixt velo noma; www.sixtbicycle.lv) Mit mehreren Filialen in Jūrmala. Die praktischste davon ist die gegenüber vom Bahnhof in Majori. Hier kann man auch Fahrräder des Verleihers abgeben, die man in Riga gemietet hat.

MINIBUSSE

Zwischen Riga und Jūrmala verkehren häufig Minibusse. Die Busse nach Sloka, Jaunķemeri oder Dubulti (30 Min.) fahren über Majori, wo der Fahrer auf Wunsch anhält. Diese Kleinbusse fahren von 6 bis 24 Uhr alle 5 bis 15 Minuten gegenüber Rigas Hauptbahnhof ab. Zurück geht's mit einem Bus vom Bahnhof von Majori. Diese regelmäßigen Verbindungen sind auch ideal, um an Jūrmalas langer Sandküste von Ort zu Ort zu gelangen. Zwischen 9 und 24 Uhr gibt es außerdem Verbindungen zum Flughafen Riga.

SCHIFF/FÄHRE

Slow Boat (☎29237123; www.pie-kapteina.lv; Erw./Kind 15/10 €) Die Boote legen in Riga am Platz der lettischen Schützen ab und erreichen nach einstündiger Fahrt ihr Ziel nahe dem Bahnhof von Majori (nur am Wochenende).

ZUG

Stündlich fahren zwei bis drei Züge von Jūrmala ins Zentrum von Riga. Mit der S-Bahn Richtung Sloka, Tukums oder Dubulti gelangt man zum Bahnhof von Majori (1,50 €, 30–35 Min.). Der erste Zug fährt morgens gegen 5.50 Uhr in Riga los, die letzte Verbindung ab Majori ist um 22.45 Uhr. Abfahrt nach Jūrmala ist gewöhnlich an Gleis 3 und 4. Unterwegs werden sechs oder sieben Haltestellen in anderen Stadtvierteln angefahren. Topaktuelle Informationen liefern die Websites www.pv.lv und www.1188.lv.

Nationalpark Ķemeri

Jenseits von Jūrmalas schicken Promihäusern und Strandbars erstreckt sich der **Nationalpark Ķemeri** (Ķemeru nacionālais parks; ☎6673 0078; www.kemerunacionalaisparks.lv). Heute gibt es hier verschlafene Fischerdörfer, umgeben von Mooren, Seen und Wäldern. Ende des 19. Jhs. jedoch war Ķemeri bekannt für seinen Heilschlamm und sein Quellwasser und lockte Besucher von weither, sogar aus Moskau. Der Park ist ganzjährig zugänglich, die touristischen Einrichtungen sind allerdings nur von Juni bis August geöffnet.

Die **Parkinformation** (☎6714 6819; www.kemeri.lv; ⏰Juni–Aug. 10–18 Uhr) ist in einem alten, scheunenartigen Hotel und Restaurant namens „Lustiger Moskito" untergebracht. Die meisten Infos sind auf Lettisch. Man kann Fahrräder leihen und sich zu Vorträgen oder Veranstaltungen (z. B. zur Vogel- oder Fledermausbeobachtung) anmelden. Außerdem beginnt und endet hier ein malerischer, 600 m langer **Rundweg** durch ein flaches Waldstück.

Im Kurort Ķemeri, der für seine Schwefelquellen bekannt ist, hängt der penetrante Gestank fauliger Eier in der Luft. Das erste Schlammbad eröffnete hier Ende des 19. Jhs. Bis zum Zweiten Weltkrieg war der Kurort weithin als Heiloase bekannt. Sein Wasser scheint tatsächlich sehr gesund zu sein. Am besten füllt man seine Flasche an der **Eidechse**, einer Steinskulptur aus der die Quelle sprudelt. Weiter führt der Pfad vorbei an phantastischen Aussichtspunkten und kleinen, schmiedeeisernen Brücken mit romantischen Namen wie Seufzerbrücke und Brücke der Launen. Hier sieht alles noch genauso aus wie während des großen Booms in den 1930er-Jahren.

Das als „Weißes Schiff" bekannte **Hotel Ķemeri** ist kaum zu übersehen. Es wurde während der kurzen Unabhängigkeitsperiode in den 1930er-Jahren erbaut und ist eines der eindrucksvollsten Bauwerke außerhalb der Hauptstadt. Derzeit kann es nur von außen bewundert werden, da das Geld für notwendige Renovierungsarbeiten fehlt. Ein Spaziergang durch den Park führt auch an der orthodoxen **Kirche St. Peter und Paul** vorbei. Sie wurde 1893 erbaut und ist die älteste Kirche von Ķemeri. Bei näherem Hinsehen fällt auf, dass in dem ganzen Holzbau nicht ein einziger Nagel verwendet wurde.

In den abgeschiedeneren Dörfern entlang der Küstenstraße nach Norden zum Kap Kolka hat das Räuchern und Konservieren von Fisch bis heute Tradition. Besonders intensiv ist der Fischgeruch in **Lapmežciems**, oberhalb des Kaņieris-Sees, 3 km westlich von Jūrmala. An der östlichen Ortseinfahrt steht hier eine Fabrik, die Sprotten verarbeitet. Auf dem örtlichen Markt werden – ebenso wie im 2 km nördlich gelegenen **Ragaciems** – frisch geräucherter Aal, Sprotten, Lachs und Thunfisch angeboten.

ℹ An- & Weiterreise

Der Nationalpark Ķemeri ist von Riga aus problemlos zu erreichen, da er sich direkt hinter Jūrmala entlang der S-Bahnlinie Richtung Westen erstreckt. 15-mal täglich verkehren Züge zwischen Riga und Jūrmalas Majori-Bahnhof. Der Park ist auch mit der Buslinie 11 ab Majori erreichbar oder direkt ab Riga.

WESTLETTLAND (KURZEME)

Kurzeme (Kurland) verkörpert die echte lettische Seele, zu der die weltgewandten Rigaer in schlechten Zeiten gerne Zuflucht suchen. Die Region bietet Natur pur so weit das Auge reicht. Die Sandstrände der menschenleeren Küste locken zu Abenteuern abseits ausgetretener Touristenpfade. Und hier und da wird das weite Nichts von angenehmen Küstenstädten wie Kolka, Ventspils, Pāvilosta und Liepāja unterbrochen.

Die Region Kurzeme war jedoch nicht immer so friedvoll. Früher saßen hier die rebellischen Kuren, die sich mit den Wikingern zu Raubzügen zusammenschlossen. Nach ihnen ist der Landstrich bis heute benannt. Im 13. Jh. fielen deutsche Kreuzfahrer ein und unterwarfen sowohl die Kuren als auch alle anderen lettischen Stämme. Als der Livländische Orden 1561 unter den Angriffen von Iwan dem Schrecklichen zusammenbrach, sicherte sich der letzte Großmeister, Gotthard Kettler, Kurland und das benachbarte Zemgale (Semgallen) als persönliches Lehen.

Herzog Jakob, der von 1640 bis 1682 herrschte, machte die Region weithin bekannt. Er baute eine Kriegs- und Handelsflotte auf und erwarb zwei weit entlegene (und komplett zufällig gewählte) Kolonien: die Insel Tobago in der Karibik und eine Insel an der Mündung des Gambia-Flusses in Westafrika. Er soll sogar Pläne gehabt haben, Australien zu kolonisieren! Das kurländische Reich war nicht von langer Dauer, doch versammeln sich auch heute noch US-amerikanische und kanadische Letten auf Tobago zu Wiedersehenstreffen, obwohl die tropische Insel kaum als Ersatz für die nordische Melancholie des Landes ihrer Vorfahren dienen kann.

Straße nach Ventspils

Von Riga aus führen drei Hauptstraßen an die kurländische Küste. Die kürzeste ist die Straße nach Ventspils, die außerdem mit einigen eigentümlichen Sehenswürdigkeiten geschmückt ist.

Die Fernstraße A10 zweigt von der Autobahn nach Jūrmala ab und führt zunächst an der Stadt vorbei, bevor sie in die dunklen Wälder des Nationalparks Ķemeri eintaucht. Kurz nach der Abfahrt zum Dorf Ķemeri weist links ein braunes Schild den Weg zum Lielā Ķemeru tīreļa laipa – dem **Großen Ķemeri-Sumpf-Weg**. Der 3 km lange Plankenrundweg führt durch eine märchenhafte Landschaft aus bunten Moosen und unheimlich dunklen tiefen Tümpeln, die man sich gut als Behausung von Meerjungfrauen vorstellen kann. Auf einem Aussichtsturm treffen Touris im Selfiewahn auf ernsthafte Vogelbeobachter, die nach dem seltenen Schwarzstorch Ausschau halten.

Etwa 65 km von Riga ist vor Tukums der Freizeitpark **Cinevilla** (Kinopilsēta Cinevilla; ☎6774 4647; www.cinevilla.lv; Erw./Kind 3/1 €; ⏲10–19 Uhr) ausgeschildert. Dieser erwuchs aus den Kulissen für Aigars Graubas Film *Rīgas sargi* (2007) und wird auch heute noch von Filmemachern benutzt. Im Lauf der Jahre sind hier ein Rigaer Ufer mit Boot sowie eine „Kleinstadt" und ein „Bahnhof" mit echtem Dampfzug entstanden. Bei un-

Westlettland (Kurzeme)

serem letzten Besuch wurde gerade an einem „mittelalterlichen Hafen" gewerkelt. Touristen können hier mit Requisiten spielen, Kostüme anprobieren und sogar einen eigenen Film drehen. Außerdem gibt's ein Restaurant.

Hinter Tukums erblickt man rechts die roten Backsteintürme von **Schloss Jaunmoku** (☎ 26187442; www.jaunmokupils.lv; Museum Erw./Stud. 2,50/1,50 €; ⊙ 9–17 Uhr). Das für den bekanntesten Engländer Lettlands, den Rigaer Bürgermeister George Armitstead (S. 228), als Jagdschloss erbaute Gemäuer wirkt wie ein aus dem Yorkshire seines Vaters hierher verpflanztes Phantasiewerk. Hier befindet sich neben einem interessanten kleinen Museum und einem netten Park auch ein nicht ganz so tolles Hotel.

Ein Stückchen weiter kann man sich in der **Schokoladenfabrik Pure** mit Süßigkeiten fürs Strandpicknick an der Kurzeme-Küste eindecken.

Das inmitten von neun kleinen Hügeln gelegene **Talsi**, 120 km von Riga, ist ein hübsches Örtchen am See. Hier gibt's nicht viel zu tun, außer vielleicht einem Essen im noblen **Martinelli** (Hauptgerichte 10–20 €) – das versteckte Juwel lockt Kenner mit einer imposanten Weinkarte und liebe- und phantasievoll zubereiteten europäischen Gerichten. Das Obergeschoss nimmt ein hübsches kleines Gästehaus mit nur zwei Zimmern ein.

Ein weiteres Juwel, diesmal natürlichen Ursprungs, findet man 30 km weiter westlich. Der große Usma-See ist mit sieben kleinen Inseln gespickt und von Wäldern gesäumt. Dort bietet das **Usma Spa Hotel & Camping** (☎ 6367 3710; www.usma.lv; Priežkalni; B/DZ ab 9/58 €; ⌚ Mai–Okt.) die ideale Bleibe für Ruhesuchende. Sie können dort angeln, segeln, rudern, schwimmen und sich mit einem umfassenden Wellnessangebot verwöhnen lassen. Zu finden ist das Hotel 1 km südlich der A10 an der Straße ins Dorf Usma.

Die Entfernung zwischen Riga und Ventspils beträgt rund 190 km.

Ventspils

42 500 EW.

Beachtliche Einkünfte aus Ölhandel und Schifffahrt haben Ventspils (Windau) zu einer der schönsten und dynamischsten Städte Lettlands gemacht. Die Luft ist frisch und sauber. Die Häuser – und sogar die gigantischen Industrieanlagen – sind in freundlichen Farben gestrichen. Lettlands größter und verkehrsreichster Hafen war jedoch nicht immer so freundlich. Wegen seiner strategisch günstigen Lage und weil es ganzjährig eisfrei ist, war Ventspils stets ein wichtiger Industrie- und Marinestützpunkt – zunächst im 12. Jh. für die ersten kurischen Siedler, im 13. Jh. für den Livländischen Orden, während des 16. Jhs. für die Hanse und in jüngerer Zeit schließlich für die UdSSR. Die Einheimischen sind stolz auf ihr Užavas-Bier und behaupten, es gäbe hier nicht viel zu tun. Dabei hat der Ort Touristen durchaus einiges zu bieten: großartige Strände, interaktive Museen und gewundene Altstadtsträßchen gesäumt von vereinzelten Boutiquen und Cafés.

Sehenswertes & Aktivitäten

Die Venta trennt die Altstadt vom farbenprächtigen Hafen. Beim Bummel durch die Innenstadt sollte man auf Feldbergs' **Sieben mentale Meteoriten** und das **Denkmal für Krišjānis Valdemārs** achten. Der lettische Schriftsteller und Pädagoge verschaffte Tausenden von lettischen Bauern einen Lebensunterhalt, indem er die erste Seefahrtsschule des Landes gründete. Auf dem Weg vom Zentrum zum Strand bietet sich ein Spaziergang durch das Viertel **Ostgals** an. Hier kann man sich einen Eindruck davon verschaffen, wie die Stadt in ihren Anfängen ausgesehen hat, als sie noch nicht viel mehr als ein ärmliches Fischerdorf mit Holzhäusern war. Überall in Ventspils finden sich Kuhplastiken. Sie sind Hinterlassenschaften eines lange zurückliegenden, weltweit stattfindenden Kunstprojekts, der Cow Parade. Die Ventspilser Kühe waren jedoch zu surreal, witzig und kunstvoll, um sie wieder zu entfernen.

Strand STRAND

Für Ventspils ist dieser weiße Sandstrand südlich der Venta ein echtes Juwel. Im Sommer tummeln sich hier Strandliebhaber aller Art – vom Nudisten bis zum Kitesurfer. Hinter dem mit einer Blauen Flagge ausgezeichneten Strand, der für einen Stadtstrand sehr ursprünglich wirkt, erstrecken sich Dünen und ein schöner gepflegter Park.

Am Nordende stößt der Strand auf die Lagerhäuser des Hafens und schließlich die **Südmole**, die neueste Promenade der Stadt. Von einem Aussichtsturm eröffnen sich Ausblicke auf den Hafen und man kann schön die Kreuzfahrtschiffe fotografieren, wie sie ein- bzw. auslaufen.

Freilicht-Küstenmuseum MUSEUM

(Ventspils jūras zvejniecības brīvdabas muzejs; ☎ 6322 4467; Riņķu iela 2; Erw./Kind 1,40/0,60 €; ⌚ Mai–Okt. 10–18 Uhr) Jahrhundertelang drehte sich das Leben in Kurzeme um die Seefahrt und die Fischerei. Dieses Museum, das sich über ausgedehntes Parkland erstreckt, besitzt eine Sammlung von Fischerbooten, Ankern und traditionellen Langhäusern aus den Küstendörfern nördlich und südlich von Ventspils. Schön ist auch die 1916 von den Deutschen erbaute Schmalspurbahn. Die derzeitige Runde durch den Küstenpark ist nur ein kleiner Teil des einstigen Netzes, das die Dörfer entlang der Küste miteinander verband.

Die beiden alten deutschen Lokomotiven sind aber immer noch im Einsatz. Der Bahnhof neben der Museumskasse ist eine Kopie desjenigen im Dorf Mazirbe nördlich von Ventspils.

Burg des Livländischen Ordens BURG, MUSEUM

(Livonijas ordeņa pils; ☎ 6362 2031; www.ventspilsmuzejs.lv; Jāņa iela 17; Erw./Kind 2,10/1,10 €; ⌚ Di–So 10–18 Uhr) Das bauklötzchenartige Gebäude sieht von außen auf den ersten Blick nicht unbedingt wie eine Burg aus. Das Innere aus dem 13. Jh. birgt ein innovatives, interaktives Museum für Regionalgeschichte und Kunst. Unter den Sowjets wurde die Burg als Gefängnis genutzt, woran eine nur auf Lettisch beschriftete Ausstellung im angrenzenden Stallgebäude erinnert. Nach den Bildern der Unterdrückung kann ein Bummel durch den benachbarten Zen-Steingarten den Seelenfrieden wieder herstellen.

Haus des Kunsthandwerks MUSEUM
(Amatu māja; ☎6362 0174; Skolas iela 3; Eintritt 0,90 €; ⌚Di–Fr 10–18, Sa bis 15 Uhr) Hier erfahren die Besucher allerlei über Kurzemes Handwerkskunst und können Einheimischen bei der Arbeit am Spinnrad zusehen, um dann später bei ihnen vielleicht ein Mitbringsel zu erstehen.

Das Holzgebäude entstand unter den Herzögen von Kurland. Zu Sowjetzeiten war es eine Knabenschule und wurde dann in eine Ausstellungshalle umgewandelt. Hier spricht kaum jemand Englisch. Wer also eine Töpferdemonstration oder eine Führung durch das Gebäude (samt einem Original-Klassenraum mit Tafel und Tischen) und die Stadt mitmachen will, sollte vorher telefonisch einen Führer und Dolmetscher bestellen.

Hecogs Jēkabs BOOTSTOUR
(☎26353344; Ecke Ostas iela & Tirgus iela; Erw./Kind 1,40/0,60 €) Von April bis November kreuzt die Hecogs Jēkabs im Mündungsbereich der Venta. Sechsmal täglich legt sie an Dock 18 zu einer 45-minütigen Rundfahrt ab.

Kirchen

Über den schmucken Holzhäusern ragen zwei Kirchen empor: Die **russisch-orthodoxe Nikolauskirche** (Sv Nivolaja pareizticīgo baznīca; Plosu iela 10) mit ihrem Zwiebelturm wurde 1901 in der Nähe des modernen Fährhafens erbaut und die **lutherische Nikolauskirche** (Nikolaja luterāņu baznīca; Tirgus iela 2) 1835 am Rathausplatz. Sie ist nicht etwa dem Heiligen Nikolaus geweiht, sondern Zar Nikolaus II., der seinerzeit eine großzügige Geldsumme an die Lutherenergemeinde stiftete.

Schlafen

Piejūras Kempings CAMPINGPLATZ €
(☎6362 7925; Vasarnīcu iela 56; Zeltstellplätze 5 € pro Pers., 4-Pers.-Häuschen ab 40 €; @) Reizende Anlage mit Zeltwiese, Kiefernholz-Häuschen und umfassendem Serviceangebot: Wäscherei, Fahrradverleih, Tennis-, Volleyball- und Basketballplätze.

Kupfernams B&B €€
(☎6362 6999; www.hotelkupfernams.lv; Kārļa iela 5; EZ/DZ 39/59 €; 📶) Unser Favorit ist diese charmante Bleibe in einem Holzhaus des Altstadtzentrums. Die freundlichen Zimmer mit Dachschrägen öffnen sich zu einer Gemeinschaftslounge hin und liegen über einem Café und einem Haarstudio (das auch als Rezeption fungiert).

Viesu Nams Zītari GÄSTEHAUS €€
(☎28160018; www.facebook.com/KrogsZitari; Tirgus iela 11; DZ ab 50 €) Wer sich nicht an den ausgestopften Tieren im Gemeinschaftsbereich stört, findet hier in einem Fachwerkhaus beim Zītari-Biergarten mehrere gut ausgestattete Zimmer. Die Lage am Marktplatz könnte nicht zentraler sein. Die Zim-

RIESIGER WELTRAUMSPION

Das Radioteleskop von Irbene mit 32 m Durchmesser wurde ursprünglich von den Sowjets errichtet, um während des Kalten Krieges westliche Satellitenverbindungen abzuhören. Heute wird es von Wissenschaftlern genutzt, um die Sterne, den Mond und die Sonne zu beobachten.

Die 24 km nördlich von Ventspils im Wald versteckte Superantenne war eine von drei Anlagen, mit denen die sowjetische Armee die Welt bespitzelte. Als die russischen Truppen 1994 abzogen, nahmen sie nur eine Antenne mit und ließen die beiden anderen zurück. Sie waren zu groß für einen Transport.

Die R-32 – eine 600 t schwere Schüssel auf einem 25 m hohen Betonsockel – wurde 1980 in der UdSSR gebaut und ist die achtgrößte Parabolantenne der Welt. Seit 1994 ist die einstige Militäreinrichtung Eigentum des **Internationalen Radioastronomiezentrums Ventspils** (VIRAC, Ventspils Starptautiskais Radioastronomijas Centrs; ☎2923 0818; http://virac.venta.lv), das zur Lettischen Akademie der Wissenschaften gehört. Zur Zeit der Recherche waren Führungen aufgrund von Restaurierungsarbeiten nicht möglich, sie sollten jedoch ab Mitte 2016 wieder stattfinden.

Ventspils

mer verfügen über Holzdielenböden und jede Menge Holzmöbel, doch ansonsten ist die Einrichtung modern.

Essen & Ausgehen

Krogs Zītari OSTEUROPÄISCH €€
(☎25708337; www.facebook.com/KrogsZitari; Tirgus iela 11; Hauptgerichte 7–12 €; ⏱11–24 Uhr) In dem Biergarten im Hof eines hübschen deutschen Fachwerkhauses werden große Portionen traditioneller und weniger traditioneller lettischer Kost serviert. Egal ob Rollmops mit Hüttenkäse und Kartoffeln oder – exotischer – im Ofen gebackenes Gemüse mit georgischem Suluguni-Käse: Alle Speisen passen bestens zum ausgezeichneten lettischen Bier.

Skroderkrogs LETTISCH €€
(☎6362 7634; Skroderu iela 6; Hauptgerichte 6–13 €; ⏱11–22 Uhr) Wem der Sinn nach lettischer Hausmannskost in großen Portionen und nettem landestypischem Ambiente steht, ist hier genau richtig – hier gibt's Kerzen und Blumen auf den Tischen, die aus alten Nähmaschinen bestehen.

Ostas 23 MODERN EUROPÄISCH €€
(☎22015754; http://ostas23.lv; Ostas iela 23; Hauptgerichte 7–10 €) Wer sich lieber an internationale Standardkost hält als in die Tiefen der traditionellen lettischen Küche einzutauchen, wird in puncto Qualität und Service von diesem schicken modernen Restaurant bei der Burg wohl kaum enttäuscht.

Ventspils

Sehenswertes
1 Haus des Kunsthandwerks D1
2 Burg des Livländischen Ordens C1
3 Denkmal für Krišjānis Valdemārs C1
4 Lutherische Nikolauskirche D1
5 Freilicht-Küstenmuseum A3
6 Reņka-Garten D3
7 Sieben mentale Meteoriten C1
8 Russisch-orthodoxe Nikolauskirche D1
9 Strand von Ventspils A2

Aktivitäten, Kurse & Touren
10 Hecogs Jēkabs D1

Schlafen
11 Kupfernams D2
12 Piejūras Kempings A3
13 Viesu Nams Zītari D1

Essen
Krogs Zītari .... (s. 13)
14 Ostas 23 .... C2
15 Skroderkrogs D1

ABSEITS DER ÜBLICHEN PFADE

DIE KULTUR DER SUITI

Die Mitte des Dreiecks Ventspils–Kuldīga–Liepāja ist in mehrfacher Hinsicht ein besonderer Ort. Sie ist eine katholische Insel in Kurzeme, einem Land der Protestanten, und wird von den Suiti bevölkert, die einen einzigartigen Dialekt sprechen und weit mehr als die meisten anderen Letten an ihren Traditionen festhalten. Dies ist der letzte Ort in Lettland, an dem wenigstens einige der Einheimischen den Sonntagsgottesdienst in ihrer jahrhundertealten Tracht besuchen. Zu dieser gehört eine Art Tartan-Poncho, den die Frauen über purpurroten Kleidern tragen.

Den Kern ihrer Identität bildet jedoch der Gesang. Die mehrstimmigen bordunartigen Gesänge, vergleichbar der traditionellen Chormusik des Kaukasus – allerdings singen hier die Frauen –, ist durch eine Art Rappen unterbrochen, bei dem die Solistin die Anwesenden auf die Schippe nimmt und sie als unordentlich, geistesabwesend und faul beschreibt. Der gesungene Text ist vollständig improvisiert.

Die Hauptstadt der Suiti ist **Alsunga**, ein uriges Dorf mit einer kleinen livländischen Burg und einem niedlichen Gasthaus, dem **Spēlmaņu Krogs** (☎26179298; www.spelmanukrogs.lv; Pils iela 7; Zi. ab 25 €). Er bietet Übernachtungsmöglichkeiten und köstliches regionales Essen wie *sklandraušis*, einen süßen Möhren-Kartoffel-Kuchen. Am Wochenende organisieren die Eigentümer ein Fest, bei dem auf traditionelle Weise über offenem Feuer gekocht wird. Außerdem gibt's ein Konzert von Suitu Sievas, der berühmten Gruppe von Großmüttern aus Alsunga, die das Land der Suiti in Lettland bekannt gemacht haben.

Alsunga liegt 14 km abseits der Straße von Ventspils nach Liepāja. Bei der Abzweigung befindet sich ein weiteres Suiti-Dorf: **Jūrkalne**, berühmt für seine hohen Sandsteinklippen an einem schönen, einsamen Strand. In der Gegend gibt es auch ein paar hübsche Gasthöfe, z. B. den **Pilsberģi Krogs** (☎27436888; www.pilsbergi.lv; Zi. ab 50 €).

Der Grund, warum die Suiti Katholiken sind, ist nicht politischer, sondern rein romantischer Natur. Während der Reformation wurden sie wie die gesamte kurländische Bevölkerung Protestanten. Doch 1623 verliebte sich der Graf der Domäne Alsunga, Johann Ulrich von Schwerin, in eine polnische Schönheit. Um für seine Heirat die Zustimmung des polnischen Königs zu erhalten, musste er zusammen mit all seinen Untertanen zum Katholizismus konvertieren. Dies hatte eine gewisse Isolation zur Folge, die für die Einheimischen all die Jahrhunderte schwer zu erdulden gewesen sein muss. Doch dank ihr können wir heute eine einzigartige Kultur genießen, die von der Unesco als „dringend erhaltungsbedürftiges immaterielles Kulturerbe der Menschheit" anerkannt ist.

ℹ Praktische Informationen

Bibliothek (☎6362 4333; Akmeņu iela 2; ⏲Mo–Fr 10–19, Sa bis 16 Uhr; 📶) Internet und WLAN sind gratis.

Postamt (Platā iela)

Touristeninformation (☎6362 2263; www.visitventspils.com; Dārzu iela 6; ⏲Mo–Sa 8–18, So 10–16 Uhr) Im Fährterminal.

ℹ An- & Weiterreise

Vom **Busbahnhof** (☎6362 4262; Kuldīgas iela 5) von Ventspils gibt's Verbindungen nach Riga (7,50 €, 2¾–4 Std., stündl.), Kuldīga (3 €, 1¼ Std., 5-mal tgl.) und über Jūrkalne (2,50 €, 1 Std.) und Pāvilosta (3,25 €, 1¼ Std.) nach Liepāja (5,20 €, 2¼–3 Std., 7-mal tgl.).

Fähren von Scandlines (www.scandlines.com) fahren nach Nynashamn in Schweden (21 €, 12 Std., 5-mal wöchentl.) sowie nach Travemünde (21 €, 25 Std., 2-mal wöchentl.).

Pāvilosta

Dieses verschlafene Küstenstädtchen auf halbem Weg zwischen Ventspils und Liepāja erinnert trotz seiner Lage an der Ostsee sehr an kalifornische Surfstrände. Im Sommer verbringen die Gäste hier ihre Zeit mit Wind- und Kitesurfen, Wellenreiten und Segeln und machen zwischendurch Pause mit einem Nickerchen und einem Bierchen am Strand. Wer aktiv werden möchte, erhält Infos in der Touristeninformation. Die netten Angestellten organisieren überdies traditionelle Bootsfahrten und Angelausrüstungen und weihen Besucher mit etwas Glück in die Geheimnisse des Fischräucherns ein. Wer einen Abstecher hierher plant, sollte sich am Wetterbericht orientieren. Bei schlechtem Wetter ist in Pāvilosta nämlich überhaupt nichts los.

Schlafen & Essen

Vēju Paradize GASTHOF €€
(☎26446644; www.veju-paradize.lv; Smilšu iela 14; DZ/3BZ/4BZ ab 49/61/73 €) Im „Windparadies" kommt richtig Strandfeeling auf. Mit 17 einfachen, aber ordentlichen Zimmern ist es die größte Unterkunft in Pāvilosta. Angenehm sind die Aloepflanzen - besonders wenn man zu viel Sonne abbekommen hat. Das Hotelrestaurant hat im Sommer von 9 bis 22 Uhr geöffnet und serviert leichte, internationale Gerichte. Außerdem vermietet der Gasthof traditionelle Holzboote.

Das Crocodill BOUTIQUEHOTEL €€
(☎26151333; www.crocodill.lv; Kalna iela 6; Zi. Haupt-/Nebensaison ab 80/40 €;) Hier verströmt jedes Mosaiksteinchen und jede Lampe den ganz eigenen Crocodill-Charakter. Die Einrichtung ist ein reizvoller Stilmix unterschiedlichster Kulturen: Australische Aborigines und afrikanische Stämme haben ihre Spuren hinterlassen und ein Hauch Polynesien ist auch zu spüren. Einige Suiten blicken auf den einladenden Pool hinter dem Gebäude. Es können Wassersportausrüstung und Fahrräder geliehen werden.

Āķagals LETTISCH €
(Dzintaru iela; Hauptgerichte 5–8 €; ⌚12–19 Uhr) Das Āķagals serviert köstliche lettische Speisen an lackierten Picknicktischen aus dicken Holzbohlen. Es gibt eine große Schaukel, windgepeitschte Dünen und einen rostigen Aussichtsturm, wo man sich die Zeit vertreiben kann, bevor die bestellten „Snacks" (so heißen die Gerichte auf der Speisekarte) gebracht werden.

Snack Bīčbārs CAFÉ
(Illy; ⌚Juni–Aug.) Diese umgebaute Tikibar direkt am Weg zum Strand bietet Kaffee und Cocktails an - auch zum Mitnehmen. Sonst sitzt man auf trendigen Korbmöbeln und kann nebenher in einem Modemagazin blättern. Achtung: Dieses Lokal trägt jeden Sommer einen anderen Namen!

Praktische Informationen

Neben der Touristeninformation steht ein rund um die Uhr zugänglicher Geldautomat.

Postamt (Tirgus iela 1; ⌚Mo–Fr 9–17 Uhr)

Touristeninformation (www.pavilosta.lv; Dzintaru iela 2; ⌚Juni–Aug. 7.30–21 Uhr, Sept.–Mai bis 19.30 Uhr) Die Touristeninformation liegt unweit der Bushaltestelle an der Hauptstraße, die zu den Docks führt. Das nette Personal spricht Englisch und bucht Unterkünfte und Aktivitäten.

An- & Weiterreise

Busse verbinden Pāvilosta mit Liepāja (2,65 €, 70 Min., 5-mal tgl.), Kuldīga (2,70 €, 65 Min., 1-mal tgl. mit Weiterfahrt nach Riga) und Ventspils (3,25 €, 1¼ Std., 4-mal tgl.). Sie halten vor der Touristeninformation.

Liepāja

83 400 EW.

Liepāja (Libau) passt in kein Klischeebild – eine Hafenstadt mit düsteren Backsteinlagerhäusern, vor Anker liegenden Torpedobooten und einem alten Gefängnis als Hauptattraktion. Gleichzeitig beeindruckt sie aber auch mit einem der schönsten Strände des Landes und hat eine völlig überproportionale Zahl an bedeutenden lettischen Musikern hervorgebracht. Das kantige, ungeschliffene Flair, das seinen Ausdruck in grungiger Musik findet, macht Liepāja zu einer Art lettischem Manchester, doch seine Suche nach einer eigenen Identität hat gerade erst begonnen.

Lettlands drittgrößte Stadt wurde im 13. Jh. vom Livländischen Orden gegründet. Ihren Erfolg verdankt sie jedoch Zar Alexander III. Er veranlasste eine Vertiefung des Hafenbeckens und etablierte bis Ende des 19. Jhs. einen gigantischen Marinehafen. Lange Zeit machte die Industriestadt als erste russische U-Boot-Basis im Baltikum von sich reden. Nach dem Zweiten Weltkrieg rissen sich die Sowjets den ganzen ausgebombten Ort unter den Nagel und verwandelten ihn in eine strategische Militärbasis.

Sehenswertes

Liepāja bietet kaum Sehenswürdigkeiten, aber was spricht dagegen, ein paar Tage am **Strand** zu relaxen? Ein schmaler Grünstreifen, der **Jūrmala-Park**, dient als Puffer zwischen den sanften Dünen und dem eher unansehnlichen Stadtkern.

Karosta

Zu Zeiten der Sowjetherrschaft war das Betreten des russischen Marinestützpunkts Karosta strengstens verboten. Das Gelände 4 km nördlich des Zentrums umfasst ein Drittel der Stadtperipherie von Liepāja und noch immer erinnern hier alternde Kasernengebäude und hässliche Betonwohnblocks (viele davon unbewohnt) an die Zeit der Besatzung. Da die Sehenswürdigkeiten recht weit verstreut liegen, lässt sich Karosta am

Liepāja

Liepāja

Sehenswertes
1 Haus der Kunsthandwerker D2
2 Geschichts- & Kunstmuseum Liepāja B1
3 Besatzungsmuseum D3
4 Petersmarkt C3

Schlafen
5 Fontaine Royal C1
6 Hotel Fontaine C1
7 Promenade Hotel D1
8 Roze B3

Essen
9 Boulangerie C3
10 Darbnīca D1
Fontaine Delisnack .... (s. 12)
11 Pastnieka Māja C2

Ausgehen & Nachtleben
12 Fontaine Palace D1
Prison Bar .... (s. 5)

besten per Fahrrad oder Auto erkunden. Es gibt einen attraktiven Strand, also an warmen Tagen Badesachen einpacken!

Gefängnis Karosta HISTORISCHES GEBÄUDE
(Karostas cietums; ✆ 26369470; www.karostascietums.lv; Invalīdu iela 4; Erw./Kind 4,50/3 €; ⏲ Juni–Aug. tgl. 9–19 Uhr, Mai & Sept. tgl. 10–18 Uhr, Okt.–April Sa & So 12–15 Uhr) Das unheimliche alte Gefängnis von Karosta war bis 1997 in Betrieb. Es wurde 1900 als Krankenhaus erbaut, aber noch vor Fertigstellung zum Militärgefängnis umfunktioniert. Bei den jeweils zur vollen Stunde beginnenden Führungen wird die Geschichte des Gefängnisses erzählt: Die Insassen waren aufmüpfige Soldaten der russischen Armee. Für Gruppen ab zehn Personen werden auch verschiedene extremere „Erlebnisse" angeboten (Buchung erforderlich).

Wer hart im Nehmen ist oder damit angeben will, in einem sowjetischen Knast gesessen zu haben, kann Gefangener für eine Nacht werden (17 € pro Pers.) – inklusive regelmäßiger Bettenkontrolle, Beleidigungen durch die Wärter in historischer Uniform und der ekelhaftesten Latrine überhaupt (im Ernst). Wer Zelle 26 bucht, kommt in Einzelhaft und wird nachts nicht gestört; hier ist es allein die undurchdringliche Finsternis, die den Insassen in den Wahnsinn treibt.

Besucher, die einen Eindruck vom Gefängnisleben gewinnen möchten, aber nicht gleich über Nacht bleiben wollen, können eine der einstündigen „Gefängnis-Shows" (Erw./Kind 6/4,50 €) besuchen. Außerdem werden Führungen zu den einst unzugänglichen Nordfestungen angeboten, wo man an dem Spionagespiel *Flucht aus der UdSSR* teilnehmen kann.

★ **St.-Nikolaus-Marinekirche** KIRCHE
(www.morskoj-sobor.lv; Katedrāles iela 7; ⌚8–17 Uhr & zum Abendgottesdienst) Die 1901 erbaute, bildschöne Kirche glitzert mit ihren eindrucksvollen Zwiebeltürmen inmitten der grauen, trostlosen sowjetischen Wohnblocks, die sie auf allen Seiten umzingeln, wie ein Juwel. Im Zweiten Weltkrieg wurde die Kirche ihres reichen Schmucks beraubt und daraufhin viele Jahre lang als Kino und Sportkomplex genutzt. Erst in den 1990er-Jahren hat man sie restauriert. Wie in allen russisch-orthodoxen Kirchen müssen Frauen Kopftücher tragen und es sind keine kurzen Hosen und Strandkleidung erlaubt.

Stadtzentrum

Das Stadtzentrum von Liepāja lockt mit einer Handvoll interessanter Sachen.

Petersmarkt MARKT
(Kuršu laukums) Schon seit Mitte des 17. Jhs. verkaufen Händler ihre Waren auf diesem Markt, der 1910 durch den Anbau eines Pavillons am Rande des Platzes vergrößert wurde. Heute stehen die Marktstände drinnen wie draußen und es werden alle nur denkbaren Waren, von Secondhand-Kleidung und DVD-Raubkopien bis zu frischem Obst und Gemüse, angeboten.

Haus der Kunsthandwerker MUSEUM
(www.saivaart.com; Dārza iela 4/8; ⌚Mo–Fr 10–17 Uhr) GRATIS Dieses Museum wartet mit dem weltweit größten Bernsteinschmuckstück (einem riesigen Wandteppich) und Unmengen handgefertigter Strickwaren wie Schals, Fäustlingen und Decken auf, die hier auch verkauft werden. Der Juwelier im zweiten Stock fertigt ungewöhnliche, aber schöne Ohrringe und Halsketten an.

Geschichts- & Kunstmuseum Liepāja MUSEUM
(Liepājas vēstures un mākslas muzejs; ☎29605223; Kūrmājas prospekts 16/18; ⌚10–18 Uhr) GRATIS Hier können mehrere eindrucksvolle Sammlungen bestaunt werden, z. B. Funde aus der Stein- und Bronzezeit, alter Schmuck und Waffen sowie Erinnerungsstücke aus beiden Weltkriegen.

Besatzungsmuseum MUSEUM
(K Ukstiņa iela 79; ⌚Mi–So 10–18 Uhr) GRATIS Im Besatzungsmuseum wird die blutige Geschichte der Besatzung Lettlands durch die Sowjets und die Nazis mit Schwerpunkt auf Liepāja dokumentiert. Die Texte sind zwar auf Lettisch, aber die eindringlichen Bilder kann jeder auch ohne Worte verstehen. Gezeigt werden Fotos von den Deportationen nach Sibirien in den Jahren 1939 bis 1940 (Schätzungen zufolge sollen rund 2000 Menschen davon aus Liepāja gewesen sein), vom Massenmord an lettischen Juden (rund 5000 in und um die Stadt herum) und vom Kampf um die Unabhängigkeit 1991.

Schlafen

Hotel Fontaine HOSTEL €
(☎63420956; www.fontaine.lv; Jūras iela 24; DZ mit/ohne Bad 45/25 €; @) Unkonventionelles, in Hellgrün gehaltenes Hostel in einem charmanten Holzhaus aus dem 18. Jh. Mit seiner kitschigen Trödelladen-Rezeption und gut 20 Zimmern voller Rock-Devotionalien, verstaubten Orientteppichen, hellen Mosaikfliesen, Sowjetpropaganda und anderem Krimskrams wirkt es wie ein großer Secondhand-Shop. Im Erdgeschoss gibt es eine Gemeinschaftsküche und eine Lounge. Einige Zimmer liegen in einem zweiten Holzhaus gleich hinter dem Hauptgebäude.

Fontaine Royal HOTEL €€
(☎6348 9777; www.fontaineroyal.lv; Stūrmaņu iela 1; EZ/DZ 35/45 €, EZ/2BZ ohne Bad 20/25 €; P 📶) Knallig und mit jeder Menge goldener Farbe präsentiert sich dieses schräge Budget-Hotel. Überall stehen merkwürdiger Nippes und Skulpturen. Bei all dem Gold und der glitzernden Sprühfarbe hat man den Eindruck, in einem Renaissance-Gemälde zu nächtigen.

Roze GASTHOF €€
(☎6342 1155; www.parkhotel-roze.lv; Rožu iela 37; EZ/DZ ab 49/59 €; 📶) Dieses stilvolle und komfortable, hellblau gestrichene Gästehaus am Meer war einst eine Sommerpension der Elite und hat noch heute einen gewissen Jugendstilcharme. Die geräumigen Zimmer sind individuell mit antiken Tapeten und feinen Stoffen ausgestattet. Zu den Extras gehören Satelliten-TV, eine Sauna und ein Gartenpavillon.

Promenade Hotel LUXUSHOTEL €€€
(☎6348 8288; www.promenadehotel.lv; Vecā Ostmala 40; Zi. ab 89 €; P @ 📶) Das nobelste Hotel in Kurzeme ist in einer gigantischen Lagerhalle am Hafen untergebracht, die früher als Kornspeicher diente.

Essen

Die Bars und Abendtreffs der Stadt bieten auch lettische und internationale Speisen an.

Fontaine Delisnack FASTFOOD €
(www.delisnack.lv; Dzirnavu iela 4; Hauptgerichte 3–5 €; ⌚24 Std.) Dieser Laden gehört zum Fontaine Palace und ist Liepājas günstigstes Esslokal. Die Kundschaft ist in erster Linie alkoholisiertes Feiervolk, das mit den herzhaften Burgern den Wodka etwas neutralisieren will. Die Mitarbeiter sind bekannt für ihr Schneckentempo.

Boulangerie BÄCKEREI €
(www.boulangerie.lv; Kuršu ielā 2; Backwaren 4 €; ⌚Mo–Sa 10–19, So bis 17 Uhr) Morgens warten vor dieser winzigen Bäckerei schon die Croissant- und Kaffee-Junkies darauf, dass endlich die Türen geöffnet werden. Wenn die Angestellten dann die frischen Backwaren, Eclairs und Makronen in die Auslage legen, bildet sich unweigerlich eine Schlange. Die Backwaren sind zwar recht teuer, doch 3,50 € für ein Omelett mit Salat ist ein guter Preis für ein Frühstück. An warmen Tagen locken Tische oben auf der Dachterrasse, die viele Leute gar nicht bemerken.

Darbnīca INTERNATIONAL €
(www.darbnicacafe.lv; Lielā iela 8; Hauptgerichte 3–4 €; ⌚Mo–Do 8.30–21, Fr 8.30–2, Sa 10–2, So 10–20 Uhr) Diese Cafeteria, ein örtlicher Hipstertreff, hat Burger, asiatische Nudelgerichte und zwar nicht sehr authentische, aber durchaus essbare *tom yum*-Suppe. Abends verwandelt sich der Laden in eine Bar mit einer tollen Auswahl an lettischen Bieren vom Fass und guter Musik.

Pastnieka Māja LETTISCH €€
(☎6340 7521; www.pastniekamaja.lv; Brīvzemnieka iela 53; Hauptgerichte 7–15 €; ⌚11–23 Uhr) Das (für Liepāja) superschicke, zweistöckige Restaurant befindet sich im alten Postamt (*pastnieka māja* bedeutet „Postgebäude"). Auf der Karte stehen neben traditionellen, lettischen Gerichten einige recht exotische Spezialitäten wie „Stierhoden" (einfach überraschen lassen!), die man mit einem Krug Līvu Alus (die hiesige Biersorte) hinunterspülen könnte.

Ausgehen & Nachtleben

Liepāja hat den Ruf, das lettische Zentrum der Rockmusik zu sein und ein Konzertbesuch ist hier immer ein Erlebnis. Auch wenn die Texte unverständlich bleiben, mitten in der kreischenden Masse zu stehen, ist doch eine „kulturelle" Erfahrung, die man nicht so schnell vergisst. Eine neue bernsteinfarbene Konzerthalle, die zur Zeit der Recherche gerade fertig gebaut wurde, soll eine der angesagtesten Musikbühnen des Landes werden.

Fontaine Palace BAR
(www.fontainepalace.lv; Dzirnavu iela 4; ⌚24 Std.) Dieser rund um die Uhr geöffnete Rockschuppen in einem alten Lagerhaus lockt jede Menge Bands an.

Prison Bar BAR
(Stūrmaņu iela 1; ⌚Fr & Sa 16–5 Uhr) Im 1. Stock des Fontaine Royal findet man diesen Einheimischentreff, der mit kitschigen Gefängnismemorabilien ausstaffiert ist. Die Drinks werden hinter schwedischen Gardinen gemixt.

Praktische Informationen

Umfassende aktuelle Infos zu nahezu allem, was mit Liepāja zu tun hat, bietet das offizielle Tourismusportal www.liepaja.travel. Banken mit Geldautomat gibt's an der Lielā und Kungu iela. So gut wie alle Restaurants und Cafés haben WLAN – einfach nach dem Passwort fragen!

Touristeninformation (☎6348 0808; www.liepaja.travel; Rožu laukums 5; ⌚Mai–Sept. Mo–Sa 9–19, So 10–15 Uhr, Jan.–März Mo–Fr 9–17 Uhr, April & Okt.–Dez. Mo–Fr 9–17, Sa 10–15 Uhr)

Anreise & Unterwegs vor Ort

Zwischen dem **Busbahnhof** (☎6342 7552; Rīgas iela) und der Lielā iela im Zentrum verkehrt die Straßenbahnlinie 1. Es fahren Busse nach Riga (9 €, 3½–4½ Std., 2- oder 3-mal stündl.), Kuldīga (4 €, 1¾–3 Std., 7-mal tgl.) und über Pāvilosta (2,85 €, 70 Min.) und Jūrkalne (3,40 €, 1½ Std.) nach Ventspils (5–6 €, 2¼–3 Std., 7-mal tgl.).

Die Stena Line unterhält ab dem Fährterminal von Liepāja Verbindungen nach Travemünde (4-mal wöchentl., 28 Std., ab 36 €) und Nynäshamn in Schweden (wöchentl., 11 Std., ab 21 €).

Bis der internationale Flughafen von Liepāja wieder eröffnet wird (was 2016 passieren soll), wird für Flüge in die skandinavischen Hauptstädte und nach Moskau der Flughafen im litauischen Palanga (65 km entfernt) benutzt.

Abava-Tal

Das halbmondförmige Abava-Tal entstand beim Abschmelzen der Gletscher am Ende der letzten Eiszeit. Knorrige Eichen und idyllische Dörfchen säumen das Flussufer und locken die Großstädter zur Erholung in stiller Natur. Die meisten Leute steuern das Kurzeme-Juwel Kuldīga an, aber auch die beiden anderen Orte entlang der Strecke lohnen mindestens einen kurzen Zwischenstopp. Diese Gegend lässt sich am besten mit dem eigenen Fahrzeug erkunden. Eine andere Möglichkeit ist ein Kanutrip auf der Abava.

Kandava

Das ländliche Kandava liegt etwas abseits der Strecke von Riga nach Ventspils an der Straße nach Kuldīga. Hier gibt's charmante Stein- und Holzhäuser, eine hoch aufragende Kirchturmspitze und Überreste eines versunkenen Reiches in Gestalt einer **Burgruine des Livländischen Ordens**. Vom Schlossberg aus blickt man auf eine schöne **Steinbrücke** (1875) über die Abava. Sie ist eine der ältesten Brücken in Lettland.

Kandavas **Touristeninformation** (☎6318 1150; www.kandava.lv; Kūrortu iela 1b; ⌚Mo–Fr 9–18, Sa 10–17 Uhr) befindet sich an der Straße zwischen Riga und Kuldīga. Das freundliche Personal vermittelt Mietfahrräder.

Plosti (☎26130303; www.plosti.lv; Rēdnieki), flussabwärts Richtung Sabile gelegen, vermietet neben Fahrrädern auch Kanus und bietet außerdem Ausritte, geführte Paddelausflüge auf der Abava sowie Unterkünfte. **Plostkrogs**, ein anderes Gästehaus in der Nähe, eignet sich wunderbar für ein Mittagessen am Fluss.

Schlafen

Kukšu Muiža HISTORISCHES HOTEL €€€
(☎29205188, 25980910; www.kuksumuiza.lv; EZ/DZ ab 145/160 €) Der Betreiber hat es geschafft, aus dem einst heruntergekommenen Anwesen einen der besten Landgasthöfe Lettlands zu machen. Vergoldete Erbstücke der Aristokratie und extravagante Kronleuchter schmücken Zimmer und Salons. Die Krönung ist jedoch das hervorragende Abendessen, das der Besitzer auf Bestellung für seine Gäste zaubert. Er verwendet ausschließlich regionale Biozutaten und hat wirklich für jeden Geschmack etwas zu bieten.

Die Geschichte des Herrenhauses beginnt 1530. Die pfirsichfarbene Villa am See, wie sie sich heute zeigt, ist jedoch größtenteils das Ergebnis eines Umbaus im 19. Jh. Das Gutshaus liegt beim Dorf Kukšas, 10 km südlich von Kandava.

Herrenhaus Rumene HISTORISCHES HOTEL €€€
(☎6777 0966; www.rumene.lv; Rumene; Suite ab 250 €; @📶) Das elegante Herrenhaus wurde im 18. Jh. errichtet und dem Verfall preisgegeben, doch dann ließen die Besitzer des Hotel Bergs in Riga das Anwesen liebevoll restaurieren. Heute erstrahlt es wieder in seinem früheren Glanz. Ein paar Designelemente (z. B. die Glasdecke in der Küche) gehen auf das Konto eines bekannten Architekten aus der Gegend und die Inneneinrichtung ist schlichtweg atemberaubend (z. B. die gemusterten Ohrensessel und die Schachtische aus Elfenbein).

Für alle, die mit dem Gedanken spielen, in Lettland zu heiraten: Dies wäre die ideale Location!

Sabile

Sabile wäre nur ein weiteres verschlafenes lettisches Dorf mit Kopfsteinpflasterstraßen, wenn die exzentrischen Bewohner nicht alles dafür tun würden, es irgendwie einzigartig zu machen. Sie kultivieren den – ihrer Meinung nach – nördlichsten Weinberg, bevölkern ihre Plätze mit Strohpuppen und veranstalten einen Karnevalsumzug mit umwerfend witzigen, absurden kinetischen Installationen. Außerdem gibt's hier ein faszinierendes Freilicht-Kunstareal. Eigentlich besteht kein Grund, hier länger zu bleiben, aber man kann sich ein paar Stündchen vergnügen – besonders natürlich dann, wenn man zum Weinfest Ende Juli im Ort ist.

Sehenswertes

Freilicht-Kunstmuseum Pedvāle MUSEUM
(Pedvāles brīvdabas mākslas muzejs; ☎6325 2249; www.pedvale.lv; Erw./Kind 3/2,50 €; ⌚Mai–Mitte Okt. 10–18 Uhr, Mitte Okt.–April bis 16 Uhr) Auf der anderen Flussseite führt die Straße hinauf zum sehenswerten Freilicht-Kunstmuseum Pedvāle, etwa 1,5 km südlich der Touristeninformation. 1991 vom lettischen Bildhauer Ojars Feldbergs gegründet, zeigt es auf 100 ha Hügelland über 100 eindrucksvolle Installationskunstwerke. Viele der Skulpturen schuf Feldbergs selbst, häufig in Zusammenarbeit mit Künstlern aus aller Welt. Sie werden jedes Jahr neu arrangiert und reflektieren stets ein bestimmtes Thema.

Bisherige Themen waren etwa Meditationen über die Elemente und die Zeit. Herausragende Werke sind u. a. *Muna Muna*, ein riesenhaftes „Ei" aus Fernsehbildschirmen, *Chair*, ein überdimensionierter Stuhl aus blauen Ölfässern, und *Petriflora Pedvalensis*, ein Blumenstrauß mit spiralförmigen Steinen anstelle von Blütenblättern. Die praktische orangefarbene Broschüre *Pedvāle*

LETTLANDS BLAUE RINDVIECHER

Es hört sich an wie ein Ammenmärchen: blaue Kühe, die von Meerjungfrauen an die Küste getragen werden. Aber diese Legende der Liven enthält doch ein Stück Wahrheit: In Lettland gibt es tatsächlich blaue Kühe. Genau genommen existieren etwa 100 Exemplare – die seltensten Kühe der Welt.

Diese kuriosen Wiederkäuer traten erstmals im frühen 20. Jh. in der Region Kurzeme in Erscheinung. Es ist nicht klar, woher sie kamen. Die Theorie von den Meerjungfrauen ist also nicht wirklich widerlegt. Die Tiere erwiesen sich als bemerkenswert resistent gegen Kälte, Regen und Wind – drei Dinge, die es in Lettland im Überfluss gibt.

Unter den Sowjets schrumpfte ihre Population auf unter 50 Tiere. In den 1990er-Jahren erholte sie sich jedoch dank Kreuzungen mit anderen Rassen wieder.

Aufzeichnungen zufolge gab es die blauen Kühe in der Vergangenheit nur in Haushalten der Liven, nicht der Letten. Heute sieht man sie im Dorf Mērsrags an der Straße zwischen Jūrmala und Kolka auf Wiesen am Meer grasen.

Walk zeigt auf einer Karte den Standort jeder Skulptur und liefert eine kurze Erläuterung sowie den Namen des Künstlers. Sabiles ehemalige Synagoge hat Feldbergs in einen Raum für zeitgenössische Kunst verwandelt.

Puppengarten — WAHRZEICHEN

Lettlands Antwort auf die chinesische Terrakotta-Armee kann noch nicht mal einer Krähe Furcht einflößen, da sie gänzlich aus unbewaffneten Stroh-Zivilisten besteht. Eine ortsansässige Großmutter, Daina Kučera, bevölkerte einen kleinen Garten an der Straße mit über 200 fast menschengroßen Strohpuppen, verkleidet als Zeitgenossen aller Alters- und Berufsgruppen – von Schulkindern bis zu Polizisten und Räubern. Die Schöpferin ist die meiste Zeit zugegen, um ihr Werk vor Vandalen zu schützen und Spenden einzusammeln, mit denen sie neue Puppen kreiert.

Der Garten liegt beim Hauptplatz an der Hauptstraße, ist also kaum zu verfehlen.

Holzspielzeugmuseum — MUSEUM

(☎ 26542227; Kuldīgas iela 1; ⏰ Mai–Okt. Fr–So 11–17 Uhr) Dies ist nicht nur einfach eine kleine Sammlung von Spielzeug aus aller Welt. Der Eigentümer, der Zeichenlehrer Andris Millers, fertigt verrückte kinetische Holzskulpturen an, darunter Fahrzeuge, die jedes Jahr beim Weinfest an einem Umzug teilnehmen. Mit seinem absurden Sinn für Humor ist Millers so etwas wie ein lettisches Mitglied von Monty Python, doch wer kein Lettisch oder Russisch spricht, braucht einen Dolmetscher.

Einige seiner Arbeiten sind einfach nur witzig, z. B. ein Gerät, das als Rennbahn für Windelschnecken dient (super!), andere haben einen politischen Subtext und karikieren beispielsweise die Publicity-Aktionen des russischen Präsidenten Wladimir Putin.

Vīnakalns — WEINGUT

Der winzige Vīnakalns (Weinberg) ist nur 200 m von der Touristeninformation entfernt. Der Weinbau wurde hier bereits im 13. Jh. begonnen und im 17. Jh. von Herzog Jakob von Kurland wiederbelebt. Seine Reben waren nie sonderlich ergiebig, sodass die Winzerei bald wieder aufgegeben wurde. 1936 wurde der Anbau zwar wieder aufgenommen, aber dabei ging es mehr darum, widerstandsfähige Reben zu entwickeln als hochwertigen Wein zu produzieren.

Die einzige Gelegenheit, den einheimischen Wein zu verkosten (verkauft wird er nicht), bietet sich beim Weinfest am letzten Juliwochenende.

Synagoge — KULTURZENTRUM

(Strauta iela 4) In der kleinen Synagoge, in der seit dem Holocaust keine Gottesdienste mehr stattfinden, veranstaltet das Freilicht-Kunstmuseum Pedvāle oft Ausstellungen mit moderner Kunst – einfach mal vorbeischauen!

Schlafen & Essen

Firkspedvāle Muiža — HISTORISCHES HOTEL €

(☎ 6325 2248; Zi. 20 € pro Pers.) Das Gästehaus des Freilicht-Kunstmuseums Pedvāle bietet eine Handvoll einfach eingerichteter Zimmer mit Holzfußböden und rustikalen Balken. Nebenan tischt man in einem Café gute Gerichte auf: von einfachen Salaten bis zu großen Portionen frischer Forellen. Im Sommer stehen Tische auf der Holzterrasse.

Ein einzigartiges Erlebnis ist es, im Freilichtmuseum zu zelten (Stellplätze 2,15 € pro

Pers., Mai–Mitte Okt.). Gäste können ihr Zelt an einer beliebigen Stelle auf dem Gelände aufschlagen und die nächtlichen Schatten zwischen den überlebensgroßen Skulpturen tanzen sehen. Einen genialeren Zeltplatz kann man sich kaum vorstellen.

An- & Weiterreise

Sabile liegt an der Straße von Kuldīga (2 €, 40 Min., stündl.) nach Riga und Liepāja.

Kuldīga

27 000 EW.

Das hübsche alte Kuldīga wäre auch ohne seinen Wasserfall, über den als Dreingabe auch noch Lachse fliegen, ein Hit. Das Städtchen beherbergt den nach lettischer Ansicht breitesten Wasserfall Europas und ist außerdem ein Ort, wo einem das Eintauchen ins Ritterzeitalter nicht von kameraschwenkenden Tagesausflüglern verdorben wird – dafür ist Kuldīga zu weit von Riga entfernt.

In seiner Blütezeit war Kuldīga (bzw. Goldingen, wie es auf Deutsch hieß) die Hauptstadt des Herzogtums Kurland (1596–1616), wurde aber im Großen Nordischen Krieg so stark beschädigt, dass es seine frühere Bedeutung nie wieder erlangen konnte. Heute ist dieses Relikt aus der Vergangenheit eine beliebte Kulisse für lettische Historienfilme.

Sehenswertes & Aktivitäten

Altstadt

Kuldīgas Altstadt ist um drei Plätze herum angelegt: den mittelalterlichen Platz, den Rathausplatz und den „neuen" Platz. Der **Rātslaukums** (Rathausplatz) ist der ansprechendste der drei und eignet sich gut als Ausgangspunkt für die Stadterkundung. Am Südende des Platzes befindet sich das 1860 im Neo-Renaissance-Stil erbaute neue **Rathaus** (Rātslaukums 5). An der Nordseite bei der Einmündung der Pasta iela steht das **älteste Holzhaus** von Kurzeme (1670 errichtet, 1742 erneuert und 1982 restauriert). Das unübersehbare deutsche Fachwerkhaus weiter die Baznīcas iela entlang ist als **Herzog Jakobs Apotheke** bekannt, obwohl es heute ein Wohnhaus ist. Die Liepājas iela, die Hauptgeschäftsstraße der Altstadt, führt in die Neustadt. Die Grenze markiert Gleb Pantelejevs' auffallende Plastik **Teleports**, die die Teleportierung des mittelalterlichen Kuldīga ins 21. Jh. darstellt.

Ordensburg des Livländischen Ordens RUINE

Über den schmalen Bach Aleksupīte geht's zu dieser Ordensburg, die zwischen 1242 und 1245 erbaut und im Zweiten Nordischen Krieg zerstört wurde. Aus dem Jahr 1735 stammt das Haus des Burgwächters (Pils iela 4), dessen Aufgabe das Bewachen der Ruinen war. Der Legende nach wurden hier Enthauptungen und andere grausame Hinrichtungen vollzogen und das Blut der Opfer soll den Fluss hinter dem Gebäude rot gefärbt haben. Heute ist die Ruinenstätte von einem hübschen **Skulpturengarten** umgeben.

Vom Burggelände bietet sich eine tolle Aussicht auf den Ventas Rumba (Wasserfall von Kuldīga). Im Garten zeigt das **Freilichtkino Goldingen Knight** im Sommer freitag- und samstagabends Spiel- und Dokumentarfilme; Programm siehe www.kuldigasmuzejs.lv.

Historisches Museum Kuldīga MUSEUM

(Kuldīgas novada muzejs; www.kuldigasmuzejs.lv; Pils iela; Erw./Kind 1/0,70 €; ⏲ Di 12–18, Mi–So 10–18 Uhr) Das von einem örtlichen deutschen Schuldirektor gegründete und kürzlich restaurierte Museum befindet sich in einem Gebäude, bei dem es sich angeblich um den russischen Pavillon von der Weltausstellung 1900 in Paris handelt. Der zweite Stock ist in die Wohnung einer wohlhabenden Familie vom frühen 20. Jh. verwandelt worden, mit einer internationalen Spielkartensammlung im „Herrenzimmer". Auf dem Rasen vorm Haus befinden sich einige von Herzog Jakobs Kanonen.

Ventas Rumba (Wasserfall von Kuldīga) WASSERFALL

In einem Land, das sich eher ausbreitet als in die Höhe reckt, erscheinen die Landschaftsmerkmale irgendwie zweidimensional – sogar die Wasserfälle. Der 240 m breite Ventas Rumba soll Europas breitester sein, ist jedoch kaum höher als ein Basketballspieler und würde wohl bei einem internationalen Wasserfallkongress eher als Stromschnelle abgetan werden. Doch ist ihm zugute zu halten, dass er vom Burgberg aus wie ein niedlicher Spielzeug-Niagarafall wirkt.

Die Bögen der alten roten Backsteinbrücke lassen die ganze Szenerie noch malerischer erscheinen. Und dann haben im Frühjahr ein paar Wochen lang die Zährten ihren Auftritt. Um sich weiter stromaufwärts fortzupflanzen, springen die Fische spektakulär

Kuldīga

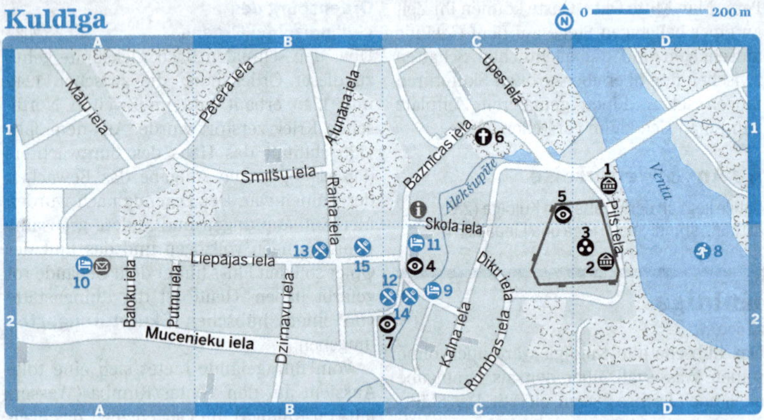

Kuldīga

Sehenswertes

1 Haus des Burgwächters D1
2 Historisches Museum Kuldīga D2
3 Burg des Livländischen Ordens D2
4 Ältestes Holzhaus C2
5 Skulpturenpark C1
6 Katharinenkirche C1
7 Rathaus C2

Aktivitäten, Kurse & Touren

8 Ventas Rumba (Wasserfall von Kuldīga) D2

Schlafen

9 2 Baloži C2
10 Jēkaba Sēta A2
11 Metropole C2

Essen

Bangert's .... (s. 1)
12 Goldingen Room C2
13 Makkabi B2
14 Pagrabiņš C2
15 Stenders B2

über den Wasserfall, was jede Menge Besucher anlockt. Im Sommer kann man unter dem Wasserfall baden. Die **Freizeitanlage Mārtiņsala** auf der anderen Seite der Brücke hat einen Strand mit Umkleideräumen sowie Sporteinrichtungen.

Sakralbauten

Die protestantische **Katharinenkirche** (Baznīcas iela) dient der größten Glaubensgruppe der Stadt als Gotteshaus. Katharina ist die Schutzheilige von Kuldīga und sogar auf dem Stadtwappen zu sehen. Die ursprüngliche Kirche wurde im 13. Jh. errichtet; der heutige Bau entstand Mitte des 17. Jhs. unter Herzog Jakob.

Aus den Zeiten, in denen die Stadt wie viele andere Orte in Lettland kulturell vielfältiger war als heute, mit großen deutschen, jüdischen und russischen Bevölkerungsanteilen, sind noch andere Sakralbauten vorhanden. Die opulent verzierte **Dreifaltigkeitskirche**, die ebenfalls auf Geheiß Herzog Jakobs erbaut wurde, ist die Heimat einer kleinen katholischen Gemeinde. In der frisch restaurierten **Synagoge** (1875) sind heute die Stadtbücherei und das städtische Kulturzentrum untergebracht. Kuldīgas jüdische Gemeinde wurde im Holocaust vernichtet. Die imposante russisch-orthodoxe **Kirche zum Leichentuch Mariens** dient einer winzigen Gemeinde und wird nur für gelegentliche Gottesdienste geöffnet.

Rund um die Stadt

Sechs schöne **Fahrradstrecken** führen durch die dichten Wälder um die Stadt (einer davon zu den Höhlen). Die Touristeninformation organisiert Mieträder (7 € für 24 Std.) und bietet zu jeder der Routen eine Broschüre.

Alter Schlossberg RUINE

Der große alte Schlossberg (pilskalns), 2,5 km nördlich der Stadt am Westufer der Venta, war die Festung von Lamekins, der bis zum Einfall der Kreuzritter im 13. Jh. einen Großteil von Kurzeme regierte. Der Legende zufolge war die inzwischen verfallene Burg so unglaublich schön (das Dach mit Kupferschmuck ausstaffiert), dass die Eroberer es nicht übers Herz brachten, sie zu zerstören.

Der Weg auf den Burghügel führt vom Zentrum aus über die Virkas iela in Richtung Norden und dann an der Gabelung nach rechts.

Sandhöhlen von Riežupe HÖHLEN
(Smilšu alas; ☎6332 6236; Führungen 6 € pro Pers.; ⌚Mai–Okt. 11–17 Uhr) Auf der unbefestigten Krasta iela gelangt man zu den Sandhöhlen von Riežupe, 5 km außerhalb der Stadt. Dort kann man bei Kerzenlicht ein 460 m langes Labyrinth von Gängen erkunden. Die Temperatur in den Gängen beträgt gerade mal 8 °C – man sollte also einen warmen Pullover mitnehmen. Die Höhle ist mit dem Auto erreichbar und die Angestellten der Touristeninformation erklären den Weg. Wie in den meisten ländlichen Gegenden Lettlands ist ein eigenes Fahrzeug unerlässlich, falls man keine Lust hat, fünf Stunden oder mehr auf einen Bus zu warten.

Schlafen

Jēkaba Sēta GÄSTEHAUS €
(☎28631122; www.jekabaseta.lv; Liepājas iela 36; EZ/DZ ab 35/40 €; P ᯤ) Der typisch lettische Gasthof mit Kneipe bietet Standardzimmer mit Holzmöbeln. Das Haus liegt an der Hauptstraße am Rand der Altstadt und es gibt genügend Platz, um sein Auto zu parken, was weiter drinnen im Zentrum eventuell schwieriger ist.

Metropole HOTEL €€
(☎6335 0588; www.hotel-metropole.lv; Baznīcas iela 11; EZ/DZ ab 47/63 €; P ❄ ᯤ) Das Hotel wirkt ein wenig mitgenommen und gesichtslos, aber die Zimmer sind sauber und geräumig, besonders die doppelstöckigen mit Blick auf die autofreie Liepājas iela und den Rathausplatz. Alte Schwarzweißfotos der Stadt zieren die Wände des Gebäudes.

★**2 Baloži** GÄSTEHAUS €€
(☎29152888; www.facebook.com/2balozi; Pasta iela 5; Zi. ab 45 €) Das alte Holzhaus oberhalb des Alekšupīte-Bachs wartet mit kürzlich aufgefrischten Zimmern im dezenten skandinavischen Stil auf. Das viele gealterte Holz schafft eine angenehm nostalgische Atmosphäre. Als Rezeption dient das Restaurant Goldingen Room auf der anderen Seite des Platzes.

Essen

Kuldīgas Hotels bieten auch eine gute Küche. Einige der Restaurants in der Stadt servieren *rupjmaizes kārojums/kārtojums*, was so viel heißt wie „Schwarzbrotmix“. Das Rezept für dieses beliebte Dessert ist über 1000 Jahre alt und stammt von den Wikingern, die dazu Brotkrümel mit Sahne und Honig vermischten. Es schmeckt ein bisschen wie Schwarzwälder Kirschtorte.

Stenders LETTISCH €
(Liepājas iela 3; Hauptgerichte 5 €; ⌚mittags & abends) Die beliebte Bar mit Café, die aussieht wie die Behausung einer Waldhexe, im zweiten Stock eines Lagerhauses aus dem 18. Jh., hat warme Kartoffelpfannkuchen und kaltes Užavas-Bier. Die hölzerne Terrasse ist fürs Essen und Trinken an der frischen Luft an einem warmen Tag definitiv das beste Plätzchen der Stadt.

Makkabi CAFÉ €
(www.facebook.com/cafemakkabi; Liepājas iela 9; Hauptgerichte 4–5 €; ⌚9–23 Uhr) Zumindest dem Namen nach erinnert dieses eher kleine, geschmackvoll eingerichtete Café an die Zeit, als die Gegend um die Synagoge eine blühendes jüdisches Viertel war. Am verlockendsten sind hier der tolle Kuchen und die Erdbeer-Baisers, aber es gibt auch recht günstige Hauptgerichte und die obligatorische kalte Rote-Bete-Suppe.

★**Pagrabiņš** INTERNATIONAL €€
(Baznīcas iela 5; Hauptgerichte 5–15 €; ⌚So–Do 11–23, Fr & Sa bis 3 Uhr; ✎) Dieser Laden befindet sich in einem Keller, der einst als Gefängnis genutzt wurde. Heute werden hier lettische und asiatische Gerichte serviert – in kleinen Nischen mit honigfarbenen Ziegelwänden und bei guter Witterung auch auf der kleinen Veranda über dem Alekšupīte-Bach hinterm Haus.

Goldingen Room ITALIENISCH €€
(☎6332 0721; www.facebook.com/goldingenroom; Hauptgerichte 6–12 €; ⌚So–Do 11–20, Fr & Sa bis 22 Uhr) In dem stylischen Restaurant – nordisches Holz mit einem Schuss Sowjet-Nostalgie – kommen fachkundig zubereitete Pizzas und köstliche Antipasti auf den Tisch. Der Service ist jedoch durchwachsen.

Bangert's EUROPÄISCH €€
(☎29125228; www.bangerts.lv; Pils iela 1; Hauptgerichte 8–10 €) Das auf einer Klippe über den Stromschnellen thronende Restaurant beweist einen populistischen Hang zur Exotik: Auf der Karte stehen Sachen wie Hirschburger und Straußensteak. Wer sich aber für eine einfache gebratene Forelle entscheidet, wird nicht enttäuscht.

Praktische Informationen

Postamt (Liepājas iela 34) Beim Pilsētas laukums.

Touristeninformation (☎ 6332 2259; www.visit.kuldiga.lv; Baznīcas iela 17)

An- & Weiterreise

Vom **Busbahnhof** (☎ 6332 2061; Stacijas iela 2) fahren Busse nach Riga (6,40 €, 2½–3½ Std., alle 2 Std.), Liepāja (3,85–4,70 €, 1¾ Std., 7-mal tgl.), Ventspils (3 €, 1¼ Std., 7-mal tgl.) und Alsunga (1,60 €, 35 Min., 5-mal tgl.).

Kap Kolka (Kolkasrags)

Das einsame, hinreißend schöne Kap Kolka (Kolkasrags) vermittelt das Gefühl, am Ende der Welt zu sein. Zu Sowjetzeiten war die gesamte Halbinsel militärisches Sperrgebiet, wodurch jegliche Erschließung unterblieb. Heute wirkt der dünn besiedelte Küstenstreifen, als wäre die Zeit dort stehen geblieben.

Der **Nationalpark Slītere** (☎ 6329 1066; www.slitere.gov.lv) umfasst die letzten 25 km des Kaps. Er erstreckt sich bis zu der Stelle, wo Dižjūra (Ostsee) und Mazjūra (Rigaer Bucht) mit Getöse aufeinandertreffen. Die Parkverwaltung sitzt in der benachbarten Stadt **Dundaga** (angeblich der Geburtsort des Mannes, auf dessen Geschichte der Film *Crocodile Dundee* basiert). Informationen über den Park gibt's aber auch im Leuchtturm Slītere. Dieses hoch aufragende Bauwerk ist das Tor zu einer rauen, teils tundraähnlichen Parklandschaft, in der Rehe, Elche, Bussarde und Biber leben. Während des Vogelzugs Mitte April kommen Schwärme von rund 60 000 Vögeln auf die Halbinsel. Im Sommer verdoppelt sich die (geringe) Einwohnerzahl, wenn wohlhabende Urlauber aus Riga in ihre Feriendomizile flüchten.

Golfküstenstraße

Wer es eilig hat, zur Spitze des Kaps zu gelangen, ist mit der Inlandsstraße durch Talsi und Dundaga sicher besser beraten. Schöner ist jedoch die langsamere Küstenstraße durch Dutzende gemütliche Fischerdörfer entlang der Rigaer Bucht.

Unterwegs lohnt sich ein Zwischenstopp im Naturpark Engure-See (www.eedp.lv) auf der Landenge zwischen Engure-See und dem Meer. Mit etwas Glück können Naturfreunde hier bis zu 180 Vogelarten, Wildpferde oder die seltenen blauen Kühe (S. 256) beobachten.

Das 36 km weiter nördlich gelegene **Roja** ist ein wahres Anglerparadies und die letzte Stadt („Stadt" ist eigentlich schon zu viel gesagt) vor dem einsamen Wegstück nach Kolka. Wer in Roja übernachten möchte, kann dies im **Roja Hotel** (☎ 6323 2227; Jūras iela 6; Zi. ab 33 €) tun. Diese komfortable, aber unspektakuläre Unterkunft im Motelstil liegt direkt hinter dem Hafen.

Kolka

Der Ort Kolka ist wenig aufregend. Doch die windgepeitschte Mondlandschaft der Kapspitze (nur 1 km entfernt) bleibt einem tagelang im Gedächtnis. Hier prallen die Wassermassen der Rigaer Bucht und der Ostsee aufeinander und demonstrieren ihre unbändige Gewalt. Im Winter 2005 tobte hier ein biblischer Sturm, der Dutzende Bäume entwurzelte und wie Streichhölzer an den Strand fegte. Ihre Wurzeln ragen noch heute aus dem Sand.

DIE LETZTEN LIVEN

In Kurzeme leben einige der letzten Liven, Angehörige eines finno-ugrischen Fischervolks, das vor 5000 Jahren ins nördliche Lettland eingewandert ist. Obwohl viele heutige Letten von ihnen abstammen, leben landesweit nur noch etwa 200 Liven, verteilt auf 14 Fischerdörfer an der Ostseeküste südlich vom Kap Kolka. Auch die wenigen Liven, die in Ungarn, Finnland und Estland zu Hause sind, betrachten dieses Gebiet als ihre Heimat und kommen jedes Jahr im August zum **Livischen Fest** nach Mazirbe, 18 km südwestlich von Kolka.

Die livische Sprache wird zwar noch an örtlichen Grundschulen und der Tartu-Universität in Estland unterrichtet, doch es gibt weltweit nicht einmal mehr 20 Muttersprachler. Kolkas kleines **Livisches Zentrum** (☎ 2327 7267; ⏲ Mo–Fr 9–18 Uhr) an der Hauptstraße, gleich hinter der Bibliothek informiert über das aussterbende Völkchen. Andere Städte in Kurzeme haben ähnliche Zentren.

Am Zugang zum Strand steht neben der kleinen, unregelmäßig geöffneten **Touristeninformation** (☎29149105) ein mahnender **Gedenkstein** mit menschlich anmutender Silhouette. Er erinnert an die Opfer der unberechenbaren Naturgewalt Wasser und wurde 2002 errichtet, nachdem drei Schweden im seichten, aber turbulenten Wasser des Kaps ertrunken waren. Die Inschrift auf der einen Seite lautet „Für Menschen, Schiffe und Livlands Erde" und auf der anderen „Für alle, die uns das Meer genommen hat". Einheimische behaupten, nirgendwo in der Ostsee lägen so viele Schiffswracks am Meeresgrund wie hier. Die Schönheit des Kap Kolka genießt man am besten vom sicheren Ufer aus.

Vor Jahrhunderten wurden Seeleute mit Hilfe großer Leuchtfeuer um die Sandbank herum gelotst. Heute erledigt der solarbetriebene **Leuchtturm Kolka** diese Aufgabe. Der dunkelrote Turm wurde 1884 gebaut und steht auf einer kleinen künstlichen Insel 6 km vor der Küste.

Im Sommer produziert neben der Touristeninformation eine Feldküche jede Menge herzhaftes estnisches Essen. Es gibt keine Karte; man bekommt einfach das vorgesetzt, was dem Koch gerade so einfällt. Dieselben Leute betreiben das **Laimes Mājas** (☎20 347286; www.laimesmajas.lv; Zi. €45) mit zum Meer blickenden fassförmigen Häuschen oben auf einer Düne. Die Häuser sind recht reizvoll, aber angesichts der Außentoiletten und Gemeinschaftsduschen etwas teuer.

Das Gästehaus **Ūši** (☎29475692; www.kolka.info; EZ/DZ 26/35 €, Stellplätze 3,50/1,50 € pro Pers./Auto; 🐾) wartet mit einfachen, aber sauberen Zimmern und der Möglichkeit auf, im Garten ein Zelt aufzuschlagen. Der Backsteinbau steht gegenüber der orthodoxen Zwiebelturmkirche nahe der Bushaltestelle Ūši. Es gibt auch einen Fahrradverleih.

Ein kleiner Tipp: Unbedingt geräucherten Fisch bei einem der hiesigen Fischer kaufen! Mit ein bisschen freundlicher Überredungskunst kann man vielleicht sogar beim Räuchern helfen.

Ostseeküstenstraße

Der Weg von Kolka nach Ventspils war früher ein geheimer Landeplatz für sowjetische Flugzeuge. Heute ist dies die breiteste Straße in ganz Lettland, gesäumt von Minidörfern, die sich wie Perlen an der Kette reihen. Hier ist von der Hektik der übrigen Welt nichts zu spüren und über Jahrzehnte hinweg hat sich kaum etwas verändert. Die rostigen Sowjetüberbleibsel, die hier und dort zu finden sind, haben eher etwas von abstrakten Kunstwerken als von Mahnmalen zur Erinnerung an schlechte Zeiten. Die nach Westen liegenden Sandstrände bieten unvergessliche Sonnenuntergänge über weitem Sand und wogender See.

In **Vaide** – das 10 km südwestlich von Kolka liegt und neben einfachen Holzhäusern kaum etwas zu bieten hat – hängen Elchgeweihe an einem Straßenschild. Wer sich dafür interessiert, der sollte das Hörner- & Geweihmuseum (Ragu kolekcija; ☎6324 4217; ⏲Mai–Okt. 9–20 Uhr) besuchen, das noch 518 weitere Exemplare zeigt. Die in einem Dachraum kreativ angeordnete Sammlung ist das Lebenswerk eines Wildhüters aus der Gegend. Kein einziges Exponat ist eine Jagdtrophäe.

Sechs Kilometer weiter säumen Holzhäuser aus dem 18. Jh. die Sträßchen des einladenden Dorfes **Košrags**. Zum Übernachten bietet sich das idyllische Gästehaus **Pitagi** (☎29372728; www.pitagi.lv; EZ/DZ 22/29 €) an. Die Zimmer sind hübsch eingerichtet, es gibt eine Sauna und ein herzhaftes Frühstück. Mit einem Mietfahrrad kann man bequem zur Kapspitze radeln.

Der Traumstrand des 4 km weiter gelegenen Nachbarorts **Mazirbe** hat einen breiten Dünenstreifen. Hier steht das Haus des livländischen Volks (Livlist rovkuoda auf Livländisch), das Treffen zwischen Liven organisiert und mit Ausstellungen ihre Kultur vermittelt. Am windgepeitschten Strand befindet sich ein **Fischerbootfriedhof**. Er geht zurück auf die Zeit, als sowjetische Grenzposten den Einheimischen verboten, ihre Fischerboote zu benutzen, damit sie sich nicht nach Schweden absetzten. Angeblich verboten sie ihnen auch, bei der Sonnenwendfeier im Juni alte Boote zu verbrennen.

Etwa 5 km südlich von Mazirbe steht ein Schild, das den rund 1,4 km langen Weg zum **Leuchtturm Slītere** (Slīteres bāka; ☎6329 1066; www.slitere.gov.lv; ⏲Juni–Aug. Di–So 10–18 Uhr) weist. 1849 erbaut, fungiert der Turm heute als Infostand und Ausguck über den Park. Falls er geschlossen ist, bleibt eine Wanderung auf dem nahen Naturlehrpfad.

ℹ Anreise & Unterwegs vor Ort

Das Kap Kolka ist am besten mit dem Auto erreichbar, es fahren aber auch Busse. Um in den Ort Kolka zu gelangen, nehmen die Busse entweder die Küstenstraße über Roja oder die

Inlandstrecke über Talsi und Dundaga. Zwischen Riga und Kolka fahren täglich zwischen 4.30 und 17.15 Uhr fünf Busse (6,25 €, 3½–4¾ Std.). Wer von Kuldīga, Ventspils oder Liepāja kommt, muss in Talsi umsteigen – genauso in der Gegenrichtung.

SÜDLETTLAND (ZEMGALE)

Südlettland, ein schmaler Landstrich zwischen Riga und der litauischen Grenze, ist bekannt als Lettlands „Brotkorb". Fruchtbare Ackerflächen und geheimnisvolle Wälder kennzeichnen diese Region, die auf Lettisch Zemgale heißt und nach dem baltischen Stamm der Semgaller benannt ist, der diese Gegend bewohnte, bevor sie von den Deutschen Ende des 13. Jhs. erobert wurde. Die Semgaller waren ein unerschrockenes Volk, das den einfallenden Kreuzfahrern länger die Stirn bot als alle anderen. Vor ihrem Rückzug nach Litauen brannten sie all ihre Festungen nieder, damit sie den Invasoren nicht in die Hände fielen.

Zwischen dem 16. und 18. Jh. gehörte die Region (zusammen mit Kurzeme) zum halbautonomen Herzogtum Kurland, dessen Herrscher sich zwei imposante Paläste errichten ließen: Jelgava (auch Mitau genannt) in der gleichnamigen Stadt und Rundāle gleich vor den Mauern von Bauska. Der Sommerpalast Rundāle ist heute die Hauptattraktion in Südlettland und ein Muss für Kunst- und Architekturfreunde.

Bauska

27 000 EW.

Einst war Bauska eine bedeutende Residenz des Herzogtums Kurland, heute dient die Stadt vor allem als Basis für Besuche im prächtigen Schloss Rundāle. Vor einem Besuch dort bietet sich noch ein Abstecher zur hübschen kleinen **Burg Bauska** (Bauskas pils; www.bauskaspils.lv; Pilskalns; Eintritt frei, Museum Erw./Stud. Mai–Okt. 5/2,50 €, Nov.–April 4/2 €; ⏲ Mai–Sept. 9–19 Uhr, Okt. bis 18 Uhr, Nov.–April bis 17 Uhr) an. Sie thront auf einem Huckel zwischen den beiden Flüssen Mūsa und Mēmele, die parallel fließen. Eigentlich handelt es sich um zwei Burgen: Die eine stammt aus der Zeit des Livländischen Ordens und ist heute eine Ruine, die andere wurde vom Herzog von Kurland erbaut und ist noch gänzlich erhalten – hier gibt's eine historische Ausstellung.

Die grauen Steinblöcke der Fassade der neuen Burg sehen aus, als ob sie aus der Mauer hervortreten würden, doch das ist eine optische Täuschung: Die linke untere Ecke jedes Blocks wurde so behauen, dass der Betrachter glaubt, einen Schatten zu sehen.

Im 18. Jh. kam der italienische Geschäftsmann Magno Cavala nach Bauska. Der Casanova und Bauernfänger schöpfte in der Nähe des Schlosses Wasser aus der Einmündung zweier Flüsse und erzählte den leichtgläubigen Leuten, es handle sich um einen wirksamen Liebestrank. Auf diese Weise machte er ein Vermögen.

Um zu der Ruine zu gelangen, geht man vom Busbahnhof auf der Zaļā iela in Richtung Hauptkreisverkehr und folgt dann links 800 m der Uzvaras iela. Im Einkaufszentrum am A7-Kreisverkehr gibt es einen Rimi-Supermarkt und ganz anständige Esslokale. Die **Touristeninformation** (☎6392 3797; www.bauska.lv; Rātslaukums 1; ⏲ Mo–Fr 9–18, Sa bis 15 Uhr) befindet sich am Hauptplatz.

ℹ An- & Weiterreise

Am **Busbahnhof** (Slimnīcas iela 11) gibt es zwischen 6.10 und 22.40 Uhr stündlich zwei bis drei Verbindungen nach Riga (3 €, 70 Min.–2 Std.).

Schloss Rundāle

Das **Schloss Rundāle** (Rundāles pils; ☎6396 2197; www.rundale.net; gesamter Komplex/Haus kurze Route/Garten/kurze Route & Garten 7,20/5/2,85/5,70 €; ⏲10–17 Uhr) wurde für Baron Ernst Johann von Biron (1690–1772), Herzog von Kurland und Semgallen, erbaut. Es ist ein typischer Adels-Prachtbau aus dem 18. Jh. und das architektonische Highlight des ländlichen Lettlands.

Ernst Johann begann seine Karriere als Oberkammerherr und Liebhaber von Anna Iwanowna, der in Russland gebürtigen Herzogin von Kurland. Als sie russische Zarin wurde, übertrug sie ihm das Herzogtum, doch er blieb bei ihr in St. Petersburg und wurde zu einer der politisch einflussreichsten Figuren des Zarenreichs. 1736 beauftragte er den italienischen Architekten Bartholomeo Rastrelli, später berühmt durch den Ausbau des Winterpalastes, ihm bei Bauska eine Sommerresidenz zu errichten.

Russische Autoren beschuldigten Biron später, eine Zeit des Terrors eingeleitet zu haben, doch viele Historiker sind inzwischen der Meinung, dass seine Rolle bei der Verfolgung des Adels übertrieben wurde. Auf ihrem

Sterbebett ernannte die Zarin Biron zum Regenten Russlands, doch zwei Monate später ließen ihn seine Rivalen verhaften und zum Tod durch Vierteilen verurteilen – die Strafe wurde aber in Verbannung abgemildert. Das unfertige Schloss stand weitere 22 Jahre als leere Hülle herum, bis Ernst Johann durch Katharina II. begnadigt wurde und nach Hause zurückkehren durfte. Rastrelli nahm die Bauarbeiten wieder auf und 1768 war das Schloss schließlich fertig. Ernst Johann starb vier Jahre später im Alter von 82 Jahren. Nachdem das Herzogtum Kurland 1795 ins russische Zarenreich eingegliedert worden war, bewohnten verschiedene russische Adlige das Schloss und ließen es wiederholt umbauen.

Das Schloss ist in zwei Hälften unterteilt: Der **Ostflügel** war offiziellen Anlässen vorbehalten und im **Westflügel** lagen die königlichen Privatgemächer. Auch die **Königlichen Gärten** – inspiriert von denen in Versailles – nutzte man für öffentliche Auftritte. Beheizt wurde das Schloss mit insgesamt 80 Porzellanöfen (sechs davon sind noch erhalten). Sie reichten aus, da das Schloss vorwiegend in den wärmeren Jahreszeiten genutzt wurde.

In den beiden Weltkriegen wurde das Schloss schwer beschädigt. Was man heute hier sieht, ist das Ergebnis einer mühevollen Rekonstruktion, 1972 von Experten aus Leningrad in Angriff genommen und 2015 offiziell beendet. Auf jeden Fall sollte man beim Ticketkauf die 2 € mehr für die „lange Route" zahlen. Im Gegensatz zur „kurzen Route" führt diese auch durch die Privatgemächer des Herzogs und der Herzogin: Hier erhält man nicht nur einen Einblick in den aristokratischen Alltag im 18. Jh., sondern kann auch die opulente Ausstattung bewundern. Sogar der herzogliche Nachttopf war mit dem reizenden Bildnis eines schwimmenden Lachses verziert.

Wie um alle bedeutenden Schlösser ranken sich auch um Rundāle unzählige Geistersagen. Am berühmtesten ist die der „Weißen Dame" – der jungen Tochter eines königlichen Arztes, der im 19. Jh. hier gelebt haben soll. Zahllose Männer machten der Tochter den Hof, doch an ihrem 18. Geburtstag wurde sie plötzlich krank und starb. Gequält von seinem Verlust bewahrte der Doktor die Leiche in seinem Labor auf, um die Ursache für ihren frühzeitigen Tod zu ergründen. Seiner ewigen Ruhe beraubt, soll der Geist der Tochter nun im nächtlichen Schloss herumspuken. Kunsthistoriker und Handwerker vernahmen ihr grauenhaftes Gelächter während der Renovierungsarbeiten und riefen einen Priester, um den Geist auszutreiben.

Schlafen & Essen

Balta Māja B&B €

(☎6396 2140; www.kalpumaja.lv; Zi. ab 22 €) Das „Weiße Haus" ist ein malerisches, im Tudorstil gehaltenes B&B mit Café im Knechtshaus nahe dem Eingang zum Anwesen. Serviert werden Salate und Fleischplatten. Die wenigen Zimmer sind mit Wolldecken und bäuerlichen Antiquitäten ausstaffiert.

★ **Schloss Mežotne** HISTORISCHES HOTEL €€€

(☎6396 0711; www.mezotnespils.lv; Mežotne; EZ/DZ ab 72/80 €) Residieren wie Herzog Ernst Johann kann man im Schloss Mežotne, 2 km außerhalb von Rundāle. Das klassizistische Gebäude wurde von 1797 bis 1802 für Charlotte von Lieven – die Gouvernante der Enkel von Zarin Katharina II. – erbaut. Nach jahrelangem Verfall hat man es 2001 renoviert und zum Hotel und Restaurant umgebaut.

Gegen eine geringe Gebühr sind einige der Zimmer öffentlich zugänglich. Wirklich lohnend ist ein Besuch jedoch nur für Restaurant- oder Übernachtungsgäste. Die Zimmer sind vollgestopft mit Sammlerstücken wie gusseisernen Bettgestellen, Kronleuchtern etc.

Restaurant Schloss Rundāle CAFETERIA €

(Hauptgerichte 3–7 €) Das Lokal im Erdgeschoss des Schlosses bietet leckere Snacks, größtenteils aus der lettischen Küche.

An- & Weiterreise

Vom 12 km entfernten Bauska fahren zwischen 6 und 19.30 Uhr jede Stunde Busse zum Schloss Rundāle (0,90–1,75 €). Aussteigen muss man in Pilsrundāle, dem Dorf vor Rundāle.

Dobele & Umgebung

27 000 EW.

Die Kleinstadt Dobele, im westlichsten Teil Zemgales, ist das Tor in eine märchenhafte Welt mit Wäldern und Flüssen. Den Mittelpunkt des Städtchens bildet die eindrucksvolle **Ruine der Burg des Livländischen Ordens**, der Rest einer Anlage, die Mitte der 1330er-Jahre am Standort einer früheren Festung der Semgaller errichtet wurde. Die Semgaller hatten ihre Burg 1289 selbst niedergebrannt, als sie nach Litauen flüchten mussten. Sie wollten die Anlage auf keinen

Südlettland (Zemgale)

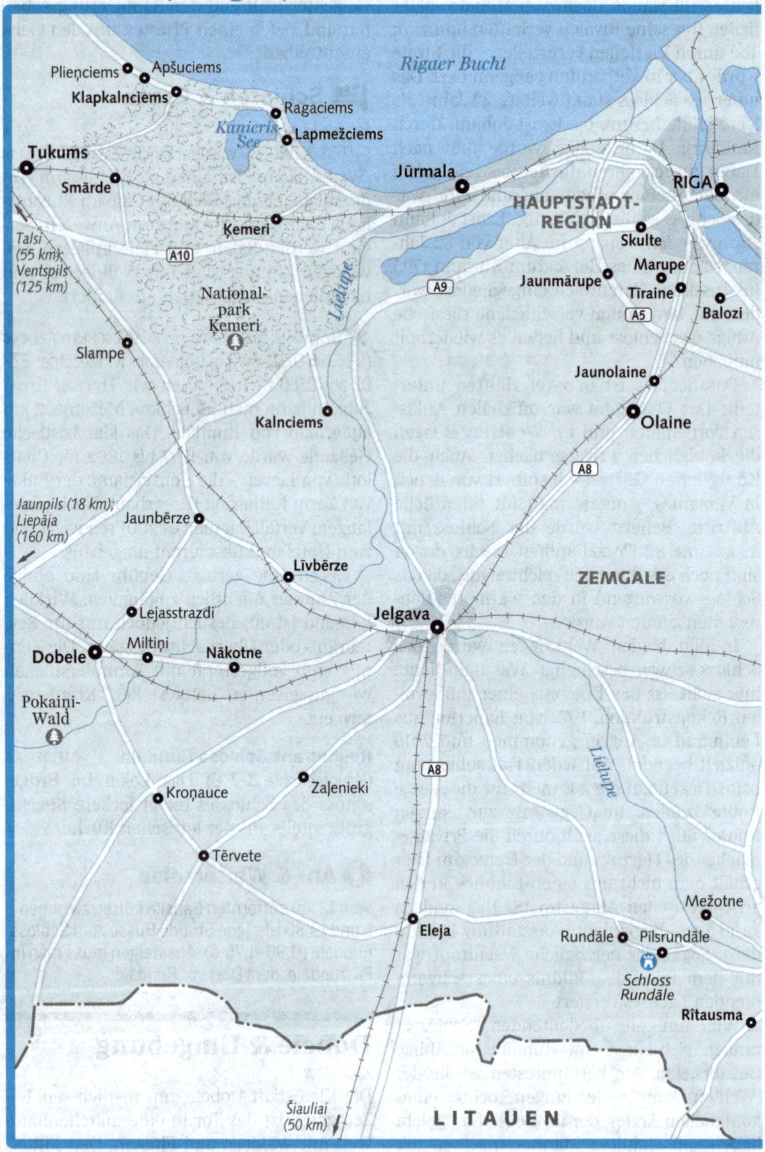

Fall den einfallenden Kreuzfahrern überlassen. Ein **Denkmal** in der Stadt erinnert an diese Flucht.

Eine weitere Attraktion, die vor allem im Frühjahr scharenweise Besucher anlockt, ist das **Lettische Obstbauinstitut** (www.lvai.lv; Graudu St 1; Erw./Stud. 2/1,50 €; ⏲Mo–Fr 9–19 Uhr). Seine Aprikosen-, Kirsch- und Pflaumengärten sowie die größte Fliedersammlung des Landes sind ein Erbe von Pēteris Upītis, einem herausragenden Gartenbaumeister, der hier 1945 einen Versuchshof gründete. Zum Garten gehört ein Museum, in dem seine Lebensgeschichte erzählt wird.

Tērvete

Selbst in ihrem Zentrum sieht die Ortschaft Tērvete so aus, als seien in einer bewaldeten Hügellandschaft wahllos ein paar Häuser verteilt worden. In den letzten Jahren hat sich der Ort zu einem Ziel für Familienurlauber und Schulexkursionen entwickelt. Hauptattraktion ist der **Märchenwald** mit seinen schrulligen Holzfiguren, die im düsteren Schatten uralter Tannen zum Leben zu erwachen scheinen. Es gibt zwei Abteilungen: Eine widmet sich den Figuren aus lettischen Märchen, die andere, eine Zwergenstadt, ist ein Spielzeugdorf mit Blockhütten und einer Mühle, in denen Kinder Zwerge spielen können – während die Mütter in die Rolle von Schneewittchen schlüpfen.

Im Sommer lebt hier eine Hexe, die Kinder mit Spielen und Zaubereien unterhält. Bei entsprechendem Wetter bietet sich auch die Möglichkeit, in einem See am Ende des Waldes zu baden. Das Gebiet kann zu Fuß, mit einem kleinen Zug (0,75 € pro Stopp) oder per Fahrrad – Mieträder gibt's am Eingang – erkundet werden. Jedes Jahr findet in der zweiten Augustwoche das **Semgallenfest** mit einem Kunsthandwerksmarkt und zahlreichen anderen Vergnügungen statt.

Der Park umfasst drei uralte Hügel, u. a. den eindrucksvollen **Burghügel Tērvete**, den die Semgaller nach zahlreichen Schlachten mit dem Livländischen Orden aufgaben. Der nahe **Klosterhügel** war schon vor über 3000 Jahren von den Vorfahren der Semgaller bewohnt und den **Schwedenhügel** hat der Livländische Orden im 13. Jh. aufgeschüttet.

Vom Busbahnhof von Dobele fahren jeden Tag rund sieben Busse nach Tērvete (1,15 €, 30 Min.).

Waldschutzgebiet Pokaiņi

Auf dem Weg nach Īle liegt 16 km südwestlich von Dobele das **Waldschutzgebiet Pokaiņi** (www.mammadaba.lv; Erw./Kind 2/1,70 €; ⏲Mauthäuschen 10–19 Uhr) mit einem der größten ungelösten Rätsel Lettlands. Mitte der 1990er-Jahre entdeckte ein einheimischer Historiker an mehreren Stellen des Parks unauffällige Steinhaufen und stellte fest, das die Steine aus völlig unterschiedlichen Regionen stammten und über einen weiten Weg hierher transportiert worden waren. Es gibt Theorien, wonach Pokaiņi eine heilige Stätte war, die vor über 2000 Jahren für erste heidnische Rituale genutzt wurde. Auf den Wanderwegen im Reservat trifft man häufig auf Heiler und Esoteriker. Wer einen Führer engagieren möchte, kann am Mauthäuschen nachfragen.

Das Waldschutzgebiet Pokaiņi ist am besten mit dem Auto oder Fahrrad zu erreichen. Vom Busbahnhof Dobele (0,80 €, 20 Min.)

fahren täglich zwei Busse nach Īle; sie halten an der Abzweigung zum Besucherzentrum. Die Busse sind so getaktet, dass man für den Wald eine gute Stunde Zeit hat.

Jaunpils

Die kleine, aber perfekte mittelalterliche **Burg Jaunpils** (☎6310 7082; www.jaunpilspils.lv; ⌚Museum Mo–Do 11–18, Fr–So 10–20 Uhr) zeichnet sich dadurch aus, dass sie sich seit 1301 mehr oder weniger komplett ihr ursprüngliches Aussehen bewahrt hat. Damals wurde sie durch den Großmeister des Livländischen Ordens, Gottfried von Roga, gegründet. Außerdem bietet sich hier die einmalige Chance, in Räumen zu speisen und zu nächtigen, in denen auch schon Könige und Ritter dasselbe taten.

Bis zum Zusammenbruch des russischen Zarenreiches 1917 war die Burg vier Jahrhunderte lang Heimat der deutschen Adelsfamilie von der Recke. In dem Gemäuer fand einst ein Schwertkampf zwischen Mathias von der Recke und dem schwedischen König Karl IX. statt. Offensichtlich handelte es sich um ein freundschaftliches Gefecht, denn der König belohnte den Baron am Ende mit einem Silberhelm und einem Schwert.

Das **Burghotel** (☎29442539; www.jaunpilspils.lv; Jaunpils Pils; Zi. 125 €) bietet vier Zimmer mit Backsteinböden, mit Baldachinen gekrönten Betten und echtem Kamin. Am Wochenende kommen hier oft Hochzeitsgesellschaften unter, sodass man unter der Woche bessere Chancen auf eine Bleibe hat. Die „mittelalterliche Taverne" auf dem Burggelände serviert gutes lettisches Essen.

Jaunpils liegt 20 km von Dobele und 8 km von der Straße von Riga nach Liepāja entfernt, ist also von diesen drei Orten leicht mit dem Auto zu erreichen. Von Dobele verkehrt nur ein Bus pro Tag nach Jaunpils (1,70 €), und zwar um 16.40 Uhr (siehe www.autoosta.lv). Nach Riga gibt's keine Direktbusse.

An- & Weiterreise

Dobele ist von Riga aus bequem per Bus erreichbar (3,25 €, 1½ Std., mind. stündl.).

NORDOSTLETTLAND (VIDZEME)

Wo das Gewühl der Rigaer Innenstadt vom Zirpen der Grillen abgelöst wird, beginnt der Nordosten Lettlands, genannt Vidzeme („Mittelland"). Die größte Region des Landes bietet alles, was Lettland so attraktiv macht: beste Voraussetzungen zum Wandern und Radfahren sowie für Paddeltouren durch die Urwälder des Nationalparks Gauja, Skipisten im Hochland und unzählige Schlösser und Burgen.

Die Küste von Vizdeme

Vidzemes steinige Küste verläuft entlang der Via Baltica (hier als staatliche Hauptstraße A1) zwischen Riga und Tallinn und ist fast auf gesamter Länge vom Auto- oder Busfenster aus zu sehen. Wer sich etwas Zeit nimmt, kann verlassene Strände mit schroffen Klippen und wellengepeitschte Kiesstrände entdecken.

Von Riga nach Pärnu und Tallinn benutzen die Busse die Küstenstraße von Vidzeme, meist mit einem Zwischenstopp vor der Grenze in Ainaži.

Saulkrasti

Saulkrasti, 44 km außerhalb der Hauptstadt, ist ein Geheimtipp unter den Letten. Während es Touristen und den russischen Jetset ins protzige Jūrmala zieht, machen sich die Einheimischen in die andere Richtung auf. Belohnt werden sie mit einem atemberaubenden weißen Sandstrand. Zudem ist das Meer hier tief genug zum Schwimmen, ohne dass man fast bis nach Schweden waten muss. Der Mangel an touristischer Infrastruktur wirkt genauso erfrischend wie die Meeresbrise. Wer hierherkommen will, sollte sich beeilen, bevor es kein Geheimtipp mehr ist.

Wie Jūrmala besteht auch Saulkrasti aus mehreren Feriendörfern entlang einer Eisenbahnlinie. Der schönste Strandabschnitt liegt beim Bahnhof Pabaži. Das Wort Saulkrasti bedeutet „Sonnenküste" – dies ist also die nördliche Schwester der Costa del Sol.

Sehenswertes

Baltā Kapā AUSSICHTSPUNKT

(Weiße Düne) Die auffällige, kiefernbewachsene Düne erhebt sich über einem jungfräulichen weißen Sandstrand, der durch einen glitzernden Bach geteilt wird. Dies ist einer der reizendsten Orte an der gesamten lettischen Küste – auch die russische Zarin Katharina II., die hier einst ein Bad nahm, war tief beeindruckt. Hier beginnt auch ein Pfad, der auf dem Kamm der Düne 3 km Richtung Norden durch Kiefernwald führt. Die Baltā Kapā liegt 700 m vom Bahnhof Inčupe und 2 km vom Bahnhof Pabaži entfernt.

Nordostlettland (Vidzeme)

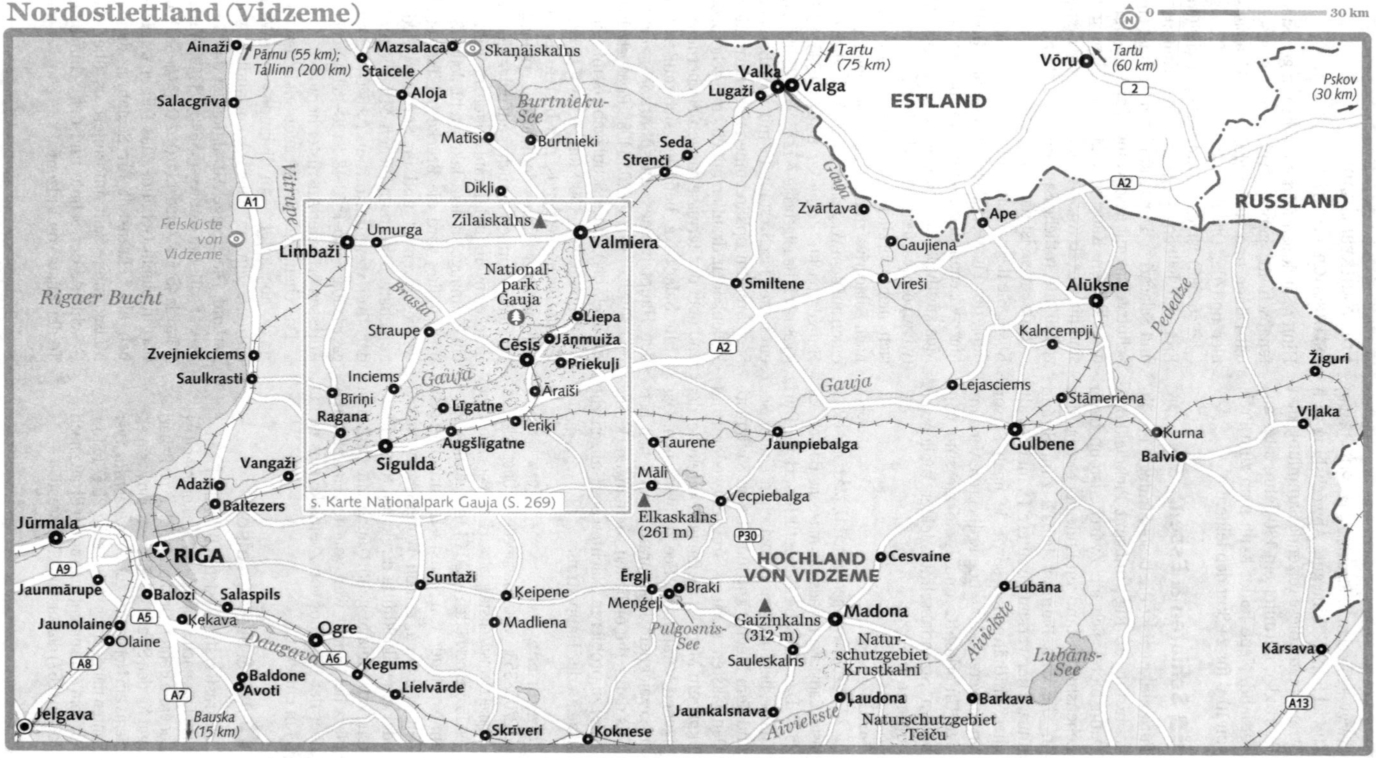

Fahrradmuseum MUSEUM
(www.velomuseum.lv; Rīgas iela 44a; ⌚10–18 Uhr) Zu viel Sonne? Eine gute Abwechslung zum Strand bietet diese reizende Sammlung alter Fahrräder, darunter ein 130 Jahre altes aus Lettland. Neue Räder kann man zum Preis von 10 € für 24 Stunden leihen.

Schlafen & Essen

Für Saulkrasti ist die beste Strategie ein Tagesausflug ab Riga mitsamt Picknickkorb. Dann bietet sich ein Zwischenstopp beim Lebensmittelstand am Ende der Stacias ilea an, die vom Bahnhof Pabaži zum Strand führt. Hier verkaufen ältere Damen köstliches Brathähnchen sowie je nach Saison Brombeeren oder wilde Erdbeeren. Vernünftige Unterkünfte und Esslokale sind vom besten Strandabschnitt leider meilenweit entfernt.

Porto Resort RESORT €
(☎22722258; www.portoresort.lv; Medzābaki-2, Lilaste, Carnikava novads; Zi. mit/ohne Bad ab 35/25 €) Das hübsche Retrostil-Resort im Dorf Lilaste liegt malerisch zwischen einem See und dem Meer 6 km südlich von Saulkrasti. Den Gästen steht es frei, entweder rund 1 km zum Meer zu laufen oder direkt bei der eigenen Veranda im See zu planschen. Das ausgezeichnete Restaurant eignet sich bestens dafür, die örtlichen Neunaugen (kleine Aale) zu probieren. Nachteil des Ganzen: die Lage an der Hauptstraße.

Jūras Priede CAMPINGPLATZ €
(☎27008353; www.juraspriede.lv; Ūpes iela 56a, Zvejniekciems; Zeltstellplätze 5 € pro Pers., Wohnwagen 15 €, Blockhütten ab 30 €) In Zvejniekciems am Nordende von Saulkrasti kann man sein Zelt aufbauen, seinen Wohnwagen parken oder eine Blockhütte direkt am Strand mieten. Zur Anlage gehört auch ein Café. Der Platz liegt nicht weit von der Hauptstraße, aber der Bahnhof von Zvejniekciems ist gut 5 km entfernt.

An- & Weiterreise

Saulkrasti erstreckt sich entlang der Eisenbahnlinie nach Skulte. Von Riga kommend ist der erste Bahnhof Inčupe, gefolgt von Pabaži (gut für den Strand), Saulkrasti und Zvejniekciems am Nordende. Züge von/nach Riga verkehren mindestens stündlich (2,20 €, 1 Std.). Mit dem Auto nimmt man an der Straße nach Tallinn (E67) die Ausfahrt Saulkrasti.

Von Saulkrasti zur estnischen Grenze

Hinter Saulkrasti folgt ein sehr ruhiger Küstenabschnitt, geprägt von windgepeitschten Dünen und einem einsamen Gästehaus hier und da. Die **Felsküste von Vidzeme** (☎29464686) ist ein traumhaftes Fleckchen Erde auf halbem Weg zwischen Saulkrasti und Salacgrīva. Der 14 km lange Park ist ein Schutzgebiet mit geschwungenen Sandstränden, kleinen Kaps und Höhlen. Highlight sind die **Roten Klippen von Veczemju**, eine zerklüftete, rötliche Sandsteinformation.

Salacgrīva ist die größte Ortschaft an der Küste. Sie liegt an einem Hafen an der Mündung des Flusses Salaca. Im Sommer findet hier zwischen den Kiefern eins der größten Musikfestivals des Landes statt: **Positivus** (www.positivusfestival.lv). Dennoch lohnt es sich nicht wirklich, extra einen Abstecher nach Salacgrīva zu machen, es sei denn, dass einen auf dem Weg nach Estland plötzlich der Hunger packt: **Žejnieku Sēta** (☎29624153; Rīgas iela 1; Hauptgerichte 7–12 €; ⌚11–23 Uhr) ist ein nettes Fischrestaurant mit nostalgischer Seefahreratmosphäre: innen mit knarrenden Dielenböden, draußen mit einem Fischerboot und über der Terrasse hängen Fischernetze.

In Salacgrīva befindet sich außerdem der Hauptsitz des **Biosphärenreservats Nord-Vidzeme** (☎6407 1408; Rīgas iela 10a; ⌚8.30–17 Uhr), eines Schutzgebiets mit einer Ausdehnung von 4500 km² – etwa 6 % der Gesamtfläche Lettlands. Am besten lässt es sich auf einer Kanu- oder Radtour erkunden. Im Herbst können Besucher auf einer kleinen Brücke angeln und darauf hoffen, dass ihnen ein Neunauge an den Haken geht. Jedes Jahr im Frühling wird die Brücke bei Tauwetter weggeschwemmt und im Sommer wieder aufgebaut. Die freundlichen Mitarbeiter in der **Touristeninformation** (☎6404 1254; Rīgas iela 10a; ⌚Mo–Fr 10–18, Sa 10–16 Uhr) geben Adressen örtlicher Ausrüster heraus.

Das ehemalige Schiffbauer-Städtchen **Ainaži** (abgeleitet vom livländischen Wort *annagi*, „einsam") liegt 1 km südlich von Estland. Die einzige Attraktion ist das **Seefahrerschulmuseum** (☎6404 3349; Valdemāra iela 45; Erw./Stud. 1,14/0,57 €; ⌚Mi–So 11–17 Uhr) in einem Gebäude, das früher tatsächlich als Lehranstalt für Seefahrer diente. Mäßig interessant informiert es über die Geschichte der Schule und des Schiffsbaus an der Küste von Vidzeme.

Nationalpark Gauja

Die herrlichen Kiefernwälder des Nationalparks Gauja (www.gnp.gov.lv) erstrecken sich vom burgenreichen Sigulda über die Industriestadt Līgatne und das malerische Cēsis bis zum ruhigen Valmiera. Bereits seit 1973 schützt Lettlands erster Nationalpark dieses grüne Hinterland. Hier kann man wunderbar wandern, Rad fahren, frei zelten, Kanufahren und jede Menge Outdoorsportarten betreiben. Ein Eintrittsgeld wird nicht erhoben.

Sigulda

17 800 EW.

Der Name dieses Ortes könnte auch zu einem Märchenriesen passen und so überrascht es nicht, dass das Tor zum Gauja-Park ein zauberhafter Ort ist, an dem hinter jedem Baum eine neue Überraschung wartet. Die Anwohner bezeichnen ihre Heimat gerne als „lettische Schweiz". Majestätische, schneebedeckte Berge hat die Region zwar nicht zu bieten, aber es gibt traumhafte Wanderpfade, Extremsportangebote und 800 Jahre alte Schlösser, um die sich zahllose Legenden ranken.

Sehenswertes

Die Stadt erstreckt sich zwischen ihren drei Schlössern. Am meisten ist auf der Ostseite des Flusses Gauja in der Nähe des Neuen Schlosses los. Ein Rundgang erschließt die wichtigsten Highlights von Sigulda. Sehr zu empfehlen ist auch eine Fahrt mit der **Seilbahn** (29212731; Poruka iela 14; einfach Erw./Kind 5/4 €; Juni–Aug. 10–18.30 Uhr, Sept.–Mai bis 16 Uhr), um das Tal aus der Vogelperspektive betrachten zu können – traumhaft!

Nationalpark Gauja

0 — 10 km

Sigulda

★ **Museumsreservat Turaida** BURG, MUSEUM (Turaidas muzejrezervāts; ☎ 6797 1402; www.turaida-muzejs.lv; Turaidas iela 10; Erw./Kind 5/1,14 €; ⏲ Mai–Sept. 9–20 Uhr, Okt. bis 19 Uhr, Nov.–April 10–17 Uhr) Der Name Turaida stammt aus der alten livischen Sprache und bedeutet „Gottes Garten" – dieser grüne Huckel mit einem Märchenschloss oben drauf ist sicher ein himmlisches Örtchen. Die Backsteinburg mit ihrem hohen zylindrischen Turm wurde 1214 erbaut. Das Museum im Getreidespeicher aus dem 15. Jh. bietet einen interessanten Einblick in Livlands Geschichte zwischen 1319 und 1561. Weitere Ausstellungen sind im 42 m hohen Hauptturm sowie im West- und Südturm untergebracht.

Andere Häuser an verschiedenen Orten des Reservats beherbergen heute kleine Galerien oder Ausstellungen. Es lohnt sich, einen Blick in die Schmiede zu werfen. Ein „echter" Schmied hat sie von der Reservatsleitung gepachtet und verkauft hier allerlei handwerklich Gefertigtes. Außerdem können sich die Besucher darin üben, kleine Metallstücke mit heidnischen Symbolen der Liven zu versehen.

Auf dem Friedhof der hübschen Holzkirche (1750) befindet sich das Grab der

Sigulda

Highlights

Sehenswertes

Aktivitäten, Kurse & Touren

Schlafen

Essen

Maija Roze (s. Kasten), einer unglückseligen Schönheit, die als Rose von Turaida bekannt ist und um die sich eine romantische Volkssage rankt. Der Onyxgrabstein trägt die Inschrift „Turaidas Roze 1601–1620".

Der **Daina-Hügel-Gesangsgarten** in der Nähe ist mit Skulpturen lettischen Volkshelden gespickt, die durch *dainas* (poetische Volkslieder) unsterblich geworden sind – *dainas* sind eine wichtige lettische Tradition.

Neues Schloss BURG
(Siguldas jaunā pils; Pils iela 16) Das neogotische Schloss wurde 1878 für den russischen Prinzen Dimitri Kropotkin erbaut, der Sigulda in ein Touristenziel verwandelte. Hier ist heute die Bezirksregierung untergebracht. Das Gebäude steht Besuchern nicht offen, aber man kann ein bisschen durch die Anlage bummeln.

Gūtmaņa-Höhle HÖHLE
Die größte Erosionshöhle im Baltikum ist vor allem für ihre Rolle in der tragischen Legende um die Rose von Turaida berühmt. Die meisten Touristen werden von den Wandgemälden angelockt, die teilweise aus dem 16. Jh. stammen sollen. Besonders aufmerksame Betrachter entdeckten darauf das Wappen eines längst verschwundenen Jägervolkes. Manche glauben an eine magische Wirkung des Wassers, das aus der Höhle fließt. Es soll Gesichtsfalten verschwinden lassen, was bei uns jedoch nicht funktioniert hat.

Aktivitäten

Wer gern Adrenalin in den Adern spürt und an seine Grenzen gehen möchte, ist hier genau richtig. Für die ganz Mutigen gibt es die Bobbahn, es sind aber auch entspannte Wanderungen und Radtouren im Schatten der Kiefern oder Paddelausflüge auf der ruhigen Gauja möglich.

Abenteuersport

Bobbahn ABENTEUERSPORT
(Bob trase; ☎ 6797 3813; www.bobtrase.lv; Šveices iela 13; ⊙ Sa & So 12–17 Uhr) Die 1200 m lange Bobbahn wurde als Trainingsbahn für die sowjetische Bobmannschaft gebaut. Im Winter rast ein fünfsitziger, 80 km/h schneller Vučko-**Softbob** (10 € pro Pers., Okt.–Mitte März)

DIE ROSE VON TURAIDA

Siguldas hübschestes Mädchen, die junge Maija Roze (Mairose), wurde Anfang des 17. Jhs. als kleines Mädchen im Schloss von Turaida aufgenommen, nachdem man sie unter den Verwundeten auf einem Schlachtfeld gefunden hatte. Sie wuchs zu einer atemberaubenden Schönheit heran und hatte unzählige Verehrer. Ihr Herz jedoch gehörte Viktor, einem ärmlichen Gärtner der benachbarten Burg Sigulda. Die beiden trafen sich heimlich auf halbem Weg in der Gūtmaņa-Höhle.

Eines Tages fälschte ein Soldat einen Brief Viktors, um seine Angebetete in die Höhle zu locken und zu entführen. Als er Maija Roze in seiner Gewalt hatte, bot sie ihm im Austausch gegen ihre Freiheit den Schal an, den sie trug. Sie versicherte dem Soldaten, der Schal habe magische Kräfte und mache seinen Träger unverwundbar. Zum Beweis solle der Soldat mit seinem Schwert auf sie einschlagen. Ob das ein Bluff oder echtes Vertrauen in die Zauberwirkung des Schals war, ist nicht bekannt. Jedenfalls holte der Soldat aus und tötete die Schönheit mit einem kräftigen Schwerthieb.

Er wurde gefasst, verurteilt und für sein Verbrechen gehängt. Gerichtsaufzeichnungen belegen, dass diese Legende auf einer historischen Begebenheit beruht. Heute erinnert ein kleiner Gedenkstein an die arme Maija Roze, die Rose von Turaida.

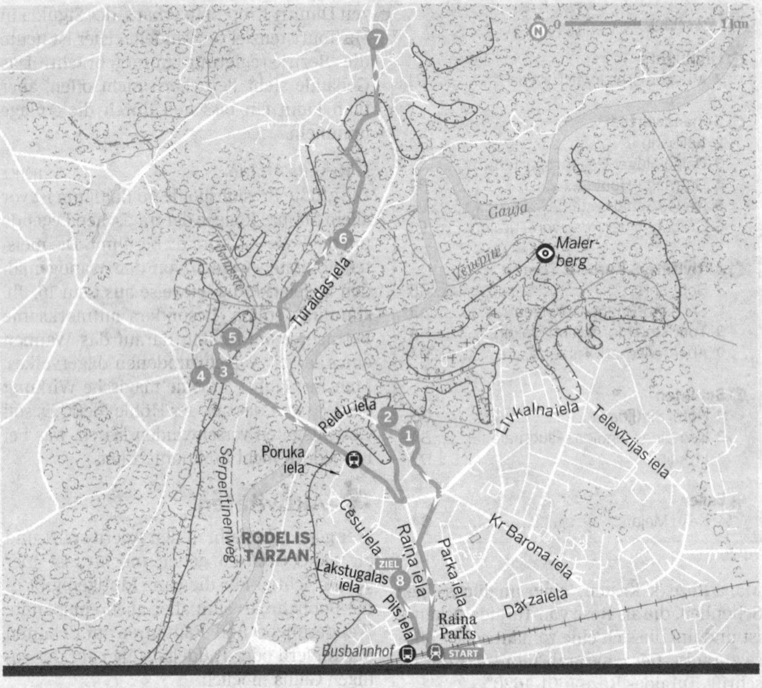

Spaziergang **Burgenwanderung**

START BAHNHOF SIGULDA
ZIEL KAĶU MĀJA
LÄNGE/DAUER 6,6 KM; 5½ STUNDEN

Wer nur wenig Zeit hat oder Sigulda nur im Rahmen eines Tagesausflugs besucht, kann alle drei Schlösser und eine phantastische Höhle an nur einem Nachmittag besuchen.

Vom Bahnhof geht's zunächst die Raiņa iela hinab und auf die von Linden gesäumte Pils iela. Sie führt zum 1 **Neuen Schloss Sigulda** (S. 271), das auf Geheiß des russischen Prinzen Dimitri Kropotkin erbaut wurde, der Sigulda als Kurort erschließen wollte. Er fiel 1879, als mit dem Bau begonnen wurde, einem Attentat zum Opfer. Die 2 **mittelalterliche Burg** dahinter wurde 1207 vom Schwertbrüderorden errichtet, liegt jedoch seit dem Großen Nordischen Krieg im 18. Jh. größtenteils in Trümmern. Die Poruka iela führt zur 3 **Seilbahn** (S. 269) über das malerische Flusstal und zum 4 **Schloss Krimulda**, einem eleganten Anwesen, das heute als Reha-Klinik dient.

Nach einem Rundgang durch das Gelände geht's zur nahen Ruine der mittelalterlichen 5 **Burg Krimulda** und anschließend die Serpentinenstraße hinunter zur 6 **Gūtmaņa-Höhle** (S. 271). Sie ist die größte Erosionshöhle des Baltikums und erlangte durch die Legende von der Rose von Turaida traurige Berühmtheit. Hat man einige der zahlreichen Inschriften an ihren Wänden studiert, geht's hinauf zum 7 **Museumsreservat Turaida** (S. 270). Das mittelalterliche Schloss wurde im 13. Jh. an der Stelle einer früheren livländischen Festung für den Erzbischof von Riga erbaut.

Vom Turm eröffnen sich weite Ausblicke auf den Nationalpark Gauja. Anschließend kann man noch ein bisschen das Gelände mit seinen schrägen Plastiken lettischer Märchenfiguren erkunden. Wer genug Burgen und Schlösser gesehen hat, kann mit dem Bus 12 zum Bahnhof von Sigulda zurückfahren. Von dort führt die Pils iela zum Restaurant 8 **Kaķu Māja** (S. 275), wo man ein lettisches Abendmahl oder einen Kaffee mit frischem Gebäck aus der angeschlossenen Bäckerei genießen kann.

durch den Eiskanal mit 16 Kurven. Oder man bucht eine haarsträubende Abfahrt mit dem **Taxibob** (15 € pro Pers., Nov.–Mitte März). Im Sommer können Geschwindigkeitsfreaks einen mit Rädern versehenen **Sommerbob** (15 € pro Pers., Mai–Sept.) nehmen.

Aerodium ABENTEUERSPORT
(☎28384400; www.aerodium.lv; 2 Min. wochentags/Wochenende 33/37 €) Das einzigartige Aerodium ist ein riesiger Windkanal, in dem man sich in die Lüfte blasen lassen kann. Profis können dabei eine Höhe von bis zu 15 m erreichen, während sich Anfänger meist in etwa 3 m Höhe austoben. Das Aerodium ist 4 km westlich von Sigulda an der A2 ausgeschildert.

Obwohl man nur ein paar Minuten in der Luft ist, gibt es vorher einen kurzen Einführungskurs. Alles in allem sollte man eine Stunde einplanen und die Teilnahme im Voraus buchen.

Seilbahn-Bungeespringen ABENTEUERSPORT
(☎28383333; www.bungee.lv; Poruka iela 14; Bungeesprung ab 40 €; ⌚April–Okt. Mi–So 18.30, 20 & 21.30 Uhr) Vielleicht möchte jemand einen Bungeesprung aus der orangefarbenen Seilbahngondel wagen, die 43 m über dem Fluss dahingleitet? Noch spannender ist's, wenn man nackt springt!

Abenteuerpark Tarzāns ABENTEUERSPORT
(Piedzīvojumu Parks Tarzāns; ☎27001187; www.tarzans.lv; Peldu iela 1; Erw./Kind Kombiticket 32/22 €, Rodelbahn 3/1,50 €, Seilgarten 17/10 €; ⌚Mai–Okt. 10–20 Uhr) Hier kann man rodeln oder sich im „Tarzan"-Seilgarten austoben. Außerdem gibt's einen Sessellift (1 €), Schlauchrutschen (1 €), Höhenbungee (6 €), eine große Schaukel (6 €), eine Kletterwand (1,50 €) und Bogenschießen (2 €).

Mežakaķis ABENTEUERSPORT
(☎6797 6886; www.kakiskalns.lv; Senču iela 1; Erw./Kind 17/9,50 €; ⌚Juli & Aug. tgl. 11–22 Uhr, Mai, Juni & Sept. Di–So, April Sa & So) Dieser kleine Abenteuerpark ist auf alle Alters- und Erfahrungsgruppen zugeschnitten und hat einen Seilgarten mit 77 Hindernissen auf sechs unterschiedlich schwierigen Routen. Im Winter kann man die Skipisten hinunterjagen.

Wandern & Radfahren

Sigulda ist ein erstklassiges Wandergebiet, also: Wanderschuhe schnüren! Sehr beliebt (und einfach) ist der 40-Minuten-Weg vom Schloss Krimulda vorbei an der Gūtmaņa- und der Viktorshöhle zum Museumsreservat Turaida. Alternativ geht's von Krimulda in Richtung Süden zur **Kleinen** und **Großen Teufelshöhle**, an der Fußgängerbrücke über den Fluss und zurück nach Sigulda (etwa

NICHT VERSÄUMEN

PIRTS

Einmal tief Luft holen und hinein in die *pirts*, die hiesige Version einer Sauna und lettischste aller lettischen Traditionen. Die *pirts* weisen zwar gewisse Ähnlichkeiten mit dem finnischen Vorbild auf, haben aber auch viele Merkmale, die sie zu einem schweißtreibenden Erlebnis der besonderen Art machen. Ein traditioneller *pirts* wird von einem Saunameister betrieben, der sich um die Gäste kümmert und nach einer speziellen Choreographie mit Zweigen wedelt. Das Ganze erinnert fast an ein Schamanenritual. Richtig gelesen: Während man nackt, wie Gott einen schuf, daliegt, wirbelt der Saunameister Zweige durch die Luft, um die Luftfeuchtigkeit zu erhöhen, bevor er vorsichtig auf verschiedene Wildblumen schlägt und über den Rücken und die Brust der Besucher streicht. *Pirts* sind tendenziell viel heißer und feuchter als finnische Saunen. Eine Sitzung dauert üblicherweise um die 15 Minuten, anschließend hüpft man ins Wasser (einen nahe gelegenen See, Teich oder ins Meer). Das in der Sauna verwendete Aroma spielt eine wichtige Rolle: Der Saunameister kreiert mit viel Sorgfalt eine Mischung aus Kräutern und Gewürzen. Ein typischer Nachmittag im *pirts* umfasst mehrere Saunagänge, zwischen denen man sich in kaltem Wasser abkühlt und mit Bier, Kräutertees und Snacks stärkt.

Alle traditionellen Saunen befinden sich auf dem Lande, meist auf dem Gelände privater Landhäuser. Wer neugierig geworden ist, kann sich zum Hotel Sigulda oder Hotel Ezeri (S. 275) aufmachen. Beide Hotels bieten private Saunasitzungen in einem elegant aufgemachten lokalen *pirts* an. Ein Nachmittag (ca. 3 Std.) mit jeder Menge Tee und Imbissen kostet 100 € für zwei Personen.

2 Std.). Bemerkenswert sind die schwarzen Wände der Großen Teufelshöhle. Sie sollen vom Feueratem eines umherreisenden Dämons herrühren, der sich hier vor der Sonne versteckt hat.

Östlich von Sigulda verbindet ein gut beschilderter Rundweg die **Petershöhle**, den **Burghügel Satezele** und den **Malerberg** miteinander. Er beginnt hinter dem Hotel Līvkalni und dauert etwa 1½ Stunden. Vom Malerberg eröffnet sich ein spektakulärer Panoramablick über das Schloss Turaida und das Gauja-Tal.

In und um Sigulda gibt es verschiedene Fahrrad- bzw. Mountainbikeverleiher mit Tagespreisen um die 15 €, z. B. **Burusports** (☎6797 2051; www.burusports.lv; Mazā Gāles iela 1; ⏲Mo 12–20, Di–Sa 10–20 Uhr), **Reiņa Trase** (☎29272255; www.reinatrase.lv; Krimulda pagasts; ⏲Mo–Do 14–24, Fr bis 1, Sa 10–1, So 9–23 Uhr), **Rāmkalni** (☎6797 7277; www.ramkalni.lv; nču-kalna pagasts; ⏲9–22 Uhr) oder die Touristeninformation Makars (S. 275), die auch Broschüren zu Rad- und Wanderwegen bereithält.

Kanu- & Bootfahren

Bei einer gemütlichen Bootsfahrt auf der Gauja flussabwärts lässt sich die Unberührtheit der Gegend wunderbar genießen und (mit etwas Glück) sogar das eine oder andere Wildtier erspähen. Zwischen Sigulda und Cēsis gibt es zahlreiche Campingplätze und die Tourveranstalter im Nationalpark bieten auch geführte Flussfahrten auf der Gauja an. Großen Spaß macht es aber ebenfalls, einfach ein Stück flussauf zu gehen und sich in einem Reifenschlauch von der Strömung wieder zur Stadt treiben zu lassen.

NICHT VERSÄUMEN

DIE MUIŽAS IN DER GAUJA-REGION

Abgesehen von den vier größeren Städten bietet die Gegend etliche versteckte Schätze, von denen besonders die folgenden *muižas* (Landgüter) einen Besuch wert sind, wenn man ausreichend Zeit zur Verfügung hat.

Ungurmuiža (☎29424757; www.ungurmuiza.lv; Erw./Kind 3/2 €; ⏲Mitte Mai–Okt. Di–So 10–18 Uhr) Das traumhafte Gut Ungurmuiža (Orellen) ist einer der am besten erhaltenen Gutshöfe in ganz Lettland. Baron von Campenhausen ließ das stattliche rote Gebäude errichten. Er diente dem schwedischen König und dem russischen Zaren. Seine Nachfahren lebten hier, bis die Regierung das Anwesen im Zweiten Weltkrieg beschlagnahmte. Erstaunlicherweise wurde es in einem guten Zustand belassen. Die detaillierten Wandmalereien und Originaltüren versetzen die Besucher zurück in die Zeit der Aristokratie. Es werden Führungen angeboten (35 € pro Gruppe).

Schloss Bīriņi (Bīriņu pils; ☎6402 4033; www.birinupils.lv; Eintritt 4 €) Wie eine riesige rosafarbene Geburtstagstorte inmitten einer sattgrünen Wiese ragt das malerisch gelegene Schloss Bīriņi an einem beschaulichen See empor. Das herrschaftliche Anwesen am nordwestlichen Ende des Nationalparks Gauja, in Richtung Saulkrasti, wurde zu einem opulenten Renaissancehotel mit einer eindrucksvollen, zentralen Treppe umfunktioniert. Tagesgäste haben die Möglichkeit, an einer Führung teilzunehmen (15 €) oder die traumhafte Kulisse bei einem Picknick oder einer Bootsfahrt zu genießen. Die Öffnungszeiten sind etwas unregelmäßig (vor allem im Sommer, wenn jede Woche eine Hochzeit stattfindet). Um Überraschungen zu vermeiden, ist es ratsam, im Voraus telefonisch zu reservieren.

Schloss Dikli (Diķu pils; ☎6402 7480; www.diklupils.lv; DZ ab 60 €) Schloss Dikli spielte eine wichtige Rolle in der Landesgeschichte, denn hier organisierte ein Priester 1864 Lettlands erstes Musikfestival. Der Adelssitz ist heute ein luxuriöses Feriendomizil mit Wellnessangeboten. Der 20 ha große Park lädt zu Spaziergängen und Bootsfahrten ein und Führungen informieren über die Geschichte und Restaurierung des Palastes.

Annas Hotel (☎6418 0700; www.annashotel.com; Apt. ab 115 €; 📶) Ursprünglich hieß Annas Hotel, das Mitte des 18. Jhs. erbaut wurde, Annas Muiža. Hier verschmelzen historischer Charme und eine durch und durch moderne Ausstattung. Außerhalb der Anlage ist nicht eben viel zu tun, tatsächlich ist Erholung pur angesagt – dafür sorgen Wellnessbehandlungen und das baumbestandene Grundstück mit den Teichen.

Die **Touristeninformation Makars** (☎29 244948; www.makars.lv; Peldu iela 2) am Flussufer in Sigulda bietet ein- bis dreitägige Wasserexkursionen für zwei bis vier Personen an. Gestartet wird in Sigulda, Līgatne, Cēsis und Valmiera. Die Touren variieren in der Länge zwischen 3 und 85 km und kosten 30 bis 180 € pro Boot. Ausrüstung, Transport zwischen Sigulda und dem Startpunkt sowie die Campingplatzgebühren für bis zu vier Personen sind inbegriffen. Gegen eine geringe Gebühr können auch Zelte, Schlafsäcke und Schwimmwesten geliehen werden. Rāmkalni (S. 274) verleiht ebenfalls Paddelausrüstung.

Festivals & Events

Opernfestival Sigulda MUSIK
(www. opersvetki.lv) Die romantischen Burgruinen dienen als Kulisse für das beste Opernfestival des Landes.

Schlafen

Wenn alle Hotels ausgebucht sind, besteht noch die Möglichkeit, privat oder in einem Apartment unterzukommen. Die Adressen hat die Touristeninformation. Weitere Infos zum Thema Unterkunft gibt's auf der offiziellen Internetseite der Stadt Sigulda: www.tourism.sigulda.lv.

Kempings Siguldas Pludmale CAMPINGPLATZ €
(☎29244948; www.makars.lv; Peldu iela 2; Stellplätze 5/3/3/6 € pro Pers./Zelt/Auto/Wohnwagen; ⊙Mitte Mai–Mitte Sept.) Schöner, grüner Campingplatz am sandigen Gauja-Ufer. Die Lage ist perfekt; allerdings gibt es nur je einen Waschraum für Frauen und Männer. Für 4,50 € pro Tag gibt's Zweipersonenzelte zu mieten. Es gibt noch einen weiteren Zeltplatz flussaufwärts in Līgatne, der ebenfalls Makars gehört. Eine Wegbeschreibung dorthin erhält man hier.

Aparjods HOTEL €€
(☎6797 2230; www.aparjods.lv; Ventas iela 1; EZ/DZ ab 43/57 €; @☜) Jenseits der Lichter der Hesburger-Filiale an der Hauptstraße erstreckt sich dieser ziemlich ansprechende Komplex mit scheunenartigen Bauten samt hölzernen Türen und Reet- und Schindeldächern. Die Zimmer haben nicht ganz so viel Charme, zählen aber dennoch zu den gemütlicheren Schlafoptionen in Sigulda. Das Hotel liegt 1,5 km südwestlich der Stadt.

Hotel Segevold HOTEL €€
(☎6797 4848; www.hotelsegevold.lv; Mālpils iela 4b; DZ 50 €; @☜) Schon beim Betreten der protzigen Lobby vergessen die Gäste des Segevold die seltsame Lage im Herzen eines Industrieparks. Futuristische Beleuchtung und gigantische tentakelartige Reliefs bilden einen scharfen Kontrast zu den rostigen Sowjettraktoren um die Ecke. Die Zimmer im Obergeschoss sind weniger glanzvoll, aber tadellos und sauber.

Līvkalni B&B €€
(☎22825739; livkalnisigulda@gmail.com; Pēteralas iela 2; Zi. ab 45 €; P❄☜) Romantik pur vermittelt diese idyllische Unterkunft neben einem Teich am Waldrand. Auf dem Gelände stehen reizende, strohgedeckte Häuser und die Zimmer sind frisch und sauber.

Hotel Sigulda HOTEL €€
(☎6797 2263; www.hotelsigulda.lv; Pils iela 6; DZ ab 50 €; @☜) Das älteste Hotel der Stadt befindet sich mitten im Zentrum. Sein Bau wurde von jenem russischen Baron in Auftrag gegeben, der davon träumte, dieses verschlafene Örtchen in eine aufregende Touristenhochburg zu verwandeln. Die alte Ziegelsteinfassade ist ganz hübsch, die Zimmer aber eher nichtssagend und 08/15. Die freundliche Besitzerfamilie betreibt auch das luxuriösere **Hotel Ezeri** (☎6797 3009; www.hotelezeri.com; DZ ab 75 €) ein paar Kilometer weiter außerhalb. Nach dem einzigartigen Saunaerlebnis fragen.

Essen & Ausgehen

Die meisten Hotels und Gästehäuser in Sigulda bieten auch ein kleines Restaurant. Allerdings ist das Angebot überraschend trostlos angesichts der Tatsache, dass die Stadt eines der beliebtesten Reiseziele Lettlands ist.

Kaķu Māja LETTISCH €
(www.cathouse.lv; Pils iela 8; Hauptgerichte ca. 3 €; ⊙8–23 Uhr) Das „Katzenhaus" ist die beste Adresse für einen schnellen Happen. Das Bistro hat fertige Gerichte in seiner Auslage, leckere Desserts wie Pasteten oder Kuchen verkauft die zugehörige Bäckerei. Freitag- und samstagnachts wird das Lokal zum Club und hat bis 2 Uhr früh geöffnet.

Aparjods INTERNATIONAL €€
(Ventas iela 1; Hauptgerichte 10–28 €; ⊙12–22 Uhr) Das elegante Restaurant im Aparjods hat es verdient, gesondert erwähnt zu werden, denn das köstliche Essen wird in einem charmanten Ambiente mit alten Haushaltsgegenständen und goldbestickten Stühlen serviert. Im Speisesaal mit dunklem Holzinterieur pras-

selt im Winter ein wärmendes Feuer und im Sommer stehen Tische auf der Terrasse. Die gediegene Atmosphäre lockt eine eher ältere Kundschaft.

Praktische Informationen

Besucherzentrum des Nationalparks Gauja (26657661; www.gnp.lv; Turaida iela 2a; 9–19 Uhr) Hier werden Karten für den Park, die Stadt sowie für nahe Fahrradwege verkauft.

Touristeninformation (6797 1335; www.tourism.sigulda.lv; Ausekļa iela 6; 9–18 Uhr;) Die äußerst hilfsbereite Touristeninformation im Bahnhof hat stapelweise Informationen zu Aktivitäten und Unterkünften.

An- & Weiterreise

Busse verkehren auf der rund 50 km langen Strecke zwischen dem Busbahnhof Sigulda und Riga (2,15 €, 1 Std., 8–22.30 Uhr halbstündl.).

Zwischen 6 und 21 Uhr fährt stündlich ein Zug auf der Strecke Riga–Sigulda–Cēsis–Valmiera. Von Sigulda aus geht's nach Riga (2,35 €, 1–1¼ Std.), Līgatne (0,70 €, 10 Min.) und Cēsis (2 €, 40 Min.).

Unterwegs vor Ort

Die Attraktionen der Stadt liegen weit auseinander und nach einem Besichtigungstag wird Bus Nr. 12 zum besten Freund für erschöpfte Wanderer. Während der Geschäftszeiten legt er die Strecke zwischen dem Neuen Schloss Sigulda, der Burg Turaida und dem Schloss Krimulda stündlich zurück (am Wochenende häufiger).

Līgatne

Mitten im Herzen des Nationalparks Gauja liegt das kleine Līgatne, eine Stadt der Extreme: Aus der herrlichen Landschaft mit ihren malerischen Kiefernwäldern und blauen Flüsschen ragen plötzlich einige hässliche Industrierelikte hervor. Die beiden Hauptattraktionen des Orts verdeutlichen diesen auffallenden Kontrast.

Sehenswertes

Naturpark Līgatne NATURSCHUTZGEBIET
(6415 3313; www.gnp.lv; Erw./Kind 3,60/2,10 €; 9–18 Uhr) Dies ist eine Mischung aus Naturpark und Zoo, in dem Elche, Biber, Hirsche, Bisons, Luchse und Wildschweine in großen Gehegen im Wald leben (das Ganze hat das Flair eines Open-Air-Zoos). Eine 5,1 km lange Straße und ein Netz von Wanderwegen verbinden die Beobachtungspunkte und es gibt einen 22 m hohen Aussichtsturm, der einen guten Rundumblick bietet. Zu den markierten Wanderwegen gehören eine 5,5 km lange Strecke zu den Tiergehegen, eine botanische Wanderung (1,1 km) und ein Naturlehrpfad (1,3 km).

Die Pension HISTORISCHE STÄTTE
(26467747, 6416 1915; www.bunkurs.lv; Skaļupes; Führungen 11,50 €; Führungen Sa & So 12, 14, 16, Mo–Fr 15 Uhr) Was wie ein trostloses Reha-Zentrum wirkt, ist in Wirklichkeit ein streng geheimer Sowjetbunker, der früher den Decknamen Die Pension trug. Als Lettland noch zur UdSSR gehörte, war dies einer der strategisch wichtigsten Schutzbunker im Falle einer nuklearen Bedrohung. Der Standort wurde so gut geheim gehalten, dass er erst 2003 bekannt wurde. Der 2000 m^2 umfassende Bau sieht noch fast genauso aus wie damals.

Ein interessantes Detail ist, dass es in dem gesamten Bunker, der für einen kompletten Stab (250 Personen) ausgelegt war, gerade mal ein Bett gab. Die Arbeiter sollten auf ihren Posten schlafen. Führungen – auch auf Englisch oder Deutsch – dauern bis zu 1½ Stunden. An den Wochenenden ist ein (überraschend leckeres) Mittagessen nach Sowjet-Art inbegriffen, das in der Cafeteria im Bunker serviert wird. Die Plastikblumen schmücken den Speisesaal übrigens schon seit 1982.

Vienkoču Parks SKULPTUREN
(29329065; www.vienkoci.lv; Erw./Kind 3/2 €; 10–18 Uhr) Der ortsansässige Holzbildhauer Rihards hat einen 10 ha großen Park mit seinen einzigartigen Kreationen versehen. Schmale Pfade erschließen die modernen Kunstinstallationen, einen klassizistischen Garten, diverse Sonnenuhren und eine Sammlung von Folterwerkzeugen. Wer ein „Zurück zur Natur"-Erlebnis sucht, kann die rustikale Hütte (25 Ls) im Park mieten, in der es abends nur Kerzenlicht gibt.

Der Park liegt nicht weit von der Hauptstraße von Riga nach Cēsis kurz hinter der Abzweigung nach Līgatne.

Schlafen

Lāču Miga GÄSTEHAUS
(6415 3481; www.lacumiga.lv; Gaujas iela 22; DZ mit/ohne Frühstück 43/37 €) Die „Bärenhöhle" in einer großen Blockhütte macht ihrem Namen alle Ehre. Den Eingang ziert ein gigantischer Plüschbär, in den Zimmern werden die Gäste von kleineren Teddys begrüßt und die Kopfkissen sehen aus wie Bären, die riesige Zauberwürfel verschluckt haben.

An- & Weiterreise

Stündlich verkehren Busse nach Cēsis (1,40 €, 30 Min.) und häufig nach Riga (3,20 €, 80 Min.). Züge halten am Bahnhof von Līgatne auf ihrem Weg von/nach Riga (2,65 €, 80 Min.) und Cēsis (1,55 €, 30 Min.).

Cēsis

19 500 EW.

Mit seiner atemberaubenden mittelalterlichen Burg, den Kopfsteinpflasterstraßen, grünen Hügeln und gepflegten Gärten ist Cēsis (Wenden) das niedlichste Städtchen Lettlands. Außerdem wartet der Ort mit jeder Menge Geschichte auf. Seinen Ursprung hatte er vor 800 Jahren in einem Land voller aufsässiger Bauern als Bollwerk des Livländischen Ordens. Direkt unter den Burgmauern und auch drinnen in der Burg fanden furchtbare Kämpfe statt. Zwar ist Cēsis auch im Rahmen eines Tagesausflugs von Riga aus zu machen, es lohnt aber durchaus einen längeren Aufenthalt – denn drum herum gibt's ja noch den ganzen Gauja-Nationalpark.

Sehenswertes

★ Ordensburg Cēsis BURG

(Cēsu pils; www.cesupils.lv; beide Burgen Erw./Stud. 5/2,50 €, Ausflüge ab 33 €; ⌚ Mai–Sept. tgl. 10–18 Uhr, Okt.–April Di–So 10–17 Uhr) Diese Burg besteht eigentlich aus zwei Burgen. Bei der ersten handelt es sich um die traurigen, düsteren Steintürme der alten, 1214 von Rittern des Livländischen Ordens gegründeten Burg der Wenden. 1577 wurde sie vom russischen Zaren Iwan dem Schrecklichen eingenommen – aber erst, nachdem sich die 300 Verteidiger mit Schießpulver selbst in die Luft gesprengt hatten. Die andere ist das freundlichere Schloss aus dem 18. Jh., in dem einst die deutschen Grafen von Sievers residierten. Es beherbergt ein Museum mit Original-Fin-de-siècle-Ausstattung.

Nach der Besichtigung der Burg und des Schlosses bietet sich ein Spaziergang durch den **Schlosspark** an. Auf dem See kann man mit niedlichen Dampfbooten eine Runde drehen (2,20 €). Ebenso nett ist die auf einem Hügel gelegene russisch-orthodoxe **Verklärungskirche**, die die Familie von Sievers bei ihrem Familienfriedhof errichten ließ; wie so viele Deutsche in russischen Diensten konvertierten sie zur Orthodoxie.

Johanneskirche KIRCHE

(Svētā Jāņa baznīca; http://cesujana.lelb.lv; ⌚ 11–17 Uhr) In dieser Kirche des 13. Jhs. beteten

Cēsis

Highlights
1 Ordensburg Cēsis ... B1

Sehenswertes
2 Schlosspark (Pils parks) ... B1
3 Russisch-orthodoxe Verklärungskirche ... B1
4 Johanneskirche ... B2

Schlafen
5 Glūdas Grava ... A1
6 Kolonna Hotel Cēsis ... C1
7 Province ... C1

Essen
8 Izsalkušais Jānis ... C1
9 Mākslas telpa Mala ... C1
10 Maxima-Supermarkt ... B2
11 Vinetas un Allas Kārumlādes ... C2

Cēsis

die Ritter des Livländischen Ordens und bestatteten sie ihre Toten – dies war einst eine einsame christliche Insel inmitten eines Meeres aus Heiden. Heute dient die Kirche der lutherischen Gemeinde. Sie enthält Grabmale der Großmeister des Ordens und von wichtigen Bischöfen.

Aktivitäten

Im Winter bevölkern viele Skifahrer und Snowboarder die sanften Hänge und Loipen von **Žagarkalns** (☎26266266; www.zagarkalns.lv) und **Ozolkalns** (☎26400200; www.ozolkalns.lv; 3-Std.-Liftpass 7 €), der beiden größten Skigebieten in Vidzeme. Im Sommer kann man Fahrräder und Kanus mieten und Ozolkalns bietet außerdem einen Seilgarten. Wer nicht die Möglichkeit hat, zu einem der beiden Hügel zu kommen, kann in der Touristeninformation Fahrräder mieten.

Festivals & Events

An den Sommerwochenenden gibt es in Cēsis fast immer irgendwelche Konzerte oder Festivals.

Im Rahmen des **Mākslas Festivāls** (http://cesufestivals.lv) von Mitte Juli bis Mitte August präsentieren sich jedes Wochenende auf zahlreichen Bühnen in der Stadt die unterschiedlichsten Künstler – vom Symphonieorchester bis zum Geschichtenerzähler.

Schlafen

Ein paar Kilometer außerhalb des Zentrums gibt es jede Menge ordentliche Unterkünfte. Informationen und Fotos liefert die Website www.tourism.cesis.lv.

Glūdas Grava MOTEL €
(☎27036862; www.gludasgrava.lv; Glūdas iela 6a; Zi. 40 €) Eine ungewöhnliche Unterkunft: Eine Autowerkstatt ist in fünf Studio-Apartments mit gläsernen Frontwänden und separaten Eingängen umgebaut worden. Jedes Studio hat eine Küche und Schlafplätze für vier Personen. Eine Rezeption gibt es nicht – man bucht über die Website oder www.booking.com und erhält dann Infos über die Schlüsselvergabe.

Province B&B €€
(☎26407008; www.province.lv; Niniera iela 6; EZ/DZ 50/60 €; P 📶) Dieses nette, selleriegrüne Gästehaus zwischen den umliegenden langweiligen Sowjetblocks ist nicht zu übersehen. Die elf Zimmer sind schlicht und makellos sauber und im Erdgeschoss gibt's ein Café. Mit Englisch sieht's etwas mau aus.

★ **Kārlamūiža** HISTORISCHES HOTEL €€
(☎26165298; www.karlamuiza.lv; DZ 45–115 €) Das Gutshaus im Dorf Kārļi, etwa 12 km von ihrer Burg in Cēsis entfernt, diente den Baronen von Sievers als eine Art Landsitz, den sie 1777 kauften. Das Gebäude mit ausgebautem Dachgeschoss liegt mitten in einem Apfelgarten. Die rustikalen Zimmer sind hinsichtlich Qualität und Preis sehr unterschiedlich. Eine Freude ist das dreigängige Abendessen, das im Garten serviert wird und den Preis von 18 € auf jeden Fall wert ist.

Kolonna Hotel Cēsis HOTEL €€
(☎6412 0122; www.hotelkolonna.com; Vienības laukums 1; EZ/DZ 44/59 €; @📶) Hinter der neoklassizistisch anmutenden Fassade verbergen sich Standardzimmer für gehobenere Ansprüche. Das angeschlossene Restaurant serviert erstklassige lettische und europäische Speisen in einer etwas förmlichen Atmosphäre oder draußen im Garten.

Essen

Zu den meisten Unterkünften in Cēsis gehört auch ein gutes Restaurant. Ansonsten hat die Stadt nur wenige interessante Lokale zu bieten. Eine nette Alternative ist ein Picknick auf den Steinstufen zwischen Burgruine und See; die nötigen Utensilien hierfür gibt's im **Maxima-Supermarkt** (Livu laukums; ⏲9–22 Uhr).

Mākslas telpa Mala CAFÉ €
(www.facebook.com/telpamala; Lielā Skolas iela 4; Hauptgerichte 3–4 €; ⏲12–21 Uhr) Das echt herzerwärmende Café in einem alten Holzhaus wartet mit einem schönen Kachelofen auf. Mittags wird recht günstiges Essen geboten, dazu Craft-Bier, lettischer Cidre und Fruchtwein. Nett sind auch die lettischen Rockklassiker, die als Musikuntermalung dienen und die man ja nicht alle Tage hört. Angeschlossen ist ein kleiner Andenken- und Stoffladen.

Vinetas un Allas Kārumlādes CAFÉ €
(Rīgas iela 12; Snacks 3–5 €; ⏲9–19 Uhr) Hier herrscht ein gewisses 70er-Jahre-Flair, verstärkt durch Fototapeten und käufliche Comicfiguren aus Schokolade. Das Zielpublikum scheint vorwiegend aus einheimischen Großmüttern zu bestehen, doch die Heidelbeer-Baisers und die Muffins sowie der Kuchen schmecken sicher auch anderen.

2 Locals CAFÉ €€
(Rīgas iela 24a; Hauptgerichte 7–10 €; ⏲So–Do 9–24, Fr & Sa bis 2 Uhr) Das 2 Locals bietet leckere

ĀRAIŠI

Wasserfestung Āraiši (Āraišu ezerpils; ☎6419 7288; Erw./Stud./Kind 3/1,50/1 €; ⏲April–Okt. tgl. 9–19 Uhr, Nov.–März Mi–So 9–16 Uhr) Auf einem Inselchen mitten im Āraiši-See, etwa 10 km südlich von Cēsis, liegt die Wasserfestung Āraiši. Es handelt sich um die Rekonstruktion einer Siedlung der Lettgaller, eines alten Volksstamms, der im 9. und 10. Jh. in der Region heimisch war. Ein Holzsteg führt übers Wasser zu dem ungewöhnlichen Dorf, das Archäologen 1965 entdeckt haben.

Auf der anderen Seite des Sees erhebt sich die Ruine der **Steinburg Āraiši** (Āraišu mūra pils), die im 14. Jh. von Livländern erbaut und 1577 durch die Truppen von Ivan IV. zerstört wurde. Von der Burg führt ein Pfad zu einer nachgebauten Steinzeitsiedlung mit Riedhütten und Lehmöfen, in denen Fleisch und Fisch gegart wurden. Festung und Schloss sowie die berühmte **Āraiši-Windmühle** (Āraišu vējdzirnavas) aus dem 18. Jh. sind ausgeschildert und über einen 1 km langen Trampelpfad erreichbar, der von der Hauptstraße abzweigt. Alle Gebäude sind Teil des **Museumsparks Āraiši** (Āraišu muzejparks).

Fleisch- und Fischgerichte aus lokalen Zutaten in fachmännischer Zubereitung. Ein Gedicht sind die hausgemachten Desserts!

★**Izsalkušais Jānis** MODERN EUROPÄISCH €€
(☎29262001; www.izsalkusaisjanis.lv; Valmieras iela 1; Hauptgerichte 6–17 €; ⏲12–23 Uhr) Die alte Feuerwache der Stadt hat sich umorientiert und löscht jetzt Hunger und Durst. Mit der kleinen Karte, die es aber in sich hat, wird Cēsis in Sachen kulinarischer Raffinesse auf großstädtisches Niveau gehoben. Tipp: der Salat mit warmer Forelle. Auch das selbst gebackene Brot ist köstlich.

ℹ Praktische Informationen

Zwischen Busbahnhof/Bahnhof und Hauptplatz (Vienības laukums) befinden sich zwei Banken mit Geldautomaten an der Raunas iela.

Touristeninformation (☎6412 1815; www.tourism.cesis.lv; Pils laukums 9; ⏲Mai–Sept. tgl. 10–17 Uhr, Okt.–April Di–So) In der Burg.

ℹ An- & Weiterreise

Die Bahn- und Busstation liegt am Kreisverkehr, der Raunas iela und Raiņa iela verbindet. Täglich von 6.35 bis 21 Uhr verkehren bis zu fünf Züge zwischen Cēsis und Riga (3,50 €, 2 Std.). In der Bahn dürfen Fahrräder mitgenommen werden. Zwischen 6.15 und 22.20 Uhr fahren zwei- bis dreimal stündlich Busse von Cēsis nach Riga, die unterwegs in Līgatne und Sigulda halten. Züge fahren außerdem nach Valmiera (1,55 €, 30 Min.).

Valmiera

Dss nette, aber eher unscheinbare Universitätsstädtchen dient oft als Start- oder Endpunkt von Bootstouren auf der Gauja. Einen Blick lohnt die **Simonskirche** (Svētā Sīmaņa Baznīca; Bruņinieku iela 2); sie geht auf das Jahr 1283 zurück und hat eine schöne Orgel aus dem 19. Jh. Gegen eine kleine Spende darf der Kirchturm bestiegen werden. An derselben Straße liegt die Ruine der **Ordensburg** (Bruņinieku iela 2), die im 13. Jh. vom Livländischen Orden gegründet wurde.

Vor allem ist die Stadt allerdings bekannt für ihr Bier, das man vorher sicher schon irgendwo getrunken hat. In der Brauerei **Valmiermuiža** (☎20264296; www.valmiermuiza.lv; Dzirnavu iela 2; Eintritt 6 €; ⏲tgl. nach Vereinbarung) erfahren die Besucher bei einer der unterhaltsamen Führungen mit netten Guides, wie der Herstellungsprozess vonstatten geht, und bekommen jede Menge Kostproben des Endprodukts. Valmiermuiža liegt gleich nördlich des Zentrums, hinter dem Viestura laukums.

Wer für sein Abenteuer im Nationalpark Gauja ein Kanu, Floß oder Fahrrad mieten möchte, kann dies bei **Eži** (☎6420 7263; www.ezi.lv; Valdemāra iela; ⏲Mo–Sa 9–19, So bis 13 Uhr) tun, einem der größten Spezialisten für Abenteuersport in der Gegend.

Valmiera liegt an derselben Bahnstrecke wie Cēsis und Sigulda. Von Riga (4,20 €, 2½–3 Std.) verkehren hierher mindestens vier Züge pro Tag.

SÜDOSTLETTLAND (LATGALE)

Im Westen ist Lettland ein vom Meer geprägtes Land, aber was findet man, wenn man weiter ins Landesinnere vordringt? Mehr Wasser! Lettlands Südosten, Latgale (Lettgallen), wird von der mächtigen Daugava (Düna) durchschnitten und ist mit hübschen Seen übersät, die sich in den Tiefen dichter, uralter Wälder verstecken. Wer seine Ferien gern abseits von Autos und Menschen in einer Blockhütte verbringt, ist hier genau richtig. In der Frühzeit lettischer Geschichte gelang es den deutschen Ordensrittern nicht, Latgale einzunehmen, sodass die Region einen anderen historischen Weg einschlug als der Rest des Landes. Russische, polnische und jüdische Einflüsse sind hier viel stärker ausgeprägt und die hiesigen Letten sprechen einen sehr eigenen Dialekt, den viele für eine eigene Sprache halten. Mit Hilfe von EU-Geldern streifen die beiden wichtigsten Städte der Region, Daugavpils und Rēzekne, langsam ihr graues sowjetisches Kleid ab und legen ein modernes, weltläufiges Outfit an.

Daugava-Tal

Die gewundene Daugava, auch bekannt als Lettlands „Schicksalsfluss", schlängelt sich durch Latgale, Zemgale, Vidzeme und Riga, um schließlich in die Rigaer Bucht zu münden. Jahrhundertelang war der Fluss Lettlands bedeutendster Verkehrs- und Handelsweg zu den weiter östlich gelegenen Völkern und Reichen. Heute verläuft am nördlichen

Südostlettland (Latgale)

Flussufer eine Bahnlinie bis nach Daugavpils, die zweitgrößte Stadt Lettlands.

Wer Riga Richtung Osten verlässt, hat die Wahl zwischen der neuen Straße E22 oder der erheblich reizvolleren alten Straße A6. Diese führt durch Städte und Dörfer am Fluss, den man die meiste Zeit im Blick hat. Die beiden Straßen vereinen sich hinter Koknese, 95 km südöstlich von Riga.

In Koknese erheben sich beim Zusammenfluss von Daugava und Perse die **Ruinen der Ritterburg Kokenhusen** aus dem 13. Jh. Die von einem schönen Park umgebene Ruine der 1209 von deutschen Kreuzrittern erbauten Festung verlor ihre dramatische Felsenlage, als durch den Bau eines Staudamms der Wasserpegel der Flüsse stieg. Heute wirken die Ruinen, als stünden sie direkt im Fluss – was aber auch ganz hübsch aussieht. Auf der nächsten Landspitze liegt am Fluss der **Schicksalsgarten**, an dem noch gearbeitet wird. Man hofft, dass er sich wie die Milda-Statue in Riga zu einem Symbol Lettlands entwickeln wird. Der von dem bekannten japanischen Landschaftsgärtner und Philosophen Shunmyu Masuno entworfene Garten soll 2018 fertig sein.

Nicht weit hinter Koknese und kurz vor der Abzweigung nach Pļaviņas kann man sich bei der **Liepkalni Maiznīca**, einer Raststätte in schöner Lage am Fluss, mit Landbrot und Gebäck frisch aus dem Backofen eindecken. Außerdem gibt's hier ein gutes Café und ein Geschäft, wo vor Ort von lettischen Handwerkern hergestellte Artikel verkauft werden.

In Jēkabpils, 140 km von Riga, zweigt die A6 Richtung Süden ab und folgt der Daugava nach Daugavpils und Weißrussland. Die E22 führt weiter Richtung Osten nach Rēzekne und Russland. Wer die E22 nimmt, kann vom **Aussichtsturm des Naturreservats Teiči** weite Ausblicke auf den größten Moossumpf des Baltikums genießen.

Daugavpils

102 500 EW.

Lettlands zweitgrößte Stadt ist so klein, dass man von jedem der Aussichtspunkte in der Stadt das umliegende Land und die Daugava (Düna) sehen kann, den Fluss, an dem die Stadt liegt. Das überwiegend russischsprachige Daugavpils (Dünaburg) steht im Ruf eine graue sowjetische Ödnis zu sein – v. a. bei Letten, die noch nie hier waren. Tatsächlich aber verfügt die Stadt über ein recht gut erhaltenes historisches Zentrum und eine mächtige Festung. Diese erinnert an die Zeiten, als Daugavpils eine russische Provinzstadt mit einer florierenden jüdischen Gemeinde war. Heute strahlt die Stadt sogar ein wenig kosmopolitisches Flair aus: Sie erfindet sich neu als wichtiges Zentrum russischer Sprachstudien in der EU. Der berühmteste Sohn der Stadt ist Mark Rothko, der in die USA auswanderte und einer der bedeutendsten amerikanischen Künstler des 20. Jhs. wurde. Das hiesige Zentrum für zeitgenössische Kunst ist eines der besten des Landes und trägt seinen Namen.

Sehenswertes

Vom Restaurant und der Bar im obersten Stock des unansehnlichen Mittelpunkts der Stadt, des Park Hotel Latgola, bieten sich weite Panoramen – ein guter Ausgangspunkt für die Erkundung von Daugavpils.

Zitadelle Dünaburg FESTUNG

(24 Std.) GRATIS Die in den Jahren nach der Unabhängigkeit lange vernachlässigte Zitadelle am Fluss ist umfassend restauriert worden und beherbergt jetzt das ausgezeichnete Mark-Rothko-Kunstzentrum. Die am Vorabend der Napoleonischen Kriege auf Geheiß von Zar Alexander I. erbaute Festung diente bei zwei polnischen Aufständen im 19. Jh. als zaristisches Bollwerk. Außerdem war sie eine beliebte Anlaufstelle, wenn die Zaren den Westen ihres Reiches erkunden wollten.

Zwar präsentiert sich der Bau ziemlich zweckmäßig, aber an den vier nach Angehörigen des russischen Herrscherhauses benannten Toren kann man gotische und ägyptische Motive erkennen. Die Zitadelle selbst überlebte zwei Jahrhunderte voller Krieg und Revolution mehr oder weniger intakt. Eine schöne jesuitische Kirche aus dem 18. Jh. jedoch, die einst in der Mitte der Anlage stand, fiel im Zweiten Weltkrieg einem Bombenangriff zum Opfer. Die Ruinen der Kirche wurden dann von den Sowjets abgetragen und durch hässliche Wohnblocks für Militärangehörige ersetzt. Beim Haupttor erinnert eine Denktafel daran, dass hier der tatarische Dichter Musa Jalil von September bis Oktober 1942 im Nazi-KZ Stalag 340 dahinsiechte. Drinnen markiert ein Denkmal die Stelle, an der der ortsansässige Adlige Leon Plater von Soldaten des Zaren hingerichtet wurde: Er hatte 1863 den polnischen Aufstand in der Gegend angeführt.

Mark-Rothko-Kunstzentrum Daugavpils KUNSTZENTRUM

(www.rothkocenter.com; Mihaila iela 3; Erw./Stud. 8/4 €, halber Preis für am 24. April & 25. Sept. Geborene; Mi–Sa 11–19, Di & So 11–17 Uhr) Die russischen Architekten, die das gewaltige Zeughaus in der Zitadelle Dünaburg erbauten, wären überrascht zu hören, dass ihr Bau einst eine Kunstgalerie beherbergen würde, die den Namen eines nach Amerika geflohen Juden aus der Stadt trägt. Das 2011 eröffnete, ultramoderne Zentrum ist ein echtes Schwergewicht auf der lettischen Kunstszene. Hier finden zahlreiche Wechselausstellungen statt und es sind auch Künstler ansässig.

Die erste Etage ist Mark Rothko gewidmet, dessen surrealistische und abstrakte Werke ihn in Amerika zum Star machten – seine Familie war in die USA emigriert, als er zehn Jahre alt war. Eine interaktive Multimedia-Ausstellung erzählt von seinem Leben und erläutert den historischen Kontext seiner Kindheitsjahre. Danach folgt eine kleine Ausstellung mit Originalwerken aus Rothkos „Multiform"-Serie, die er in seinen späteren Schaffensjahren schuf. Im zweiten Stock finden Ausstellungen zeitgenössischer lettischer Künstler statt.

Kirchberg KIRCHEN

Die kulturelle Vielfalt der Stadt verkörpern die vier Kirchen der wichtigsten christlichen Glaubensgemeinschaften von Daugavpils auf einem kleinen Hügel, der von der 18 Novembra iela durchschnitten wird. Während sich die Lutheraner in der aus Backstein erbauten neogotischen **Martin-Luther-Kirche** versammeln, treffen sich die Katholiken in der **Marienkirche**. Dazu kommen noch die russisch-orthodoxe **Boris-und-Gleb-Kirche** und die **Nowostrojenski-Kirche der Wiederauferstehung, der hl. Jungfrau & des hl. Nikola** der Altgläubigen. Alle außer der Altgläubigenkirche sind für Besucher geöffnet.

Schrotfabrik Daugavpils HISTORISCHE STÄTTE

(27766655; www.dsr.lv; Varšavas ielā 28) Knarren und Kugeln sind nicht jedermanns Sache, aber diese ungewöhnliche Sehenswürdigkeit lohnt einen Besuch wegen der fast ausgestorbenen uralten Technik, die hier eingesetzt wird. Alles dreht sich um die Schwerkraft: Geschmolzenes Blei wird von der Spitze eines alten Backsteinturms herabgegossen. Wenn die Tropfen den Boden erreichen, haben sie sich zu perfekt runden Kugeln verfestigt, die nach Größe sortiert, mit Grafit gemischt und ordentlich in Kisten verpackt werden. Den eigentlichen Herstellungsprozess – der ist nicht ungefährlich und dazu noch ungesund – bekommt man nicht zu sehen, aber für Besucher werden hundert Jahre alte Sortiermaschinen eingeschaltet. Außerdem können sie den Turm erklimmen und mit einem Luftgewehr auf Bierdosen schießen.

Schlafen

Biplan Guest House Aleksandria GÄSTEHAUS €

(27014143; www.biplan.lv/en/guest-house-aleksandria; Stacijas iela 65/67; Zi. ab 35 €) Das Gästehaus in Bahnhofsnähe bietet geräumige

EIN EINSAMER ÜBERLEBENDER

Laut einer Volkszählung von 1897, sechs Jahre bevor Mark Rothko als Sohn eines jüdischen Apothekers geboren wurde, waren 46 % der Einwohner von Daugavpils (das damals Dwinsk hieß) Juden. Somit bildeten sie die größte, wenn auch nicht die mächtigste Bevölkerungsgruppe der Stadt. Es gab jede Menge jüdische Geschäfte sowie kulturelle, religiöse und politische Einrichtungen. Auf den Straßen war Jiddisch öfter zu hören als Russisch, Lettisch oder Polnisch.

Heute gibt es hier nur noch ein paar Hundert Juden. Nur wenige, wenn überhaupt welche, stammen von der ursprünglichen jüdischen Bevölkerung der Stadt ab. Als die Deutschen Daugavpils 1941 einnahmen, trieben sie die 13 000 Juden in ein Getto in einem Außenposten der Rigaer Zitadelle auf der anderen Seite des Flusses. Nach und nach wurden all diese Menschen hingerichtet, verhungerten oder wurden zu Tode geschunden. Nur 100 Insassen überlebten, bis die sowjetische Armee die Stadt zurückeroberte.

Mark Rothko, der im Alter von zehn Jahren aus Daugavpils wegzog, ist somit auch ein Überlebender, der kaum eine Chance gehabt hätte, wäre seine Familie nicht nach Amerika ausgewandert.

Die Familie verließ Lettland 1913 von Liepāja aus, und von da an führte Rothko ein glückliches Leben – zuerst in Portland (Oregon), dann an der Universität Yale und schließlich in New York. Dort erfand er sich als Künstler, der im Verlauf der Jahrzehnte vom figurativen Surrealismus zu bunten einfachen geometrischen Formen wechselte, wie man sie auch im Mark-Rothko-Kunstzentrum in Daugavpils (S. 282) sehen kann. Er starb 1970 in dem Bewusstsein, einen bedeutenden Beitrag zur amerikanischen Kunstgeschichte geleistet zu haben.

Die Synagoge von Daugavpils beherbergt ein kleines Museum zur jüdischen Geschichte der Stadt. Über den mit dem Museum verbundenen Guide Josifs Ročko kann unter der E-Mail-Adresse rochko@inbox.lv ein Besuch des Museums arrangiert werden.

Studio-Apartments, einige mit kleiner Küche und Waschmaschine. Frühstück wird nicht serviert, aber in jedem Zimmer gibt's einen Kühlschrank und eine Mikrowelle. Um die Ecke beginnt die Fußgängerzone der Stadt.

Mark Rothko Art Centre Residence GÄSTEHAUS €€
(☎6543 0278; www.rothkocenter.com; Mihaila iela 3; EZ/DZ 30/40 €) Hier kann man tatsächlich eine Nacht im Museum verbringen. Zwar sind die Zimmer für Künstler gedacht, die im Museum arbeiten, doch manchmal werden die einigermaßen stylischen Räume auch auf www.booking.com angeboten.

Park Hotel Latgola HOTEL €€
(☎6540 4900; www.hotellatgola.lv; Ģimnāzijas iela 46; EZ/DZ ab 50/60 €; @ 📶) Das Herzstück und größte Gebäude der Stadt ist dieser Sowjetkoloss mit modernen (aber überteuerten) Zimmern und einer renovierten Fassade. Super ist die Aussicht aus dem Restaurant mit Bar im obersten Stock.

Villa Ksenija GÄSTEHAUS €€€
(☎20388008; www.villaks.lv; Varšavas iela 17; EZ/DZ ab 58/84 €; P 📶) Das Hotel residiert in einer stattlichen Villa von 1876 und bietet recht opulente, wenn auch nicht gerade zentral gelegene Unterkünfte. Die Zimmer im klassischen Stil der Best-Western-Kette sind komfortabel, aber eher Standard. Schön sind die Gartenlauben, in denen an warmen Tagen das Frühstück kredenzt wird.

Essen & Ausgehen

Gubernators RUSSISCH €
(☎6542 2455; www.gubernators.lv; Lāčplēša iela 10; Hauptgerichte 5–8 €; ⏰11–24 Uhr) Das Kellerrestaurant mit raffinierter Einrichtung und einem Schuss Sowjet-Nostalgie serviert fünf Arten russischer Pelmeni und zahlreiche weitere osteuropäische Klassiker. Dazu gibt's Bier der hauseigenen Marke.

LUNA Café EUROPÄISCH €
(www.luna.menu; Mihoelsa iela 68-1a; Hauptgerichte 2,50–4 €; ⏰8–22 Uhr) Das fröhliche, bunte Café mit Pizzeria wartet mit billigem, aber köstlichem Frühstück und Mittagessen sowie fachkundig gebrühtem Kaffee auf.

★Artilērijas Pagrabi BAR
(www.facebook.com/ArtilerijasPagrabi; Rīgas iela 22; ⏰Mi–So ab 18 Uhr) Die ultimative Bar am Ende

des Universums – des EU-Universums wohlgemerkt. Die lockere Kneipe betrachtet sich selbst als eine Art lettische Kulturbastion im Osten. Sie besticht mit tollem örtlichem Bier und Livemusik von Bands aus Lettland und dem Ausland. Bei Weitem die besten Bar außerhalb von Riga.

Praktische Informationen

Touristeninformation (www.visitdaugavpils.lv; Rīgas iela 22a; ⌚ Mo 10–15, Di–Fr bis 18, Sa bis 17, So bis 16 Uhr) Gut bestückt mit Broschüren zu Aktivitäten im südlichen Latgale.

An- & Weiterreise

Vom **Bahnhof** (☎ 6548 7261; Stacijas iela) fahren vier Züge am Tag nach Riga (3–4 Std., 7 €). Weitere Ziele sind z. B. St. Petersburg in Russland (49 €, tgl., 10 Std.) und Minsk in Weißrussland (43 €, 3-mal wöchentl., 9 Std.).

Vom **Busbahnhof** (☎ 6542 3000; www.buspark.lv; Viestura iela 10) fahren Busse nach Riga (9 €, 3¾ Std., stündl.) und Rēzekne (4 €, 1½–2 Std., 7-mal tgl.) sowie nach Vilnius in Litauen (12 €, 3½ Std., 2-mal tgl.) und Braslaw in Weißrussland (3–6 €, 2¼ Std., 4-mal tgl.).

Rund um Daugavpils

Sventes Muiža

Sventes Muiža GUTSHAUS €€
(☎ 6542 7822; www.sventehotel.lv; Alejas iela 7, Svente; DZ ab 45 €; @📶) Graf Michael Plater-Ziberg, ein Spross der berühmtesten Adelsfamilie Lettgallens, hatte nur zwei Jahre Zeit, um im würdevollen Gutshaus, das er sich 17 km östlich von Daugavpils erbauen ließ, den Frieden zu genießen – dann brach der Erste Weltkrieg aus. Heute steht es Besuchern als recht vornehm wirkendes, aber erschwingliches Landhotel mit renommiertem Restaurant zur Verfügung. Außerdem befindet sich auf dem Anwesen ein Museum mit Fahrzeugen aus dem Zweiten Weltkrieg.

Slutišķi

Das von Altgläubigen bewohnte malerische Dörfchen am Ufer der Daugava diente überraschenderweise als Auslöser der „Dritten Atmoda" (Nationalbewegung) Lettlands, die zur Wiederherstellung der Unabhängigkeit 1991 führte. Ein Zeitungsartikel, in dem der Journalist Dainis Īvans die Pläne der sowjetischen Regierung kritisierte, ein Wasserkraftwerk zu bauen und Slutišķi zu überfluten, erzeugte einen öffentlichen Aufschrei und machte den Verfasser des Artikels sofort zum Helden. Bald darauf wurde er Leiter der Lettischen Volksfront, die schließlich die Unabhängigkeit herbeiführte. Inzwischen ist einer der Dorfbauernhöfe in ein hübsches **ethnografisches Museum** zu den Altgläubigen umgewandelt worden. Zur Zeit der Recherche wurde es gerade umfassend saniert, sollte aber inzwischen wieder geöffnet sein. Slutišķi ist vom **Naturpark Daugavas Loki** umgeben, der einen besonders schönen Abschnitt der sich anmutig windenden Daugava schützt. Am Flussufer findet sich ein ausgewiesener Picknickplatz mit Grillstellen, Schaukeln für die Kinder und ein paar Spazierpfaden. Slutišķi liegt beim Dorf Markova, 35 km von Daugavpils an der Straße nach Krāslava. Die Abzweigung ist gut ausgeschildert. Wer mit dem Bus anreist, muss im 2,5 km entfernten Židino aussteigen.

Krāslava

Das verschlafene Krāslava nur 6 km nördlich von Weißrussland ist eine malerische Ortschaft mit Holzhäusern in den grünen Hügeln an der Daugava. Krāslava war eine Domäne der polnischen Familie Plater und schon immer ein interessanter kultureller Schmelztiegel. Sein Wappen zieren fünf Ruder. Diese stehen für die fünf ethnischen Gemeinschaften im Ort: Polen, Letten, Weißrussen, Russen und Juden. Die größte Gruppe war die der Juden, doch so gut wie alle wurden im Holocaust ermordet.

Das erhöht gelegene **Schloss Plater** ist leider für Besucher geschlossen, doch hier oben befinden sich auch das kleine **Stadtmuseum** und die hervorragende **Touristeninformation**. In einem kleinen Geschäft werden örtliche Erzeugnisse wie *kvass*, ein Roggenbrotgetränk, verkauft. Hier kann man sich auch nach Kunsthandwerks-Workshops erkundigen. Die **Töpferei** (☎ 29128695; valdispaulins@inbox.lv; Dūmu iela 8; ⌚ 9–19.30 Uhr) von Valdis Paulins bietet eine Einführung ins traditionelle lettgallische Töpferhandwerk.

Auf einem anderen Hügel thront die weißgetünchte katholische **Ludwigskirche** mit den Überresten des hl. Donatus, den meistverehrten Reliquien des Orts.

Wer gerne reitet, kann das im **Reitstall Klajumi** (☎ 29472638; www.klajumi.lv; 2-/4-/7-Tages-Touren 105/270/515 €, 1-stündiger Ausritt für 1/2 Pers. 25/30 €) tun. Er liegt 11 km südwestlich von Krāslava nahe Kaplava. Ilze, die

Eigentümerin, kommt aus einer Familie, die seit vielen Generationen Pferde züchtet. Sie bietet unterschiedlichste Aktivitäten an: von mehrtägigen Ausritten bis zu kurzen Runden am Nachmittag. Das charmante Gästehaus (ab 50 €) sieht aus wie ein Lebkuchenhäuschen und bietet eine Sauna (die gleichzeitig eine Dusche ist), eine Kochnische und einen erhöhten Schlafraum mit TV. Die Toilette befindet sich in einem separaten Klohäuschen.

Krāslava liegt an der Straße von Daugavpils nach Wizebsk in Weißrussland. Nach Daugavpils fahren alle zwei Stunden Busse (2,35 €, 1¼ Std.). Dreimal täglich gibt es einen Bus nach Aglona (2–4 €, 1 Std.).

Dridži-See

Für jeden See in Lettland scheint es einen Superlativ zu geben, und dieser ist „der tiefste". An den anmutig geformten, länglichen See 25 km nordöstlich von Krāslava schmiegt sich eine nette Ferienanlage, zu erreichen über die Straße P161 Richtung Dagda. **Dridži** (☎29441221; www.dridzi.lv; Zelt 7 €, Wohnmobil 10 €, DZ 30 €, Haus für 6 Pers. 80 €) ist ein Familienparadies mit Volleyballnetzen, Schleppschiffen, Flößen und einem malerischen Hügel mit mehreren kleinen Holzpavillons. Jedes der Häuschen hat eine komplett ausgestattete Küche. Die Anlage ist ganzjährig geöffnet.

Aglona

So unglaublich es klingen mag, das winzige Aglona gehört zu den meistbesuchten Städten Lettlands. Das merkt man aber nur an ein paar Tagen um den 15. August herum, denn dann strömen Hunderttausende katholische Pilger in den Ort, um hier den Himmelfahrtstag zu feiern.

Vor über 300 Jahren entdeckte eine Gruppe dominikanischer Wandermönche in einem Fichtenwäldchen eine Heilquelle (Aglona ist ein altes Dialektwort für „Fichte"). Obwohl die Schwefelquelle bereits 100 Jahre später ihre Kraft verloren hatte, gilt das Quellwasser auch heute noch als heilig und wird bei Zeremonien verwendet.

Die heutige weißgetünchte Basilika mit ihren zwei Türmen erhebt sich auf einer weiten Grasfläche, die 1993 für den Besuch von Papst Johannes Paul II. angelegt wurde, der gekommen war, um der Kirche den Titel „Basilica Minoris" (kleine Basilika) zu verleihen. Einer ihrer zehn Altäre birgt eine

ABSEITS DER ÜBLICHEN PFADE

AUF HEIMISCHEM BODEN

Die Letten hängen in viel stärkerem Maße an ihrem Land als die meisten anderen Europäer. Und zwar nicht an irgendwelchem Land, sondern an den Höfen ihrer Eltern. Ganz viele Städter haben noch Leute in der Verwandtschaft, die einen Bauernhof betreiben, zu dem oft Obstgärten, ein großes Stück Wald und ein See gehören. Den Sommer mit ihren Großeltern, Tanten und Onkeln auf dem Land zu verbringen gehört zum Leben der allermeisten Letten einfach dazu.

Dies erklärt sich daraus, dass die größeren und kleineren Städte jahrhundertelang unter der Herrschaft von Fremden standen, Deutschen, Russen oder Schweden. Der massenhafte Zuzug der Letten in die Städte begann erst im 19. Jh.

Einen Eindruck vom traditionellen Leben auf dem Land vermittelt das **Bauernhofmuseum Andrupene** (laukuseta@inbox.lv; Skolas 5, Andrupene) auf einem seit den 1920er-Jahren unveränderten Hof. Damals erhielten viele Letten im Zuge der Landreform große Stücke Land. Das Museum besteht aus sechs Holzgebäuden, u. a. dem Bauernhaus, einem Kornspeicher und einem Dampfbad. Wer ein traditionelles lettgallisches Abendessen mit köstlichem vor Ort gebackenem Brot probieren möchte, muss sich vorher anmelden.

Das Dorf Andrupene liegt 30 km östlich von Aglona bei Dadga. Um hierher zu gelangen, braucht man schon ein Auto oder Fahrrad, doch halten hier auch zwei- oder dreimal am Tag zwischen Rēzekne (2,40 €, 1 Std.) und Dagda (1 €, 20 Min.) verkehrende Busse.

Das Bauernhofmuseum Andrupene ist Teil der Initiative „Kulinarisches Erbe Lettgallens". Ein Verzeichnis mit Höfen, die alte Rezepte bewahren und Besucher empfangen, ist auf www.kulinaraismantojums.lv zu finden. Auch die Touristeninformationen in Krāslava und Aglona können mit Tipps weiterhelfen.

wundertätige Ikone der Jungfrau Maria, die Aglona 1708 vor der Pest gerettet haben soll. Gottesdienst wird wochentags um 7 und 19 Uhr gefeiert und sonntags um 10, 12 und 19 Uhr. Der Rosenkranz wird wochentags um 12 und sonntags um 9.30 Uhr gebetet.

Das **Brotmuseum** (Aglonas maizes muzejs; ☎29287044; Daugavpils iela 7; ⌚Mo–Sa 9–18 Uhr) informiert über Geschichte und Tradition des lettgallischen Schwarzbrots. Für die Verständigung ist es ratsam, vorher telefonisch um einen Dolmetscher für die einstündige Vorführung zu bitten. Auch wer nicht so viel Zeit hat, sollte sich das frisch gebackene Brot nicht entgehen lassen. Durch ein kleines Fenster kann man den Bäckern bei der Arbeit zusehen.

Über dem Brotmuseum gibt es eine kleine **Pension** (☎29287044; Daugavpils iela 7) mit mehreren hübschen, pastellfarbenen Zimmern. Einen Block weiter am Cirišs-See steht eine zweite passable Unterkunft namens **Aglonas Cakuli** (☎6537 5465; http://aglonascakuli.lv; Ezera iela 4; DZ mit/ohne Bad ab 36/24 €). Einen guten Kilometer südlich der Basilika stehen an einer Landspitze mit zauberhaftem Ausblick auf den Ciriša-Stausee die Holzhäuschen von **Aglonas Alpi** (☎29194362; aglonasalpi.lv; EZ/DZ 23/42 €). Alle Gästehäuser bieten auch Verpflegung – in erschreckend großen Portionen!

Etwa 10 km südlich von Aglona liegt der **Čertoks ezers** (Teufelssee). Seit Jahrhunderten erzählt man sich hier die Legende von einem niederträchtigen Dämon, der in den Tiefen des stillen Wassers hausen soll. In der Nähe des Sees spielen Kompassnadeln und empfindliche Geräte verrückt. Wissenschaftler vermuten, dass auf dem Grund ein magnetischer Meteor liegen könnte. Erreichbar ist der See über die P62 in Richtung Krāslava. Ausgeschildert ist er allerdings nicht (um einer Besucherschwemme vorzubeugen). Die freundlichen Mitarbeiter der **Touristeninformation** (☎29118597; www.en.aglona.travel; Daugavpils iela 1; ⌚Mo–Fr 8.30–17 Uhr) können aber den Weg beschreiben. Die **Bücherei** (Daugavpils iela 37; ⌚Mo–Fr 10–18, Sa bis 15 Uhr; 📶) hat kostenlosen Internet- und WLAN-Zugang.

ℹ Anreise & Unterwegs vor Ort

Aglona liegt 9 km abseits der Hauptstraße zwischen Daugavpils und Rēzekne (A13). Es fahren zwei Busse täglich nach Daugavpils (3 €, 1½ Std.) sowie drei nach Krāslava (2–4 €, 1 Std.). Nach Rēzekne und Riga muss man in Preiļi (1,50 €, 30 Min., 6-mal tgl.) umsteigen.

Rēzekne

34 500 EW.

Rēzekne (Rositten) breitet sich in einem riesigen Durcheinander verfallener Fabrikgebäude und gewöhnlicher Wohnblocks aus. Die Stadt ist im Zweiten Weltkrieg so stark beschädigt worden, dass kaum eines der historischen Gebäude erhalten blieb. Heute ist hier so gut wie nichts von touristischem Interesse (nicht einmal die Burgruine ist sonderlich eindrucksvoll). Doch gute Bus- und Bahnverbindungen machen die Stadt zu einem günstigen Ausgangspunkt für die Erkundung der Seenlandschaft im Süden.

Die Hauptstraße Atbrīvošanas alejā führt vom Bahnhof Rēzekne II (im Norden) zum Busbahnhof (im Süden) und überquert dabei den zentralen Platz. Auf diesem Platz steht das Befreiungsdenkmal **Māra**, eine Statue, die in den 1940er-Jahren von den Sowjets zweimal zerstört und erst 1992 wieder aufgestellt wurde. Ihre Inschrift „Vienoti Latvijai" bedeutet „Vereintes Lettland".

Weiter die Straße entlang befinden sich auf einer kleinen Anhöhe die unscheinbaren Überreste der **Burg** und in der Nähe die tolle Touristeninformation mit jeder Menge Informationen zu den Seen um die Stadt herum.

Auf der anderen Seite der Atbrīvošanas alejā steht ein Neuling in der Skyline der Stadt: das große Kulturzentrum **Gors** (http://latgalesgors.lv; Pils iela 4), das sich als „Botschaft Latgales" verkauft. Fast jeden Tag finden hier Konzerte, Filmvorführungen, Dichterlesungen usw. statt.

Ein Stück weiter auf der Atbrīvošanas alejā geht's zur **Latgales iela**, der ältesten Straße der Stadt. Sie ist gesäumt von Dutzenden hübschen Ziegelbauten, die vor mehreren Hundert Jahren wohlhabende jüdische Kaufleute errichten ließen.

🛏 Schlafen & Essen

Kolonna HOTEL €€
(☎6460 7820; www.hotelkolonna.com; Brīvības iela 2; Zi. ab 60 €) Dieses Kettenhotel bietet in einem stattlichen Art-déco-Gebäude im Herz der Stadt komfortable, aber schmucklose Zimmer. Im angeschlossenen Restaurant Rozalija werden europäische Klassiker sowie lettgallische Spezialitäten serviert.

Pub Art Salon Mōls LETTGALLISCH €
(Latgale iela 22/24; Hauptgerichte 5–8 €; ⌚10–22 Uhr) Das kleine Restaurant im rustikalen Stil teilt sich sein Gemäuer mit einer Kunst-

galerie. Es wartet mit fleischlastiger, hochkalorischer lettgallischer Kost auf. Der Service lässt hier und da zu wünschen übrig und die Zubereitung der Speisen kann eine Weile in Anspruch nehmen, aber nach ein paar Gläschen des lettgallischen Schnapses *šmakouvka* ist einem eh alles egal.

Ausmeņa Kebabs ORIENTALISCH €
(www.ausmena.lv; Rancāna iela 41; Hauptgerichte 2,50–4 €; ⌚11–22 Uhr) Wie sich ein Dönerladen in eine leicht nationalistisch angehauchte örtliche Institution und Trinkstube für Künstlertypen entwickeln konnte, ist schwer zu erklären. Den Döner gibt's jedenfalls zum Mitnehmen oder auf dem Teller mit Pommes Frites.

ℹ An- & Weiterreise

Vom **Busbahnhof** (Latgales iela 17) verkehren Busse u. a. nach Daugavpils (4 €, 1¾–2¼ Std., 4-mal tgl.), Ludza (1,70 €, 30–60 Min., 3- bis 5-mal tgl.) und Riga (10 €, 4–4½ Std., 7-mal tgl.).

Am **Bahnhof Rēzekne II** (Stacijas iela) verkehrt täglich ein Zug auf den Strecken Riga–St. Petersburg und Riga–Moskau. Insgesamt fahren jeden Tag sechs Züge von/nach Riga (7 €, 3–3¾ Std.).

Rund um Rēzekne

Rāzna-See und Umgebung

Der Rāzna-See – volumenmäßig der größte Lettlands – nicht weit von Rēzekne ist ein Sinnbild für stille Schönheit. Der ihn umgebende **Nationalpark Rāzna** schützt rund 600 km² Seenlandschaft. Die Fischerdörfer am See wurden von russischen Altgläubigen gegründet, die ihnen auch ihre slawischen Namen gaben. Das **Informationszentrum** des Parks befindet sich in Lipuški am Südufer.

An der Čornaja-Bucht am Nordufer des Sees, 15 km von Rēzekne, ist **Buruguru** (☎298 33890; http://buruguru.lv; Dukstigala bay, Čornaja; Segeltrips für bis zu 12 Pers. 300 €, Unterkunft 100 € pro Nacht) ansässig – so nennt Kapitän Andris Strutskis seine kleine Firma, die aus ihm selbst und seinem ozeangängigen Segelboot besteht. Wer nicht mit mehreren Leuten unterwegs ist, sollte sich vorher erkundigen, ob er sich mit anderen Reisenden für die Segeltour zu einer Gruppe zusammentun kann. Das Schiff ist auch als romantisches schwimmendes Hotel zu buchen, das kommt erheblich günstiger als ein Segeltörn.

Die an der Bucht gelegene **Ferienanlage Ezerkrasti** (☎26411207; www.raznasezerkrasti.lv; Dukstigals, Čornajas pagasts; Zi. 30 €) bietet auf einer sattgrünen Anlage charmante Holzhütten, Volleyballfelder, Paddelboote, einen Badesee, ein Hallenbad und eine Sauna.

Auf der anderen Seite des Sees liegt an der P56 **Rāznas Gulbis** (☎29994444; www.razna.lv; DZ ab 70 €), eine weitläufige Ferienanlage mit Paddelbooten, Restaurant und einem kleinen, im See abgeteilten „Aquarium". Beliebt ist auch die **Būrviga Rāzna** (☎27876016; Škrabi, Mākoņkalna pagasts; Zi. ab 25 €) mit Zimmern, die wie bei Oma zu Hause eingerichtet sind – nur befinden sie sich in Wohnwagen.

Lubāns-See

Lettlands größter See ist sehr seicht und von einem Schilfgürtel sowie einem dunklen Tannenwald umgeben. Rund 180 Vogelarten, darunter Schwäne und Adler, nisten hier. Beobachten kann man diese von sechs Aussichtstürmen aus.

Informationen bietet **Bāka** (Leuchtturm; baka.rezeknesnovads.lv), eine frühere Pumpstation, die in ein Wassersportzentrum umgebaut wurde. Hier kann man windsurfen und Ruder- und Motorboote leihen. Wer eine Nacht in absoluter Einsamkeit inmitten eines Meeres aus Schilf verbringen möchte: Hier gibt's ein Zimmer für zwei Personen (30 € pro Nacht) sowie ein weiteres für vier Personen (40 € pro Nacht).

Zvejnieki (☎29165392, 28301143; www.zvejnieki.lv; Īdeņa, Nagļi pagasts; B ab 8 €) im nahen Fischerdorf Īdeņa hat Betten in auf dem Gelände verstreuten Holzhäusern. Wer möchte, kann auch ein ganzes Häuschen für bis zu acht Personen mieten; der Preis ist Verhandlungssache. Herzhaftes lettgallisches Essen sowie verschiedene Aktivitäten wie Angeln und Vogelbeobachtung können arrangiert werden, das sollte aber im Voraus abgeklärt werden.

Ludza

15 000 EW.

Das Kleinstädtchen Ludza nahe der russischen Grenze wurde 1177 gegründet und ist damit die älteste Stadt Lettlands. An zwei Seen gelegen (dem kleinen und dem großen Ludza-See) entwickelte sich der Ort als Handelsposten rund um das **Schloss Ludza**, das die deutschen Kreuzritter 1399 errichteten, um die Ostgrenze des Livländischen

Ordens zu schützen. Bereits seit 1775 ist das Schloss verfallen und die Mixtur aus bröckelnden Ziegeln und grauem Felsen wirkt unheimlich und schön zugleich. Die Ruine ist ein erstklassiges Plätzchen für ein Picknick mit Blick auf die Kirchtürme und Bäche am Fuß des Hügels.

Das **Kunsthandwerkszentrum Ludza** (☎29467925; www.ludzasamatnieki.lv; Tālavijas iela 27a; ⏲Di–Sa 9–17 Uhr) bietet ein ausgezeichnetes Sortiment an örtlichen Handarbeiten. Zum Zentrum gehören drei Werkräume, in denen die Künstler ihre Arbeit perfektionieren. Wer sich vorab telefonisch anmeldet, kann die althergebrachten Techniken des Spinnens, Töpferns und Nähens auch selbst ausprobieren. Neben historischem Werkzeug gibt es hier auch eine lettgallische Tracht, die für Fotos anprobiert werden darf.

ℹ Anreise & Unterwegs vor Ort

Ludza liegt 26 km östlich von Rēzekne an der A12 nach Russland. Zwischen Ludza und Rēzekne (1,70 €, 30 Min.) verkehren drei bis fünf Busse am Tag, von denen zwei bis nach Daugavpils (5 €, 3 Std.) fahren.

LETTLAND VERSTEHEN

Lettland aktuell

Die Menschen, die geboren wurden, nachdem das Lenin-Denkmal in der Hauptstraße von Riga abgerissen wurde, sind jetzt Mitte zwanzig – für sie und den überwiegenden Teil der Bevölkerung ist die sowjetische Vergangenheit so weit entfernt, dass sie praktisch keine Rolle mehr spielt. In dem Vierteljahrhundert seit der Erlangung der Unabhängigkeit hat sich Lettland von seinen östlichen Nachbarn weit wegentwickelt, sowohl mental als auch politisch. Heute ist das Land ein Mitglied der EU und der Nato sowie eine funktionierende Demokratie mit in Russland und Weißrussland undenkbaren rechtsstaatlichen Regeln.

Der lettische Lebensstandard ist mindestens genauso hoch wie der der Nachbarn, obwohl das Land nicht über Bodenschätze oder Industrie wie Russland verfügt. Die schiere Zahl an Restaurants, Cafés, Geschäften und Unternehmen, die alle möglichen Dienstleistungen anbieten, lassen das Land schon in einer ganz anderen Liga spielen. Auch Lettlands kultureller Puls schlägt schnell – die Zahl der Leute, die man in den angesagten Bars von Riga unweigerlich kennenlernt und die beruflich mit Kunst, Design und Philosophie zu tun haben, ist wirklich überwältigend. Am auffallendsten ist vielleicht das Niveau des Naturschutzes: Das ganze Land wirkt wie ein einziger riesiger Nationalpark mit ursprünglichen Wäldern, Stränden und Seen.

Jedoch ist Lettland nach wie vor entlang ethnischer Grenzen geteilt. Nach dem Zusammenbruch der UdSSR wurde rund 700 000 Einwohnern des Landes (rund einem Drittel), vorwiegend russischer Abstammung, die Staatsbürgerschaft verweigert. Sie genossen im Grunde dieselben Rechte wie die Letten, durften aber nicht wählen. Heute besitzen nach einem schwierigen Prozess der Einbürgerung nur noch 12,5 % der Bevölkerung keinen lettischen Pass. Doch die ethnische Identität ist immer noch wichtig, da lettische Parteien die Regierung bilden und die russische Partei immer in der Opposition verharrt.

Die beiden Gemeinschaften leben ziemlich getrennt voneinander, doch über leichte Wortgefechte reichen die Spannungen nicht hinaus. Riga, wo gleich viele Letten wie Russen leben, macht den harmonischsten Eindruck. Die meisten Leute sprechen beide Sprachen und der Bürgermeister ist Russe. Die kulturelle Elite des Landes leistet viel gute Arbeit, um die ethnische Kluft zu überwinden.

Geschichte

Die Anfänge

Die frühesten menschlichen Spuren in der Region stammen aus der Steinzeit. Die Letten sind jedoch Nachkommen von Siedlerstämmen aus Weißrussland, die sich um 2000 v. Chr. als Fischer an den baltischen Küsten niederließen. Sie profitierten von den reichen Bernsteinvorkommen, denn bis ins Mittelalter hinein war dieser „Stein" vielerorts wertvoller als Gold.

Es entwickelten sich vier baltische Hauptstämme: die Selen, die Letten (oder Lettgaller), die Semgaller und die Kuren. Die letzten drei waren namensgebend für drei der vier Hauptregionen Lettlands: Latgale, Zemgale und Kurzeme. Die vierte Region, Vidzeme (Livland), erhielt ihren Namen von den Liven, einem finno-ugrischen – nicht mit den Balten verwandten – Volk.

In den folgenden Jahrhunderten unter fremder Herrschaft verschmolzen diese Stämme und entwickelten eine gemeinsame Identität als Letten. Bis sie deutsche Ordensritter im 13. Jh. mit Schwert und Feuer zum Christentum bekehrten, waren sie Heiden. Aber heidnische Traditionen sind auch heute noch vorzufinden – so wird etwa die Sommersonnenwende als wichtigster Feiertag des Landes gefeiert.

Christentum

Die ersten Missionare kamen 1190 nach Lettland und versuchten, die heidnische Bevölkerung zu bekehren. Doch das war ein mühsames Geschäft: Kaum waren die Missionare wieder fort, sprangen die frisch gebackenen Christen in den Fluss, um das Taufwasser abzuwaschen. In späteren Jahren kamen weitere Missionare und immer mehr Letten nahmen den christlichen Glauben an – um sich anschließend wieder davon loszusagen.

1201 eroberten deutsche Kreuzfahrer auf Anweisung des Papstes Lettland und gründeten Riga. Angeführt wurden sie von Bischof Albert von Buxhoeveden bei Bremen, der den Schwertbrüderorden gründete und Riga zu seiner Basis für die Christianisierung Lettlands machte. Den Kreuzfahrern folgten Siedler aus Norddeutschland. In der ersten Epoche deutscher Herrschaft war Riga eine der wichtigsten Städte im Ostseeraum – Drehscheibe für den Handel zwischen Russland und dem Westen und seit 1282 auch Hansestadt. Pelze, Häute, Honig und Wachs zählten zu den Produkten, die aus Russland über Riga in den Westen gelangten. Die ursprünglichen Bewohner des Baltikums wurden politisch an den Rand gedrängt und sozial ausgegrenzt.

Zwischen 1253 und 1420 kam es immer wieder zu Machtkämpfen zwischen der Kirche, den Rittern und den Stadtvätern. Rigas Bischof, der 1252 zum Erzbischof ernannt wurde, war in den deutsch besetzten Gebieten der Landesfürst und regierte einen Großteil von Livland und Estland indirekt durch seine Bischöfe. Die Kirche lag ständig im Kampf mit den Rittern, die den Rest von Livland und Estland kontrollierten, und mit den deutschen Kaufleuten und Stadtverwaltungen, die sich in dieser Zeit eine gewisse Unabhängigkeit bewahren konnten.

Schweden, Polen & Russland

Das 15., 16. und 17. Jh. war geprägt von Kämpfen und Streit um die Aufteilung des Territoriums des heutigen Lettlands. Es lag genau im Schnittpunkt mehrerer aufstrebender Königreiche, die das Gebiet strategisch nutzen wollten. Zu jener Zeit verbreiteten sich die Thesen von Martin Luther und die Ideale des evangelischen Glaubens auch nach Osten. Riga wurde schnell zu einem Zentrum der Reformation und die füh-

AUF DEM WEG IN EINE GRÜNE ZUKUNFT

In den letzten 20 Jahren hat sich, was den Umweltschutz betrifft, in Lettland einiges bewegt. Finanziell begünstigt wurde diese Entwicklung durch Steuerreformen sowie durch private und EU-Finanzspritzen. Nach der Unabhängigkeit machte sich das Land sofort an die Behebung der Umweltschäden aus der Sowjetzeit. Seit 1990 wurde die Belastung durch die Industrie um 46 %, und die durch Abwässer um 44 % reduziert. Über 1300 Klärwerke sorgen heute für eine gute Wasserqualität im Land; die Flüsse Daugava und Lielupe gelten deshalb wieder als „gute Karpfengewässer". Auch die Verwendung von Pestiziden und chemischen Düngemitteln, die während der Sowjetherrschaft sehr verbreitet waren, wird nun stärker kontrolliert. Rund 200 Höfe mit über 2750 ha Ackerland verzichten ganz auf Kunstdünger, wodurch die Belastung der Luft entscheidend reduziert werden konnte.

Dank dieser Fortschritte hat das Wasser an der lettischen Ostseeküste und an der Rigaer Bucht wieder zunehmend Badequalität. An den Stränden von Jūrmala, Ventspils und Liepāja weht sogar die blaue Flagge (und für das europäische Gütesiegel für Badestrände müssen strenge Kriterien erfüllt werden).

2002 wurde die Lettische Strategie zur nachhaltigen Entwicklung verabschiedet, ein breit angelegtes Konzept, das ökologische, gesellschaftliche und wirtschaftliche Bemühungen kombiniert, um die Zukunft des Landes zu sichern.

Nähere Informationen zu Umweltfragen und gezielten Plänen sind der Internetseite des Lettischen Umweltministeriums (www.vidm.gov.lv) zu entnehmen.

renden Kaufleute schlossen sich dieser Lehre an. Die engagierten religiösen Bewegungen führten zur Entwicklung einer lettischen Schriftsprache.

Westlettland gewann an Einfluss unter dem Herzogtum Kurland – einem halbautonomen Reich, regiert vom Herzog Kettler, der auch in Gambia und auf Tobago verstreute Kolonien gründete. Gleichzeitig wurde der Südosten des Landes von Polen aus erobert und Riga sowie der Nordosten von den Schweden. Ende der 1620er-Jahre fielen die Russen ein und rissen im Zuge des Großen Nordischen Krieges (1700–1721) das gesamte Gebiet an sich.

Nationalbewegung

Eine gemeinsame, nationale Identität entwickelte sich im 17. Jh., als die bäuerlichen Nachkommen der ursprünglichen Stämme einen Zusammenschluss mit dem Namen „Lettland" bildeten. Mitte des 19. Jhs. wurde diese Identität durch das Erscheinen von lettischsprachigen Zeitungen und das erste Sängerfest gestärkt. Die Bauern versammelten sich in den Städten, um ihre Gleichberechtigung zu fordern. Politische Parteien wurden gegründet und organisierten Arbeiterstreiks, um die verbliebene deutsche Aristokratie aus dem Land zu verdrängen. Demokratische Führungskräfte bezeichneten diesen Freiheitskampf später als „Lettische Revolution".

Erste Unabhängigkeit

Aus den Wirren nach dem Ersten Weltkrieg ging ein unabhängiger, lettischer Staat hervor, der am 18. November 1918 ausgerufen wurde. In den 1930er-Jahren hatte Lettland einen der höchsten Lebensstandards in Europa erreicht. 1934 setzte ein unblutig verlaufender Putsch, angeführt von Lettlands erstem Präsidenten, Kārlis Ulmanis, der parlamentarischen Regierung ein Ende.

Die Sowjets waren die Ersten, die Lettlands Unabhängigkeit anerkannten. Doch schon 1939 wurde der deutsch-sowjetische Nichtangriffspakt (auch Hitler-Stalin- oder Molotow-Ribbentrop-Pakt) geschlossen und die Sowjets fielen in Lettland ein. Es folgten Nationalisierung, Morde und Massendeportationen nach Sibirien. 1941 bis 1945 war Lettland ganz oder teilweise von Nazideutschland besetzt. Schätzungen zufolge wurden 175 000 Letten – größtenteils Juden – getötet oder deportiert.

Sowjetische Herrschaft

Nach Ende des Zweiten Weltkriegs marschierten die Sowjets wieder ein – nach eigenen Angaben, um das Land vor den Nazis zu „retten". Lettland musste sich der kommunistischen Ideologie beugen und es folgte eine weitere Welle von Deportationen. Qualmende Fabriken schossen aus dem Boden und das ganze Land arbeitete wie ein Ameisenstaat. Jede Individualität wurde unterdrückt. Die schönen Landsitze und kosmopolitischen Stadthäuser wurden „verstaatlicht" und die Menschen in triste Wohnblocks gesteckt.

Zum ersten öffentlichen Protest gegen die sowjetische Besatzung kam es am 14. Juni 1987, als sich 5000 Menschen am Freiheitsdenkmal in Riga versammelten, um der 1941 nach Sibirien deportierten Landsleute zu gedenken. Im Sommer 1988 erschienen neue politische Organisationen auf der Bildfläche, von denen die Lettische Volksfront (PLF) bald die Führung übernahm. Knapp zwei Monate später, am 23. August 1989, bildeten 2 Mio. Letten, Litauer und Esten eine 650 km lange Menschenkette von Vilnius durch Riga bis Tallinn, um damit an den 50. Jahrestag des Hitler-Stalin-Paktes zu erinnern.

Der Weg in die Zukunft

Nachdem in Russland die demokratischen Kräfte unter Boris Jelzin aus dem Moskauer Putschversuch als Sieger hervorgegangen waren, konnte sich Lettland loslösen. Am 21. August 1991 erklärte es seine Unabhängigkeit. Bereits am 17. September 1991 trat es – zusammen mit Estland und Litauen – der UNO bei und begann so, die neu gewonnene Unabhängigkeit zu festigen. Aus den ersten demokratischen Wahlen 1993 ging Guntis Ulmanis (ein Nachfahre von Kārlis Ulmanis) als Staatspräsident hervor. Seine neue Regierung stolperte von einer Krise in die nächste. Nach dem Zusammenbruch der größten lettischen Handelsbank folgte ein Premierministerwechsel nach dem anderen.

Vaira Viķe-Freiberga – eine gebürtige Lettin, die fast ihr ganzes Leben in Kanada verbracht hatte – gewann die Präsidentschaftswahlen 1999 mit dem Versprechen, Lettland an die EU-Mitgliedschaft heranzuführen. Es war keine leichte Aufgabe, die antiquierten Sowjetfesseln abzuschütteln, doch am 1. Mai 2004 öffnete die EU der jungen Nation ihre

Pforten. Von 2004 bis 2007 verzeichnete das ehemalige baltische Schlusslicht (und einst das ärmste Land der EU) das höchste Wachstum der Union – obwohl zugleich Tausende von Letten ihre Heimat verließen, um in Irland und anderen Ländern Arbeit zu finden.

Wie sich jedoch herausstellen sollte, war ein Großteil der modernen lettischen Wirtschaft ähnlich stabil wie ein Kartenhaus und so geriet die Binnenwirtschaft ins Straucheln, als im Zuge der Wirtschaftskrise Ende 2008/Anfang 2009 zu viel Geld ausgegeben und geliehen wurde. In den folgenden Jahren war man dann damit beschäftigt, die Folgen des wirtschaftlichen Zusammenbruchs zu beseitigen. Die Ukraine- Krise hatte einen starken Einfluss auf die lettischen Wähler: Die Nationalisten legten zu, während die sozialdemokratische Saskana bei den Parlamentswahlen im Herbst 2014 einige Sitze verlor.

2015 wurde dann Raimonds Vējonis zum neuen lettischen Präsidenten gewählt. Sein lettischer Vater war russischer Offizier, seine Mutter ist Russin; er vertritt die Grünen und bezeichnet sich auf Facebook als „Heide". Er gilt als Kompromiss, mit dem alle Parteien leben können.

Bevölkerung

Zwanglose Begrüßungen sind auf den Straßen selten zu hören, dennoch sind die Letten ein nettes und gastfreundliches Volk. Ihre Kultur mag auf Außenstehende etwas verschlossen wirken, aber dieser Zurückhaltung – vermutlich die Folge jahrhundertelanger Fremdherrschaft – ist es zu verdanken, dass Lettland seine Sprache und Kultur bis heute bewahren konnte. Aber nach und nach öffnet sich das Land und seine Furcht gegenüber Fremden verschwindet allmählich. Die lettischen Bürger sind sich ihrer Freiheit bewusst und die jüngere Generation wächst sehr viel weltoffener auf (größtenteils dreisprachig: Lettisch, Russisch und Englisch).

Die traditionelle Rolle der lettischen Frau beinhaltete neben Heim und Herd die Weitergabe überlieferter Lieder, Rezepte, Legenden und Geschichten. Die Männer waren – gestärkt von den gut gehüteten Bräuchen – für die Verteidigung des Landes zuständig. Frauen spielen unverändert eine zentrale Rolle in der Familie, besetzen aber zudem führende Posten in Wirtschaft und Politik – auch wenn die Gleichberechtigung noch nicht ganz erreicht ist. Über 41 % aller Geschäftsführer sind Frauen und Lettlands bekannteste Persönlichkeit als Regierungschef war Präsidentin Vaira Vīķe-Freiberga.

Das lettische Volk ist sehr naturverbunden und pflegt seine heidnischen Traditionen auch im Alltag, obwohl es der evangelischen Kirche angehört (die russischstämmigen Einwohner sind größtenteils russisch-orthodox oder altorthodox). Weit verbreitete Bräuche stehen oft mit heimischen Wildtieren in Zusammenhang. In ländlichen Gegenden stellen viele Familien hohe Holzpfosten in den Garten, um Störche anzulocken, die angeblich die Kinder bringen. Außerdem sind die Letten große Blumenfreunde. Wer irgendwo eingeladen ist, sollte stets einen Strauß für die Gastgeber mitbringen. Er muss aber unbedingt aus einer ungeraden Anzahl von Blumen bestehen, denn Sträuße mit gerader Zahl sind bei Beerdigungen üblich.

Kunst & Kultur

Kino

Der 1940 gedrehte Film *Der Fischersohn (Zvejnieka dēls)* markiert die Schnittstelle zwischen zwei wichtigen Epochen der lettischen Filmgeschichte. Einerseits war er der erste lettische Tonfilm in voller Länge, zugleich aber auch eines der letzten großen Werke vor dem Zweiten Weltkrieg und den darauf folgenden Jahren der Unterdrückung. Zu Beginn der UdSSR-Zeit produzierte das staatliche Dokumentarfilmstudio Riga zahlreiche Streifen, die aber meist stark von Propaganda geprägt waren. Nach Stalins Tod 1953 hatten Regisseure freiere Hand, doch Ironie und Satire konnten sich erst in den 1980er-Jahren durchsetzen. Bis dahin wurden vor allem berühmte lettische Legenden und moderne Romane verfilmt.

Der lettische Regisseur Jānis Streičs hat eine Reihe von Filmen gedreht, die Lettlands turbulente Vergangenheit zum Thema haben. *Limousine in der Farbe der Mittsommernacht* (1981) und *Das Menschenkind* (1991) sind wegen ihrer Mischung aus Ironie und Humor noch immer sehr beliebte Filme. *Das Menschenkind* handelt von einem Jungen, der im sowjetisch besetzten Lettland aufwächst und sich verliebt. Der Film erhielt 1992 den Großen Preis von San Remo und war 1994 als bester ausländischer Film für einen Oscar nominiert. Ein neuerer Film Streičs', *Das Geheimnis der alten Dorf-*

OPER AUF DEM SEE

Eine romantische Kulisse ist quasi ein Muss für Opernaufführungen. Einige der besten Künstler der Welt verbringen ihr Dasein damit, schöne Sonnenauf- und -untergänge, Küsten und Schlösser, See- und Bergblicke zu malen, um der Stimmung der Musik Ausdruck zu verleihen. Aber wie wär's damit, die Oper raus aus der Stadt in die herrliche Natur zu verlegen? Genau das passiert beim Festival Ezera Skaņas (Seeklänge).

Jedes Jahr im August wohnt das Publikum auf Ruderbooten Operninszenierungen bei, die mitten auf einem idyllischen, abgeschiedenen See stattfinden. Um die Dramatik noch zu steigern, finden die Aufführungen zum Sonnenaufgang statt.

Ab Juli sind auf www.ezeraskanas.lv und der Facebook-Seite des Festivals Einzelheiten über Aufführungsort und Eintrittskarten zu finden.

kirche (2000), berührt das heikle Thema der lettischen Kollaboration mit den deutschen und sowjetischen Besatzern im Zweiten Weltkrieg.

Am Ende der Sowjetzeit wurde der Langzeit-Dokumentarfilm *Ist es leicht, jung zu sein?* von Juris Podnieks eines der kulturellen Symbole der Perestroika und erfreute sich in der UdSSR eines großen Zuschauerzuspruchs. Er befasst sich mit Tabuthemen wie Jugend-Subkulturen und Kriminalität. Podnieks dokumentierte später die wichtigsten Ereignisse der späten Sowjetära wie das Erdbeben in Armenien und die Katastrophe von Tschernobyl.

2010 drehte Antra Celińska einen Film mit Personen aus *Ist es leicht, jung zu sein?*, die jetzt in den Vierzigern waren und auf zwei Jahrzehnte ihres Lebens nach dem Zusammenbruch der UdSSR zurückblickten.

Ein weiterer Star des lettischen Dokumentarfilms, Herz Frank, ist nach Israel ausgewandert, doch sein Film *10 Minuten älter* über die Ermordung Jitzchak Rabins steht für typisches lettisches Dokumentarkino, egal welche Staatsangehörigkeit Frank nun besitzt.

Eine weitere wichtige Filmemacherin ist Laila Pakalnina, deren Spielfilm *Der Schuh* über das besetzte Lettland in seinem Entstehungsjahr 1998 zur offiziellen Auswahl beim Filmfestival in Cannes gehörte. Pakalninas Film *Der Postbote* (1996) zeigt die Isolation Lettlands, symbolisiert durch den einsamen Zusteller der Morgenpost.

Sowohl vor als auch nach der Erlangung der Unabhängigkeit wurden in Lettland einige tolle Animationsfilme produziert, die Folklore mit Surrealismus und Satire vereinten. Nils Skapāns konnte mit seinem Kurzfilm *Let's Fly?!* 1995 den bisher einzigen lettischen Berlinale-Bären einheimsen.

In ländlichen Orten wie Kuldīga werden oft historische Filme gedreht, während die Regisseure anderer Genres die Filmstadt Cinevilla (S. 245) vorziehen, die heute eine beliebte Touristenattraktion ist.

Die offizielle Internetseite des Nationalen Filmzentrums www.latfilma.lv bietet ausführliche Informationen über lettische Filme, Regisseure, Festivals, Produzenten und vieles mehr.

Volksmusik & Tanz

Die traditionelle Volksmusik hat in der lettischen Kultur schon immer eine wichtige Rolle gespielt, wenngleich die Musik erst Mitte des 19. Jhs. als eigenständige Kunstform anerkannt wurde. 1869 begann Jānis Cimze Volkslieder zu katalogisieren, von denen einige mehr als 1000 Jahre alt waren. Seine Sammlung von mehr als 20 000 Melodien bildete die Basis für Lettlands erstes Sängerfest, bei dem sich Tausende von Sängern zu riesigen Chören zusammenfanden, um die traditionelle Volksmusik zu zelebrieren. Während der sowjetischen Besatzung dienten diese Festivals zur Stärkung der nationalen Identität. Sie trugen letztlich dazu bei, dass sich die Letten gegen die Besetzer auflehnten. Das Sängerfest findet alle fünf Jahre statt (das nächste Mal 2018) und vereint unzählige Stimmen zu einer eindrucksvollen patriotischen Demonstration.

Die beste Zeit, um die Letten beim Feiern und Singen ihrer beliebtesten alten Lieder zu erleben, sind die Feiern zur Sommersonnenwende. Aber Achtung: Man wird zum Mitsingen aufgefordert!

In der Nationaloper hat auch das Rigaer Ballett seinen Sitz. Dort traten in den sowjetischen Jahren Stars wie Mikhail Baryshnikov und Aleksander Godunov auf. Die Oper selbst gilt als eine der besten Europas. Dank billiger Eintrittskarten steht sie einem breiten Publikum offen, das dem Theater mit großem Zuspruch begegnet.

Ganz Lettland fieberte mit, als Prāta Vētra – auch unter dem Namen Brainstorm bekannt – beim Eurovision Song Contest 2000 den dritten Platz belegte, und alle waren aus dem Häuschen, als sich Marie N (Marija Naumova) schließlich 2002 den ersten Platz sicherte.

Bildende Kunst & Architektur

Lettland bietet ein breites Spektrum an bildender Kunst. Besonders beeindruckend ist die Jugendstilarchitektur, von der Riga (S. 219) mehr zu bieten hat als jede andere europäische Stadt – derzeit 750 Gebäude, und die Renovierungen gehen weiter.

Lettlands erster großer Maler, Jānis Rozentāls, lebte in Rigas Jugendstilviertel. Sein ehemaliges Wohnhaus ist heute ein Museum. Der in Daugavpils geborene Mark Rothko ist der wohl berühmteste lettische Künstler überhaupt. Obwohl er eigentlich in den USA aufgewachsen ist, führte das aktuelle Interesse an ihm und seinen Werken zur Eröffnung eines neuen, modernen Kunstzentrums, das den Tourismus in der ansonsten recht ruhigen Region Latgale ankurbeln soll.

Andere lettische Maler sind in der Sammlung des Lettischen Nationalmuseums für Kunst zu entdecken, z. B. Vilhelms Purvits, sein erster Direktor, mit fremdartigen, fesselnden Schnee- und Eislandschaften, und Ludolfs Liberts mit seinen opulenten expressionistischen Arbeiten. Interessant sind auch die Werke von Miervaldis Polls, einem führenden Underground-Künstlers der Sowjetzeit; in letzter Zeit hat er sich allerdings den Ruf eines „Hofmalers" eingebrockt, da er führende lettische Politiker der Nachwendezeit porträtierte.

Die aktuellste lettische Kunst ist jedes Jahr im September in Riga beim Festival Survival Kit zu sehen. Neben den besten heimischen Künstlern sind hier auch aufstrebende Talente aus dem Ausland vertreten.

Essen & Trinken

Wer gern isst, aber auf seinen Cholesterinspiegel achten muss, sollte nicht ohne fettarmen Proviant aus dem Haus gehen, denn die traditionelle lettische Küche ist (gelinde gesagt) ziemlich deftig. Jahrhundertelang war Essen hier lediglich eine Notwendigkeit und obwohl sich die Dinge in Riga allmählich ändern, kommen vorwiegend fetthaltige Speisen mit Schweinefleisch und Kartoffeln auf den Tisch.

Typisches & Spezialitäten

Ein Besuch auf dem Markt, z. B. auf dem Rigaer Zentralmarkt (S. 218), zeigt rasch, was die Menschen hier lieben: reichlich gebratenes Fleisch und unterschiedliche Würste, Räucherfisch (Hering, Hecht, Forelle oder Lachs), Bratkartoffeln, gekochtes Gemüse und massig Schweineschmalz. Milchprodukte sind ebenfalls sehr beliebt: *biezpiens* (Hüttenkäse), *siers* (Käse) sowie *rūgušpiens* (Quark) sind wichtige Bestandteile vieler lettischer Rezepte. Und während der sowjetischen Besatzungszeit galten lettische Milchprodukte in der gesamten UdSSR als Delikatessen.

In den Sommermonaten ist das Pflücken von Beeren fast schon ein Nationalsport. Im Herbst lösen frisch gesammelte Pilze, Preiselbeeren und Nüsse die Erdbeeren und Himbeeren an den kleinen Verkaufsständen ab. Auch Honig ist eine beliebte Delikatesse. Die Letten sind begeisterte Imker und auf vielen Höfen gibt es Bienenstöcke und Vorrichtungen für die Herstellung von Honig.

DIE BESTEN COCKTAILREZEPTE MIT SCHWARZEM BALZĀM

Schwarzer Balzām ist das perfekte Mitbringsel aus Lettland. Die schlanke Flasche im netten historischen Design enthält ein köstliches Gebräu aus Kräutern und Beeren nach geheimer Rezeptur. Wer zu Hause der Familie oder Freunden das ganze Aroma Rigas auftischen will, kann einen der folgenden beliebten Balzām-Cocktails mixen:

Schwarzer Mojito: ein Teil Schwarzer Balzām mit vier Teilen Zitronenlimo, dazu eine halbe Limette und ein Spritzer Fruchtsirup. Mit zerstoßenem Eis servieren.

Innocent („unschuldiger") Balzām: ein Teil Schwarzer Balzām, ein halber Teil Pfirsichlikör, drei Teile Pfirsichsaft, drei Teile Vanilleeis und dazu ein Dosenpfirsich.

Lazybones („Faulpelz"): ein Schuss Schwarzer Balzām zu einem Glas eiskalter Cola (unser Favorit).

SPRACHFÜHRER ESSEN

Die meisten Restaurants haben heute Speisekarten auf Englisch, aber natürlich spricht nichts dagegen, den Kellner mit einer Bestellung auf Lettisch zu beeindrucken. Im Folgenden haben wir ein paar praktische Sätze zusammengestellt.

Nützliche Wendungen

Einen Tisch für ... Personen, bitte.	*Lūdzu galdu ... personām.*
Haben Sie eine Speisekarte?	*Vai jums ir ēdienkarte?*
Ich bin Vegetarier.	*Es esmu veģetārietis/te. (m/f)*
Was empfehlen Sie?	*Ko jūs iesakat?*
Ich hätte gern ...	*Es vēlos ...*
Die Rechnung, bitte.	*Lūdzu rēķinu.*

Kulinarisches Glossar

Beefsteak mit frittierten Zwiebeln	*sīpolu sitenis*
Eingelegter Hering mit saurer Sahne, Ei und Roter Bete	*siļķe kažokā*
Fischsuppe	*zivju zupa*
Frikadellen	*kotletes*
Frischer geraspelter Kohl	*kāpostu salāti*
Gebratener Lachs mit Kartoffeln, eingelegtem und frischem Gemüse	*cepts lasis ar piedevām*
Gebratenes Schweinekotelett mit Kartoffeln, eingelegtem und frischem Gemüse	*karbonāde ar piedevām*
Gemüsesalat mit saurer Sahne und Mayonnaise	*dārzeņu salāti*
Graue Erbsen mit Speck und Zwiebeln	*pelēkie zirņi ar speķi*
Jagdwurst (Schwein)	*mednieku desiņas*
Lachs in Pilz- und Dillsauce	*lasis sēņu un diļļu mērcē*
Lachs in Sahnesauce	*lasis krējuma mērcē*
Rote-Bete-Suppe (ähnlich wie Borschtsch)	*biešu zupa*
Teigtaschen	*pelmeņi*
Wurst (meist geräuchert)	*desa*

Naschkatzen werden von den leckeren Obstkuchen und -törtchen *(kūka)* aus frisch gepflückten Beeren begeistert sein. Im Westen Lettlands werden aus süßer Sahne und Schwarzbrot noch alte Kurland-Desserts nach Wikingerart hergestellt. Besonders empfehlenswert ist *rupjmaizes kārojums/kārtojums,* dessen Geschmack an Schwarzwälder Kirschtorte erinnert.

Kater zum Selbermachen

Keinesfalls entgehen lassen sollte man sich Lettlands berühmten Schwarzen Balzām *(Melnais Balzāms),* den schon Goethe als „Lebenselixier" bezeichnete. Das geheime Rezept dieses tückischen, tiefschwarzen Gebräus mit 45 % Alkohol hat im 18. Jh. der aus Riga stammende Apotheker Abraham Kunze erfunden. Orangenschalen, Eichenrinde, Wermut und Lindenblüten zählen zu den 14 legendären Ingredienzen, die dafür in den Hexenkessel kommen. Die meisten lettischen Rentner schwören auch auf seine gesundheitsfördernde Wirkung. Der Name kommt von *balsamon,* der altgriechischen Bezeichnung für eine süßlich duftende Wundsalbe. Die undurchsichtige Keramikflasche mit schwarz-goldener Riga-Skyline erinnert an die Tonkrüge, in denen das gehaltvolle Gebräu im 18. und 19. Jh. – vor Sonnenlicht geschützt – aufbewahrt wurde. Auf S. 293 sind Cocktailrezepte mit Schwarzem Balzam zu finden.

Alus (Bier) ist das traditionsreiche Lieblingsgetränk der Letten und für seine geringe Größe hat das Land erstaunlich viele Brauereien. Der halbe Liter kostet in der Kneipe etwa 2 €. Beliebt sind die Marken Valmiermuižas, Aldaris und Cēsu, aber auch Bauskas, Piebalgas, Tērvetes oder Užavas sind einen Versuch wert. Jede Biersorte hat ihren eigenen, typischen Geschmack.

Restaurants und Bars bieten häufig auch Weine an. Meist stammen sie aus bekannten Weinbaugebieten, teils aber auch aus kaum bekannten Regionen wie dem Kaukasus.

Wohin zum Essen & Trinken?

Lettische *Restorāns* (Restaurants) sind gemütliche Lokale, in denen entspannt gegessen wird, während es sich bei *kafejnīca* (Cafés) um vielseitigere Lokale handelt, die Kaffee, einen schnellen Imbiss und abends auch alkoholische Getränke anbieten. Bars servieren – vor allem in Riga und anderen großen Städten – meist auch vollwertige Gerichte. Für einen raschen Imbiss empfehlen sich *pelmeņi-* (Teigtaschen-) und Pfannkuchenläden, Selbstbedienungslokale wie z. B. ein paar Filialen der LIDO-Restaurantkette oder Supermärkte wie Rimi, die Snacks und Gerichte zum Mitnehmen anbieten. In Kleinstädten gibt es vor allem Restaurants mit lettischer Küche, die aber häufig auch das eine oder andere internationale Gericht anbieten (meist Pizza).

Ein lettisches *brokastis* (Frühstück) ist von Sonnenaufgang bis ca. 11 Uhr erhältlich und besteht gewöhnlich aus Brot und Käse, kaltem Braten und Räucherfisch. Wichtiger sind für die Letten *pusidienās* (Mittagessen) und *vakariņas* (Abendessen) mit herzhafteren, baltischen Spezialitäten. Die Restaurants servieren um 12 Uhr Mittagessen und das Abendessen zwischen 17 und 0 Uhr, je nachdem wie lang es draußen hell ist.

PREISKATEGORIEN ESSEN

Basierend auf dem Durchschnittspreis für ein Hauptgericht haben wir in diesem Kapitel folgende Preiskategorien festgelegt:

€ bis 7 €

€€ 7–14 €

€€€ über 14 €

PRAKTISCHE INFORMATIONEN

Allgemeine Informationen

AKTIVITÄTEN

Lettlands riesige Wälder sind im Sommer ein Paradies zum Wandern, Radfahren, Campen, Vögelbeobachten, Beerenpflücken, Pilzesammeln und Kanufahren. Die lettische Küste ist ein fast ununterbrochener Sandstrand mit einer von Kiefern bewachsenen Dünenlandschaft. Wassersportzentren finden sich an der Rigaer Bucht und der Küste von Kurzeme. Im Winter können Aktivurlauber Ski fahren, schneeschuhwandern u. v. m.

BOTSCHAFTEN & KONSULATE

Folgende Botschaften haben ihren Sitz in Riga:

Deutschland (☎ 6708 5100; www.riga.diplo.de; Raiņa bulvāris 13)

Österreich (☎ 721 61 25; www.bmaa.gv.at; Elizabetes iela 15-4)

Schweiz (☎☎ 733 83 51; www.eda.admin.ch/riga; Elizabetes iela 2)

FEIERTAGE

Die Internetpräsenz des Lettischen Instituts (www.latvia.lv, auch auf Deutsch) liefert unter dem Menüpunkt „Grundinformationen" eine Übersicht über die lettischen Gedenk- und Nationalfeiertage.

Neujahr 1. Januar

Ostern März/April

Tag der Arbeit 1. Mai

Wiederherstellung der Unabhängigkeit der Republik Lettland 4. Mai

Muttertag 2. Sonntag im Mai

Pfingsten Ein Sonntag im Mai oder Juni

Līgo (Mittsommerfest) 23. Juni

Jāņi (Johannistag und Sommersonnenwende) 24. Juni

Nationalfeiertag 18. November; Jahrestag der Proklamation der Lettischen Republik 1918

Weihnachten (Ziemsvētki) 25. Dezember

Zweiter Weihnachtsfeiertag 26. Dezember

Silvester 31. Dezember

FESTIVALS & EVENTS

Die Letten finden immer einen Anlass zum Feiern. Die größeren Städte tragen Sorge, dass sich die Besucher besonders am Wochenende nicht langweilen. Nähere Informationen gibt es auf den Websites der jeweiligen Touristeninformationen.

GELD

In Lettland gilt seit Januar 2014 der Euro.

INFOS IM INTERNET

Der neue beste Freund für entdeckungslustige Traveller ist Lettlands Super-Suchmaschine **www.1188.lv**. Sie ist fast schon wie ein guter Geist, der einem (nahezu) jeden Wunsch erfüllen kann. Hier findet man Antworten auf alle möglichen Fragen über Bus- und Bahnverbindungen, Postservice, Firmenadressen, Verkehrsberichte und Taxis. Die Betreiber versenden die Infos auf Anfrage sogar per SMS.

Die Lettische Agentur für Tourismusentwicklung (www.latvia.travel/de) und das Lettische Institut (www.latvia.lv, auch auf Deutsch) haben exzellente Seiten mit Informationen speziell für ausländische Besucher.

INTERNETZUGANG

Nahezu alle Unterkünfte in Riga bieten ihren Gästen in irgendeiner Form Zugang zum Internet. Mittlerweile ziehen auch Kleinstadthotels nach. Internetcafés sind so gut wie ausgestorben, aber die allermeisten Restaurants, Cafés und Bars warten inzwischen mit WLAN auf – einfach nach dem Passwort fragen.

Lattelecom (Lattelekom; www.lattelecom.lv), der wichtigste lettische Telekommunikationsdienstleister, hat alle öffentlichen Telefone der Stadt mit WLAN ausgestattet. Nutzer können sich im Umkreis von 100 m in diese Stationen einloggen. Die Registrierung für ein Lattelecom-Passwort und einen Benutzernamen ist telefonisch unter ☎ 9000 4111 möglich oder per SMS mit dem Text „WiFi" an ☎ 1188.

Öffentliche Büchereien im ganzen Land bieten kostenloses WLAN.

KARTEN

Landkarten und Stadtpläne gibt es im Kartenladen **Jāņa sēta** (☎ 6724 0894; Elizabetes iela 83–85; ⏲ Mo–Sa 10–19, So bis 17 Uhr) in Riga. Seine Stadtplanserie umfasst nahezu jede lettische Stadt; die Karten variieren im Maßstab von 1:15 000 bis 1:20 000 und kosten zwischen 3 und 5 €.

Die **Lettische Agentur für Tourismusentwicklung** (www.latvia.travel/de) hat eine sehr detaillierte Karte mit allen vier Regionen Lettlands.

POST

Die Webseite der Lettischen Post (www.post.lv) informiert über Briefmarkenpreise, Versandkosten und alle anderen Fragen zum Thema. Der Service ist verlässlich. Innereuropäische Sendungen brauchen etwa eine Woche.

TELEFON

Lettische Telefonnummern sind grundsätzlich achtstellig. Festnetznummern beginnen immer mit der „6", Handynummern mit der „2" – bei sämtlichen Gesprächen innerhalb Lettlands einfach die achtstelligen Nummern wählen. Um aus dem Ausland in Lettland anzurufen, muss erst die internationale Vorwahl „00", dann die lettische Ländervorwahl (☎ 371) und danach die achtstellige Nummer des Teilnehmers gewählt werden.

Die Gesprächsgebühren sind auf der Website der halbstaatlichen Lattelecom (www.lattelecom.lv) zu finden, dem lettischen Monopolisten für Festnetzverbindungen.

Mobiltelefone können in den meisten Einkaufszentren in Riga und anderen größeren Städten gekauft werden. Ist das eigene Mobiltelefon GSM900/1800-kompatibel, kann man sich eine lettische Prepaid-SIM-Karte zulegen (Guthaben in Narvesen- oder Rimi-Geschäften aufladen).

Öffentliche Telefone funktionieren mit Telefonkarten, die *telekarte* heißen. Sie sind mit unterschiedlichem Guthaben bei Postämtern, Zeitungskiosken und Lebensmittelläden erhältlich.

TOURISTENINFORMATION

In den letzten Jahren hat die **Lettische Agentur für Tourismusentwicklung** (☎ 6722 9945; www.latvia.travel) immer mehr Niederlassungen im ganzen Land wegrationalisiert. Die offiziellen Internetpräsenzen lettischer Städte finden sich häufig unter www.tourism.*Städtename*.lv oder www.*Städtename*.lv (englische Übersetzungen sind bei Kleinstädten allerdings selten). Alle touristisch interessanten Städte haben eine Touristeninformation, die (zumindest) zu den üblichen Geschäftszeiten geöffnet ist – in der Sommersaison länger. Fast alle beschäftigen Englisch sprechende Mitarbeiter und bieten reichlich Broschüren und Kartenmaterial.

Weitere Landesinformationen gibt's auf der Internetseite des Lettischen Instituts (www.latvia.lv/de).

UNTERKUNFT

Wir legen Reisenden dringend ans Herz, in der Hauptsaison (Sommer) nicht ohne Reser-

PREISKATEGORIEN SCHLAFEN

Die folgenden Preiskategorien beziehen sich auf ein Doppelzimmer mit Bad.

€ bis 40 €

€€ 40–80 €

€€€ über 80 €

WOHNEN WIE DIE EINHEIMISCHEN

Wer längere Zeit in der Stadt bleiben möchte, kann einen Blick auf die detaillierten Auflistungen verfügbarer Wohnungen von Rent In Riga (www.rentinriga.lv) werfen – einfach und unbürokratisch. Für eine möglichst zentrale Lage klickt man am besten Vecrīga oder Centrs an.

vierung anzureisen. Während der kälteren Monate kann man deutlich günstiger übernachten.

Die meisten Zimmer verfügen über ein eigenes Bad. Rauchen ist auf den Zimmern gewöhnlich nicht erlaubt.

Mehr Infos zur lettischen Hotelbranche bietet www.hotels.lv. Wer zelten gehen möchte, sollte einen Blick auf www.camping.lv werfen.

ZOLL

Die Lettische Agentur für Tourismusentwicklung (www.latvia.travel/de) informiert auf ihrer kontinuierlich gepflegten Website über die aktuellen Zollbestimmungen.

An den innereuropäischen Grenzübergängen gibt es keine Zollkontrollen. Nach dem Schengener Abkommen dürfen Touristen ab 18 Jahren 800 Zigaretten, 200 Zigarren oder 1 kg Tabak einführen. Die Beschränkungen für Alkohol liegen bei 110 l Bier, 90 l Wein (oder 60 l Sekt) und 10 l anderen alkoholhaltigen Substanzen. Bei Reisen über die EU-Grenzen hinaus sind nur 200 Zigaretten, 50 Zigarren, 250 g Rauchtabak und 1 l Alkohol erlaubt.

Die Ausfuhr von Dokumenten (auch in Kopie) aus dem Staatsarchiv bedarf einer besonderen Genehmigung. Mehr dazu unter www.mantojums.lv.

An- & Weiterreise

AUF DEM LUFTWEG

Der **Internationale Flughafen von Riga** (Starptautiskā Lidosta Rīga; ☎1817; www.riga-airport.com; Bezirk Mārupe; 🚌22), 13 km südwestlich des Stadtzentrums, ist Heimatflughaufen der nationalen Airline **airBaltic** (☎9000 1100; www.airbaltic.com), die Direktflüge zu mehr als 50 europäischen Reisezielen bietet (u. a. Tallinn und Vilnius).

AUF DEM LANDWEG

Seit 2007 gehört Lettland zum Schengenraum, es bestehen also de facto keine Grenzkontrollen mehr zwischen Lettland, Estland und Litauen. Da aber dennoch stichprobenartige Kontrollen durchgeführt werden, ist es besser, den Personalausweis/Reisepass immer dabei zu haben.

Auto & Motorrad

Mietautos können ohne Aufpreis in die baltischen Nachbarstaaten überführt werden. Wir empfehlen, den Verleiher bei Übernahme des Wagens über geplante Exkursionen ins Ausland zu informieren.

Bus

Ecolines (☎6721 4512; www.ecolines.net) Strecken u. a.: Riga–Pärnu–Tallinn (17 €, 4–4¾ Std., 7-mal tgl.), Riga–Tartu (7 €, 4 Std., 2-mal tgl.), Riga–Vilnius (17 €, 4 Std., 7-mal tgl.), Riga–Vilnius–Minsk (24 €, 8 Std., tgl.) und Riga–Moskau (60 €, 14 Std., tgl.).

Hansabuss Business Line (www.businessline.ee) Bietet täglich vier Verbindungen zwischen Riga und Tallinn; drei Busse halten unterwegs in Pärnu.

Lux Express & Simple Express (☎6778 1350; www.luxexpress.eu) Strecken u. a.: Riga–Pärnu–Tallinn (ab 13 €, 4½ Std., 11-mal tgl.), Riga–Tartu–St. Petersburg (ab 23 €, 12 Std., 4-mal tgl.), Riga–Vilnius (ab 11 €, 4 Std., 10-mal tgl.) und Riga–Kaliningrad (20 €, 8 Std., tgl.).

Zug

Der Zug ist nur für eine begrenzte Zahl von Zielen wie Jūrmala, den Nationalpark Gauja und Daugavpils zu empfehlen.

AUF DEM SEEWEG

Ab Riga, Liepāja und Ventspils fahren Fähren nach Schweden und Deutschland.

Unterwegs vor Ort

AUTO & MOTORRAD

In Lettland herrscht Rechtsverkehr. Das Abblendlicht muss zu jeder Tageszeit eingeschaltet sein. Ist man auf der Suche nach einer Tankstelle, sollte man nach *benzene* (Benzin) fragen.

Alle größeren Autovermietungen unterhalten Niederlassungen in Lettland, ein paar kleinere Unternehmen in Riga bieten allerdings günstigere Preise als die internationalen Verleihe am Flughafen. Sie akzeptieren gewöhnlich nur Bargeldzahlungen und man kann den Wagen an einem beliebigen Ort in der Hauptstadt übernehmen. Die Kosten liegen je nach Saison und Wagentyp zwischen 30 und 60 € pro Tag. Wagen mit Automatikgetriebe sind in Lettland eher die Ausnahme. Normalerweise dürfen Leihautos auch in die anderen beiden baltischen Staaten mitgenommen werden, allerdings nicht darüber hinaus.

AddCar Rental (☎26589674; www.addcar rental.com)
Auto (☎29580448; www.carsrent.lv)
EgiCarRent (☎29531044; www.egi.lv)

BUS

Busse sind ein sehr viel praktischeres Transportmittel als Züge, wenn man in Bereiche jenseits des S-Bahn-Liniennetzes der Hauptstadt vordringen will. Aktuelle Fahrpläne können unter www.autoosta.lv und www.1188.lv eingesehen werden.

ZUG

Ein Großteil der Bevölkerung lebt in dem breiten Vorortgürtel rings um Riga. Das städtische Netzwerk aus Pendelzügen ermöglicht Touristen, Tagesausflugsziele problemlos zu erreichen. Für Exkursionen zu Attraktionen jenseits des Großraums Riga bietet sich aber der Bus an. Sämtliche Fragen rund um das Thema Zugreisen werden unter www.pv.lv und www.1188.lv beantwortet.

Litauen

☎370 / 3,55 MIO. EW.

Inhalt ➡

Gut essen

- ➡ Hotel Restaurant Labanoras (S. 343)
- ➡ Balzac (S. 323)
- ➡ Senoji Kibininė (S. 323)
- ➡ Lokys (S. 324)
- ➡ Sweetroot (S. 325)

Schön übernachten

- ➡ Miškiniškės (S. 342)
- ➡ Bernardinu B&B (S. 321)
- ➡ Miško Namas (S. 389)
- ➡ Litinterp Guesthouse (S. 320)
- ➡ Domus Maria (S. 321)

Auf nach Litauen!

Das stolze, unabhängige Litauen (Lietuva), ein Land aus Wald und Wasser, gilt mehr und mehr als ein Juwel Europas. Der südlichste baltische Staat ist eine winzige Republik, die Naturfreunde entzückt, aber dennoch ein spannendes Stadtleben zu bieten hat.

Die Hauptattraktion Litauens ist die hinreißende Ostseeküste, besonders der einzigartige weiße Sandstreifen, die Kurische Nehrung. Das einsame Marschland an der Küste lockt Zehntausende von Zugvögeln an, während sich im Landesinneren spiegelnde Seen in dichten Kiefernwäldern verbergen.

Die Hauptstadt Vilnius ist eine entzückende Künstlerenklave, deren alte Innenhöfe, Kopfsteinpflasterstraßen und barocke Kirchen von der pulsierenden, optimistischen Kultur der Gegenwart belebt werden.

Tiefer im Land erinnern Überreste aus der Sowjetzeit wie eine verlassene Atomraketenbasis, heute ein Museum zum Kalten Krieg, und ein sowjetischer Skulpturenpark an eine düstere Vergangenheit. Der Berg der Kreuze und Orvydas' Garten hingegen zeugen vom unerschütterlichen Glauben des Landes.

Reisezeit

- ➡ Litauen ist im Hochsommer, also von Juni bis August, am schönsten. Dann sind die Tage lang, die Nächte kurz und das Ostseewasser ist warm genug zum Baden. Auch die Festivalsaison läuft dann auf Hochtouren. Unbedingt eine Reise wert ist das dreitägige Meeresfest in Klaipėda.
- ➡ Der Frühling (April und Mai) ist kühl und kommt spät, eignet sich aber gut für Kanufahrten, da das Schmelzwasser die Flüsse anschwellen lässt.
- ➡ Der Herbst (September bis November) ist mit seinen sonnigen Tagen, aber kühlen Nächten auch sehr schön. Die Kultur erlebt mit Festivals klassischer Musik und dem jährlichen Mama Jazz Festival in Vilnius ihren Höhepunkt.

Highlights

1 In den Gassen der wunderschönen barocken Hauptstadt **Vilnius** (S. 302) das perfekte Café entdecken

2 Auf der **Kurischen Nehrung** (S. 382) Rad fahren, in der Ostsee baden oder urige Dörfer auf dem schmalen Streifen aus Sand und Fichten erkunden

3 Im raschelnden Schilf des friedlichen **Nemunas-Deltas** (S. 393) mit seiner reichen Vogelwelt den Alltag vergessen

4 In den tiefen Schacht eines stillgelegten Atomraketensilos blicken und

anschließend durch die Wälder des **Nationalpark Žemaitija** (S. 400) streifen

5 Beim Angeln, Rudern, Baden und Beerensammeln im litauischen Seenland des **Nationalparks Aukštaitija** (S. 339) entspannen

6 In **Druskininkai** (S. 345), dem führenden Kurort Litauens spazierengehen, rudern oder Heilwasser trinken

7 Durch den **Orvydas-Garten** (S. 400) bummeln, einen idyllischen Stein- und Skulpturengarten – heilig wie der Berg der Kreuze und still wie ein Nationalpark

VILNIUS

☎5 / 546 700 EW.

Vilnius, das barocke Glanzlicht des Baltikums, ist eine ausgesprochen reizvolle Stadt. Sie ist ohne Frage die Hauptattraktion des Landes und lockt die Besucher scharenweise mit ihrem entspannten, souveränen Charme und ihrem warmen goldenen Glanz an, bei dem jeder wünscht, dass die langen Mittsommerabende das ganze Jahr über andauern.

Die Hauptstadt Litauens mag zwar hoch im Nordosten liegen, ist aber dennoch typisch mitteleuropäisch und besitzt die größte barocke Altstadt des Kontinents. Von einem Heißluftballon aus wirkt ihre von unzähligen orthodoxen und katholischen Kirchtürmen gespickte Stadtlandschaft wie ein überdimensionales Nagelbrett. Die Kombination aus verwinkelten Pflastergassen, bröckelnden Winkeln, majestätischen Bergaussichten, erkämpfter Unabhängigkeit und traditionellem Kunsthandwerk trägt zu dieser spannenden Mischung bei. Und das alles in einer Stadt, die so klein ist, dass sie manchmal fast den Anschein eines Dorfes erweckt.

Doch nicht immer ging es hier so unbeschwert zu. Es gibt auch Erinnerungen an Schmerz und Schrecken: von den KGB-Folterzellen bis zu den Gettos, in die die Juden der Stadt eingepfercht waren, bevor sie von den Nazis ermordet wurden. Aber der Geist von Widerstand und Freiheit war stets stärker. Heute schafft sich die Stadt eine neue Identität, die Vergangenheit mit Gegenwart und Zukunft verbindet und zu der auch eine internationale Küche, ein blühendes Nachtleben und glanzvolle neue Hochhäuser gehören.

Geschichte

Der Legende nach wurde Vilnius um 1320 gegründet. Der Litauer Großfürst Gediminas träumte von einem eisernen Wolf, der so laut heulte wie 100 Wölfe – ein eindeutiges Signal, eine Stadt zu bauen, die so mächtig war wie dieses Heulen. Tatsächlich war der Ort bereits seit 1000 Jahren besiedelt.

Burggraben, Mauer und Turm auf dem Gediminas-Berg schützten Vilnius im 14. und 15. Jh. vor Angriffen der Deutschordensritter. Attacken der Tataren bewogen die Einwohner zum Bau eines 2,4 km langen Verteidigungswalls (1503–1522). Am Ende des 16. Jhs. zählte Vilnius zu den größten Städten Osteuropas. Drei Jahrhunderte später setzte die Industrialisierung ein: Eisenbahnen wurden gebaut und Vilnius wurde zu einer bedeutenden jüdischen Stadt. Im Ersten Weltkrieg besetzten die Deutschen die Stadt, nach dem Krieg war sie in einem abgelegenen Zipfel Polens gefangen. Der Zweite Weltkrieg brachte eine neuerliche deutsche Besatzung und das Todesurteil für die jüdische Bevölkerung. In der Nachkriegszeit entstanden neue Vorstädte, in denen Litauer aus anderen Landesteilen sowie Immigranten aus Russland und Weißrussland eine Unterkunft fanden. Ende der 1980er-Jahre war die Hauptstadt der Ort, an dem sich das litauische Streben nach Unabhängigkeit von der Sowjetunion kristallisierte.

Vilnius hat sich rasch zu einer wirklich europäischen Stadt gewandelt. 1994 wurde die Altstadt zum Unesco-Welterbe erklärt und 15 Jahre später trug Vilnius zusammen mit Linz den stolzen Titel der europäischen Kulturhauptstadt. Ein Großteil der Altstadt wurde behutsam restauriert.

Sehenswertes

Vilnius ist eine kompakte Stadt und die meisten Sehenswürdigkeiten sind bequem zu Fuß erreichbar. Wer nur ein paar Tage Zeit hat, kommt wahrscheinlich kaum aus der Altstadt mit ihren Attraktionen heraus: Souvenirstände, Läden mit Volkskunst und Designerboutiquen wetteifern mit der Fülle architektonischer Schmuckstücke. Wer länger

SPRACHE

Guten Tag	*Laba diena*
Hallo	*Labas*
Wie geht's?	*Kaip gyvuojate?*
Auf Wiedersehen	*Sudie*
Danke	*Dėkoju*
Ich habe mich verirrt (w/m)	*Aš paklyd(usi/ęs)*

in der Stadt bleibt, für den ist auch die Neustadt mit ihren Museen, Geschäften und dem bunten Treiben am Flussufer ein attraktives Ziel.

Der Stadtrundgang beginnt am zentralen Kathedralenplatz, hinter dem sich der Gediminas-Berg erhebt. Richtung Süden liegt die Altstadt, die von der Pilies gatvė durchschnitten wird. Der Gedimino prospektas führt Richtung Westen durch das Zentrum der Neustadt bis zum Parlament. Auf dem Weg liegen einige lohnenswerte Sehenswürdigkeiten.

Gediminas-Berg

Vilnius wurde auf dem 48 m hohen Gediminas-Berg gegründet, auf dem seit dem 13. Jh. ein Backsteinturm steht. Zu erreichen ist der Gipfel über die Felsenstufen hinter der südwestlichen Seite der Kathedrale oder mit der Standseilbahn.

Gediminas-Turm & Museum MUSEUM

(Gedimino Pilis ir Muziejus; Karte S. 308; ☎ 5-261 7453; www.lnm.lt; Arsenalo gatvė 5; Erw./Kind 2/1 €; ⌚ April–Sept. tgl. 10–19 Uhr, Okt.–März Di–So 10–17 Uhr) Der Gediminas-Turm mit seiner erstklassigen Gipfellage oberhalb des Zusammenflusses von Neris und Vilnia ist die jüngste der Wohnfestungen, die an dieser Stelle seit der Jungsteinzeit stehen. Der Backsteinbau, der vom Großfürsten Vytautas zu Beginn des 15. Jhs. errichtet wurde, bietet einen eindrucksvollen Rundblick auf Vilnius sowie eine Ausstellung samt maßstabsgetreuen Modellen zur Geschichte des Festungsturms über die Jahrhunderte.

Der ursprüngliche Turm war eine Stufe höher als der 20 m hohe Bau, der heute dort steht. Er wurde während der russischen Besatzung (1655–1661) zerstört. 1930 wurde er rekonstruiert und beherbergt heute das Museum Obere Burg. Es zeigt schimmernde Rüstungen aus dem 16. bis 18. Jh. sowie Modelle der Burg aus früheren Zeiten und bietet einen Panoramablick auf die Stadt.

Standseilbahn auf den Gediminas-Berg STANDSEILBAHN

(Karte S. 308; ☎ 5-261 7453; www.lnm.lt; Arsenalo gatvė 5; Erw./Stud. 1,50/1 €; ⌚ Mai–Sept. 10–19 Uhr, Okt.–April bis 17 Uhr) Der schnellste und einfachste Weg hoch auf den Gediminas-Berg, zudem mit tollen Aussichten. Der Eingang liegt hinter der Nordostseite der Kathedrale in einem kleinen Hof an der Rückseite des Museums für Angewandte Kunst.

KURZINFOS

Währung
Euro (€)

Sprache
Litauisch

Hauptstadt
Vilnius

Fläche
65 200 km²

Kathedralenplatz

Der Katedros aikštė brummt nur so vor Leben. Im 19. Jh. wurden hier Märkte und Messen veranstaltet. Ein Wassergraben verlief entlang der heutigen Einfassung des Platzes, sodass Schiffe bis vor das Portal der Kathedrale fahren konnten. Innerhalb der Anlage befanden sich Mauern und Türme, von denen heute nur noch der 57 m hohe **Glockenturm** nahe der Westseite der Kathedrale erhalten ist.

Auf der Ostseite des Platzes vor dem Eingang zum Schloss steht auf einer alten heidnischen Stätte eine **Reiterstatue von Gediminas** (Karte S. 308).

Die **Bernardinų sodas** hinter der Großfürstenstatue führt zum **Berg der Drei Kreuze** und zum **Kalnų-Park**.

★ Palast der litauischen Großfürsten MUSEUM

(Valdovų rumai; Karte S. 308; ☎ 5-212 7476; www.valdovurumai.lt; Katedros aikštė 4; Erw./Stud. 2,90/1,45 €, Führung 20,27 €; ⌚ Museum Di–Do & Sa 10–18, Fr bis 20, So bis 16 Uhr) An einer Stelle, die mindestens seit dem 4. Jh. n. Chr. besiedelt ist, steht das jüngste einer langen Reihe von Festungsschlössern, die über die Jahrhunderte mehrfach umgebaut, erweitert, zerstört und neu errichtet wurden. Was Besucher heute sehen, ist das sorgfältig restaurierte jüngste Prachtgebäude, der Barockpalast, der im 17. Jh. für die Großfürsten gebaut wurde. Der strahlend weiße Komplex ist zwar eindeutig neu, aber er enthält faszinierende historische Relikte und ist ein machtvolles Symbol für das wiedererstandene unabhängige Litauen.

Unterhalb des zentralen Schlosshofs beginnt ein phantastischer Weg durch 2000 Jahre litauischer Geschichte. Besucher wer-

Vilnius

den durch die Schichten der Schlossfundamente geleitet und sehen buchstäblich das Gerippe der sukzessiven Epochen in der Geschichte des Gebäudes und der Nation. Eine zweite Tour führt durch die rekonstruierten Festsäle des Großfürstentums, geplante weitere Führungen werden die litauische und europäische materielle Kultur ab der Zeit der Großfürsten erkunden.

Kathedrale KATHEDRALE
(Vilniaus Arkikatedra; Karte S. 308; ☎5-261 0731; www.katedra.lt; Katedros aikštė 1; ⏲7–19 Uhr) Die Kathedrale St. Stanislaus und St. Ladislaus, ein nationales Symbol, steht an derselben Stelle, an der ursprünglich der litauische Donnergott Perkūnas verehrt wurde. Prachtstück ist die **Kasimir-Kapelle** aus dem 17. Jh. mit einer barocken Kuppel, farbigem Marmor und Fresken über das Leben des Heiligen. Die **Krypta** (Erw./Kind 4,50/2,50 €; ⏲Mo–Sa 10–16 Uhr) ist letzte Ruhestätte vieler prominenter Litauer, darunter auch für Vytautas Magnus (1350–1430). Gottesdienste sind auf der Website angekündigt.

Die erste Kathedrale wurde hier 1387 bis 1388 aus Holz errichtet; nach mehrmaligen Zerstörungen und Wiederaufbauten entstand Ende des 18. Jhs. der heutige klassizistische Bau auf dem originalen gotischen

Grundriss und unter Einbeziehung der Kapellen des hl. Kasimir und der Valavičius-Familie. Ab 1950 bis zu ihrer erneuten Weihung 1989 nutzten die Sowjets die Kathedrale als Lagerhaus, Galerie und Konzerthalle.

Glockenturm der Kathedrale HISTORISCHES GEBÄUDE
(Karte S. 308; ✆ 8-600 12080; www.bpmuziejus.lt; Katedros aikštė; Erw./Stud. 4,50/2,50 €; ⏲ Mai–Sept. Di–Sa 10–19 Uhr, Okt.–April bis 18 Uhr) Der Glockenturm vor der Kathedrale war einst Teil der städtischen Verteidigungsanlagen aus dem 13. Jh. und ist mit 57 m einer der höchsten Türme der Stadt. Er enthält eine kleine Ausstellung historischer Glocken, aber der Hauptgrund für den Aufstieg über die enge Treppe sind die unvergleichlichen Aussichten auf die Stadt und den Gediminas-Berg.

Litauisches Nationalmuseum MUSEUM
(Lietuvos Nacionalinis Muziejus; Karte S. 308; ✆ 5-262 7774; www.lnm.lt; Arsenalo gatvė 1; Erw./Kind 2/1 €; ⏲ Di–So 10–18 Uhr) Mit der Sammlung, die das Antikenmuseum seit 1855 zusammengetragen hat, und neueren Exponaten zeigt dieses hervorragende Museum Artefakte aus dem litauischen Leben von der Jungsteinzeit bis ins 20. Jh. Spezielle Sammlungen widmen sich den unterschiedlichen Volkstraditionen des Landes, der Numismatik (darunter einige der allerersten litauischen Münzen) und Grabbeigaben. Eine Statue des Mindaugas, des einzigen Königs Litauens, steht vor dem Eingang.

Museum für Angewandte Kunst MUSEUM
(Taikomosios Dailės Muziejus; Karte S. 308; ✆ 5-262 8080; www.ldm.lt; Arsenalo gatvė 3a; Erw./Stud. 1,74/0,86 €; ⏲ Di–Sa 11–18, So 11–16 Uhr) Das Alte Zeughaus aus dem 16. Jh., das in den 1989er-Jahren restauriert wurde, zeigt Wechselausstellungen und eine ständige Sammlung sakraler litauischer Kunst aus dem 15. bis 19 Jh. Russische Soldaten hatten viele Teile 1655 in den Mauern der Kathedrale von Vilnius versteckt, die erst 1985 wiederentdeckt wurden. Aus Furcht vor einer Beschlagnahmung durch die Sowjets blieben die auf 11 Mio. € veranschlagten Kostbarkeiten bis 1998 unter Verschluss. Dann schließlich wurden sie der Weltöffentlichkeit präsentiert.

Altstadt

Osteuropas größte Altstadt hat ihren Welterbe-Status verdient. Das Viertel, das sich vom Kathedralenplatz 1,5 km weit nach Süden erstreckt, entstand im 15. und 16. Jh. Die verwinkelten Gassen, versteckten Innenhöfe und aufwendigen alten Kirchen halten vergangene Jahrhunderte lebendig. Ein Bummel durch die Gassen der Altstadt zählt zu den schönsten Erlebnissen, die Vilnius zu bieten hat. Die Hauptachse bilden die Straßen Plies, Didžioji und Aušros Vartų gatvė. Begrenzt wird die Altstadt, angefangen beim Katedros aikštė, in etwa von den Straßen Stuokos-Gucevičiaus, Liejyklos, Vilniaus, Trakų, Pylimo, Bazilijonų, Šv. Dvasios, Bokšto, Maironio, Radvilaitės und Šventaragio – insgesamt ein Areal von rund 1 km^2.

Vilnius

Pilies Gatvė

Auf der gepflasterten Pilies gatvė (Burgstraße) – Mittelpunkt des touristischen Geschehens und Hauptzugang vom Kathedralenplatz zur Altstadt – tummeln sich Straßenmusikanten, Souvenirstände und der eine oder andere Bettler. Bis zum 19. Jh. war die Straße vom Kathedralenplatz an der Nordseite durch die untere Burgmauer getrennt und nur durch ein Tor in der Mauer verbunden. Beachtenswert sind die Backsteinfassaden aus dem 15. bis 17. Jh. an den Häusern mit den Nummern 4, 12 und 16 am nördlichen Ende der Straße.

Signatarenhaus MUSEUM

(Signatarų Namai; Karte S. 308; ☎5-231 4437; www.lnm.lt; Pilies gatvė 26; Eintritt 0,58 €; ⏲Di–Sa 10–17 Uhr) Hier wurde am 16. Februar 1918 die Unabhängigkeitserklärung Litauens unterzeichnet. Heute befindet sich in den 14 Zimmern des Hauses aus dem 18. Jh. eine ehrerbietige Ausstellung von Materialien zur Nationalbewegung. Die Unabhängigkeit hielt jedoch nicht lange an. 1920 hatten die Polen Vilnius wieder eingenommen, das erst 1939 von Stalin als „Geschenk" an das litauische Kernland zurückgegeben wurde.

Universität Vilnius

★**Universität Vilnius** HISTORISCHES GEBÄUDE

(Vilniaus Universitetas; Karte S. 308; ☎5-268 7298; www.vu.lt; Universiteto gatvė 3; Eintritt zum Gebäudeensemble Erw./Kind 1,50/0,50 €; ⏲März–Okt. Mo–Fr 9–18 Uhr, Nov.–April Mo–Sa 9.30–17.30 Uhr) Die 1579 während der Gegenreformation gegründete Universität Vilnius wurde über 200 Jahre von Jesuiten geführt und entwickelte sich zu einem der bedeutendsten polnischen Bildungszentren. Viele bemerkenswerte Gelehrte gingen aus ihr hervor. 1832 wurde sie von den Russen geschlossen und öffnete erst wieder 1919. Heute zählt sie 23 000 Studenten und besitzt Litauens älteste Bibliothek mit 5 Mio. Bänden, darunter eines der beiden Originale des Katechismus von Martynas Mažvydas, das erste Buch, das in Litauen veröffentlicht wurde.

Das spektakuläre Architekturensemble des Uni-Geländes besteht aus 13 Innenhöfen, die von Gebäuden aus dem 15. Jh., 300 Jahre alten Fresken und der Johanniskirche umgeben sind.

Johanniskirche KIRCHE

(Šv Jonų bažnyčia; Karte S. 308; www.jonai.lt; Šv Jono gatvė 12; Glockenturm 2,50 €; ⏲10–17 Uhr) Der volle Name der Kirche lautet „Kirche des hl. Johannes, Johannes des Täufers, Johannes des Apostels und Johannes des Evangelisten", aber Johanniskirche reicht völlig aus. Sie wurde 1387 gegründet und ist somit älter als die Universität aus dem 16. Jh., auf deren Grund sie steht. Der heutige spätbarocke Bau wurde jedoch erst nach einem Feuer im 18. Jh. errichtet. Der freistehende Glockenturm ist das höchste Bauwerk in der Altstadt. Er birgt das Foucault'sche Pendel, das die Rotation der Erde anzeigt.

Großer Innenhof UNIVERSITÄT

(Karte S. 308; Šv Jono gatvė 12; Erw./Kind 1,50/ 0,50 €; ⌚März–Okt. Mo–Fr 9–18 Uhr, Nov.–April Mo–Sa 9.30–17.30 Uhr) In der Galerie des Innenhofs, des größten der 13 Höfe des Architekturensembles der Universität Vilnius, befinden sich Tafeln, die an die Gründer, Mäzene und Justiziare der Universität erinnern.

Observatoriumshof OBSERVATORIUM

(Karte S. 308; Universiteto gatvė) Auf dem Hof, der über einen älteren Garten angelegt wurde, steht ein Observatorium aus dem 18. Jh., das mit Tierkreiszeichen bemalt ist.

Altstadtzentrum

Quer durch die Altstadt verläuft die Pilies gatvė, die Richtung Süden in die Didžioji gatvė übergeht. Diese wiederum erweitert sich zum Rotušės aikštė, wo auch das ehemalige Rathaus steht und der das eigentliche Zentrum der Altstadt bildet. Entlang dieser Achse liegen beidseitig lohnende Sehenswürdigkeiten, Museen und Kirchen.

Annenkirche KIRCHE

(Šv Onos Bažnyčia; Karte S. 308; ☎8-698 17731; www.onosbaznycia.lt; Maironio gatvė 8-1; ⌚Juni–Aug. 11–19 Uhr, Sept.–Mai ab 17 Uhr, Messe Mo–Sa 18, So 9 & 11 Uhr) Die großartige gotische Kirche aus dem späten 15. Jh. im Schatten der Bernhardinerkirche ist ein winziges Schmuckstück aus rotem Backstein und Fensterbögen. Die Kombination aus 33 verschiedenen Backsteinarten gilt allgemein als die schönste in Vilnius. Napoleon soll so bezaubert von der Annenkirche gewesen sein, dass er sie nach Paris umsetzen wollte.

Bernhardinische Kirche & Kloster KIRCHE

(Šv Pranciškaus Asyžiečio parapija; Karte S. 308; ☎5-262 6004; www.bernardinuansamblis.lt; Maironio gatvė 10; ⌚Mo–Fr 7–19, Sa & So 8–19 Uhr; Zeiten der Gottesdienste auf der Website) Die gewaltigen Pfeiler und hohen Mauern einer der eindrucksvollsten Kirchen in Vilnius würden auch zu einer Festung passen. Nach mehreren Erweiterungen und Ausbauten im 17. und 19. Jh. wurde das Gotteshaus von den Sowjets ganz prosaisch als Lagerhaus genutzt. Die bernhardinischen Mönche nahmen das Gebäude nach der Unabhängigkeit wieder in Besitz, restaurierten es zu altem Glanz und legten Wege für Besucher an, die den Komplex besichtigen wollen.

Bernardinų sodas GARTEN

(Bernhardinische Gärten; Karte S. 308; ☎5-261 1037; Maironio gatvė; ⌚Sonnenaufgang bis Sonnenuntergang) Diese reizenden Gärten in einer Biegung der Vilnia zwischen dem Gediminas-Berg und der Berhardinischen Kirche sind vielleicht der beste Ort in Vilnius für einen Spaziergang an einem warmen Nachmittag. Der frühere Sereikiškės Park ist eine harmonische Verbindung aus abschüssigem Flussufer, geordneten Wegen und einer Fülle von Bäumen und Blumenbeeten.

VILNIUS IN ...

... zwei Tagen

Am ersten Tag wird die Altstadt erkundet, dabei gehören die **Kathedrale**, die **Pilies gatvė**, das **Tor der Morgenröte**, die **13 Höfe der Universität** und ein Mittagessen in einem Terrassenrestaurant in der Altstadt zum Pflichtprogramm. Für den Spätnachmittag empfiehlt sich der Aufstieg (bzw. die Fahrt per Standseilbahn) auf den **Gediminas-Berg**, um den Sonnenuntergang zu bewundern. Am zweiten Tag stehen ein Bummel zur **Verfassung der Republic Užupis** und ein Besuch im **Museum der Genozidopfer** auf dem Programm und anschließend ein Aperitif im **Fernsehturm** mit Panoramablick auf Vilnius.

... vier Tagen

Je nach Interesse folgt ein Streifzug durch das **jüdische Vilnius**, eine Besichtigung der sakralen Schätze im **Museum für Angewandte Kunst** oder ein Besuch in einem der anderen Museen. Zum Abschluss wird die Stadt bei einem **Einkaufsbummel** nach Leinen, Bernstein und litauischer Mode durchstöbert. Wenn's passt, lässt sich auch noch ein Tagesausflug mit dem Zug nach **Trakai** mit ein paar geruhsamen Stunden auf dem Wasser einschieben.

Stadtzentrum Vilnius

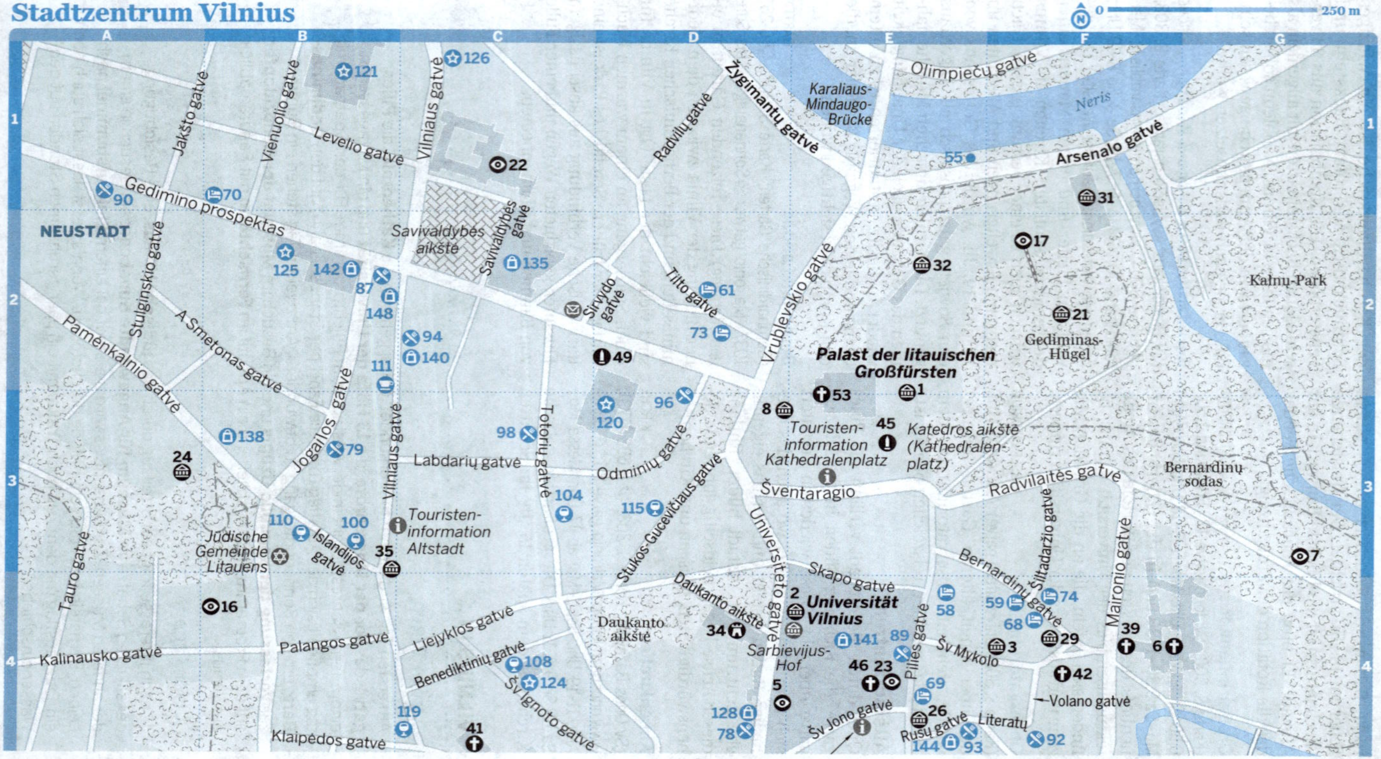

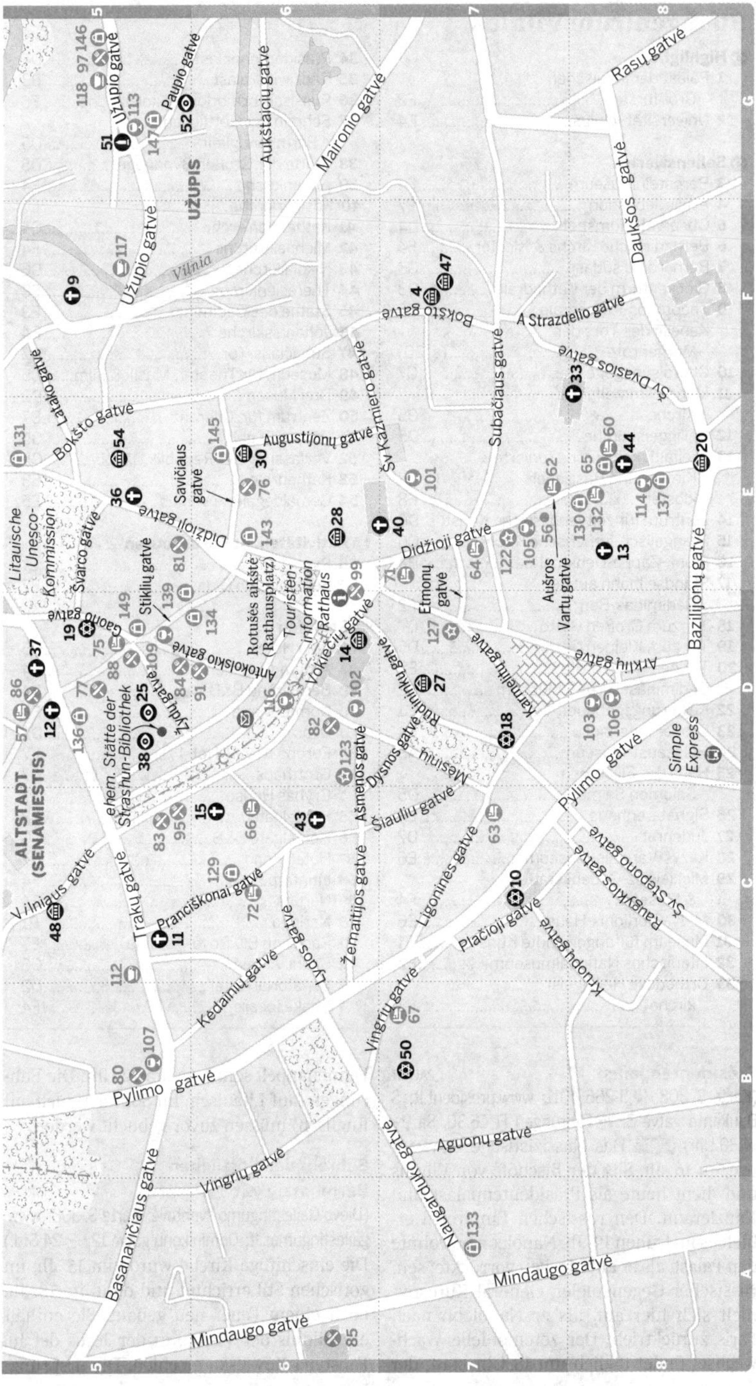
ALTSTADT (SENAMIESTIS)
UŽUPIS
Vilnia
Litauische Unesco-Kommission
ehem. Stätte der Strashun-Bibliothek
Rotušės aikštė (Rathausplatz)
Touristen-information Rathaus
Simple Express
Užupio gatvė
Paupio gatvė
Aukštaičių gatvė
Maironio gatvė
Rasų gatvė
Daukšos gatvė
Latako gatvė
Bokšto gatvė
Augustijonų gatvė
Šv Kazimiero gatvė
Subačiaus gatvė
A Strazdelio gatvė
Šv Dvasios gatvė
Savičiaus gatvė
Didžioji gatvė
Švarco gatvė
Stiklių gatvė
Gaono gatvė
Antokolskio gatvė
Žydų gatvė
Vokiečių gatvė
Etmonų gatvė
Aušros Vartų gatvė
Bazilijonų gatvė
Arklių gatvė
Karmelitų gatvė
Rūdininkų gatvė
Mėsinių
Dysnos gatvė
Ašmenos gatvė
Šiaulių gatvė
Žemaitijos gatvė
Pranciškonai gatvė
Vilniaus gatvė
Trakų gatvė
Pylimo gatvė
Ligoninės gatvė
Plačioji gatvė
Raugyklos gatvė
Šv Stepono gatvė
Krupų gatvė
Lydos gatvė
Kėdainių gatvė
Vingrių gatvė
Basanavičiaus gatvė
Naugarduko gatvė
Aguonų gatvė
Mindaugo gatvė

Stadtzentrum Vilnius

Präsidentenpalast PALAST

(Karte S. 308; ☎5-266 4011; www.president.lt; S Daukanto gatvė 3; ⏲Führungen Fr 16.30, Sa 9–14.30 Uhr) GRATIS Das klassizistische Bauwerk war im 16. Jh. Sitz der Bischöfe von Vilnius und dient heute als Präsidentenpalast und Kanzleramt. Den russischen Empirestil erhielt es im frühen 19. Jh. Napoleon bewohnte den Palast, als er auf Moskau vorrückte; sein russischer Gegenspieler, General Kutusow, hielt sich hier auf, als er Napoleon nach Paris zurücktrieb. Der zeremonielle Wachwechsel findet täglich um 18 Uhr statt, der Fahnenappell sonntags um 12 Uhr. Die Führungen (auf Litauisch, im Sommer auch auf Englisch) müssen zuvor gebucht werden.

Schrein der Göttlichen Barmherzigkeit KIRCHE

(Dievo Gailestingumo šventovė; Karte S. 308; www.gailestingumas.lt; Dominikonų gatvė 12; ⏲24 Std.) Die einschiffige Kirche wurde im 15. Jh. im gotischen Stil errichtet und dann im 18. Jh. nach einem Feuer neu gebaut. Sie enthält ein Bildnis der Vision, in der Jesus der hl. Faustyna Kowalska erschien. Die ursprüngliche Dreifaltigkeitskirche lag in der Sowjetzeit brach und wurde 2004 als Schrein der Göttlichen Barmherzigkeit neu geweiht.

Mickiewicz-Gedenkstätte & Museum MUSEUM

(Mickevičiaus memorialinis butas-muziejus; Karte S. 308; ☎5-279 1879; www.mb.vu.lt; Bernardinų gatvė 11; Erw./Kind 1,16/0,58 €; ⌚Di–Fr 10–17, Sa & So bis 14 Uhr) „Litauen, du mein Vaterland …" stammt aus Polens romantischem Meisterwerk *Pan Tadeusz*. Dessen polnischer Autor Mickiewicz (1798–1855) – Muse der polnischen Nationalisten im 19. Jh. – wuchs in der Nähe von Vilnius auf und studierte an der Universität, bis er 1824 wegen antirussischer Aktivitäten ausgewiesen wurde. Die Räume, in denen er 1822 sein bekanntes Gedicht *Grażyna* (Litauisch: *Gražia;* ein polnischer Name für eine Frau litauischer Abstammung, der „Schönheit" bedeutet) schrieb, zeigen heute Briefe des Dichters.

Bernsteinmuseum MUSEUM

(Gintaro Muziejus-Galerija; Karte S. 308; ☎5-262 3092; www.ambergallery.lt; Šv Mykolo gatvė 8; ⌚10–

WENN WÜNSCHE IN ERFÜLLUNG GEHEN ...

Auf dem Kathedralenplatz ist eine Steinplatte mit einem Stern mit der Aufschrift *stebuklas* (Wunder) markiert: Hier endete 1989 die Menschenkette zwischen Tallin und Vilnius, mit der mehr als 2 Mio. Litauer, Letten und Esten gegen die sowjetische Besatzung demonstrierten. Wer sich etwas wünschen will, dreht sich auf der Platte im Uhrzeigersinn einmal im Kreis. Wo sich die Steinplatte befindet, wird hier nicht verraten – jeder muss sie selbst suchen! Kleiner Tipp ... eigentlich haben wir es doch verraten, dass sie auf dem Kathedralenplatz ist ...

19 Uhr) GRATIS Das engagierte kleine Museum in einem Barockhaus aus dem 17. Jh. ist dem baltischen Gold und den wunderschönen Dingen, zu denen es verarbeitet werden kann, gewidmet. Oben gibt es Nippes und Schmuck, im Untergeschoss große Bernsteinbrocken in vielen Tönen, Brennöfen und andere archäologische Fundstücke. Die Treppe ins Untergeschoss führt durch Epochen der Geschichte von Vilnius.

Gemäldegalerie Vilnius MUSEUM
(Vilniaus Galerija Paveikslų; Karte S. 308; ✆ 5-212 0841; www.ldm.lt; Didžioji gatvė 4; Erw./Kind 1,73/ 0,87 €; ⏲ Di–Sa 11–18, So 12–17 Uhr) Der Chodkevičiai-Palast aus dem frühen 17. Jh. mit wesentlichen Anbauten aus dem 19. Jh. birgt heute eine ständige Ausstellung litauischer Kunst aus dem 16. bis 19. Jh. Wechselausstellungen präsentieren litauische Kunstbewegungen, Künstler und Medien.

Kazys-Varnelis-Museum MUSEUM
(Karte S. 308; ✆ 5-279 1644; www.lnm.lt; Didžioji gatvė 26; ⏲ Di–Sa 10–16 Uhr) In seinen 50 Jahren in den USA wurde Kazys Varnelis mit seinen optischen und dreidimensionalen Gemälden reich und berühmt. Das Museum zeigt seine persönliche Sammlung von Gemälden, Möbeln, Skulpturen, Karten und Büchern, darunter auch Werke von Albrecht Dürer, Francisco Goya und Matteo Di Givanni. Ein Besuch ist nur nach telefonischer Anmeldung möglich.

M.-K.-Čiurlionis Haus HISTORISCHES GEBÄUDE
(Karte S. 308; ✆ 5-262 2451; www.mkcnamai.lt; Savičiaus gatvė 11; ⏲ Mo–Fr 10–16 Uhr GRATIS Im ehemaligen Haus des großen Künstlers und Komponisten befinden sich ein paar Reproduktionen von Čiurlionis, die einen Blick lohnen, falls ein Besuch im Nationalen Čiurlionis-Museum in Kaunas nicht drin ist.

Kasimirkirche KIRCHE
(Šv Kazimiero Bažnyčia; Karte S. 308; ✆ 5-212 1715; www.kazimiero.lt; Didžioji gatvė 34; ⏲ Mo–Fr 9–18.30, So 8–13.30 Uhr) Das bemerkenswerte Gotteshaus, das von 1604 bis 1615 von Jesuiten gebaut wurde, ist die älteste Barockkirche der Stadt. Kuppel und kreuzförmiger Grundriss der Kasimirkirche läuteten im 17. Jh. einen neuen Kirchenstil ein. Im Lauf der Jahrhunderte wurde sie mehrmals zerstört und wiederaufgebaut und erfuhr jüngst eine erneute Renovierung.

Michaeliskirche KIRCHE
(Museum für sakrale Kunst; Karte S. 308; ✆ 5-269 7803; www.bpmuziejus.lt; Šv Mykolo gatvė 9; Erw./ Kind 4,50/2,50 €; ⏲ Di–Sa 11–18 Uhr) Die prächtige Kirche aus dem frühen 17. Jh. wurde von der Sapiega-Familie erbaut und birgt nun ein wunderbares Museum für sakrale Kunst. Das einschiffige Gebäude selbst ist mit seinem Altar aus buntem Marmor und den Alabasterstatuen ein seltenes Beispiel der Architektur der Spätrenaissance in Vilnius. Ausgestellt sind u. a. sakrale Kunst, liturgische Gefäße und seltene Manuskripte sowie eine kostbare Monstranz und Reliquien aus der Kathedrale von Vilnius. Kombi-Tickets für das Museum sowie für Glockenturm und Krypta der Kathedrale kosten 10/5 €.

Theotokos-Kathedrale KATHEDRALE
(Orthodoxe Kathedrale; Karte S. 308; ✆ 5-215 3747; Maironio gatvė 14) Hier stand bereits seit den ausgehenden heidnischen Zeiten des 14. Jhs. in Litauen eine orthodoxe Kirche. Im Lauf der Zeit wurde sie niedergebrannt, aufgegeben, neu gebaut, katholisch geweiht und sogar von der Universität Vilnius als Hörsaal genutzt. Während der Russifizierung im 19. Jh. wurde sie wieder der orthodoxen Kirche übergeben und ist heute das wichtigste orthodoxe Gotteshaus Litauens.

Aušros Vartų Gatvė

Vilnius' älteste Straße, die von der Didžioji gatvė südwärts zum Tor der Morgenröte führt, ist gesäumt von Kirchen und Souvenirläden.

Tor der Morgenröte HISTORISCHES GEBÄUDE
(Aušros Vartai; Karte S. 308; ✆ 5-212 3513; www.ausrosvartai.lt; Aušros Vartų gatvė 12; ⏲ 6–19 Uhr) GRATIS Die Südgrenze der Altstadt wird vom

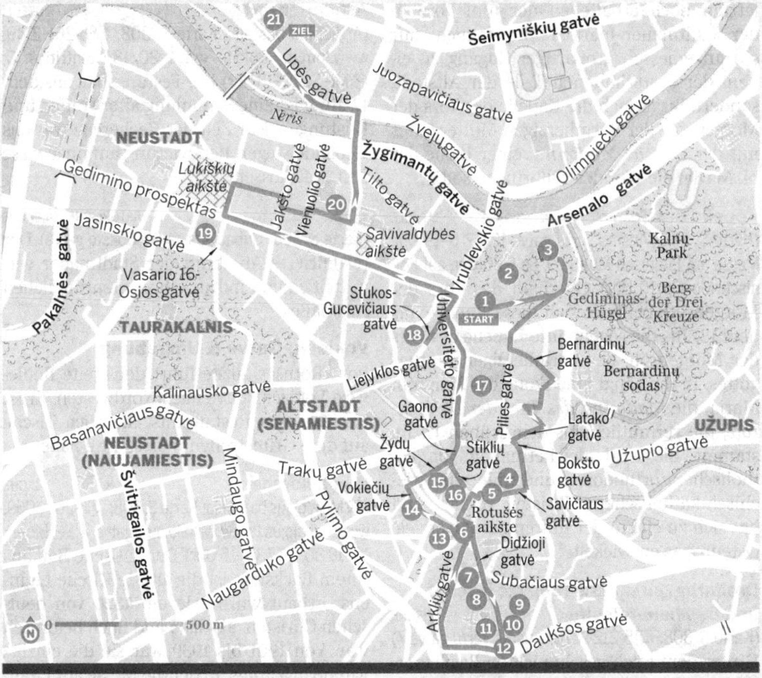

Stadtspaziergang
Highlights von Vilnius

START KATHEDRALENPLATZ
ZIEL SKY BAR
LÄNGE/DAUER 4,9 KM; DREI STUNDEN

Vom Kathedralenplatz mit „Zauberplatte“, 1 **Kathedrale** (S. 304) und 2 **Großfürstenpalast** (S. 303) geht's hinauf durch den Park zur 3 **Burg** (S. 306) auf dem Gediminas-Berg mit Blick auf die Stadt. Hinab gelangt man über die Pilies gatvė in die Altstadt. Einen Eindruck vom malerischen alten Vilnius vermittelt der Weg nach links in die Bernardinų gatvė und dann kreuz und quer durch Volano gatvė, Literatu gatvė, Rusu gatvė und Latako gatvė bis zur Bokšto gatvė. Auf halbem Weg in der Bokšto biegt man rechts in die Savičiaus gatvė ab, wo Kunsthandwerk im 4 **Senųjų Amatų Dirbtuvės** (S. 331) und Werke des größten Künstlers Litauens im 5 **M.-K.-Čiurlionis-Haus** (S. 312) warten. Weiter über die Savičiaus bis zur Didžioji gatvė führt der Abzweig nach links am 6 **alten Rathaus** vorbei. Über die Aušros Vartų mit 7 **Philharmonie** (S. 329), 8 **Basilius-Tor**, 9 **Orthodoxer Heiliggeistkirche** (S. 314), 10 **Theresienkirche** (S. 314) und 11 **Künstlerateliers** kommt man schließlich zum 12 **Tor der Morgenröte** (S. 312).

Durch das Tor geht's über die Bazilijonų gatvė nach Westen und dann nach Norden über die Arklių gatvė zum Rotušes aikštė mit dem 13 **Zentrum für Zeitgenössische Kunst** (S. 314). Nach Erfrischung auf einer Caféterrasse in der 14 **Vokiečių gatvė** spaziert man zur Žydų gatvė und ins jüdische Vilnius. In der Jüdischen Straße Richtung Norden locken 15 **Boutiquen** und in der Stiklių gatvė das 16 **Zoraza** (S. 330) und andere Designerläden. Die Gaono gatvė führt nordwärts zur 17 **Universität Vilnius** (S. 306).

Erschöpft? Dann zurück zum Kathedralenplatz und über die Stuokos-Gucevičiaus gatvė zum 18 **Tappo D'Oro** (S. 326) für eine Pause. Noch nicht genug gesehen? Westwärts über den Gedimino prospektas geht's zum 19 **Museum der Genozidopfer** (S. 317), dann rüber auf den Lukiškių aikštė und am 20 **Opern- & Balletttheater** (S. 329) vorbei. Jenseits der Brücke nach Šnipiškės wartet dann die 21 **Sky Bar** (S. 327) mit tollen Aussichten.

letzten noch erhaltenen der fünf Tore in der Stadtmauer markiert. Es ist nicht nur ein angemessen großartiger Zugang zu einem der besterhaltenen Teile der Altstadt, sondern birgt auch die Kapelle des Tors der Morgenröte der Barmherzigen Muttergottes mit der *Vilnius-Madonna,* einer Ikone der hl. Maria, die Wunder vollbringen soll.

Kapelle des Tors der Morgenröte KAPELLE
(Karte S. 308; Aušros Vartų gatvė 12; ⌚6–19 Uhr, Messe auf Litauisch Mo–Sa 9, So 9.30 Uhr, auf Polnisch Mo–Sa 10 Uhr) Oberhalb des Tors der Morgenröte befindet sich diese Kapelle aus dem 18. Jh., die sogenannte Kapelle des Tors der Morgenröte der Barmherzigen Muttergottes. In ihr hängt eine Ikone der Jungfrau Maria, die *Madonna des Tors der Morgenröte,* die vermutlich aus dem frühen 17. Jh. stammt. Sie wird gleichermaßen von katholischen, orthodoxen und unierten (griechisch-katholischen) Christen verehrt und hat sich zu einem der führenden Pilgerziele Osteuropas entwickelt.

Dreifaltigkeitskirche (unierte Kirche) und Basilianerkloster KIRCHE
(Karte S. 308; ☎5-212 2578; Aušros Vartų gatvė 7) Hinter dem reich geschmückten Basilianertor liegt diese Kirche und Klosteranlage aus dem 16. Jh., eine Mischung aus barocken, gotischen und russisch-byzantinischen Stilformen. Die unierten Kirchen bemühten sich, die östlichen und westlichen Kirchen zu vereinen. Die Messe wird nur auf Ukrainisch gelesen.

Theresienkirche KIRCHE
(Šv Teresės Bažnyčia; Karte S. 308; ☎5-212 3513; www.ausrosvartai.lt; Aušros Vartų gatvė 14; ⌚7–19 Uhr) Die Karmeliterkirche zeigt außen Frühbarock und innen üppigen Spätbarock. Unterhalb des Eingangs liegt eine Totenkammer mit einigen schönen barocken Grabmälern, die jedoch meist geschlossen ist.

Orthodoxe Heiliggeistkirche KIRCHE
(Stačiatikių Šv Dvasios Cerkvė; Karte S. 308; ☎5-212 7765; Aušros Vartų gatvė 10; ⌚10–17 Uhr) Das Gotteshaus aus dem 17. Jh. mit seiner rosa Kuppel ist die russisch-orthodoxe Hauptkirche Litauens. In einer Kammer am unteren Ende einer Treppe vor dem Altar ruhen die einbalsamierten Leichen dreier Märtyrer aus dem 14. Jh. Die Füße des hl. Antonius, des hl. Iwan und des hl. Eustachius lugen sogar hervor. Angrenzend befinden sich ein orthodoxes Männer- und ein Frauenkloster, die einzigen im Land.

Artilleriebastion MUSEUM
(Artilerijos bastėja; Karte S. 308; ☎5-261 2149; www.lnm.lt; Bokšto gatvė 20/18; Eintritt 1 €; ⌚Mi–So 10–18 Uhr) Der Festungsbau aus dem 17. Jh. zeigt eine Sammlung alter Waffen und Rüstungen. Zur Zeit der Recherche war das Gebäude wegen Renovierung auf ungewisse Zeit geschlossen.

Subačiaus-Tor HISTORISCHES GEBÄUDE
(Karte S. 308; Subačiaus gatvė/Bokšto gatvė) Der restaurierte Abschnitt der Stadtmauer vermittelt einen Eindruck ihres ursprünglichen Ausmaßes.

Vokiečių Gatvė & Umgebung

Vom Rotušės aikštė führt der breite Boulevard Vokiečių gatvė nach Nordwesten. Er ist gesäumt von Restaurants, die auch Tische auf dem Grünstreifen in der Mitte haben.

Nikolaikirche KIRCHE
(Šv Mikalojaus bažnyčia; Karte S. 308; ☎5-262 3069; www.mikalojus.lt; Šv Mikalojaus gatvė 4; ⌚Mo–Fr 13–18.30, So 7.30–15 Uhr) Der gotische Bau aus rotem Backstein ist die älteste Kirche Litauens. Erbaut wurde sie um 1320 von deutschen Christen, als das Land noch heidnisch war. Von 1901 bis 1939 war sie die einzige Kirche in Vilnius, in der die Messe auf Litauisch gelesen wurde. Sie ist erstaunlich gut erhalten (abgesehen von einigen Barockelementen) und auf jeden Fall einen Besuch wert.

Zentrum für zeitgenössische Kunst MUSEUM
(Šiuolaikinio Meno Centras, SMC; Karte S. 308; ☎5-212 1945; www.cac.lt; Vokiečių gatvė 2; Erw./Kind 2,32/1,16 €; ⌚Di–So 12–22 Uhr) Mit 2400 m² Ausstellungsfläche für Fotos, Videos, Installationen und andere Exponate sowie einem Programm mit Vorträgen, Livemusik und Filmvorführungen ist dies das größte Zentrum für zeitgenössische Kunst im Baltikum. Mittwochs ist der Eintritt frei, Veranstaltungen haben unterschiedliche Eintrittspreise.

Russisch-orthodoxe Nikolaikirche KIRCHE
(Karte S. 308; ☎5-261 8559; Didžioji gatvė 12) Die Kirche wurde im frühen 16. Jh. im gotischen Stil erbaut, 300 Jahre später im barocken Stil restauriert und während der Russifizierung im 19. Jh. im russisch-byzantinischen Stil umgestaltet. Informationen sind auf Russisch; Fotografieren im Innenraum ist strikt verboten.

Evangelisch-lutherische Kirche KIRCHE
(Evangelikų liuteronų bažnyčia; Karte S. 308; www.augustana.lt; Vokiečių gatvė 20; ⌚Mo–Fr 11–14 Uhr)

STÄTTEN DES JÜDISCHEN ERBES

In der Altstadt von Vilnius lebte einst eine große jüdische Gemeinde, die in der ganzen Welt für ihre Frömmigkeit und Glaubensstärke bekannt war.

Beim deutschen Einfall in die Sowjetunion 1941 fiel Vilnius nach wenigen Tagen an die Nazis. In den folgenden drei Monaten ermordeten die Deutschen (zusammen mit vielen Litauern, einige freiwillig, andere widerwillig) etwa 35 000 Juden – fast die Hälfte der Gemeinde in Vilnius – im Wald von Paneriai. Die überlebenden Juden wurden in zwei Gettos getrieben, auch sie wurden schließlich getötet. Etwa 6000 Vilniuser Juden konnten entkommen.

Heute hat die jüdische Gemeinde in Litauen etwa 5000 Mitglieder, von denen 80 % in Vilnius leben. Seit der Unabhängigkeit gab es etliche bedeutende Ereignisse um die kleine Gemeinde. 2001 wurde das **Jiddische Institut** (www.judaicvilnius.com) im Fachbereich Geschichte der Universität von Vilnius gegründet.

Die wichtigsten jüdischen Sehenswürdigkeiten und Holocaust-Gedenkstätten in Vilnius werden vom **Jüdischen Staatsmuseum Gaon von Wilna** (www.jmuseum.lt) verwaltet.

Holocaust-Museum (Holokausto Muziejus; Karte S. 308; ☎5-262 0730; www.jmuseum.lt; Pamėnkalnio gatvė 12; Erw./Kind 2,40/1,20 €; ⌚Mo–Do 9–17, Fr 9–16, So 10–16 Uhr) Das Holocaust-Museum erzählt die ungeschminkte Geschichte der Vernichtung der einst blühenden jüdischen Gemeinde von Vilnius, den Litwakes, mittels Fotos, Urkunden und Augenzeugenberichten. Es befindet sich im sogenannten Grünen Haus. Die Ausstellung ist zwar nicht zeitgemäß interaktiv, ist aber vielleicht gerade deswegen umso bewegender. Viele der Exponate wurden von Überlebenden und Familien der Opfer gespendet.

Zentrum für Toleranz (Karte S. 308; ☎5-262 9666; www.jmuseum.lt; Naugarduko gatvė 10/2; Erw./erm. 3/1,10 €; ⌚Mo–Do 10–18, Fr & So bis 16 Uhr) Das Zentrum für Toleranz ist eine der drei Hauptabteilungen des Jüdischen Staatsmuseums Gaon von Wilna. Das Gebäude, das zu verschiedenen Zeiten als Asyl, Konzerthalle und Theater diente, enthält litwische Kunst sowie kulturelle und historische Exponate. Es ist eine spannende Ergänzung zum Holocaust-Museum. Hier geht es weniger um den Holocaust als vielmehr um jüdische Geschichte und Kultur in den Jahrhunderten vor dem Zweiten Weltkrieg.

Die Begleittafeln auf Englisch im zweiten Stock sind zwar lang, aber hilfreich. Jede befasst sich mit einem Thema und ist ausgewogen und informativ. Aufschlussreich ist eine ständige Ausstellung zur jüdischen Avantgarde zwischen den Weltkriegen.

Choralsynagoge (Choralinė Sinagoga; Karte S. 308; ☎5-261 2523; Pylimo gatvė 39; Spenden willkommen; ⌚So–Fr 10–14 Uhr) Die 1903 erbaute Synagoge ist das einzige jüdische Gotteshaus in Vilnius, das den Zweiten Weltkrieg unbeschadet überstanden hat (die Nazis nutzten es als Sanitätshaus). Andachten in der Tradition der Misnagdim (Gegner der Chassidim) werden täglich abgehalten.

Tor zum Kleinen Getto (Karte S. 308; www.jewishcenter.lt; Stiklių gatvė 12) Dies war einst der Zugang zum zentralen jüdischen Viertel in den Straßen westlich der Didžioji gatvė. Heute erinnern nur noch Straßennamen wie Žydų (Juden) und Gaono (Gaon) an jene Zeit. Eine kleine Tafel markiert den Standort des Tors zum Getto, das 1941 vernichtet wurde.

Tor zum Großen Getto (Karte S. 308; Rūdninkų gatvė 18) Eine Tafel und ein Stadtplan markieren an Nr. 18 den Eingang zum Großen Getto, in dem zwischen 1941 und 1943 29 000 *Litwakes* von den Nazis eingesperrt waren.

Stätte der Großen Synagoge (Karte S. 308; Žydų gatvė 1-2) Die Große Synagoge von Wilna, die in den 1930er-Jahren am Standort einer älteren Synagoge erbaut wurde, ist in den 1950er-Jahren von den Sowjets gänzlich zerstört worden, nachdem die Nazis sie bereits im Zweiten Weltkrieg verwüstet hatten. An der Stelle befindet sich heute ein Denkmal des Gaon von Wilna. Geplant ist derzeit, bis 2018 ein passendes Denkmal zu errichten.

Haus des Elijah Ben Salomon Salman (Karte S. 308; Žydų gatvė 5) Eine Tafel markiert das ehemalige Haus des berühmten jüdischen Gelehrten aus dem 18. Jh.

Stätte des Neuen Jüdischen Friedhofs (Karte S. 304) Eine Gedenkstätte markiert den Ort des jüdischen Friedhofs von Vilnius aus dem 19. Jh., der in den 1960er-Jahren von den Sowjets zerstört wurde.

Judenrat (Karte S. 308; Rudninku gatvė 8) Stätte der jüdischen Gettoverwaltung während des Zweiten Weltkriegs.

Die in einem Hof verborgene restaurierte Kirche gehört zur kleinen evangelischen Gemeinde von Vilnius. Sie stammt von 1555, zeigt aber Elemente der Gotik, des Barock und des Rokoko. Zu Sowjetzeiten teilte ein Betonboden die Kirche in Werkstatt und Basketballfeld.

Vilniaus Gatvė & Umgebung

An der Kreuzung von Vokiečių gatvė, Vilniaus gatvė und Dominikonų gatvė stehen mehrere recht große Klosterkirchen aus dem 17. und 18. Jh.

Heiliggeistkirche KIRCHE

(Šv Dvasios bažnyčia; Karte S. 308; Dominikonų gatvė 8; ⌚15–19 Uhr) Die herrlich verschnörkelte, spätbarocke Kirche stammt aus der Zeit des Großfürsten Vytautas im frühen 15. Jh. Der phantastische Innenraum mit seiner verschwenderischen Rokokoausstattung und der Orgel aus dem 18. Jh. ist begehrt bei Hochzeitspaaren und Fans von religiösem Kitsch.

Katharinenkirche KIRCHE

(Karte S. 308; ☎5-262 0421; Vilniaus gatvė 30) Die doppeltürmige Kirche aus dem 18. Jh. mit üppiger Barock- und Rokokoausstattung gehörte einst zu einem Benediktinerkloster. Im Zweiten Weltkrieg wurde sie beschädigt und von unsentimentalen Sowjetsoldaten als Lagerhaus genutzt. Heute dient sie als Konzerthalle für klassische Musik.

Mariä-Himmelfahrt-Kirche KIRCHE

(Karte S. 308; Trakų gatvė 9/1) Die Franziskanerkirche aus dem 15. Jh., als „Sandbodenkirche" nach ihrem Standort bezeichnet, diente 1812 der französischen Armee als Hospital und beherbergte von 1864 bis 1934 und von 1949 bis 1989 die Staatsarchive. 1998 wurde sie an die Franziskaner zurückgegeben und über Jahre sorgfältig restauriert.

Museum für Theater, Musik & Film MUSEUM

(Teatro, muzikos ir kino muziejus; Karte S. 308; www.ltmkm.lt; Vilniaus gatvė 41; Erw./Stud. 2,03/1,45 €; ⌚Di–Fr 11–18, Sa 11–16 Uhr) Artefakte zu Musik, Bühne und Film Litauens stehen in diesem Museum im Mittelpunkt. Ausgestellt werden Musikinstrumente aus drei Jahrhunderten – darunter auch eine *pūslinė* (ein einfaches baltisches Saiteninstrument aus Tierblasen) und mehrere *kanklės* (Zupfinstrumente ähnlich einer Zither) – sowie Kuriositäten aus litauischen und sowjetischen Filmen und eine große Sammlung zum Nationaltheater.

Radziwill-Palast MUSEUM

(Radvilų rūmai; Karte S. 308; ☎5-212 1477; www.ldm.lt; Vilniaus gatvė 24; Erw./Stud. 1,73/0,87 €; ⌚Di–Sa 11–18, So 12–17 Uhr) In dem Palast aus dem 17. Jh. ist die Abteilung für ausländische Kunst des Litauischen Kunstmuseums untergebracht.

Frank-Zappa-Denkmal DENKMAL

(Karte S. 308; Kalinausko gatvė 1) Westlich der Vilniaus gatvė ist die Rock-Legende Frank Zappa in einer 4,2 m hohen Bronzebüste auf einer Edelstahlsäule verewigt. Die Büste war das weltweit erste Denkmal für den exzentrischen Amerikaner, der 1993 starb. Man muss auf dem Parkplatz schon genau hinschauen, da sie nicht sofort zu sehen ist. Die Graffiti an der Mauer um den Platz sind auch interessant.

Östlich des Gediminas-Bergs

★ Antakalnis-Friedhof FRIEDHOF

(an der Karių kapų gatvė; ⌚9 Uhr–Sonnenuntergang) In der grünen Vorstadt, nur ein kurzes Stück östlich des Zentrums, liegt einer der schönsten Friedhöfe Osteuropas. Hier sind die Menschen begraben, die am 13. Januar 1991 von sowjetischen Spezialeinheiten getötet wurden. Eine Skulptur der Madonna, die ihren Sohn in den Armen hält, erinnert an sie. Ein anderes Denkmal ehrt die napoleonischen Soldaten, die auf dem Rückzug vor der russischen Armee in Vilnius an Hunger und Verletzungen starben. Die sterblichen Überreste von 2000 dieser Soldaten wurden erst 2002 entdeckt.

Auch Hunderte polnische Soldatengräber, darunter vieler unbekannter Soldaten, befinden sich hier, was gemischte Gefühle hervorruft, besonders an Allerheiligen (1. November). Das Grab des ehemaligen Präsidenten Algirdas Brazauskas liegt etwas verwaist an einem Hang in einem neueren Abschnitt des Friedhofs.

Drei Kreuze DENKMAL

(Trys kryžiai; Karte S. 304) Erstmals wurden hier im 17. Jh. Kreuze für Mönche errichtet, die 300 Jahre zuvor von Heiden gemartert wurden. Die heutigen Kreuze ersetzen drei, die von den Sowjets niedergewalzt wurden; ihre verbogenen Reste sind unter den aktuellen Kreuzen zu sehen. Von der T. Kosciuskos gatvė führt ein Weg den Hügel hinauf, der herrliche Aussichten auf die Stadt bietet.

Kirche St. Peter & Paul KIRCHE

(Šv Apaštalų Petro ir Povilo Bažnycla; Karte S. 304; ☎5-234 0229; Antakalnio gatvė 1; ⌚6–18.30 Uhr)

REBELLEN MIT HINTERSINN: DIE REPUBLIK UŽUPIS

Die aufmüpfige, rebellische Neigung der Litauer kommt am deutlichsten im Szenezentrum von Vilnius zum Vorschein, wo Künstler, Träumer, Säufer und Hausbesetzer eine unabhängige Republik ausgerufen haben.

Die Užupio Republika (Republik Užupis) wurde offiziell, oder eher alternativ, 1998 gegründet. Der kleine Spaßstaat hat einen eigenen Präsidenten, eine Hymne, eine Flagge und eine Verfassung mit 41 Artikeln.

Am 1. April feiern die Bürger der Republik Užupis ihren inoffiziellen Staat. Grenzwächter ziehen witzige Kostüme an und stempeln an der Hauptbrücke Pässe. Der Präsident hält auf dem kleinen Hauptplatz des Viertels, der Kreuzung zwischen Užupio, Maluno und Paupio gatvė, eine Rede. Hier steht auch das Wahrzeichen der Republik, der **Engel von Užupis** (s. unten). Im gesamten Viertel, das immer trendiger wird, entstehen mehr und mehr Kunstgalerien, Restaurants und Kunsthandwerksläden.

Vom wenig reizvollen Äußeren der Kirche sollte sich keiner täuschen lassen. Das barocke Innere – eine Orgie aus über 2000 Stuckornamenten, die zwischen 1675 und 1704 von italienischen Bildhauern geschaffen wurden, ist das schönste des Landes. Die Kirche wurde vom litauischen Adligen Mykolas Kazimieras Paca gestiftet, sein Grab befindet sich auf der rechten Seite der Vorhalle.

Užupis

Verfassung der Republik Užupis WAHRZEICHEN

(Karte S. 308; Paupio gatvė) Die 41 Punkte der Verfassung der „Republik" Užupis ist auf Englisch, Französisch, Litauisch und mehreren anderen Sprachen auf Tafeln entlang der Paupio gatvė eingraviert. Sie garantieren ihren Bürgern u. a. das Recht auf heißes Wasser, das Recht, einzigartig zu sein, zu lieben, frei, glücklich (oder unglücklich) zu sein sowie ein Hund zu sein. Die Verfassung endet mit den Worten: „Lass dich nicht besiegen. Wehre dich nicht. Ergib dich nicht."

Užupis-Engel DENKMAL

(Karte S. 308; Užupio gatvė) Die Statue eines trompetenden Engels ist seit ihrer Errichtung 2002 ein Symbol des urigsten Stadtteils von Vilnius.

Neustadt

Die Neustadt (Naujamiestis) aus dem 19. Jh. erstreckt sich von der Kathedrale und der Altstadt 2 km nach Westen. Der mittelalterliche Charme der Altstadt wird hier abgelöst durch breite Boulevards und grüne Parks.

Gedimino Prospektas

Zwischen der spektakulären Silhouette der römisch-katholischen Kathedrale und den silbernen Kuppeln der russisch-orthodoxen **Erscheinungskirche** (Znamenskaya Tserkov; Karte S. 304; A Mickevičiaus gatvė 1) liegt der elegante Gediminas-Prospekt, die Hauptstraße des modernen Vilnius. Auf 1,75 km Länge drängeln sich Geschäfte, ein Theater, Banken, Hotels, Restaurants, Büros, einige Grünanlagen und verschiedene Behörden, darunter das litauische **Regierungsgebäude** (Karte S. 308; www.lrv.lt; Gedimino prospektas 11) und das Parlament. 1852 wurde die Straße angelegt, seither hat sie elfmal den Namen gewechselt: Die Zaristen benannten sie nach dem hl. Georg, die Polen nach Mickiewicz und die Sowjetherrscher zuerst nach Stalin, dann nach Lenin.

Früher stand eine Leninstatue auf dem **Lukiskių aikštė**, einem Platz, der einst seinen Namen trug. Inzwischen ist das Standbild abgebaut und heute im Grūtas Park in Druskininkai zu sehen.

★ **Museum der Genozidopfer** MUSEUM

(Genocido Aukų Muziejus; Karte S. 304; ☎ 5-249 8156; www.genocid.lt/muziejus; Aukų gatvė 2a; Erw./erm. 2/1 €; ⏲ Mi–Sa 10–18, So bis 17 Uhr) Das ehemalige Hauptquartier des KGB (und davor der Gestapo, der polnischen Besetzer und der zaristischen Justiz) ist heute ein Museum für die Tausenden Litauer, die vom Zweiten Weltkrieg bis in die 1960er-Jahre von den Sowjets ermordet, inhaftiert oder deportiert wurden. Die Fassade des Gebäudes ist mit Gedenktafeln für die Toten gepflastert. In den Räumen ist die grausame Wirklichkeit der sowjetischen Besatzung dokumentiert, unter anderem durch ergreifende, persönliche Berichte über litauische Gefangene in Sibirien.

Doch der Schrecken wartet im Keller: Gefängniszellen und ein Hinrichtungsraum, in dem zwischen 1944 und den 1960er-Jahren über 1000 Gefangene erschossen oder durch Stich in den Schädel ermordet wurden.

Parlament REGIERUNGSGEBÄUDE
(Seimas; Karte S. 304; ☎5-239 6060; www.seimas.lt; Gedimino prospektas 53) Der klotzige, unschöne „Palast" aus der Sowjetzeit, Sitz des litauischen Seimas (Parlament), war Schauplatz einer historischen Konfrontation. Am 13. Januar 1991 wurden Barrikaden errichtet, um die sowjetischen Truppen daran zu hindern, die Erklärung zur Unabhängigkeit Litauens zu zerschlagen, die im Jahr zuvor unterzeichnet wurde. 14 Menschen kamen bei den Auseinandersetzungen ums Leben, aber die Soldaten fügten sich letztendlich dem Volkswillen und verließen im folgenden Dezember Vilnius für immer.

Drei Musen STATUE
(Karte S. 308; Gedimino prospektas 4) Die Skulptur der drei Musen wacht dramatisch über dem Eingang zum Litauischen Nationaltheater. Die ungewöhnlichen, schwarz gekleidesten Gestalten, die Schauspiel, Komödie und Tragödie repräsentieren, verbergen sich hinter goldenen Masken und werden von Touristen gerne fotografiert.

Südlich des Gedimino Prospektas

Vingis-Park PARK
(Karte S. 304; www.vilniausparkai.lt; MK Čiurlionio gatvė 100) Am Westende der Čiurlionio gatvė liegt der waldige Vingis-Park, der an drei Seiten von der Neris umschlossen wird. Im Park steht ein großes Amphitheater, Schauplatz des litauischen Lied- und Tanzfestes (im Juli). Zu erreichen ist es mit der O-Buslinie 7 vom Bahnhof oder der Linie 3 von der Haltestelle Gedimino in der Vilniaus gatvė bis zur Haltestelle Kęstučio (die zweite hinter der Brücke über den Fluss), von dort sind es ein paar Schritte weiter über die Fußgängerbrücke am Ende der Treniotos gatvė.

Romanow-Kirche KIRCHE
(Karte S. 304; Jono Basanavičiaus gatvė 27) Die ehemals orthodoxe Kirche St. Michael und Konstantin mit ihren dicken Zwiebeltürmen und dem verschnörkelten Kirchenraum wurde anlässlich des 300-jährigen Bestehens der Romanow-Dynastie erbaut. Niemand ahnte wohl, dass sie nur noch weitere vier Jahre bestehen würde.

Blumenmarkt MARKT
(Karte S. 304; Basanavičiaus gatvė 42; ⌚24 Std.) Wer immer bei Vilniusern eingeladen ist, findet auf der durchgängig geöffneten Institution der Stadt einen perfekten Strauß zum Mitbringen. Feilschen wird erwartet.

Kenessa HAUS
(Karte S. 304; Liubarto gatvė 6) Westlich der Jasinskio gatvė auf der anderen Seite der Neris steht diese *kenessa,* ein traditionelles Gebetshaus der Karäer von 1911.

Šnipiškės

Das Viertel Šnipiškės am Nordufer der Neris hat sich verändert: Die schäbigen sowjetischen Betonblocks sind verschwunden. Stattdessen zeichnet sich hier heute eine neue Skyline mit Hochhäusern ab. Der **Europaturm** (Karte S. 304; Konstitucijos Prospektas 7) auf dem **Geschäfts- & Einkaufszentrum Europa** ist mit 129 m der höchste Wolkenkratzer des Baltikums.

Das neue Geschäftsviertel, auch „Sunrise Valley" genannt, wächst zügig weiter: Baustellen und Hochhäuser entstehen zwischen den Relikten der Sowjetarchitektur. Als Teil der Stadterneuerung wurden zwei Brücken errichtet, die den Europaturm mit dem Zentrum verbinden. Außerdem ist die **Stadtverwaltung** (Konstitucijos prospektas 3) hierhergezogen.

Museum für Energie und Technologie MUSEUM
(Karte S. 304; ☎5-278 2085; www.emuziejus.lt; Rinktinės gatvė 2; Erw./Kind 3/1,50 €; ⌚Di, Mi, Fr & Sa 10–17, Do bis 19 Uhr) Das erste Kraftwerk von Vilnius war von 1903 bis 2003 in Betrieb und birgt nun Ausstellungen zur Energie, Technologie und deren historischer Entwicklung. Die originalen Maschinen zur Energieerzeugung blieben erhalten und sind besonders eindrucksvoll.

Raphael-Kirche KIRCHE
(Šv Rapolo bažnyčia; Karte S. 304; ☎5-272 4164; Šnipiškių gatvė 1; ⌚So–Fr 6.30–9 & 17–22 Uhr) Die schöne spätbarocke Kirche und das angrenzende Kloster wurden von Jesuiten errichtet.

Außerhalb des Zentrums

Fernsehturm TURM
(Televizijos Bokštas; ☎5-252 5333; www.telecentras.lt; Sausio 13-osios gatvė 10; Erw./Kind 6/2,60 €; ⌚Aussichtsplattform Di–Sa 11–23, So & Mo 11–21 Uhr; 🚌1, 3, 7, 16) Der 326 m hohe Fernsehturm am westlichen Horizont der Stadt ist kaum zu übersehen. Der hohe nadelförmige Turm symbolisiert die litauische Willenskraft: Am

VILNIUS FÜR KINDER

Vilnius ist insgesamt toll für Kinder: Die Stadt ist freundlich, relativ klein und bietet genug Bootstouren, Heißluftballonfahrten, Burgen und Pizza, um sie bei Laune zu halten. Wenn es kalt wird, sorgt das Einkaufszentrum Akropolis (S. 331) mit Kino, Eislaufbahn und Spielparadies für Kinder unter zwölf Jahren für genug Vergnügen.

Für Kinder ist Planschen in der gut ausgestatteten Südseebadelandschaft **Vichy Aquapark** (Vandens Parkas; ☎8-700 55118; www.vandensparkas.lt; Ozo gatvė 14c; Erw./Kind Tageskarte 22/10 €; ⏲tgl. 12–22 Uhr) ein Vergnügen. Die Kleinen können sich auf den aufregenden Wasserrutschen und in einem Wellenbad austoben, während die Eltern in den Whirlpools, Dampfbädern und Massagesalons entspannen.

Die gut ausgestattete **Eisarena Akropolis** (☎5-249 2878; www.akropolis.lt; Ozo gatvė 25, Akropolio aikštė I-152; pro 45 Min. 2–3 €; ⏲8–23 Uhr) ist ideal für Regentage.

13. Januar 1991 töteten sowjetische Soldaten hier zwölf Kämpfer für die Unabhängigkeit und das litauische Fernsehen sendete weiter, bis Soldaten durch das Tor des Sendeturms einbrachen. Für die Gefallenen stehen am Turm Denkmäler, im Turm selbst gibt es ein Drehrestaurant und eine Aussichtsplattform, den Milky Way, auf 165 m Höhe.

Aktivitäten

Abgesehen von Wandern und Radfahren ist Vilnius mit Outdooraktivitäten nicht gerade reich gesegnet, bietet aber eine, die es sonst nicht überall gibt: Fahrten mit dem Heißluftballon.

Oreivystės Centras BALLONFAHRTEN
(Karte S. 304; ☎5-273 2703; www.ballooning.lt; Upės gatvė 5; pro Pers. 89–179 €) Das Ballonfahrtzentrum dient zur Förderung und zur Entwicklung von Ballonfahrten in Litauen, verkauft aber auch Flüge über Vilnius, Trakai, Kaunas und andere Landesteile. Einstündige Flüge gibt es bei passender Wetterlage frühmorgens oder am Abend.

Ryga BOOTSFAHRTEN
(Karte S. 308; ☎8-685 01000; www.barta.lt; 1 Std. Erw./Kind 8/4 €; ⏲11–21 Uhr) Das Ausflugsboot *Ryga* legt im Sommer (Mai–Sept.) den ganzen Tag über in einem kleinen Hafen an der Südseite der Brücke zwischen Karaliaus und Mindaugo ab, aber nur bei mindestens zehn Passagieren. Kinder unter fünf Jahren fahren umsonst mit.

Geführte Touren

Zweistündige Altstadtrundgänge mit Führung in deutscher und englischer Sprache (10 €) organisiert die Touristeninformation (S. 332) von Mitte Mai bis Mitte September montags, mittwochs, freitags und sonntags um 11 Uhr. Sie verleiht auch Audioguides (10 €) für Erkundungen auf eigene Faust und verteilt kostenlose Broschüren über thematische Rundgänge wie das jüdische Vilnius, Vilnius für Musikfreunde oder Burgen und Paläste in Vilnius.

Senamiesčio Gidas BUSRUNDFAHRT
(Altstadtführer; Karte S. 308; ☎5-261 5558; www.vilniuscitytour.com; Aušros Vartų gatvė 7; Erw./Kind pro Fahrt 12/6 €; ⏲10–15 Uhr 5-mal tgl.) Organisiert Halbtagstouren mit dem Minibus durch Vilnius und das jüdische Vilnius, ebenso Touren „Auf den Spuren Ihrer Vorfahren“ und Tagesausflüge nach Trakai und Kernavė, zum Grūtas Park (sowjetischer Skulpturenpark) und Europas geografischem Zentrum. Die Preise hängen von der Teilnehmerzahl ab; weitere Infos auf der Website.

Festivals & Events

Vilnius bietet das ganze Jahr über diverse Feste, die auf www.vilnius-events.lt und www.vilnius-tourism.lt aufgeführt sind. Einige der größeren Events:

Užgavėnės KARNEVAL
Heidnischer Karneval am Faschingsdienstag (meist Februar).

Kaziukas-Kunsthandwerksmarkt KULTURELL
(www.kaziukomuge.lt) Das Fest für Kunsthandwerk und Tradition findet seit dem 17. Jh. in der Altstadt am Kasimirtag (4. März) statt.

Internationales Filmfestival Vilnius FILM
(www.kinopavasaris.lt) Das Filmfestival, das Kino Pavasaris („Kinofrühling“), findet jeden März statt.

Pavasario Lygiadienis KULTURELL
Heidnisches Fest zur Tagundnachtgleiche im März

New Baltic Dance TANZ
(www.dance.lt) Festival des zeitgenössisches Tanzes Anfang Mai.

Vilnius-Fest MUSIK
(www.vilniusfestivals.lt) Klassische Musik, Jazz und Folkmusik in den Höfen der Altstadt im Juni.

Kulturnacht KULTUR
(Kulturos Naktis; www.kulturosnaktis.lt) Vilnius erwacht (noch mehr) zum Leben während dieses wunderbaren Festivals, das in einer einzigen Nacht im Juni oder Juli stattfindet. Alle Ecken und Plätze der Stadt werden zu Bühnen, wo Sänger, Tänzer, Musiker, Schauspieler und Performancekünstler aus Litauen und anderen Ländern ein feierfreudiges Publikum unterhalten. Die Party geht bis zum frühen Morgen.

Litauisches Musik- & Tanzfestival KULTUR
(www.dainusvente.lt) Das riesige Fest für litauischen Gesang, Tanz und Folklore findet im Juli seit 1923 in verschiedenen Formen statt.

Christopher-Sommerfest MUSIK
(www.kristupofestivaliai.lt) Musikfest im Juli und August.

Hauptstadttage BÜHNENKUNST
Musik und Theater im September.

Sirenos THEATER
(www.okt.lt) Internationales Theaterfestival von Mitte September bis Mitte Oktober.

Gaida MUSIK
(www.vilniusfestivals.lt/EN/gaida) Das größte und bedeutendste Fest für zeitgenössische Musik im Baltikum; Ende Oktober.

Scanorama FILM
(www.scanorama.lt) Das Festival mit Schwerpunkt auf nordeuropäische Filme findet jeden November in Vilnius statt und zieht dann weiter nach Kaunas und Klaipėda.

Mama Jazz JAZZ
(www.vilniusmamajazz.lt) Großes Festival mit berühmten Gaststars, Mitte November.

Schlafen

Für seine geringe Größe hat Vilnius ein breites Unterkunftsangebot. Die meisten Hotels und Pensionen haben Zimmer mit Bad.

Filaretai Hostel HOSTEL €
(Karte S. 304; ☎5-215 4627; www.filaretaihostel.com; Filaretų gatvė 17; B/EZ/DZ/3BZ pro Pers. ohne Bad 10/21/15/12 €; P @ ᯤ) Das Filaretai ist der Litauischen Jugendherbergsorganisation angeschlossen. Es befindet sich in einer idyllischen alten Villa 15 Minuten zu Fuß (bergauf) von der Altstadt. Die Schlafsäle haben fünf bis acht Betten, Bettwäsche wird gestellt, Handtücher kosten extra und es gibt eine Gemeinschaftsküche und eine Waschmaschine. Es ist von der Bahn- und Busstation aus mit der Buslinie 34 zu erreichen (an der siebten Haltestelle aussteigen).

Hostelgate B&B B&B €
(Karte S. 308; ☎8-689 60292; www.hostelgate.lt; Šv Mikalojaus gatvė 3; DZ/FZ 38/58 €; @ ᯤ) Das Hostelgate ist eine tolle Basis zur Besichtigung der Altstadt: Es hat eine super Lage (gleich an der Vokiečių gatvė), WLAN, eine fröhliche Einrichtung, freundliches Personal, eine gut ausgestattete Küche und einige Zimmer mit eigenem Bad oder Balkon. Das gleiche Unternehmen betreibt auch ein Hostel in der **Aušros Vartų gatvė** (Karte S. 308; ☎8-638 32818; Aušros Vartų gatvė 7-1; DZ/3BZ 11/39 €; ⏲24 Std.).

Come to Vilnius HOSTEL €
(Karte S. 304; ☎8-6202 9390; www.cometovilnius.eu; Šv Stepano gatvė 15; B/DZ/3BZ 16/35/44 €; @ ᯤ) Leuchtende Farben, Holzmöbel, Verkehrsanbindung in der Nähe sowie kostenlose Pfannkuchen, heiße Getränke, Handtücher und WLAN sind die Pluspunkte in diesem unabhängigen Hostel. In der Nebensaison sinken die Preise etwas.

Litinterp B&B €
(Karte S. 308; ☎5-212 3850; www.litinterp.lt; Bernardinų gatvė 7-2; EZ/DZ/3BZ 25/40/51 €; ⏲Büro Mo–Fr 8.30–21, Sa 9–15 Uhr; ᯤ) Das lichte, saubere und freundliche Haus inmitten der Altstadt bietet diverse Unterkünfte. Die Zimmer mit Gemeinschaftsbad sind etwas eng, aber die mit eigenem Bad schön geräumig. Gäste können auch nach der offiziellen Öffnungszeit einchecken, sofern sie vorher Bescheid geben. Kleine Küchen und Gepäckaufbewahrung sind ebenfalls im Angebot. Frühstück kostet 3 €.

Old Town Hostel HOSTEL €
(Karte S. 304; ☎5-262 5357; www.oldtownhostel.lt; Aušros Vartų gatvė 20-10; B/DZ/3BZ 11/32/42 € @ ᯤ) Das kleine Hostel liegt versteckt in einem privaten Hinterhof und günstig zur Altstadt, zum Bahnhof und Busbahnhof. Die Zimmer sind schlicht, aber angenehm, es gibt eine gut ausgestattete Küche, einen Gemeinschaftsraum und WLAN.

Center Stay Hostel HOSTEL €

(Karte S. 304; ☎5-212 0140; www.centerstayhostel.com; Aušros Vartų gatvė 16; B 8 €; 📶) Das supergünstige und gut geführte Hostel in guter Lage (direkt vor dem Tor der Morgenröte) bietet WLAN, Küche und Wohnzimmer.

★ **Bernardinu B&B** PENSION €€

(Karte S. 308; ☎5-261 5134; www.bernardinuhouse.com; Bernardinų gatvė 5; DZ/3BZ ab 60/85 €; P ❄ 📶) Die reizende, familiengeführte Pension liegt in einer der malerischsten Gassen der Altstadt. Bei der behutsamen Renovierung des Hauses aus dem 18. Jh. wurden Elemente wie alte Holzböden und Decken bewahrt, und die stellenweise freigelegten Backsteinmauern erlauben einen Blick auf die Patina des alten Gemäuers. Frühstück (4 €) wird auf einem Tablett an die Zimmertür gebracht.

Domus Maria PENSION €€

(Karte S. 308; ☎5-264 4880; www.domusmaria.lt; Aušros Vartų gatvė 12; EZ/DZ 50/65 €; P 🚭 @ 📶) Die Pension des Erzbistums von Vilnius ist in einem ehemaligen Kloster aus dem 17. Jh. untergebracht und besitzt viel Charme. Genächtigt wird in den Mönchszellen, die aber gründlich und stilvoll umgestaltet wurden. Zwei Zimmer, Nr. 207 und 307, blicken auf das Tor der Morgenröte und sind meist weit im Voraus ausgebucht. Frühstück wird unter der Gewölbedecke des Refektoriums serviert.

Ecotel BUSINESSHOTEL €€

(Karte S. 304; ☎5-210 2700; www.ecotel.lt; Slucko gatvė 8; EZ/DZ/3BZ 58/66/81 €; P ❄ @ 📶) Das jüngst renovierte, vierstöckige Hotel ist eine schicke, stilvolle Unterkunft mit sauberen und erschwinglichen Zimmern mit allem, was man braucht. Einige Zimmer sind für Behinderte (und große Menschen) eingerichtet; die Betten sind 2,1 m lang.

Panorama Hotel HOTEL €€

(Karte S. 304; ☎5-233 8822; www.hotelpanorama.lt; Sodų gatvė 14; EZ/DZ ab 50/55 €; P @ 📶) Hinter der kitschigen Fassade dieses Hotels aus der Sowjetzeit verbergen sich gepflegte, preiswerte Zimmer und einige herrliche Aussichten auf die Altstadt und die Hügel der Umgebung. Ermäßigungen und Pauschalangebote werden auf der Website angeboten.

Grybas House HOTEL €€

(Karte S. 308; ☎5-264 7474; www.grybashouse.com; Aušros Vartų gatvė 3a; EZ/DZ/Suite 67/87/98 €; P 📶) Das Grybas House, das erste familiengeführte Hotel, das nach der Unabhängigkeit aufmachte, wird mit Liebenswürdigkeit, Charme und ganz viel Lächeln geführt. Die Zimmer dieser Oase der Ruhe inmitten der Altstadt sind altmodisch, aber sehr komfortabel; einige blicken auf den stillen Innenhof.

Šauni Vietelė PENSION €€

(Karte S. 308; ☎5-212 4110; www.mtr.lt; Pranciškonai gatvė 3/6; Zi. 27 €) Die Dreizimmerpension in einem ehemaligen Franziskanerkloster bietet ein phantastisches Preis-Leistungs-Verhältnis. Die Zimmer sind altmodisch und die Möbel etwas abgenutzt, aber alle sind groß und luftig. Frühstück ist nicht enthalten, aber im Café gibt's Pfannkuchen und dergleichen. In der beliebten Bar im Hof – Seven Fridays – gibt's Livemusik, was für Leute, die früh ins Bett gehen, störend sein kann.

eLoftHotel HOTEL €€

(Karte S. 304; ☎5-266 0730; www.elofthotel.lt; Ševčenkos gatvė 16; DZ/Suite 61/84 €; P @ 📶) Das nette Hotel, das angibt, „ganz aus Ökomaterialien" zu bestehen, ist eine gute Wahl für Leute, die etwas mehr Ruhe außerhalb der Altstadt (15 Minuten zu Fuß) schätzen. Im Zimmerpreis sind Frühstück und WLAN enthalten und es gibt sogar eine Gemeinschaftsküche und eine Sauna.

Atrium HOTEL €€

(Karte S. 308; ☎5-210 7777; www.atrium.lt; Pilies gatvė 10; DZ/Suite 85/125 €; P @ 📶) Das Hotel mag mit seiner Spitzenlage in der Altstadt, Angeboten wie Wäschedienst und Abholung vom Flughafen sowie den luxuriösen Zimmern (Ledermöbel, niedrige Betten, sanfte Beleuchtung und individuelle Einrichtung) die ideale Wahl sein, wenn nur ein bis drei Tage in der Altstadt geplant sind. Das Haus aus dem 16. Jh. ist zudem gut auf Reisende mit Behinderung eingestellt.

Senatoriai Hotel HOTEL €€

(Karte S. 308; ☎5-212 6491; www.senatoriai.lt; Tilto gatvė 2a; EZ/DZ 78/87 €; P @ 📶) Das kleine, gemütliche Hotel liegt so nahe an der Kathedrale, dass man fast die Messe hören kann. Die meisten Zimmer sind geräumig und mit schweren Ledermöbeln, ordentlichen Betten und kostenlosem WLAN ausgestattet. Zudem bietet das Haus in seinem Restaurant litauische Küche, einen Wäscheservice und außerhalb der Saison Ermäßigungen bei Onlinebuchung.

Hotel Rinno HOTEL €€
(Karte S. 308; ☎5-262 2828; www.rinno.lt; Vingrių gatvė 25; Zi. Standard/Deluxe 68/88 €; P ❄ @ ☜) Das charismatische kleine Hotel bietet hübsche Zimmer (eher vier als drei Sterne) und eine günstige Lage zwischen Altstadt und Bahnhof/Busbahnhof zu einem guten Preis. Das Frühstück wird im lauschigen hoteleigenen Hinterhof serviert.

★ **Narutis** HISTORISCHES HOTEL €€€
(Karte S. 308; ☎5-212 2894; www.narutis.com; Pilies gatvė 24; EZ/DZ 125/145 €; P ❄ @ ☜) Das noble Narutis in einem Backsteinhaus von 1581 ist seit dem 16. Jh. ein Hotel. Frühstück und Abendessen werden in einem gotischen Kellergewölbe serviert, WLAN ist überall zugänglich und die kostenlosen Äpfel an der Rezeption runden das Ganze geschmacklich ab. Die Onlinebuchung bietet oft beträchtliche Ersparnisse.

Neringa HOTEL €€€
(Karte S. 308; ☎5-212 2288; www.neringahotel.com; Gedimino prospektas 23; EZ/Superior-Zi./Suite 94/109/124 €; P @ ☜ ✖) Große Teile des einst berühmten Hotels sind denkmalgeschützt und es ist ein Muss für alle, die auf russischen Protz stehen. Highlights sind besonders die Treppe und die Flure (mit strengem, abstraktem Holzschnittdekor) und das Restaurant (mit herrlich kitschigem Brunnen und aufbauenden Realismusmosaiken). Einige Modernisierungen wurden erlaubt, die für schön ausgestattete Zimmer mit Flachbildschirmen, Fußbodenheizung und recht guten Betten gesorgt haben.

Stikliai HOTEL €€€
(Karte S. 308; ☎5-264 9595; www.stikliaihotel.lt; Gaono gatvė 7; EZ/DZ/Suite 160/190/230 €; P @ ☜ ✖) Das Boutiquehotel der Kette Relais & Chateaux ist das Sahnehäubchen unter den Hotels von Vilnius. Es liegt in einer malerischen Kopfsteinpflasterstraße im alten jüdischen Viertel und bietet luxuriöse Zimmer in einem Haus aus dem 17. Jh. mit reichlich Charme.

Shakespeare BOUTIQUEHOTEL €€€
(Karte S. 308; ☎5-266 5885; www.shakespeare.lt; Bernardinų gatvė 8/8; EZ/DZ 105/174 €; P ❄ @ ☜) In der ehemaligen Druckerei ist heute eines der interessanteren Spitzenhotels der Stadt untergebracht. Es ist eher ein Boutiquehotel als ein Fünf-Sterne-Haus: Die geschmackvolle Einrichtung aus verschiedenen Stilen, die Benennung der Zimmer nach literarischen und kulturellen Gestalten und das aufmerksame Personal machen es zu etwas wirklich Besonderem. Antiquitäten, Bücher und hochwertige Möbel sorgen für einen angenehmen Aufenthalt in den Zimmern.

Apia Hotel HISTORISCHES HOTEL €€€
(Karte S. 308; ☎5-212 3426; www.apia.lt; Sv Ignoto gatvė 12; DZ/Suite/3BZ 100/115/134 €; P @ ☜) Das schicke, frische und freundliche Hotel liegt in bester Lage inmitten der Altstadt. Die zwölf Zimmer blicken auf den Innenhof oder auf die Pflasterstraße. Die Zimmer 3 und 4 haben einen Balkon.

Dvaras BOUTIQUEHOTEL €€€
(Karte S. 308; ☎5-210 7370; www.dvaras.lt; Tilto gatvė 3-1; DZ/Suite 104/143 €; P ❄ @ ☜) Das Gastgewerbe begann hier Ende des 18. Jhs., als das Gutshaus Dvaras fünf Gästezimmer und eine Bierstube unterhielt. Seither hat sich einiges verändert: Es gibt nun acht vornehme Zimmer mit WLAN, Satelliten-TV, Minibar und bequemen Betten. Am schönsten ist, dass es nicht weit von der Kathedrale, der Burg und den Sehenswürdigkeiten der Altstadt entfernt liegt.

Europa Royale Hotel HOTEL €€€
(Karte S. 308; ☎5-266 0770; www.groupeuropa.com; Aušros Vartų gatvė 6; DZ/Suite 109/239 €) Das herrlich gelegene Vier-Sterne-Hotel vermietet vornehme, farbenfrohe Zimmer mit allem zu erwartenden Komfort. Die Zimmer zur Straße raus blicken auf das Gebäude der Nationalphilharmonie.

Grotthaus HOTEL €€€
(Karte S. 308; ☎5-266 0322; www.grotthusshotel.com; Ligoninės gatvė 7; DZ/Suite 122/207 €; P @ ☜) Ein Eingang mit rotem Baldachin führt hinein in das dottergelbe Boutiquehotel in spitzenmäßiger Altstadtlage. Drinnen gibt es Badewannen von Villeroy & Boch, Armaturen aus dem 19. Jh. im Titanic-Stil, italienische Möbel sowie Vorhänge, die angeblich aus dem gleichen Stoff gemacht sind, wie ihn auch die englische Königin bevorzugt! Stark ermäßigte Wochenendpreise.

Radisson Blu Royal Astorija HOTEL €€€
(Karte S. 308; ☎5-212 0110; www.radissonblu.com; Didžioji gatvė 35/2; EZ/DZ/Suite 180/210/360 €; P ⊖ @ ☜ ✖) Das exzellente Luxus- und Businesshotel gehört zu einer Luxuskette, das Gebäude stammt jedoch aus dem frühen 20. Jh. und besitzt viel Charakter. Die zentrale Lage mit Blick auf die Kasimirskirche ist ein Pluspunkt, ebenso der beliebte Sonn-

tagsbrunch im Winter. Moderner Komfort wie Hosenbügler und Safes sind Standard. Die Superiorzimmer wurden 2014 gründlich renoviert.

Radisson Blu Hotel Lietuva BUSINESSHOTEL €€€
(Karte S. 304; ☎5-272 6272; www.radissonblu.com; Konstitucijos prospektas 20; Zi./Suite ab 159/209 €; P ❄ @ ☏) Ein schickes, aber durchschnittliches Beispiel internationaler Hotelketten. Es ist aber das feinste im Geschäftsviertel Šnipiškės und bietet wunderbare Aussichten auf Vilnius, besonders von der Sky Bar im obersten Stock.

Essen

Ob man nun *cepelinai* (dicke Kartoffelknödel) oder *kepta duona* (frittiertes Roggenbrot mit Knoblauch) den Vorzug gibt, Vilnius bietet alles – inzwischen aber auch eine große Auswahl internationaler Gerichte – und die Liste ethnischer Lokale wird jeden Monat länger. Die meisten Restaurants konzentrieren sich in der Altstadt. Nach Mitternacht wird es allerdings mit dem Essen schwierig. Wer im Sommer abends draußen essen will, sollte vorher reservieren.

Radharanė VEGETARISCH €
(Karte S. 308; ☎5-240 4720; www.radharane.lt; Gediminio prospektas 32; Hauptgerichte 4 €; ⏲11–21 Uhr; ✎) In einer Stadt, in der leichtes, vegetarisches Essen dünn gesät ist, ist die indische Küche mit litauischem Touch des Radharanė ein Glückstreffer. Empfehlenswert sind die Köfte, Panir mit Aubergine, Chana dal – alles mit Reis und Salat serviert.

Senoji Kibininė LITAUISCH €
(Karte S. 308; www.kibinas.lt; Vilniaus gatvė; Hauptgerichte 3,50 €; ⏲Mo–Fr 9–21, Sa 10–21, So 10–20 Uhr) Hier kann man sich mit *cepelinai* oder Kartoffelpfannkuchen satt essen, aber der Clou sind hier *kibinai:* gefüllte Teigtaschen, eine traditionelle Speise der Karäer, der Turk-Minderheit des Landes. Ob mit Hammel, Huhn und Pilzen oder Spinat und Quark gefüllt, die leckeren Mürbeteigtaschen sind ideal nach ein paar Drinks in der Altstadt.

Pietausim LITAUISCH €
(Karte S. 304; ☎8-615 18454; www.pietausim.lt; J Jasinskio gatvė 16; Hauptgerichte 4 €; ⏲11–14.30 Uhr) Das Pietausim, das wie eine Kantine aus der Sowjetzeit wirkt, nur mit schicker Einrichtung und einer lebhaften, jungen Kundschaft, serviert sehr preiswertes litauisches Mittagessen für Eingeweihte. Gebackener Fisch, *šaltibarščiai* (kalte Rote-Bete-Suppe), Salate und andere Leckereien, alles wird bis zum frühen Nachmittag weggeputzt, also schnell hin.

Pilies kepyklėlė BÄCKEREI €
(Karte S. 308; ☎5-260 8992; Pilies gatvė 19; Hauptgerichte 3–6 €; ⏲9–23 Uhr) Die schöne Crêperie-Bäckerei in einem Backsteingewölbe ist eines der Toplokale an der quirligsten Touristenstraße der Stadt. Sie kombiniert nostalgischen Charme mit einer frischen, peppigen Atmosphäre. Das Omelette um 9 Uhr ist ein Muss, ebenso die herzhaften Pfannkuchen, mit Spinat oder Schinken und Käse gefüllt und mit einem Schlag saurer Sahne. Der Mohnkuchen soll der beste in dieser Ecke der Stadt sein.

★ **Balzac** FRANZÖSISCH €€
(Karte S. 308; ☎8-614 89223; www.balzac.lt; Savičiaus gatvė 7; Hauptgerichte 12–15 €; ⏲Mo–Do 12–23, Fr & Sa bis 24, So bis 21 Uhr) Das klassisch französische Bistro serviert das wohl beste französische Essen in Vilnius. Neben typischen Bistrogerichten wie *tournedos de boeuf* und Entenconfit lockt eine tolle Auswahl an Meeresfrüchten, einige frisch aus Frankreich eingeflogen. Es gibt zwar eine Sommerterrasse, aber der Speiseraum ist klein. Reservierung empfohlen.

Sue's Indian Raja INDISCH €€
(Karte S. 308; ☎5-286 1888; www.suesindianraja.lt; Odminių gatvė 3; Hauptgerichte 10 €; ✎) Es mag zwar niemand auf der Suche nach spitzenmäßiger Mogul-Küche nach Litauen kommen, aber wer Lust auf ein Curry hat, bekommt im Sue's tatsächlich ein sehr gu-

TOP 5: PANORAMABLICK AUF VILNIUS

Atemberaubende Aussichten auf die Stadt bieten:

Gediminas-Burg (S. 303) bei der Stadtbesichtigung

Subačiaus-Tor (S. 314) mit Blick auf die Vilnia

Hoch über der Welthauptstadt der Heißluftballons mit **Oreivystės Centras** (S. 319)

Sky Bar (S. 327) mit einem Aperitif in der Hand

Fernsehturm (S. 318) zum Sonnenuntergang

tes. Die Speisekarte weicht kaum vom üblichen internationalen Angebot indischer Restaurants ab und die Preise entsprechen der erstklassigen Lage. Aber die Zutaten und Zubereitungsarten sind offensichtlich authentisch.

Meat Lovers' Pub KNEIPENESSEN €€
(Karte S. 308; ☎8-652 51233; www.meatloverspub.lt; Šv Ignoto gatvė 14; Hauptgerichte 11 €; ⊙11.30–24 Uhr; 📶) Hier wird geboten, was der Name schon ankündigt, und das auch noch gut. Vom Fass gibt es litauische, deutsche und andere europäische Biere zum T-Bone-Steak, geräucherter deutscher Wurst und exzellenten Hamburgern (für rund 6 € am billigsten). Salate, Cider und Suppen sind die leichteren Angebote auf der Karte.

Vegafe VEGAN €€
(Karte S. 308; ☎8-659 77411; www.jogosmityba.lt; Totorių gatvę 3; Hauptgerichte 8 €; ⊙Mo–Fr 11–22, Sa & So ab 12 Uhr; 🖉) Das Vegafe, eine schickere Variante des gesundheitsbewussten Spektrums, hält sich an vegane und ayurvedische Prinzipien (kein Knoblauch, keine Zwiebeln). Der Speiseraum ist ganz in besänftigenden Pastellfarben und klarem Design gehalten. Das Essen, z. B. ein bunter Teller aus Frühlingsgemüse oder *momos* (tibetanische Teigtaschen), ist ebenso köstlich wie ethisch korrekt.

Jurgis ir Drakonas PIZZA €€
(Karte S. 308; ☎8-600 77977; www.jurgisirdrakonas.lt; Pylimo gatvė 22d; Hauptgerichte 6 €; ⊙Mo–Fr 11–22, Sa & So 12–22 Uhr) Pizza ist in Vilnius überall zu finden, aber nur selten ist sie dem neapolitanischen Original so nahe wie im „Georg und der Drachen“. Das Lokal wurde vom Ehemann der litauischen Fernsehköchin Beata Čičkauskaitė-Nicholson eröffnet, der Tomaten, Käse, Wurst und sogar Mehl und Meeresfrüchte einfliegen lässt, damit auch alles wirklich wie in Italien schmeckt.

Fiorentino ITALIENISCH €€
(Karte S. 308; ☎5-212 0925; www.fiorentino.lt; Universiteto gatvė 4; Hauptgerichte 10 €; ⊙11–23 Uhr; 📶) Passend zur erstklassigen Lage in der Nähe des Präsidentenpalasts bietet das Fiorentino köstliches italienisches Essen, professionellen Service und eine gesellige Atmosphäre. Im Hof, der auf Renaissance gemacht ist, lassen sich in der wärmeren Jahreszeit prima toskanische Gerichte wie *tagliata* (blutige Steakscheiben mit Parmesan und Rucola) oder mit Schinken und Fontina-Käse gefüllte Pasta in Salbeibutter genießen.

Kukumuku CAFÉ €€
(Karte S. 308; ☎5-261 0630; www.kukumuku.lt; Vokiečių gatvė 6; Hauptgerichte 9–11 €; ⊙Mo–Fr 12–21, Sa & So ab 10 Uhr; 📶 👪) Das Kukumuku ist ein ideales Lokal für Besucher mit Kindern: Es verteilt sich über zwei Stockwerke, ist hell und fröhlich eingerichtet, hat mehrere Spielecken, eine kleine Bühne und sogar einen „Lego-Raum“. Das Speisenangebot enthält für Erwachsene Hamburger, Bœuf Stroganoff und andere einfache Gerichte, sorgt aber auch für Allergiker und für Kleinkinder.

Kitchen INTERNATIONAL €€
(Karte S. 308; ☎8-688 80558; www.inthekitchen.lt; Didžioji gatvė 11; Hauptgerichte 7–12 €; ⊙11.30–24 Uhr) Das stilvolle Lokal ohne Chichi ist über eine Einfahrt von der verkehrsreichen Didžioji gatvė zu erreichen und serviert kreative, moderne Speisen mit Schwerpunkt auf saisonale und lokale Zutaten. Das könnte eine Joghurt-Gurken-Suppe sein oder etwas Leckeres mit dem ersten Frühlingsspargel. Im Sommer gelten kürzere Öffnungszeiten.

René INTERNATIONAL €€
(Karte S. 308; ☎5-212 6858; www.restoranasrene.lt; Antokolskio gatvė 13; Hauptgerichte 9 €; ⊙11–23 Uhr; 📶) René Magritte ist der Schutzheilige in diesem Restaurant, das *cuisine à la bière* (mit Bier zubereitete Speisen) und unregelmäßig freigelegte Backsteinmauern präsentiert. Die Kellner tragen Melonen und Gäste werden ermuntert, auf den Papiertischtüchern zu kritzeln, während sie *moules marinière* und in Bier gebratene Würstchen verzehren.

★ **Lokys** LITAUISCH €€€
(Karte S. 308; ☎5-262 9046; www.lokys.lt; Stiklių gatvė 8; Hauptgerichte 14–16 €; ⊙12–24 Uhr) Der große, hölzerne Bär weist den Weg zur dieser Institution. Im Kellergewölbe aus dem 16. Jh. eines ehemaligen Kaufmannshauses geht es seit 1972 hoch her. Als „Jägerrestaurant“ liegt der Schwerpunkt auf Wild, wie Reh und Wildschweinbraten, Wurst aus Wildfleisch, Wachteln mit Birne und Preiselbeeren und sogar geschmorter Biber mit Pilzen. Im Sommer spielen Volksmusiker.

Markus ir Ko STEAK €€€
(Karte S. 308; ☎5-262 3185; www.markusirko.lt; Antokolskio gatvė 11; Hauptgerichte 27 €) Billig ist es hier nicht, aber es gibt das wohl beste Steak in Litauen. Zu Filet oder Lende werden wahlweise Klassiker wie Kräuterbutter, Béarnaise und Pfeffersauce gereicht. Alterna-

tiven sind Ente in Ingwer und Honig oder Kalbsschnitzel mit Pfifferlingen. Zu erkennen ist das Lokal in einer Gasse im alten jüdischen Viertel an dem Schild mit dem kräftigen Unterarm mit hochgehaltenem Daumen.

Bistro 18 INTERNATIONAL €€€
(Karte S. 308; ☎8-677 72091; www.bistro18.lt; Stiklių gatvė 18; Hauptgerichte 11–17 €; ⏲Di–Do 11.30–22, Fr bis 23, Sa 13–23 Uhr) Das Bistro 18 bringt frischen Wind in die Restaurantszene der Stadt. Die Bedienung ist freundlich, höflich und aufmerksam, die Einrichtung minimalistisch, aber angenehm, die Küche phantasievoll, international und schmackhaft – und man weiß hier, wie Weißwein gekühlt wird.

Saint Germain MEDITERRAN €€€
(Karte S. 308; ☎5-262 1210; www.saintgermain.lt; Literatų gatvė 9; Hauptgerichte 18–22 €; ⏲11–23 Uhr) Die stilvolle Weinbar/Bistro mit Schwerpunkt auf überwiegend weinfreundliche italienische und französische Gerichte befindet sich in einer der hübschesten Kopfsteinpflasterstraßen der Altstadt. Wer seinen Zander auf ligurische Art (in Alufolie mit Tomaten, Oliven, Kartoffeln und Pinienkernen gebacken) auf der Sommerterrasse genießen will, sollte zuvor reservieren.

Žuvinė FISCH & MEERESFRÜCHTE €€€
(Karte S. 308; ☎8-682 19172; www.zuvine.lt; Didžioji gatvė 31; Hauptgerichte 13–18 €; ⏲Mo–Sa 11–24, So bis 22 Uhr) Das Žuvinė serviert phantastischen litauischen Süß- und Salzwasserfisch, darunter Zander, Jakobsmuscheln, Goldlachs und andere Fischköstlichkeiten. Die Lage im Windschatten des Rathauses ist an sonnigen Tagen ideal für ein ausgiebiges Essen auf der Terrasse.

Sweetroot LITAUISCH €€€
(Karte S. 308; ☎8-685 60767; www.sweetroot.lt; Užupio gatvė 22; Hauptgerichte 14 €; ⏲Di–Sa 16–23 Uhr) Das Sweetroot ist der Beweis, dass der (paradoxerweise internationale) Trend zu regionalen Produkten im obersten Preissegment in Vilnius angekommen ist. In einem schicken, wenn auch stereotyp modernen Speiseraum (samt offener Küche und tätowierten Köchen) lassen sich moderne Gerichte mit lokalen litauischen Zutaten wie Ampfer, Katzenminze, Schnecken, Rote-Bete-Blättern und Süßwasserfisch genießen.

Naked Bite of Contemporary Cuisine MODERN EUROPÄISCH €€€
(Karte S. 308; ☎8-623 13455; Stiklių gatvė 12/Žydų gatvė 2; Hauptgerichte 14–16 €; ⏲11–24 Uhr) Das gemütliche Lokal im alten jüdischen Viertel bringt einen Hauch neue nordische Küche nach Vilnius. Die Bedienung ist adrett und aufmerksam und das Essen (z. B. abgehangenes Rindfleisch mit Roter Bete und Frühlingszwiebeln oder Steinbutt mit Graupen und Jakobsmuscheln) ist hervorragend. Die Menüs – zwei oder drei Gänge mittags (7 oder 8 €), fünf Gänge abends (23 €) – sind außerordentlich preiswert.

St Hubertus MODERN EUROPÄISCH €€€
(Karte S. 308; ☎8-615 69777; www.st-hubertus.lt; Vokiečių gatvė 24; Hauptgerichte 23 €; ⏲12–24 Uhr) Das Hubertus, nach dem Schutzheiligen der Jäger benannt, lockt wohl kaum Veganer an. Aber neben dem Protein von Vierbeinern (350 g Steak, Wildschwein, Reh) gibt es auch leichter verdauliche Gerichte wie Blumenkohlvelouté mit Riesengarnelen oder Seebarsch mit Spinat, Linsen und Tintenfischtinte. Es gibt sogar ein paar vegetarische Angebote!

La Provence MEDITERRAN €€€
(Karte S. 308; ☎8-686 04708; www.laprovence.lt; Vokiečių gatvė 22; Hauptgerichte 26 €; ⏲Di–Sa 18–24 Uhr) Das nicht strikt französische Provence – es serviert auch italienische und spanische Speisen – hat eine exzellente Weinkarte. Auf der Speisekarte stehen Carpaccio, Bouillabaisse, Pasta, Wild und Klassiker wie Coq au vin. Es ist sehr vornehm, einschließlich gestärkter Tischwäsche, glänzendem Besteck und Tapisserien an den Wänden.

Selbstversorger

Selbstversorger haben es leicht, da es an jeder zweiten Ecke einen Supermarkt gibt.

★ Senamiesčio Krautuvė LITAUISCH €
(Karte S. 308; ☎5-231 2836; www.senamiesciokrautuve.lt; Literatų gatvė 5; ⏲Mo–Sa 10–22, So 11–17 Uhr) Der wunderbare kleine Laden führt die besten litauischen Lebensmittel, die es oft nur in diesem Land gibt. Schinken, Wurst, Käse, frisches Obst und Gemüse, Honig und Konfitüren, Brot und Gebäck: Alles ist unwiderstehlich und üppig in den Wandregalen der gemütlichen Fundgrube in der Literatų gatvė ausgelegt.

Kmyninė BÄCKEREI €
(Karte S. 304; ☎8-674 47224; Užupio gatvė 38; Brot oder Kekse pro Kilo 3,50–7 €; ⏲Mo–Fr 7.30–20, Sa ab 8 Uhr; 📶) Die niedliche kleine Bäckerei, die nach dem in Mittel- und Osteuropa so beliebten Kümmel benannt ist, verkauft weiche, süße Roggenbrote, litauische Kekse und

sakotis, den traditionellen Kuchen, der ein bisschen wie ein Weihnachtsbaum aussieht.

Maxima SUPERMARKT €
(Karte S. 308; www.maxima.lt; Mindaugo gatvė 11; ⌚24 Std.) Der einzige rund um die Uhr geöffnete Supermarkt der Stadt. Er hat Filialen in ganz Vilnius.

Iki SUPERMARKT €
(Karte S. 304; www.iki.lt; J Jasinskio gatvė 16; ⌚8–22 Uhr) Einer der größten Supermärkte der Stadt mit zahlreichen Filialen, auch im Busbahnhof.

Mini Maxima SUPERMARKT €
(Karte S. 308; www.maxima.lt; Gedimino prospektas 64; ⌚Mo–Fr 7–22, Sa & So 8–22 Uhr) Kleine Filiale der Supermarktkette.

Iki Express SUPERMARKT €
(Karte S. 308; www.iki.lt; Jogailos gatvė 12; ⌚7.30–23 Uhr) Ein winziger Supermarkt, praktisch für Notfälle.

Ausgehen & Nachtleben

Das Nachtleben ist eine entspannte Angelegenheit: In den meisten Lokalen geht es erst am späten Abend richtig los und viele sind auch gleichzeitig ein Restaurant. Die Vokiečių gatvė ist mit ihren zahlreichen Holzterrassen im Sommer ein guter Startpunkt. Zu späterer Stunde sind auch die Totorių gatvė oder die Vilniaus gatvė mit ihrem wachsenden Angebot an Bars ein gutes Ziel.

Vilnius hat eine kleine, aber dynamische Clubszene, die immer wieder durch Neueröffnungen bereichert wird. Sie kommt erst gegen Mitternacht in Schwung und ist am besten im Winter, wenn alle da sind (im Sommer toben sich viele am Meer aus).

Bukowski BAR
(Karte S. 308; ☎8-640 58855; Visų Šventų gatvė 7; ⌚Mo–Mi 11–2, Do–So bis 5 Uhr) Der namensgebende Säufer ist der spirituelle Schirmherr in dieser tollen Szenebar in einer weniger bekannten Ecke der Altstadt. Bei schönem Wetter öffnet hinten eine Terrasse, es gibt gute Biere vom Fass sowie ein volles Programm mit Dichterlesung, Musik und anderen Events, und es herrscht eine einladende, unprätentiöse Atmosphäre. Eine der besten Bars in Vilnius.

Vasaros Terasa BIERGARTEN
(Karte S. 308; ☎8-633 94995; Vilnius gatvė 39; ⌚Mai–Sept. 11–4 Uhr) Der große, ausgelassene Innenhof ist nur in der wärmeren Jahreszeit geöffnet – wie der Name „Sommerterrasse" schon sagt – und ist eine der besten Kneipen für Livemusik in Vilnius. Unter den Augen

WOHIN AUF EIN GLAS WEIN?

In Vilnius dreht sich nicht alles um *alus* (Bier): Es gibt auch viele Bars, die sich ausschließlich dem Rebensaft widmen.

In Vino/Portobello (Karte S. 308; ☎5-212 1210; www.invino.lt; Aušros Vartų gatvė 7; ⌚So–Do 16–2, Fr & Sa bis 4 Uhr) Das enorm beliebte Lokal in der Altstadt hat sich aufgeteilt: Die glamouröse Weinbar In Vino blieb erhalten, hat aber die Hälfte ihres Raums dem „englischen Pub" Portobello überlassen. Auf der einen Seite des Innenhofs warten Tische mit Kerzenlicht und eine phantastische Auswahl an Schoppenweinen, auf der anderen Seite Craft-Bier, rote Telefonzellen und halbierte Mini Cooper.

La Boheme (Karte S. 308; ☎5-212 1087; www.laboheme.lt; Šv Ignoto gatvė 4/3; ⌚So–Mi 12–24, Do–Sa bis 2 Uhr) Zur Wahl stehen die Holztische unter Gewölbedecken und Kronleuchtern oder im Hinterzimmer bequeme Sofas. Am gemütlichsten ist es im Winter, wenn das Kaminfeuer knistert.

Notre Vie (Karte S. 308; ☎8-614 24521; www.notrevie.lt; Stikliũ gatvė 10; ⌚15–24 Uhr; 📶) Die stimmungsvolle, kleine Weinbar an einer der Hauptkreuzungen in den verwinkelten Straßen der Altstadt serviert europäische und überseeische Weine sowie Käse, Wurst und Schinken, Quesadillas und andere zum Wein passende Snacks.

Tappo D'Oro (Karte S. 308; ☎8-686 16866; Stuokos-Gucevičiaus gatvė 7; ⌚11–23 Uhr; 📶) Das breite Angebot an Weinen hauptsächlich italienischer Herkunft, die Terrasse im Grünen, die zwanglose Atmosphäre und vielen Knabbereien zum Wein machen das Tappo D'Oro zum idealen Ort für eine Erfrischung in Kathedralennähe. Es hat zudem eine Filiale für Nachtschwärmer in der **Vokiečių gatvė** (Karte S. 308; ☎8-616 74754; Vokiečių gatvė 8; ⌚19–4 Uhr).

von zwei Keramikkühen werden hier tagsüber Imbissstände, Flohmärkte, Capoeira und andere Zerstreuungen geboten und es geht hier ebenso freundlich wie alternativ zu.

Sweet and Sour COCKTAILBAR
(Karte S. 308; ☎8-682 27774; Aušros Vartų gatvė 19; ⊙Di & Mi 16–24, Do–Sa bis 2 Uhr) Ein toller Service und Cocktails aus der Zeit vor der Prohibition werden in der kleinen Bar in der Aušros Vartų gatvė geboten. Sie ist holzgetäfelt, elegant und hat im Winter einen Kamin.

Jamaika BAR
(Karte S. 308; ☎8-688 76766; Visų Šventųjų gatvė 9; ⊙6–18 Uhr) Die etwas verlotterte, unkonventionelle Bar des Jamaika Hostel ist vermutlich eine der freundlichsten in Vilnius.

Alchemikas COCKTAILBAR
(Karte S. 308; ☎8-612 99800; Islandijos gatvė 1; ⊙Mo–Do 19–2, Fr & Sa bis 4 Uhr) Der „Alchemist" nimmt die Mixkunst sehr ernst und verwandelt einfache Zutaten zu Cocktails, die die Abende für so manchen Hipster in Vilnius vergolden. Die Bar ist sehr beliebt und an manchen Abenden kann es hier sehr eng werden.

Soho SCHWULE & LESBEN
(Karte S. 304; ☎8-699 39567; www.sohoclub.lt; ŠvitRīgailos gatvė 7/16; Eintritt 23–1 Uhr 3 €, 1–4 Uhr 6 €; ⊙Fr & Sa 22–7 Uhr) Das Soho ist stolz, freundlich und partybesessen und bezeichnet sich selbst als Litauens „beliebtesten" LGBTQ-Club. In normalen Nächten spielen DJs House und Pop, bei Sonderveranstaltungen gibt's Livemusik.

Exit CLUB
(Karte S. 304; ☎8-698 59116; J Jasinskio gatvė 16a; Eintritt ab 3 €; ⊙Fr & Sa 11–4 Uhr) Das Exit ist vermutlich der größte Club Litauens und hat das Soundsystem, die Atmosphäre und die hedonistischen Gäste, um auch internationale Stars anlocken, die neben einheimischen DJs die Platten drehen.

Špunka BAR
(Karte S. 308; ☎8-652 32361; Užupio gatvė 9; ⊙Di–So 15–22, Mo ab 17 Uhr) Die winzige, tolle Bar hat etliche prima Craft-Biere aus Litauen und aus anderen Ländern im Angebot. Wer Nahrung braucht, damit Bier und Gespräche weiterfließen können, kann sich an einheimischen Käse und Schinken halten.

Būsi Trečias KLEINBRAUEREI
(Karte S. 308; ☎5-231 2698; www.busitrecias.lt; Totorių gatvė 18; ⊙So–Fr 11–23, Sa 11–3 Uhr) Die Einheimischen wissen, dass es in der Brauereikneipe mit ihrer stimmungsvollen Holzeinrichtung mittags ebenso preisgünstiges wie gehaltvolles Essen gibt (Hauptgerichte 3,20 €). Im Angebot sind zwölf Biersorten (u. a. mit Limette, Himbeere und Karamell), und im Sommer gibt's auch Tische im Hof.

Opium CLUB
(Karte S. 308; ☎8-691 41205; www.opiumclub.lt; Islandijos gatvė 4; Eintritt 3-5 €; ⊙Fr 22–6, Sa 23–5 Uhr) In dem kleinen Club, der tagsüber Essen serviert, ist die echte Clubszene angesagt. Einige der besten DJs von Vilnius und internationale Gaststars legen hier Electro, Techno und House auf.

King & Mouse BAR
(Karte S. 308; ☎5-203 2552; www.kingandmouse.lt; Trakų gatvė 2; ⊙17–1 Uhr) Ein Angebot von über 300 Whiskys (und Whiskeys) aus der ganzen Welt ist zwar ihr Aushängeschild, aber die Bar serviert auch tolle Cocktails und Speisen. Sachkundiges Personal und eine freundliche Atmosphäre tragen dazu bei, dass das King & Mouse eines der nettesten Kneipen in der Altstadt ist.

Artistai KNEIPE
(Karte S. 308; ☎5-212 1268; www.artistai.lt; Šv Kazimiero gatvė 3; ⊙Mo–Do 12–24, Fr–So bis 4 Uhr) Die stimmungsvolle Kneipe ist toll für Livemusik. Sie hat auch eine Sommerterrasse und stellt Arbeiten einheimischer Fotografen aus.

Brodvéjus CLUB
(Karte S. 308; www.brodvejus.lt; Vokiečių gatvė 4/Mėsinių gatvė 4; ⊙Di–So 20–5 Uhr) Dank Livebands, Karaoke, DJs und turbulenten Nächten ist der Club eine Institution im Herzen der Altstadt.

Užupio kavinė CAFÉ
(Karte S. 308; ☎5-212 2138; www.uzupiokavine.lt; Užupio gatvė 2; ⊙10–23 Uhr; 📶) Die Superlage an der Vilnia neben der Hauptbrücke nach Užupis ist das Beste an dieser Café-Bar. Im Sommer sind die Tische auf der Terrasse mit Blick aufs Wasser und die vorbeiströmende Szene und die Touristen schnell ausgebucht. Der behagliche Innenraum ist im Winter ebenso klasse, manchmal gibt's auch spontane Liveunterhaltung.

Sky Bar BAR
(Karte S. 304; ☎5-231 4823; Konstitucijos prospektas 20; ⊙So–Do 17–1, Fr & Sa bis 2.30 Uhr) Sie sieht zwar wie eine Flughafenlounge aus und hat auch eine solche Atmosphäre,

doch der Panoramablick aus dieser himmelblauen Bar im 22. Stock des Radisson Blu Hotel Lietuva ist unschlagbar. Freitags und samstags legen hier DJs auf.

Pinavija CAFÉ
(Karte S. 308; ☎8-676 44422; www.pinavija.lt; Vilniaus gatvė 21; Kaffee 1,50€, Gebäck 2 €; ⊙9–20 Uhr; 📶) Mit den karamellfarben gestreiften Markisen, überall Blumen, einer überwältigenden Auslage von Kuchen und Gebäck und gutem Kaffee ist diese schicke, neue Bäckerei herrlich für eine Erfrischung. Es gibt sogar eine gemütliche Kinderecke mit Spielhaus und Spielzeug und für die etwas älteren Gäste sanften Jazz. Lecker sind die litauischen Kekse mit Hüttenkäse und Walnüssen oder mit Schokolade und Muskatnuss.

Vaisinė KAFFEE
(Karte S. 308; ☎8-699 28332; Užupio gatvė 20; Kaffee 2 €; ⊙8–22 Uhr) Mit seiner schicken Holzeinrichtung und dem Flair gesunder Lebensweise ist das Vaisinė ein Symbol für die Gentrifizierung von Užupis. Hier gibt's aufwendige Säfte, Kaffee und gesunde Kleinigkeiten.

Skonis ir Kvapas CAFÉ
(Karte S. 308; ☎5-212 2803; www.skonis-kvapas.lt; Trakų gatvė 8; ⊙Mo–Sa 10–22, So 11–20 Uhr) Das „Schmecken und Riechen" ist dem sinnlichen Vergnügen von Tee und Kaffee gewidmet und das stilvolle Hofcafé hat ein Händchen für die Getränke. Heiße, gewürzte Tassen im Winter, Eistee auf der Terrasse, sortenreiner Kaffee, Gewürze, Tabak, Süßigkeiten, Geschenke und Snacks: Es ist schon etwas mehr als nur ein weiteres Café.

☆ Unterhaltung

Die Touristeninformation gibt Veranstaltungsprogramme heraus, ebenso die *Baltic Times*.

SCHWULEN- & LESBENSZENE IN VILNIUS

Die Szene ist diskret und unauffällig. Allgemeine Infos, Chatrooms und Führer bietet die **Litauische Schwulenvereinigung** (☎233 3031; www.gay.lt) in Vilnius, die auch ein zuverlässiges Onlineprogramm auf Englisch herausgibt.

In Vilnius gibt's ein paar Clubs, die sich ausschließlich an Schwule richten. Der beliebteste Club ist das Soho (S. 327).

Kinos

Ein Kinoprogramm steht auf www.cinema.lt (auf Litauisch).

Forum Cinemas Vingis KINO
(Karte S. 304; ☎1567; www.forumcinemas.lt; Savanorių prospektas 7; ⊙10.30–22 Uhr) In dem Kino mit zwölf Sälen werden hauptsächlich populäre Hollywood-Filme auf Englisch mit litauischen Untertiteln gezeigt.

Pasaka KINO
(Karte S. 308; ☎5-261 1516; www.kinopasaka.lt; Šv Ignoto gatvė 4/3) Bietet Alternativ- und Programmkino meist mit Filmen in Originalsprache.

Forum Cinemas Akropolis KINO
(☎1567; www.forumcinemas.lt; Ozo gatvė 25) Das Forum Cinemas im Multiplex-Kino Akropolis außerhalb des Zentrums zeigt Filme auf Englisch.

Theater & klassische Musik

Konventionelles Theater mit Ensembles aus Litauen und dem Ausland zeigen verschiedene Bühnen der Stadt. Die meisten Ensembles machen eine Sommerpause. Karten gibt es an der jeweiligen Theaterkasse.

Kleines Theater Vilnius THEATER
(Vilniaus Mažasis Teatras; Karte S. 308; ☎5-249 9869; www.vmt.lt; Gedimino prospektas 22) Das Kleine Theater wurde kurz vor Inkrafttreten der Unabhängigkeit Litauens von der Sowjetunion im März 1990 gegründet und ist seit 2005 im heutigen Gebäude untergebracht. Inititator war der Intendant Rimas Tuminas, der klassische Werke (Tschechow, Beckett) sowie Stücke litauischer Autoren und sein eigenes Repertoire inszeniert.

Arena-Theater THEATER
(Karte S. 304; ☎8-683 77357; www.teatroarena.lt; Olimpiečių gatvė 3) Das moderne Arena-Theater ist Schauplatz aller möglichen Künstler und Versammlungen, von Gitarrengöttern wie Steve Vai bis zu Unternehmenstagungen. Es ist auch Standort des innovativen **Oskaras-Koršunovas-Theaters** (OKT, Oskaro Koršuno Teatro; Karte S. 308; ☎5-212 2099; www.okt.lt; Ašmenos gatvė 8), des progressivsten Ensembles Litauens.

Litauisches Nationaltheater THEATER
(Lietuvos Nacionalinis Dramos Teatras; Karte S. 308; ☎5-262 1593; www.teatras.lt; Gedimino prospektas 4; ⊙Theaterkasse Mo–Fr 10–19, Sa & So 11–19 Uhr, Mittagspause 14–15 Uhr) Das Nationaltheater,

das in diesem Haus seit 1951 ansässig ist, inszeniert nationale und internationale Stücke auf Litauisch.

Litauisches Opern- und Balletttheater OPER
(Lietuvos Nacionalinis Operos ir Baleto Teatras; Karte S. 308; ☎8-615 51000; www.opera.lt; Vienuolio gatvė 1; ⏲Theaterkasse Mo–Fr 10–19, Sa bis 18.30, So bis 15 Uhr) Das hinreißende (oder protzige, je nach Geschmack) Gebäude aus der Sowjetzeit mit seinen riesigen, kaskadierenden Kronleuchtern und grandiosen Dimensionen ist die Heimstatt des Nationalballetts und der Nationaloper Litauens. Künstler von Weltrang sind hier schon für nur 4 € (oder für 200 € ...) zu erleben.

Jugendtheater SCHAUSPIEL
(Jaunimo Teatras; Karte S. 308; ☎5-261 6126; www.jaunimoteatras.lt; Arklių gatvė 5; ⏲Theaterkasse Di–So 11–14 & 14.30–18 Uhr) Das nationale Jugendtheater in einem schönen, klassizistischen Gebäude zeigt einen Querschnitt von klassischen bis zu experimentellen Stücken. Von Mitte Juli bis Mitte August ist Theaterpause.

Kongress- und Konzerthalle Vilnius KONZERTHALLE
(Karte S. 308; ☎5-262 8127; www.lvso.lt; Vilniaus gatvė 6/16; ⏲Kartenverkauf Mo–Fr 12–19, Sa 11–16 Uhr) Der geometrische Bau nahe der Neris ist Spielstätte des litauischen Sinfonieorchesters. Aufgeführt werden Sinfonien, Kammermusik, Opern und andere Musikstücke. Führende litauische und internationale Künstler sind hier zum Spottpreis zu hören.

Litauische Nationalphilharmonie KLASSISCHE MUSIK
(Lietuvos Nacionalinė Filharmonija; Karte S. 308; ☎5-266 5233; www.filharmonija.lt; Aušros Vartų gatvė 5; ⏲Kartenverkauf Di–Sa 10–19, So bis 12 Uhr) Litauens führendes Haus für Orchester-, Kammer- und Kirchenmusik. Aber nicht alles ist klassisch: Prominente internationale Jazzmusiker treten hier ebenfalls oft auf.

Litauische Musik- und Theaterakademie KLASSISCHE MUSIK
(Lietuvos muzikos akademija; Karte S. 304; ☎5-261 2691; www.lmta.lt; Gedimino prospektas 42) Die Akademie für Musik-, Tanz- und Theaternachwuchs bietet jedes Jahr auch Hunderte kostenlose Aufführungen. Sie verteilt sich auf vier Häuser, aber der klassizistische Bau am Gedimino prospektas 42 ist das Hauptgebäude.

Shoppen

Die Hauptstraße der Altstadt zwischen Pilies gatvė (Burgstraße) und Aušros Vartų gatvė ist ein quirliger Kunsthandwerksmarkt oder ein Touristennepp, je nachdem, wie man es sieht. Hier präsentieren Händler Stände mit billigem Bernsteinschmuck, Kleidung und Souvenirs, Maler bieten ihr Werke an und es gibt Bernstein- sowie Leinenläden wie Sand am Meer.

Hauptmarkt von Vilnius ist der oft enttäuschende **Gariūnai** westlich der Straße nach Kaunas. Minibusse mit den Richtungsangaben „Gariūnai" oder „Gariūnų Turgus" fahren jeden Morgen die Käufer von der Bahnhofsstraße zum Markt. Mit dem Auto sind es vom Zentrum aus 11 km via Savanorių prospektas. Näher an der Innenstadt liegt der Lebensmittelmarkt **Kalvarijų** (☎8-272 2225; www.kalvariju-turgus.lt; Kalvarijų gatvė 61; ⏲Di–So Sonnenaufgang–12 Uhr). Beide Märkte sind dienstags bis sonntags von Sonnenaufgang bis Mittag geöffnet.

Altstadt

Amber Museum SCHMUCK
(Karte S. 308; ☎5-212 1988; www.ambergift.lt; Aušros Vartų gatvė 9; ⏲Mo–Fr 10–18, Sa bis 15 Uhr) Stellt die Arbeiten der besten Bernsteinjuweliere in einem Raum aus, der selbst mit über 500 kg Bernstein ausgestattet ist.

Lino ir Gintaro Studija HAUSHALTSWAREN
(Leinen- & Bernsteinstudio; Karte S. 308; ☎5-261 0213; www.lgstudija.lt; Stiklių gatvė 3; ⏲10–19, So bis 17 Uhr) Das Leinen- und Bernsteinstudio mit Filialen in der Pilies gatvė (Nr. 7) und der Didžioji gatvė (Nr. 10 und 11) verkauft hübsche Geschenke aus Leinen, Bernstein und Edelmetallen.

Aušros Vartų Meno Galerija KUNSTHANDWERK
(Karte S. 308; ☎5-240 5007; www.avmenogalerija.lt; Aušros Vartų gatvė 12; ⏲9–21 Uhr) Guter Laden für litauische, handgefertigte Souvenirs, z. B. Gemälde, Spitzen und Kunsthandwerk.

Amatų Gildija KERAMIK
(Handwerkszunft; Karte S. 308; ☎5-212 0520; www.amatugildija.lt; Pranciškonų gatvė 4; ⏲Di–Sa) Die Amatų Gildija, die sich dem Erhalt und der Lehre traditioneller Töpfermethoden verschrieben hat, steckt voller emsiger Geschäftigkeit und wunderschöner Töpferarbeiten. Sie ist offene Werkstatt, Verkaufsgalerie und Unterrichtsraum im Untergeschoss und immer erfüllt von stiller, konzentrierter Ak-

tivität. Es geht zwar hauptsächlich um Keramiken, aber es wird auch Holzschnitzerei, Weberei und anderes Kunsthandwerk unterrichtet und verkauft.

Dom Bow Ties KLEIDUNG
(Karte S. 308; ☎8-627 33328; www.lietuviskospeteliskes.lt; Stiklių gatvė 6; ⏱Di–So 11–19 Uhr) Wer durch den Torbogen von Nr. 6 schreitet und unter dem Schild mit der riesigen Fliege ein paar Stufen hinuntergeht, landet im wohl verständlicherweise einzigen Laden in Litauen, der handgemachte Fliegen verkauft. Man kann sie sogar nach eigenen Wünschen fertigen lassen.

Ramunė Piekautaitė MODE
(Karte S. 308; ☎5-231 2270; www.ramunepiekautaite.com; Didžioji gatvė 20; ⏱Mo–Fr 11–19.30, Sa bis 18, So bis 16 Uhr) Eine todschicke Boutique mit litauischer Geschäfts-, Freizeit- und Brautkleidung.

Zoraza MODE
(Karte S. 308; ☎8-640 33588; www.zoraza.com; Stiklių gatvė 9/Gaono gatvė 10; ⏱Mo–Sa 11–19 Uhr) Daiva Urbonavičiūtė führt die originelle und flippige Boutique, in der leuchtende Farben und Materialien wie Wildleder, Glitzerkram, Perlen, Filz, Kristall, Leder usw. ein urbanes, klassisches Flair schaffen.

Aukso Avis MODE
(Karte S. 308; ☎5-261 0421; www.auksoavis.lt; Pilies gatvė 38; ⏱Mo–Fr 11–20, Sa bis 19, So bis 17 Uhr) Die Galerie der Modedesignerin Julija Žilėniene aus Vilnius verkauft Taschen, T-Shirts, Wandbilder und Schmuck aus unterschiedlichen Materialien, wie Halsketten aus Filz oder Wolle.

Gedimino 9 EINKAUFSZENTRUM
(Karte S. 308; www.gedimino9.lt; Gedimino prospektas 9; ⏱Mo–Sa 10–19 Uhr) In dem eleganten Einkaufszentrum in einem prächtigen Gebäude aus dem späten 19. Jh., das im Lauf der Zeit von der Regierung, von Zeitungen und Nachtclubs genutzt wurde, sind heute internationale Marken wie H&M und Body Shop vertreten. Es liegt aber auch außerhalb der Preisklasse vieler Litauer und ist entsprechend wenig besucht.

Marks & Spencer KAUFHAUS
(Karte S. 308; www.marks-and-spencer.lt; Gedimino prospektas 20/1; ⏱Mo–Sa 10–21, So bis 18 Uhr) Die beliebte Kaufhauskette aus Großbritannien mit allen möglichen Waren, neben den üblichen litauischen Angeboten auch mit hier seltenen, importierten Lebensmitteln.

Vinny's WEIN
(Karte S. 308; ☎5-269 0013; www.vinnys.lt; Vilniaus gatvė 15; ⏱Mo–Do 10–20, Fr 10–21, Sa & So 12–20 Uhr) Ein gut bestückter Weinladen, der neben Wein und Spirituosen aus ganz Europa auch litauische Spezialitäten führt, wie Met, Samanė (eine legale Marke Schwarzgebrannten mit stolzen 50 % Vol. Alkohol) und Zalgiris (ein Schnaps aus Met, der mit 75 % Vol. Alkohol vielleicht nicht legal sein sollte).

Akademinė Knyga BÜCHER
(Karte S. 308; ☎5-266 1680; www.humanitas.lt; Universiteto gatvė 4; ⏱Mo–Fr 10–18, Sa bis 15 Uhr) Ein wissenschaftlicher und akademischer Buchladen, der auch Romane führt, auch Titel auf Englisch.

Humanitas BÜCHER
(Karte S. 308; ☎5-262 1153; www.humanitas.lt; Dominikonų gatvė 5; ⏱Mo–Fr 10–18, Sa bis 16 Uhr) Wunderbare Kunst-, Design-, Architektur- und Geschenkbände.

Littera BÜCHER
(Karte S. 308; ☎5-212 1988; Universiteto gatvė 3; ⏱Mo–Fr 9–18, Sa 10–15 Uhr) Der Universitätsbuchladen, der auch Souvenirs verkauft, befindet sich im M.-K.-Sarbievijus-Hof.

Vaga BÜCHER
(Karte S. 304; ☎5-249 8392; www.vaga.lt; Gedimino prospektas 9; ⏱Mo–Fr 10–19, Sa bis 16 Uhr) Tolle Kartenauswahl und guter Kaffee.

Neustadt

Juozas Statkevičius MODE
(Karte S. 308; www.statkevicius.com; Paménkalnio gatvė 2-1) „Josef Statkus" ist in Litauen ein berühmter Name für innovative Mode und Kostümdesign mit Vertretungen in Paris, New York und Moskau.

Lino Kopos MODE
(Karte S. 304; www.linokopos.com; Krokuvos gatvė 6; ⏱Mo–Fr 10–19, Sa bis 16 Uhr) Führender Leinendesigner ist Giedrius Šarkauskas. Seine Kollektionen, die völlig aus Leinen bestehen, sind vom natürlichen Lebenszyklus inspiriert. Accessoires fertigt er aus Bernstein, Holz und Leder.

Lino Namai HAUSHALTSWAREN
(Leinenhaus; Karte S. 308; ☎5-212 2322; www.siulas.lt; Vilniaus gatvė 12; ⏱Mo–Fr 10–19, Sa bis 18, So 11–17 Uhr) Verkauft Leinen von Siūlas, der ältesten Flachsspinnerei des Landes, die bekannt für ihre hochwertige Tisch- und

Bettwäsche ist. Geführt werden auch Accessoires und ein paar Kleidungsstücke. Eine Filiale befindet sich in der Pilies gatvė 38.

Europa EINKAUFSZENTRUM
(Karte S. 304; www.pceuropa.lt; Konstitucijos prospektas 7a; 7–24 Uhr;) Großes Einkaufszentrum auf der anderen Flussseite gleich gegenüber der Altstadt. Auf drei Etagen verteilen sich Geschäfte sowie ein paar Restaurants und Cafés.

Akropolis EINKAUFSZENTRUM
(5-238 7711; www.akropolis.lt; Ozo gatvė 25; 10–22 Uhr;) Gigantischer Einkaufs- und Unterhaltungskomplex mit Hunderten Läden und Restaurants, einem Multiplexkino, einer Eisbahn und einem Kinderspielplatz.

Praktische Informationen

Die Touristeninformationen haben kostenlose Stadtpläne der Innenstadt von Vilnius, die für Besucher völlig ausreichend sind. Ansonsten verkaufen sie, wie auch Buchläden, einige Hotels und Supermärkte, Stadtpläne von **Briedis** (www.briedis.lt; Parodų gatvė 4) und **Jāņa sēta** (www.kartes.lv). Die Karte *Vilnius* von Jāņa sēta (1:25 000; 3,50 €) erfasst die ganze Stadt und hat zudem eine Einlegekarte der Innenstadt von 1:10 000.

BIBLIOTHEKEN

American Centre (www.vilnius.usembassy.gov; Akmenų gatvė 7; Mo & Mi–Fr 10–14, Di bis 19 Uhr) In der amerikanischen Botschaft.

Centre Culturel Français (www.institutfrancais-lituanie.com; Didžioji gatvė 1; Mo–Fr 9–19, Sa 10–15 Uhr)

KUNSTHANDWERK IN VILNIUS

Litauisches Kunsthandwerk blüht und gedeiht, davon zeugen zahlreiche Ateliers von Kunsthandwerkern in und um die Altstadt.

Senųjų Amatų Dirbtuvės (Werkstatt für altes Kunsthandwerk; Karte S. 308; 8-613 81889; www.seniejiamatai.lt; Savičiaus gatvė 10; Di–So 11–19 Uhr) Werkzeug, Materialien, Verfahren und fertige Produkte verschiedenster traditioneller Handwerke – u. a. Weberei, Papierherstellung, Buchbinderei, Lederverarbeitung, Metallarbeiten – werden in diesem phantastischen, einladenden kleinen Laden liebevoll präsentiert. Er ist Mitglied des Kunsthandwerksverbands von Vilnius und wunderbar, um diese alten Fertigkeiten zu erlernen oder sich ein schönes litauisches Andenken zu kaufen.

Schwarzkeramikzentrum (Juodosios keramikos centras (JKC); Karte S. 308; 8-6994 2456; www.ceramics.w3.lt; Naugarduko gatvė 20) In dem Haus befinden sich sowohl die Werkstatt als auch die Verkaufsstelle des Schwarzkeramikzentrums, das sich dem Erhalt und der Lehre der alten litauischen Kunst der Schwarzkeramik widmet.

Jonas Bugailiškis (Karte S. 308; 8-6523 6613; www.bugailiskis.com; Aušros Vartų gatvė 17-10; nach Vereinbarung) Der litauische Künstler Bugailiškis produziert in seiner Werkstatt alle möglichen sonderbaren und schönen Dinge: Skulpturen, verschnörkelte Kreuze und sogar Musikinstrumente.

Sauluva (Karte S. 308; 8-686 43906; www.sauluva.lt; Literatų gatvė 3; 10–19 Uhr) Eine „Kapitalgesellschaft", die Kunsthandwerk aus Bernstein, Metall, Keramik, Textilien und anderen Materialien verkauft. Der Laden ist super für ungewöhnliches und pädagogisches Spielzeug und hat auch Filialen in der Pilies gatvė 21 und 36 sowie in der Šv Jono gatvė 12.

Schmiedemuseum & Galerie Užupis (Užupio kalvystės muziejus galerija; Karte S. 308; 5-215 3757; www.vilniauskalviai.lt; Užupio gatvė 26; Di–Fr 10–19, Sa bis 17 Uhr) Hier kann man sich über Schmiedearbeiten informieren, den Schmieden bei der Arbeit zuschauen und vielleicht das eine oder andere Stück kaufen. Vorführungen finden Dienstagnachmittag oder nach Vereinbarung statt.

Vilniaus Puodžių Cechas (Töpferzunft Vilnius; Karte S. 308; 8-659 99040; Paupio gatvė 2-20; Di–Fr 11–19, Sa 12–18 Uhr) Präsentiert werden hier traditionelle Keramikherstellung und Kunsthandwerk.

Vitražo manufaktūra (Karte S. 308; 5-212 1202; www.stainedglass.lt; Stiklių gatvė 6-8; Mo–Fr 11–20, Sa bis 18, So bis 17 Uhr) Exquisite Buntglasskulpturen, Wandgemälde und Mobiles stehen im Glasatelier zum Verkauf; Vorführungen täglich von 12 bis 16 Uhr.

INFOS IM INTERNET

Vilnius (www.vilnius.lt) Informative Website der Stadtverwaltung.

Altstadterneuerungsamt Vilnius (www.vsaa.lt) Neueste Infos zur Altstadterneuerung.

Vilnius Tourism (www.vilnius-tourism.lt) Website der Touristeninformation; erstklassiger und topaktueller Hauptstadtführer.

INTERNETZUGANG

Die meisten Cafés, Restaurants und Hotels bieten kostenloses WLAN.

Collegium (Pilies gatvė 22-1; pro Std. 2 €; ⌚Mo–Fr 10–18 Uhr) Internetzugang und Telefon, gute Lage, gepfefferte Preise.

GELD

Die folgenden Banken haben alle Geldautomaten, die Visa und MasterCard akzeptieren. Geldautomaten sind auch überall in der Stadt zu finden.

Citadele Bankas (☎5-213 5454; www.keitykla.lt; Gedimino prospektas 26; ⌚Mo–Fr 8–17 Uhr) Amex-Repräsentant in Litauen und Geldwechsel.

SEB Vilniaus Bankas (www.seb.lt; Vokiečių gatvė 9; ⌚Mo–Fr 9–17.30 Uhr) Hat auch eine Filiale in der Gedimino (www.seb.lt; Gedimino prospektas 12; ⌚Mo–Fr 8–17 Uhr).

Swedbank (www.swedbank.lt; Gedimino prospektas 56; ⌚Mo–Do 9–17.30, Fr bis 16.30 Uhr) Löst Reiseschecks von Thomas Cook und Amex ein.

GEPÄCKAUFBEWAHRUNG

Busbahnhof (Karte S. 304; ⌚Mo–Fr 5.25–21, Sa & So 7–20.45 Uhr) Gepäck kann im *bagažinė* für 0,87 € pro Stück aufbewahrt werden.

Bahnhof (Geležinkelio gatvė, Bahnhofshalle, Untergeschoss; ⌚24 Std.) Gepäckschließfächer kosten ab 2 € je 24 Stunden.

MEDIEN

Vilnius in Your Pocket (www.inyourpocket.com) Ausgezeichneter Stadtführer, der alle zwei Monate erscheint. Erhältlich als PDF-Download oder in Buchläden, Touristeninformationen und Zeitungskiosken (0,58 €).

MEDIZINISCHE VERSORGUNG

Baltijos Amerikos klinika (Baltisch-amerikanisches Krankenhaus; ☎5-234 2020; www.bak.lt; Nemenčinės gatvė 54a; ⌚24 Std.) Englischsprachige Gesundheitsversorgung in der Universitätsklinik in Antakalnis.

Gintarine vaistinė (Geležinkelio gatvė 16; ⌚Mo–Fr 7–21, Sa & So 9–18 Uhr) Apotheke in der zentralen Bahnhofshalle.

Notfallkrankenhaus der Universität (☎5-216 9069; www.rvul.lt; Šiltnamių gatvė 29; ⌚24 Std.) Die Uniklinik behandelt schwere Krankheiten und Notfälle.

POST

Post (Karte S. 308; www.post.lt; Vokiečių gatvė 7–13; ⌚Mo–Fr 10–18 Uhr) Günstig in der Altstadt gelegen.

Hauptpostamt (Centrinis Paštas; Karte S. 308; www.post.lt; Gedimino prospektas 7; ⌚Mo–Fr 8.30–19, Sa 9–14 Uhr) Ist am längsten geöffnet.

REISEBÜROS

Baltic Travel Service (☎5-212 0220; www.bts.lt; Subačiaus gatvė 2; ⌚Mo–Fr 8–18, Sa 10–14 Uhr) Reservierung von Ferien auf dem Bauernhof, Bustickets und Hotelzimmern.

West Express (☎5-255 3265; www.westexpress.lt; A Stulginskio gatvė 5; ⌚Mo–Do 8–19, Fr bis 18 Uhr) Großes, landesweites Reisebüro.

Zigzag (☎25-39 7397; www.zigzag.lt; J Basanavičiaus gatvė 30; ⌚Mo–Fr 9–18 Uhr) Billigtarife mit internationalem Studentenausweis.

TOURISTENINFORMATION

Am Flughafen (☎5-230 6841; www.vilnius-tourism.lt; Rodūnios kelias 2-1; ⌚9–21 Uhr) Nicht so umfassend wie die Hauptniederlassung in der Stadt, aber sehr nützlich.

Am Kathedralenplatz (Karte S. 308; ☎5-262 9660; www.vilnius-tourism.lt; Šventaragio gatvė 2; ⌚9–13.15 & 14–18 Uhr) Informationskiosk im Herzen der Altstadt.

In der Altstadt (Karte S. 308; ☎5-262 9660; www.vilnius-tourism.lt; Vilniaus gatvė 22, LT-01119; ⌚9–18 Uhr) Die Hauptniederlassung der Touristeninformation von Vilnius hat Broschüren, Tipps und bucht Unterkünfte.

Im Rathaus (Karte S. 308; ☎5-262 6470; www.vilnius-tourism.lt; Didžioji gatvė 31; ⌚9–12.30 & 13.15–18 Uhr) Hat Karten und Pläne, verleiht Fahrräder, bucht Unterkünfte, gibt Tipps und dergleichen mehr.

WÄSCHEREI

Einige Hostels in Vilnius haben Waschmaschinen für Gäste, eine Handvoll gehobener Hotels bietet einen Wäscheservice.

Skalbiu sau (☎5-264 8160; www.skalbiusau.lt; Savanorių prospektas 176; ⌚Mo–Fr 9–22, Sa & So 10–19 Uhr) Wäscheservice und Selbstbedienung.

ℹ An- & Weiterreise

AUTO & MOTORRAD

In Vilnius gibt es viele Tankstellen, die rund um die Uhr geöffnet sind. Wer mit einem Mietwagen unterwegs ist und andere baltische Staaten besuchen will, sollte sich erkundigen, ob die Versicherung auch außerhalb Litauens gilt.

Autobanga (☎5-212 7777; www.autobanga.lt; Rodūnios kelias 2-1) Mietwagen kosten ab rund 25 €.

Avis (☎5-232 9316; www.avis.com; Rodūnios kelias 2; ⊙6–1.15 Uhr) Hat auch Niederlassungen in der Stadt (☎5-250 7500; B. Radvilaites gatvė 5a; ⊙Mo–Fr 8–17, Sa & So 9–16 Uhr) und am Bahnhof (☎5-230 6820; Geležinkelio gatvė 16; ⊙Mo–Fr 8–17, Sa & So bis 16 Uhr).

Europcar (☎5-250 3425; www.europcar.com; Rodūnios kelias 2; ⊙9–24 Uhr) Mit Zweigstelle in der Stadt (☎5-250 3420; Slucko gatvė 3; ⊙Mo–Fr 9–19, Sa ab 8 Uhr).

Sixt (☎5-239 5636; www.sixt.lt; Rodūnios kelias 2; ⊙Mo–Fr 8–24, Sa & So 10–17 Uhr) Ein weiterer großer Autovermieter.

BUS

Der **Busbahnhof** (Autobusų Stotis; Karte S. 304; ☎Information 1661; www.autobusustotis.lt; Sodų gatvė 22) von Vilnius liegt gleich südlich der Altstadt. In der Schalterhalle werden von 6 bis 19.30 Uhr Fahrkarten für Inlandsstrecken verkauft, Auskunftsschalter sind auch vorhanden. Fahrpläne sind dort an einer Tafel und auf der Website www.autobusubilietai.lt einzusehen. Mehrere Buslinien fahren von hier zu internationalen Zielorten.

Ecolines (Karte S. 304; ☎5-213 3300; www.ecolines.net; Geležinkelio gatvė 15; ⊙Mo–Fr 8–19, Sa & So 9–17.30 Uhr) Verbindet Großstädte in ganz Europa.

Eurolines (Karte S. 304; ☎5-233 5277; www.eurolines.lt; Sodų gatvė 22; ⊙6.30–21.30 Uhr) Eurolines ist eine zuverlässige Fernbuslinie.

Simple Express (Karte S. 308; ☎5-233 6666; www.simpleexpress.eu; Sodų gatvė 20b1; ⊙Mo–Fr 8–19, Sa & Sa ab 9 Uhr) Simple Express bietet ebenso wie das Schwesterunternehmen Lux Express die niedrigsten Preise zwischen Litauen und anderen baltischen Ländern. Tägliche Verbindungen gibt es u. a. auch von Vilnius nach Riga (11 €) und Tallinn (23 €).

Busverbindungen innerhalb Litauens und nach Riga und Tallinn:

Druskininkai (10 €, 2 Std., 15-mal tgl.

Ignalina (6 €, 1¾ Std., bis zu 10-mal tgl.)

Kaunas (6 €, 1¾ Std., regelmäßig 5.45–23 Uhr)

Klaipėda (18 €, 4–5½ Std., 17-mal tgl.)

Molėtai (5 €, 1¼–2 Std., 17-mal tgl.)

Palanga (18 €, 4¼–6 Std., 14-mal tgl.)

Panevėžys (10 €, 1¾–3 Std., regelmäßig 6–22 Uhr)

Riga (18 €, 5 Std., 9-mal tgl.)

Šiauliai (13 €, 3–4½ Std., 15-mal tgl.)

Tallinn (32 €, 10½ Std., 5-mal tgl.)

Visaginas (8 €, 2½ Std., 12-mal tgl.)

FLUGZEUG

Es gibt in Litauen keine Inlandsflüge, außer über andere baltische Hauptstädte: AirBaltic und Estonian Air verbinden Vilnius mit Tallinn bis zu fünfmal täglich und mit Riga bis zu siebenmal täglich.

Schalter größerer Fluglinien auf dem Flughafen Vilnius:

AirBaltic (☎5-235 6010; www.airbaltic.com) Flüge innerhalb der baltischen Staaten.

Lufthansa (☎5-232 9290; www.lufthansa.com) Öffnet zwei Stunden vor und schließt 30 Minuten nach Lufthansa-Flügen.

ZUG

Der **Bahnhof** (Geležinkelio Stotis; ☎Information 5-233 0088; www.litrail.lt; Geležinkelio gatvė 16) liegt gegenüber dem Busbahnhof. Neben Infoschaltern gibt es dort auch Geldautomaten und einen Supermarkt.

Es gibt keine direkte oder günstige Zugverbindung zwischen Vilnius und Riga oder Tallinn. Tägliche Direktverbindungen innerhalb Litauens von/nach Vilnius:

Ignalina (4 €, 1¾ Std., 8-mal tgl.)

Kaunas (6 €, 1½ Std., 14-mal tgl.)

Klaipėda (16 €, 5 Std., 3-mal tgl.)

Trakai (1,70 €, 40 Min., bis zu 10-mal tgl.)

ℹ Unterwegs vor Ort

AUTO & MOTORRAD

In Vilnius ist Autofahren kein Problem und der Verkehr nicht allzu dicht, aber er nimmt mit jedem Jahr zu. Parkplätze an den Innenstadtstraßen sind schwer zu finden und teuer: Sie können (von 8 bis 20 Uhr) bis zu 2 € pro Stunde kosten. Der Preis wird durch Farbcodierung gekennzeichnet, die blaue Zone ist am teuersten. Die Tickets sind an Automaten erhältlich und müssen auf das Armaturenbrett abgelegt werden.

Auf keinen Fall sollte über Nacht an unbeleuchteten Straßen geparkt werden; Autoeinbrüche kommen häufig vor. In Teilen der verkehrsberuhigten Altstadt sind Autos nicht gestattet.

FAHRRAD

Vilnius wird immer fahrradfreundlicher, aber Fahrradwege sind außerhalb der Altstadt und außer am Ufer der Neris eher selten. Orangefarbene Cyclocity-Stationen gibt es überall in der Stadt, die Touristeninformation hat kostenlose Fahrradkarten und BaltiCCycle (www.balticcycle.lt) hat Tipps und Informationen.

Cyclocity (☎8-800 22008; www.cyclocity.lt; ⊙April–Okt. 24 Std.) Fahrräder kann man problemlos an den 37 orangefarbenen Cyclocity-Stationen in Vilnius leihen und zurückgeben. Bezahlt wird entweder mit der Kreditkarte oder der Cyclocity Card (erhältlich bei vorherigem Abo). Ein Ticket für drei Tage kostet 2,90 €.

Velo-City (☎ 8-674 12123; www.velovilnius.lt; Palangos gatvė 1; pro Std./Tag 4/12 €; ⊙April–Sept. 10–21 Uhr, Okt.–März nach Vereinbarung) Der bewährte Fahrradverleih am Rand der Altstadt hat gute, gepflegte Fahrräder.

ÖFFENTLICHE VERKEHRSMITTEL

Busse und O-Busse fahren von 5.30 oder 6 Uhr bis Mitternacht durch die Stadt, sonntags allerdings seltener. Einfache Fahrscheine kosten beim Fahrer 1 €, mit einem Vilniečio Kortelė (einem elektronischen Ticket, das an Kiosken verkauft wird; Infos siehe www.vilniusticket.lt) 0,64 €; mit der Vilnius City Card, bei der öffentliche Verkehrsmittel eingeschlossen sind (wird in Touristeninformationen verkauft) ist die Fahrt umsonst. Schwarzfahrer riskieren ein kleines Bußgeld.

Die schnelleren Minibusse decken viele der Strecken ab. Sie lassen ihre Passagiere unterwegs jederzeit ein- und aussteigen (nicht nur an den regulären Haltestellen) und können vom Straßenrand aus angehalten werden. Die Fahrkarten für 1 € verkauft der Fahrer.

Die Altstadt ist in weiten Teilen für den Verkehr gesperrt, sodass nur wenige Busse und O-Busse in diesen Teil der Stadt fahren. Wer also dorthin will, muss laufen.

Streckenfahrpläne stehen auf www.vilniustransport.lt und sind bei den Touristeninformationen erhältlich.

TAXI

Taxipreise in Vilnius können schwanken. Generell ist es billiger, ein Taxi telefonisch zu bestellen, als eines an der Straße heranzuwinken oder am Taxistand zu besteigen. An der Hotelrezeption oder im Restaurant wird auf Wunsch ein Taxi gerufen. Bewährte Unternehmen:

Ekipažas (☎1446; www.ekipazastaksi.lt) Eines der größeren Taxiunternehmen in Vilnius.

Martono Taksi (☎240 0004) Vilnius-Taxis.

Mersera (☎278 8888) Unverkennbare gelbe Taxis.

VOM/ZUM FLUGHAFEN

Der **Vilnius International Airport** (Tarptautinis Vilniaus Oro Uostas; ☎6124 4442; www.vno.lt; Rodūnios kelias 10a) liegt 5 km südlich des Zentrums und ist mit Bus, Bahn oder Taxi erreichbar. Buslinie 1 verkehrt zwischen Flughafen und Bahnhof, Buslinie 2 zwischen Flughafen und dem nordwestlichen Vorort Šeškinė via Žaliasis-Brücke über die Neris und weiter bis zum Lukiskių aikštė. Fahrkarten (1 €) gibt's beim Fahrer, aber Kleingeld sollte dafür bereitgehalten werden.

Züge fahren von 6 bis 23.30 Uhr alle 30 Minuten zum Hauptbahnhof. Im Zug erworbene Fahrkarten kosten 0,72 € und die Fahrt dauert nur zehn Minuten.

Taxipreise hängen davon ab, ob man eines benutzt, das vor der Ankunftshalle wartet (rund 15 €), oder ob es zuvor bei einer seriösen Firma telefonisch bestellt wurde (rund 10 €).

RUND UM VILNIUS

Die Mitte Europas, ein Märchenschloss und uralte Burgwälle liegen in Reichweite der Hauptstadt. Interessant ist außerdem ein Ausflug nach Paneriai.

Paneriai

Hier wird der Besucher ungeschönt mit Litauens grausamer Geschichte konfrontiert. Über 100 000 Menschen – die genaue Zahl ist unbekannt – wurden hier zwischen Juli 1941 und Juli 1944 von den Nazis ermordet. Die Stätte liegt 10 km südwestlich des Stadtzentrums. Etwa die Hälfte der jüdischen Bevölkerung von Vilnius, rund 35 000 Menschen, wurden in den ersten drei Monaten der deutschen Besatzung (von Juni bis September 1941) durch das Einsatzkommando 9 der SS und ihre litauischen Helfer ermordet.

Später verbrannten die Nazis die exhumierten Leichen, um die Beweise für ihre Verbrechen zu beseitigen. In einer der tieferen Gruben, so heißt es auf einer Tafel, wurden schließlich jene begraben, die man dazu zwang, die Leichen auszugraben und die Knochen zu zermahlen.

Am Eingang zum Wald steht das Denkmal Panerių memorialas. Der Text auf Russisch, der aus Sowjetzeiten stammt, erinnert an die 100 000 „Sowjetbürger", die hier getötet wurden. Die Erinnerungstafeln auf Litauisch und Hebräisch – die später angebracht wurden – ehren die vielen jüdischen Opfer.

Täglich fahren zwei Dutzend Züge (auch solche mit Ziel Trakai oder Kaunas) ab Vilnius nach Paneriai (0,58 €, 11 Min.). Von Paneriai führt der Weg rechts nach dem Bahnhofsausgang über die Agrastų gatvė über 1 km nach Südwesten.

Sehenswertes

Paneriai-Museum MUSEUM
(☎Führungen 8-6808 1278; www.jmuseum.lt; Agrastų gatvė 15; ⏲Mai–Sept. Di–So 9–17 Uhr, Okt.–April nach Vereinbarung) GRATIS Das kleine Museum erzählt aus der erschütternden Geschichte von Paneriai. Hier stehen zwei Denkmäler: ein jüdisches (mit dem Davidstern) und ein sowjetisches (ein Obelisk gekrönt von einem Sowjetstern). Von dort führen Wege zu mehreren grasüberwachsenen Gruben, wo ab Juli 1941 rund 100 000 Menschen ermordet wurden.

Die Nazis reihten ihre Opfer jeweils zu zehnt auf und töteten sie durch Schüsse in den Hinterkopf. Die Toten fielen dann einfach in die Grube. Auf diese Art konnten mehrere Hundert Menschen pro Tag getötet werden. Die Leichen wurden mit Sand überdeckt und die Grube war bereit für die nächsten Toten.

Trakai

528 / 5400 EW.

Mit seiner märchenhaften Burg aus Backstein, der Karäerkultur, den malerischen Holzhäusern und der hübschen Lage am See ist Trakai, von der Hauptstadt nur 28 km entfernt, ein Muss.

Die Stadt liegt größtenteils auf einer 2 km langen, nach Norden gerichteten Landzunge zwischen dem Luka-See im Osten und dem Totoriškių-See im Westen. Das nördliche Ende der Halbinsel öffnet sich zum Galvė-See mit seinen 21 Inseln.

Gediminas wählte in den 1320er-Jahren Trakai vermutlich als seine Hauptstadt. Verbürgt ist, dass Kęstutis im 14. Jh. hier seinen Hofstaat einrichtete. Trakai ist geschützt durch den 82 km² großen **Historischen Nationalpark Trakai** (528-55 776; www.seniejitrakai.lt) und heute, außer an Sommerwochenenden, eine ruhige Stadt.

Sehenswertes

★ Burg von Trakai BURG

(Trakų Pilis; www.trakaimuziejus.lt; Erw./Sen./Stud. & Kind 6/4/3 €; Mai–Sept. 10–19 Uhr, März, April & Okt. bis 18 Uhr, Nov.–Feb. bis 17 Uhr;) Die Hauptattraktion von Trakai ist die märchenhafte Burg auf einer Insel im Galvė-See. Die sorgfältig restaurierte gotische Burg aus rotem Backstein stammt vermutlich aus der Zeit um 1400, als der Großfürst Vytautas stärkere Verteidigungsanlagen benötigte, als die Burg auf der Halbinsel ermöglichte. Die Burg ist von Oktober bis März montags geschlossen und es kostet 1,16 €, um auf dem Gelände zu fotografieren.

Eine Fußgängerbrücke verbindet sie mit dem Ufer und ein Wassergraben trennt den dreieckigen Vorhof vom Hauptturm mit seinem höhlenartigen zentralen Innenhof, der von Galerien, Sälen und Gemächern umgeben ist. Einige davon beherbergen das Heimatmuseum von Trakai, das die Geschichte der Burg dokumentiert. Die Bedeutung der Burg als heilige Stätte zeigt sich in ihrer Sammlung sakraler Kunst. Im Sommer ist der Burghof eine fabelhafte Bühne für Konzerte und Theaterstücke.

Kirche der Mariä Heimsuchung KIRCHE

(Birutės gatvė 5) Die prachtvolle Gemeindekirche aus dem 15. Jh. wurde zur gleichen Zeit wie die Trakaier Burg errichtet und ebenfalls vom Großfürst Vytautas. Sie besitzt eine große Sammlung sakraler Kunst, darunter die Trakaier Muttergottes, ein hoch verehrtes Bild, das vermutlich von Vytautas selbst gestiftet wurde.

Halbinselburg RUINE

Die stille Ruine der Halbinselburg von Trakai, die von 1362 bis 1382 von Kęstutis erbaut und im 17. Jh. zerstört wurde, liegt etwas südlich der Inselfestung. Auf der Halbinsel selbst stehen etliche alte Holzhäuser, von denen viele von den Karäern errichtet wurden. Sie bietet großartige Aussichten auf die Hauptburg, die Stadt und die Seen.

Ausstellung sakraler Kunst MUSEUM

(Sacralineo Meno Muziejus; 528-53 945; www.trakaimuziejus.lt; Kestučio gatvė 4; Erw./Stud. 1,16/0,58 €; Mi–So 10–17 Uhr) In dem kleinen Museum in einer ehemaligen Dominikanerkapelle sind diverse religiöse und sakrale Objekte ausgestellt, u. a. Altarbilder, Kreuze, Monstranzen und Kelche.

Karäermuseum MUSEUM

(Karaimų etnografinė paroda; 528-55 286; www.trakaimuziejus.lt; Karaimų gatvė 22; Erw./Kind 1,16/0,58 €; Mi–So 10–18 Uhr) Das Karäermuseum dokumentiert die Herkunft der Karäer, einer jüdischgläubigen und turksprachigen Minderheit, die ursprünglich aus Bagdad stammte und sich streng an die Gebote Moses' hält. Um die 380 Familien wurden um 1400 von der Krim nach Trakai gebracht, um hier als Leibgarde zu dienen. Nur zwölf Familien (60 Personen) leben noch in Trakai und ihre Zahl – 280 in Litauen – geht immer mehr zurück.

Kenessa RELIGIÖSE STÄTTE

(Karaimų gatvė 30; Eintritt auf Spendenbasis) Das gut erhaltene hölzerne Gebetshaus mit einer Kuppeldecke ist ein seltenes, noch erhaltenes Beispiel karäischer Architektur. Im Karäermuseum kann eine Besichtigung vereinbart werden.

Orthodoxe Geburtskirche KIRCHE

(Maironio gatvė 4) Die orthodoxe Kirche aus dem 19. Jh. wurde teilweise von der Zarin Marija Alexandrowna finanziert.

Trakai

Trakai

Highlights

1 Inselburg B1

Sehenswertes

2 Kirche der Mariä Heimsuchung B3
3 Karäermuseum B2
4 Kenessa A2
5 Orthodoxe Geburtskirche B3
6 Halbinselburg B2
7 Ausstellung sakraler Kunst B2

Aktivitäten, Kurse & Touren

8 Bootsfahrten B2

Schlafen

9 Apvalaus Stalo Klubas A2
10 Karamių 13 .... B2
11 Salos B3

Essen

Bona Pizzeria .... (s. 9)
12 Iki B4
13 Kiubėtė B3
14 Kybynlar B2
15 Markizas B2
16 Senoji Kibininė A1

Aktivitäten

Die Touristeninformation hat Infos über eine Fülle von Aktivitäten wie Bootsfahrten, Reiten, Ballonfahrten und Segeln. Sie vermietet auch Fahrräder (3/14 € pro Std./Tag) und hat Karten für einen 14 km langen Radweg zu den Hauptsehenswürdigkeiten. Im Winter werden Pferdeschlittenfahrten, Skifahren und Eisangeln angeboten.

Bootsfahrten BOOTSFAHRTEN
(☎8-609 51305) In der Nähe der Fußgängerbrücke, die zur Inselburg führt, werden Tretboote (6 € pro Std.) und Ruderboote (5 € pro Std.) vermietet. Geöffnet im Sommer bei Tageslicht.

Varnikai-Wanderweg WANDERN
Einen wunderbaren Spaziergang raus aus Trakai bietet der Weg zu diesem Tier- und Pflanzenschutzgebiet 4 km östlich der Stadt. Er führt über zwei Brücken und ist durch Schilder mit der Aufschrift „Varnikų Gamtos Takas" ausgewiesen.

Schlafen

Trakai ist von Vilnius aus ein bequemer Tagesausflug, doch eine Übernachtung lohnt sich, um den Ort ohne die Touristenmassen am Wochenende zu erleben.

Kempingas Slėnyje CAMPINGPLATZ €
(☎528-53 380; www.camptrakai.lt; Slėnio gatvė 1; Stellplatz pro Erw./Auto/Zelt 6/5/5 €, Sommerhaus für 4 Pers. 35 €) Der Campingplatz liegt etwa 5 km außerhalb von Trakai in Slėnje am Nordufer des Galvė-Sees an der Straße nach Vievis. Er bietet Unterkünfte für alle Geldbeutel. Es gibt viele Aktivitäten, wie Sauna und Dampfbad, dazu Grillplätze, Fahrrad- und Bootsverleih, Folkloreabende und einen Sandstrand.

Salos HOTEL €
(☎528-53 990; www.salos.lt; Kranto gatvė 5b; EZ/DZ/3BZ 35/47/64 €; P @ ☜ ☒) Das moderne Hotel am Ufer des Totoriškių-Sees liegt in Laufnähe zum Zentrum und zur Inselburg. Es hat zehn gut ausgestattete Zimmer und Gäste können die finnische Sauna und den Pool benutzen. Frühstück kostet 3 €.

Apvalaus Stalo Klubas HOTEL €€
(☎528-55 595; www.asklubas.lt; Karaimų gatvė 53a; EZ/DZ ab 73/90 €; ⏲12–23 Uhr; P @ ☎ ≋) Das Hotel mit großartiger Lage am See bietet einen unvergleichlichen Blick auf die Burg und ist ideal für ein romantisches Wochenende. Die Zimmer in der eleganteren französisch-provençalischen Villa Ežeras sind mit schweren, komfortablen Möbeln und kräftigen Wandfarben ausgestattet, die in der Villa Karaimai sind eher normal modern und etwas billiger. Zum Haus gehört auch ein exzellentes Restaurant.

Karamių 13 PENSION €€
(☎528-51 911; www.karaimai.lt; Karaimų gatvė 13; DZ 60 €; P @ ☎) Das liebevoll renovierte, schlichte Karäerhaus besitzt ein Café, das karäische Speisen serviert. Das Holzhaus wurde im authentischen karäischen Stil umgebaut. Die Zimmer sind alle schlicht eingerichtet, haben aber moderne Annehmlichkeiten und Internetzugang.

Essen

Iki SUPERMARKT €
(Vytauto gatvė 56; ⏲8–22 Uhr) In dem einfachen Supermarkt gibt es Proviant für ein Picknick am See.

Bona Pizzeria PIZZA €€
(☎528-55 595; www.bona.lt; Karaimų gatvė 53a; Pizza 6–8 €; ⏲11–23 Uhr) Das Bona liegt am See in Fotonähe der Burg und hat somit die vielleicht schönste Lage der Stadt. Neben den üblichen Pizzas, Salaten und Pastagerichten gibt es auch einige litauische Speisen, z. B. *cepelinai* und *kibinai*.

Senoji Kibininė KARÄISCH €€
(☎528-55 865; www.kibinas.lt; Karaimų gatvė 65; Hauptgerichte 4,50–6 €; ⏲10–24 Uhr) In dem traditionellen Karäerhaus kann es am Wochenende zu Essenszeiten ganz schön voll werden. Dennoch ist es lohnenswert, sich ins Getümmel zu stürzen, sich bei schönem Wetter einen Picknicktisch zu sichern und exzellente karäische Teigtaschen zu genießen, die meist mit Schweinefleisch gefüllt und mit einem Teller Hühnersuppe serviert werden.

Markizas LITAUISCH €€
(☎528-55 859; www.markizas.lt; Karaimų gatvė 25a; Hauptgerichte 6,50–8,50 €; ⏲11–23 Uhr) Das Markizas ist mit seinem gemütlichen Gastraum und einer wunderbaren Sommerterrasse am See ideal für ein geruhsames Essen mit Fisch in Mandelsauce, leichten Sommersalaten oder einem Steak vom Außengrill. Es gibt auch Kindergerichte und gelegentlich Liveunterhaltung.

Kybynlar KARÄISCH €€
(☎8-698 06320; www.kybynlar.lt; Karaimų gatvė 29; Hauptgerichte 7–11 €; ⏲12–21 Uhr) Das beste Lokal in Trakai mit traditioneller karäischer Küche, darunter *kibinai* (mit Schwein, Huhn und anderen Leckereien gefüllte Teigtaschen), Rindfleischeintopf und Fischpastete. Gegessen wird im hübschen Gastraum oder auf der Seeterrasse.

Kiubėtė LITAUISCH €€
(☎528-59 160; www.kiubete.lt; Trakų gatvė 2; Hauptgerichte 6–8 €; ⏲10.30–23 Uhr) Das Kiubėtė mit seiner Mischung aus litauischer und karäischer Küche hat eine schöne Lage gegenüber dem Totoriškių-See an der ruhigeren Seite der Trakai-Halbinsel.

Žejų Namai FISCH €€
(☎528-26 008; www.zvejunamai.lt; Hauptgerichte 13 €; ⏲11–22 Uhr) Wer mit dem eigenen Fahrzeug unterwegs ist und Lust auf frischen Fisch verspürt, kann das Žejų Namai 16 km nördlich von Trakai an der Straße nach Vievis ansteuern. Angelruten, Köder und Eimer sind kostenlos und in den Teichen gibt es reichlich Forellen und Störe. Helfer wiegen, filetieren und bereiten den Fisch zu (Forelle 16,50 € pro kg, Stör 19,50 €).

Praktische Informationen

Polizei (☎528-32 230; Vytauto gatvė 57) Im Zentrum von Trakai.

Touristeninformation (☎528-51 934; www.trakai-visit.lt; Karaimų gatvė 41; ⏲9–18 Uhr) Die kleine Information am See mit zugehörigem Kunsthandwerksladen bietet alles, was man braucht: Sie hat eine Menge Broschüren, die Mitarbeiter sprechen Englisch und organisieren so ziemlich alles, ob Bootsausflüge oder Unterkünfte. Zwischen Oktober und April ist sie an Wochenenden geschlossen.

An- & Weiterreise

Bis zu zehn Züge (1,48 €, 30 Min.) verkehren täglich zwischen dem **Bahnhof** in Trakai (☎51 055; Vilniaus gatvė 5) und Vilnius.

Der Mittelpunkt Europas

1989 erklärte das französische Nationale Geografische Institut diesen Punkt – 54° 54' nördlicher Breite und 25° 19' östlicher Länge – zum geografischen Zentrum Europas. Er ist mit einem Felsblock markiert, in den die vier Himmelsrichtungen und die Worte „Geografinis Europos Centras" eingemeißelt sind. Dort befinden sich auch 27 Flaggen der EU-Länder, eine hölzerne Bühnenterrasse und ein weißer Granitobelisk mit einer Krone aus goldenen Sternen.

Sehenswertes & Aktivitäten

Skulpturenpark Europos Parkas PARK

(☎ 5-237 7077; www.europosparkas.lt; Europos Parkas gatvė; Erw./Kind 8/4 €; ⏲ 10 Uhr–Sonnenuntergang) Der Europos Parkas liegt um die 30 Minuten nördlich von Vilnius an der Straße nach Utena. Führende zeitgenössische Bildhauer, darunter Sol LeWitt und Dennis Oppenheim, stellen Arbeiten im bewaldeten Park aus (im Sommer Mückenschutzmittel mitnehmen!). Zu den Exponaten gehört die größte Skulptur der Welt aus etwa 3000 Fernsehgeräten, die zudem ein Labyrinth um eine umgestürzte Leninstatue bilden.

Der Skulpturenpark war eine Idee des litauischen Bildhauers Gintaras Karosas, der sich vom „Mittelpunkt Europas" inspirieren ließ. Jedes Jahr werden hier internationale Workshops veranstaltet, die Künstler aus aller Welt anlocken.

Golf Club Europäischer Mittelpunkt GOLF

(☎ 8-6162 6366; www.golfclub.lt; Schlägerverleih 23 €, 18 Löcher 44 €; ⏲ Sommer 9–21 Uhr) Ein gut gepflegter 18-Loch-Platz, der für jedes Können geeignet ist. Zum Club gehören auch ein Übungsplatz und ein Restaurant.

An- & Weiterreise

An der Straße von Vilnius nach Molėtai in Richtung Norden weist ein Schild mit der Aufschrift „Europos Centras" nach links den Weg zum Mittelpunkt Europas. Wer den Ort per Bus erreichen will, muss zweimal umsteigen und braucht viel Geduld. Nähere Infos für Entschlossene hat die Touristeninformation in Vilnius.

Ab Vilnius fährt die Buslinie 146 mit der Aufschrift „Skirgiskes" von der Haltestelle Kalvarijų gatvė mindestens dreimal täglich zum Mittelpunkt Europas (1 €, 30 Min.). Mit dem Auto geht's auf der Kalvarijų gatvė nach Norden bis zum Kreisverkehr Santasriskių, dann rechts halten (Žalieji ežerai) und den Schildern „Europos Parkas" folgen.

Kernavė

Im ruhigen Städtchen Kernavė befindet sich eine der bedeutendsten historischen Stätten Litauens. Zu erreichen ist es über die Strecke von Maisiagala durch Dūkštos Richtung Norden nach Ukmergė oder mit dem Minibus ab Vilnius.

Sehenswertes & Aktivitäten

Kulturreservat Kernavė ARCHÄOLOGISCHE STÄTTE

(Kernavės kultūrinio rezervato; ☎ 382-47 385; www.kernave.org; Kerniaus gatvė) GRATIS Kernavė gehört zum Pflichtprogramm. Die Unesco hat den Ort als „außergewöhnliches Zeugnis für 10 000 Jahre menschlicher Besiedlung in dieser Region" bezeichnet und ihn 2004 zum Weltkulturerbe erklärt. Wissenschaftler nehmen an, dass Mindaugas (der Litauen zum ersten Mal einte) hier 1253 seine Krönung feierte. Unter Schutz stehen die Überreste von vier Burgwällen und einer mittelalterlichen Stadt.

Das weitläufige Gelände liegt am südlichen Rand der Stadt an der Neris und lässt erkennen, warum es einst erwählt wurde. Das Museum und die Führungen sind zwar sehr lohnend, aber Besucher können auch einfach auf eigene Faust über die Burgwälle schlendern.

Archäologie- & Heimatmuseum MUSEUM

(Archeologijos ir Istorijos Muziejus; ☎ 382-47 385; www.kernave.org; Kerniaus gatvė 4a; Eintritt 2 €, Führung für bis zu 30 Pers. 20 €; ⏲ Sept., Okt., April & Mai Di–So 10–18 Uhr, Juni–Aug. Mi–So, Nov.–März bis 16 Uhr) Dieses faszinierende Museum dokumentiert die Geschichte der Gegend von 9000 v. Chr. bis zum 13. und 14. Jh. n. Chr. Ausgestellt sind unglaublich viele Gegenstände (Töpferwaren, Werkzeuge aus der Eisenzeit, kunstvolle Siegel aus Horn), aber die Highlights sind der vergoldete Kopfschmuck, Silberschmuck aus Russland und Kaurimuscheln aus dem Indischen Ozean, die darauf hinweisen, wie weit die Handelsbeziehungen zur Glanzzeit Kernavės reichten.

Festivals & Events

Rasos-Fest TRADITIONSFEST

Auf dem Mittsommerfest am 23. Juni gibt es in Kernavė allerlei mittelalterliche Lustbarkeiten, u. a. Axtwerfen, Katapultieren, Brauen von Met.

Internationales Fest der experimentellen Archäologie TRADITIONSFEST

(☎ 382-47 438) Das dreitägige Fest findet jährlich im Juli statt und ist trotz des ernsten Namens sehr fröhlich.

OST- & SÜDLITAUEN

Die tiefen, märchenhaften Wälder im Osten und Süden des Landes sind ein Paradies für Ökofreaks. In dieser unberührten Region mit einem Seengebiet, das bis nach Weißrussland und Lettland reicht, liegen einige der spektakulärsten Landschaften Litauens.

Der Nationalpark Aukštaitija, der älteste Park in Litauen, ist vom 900 km² großen Labanoras-Pabradė-Wald umgeben. Naturenthusiasten können hier nach Herzenslust wandern, Kanu fahren, windsurfen, segeln, Vögel beobachten und im Winter auch eisfischen und sogar Ski fahren.

Ganz im Süden liegt Dzūkija, der größte Nationalpark des Landes, umgeben von den 1500 km² großen Druskininkai-Varėna-Wäldern. In beiden Parks gedeihen im Frühsommer reichlich Beeren und Pilze aller Art sprießen massenweise vom Frühjahr bis zum Spätherbst.

Nahe dem Nationalpark Dzūkija liegt der Kurort Druskininkai, in dem wohlhabende Litauer Winterurlaub machen und sich mit warmen Honigmassagen verwöhnen lassen. Der Skulpturenpark Grūtas mit seinen Büsten von Lenin, Stalin und Co. ist garantiert heilsam für all jene, die sich nach der „guten alten Zeit" zurücksehnen.

Achtung: Mücken können hier eine wahre Plage sein. Also Mückenschutzmittel nicht vergessen! Pilze sollten nur mit einem lokalen Führer gesammelt werden. Ganz wichtig: Viele Pilzsorten, die die Einheimischen offenbar ohne Probleme ertragen, weil sie daran gewöhnt sind, bereiten den westeuropäischen Mägen mitunter Probleme.

Nationalpark Aukštaitija

☎386

Im beliebten Nationalpark Aukštaitija (aukschtai-ti-ja) versteht jeder sofort, woher die Naturverbundenheit der Litauer stammt.

Ostlitauen

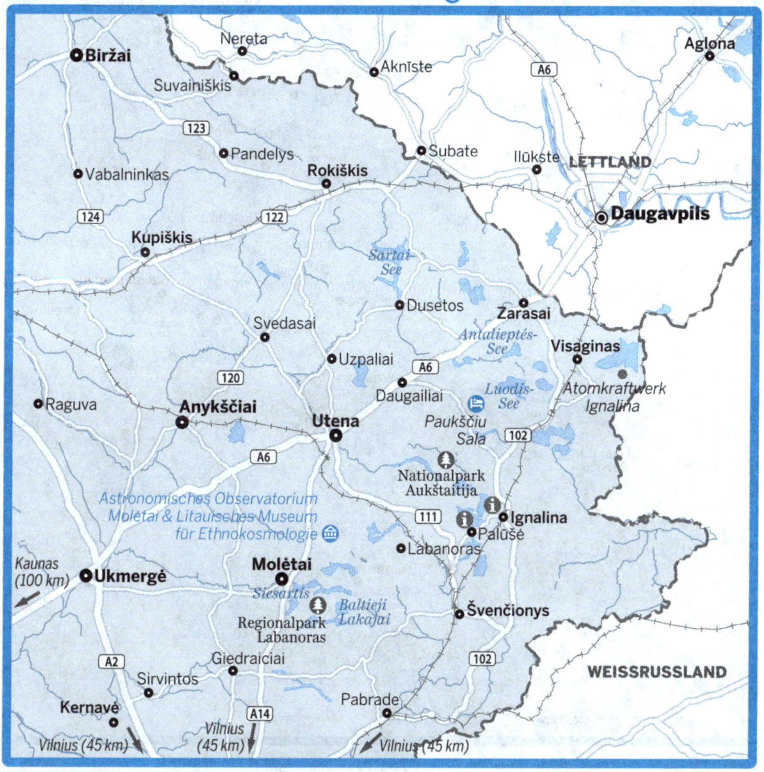

Das Naturparadies mit tiefen, rauschenden Wäldern und blauen Seen ist schlichtweg bezaubernd.

Etwa 70 % des Parks bestehen aus Kiefern-, Fichten- und Laubwäldern, in denen Elche, Rotwild und Wildschweine leben. Seine größte Attraktion ist ein Labyrinth aus 126 Seen, von denen der **Tauragnas-See** mit 60 m der tiefste ist. Ein Wanderweg führt auf den 155 m hohen Gipfel des **Ladakalnis** (Eisberg), von dem aus sich ein Rundblick auf sieben Seen eröffnet. Besonders hübsch ist der **Baluošas-See**, der von Wäldern umschlossen und mit Inseln durchsetzt ist. Seeund Steinadler jagen hier und Störche sind weit verbreitet. Ausschließlich in Begleitung eines Parkführers dürfen das **Wildschutzgebiet Trainiškis** und das **Waldschutzgebiet Ažvinčiai** mit seinen 150 bis 200 Jahre alten Kiefern besucht werden.

Startpunkt zum Park ist das verschlafene Städtchen **Ignalina**. Es gibt dort einen Supermarkt, ein Postamt, ein Hotel mit Restaurant und eines der beiden Parkinformationszentren. Verwaltung und Hauptinformationszentrum des Parks befinden sich in **Palūšė**, das 3 km von Ignalina am Ufer des Lūsiai-Sees („Wildkatzensee") liegt.

Nationalpark Aukštaitija

0 — 5 km

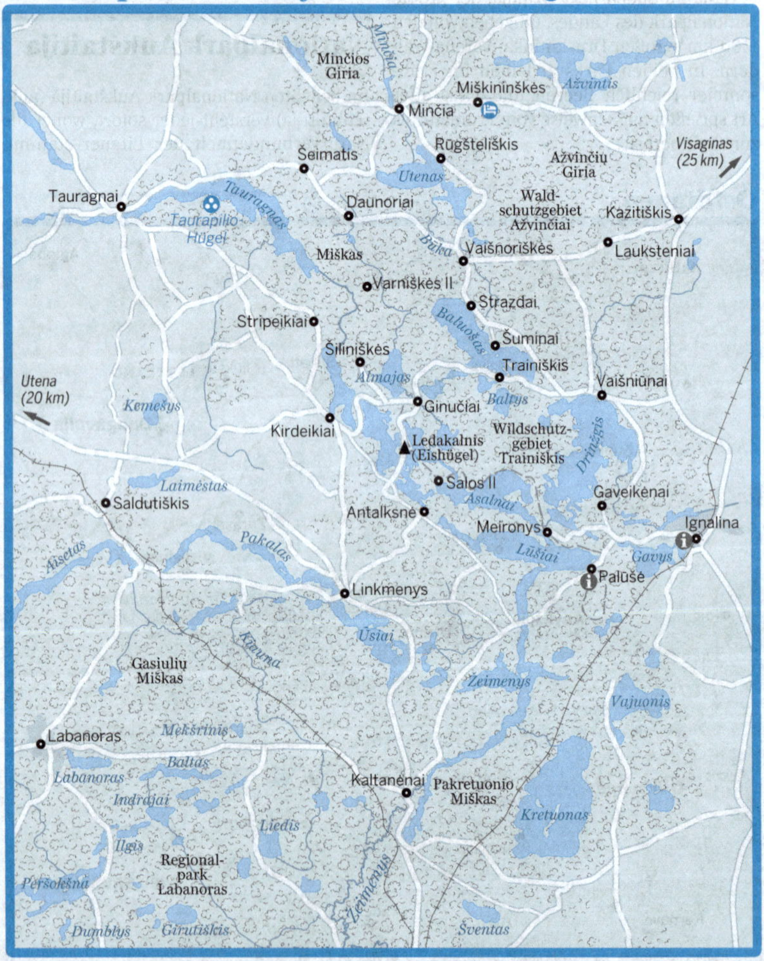

STÖRCHE

Im Osten Litauens, eigentlich im ganzen Land, lassen sich wunderbar Störche beobachten. In Litauen gibt es ungefähr 13 000 Paare, die höchste Storchenpopulation Europas.

Die langbeinigen Vögel werden etwa 90 cm groß und sehen wegen ihrer großen Flügelspannweite in der Luft atemberaubend aus. Ebenso phantastisch ist ihre Eleganz, wenn sie auf Wiesen umherstelzen und nach Fröschen picken. Beim Schlafen stehen die Vögel auf einem Bein.

Die alljährliche Ankunft der Störche aus Afrika markiert den Frühlingsbeginn. Die Litauer feiern den traditionellen Beschützer des Hauses am 25. März, dem Storchentag. Die Bauern bereiten dann ihre Saat vor, denn das verheißt eine gute und reiche Ernte.

Die Vögel kehren immer wieder zum selben Nest zurück. Ihre großen, flachen Nester bauen sie in Bäumen, häufig aber auch auf unbenutzten Schornsteinen oder Telegrafenmasten. Manche Bauern befestigen große Wagenräder an hoch gelegenen Stellen, damit die Störche dort nisten können, denn die Vögel gelten als Glücksbringer.

Im Park selbst liegen etwa 100 Orte: **Šuminai**, **Salos II**, **Vaišnoriškės**, **Varniškės II** und **Strazdai** sind geschützte ethnografische Zentren.

Im Park liegen mehrere alte *piliakalnis* (Festungswälle), z. B. der **Taurapilio-Wall** am Südufer des Tauragnas-Sees, und einige malerische Holzgebäude, darunter eine hübsche **Kirche** mit **Glockenturm** in Palūšė. Rund um den Lūšiai-See ist ein **Holzskulpturenpfad** der litauischen Folklore gewidmet.

Sehenswertes & Aktivitäten

Bootsfahrten und Wandern sind die Hauptaktivitäten im Park. Das Sammeln von Pilzen und Beeren ist nur in festgelegten Waldgebieten erlaubt. Die Nationalparkverwaltungen und die Touristeninformation sind die besten Informationsquellen.

Ginučiai-Wassermühle HISTORISCHES GEBÄUDE
(☎386-47 478; Erw./Stud. 1,20/0,60 €; ⏲Mai–Sept. Di–Sa 10–18 Uhr) Die Wassermühle aus dem 19. Jh. in Ginučiai besitzt noch ihre originalen Mechanismen und kann nur mit Führung besichtigt werden.

Imkermuseum MUSEUM
(Senorinės Bitininkystės Muziejus; ☎8-686 12105; Stripeikių kaimas; ⏲Mai–Mitte Okt. Mi–So 10–18 Uhr) Das Imkermuseum in Stripeikiai erzählt mit einer vergnüglichen Ausstellung mit holzgeschnitzten Statuen und Bienenkörben die Geschichte der Imkerei.

Palūšė valtinė BOOTSFAHRTEN
(☎8-650 58515; www.valtine.lt; ⏲Mai–Okt. 8–20 Uhr) Ein Glasfaserboot für vier Personen kostet 4 € pro Stunde und 15 € pro Tag.

Schlafen

Eine Liste von Privatunterkünften gibt's im Büro des Nationalparks Palūšė oder in der Touristeninformation in Ignalina.

Žuvėdra HOTEL €
(☎8-686 09069; www.zuvedra.com; Mokyklos gatvė 11, Ignalina; EZ/DZ/4BZ 26/47/72 €; P 📶) Das kleine Hotel am Ufer des Paplovinis-Sees ist eine exzellente Unterkunft in Ignalina und nur ein kurzes Stück zu Fuß von der Touristeninformation entfernt. Das hilfsbereite Personal vermittelt Aktivitäten, z. B. Fahrrad- und Bootsverleih. Das Restaurant mit litauischer Küche (Hauptgerichte 6–8 €) ist ohne Frage das beste in der Stadt.

Tiki Inn PENSION €
(☎8-652 72444; Pašakarvio gatvė 2; DZ 40 €) Das eigenwillige Stückchen baltisches Polynesien ist eine prima Option im netten Palūšė. Das Haus liegt am See, hat eine Küche, einen Gemeinschaftsraum sowie eine herrliche Terrasse mit Blick auf den Sonnenuntergang und verleiht Kajaks und Paddle-Boards. Zudem ist es so freundlich, wie man es sich nur wünschen kann. Die Preise können je nach Saison und Nachfrage steigen.

Wassermühle Ginučiai PENSION €
(☎8-616 29366; www.anp.lt; Ginučių 22; DZ 35 €; P) Die Wassermühle aus dem 19. Jh. bietet schlichte Zimmer mit Holzausstattung in fast perfekter Ruhe. Gäste können ihren Proviant mitbringen, die Küche benutzen und abends am Kamin oder in der Sauna entspannen. Das Haus ist von April bis Oktober geöffnet, je nach Wetter, gebucht wird über das Nationalparkbüro.

★ **Miškiniškės** HÜTTE €€
(☎8-616 00692; www.miskiniskes.lt; DZ/Apt. 55/140 €; P 📶) Wer sich schon immer mal wie ein Pionier in der Wildnis fühlen wollte (den ganzen Tag lang Kanufahren und zwischen Fichten und Kiefern wandern, herzhaft essen und dann in einer Blockhütte tief schlafen), für den ist Miškiniškės der richtige Ort. Trotz der Waldlage ist die Ausstattung super: Die Zimmer sind gemütlich und hübsch und es gibt WLAN, eine Sauna und sogar einen Fitnessraum. Nur mit dem Auto zu erreichen.

Litauisches Wintersportzentrum HOTEL €€
(Lietuvos žiemos sporto centras; ☎386-54 193; www.lzsc.lt; Sporto gatvė 3, Ignalina; DZ 57 €; P) Die Unterbringung (ansehnliche Hütten am hauseigenen See) spielt in dem Sportzentrum aus der Sowjetära nur eine nebensächliche Rolle. Im Winter können sich Gäste Skier leihen und mit dem Skilift zu vier einfachen Pisten hochfahren. Im Sommer können sie Boot fahren oder auf einer 7,5 km langen Bahn Rollschuhlaufen. Zu erreichen vom Zentrum Ignalinas über die Bahngleise und dann 2 km über die Budrių gatvė.

ℹ Praktische Informationen

Nationalparkbüro Aukštaitija (Aukštaitijos Nacionalinis Parkas; ☎386-53 135; www.anp.lt; Lūšių gatvė 16; ⏲Mo–Fr 9–17 Uhr) Das Büro in Palūšė bergauf von der Hauptstraße gegenüber vom Lūšiai-See hat Wegekarten für den Park und generelle Informationen. Die Angestellten organisieren Wanderungen und Rucksacktouren mit dem Boot, englischsprachigen Führern (12 € pro Std. für Gruppen bis zu 20 Pers.) und sogar Skifahren, Angeln, Reiten und Schlittenfahrten.

Touristeninformation (☎386-52 597; www.ignalinatic.lt; Ateites gatvė 23; ⏲ganzjährig Mo–Fr 8–17 Uhr, Juni–Aug. auch Sa 10–15 Uhr) Das Zentrum am Hauptplatz von Ignalina hat Informationen zu Aktivitäten und Unterkünften im Park und verkauft Karten.

ℹ An- & Weiterreise

Zwischen Vilnius und Ignalina fahren Busse (6 €, 1¾ Std., 10-mal tgl.) und Züge (4 €, 1¾ Std., 8-mal tgl.). Außerdem gibt es eine Busverbindung mit Kaunas (7 €, 4 Std.) via Utena (2 €, 1 Std.). Mehrere Busse verkehren täglich zwischen Ignalina und Palūšė (1 €).

Visaginas & Atomkraftwerk Ignalina

☎386 / 28 160 EW.

Visaginas wurde 1975 speziell für die Angestellten des benachbarten Atomkraftwerks Ignalina gebaut und ist so sowjetisch, wie außerhalb Russlands nur möglich. Der Ort mitten im Wald besteht aus dicht gebauten und identischen Wohnsilos und ist von einer Ringstraße umgeben. Schön ist er ja nicht, dafür aber skurril (und faszinierend).

Einstmals wurden hier um die 5000 Schichtarbeiter zwischen Visaginas und dem 3 km östlich gelegenen Atomkraftwerk hin- und hergekarrt. Ein Geigerzähler zeichnete die tägliche Strahlung auf und Russisch war die Verkehrssprache.

Die Zukunft der Stadt ist jedoch ungewiss, nachdem das Atomkraftwerk 2009 als Teil der Vereinbarung zum EU-Beitritt Litauens stillgelegt wurde. Es gibt Überlegungen, ein neues Kraftwerk zu bauen, aber das wird frühestens 2018 geschehen. Die Einwohner hoffen derweil, dass zunehmender Tourismus die Wirtschaft belebt.

Mitte August tummelt sich in Visaginas ausgerechnet ein Haufen Cowboys – samt Hut, Stiefeln und dergleichen –, der aus ganz Europa zum zweitätigen Countrymusikfestival **Visagino Country** (www.visagino country.lt) einfällt.

Zwischen Vilnius und Visaginas verkehren Züge (5,40 €, 2¼ Std., 6-mal tgl.) und Busse (8 €, 2½ Std., 12-mal tgl.).

🛏 Schlafen

Hotel Aukštaitija HOTEL €
(☎386-74 858; www.hotel-aukstaitija.lt; Veteranų gatvė 9; EZ/DZ/Suite 26/38/70 €; P) Den Mief der Sowjetära bietet eine Übernachtung im Hotel Aukštaitija, einem Backsteinhochhaus im alten sowjetischen Stil. Die Zimmer sind nicht so trostlos wie das Äußere, etliche wurden sogar hübsch umgestaltet.

Wellnesshotel Gabriella HOTEL €
(☎386-70 171; www.gabriella.lt; Jaunystės gatvė 21; EZ/DZ 40/53 €; P @ 🏊) Das Gabriella hat, wie der Name schon andeutet, Massagen und Wellnesseinrichtungen im Angebot, aber es ist nicht so schick, wie der Name verspricht. Es hat auch ein nettes Restaurant, das wohl das beste im Ort ist.

DAS ENDE VON IGNALINA

Das Atomkraftwerk Ignalina bei Visaginas galt seinerzeit als Wunder der Technik. Als die Sowjets das Werk in den 1980er-Jahren bauten, waren die beiden RBMK-1500-Reaktoren (Hochleistungsreaktoren) die leistungsstärksten jener Zeit und konnten jeweils 1500 Megawatt Strom erzeugen. Leider war die Konstruktion die gleiche wie die des Atomkraftwerks im ukrainischen Tschernobyl, dessen Kernschmelze von 1986 zur Katastrophe führte. Ignalinas zweiter Reaktor wurde zwar erst nach Tschernobyl in Betrieb genommen, aber es war von Anfang an klar, dass das Atomkraftwerk keine Zukunft hatte.

Nach Litauens Beitritt in die EU 2004 wurde das Land gedrängt, die beiden Reaktoren abzuschalten. Die EU hatte kein Interesse an einem erneuten Tschernobyl. Litauen gab schließlich nach und schaltete den ersten Reaktor 2004 und den zweiten Ende 2009 ab.

Strom wird hier zwar nicht mehr erzeugt, aber das Atomkraftwerk ist noch immer umstritten. An erster Stelle steht die Frage, wer wohl die außerordentlichen Kosten für die Stilllegung übernehmen soll. Allein die Sanierung der Anlage und die Entsorgung des restlichen radioaktiven Materials kosten Milliarden Euro. 95 % der Kosten wurden von der EU getragen, aber obwohl die litauische Regierung die restlichen Gelder aufbrachte, hat sie das anvisierte Ziel noch nicht erreicht. Weitere Informationen zur Stilllegung stehen auf www.iae.lt.

Kontrovers sind auch die Pläne, an diesem Ort ein anderes Atomkraftwerk in modernerer, westlicher Bauart zu errichten. 2006 schlug Litauen seinen Nachbarn Polen, Lettland und Estland vor, gemeinsam einen neuen Reaktor zu bauen. Investoren wie die japanische Hitachi Corp wurden bereits eingebunden. Das Projekt erlitt jedoch 2011 mit der Atomkatastrophe von Fukushima eine gewaltige PR-Schlappe, dennoch könnte ein neuer Reaktor bereits ab 2020 in Betrieb gehen. Aktuelle Nachrichten zu dem Projekt stehen auf www.vae.lt.

Regionalpark Labanoras

Südwestlich von Aukštaitija liegt der 528 km² große Regionalpark Labanoras mit 285 Seen. In seinem Zentrum befindet sich das hübsche, traditionelle Dorf Labanoras. Der Park bietet phantastische Möglichkeiten zum Kanufahren, besonders auf dem Fluss Lakaja im südlichen Teil. Auch Radfahren ist hier herrlich, wenn das Wetter mitspielt, aber Fahrräder müssen mitgebracht werden. Das Nationalparkzentrum (S. 342) in Palūšė ist während der Saison behilflich.

Die Unterkünfte innerhalb des Parks begrenzen sich auf eine Handvoll Privatzimmer und ein schönes Hotel-Restaurant im Dorf Labanoras.

Schlafen & Essen

★ Hotel Restaurant Labanoras BOUTIQUEHOTEL €
(☎ 8-655 70918; www.hotellabanoras.lt; EZ/DZ 30/45 €; P) Das reizende Hotel-Restaurant führt mitten ins Herz des dörflichen Litauens. Das Holzhaus und die kleinen Häuschen drumherum sind gemütlich und stecken voller Nippes, und in den lauschigen Gärten tummeln sich (während der Saison) zahlreiche Störche. Auch das Restaurant, das serviert, was immer Feld und Wald hergeben, ist hinreißend (Hauptgerichte ca. 7–9 €).

Praktische Informationen

Informationszentrum des Regionalparks
(☎ 387-47 142; www.labanoroparkas.lt; Seniūnijos gatvė 19; ganzjährig Mo–Fr 8–17, im Sommer auch Sa 9–17 Uhr) Das Zentrum bietet eine Fülle an Informationen zu Flora, Fauna und Geografie von Labanoras und gibt Tipps für Wanderer, Radfahrer, Kajakfahrer und Sammler von Essbarem. Es hat auch Adressen von Kanu- und Kajakverleihern (meist um 15 € pro Tag).

Molėtai

☎ 383 / 6970 EW.

Die Kleinstadt Molėtai (mo-lej-tai) 30 km südwestlich des Nationalparks Aukštaitija ist ziemlich uninteressant, mit Ausnahme der Seen im Umland.

Der stündliche Bus von Vilnius (5 €, 1¼–2 Std.) fährt in der Regel weiter nach Utena (3 €, 35 Min.). Wer das Observatorium und das Museum besuchen will, nimmt den Bus von Molėtai nach Utena und bittet den Fahrer, an der Abzweigung zum *ethnokosmologijos muziejus* (10 km nördlich der Stadt ausgeschildert) anzuhalten. Von dort sind es auf der Straße nach rechts noch 4 km.

Sehenswertes

Astronomisches Observatorium Molėtai OBSERVATORIUM
(Molėtų astronomijos observatorija; ☎383-45 444; www.astro.lt/mao) Spektakuläre Ausblicke auf die Seenlandschaft von Molėtai und die Sterne darüber bietet das Astronomische Observatorium Molėtai auf dem Kaldiniai (193 m). Im Observatorium steht das größte Teleskop Nordeuropas. Besuche müssen telefonisch oder online angemeldet werden.

Litauisches Museum für Ethnokosmologie MUSEUM
(Lietuvos etnokosmologijos muziejus; ☎383-45 424; www.etnokosmomuziejus.lt; Žvaigždžių gatvė; Erw./Kind 1,40/0,80 €; Mo–Fr 8–16.30 Uhr) Das ungewöhnliche Museum erkundet in seinem kugelförmigen Ausstellungszentrum die Verbindung des Kosmos mit den kulturellen Vorstellungen von Himmel, Hölle und Erde. Überragt wird es von zwei Beobachtungstürmen, in denen zwei Teleskope einen einmaligen Blick über das umliegende Seenland bieten. Bei Voranmeldung sind zwei Stunden nach Sonnenuntergang englischsprachige Führungen möglich (Erw./Kind 1,70/1 €). Von Oktober bis April sind die Führungen jedoch kürzer.

Praktische Informationen

Touristeninformation (☎383-51 187; www.infomoletai.lt; Inturkės gatvė 4; Mo–Do 8–18, Fr bis 16.45, Sa 9–13 Uhr) Hier ist alles Wichtige über Molėtai und Umgebung zu erfahren. Von September bis Juni schließt sie früher und samstags ganz.

Utena

☎389 / 32 480 EW.

Utena, 34 km nördlich von Molėtai, ist eine ruhige Stadt im Zentrum des Seengebiets im Nordosten Litauens.

Von der **Busstation Utena** (☎389-61 735; www.utenosap.lt; A Baranauskas gatvė 7) fährt täglich ein Bus nach Ignalina (3,50 €, 1 Std.). Stündlich starten Busse nach Vilnius (6 €, 1½–2 Std.), davon einige über Molėtai (3 €, 35 Min.) und sieben am Tag nach Kaunas (8 €, 2½ Std.). Alle Busse fahren die Strecken auch in die Gegenrichtung.

Schlafen & Essen

Alaušynė BAUERNHOF
(☎389-34 317; www.abuva.lt; DZ/3BZ 42/68 €; P) Alaušynė vermietet Blockhütten und modernere Hütten im ländlichen Dorf Sudeikiai 12 km nordöstlich von Utena. Es hat auch eine Sauna und einen Pool, verleiht Boote und Quads und organisiert Angelausflüge. Zu essen gibt es u. a. eine klasse Fischsuppe mit sechs verschiedenen Fischarten (auch Aal und Karpfen), die in einem Laib Brot serviert wird.

Čili Pica PIZZA €
(☎8-616 11070; www.cili.lt; Aušros gatvė 21; Hauptgerichte 4 €; 10–23 Uhr) In Utena sind Restaurants dünn gesät. Wer gerade in der Nähe der Busstation und hungrig ist, ist mit dieser Filiale einer landesweiten Pizza-Kette gut bedient.

Praktische Informationen

Touristeninformation (☎389-54 346; www.utenainfo.lt; Stoties gatvė 39; Mo–Do 9–18, Fr bis 17, Sa bis 15 Uhr) Das Zentrum in der alten Polizeiwache hat alle Infos zu Aktivitäten und Unterkünften in und um Utena.

Rund um Utena

Etwa 34 km nordöstlich von Utena liegt **Dusetos**, das berühmt für das jährliche **Pferderennen** (www.zarasai.lt) am ersten Februarsamstag ist. Das Rennen findet seit 1865 statt und zieht Pferdeliebhaber, Musiker und Volkskünstler aus der ganzen Region an. Sie strömen in das kleine Dorf, um das Rennen anzusehen und sich das lokale Čižo-Bier zu genehmigen. Im Idealfall findet es auf dem zugefrorenen Sartai-See statt, bei zu dünnem Eis jedoch im benachbarten Hippodrom.

Schlafen & Essen

Bikėnų Uzeiga PENSION €
(☎8-685 44450; www.degesa.lt; DZ/3BZ ab 15/25 €; P) Viel Spaß bietet das Bikėnų Uzeiga in Bikėnai in Bikėnai am Ostufer des Antalieptės-Sees. Vermietet werden „Bauernhofzimmer“ und Blockhütten und in der

Südlitauen

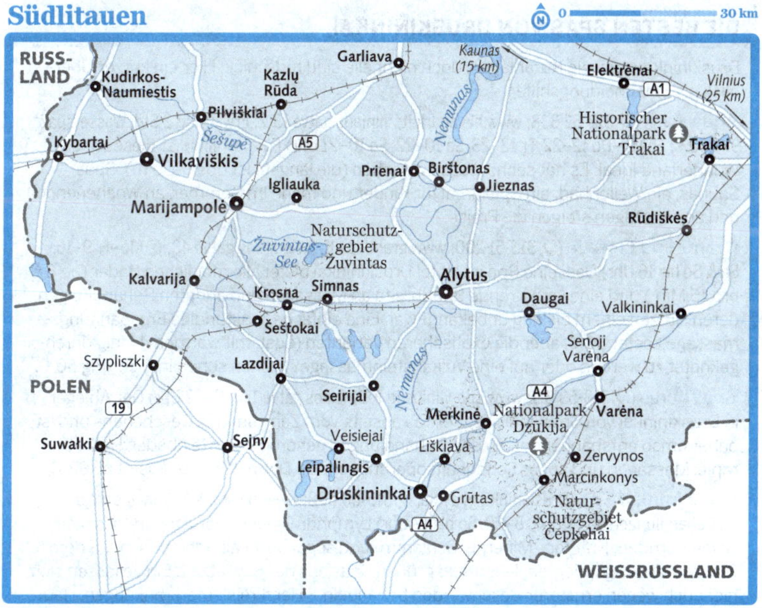

Bar werden Ruderboote, Kajaks, Windsurfbretter und Fahrräder verliehen. Wer mehr Zeit (und Geld) hat, kann ein Schnellboot für zehn Personen chartern oder eine zweitägige Kanutour auf dem Šventoji unternehmen.

Paukščių Sala PENSION €

(☎8-685 44450; www.degesa.lt; EZ/DZ ab 20/40 €; Ⓟ) Paukščių Sala liegt 1 km östlich von Salakas am Ufer des Luodis-Sees. Die Zimmer mit Bad sind klein, aber sauber und preiswert und das zugehörige Restaurant bereitet den Fang der Gäste aus dem Fischteich zu (15 € pro kg). Für Aktivitäten wird bestens gesorgt: Fahrrad- und Kanuverleih sowie Segeln, Windsurfen und im Winter Eisangeln.

Užeiga Prie Bravoro LITAUISCH

(☎385-56 653; Dusetų-Hof; Hauptgerichte 5–7 €; ⏲Mai–Aug. Di–So 10–22 Uhr) Die privat geführte Brauerei mit Restaurant sieht zwar nicht besonders schön aus, aber es lohnt, zum Essen und auf ein paar Bierchen hier einzukehren. Seit vier Generationen wird hier das leichte, durstlöschende Čižo *alus* (Bier) gebraut – die ungefilterte Variante ist wunderbar. Die Brauerei liegt vom Dorf Dusetos an der Straße 178 nach Obeliai Richtung Norden.

Druskininkai

☎313 / 16 450 EW.

Druskininkai am Ufer der Nemunas (Memel) ist Litauens ältester und elegantester Kurort aus dem 19. Jh. Heute wird kräftig investiert und junge, wohlhabende Litauer suchen in Druskininkai eine kurze Verschnaufpause vom Stadtleben. Auch Touristen kommen, hauptsächlich wegen der vielen exzellenten Kurhäuser.

In der Sowjetzeit kamen die Alten und Kranken auf der Suche nach einem Wundermittel für alle möglichen Beschwerden in den berühmten Kurort. Einige der riesigen Sanatorien sind zwar noch vorhanden, aber der Charme der Stadt, der in jenen Zeiten verloren ging, wird rasch restauriert und wiederhergestellt.

Sehenswertes

Wer gern Zeugnisse der Vergangenheit und Gegenwart der Stadt besichtigen möchte, sollte einen Rundgang ab dem Laisvės aikštė machen.

★ Grūtas-Park SKULPTURENPARK

(Grūto Parkas; ☎313-55 511; www.grutoparkas.lt; Grūtas; Erw./Kind 6/3 €; ⏲Sommer 9–22 Uhr, sonst bis 17 Uhr; 👪) Der unterhaltsame und

DIE BESTEN SPAS VON DRUSKININKAI

Druskininkai hat viele Kuranlagen, doch nicht alle sind todschick. Hier ein kurzer Überblick als Entscheidungshilfe:

Aqua Park (☎313-52 338; www.akvapark.lt; Vilniaus gatvė 13-2; Erw./Kind 2 Std. Wasserspaß 9/4,50 €; ⏲Mo–Do 12–22, Fr 12–23, Sa 10–23, So 10–21 Uhr) Für Familien ist dieses nasse Wunderland ideal: Es hat sechs Wasserrutschen (die längste ist über 200 m), Spas, Saunas, ein Wellenbad, ein Spielareal für Kinder und mehr. Im Sommer, an Wochenenden und an Feiertagen steigen die Preise.

Grand Spa Lietuva (☎313-51 200; www.grandspa.lt; V Kudirkos gatvė 43; ⏲Mo–Fr 9–16, Sa & So bis 16 Uhr) Das feine Spa im Hotel Druskininkai bietet alle möglichen Bäder (ab 6 € pro 15 Min.) und eine verwirrende Bandbreite an Massagen und anderen Behandlungen, deren Nutzen einem bislang unbekannt war. Eine einfache, einstündige Entspannungsmassage kostet 30 €, aber die exotischeren Varianten (Lust, mit warmem Honig durchgeknetet zu werden oder auf eine Vulkansteinmassage?) gehen schon in Richtung 50 €.

SpaVilnius (☎313-53 811; www.spa-vilnius.lt; K Dineikos gatvė 1; ⏲8–22 Uhr) Der Ableger in Druskininkai von SpaVilnius liegt etwas abseits vom Zentrum des Geschehens und ist daher umso entspannender. Zu den Behandlungen gehören Bernsteinbäder, Hydrotherapie, Massagen und sogar Schönheitsoperationen. Ein Doppelzimmer kostet ab 88 €.

Druskininkai Spa (Druskininkų gydykla; ☎313-60 508; www.akvapark.lt; Vilniaus alėja 11; Behandlungen ab 13 €; ⏲8–20, So bis 19 Uhr) Lymphdrainagen, Hot-Stone-Massagen sowie Sprudel-, Kräuter-, Mineral-, Schlamm- und sogar Vertikalbäder stehen auf dem Programm des gepflegten, leuchtend grünen Spas aus der Sowjetzeit. Einige lassen sich hier auch wegen ernsterer Beschwerden behandeln – Herzkreislauferkrankungen, Haut- und Drüsenkrankheiten und vieles mehr.

lehrreiche Grūtas-Park (bzw. „Stalin World") ist mit seinem schwarzen Humor seit seiner Eröffnung 2001 ein massiver Erfolg. In dem weitläufigen Gelände, das wie ein Konzentrationslager gestaltet wurde (samt Lautsprechern, aus denen sowjetische Hymnen scheppern), stehen sozialrealistische Statuen von Lenin, Stalin und litauischen Berühmtheiten und es gibt eine Ausstellung zur sowjetischen Geschichte (mit Schwerpunkt auf der Unterdrückung Litauens). Zu erreichen ist der Park mit der Buslinie 2 ab Druskininkai über Viečiūnai oder mit dem Auto 8 km nach Osten zum Dorf Grūtas.

Der Park war die Idee von Viliumas Malinauskas, eines früheren Kolchoseleiters, der mit Pilzkonserven ein Vermögen verdiente und dann vom Kultusministerium die verhassten Objekte als Leihgabe erhielt. Zur Anlage gehören ein Tiergehege (das mit den traurig dreinblickenden Bären ironisch an den Archipel Gulag erinnern soll), ein Abenteuerspielplatz, eine Bibliothek mit gruseligen Schaufensterpuppen und ein Restaurant, das an eine sowjetische Kantine erinnert und in der Besucher mit Wodka übergossene Sprotten und Zwiebeln mit Besteck aus der Sowjetunion essen.

M.-K.-Čiurlionis-Museum — MUSEUM

(☎313-52 755; MK Čiurlionio gatvė 41; Erw./Kind 1,16/0,58 €; ⏲Di–So 11–17 Uhr) Druskininkai ist eng mit M. K. Čiurlionis verbunden, dem begabtesten Maler und Musiker Litauens. Er verbrachte seine Kindheit in diesem Haus, das heute Krimskrams aus seinem Leben ausstellt.

Museum des bewaffneten Widerstands — MUSEUM

(Vilniaus alėja 24; ⏲Di–So 13–17 Uhr) GRATIS Das kleine, aber lohnenswerte Museum im obersten Stock des Kulturzentrums zeichnet die Partisanenbewegung und den kulturellen Widerstand gegen die sowjetische Herrschaft nach. Das Kulturzentrum veranstaltet während des Festivals „Druskininkai-Sommer mit Čiurlionis" (Juni–Sept.) wunderschöne klassische Konzerte.

Kirche „Freude für alle Bekümmerten" — KIRCHE

(Laisvės aikštė) Die phantastische hölzerne russisch-orthodoxe Kirche mit mehreren Zwiebeltürmchen und ganz in Himmelblau, Weiß und Gold gehalten dominiert den Laisvės aikštė.

Mineralinio Vandens Biuvetė BRUNNEN

(pro Tasse 0,10 €; ⏲11–14 & 15–19 Uhr) Das wundertätige Wasser der lokalen Mineralquellen kann am Dzūkija-Brunnen im Mineralinio Vandems Biuvetė probiert werden. Der grüne Rundbau mit Mosaikboden und Buntglasfenstern steht am Spazierweg am Nemunas-Ufer. Besonders bemerkenswert ist ein Bildnis der Eglė, der Schlangenkönigin, aus den 1960er-Jahren.

Druskininkai-Museum MUSEUM

(☎313-51 024; www.druskininkumuziejus.lt; MK Čiurlionio gatvė 59; Erw./Kind 2/0,85 €; ⏲Mo–Sa 11–18 Uhr) Das Museum am See zur Geschichte der Stadt und des Landkreises zeigt Kunstwerke, alte Karten und Dokumente sowie Alltagsgegenstände.

Girios Aidas MUSEUM

(Echo des Waldes; ☎313-53 901; MK Čiurlionio gatvė 116; Erw./Kind 2/1 €; ⏲Di–So 10–18 Uhr) Das Girios Aidas, 2 km östlich der Stadt, birgt seit 1972 eine Sammlung von Holzschnitzereien mit heidnischen und Naturmotiven.

Aktivitäten

Fahrräder und zwei- oder viersitzige Buggys sind die besten Transportmittel in der Gegend. Die Touristeninformation verteilt Karten mit drei Radwegen: Der **Sonnenpfad** (Saulės takas; 24 km) führt am Flussufer entlang südwärts zum Windmühlenmuseum, der **Sternen-Orbit** (Žvaigzdžių orbita; 24 km) schlängelt sich nach Süden ins Raigardas-Tal und der **Žilnas-Pfad** (Žilvino takas; 20 km) führt Richtung Osten durch den Wald und verbindet Druskininkai mit dem Grūtas-Park (8 km östlich). Fluss und See bieten ebenfalls Freizeitvergnügungen.

Fahrradverleih FAHRRADVERLEIH

(☎8-686 87022; Laisvės alėja 10; Fahrrad pro Std./Tag 2/9 €, Buggy pro 30/60 Min. 5/8 €; ⏲8–21 Uhr) Fahrräder und Buggys können von Mai bis Oktober in der Vilniaus alėja 10, Ecke Vilniaus und Laisvės alėja oder gegenüber der Touristeninformation in der M. K. Čiurlionio gatvė 52 geliehen werden.

Bootsverleih BOOTSFAHRTEN

(Boote/Tretboote pro Std. 5/6 €; ⏲April–Okt. 9–21 Uhr) Ruder- und Tretboote werden am Druskonis-See verliehen.

Druskininkai-Dampfer BOOTSRUNDFAHRT

(☎8-612 26982; www.gelme-druskininkai.lt; Kartenverkauf MK Čiurlionio gatvė 51; Erw./Kind 11/5,50 €; ⏲Mai–Okt. Di–So 14.30 Uhr) Die dreistündige Dampferfahrt zum Kloster Liškiava beginnt am Kai von Druskininkai.

Snow Arena SKIFAHREN

(☎313-59 299; www.snowarena.lt; Nemuno Kelias 2; ganzer Tag Mo–Fr 14 €, Wochenende & Feiertage 20 €; ⏲Mo–Do 12–19, Fr bis 22, Sa 10–22, So bis 18 Uhr) Wer im flachen, bewaldeten Litauen Lust zum Skifahren bekommt, selbst im Hochsommer, kann sich seinen Wunsch in diesem Wintersportkomplex erfüllen. Mit dem Schlepplift und Klappsessel geht es über einen Teppich die Hallenpiste hinauf, draußen gibt's eine ausgefeiltere Bahn und einen Schneepark. Ausrüstung wird vor Ort verliehen. Mehrfachbesucher kommen mit einer Kundenkarte billiger weg.

Gondola WINTERSPORT

(Vilniaus alėja 13-2) Die nagelneue Gondelbahn kämpfte zur Zeit der Recherche noch mit Anfangsschwierigkeiten, wird aber den Aqua Park und die Snow Arena miteinander verbinden.

Schlafen

An Wochenenden und im Juli und August ziehen die Preise an.

Dalija PENSION €

(☎313-51 814; www.dalijahotel.lt; Laisvės aikštė 21; DZ/3BZ 40/50 €; 📶) Das reizende, blitzblanke Holzhaus ist unglaublich preiswert. Es steht direkt im Zentrum von Druskininkai, die Zimmer haben Satelliten-TV, Kochnische und WLAN und es gibt 15 % Preisnachlass bei mehr als einer Übernachtung.

Druskininkai Camping CAMPINGPLATZ €

(☎313-60 800; camping@druskininkai.lt; Gardino gatvė 3a; Platz für 2 Erw./Tipis/Hütten 18/15/40 €; ⏲Mai–Sept.; P@) Großer, gut geführter Campingplatz nahe der Touristeninformation und der Busstation. In den Tipis und Hütten haben zwei Personen Platz.

Hotel Druskininkai HOTEL €€

(☎313-51 200; www.grandspa.lt; V Kudirkos gatvė 43; EZ/DZ/Suite ab 66/92/147 €; P@📶🏊) Das Druskininkai ist zweifellos eines der elegantesten Hotels der Stadt. Hinter seiner eindrucksvollen Fassade aus Glas und Holz liegen moderne Zimmer mit gedämpftem Licht, ein türkisches Bad, ein Whirlpool mit örtlichem Mineralwasser und ein Fitnesscenter. Die Lage nahe dem Zentrum, dem Fluss und den Kureinrichtungen ist großartig.

Druskininkai

Druskininkai

Sehenswertes
1 Druskininkai-Museum C3
2 Kirche „Freude für alle Bekümmerten" B1
3 Mineralinio Vandens Biuvetė C1
4 M.-K.-Čiurlionis-Museum B2
5 Museum des bewaffneten Widerstands B1

Aktivitäten, Kurse & Touren
6 Aqua Park C1
7 Fahrradverleih C2
8 Bootsverleih B3
9 Druskininkai Spa C1
10 Gondola B1
Grand Spa Lietuva .... (s. 16)
11 Druskininkai-Dampfer D2

Schlafen
12 Aqua Hotel B1
13 Dalija B2
14 Europa Royale C1
15 Galia A1
16 Hotel Druskininkai C2
17 Medūna B2
18 Regina B1

Essen
19 Forto Dvaras B3
20 Izumi B1
21 Kolonada C2
22 Mini-Maxima C3
23 Sicilija C2

Ausgehen & Nachtleben
24 Beach Bar A3
25 Boulangerie C3

Medūna HOTEL €€
(☎ 313-59 060; www.meduna.lt; Liepų gatvė 2; EZ/DZ 50/65 €; P 📶) Das nach einer litauischen Göttin von überragender Schönheit benannte Medūna ist ein einnehmendes kleines Hotel an einer Ecke des grünen Laisvės aikštė. Die Zimmer sind komfortabel, sauber und freundlich eingerichtet. Das hauseigene Restaurant besitzt einen tollen Weinkeller und es gibt Ermäßigungen für Attraktionen in der Umgebung.

Aqua Hotel HOTEL €€
(☎ 313-59 195; www.aquapark.lt; Vilniaus alėja 13-1; EZ/DZ/Apt. ab 54/66/174 €; P 📶) Für Familien, die sich in Druskininkai hauptsächlich für einen Besuch im Aqua Park aufhalten, ist dies wohl die beste Unterkunft. Die Zimmer sind nett eingerichtet, Frühstück und Abendbuffet sind im Preis enthalten und in der Nähe gibt es reichlich Freizeitaktivitäten (Bowling, Wellness und natürlich der Wasserpark). Wer über die Website bucht, kann

die hervorragenden Pauschalangebote nutzen. Freitags, samstags und feiertags wird's teurer.

Europa Royale HOTEL €€
(☎313-42 221; www.groupeuropa.com; Vilniaus alėja 7; DZ/3BZ 75/100 €;) Der Service im Europa in einem Kurhaus aus dem 19. Jh. im Zentrum der Stadt ist so professionell, wie es von einer internationalen Kette zu erwarten ist. Es gibt jedoch einige besondere Extras, z. B. ein Kinderspielzimmer und Zugang zum Druskininkai-Kurhaus aus der Sowjetzeit.

Galia HOTEL €€
(☎313-60 510; www.galia.lt; Maironio gatvė 3, Dabintos gatvė 3 & 4; EZ/DZ 34/58 €; P) Das Galia überrascht mit sämtlichen Farben des Regenbogens. Es umfasst drei attraktive Gebäude, die alle in gutem Zustand sind. Beim Buchen nach der Lage des Zimmers fragen, da die Preise je nach Gebäude variieren.

Regina HOTEL €€
(☎313-51 243; www.regina.lt; Kosciuškos gatvė 3; EZ/DZ/3BZ 56/73/91 €; P@) Das Regina war zur Glanzzeit Druskininkais bevorzugtes Hotel der Bonzen. Heute ist es ein dezentes Mittelklassehotel.

Essen & Ausgehen

Mini-Maxima SUPERMARKT €
(www.maxima.lt; MK Čiurlionio gatvė 50; ⏲8–22 Uhr) Praktisch für ein Picknick am See.

Kolonada LITAUISCH €€
(☎313-53 409; www.sventejums.lt/kolonada; Kudirkos gatvė 22; Hauptgerichte 6–8 €; ⏲So–Do 11–23, Fr & Sa bis 1 Uhr) Das wunderbare Terrassenrestaurant nimmt nicht nur einen der besten Standorte von Druskininkai ein, sondern hat auch die beste Küche. Bei schönem Wetter genießen die Gäste an den Tischen mit Gartenblick Schweinenacken mit Steinpilzen aus dem Nationalpark Dzūkija und die Ruhe.

Sicilija ITALIENISCH €€
(☎313-51 865; www.sicilia.lt; Taikos gatvė 9; Hauptgerichte 5–7 €; ⏲So–Do 9–23, Fr & Sa bis 24 Uhr) Eines der beliebtesten Restaurants der Stadt und das absolut zu Recht – die Pizza und die italienisch-litauischen Gerichte sind wirklich gut und die Terrasse lädt im Sommer zum Verweilen ein. Eine Filiale gibt's jetzt auch in der M. K. Čiurlionio gatvė 56.

Forto Dvaras LITAUISCH €€
(MK Čiurlionio gatvė 55; Hauptgerichte 4–8 €; ⏲Mo–Do 10–23, Fr & Sa bis 24, So bis 22 Uhr) Die Filiale einer Landgasthaus-Kette serviert sehr gute traditionell litauische Küche und liegt zudem direkt am See.

Izumi JAPANISCH €€
(☎313-51 220; Vilniaus alėja 22-2; Hauptgerichte 5–7 €; ⏲12–24 Uhr;) Izumi ist das einzige japanische Restaurant in der Stadt, falls Appetit auf Sushi, Yakitori oder Gyoza besteht.

Beach Bar BAR
(☎8-620 88679; Vijūnėlės tvenkinys; Pizza 3 €; ⏲So–Do 13–21, Fr & Sa bis 24 Uhr) Die Bude am künstlichen Strand ist von Mai bis Mitte September geöffnet und ideal für ein Radler nach dem Schwimmen.

Boulangerie CAFÉ
(☎8-633 35555; www.kepyklele.lt; MK Čiurlionio gatvė 63; ⏲9–19 Uhr) Guten Kaffee, Eis, litauische Kekse und Kuchen gibt's in dieser Café-Bäckerei mit französischem Touch neben der Touristeninformation.

Praktische Informationen

Post (V Kudirkos gatvė 39; ⏲Mo–Fr 8–18, Sa bis 13 Uhr) Das einzige Postamt im Zentrum von Druskininkai.

SEB Bankas (MK Čiurlionio gatvė 40; ⏲Mo–Fr 8.30–17 Uhr) Innen Geldwechsel, außen Geldautomat.

Touristeninformation (☎313-51 777; www.info.druskininkai.lt; MK Čiurlionio gatvė 65; ⏲Mo–Sa 10–13 & 13.45–18.45, So 10–17 Uhr) Broschüren, Fahrradverleih, Unterkunft und Tipps.

Touristeninformation (☎313-60 800; www.info.druskininkai.lt; Gardino gatvė 3; ⏲Mo–Fr 8.30–12.15 & 13–17.15 Uhr) In der Nähe der Busstation.

An- & Weiterreise

Vom **Busbahnhof** (☎313 51 333; Gardino gatvė 1; ⏲5.15–18.50 Uhr) fahren täglich bis zu 15 Busse nach Vilnius (10 €, 2 Std.), stündliche Busse nach Kaunas (10 €, 2–3 Std.), sechs Busse nach Panevėžys (17 €, 4¼ Std.) und sieben nach Šiauliai (19 €, 5¼ Std.).

Nationalpark Dzūkija

☎310

Der 555 km² große Nationalpark Dzūkija (dschu-ki-ja), der größte in ganz Litauen, ist ein Paradies für Naturfreunde. Er ist zu 80 % von dichten Nadelwäldern bedeckt, in

PILZE & BEEREN SAMMELN

Pilzesammeln ist ein blühendes Geschäft, besonders im und um den Nationalpark Dzūkija, wo im August und September weiße und gelbe Pilzköpfchen den Boden bedecken. Auch die Wälder entlang der Autobahn A4 von Varėna nach Druskininkai und die Zervynos-Wälder, die für ihre Sanddünen, Bienenstöcke und *grybas* (Pilze) bekannt sind, lassen eine reiche Ausbeute erwarten. Echte Pilzfreunde besuchen im September das **Pilzfest** von Varėna (www.varena.lt).

Pfifferlinge und Steinpilze gehören zu den essbaren Sorten, die auch in weite Teile Europas exportiert werden. Weniger verbreitet ist der *baravykas* mit seiner charakteristischen braunen Kappe, ein Pilz mit kräftigem Geschmack, mit dem in Litauen gerne die *cepelinai* (Kartoffelknödel) gefüllt werden. Oft wird er auch getrocknet und bis zum Weihnachtsabend aufgehoben, um als eines von zwölf Traditionsgerichten serviert zu werden. In Litauen wachsen 1200 Pilzarten, aber nur 380 sind essbar.

Auch das Sammeln von Beeren hat eine lange Tradition. Preiselbeeren gibt es nur im August und Moosbeeren im September, aber die meisten anderen Arten – wilde Erdbeeren, Blaubeeren, Kreuzdornbeeren, Schlehen und Himbeeren – können gepflückt werden, sobald sie reif sind.

Pilze kosten am Straßenrand um die 5 bis 7 € pro kg. Einheimische verkaufen an den Straßen auch frisch gepflückte Früchte des Waldes in übervollen Marmeladegläsern. Die Pilzsaison dauert vom Frühjahrsanfang bis zum Spätherbst.

denen sich 48 Seen verbergen. Durch den Park strömen die Flüsse Ūla und Grūda, perfekt für eine Tagestour mit dem Kanu, und in der Saison wachsen dort jede Menge Beeren und Pilze.

Mit dem Fahrrad lässt sich der Park wunderbar erkunden, Fahrräder werden in der Saison in Druskininkai verliehen. Die Touristeninformation hat auch hervorragende kostenlose Karten für Radfahrer. Es gibt zwei Besucherzentren, eine in Marcinkonys und eine in Merkinė.

Neben den Naturschutzgebieten enthält der Park auch ethnografische und kulturelle Schutzgebiete sowie geschützte Dörfer wie **Zervynos** und **Liškiava**. **Merkinė**, 10 km am Nemunas flussabwärts, ist der Startpunkt für den 12 km langen **Lehrpfad Schwarze Keramik**. Er führt vorbei an den Werkstätten, in denen aus rotem Ton pechschwarze Töpfe gebrannt werden. Die ungewöhnliche Farbe stammt von dem Harz des Kiefernholzes, das zusammen mit dem Topf gebrannt wird.

Nur wenig außerhalb der Parkgrenzen, 22 km nordöstlich von Marcinkonys und 58 km nordöstlich von Druskininkai, liegt **Varėna** (www.varena.lt), der Geburtsort des bekannten litauischen Malers und Komponisten M. K. Čiurlionis. Gegründet wurde die Stadt im 15. Jh., als Großfürst Vytautas hier eine Jagdhütte errichten ließ. Die Hauptstraße (A4) von Varėna nach Druskininkai ist von hölzernen „Totempfählen" und Skulpturen gesäumt, die 1975 zur Erinnerung an Čiurlionis' 100. Geburtstag aufgestellt wurden.

Sehenswertes

Naturschutzgebiet Čepkeliai NATIONALPARK
(www.cepkeliai-dzukija.lt) Das 112 km² große Naturschutzgebiet Čepkeliai ist das größte Gebiet unberührter Natur in Litauen. Es ist ein herrliches, wildes Feuchtgebiet aus Mooren, Schwarzerlensümpfen, Cladinoso-callunosa-Wäldern und Seen, in dem über 4000 Tier- und Pflanzenarten gedeihen (auch Luchse und Wölfe). Besuche sind eingeschränkt; beantragt und bezahlt wird die Genehmigung im Besucherzentrum Marcinkonys.

Ethnografisches Museum MUSEUM
(Marcinkonių etnografijos muziejus; ☎310-39 169; Miškininkų gatvė 6; Erw./Kind 1/0,50 €; ⏲Mo–Fr 8–17, Sa bis 15.45 Uhr) Die Ausstellung in einem Gehöft aus dem frühen 20. Jh. beschäftigt sich mit Alltag, Tradition und materieller Kultur des Dzūkija-Volks. Gezeigt werden großartige Beispiele von Holzschnitzereien, Webarbeiten, Korbflechterei, Bienenhaltung und vielem mehr.

Kloster Liškiava KLOSTER
(Liškiava) Das ehemalige Dominikanerkloster in beherrschender Lage an einer grünen Biegung des Nemunas, 10 km nördlich von Druskininkai, ist berühmt für seine sieben Rokokoaltäre und die Krypta mit gläsernen Särgen.

Schlafen

Besucherzentrum Marcinkonys PENSION €
(☎310-44 466; www.dzukijosparkas.lt; Šilagėlių gatvė 11; EZ/DZ mit Frühstück 30/45€; ⊙Mo–Fr 8–17, Sa bis 15.45 Uhr; P @) Das Besucherzentrum in Marcinkonys führt eine einfache Pension mit Zimmern mit Bad und hat eine Liste von Privatunterkünften (um 25 € pro Pers.), erledigt aber keine Reservierungen. Zelten ist nur an ausgewiesenen Stellen erlaubt. Das Zentrum schließt mittags von 12 bis 12.45 Uhr.

Praktische Informationen

Besucherzentrum Merkinė (☎310-57 245; www.dzukijosparkas.lt; Vilniaus gatvė 3; ⊙Mo–Fr 8–17, Sa bis 15.45 Uhr) Hat bergeweise Infomaterial zur Umgebung und organisiert Wanderungen, Unterkunft, Radtouren und Kanufahrten. Englischsprachige Führer zum Pilze- oder Beerensammeln werden ebenfalls vermittelt. Sie kosten 15 € pro Stunde oder 60 € pro Tag. Das Zentrum schließt mittags von 12 bis 12.45 Uhr.

Besucherzentrum Marcinkonys (☎310-44 466; www.dzukijosparkas.lt; Miškininkų gatvė 61; ⊙Mo–Fr 8–17, Sa bis 15.45 Uhr) Das Besucherzentrum in Marcinkonys hat Tipps zu Wanderungen, Radtouren und Kanufahrten und ist der Startpunkt für den 14 km langen Zackagiris-Wanderweg (Zackagirio Takas) sowie kürzere Wanderungen (7 km und 10,5 km). Zutritt zum Naturschutzgebiet Čepkeliai kann hier ebenfalls beantragt werden. Ein freiwilliger Beitrag von 1 € wird erhoben.

An- & Weiterreise

Im Sommer fährt ein Dampfer (S. 347) zwischen Druskininkai und Liškiava.

Busse von/nach Druskininkai und Vilnius halten an der Kreuzung Merkinė (Merkinės kryžkelė, 2 €, 25 Min.) 2 km östlich des Stadtzentrums von Merkinė. Drei Züge von/nach Vilnius halten täglich in Zervynos (4 €, 2 Std.) und Marcinkonys (4,30 €, 2 Std.).

ZENTRALLITAUEN

Die meisten Besucher würdigen Zentrallitauen nur eines kurzen Blicks – oft genug vom Sitz eines Busses oder Zuges auf der Fahrt von der Hauptstadt zur Küste. Das flache Land zwischen den großen Attraktionen Litauens wird gern als langweilig abgetan. Doch das ist ein leichtfertiges Vorurteil, denn es bietet durchaus bemerkenswerte Städte, ländliche Idylle, soweit das Auge reicht, und die ungewöhnlichste Attraktion in ganz Litauen.

Das stolze Kaunas, zwischen den Weltkriegen die Hauptstadt Litauens und die ewige Nummer zwei, sitzt mitten im Herzen des Landes. Ihre Altstadt ist ebenso faszinierend wie ihre zahlreichen Museen und Kunstgalerien. Es gibt keinen besseren Ausgangspunkt für Erkundungen in Zentrallitauen. Nicht weit entfernt von Kaunas liegt Birštonas, ein winziger Kurort, wo Jazz und Kurbehandlungen gleichermaßen im Mittelpunkt stehen.

Šiauliai ist noch immer auf der Suche nach einer neuen Identität. Die Stadt war eine strenge Sperrzone, da sich dort einer der größten Militärstützpunkte außerhalb der UdSSR befand. Die meisten Besucher kommen hierher, um 10 km nördlich der Stadt den vom Papst gesegneten Berg der Kreuze zu sehen – und sind tief beeindruckt von der Kraft und Frömmigkeit des litauischen Volkes.

Kaunas

☎37 / 353 000 EW.

Kaunas, eine ausgedehnte Stadt 100 km westlich von Vilnius am Zusammenfluss von Nemunas und Neris, besitzt eine kompakte Altstadt, eine Fülle an Kunst- und Bildungsmuseen sowie eine faszinierende Geschichte. Ihr hoher Studentenanteil verleiht ihr ein dynamisches Flair und einige Unvollkommenheiten sorgen für den gewissen Pepp.

Geschichte

Der Sage nach wurde Kaunas vom Sohn eines tragischen jungen Liebespaars gegründet. Die wunderschöne Milda ließ die heilige ewige Flamme ausgehen, während sie sich um ihren Liebsten Daugerutis kümmerte. Sie wurden von rachsüchtigen Göttern zum Tode verurteilt und flohen in eine Höhle, in der Milda Kaunas zur Welt brachte.

Archäologen gehen davon aus, dass die Stadt aus dem 13. Jh. stammt und bis zum 15. Jh. an vorderster Front gegen den Deutschen Orden im Westen Litauens kämpfte. Im 15. und 16. Jh. wurde Kaunas eine erfolgreiche Binnenhafenstadt. Deutsche Kaufleute ließen sich hier nieder und die Hanse richtete am Ort ein Kontor ein. Zwischen den Weltkriegen, als Vilnius in polnischer Hand lag, war Kaunas die Hauptstadt Litau-

Zentrallitauen

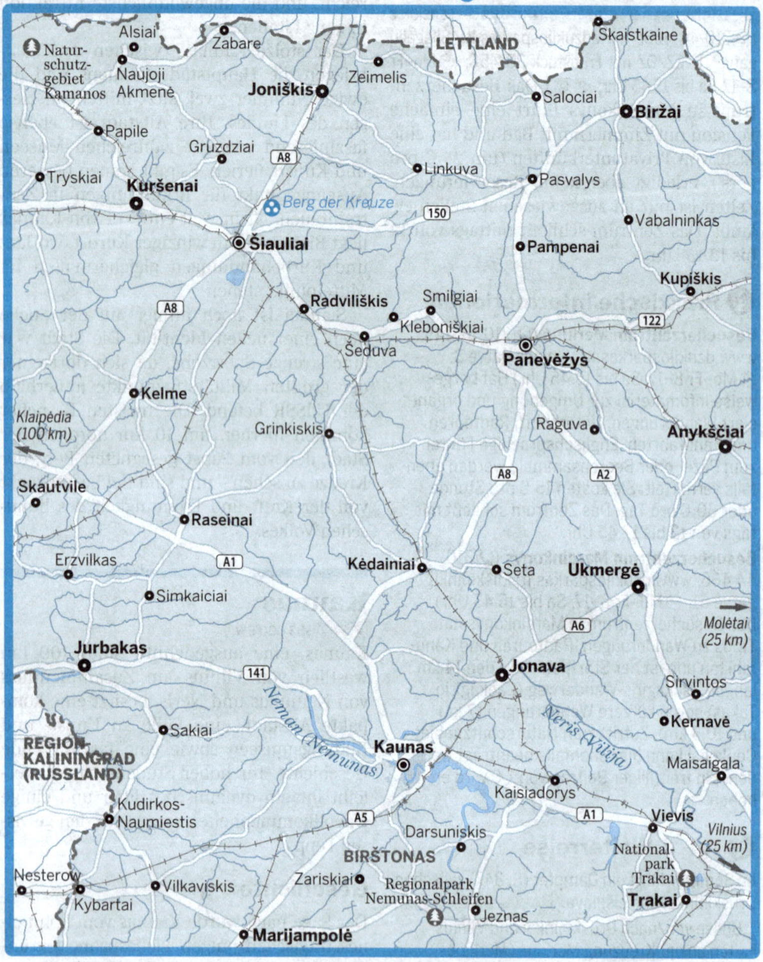

ens. Seine strategische Lage ist der Hauptgrund dafür, dass Kaunas bereits vor den Zerstörungen während des Zweiten Weltkriegs 13-mal zerstört wurde.

Sehenswertes

Der Rotušės aikštė, der Platz zwischen den Flüssen Nemunas und Neris, ist das historische Zentrum von Kaunas. Von hier zieht sich die Fußgängerstraße Vilniaus gatvė nach Osten und trifft dort auf die Hauptachse der Stadt, Laisvės alėja, ebenfalls eine Fußgängerzone.

Altstadt

Rotušės Aikštė & Umgebung

Der große, offene Platz im Herzen der Altstadt ist gesäumt von hübschen deutschen Kaufmannshäusern aus dem 15. und 16. Jh. Seinen Brennpunkt bildet das alte Rathaus (17. Jh.). An der Südwestecke des Platzes steht eine Statue des patriotischen Dichters Maironis.

Rathaus Kaunas HISTORISCHES GEBÄUDE
(Kauno rotušė; ☎37-203 572; www.kaunas.lt; Rotušės aikštė 15) Das Rathaus aus dem 17. Jh.

diente im Lauf der Zeit als Theater, Lagerhaus, Gefängnis und Schloss und wird heute überwiegend für offizielle Veranstaltungen genutzt. Die ersten beiden Stockwerke dienen auch als Standesamt (samstags sind meist etliche Brautpaare in vollem Ornat zu sehen). Im Keller befindet sich ein kleines Keramikmuseum.

Kirche & Kloster des hl. Franz Xaver KIRCHE

(☎8-640 52621; www.jesuit.lt; Rotušės aikštė 7–9; Turm 1,50 €; ⏱tgl. 16–18, So auch 9–13 Uhr) Die Südseite des Rotušės aikštė wird von der doppeltürmigen Kirche des hl. Franz Xaver beherrscht. Der Komplex mit Jesuitenkolleg und -kloster wurde zwischen 1666 und 1720 erbaut. Nach Besichtigung der Kirche bietet der Aufstieg auf den Turm den schönsten Blick auf Kaunas.

Perkūnas-Haus HISTORISCHES GEBÄUDE

(Perkūno namas; ☎8-641 44614; www.perkunonamas.lt; Aleksoto gatvė 6; Erw./Kind 1,5/0,80 €; ⏱Do & Fr 14–17 Uhr) Das gotische Haus aus dem 15. Jh. wurde von Kaufleuten der Hanse gebaut und ist nach dem litauischen Donnergott benannt, dessen Bildnis in einer Hohlwand gefunden wurde. Es gehört heute den Jesuiten, die sich um die Kellerräume, die Konzerthalle und eine Ausstellung über Leben und Werk des Dichters Adomas Mickevičius kümmern.

Vytautas-Kirche KIRCHE

(Vytauto bažnyčia; ☎37-203 854; www.vytautine.lcn.lt; Aleksoto gatvė 5; ⏱14–19 Uhr) Die backsteinerne Kirche, mit vollem Namen Vytautas-Magnus-Mariä-Himmelfahrtkirche, ist eine der ältesten in Kaunas. Sie wurde Anfang des 15. Jhs. von den Franziskanern erbaut, von der orthodoxen Kirche und von Napoleon (als Munitionsdepot) genutzt und 1990 an die katholische Kirche zurückgegeben.

Dreifaltigkeitskirche KIRCHE

(Rotušės aikštė 22) Die Westseite des Rotušės aikštė wird von der Dreifaltigkeitskirche aus der Spätrenaissance (1624–1634) mit ihrem Terrakottadach eingenommen.

Museum der Medizin & Pharmazie MUSEUM

(Medicinios ir farmacijos istorijos muziejus; ☎37-201 569; Rotušės aikštė 28; Erw./Kind 1,16/0,58 €; ⏱Di–Sa 10–17 Uhr) Das ungewöhnliche kleine Museum aus den 1930er-Jahren erläutert die Entwicklung der Medizinwissenschaft in Liauen im Verlauf der Jahrhunderte. Ergänzend kommen noch Ausstellungen zur litauischen und sibirischen Volksmedizin hinzu und eine nachgebaute Apotheke aus dem 19. Jh.

Maironis-Museum für litauische Literatur MUSEUM

(Maironio Lietuvos literatūros muziejus; ☎37-207 477; www.maironiomuziejus.lt; Rotušės aikštė 13; Erw./Kind 1,45/0,58 €; ⏱Di–Sa 9–18 Uhr) In der Villa aus dem 18. Jh. lebte zwischen 1910 und 1932 Jonas Mačiulis (Maironis), der Dichter und Priester aus Kaunas, der Ende des 19. und Anfang des 20. Jhs. das Nationalgefühl Litauens weckte. Heute ist es ein Museum über sein Leben und Werk und über litauische Literatur im Allgemeinen.

Keramikmuseum MUSEUM

(Keramikos muziejus; ☎37-203 572; Rotušės aikštė 15; Erw./Kind 1,16/0,58 €; ⏱Di–So 11–17, Do bis 19 Uhr) Das Museum zeigt litauische Keramiken aus dem frühen 20. Jh. und älteren Perioden sowie Wechselausstellungen.

Museum für Telekommunikation MUSEUM

(Ryšių istorijos muziejus; ☎37-424 920; www.teo.lt/en/node/1449; Rotušės aikštė 19; Erw./Kind 1,40/0,80 €; ⏱Mi–So 10–18 Uhr) Wer eine Schwäche für alte Telefone und große, alte Analogtechnologie hat, sollte einen Blick in dieses Museum im alten Postamt werfen. Davor steht ein Denkmal für den bahnbrechenden Puppentrickfilmer Vladislovas Starevičius: Es besteht passenderweise aus zwei riesigen Insekten, einer Ameise und einer Heuschrecke mit Zylinder, die einen seiner Filme anschauen.

Burg Kaunas RUINE

(☎37-300 672; www.kaunomuziejus.lt; Papilio gatvė; Erw./Kind 2,32/1,74 €; ⏱Di–Sa 10–18, So bis 16 Uhr) Ein rekonstruierter Turm, Mauerreste und Teile des Burggrabens sind alles, was von der Burg Kaunas aus dem 14. Jh. übrig blieb. Sie war eine wichtige Bastion gegen die Angriffe des Deutschordens und Ausgangspunkt der ursprünglichen Stadtentwicklung. Es gibt dort eine Ausstellung zur Geschichte der Burg und ein rekonstruiertes Verlies, dessen Ausstattung Besucher ausprobieren dürfen.

Aleksotas-Zahnradbahn ZAHNRADBAHN

(Aleksoto funikulierius; ☎37-391 086; Amerikos Lietuvių 6; Tickets 0,58 €; ⏱Mo–Fr 7–12 & 13–16, Sa ab 10 Uhr) Die historische Zahnradbahn an der Südseite der Aleksoto Tiltas (Aleksoto-Brücke) stammt von 1935 und bietet einen großartigen Blick auf die Dächer der Altstadt.

Kaunas

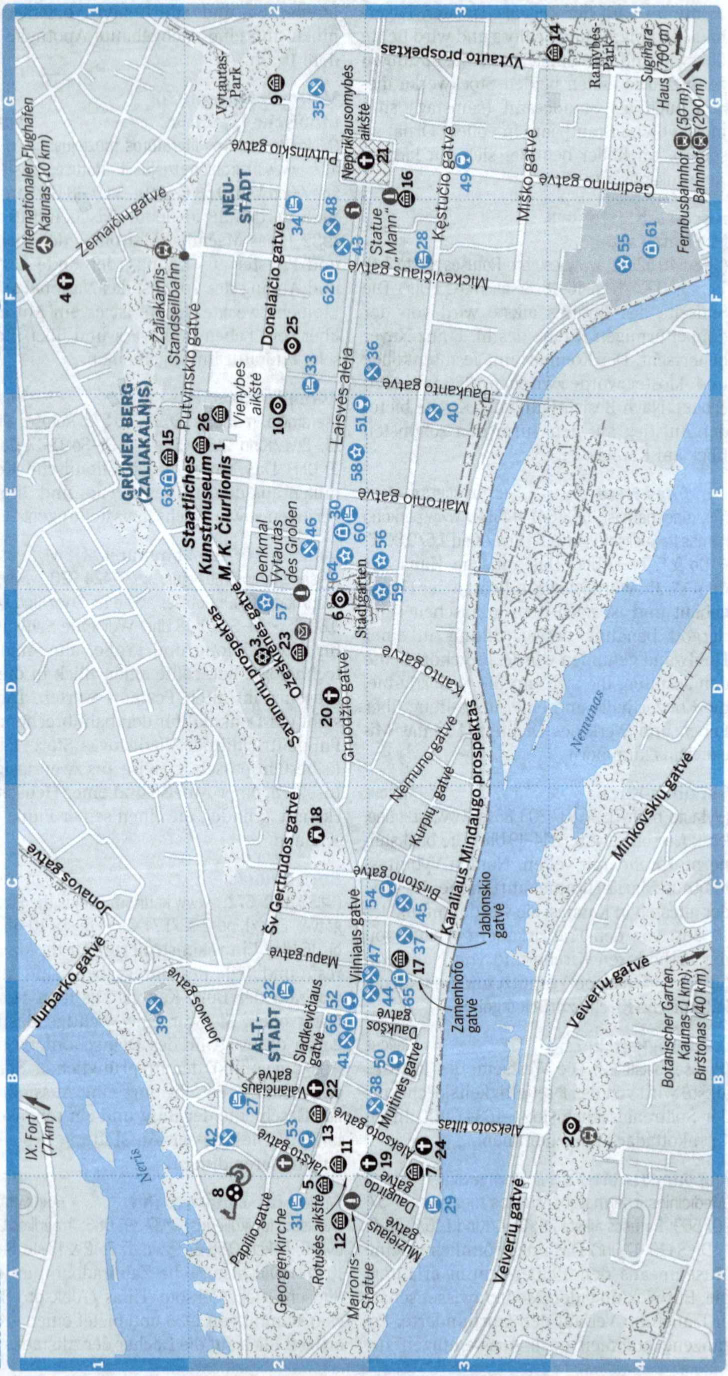

500 m
GRÜNER BERG (ŽALIAKALNIS)
NEU-STADT
ALT-STADT
Staatliches Kunstmuseum M. K. Čiurlionis
Internationaler Flughafen Kaunas (10 km)
IX. Fort (7 km)
Botanischer Garten Kaunas (1 km); Birštonas (40 km)
Fernbusbahnhof (50 m); Bahnhof (200 m)
Sugihara-Haus (700 m)
Žaliakalnis-Standseilbahn
Vytautas-Park
Ramybės-Park
Vienybės aikštė
Nepriklausomybės aikštė
Rotušės aikštė
Stadtgarten
Denkmal Vytautas des Großen
Statue „Mann"
Maironis-Statue
Georgenkirche
Vytauto prospektas
Putvinskio gatvė
Žemaičių gatvė
Donelaičio gatvė
Laisvės alėja
Mickevičiaus gatvė
Kęstučio gatvė
Miško gatvė
Gedimino gatvė
Daukanto gatvė
Maironio gatvė
Kanto gatvė
Savanorių prospektas
Ožeškienės gatvė
Gruodžio gatvė
Nemuno gatvė
Kurpių gatvė
Karaliaus Mindaugo prospektas
Šv Gertrūdos gatvė
Birštono gatvė
Jablonskio gatvė
Vilniaus gatvė
Mapu gatvė
Zamenhofo gatvė
Sladkevičiaus gatvė
Daukšos gatvė
Valančiaus gatvė
Muitinės gatvė
Aleksoto gatvė
Jakšto gatvė
Daugirdo gatvė
Muziejaus gatvė
Papilio gatvė
Aleksoto tiltas
Jonavos gatvė
Jurbarko gatvė
Veiverių gatvė
Minkovskių gatvė
Neris
Nemunas

Kaunas

Highlights
1 Staatliches Kunstmuseum M. K. Čiurlionis ... E2

Sehenswertes
2 Aleksotas-Zahnradbahn ... B4
Keramikmuseum ... (s. 11)
3 Choralsynagoge ... D2
4 Auferstehungsbasilika ... F1
5 Museum für Telekommunikation ... A2
6 Opferfeld ... D2
Dreifaltigkeitskirche ... (s. 31)
7 Perkūnas-Haus ... B3
8 Burg Kaunas ... A2
9 Gemäldegalerie Kaunas ... G2
10 Technische Universität Kaunas ... E2
11 Rathaus ... B2
12 Maironis-Museum für litauische Literatur ... A2
Grab von Maironis ... (s. 22)
13 Medizin- & pharmaziehistorisches Museum ... B2
14 Museum für Deportation & Widerstand ... G4
15 Teufelsmuseum ... E1
16 Kunstgalerie Mykolas Žilinskas ... G3
17 Litauisches Museum für Volksmusikinstrumente Povilas Stulga ... C3
18 Litauischer Präsidentenpalast ... C2
19 Kirche & Kloster des hl. Franz Xaver ... B3
20 Gertrudenkirche ... D2
21 Michaeliskirche ... G2
22 Peter- & Paul-Kathedrale ... B2
23 Zoologisches Museum Tadas Ivanauskas ... D2
24 Vytautas-Kirche ... B3
25 Vytautas-Magnus-Universität ... F2
26 Kriegsmuseum Vytautas Magnus ... E2

Schlafen
27 Apple Economy Hotel ... B2
28 Daniela ... F3
29 Daugirdas ... A3
30 Kaunas Hotel ... E2
31 Kauno Arkivyskupijos Svečių Namai ... A2
32 Kunigaikščių Menė ... B2
33 Metropolis ... F2
34 Park Inn by Radisson ... F2

Essen
Avilys ... (s. 47)
35 Bernelių Užeiga ... G2
36 Buon Giorno ... F3
Buon Giorno ... (s. 47)
37 Capo ... C3
38 Casa della Pasta ... B3
39 Iki ... B1
40 Maxima ... E3
41 Motiejaus Kepyklėlė ... B2
42 Pilies Sodas ... B2
43 Radharanė ... F2
44 Raw Inn ... B3
45 Real Texas Grill ... C3
46 Rocknrolla ... E2
47 Senieji Rūsiai ... C3
48 Žalias Ratas ... F2

Ausgehen & Nachtleben
49 Alaus Sapnas ... G3
50 BO ... B3
51 Džem Pub ... E2
52 Shamrock ... B2
53 Skliautas ... B2
54 W1640 ... C3

Unterhaltung
55 Forum Cinemas ... F4
56 Kammertheater Kaunas ... E3
57 Philharmonie Kaunas ... D2
58 Staatstheater Kaunas ... E2
59 Staatliches Musiktheater Kaunas ... D3
60 Staatliches Marionettentheater ... E2

Shoppen
61 Akropolis ... F4
62 Brome ... F2
63 Buon Giorno ... E1
64 Centrinis Knygynas ... E2
65 Egidijaus Rudinsko Grafikos Galerija ... C3
66 Humanitas ... B2

Vilniaus Gatvė & Umgebung

Die Vilniaus gatvė ist die reizvolle Hauptstraße der Altstadt.

Litauischer Präsidentenpalast PALAST
(Istorinė Lietuvos Prezidentūra; www.istorineprezidentura.lt; Vilniaus gatvė 33; Erw./Stud. 1,16/0,58 €; Di–So 11–17, Do bis 19 Uhr, Gärten tgl. 8–21 Uhr) Das schöne Gebäude aus dem 19. Jh. war zwischen den zwei Weltkriegen Regierungssitz der Republik Litauen. Der heute in seiner alten Pracht restaurierte Palast zeigt eine Ausstellung über das unabhängige Litauen mit historischen Fotos, Geschenken, die frühere Präsidenten erhielten, Sammlungen von Familiensilber und präsidialen Auszeichnungen. Im Palastgarten kann man auch die Statuen von ehemaligen Präsidenten bewundern.

Litauisches Volksmusik- & Instrumentenmuseum Povilas Stulga MUSEUM
(Lietuvos tautinės muzikos muziejus; www.kaunomuziejus.lt; Zamenhofo gatvė 12; Erw./Kind 1,74/1,16 €; ⌚Di–Fr 9–17, Sa bis 16 Uhr) Das Museum beweist, dass man aus fast allem Musikinstrumente machen kann. Die wunderbare Sammlung mit 7000 Stücken in einem gotischen Haus aus dem 16. Jh. zeigt Flöten aus Holz und Knochen, ungewöhnliche Rohrpfeifen, dreisaitige Celli und sowohl schlichte als auch aufwendig gearbeitete *kanklės* (Zithern).

Peter-und-Paul-Kathedrale KATHEDRALE
(Šventų Apaštalų Petro ir Povilo Arkekatedra Bazilika; ☎37-324 093; www.kaunoarkikatedra.lt; Vilniaus gatvė 1; ⌚7–18.30 Uhr) Die Kirche mit ihrem einzelnen Turm erhielt einen barocken Umbau, aus der Gotik blieben nur die Fenster aus dem 15. Jh. erhalten. Das größte gotische Bauwerk Litauens wurde wahrscheinlich um 1410 von Vytautas gegründet und besitzt heute neun Altäre. An der südlichen Außenwand liegt das **Grab von Maironis**.

Neustadt

Im 19. Jh. dehnte sich Kaunas von der Altstadt nach Osten aus. Hier entstand das moderne Zentrum mit der eindrucksvollen 1,7 km langen Fußgängerstraße **Laisvės alėja** (Freiheitsallee).

Das erste Parlament des unabhängigen Litauen trat 1920 im **Staatsmusiktheater** von Kaunas zusammen; der frühere Staatstheaterpalast mit Blick auf den **Stadtgarten** (Miestos Sodas) entstand 1892 am Westende der Laisvės alėja.

Zoologisches Museum Tadas Ivanauskas MUSEUM
(Tado Ivanausko zoologijos muziejus; ☎37-200 292; www.zoomuziejus.lt; Laisvės alėja 106; Erw./Kind 2,32/1,45 €; ⌚Di–So 11–19 Uhr) Das Museum zeigt mit über 250 000 Exemplaren, darunter 13 000 ausgestopften, wirklich das ganze Tierreich. Es wurde 1919 vom namensgebenden Tadas gegründet, einem berühmten litauischen Naturforscher.

Michaeliskirche KIRCHE
(Šv Archangelo Mykolo Rektoratas; ☎37-226 676; Nepriklausomybės aikštė 14; ⌚9–19 Uhr) Die Sowjets widmeten die blaue, neobyzantinische Kirche, die so dramatisch am Ostende der Laisvės alėja in den Himmel ragt, in ein Museum für Buntglas um. Sie wurde 1893 für die russisch-orthodoxen Gläubigen gebaut und 1991 als katholische Kirche neu geweiht.

Gertrudenkirche KIRCHE
(☎37-229 965; Laisvės alėja 101a; ⌚Mo–Fr 10–19, Sa bis 12, So 9–12 Uhr) Das gotische Juwel aus dem späten 15. Jh. liegt versteckt in einem Hof hinter der Laisvės alėja. In der Krypta aus rotem Backstein flackern unzählige Kerzen, deshalb wurde gegenüber dem Eingang zur Krypta ein eigener Kerzenschrein errichtet.

Opferfeld GEDENKSTÄTTE
(Miesto Sodas) Das Opferfeld – ein auf Bodenplatten vor dem Stadtgarten eingravierter Name – ist eine tragische Erinnerung an den jungen Helden Romas Kalanta aus Kaunas, der sich 1972 als Protest gegen die Sowjetherrschaft selbst verbrannte.

Choralsynagoge SYNAGOGE
(Kauno Choralinė Sinagoga; ☎8-614 03100; www.kaunasjews.lt; Ožeškienės gatvė 13; ⌚Gottesdienst Sa 10 Uhr) In der noch heute genutzten Synagoge, eines der wenigen erhaltenen Zeugnisse der einstmals großen jüdischen Gemeinde von Kaunas, steht eine bemerkenswerte Bima (erhöhte Plattform, von der die Thora verlesen wird) aus dunklem Holz und Gold. Draußen erinnert ein Denkmal an die 1600 Kinder, die im IX. Fort ermordet wurden. Das Judengetto im Zweiten Weltkrieg lag am Westufer der Neris in der Gegend zwischen den Straßen Jurbarko, Panerių und Demokratų.

Kunstgalerie Mykolas Žilinskas MUSEUM
(Mykolo Žilinsko dailės galerija; ☎37-322 788; www.ciurlionis.lt/m-zilinskas-art-gallery; Nepriklausomybės aikštė 12; Erw./Kind 1,74/0,87 €; ⌚Di–So 11–17, Do bis 19 Uhr) Das Kunstmuseum auf drei Stockwerken war einst die Privatsammlung von Mykolas Žilinskas, heute wird es aber vom Nationalen Čiurlionis-Kunstmuseum verwaltet. Die Sammlung konzentriert sich überwiegend auf europäische Kunst vom 17. bis 20. Jh. und enthält den einzigen Rubens Litauens.

Vienybės Aikštė & Umgebung

Der Vienybės Aikštė (Platz der Einheit) ist Standort der **Technischen Universität Kaunas** (Kauno technologijos universitetas; ☎37-300 000; www.ktu.edu; K Donelaičio gatvė 73) und der kleineren **Vytautas-Magnus-Universität** (Vytauto didžiojo universitetas; ☎37-222 739; www.vdu.lt; K Donelaičio gatvė 58), die ursprünglich 1922 gegründet und 1989 von einem litauischen Emigranten ein zweites Mal ins Leben gerufen wurde.

DIE HELDEN VON KAUNAS

Die beliebten litauischen Piloten Steponas Darius und Stanislovas Girėnas starben am 15. Juli 1933 – nur 650 km bevor sie den längsten Nonstop-Transatlantikflug jener Zeit geschafft hätten. Zwei Tage nach dem Abflug des Duos aus New York versammelten sich 25 000 Menschen am Flughafen von Kaunas, um den Fliegern einen triumphalen Empfang zu bereiten, doch sie kamen niemals an. Ihre orangefarbene Maschine *Lituanica* stürzte über Deutschland ab. Das Wrack kann heute im Vytautas-Magnus-Kriegsmuseum (S. 357) besichtigt werden. Die einbalsamierten Leichname, die während der sowjetischen Besatzung versteckt wurden, liegen seit 1964 auf dem **Friedhof Aukštieji Šančiai** (Ašmenos gatvė 1) begraben.

Der in Kaunas stationierte japanische Diplomat Chiune Sugihara (1900–1986) rettete mit Unterstützung des niederländischen Diplomaten Jan Zwartendijk zwischen 1939 und 1940 insgesamt 6000 Juden das Leben, indem er polnischen Juden, die vom vorrückenden Naziterror bedroht waren, Transitvisa ausstellte. Als die Sowjets Litauen annektierten, ordneten sie die Schließung aller Konsulate an. Der „japanische Schindler" missachtete die entsprechenden Anweisungen aus Tokio jedoch ganze 29 Tage lang und stellte in dieser Zeit pro Tag 300 Visa aus. Ehe er das Land verließ, gab er den Stempel an einen jüdischen Flüchtling weiter. Das **Sugihara-Haus** (Sugiharos Namas; ☎37-332 881; www.sugiharahouse.com; Vaižganto gatvė 30; Erw./Kind 3/1,50 €; ⏲Mo–Fr 10–17, Sa & So 11–16 Uhr) dokumentiert seine Lebensgeschichte und präsentiert Video-Installationen und Berichte von Personen, die er gerettet hat.

Das kleine **Museum für Deportation und Widerstand** (Rezistencijos ir tremties muziejus; ☎37-323 179; Vytauto prospektas 46; Erw./Kind 1,74/1,16 €; ⏲Di–Fr 9–17, Sa bis 16 Uhr) dokumentiert den Widerstand und Mut der Waldbrüder, die 1944 bis 1953 gegen die sowjetische Besatzung kämpften. Unter der Führung von Jonas Žemaitis-Vytautas (1909–1954) gingen zwischen 50 000 und 100 000 Männer und Frauen in die litauischen Wälder, um von dort aus das Regime zu bekämpfen. Die Museumsmitarbeiter schätzen, dass ein Drittel von ihnen ums Leben kam und die übrigen gefangen und deportiert wurden (insgesamt wurden in jener Zeit 150 000 Litauer nach Russland verschleppt).

Zu den verzweifeltsten antisowjetischen Aktionen gehörte der Selbstmord des Studenten Romas Kalanta aus Kaunas. Am 14. Mai 1972 übergoss er sich mit Benzin und zündete sich an, um gegen das kommunistische Regime zu protestieren. In seinem Tagebuch fand sich ein Brief, in dem er den Suizid ankündigt.

★Nationales Kunstmuseum M. K. Čiurlionis GALERIE

(MK Čiurlionio Valstybinis Dailės Muziejus; ☎37-229 475; www.ciurlionis.lt; Putvinskio gatvė 55; Erw./Kind 2/1 € ⏲Di, Mi & Fr–So 11–17, Do bis 19 Uhr) Die führende Galerie von Kaunas besitzt eine umfangreiche Sammlung der romantischen Gemälde von Mikalojus Konstantinas Čiurlionis (1875–1911), einem der größten Künstler und Komponisten Litauens. Gezeigt werden auch litauische Volkskunst und europäisches Kunstgewerbe aus dem 16. bis 20. Jh.

Teufelsmuseum MUSEUM

(Velnių Muziejus; ☎37-221 587; www.ciurlionis.lt; Putvinskio gatvė 64; Erw./Kind 1,74/0,87 €; ⏲Di, Mi & Fr–So 11–17, Do bis 19 Uhr; 👪) Diabolisch ist wohl das beste Wort, um die Sammlung von über 3000 Teufeln in diesem Museum zu beschreiben. Sie wurden im Lauf der Zeit vom Landschaftsmaler Antanas Žmuidzinavičius (1876–1966) gesammelt. Die Erläuterungen geben sich zwar einen pseudointellektuellen Anstrich, indem sie Teufel in Verbindung mit litauischer Volkskunde setzen, aber das Spannende hier sind eigentlich die gruseligen Masken und lustigen Geschichten. Toll für Kids.

Kriegsmuseum Vytautas Magnus MUSEUM

(Vytauto Didžiojo Karo Muziejus; ☎37-320 765; www.kariuomene.kam.lt/lt/karo_muziejus.html; Donelaičio gatvė 64; Erw./Kind 1,16/0,58 €; ⏲Di–So 11–17 Uhr) Das Museum unter Verwaltung der litauischen Armee zeigt Ausstellungen zur Geschichte von Waffen, der litauischen Militärgeschichte, der Zeit des Großfürstentums u. ä. Besonders interessant ist das Wrack der *Lituanica*, in dem Steponas Darius und Stanislovas Girėnas beim Versuch, nonstop von New York nach Kaunas zu fliegen, 1933 starben.

Gemäldegalerie Kaunas MUSEUM
(Kauno paveikslų galerija; ☎37-221 779; www.ciurlionis.lt/kaunas-art-gallery; Donelaičio gatvė 16; Erw./Stud. 1,74/0,87 €; ⏲Di, Mi & Fr–So 11–18, Do bis 19 Uhr) Das unterschätzte Juwel, ein weiterer Ableger des Čiurlionis-Museums, zeigt Werke litauischer Künstler aus dem späten 20. Jh. Ein Raum ist George (Jurgis) Mačiūnas gewidmet, dem Vater der Avantgardebewegung Fluxus.

Auferstehungsbasilika KIRCHE
(Kauno paminklinė Kristhaus Prisikėlimo bašničia; www.prisikelimas.lt; Zemaicių gatvė 316; ⏲9.30–19 Uhr) Der Bau der wahrhaft monumentalen Kathedrale, die ein bisschen wie ein sowjetisches Kraftwerk aussieht, dauerte 70 Jahre. Den Nazis diente sie als Papierlager, den Sowjets als Radiofabrik, 2004 wurde sie wieder als Kirche geweiht.

Außerhalb des Zentrums

Kaunas ist eine überraschend grüne, von Parks gesäumte Stadt. Der **Vytautas-Park** zieht sich den Hang hinauf vom Ende der Laisvės alėja zum Stadion, hinter dem ein Großteil des hübschen **Ažuolynas-Parks** (Eichenpark) liegt. Südlich entlang des Vytauto prospektas dehnt sich der **Ramybės-Park** aus, in dem früher der Altstadtfriedhof lag, bevor die Sowjets in den 1960er-Jahren alle Gräber einebneten.

Museum des IX. Forts MUSEUM
(IX Forto Muziejus; ☎37-377 750; www.9fortomuziejus.lt; Žemaičių plentas 73; Erw./Kind 2,30/1,40 €, Katakombenführung 6 €; ⏲April–Okt. Mi–Mo 10–18 Uhr, Nov.–März bis 16 Uhr) Das exzellente Museum des IX. Forts, 7 km nördlich von Kaunas, ist eine ergreifende Gedenkstätte für Zehntausende Menschen, hauptsächlich Juden, die von den Nazis ermordet wurden. Es besteht aus einem alten Fort aus dem Ersten Weltkrieg und der bunkerartigen Kirche der Verdammten. Das Museum befasst sich mit Deportationen von Litauern durch die Sowjets und anschauliche Fotoausstellungen dokumentieren die Vernichtung der Juden von Kaunas. Zu erreichen mit der Buslinie 23 bis zur Haltestelle 9-ojo Forto Muziejus, dann durch die Autobahnunterführung.

Botanischer Garten GÄRTEN
(Kauno botanikos sodas; ☎37-295 300; www.botanika.vdu.lt; ŽE Žilibero gatvė 6; Erw./Kind 2,32/1,16 €; ⏲April–Okt. 9–19 Uhr) Gärtner der Universität Vytautas Magnus kümmern sich um die 65 ha voller seltener und wunderbarer Pflanzen. Der Garten liegt 2 km südlich der Altstadt; zu erreichen mit der Buslinie 20 oder 35.

Kloster Pažaislis KLOSTER
(☎37-458 868; www.pazaislis.org; Masiulio gatvė 31; Erw./Kind 4/2 €; ⏲Di–Fr 10–17, Sa bis 16 Uhr) Das beeindruckende Barockkloster wurde im 17. Jh. von den Kamaldulensermönchen gebaut und liegt 9 km östlich von Kaunas auf einem Felsvorsprung, der in das Kauno marios (Kaunasser Meer) hineinragt. 1831 schenkte es Zar Alexander dem russisch-orthodoxen Orden. Es ist ein prächtiges, wenn auch etwas heruntergekommenes Gebilde mit einer 50 m hohen Kuppel und luxuriösen, venezianischen Räumen aus rosa und schwarzem polnischem Marmor. Heute befindet sich dort ein Museum zur Geschichte des Klosters.

Das Kloster blickt auf eine bewegte Geschichte zurück: In der Sowjetzeit wurde es zur psychiatrischen Klinik und kehrte 1990 zu seinen katholischen Wurzeln zurück. Am besten ist ein Besuch während des Pažaislis-Musikfestivals zwischen Juni und August. Zu erreichen mit der O-Buslinie 9 oder 12 vom Stadtzentrum bis zur Endstation in der Masiulio gatvė ein paar hundert Meter vor Pažaislis.

Litauisches Freiluftmuseum MUSEUM
(Lietuvių liaudies buities muziejus; ☎34-647 392; www.llbm.lt; L Lekavičiaus gatvė 2; Erw./Kind 2,90/1,45 €; ⏲Hausausstellungen Mai–Okt. 10–18 Uhr) Das Freilichtmuseum besteht aus nachgebauten Dörfern aus dem 18. und 19. Jh., die Litauens Hauptregionen repräsentieren (Dzūkija, Aukštaitija, Suvalkija, Žemaitija und Preußisch-Litauen). Töpfer, Weber und Tischler demonstrieren in der Museumswerkstatt ihr Handwerk. Die Hausausstellungen sind zwar in der kälteren Jahreszeit geschlossen, aber Führungen durch das Gelände können das ganze Jahr über gebucht werden. Das Museum befindet sich in Rumšiškės 25 km östlich von Kaunas und 2 km abseits der Straße zwischen Kaunas und Vilnius. Es ist von Kaunas mit dem Bus zu erreichen (30 Min., 5-mal tgl.).

Festivals & Events

Musikfestivals sind die gesellschaftlichen Highlights in Kaunas.

Kaunas Jazzfestival JAZZ
(☎37-750 146; www.kaunasjazz.lt; Rotušės aikštė 29) Das beschwingte Festival wurde kurz nach dem Abzug der Sowjets ins Leben ge-

rufen. Es bringt jeden April Jazzmusiker von Weltrang nach Kaunas, die danach weiter nach Vilnius ziehen.

Operette in der Burg Kaunas MUSIK
(37-203 661; www.operetta.lt; L Zamenhofo gatvė 5a) Das Open-Air-Operettenfest von Mai bis September findet auch an mehreren Abenden in der Ruine von Kaunas statt.

Musikfestival Pažaislis MUSIK
(37-203 547; www.pazaislis.lt; T Masiulio gatvė 31) Das bunt gemischte Musikfestival erstreckt sich über den ganzen Sommer von Mai bis September und nutzt als Kulisse das herrliche Gelände eines Klosters aus dem 17. Jh. am Ufer des Kaunas-Sees. Geboten werden Sinfonie- und Kammerkonzerte, Chor- und Volksmusik.

Schlafen

Ein weiterer Reiz von Kaunas sind die zahlreichen günstigen Unterkünfte.

Kauno Arkivyskupijos Svečių Namai PENSION €
(37-322 597; www.kaunas.lcn.lt/sveciunamai; Rotušės aikštė 21; EZ/DZ/3BZ ab 15/25/32 €;) Die katholische, erzbischöfliche Pension könnte keine bessere Lage haben: Sie liegt zwischen ehrwürdigen Kirchen am Altstadtplatz. Die Zimmer sind spartanisch, aber groß, Frühstück ist nicht im Preis enthalten. Frühe Reservierung lohnt sich, da sie schnell ausgebucht ist.

Apple Economy Hotel HOTEL €
(37 321 404; www.applehotel.lt; Valančiaus gatvė 19; EZ/DZ ab 36/45 €;) Das schlichte Hotel in einem ruhigen Hof am Rand der Altstadt ist eine empfohlene Budgetunterkunft. Die Zimmer sind winzig, aber hell und fröhlich, und die Betten sind sehr komfortabel.

Metropolis HOTEL €
(37-205 992; www.metropolishotel.lt; S Daukanto gatvė 21; DZ/3BZ 42/56 €;) Das Metropolis („Lietuva" in der Sowjetzeit) erinnert noch immer an frühere Glanzzeiten und ist eine preiswerte Option in einer ruhigen, baumbestandenen Seitenstraße der Laisvės alėja. Die Zimmer sind gut ausgestattet und alte Elemente, wie kunstvoll aus Stein geformte Balkone und eine schwere Drehtür in die Lobby mit Stuckdecke, tragen zum Charme bei.

Daugirdas BOUTIQUEHOTEL €€
(37-301 561; www.daugirdas.lt; T Daugirdo gatvė 4; EZ/DZ/3BZ 56/63/80 €;) Das stilvolle Boutiquehotel zwischen dem Herz der Altstadt und dem Nemunas ist eines der interessantesten in Kaunas. Die Doppelzimmer sind mit ihren sehr guten Betten und Badezimmern (mit Fußbodenheizung) völlig in Ordnung. Etwas ganz Besonderes aber ist die Gotische Suite mit Holzdecke, Riesenbett und Whirlpool.

Kaunas Hotel BUSINESSHOTEL €€
(37-750 850; www.kaunashotel.lt; Laisvės alėja 79; EZ/DZ/Suite ab 43/60/64 €;) Das Hotel stammt von 1892, wurde aber 2014 modernisiert und ist ein professionelles Unternehmen, das sich an Geschäftsleute richtet. Der oberste Stock ist komplett mit Glas verkleidet, wo Zimmer 512 sogar ein gläsernes Bad mit Blick über die Laisvės alėja hat. Es gibt auch zwei Konferenzsäle und einen Fitnessraum (gratis für Gäste der Deluxe-Zimmer, ansonsten kostet die Nutzung 10 € extra).

Daniela HOTEL €€
(37-321 505; www.danielahotel.lt; Mickevičiaus gatvė 28; EZ/DZ/Suite ab 55/65/120 €;) Das elegante Retrohotel des Basketballstars Arvydas Sabonis ist eine coole und freche Bleibe mit weichen, rosa Sesseln, stählernen Zwischenetagen und extrabreiten, weichen Sofas. Die Standardzimmer liegen weit über dem Durchschnitt und das Personal tut alles, um die Gäste zufriedenzustellen. Bei Onlinebuchung gibt's 20 % Preisnachlass.

Kunigaikščių Menė PENSION €€
(37-320 800; M Daukšos gatvė 28; EZ/DZ ab 53/75 €;) Stimmungsvolle, privat geführte Pension mit einer exzellenten Altstadtlage. Einige der kleinen Zimmer haben Parkettböden und im Keller aus dem 16. Jh. gibt es ein recht gutes Restaurant.

Park Inn by Radisson HOTEL €€
(37-306 100; www.parkinn.com/hotel-kaunas; K Donelaičio gatvė 27; EZ/DZ ab 77/92 €;) Das smarte Businesshotel umfasst acht Stockwerke eines renovierten Gebäudes in der Neustadt. Der Service ist professionell und routiniert. Die Zimmer bieten den üblichen Businessclass-Standard mit einigen Extras wie Fußbodenheizung in den Bädern und kostenlosem Tee und Kaffee. Zudem gibt es ein Restaurant, eine Bar und ein großes Konferenzzentrum.

Essen

Es gibt zwar kaum Spitzenrestaurants, aber die Auswahl in Kaunas hat sich in den vergangenen Jahren enorm verbessert.

Raw Inn VEGETARISCH €
(☎8-652 00360; www.rawinn.lt; Vilniaus gatvė 30-1; Hauptgerichte 4–6 €; ⊙Mo–Fr 10–21, Sa ab 11, So 13–20 Uhr; ☑) Das Raw Inn strotzt nur so vor Gesundheit und serviert nur zwei Arten von Essen: roh und vegan. Wer von *cepelinai* genug hat und nicht auf allzu Kompliziertes steht, wird sich über die Salate, Falafel, Suppen und anderen kulinarisch korrekten Köstlichkeiten freuen.

Radharanė VEGETARISCH €
(☎37-362 941; www.radharane.lt; Laisvės alėja 40; Hauptgerichte 4–6 €; ⊙9–21 Uhr) Wer in der Neustadt ist und Appetit auf Fleischloses hat, wird es wohl kaum besser treffen als mit diesem indisch angehauchten, von der Hare Krishna geführten Restaurant. Currys, riesige Samosas, Suppen und Salate: Man kann munter drauflos bestellen, es schmeckt alles.

Žalias Ratas LITAUISCH €
(☎37-200 050; Laisvės alėja 36b; Hauptgerichte 6 €; ⊙11–24 Uhr) Der „Grüne Kreis" hinter der Touristeninformation gehört zu jenen pseudorustikalen Gasthäusern, wo die Bedienung die brutzelnd heißen litauischen Gerichte in traditionellen Trachten serviert. Es ist besser, als es sich anhört, und gerade im Sommer toll, wenn sich draußen auf der Terrasse die Gäste drängen.

Buon Giorno GASTHAUS €
(☎8-620 63777; www.buongiorno.lt; Vilniaus gatvė 34; Hauptgerichte 5–7 €; ⊙9–23 Uhr) Das morgendliche Buon Giorno ist mit hervorragendem Kaffee und Essen ein phantastischer Ort zum Frühstücken. Abends verwandelt es sich in ein lässiges Bistro mit geschmackvoller Musik und gutem italienischen Essen. Alle Pastagerichte sind empfehlenswert, ebenso die Pizza mit Parmaschinken und Rucola. Die Besitzer haben auch eine Trattoria und ein Lebensmittelgeschäft eröffnet (S. 363).

Buon Giorno TRATTORIA €
(☎8-610 63777; www.buongiorno.lt; Daukanto gatvė 14; Hauptgerichte 5–7 €; ⊙9–23 Uhr) Die neuere Filiale des Originals in der Altstadt ist eher ein richtiges Restaurant als das Mutterhaus. Da auch der Lebensmittelladen Buon Giorno dazugehört, kann man sich auf die authentische Herkunft der italienischen Erzeugnisse und die Qualität der Pasta, Salate und Hauptgerichte verlassen.

Motiejaus Kepyklėlė BÄCKEREI €
(☎8-616 15599; Vilniaus gatvė 7; ⊙Mo–Sa 8–22, So 9–18 Uhr) Motiejaus ist vielleicht die beste Bäckerei in Kaunas und hat sich in einem großartigen, neuen Backsteingebäude im Herzen der Vilniaus gatvė niedergelassen. Neben litauischen Keksen und Kuchen gibt es auch exzellente internationale Leckereien wie *canelés*, Cupcakes, Macarons und Croissants – und guten Kaffee.

Rocknrolla AMERIKANISCH €€
(☎8-620 81118; Vasario 16-osios gatvė 1; Hauptgerichte 5–8 €; ⊙So–Do 12–23, Fr & Sa bis 3 Uhr) Unverputzte Ziegelwände, Craft-Bier und amerikanisches Junkfood sind die perfekte Kombination für Hipster, weswegen sich hier auch entsprechend junge und stilvolle Gäste tummeln. Aber das Zeug ist wirklich gut – es gibt kaum bessere Hamburger, Brathühnchen, Nachos oder Rippchen in der Stadt. Die Cocktails sind auch lecker und an manchen Abenden öffnet ein kleines Kino.

Casa della Pasta ITALIENISCH €€
(☎8-606 74114; www.italurestoranas.lt; Muitinės gatvė 1-2; Hauptgerichte 5–9 €; ⊙Mo–Sa 11–23, So 12–22 Uhr) Das kleine, weiß gestrichene Restaurant an einem ruhigen Platz in der Altstadt serviert tolle hausgemachte Pasta. Besonders gut sind die gefüllten Pasta, z. B. Ravioli mit geschmortem Rindfleisch oder *panzerotti* mit Gorgonzola, Ricotta und Nüssen.

Bernelių Užeiga LITAUISCH €€
(☎37-208 802; www.berneliuuzeiga.lt; Donelaičio gatvė 11; Hauptgerichte 5–8 €; ⊙So–Do 11–22, Fr & Sa bis 1 Uhr; ☑) Das Ambiente ist rustikal, abgesehen von den weißen Leinentischdecken, aber das traditionelle litauische Essen ist gut. Die Bedienung hilft geduldig bei der Auswahl aus der langen Speisekarte und zum Schluss ist die doch recht niedrige Rechnung eine angenehme Überraschung.

Capo PIZZA €€
(☎8-693 99932; Palangos gatvė 9; Hauptgerichte 7 €; ⊙Mi–Sa 12–24, So–Di bis 22 Uhr) Das Capo ist um Klassen besser als die meisten anderen *picerijos* in Kaunas. Italienische Köche produzieren gekonnt belegte und per Hand gedehnte Pizzas, zudem Pasta, Salate, Steak und Fisch. Das Lokal selbst ist mit gestapelten Holzscheiten und Kunst an jeder Wand elegant gestaltet und es gibt eine Terrasse zwischen Altstadt-Ziegelmauern.

Senieji Rūsiai EUROPÄISCH €€
(Alte Keller; ☎37-202 806; www.seniejirusiai.lt; Vilniaus gatvė 34; Hauptgerichte 9–15 €; ⊙Mo–Fr 11–24, Sa 12–1, So bis 23 Uhr; ☎) Die „alten Keller"

verdanken ihren Namen den unterirdischen Gewölben aus dem 17. Jh., die mit Fresken geschmückt und von Kerzen beleuchtet sind. Sie bilden eines der stimmungsvollsten Restaurants in Kaunas, das Gerichte aus ganz Europa serviert. Neben Froschschenkeln, Forellen und anderen einheimischen Spezialitäten gibt es auch teurere Speisen wie Filet mit Foie gras oder am Tisch auf offener Flamme gegrilltes Steak.

Real Texas Grill GRILL €€
(☎8-696 00030; www.realtexasgrill.lt; Vilniaus gatvė 48; Hauptgerichte 7 €; ⏲So–Mi 12–24, Do–Sa bis 6 Uhr) Hamburger, *pulled pork*, Rinderbrust, Hähnchenflügel – alles gewürzte, geräucherte Fleisch, das man verputzen kann, gibt es in diesem angesagten neuen Lokal in der Altstadt. Ein riesiger, flammender Grill, Schädel von Langhornrindern und Silhouetten von Revolverhelden in den Fenstern ergänzen die Mischung aus Western und Ostblock.

Pilies Sodas GRILL €€
(☎8-655 55162; www.piliessodas.lt; Pilies gatvė 12; Hauptgerichte 8–10 €; ⏲So–Do 11–1, Fr & Sa bis 3 Uhr) Der „Burggarten" in bester Lage verbindet eine fröhliche Stimmung mit Craft-Bier und Grillgerichten: Hamburger, Fisch, Schweinekoteletts und dergleichen. Gelegentlich gibt's auch Livemusik.

Avilys LITAUISCH €€
(☎8-655 02626; www.avilys.lt; Vilniaus gatvė 34; Hauptgerichte 8–11 €; ⏲So–Do 12–24, Fr & Sa bis 2 Uhr) Der Ableger der preisgekrönten Brauerei in Vilnius serviert begeisterten Gästen ungewöhnliche Biere, litauische Traditions- und internationale Gerichte, sowohl draußen als auch im Backsteinkeller.

Selbstversorger

Maxima SUPERMARKT
(Kęstučio gatvė 55; ⏲Mo–Fr 8–22, Sa & So ab 9 Uhr) Ein großer Supermarkt zwischen Alt- und Neustadt.

Iki SUPERMARKT €
(Jonavos gatvė 3; ⏲8–22 Uhr) Der kleine Supermarkt liegt günstig für Selbstversorger in der Altstadt.

Ausgehen & Nachtleben

W1640 BAR
(☎37-203 984; www.viskiobaras.lt; Kurpių gatvė 29; ⏲Di–Do 17–1, Fr & Sa bis 5 Uhr; 📶) Die Bar in einer schäbigen Nebenstraße ist eine echte Entdeckung. Sie hat nicht nur umwerfend viele Whisk(e)ys (150 Arten, genau gesagt) – meist Scotch, aber auch seltene japanische Marken –, sondern das Personal ist auch das freundlichste in der Stadt. Wer nicht auf Whisky steht, kann sich auch ans Bier halten.

Skliautas BAR
(☎37-206 843; www.skliautas.com; Rotušės aikštė 26; ⏲Mo–Do 11–24, Fr & Sa bis 2, So bis 23 Uhr) Das Skliautas bietet billiges litauisches Essen und eine ausgelassene Atmosphäre. Hier geht es zu fast jeder Tages- und Nachtzeit hoch her und im Sommer tummeln sich die Gäste bis in die benachbarte Gasse. Auch für Kaffee und Kuchen zu empfehlen.

Shamrock IRISCHES PUB
(☎8-641 54100; Vilniaus gatvė 13; ⏲10–24 Uhr) Der Name mag zwar das Irischste an dem Pub sein, aber das Shamrock ist eine anständige und aufrichtig gastliche Kneipe. Verkauft werden irische und britische Biere (Guinness, Murphy's, Newcastle Brown) und die Straßentische sind prima, um die Passanten auf der Vilniaus gatvė zu beobachten. Preisgünstige Pizzas sind ein weiterer Pluspunkt.

Alaus Sapnas KNEIPE
(☎8-698 36724; Gedimino gatvė 30; ⏲So–Mi 12–22, Do–Sa bis 24 Uhr) Wer hätte gedacht, dass „Biertraum" eine Kneipe mit viel abgerocktem Charme ist? Es gibt reichlich Biere vom Fass zur Auswahl, was die freundliche Stimmung nur hebt.

BO BAR
(☎37 206 542; www.blueorange.lt; Muitinės gatvė 9; ⏲So–Fr 18–2, Sa bis 3 Uhr) Die relaxte Bar zieht ein studentisch-alternatives Publikum an, ist an Wochenenden proppenvoll und hat mehr als 20 Biersorten vom Fass. Der Name ist ein Akronym für „Blaue Orange", falls sich jemand wundert ...

Džem Pub BAR
(☎8-657 45003; www.dzempub.lt; Laisvės alėja 59, 5. Stock; Eintritt 5 €; ⏲Di–Do 17–3, Fr & Sa bis 4 Uhr) Das Džem ist mit seinem großartigen Blick vom Balkon im 5. Stock, einer breiten Bierauswahl und dem stets wechselnden Programm von Livebands und DJs ein Paradies für Musikfreunde.

Unterhaltung

In der Tageszeitung *Kauno diena* (www.kaunodiena.lt, auf Litauisch) stehen aktuelle Veranstaltungshinweise.

Kinos

Forum Cinemas KINO
(☎1567; www.forumcinemas.lt; Karaliaus Mindaugo prospektas 49; ⏰Kartenverkauf 10–22 Uhr) Das Forum im 3. Stock des Einkaufszentrums Akropolis zeigt Filme in Originalsprache mit litauischen Untertiteln.

Theater & klassische Musik

In Kaunas gibt es eine Überfülle an Bühnen und Ensembles.

Staatstheater Kaunas THEATER
(Nacionalinis Kauno Dramos Teatras; ☎37-224 064; www.dramosteatras.lt; Laisvės alėja 71; ⏰Theaterkasse 10.30–19 Uhr) Das Staatstheater ist das führende Theaterhaus in Kaunas und eines der ältesten in ganz Litauen. Vom 15. Juni bis 15. August ist es geschlossen.

Kammertheater Kaunas THEATER
(Jaunimo kamerinis teatras; ☎37-228 226; www.kamerinisteatras.lt; Kęstučio gatvė 74a; ⏰Di–Fr 14–18, Sa 11–17 Uhr) Das frühere Jugendmusikstudio ist heute als Kammertheater ein etablierter Teil der Theaterlandschaft der Stadt. Es führt immer noch (auf Litauisch) einige Stücke für Kinder auf.

Staatliches Marionettentheater Kaunas THEATER
(Kauno valstybinis lėlių teatras; ☎37-221 691; www.kaunoleles.lt; Laisvės alėja 87a; ⏰Theaterkasse Do & Fr 11–17, Sa & So 10–14 Uhr; 👪) Diese Institution aus Vilnius entzückt seit 1958 Jung und Alt und tourt mit ihren Stücken durch ganz Europa und sogar durch Südamerika. Die neue Saison wird Ende August mit einem Fest eingeläutet, dass das Theater und das Umfeld in ein wunderbares Märchenland verwandelt. Kinder können im hauseigenen Museum auch lernen, ihr eigenes Marionettenstück aufzuführen.

Staatliches Musiktheater Kaunas THEATER
(Muzikinis teatras; ☎37-200 933; www.muzikinisteatras.lt; Laisvės alėja 91; ⏰Theaterkasse Di–Sa 11–14 & 15–18 Uhr) Von September bis Juni werden in dem schönen Gebäude aus dem späten 19. Jh. Opern, Operetten und anderes Musiktheater aufgeführt.

Philharmonie Kaunas KONZERTHAUS
(Kauno filharmonija; ☎37-222 558; www.kaunofilharmonija.lt; L Sapiegos gatvė 5; ⏰Kartenverkauf Di–So 14–18 Uhr) Die Philharmonie, die sich im ehemaligen Justizpalast befindet, ist die bedeutendste Konzerthalle für klassische Musik in Kaunas.

Shoppen

Akropolis EINKAUFSZENTRUM
(☎8-659 38287; www.akropolis.lt; Karaliaus Mindaugo prospektas 49; ⏰8–21 Uhr) In dem modernen Einkaufszentrum in günstiger Lage zum Bahnhof, Busbahnhof und zur Neustadt befinden sich zahlreiche Bekleidungsgeschäfte, ein Supermarkt, eine Food-Hall, eine Bowlingbahn und ein Kino.

Centrinis Knygynas BÜCHER
(☎37-229 572; www.knygynai.lt/knygynai/Centrinis-knygynas; Laisvės alėja 81; ⏰Mo–Fr 10–18, Sa bis 17 Uhr) Karten, internationale Zeitungen und Zeitschriften.

Egidijaus Rudinsko Grafikos Galerija KUNST
(☎8-688 24486; L Zamenhofo gatvė 13-2; ⏰Mo–Fr 12–18, Sa bis 16 Uhr) Eine Galerie, in der die wunderschönen Lithografien und Drucke des namensgebenden Egidijaus verkauft werden.

Humanitas BÜCHER
(☎37-221 530; www.humanitas.lt; Vilniaus gatvė 11; ⏰Mo–Fr 9–18, Sa 11–16 Uhr) Englischsprachige Bücher.

Brome WEIN
(☎8-615 35162; www.brome.lt; A Mickevičiaus gatvė 23; ⏰Mo–Fr 10–20, Sa bis 16 Uhr) Ein stilvoller, kleiner Weinladen mit einer tollen Auswahl europäischer und überseeischer Weine. Geboten werden auch Weinproben und -seminare (10 €).

Buon Giorno LEBENSMITTEL
(☎8-616 59005; www.buongiorno.lt; V Putvinskio gatvė 72; ⏰10–22 Uhr) Der winzige Lebensmittelladen führt die besten italienischen Produkte der Stadt, z. B. Käse, Hartweizennudeln, Konserven, Wurst und Schinken.

Praktische Informationen

DNB Nord (Laisvės alėja 86; ⏰Mo–Do 8–17.30, Fr bis 17 Uhr) Geldwechsel und Geldautomat.

Kaunas (www.kaunas.lt) Offizielle Website der Stadt.

Kaunas in Your Pocket (www.inyourpocket.com) Jährlicher Stadtführer, der in Hotels, Kunstgalerien und Zeitungskiosken für 1 € verkauft wird. Auf der Website gibt es ihn als PDF-Datei.

Kauno Medicinos Universiteto Klinikos (☎Notruf 37-326 089; www.kaunoklinikos.lt; Eivenių gatvė 2; ⏰24 Std.) Notfallklinik der Universität ungefähr 2,5 km nördlich der Neustadt. Zu erreichen mit der O-Buslinie 1 ab der Neu- oder der Altstadt.

Hauptpostamt (☎8-700 55400; www.post.lt; Laisvės alėja 102; ⊙Mo–Fr 8–19, Sa 9–15 Uhr) Hauptpostamt von Kaunas.

SEB Bankas (www.seb.lt; Laisvės alėja 82; ⊙Mo–Fr 8.30–17 Uhr) Bank und Geldautomat.

Touristeninformation (☎37-323 436; www.visit.kaunas.lt; Laisvės alėja 36; ⊙Mo–Fr 9–19, Sa & So 10–15 Uhr) Die Information bucht Unterkünfte, verkauft Karten und Reiseführer, verleiht Fahrräder und bietet Führungen durch die Altstadt.

An- & Weiterreise

AUTO

Autobanga (☎5-212 7777; www.autobanga.lt; Oro uosto gatvė 4) vermietet Autos am Flughafen.

BUS

Vom **Fernbusbahnhof** (Autobusų Stotis; ☎37-409 060; www.autobusubilietai.lt; Vytauto prospektas 24; ⊙Fahrkartenverkauf 5.45–21.30 Uhr) fahren die Intercitybusse zu litauischen Zielen und ins Ausland ab. An der Wand hängen die Fahrpläne, ansonsten hilft der Informationsschalter (7–20 Uhr).

Für Inlandsfahrten ist die Eurolines-Tochter **Kautra** (☎37-342 440; www.kautra.lt) zuständig. Fahrkarten gibt es in der Haupthalle oder über die Website der Busgesellschaft.

Mehrere Busgesellschaften bieten internationale Verbindungen an, darunter **Eurolines** (www.eurolines.lt) und das Tochterunternehmen **Lux Express** (www.luxexpress.lt). Fahrkarten gibt es in der Haupthalle. **Ecolines** (☎37-202 022; www.ecolines.net; Vytauto prospektas 27; ⊙Mo–Fr 9–18, Sa bis 15 Uhr) gegenüber verkauft ebenfalls Fahrkarten zu internationalen Zielen. **Simple Express** (☎5-233 6666; www.simpleexpress.eu) bietet Budgetreisen innerhalb des Baltikums, hat aber kein Büro in Kaunas, Fahrkarten müssen also online gekauft werden.

Tägliche Busverbindungen innerhalb Litauens und im Baltikum:

Birštonas (3 €, 50 Min., stündl.)
Druskininkai (8 €, 2–3 Std., stündl.)
Klaipėda (14 €, 2¾–4 Std., 20-mal tgl.)
Palanga (17 €, 3½ Std., 9-mal tgl.)
Panevėžys (8 €, 2¼ Std., 30-mal tgl.)
Riga (19 €, 4½ Std., 3-mal tgl.)
Šiauliai (10 €, 2¾ Std., 20-mal tgl.)
Tallinn (38 €, 10 Std., 3-mal tgl.)
Vilnius (6 €, 1¾ Std., mindestens alle 30 Min.)

FLUGZEUG

Der **Kaunas International Airport** (☎8-612 44442; www.kaunas-airport.lt; Vilniaus gatvė, Karmėlava; ⊙9–24 Uhr; 🚌29, 29E) liegt 10 km nördlich der Stadt. **Ryanair** (☎37-750 195; www.ryanair.com) bietet die meisten Flugverbindungen an, u. a. von/nach Birmingham, Brüssel, Dublin, Frankfurt, Liverpool, London, Paris und Stockholm. Die Buslinie 29 und die Minibuslinie 120 fahren ins Stadtzentrum; ein Taxi kostet rund 18 €.

ZUG

Vom **Bahnhof** (Geležinkelio Stotis; ☎7005 5111; www.litrail.lt; MK Čiurlionio gatvė 16; ⊙Fahrkartenverkauf 4.10–21.20 Uhr) fahren Züge 14-mal täglich von/nach Vilnius.

Unterwegs vor Ort

Busse und O-Busse fahren von 5 bis 23 Uhr, Fahrkarten kosten 0,70 € beim Fahrer. Eine andere Möglichkeit ist die Kauno Miesto Kortelė (Kaunas City Card), die in Kiosken von Kauno Spauda oder Naversen für 1,74 € erhältlich ist, aufgeladen wird und dann auf den Kartenleser im Bus gedrückt wird. Mit ihr kostet eine Fahrt nur 0,58 €. Mit der City Card wird es zwar billiger, aber sie lohnt sich nur für einen längeren Aufenthalt in Kaunas.

Minibusse decken dieselben Strecken ab und fahren später als die regulären Busse; Fahrkarten gibt es für 0,87 € beim Fahrer, der zudem überall auf Wunsch hält. Informationen zum öffentlichen Nahverkehr mit Strecken und Fahrplänen stehen auf der Website der **Verkehrsgesellschaft Kaunas** (www.kvt.lt).

Vom/zum Flughafen fährt der Minibus 120, der vom Stadtbusbahnhof an der Šv. Gertrūdos gatvė abfährt, oder die Buslinie 29 von der Haltestelle am Vytauto prospektas. Zwischen 7 und 21.30 Uhr verkehren die Busse mindestens stündlich.

Die O-Buslinien 1, 5 und 7 fahren vom Bahnhof Richtung Norden auf dem Vytauto prospektas, nach Westen auf Kęstučio gatvė und Nemuno gatvė und dann auf der Birštono gatvė nach Norden. Auf dem Rückweg fahren sie nach Osten auf der Šv. Gertrūdos gatvė, Ožeškienės gatvė und Donelaičio gatvė, dann den Vytauto prospektas hinunter bis zum Busbahnhof und Bahnhof.

Von Donnerstag bis Samstag verkehren auch einige Nachtbusse, die Linien 13N, 14N und 37N.

In Kaunas gibt es mehrere Taxigesellschaften. Es ist immer ratsam, eines telefonisch vorzubestellen, z. B. bei **Einesa** (☎37-331 533; www.eines.lt) oder **Žaibiškas** (☎37-333 111; www.zaibiskasgreitis.lt).

Außerhalb der Altstadt ist das Autofahren in Kaunas kein Problem. Parkplätze gibt es genügend und Einbahnstraßen sind selten. Die Altstadt hingegen ist ein Gewirr von Pflasterstraßchen und Parkplätze sind rar.

Birštonas

319 / 3100 EW.

Birštonas (bir-schto-nas) liegt 40 km südlich von Kaunas an einer malerischen Schleife des Nemunas. Es ist bekannt als Kurort und als Austragungsort des Festivals **Birštonas Jazz**, ohne Frage Litauens Top-Jazzfestival, das in jedem geradzahligen Jahr im März stattfindet.

Sehenswertes & Aktivitäten

Birštonas ist für Litauer gleichbedeutend mit den Kurbehandlungen aus den Mineralquellen und mit dem Schlamm der Region. Sie gelten als seriöse medizinische Behandlungen und werden für Kreislauf-, Herz-, Magen- und Lungenbeschwerden genutzt. Für Aktivurlauber sind Kanutouren, Radfahren und Wandern im Regionalpark Nemuna-Schleifen, der fast das ganze Umland umfasst, wunderbare Beschäftigungen.

Die Touristeninformation ist für alle Sehenswürdigkeiten und Aktivitäten die beste Informationsquelle.

Eglė Sanitorija WELLNESS
(319-42 142; www.birstonas.sanatorija.lt; Algirdo gatvė 14; Mo–Fr 8–17 Uhr) Das Eglė, ein etabliertes Kurhaus im Zentrum Birštonas nicht weit vom breiten Nemunas, bietet Wellness, Schlammbäder, einwöchige Behandlungen und Zimmer mit Frühstück ab 48 € pro Nacht. Die Preise sind wirklich super: Eine 60-minütige Massage gibt es schon für 29 €, ein Mineralbad für 7 €.

Bicycles Birštonas FAHRRADVERLEIH
(Dviračiai Birštone; 8-677 77472; Pušyno St 75; 9–22 Uhr) Verleiht von Mai bis September Fahrräder für 2 € pro Stunde und für 10 € pro Tag.

Kanufahren KANUFAHRTEN
Der schnell strömende Fluss Verknė bietet hervorragende Möglichkeiten für Kanufahrten, besonders im Frühjahr bei Hochwasser. Die Touristeninformation organisiert halb-, ganz- und zweitägige Exkursionen. Kanus (4/15 € pro Std./Tag) werden vom **Sportzentrum Birštonas** verliehen (319-65 640; www.birstonosportas.lt; B Sruogos gatvė 18; 9–18 Uhr).

Bootsverleih BOOTSFAHRTEN
(8-640 26638; Birutės gatvė 17; Ruderboote pro Std. 6 €) Tret- und Motorboote werden ebenfalls am Anleger nahe der Birutės gatvė verliehen.

Birštono Nemunas BOOTSTOUREN
(319-56 360; www.birstononemunas.lt; Prienų gatvė 21; nach Vereinbarung) Der Bootsverein unternimmt Rundfahrten auf dem Nemunas auf drei Wikingerbooten: dem neunsitzigen Königsboot, dem 15-sitzigen finnischen Wikingerboot und dem 20-sitzigen Drachenboot. Die Preise hängen vom jeweiligen Boot, der Anzahl und dem Alter der Passagiere ab.

Vytenis BOOTSTOUREN
(Pušyno gatvė; Erw./Kind 10/5 €; So 15 Uhr) Das Ausflugsboot mit zwei Decks und Platz für bis zu 50 Passagieren unternimmt einstündige Flussfahrten auf dem Verknė. Ableger ist am Pier in der Pušyno gatvė.

Schlafen

Audenis PENSION €
(319-61300; www.audenis.lt; Lelijų gatvė 3; EZ/DZ 35/47 €; P @) Die sehr angenehme Pension vermietet einfache Zimmer in verschiedenen Pastellfarben und hat freundliche Angestellte. Sie vermitteln Kajaktouren, Fahrräder, Heißluftballonfahrten und andere Freizeitbeschäftigungen. Das Terrassencafé ist prima für eine leichte Mahlzeit.

Sofijos Rezidencija HOTEL €€
(319-45 200; www.sofijosrezidencija.lt; Jaunimo gatvė 6; DZ/Suite 75/105 €; P @) Die Zimmer mögen zwar an Kitsch grenzen (alle nach berühmten Gestalten der litauischen Geschichte eingerichtet), aber die Pracht der Pseudo-Renaissance, die Himmelbetten, bequemen Sofas und viel moderner Komfort nehmen jeden für sich ein. Im Haus gibt es auch ein kleines Wellness-Center.

Nemuno Slėnis HOTEL €€€
(8-699 64028; www.nemunoslenis.lt; Kampiškių gatvė 8; Zi. 58–144 €; P @) Das Hotel am Ufer des Nemunas liegt abseits des Ortszentrums inmitten von Wald und bietet Abgeschiedenheit und Komfort. Die Inneneinrichtung ist luxuriös: Die Zimmer sind mit edlen, antiken Möbeln eingerichtet und in kräftigen, warmen Farben gehalten. Zur Anlage gehören ein Wellnessbereich, ein Restaurant und ein Fitnesszentrum. Donnerstags bis sonntags schießen die Preise in die Höhe.

Praktische Informationen

Touristeninformation (319-65 740; www.visitbirstonas.lt; B Sruogos St 4; Mo–Fr 9–18, Sa 10–18, So bis 16 Uhr) Die meisten Informationsblätter sind zwar auf Litauisch, aber die hilfsbereiten Mitarbeiter geben Tipps zu Wellness, Aktivitäten auf dem Fluss, Wandern und Unterkunft.

Besucherbüro des Regionalparks Nemunas-Schleifen (Nemuno kilpū regioninio parko; ☎319-65 610; www.nemuno kilpos.lt; Tylioji gatvė 1; ⏲Mai–Okt. Mo–Do 8–17, Fr bis 15.45, Sa 10–16 Uhr) Hat alle notwendigen Informationen zum Wandern, Campen, Radfahren und zur Naturbeobachtung im hinreißenden Regionalpark Nemunas-Schleifen, einem 250 km² großen Gebiet aus mäandernden Flüssen, Wäldern und sanften Hügeln. Führer werden ebenfalls gestellt (22 € pro Std.).

An- & Weiterreise

Vom Busbahnhof in Kaunas gibt's ca. jede Stunde einen Bus von/nach Birštonas (3 €, 50 Min.).

Šiauliai

☎41 / 128 400 EW.

Šiauliai ist Litauens viertgrößte Stadt, ziemlich alltäglich und lohnt eigentlich keinen Abstecher. Dennoch macht sie ihre zentrale Lage zu einem praktischen Zwischenstopp auf dem Weg von Norden nach Süden oder von Osten nach Westen. Bekannt war die Stadt, während der Sowjetära, hauptsächlich für den riesigen Militärflughafen am Stadtrand. Bis heute verströmt Šiauliai noch einen letzten Hauch von Kommunismus.

Das heißt aber nicht, dass die Stadt hässlich ist. Die Hauptstraße, die Vilniaus gatvė, ist eine erstklassige Bummelmeile mit der üblichen Mischung aus Cafés und Kneipen. Die größte Attraktion der Stadt ist der unglaubliche Berg der Kreuze 10 km weiter nördlich. Ansonsten gibt es noch mehrere unkonventionelle Museen, die durchaus ein paar Stunden Aufenthalt rechtfertigen.

Sehenswertes

Šiauliai besitzt einige der ungewöhnlichsten Museen Litauens, die alle entweder an der Hauptstraße Vilniaus gatvė oder in ihrer Nähe liegen.

Berg der Kreuze

Der ebenso eigenartige wie bewegende Ort liegt auf einem kleinen Hügel etwa 10 km nördlich von Šiauliai. Hier ragen Tausende und Abertausende von Kreuzen empor, die

DIE MAGIE DER KREUZE

Kreuze galten früher Heiden wie Christen als Symbole für Religiosität und nationale Identität. Die Herstellung von Kreuzen verkörpert die Gegensätze Litauens mehr als alles andere.

Sie wurden aus Eichen, dem heiligen Baum der Heiden, geschnitzt, ein Handwerk, das vom Meister an den Gesellen weitergegeben wurde. Sie dienten als Gabe an die Götter und wurden mit Lebensmitteln, bunten Tüchern (bei Hochzeiten) oder Schürzen (für Fruchtbarkeit) behängt. Nach der Weihung durch Priester wurden sie auch in christliche Zeremonien eingebunden und erhielten eine eindeutig sakrale Bedeutung. Schließlich wurden die bis zu 5 m hohen Kreuze zu Symbolen des Widerstands gegen die Fremdherrschaft.

Um den berühmten Berg der Kreuze und seine Ursprünge ranken sich viele Legenden. Es wird behauptet, der Hügel sei in drei Tagen und Nächten von trauernden Familien von Kriegern errichtet worden, die in einer großen Schlacht getötet wurden. Andere sagen, ein Vater, der seine todkranke Tochter habe retten wollen, habe das erste Kreuz aufgestellt. Heidnischen Traditionen zufolge wurden hier heilige Feuer entzündet und von himmlischen Jungfrauen bewacht.

Die ersten Kreuze tauchten hier im 14. Jh. auf. Nach blutigen antizaristischen Aufständen kamen immer mehr hinzu und wurden zu Symbolen für Leiden und Hoffnung.

In der Sowjetära stand das Aufstellen eines Kreuzes unter Gefängnisstrafe, doch immer wieder zogen Pilger zu dem Berg, um der Menschen zu gedenken, die getötet oder deportiert worden waren. Mindestens dreimal wurde der Hügel dem Erdboden gleichgemacht. 1961 zerstörte die Rote Armee rund 2000 Kreuze, sperrte alle Zufahrtswege und legte Gräben an – doch über Nacht entstanden neue Kreuze. 1972 wurden sie erneut zerstört, nachdem ein Student aus Kaunas sich aus Protest gegen die Sowjetherrschaft selbst verbrannt hatte. 1990 standen jedoch 40 000 Kreuze über 4600 m² auf dem Hügel. Seit der Unabhängigkeit hat sich ihre Zahl mindestens verzehnfacht und wächst immer weiter. 1993 feierte Papst Johannes Paul II. hier eine Messe (die Kanzel steht heute noch), ein Jahr später sandte er selbst ein päpstliches Kreuz und fügte seine eigene Botschaft hinzu: „Litauer, danke für den Berg der Kreuze, der den Staaten Europas und der ganzen Welt zeigt, wie tief euer Glaube ist."

zahllose Pilger zurückgelassen haben. Und samstags stehen die frisch vermählten Hochzeitspaare davor Schlange.

Die Kreuze – groß oder winzig, teuer oder billig, aus Holz oder Metall – sind fromme Beigaben zu Gebeten oder schön geschnitzte Meisterwerke der Volkskunst. Andere sind Denkmäler mit Blumen, einem Foto oder anderen Erinnerungsstücken an Verstorbene und mit einer lieben oder frommen Botschaft versehen. Traditionelle litauische *koplytstulpis* (Holzfiguren mit einem kleinen Dach darüber) stehen zwischen den Kreuzen, aber auch großartige Skulpturen des Schmerzensmannes (Rūpintojėlis). Wer selbst eines aufstellen will: Souvenirhändler am Parkplatz verkaufen Kreuze in jeder Größe.

Einen anderen Blick auf den mit Kreuzen übersäten Hügel bietet die Kapelle des modernen **Klosters**, in dem heute etwa ein Dutzend Franziskanermönche leben. Es wurde von 1997 bis 2000 hinter dem Hügel errichtet – angeblich auf Wunsch von Johannes Paul II., der nach seinem Besuch 1993 eine Gebetsstätte angeregt haben soll. Der Blick durch die Fensterwand hinter dem Altar der Backsteinkirche auf den Berg der Kreuze ist zutiefst bewegend. Der italienische Architekt Angelo Polesello hatte sie entworfen.

Der Berg der Kreuze (Kryžių kalnas) liegt 10 km nördlich von Šiauliai im Dorf Jurgaičiai, 2 km östlich der Abzweigung von der Straße nach Joniškis und Riga. Täglich fahren bis zu acht Busse vom Busbahnhof Šiauliai nach Joniškis. Von der Haltestelle Domantai sind es noch 2 km zu Fuß bis zum Hügel, der als „Kryžių kalnas 2" ausgeschildert ist. Mit dem Taxi kostet die Fahrt hin und zurück rund 18 € mit halbstündigem Aufenthalt am Berg (22 € mit einstündigem Aufenthalt). Am besten bittet man die Touristeninformation in Šiauliai oder das Hotel, ein Taxi zu bestellen, um nicht abgezockt zu werden.

Mit dem Fahrrad sind es bis zum Berg der Kreuze gemächliche drei Stunden hin und zurück, überwiegend auf befestigten Fahrradwegen neben der Hauptstraße. Die Touristeninformation verleiht Fahrräder (1,50 € pro Std.) und erklärt die Strecke, die meist geradeaus an der Hauptstraße entlang in Richtung Riga führt, dann die letzten 2 km nach rechts.

Stadtzentrum

Fahrradmuseum MUSEUM

(Dviračių muziejus; ☎41-524 395; www.ausrosmuziejus.lt; Vilniaus gatvė 139; Erw./Kind 2/1 €; ⊙Di, Do & Fr 10–18, Mi bis 19, Sa 11–17 Uhr) Das vergnügliche Museum zeigt in mehreren Räumen herrliche Drahtesel und knochenschüttelnde Fahrräder mit Holzreifen. Hinzu kommen Exponate zu bedeutenden litauischen Radfahrern und ihren unglaublichen Hochleistungen, wie eine Tour von Litauen nach Wladiwostok (sie schafften es in sechs Monaten, die Tour kostete aber einen Radfahrer das Leben).

Fotografiemuseum MUSEUM

(☎41-524 396; www.ausrosmuziejus.lt; Vilniaus gatvė 140; Erw./Kind 2/1 €; ⊙Di, Do & Fr 10–18, Mi bis 19, Sa & So 11–17 Uhr) Die ständige Ausstellung zeigt litauische Fotos ab der Mitte des 20. Jhs. Zudem gibt es interessante Sonderausstellungen.

Katzenmuseum MUSEUM

(Katinų muziejus; ☎8-683 69844; Žuvininkų gatvė 18, Jaunųjų gamtininkų centras; Erw./Kind 1,16/0,58 €; ⊙Di–Fr 10–17, Sa 9–16 Uhr) Katzenfreunde müssen sich unbedingt in dieses Museum südöstlich des Zentrums begeben. Es zeigt nämlich eine ungewöhnliche Sammlung von Katzenkinkerlitzchen, einschließlich unzähligen Stubentigern in Porzellan und auf Fotos. Es gibt sogar ein paar lebende Katzen im Gebäude, die den Besuchern bei der Besichtigung nachschleichen. Im Hinterzimmer befindet sich ein kleiner Zoo, der wohl Kindern gefallen mag, Tierschützern hingegen weniger.

Radio- & Fernsehmuseum MUSEUM

(Radijo ir televizijos muziejus; ☎41-524 399; www.ausrosmuziejus.lt; Vilniaus gatvė 174; Erw./Kind 0,50/0,25 €; ⊙Mi–Fr 10–17, Sa ab 11 Uhr) In den 1920er-Jahren gab es in Šiauliai einige der ersten Amateurfunker Litauens. Die Stadt ist also ein passender Ort für diese eklektische Sammlung von Radios, Fernsehern und Grammofonen. Besonders amüsant anzusehen sind die großen alten Rundfunkgeräte und einige Fernseher aus der Sowjetzeit, die in den Fabriken in der Umgebung hergestellt wurden.

Villa Frenkelis MUSEUM

(Ch Frenkelio vila; ☎41-524 389; www.ausrosmuziejus.lt; Vilniaus gatvė 74; Erw./Kind 3/1,50 €; ⊙Di, Do & Fr 10–18, Mi bis 19, Sa & So 11–17 Uhr) Die Villa Frenkelis östlich des Stadtzentrums wurde 1908 im Jugendstil für den damaligen Lederbaron von Šiauliai gebaut. Sie überstand den Zweiten Weltkrieg unbeschadet und wurde von den Sowjets ab 1944 als Militärkrankenhaus genutzt, bis sie 1993

Šiauliai

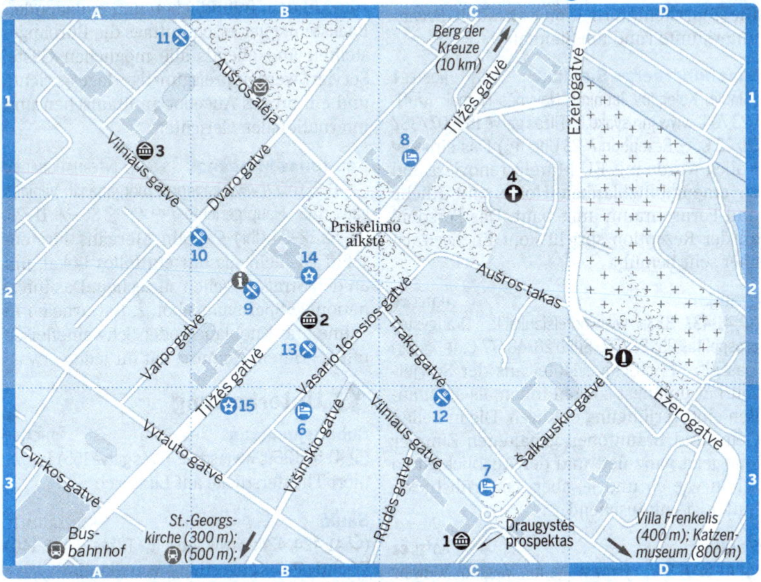

der Stadt übergeben wurde. Die Fassade ist nun wieder aufgemöbelt und die Räume sind mit dunkler Holztäfelung und reichlich historischen Möbeln liebevoll in alter Pracht restauriert.

Peter- & Paul-Kathedrale KIRCHE

(Šv Petro ir Povilo bažnyčia; ☎41-528 077; www.siauliukatedra.lt; Aušros takas 3) Der 75 m hohe Turm der Peter-und-Paul-Kathedrale, der zweithöchste Litauens, ragt am Priskėlimo aikštė empor. Die Kirche wurde zwischen 1595 und 1625 gebaut. Das Geld dazu stammte aus den Erlösen des Verkaufs vierjähriger Bullen, die Bauern gespendet hatten. Der kleine Hügel, auf dem die Kirche steht, soll so entstanden sein: Ein Ochse zog in Šiauliai ein, legte sich hin und starb. Über ihm sammelten sich Staub und Sand, sodass sich ein Hügelchen bildete.

Sonnenuhr BAUDENKMAL

(☎41-528 077; Ecke Salkauskjo gatvė & Ežero gatvė) Die gigantische Sonnenuhr mit einem Bogenschützen in glänzender Bronze obenauf ist ein charakteristisches Wahrzeichen der Stadt. Sie wurde 1986 als Erinnerung an den 750. Jahrestag der Schlacht von Saulė (1236) auf dem heutigen Sonnenuhrplatz aufgestellt, jener Schlacht, in der die Nieder-

Šiauliai

Sehenswertes
1 Fahrradmuseum C3
2 Fotografiemuseum B2
3 Radio- & Fernsehmuseum A1
4 Peter- & Paul-Kathedrale C1
5 Sonnenrad D2

Schlafen
6 Šaulys B3
7 Šiauliai C3
8 Jugendherberge Šiauliai C1

Essen
9 Arkos B2
10 Cask 215 .... B2
11 ČinČin A1
12 Ikiukas C3
13 Kapitonas Morganas B2

Unterhaltung
14 Schauspielhaus B2
15 Saulė B3

litauer die Schwertordensritter besiegten und die Stadt gründeten.

St.-Georgs-Kirche KIRCHE

(Šv Jurgio bažnyčia; Kražių gatvė 17) Die hübsche katholische Kirche hat einen ungewöhnlichen Zwiebelturm, der an ihren russischen Ursprung erinnert.

Schlafen

Die Touristeninformation vermittelt Privatunterkünfte rund um Šiauliai.

Jugendherberge Šiauliai HOSTEL €
(Šiaulių Kolegijos Jaunimo Navynės Namai; ☎41-523 764; www.jnn.svako.lt; Tilžės gatvė 159; DZ/3BZ 18/22 €; ⊙Rezeption 7–23 Uhr; P) Das einstige Kolleg wurde mit EU-Mitteln renoviert und zu einem blitzblanken Hostel mit Küche und Fernsehraum umgebaut. Das Personal an der Rezeption spricht kein Englisch, ist aber sehr bemüht.

Šiauliai HOTEL €€
(☎41-437 333; www.hotelsiauliai.lt; Draugystės prospektas 25; EZ/DZ/Suite 28/48/77 €; P@) Das alte, 14-stöckige Hotel aus der Sowjetzeit hat unlängst sowohl innen als auch außen eine Verjüngung erfahren. Die in hellen Gelb- und Brauntönen gehaltenen Zimmer sind jetzt ganz nett und der Ausblick ist so schön wie eh und je, aber das Frühstücksbuffet ist enttäuschend.

Šaulys HOTEL €€
(☎41-520 812; www.saulys.lt; Vasario 16-osios gatvė 40; EZ/DZ/3BZ 60/80/110 €; P@) Das 4-Sterne-Hotel ist das nobelste der Stadt. Hinter der dunkelroten Fassade verbergen sich luxuriöse Zimmer – und das Personal kann Fallschirmsprünge sowie Flüge per Gleitschirm und Doppeldecker organisieren.

Essen

Die meisten Restaurants liegen in der zentralen Vilniaus gatvė.

ČinČin CAFÉ €
(☎8-640 27701; Aušros alėja 25; Hauptgerichte 4–6 €; ⊙Mo–Fr 11–22, Sa 12–24 Uhr) Das attraktive kleine Lokal ist Café, Lebensmittelgeschäft und Delikatessenladen zugleich. Es gibt hier guten Kaffee, Bier, einfache Speisen und Kissen, um sich niederzulassen.

Cask 215 KNEIPENESSEN €
(☎8-686 67006; Vilniaus gatvė 215; Hauptgerichte 5–7 €; ⊙11–23 Uhr) Das Cask 215 ist ein seltenes Exemplar moderner Esskultur in Šiauliai, eine Kneipe, die hauptsächlich amerikanisches Fast Food serviert: Hamburger, Rippchen, *pulled pork* und dergleichen.

Ikiukas SUPERMARKT €
(Trakų gatvė 43; ⊙7.30–23 Uhr) Ein kleiner Supermarkt im Zentrum von Šiauliai.

Arkos LITAUISCH €€
(☎41-520 205; www.arkos.lt; Vilniaus gatvė 213; Hauptgerichte 6–8 €; ⊙10–24 Uhr) Das Arkos ist das beste Restaurant in der Fußgängerzone. In dem freundlichen und einladenden Backsteinkeller essen mittags die Büroangestellten und abends alle möglichen Gäste. Serviert werden preisgünstige Tagesgerichte und ein breites Angebot an litauischen und internationalen Gerichten.

Kapitonas Morganas INTERNATIONAL €€
(☎41-526 477; www.kapitonasmorganas.lt; Vilniaus gatvė 183; Hauptgerichte 7–9 €; ⊙So–Mi 11–23, Do–Sa 12–24 Uhr) Captain Morgans Piratenschiff ist mehr als nur ein tolles Lokal, um an den Straßentischen zu zechen. Das internationale Speisenangebot, z. B. Garnelen in Sahne und Knoblauch oder Schweinefleisch mit gegrilltem Gemüse, hat für jeden etwas.

Unterhaltung

Schauspielhaus THEATER
(☎41-523 209; www.sdt.lt; Tilžės gatvė 155) Inszeniert Theaterstücke auf Litauisch.

Saulė KONZERTHALLE
(☎41-424 424; www.saule.lt; Tilžės gatvė 140) Wichtigstes Konzerthaus von Šiauliai.

Praktische Informationen

Post (☎8-700 55400; Aušros alėja 42; ⊙Mo–Fr 7.30–19, Sa 8–15 Uhr) Hauptpostamt von Šiauliai.

Šiauliai Bankas (☎8-700 55055; www.sb.lt; Vilniaus gatvė 167; ⊙Mo–Fr 8–18 Uhr) Größere Bankfiliale im Stadtzentrum.

Touristeninformation (☎41-523 110; www.siauliai.lt/tic; Vilniaus gatvė 213; ⊙Mo–Fr 9–13 & 14–18, Sa 10–16, So bis 15 Uhr) Verkauft Karten und Reiseführer, verleiht Fahrräder für 1,50 € pro Stunde und bucht Unterkünfte. Die Website hat detaillierte Infos für Verkehrsverbindungen zum Berg der Kreuze.

An- & Weiterreise

BUS

Verbindungen vom/zum **Busbahnhof** Šiauliai (☎41-525 058; Tilzes gatvė 109):

Kaunas (10 €, 2¾ Std., 20-mal tgl.

Klaipėda (11 €, 3 Std., 8-mal tgl.)

Palanga (11 €, 3 Std., 8-mal tgl.)

Panevėžys (6 €, 1½ Std., 18-mal tgl.)

Riga (9 €, 2½ Std., 4-mal tgl.)

Vilnius (15 €, 3¾ Std., 6-mal tgl.)

ZUG

Bahnverbindungen vom/zum **Bahnhof** Šiauliai (☎41-203 445; Dubijos gatvė 44) u. a. mit Klaipėda (8 €, 2–3 Std., 5-mal tgl.), Panevėžys (4 €, 1½ Std., 3-mal tgl.) und Vilnius (10 €, 2½–3 Std., 5-mal tgl.).

Radviliškis & Umgebung

Das triste Radviliškis (19 700 Ew.), 22 km südöstlich von Šiauliai, ist nur als Eisenbahnknotenpunkt interessant. Entlang der A9 Richtung Panevėžys gibt es dagegen ein paar interessante Orte.

Šeduva (3200 Ew.), 15 km östlich von Radviliškis, ist ein großes Dorf mit einer gelb-weißen Barockkirche umgeben von Pflasterstraßen. **Šeduvos Malūnas** (☎42-256 300; www.seduvosmalunas.lt; Vytauto gatvė 89a; Hauptgerichte 6–8 €) ist ein kitschiges, aber witziges Restaurant in einer Windmühle von 1905 am Westrand von Šeduva, die noch immer ihren alten Zahnradmechanismus besitzt. Auf vier Ebenen werden traditionelle litauische Gerichte serviert und die Inhaber betreiben nebenan auch ein nettes Hotel in einem modernen Gebäude (DZ 41 €).

In **Kleboniškiai** (ausgeschildert auf der A9 zwischen Radviliškis und Panevėžys) gibt es eine weitere Windmühle (1884) und – 1 km eine staubige Straße entlang – das **Freilichtmuseum Kleboniškiai** (Kleboniškių kaimo buites ekspozicija; ☎42-242 005; Erw./Stud. 1,74/0,87 €; ⏲April–Okt. Di–So 9–17 Uhr). Der schöne Bauernhof mit Gebäuden aus dem 19. und dem frühen 20. Jh. präsentiert das ländliche Litauen als Postkartenidyll. Das Museum zeigt jede Menge Sammlerstücke wie Holzschlitten, landwirtschaftliche Geräte und einen Traktor von 1926. Die Ausstellung gehört zum **Kulturhistorischen Museum und Reservat Daugyvenė** (Daugyvenės kultūros istorijos muziejus-draustinis), das Begräbnisplätze, Erdwälle und andere lokale Sehenswürdigkeiten schützt.

Panevėžys

☎45 / 114 600 EW.

Panevėžys (pa-ne-wäi-dschis) ist nicht gerade eine Touristenattraktion. Die meisten Besucher passieren es auf der Durchreise mit dem Bus zwischen Vilnius und Riga. Wer etwas Zeit hat, kann sich in Litauens fünftgrößter Stadt ein paar Dinge ansehen.

Im Zentrum liegt der Laisvės aikštė. Die Nordseite des Platzes wird von der Ostwest-Verbindung Elektros gatvė, die Südseite von der Vilniaus gatvė begrenzt. Die Basanavičiaus gatvė führt nach Norden zur Ausfallstraße nach Riga und nach Süden nach Kaunas und Vilnius. Der Bahnhof befindet sich 2 km nordöstlich vom Zentrum, der Busbahnhof liegt am Savanorių aikštė.

Panevėžys

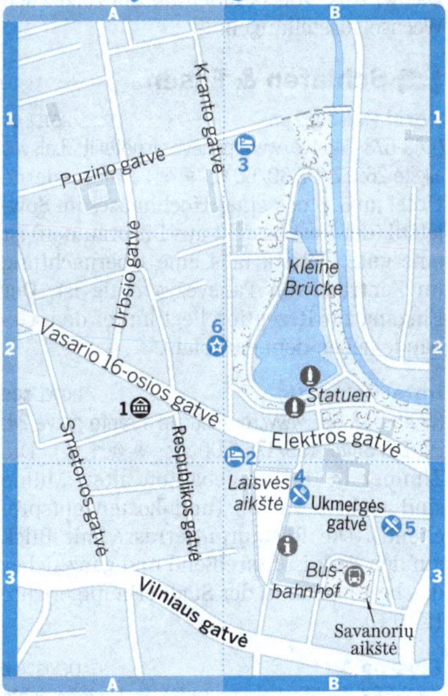

Panevėžys

Sehenswertes
1 Volkskundemuseum A2

Schlafen
2 Hotel Panevėžys B2
3 Hotel Romantic B1

Essen
4 Galerija XX B3
5 Iki B3
Taverna .... (s. 4)

Unterhaltung
6 Märchenzug A2

Sehenswertes & Aktivitäten

Der dreieckige **Laisvės aikštė** ist ein zentraler, von Bäumen bestandener, verkehrsfreier Platz, angenehm für zwei Monate im Sommer, den Rest des Jahres jedoch ruhig. Ringsum liegen einige einfache Cafés und Geschäfte sowie das **Theater Juozas Miltinis**, das seit 1940 in Betrieb ist. Am Fluss bilden eine **kleine Brücke** und **Statuen** die Kulisse für einen netten Spaziergang.

Volkskundemuseum MUSEUM

(Kraštotyros muziejus; ☎45-462 331; www.paneveziomuziejus.lt; Vasario 16-osios gatvė 23; Erw./

Kind 1,16/0,58 €; ⏲Di–Fr 9–17, Sa 11–16 Uhr) Das winzige Volkskundemuseum zeigt auch Wechselausstellungen.

Schlafen & Essen

Hotel Panevėžys HOTEL €€
(☎8-678 24640; www.panevezyshotel.lt; Laisvės aikštė 26; EZ/DZ 30/60 €; P 📶) Das moderne Hotel im 5. Stock eines Hochhauses im Sowjetstil (der Rest besteht aus Büroräumen) ist eine gute Option, falls eine Übernachtung im Zentrum von Panevėžys nötig ist. Der Eingang zur Rezeption liegt hinter dem Gebäude neben dem Parkplatz.

Hotel Romantic HOTEL €€€
(☎45-848 60; www.romantic.lt; Kranto gatvė 24; EZ/DZ/Suite 105/175/200 €; P@📶) Die Zimmer in der umgebauten alten Mühle sind recht vornehm (und kosten entsprechend). Die Restaurantterrasse mit Blick auf den Park ist hinreißend und ganz sicher das beste Lokal in der Stadt (Hauptgerichte 11–16 €).

Taverna ITALIENISCH €
(☎8-683 72255; Laisvės aikštė 6; Hauptgerichte 4–6 €; ⏲Do–So 18–1, Mo–Mi bis 24 Uhr) Der zwanglose Italiener in idealer Lage am Laisvės aikštė eignet sich prima für ein Glas Wein, ein Panino, Pasta mit Pesto oder Fleisch vom Grill.

Galerija XX LITAUISCH €
(☎45-438 701; www.galerijaxx.lt; Laisvės aikštė 7; Hauptgerichte 4–6 €; ⏲10–23 Uhr) Das Galerie-Café mit Terrasse am Hauptplatz serviert preiswerte litauische Küche.

Iki SUPERMARKT €
(Ukmerges gatvė 18; ⏲8–22 Uhr) In dem Supermarkt nahe dem Busbahnhof kann man sich mit Snacks für unterwegs eindecken.

Unterhaltung

Märchenzug THEATER
(Pasakų traukinukas; ☎45-511 236; www.leliuvezimoteatras.lt; Respublikos gatvė 30; ⏲Mo–Fr 8–17 Uhr) Das einzige fahrende Theater Litauens ist selten zu Hause (es reist fast den ganzen Sommer über durchs Land), doch allein schon die Figuren im alten Schmalspurwaggon sind wunderschön.

Praktische Informationen

E-kopija (☎8-652 89145; Laisvės aikštė 16; Internetzugang pro Std. 0,70 €; ⏲Mo–Fr 8.30–18.30, Sa 10–15 Uhr)

SEB Bankas (☎1528; www.seb.lt; Ukmergės gatvė 20; ⏲Mo–Do 8.30–17, Fr bis 16 Uhr) Am Busbahnhof.

Touristeninformation (☎45-508 080; www.panevezysinfo.lt; Laisvės aikštė 11; ⏲April–Sept. Mo–Fr 9–18, Sa 9–14 Uhr, sonst kürzere Zeiten)

An- & Weiterreise

BUS

Verbindungen vom/zum **Busbahnhof** (☎463 333; Savanorių aikštė 5):

Kaunas (8 €, 2¼ Std., 30-mal tgl.)

Riga (11 €, 2½–3 Std., 6-mal tgl.)

Šiauliai (6 €, 1½ Std., 18-mal tgl.)

Vilnius (10 €, 1¾ –3 Std., 6–22 Uhr regelmäßig)

DAS BIER DES NORDENS

Der Norden Litauens ist das Land des Gerstenmalzbiers. Die Brauer verwenden hier Rezepte, nach denen ihre Vorfahren schon vor über 1000 Jahren Bier brauten. 160 l Bier werden hier pro Kopf und Jahr getrunken, behaupten die Einheimischen stolz. Die führende Biertrinkernation (Tschechien) konsumiert etwa die gleiche Menge. Bei den Briten sind es nur 100 l und in Deutschland 110 l.

Zu den bekannten Marken gehören **Horn** aus Kaunas (seit 1853), das in Šiauliai gebraute **Gubernija** (www.gubernija.lt) und **Kalnapilis** aus Panevėžys.

Das am See gelegene Biržai, 65 km nördlich von Panevėžys und das wahre Zentrum der litauischen Bierregion, veranstaltet jedes Jahr im August das zweitägige ausgelassene **Biržai-Stadtfest**, bei dem die Brauereien der Stadt ihre Erzeugnisse auf der Straße ausschenken. Der Gerstensaft fließt in Strömen und die Atmosphäre ist mehr als angeheitert. Die ortsansässige **Rinkuškiai-Brauerei** (☎45-035 293; www.rinkuskiai.lt; Alyvų gatvė 8) kann besichtigt werden und das Bier – von leichtem Lagerbier bis zu bleischwerem Dunkelbier – wandert literweise über den Verkaufstresen am Ausgang. Etwas weniger bekannt ist das süßliche **Butautų alaus bravoras**, ein Bier, das in braunen Glasflaschen mit Porzellanschnappverschluss verkauft und schon seit 1750 in Butautų gebraut wird.

ZUG

Es gibt nur wenige Verbindungen vom/zum **Bahnhof** (☎45-463 615; Kerbedžio gatvė 9), nur mit Šiauliai (4 € 1½ Std., 2-mal tgl.), wo es Anschluss an Züge zu weiteren Zielorten gibt.

Biržai

☎450 / 15 000 EW.

Das ruhige Städtchen Biržai (ber-dschai) ist das nördlichste und eines der ältesten Litauens, hat eine schöne Lage am See und mehrere lohnende Sehenswürdigkeiten. Zu erreichen ist es über die A10 von Panevėžys Richtung Norden, dann bei Raubonys über die Schnellstraße 125 nach Osten. Auch gibt es Busverbindungen mit Panevėžys (5 €, 1¼ Std., 14-mal tgl.), Vilnius (10 €, 2 Std., stündl.) und anderen Städten.

Sehenswertes

Schloss Biržai SCHLOSS

(☎450-33 390; www.birzumuziejus.lt; Erw./Kind 2/1 €; ⌚Mi–Sa 10–18.30, Di & So bis 17.30 Uhr) Schloss Biržai mag zwar mit seinen hohen, weißen Bastionen am künstlichen See Širvėna aussehen, als wäre es schon immer dagewesen, wurde aber nach zweifacher Zerstörung erst in den 1980er-Jahren weitgehend restauriert. Es wurde ursprünglich Ende des 16. Jhs. vom Herzog Kristupas Radvila (Christoph Radziwill) als Sitz der Herzöge von Biržai erbaut und stand in zwei Kriegen mit Schweden in der Schusslinie. Im Schloss und im Zeughaus befinden sich Ausstellungen zur regionalen Volkskunde, Militärgeschichte und zur Geschichte des Herzogtums und der Radziwills.

Schloss Astravas HISTORISCHES GEBÄUDE

Das einstmals prachtvolle romantische Schlösschen, das 1862 vom Grafen Mykolas Tiškevičius erbaut wurde, liegt wunderschön am Nordufer des Sees Širvėna. Es wurde als Molkerei, dann als Sackfabrik und schließlich als Leinenlager genutzt, aber die Restaurierung der Gebäude und des klassizistischen Parks in den 1950er- und 1960er-Jahren hat einen Teil vom früheren Glanz zurückgebracht. Das Schloss ist offiziell nicht zugänglich, aber man kann über die 525 m lange Fußgängerbrücke laufen (die längste Litauens), den Anblick bewundern und eventuell einen Blick ins Innere werfen.

Regionalpark Biržai NATIONALPARK

(☎450-35 805; www.birzuparkas.lt; Rotušės gatvė 10) Die Region um Biržai ist für ihre Karstlöcher berühmt, die entstehen, wenn unterirdisches Wasser das Kalziumsulfat unter dem Boden wegspült. Über 9000 solcher Löcher gibt es in dieser Gegend, viele innerhalb des 146 km² großen Regionalparks. Eines der Löcher ist die 12,6 m tiefe „Kuhhöhle“, die ihren Namen erhielt, als vor 200 Jahren eine unglückselige Kuh vom einstürzenden Boden verschluckt wurde. Das Parkbüro hat mehr Informationen zur Topografie sowie zu Wanderungen, Touren und anderen Aktivitäten.

Johanneskirche KIRCHE

(www.birzuparapija.lt; Radvilos gatvė 5) Die weiße Kirche, die im 19. Jh. im klassizistischen und barocken Stil erbaut wurde, ist nach dem Schloss das imposanteste Gebäude in Biržai.

Schlafen & Essen

Helveda PENSION €

(☎450-31 150; J Janonio gatvė 7; DZ 29 €) Die funktionale Pension hat keinerlei Charme, liegt aber günstig in der Nähe des Busbahnhofs und der Hauptsehenswürdigkeiten von Biržai.

Pilies Skliautai LITAUISCH €

(☎450-33 032; J Radvilos gatvė 3; Hauptgerichte 6 €; ⌚Di–So 12–21 Uhr) Das Pilies Skliautai hat vermutlich das beste Essen in Biržai, gewinnt aber auf jeden Fall einen Preis für Atmosphäre. Es befindet sich im Kellergewölbe des herzöglichen Schlosses und serviert eine typisch litauische Mischung aus Suppen, Grillfleisch, Klößen und Fisch.

Praktische Informationen

Touristeninformation (☎450-33 496; www.visitbirzai.lt; J Janonio gatvė 2; ⌚ganzjährig Mo–Fr 8–17 Uhr, Mitte Juni–Aug. auch Sa & So 10–15 Uhr) Das freundliche kleine Zentrum voller Infoblätter und guter Tipps ist bei der Unterkunftssuche, Führungen, Radtouren und Wanderungen behilflich.

Anykščiai

☎381 / 12 000 EW.

Das hübsche Anykščiai liegt 60 km südöstlich von Panevėžys am Zusammenfluss von Sventoji und Anyksta. In Richtung Osten liegen 76 Seen, im größten, dem **Rubikiai-See** (9,68 km², 16 m tief), gibt es 16 Inseln. Das Städtchen hat eine Handvoll Sehenswürdigkeiten zu bieten, aber im Winter verwandelt es sich zu einer Seltenheit in Litauen, nämlich in einen Wintersportort. Auf dem

Devilstone-Musikfestival (www.devilstone.net) im Sommer dröhnt Hard Rock durch das Dainuva-Tal von Anykščiai.

Sehenswertes & Aktivitäten

Die Gelegenheit, auf Zügen herumzuklettern und sogar mit einer alten Schmalspurbahn zu fahren, ist zweifellos die größte Attraktion der Stadt, ganz besonders für Kinder.

Schmalspurbahnmuseum MUSEUM
(Siaurojo geležinkelis istorijos ekspozicija; ☎381-54 597; www.baranauskas.lt; Viltis gatvė 2; Erw./Kind 2/1,60 €; ⏲Mai–Okt. 10–17 Uhr) Das Museum im alten Bahnhof von Anykščiai gibt Besuchern die Möglichkeit, auf Draisinen zu fahren und an Wochenenden von Mai bis Oktober einen Ausflug mit der Bahn nach Troškūnai oder Rubikiai zu unternehmen. Die Züge fahren um 11 Uhr los und kehren um 15 Uhr zurück; Fahrkarten kosten 5,80 €. Weitere Infos gibt's auf www.siaurukas.eu oder in der Touristeninformation von Anykščiai.

Pferdemuseum MUSEUM
(Arklio muziejus; ☎381-6237 0629; www.arkliomuziejus.lt; Erw./Kind 3/2 €; ⏲Mai–Aug. 9–18 Uhr, Sept.–April 8–16 Uhr) Pferdefreunde (und Kinder) dürfte ein Abstecher zum einzigen Pferdemuseum Litauens im 6 km nördlich gelegenen Dörfchen Niūronys interessieren. Das wie ein traditionelles Gehöft angelegte Museum zeigt Schwarz-Weiß-Fotos von Pferdefuhrwerken in Vilnius sowie eine schöne Sammlung von Kutschen, Droschken und von Pferden gezogenen Feuerwehrwagen. Reiten und Kutschfahrten werden angeboten (Erw./Kind 1,50/1 €) und es gibt einen Spielplatz für Kids. Zwei Busse (0,70 €, 20 Min.) verbinden täglich Niūronys mit Anykščiai.

Puntukas-Stein WAHRZEICHEN
In einem Kiefernwald 10 km südlich von Anykščiai steht der Puntakas-Stein (Puntuko akmuo), ein 5,7 m hoher, 6,7 m breiter und 6,9 m langer Felsbrocken, den der Legende nach der Teufel hier hinterlassen hat: Als er versuchte, die doppeltürmige **Matthäuskirche** (1899–1909) von Anykščiai zu zerstören, krähte ein Hahn und der Teufel fuhr zur Hölle, worauf der Felsbrocken vom Himmel stürzte.

Kalitos Kalnas WINTERSPORT
(☎381-78 144; www.kalitoskalnas.lt; Kalno gatvė 25; ⏲Mo–Fr 11–18, Sa & So 10–19 Uhr) Im Winter verwandelt sich Anykščiai in eines der wenigen Wintersportgebiete des Landes. Das Skizentrum betreibt zwei Skilifte (Dez.–März), verleiht Skiausrüstung und bietet Skiunterricht an. Im übrigen Jahr bietet die „Bergachterbahn" (Schlitten auf Schienen) ebenfalls Gelegenheit, einen Berg runterzurasen.

Schlafen

Die Touristeninformation in Anykščiai vermittelt Privatunterkünfte, die häufigsten Unterkünfte im Ort.

Nykščio Namai HOTEL €
(☎8-655 43379; www.nykscionamai.lt; Liudiškių gatvė 18; EZ/DZ 29/52 €;) Das Keturi Kalnai ist ein halbwegs schickes, modernes Hotel, dessen einfache, aber komfortable Zimmer recht preiswert sind. Außerdem gibt's einen Fitnessraum, einen Tennisplatz und einen Pool.

Praktische Informationen

Touristeninformation (☎381-59 177; www.antour.lt; Gegužės gatvė 1; ⏲ganzjährig Mo–Sa 8–17 Uhr, Mai–Sept. auch So 9–16 Uhr) Die äußerst hilfsbereite Touristeninformation von Anykščiai sollte der erste Anlaufpunkt sein. Die engagierten Angestellten buchen Privatunterkünfte und geben Tipps zu Sehenswürdigkeiten und Reiseinfos.

An- & Weiterreise

Da die Bahnlinie von Anykščiai mittlerweile nur noch Touristenattraktion ist, bleibt nur noch der Bus. Vom **Busbahnhof** (☎381-51 333; A Vienuolio gatvė 1; ⏲6–19 Uhr) gegenüber der Touristeninformation verkehren Busse von/nach Panevėžys (5 €, 1¼ Std., 2-mal tgl.), Vilnius (8 €, 2½ Std., 14-mal tgl.), Kaunas (7 €, 2¼ Std., 15-mal tgl.) und Utena (7 €, 1 Std., 6-mal tgl.).

WESTLITAUEN

Die Ostseeküste Litauens ist eine der größten Touristenattraktionen des Landes. Die Saison dauert zwar nur von Mitte Mai bis Mitte September (wobei nur Juli und August warm genug zum Baden sind), aber Einheimische und Besucher strömen dann massenhaft an den fast 100 km langen Küstenstreifen aus glitzerndem Meer, weißen Sandstränden und fröhlichen Sommerfreuden.

Den Höhepunkt bildet ein einzigartiges Schmuckstück: die Kurische Nehrung (Kursių Nerija), eine schmale Sandzunge, die sich

Westlitauen

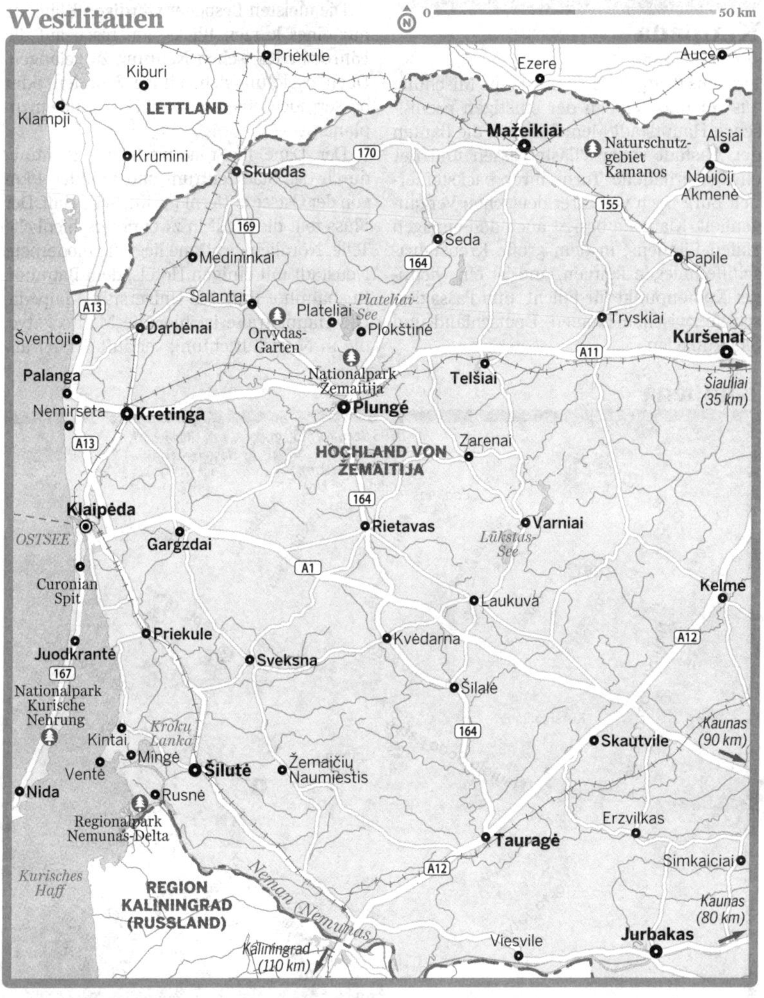

bis zur russischen Exklave Kaliningrad erstreckt. Dieser Sandstreifen zwischen der Ostsee und dem Kurischen Haff ist so außergewöhnlich und kostbar, dass die Unesco ihn 2000 in die Liste des Welterbes aufgenommen hat. Alte Fischerdörfer und die ostpreußische Vergangenheit bilden einen faszinierenden Rahmen für die wahre Attraktion: riesige Sanddünen und dichte Kiefernwälder.

Das Tor zur Nehrung ist Klaipėda mit dem einzigen Großhafen des Landes. Die geschäftige Stadt mit ihrer winzigen Altstadt und dem ständigen Kommen und Gehen der Fähren hat einen ganz eigenen Charakter. Im Norden liegt Palanga, eine Partystadt wie aus dem Bilderbuch. Hier im Sommer ein Zimmer zu finden, kann ganz schön schwierig sein.

Der Regionalpark Nemunas-Delta südlich von Klaipėda ist eine Oase für Vögel und Vogelfreunde. Im Nationalpark Žemaitija befand sich einst eine geheime Atomraketenbasis der Sowjets, die heute ein Museum des Kalten Krieges und ein Muss für Geschichtsfans ist.

Klaipėda

☎46 / 161 300 EW.

Litauens drittgrößte Stadt ist eine Mischung aus Alt und Neu. In der einstigen preußischen Hauptstadt Memel zeugen die Bauten der Altstadt voller Pflastergassen und der einzige erhaltene Turm ihrer backsteinernen Burg noch von ihrer deutschen Vergangenheit. Klaipėda besitzt auch den einzigen Hafen Litauens, in dem große Kreuzfahrtschiffe anlegen können, und ist ein wichtiger Knotenpunkt für Fracht- und Passagierschiffe zwischen Litauen, Deutschland und Skandinavien.

Die meisten Besucher würdigen Klaipėda nur eines kurzen Blicks, um rasch auf die Fähre zur Kurischen Nehrung zu gelangen. Doch es lohnt sich, einige Stunden oder besser noch einen ganzen Tag dafür einzuplanen.

Der Danė fließt in westlicher Richtung durch das Stadtzentrum und mündet 4 km von der Ostsee entfernt ins Kurische Haff. Der Fluss teilt die Stadt in zwei unterschiedliche Teile. Nördlich des Danė liegt die modernere Neustadt mit einigen Hotels, dem Bahnhof, Busbahnhof und der Universität Klaipėda. Die Hauptstraße ist hier die Manto gatvė, die in Nordsüdrichtung verläuft. In der all-

Klaipėda

mählich sanierten Altstadt südlich des Flusses befinden sich die Touristeninformation, Geschäfte, Kneipen, Restaurants und ein paar Hotels. Die Hauptstraßen hier sind die Tiltų gatvė und der Taikos prospektas.

Der dritte Stadtteil Smiltynė liegt jenseits des Haffs auf der Nordspitze der Kurischen Nehrung und ist nur mit der Fähre zu erreichen. Es gibt dort ein paar interessante Sehenswürdigkeiten.

Geschichte

Bis 1925 hieß Klaipėda Memel. 1252 hatte der Deutsche Orden die Stadt gegründet und die erste Festung errichtet. Ab dem 15. Jh. war die Stadt ein wichtiger Hafen, 1629 wurde sie allerdings von den Schweden zerstört. Nach den Napoleonischen Kriegen Anfang des 19. Jhs. wurde Memel preußisch und blieb es auch bis zum Ersten Weltkrieg. Damals bestand die Bevölkerung jeweils zur Hälfte aus Deutschen und Litauern.

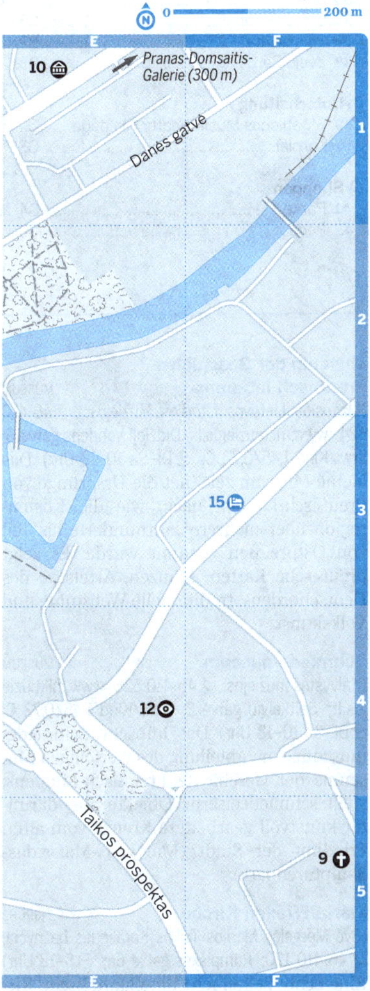

Im Vertrag von Versailles nach dem Ersten Weltkrieg wurden die Stadt Memel, die nördliche Hälfte der Kurischen Nehrung und ein etwa 150 km langer und 20 km breiter Landstreifen an der Ostseite des Kurischen Haffs und an der Nordseite des Nemunas von Deutschland getrennt und zum „internationalen Gebiet" erklärt. Dieses Territorium blieb bis 1923 staatenlos, dann marschierten litauische Truppen ein, annektierten es und gaben ihm den Namen Klaipėda.

Im Zweiten Weltkrieg fiel Klaipėda schließlich wieder an Deutschland und diente als U-Boot-Stützpunkt der Nazis. Wegen ihrer strategischen Bedeutung wurde die Stadt im Zweiten Weltkrieg fast völlig zerstört. Nach umfangreichen Aufbauarbeiten und der Neubesiedelung ist es heute eine bedeutende Stadt, die vom Schiffbau und der Fischerei lebt. 1991 wurde ihre Universität eröffnet, 2003 folgte ein neuer Terminal für Kreuzfahrtschiffe. In den letzten Jahren hat sich die Stadt verstärkt dem Tourismus zugewandt und schicke Hotels und Restaurants gebaut.

Sehenswertes

Altstadt

Nur wenig erinnert noch an das preußische Memel, doch im ältesten Teil der Stadt wurden zwischen Fluss und dem Turgaus aikštė einige Straßenzüge saniert. Der hübsche **Teatro aikštė** (Theaterplatz) bildet das Herz der Altstadt.

Davor plätschert ein **Brunnen**, der Simon Dach gewidmet ist. Der in Klaipėda geborene deutsche Dichter (1605–1659) war der Kopf des Königsberger Kreises, in dem sich Musiker und Dichter trafen. Auf einem Sockel in der Mitte des Brunnens steht das **Ännchen von Tharau** (1912), eine Nachbildung der im Zweiten Weltkrieg zerstörten Skulptur des Berliner Künstlers Alfred Kune. Sie erinnert an das gleichnamige deutsche Volkslied, das ursprünglich in ostpreußischem Dialekt verfasst wurde.

Theater Klaipėda HISTORISCHES GEBÄUDE
(☎ 46-314 453; www.kldteatras.lt; Teatro aikštė 2; ⌚ Di–Sa 12–18 Uhr) Das schöne, klassizistische

Klaipėda

Sehenswertes

1	Ännchen von Tharau (Skulptur)	C4
2	Arka	C2
3	Baroti-Galerie	C4
4	Schmiedemuseum	D4
5	Burg	B5
6	Uhrenmuseum	C2
7	Museum der Geschichte Preußisch-Litauens	C4
8	Theater Klaipėda	C4
9	Maria-Frieden-Kirche	F5
10	Pranas-Domšaitis-Galerie	E1
11	Simon-Dach-Brunnen	C4
12	Švyturys	E4

Aktivitäten, Kurse & Touren

13	Baltic Cycle	C2

Schlafen

14	Amberton Klaipėda	B2
15	Aribė	F3
16	Friedricho	D4
17	Hotel Euterpė	D4
18	Litinterp Guesthouse	A1
19	Old Mill Hotel	A4
20	Preliudija Guesthouse	C3

Essen

21	Friedricho Pasazas	D4
22	Ikiukas	D3
23	Jing Bin Lou	D3
24	Katpėdėlė	C3
	Keltininko Namas	(s. 19)
25	La Terrasse	C3
26	Meat Lovers	A4
27	Meridianas	C3
28	Rene	D3
29	Senoji Hansa	C3
30	Stora Antis	C3

Ausgehen & Nachtleben

31	Herkus Kantas	C3
32	Max Coffee	C3
33	Nesė Pramogų Bankas	C4
34	Senoji Vyninė	C3
35	Seven	C3
36	Storas Katinas	C3
37	Viva Lavita	B2
38	Žvejų Baras	D3

Unterhaltung

39	Staatliches Musiktheater Klaipėda	C2
40	Kurpiai	C3

Shoppen

41	Parko	C4
42	Pėda	C3

Theater von 1857 inszeniert Stücke auf Litauisch. Vom Balkon aus verkündete Hitler den Anschluss Memels an Deutschland.

Burg RUINE

Die Burg von Klaipėda wurde im 13. Jh. vom Deutschorden errichtet und Ende des 19. Jhs. (nach Jahrhunderten des Verfalls) nahezu vollständig abgerissen. Heute entsteht sie aufs Neue: Auf dem erhaltenen Graben und den Erdwällen soll ein gigantisches Bauprojekt den Brennpunkt der Stadt wieder auferstehen lassen. Es bleibt abzuwarten, wie überzeugend die Rekonstruktion sein wird. Der Abschluss der ersten Bauphase ist für 2016 geplant.

Švyturys BRAUEREI

(☎46-484 000; www.svyturys.lt; Kūlių Vartų gatvė 7) In Klaipėda befindet sich die älteste Brauerei des Landes, in der seit 1784 bis heute das beliebteste Bier Litauens, Švyturys, gebraut wird. Die Touristeninformation organisiert Führungen durch die Brauerei. Sie dauern 1½ bis zwei Stunden, kosten 10 € pro Person (inkl. Bierproben) und beginnen montags bis freitags jederzeit zwischen 10 und 16 Uhr.

Museum der Geschichte Preußisch-Litauens MUSEUM

(Mažosios Lietuvos Istorijos Muziejus; ☎46-410 524; www.mlimuziejus.lt; Didžioji Vandens gatvė 6; Erw./Kind 1,45/0,72 €; ⏲Di–Sa 10–18 Uhr) Das kleine Museum zeichnet die Ursprünge von Preußisch-Litauen nach, wie die Küstenregion über mehrere Jahrhunderte als Teil von Ostpreußen genannt wurde. Es zeigt preußische Karten, Münzen, Artefakte des Deutschordens, traditionelle Webstühle und Volkskunst.

Schmiedemuseum MUSEUM

(Kalvystės muziejus; ☎46-410 526; www.mlimuziejus.lt; Šaltkalvių gatvė 2; Erw./Kind 1,45/0,72 €; ⏲Di–Sa 10–18 Uhr) Das hübsche Schmiedemuseum, eine Abteilung des vierteiligen Museums der Geschichte Preußisch-Litauens, stellt schmiedeeiserne Objekte aus, darunter kunstvoll gearbeitete Kreuze vom alten Friedhof der Stadt (Martynas-Mažvydas-Skulpturenpark).

Maria-Frieden-Kirche KIRCHE

(Švč Mergelės Marijos Taikos Karalienės bažnyčia; ☎46-410 120; Rumpiškės gatvė 6a; ⏲8–18 Uhr) Eine echte Seltenheit: Eine katholische Kirche, die in der Sowjetzeit gebaut wurde (sie ist tatsächlich einmalig im Baltikum). Der 46,5 m hohe Turm ist eines der höchsten Bauwerke der Stadt. Eine Besichtigung kann man über die Touristeninformation buchen.

Baroti-Galerie GALERIE
(Baroti galerija; ☎46-313 580; www.barotigalerija.lt; Aukštoji gatvė 1; ⏲Di–Fr 11–18, Sa bis 16 Uhr) GRATIS Die Galerie mit ihren spannenden Gastausstellungen ist teilweise in einem umgebauten Fischspeicher (1819) untergebracht.

Neustadt

Das Nordufer des Danė ist von einem **Park** gesäumt. Ein Stück weiter nördlich verläuft die Liepų gatvė mit ein paar Sehenswürdigkeiten. Sie hieß für kurze Zeit Adolf-Hitler-Straße.

Uhrenmuseum MUSEUM
(Laikrodžių muziejus; ☎46-410 414; Liepų gatvė 12; Erw./Kind 1,74/0,86 €; ⏲Di–Sa 12–18, So bis 17 Uhr) Das Nischenmuseum ist in zwei Abschnitte aufgeteilt: Der erste erkundet die Grundsätze der Zeitmessung seit frühester Zeit, der zweite beschäftigt sich mit der Entwicklung von Design und Form von Uhren in den letzten 400 Jahren. Der Sonnenuhrgarten kann das Eintrittsgeld wert sein – an sonnigen Tagen.

Pranas-Domšaitis-Galerie MUSEUM
(☎46-410 416; www.ldm.lt; Liepų gatvė 33; Erw./Kind 1,73/0,87 €; ⏲Di–Sa 12–18, So bis 17 Uhr) Diese Abteilung des Litauischen Kunstmuseums stellt Werke des deutsch-litauischen Expressionisten Pranas Domšaitis (1880–1965) und von früheren litauischen Exilkünstlern aus.

Aktivitäten

Melnragė, 1 km nördlich von Klaipėda, hat einen Strand mit Pier, an den die Städter gerne zum Sonnenuntergang kommen. **Giruliai**, ein weiterer Strand, liegt noch 1 km weiter nördlich. Die Buslinien 6 und 4 fahren von der Manto gatvė jeweils zu beiden Stränden. Am steinigen Strand **Karklė**, noch einmal 1 km weiter nördlich, schwemmen Herbststürme immer mal wieder Bernstein an. Hier liegt das geschützte **Niederländische Kap**, eine 24 m hohe Klippe.

Die Touristeninformation in Klaipėda organisiert Bootsausflüge, Segeltouren während des Meeresfests im Juli und im Winter Eisangeln.

Festivals & Events

Meeresfest KULTURELL
(Juros Svente; ☎46-400 300; www.jurossvente.lt) Klaipėda feiert Ende Juli seine lange nautische Tradition mit dem extravaganten Meeresfest. Drei Tage lang wird die Stadt von Musik, Workshops, Märkten und natürlich Wasserfahrzeugen beherrscht.

Schlafen

Im Sommer, besonders während des Meeresfestes, sollten Zimmer möglichst frühzeitig gebucht werden. Die Touristeninformation vermittelt Privatzimmer und Unterkünfte auf dem Land.

Gästehaus Litinterp PENSION €
(☎46-410 644; www.litinterp.lt; Puodžių gatvė 17; EZ/DZ/3BZ 25/34/51 €; P 📶) Die Pension, die seit dem 18. Jh. gewerblich genutzt wird, hat noch immer ihre Holztreppen, Backsteinbögen und andere schönen alten Merkmale. Die 19 Zimmer sind blitzblank und mit hellen Kieferholzmöbeln eingerichtet. Das Frühstück (2,90 €) ist kärglich, aber insgesamt ist alles so preiswert, dass wir nicht meckern können.

Klaipėda Hostel HOSTEL €
(☎46-211 879; www.klaipedahostel.com; Butkų Juzės gatvė 7/4; B/DZ 12/32 €; P@📶) Das freundliche Hostel am Busbahnhof sieht von außen scheußlich aus, ist aber innen sehr hübsch und gemütlich. Es gibt zwei kleine Schlafsäle für zwölf Personen und ein Doppelzimmer, eine Küche und kostenlosen Tee und Kaffee. Frühzeitige Buchung ist ratsam; Kreditkarten werden nicht akzeptiert.

Pajūrio Kempingas CAMPINGPLATZ €
(☎8-677 73227; www.campingklaipeda.lt; Šlaito gatvė 3, Giruliai; Platz pro Pers./Zelt 4,34/4,34 €; P) Der ruhige Campingplatz liegt etwa 8 km nördlich der Altstadt Klaipėdas in der Nähe des Dorfes Giruliai. Die Lage ist günstig zum Meer und zum nächsten Bahnhof, der regelmäßige Verbindungen mit Klaipėda hat.

★ **Hotel Euterpė** HOTEL €€
(☎46-474 703; www.euterpe.lt; Daržų gatvė 9; EZ/DZ 73/93 €; P⊖@📶) Unser Tipp für das beste kleine Hotel in Klaipėda ist diese noble Unterkunft zwischen alten deutschen Kaufmannshäusern in der Altstadt. Der Empfang ist herzlich und die behaglichen Zimmer in Erdtönen sind minimalistisch gehalten. Das Restaurant im Erdgeschoss ist hervorragend und es gibt eine kleine Terrasse für den Morgenkaffee.

Gästehaus Preliudija PENSION €€

(☎46-310 077; www.preliudija.com; Kepėjų gatvė 7; EZ/DZ 58/70 €; @ 📶) Die schöne Pension aus der Mitte des 19. Jhs. liegt direkt im Herzen der Altstadt. Trotz des alten Gebäudes sind die Zimmer minimalistisch und modern, jedes hat eine einzelne Blume in einer Vase und ein blitzblankes Badezimmer.

Old Mill Hotel HOTEL €€

(☎46-219 215; www.oldmillhotel.lt; Žvejų gatvė 22; DZ 70 €; 📶) Das etablierte Hotel in zwei alten Kaufmannshäusern beidseitig der Hafendrehbrücke liegt in nächster Nähe zur Burg, Altstadt und zu den Fähren zur Kurischen Nehrung. Die Zimmer mit weinroten Teppichen sind hell und groß und besitzen hochwertige Betten und blitzblanke Bäder. Die Restaurants Old Port und Ferryman sind Teil des Komplexes.

Friedricho PENSION €€

(☎46-391 020; www.pasazas.lt; Šaltkalvių gatvė 3; EZ/DZ 60/70 €; P 📶) Die hübsche Pension mit sechs Zimmern wird von denselben Leuten gemanagt, die auch die Restaurants in der Friedricho Pasažas betreiben. Die Zimmer sind eigentlich kleine Apartments mit Kochnische und Wohnzimmer und daher ideal für Familien. Die Altstadtlage ist super.

Aribė HOTEL €€

(☎46-490 940; www.aribe.lt; Bangų gatvė 17a; EZ/DZ 41/58 €; P @ 📶) Das Dreisternehotel liegt hinter einer unscheinbaren Fassade nur zehn Minuten zu Fuß von der Altstadt entfernt. Die Zimmer in hellen Farben sind ruhig und angenehm. Das Personal ist superhilfsbereit.

Amberton Klaipėda HOTEL €€€

(☎46-404 372; www.ambertonhotel.com; Naujoji Sodo gatvė 1; Zi./Suite ab 94/350 €, ältere Zi. ab 54 €; P ❄ @ 📶 ≋) Das Viersternehotel im ungewöhnlichen Backsteinturm und dem K-Gebäude gleich nördlich des Flusses ist eine der ersten Adressen der Stadt. Die Auswahl an Unterkunftsarten ist vielfältig, von relativ einfachen Einzel- und Doppelzimmern zu günstigen Preisen im älteren Flügel bis hin zu mehrzimmrigen Luxussuiten im neueren K-Gebäude mit Whirlpool und Meerblick. Allen Gästen stehen der Wellnessbereich, die Tennisplätze und das Casino offen.

Essen

Katpėdėlė LITAUISCH €

(☎8-618 28343; www.katpedele.lt; Žvejų gatvė 12; Hauptgerichte 4–6 €; ⏲So–Mi 10–1, Do bis 2, Fr & Sa bis 3 Uhr; 📶) Das Katpėdėlė mag zwar zu einer Franchise-Kette gehören, serviert aber wirklich gute litauische Traditionsgerichte in einem backsteinernen Kaufmannshaus in erstklassiger Lage am Danė. Empfehlenswert sind der gegrillte Schweinenacken mit Thymian und Whisky-Sauce oder der Lachs mit Erdnüssen.

Ikiukas SUPERMARKT €

(Turgaus gatvė 16; ⏲7.30–23.30 Uhr) Nur ein kleiner Supermarkt, aber in der Altstadt gelegen.

DER SKULPTURENGARTEN VON KLAIPĖDA

Wie in Litauen üblich, steckt Klaipėda voller großartiger Skulpturen, darunter rund 120 aus den späten 1970er-Jahren im **Skulpturenpark Martynas Mažvydas** (Liepų gatvė), bis 1977 der Hauptfriedhof der Stadt. Nicht weit vom Parkrand am Lietuvninkų aikštė steht die monumentale, 3,5 m hohe **Granitskulptur** des namensgebenden Martynas Mažvydas, des Verfassers des ersten in Litauen veröffentlichten Buches (1547).

Der rote Granitpfeiler, der am Südende der Manto gatvė einen zerbrochenen großen, grauen Bogen stützt, ist Litauens größte Granitskulptur. Die *Arka* (Bogen) genannte Skulptur erinnert an Klaipėdas Anschluss an Litauen 1923 und trägt als Inschrift die Worte des lokalen Dichters Simonaitytė (1897–1978): „Wir sind eine Nation, ein Land, ein Litauen".

Vor dem Bahnhof steht die Skulptur *Abschied* (2002), die ergreifende Statue einer Mutter mit Kopftuch und Koffer in der einen und einem kleinen Jungen mit Teddybär an der anderen Hand. Deutschland schenkte sie der Stadt Klaipėda, um daran zu erinnern, wie schwer vielen Deutschen der Abschied von der Stadt fiel, die 1923 litauisch wurde.

Kleinere Arbeiten scheinen in Klaipėda über Nacht aus dem Boden zu sprießen. In der Altstadt finden sich Skulpturen eines Hundes, einer Katze, einer Maus, einer Spinne und eines bedrohlichen roten Drachens, am Stadtrand tummeln sich ein Apfel, eine Reihe überdimensionaler, gelber Stühle und ein Junge mit Hund, der den Fähren nachwinkt. Jeder Stadtbummel wird zur Entdeckungsreise.

Friedricho Pasazas INTERNATIONAL €€
(☎46-391 020; www.pasazas.lt; Tiltų gatvė 26a; Hauptgerichte 5–10 €; ⊙Mo–Sa 11–1, So 12–24 Uhr;) Das Friedricho Pasazas ist nicht nur ein Restaurant, sondern ein ganzer Komplex in dieser Straße an der Südseite der Altstadt. An erster Stelle steht das Friedricho Restoranas, das kreative mediterrane Gerichte mit passendem Wein serviert. Dicht gefolgt wird es von einer Pizzeria, einem Steakhaus und einem litauischen Gasthaus.

Meat Lovers KNEIPENESSEN €€
(☎8-652 21998; Danės gatvė 1; Hauptgerichte 5–11 €; ⊙Mo–Fr 9–22, Sa & So ab 10 Uhr) Falls beim Warten auf die Fähre nach Smiltynė der Magen knurrt (und man nicht Vegetarier ist), ist das Meat Lovers ideal. Das Lokal über dem Fährgebäude serviert blitzschnell einen Hamburger und ein Bier samt Blick auf das obere Kurische Haff.

Keltininko Namas LITAUISCH €€
(☎8-616 23551; www.oldporthotel.lt; Žvejų gatvė 20; Hauptgerichte 7–10 €; ⊙11–22 Uhr;) Das Restaurant im Old Port Hotel hat eine schöne Hafenlage mit Blick auf den Danė. Die Köche verarbeiten hier wirklich frische lokale Zutaten, so auch in den Fischgerichten. Die Tischdekoration verströmt Klasse, aber die Preise sind überraschend niedrig.

Rene BELGISCH €€
(☎46-215 068; www.restoranasrene.lt; Tiltų gatvė 13; Hauptgerichte 7 €; ⊙Mo–Sa 11–23, So bis 21 Uhr;) Ein schickes, überkandideltes Lokal, das *cuisine à la bière* serviert: Muscheln, Rindfleisch und andere Gerichte, die mit (überwiegend belgischem) Bier zubereitet werden.

La Terrasse ITALIENISCH €€
(☎8-620 46685; Žvejų gatvė 10; Hauptgerichte 5–8 €; ⊙So–Do 11–24, Fr & Sa bis 2 Uhr;) Das beliebte Restaurant am Danė serviert gut zubereitete italienische Gerichte, auch Pizza, Pasta, Salate und Fisch. Die Einrichtung ist schlicht und modern und bei schönem Wetter essen die Gäste am Fluss.

Jing Bin Lou CHINESISCH €€
(☎46-257 937; Turgaus gatvė 23; Hauptgerichte 5–9 €; ⊙Mo–Sa 11–22, So ab 12 Uhr) In der Altstadt von Klaipėda gibt es nicht allzu viele Alternativen zur litauischen und italienischen Küche, aber das Jing Bin Lou bietet recht gute chinesische Gerichte, die dem westlichen Geschmack angepasst sind. Es serviert sogar ein paar Gerichte aus Sichuan und Xinjiang.

Senoji Hansa LITAUISCH €€
(☎46-300 171; www.senojihansa.lt; Kurpių gatvė 1; Hauptgerichte 6–10 €; ⊙Mo–Sa 10–22, So bis 18 Uhr;) Die Kombination aus Bar, Restaurant und Café am Teatro aikštė wird wegen ihrer Fleischgerichte, Pfannkuchen und *cepelinai* geschätzt. Die überdachte Terrasse ist das ganze Jahr über geöffnet und lockt an Wochenendabenden eine fröhliche Gästeschar an.

★ **Stora Antis** LITAUISCH €€€
(☎46-493 910; www.storaantis.lt; Tiltų gatvė 6; Hauptgerichte 15–18 €; ⊙Di–Fr 17–24, Sa ab 12 Uhr) Das Stora Antis in einem hinreißenden Keller aus dem 19. Jh. (seit 1856 befindet sich hier ein Restaurant) ist bezaubernd, voller Nippes und eines der besten Restaurants in der Altstadt Klaipėdas.

Meridianas EUROPÄISCH €€€
(☎46-411 660; www.pasazas.lt/restoranas-meridianas; Danė-Ufer, nahe Tiltų gatvė; Hauptgerichte 19–20 €, 7-Gänge-Menü mit Wein 84 €; ⊙Mo–Sa 12–1, So bis 22 Uhr) Die *Meridianas* – eine Schonerbark, die als Teil von Reparationszahlungen in Finnland für die UdSSR gebaut wurde – ist in jenem alten Glanz restauriert worden, die diesem Wahrzeichen von Klaipėda gebührt. Heute ist sie ein schwimmendes Restaurant, das an prominenter Stelle auf dem Danė verankert ist. An Bord erwarten die Gäste glänzende Armaturen, gestärkte Tischdecken, Wagyu-Rindfleisch, Foie gras, Jakobsmuscheln und edler Wein.

Ausgehen & Nachtleben

In Klaipėda gibt es unzählige Kneipen und Bars, viele davon in den vergangenen Jahren neu eröffnet.

Žvejų Baras BAR
(☎46-412 060; www.zvejubaras.lt; Kurpių gatvė 8; ⊙So–Mi 17–24, Do–Sa bis 2 Uhr) Die schöne Hafenkneipe mit Bleiglasfenstern und Holzeinrichtung (der Name bedeutet „Fischerkneipe“) ist einer der nettesten Orte der Stadt, um Livemusik zu hören oder ein paar interessante Bierchen zu trinken.

Herkus Kantas KNEIPE
(☎8-685 87338; www.herkuskantas.lt; Kepėjų gatvė 17; ⊙Di–Sa 17–1 Uhr) Das Herkus, eine der Kneipen am Fluss in Klaipėda, hat wohl die beste Lage von allen, nämlich gegenüber der berühmten Schonerbark *Meridianis,* die hier auf dem Danė vor Anker liegt. Bei gutem Wetter gibt es reichlich Tische drau-

ßen und im gemütlichen Kellerlokal tolle Biere vom Fass (einschließlich eines wöchentlichen Gastgebräus).

Seven KNEIPE
(☎8-653 27777; Žvejų gatvė 7; ⏲12–23 Uhr) Die neue Kneipe am Fluss bietet klare Linien, Hamburger und Craft-Biere, wie es von einem Lokal, das auf junge Leute abzielt, zu erwarten ist.

Senoji Vyninė WEINBAR
(☎8-610 41204; Žvejų gatvė 5; ⏲Mo–Fr 12–23, Sa ab 13 Uhr) Die Weinbar mit perfekter Lage am Fluss ist mit ihrer Tischwäsche, dem Holztresen und der gedämpften Atmosphäre ideal für ein paar Gläschen.

Storas Katinas BAR
(☎46-416 173; www.nationalhotel.lt/new/en/bar; Žvejų gatvė 21; ⏲Mo–Do 8–24, Fr & Sa bis 2, So bis 23 Uhr) Die „dicke Katze" besitzt für eine Hotelbar einen ungewöhnlichen Charme – sie ähnelt eher anderen Bierkellergewölben im altdeutschen Klaipėda. Geboten werden litauische Tagesgerichte, dunkles Holz, Ledersessel und überall gedämpft gelbe Lampen sowie eine gute Wein- und Bierauswahl.

Viva Lavita COCKTAILBAR
(☎46-228 800; www.ambertonhotels.com; Naujojo Sodo gatvė 1; ⏲So–Do 12–1, Fr & Sa bis 3 Uhr) Das Viva Lavita des Hotels Amberton im 20. Stock des K-Gebäudes und Teil des Restaurants gleichen Namens bietet spektakuläre Ausblicke über das Hafenviertel von Klaipėda, die Nordspitze der Nehrung und die Ostsee dahinter. Nach Osten dehnt sich Litauen, so weit das Auge reicht.

Nesė Pramogų Bankas CLUB
(☎8-870 055555; www.nesepb.lt; Turgaus gatvė 1; ⏲24 Std.; 📶) Die „Unterhaltungsbank Nesė" hat viele Gesichter: Zum Komplex gehören ein irischer Pub, eine Whisky-Bar, ein Casino und eine Lounge Bar. Es ist zwar nicht der interessanteste Ort zum Ausgehen in Klaipėda, aber es gibt über vier Stockwerke verschiedene Optionen, manche rund um die Uhr geöffnet.

Max Coffee CAFÉ
(☎8-657 30557; www.maxcoffee.lt; Turgaus gatvė 11; ⏲Mo–Fr 7.30–22, Sa ab 9, So 10–21 Uhr; 📶) Kaffeekultur ist in Klaipėda nicht gerade weit verbreitet und es gibt wahrlich schlimmere Orte als dieses anständige Café mit Kuchen, Muffins und WLAN.

☆ Unterhaltung

Konzerthaus Klaipėda KONZERTHALLE
(☎46-410 561; www.koncertusale.lt; Šaulių gatvė 36) Orchester, Chöre und Kammermusiker treten in diesem schönen Gebäude aus dem 19. Jh. auf.

Kurpiai JAZZ
(☎46-410 555; Kurpių gatvė 1; Eintritt am Wochenende 5 €; ⏲Mi 19–1, Do bis 2, Fr & Sa bis 4.30 Uhr) Der Jazzclub in der Altstadt ist eine Legende in Klaipėda: Er existierte schon, bevor nach der Unabhängigkeit die Bars aus dem Boden schossen. Mit seiner Pflasterterrasse und viel dunklem Holz ist er der beste Jazztreff der Stadt.

Staatliche Musikbühne THEATER
(Muzikinis teatras; ☎46-397 404; www.muzikinis-teatras.lt; Danės gatvė 19; ⏲Di–Sa 11–14 & 15.30–18.30, So 12–17 Uhr) Die 1987 ins Leben gerufene Institution Klaipėdas bringt alle möglichen musikalischen Genres auf die Bühne, einige Produktionen gehen auch auf Tournee. Es ist zudem das Stammhaus der Philharmonie Klaipėda.

Shoppen

Klaipėda ist berühmt für Bernstein (der Teatro aikštė ist gesäumt von Souvenirständen), bietet aber auch gute Leinenstoffe und Kunst.

Parko KUNST
(☎8-652 11112; Turgaus gatvė 9; ⏲Mo–Fr 11–17.30, Sa bis 15 Uhr) Super für Leute, die auf zeitgenössische Radierungen, Gemälde und Skulpturen stehen.

Pėda KUNST
(☎46-410 710; www.karciauskas.com; Turgaus gatvė 10; ⏲Mo–Fr 11–18 Uhr) Tolle Skulpturen und Designs des zeitgenössischen Künstlers Karčiauskas Vytautas.

Pegasas BÜCHER
(☎46-469 196; www.pegasas.lt; Taikos prospektas 61; ⏲10–22 Uhr) Pegasas ist fraglos der beste Buchladen in Klaipėda. Er befindet sich südlich der Altstadt im Einkaufszentrum Akropolis.

Praktische Informationen

Die Karte *Klaipėda Neringa* von Jāņa sēta umfasst Klaipėdas nördliche Vororte, Smiltynė und die Kurische Nehrung sowie das Stadtzentrum von Klaipėda (1:10 000). Die Karte kostet im Buchhandel 2,50 €.

Balt Tours (☎ 46-212 929; www.balttours.lt; Kepėjų gatvė 11a; ⌚ Mo–Fr 10–18 Uhr) Für Leute, die sich lieber an ein Pauschalunternehmen wenden, ist Balt Tours ideal. Sie organisieren Ausflüge zum Kurischen Haff, zum Nemunas-Delta und zu anderen baltischen Staaten. Auch Unterkünfte, Kulturtouren und dergleichen werden vermittelt.

Klaipėda in Your Pocket (www.inyourpocket.com) Jährlich aktualisierter Stadtführer, der in Hotels und Zeitungskiosken für 1 € verkauft wird. Auch als PDF-Download erhältlich.

Krantas Travel (☎ 46-395 215; www.krantas.lt; Teatro gatvė 5; ⌚ Mo–Fr 8–18, Sa 9–15 Uhr) Verkauft Fährtickets nach Sassnitz, Kiel und Karlshamn.

Post (☎ 8-700 55400; www.post.lt; Liepų gatvė 16; ⌚ Mo–Fr 8–19, Sa 9–16 Uhr) Das Hauptpostamt befindet sich in einem reizenden, neugotischen Backsteingebäude aus dem späten 19. Jh.

Touristeninformation (☎ 46-412 186; www.klaipedainfo.lt; Turgaus gatvė 7; ⌚ Mo–Fr 9–19, Sa & So 10–16 Uhr) Äußerst kompetente Information, die Karten und litauische Reiseführer verkauft sowie Unterkünfte, Touren und dergleichen vermittelt. Außerhalb der Hochsaison ist sonntags geschlossen.

An- & Weiterreise

BUS

Ecolines (☎ 46-310 103; www.ecolines.net; Mažvydo alėja 1; ⌚ Mo–Fr 9–18, Sa 9–15 Uhr) verkauft Fahrkarten zu internationalen Zielorten.

Der Informationsschalter im **Busbahnhof** (Autobusų Stotis; ☎ 46-411 547; www.klap.lt; Butkų Juzės 9; ⌚ Fahrkartenschalter 3.30–19.30 Uhr) gibt Auskunft zu Fahrplänen. Die meisten Busse von und nach Juodkrantė und Nida fahren am Fähranleger in Smiltynė auf der Kurischen Nehrung ab.

Vom Busbahnhof Klaipėda fahren Busse nach:

Kaliningrad (11 €, 3½ Std., 1-mal tgl.)
Kaunas (14 €, 2¾–4 Std., 20-mal tgl.)
Kretinga (1,70 €, 30–50 Min., 6.25–21.30 Uhr halbstündl.)
Liepāja (5,40 €, 1¾ Std., 1-mal tgl.)
Nida (3,40 €, 1½ Std., 7-mal tgl. ab Smiltynė)
Palanga (1,80 €, 30 Min., 22-mal tgl.)
Pärnu (35 €, 8¾ Std., 3-mal tgl. via Riga)
Riga (19 €, 5 Std., 8-mal tgl.)
Šiauliai (11 €, 3 Std., 8-mal tgl.)
Tallinn (41 €, 10 Std., 3-mal tgl. via Riga)
Vilnius (18 €, 4–5½ Std., 17-mal tgl.)

SCHIFF/FÄHRE

Vom **Internationalen Fährhafen** (☎ 46-395 051; www.dfdsseaways.lt; Perkėlos gatvė 10) in Klaipėda fahren die großen Passagier- und Autofähren von **DFDS Seaways** (☎ 46-395 000; www.dfdsseaways.lt; Šaulių gatvė 19) regelmäßig nach Kiel und Sassnitz und nach Karlshamn (Schweden).

Die Schnellfähre von **Smiltynės Perkėla** (☎ 46-311 117; www.keltas.lt; Nemuno gatvė 8; Erw./Kind über 7 J. 12/8,40 €) verkehrt zwischen dem alten Fährhafen in Klaipėda und Nida. Sie legt für zehn Minuten in Juodkrantė an. Die Fahrt dauert etwa zwei Stunden, Kinder unter sieben Jahren fahren kostenlos. Von Ende Mai bis August fahren zwei Fähren täglich, im übrigen Jahr nur eine samstags und sonntags.

ZUG

Der **Bahnhof** (☎ 8-700 55111; www.litrail.lt; Priestočio gatvė 1; ⌚ Fahrkartenverkauf 6.10–19 Uhr) liegt 150 m vom Busbahnhof entfernt und ist an dem ungewöhnlichen behelmten Uhrenturm und der beweglichen Statue auf dem Vorplatz zu erkennen.

Täglich fahren drei Züge von/nach Vilnius (18 €, 4 Std.) sowie fünf von/nach Šiauliai (7 €, 2–3 Std.) und Kretinga (1,70 €, 30 Min.).

Unterwegs vor Ort

BUS

Busfahrkarten für den Stadtverkehr kosten an Zeitungskiosken 0,64 € und beim Fahrer 0,70 €. Buslinie 8 (Achtung: Taschendiebe!) fährt vom Bahnhof zur Manto gatvė, ins Stadtzentrum und zur Haltestelle Turgaus am Taikos prospektas. Buslinie 11 verbindet den Busbahnhof mit der Manto gatvė, Minibusse fahren dieselbe Strecke. Sie halten auf Handzeichen hin an und kosten 0,70 € (zwischen 23 und 6 Uhr 1 €).

FAHRRAD

Baltic Cycle (☎ 8-615 91773; www.bicycle.lt; Naujoji Uosto gatve 3; pro Tag 12 €; ⌚ Mai–Sept. 9–19 Uhr, Okt.–April nach Vereinbarung) Praktisch für ein Leihfahrrad für Touren in Klaipėda oder auf der Kurischen Nehrung.

SCHIFF/FÄHRE

Alles zu **Smiltynė Perkėla** (www.keltas.lt) – Fahrpläne, Preise, Aktuelles – ist online zu finden.

Die Passagierfähre nach Smiltynė (Hauptzugang zur Kurischen Nehrung) fährt am **Alten Fährhafen** ab (Senoji perkėla; ☎ 46-311 117; www.keltas.lt; Danės gatvė 1; pro Pers./Fahrrad 0,90 €/frei). Sie ist mit „Neringa" ausgeschildert und legt an der Ostseite von Smiltynė am Beginn der Straße nach Nida an. Die Fähren fahren im Juni und August zwischen 6.30 und 24 Uhr mindestens alle 30 Minuten (sonst mindestens 1-mal stündl. bis 23 Uhr). Die Überfahrt dauert fünf Minuten und kostet hin und zurück 0,80 € pro Person; Fahrräder und Kinder unter sieben Jahren fahren kostenlos.

Ganzjährig können Fahrzeuge auf den Fähren am **Neuen Fährhafen** (Naujoji perkėla; ☎46-311 117; www.keltas.lt; Nemuno gatvė 8; pro Pers./ Auto 0,80/11,50 €, Fahrrad frei) mitgenommen werden, der 2 km südlich der Mündung des Danė liegt und mit „Neringa" ausgeschildert ist. Hier legen die Fähren zwischen 5.40 und 1.10 Uhr im Halbstundentakt ab. Auf der Kurischen Nehrung legen sie 2,5 km südlich von Smiltynė an. Buslinie 1 verbindet das Stadtzentrum von Klaipėda mit dem Neuen Fährhafen.

Nationalpark Kurische Nehrung

☎469 / 3100 EW.

Der Nationalpark Kurische Nehrung (Kuršių Nerijos Nacionalinis Parkas) wurde 1991 zum Schutz des außergewöhnlichen Ökosystems der Kurischen Nehrung einschließlich Sanddünen, Kurischem Haff und den Küstengewässern gegründet. Er umfasst einen Großteil der litauischen Nehrung von Smiltynė im Norden bis nach Nida 50 km weiter im Süden.

Der Park ist herrlich wild und unerschlossen. Kiefernwälder, in denen Hirsche, Elche und Wildschweine leben, machen etwa 70 % des Geländes aus, 25 % sind von Sanddünen bedeckt. Es gibt kaum Besiedlungen, nur vier Dörfer – Nida, Juodkrantė, Pervalka und Preila –, die auf Karten und Schildern gemeinsam als „Neringa" bezeichnet werden. Hauptgewerbe ist der Tourismus, der sich um die Dörfer Nida und Juodkrantė konzentriert. Er ist jedoch ein zweischneidiges Schwert, das einerseits Einkommensquelle, andererseits die größte Bedrohung für die Umwelt darstellt.

Bis in die ersten Jahrzehnte des 20. Jhs. war die Nehrung zum großen Teil deutsches Territorium. Die Gegend zog einstmals vor allem deutsche Vertriebene an und ist bis heute ein beliebtes Ziel für deutsche Touristen.

Heute teilt sich Litauen die Nehrung mit der russischen Exklave Kaliningrad, zu der eine Straße über die ganze Länge der Nehrung verläuft. Tatsächlich ist es mit entsprechendem Papierkram möglich, beim Besuch auf der Nehrung einen kleinen Abstecher nach Russland zu machen.

Festivals & Events

In der Sommersaison von Mitte Juni bis Ende August reiht sich ein Festival ans nächste.

Internationales Folklorefestival MUSIK

Zum Festival litauischer und europäischer Folk-Musik wird Nida an einem Wochenende Ende Juni von Besuchern überrannt. Unterkünfte sollten rechtzeitig gebucht werden.

SANDVERWEHUNGEN & DÜNEN

Einer Legende zufolge soll die mütterliche Seeriesin Neringa die Nehrung geschaffen haben, als sie liebevoll Sand aus ihrer Schürze nahm, um einen geschützten Hafen für die einheimischen Fischer anzulegen. Die Wirklichkeit ist aber genauso zauberhaft: Wellen und der Wind der Ostsee türmten vor 5000 bis 6000 Jahren den Sand in den seichten Küstengewässern auf und schufen auf diese Weise eine weltweit einzigartige Landschaft.

Massive Rodungen im 16. Jh. führten dazu, dass der Sand in Bewegung geriet. Die Bäume wurden für die Holzgewinnung gefällt, worauf der Sand ungehindert von starken Küstenwinden verweht werden konnte. Innerhalb von drei Jahrhunderten wanderte der Sand jährlich 20 m und verschluckte insgesamt 14 Dörfer.

Die Region wurde bald „Litauische Sahara" genannt und dringende Gegenmaßnahmen wurden nötig. 1768 begann eine internationale Kommission mit der Wiederaufforstung, die auch heute noch zu den Hauptaufgaben der Nationalpark-Behörde gehört. Mischwälder mit großen Birkenbeständen bedecken 20 % des Nationalparks, Nadelwälder mit Kiefern und Bergkiefern weitere 53 %. Auf 2,6 km² der Fläche (3 % des Parks) wachsen Erlen. Mit Astgittern und Holzstöcken wurde der Sand befestigt.

Dennoch wandert er weiter: mindestens 1 m pro Jahr. Die Nehrung bewegt sich langsam auf die Ostsee zu. Jeder Tourist, der über die Parnidis-Düne trampelt, die einzige verbliebene Wanderdüne, setzt mehrere Tonnen Sand in Bewegung. Bei 1,5 Mio. Besuchern pro Jahr ist die Gefahr, dass Einzelne die markierten Wege verlassen, natürlich groß, zumal auch Waldbrände die Dünen bedrohen.

Auch die Dünen werden immer kleiner. Wind, Wellen und menschliche Einwirkung haben sie innerhalb von 40 Jahren um 20 m schrumpfen lassen. Möglicherweise ist es für ihre Rettung schon jetzt zu spät.

Nida Jazz Marathon JAZZ
(www.nidajazz.lt) Auf dem Fest über drei Tage Ende Juli oder Anfang August findet jeden Abend eine Jam-Session statt.

Praktische Informationen

Kopos (www.kopos.lt) Suchportal für Unterkünfte in Nida, Juodkrantė und Preila.

Visit Neringa (www.visitneringa.com) Gut betreute Website mit fast allen Attraktionen und Angeboten in Neringa.

Anreise & Unterwegs vor Ort

Die Kurische Nehrung ist nur mit Boot oder Fähre erreichbar (es gibt keine Brücken zum Festland). Von Klaipėda verkehren regelmäßig zwei Fähren: Die Passagierfähre namens „Alte Fähre" fährt nach Smiltynė und die Autofähre namens „Neue Fähre" zu einem Anleger etwa 2 km südlich von Smiltynė. Die Neue Fähre legt von einem Hafen 2 km südlich der Altstadt Klaipėdas ab.

Busse fahren regelmäßig zu den Dörfern auf der Nehrung, z. B. nach Nida (3,40 €) und Juodkrantė (1,40 €). Sie verkehren aber erst ab **Smiltynė** (Smiltynės gatvė), sind also nur mit der Passagierfähre zu erreichen.

Bei passendem Wetter lässt sich die Nehrung auch gut mit dem Fahrrad erkunden. Es gibt einen gut markierten Weg, der von Smiltynė über Juodkrantė bis nach Nida verläuft (50 km). Fahrräder können in Klaipėda geliehen und umsonst auf der Passagierfähre mitgenommen werden.

Auch Kaliningrad im Süden in der russischen Exklave kann besucht werden: Die russische Grenze liegt 3 km südlich von Nida an der Hauptverkehrsstraße. Für den Grenzübertritt sind allerdings vorher die nötigen Einreiseformalitäten zu erledigen.

Smiltynė

☎46 / 50 EW.

Das kleine Dorf Smiltynė ist nur eine fünfminütige Fährfahrt über die schmale Haffstraße zwischen Klaipėda und der Kurischen Nehrung entfernt. Der herrliche haffseitige Küstenstreifen, an dem sich an Sommerwochenenden die Einwohner von Klaipėda drängen, bietet wunderschöne Strände, Sanddünen und süß duftende Kiefernwälder.

Sehenswertes & Aktivitäten

Mit Badesachen im Gepäck geht's über einen Pfad durch Kiefernwälder über die 1 km breite Spitze der Nehrung zu einem strahlend weißen Sandstrand. Vom Fähranleger läuft man zunächst über den Parkplatz und dann nach links Richtung Nida. Rechts weist ein großes Schild auf den Fußweg hin, der durch den Wald zum Frauenstrand (Moterų pliažas; 1 km), zum gemischten Strand (Bendras pliažas; 700 m) und zum Männerstrand (Vyrų pliažas; 900 m) führt. Am Frauen- bzw. Männerstrand ist es üblich, nackt oder oben ohne zu baden.

Litauisches Meeresmuseum AQUARIUM
(Lietuvos Jūrų Muziejus; ☎46-490 740; www.juru.muziejus.lt; Smiltynės gatvė 3; Erw./Stud. 9/6 €; ⌚Juni–Aug. Di–So 10.30–18.30 Uhr; 👪) Das beliebte Museum in einer Festung aus dem 19. Jh. besitzt einige faszinierende ausgestopfte Meerestiere, Aquarien und Liveshows mit Robben, Seelöwen und Delfinen. Von September bis April sinkt der Eintrittspreis auf 7/4 €, auch die Öffnungszeiten verkürzen sich.

Ausstellung des Nationalparks Kurische Nehrung MUSEUM
(Kursių nerijos nacionalinis parkas gamtos muziejus ekspozicija; ☎46-402 256; www.nerija.lt; Smiltynės gatvė 11; Erw./Kind 1,16/0,58 €; ⌚Mai–Sept. Mi–So 11–18 Uhr) Das Museum zur Fauna und Flora des Parks verteilt sich auf drei Holzhäuser. Neben ausgestopften Exemplaren von Wildschweinen, Dachsen, Bibern und Elchen gibt es auch eine große Insektensammlung. Außerdem informiert es über den Dünenschutz.

Ethnografisches Fischergehöft MUSEUM
(Smiltynės gatvė; ⌚Sonnenaufgang–Sonnenuntergang) GRATIS Das Gehöft bietet mit seiner Ansammlung traditioneller Gebäude aus dem 19. Jh. (Kornspeicher, Wohnhaus, Keller, Stallungen usw.) einen Einblick in das traditionelle Fischerdasein auf der Kurischen Nehrung. Draußen befinden sich alte Fischerboote, darunter drei Ostsee-Fischkutter aus den späten 1940er-Jahren und ein *kurėnas* von 1935 (Kurenkahn; ein traditionelles, kurisches Flachboot).

Praktische Informationen

Besucherzentrum Nationalpark Kurische Nehrung (Smiltynė) (☎46-402 256; www.nerija.lt; Smiltynės gatvė 11, Smiltynė; ⌚So–Do 9–17, Fr & Sa bis 18 Uhr) Das Besucherzentrum hat reichlich Informationsmaterial über die Ökologie und die Attraktionen des Parks und organisiert Naturführungen (20–34 €, 2–8 Pers.). Zur Mittagspause von 12 bis 13 Uhr ist es geschlossen, ebenso an Wochenenden von September bis April.

Nationalpark Kurische Nehrung

Juodkrantė

☎469 / 720 EW.

Das lang gezogene Dorf Juodkrantė (Schwarzort) liegt 20 km südlich von Smiltynė am Haff. Hier ticken die Uhren langsamer, selbst im Hochsommer, und überall riecht es nach leckerem Räucherfisch.

Sehenswertes

Zeitgenössische Steinskulpturen und eine Promenade säumen das Ufer. An der Hauptstraße, der Liudviko Rėzos gatvė, reihen sich Ferienhäuschen und Verkaufsbuden für *žuvis* (Fisch).

Nationalpark Kurische Nehrung

Highlights

1 Kormoran- & Reiherkolonie B3
2 Parnidis-Düne A5

Sehenswertes

3 Ethnografisches Fischergehöft A2
4 Ausstellung des Nationalparks Kurische Nehrung A2
5 Litauisches Meeresmuseum A2

Schlafen

6 Kuršmarių Vila A5

Am Nordende von Juodkrantė zieht sich rund um den alten Fischerhafen die **Bernsteinbucht** (Gintaro įlanka). Der Name erinnert daran, dass hier von 1854 bis 1855 und 1860 aus drei Lagern insgesamt 2250 t Bernstein gefördert wurden. Die Nehrung ist hier ca. 1,5 km breit – das Waldgebiet, in dem Frühaufsteher und Abendspaziergänger schon mal einem Elch begegnen, gehört zu den schönsten der Halbinsel.

★ Kormoran- & Reiherkolonie
VOGELSCHUTZGEBIET

Gleich südlich von Juodkrantė ist die größte Kolonie von Graureihern und Kormoranen Litauens heimisch, die hier seit dem 19. Jh. beobachtet wird. Holzstufen führen von der Straße hinauf zu einer Aussichtsplattform, von der aus die Besucher auf Tausende von Nestern in den Kiefern schauen können. Der Lärm der rund 6500 Vögel ist gewaltig. Fischer machen vor allem die Kormorane dafür verantwortlich, dass der Fang zurückgegangen ist. Aber beide Arten stehen unter Schutz.

Die Kormorane kommen Anfang Februar (die Reiher etwas später) und bereiten ihre Nester für die neue Brut vor. Im Mai schreien dann schon die Jungen nach Futter. Auch Stare, Drosseln, Grasmücken und Grau-, Schwarz- und Buntspechte lassen sich von hier aus beobachten.

Hexenberg
SKULPTURENWEG

(Raganų Kalnas; 👪) Der Hexenberg besteht aus einer stets wachsende Ansammlung von Teufeln, Hexen und anderen phantastischen und grotesken Holzfiguren der litauischen Märchenwelt, die von einheimischen Künstlern seit 1979 geschnitzt werden. Sie säumen mal märchenhaft, mal verspielt (die Zunge eines Riesenteufels kann man runterrutschen) oder auch schauerlich einen Waldweg, der direkt südlich der Liudviko Rėzos gatvė 46 ausgeschildert ist.

Wetterfahnengalerie MUSEUM
(Vetrungių Galerija; ☎8-698 27283; www.autentic.lt; L Rėzos gatvė 13; ⊙Mai–Sept. 9–19, April & Okt. 10–17 Uhr) Lohnenswert ist ein Besuch der Wetterfahnengalerie, eines Museums, das authentische kurische Wetterfahnen und Bernsteinschmuck verkauft.

Evangelisch-Lutherische Kirche KIRCHE
(Liudviko Rėzos gatvė 56) Die deutsche Backsteinkirche am südlichen Rand von Juodkrantė wurde 1885 erbaut.

Schlafen & Essen

Viele Unterkünfte und Restaurants schließen von Oktober bis April. Reservierung ist also ratsam, um Enttäuschungen zu vermeiden. Räucherfisch wird überall entlang der Liudviko Rėzos gatvė verkauft. Für Selbstversorger gibt es nur einen teuren Laden (8–22 Uhr) nahe dem Weganfang zum Hexenberg.

Vila Flora PENSION €€
(☎469-53 024; www.vilaflora.lt; Kalno gatvė 7a; DZ/3BZ 80/115 €; P) Die reizende Holzvilla aus dem 19. Jh. im Zentrum von Juodkrantė ist das ganze Jahr über geöffnet. Sie hat 15 helle, stilvolle Zimmer, einige mit Balkon und Wintergarten. Das hauseigene Restaurant ist das beste im Ort und serviert traditionelle litauische Gerichte mit überraschendem Pfiff. Im Winter sind die Preise niedriger, aber das Restaurant ist dann leider geschlossen.

Kurėnas HOTEL €€
(☎8-698 02711; kurenas@gmail.com; Liudviko Rėzos gatvė 10; Zi. ab 75 €; P 📶) Die helle und betriebsame Café-Bar mit Straßenterrasse ist nach den traditionellen kurischen Fischerkähnen benannt. Sie hat große, individuell ausgestattete Zimmer mit Holzfußböden und sauberen, weißen Wänden. Am schönsten sind die mit Balkon und Blick aufs Haff (von September bis Mai kosten sie nur die Hälfte).

Hotel Ažuolynas HOTEL €€
(☎469-53 310; www.hotelazuolynas.lt; Liudviko Rėzos gatvė 54; EZ/DZ 76/114 €; P 🏊) Dem modernen Hotel fehlt es zwar an Atmosphäre, aber es hat anständige Zimmer und Angebote, die in kleineren Häusern fehlen, wie Tennisplätze, Billardtisch, Sauna und Swimmingpool. Es ist das ganze Jahr geöffnet und die Preise sind in der Nebensaison (Sept.–Mai) sehr viel niedriger.

Pamario Takas LITAUISCH €€
(☎8-650 97491; L Rėzos gatvė 42; Hauptgerichte 8 €; ⊙10–24 Uhr) Fröhliches, familiengeführtes Restaurant in einem malerischen Holzhaus mit Blumengarten. Das Brot wird selbst gebacken und das Essen ist wirklich gut.

Praktische Informationen

Post (L Rėzos gatvė 54; ⊙Mo–Fr 8.30–16.30 Uhr) Macht von 12 bis 13 Uhr Mittagspause.

Touristeninformation (☎469-53 490; juodkrante@visit neringa.lt; Liudviko Rėzos gatvė 8; ⊙Mo–Sa 10–20, So bis 15 Uhr) Gegenüber der Bushaltestelle; bietet Infos über Unterkünfte und Aktivitäten. Von 13 bis 14 Uhr schließt die Information; von September bis Mai sind die Öffnungszeiten eingeschränkt und sonntags ist dann ganz geschlossen.

REGELN AUF DER NEHRUNG

- Eintritt für die Gemeinde Neringa: Motorrad/Auto Juli bis August 5/10 €, September bis Juni 5/5 €.
- Geschwindigkeitsbegrenzung: 50 km/h in Ortschaften, 70 km/h auf Landstraßen.
- Nicht abseits der Pfade über Dünen laufen und auf keinen Fall Blumen pflücken.
- Keinesfalls Flora und Fauna beschädigen, Vogelnester stören oder Lagerfeuer anzünden.
- Zelten oder Parken eines Reisemobils über Nacht ist im ganzen Park verboten.
- Angeln ohne Erlaubnisschein ist nicht gestattet; ein Schein ist in der Touristeninformation erhältlich.
- Achtung: Elche und Wildschweine überqueren die Straße. Nicht füttern!
- Wer gegen die Regeln verstößt, muss auf der Stelle ein Bußgeld von bis zu 150 € zahlen.
- Notruf bei Waldbränden: ☎01, ☎112, Smiltyne ☎8-656 35025, Juodkrantė ☎8-656 34998, Preila und Pervalka ☎8-687 27758, Nida ☎8-656 34992.

An- & Weiterreise

Busse von/nach Nida (2,30 €, 45 Min.) und Smiltynė (1,40 €, 15–20 Min.) halten in Juodkrantė. Eine Fahrradvermietung (3/12 € pro Std./Tag) gibt's nahe der Touristeninformation.

Von Juodkrantė nach Nida

Die Straße von Juodkrantė nach Süden biegt zur Westseite der Nehrung ab. Das 16,8 km^2 große **Naturschutzgebiet Naglių** (Naglių rezervatas) umfasst die Grauen Dünen (so benannt nach der grauen Flora, die sie bedeckt), die hier über 8 km lang und bis zu 2 km breit sind. Ein markierter Pfad führt von der Hauptverkehrsstraße in das Gebiet hinein.

Sandverwehungen zwangen die Dorfbewohner Mitte des 19. Jhs. zum Rückzug nach **Pervalka** und **Preila** an der Ostküste, die über Nebenstraßen ab der Hauptstraße erreichbar sind. Die von Kiefern bedeckte **Vecekrugas-Düne** (67,2 m), die höchste Düne der Halbinsel, liegt südlich von Preila auf einem Grat. Dieser wurde nach einem alten Gasthaus benannt, das sich hier befand, bevor der Sand es unter sich begrub. Vom Fahrradweg Juodkrantė–Nida kann man einen Blick darauf werfen.

Schlafen & Essen

Unterkünfte und Restaurants sind hier rar, Geldautomaten gibt es gar nicht.

Kuršmarių Vila HOTEL €€
(☎8-685 56317; kursmariuvila@gmail.com; Preilos gatvė 93; DZ 70 €; Ⓟ) Das reetgedeckte Kuršmarių Vila am Südrand von Preila bietet das ganze Jahr über Zimmer und Vollpension. Die Fischerfamilie, die das Haus führt, produziert tollen Fisch aus ihrer Räucherkammer und bringt Gästen im Winter Eisfischen bei (wenn man die Kälte erträgt). Der Preis für ein Doppelzimmer sinkt in der Nebensaison auf 30 €.

Karalienė Luizė LITAUISCH €€
(☎8-6121 2111; Pervalkos gatvė 29e; Hauptgerichte 8–11 €) Die beliebte Raststation für Radler auf der Strecke Nida–Juodkrantė direkt am Haff von Pervalka ist ein recht gutes Restaurant (im Sommer) mit nett eingerichteten Zimmern.

Nida

☎469 / 1650 EW.

Das malerische Nida (Nidden) ist die größte Siedlung auf der litauischen Hälfte der Kurischen Nehrung und zudem ihr touristischer Brennpunkt. Spuren ihrer Vergangenheit als Fischerdorf sind an den hübschen Holzhäusern und einem Hafen voller Boote noch überall sichtbar. Doch heute lebt Nida von Urlaubern und Busladungen von Deutschen, die das einstige Ostpreußen entdecken wollen.

Die Gegend ist ein Naturparadies und weiße Sandstrände liegen bequeme 2 km entfernt jenseits der Kiefernwälder. Im Süden liegt die imposanteste Düne der Halbinsel, die Parnidis-Düne (Parnidžio kopa). Über eine Treppe ist ihre 52 m hohe Spitze zu erreichen, von wo sich eine herrliche Aussicht über eine weite, unberührte Dünenlandschaft eröffnet, die sich bis zur russischen Exklave erstreckt.

Ab Ende des 19. Jhs. ließ sich eine Künstlergruppe von dem Gebiet um Nida inspirieren, das schon bald ein beliebter Urlaubsort wurde. Als Thomas Mann (1875–1955) hier in den 1930er-Jahren sein Sommerhaus bezog, gab es bereits fünf Hotels. 1965 erhielt das französische Philosophenpaar Jean-Paul Sartre und Simone de Beauvoir vom russischen Generalsekretär Chruschtschow eine Sondererlaubnis für einen fünftägigen Aufenthalt in den Dünen. Dabei wurden sie vom litauischen Fotografen Antanas Sutkus begleitet und fotografiert.

Nida ist 48 km von Klaipėda und 3 km von der russischen Grenze entfernt. Der Ort ist 2 km lang; sein Zentrum liegt am Südende hinter dem Hafen.

Sehenswertes & Aktivitäten

Sowohl zu Lande als auch auf dem Wasser gibt es hier viel zu unternehmen. Wer dazu keine Lust hat, kann aber auch allem den Rücken kehren und einfach nur relaxen. Außerhalb der Saison sind an den Stränden oft Bernsteinstücke zu finden, die die Frühlings- oder Herbststürme angespült haben. Im Winter können Unerschrockene auf dem zugefrorenen Haff durch das Eis Stinte und Quappen angeln.

NÖRDLICH DES HAFENS

Vom Hafen bietet sich ein atemberaubender Blick auf die Parnidis-Düne. Von dort verläuft auch eine reizvolle Promenade über 1 km am Haff entlang.

Heimatmuseum Neringa MUSEUM
(Neringos Istorijos Muziejus; ☎469-52 372; www.neringosmuziejus.lt; Pamario gatvė 53; Erw./Kind 0,58/0,29 €; ⏲10–18 Uhr) Schwarz-Weiß-Fo-

tos aus raueren Zeiten zeigt das fürsorglich gestaltete Heimatmuseum, das Nidas Geschichte von der Steinzeit bis 1939 erzählt. Besonders interessant sind die Bilder von einheimischen Jägern, die Krähen den Hals durchbeißen (um sie so zu töten) und dann den Geschmack mit einem kräftigen Schluck Wodka herunterspülen. Vom 17. bis 19. Jh. war es auf der Kurischen Nehrung durchaus üblich, Krähen und Seemöweneier zu essen, nachdem die Sandverwehungen das Ackerland unfruchtbar gemacht hatten.

Thomas-Mann-Museum MUSEUM
(Tomo Mano memorialinis muziejus; ☎469-52 260; www.mann.lt; Skruzdynės gatvė 17; Erw./Kind 1,74/0,87 €; ⌚Juni–Aug. tgl. 10–18 Uhr, Sept.–Mai Di–Sa 10–17 Uhr) Die herrlich gelegene Villa, die heute ein Museum ist, gehörte einst dem Schriftsteller und Nobelpreisträger Thomas Mann. Er verbrachte mit Frau und Kindern die Sommer von 1930 bis 1932 hier, bevor er 1933 ins Exil gehen musste.

Hermann-Blode-Museum MUSEUM
(☎469-52 219; Skruzdynės gatvė 2; Erw./Kind 0,58/0,29 €; ⌚Sept.–März 9–19 Uhr) Das kleine Museum in einem Hotel von 1867 erinnert an die berühmten Künstler, die hier nächtigten: Thomas Mann, Ludwig Passarge und Engelbert Humperdinck.

Evangelisch-Lutherische Kirche KIRCHE
(Pamario gatvė 43; ⌚10–18 Uhr) Die elegante Backsteinkirche stammt aus dem Jahr 1888. Ihr stiller Waldfriedhof ist mit *krikstai* – aus Brettern gezimmerten Kreuzen – übersät, die den Verstorbenen helfen sollen, leichter zum Himmel aufzusteigen.

Bernsteinmuseum GALERIE
(Gintaro Galerija; ☎469-52 573; www.ambergallery.lt; Pamario gatvė 20; Erw./Kind 1,20/0,60 €; ⌚April–Okt. 10–19 Uhr) Das kleine Museum in einer alten Fischerhütte an der Nordseite des Orts besitzt einen kleinen Bernsteingarten und außergewöhnlichen Bernsteinschmuck. Eine zweite Galerie des Museums, das Kurėnas, befindet sich nahe dem Hafen in einem markanten Glaskasten in einem alten Holzboot.

Nemunas-Delta-Touren BOOTSAUSFLÜGE
(www.visitneringa.com; Hafen Nida; Touren 35 €) Wer die Zeit hat, für den ist ein Ausflug zum Nemunas-Delta mit seinen Wasservögeln, dem raschelnden Schilf und dem leuchtenden Lilienteppich ein Muss – vor allem bei schönem Wetter. Zahlreiche Anbieter am Pier von Nida tuckern über das Haff, mit Mittagessen in Mingė und einem Ausflug zur Vogelstation Ventės Ragas. Die Touren beginnen gegen 10 Uhr und dauern sechs Stunden.

Velo Nida FAHRRADVERLEIH
(☎8-682 14798; Naglių gatvė 18e; pro Tag 12 €; ⌚Mai–Okt. 9–21 Uhr) Der gut geführte Fahrradverleih befindet sich hinter der Busstation. Er hat eine Zweigstelle in Juodkrantė, wo die Fahrräder abgegeben, ausgetauscht oder repariert werden können. Gepäcktransport kann vereinbart werden.

Kuršis SEGELN
(☎8-686 65242; am Hafen von Nida; Erw./Kind pro Std. 8/5 €) Der schöne nachgebaute *kurėnas*, ein traditionelles Fischerboot aus dem 19. Jh., nimmt von Juni bis September Passagiere auf Hafftouren mit.

WESTLICH DES HAFENS

Alle Straßen in westlicher Richtung führen zum Strand. Oder man biegt von der Taikos gatvė gegenüber vom Postamt Richtung Norden ab, läuft weiter bis zur Linkskurve nach 150 m und steigt dann auf dem Pfad den Hügel hinauf zum knapp 30 m hohen **Leuchtturm auf dem Urbas-Berg** (für Besucher geschlossen). Der Pfad setzt sich hinter dem Leuchtturm noch 700 m weiter fort, ein gerader Weg führt bergab zurück zur Hauptstraße und nach weiteren 400 m zum Strand.

Wem das zu verwirrend ist, der folgt einfach der Taikos gatvė in westlicher Richtung bis zur Hauptverkehrsstraße Smiltynė–Nida und wandert über den gepflasterten und markierten Fußweg durch den Kiefernwald zum Strand.

SÜDLICH DES HAFENS

Südlich des Orts liegen zwei oder drei Straßen mit Fischerkaten in hübschen Blumengärten.

Hinter der Lotmiškio gatvė führt ein Pfad an der Küste entlang und durch ein Wäldchen zu einer Wiese, dem sogenannten „Tal des Schweigens". Dort beginnt der **Parnidis-Dünenpfad** (Parnidžio pažintinis takas), ein 1,8 km lange Naturlehrpfad, der zur gewaltigen Parnidis-Düne selbst führt.

Bis zur Grenze nach Kaliningrad sind es von hier aus noch 3 km Richtung Süden. Wer auf den ausgewiesenen Wegen bleibt, braucht nicht zu befürchten, dass er versehentlich auf russisches Gebiet gerät. Von

Nida

der Düne führt der Naturlehrpfad vorbei am Leuchtturm und durch den Kiefernwald zurück zur Taikos gatvė.

★ **Parnidis-Düne** WAHRZEICHEN
(Parnidžio kopos) Die Aussicht auf die Küste, die Wälder und den 7 km langen goldenen Sandstreifen, der sich südwärts bis in die russische Enklave hinzieht, ist unvergesslich. Auf keinen Fall sollte der Holzsteg verlassen werden, da die Düne sehr empfindlich ist. Am Fuß der 180 Stufen sind zwei Fotografien aufgestellt, die die Düne einmal 1960 und einmal 2002 zeigen: Sie hat innerhalb dieser 40 Jahre 20 m an Höhe verloren – eine Mahnung, niemals abseits des vorgeschriebenen Weges durch die Düne zu wandern.

Die Nationalparkbehörden haben die Trümmer der Sonnenuhr aus Granit auf dem Gipfel liegen lassen. Bis 1999 ragte sie 12 m über dem 52 m hohen Gipfel der Düne empor, doch dann machte ein Wirbelsturm deutlich, was Naturgewalt heißt, und riss die Uhr um – auch dies sollte unvorsichtigen Dünenwanderern zu denken geben.

Ethnografisches Fischermuseum MUSEUM
(Žvejo Etnografinė Sodyba; ☎469-52 372; Naglių gatvė 4; Erw./Kind 0,58/0,29€; ⏲10–18 Uhr) Das

Nida

Sehenswertes
1 Bernsteinmuseum ... D2
2 Ethnografisches Fischermuseum ... C5
3 Evangelisch-lutherische Kirche ... C1
4 Hermann-Blode-Museum ... D1
5 Heimatmuseum Neringa ... D1

Aktivitäten, Kurse & Touren
6 Kuršis ... D4
7 Nemunas-Delta-Touren ... D4
8 Naturlehrpfad Parnidis-Düne ... B5
9 Velo Nida ... D3

Schlafen
10 Hotel Jūratė ... C3
11 Inkaro Kaimas ... D3
12 Miško Namas ... C2
13 Naglis ... C4
14 Poilsis Nidojė ... C4
15 Vila Banga ... C2

Essen
16 Ešerinė ... C5
17 Grill House'as ... C4
18 Kuršis ... C3
19 Laumė ... D2
20 Nidos Seklyčia ... C5
21 Pastoge ... C2
22 Tik Pas Jona ... C4
23 Užeiga Sena Sodyba ... C4

Ausgehen & Nachtleben
24 Faksas ... A4
25 In Vino ... A4
26 Kolibris ... C4

Unterhaltung
27 Kulturzentrum Agila ... C3

Shoppen
Markt ... (s. 13)
28 Räucherfischverkauf ... C4

Museum erlaubt einen Blick zurück in das Nida des 19. Jhs. Originale Wetterfahnen schmücken den Garten und die Innenräume sind so ausgestattet, wie es in alten Zeiten üblich war. Von September bis Mai ist es sonntags und montags geschlossen.

Schlafen

Die Preise in Nida unterscheiden sich ganz erheblich zwischen der Hochsaison (Juni–Aug.) und dem restlichen Jahr. In der „kalten Saison" können sie um die Hälfte sinken, manche Unterkünfte schließen gleich ganz (unbedingt vorher anrufen).

Nidos Kempingas CAMPINGPLATZ €
(☎469-52 045; www.kempingas.lt; Taikos gatvė 45a; Zelt/Erw./Kind 5/6,50/3,50 €, DZ/Apt. 64/96 €; P) Der aufgepeppte Campingplatz im Kiefernwald am Beginn des Pfads zur Parnidis-Düne hat Unterkünfte für jeden Geldbeutel. Die Doppelzimmer haben Satelliten-TV und Kühlschrank, die Apartments sind für Selbstversorger vollständig ausgestattet. Außerdem gibt es Basketball- und Tennisplätze sowie Mietfahrräder.

Miško Namas PENSION €€
(☎469-52 290; www.miskonamas.com; Pamario gatvė 11; DY 75 €, Apt. für 2/4 Pers. 95/100 €; P @) Die sehr gepflegte Pension ist in kurischem Blau-Weiß gehalten und mit Blumen geschmückt. Jedes Zimmer hat einen Kühlschrank, ein Waschbecken und einen Wasserkocher; einige eine komplette Küche und Balkon. Gäste können auch die Gemeinschaftsküche nutzen, Fahrräder mieten, in der kleinen Bibliothek schmökern oder im Garten faulenzen.

Vila Banga PENSION €€
(☎8-686 08073; www.nidosbanga.lt; Pamario gatvė 2; DZ/Apt. 95/115 €;) Das adrette Holzhaus mit leuchtend blauen Fensterläden und einem perfekten Reetdach ist ein wahres Schmuckstück. Es hat sieben gemütliche Zimmer mit Kiefernholzmöbeln, eine Sauna und Leihfahrräder (9 € pro Tag).

Naglis PENSION €€
(☎8-699 33682; www.naglis.lt; Naglių gatvė 12; DZ/Apt. 75/100 €; P) Die zauberhafte Pension in einem Holzhaus in der Nähe des Hafens ist einfach entzückend. Die Doppelzimmer bestehen aus zwei Räumen, einige haben eine Tür zum schattigen Garten mit Tischen. Es gibt ein Esszimmer und eine Gemeinschaftsküche, ein Raum ist mit Kamin ausgestattet. Die Pension verleiht auch Fahrräder (2,40/9 € pro Std./Tag).

Inkaro Kaimas PENSION €€
(☎469-52 123; www.inkarokaimas.lt; Naglių gatvė 26-1; DZ/Apt. 64/87 €; P) Das wunderschön erhaltene rote Holzhaus am Ufer steht auf blauen Pfosten und existiert schon seit 1901. Die Gäste werden in separaten Apartments mit jeweils eigenem Eingang untergebracht. Einige mit Kiefernholzmöbeln ausgestattete Zimmer haben einen Balkon mit Blick über das Haff.

WETTERFAHNEN

Nirgendwo wird die enge Verbindung der Einwohner von Juodkrantė und Nida zur Schifffahrt deutlicher als auf den Dächern ihrer Holzhäuser aus dem 19. Jh. Im Jahr 1844 legte ein Gesetz fest, dass Fischerboote an einer Wetterfahne oder einem Wetterhahn erkennbar sein mussten. Bald zierten diese auch die Hausdächer. Ursprünglich bestanden die 60 x 30 cm großen Fahnen aus Zinn, später aus Holz. Sie waren am Bootsmast befestigt, sodass andere Fischer sofort erkennen konnten, wohin ein *kurėnas* (Nehrungsboot) gefahren war. Jedes Dorf besaß ein eigenes Symbol – ein schwarz-weißes geometrisches Muster –, das in den Wetterhahn eingefügt und dann durch weitere mythische Zeichen ergänzt wurde. Im Heimatmuseum von Neringa werden die verschiedenen Symbole gezeigt.

Poilsis Nidojė PENSION €€
(☎ 8-686 31698; www.neringahotels.lt; Naglių gatvė 11; DZ/Apt. 80/108 €; P 📶) Das tolle Holzhaus Poilsis Nidojė bietet geräumige und doch gemütliche Doppelzimmer und Apartments mit Kochnische. Die Einrichtung ist rustikal, das Frühstück (8 €) wird in der Gemeinschaftsküche serviert. Die Gäste können ihr Abendessen im hübschen Garten grillen.

Audrone APARTMENT €€
(☎ 8-619 61943; Skruzdynės gatvė 14-4; Apt. 100 €; P) Das Apartment neben dem Thomas-Mann-Museum gehört zu einem privaten Wohnhaus, hat riesige Zimmer und einen wirklich umwerfenden Blick auf das Haff. Die Preise sinken außerhalb der Monate Juli und August.

Hotel Jūratė HOTEL €€
(☎ 469-52 300; www.hotel-jurate.lt; Pamario gatvė 3; EZ/DZ ab 47/67 €; P 📶) Das Hotel sieht zwar wie ein Sanatorium aus, doch dafür liegt es sehr zentral und hat relativ günstige Preise. Echte Nostalgiker für Sowjetkitsch werden voller Freude feststellen, dass die letzte Renovierung dem Glitzerzement in den Fluren nichts anhaben konnte.

Essen

Standardöffnungszeiten in Nida sind von Mitte Mai bis Mitte September von 10 bis 22 Uhr. Außerhalb der Saison sind viele Restaurants geschlossen.

★ **Tik Pas Jona** FISCH & MEERESFRÜCHTE €
(☎ 8-620 82084; Naglių gatvė 6-1; Hauptgerichte 3 €; ⏲ April–Nov. tgl. 10–22 Uhr, Dez.–März nur Sa & So) Das schnörkellose Restaurant ist wohl der beste Ort, um den berühmten Räucherfisch vom Haff zu essen. Mit einer Brasse direkt aus der Räucherkammer, Roggenbrot, Zitrone, frischen Tomaten und einem Bier lassen sich von der Terrasse wunderbar die einlaufenden Boote beobachten.

Laumė EUROPÄISCH €
(☎ 469-52 335; www.nidospastoge.com; Pamario gatvė 24-3a; Hauptgerichte 5–7 €; ⏲ Juni–Aug. 10–24 Uhr) Das Laumė ist ein anspruchsloses kleines Restaurant mit tollem Haffblick von der blumenumkränzten Terrasse. Neben einfachen litauischen Gerichten gibt es auch Pizza, Pasta, Salat und dergleichen. Außerhalb der Sommersaison geschlossen.

Nidos Seklyčia EUROPÄISCH €€
(☎ 469-50 000; www.neringaonline.lt; Lotmiškio gatvė 1; Hauptgerichte 12–17 €; ⏲ 10–23 Uhr; 📶) Das Restaurant in herrlicher Lage, fast im Windschatten der Parnidis-Düne, ist das ganze Jahr über geöffnet und eines der besten in Nida. Die Preise sind für litauische Verhältnisse etwas hoch, aber das Essen, besonders der Fisch, ist wirklich gut.

Užeiga Sena Sodyba LITAUISCH €€
(☎ 8-652 12345; www.senasodyba.lt; Naglių gatvė 6; Hauptgerichte 5–8 €; ⏲ Mo–Fr 11–22 Uhr) Die Auswahl an Fischgerichten in diesem entzückenden Holzhaus ist beeindruckend und verlockend. Der absolute Renner sind jedoch die Pfannkuchen. In der Beerenzeit ist es ein wahres Schlemmerparadies.

Grill House'as EUROPÄISCH €€
(☎ 8-614 15470; Naglių gatvė 14a; Hauptgerichte 6–10 €; ⏲ 10–24 Uhr) Das Grill House ist prima für einen Hamburger, ein Steak oder einen Salat (oder nur ein Bier). Es hat auch eine Sommerterrasse mit Hafenblick.

Kuršis LITAUISCH €€
(☎ 8-612 18868; Naglių gatvė 29; Hauptgerichte 6–8 €; ⏲ 8–24 Uhr; 📶) Das verlässliche Kuršis macht alles: Omelettes und Rühreier zum Frühstück, Salate und Fisch zum Mittagessen und *cepelinai,* Schweinefleisch, Pasta und andere gehaltvollere Gerichte am Abend. Außerhalb des Sommers ist es nicht so lang geöffnet.

Ešerinė LITAUISCH €€
(☎469-52 757; www.eserine.lt; Naglių gatvė 2; Hauptgerichte 8–13 €; ⏲10–24 Uhr) Mit dem reetgedeckten Pavillon und den Holzschnitzereien macht das Ešerinė einen entfernt polynesischen Eindruck. Auf der großen Uferterrasse (mit Blick auf die Parnidis-Düne) oder drinnen werden exzellenter Fisch und litauische Gerichte serviert. Es ist eines der beliebtesten Restaurants im Ort.

Pastoge LITAUISCH €€
(☎469-51 149; www.nidospastoge.com; GD Kuverto gatvė 2; Hauptgerichte 8–11 €; ⏲10–24 Uhr) Das von der Witterung dunkel gefärbte Holzhaus am Haff ist ideal für ein Restaurant. Litauische Gerichte wie Heilbutt mit Kartoffeln gibt es ebenso wie exotischere Speisen, z. B. grusinisches Hühner-*tabaka* (ein ganzes, platt gepresstes und in der Pfanne gebratenes Huhn). Außerhalb der Sommersaison geschlossen.

Ausgehen & Nachtleben

Generell kommt niemand kommt wegen des Nachtlebens nach Nida, aber es gibt ein paar Optionen.

Faksas BAR
(☎8-648 53665; Taikos gatvė 32a; ⏲Sommer 15–4 Uhr) Die Partyhütte im Kiefernwald ist eines der wenigen echten Nachtlokale in Nida. Das Faksas bezeichnet sich selbst als „rocker-, biker- und freakfreundlich". Im Sommer gibt's Livemusik und Bier und Schnaps fließen in Strömen.

In Vino BAR
(☎8-655 77997; www.invino.lt; Taikos gatvė 32; ⏲Mai–Sept. 10–24 Uhr) Die Weinbar, eines der wenigen Lokale ausschließlich zum Trinken, hat einen ungewöhnlichen Standort, nämlich oben auf einem Mietshaus ein Stück zurückgesetzt von der Hauptstraße. Der Raum ist behaglich und erhält tagsüber Licht durch Panoramafenster. Die Dachterrasse gewährt einen Blick auf die Parnidis-Düne.

Kolibris BAR
(☎469-52 557; Naglių gatvė 14a; ⏲9–23 Uhr) Kolibris ist eine bewährte *kavinė-baras* (Café-Bar) in Hafennähe, gut für ein Bier auf der überdachten Terrasse nach einem Tag auf dem Wasser oder für gegrilltes Schweinefleisch, *šaltibarščiai* (kalte Rote-Bete-Suppe), Klöße und andere litauische Klassiker.

Unterhaltung

Kulturzentrum Agila VERANSTALTUNGEN
(☎469-52 538; www.visitneringa.com; Taikos gatvė 4) Das Zentrum veranstaltet Festivals, Events, folkloristische Darbietungen, Diskos u. a.

Shoppen

Räucherfisch ESSEN
(Rūkyta žuvis; Naglių gatvė 18; ⏲Mai–Sept. 10–22 Uhr) Verkauft *ungurys* (Aal), *starkis* (Zander), *stinta* (Stint), *ešerys* (Barsch) und *karšis* (Brasse).

Markt MARKT
(gegenüber der Naglių gatvė 17; ⏲unterschiedlich, meist 10–22 Uhr) Der Markt mit nur einem Stand verkauft in der Saison Plastikbecher mit wilden Erdbeeren, Blaubeeren und anderen Beeren frisch aus dem Wald.

Praktische Informationen

Besucherzentrum Nationalpark Kurische Nehrung (Nida) (Lankytojų centras; ☎469-51 256; www.nerija.lt; Naglių gatvė 8; ⏲Mo–Mi 9–17, Do–So bis 18 Uhr) Das Zentrum hat massenhaft Infomaterial zum Park und organisiert auch Naturführungen (20–34 €, 2–8 Pers.). Mittags ist es von 12 bis 13 Uhr geschlossen, von September bis April an Wochenenden.

Eurovaistinė (☎8-005 0005; www.eurovaistine.lt; Naglių gatvė 29a; ⏲Mo–Fr 9–19, Sa 10–16, So bis 15 Uhr) Apotheke mitten in Nida.

Polizei (☎469-52 202; Taikos gatvė 5)

Post (www.post.lt; Taikos gatvė 13; ⏲Mo–Fr 8.30–16.30 Uhr) Hauptpostamt von Neringa. Mittags von 13 bis 14 Uhr geschlossen.

Šiaulių Bankas (www.sb.lt; Naglių gatvė 18e; ⏲Mo–Fr 8–16 Uhr) Mittags von 12.30–13.30 Uhr geschlossen.

Touristeninformation (☎469-52 345; www.visitneringa.com; Taikos gatvė 4; ⏲Mo–Sa 9–19, So 10–17 Uhr; 📶) Verkauft Karten, bucht Unterkünfte und hat jede Menge Infomaterial (auch Fotos) zu Privatzimmern und Ferienwohnungen. Informiert auch über Fähren zum Nemunas-Delta. Von September bis Mai sind die Öffnungszeiten reduziert.

An- & Weiterreise

Vom **Busbahnhof** (☎469-54 859; www.maretravel.lt; Naglių gatvė 18e; ⏲7.45–19.45 Uhr, 1. Sept.–14. Juni bis 16.45 Uhr) in Nida verkehren von 6 bis 20 Uhr alle ein bis zwei Stunden Busse mit Smiltynė (3,40 €, 1 Std.) mit Halt in Juodkrantė (2,30 €, 35 Min.). Von Smiltynė fährt dann die Passagierfähre nach Klaipėda. Fernbusse gibt es zweimal täglich nach Vilnius (24 €, 5½ Std.) und Kaunas (19 €, 4½ Std.) und um 8.09 Uhr nach Kaliningrad (7 €, 2 Std.).

MIT DEM RAD VON NIDA NACH JUODKRANTĖ

Eine der herrlichsten Radtouren Litauens führt über die ganze Länge der Kurischen Nehrung. Im Süden stößt sie auf einen Pfad, der in die Exklave Kaliningrad führt und im Norden auf einen Pfad, der schließlich nach Palanga und weiter Richtung Lettland verläuft. Die Strecke ist Teil des Eurovelo-Radwanderwegs Nr. 10, des „Ostseewegs". Der schönste Abschnitt der gesamten Strecke sind die 30 km von Nida nach Juodkrantė.

Dieser Teil der Route führt an einigen der schönsten Natursehenswürdigkeiten und Rastplätzen der Nehrung vorbei, darunter die Vecekrugas-Düne und die alte Fischräucherei in Preila. Vom Radweg zweigen Pfade für Wanderer ins Schutzgebiet Karvaičiai ab, wo ganze Dörfer unter dem Sand begraben liegen. Die Radtour bietet außerdem beste Gelegenheit, Elche und Wildschweine zu sehen, die man vom Auto oder Bus aus viel seltener entdeckt.

Startpunkt in Nida ist der rot gepflasterte Radweg an der Haffpromenade Richtung Norden, wo es dann nach dem Thomas-Mann-Haus links um die Ecke auf die Puvynės gatvė weitergeht. Von dieser Straße gleich wieder rechts abbiegen und dann dem Weg 3,5 km weit folgen, bis ein Pfad links in den Kiefernwald abzweigt. Hier beginnt der eigentliche Radweg mit der Kilometerangabe 0,0.

Das Dorf Pervalka Richtung Norden kann durch- oder umfahren werden, was schneller geht. 4 km weiter folgt der Eingang zum Naturschutzgebiet Naglių. Wenig später kreuzt der Radweg die Hauptverkehrsstraße, sodass Radfahrer die restlichen 9 km bis Juodkrantė auf der Westseite der Nehrung zurücklegen.

Die ersten 5 km verlaufen durch den Kiefernwald an der Straße entlang, die letzten 4 km führen an Sanddünen entlang. Außerhalb des Schutzgebietes können Radfahrer ein erfrischendes Bad vor dem letzten Abschnitt nehmen, der bergauf durch bewaldete Dünen bis Juodkrantė führt.

Nemunas-Delta

☎ 441

Die von Sumpfniederungen geprägte Ostseite des Kurischen Haffs (Kursių marios) wirkt ein bisschen wie das Ende der Welt. Nur wenige Touristen verirren sich in das abgelegene, ländliche Gebiet, wo im Sommer der Blick auf die weißen Dünen auf der anderen Haffseite einfach umwerfend ist. Im Winter hocken Eisangler auf der gefrorenen Fläche des bis zu 12 km breiten Haffs und hoffen darauf, dass ein dicker Brocken anbeißt.

Šilutė (21 000 Ew.), ein verschlafenes Städtchen etwa eine Autostunde südlich von Klaipėda, ist das Tor zum Nemunas-Delta (Memel-Delta). Hier mündet der Fluss nach einer 937 km langen Reise von der Quelle im benachbarten Weißrussland ins Haff. **Rusnė**, die größte Insel, ist 48 km² groß und wächst pro Jahr um 15 bis 20 cm.

Das gängige Transportmittel ist hier das Boot. Die Bewohner des Deltas können von März bis Mitte Mai nur mit einem Amphibienfahrzeug in den Park und hinaus gelangen, weil dann Springfluten meist gut 5 % der Parkfläche unter Wasser setzen. 1994 stieg der Pegel an einigen Stellen um 1,5 m, in anderen Jahren sind es meist 40 bis 70 cm.

Von Nida aus fahren im Sommer Boote über das Haff in den Ort **Mingė** (nach dem Fluss, der die „Hauptstraße" durch das Dorf bildet, auch Minija genannt). Mingė, das den Beinamen „litauisches Venedig" trägt, hat nur um die 100 Einwohner, doch nur noch eine Handvoll sprechen Lietuvinkai, den für die Deltaregion typischen Dialekt. Die reetgedeckten Holzhäuser am Ufer stammen aus dem 19. Jh. und stehen unter Denkmalschutz.

Eine gute Möglichkeit zur Erkundung des Gebiets ist der Fahrradweg, der von Mingė aus rund um den **Krokų Lanka** führt, den mit 4 km Länge und 3,3 km Breite größten See des Parks.

Sehenswertes & Aktivitäten

Mitten im Nemunas-Delta liegt auf der gleichnamigen Insel **Rusnė**, rund 8 km südwestlich von Šilutė, wo sich der Hauptstrom teilt. Viel zu tun gibt es hier nicht, außer einem Picknick am hübschen Flussufer oder dem Besuch von zwei kleinen Museen.

Der Park besteht aus von Deichen geschützten Poldern (dem Meer abgerungene Landflächen). Der erste Polder wurde 1840 angelegt, um Rusnė zu schützen. Viele tief gelegene Polder werden jahreszeitlich noch immer überflutet und dienen verschiedenen Fischarten (im Park insgesamt über 60) als Laichgrund. Am Ufer des nahen Sees Dumblė befindet sich mit 1,3 m unter dem Meeresspiegel der tiefste Punkt Litauens.

Ventės Ragas (Kap Ventė) ist ein kaum besiedeltes Gebiet an der Südspitze des Deltas. Die dramatische Landschaft und Einsamkeit verleihen diesem Landstrich eine besonders wilde Atmosphäre. Um 1360 wurde hier eine Burg des Deutschordens errichtet, um den Schiffsverkehr zu schützen, doch durch die Stürme auf diesem abgeschiedenen Kap stürzte sie bereits nach ein paar Jahrhunderten ein. Die Kirche wurde wiederaufgebaut, 1702 durch einen Sturm jedoch erneut zerstört. Aus den Trümmern wurde 10 km nördlich der Nordostgrenze des Parks eine neue Kirche in **Kintai** errichtet.

Abgesehen von ein paar Fischerkaten und dem **Leuchtturm** (1862) ist die Hauptattraktion hier die Vogelstation Ventės Ragas 66 km südlich von Klaipėda am Ende der Straße von Kintai nach Ventė.

★ Regionalpark Nemunas-Delta NATIONALPARK

(Nemuno Deltos Regioninis Parkas; www.nemunodelta.lt) Dort, wo der Nemunas, der größte Fluss Litauens, ins Kurische Haff mündet, teilt er sich in vier Nebenarme auf: Skirvytė, Atmata, Pakalnė und Gilija. Dadurch entstand ein Sumpfdelta von überwältigender Schönheit, voller Vögel, mit raschelndem Schilf, Lilien und kleinen Wäldchen. Wer sich in Nida, Šilutė oder sonstwo in der Nähe aufhält, sollte dieses wunderbare Gebiet unbedingt besuchen. Die Parkverwaltung befindet sich auf Rusnė, der größten Insel im Delta.

Vogelfreunde werden sich hier nicht mehr einkriegen. Das 240 km² große Gebiet aus Inseln, Sümpfen und Schwemmwiesen bildet die perfekte Lebenswelt für die 294 bekannten Vogelarten. Das Gebiet liegt auf der Vogelzugroute von der Arktis durch Europa nach Ostafrika. Viele Vögel lassen sich hier also zur Brutzeit nieder.

Vogelstation Ventės Ragas VOGELSCHUTZGEBIET

(☎ 8-638 90619; www.vros.lt; Erw./Kind 3/2 €; ⏲ Mo–Fr 10–18, Sa & So bis 19 Uhr) Die erste Beringungsstation für Vögel wurde hier 1929 gegründet, doch erst zwischen 1959 und 1960 wurden große Vogelfallen aufgestellt. Heute werden während der Vogelflugzeit rund 100 000 Vögel jährlich beringt, die zuvor mit verschiedenen Fallen eingefangen wurden. Zwei Ausstellungsräume in der Station informieren über die Vogelwelt, eine Beobachtungsplattform lädt dazu ein, die Tiere in freier Natur zu beobachten. Die Station oder die Touristeninformation vermitteln Kontakte zu deutsch- oder englischsprachigen ornithologischen Führern.

Bauernhausmuseum MUSEUM

(Etnografine Sodyba Muziejus; ☎ 441-58 169; Skirvytėlės gatvė; Eintritt mit Spende; ⏲ Mitte Mai–Mitte Sept. 10–18 Uhr) Das Museum (1,8 km von Rusnė ausgeschildert) zeigt Geräte, Möbel und drei altehrwürdige landwirtschaftliche Gebäude. Sie vermitteln einen Eindruck von den einst harten Lebensbedingungen im Delta.

Polder-Museum MUSEUM

(☎ 441-62 230; Eintritt mit Spende; ⏲ unterschiedlich) Das Museum in einem alten Pumphaus am Vilkinė zeigt die einfache Technik, mit der die Nemunas-Bauern versucht hatten, das Wasser einzudämmen. Es befindet sich im Dorf Uostadvaris auf Rusnė.

VOGELBEOBACHTUNG IM NEMUNAS-DELTA

Das Feuchtgebiet ist ein Paradies für Vogelfreunde. Fast 300 der 325 in Litauen lebenden Vogelarten tummeln sich im Regionalpark Nemunas-Delta. Viele seltene Arten brüten in den üppigen Marschen um Rusnė, darunter Schwarzstörche, Seeadler, Uferschnepfen, Spießenten, Alpenstrandläufer, Kampfläufer und Doppelschnepfen. Die weit verbreiteten Weißstörche brüten in großer Zahl rund um Ventė.

Eine der großen Vogelzugrouten von der Arktis über Europa nach Ostafrika führt über den Park, weshalb hier zahlreiche Wasservögel auf ihrer Wanderung eine Rast einlegen. Für 170 Arten ist der Park aber mehr als ein kurzzeitiger Rastplatz, sie brüten hier – einige Arten, etwa die Spießente, sogar ausschließlich in diesem Gebiet.

Seltene Seggenrohrsänger, Wachtelkönige, Lachmöwen, Weißflügel-Seeschwalben und Haubentaucher haben ihre größten Kolonien im Delta. Im Herbst überqueren bis zu 200 000 Vögel – davon 80 % Meisen und Finken – die Vogelstation Ventės Ragas, bis zu 5000 werden dann täglich zu Forschungszwecken beringt.

Schlafen & Essen

An ausgewiesenen Stellen im Park ist Zelten erlaubt – Auskunft erteilt die Parkverwaltung. Vorräte muss jeder allerdings selbst mitbringen. Im ganzen Delta gibt es traumhafte Unterkünfte auf Bauernhöfen, die von der Parkverwaltung und der Touristeninformation in Šilutė vermittelt werden. Viele Unterkünfte werben auch selbst. Die Übernachtung kostet durchschnittlich 20 € und meist werden auch gegen einen kleinen Aufpreis Mahlzeiten serviert. Eine großartige Möglichkeit, das Delta hautnah zu erleben.

Laimutės HOTEL €€
(☎8-698 18402; Žemaičių Naumiestis; Zi. 44 €; P ☒) Laimutės ist ein Hotel mit allem Drum und Dran: Es bietet beeindruckende Zimmer, Wellness- und Saunazentrum, Fahrradverleih, Bootsfahrten, Exkursionen auf Bauernhöfe und Eisfischen im Winter und trotz all der Aktivitäten auch Ruhe und Entspannung. Das zugehörige Restaurant verarbeitet nur Bioprodukte von lokalen Gehöften und Gewässern. Halbpension ist im Preis enthalten. Das Laimutės liegt etwa 15 km östlich von Šilutė in Žemaičių Naumiestis.

Kintai PENSION €€
(☎441-69 501; www.kintai.lt; DZ 50 €, Camping pro Pers./Zelt 1,45/2,90 €; P) Das Hotel-Restaurant mit Bootszentrum bietet Komfort, Abgeschiedenheit und zahlreiche Aktivitäten rund ums Wasser. Alle Zimmer haben einen Balkon und einige liegen buchstäblich auf dem Wasser (in einem Hausboot). Auf Wunsch werden Angelausflüge organisiert oder Bootsfahrten durch das Delta. Das Hotel liegt 6 km östlich des Dorfs Kintai am Fluss Minija.

Ventainė HOTEL, CAMPINGPLATZ €€
(☎441-68 525; www.ventaine.lt; Marių gatvė 7; DZ/Apt. 60/100 €, Camping pro Erw./Auto/Zelt 2,90/2,90/2,90 €; P @ ☒) Der Komplex liegt 20 Minuten zu Fuß von der Beringungsstation entfernt am Haff mit Blick auf die Sanddünen der Nehrung. Die komfortablen Zimmer haben Bäder mit Fußbodenheizung und Kühlschränke. Auch für die Camper ist bestens gesorgt: mit Holzhäuschen, Stellplätzen und sauberen, modernen Sanitäranlagen. Das Restaurant serviert litauische Gerichte (Hauptgerichte 8–10 €), darunter eine wirklich exzellente Fischsuppe.

Praktische Informationen

Mit staatlichen Finanzspritzen und EU-Hilfe zur Tourismusförderung wird die Region zunehmend erschlossen.

Hauptsitz der Parkverwaltung (☎441-75 050; www.nemunodelta.lt; Kuršmarių gatvė 13; ⏲Mo–Do 8–17, Fr bis 15.45 Uhr) Das Büro im winzigen Dorf Rusnė hat Infomaterial zum Delta und Routenvorschläge und vermietet sogar Zimmer und Fahrräder. Mittags ist von 12 bis 12.45 Uhr geschlossen.

Touristeninformation Šilutė (☎441-77 785; www.silute info.lt; Lietuvininkų gatvė 4; ⏲Mo–Do 8–17, Fr bis 15.45 Uhr) Wer Infos zu Unterkünften, Aktivitäten und Verkehrsverbindungen braucht, sollte als Erstes dieses enorm hilfsbereite Büro in der Hauptstraße von Šilutė ansteuern. Es gibt einen praktischen Radführer für die Region heraus sowie die jährlich aktualisierte Broschüre *Šilutės kraštas* mit Unterkünften und Kulturveranstaltungen im Delta.

Anreise & Unterwegs vor Ort

Ohne eigenen Wagen wird die Anreise ziemlich strapaziös. Im Sommer gibt es von Šilutė täglich zehn Busverbindungen von/nach Klaipėda (3,90 €; 1 Std.) und ebenso viele von/nach Kaunas (12 €, 3½ Std.) und Vilnius (22 €, 5¼ Std.).

Das beste Fortbewegungsmittel ist ein Boot (mit dem Boot sind es von Pakalnė nach Kintai 8 km, mit dem Auto dagegen 45 km). Die Hauptrouten folgen den drei großen Flussarmen Atmata (13 km), Skirvytė (9 km) und Pakalnė (9 km) – die sich ab Rusnė in westlicher Richtung fächerförmig aufteilen.

In Kintai, Ventainė und Laimutės werden Boote mit Führer vermietet. Auch das Büro in Šilutė kann weiterhelfen.

Palanga

☎460 / 17 600 EW.

Palanga ist ein Badeort mit zwei Gesichtern – im Winter ein friedliches Rentnerparadies, im Sommer eine heiße Partymeile. Touristen aus ganz Litauen und dem Ausland fallen dann über den idyllischen, 10 km langen Strandabschnitt her, der von Dünen und duftenden Kiefern gesäumt ist.

Trotz der Massen und der aufdringlichen Leuchtreklamen hat Palanga mit seinen Holzhäusern, dem Klingeling von Fahrrädern und den Fahrradtaxis einen gewissen Charme.

Geschichte

Palanga war häufig Litauens einziger Hafen, der allerdings 1710 von den Schweden zerstört wurde. Im 19. Jh. entwickelte sich Palanga zum Badeort, der auch später bei den Sowjets sehr beliebt war. Nach 1991 gingen die während der Sowjetära verstaatlichten Villen und Feriendomizile wieder in den Besitz ihrer ursprünglichen Eigentümer über und schon bald eröffneten private Hotels und Restaurants. 2005 wurde die wichtigste Fußgängerzone saniert, was dem schillernden Ruf Palangas bestimmt nicht geschadet hat.

Sehenswertes & Aktivitäten

Nahezu alles konzentriert sich in der Basanavičiaus gatvė, einer langen, verkehrsfreien Straße, die von der Küste geradeaus landeinwärts führt und auf ganzer Länge von Restaurants, Cafés, Kneipen und Läden gesäumt ist. Südlich davon befinden sich die beiden vorrangigen Sehenswürdigkeiten, außer dem Strand, nämlich der Botanische Garten und das Bernsteinmuseum.

Ein Bummel über die Basanavičiaus gatvė ist allein schon eine Attraktion - viele Urlauber verbringen damit gerne ihren Abend. Verkaufsstände am Ostende bieten Bernstein an und auf der gesamten Länge gibt es Hüpfburgen, Bungee-Simulatoren, Karussells, Elektroautos, Porträtzeichner, Straßenmusikanten und Unterhalter mit Affen.

Vom Ende der Basanavičiaus gatvė führt ein Steg durch die Dünen zur Seebrücke. Tagsüber bieten Straßenverkäufer hier Popcorn, *ledai* (Eiscreme), *dešrainiai* (Hotdogs), *alus* (Bier) und *gira* (ein trüber, nichtalkoholischer Brottrunk) an. Bei Sonnenuntergang (im Juli etwa 22 Uhr) sitzen Familien und Liebespärchen hier auf den Bänken und beobachten die untergehende Sonne.

Von der Seebrücke an der Basanavičiaus führt ein Rad- und Spazierweg nach Norden und Süden durch den Kiefernwald. Schmale Pfade zweigen an verschiedenen Punkten nach Westen zum Strand ab. Der Hauptpfad (Meilės alėja) biegt etwa 500 m südlich in die Darius ir Girėno gatvė ab und führt zum Botanischen Garten, der reichlich Spazier- und Radwege bietet.

★ Bernsteinmuseum MUSEUM
(Gintaro Muziejus; ☎460-51 319; www.pgm.lt; Vytauto gatvė 17; Erw./Stud. 2,32/1,16 €; ⏲ Di–Sa 10–20, So bis 19 Uhr) Das sehr beliebte Museum zeigt die angeblich sechstgrößte Bernsteinsammlung der Welt, insgesamt über 20 000 Exemplare. Das Museum ist in einem ausladenden klassizistischen Palast untergebracht, der 1897 von Graf Feliksas Tiskevicius erbaut wurde. Einlass ist bis eine Stunde vor Schließung.

Botanischer Garten PARK
(☎460-49 270; www.pgm.lt; 15 Vytauto gatvė) Zum 1 km² großen Park gehören ein Rosengarten, 18 km Fußwege und der Birutė-Hügel (Birutės kalnas), der früher eine heidnische Kultstätte war. Einer Legende zufolge wurde sie von Vestalinnen gehütet, bis der Großherzog Kęstutis die Vestalin Birutė entführte und heiratete. Oben auf dem Hügel steht eine Kapelle aus dem 19. Jh. Das wunderbare Bernsteinmuseum befindet sich innerhalb des Parks.

Bernstein-Werkstattgalerie GALERIE
(Gintaro Dirbtuvės Galerija; ☎8-682 69139; Dariaus ir Girėno gatvė 27; ⏲ Di–Sa 10–18 Uhr) GRATIS Dies ist der letzte der etwa ein Dutzend Bernsteinläden, die es in Palanga Ende des 19. Jhs. gab, als die Stadt eines der größten Bernsteinzentren im Baltikum war. Sie wird von der Bernsteinzunft Palanga geleitet und verkauft herrliche Arbeiten. Besucher können dort ihren eigenen Bernsteinschmuck herstellen.

Antanas-Mončys-Museum MUSEUM
(Antano Mončio Namai-Muziejus; ☎460-49 366; www.antanasmoncys.com; Daukanto gatvė 16; Erw./Stud. 1,16/0,58 €; ⏲ Mi–So 11–17 Uhr) Das Museum zeigt große Holzskulpturen, Collagen und Masken des litauischen Künstlers Antanas Mončys (1921–1993).

Gedenkstätte Dr. Jono Šliūpas MUSEUM
(Jono Šliūpo Memorialinė Sodyba; ☎460-54 559; Vytauto gatvė 23a; Erw./Kind 1,16/0,58 €; ⏲ Di–So 11–18 Uhr) Im ehemaligen Wohnhaus des ersten Bürgermeisters der Stadt sind faszinierende Schwarz-Weiß-Fotos des alten Palanga ausgestellt. Von September bis Mai ist sonntags geschlossen.

Exil- & Widerstandsmuseum MUSEUM
(☎460-484 72; J Basanavičiaus gatvė 21; ⏲ Mi, Sa & So 16–18 Uhr) GRATIS Eine schlichte ständige Ausstellung zum Widerstand gegen ausländische (speziell sowjetische) Besetzung Litauens im turbulenten 20. Jh.

Bike House FAHRRADVERLEIH
(☎8-696 10010; www.bikehouse.lt; S Daukanto gatvė 10a; pro Tag 12 €; ⏲ 9–20 Uhr) Das Bike House ermöglicht Online-Bestellung und liefert das Rad zur Unterkunft.

Festivals & Events

Palanga-Robben ESSEN
(Palangos ruoniai) Bei den „Robben" handelt es sich tatsächlich um Stinte, kleine delikate Fische, die für nur eine kurze Zeit im Februar vor der Küste von Palanga auftauchen. Während des dreitägigen Fests Mitte Februar werden die Stinte überall in der Stadt

Palanga

in allen erdenklichen Formen zubereitet. Eine zusätzliche Attraktion sind die unzähligen abgehärteten Leute, die sich ins eiskalte Ostseewasser zum Eisschwimmen stürzen.

Palanga-Sommerfest KULTURELL
Der Höhepunkt der Sommersaison findet jeden Sommer in einer anderen Woche statt. Es endet mit einem großen Straßenumzug, Liederfestival und Popkonzert.

Schlafen

In der Sommersaison sind die Zimmer schnell ausgebucht; im Winter fallen die Preise um bis zu 50 %. In der Hochsaison von Juni bis August lohnt es sich manchmal, mit den vielen Einheimischen zu verhandeln, die am östlichen Ende der Kretingos gatvė mit Schildern „Nuomojami kambariai“ (Zimmer zu vermieten) stehen. Auch an vielen Häusern in der Nėries gatvė und der Birutės alėja hängen solche Schilder. Die Preise liegen bei 15 bis 30 € pro Nacht, je nach gebotenem Zimmerkomfort. Unterkünfte vermitteln auch die Touristeninformation und die Ferienwohnungsagentur **Palbiuras** (☎ 460-51 500; www.palbiuras.lt; Kretingos gatvė 12; ⏲ Mo–Fr 9–18 Uhr).

Palanga

Highlights
1 Bernsteinmuseum A5

Sehenswertes
2 Bernstein-Werkstattgalerie B4
3 Antanas-Mončys-Museum B3
4 Botanischer Garten B5
5 Gedenkstätte Dr. Jono Šliūpas B4
6 Exil- & Widerstandsmuseum B2

Aktivitäten, Kurse & Touren
7 Bike House B3

Schlafen
8 Corona Maris A3
9 Ema C2
10 Hotel Alanga B2
11 Laguna A2
12 Palanga Hotel A3
13 Palangos Vėtra B4
14 Pusų Paunksnėje B4
15 Seklytėlė B1
16 Vasaros Ambasada A3
17 Vila Mama Rosa C2
18 Vila Ramybė C4
19 Vila Žvaigždė B2

Essen
20 1925 Baras C2
21 Armėniška Virtuvė B2
22 Čagino B2
23 City Chef C3
24 Lašas Steak House B2
25 Mini Maxima C2
26 Molinis ąsotis C2
27 Žuvinė A2

Ausgehen & Nachtleben
28 Strandbars A2
29 Exit B2
30 Kablys: Jūra. Kultūra B3
31 Laukinių Vakarų Salūnas B2
32 Piano B2
33 Šachmatinė A2

Unterhaltung
34 Kino Teatras Naglis C3
35 Freiluft-Konzertbühne B3

Shoppen
36 Baltijos Auskas C3

Laguna PENSION €
(☎460-49 191; www.laguna-hotel.lt; Meiles alėja 12; DZ ab 40 €) Die Lage des Laguna unter Kiefern an der Seepromenade ist kaum zu übertreffen. Es ist ein hübsches, dreistöckiges Holzhaus mit sechs „Apartments", die mit Kühlschrank, orthopädischen Matratzen, Safe und anderen Annehmlichkeiten ausgestattet sind. Und dafür ist es auch noch preiswert.

Seklytėlė APARTMENT €
(☎460-57 415; seklytele@gmail.com; Jūratės gatvė 18; pro Woche ab 280 €) Das gut eingerichtete Apartment mit einem Schlafzimmer befindet sich über dem Restaurant gleichen Namens. Es ist ideal für ein Pärchen, das länger als ein paar Tage in Palanga bleiben möchte.

Vila Mama Rosa PENSION €
(☎460-48 581; Jūratės gatvė 28a; EZ/DZ ab 42 €; P @ 📶) Mama Rosa bietet acht hübsche Zimmer im englischen Stil mit Kamin, Fußbodenheizung im Bad und schmiedeeisernen Bettgestellen. Hinzu kommen eine schicke Lounge und ein Restaurant sowie eine Saunaanlage und ein Whirlpool.

Ema PENSION €
(☎460-48 608; www.ema.lt; Jūratės gatvė 32; EZ/DZ 23/40 €; P) Die einfache Pension zeichnet sich durch Freundlichkeit und eine Einrichtung aus, die an ein Kinderzimmer erinnert. Zum Haus gehören ein gutes Café und ein Anglerladen.

Vasaros Ambasada HOTEL €
(☎8-698 08333; www.palangosambasada.lt; Meilės alėja 16; Zi. ab 35 €; P 📶) Das hübsche kleine Hotel hat eine beneidenswerte Lage im Ort: direkt an der Küste, aber nur ein paar Meter von den Massen auf der Basanavičiaus gatvė entfernt. Die Zimmer sind schlicht möbliert, aber alles ist sauber und gepflegt. Englisch wird hier kaum verstanden. In der Hochsaison (Juni–Sept.) schießen die Preise in die Höhe.

Vila Ramybė BOUTIQUEHOTEL €€
(☎460-54 124; www.vilaramybe.lt; Vytauto gatvė 54; EZ/DZ 55/70 €; @ 📶) Nur mit Glück ist in dem stilvollen, dezenten Hotel ein Zimmer zu ergattern. Die mit Kiefernholz verkleideten Zimmer sind in blauen und grünen Pastelltönen gehalten, sieben der zwölf Räume haben Terrassen, die meisten auch eine kleine Lounge. Apartments werden auch vermietet.

Hotel Alanga HOTEL €€
(☎460-49 215; www.alanga.lt; S Nėries gatvė 14; DZ/Suite/Apt. ab 41/47/73 €; P @ 📶 🏊) Familien sind hier gut aufgehoben: Neben blitzblanken und komfortablen Zimmern finden

sie dort ein Spielzimmer, Kinderbetreuung, einen Billardraum und ein Fitnesscenter. Die Ausstattung ist etwas nüchtern, aber die Balkone sind von leuchtend roten Dahlien geschmückt. Die Preise unterscheiden sich je nach Jahreszeit, in der Hochsaison sind sie mehr als doppelt so hoch wie hier angegeben.

Palangos Vėtra HOTEL €€
(☎460-53 032; www.palangosvetra.lt; S Daukanto gatvė 35; EZ/DZ ab 86/98 €; P@⑤☒) Das Vėtra liegt an einer hervorstechenden Ecke in einem ruhigen Stadtteil. Glas und klare Linien verleihen dem Hotel ein skandinavisches Flair. Zum Haus gehören ein Spa und Wellnesszentrum sowie ein Café und ein sehr gutes Restaurant.

Vila Žvaigždė PENSION €€
(☎460-49 012; www.vilazvaigzde.lt; S Daukanto gatvė 6; Zi. ab 60 €; P) Seit 1932 gibt es das Žvaigždė bereits und es scheint Welten entfernt vom modernen Trubel in Palanga. Die großen, behaglichen Zimmer verströmen einen Hauch Romantik und im Erdgeschoss befindet sich ein beliebtes ukrainisches Restaurant.

★ Palanga Hotel HOTEL €€€
(☎460-41 414; www.palangahotel.lt; Birutės gatvė 60; DZ/Suite ab 130/295 €, 1-Zi.-Apt. ab 225 €; P❄@⑤☒) Das Palanga in einem Kiefernwäldchen ist ein Knaller. Die Zimmer blicken auf blauen Himmel, Baumstämme, Baumwipfel oder das Meer. Die Ausstattung ist geschmackvoll, luxuriös und geprägt von natürlichen Bernstein-, Creme- und Sandfarben. Einige Zimmer haben sogar eine eigene Sauna oder einen Whirlpool.

Pusų Paunksnėje PENSION €€€
(☎460-49 080; www.pusupaunksneje.lt; Dariaus ir Girėno gatvė 2; Apt. ab 160 €; P@☒) Die gehobene, rustikale Pension des litauischen Basketballstars Arvydas Sabonis ist super. Sie hat einen Pool, einen lauschigen Hof und 14 Luxusapartments, jedes mit Kamin.

Corona Maris APARTMENT €€€
(☎8-620 31535; www.coronamaris.lt; Darius ir Girėno gatvė 5; DZ/4BZ 130/215 €; P@⑤) Die feine Pension zwischen Kiefern und Meer vermietet Luxusapartments in zwei Größen, für zwei und für vier Personen. Alle haben Küche, Wohnzimmer mit Fußbodenheizung, die größeren auch einen Kamin.

Essen

In der Basanavičiaus gatvė konzentrieren sich die meisten Restaurants der Stadt.

City Chef FAST FOOD €
(☎8-656 88926; Vytauto gatvė 39a; Hauptgerichte 4 €; ⊙16–2 Uhr) Bei schönem Wetter ist ein Hot Dog mit Chorizo, Pommes frites und Bier an diesem halbstationären Imbissstand kaum zu schlagen. Es gibt reichlich Bänke und Tische auf der Terrasse und im Sommer Filme, Livemusik, kostenlose Tanzstunden und mehr.

Mini Maxima SUPERMARKT €
(Senojo Turgaus gatvė 1; ⊙8–23.30 Uhr) Selbstversorger können sich hier eindecken.

1925 Baras LITAUISCH €€
(☎460-52 256; www.baras1925.lt; Basanavičiaus gatvė 4; Hauptgerichte 8–12 €; ⊙10–24 Uhr) Das schöne, hölzerne Gasthaus bietet seit 1925 ein Refugium vom Trubel in der Hauptstraße. Die litauische Küche ist gut und einfach, der Garten einer der zauberhaftesten in Palanga.

Molinis ąsotis EUROPÄISCH €€
(☎460-40 208; www.molinisasotis.lt; Basanavičiaus gatvė 8; Hauptgerichte 8–12 €; ⊙11–24 Uhr; ⑤) Das schön mit Holz ausgekleidete Restaurant hebt sich von der reichlichen Konkurrenz in der Hauptstraße Palangas durch den Verkauf von Kunst und Schmuck und exzellentes Essen ab. Neben den weitgehend europäischen Speisen gibt es auch litauische Gerichte wie mit Fleisch gefüllte Kartoffelpfannkuchen und Schweinshaxe mit Kruste und Erbsen.

Čagino RUSSISCH €€
(☎460-53 555; www.cagin.lt; Basanavičiaus gatvė 14a; Hauptgerichte 8–12 €; ⊙12–24 Uhr) Das Čagino ist mal etwas Anderes in Palanga: Es serviert Piroggen und Pelmeni, Wildschmorbraten, Kalbfleisch mit Kirschen und andere deftige russische Gerichte. Donnerstagabends essen die Gäste in völliger Dunkelheit, freitags und samstags gehen die Lichter wieder an und ab 20 Uhr gibt's Livemusik.

Armėniška Virtuvė ARMENISCH €€
(☎8-652 87579; www.armeniskavirtuve.lt; Basanavičiaus gatvė 17; Hauptgerichte 5–9 €; ⊙11–22 Uhr) Als Alternative zu litauischen Gerichten, Pizza und Imbissbuden ist das authentische armenische Restaurant auf jeden Fall einen Besuch wert. Scharf gewürzte

Lamm- und Rindfleischsuppen, Täubchen in Sauermilchsauce, Schaschlik vom Grill, eingelegtes Gemüse als Grundlage für Wodka: All das lässt sich auf der Sommerterrasse oder drinnen beim Licht von Flachbild-TVs genießen.

Lašas Steak House STEAK €€€
(☎460-44 880; www.steakhousehotel.lt; Basanavičiaus gatvė 29; Hauptgerichte 8–14 €; ⌚10–24 Uhr) Das Restaurant im gleichnamigen Hotel serviert das, was der Name schon sagt, und das auch noch in guter Qualität. Steaks, Schweinefleisch, Ente und Wild werden nach Wunsch zubereitet. Bei schönem Wetter lockt die Terrasse.

Žuvinė FISCH €€€
(☎460-48 070; www.zuvine.lt; Basanavičiaus gatvė 37a; Hauptgerichte 12–16 €; ⌚11–24 Uhr; 📶) Es wäre jammerschade, die Ostseeküste zu besuchen, ohne den hiesigen Fisch zu probieren. Genau das bietet das Žuvinė, wenn auch zu etwas höheren Preisen als in den meisten anderen Restaurants in Palanga. Empfehlenswert ist Zander mit Spinat und Roter-Bete-Sahne oder der Seeteufel mit Steinpilzen.

Ausgehen & Nachtleben

Kablys: Jūra. Kultūra BAR
(☎8-610 34231; Dariaus ir Girėno gatvė 13; ⌚10–24 Uhr; 📶) Kablys („Haken") gegenüber dem Botanischen Garten und abseits vom Lärm und Trubel des Stadtzentrums ist das schrägste und vielseitigste Lokal in Palanga. Es ist zugleich Bar, Café, Galerie, Kino und Veranstaltungsraum.

Strandbars BAR
(Strand von Palanga; ⌚24 Std.) Von Juni bis September öffnen am Strand Bars in Zelten, die rund um die Uhr geöffnet sind. Sie sind wunderbare Orte, um die Sonne über der Ostsee untergehen (oder hinter einem aufgehen) zu sehen. Zu den Hauptreisezeiten spielen DJs auf.

Piano CLUB
(☎460-64 188; Basanavičiaus gatvė 24a; ⌚11–5 Uhr; 📶) Restaurant mit Freiluftgrill und Terrasse bei Tag, Cocktailbar und Club bei Nacht – das Piano versucht, die Kundschaft den ganzen Tag über bei Laune zu halten. Zum dichten Sommerprogramm gehören Themennächte, Livemusik und DJs. Das namensgebende Piano ist ein weißer Flügel, der draußen steht.

Laukinių Vakarų Salūnas BAR
(☎460-52 831; www.salunas.lt; Basanavičiaus gatvė 16; ⌚10–5 Uhr) Der „Western-Saloon" ist tagsüber Restaurant und nachts ein Club, in beiden Fällen mit guter Ausnutzung der langen Straßenfront in der Hauptstraße von Palanga. Es kann wild zugehen, auch etwas ordinär, aber das ist eigentlich nicht so ungewöhnlich in Palanga.

Šachmatinė CLUB
(☎8-604 58617; www.sachmatine.lt; Basanavičiaus gatvė 45; ⌚Mi–So 23–5 Uhr) Einer der größten und ausgelassensten Clubs in Palanga mit hauptsächlich House und Mainstream zum Tanzen.

Exit CLUB
(☎8-698 59116; Neries gatvė 39; ⌚Mi–So 23–5 Uhr) Im Exit, einem der besten Clubs in Palanga, treten internationale DJs auf.

☆ Unterhaltung

Die Touristeninformation gibt Auskunft darüber, was wo los ist.

Kino Teatras Naglis KINO
(☎460-57 575; www.kinoteatrasnaglis.lt; Vytauto gatvė 82; ⌚14–22 Uhr) Zeigt Filme in Originalsprache mit litauischen Untertiteln.

Open-Air-Konzertbühne KONZERTBÜHNE
(Vasaros Estrada; ☎460-52 210; Vytauto gatvė 43) Der alte Musikpavillon wurde Ende 2015 durch eine neue, todschicke Konzertbühne mit Platz für 2200 Menschen ersetzt.

Shoppen

Baltijos Auskas SCHMUCK
(☎460-51 386; Vytauto gatvė 66; ⌚Mo–Fr 10–14 & 15–18, Sa 10–17 Uhr) Das „Baltische Gold" gehört zu den besten der vielen Läden für Bernsteinschmuck und Kunsthandwerk in Palanga.

Praktische Informationen

Der Verlag Jāņa sēta gibt den Stadtplan *Palanga* (1:15 000) mit Palanga und Šventoji heraus, der 1,60 € kostet und in der Touristeninformation erhältlich ist

Palangos vaistinė (Vytauto gatvė 33; ⌚Mo–Fr 9–20, Sa bis 18, So bis 16 Uhr) Apotheke im ehemaligen KGB-Hauptquartier (1944–1951).

Polizei (☎460-53 837; Vytauto gatvė 4)

Post (Vytauto gatvė 53; ⌚Mo–Fr 9–17.30, Sa bis 13 Uhr) Das am zentralsten gelegene Postamt in Palanga.

Touristeninformation (☎460-48 811; www.palangatic.lt; Vytauto gatvė 94; ⊙Mo–Fr 9–19, Sa & So 10–16 Uhr) Buchung von Unterkünften und Verkauf von Karten und Reiseführern. Außerhalb der Monate Juli und August kürzere Öffnungszeiten.

An- & Weiterreise

Palanga ist mit Auto, Bus und Flugzeug zu erreichen, im Sommer gibt es mehr Verbindungen.

BUS

Verbindungen vom neuen **Busbahnhof** (☎460-53 333; www.naujapalangosautobusustotis.lt; Klaipėdos plentas 42; ⊙Fahrkartenverkauf 7–19.30 Uhr) gibt es mit Kaunas (17 €, 3½ Std., 9-mal tgl.), Klaipėda (1,80 €, 30 Min., 22-mal tgl.), Šiauliai (11 €, 3 Std., 8-mal tgl.) und Vilnius (18 €, 4¼–6 Std., 14-mal tgl.).

FLUGZEUG

Die SAS (www.flysas.com) fliegt regelmäßig vom **Flughafen Palanga** (Palangos Oro Uostas; ☎6124 4442; www.palanga-airport.lt; Liepaja plentas 1), 6 km nördlich des Zentrums, nach Kopenhagen und Oslo. Norwegian Air Shuttle (www.norwegian.com) bietet unregelmäßige Verbindungen mit Oslo sowie airBaltic (www.airbaltic.com) mit Riga.

Unterwegs vor Ort

Busse der Linie 3 pendeln zwischen 7 und 24 Uhr etwa stündlich zum Flughafen und zurück. Fahrpläne hängen an der Haltestelle Vytauto gatvė nahe dem Busbahnhof.

Der zentrale Taxistand ist in der Kretingos gatvė vor dem Busbahnhof; die Taxifahrt vom Flughafen in die Stadt kostet 9 bis 11 €.

Fahrradtaxis stehen am Ostende der Basanavičius gatvė. Von Mai bis September werden überall Räder verliehen. Sie kosten pro Stunde/Tag 9/12 € für ein Fahrrad, 12 € pro Tag für ein Vierradgefährt (2 Pers.) und 12 € für einen Kinderbuggy.

Rund um Palanga

Das grelle **Šventoji** liegt 12 km weiter nördlich und ist ein bisschen weniger quirlig als Palanga. Mit dem aufblasbaren Fisch, der Kinder ausspuckt, den Autoscootern, Restaurants mit Alleinunterhaltern und Fahrgeschäften ist hier Unterhaltung großgeschrieben. **Nemirseta**, einige Kilometer südlich von Palanga, ist vor allem wegen seiner tollen Sanddünen bekannt und als nördlichster Ort, den die Preußen je eroberten. Von Palanga fahren täglich fünf Busse nach Šventoji. Nemirseta ist nur mit dem eigenen Fahrzeug zu erreichen.

Zwischen Palanga und **Kretinga**, 10 km östlich von Palanga, gibt es häufige Busverbindungen (1,16 €, 15 Min.).

Sehenswertes

Kretinga Museum MUSEUM

(Kretingos muziejus; ☎445-77 323; www.kretingosmuziejus.lt; Vilniaus gatvė 20; Erw./Stud. 2,90/1,16 €; ⊙Museum Mi–So 10–18 Uhr, Wintergarten Di–So 10–18 Uhr) Ein baufälliger Wintergarten am Kretinga Museum birgt eine tropische Wunderwelt mit 850 exotischen Pflanzenarten. Das Museum selbst befindet sich in einem der zahlreichen Häuser der polnischen Adelsfamilie Tyszkiewicz. Das Museum liegt westlich des Zentrums im Stadtpark von Kretinga.

★ **Orvydas-Garten** GARTEN

(☎613-28 624; Gargždelė; Erw./Kind 2,32/1,16 €; ⊙Di–So 10–19 Uhr) Der Orvydas-Garten war das Werk des Steinmetzes Kazys Orvydas (1905–1989) und seines ältesten Sohns und Franziskanermönchs Vilius (1952–1992). Die Skulpturen waren ursprünglich für den Dorffriedhof im nahen Salantai gedacht, wurden aber auf den Hof der Orvydas' verbracht, als der sowjetische Regierungschef Nikita Chruschtschow in den 1960er-Jahren religiöse Symbole verbot. Die Sowjets sperrten die Zufahrt zu dem Haus später ab, damit keine Besucher zur verfolgten Familie Orvydas gelangen konnten.

Heute können Besucher durch den hübschen Bauerngarten laufen und Hunderte Statuen, Skulpturen, Büsten und Merkwürdigkeiten bewundern. Täglich verkehren drei Busse zwischen Klaipėda und Skuodas mit Halt in Salantai und Mosėdis. Für den Orvydas-Garten an der letzten Haltestelle vor Salantai aussteigen und den letzten Kilometer zu Fuß gehen.

Nationalpark Žemaitija

☎448 / 3500 EW.

Der 200 km² große Park, eine zauberhafte Landschaft aus Wald und Wasser, ist ebenso schön wie geheimnisvoll. Es ist kaum verwunderlich, dass er voll märchenhafter Geschichten von Geistern, Dämonen und vergrabenen Schätzen steckt.

Es gibt hier gleich zwei Anziehungspunkte. Zum einen können Besucher nach Herzenslust baden, paddeln und radfahren und zum anderen eine der neuesten und absonderlichsten Attraktionen des Landes besuchen: ein Museum des Kalten Kriegs in einer ehemaligen sowjetischen Atomraketenbasis.

Am günstigsten ist der Park über den kleinen Ort **Plateliai** am Westufer des Sees gleichen Namens zu erreichen. Dort befindet sich auch das hilfreiche Besucherzentrum des Nationalparks Žemaitija.

Etwa 20 km nordöstlich des Parks liegt **Žemaičių Kalvarija** („Samogitisches Golgatha"), das auf dem Grund eines Friedhofs aus dem 9. bis 13. Jh. entstand. In den ersten beiden Juliwochen ziehen Scharen von Pilgern hierher und besteigen die sieben Hügel mit den 20 Kapellen, um den 7 km langen Kreuzweg zu absolvieren, der an Leben, Tod und Auferstehung Jesu Christi erinnert.

Sehenswertes

★ Museum des Kalten Kriegs MUSEUM

(Šaltojo Karo Muziejus; ☎8-677 86574; www.zemaitijosnp.lt; Plokštinė; Erw./Kind 5/2,50 €; ⏲Di–Fr 9–18, Sa & So 10–17 Uhr) Das Museum in einer ehemaligen sowjetischen Atomraketenbasis liegt tief im Nationalpark Žemaitija. Es gibt eine kleine Ausstellung zur Geschichte des Kalten Krieges, insbesondere zu seiner Auswirkung auf die baltischen Länder, sowie zum Aufbau und zur Rolle des Stützpunkts. Das Highlight ist jedoch die Besichtigung eines der einstigen Raketenbunker.

Die Basis, die in den 1960er-Jahren von den Litauern unter Geheimhaltung gebaut wurde, hatte genug Schlagkraft, um fast ganz Europa zu vernichten, und spielte wohl auch eine Rolle in der Kubakrise. Sie liegt etwa 13 km von Plateliai entfernt, Anfahrt über die Hauptstraße nach Plokštinė (8 km) und dann 5 km über eine ausgeschilderte Schotterpiste durch den Kiefernwald.

Museum im Gutshof Plateliai MUSEUM

(☎8-659 07918; www.zemaitijosnp.lt; Didžioji gatvė 22; Erw./Kind 2,50/1,50 €; ⏲Di–So 10–17 Uhr) Im Kornspeicher und Stall des ehemaligen Gutshofs Plateliai befindet sich heute ein höchst sehenswerter Museumskomplex. Im Kornspeicher verteilt sich über mehrere Stockwerke eine Ausstellung zur Natur, Geschichte und Volkskunde der Region. Hinzu kommen archäologische Fundstücke von den Seeinseln Sventrokalnis und Pilies. Die faszinierende Ausstellung im Stall beschäftigt sich mit Faschingsbräuchen der Gegend, zu der auch 250 (furchterregende) Masken gehören. Öffnungszeiten und Eintrittsgeld sind im Winter reduziert.

Kunstmuseum Žemaitija MUSEUM

(Žemaičių dailės muziejus; ☎448-52 492; www.oginski.lt; Parko gatvė 1; Erw./Kind 1,16/0,58 €; ⏲Di–So 10–21 Uhr) Das Oginski-Schloss aus dem 19. Jh. in der Nachbarstadt Plungė besitzt eine interessante Sammlung moderner samogitischer Kunst (Holz- und Metallarbeiten). Der Landschaftsgarten um das Schloss mit seinen abgestuften Teichen ist eine Sehenswürdigkeit für sich. Im Winter schließt das Museum um 17 Uhr und sonntags ganz.

Aktivitäten

Die meisten Aktivitäten konzentrieren sich auf den **Plateliai-See** (Platelių ežeras), der bekannt für seine sieben Inseln und sieben alten Uferterrassen ist. Er ist die schönste Natursehenswürdigkeit des Parks und Schauplatz des alljährlichen Mittsommernachtsfestes mit Sonnenwendfeuern und traditionellen Liedern am 23. und 24. Juni. Einer alten Legende zufolge wurde der See von einem Sturm hochgerissen und fiel dann genau an der heutigen Stelle nieder, nachdem jemand die magischen Worte „Ale plate lej" (der Regen trägt weit) ausgesprochen hatte.

Bei warmem Wetter lockt ein Bad im See. Ansonsten können Boote im **Jachtclub** (☎8-682 42062; Ežero gatvė 40) geliehen werden.

Im kleinen Ort Plateliai am Westufer des Sees werden viele traditionelle samogitische Feste gefeiert, darunter auch der **Faschingsdienstag**.

Das Besucherzentrum des Nationalparks hilft beim Fahrradverleih und verteilt Radwegekarten. Eine der einfachsten und reizvollsten Strecken ist der Weg ins abgelegene Plokštinė (8 km), wo sich heute auf der ehemaligen Raketenbasis das Museum des Kalten Kriegs befindet.

Schlafen & Essen

Das Besucherzentrum von Plateliai hat ein Verzeichnis von Zimmern mit Frühstück (um 20–25 € pro Pers.) in großartigen Gehöften und Privathäusern im Park.

Restaurants sind in Plateliai knapp, aber dasjenige im **Jachtclub** (Platelių jachtklubas; ☎8-6152 7350; www.plateliuose.lt; Ežero gatvė 40; Hauptgerichte 5–8 €) direkt am See ist nicht schlecht. Die Speisekarte ist zwar kurz, aber der Seeblick hinreißend.

Audronės PENSION €

(☎8-672 46572; www.poilsisplateliuose.lt; Ežero gatvė 37; DZ 40 €; 📶) Die komfortablen Zimmer des reizenden Gehöfts verteilen sich auf mehrere Gebäude rund um ein schwedisch anmutendes Haus. Zudem gibt es einen Fahrradverleih, Schaukeln, einen Rasen mit Teich für Familienfreizeit und echte Großzügigkeit der freundlichen Besitzer. Zu erreichen ist es bergauf vom Ortszentrum (nicht abwärts zum See).

Mortos PENSION €
(☎ 448-49 117; Ezero gatvė 33; pro Pers. 15 €) Mortos ist eine Ansammlung adretter, kleiner Holzhütten in der Nähe des Sees und herrlich erholsam.

Julija und Bronius Staponkai PENSION €
(☎ 8-617 03418; jb@zebra.lt; Ežero gatvė 38; Zi. 25–40 €; P) Behagliche Apartments nur ein paar Schritte vom See entfernt.

Hotel Linelis HOTEL €
(☎ 8-655 77666; www.linelis.lt; Paplatelės; EZ/DZ/3BZ 40/45/55 €; P) Das Linelis am Ostufer des Sees hat ein gutes Restaurant und ein Wellnesszentrum. Frühstück kostet zusätzlich 5 €.

ℹ Praktische Informationen

Besucherzentrum des Nationalparks
(☎ 49 231; www.zemaitijosnp.lt; Didžioji gatvė 8; ⌚ Juni–Aug. Mo–Do 8–17, Fr bis 15.45, Sa 10–17 Uhr) In Plateliai. Stellt Angelscheine aus (1,40 € für 2 Tage), organisiert Führungen (um 40 €, nur auf Reservierung) und informiert über Jachtcharter und den Verleih von Surfbrettern und Booten. Außerdem vermittelt es Workshops mit Volkskünstlern der Region. Eine kleine Ausstellung informiert über Flora und Fauna des Parks.

ℹ An- & Weiterreise

Plungė ist die nächstgelegene Stadt und am besten zu erreichen mit dem Zug von Klaipėda (4 €, 1 Std., 4-mal tgl.) und von Vilnius (13 €, 4 Std., 2-mal tgl.). Mehrere Busse fahren täglich von Kaunas (13 €, 4 Std.) und von Palanga (6,50 €, 1¼ Std.). Plungė hat nur wenige Busverbindungen mit Plateliai.

LITAUEN VERSTEHEN

Litauen aktuell

Dem heutigen Litauen geht es so gut wie nie zuvor seit der Unabhängigkeit. Wirtschaftlich und kulturell macht das Land große Fortschritte: Es zeigt wachsendes Selbstbewusstsein als EU-Mitglied und nie gab es so viele Emigranten, die zurückkehren (und Touristen, die ins Land kommen). Die Modernisierung ist spürbar, aber nicht auf Kosten der eigenen, tief verwurzelten Kultur, die noch immer weithin in Liedern, Kunsthandwerk und Küche gepflegt wird.

Die litauische Wirtschaft ist seit der Unabhängigkeit enorm gewachsen und hat sich in Windeseile von der vollständigen Zentralsteuerung unter der Sowjetherrschaft zur Marktwirtschaft von heute entwickelt. Das Bruttosozialprodukt, durch Beitritt zur Welthandelsorganisation 2001 und zur EU 2004 angekurbelt, wuchs zwischen 2000 und 2008 um 77 %, was dem „Baltischen Tiger" weithin Bewunderung einbrachte. Mit der Wirtschaftskrise von 2008/2009 kam die Entwicklung jedoch dramatisch zum Stillstand. Das Bruttosozialprodukt kehrte erst 2015 wieder auf den Stand von 2009 zurück. Heute ist Litauen erneut eines der EU-Länder mit dem rasantesten Wirtschaftswachstum.

Die trockenen Statistiken zeigen sich im Alltag, besonders in Vilnius, in vermehrtem Wohlstand und Optimismus, schickeren Autos und Kleidern sowie einer blühenden Restaurant- und Kneipenszene. Der neue Wohlstand grenzt natürlich auch viele aus: Die Arbeitslosigkeit liegt noch immer bei 9 % und Obdachlosigkeit ist in den Straßen der Städte ein unübersehbares Problem.

Geschichte

Während seiner Blütezeit vom 14. bis zum 16. Jh. war Litauen ein mächtiger, unabhängiger Staat. Danach verschwand es im 18. Jh. ganz von der Landkarte, erlebte in der Zeit zwischen den beiden Weltkriegen ein kurzes Comeback und erlangte 1991 schließlich wieder seine Unabhängigkeit (von der Sowjetunion). Das Vytautas-Magnus-Militärmuseum in Kaunas und das Nationalmuseum in Vilnius decken die gesamte litauische Geschichte ab.

Stürmische Stammesgeschichten

Erste Siedlungen auf dem Gebiet des heutigen Staats entstanden spätestens um 9000 v. Chr. Während der Jungsteinzeit, vor 6000 bis 4500 Jahren, handelten die Menschen der Region bereits mit Bernstein. Die Balten, Vorfahren der heutigen Litauer, kamen dadurch bald zu Wohlstand, nachdem sie um 2000 v. Chr. von Südosten her eingewandert waren.

Das versteinerte Kiefernharz und die (im Bernsteinmuseum von Palanga ausgezeichnet dokumentierten) weitläufigen Handelsrouten, über die es von einem Ort zum anderen befördert wurde, brachten dem Volk der Ästier auch eine Erwähnung in Tacitus' *Germania* (um 98 n. Chr.) ein, in dem er die germanischen Stämme beschrieb. Erst 1009 wurde Litae (der lateinische Name für Litauen) in den *Quedlinburger Annalen* namentlich erwähnt: Einem Erzbischof namens Brunonus war dort angeblich von den Heiden der Schädel eingeschlagen worden.

Im 12. Jh. lebten auf litauischem Boden zwei Stämme: die Samogiten (Tieflandbewohner) im Westen und die Aukschtaiten (Hochlandbewohner) im Osten und Südosten. Etwa zur gleichen Zeit entstand laut einigen Quellen eine hölzerne Festung auf dem Gediminas-Berg in Vilnius.

Chaos im Mittelalter

Mitte des 13. Jhs. einte Fürst Mindaugas, der Führer der Aukschtaiten, die litauischen Stämme und gründete das Großfürstentum Litauen, zu dessen König er 1253 in Kernavė gekrönt wurde. Außerdem ließ er sich taufen und verhinderte auf diese Weise, dass der Deutsche Orden in seinem Land einfiel – ein Ritterorden, der zahlreiche Gebiete der Region, darunter Klaipėda (Memel), bereits erobert hatte. Allerdings hielten weder das Bekenntnis zum Christentum noch die Einheit besonders lange: Mindaugas wurde 1263 von Adeligen ermordet, die das Christentum ablehnten und eine Rückkehr zur Naturreligion anstrebten.

Unter Großfürst Gediminas (reg. 1316–1341) erweiterten sich die Grenzen Litauens nach Süden und Osten bis ins heutige Weißrussland und die Ukraine und schloss für einige Zeit sogar Kiew ein. Nach Gediminas' Tod teilten sich zwei seiner Söhne die Herrschaft. Von Vilnius aus erweiterte Algirdas die südlichen Grenzen des Landes bis über Kiew hinaus, während Kęstutis eine Burg auf einem hübschen Inselchen in Trakai bezog und den Deutschen Orden vertrieb.

Algirdas' Sohn Jogaila kam 1382 an die Regierung, doch die wachsende Macht des Ritterordens zwang ihn zu einer Entscheidung, die einen Wendepunkt in der osteuropäischen Geschichte bedeutete. 1386 heiratete er Jadwiga, die Kronprinzessin von Polen, bestieg als Władysław II. Jagiełło den polnischen Thron und begründete eine litauisch-polnische Verbindung, die 400 Jahre Bestand haben sollte. 1387 ließen sich die Aukschtaiten, 1413 auch die Samogiten taufen. Damit war Litauen als letztes europäisches Land christlich geworden.

Glanzvolle Zeiten

Jogaila verbrachte die meiste Zeit in Krakau, während zu Hause dunkle Wolken aufzogen. 1390 revoltierte sein Cousin Vytautas und setzte Jogaila unter Druck, der ihn 1392 zum Großfürsten von Litauen ernannte, unter der Bedingung, dass sie fortan an einem Strang ziehen würden. Die entscheidende Niederlage des Deutschen Ordens fand 1410 bei Grunwald (Tannenberg) im heutigen Polen statt, wo litauische und polnische Truppen gemeinsam gegen die Ordensritter kämpften. Danach begann ein goldenes Zeitalter des Wohlstands, insbesondere für die Hauptstadt Vilnius, deren berühmte Altstadt in dieser Epoche entstand.

TOP 5: BÜCHER ZUR GESCHICHTE

Ich muss erzählen (Mascha Rolnikaite) Tagebuch einer 14-jährigen Jüdin aus Vilnius, die die Schrecken des Holocaust überlebt hat.

Lithuania Awakening (Alfred Senn) Der Sprachwissenschaftler hat nicht nur ein Handbuch der litauischen Sprache verfasst, sondern auch – auf Englisch – ein Buch über die Unabhängigkeitsbewegung der 1980er-Jahre bis zur tatsächlichen Unabhängigkeit des Landes. Senns Buch gehört zu den besten zu diesem Thema.

Jahre der Entscheidung: Die Autobiographie von Vytautas Landsbergis Die Szenen vor dem Parlament am 13. Januar 1991 gehören zu den dramatischsten Momenten, von denen Landsbergis in seiner packenden Autobiografie erzählt.

And Kovno Wept (Waldemar Ginsburg) Der bewegende Bericht eines Überlebenden über den Alltag im Getto von Kaunas.

Der Wald der Götter (Balys Sruoga) Der eindrückliche Bericht des Autors über seine Zeit im Konzentrationslager Stutthof Anfang der 1940er-Jahre wurde zensiert und daher erst 1957 veröffentlicht. 2005 wurde er von Algimantas Puipa verfilmt.

Vytautas (der Große) dehnte das Reich weiter nach Süden und Osten aus. Als er 1430 starb, reichte Litauen von Kursk im Osten bis fast zum Schwarzen Meer und war damit eines der größten Reiche Europas. Nirgendwo spiegelte sich diese Macht und Größe besser wider als im Vilnius des 16. Jhs., das damals mit 25 000 Einwohnern eine der größten Städte Osteuropas war. Spätgotische Gebäude und Renaissancepaläste schossen aus dem Boden und Litauer wie Žygimantas I. und Žygimantas II. regierten vom prachtvollen Königspalast aus die polnisch-litauische Union.

Polnische Jesuiten gründeten 1579 die Universität von Vilnius und machten die Stadt zu einem Bollwerk der katholischen Gegenreformation. Unter ihrem Einfluss hielt auch der Barockstil Einzug in die Stadt.

Polonisierung & Teilung

Nach und nach verlor Litauen gegenüber Polen an Einfluss. Schließlich wurde während des Livländischen Kriegs gegen das Großfürstentum Moskau 1569 durch die Lubliner Union beschlossen, die bisherige Personalunion durch einen Zusammenschluss der beiden Staaten zu ersetzen.

Im Zeitalter der *Rzeczpospolita* (Staatenbund) spielte Litauen eine untergeordnete Rolle. Die Adligen übernahmen die polnische Kultur und Sprache, die Bauern wurden Leibeigene und Warschau löste Vilnius als politisches und soziales Zentrum ab.

Ein Jahrhundert später kam dann Russland wieder ins Spiel. 1654 fielen die Russen in der *Rzeczpospolita* ein und eroberten zeitweise weite Gebiete. 1772 war die *Rzeczpospolita* so geschwächt, dass Russland, Österreich und Preußen sie mehrfach unter sich aufteilten (1772, 1793 und 1795). Der größte Teil Litauens fiel Russland zu, ein kleines Gebiet im Südwesten wurde von Preußen vereinnahmt, ging aber nach den napoleonischen Kriegen in russische Hände über.

Russifizierung & Nationalismus

Während Estland und Lettland als separate Provinzen verwaltet wurden, verfuhr Russland mit dem rebellischen Litauen anders.

Vilnius hatte sich rasch zu einem Zufluchtsort für polnische und litauische Adlige entwickelt, die ihre Ländereien an die neuen russischen Herren verloren hatten, und wurde damit zu einem Zentrum der polnischen Nationalbewegung. Der aus Vilnius stammende Dichter Adam Mickiewicz gehörte zu ihren Vorkämpfern. Als Litauen 1830 an einer fehlgeschlagenen Erhebung der Polen gegen die russische Herrschaft teilnahm, griff der Zar besonders hart durch. Er ließ die Universität Vilnius, aber auch katholische Kirchen und Klöster schließen und verordnete dem Land den russisch-orthodoxen Glauben. Ab 1840 galt das russische Recht, in den Schulen wurde auf Russisch unterrichtet. Nach einem zweiten Aufstand 1863 durften Bücher auf Litauisch nur noch erscheinen, wenn sie in kyrillischer Schrift gedruckt waren. Publikationen auf Polnisch, die Sprache des litauischen Adels, waren gänzlich verboten.

Ende des 19. und Anfang des 20. Jhs. erstarkte der Nationalismus erneut. Die meisten Litauer lebten zwar weiterhin auf dem Land, aber die rasche Industrialisierung in Vilnius und anderen Städten verlieh den Nationalisten mehr Einfluss. Vilnius entwickelte sich in dieser Zeit zu einem bedeutenden jüdischen Zentrum. 75 000 der rund 160 000 Einwohner zu Beginn des 20. Jhs. waren Juden, was Vilnius den Beinamen „Jerusalem des Nordens" einbrachte (S. 406).

Unabhängigkeit

Schon während der ersten Revolution in Russland 1905 war eine nationale Autonomie der baltischen Länder oder sogar deren Unabhängigkeit im Gespräch. Doch erst 1918 erhielt Litauen seine Eigenständigkeit zurück. Im Ersten Weltkrieg war Litauen von den Deutschen besetzt und stand noch unter deutscher Besatzung, als am 16. Februar 1918 ein litauischer Nationalrat *(Lietuvos Taryba)* im Signatarenhaus die Unabhängigkeit erklärte. Im November unterzeichnete Deutschland mit den Westmächten den Waffenstillstand und noch am selben Tag trat die Regierung der Litauischen Republik zusammen.

Auch Polen erhielt jetzt seine Unabhängigkeit zurück und hätte gern wieder die Vorherrschaft über Litauen übernommen oder sich zumindest das Gebiet um Vilnius einverleibt, zumal hier der polnische Bevölkerungsanteil hoch war. Am 31. Dezember 1918 musste die litauische Regierung nach Kaunas fliehen und wenige Tage später setzte die Rote Armee in Vilnius eine kommunistische Regierung ein. In den folgenden zwei Jahren stritten Polen und Bolschewiken um Vilnius, bis Polen am 10. Oktober

SPÄTE CHRISTEN

Die Litauer sind zwar heute streng katholisch (wer's nicht glaubt, muss nur einmal durch Vilnius mit den zahllosen Kirchtürmen bummeln), aber sie waren es nicht immer. Genau genommen soll Litauen das letzte heidnische Land Europas gewesen sein. Das Christentum zog hier erst endgültig 1413 ein.

Es gibt dafür viele Gründe, aber an erster Stelle steht die leidenschaftliche Unabhängigkeit der Litauer, die sich gegen jeden Versuch der Bekehrung wehrten. Das noch kürzlich verbreitete Heidentum im Land (falls das 15. Jh. als „kürzlich" bezeichnet werden kann) erklärt, warum ein Großteil der sakralen Kunst, der Kultur und Traditionen heidnische Wurzeln hat.

In der Sowjetzeit war der Katholizismus verboten und wurde somit zum Symbol nationalistischer Bestrebungen. Kirchen wurden konfisziert, geschlossen, zu „Museen des Atheismus" erklärt oder vom Staat für andere säkulare Zwecke genutzt, wie im Fall der Auferstehungsbasilika in Kaunas, die als Radiosender diente, aber heute wieder ihrer alten Bestimmung folgt.

Nach der Unabhängigkeit 1991 begann die katholische Kirche damit, Kircheneigentum zurückzuerwerben und Gotteshäuser wieder zu weihen, ein Prozess, der noch andauert.

Heute bezeichnen sich etwa 80 % der Litauer als katholisch. Es gibt zudem kleine Minderheiten anderer Glaubensrichtungen und Sekten, darunter russisch-orthodoxe (4 %) und protestantische (2 %) Christen.

1920 die Stadt endgültig annektierte. Von 1920 bis 1939 war Vilnius samt Umgebung ein Teil Polens, während der Rest Litauens von 1926 bis 1940 unter der eisernen Hand des ersten litauischen Präsidenten Antanas Smetona (1874–1944) von Kaunas aus regiert wurde.

1923 annektierte Litauen Memel (Klaipėda), sehr zum Unmut des vormals herrschenden und nun äußerst geschwächten Deutschland.

Zweiter Weltkrieg & Sowjetzeit

Nach Unterzeichnung des deutsch-sowjetischen Nichtangriffspakts 1939 und der deutschen Invasion Polens im September desselben Jahres fiel Litauen an die Sowjetunion. Im Oktober zwang die UdSSR Litauen zur Unterzeichnung eines „Beistandspakts" und gab als Anreiz Vilnius an Litauen zurück. Das war jedoch ein geringer Trost für die Schrecken, die das Land als Teilrepublik der UdSSR erlebte. Bei sowjetischen Säuberungsmaßnahmen wurden Abertausende Menschen getötet oder verschleppt.

Nach Hitlers Invasion Sowjetrusslands und der deutschen Besatzung Litauens 1941 wurde fast die gesamte jüdische Bevölkerung des Landes getötet – über 90 % der 200 000 litauischen Juden. In Vilnius starben die meisten Juden im Getto oder im Wald von Paneriai. Der nichtjüdischen Bevölkerung erging es im Verhältnis nicht ganz so schlecht. Gleichwohl wurden Tausende ermordet und um die 80 000 flohen von 1944 bis 1945 vor der Roten Armee nach Westen.

Einer erneuten Besetzung Litauens durch die Sowjets stellte sich ab 1944 sofort die Partisanenbewegung der „Waldbrüder" entgegen. Über ihre Geschichte informieren verschiedene Museen im ganzen Land, u. a. das Museum für Deportation und Widerstand in Kaunas.

Zwischen 1944 und 1952 ließen die sowjetischen Herrscher weitere 250 000 Litauer töten, verhaften oder deportieren; patriotische Haltung und Gedanken wurden mit allen Mitteln unterdrückt. Nirgendwo ist dieses dunkle Kapitel besser und eindrucksvoller dokumentiert als im Museum der Genozidopfer im alten KGB-Hauptquartier in Vilnius.

Endlich frei

Während der Glasnost-Ära Mitte der 1980er-Jahre war der Wunsch nach Unabhängigkeit wieder lebendig geworden, doch erst als die litauische Volksfront Sąjūdis bei den Wahlen zum Kongress der Volksdeputierten der UdSSR im März 1989 ganze 36 der direkt gewählten 42 Sitze für Litauen erhielt, stellte sich das Land an die Spitze des Kampfes für die Unabhängigkeit der baltischen Staaten. Zum 50. Jahrestag des Hitler-Stalin-Paktes wenige Monate später bildete sich quer

VILNIUS: DAS „JERUSALEM DES NORDENS"

Vor dem Zweiten Weltkrieg lebte in Vilnius (Jiddisch: Vilne) eine der größten jüdischen Gemeinden Europas. Unter der Naziherrschaft (und später während der Sowjetära) wurde sie jedoch praktisch völlig ausgelöscht.

Die Geschichte von Vilnius ist eng mit jener der jüdischen Kultur verbunden. Vor 800 Jahren ließen sich in Vilnius auf Einladung von Großherzog Gediminas (1316–1341) 3000 Juden nieder. Im 19. Jh. entwickelte sich Vilnius zu einem Zentrum der jiddischen Sprache in Europa. Zu den herausragenden Persönlichkeiten der Gemeinde zählen der Rabbi und Gelehrte Gaon Elijah Ben Salomon Salman (1720–1797), Anführer der Bewegung gegen die weit verbreitete mystische Gruppe der Chassidim, und der Landschaftsmaler Isaak Lewitan (1860–1900).

Am Vorabend des Ersten Weltkriegs lebten in der Stadt rund 100 000 Juden, in ganz Litauen waren es 240 000. Zwischen den Weltkriegen, als Vilnius zu Polen gehörte, ließen Diskriminierung und Armut die jüdische Gemeinde schrumpfen.

Dennoch blieb Vilnius weiterhin das bedeutendste jüdische Zentrum in Osteuropa. Hier (in der Vivulskio gatvė) und nicht etwa in Warschau oder New York wurde 1925 das Hauptquartier des Forschungsinstituts für jiddische Sprache YIVO eröffnet. Jüdische Schulen und Buchhandlungen florierten ebenso wie Literatur und Theater. Es gab 100 Synagogen und Gebetshäuser und sechs jüdische Tageszeitungen.

Am Ende des Zweiten Weltkriegs war die jüdische Gemeinde nahezu ausgerottet und während der Zeit der Perestroika Mitte der 1980er-Jahre siedelten 6000 Juden nach Israel über.

durch das Baltikum eine Menschenkette, die diesem Anliegen Nachdruck verlieh. Im Dezember desselben Jahres spaltete sich die Kommunistische Partei Litauens von der sowjetischen Mutterpartei ab.

Als der damalige Sowjetpräsident Michail Gorbatschow im Januar 1990 Litauen besuchte, demonstrierte ein Meer von Menschen für die Unabhängigkeit. Die Partei Sajūdis erhielt bei den Wahlen zum Obersten Sowjet des Landes im Februar die Stimmenmehrheit und dieses Gremium erklärte am 11. März Litauen zur unabhängigen Republik. Moskau antwortete zunächst mit wochenlangen Truppenmanövern rund um Vilnius und verhängte eine Wirtschaftsblockade über das Land, die die Litauer unter anderem auch von der Energieversorgung abschnitt.

Im Winter 1990/91 gewannen in Moskau sowjetische Hardliner die Oberhand und im Januar 1991 stürmten und besetzten russische Truppen und paramilitärische Einheiten den Fernsehturm und das Parlament in Vilnius. 14 Menschen kamen dabei ums Leben. Einige der rund um das Parlament aufgebauten Barrikaden wurden als Mahnmal stehen gelassen. Am 6. September 1991 erkannte die UdSSR Litauens Unabhängigkeit schließlich doch an.

Richtung Europa

Die Litauer haben Sinn für Ironie: Sie führten den Unabhängigkeitskampf der baltischen Staaten an, bescherten bei den ersten demokratischen Parlamentswahlen 1992 aber der ehemals kommunistischen Demokratischen Arbeiterpartei Litauens (LDDP) den Wahlsieg. 1993 folgten Präsidentschaftswahlen, und der frühere Generalsekretär der ehemaligen Kommunistischen Partei, Algirdas Brazauskas, erhielt 60 % der Stimmen. Im selben Jahr verließ der letzte Sowjetsoldat das Land.

Für das Land folgte eine schmerzliche Zeit. Korruptionsskandale belasteten die Amtszeit Brazauskas' und die Inflation schoss bis auf 1000 % in die Höhe. Tausende Arbeitsplätze gingen verloren und 1995/96 brach das Bankensystem zusammen.

Doch eine Wende bahnte sich an, die schließlich den Wirtschaftsaufschwung in Gang setzte. Der Litas ersetzte den *talonas* (Coupon), eine Übergangswährung, die nach dem sowjetischen Rubel im Umlauf gewesen war, und eine Börse wurde eröffnet.

Bei den Wahlen zut Präsidentschafts 1998 siegte Valdas Adamkus (geb. 1926), ein litauischer Emigrant und US-Bürger, der nach dem Zweiten Weltkrieg mit seinen Eltern vor den Sowjets in die USA geflüchtet war.

1999 ernannte Adamkus den 43-jährigen Rolandas Paksas, ein Mitglied der regierenden Konservativen, zum Premierminister. Der populäre Major und Kunstflieger aus Vilnius vertrat sofort „Volkes Stimme", trat schließlich bei den Präsidentschaftswahlen 2003 gegen Adamkus an und gewann.

1997/98 kam es zu weitreichenden Privatisierungen, aber nach der russischen Wirtschaftskrise von 1998 folgte eine tiefe Rezession. Gleichwohl konnte sich Litauen wieder nach oben kämpfen und 2001 pries der Internationale Währungsfonds Litauens Wirtschaft als eine der am schnellsten wachsenden der Welt.

2001 trat Litauen der Welthandelsorganisation bei und 2002 banden die Litauer ihre Währung an den Euro statt an den US-Dollar, um ihre Exporte wettbewerbsfähiger zu machen und ihren Willen zum EU-Beitritt zu bekunden. 2015 schließlich trat das Land der Eurozone bei.

Mit litauischer Hartnäckigkeit ließ Adamkus nicht locker und erlangte im Juni 2004 erneut die Präsidentschaft, nachdem Paksas wegen der Verleihung der litauischen Staatsbürgerschaft an einen zwielichtigen russischen Geschäftsmann und wichtigen Geldgeber seines Amtes enthoben worden war. 2009 beendete Adamkus seine fünfjährige Amtszeit, gefolgt von Dalia Grybauskaitė, die das erste weibliche Staatsoberhaupt des Landes ist und 2014 erneut gewählt wurde.

2004 trat Litauen der EU und der Nato bei und ist seither ein entschiedener Befürworter beider Verbände. Im November 2004 unterzeichnete Litauen als erstes Mitglied die EU-Verfassung. Auf der ehemaligen sowjetischen Militärbasis bei Šiauliai sind heute F-16-Kampfjets der Nato stationiert, die über den Luftraum der drei baltischen Staaten wachen.

Bevölkerung

Die litauische Bevölkerung ist urban geprägt. Zwei Drittel leben in städtischen Gebieten und fast die Hälfte lebt in den fünf großen Städten des Landes – Vilnius, Kaunas, Šiauliai, Panevėžys und Klaipėda.

Unter den drei baltischen Staaten ist Litauen derjenige mit der größten ethnischen Homogenität – fast 85 % der Bevölkerung sind Litauer. Anders als in Lettland oder Estland spielt Multikulturalität hier also kaum eine Rolle. Polen bilden mit etwa 6 % bzw. fast 250 000 Menschen die zweitgrößte Gruppierung. 5 % der Bevölkerung sind Russen und nur 0,1 % der Bevölkerung gehören dem jüdischen Glauben an.

Die kleinste Volksgruppe sind die Karäer mit gerade einmal 280 Angehörigen. In Trakai dokumentiert das Karäermuseum in einem Gotteshaus aus dem frühen 19. Jh. die Kultur und den Glauben dieser kleinen Minderheit, die zu den Turkvölkern zählt.

Die Zahl der in Litauen lebenden Roma liegt offiziell bei 2800. Nach Angaben des Menschenrechtsbüros in Vilnius (www.hrmi.lt) sind 46 % von ihnen jünger als 20 Jahre und sprechen oft, anders als die älteren, nicht Litauisch.

In den letzten Jahren war die Zahl der Abwanderer höher als die der Zuwanderer, da Hunderttausende Litauer in Länder auswanderten, wo sie selbst mit Putz- und Kneipenjobs zwei bis drei Mal so viel wie zu Hause verdienen. Zunächst zog es sie nach Irland und Großbritannien, aber Skandinavien ist nun ebenso beliebt.

Über 3 Mio. Litauer leben im Ausland, 800 000 allein in den USA. Weitere größere Gemeinden gibt es in Kanada, Südamerika und Australien.

Land versus Stadt

Das Leben in Vilnius unterscheidet sich gewaltig von dem in anderen litauischen Orten. Die Bewohner der Hauptstadt genießen einen ähnlichen Lebensstil wie die Westeuropäer: Sie wohnen in schönen Wohnungen, sind fachlich gut ausgebildet und besitzen oft ein Auto. Viele pflegen eine kosmopolitische Weltanschauung und führen ein konsumorientiertes Leben.

In den Provinzstädten und auf dem Land hingegen herrscht noch immer Armut. Die Stadtbewohner verfügen über ein um gut

ETIKETTE

- Den Gastgebern sollte stets eine ungerade Anzahl an Blumen mitgebracht werden. Nur für Beerdigungen und andere traurige Anlässe wird eine gerade Anzahl Blumen gewählt.
- Viele Litauer glauben, dass es Unglück bringt, sich die Hand über die Türschwelle hinweg zu schütteln.
- Wer beim Zuprosten den Blick senkt, gilt in Litauen als verschlagen.

30 % höheres Einkommen als die Landbevölkerung. In landwirtschaftlichen Gebieten liegt ein Drittel der Haushalte unter der Armutsgrenze, während es in den industrialisierten Gegenden 20 % sind.

Im Vergleich zu anderen europäischen Ländern ist die Lebenserwartung der Männer niedrig, nämlich 70 Jahre (Schätzung von 2013). Die Lebenserwartung von Frauen liegt bei 80 Jahren.

Bis 1998 gab es nur eine Handvoll Hochschulen in Litauen. Seither sind mehrere Dutzend Universitäten und Hochschulen hinzugekommen. Fast 90 % der Litauer haben die Mittlere Reife oder das Abitur und die Mehrheit der Schüler besucht weiterführende Schulen. Viele Studenten haben neben dem Studium einen Vollzeitjob und wohnen in Studentenwohnheimen oder WGs statt bei ihren Eltern.

Dennoch bleiben die familiären Bande eng und viele verheiratete Paare leben bei ihren alten Eltern, die sich nicht mehr allein versorgen können. Trotz besserer Berufsaussichten, besonders für Frauen, heiraten Litauer relativ jung, Frauen in der Regel im Alter zwischen 20 und 24 Jahren. Fast die Hälfte der Ehen wird geschieden, aber mit abnehmender Tendenz. Das liegt auch zum Teil daran, dass viele Paare lieber unverheiratet zusammenleben und daher in den offiziellen Scheidungsstatistiken nicht vorkommen.

Litauische Basketballträume

Traditionell glänzen Litauer zwar in vielen Sportarten, so erhielten sie jüngst Medaillen in so unterschiedlichen olympischen Disziplinen wie Diskuswerfen, modernem Fünfkampf und Zehnkampf, doch es gibt nur eine Sportart, die sie wirklich begeistert: Basketball.

Für die Litauer ist Basketball mehr als nur Sport; es ist eine Religion. In der Sowjetzeit galt der Erfolg im Basketball in der sowjetischen Nationalliga als eine der wenigen erlaubten Möglichkeiten, litauisches Nationalgefühl zu zeigen. Seit der Unabhängigkeit versucht Litauen, durch Basketball international bekannt zu werden. Die heißgeliebte Nationalmannschaft erhielt dreimal hintereinander Bronze bei den Olympischen Spielen (1992, 1996 und 2000) und verfehlte 2004 und 2008 nur knapp die Bronzemedaille. Das Team erreichte auch in der FIBA-Basketballmeisterschaft 2010 in Istanbul den dritten Platz, 2014 in Spanien den vierten Platz.

Schon seit den 1930er-Jahren spielen die Litauer eine wichtige Rolle im internationalen Basketball, aber die glanzvollen Zeiten begannen erst Mitte der 1980er-Jahre mit dem beispiellosen Erfolg der damals führenden litauischen Mannschaft Žalgiris Kaunas. Unter dem Center-Spieler Arvydas Sabonis gewann Žalgiris dreimal hintereinander (1985, 1986 und 1987) die sowjetische Nationalmeisterschaft und schlug dabei jedes Mal den ZSKA Moskau, die gefürchtete Supermannschaft der Roten Armee. Die wichtigsten Spieler der sowjetischen Mannschaft, die 1988 in Seoul olympisches Gold gewann, waren Litauer.

Der Erfolg der Litauer in jener Zeit bewies nicht nur ihre Überlegenheit auf dem Basketballplatz, sondern trug auch zu einem neuen Nationalgefühl bei, das schließlich 1991 zur Unabhängigkeit führte.

2011 war Litauen das erste Mal seit 1939 Austragungsort der FIBA-Eurobasket-Meisterschaft, des renommiertesten Basketballwettkampfs Europas. Die Heimmannschaft gewann zwar nicht, aber das Ereignis galt in den Hauptaustragungsstädten Vilnius und Kaunas als großer Erfolg.

Kunst & Kultur

In Sachen Jazz, Theater und Avantgarde ist Litauen im Baltikum unbestritten der Vorreiter und die Kunstszene ist jung, frisch und dynamisch.

Zeitgenössisches Kunsthandwerk

Litauen mag sich zwar erwartungsvoll in seine neue europäische Rolle stürzen, aber die alten Sitten und Gebräuche sind nicht verschwunden. Traditionelles Kunsthandwerk erlebt eine gewaltige Renaissance und viele junge Litauer zeigen sich fasziniert von jahrhundertealten Fertigkeiten.

Eines der sichtbarsten dieser Traditionen ist die Holzschnitzerei. Viele Vordergärten und Waldwege sind von aufwendig geschnitzten Pfählen geschmückt, die lebende Relikte aus der heidnischen Vergangenheit des Landes zu sein scheinen. Sie zeigen jedoch genauso häufig christliche wie heidnische Motive, beide gebräuchlich bei litauischen Holzschnitzern, den *dievdirbiai*. Litauen, das einst von dichten Wäldern bedeckt war, die heute noch in den vielen Nationalparks des Landes erhalten sind, hatte schon immer eine besondere Verehrung für Holz. Traditionell konnten Bäume nur dann gefällt werden, wenn sie im Winter „schlafen". In heidnischen Zeiten galten manche Haine als heilig und durften niemals geschlagen werden.

Der Reichtum an Rohmaterial an der Ostseeküste führte auch zu der alten Tradition der Bernsteinverarbeitung. Viele bekannte litauische Juweliere schätzen noch immer dieses Material. Die Schwarzkeramik, ein Verfahren aus der Neusteinzeit, bei dem Kiefernharz (und manchmal Dung) den fertigen Töpferwaren ihre charakteristische schwarze Farbe verleiht, ist eine weitere uralte litauische Fertigkeit, die in den vergangenen Jahren wiederbelebt wurde. Hinzu kommen die Weberei, die Papierherstellung, das Bemalen von *margučiai* (Ostereiern) und viele andere traditionelle Kunsthandwerke, und so besitzt das heutige Litauen unzählige Möglichkeiten, seine Vergangenheit lebendig zu halten.

Literatur

In der Renaissance erschien 1547 das erste Buch in litauischer Sprache - ein Katechismus von Martynas Mažvydas, dessen Statue in Klaipėda steht - und 1579 wurde die Universität von Vilnius gegründet. Doch von litauischer Literatur im eigentlichen Sinn kann erst einige Jahrhunderte später gesprochen werden.

Das älteste belletristische Werk, *Die Jahreszeiten (Metai)* von Kristijonas Donelaitis, schildert in poetischer Form das Leben der Leibeigenen im 18. Jh. Ein Jahrhundert später erschien Antanas Baranauskas' Gedicht *Der Hain von Anykščiai* (*Anykščių šilelis;* 1860–1861). Es beschreibt den tiefen, dunklen Wald um Anykščiai als Symbol für Litauen und beklagt seine Zerstörung durch ausländische Grundherren. Das Gedicht ist in erster Linie wegen seiner ausdrucksstarken Sprache bekannt. Baranauskas schrieb es auch, um zu zeigen, dass Sprache sich nicht nur auf Küchengeschwätz zu beschränken hat.

Von 1864 bis 1904 erlaubten die Russen nur noch Buchveröffentlichungen in kyrillischer Schrift. Das behinderte die Entwicklung einer eigenständigen Literatur, inspirierte aber den Dichter Jonas Mačiulis (1862–1932), sich für die nationale Unabhängigkeit einzusetzen. In der Altstadt von Kaunas, seiner Heimatstadt, steht eine Statue des Priesters mit dem Künstlernamen Maironis. Das Maironis-Museum für litauische Literatur im ehemaligen Haus des Autors erzählt von seinem Leben. Seine romantische Dichtung *Frühlingsstimmen* (*Pavasario balsai;* 1895) gilt als erstes Werk der modernen litauischen Literatur.

Auch einige bekannte polnische Schriftsteller wuchsen in Litauen auf und verstanden sich deshalb selbst zum Teil als Litauer. Der bekannteste von ihnen ist Adam Mickiewicz (1798–1855), der den Unabhängigkeitskämpfern des 19. Jhs. als Vorbild diente. Sein berühmtes Gedicht *Pan Tadeusz* beginnt mit den Worten „Litauen, mein Vaterland ...". Die Zimmer in der Altstadt von Vilnius, in denen er als Student lebte, sind heute ein Museum.

Czesław Miłosz (1911–2004), der 1980 den Nobelpreis für Literatur erhielt, wurde in Šeteniai in Zentrallitauen geboren. International ist er am bekanntesten für sein Sachbuch *Verführtes Denken* (1953), das sich mit der Auswirkung des Stalinismus auf das Denken polnischer Intellektueller beschäftigt. Aber er liebte auch seine litauischen Wurzeln und beschrieb seine dortige Kindheit in Büchern wie *Das Tal der Issa* (1955) und in seiner Autobiografie *Native Realm* (1959; liegt nicht auf Deutsch vor).

Zu den bekannten Romanschriftstellern der Gegenwart gehört Antanas Škėma (1910–1961), dessen Roman *Balta drobule* (*Das weiße Leintuch;* 1954) autobiografische Züge trägt. Er erzählt die Geschichte einer Kindheit in Kaunas, gefolgt von der Emigration nach Deutschland und nach New York, und ist das erste Beispiel für die Technik des Bewusstseinsstroms in der litauischen Literatur. Ričardas Gavelis (1950–2002), Verfasser von realistischen Romanen und Kurzgeschichten, schockierte die literarische Szene mit *Vilniaus Pokeris* (*Poker in Vilnius;* 1989) und *Vilniaus džiazas*

KOCHBÜCHER

Wer *cepelinai* und andere Klassiker der baltischen Küche kennen und lieben gelernt hat und sie nachkochen will, sollte sich Valesca Hagens Buch *Die echte russisch-baltische Küche* besorgen oder das modernere *Baltisch kochen: Gerichte und ihre Geschichte* von Anne Iburg.

TOP 5: AKTUELLE LITERATUR

Auf der Website Books from Lithuania (www.booksfromlithuania.lt) stehen die wichtigsten Prosa- und Lyrikbände litauischer Schriftsteller mit Angaben zu Übersetzungen ins Deutsche.

Friedenstaube (Ričardas Gavelis) Ein 2001 erschienener Band mit Kurzgeschichten des bekannten litauischen Autors.

Literatur von Freiheit und Unfreiheit (Vytautas Kubilius) Geschichte der litauischen Literatur von der Staatsgründung bis in die Gegenwart.

Die Regenhexe (Jurga Ivanauskaitė) Schicksal dreier Frauen, deren Leben auf eigenartige Weise miteinander verflochten sind.

Die großen Pläne des kleinen Cäsar (Vytautas Bubnys) Roman des bekannten litauischen Schriftstellers, der auch **Unter dem Sommerhimmel** geschrieben hat.

Litauen. Ein literarischer Reisebegleiter (Claudia Sinnig; Hg.) Literarische Texte aus Litauen, zum Teil erstmals übersetzt.

(*Vilnius Jazz;* 1993), zwei Werken, in denen er das Sowjetsystem und die dazugehörige Mentalität offen kritisierte. Umstritten war auch Jurga Ivanauskaitės (1961–2007) Geschichte der Liebesaffäre eines Priesters mit dem Titel *Die Regenhexe (Ragana ir lietus).* Als das Buch 1992 erschien, war der Stadtrat von Vilnius erbost und ließ den Vertrieb einschränken. Ihr nächster Roman, *Sapnų nublokšti* (*Von Träumen verweht*; 2000), befasste sich mit Themen wie Religion, Reisen und der Wahrnehmung anderer Glaubensformen und Kulturen, die in Litauens Literatur bis zum Zusammenbruch des Kommunismus 1989 tabu waren.

Herkus Kunčius (geb. 1965) wurde für seine skandalösen Romane bekannt, die kulturelle Normen infrage stellen. *Gaidžių milžinkapis* (*Das Hügelgrab der Hähne*; 2004) führte die Schwulen- und Lesbenszene in die litauische Literatur ein. Marius Ivaškevičius (geb. 1973) hingegen zeichnet sich durch seine Betrachtung historischer Themen aus einer modernen Perspektive aus. Sein bisher am meisten verkaufter Roman *Zali* (*Grüne;* 2002) befasst sich mit der Partisanenbewegung nach dem Zweiten Weltkrieg.

Kino & Fernsehen

Litauens cineastische Geschichte reicht weit zurück in die Vergangenheit: Die ersten Kurzfilme wurden bereits 1909 gedreht, doch erst Ende der 1980er-Jahre begann der unabhängige Film wirklich zu blühen. Heute machen litauische Filme 25 % des Kinoprogramms im Land aus.

Der talentierte Regisseur Šarūnas Bartas (geb. 1964) befasst sich mit der tristen Wirklichkeit der Zeit nach der Sowjetära. Sein Schwarz-Weiß-Stummfilm *Der Korridor* (*Koridorius*; 1994) spielt in einem heruntergekommenen Plattenbau in der Vorstadt von Vilnius und fand international Beachtung. 1987 hatte Bartas das erste unabhängige Filmstudio Litauens eröffnet.

Audrius Stonys drehte elf Dokumentarfilme und einen Kurzfilm, die in ganz Europa Beachtung fanden. *Flight over Litauen or 510 Seconds of Silence* (2000) – der Flug eines Engels über die Altstadt von Vilnius, den seenreichen Nationalpark Aukštaitija und die Kurische Nehrung – ist phantastisch. Unter www.stonys.lt kann er angeschaut werden.

Stonys arbeitete auch an *Baltic Way* (1990) mit, der 1992 als bester europäischer Dokumentarfilm ausgezeichnet wurde. Regisseur und Produzent war Arūnas Matelis (geb. 1961), Mitglied der Europäischen Filmakademie. Begeisterte Kritiken und zahlreiche Preise erntete er mit seinem Film *Vor dem Flug zur Erde* (2005), einem Dokumentarfilm über an Leukämie erkrankte Kinder. Er und sein Team werden auf der Website www.nominum.lt vorgestellt.

Algimantas Puipa wurde mit den Filmen *Die Wolfszahnkette* (*Vilko dantu karoliai*; 1997) und *Elzes Leben* (*Elzė iš Gilijos*; 1999) bekannt. Auch seine Filme *Forest of Gods* (*Dievų miškas*; 2005) und *Whisper of Sin* (*Nuodėmės užkalbėjimas*; 2007) machten wieder Schlagzeilen.

Repräsentantin junger Regisseurinnen in Litauen ist Kristina Buožytė, deren Film *Vanishing Waves* (2012) von der Beziehung zwischen einer jungen, komatösen Frau und dem Wissenschaftler handelt, der eine Verbindung zu ihrem Unterbewusstsein herstellen kann.

Dank der niedrigen Produktionskosten in Litauen wurden hier einige TV-Serien mit großem Budget gedreht, darunter *Die neuen Abenteuer des Robin Hood* (1995–1996) und *Elizabeth I.* (2005) mit Jeremy Irons und Helen Mirren.

Die 1948 in Kaunas gegründeten und heute in Vilnius ansässigen Litauischen Filmstudios (www.lfs.lt) waren an allen größeren internationalen Filmproduktionen in Litauen beteiligt.

Das Museum für Theater, Musik und Film in Vilnius informiert ausführlich über das litauische Kino und Fernsehen.

Musik

Dainos – Litauisch für „Lieder" – bilden die Grundlage der litauischen Volksmusik. Ihre Texte behandeln alle Aspekte des Lebens, von der Geburt bis zum Tod. Gesungen werden sie meist von Frauen, entweder einzeln oder im Chor. Charakteristische Instrumente sind die *Kanklė*, eine baltische Art der Zither, sowie verschiedene Flöten und Rohrinstrumente. Eine schöne Sammlung davon zeigt das Museum für Volksmusik und Instrumente in Kaunas.

Der von romantisch-folkloristischen Traditionen beeinflusste Musiker Mikalojus Konstantinas Čiurlionis (1875–1911) ist Litauens führender Komponist aus früheren Zeiten. Zu seinen Hauptwerken gehören die sinfonischen Dichtungen *Im Walde (Miško)* und *Das Meer* (*Jūra*; 1900–1907), doch Čiurlionis komponierte auch viele Klavierstücke.

Bronius Kutavičius (geb. 1932) gilt als der Vorreiter minimalistischer Musik in Litauen. Für eine neue Generation von Komponisten steht Rytis Mažulis (geb. 1961). Er schreibt neo-avantgardistische Stücke und minimalistische Gesangskompositionen. Die Country-und-Western-Ikone Virgis Stakėnas ist der wichtigste Mentor des in Litauen äußerst beliebten Countrymusik-Festivals *Visagino Country* in Visaginas in Ostlitauen.

Litauen ist die Jazznation des Baltikums. Zwei Musiker stechen besonders hervor – der Pianist Gintautas Abarius und der Saxofonist Petras Vysniauskas. Berühmt ist auch das Ganelin Trio, dessen avantgardistischer Stil in den 1980er-Jahre im Westen entdeckt wurde und die Kenner vom Hocker riss. Im Club Kurpiai in Klaipėda und auf den Jazzfestivals in Birštonas und Kaunas ist der beste litauische Jazz zu hören.

In der internationalen Rock- und Popszene spielt Litauen noch keine bedeutende Rolle, aber es gibt bereits einige lokale Größen. Andrius Mamontovas ist schon seit fast zwei Jahrzehnten ein Begriff. Amberlife, Mango und Auguestė sind führende Vertreter der Boy- und Girlbands. Skamp belebt die Szene mit einer interessanten Mischung aus HipHop, R'n'B und Funk. Die bekanntesten Aufsteiger der letzten Jahre sind Inculto, eine vielseitige, kreative Band, die seit Jahren verschiedene Einflüsse aus dem Bereich der Weltmusik verarbeitet, und Gravel, eine Art Britpop-Quartett mit Talent und Schwung.

Music Export Litauen (www.mxl.lt) ist eine hilfreiche Website mit Infos über die verschiedenen Musikrichtungen in Litauen.

Bildende Kunst

Litauens bester Maler und Musiker ist der in Varėna geborene Mikalojus Konstantinas Čiurlionis, der seine Kindheit in Druskininkai verbrachte (sein Geburtshaus ist heute ein Museum). Er schuf romantische Meisterwerke in zarten, gefühlvollen Farben sowie Theaterkulissen und einige sehr schöne Buntglasfenster. Die beste Sammlung seiner Arbeiten ist im Čiurlionis-Kunstmuseum in Kaunas zu bewundern. Čiurlionis litt unter Depressionen und starb im Alter von 35 Jahren an einer Lungenentzündung.

Litauens Szene zeitgenössischer Kunst ist überaus lebendig. Die Künstler von Vilnius haben die „Republik Užupis" (S. 317) gegründet, wo sie in ihrem „Sezessionsstaat" alternative Kunstfestivals, Modenschauen und Ausstellungen veranstalten. 19 km nördlich von Vilnius hat der Bildhauer Gintaras Karosas den Skulpturenpark Europos Parkas angelegt.

Konstantinas Bogdanas war berühmt für seine Bronzeskulpturen der Helden des Kommunismus (einige davon befinden sich im Grūtas Park in Druskininkai) und für seine Büste des US-Musikers und Komponisten Frank Zappa.

Litauische Fotografen haben ebenfalls internationale Anerkennung gefunden. Der bedeutendste Fotograf der Nachkriegszeit war Vytautas Stanionis (1917–1966); der Fotokünstler Antanas Sutkus (geb. 1939) verblüffte die Szene mit seinen legendären Aufnahmen des französischen Philosophenpaares Jean-Paul

Sartre und Simone de Beauvoir auf der Kurischen Nehrung. Vitalijus Butyrinas (geb. 1947) arbeitete für seine berühmte Fotoserie *Meeresgeschichten* mit den Mitteln des abstrakten Expressionismus. Wer sich für diese und andere Fotografien interessiert, wird auf der Website des litauischen Kunstfotografenverbandes (www.photography.lt) fündig.

Theater

Das litauische Theater erobert sich dank einiger experimentierfreudiger junger Regisseure nach und nach einen Platz in der europäischen Kulturlandschaft.

Der Superstar unter den litauischen Theaterregisseuren ist zweifellos Eimuntas Nekrošius, der bereits viele internationale Preise eingeheimst hat. Der ebenfalls bekannte Oskaras Koršunovas aus Vilnius (geb. 1969) hat mit seinen Inszenierungen der Stücke *Die alte Frau, Shopping and Fucking, P.S. Akte OK* und seiner Bearbeitung von *Romeo und Julia* (2003) verschiedene europäische Theaterfestivals besucht. 1998 gründete er in Vilnius sein eigenes Ensemble, das Oskaro-Koršuno-Theater (OKT), das aber keine eigene Bühne besitzt.

Zu den bekannten Regisseuren gehören auch Gintaras Varnas (geb. 1961), künstlerischer Leiter des Akademischen Sprechtheaters Kaunas, der fünfmal als bester litauischer Regisseur des Jahres ausgezeichnet wurde, und Rimas Tuminas (geb. 1952), der das Kleine Theater von Vilnius leitet.

Weitere Infos zum litauischen Theater sind auf www.theatre.lt nachzulesen.

Essen & Trinken

Die langen, harten Winter sind wohl dafür verantwortlich, dass in Litauen überwiegend deftige, fettreiche Hausmannskost mit Kartoffeln, Fleisch und Milchprodukten auf den Tisch kommt. Zwischen den verschiedenen Regionen gibt es keine großen Unterschiede, doch natürlich herrschen hier und dort bestimmte Nahrungsmittel vor: Pilze, Beeren und Wild im dicht bewaldeten Osten und Süden, Bier fließt in manche Gerichte im Norden, während an der Küste und in Seengebieten wie Trakai Fisch auf die Teller kommt. Das Brot (meist Roggenbrot, manchmal recht süß) ist hervorragend.

Typisches, Spezialitäten & „Zeppeline"

Das litauische Nationalgericht sind *cepelinai*, manchmal auch scherzhaft Zeppeline genannt. Die Kartoffelklöße können mit Käse, *mesa* (Fleisch) oder *grybai* (Pilzen) gefüllt sein. Dazu gibt es eine üppige Soße aus Zwiebeln, Butter, saurer Sahne und Speckstücken.

Auch *kugelis* mit saurer Sahne ist häufig zu finden: der Auflauf aus geriebenen Kartoffeln und Möhren sorgt eher für Völlegefühle. *Koldūnai* sind herzhafte, mit Fleisch oder Pilzen gefüllte Teigtaschen (Pelmeni), *virtiniai* deftige Piroggen.

Beim Fleisch schätzen die Litauer oft die sonst weniger begehrten Teile: *liežuvis* (Ochsenzunge) und *alionių skilandis* (in

DIE ZWÖLF WEIHNACHTSGERICHTE

Weihnachten ist in kulinarischer Hinsicht das wichtigste Fest des Landes. Am 24. Dezember nimmt die ganze Familie bei Kerzenschein rund um einen mit Heu bestreuten Tisch mit weißem Tischtuch Platz. Das Heu soll an Jesu Geburt erinnern und zugleich den Seelen verstorbener Familienmitglieder als Ruhestatt dienen. Ein Platz am Tisch wird denn auch immer für die Verstorbenen des vergangenen Jahres gedeckt.

Zu einem traditionellen Essen an Heiligabend gehören zwölf Gänge – einer für jeden Monat des kommenden Jahres, damit jeder von ihnen Glück und Zufriedenheit bringt. Die Gerichte bestehen aus Fisch und Gemüse, oft auch *kūčiukai* – ein kleines würfelförmiges Mohngebäck, das in einer Schale mit Mohnblütensaft serviert wird. Andere Zutaten wie Hering, Hecht, Pilze und verschiedene Suppen sind nicht unbedingt weihnachtspezifisch.

Šakotis – „Eierkuchen" – ist ein großer baumförmiger Kuchen mit langen Stacheln, der aus ziemlich trockenem Teig aus Mehl, Margarine, Zucker, saurer Sahne und einer Unmenge von Eiern besteht. Er wird vor allem zu Hochzeiten und anderen Festlichkeiten serviert.

der Schweinsblase geräuchertes Hackfleisch) gelten ebenso als Delikatesse wie *vėdarai* (gebratene Innereien vom Schwein).

Wer *šiupinys* bestellt, bekommt einen Eintopf mit Schweinsrüssel, -schwänzchen und -füßen mit Erbsen und Bohnen. Geräucherte Schweinsohren, -füße und -schwänze werden auch gern zu einem Bier geknabbert genauso wie *kepta duona*, mit viel Knoblauch in der Pfanne geröstete Roggenbrotstreifen. Dazu gibt es auf Wunsch eine zähe Käsesoße.

Wildschwein, Kaninchen und Reh sind im Nationalpark Aukštaitija beliebt. Im 18. Jh. garte man hier die geschossenen Vögel und Wildtiere in einer Lehmhülle oder über dem offenen Feuer am Spieß. Als die Sandverwehungen an der Kurischen Nehrung vom 17. bis 19. Jh. jeglichen Ackerbau verhinderten, verlegten sich die Bewohner auf die Jagd und aßen im Winter sogar Krähen. Mit einem kräftigen Biss in den Nacken (der mit einem tüchtigen Schluck Wodka heruntergespült wurde) töteten sie den Vogel, danach wurde sein Fleisch entweder roh, geräuchert oder gepökelt gegessen.

Blyneliai (Pfannkuchen) – ein echter Renner – gibt es süß oder herzhaft zu jeder Tageszeit. *Varskečiai* sind mit süßem Quark gefüllt, *bulviniai blyneliai* bestehen aus geriebenen Kartoffeln und sind mit Fleisch, *varske* (Quark) oder Früchten und Schokolade gefüllt.

Kalte rosa Suppe & andere Vorspeisen

Litauer lieben Suppe und kein anständiger Koch würde eine Mahlzeit ohne Süppchen anbieten. Aber eine Suppe steht über alle anderen (vielleicht wegen der knallrosa Farbe oder weil sie schlichtweg köstlich ist). *Šaltibarsčiai* ist eine kalte Rote-Bete-Suppe, die gern im Sommer gegessen und mit Dillkartoffeln und Sauerrahm serviert wird.

Ebenfalls interessant sind Brennnessel-, Sauerampfer-, Kohl- und Brotsuppe, ganz zu schweigen von der Blutsuppe, in der tatsächlich Gänse-, Enten- oder Hühnerblut verkocht wird. Typisch für die Kurische Nehrung ist Aalsuppe, auch als Hauptgericht steht hier Aal auf dem Speisezettel. In Aukštaitija wird Fischsuppe im Brotlaib serviert.

Zu den typischen Vorspeisen gehören *silkė* (Hering), *sprotai* (Sprotten) und Salate. *Lietuviškos salotos* (litauischer Salat) ist eine mayonnaisereiche Mischung aus Essiggurken, gekochten Karotten, Fleisch und allem, was sich sonst noch so im Kühlschrank findet.

Während der Pilzsaison im August und September wachsen Dutzende unterschiedlicher Pilzarten in Litauens Wäldern, einige davon essbar, andere tödlich. Vor allem in den Nationalparks Aukštaitija und Dzūkija gibt es viele Pilze. Im Frühsommer füllen sich dieselben Wälder mit Beerensammlern. An den Straßen dieser Regionen verkaufen dann Anwohner Erdbeer-, Blaubeer- und Brombeermarmelade.

Bier & andere Getränke

Alus (Bier) ist das am weitesten verbreitete Getränk, zu den einheimischen Marken gehören Švyturys, Utenos und Kalnapilis. Die älteste Brauereitradition hat Nordlitauen, wo kleine Familienbetriebe köstliches Bier ohne Konservierungsmittel brauen.

Midus (Met) ist Litauens ältestes und edelstes Getränk. Er wird aus Honig hergestellt, der mit Wasser, Beeren und Gewürzen aufgekocht und dann mit Hopfen vergoren wird. Das Ergebnis ist ein Getränk mit 10 bis 15 Vol.-% Alkohol. Mit dem Niedergang der Bienenzucht im 18. Jh. geriet es in Vergessenheit und tauchte erst 1959 wieder auf, als Lietuviškas midus (www.midus.lt) im zentrallitauischen Stakliškės es nach altem Rezept wieder herstellte. Heute produziert die Firma mehrere Sorten.

Vynas (Wein) setzt sich bei den Stadtbewohnern von Vilnius durch, während man auf dem Lande noch geteilter Meinung über ihn ist. *Degtinė* (Wodka) ist recht verbreitet. Er wird überwiegend pur, gekühlt und in Gesellschaft genossen.

Wer es etwas weniger heftig liebt, sollte den Honiglikör *stakliskes* oder *starka* aus Apfel- oder Birnbaumblättern probieren. Kräuter- und Früchtetees aus Lindenblüten, Thymian, Kümmel, Ingwer, Minze, Rhabarber und vielen anderen süßen Zutaten sind schon uralt. Skonis ir Kvapas (S. 328) in Vilnius lädt zum Probieren ein.

Gira ist ein trübes, alkoholfreies Getränk, das aus Brot hergestellt wird und überall in Litauen erhältlich ist.

Wohin zum Essen?

Wer in Litauen essen geht, zahlt von 7 € für ein Dreigängemenü in einem Selbstbedienungscafé in einer Provinzstadt abseits der

SPRACHFÜHRER ESSEN

Ohne Sprachführer im Restaurant gelandet? Hier sind ein paar hilfreiche Sätze.

Nützliche Wendungen

Ein Tisch für ..., bitte.	*Stalą ..., prašau.*
Kann ich die Karte haben, bitte?	*Ar galėčiau gauti meniu, prašau?*
Haben Sie eine englischsprachige Karte?	*Ar jūs turite meniu angliеškai?*
Ich probiere das hier.	*Aš noréčau išbandyti to.*
Ich esse kein ...	*Aš nevalgau ...*
Fleisch	*mėsiško*

Kulinarisches Glossar

Bier	*alus*
Butter	*sviestas*
Eier	*kiaušiniai*
Huhn	*vištiena*
Kaffee	*kava*
Kalte Rote-Bete-Suppe	*šaltibarščiai*
Kartoffelklöße mit Fleisch gefüllt	*cepelinai*
Käse	*sūris*
Litauische Klöße	*koldūnai*
Milch	*pienas*
Paniertes Schweinskotelett	*karbonadas*
Pfannkuchen	*blyneliai*
Pilze	*grybai*
Rindfleisch	*jautiena*
Schweinefleisch	*kiauliena*
Tee	*arbata*

Touristenpfade und bis zu 35 € oder mehr in einem schicken Restaurant in der Hauptstadt.

In Vilnius ist die gesamte Palette an Preis- und Qualitätsklassen vertreten, oft gibt es sogar eine Speisekarte mit englischer – auf der Nehrung auch deutscher – Übersetzung; an anderen Orten ist die Auswahl begrenzt und die Karten sind fast immer in litauischer Sprache verfasst. Am besten ist der Service in der Hauptstadt, außerhalb meist mittelmäßig bis schlecht.

Esskultur

Wer den litauischen Regeln der Gastfreundschaft genügen will, sollte seinen Gürtel lockern und das Frühstück auslassen. Festmähler dauern lang, sind üppig und von vielen Trinksprüchen wie *Išgeriam!* (Zum Wohl!) oder *Iki dugno!* (Hoch die Tassen!) unterbrochen. Oft sind schon die Vorspeisen so reichlich bemessen, dass unerfahrene Gäste sie für das Hauptgericht halten. Eine weitere Portion abzulehnen, gilt als unhöflich und könnte so aufgefasst werden, dass Essen oder Gastfreundschaft nicht geschätzt werden.

Familienessen sind besondere Zeremonien und werden sehr ernst genommen; allerdings wird heute vor allem in den Städten meist nur noch an Festtagen, Geburtstagen und zu anderen offiziellen Anlässen im alten Stil gefeiert. Jedes Familienmitglied hat einen festen Platz am Tisch, der Vater sitzt am Kopfende, die Mutter ihm gegenüber. Wer eine Familie besucht, während diese gerade isst, sollte unbedingt *skanaus* (guten Appetit) wünschen.

PREISKATEGORIEN ESSEN

Die folgenden Preiskategorien beziehen sich auf eine typische Hauptmahlzeit.

€ unter 7 €

€€ 7–14 €

€€€ über 14 €

PRAKTISCHE INFORMATIONEN

Allgemeine Informationen

AKTIVITÄTEN

Litauer lieben die Natur. Vor nur 600 Jahren haben die Menschen noch uralte Eichen verehrt, heutzutage fahren sie in ihrer Freizeit regelmäßig zu den wunderschönen Seen und Wäldern oder an die langen Sandstrände. Bootfahren, Beeren- und Pilzesammeln, Vogelbeobachtung und Ballonfahrten sind nur einige der vielen Freizeitaktivitäten. Reisende können durch die Wildnis wandern oder radeln, in einer traditionellen Sauna am Seeufer schwitzen und sich im Winter beim Eisangeln vergnügen.

BOTSCHAFTEN & KONSULATE

Die Website www.embassy-finder.com hat ein aktuelles Verzeichnis von Konsulaten und Botschaften auf der ganzen Welt. Alle Botschaften befinden sich in Vilnius. Litauische Botschaften im Ausland sind auf der Website des Litauischen Außenministeriums (www.urm.lt) aufgeführt.

Deutsche Botschaft (☎ 5-210 6400; www.wilna.diplo.de; Z Sierakausko gatvė 24; ⏲ Mo–Do 8.30–12 & 13.30–16.30, Fr bis 16 Uhr)

Österreichische Botschaft (☎ 5-266-0580; www.bmeia.gv.at/botschaft/wilna.html; Gaono 6; ⏲ Mo–Fr 8.30–16.30 Uhr)

Schweizerisches Generalkonsulat (☎ 5-203 2969; www.eda.admin.ch/eda/de/home/vertretungen-und-reisehinweise/litauen/schweizervertretunginlitauen.html; Lvovo 25)

FEIERTAGE

Neujahr 1. Januar

Unabhängigkeitstag (Nepriklausomybės diena) 16. Februar; Jahrestag der Unabhängigkeitserklärung von 1918

Wiedererlangung der Unabhängigkeit 11. März

Ostersonntag März/April

Ostermontag März/April

Internationaler Tag der Arbeit 1. Mai

Muttertag 1. Sonntag im Mai

Vatertag 1. Sonntag im Juni

Johannisfest (Mittsommer) 24. Juni

Nationalfeiertag 6. Juli; Krönung des Großfürsten Mindaugas im 13. Jh.

Mariä Himmelfahrt 15. August

Allerheiligen 1. November

Weihnachten (Kalėdos) 25./26. Dezember

Litauen begeht auch Feste wie den Tag der litauischen Fahne (1. Januar), den Kasimirstag (4. März), den Tag der Erde (20. März), den Partisanentag (4. Sonntag im Mai), den Tag des schwarzen Bandes (23. August) und den Gedenktag des Genozids an den litauischen Juden (23. September). An diesen Tagen wird gearbeitet, aber an den meisten öffentlichen Gebäuden und Privathäusern weht die Nationalflagge.

GELD

Litauen trat im Januar 2015 der Eurozone bei und tauschte die Währung Litas gegen den Euro ein.

Geldautomaten sind überall in den Städten zu finden, selbst im kleinsten Dorf gibt es oft zumindest einen. Die Mehrheit akzeptiert Visa und MasterCard. Geld kann in den Banken gewechselt werden, aber am einfachsten ist eine Debitkarte, mit der nach Bedarf Bares aus dem Geldautomaten gezogen wird.

Visa und MasterCard werden beim Einkauf oder in der Dienstleistung weitgehend akzeptiert. Schwierig wird es allenfalls in sehr kleinen Geschäften oder bei sehr kleinen Einkäufen. American Express wird in der Regel in größeren Hotels und Restaurants angenommen, ist aber nicht so umfassend akzeptiert wie andere Kreditkarten.

INTERNETZUGANG

Das Internet hat sich in Litauen rasend schnell durchgesetzt (zumindest in den größeren Städten). Litauen hat in dieser Hinsicht viele andere Länder Westeuropas bereits überholt. Dazu haben der Ausbau drahtloser Netze und fallende Preise bei PCs und Notebooks beigetragen. Für Reisende bedeutet dies, dass die Zahl der Internetcafés abnimmt und dafür die WLAN-Zonen zunehmen. Die meisten größeren Städte haben auch heute noch mindestens ein Café mit Internetzugang (durchschnittlich 1,50 € pro Std.), auf dem Lande hingegen sind solche Zugänge eine Seltenheit.

Fast alle Hotels, selbst die meisten Budgetunterkünfte, haben Internetzugang in den Zimmern. Meist ist es WLAN (oft kostenlos, aber nicht immer), aber es gibt noch immer einige Hotels, die LAN-Verbindungen benutzen und an der Rezeption Ethernetkabel verleihen. Ein eigener Laptop oder ein Smartphone mit WLAN-Aktivierung ist dafür natürlich nötig. Die Qualität der WLAN-Verbindung kann erheblich schwanken, je nachdem, wie weit das Zimmer vom Router entfernt ist. Ist eine Internetverbindung wichtig, sollte das an der Rezeption erwähnt und um ein Zimmer mit starkem Signal gebeten werden.

Ein paar Spitzenklassehotels in Vilnius und Kaunas haben mit Computern ausgestattete Businesscenter, die Gäste gegen eine recht teure Gebühr nutzen können. Viele Budget- und Mittelklasseunterkünfte haben inzwischen einen Computerterminal in der Halle stehen, von dem aus die Gäste kostenlos im Internet surfen können. Auf Anfrage ist es gelegentlich auch möglich, den Computer des Hotels zu nutzen, um E-Mails abzurufen – aber nicht immer.

KARTEN

Für Litauen sind die interaktiven, mit Suchfunktion ausgestatteten Karten von www.maps.lt unschlagbar.

Die beste verfügbare Straßenkarte ist *Lietuva* (1:300 000), die von Briedis (S. 331) in Vilnius herausgegeben und vom Verlag auch online verkauft wird. Buchläden, Touristeninformationen und Supermärkte in Litauen verkaufen sie für 4,50 €. Ebenfalls gut ist die Straßenkarte *Lietuva* (1:500 000) von Jāņa sēta etwa zum gleichen Preis.

Jāņa sēta verkauft für das stressfreie Navigieren *Miesto planas* (Stadtpläne) für die Städte Vilnius, Kaunas und Klaipėda (1:25 000) mit jeweils einem Detailplan des Zentrums (1:10 000) sowie Stadtpläne von Palanga (1:15 000), Šiauliai und Panevėžys (1:20 000). Sie kosten pro Stück 1,70 bis 3,50 € und sind in Buchläden und einigen Touristeninformationen erhältlich.

Die meisten internationalen Navis (wie TomTom und Garmin) haben auch Litauen auf ihrem Europa-Download. Wer mit dem Leihwagen unterwegs ist, kann sein eigenes Navi mitbringen und es hier wie daheim benutzen.

POST

Die litauische Post (www.post.lt) ist flott und billig. Briefe und Postkarten kosten 0,75 € innerhalb der EU, 0,84 € außerhalb der EU und 0,39 € im Inland. Innerhalb Europas braucht die Post etwa eine Woche. Der staatliche EMS ist der billigste Kurierdienst, er hat einen Schalter in der Hauptpost in Vilnius.

TELEFON

Das digitalisierte Telefonnetz des Betreibers TEO (www.teo.lt) ist schnell und effizient. Allerdings ist es etwas verwirrend herauszufinden, welche Vorwahl gewählt werden muss.

Für Städte in Litauen im Festnetz die ☎ 8 wählen, den Rufton abwarten, dann die Ortsvorwahl und die Telefonnummer wählen.

Für Anrufe von Litauen ins Ausland die ☎ 00 und dann die nationale Vorwahl wählen.

Für Anrufe aus dem Ausland nach Litauen die litauische Landesvorwahl (☎ 00370), dann die Ortsvorwahl und die Rufnummer wählen.

Und dann gibt es natürlich die Handys. Kein Litauer, der etwas auf sich hält, würde sich ohne Handy sehen lassen, das geradezu am Ohr festgewachsen zu sein scheint. Viele Hotels und Restaurants – besonders auf dem Land – geben die Handynummer als Haupttelefonnummer an. Handynummern bestehen aus einem dreistelligen Code und einer fünfstelligen Nummer.

Für Anrufe auf ein Handy innerhalb Litauens die ☎ 8, dann die achtstellige Handynummer wählen. Aus dem Ausland die ☎ 00370 wählen, dann die achtstellige Handynummer eintippen.

Die Telefongesellschaften Bitė (www.bite.lt), Omnitel (www.omnitel.lt) und Tele 2 (www.tele2.lt) verkaufen Prepaid-SIM-Karten; Tele2 bietet mit ihrer Prepaid-Karte kostenloses Roaming, ist also auch bei Reisen in Estland, Lettland und Polen die beste Wahl und zudem am billigsten.

Öffentliche Telefonzellen – von denen es angesichts der weiten Verbreitung von Handys immer weniger gibt – sind blau und nur mit Telefonkarten zu benutzen. Die Karten werden an Zeitungsständen verkauft.

TOURISTENINFORMATION

In den meisten Orten gibt es eine Touristeninformation, deren Personal normalerweise wenigstens etwas Englisch spricht. Die Einrichtungen reichen von überaus hilfreich, nützlich und zuvorkommend bis zu schlicht unbrauchbar und werden vom Staatlichen Fremdenverkehrsbüro (www.tourism.lt) mit Sitz in Vilnius koordiniert. Touristeninformationen sind oft bei der Zimmersuche behilflich. Die besten Touristeninformatio-

TRINKGELD

- In Restaurants werden 10 % der Rechnungssumme für guten Service gegeben. Das Trinkgeld wird in der Hülle, in der die Rechnung überreicht wird, hinterlassen oder der Bedienung direkt gegeben.
- Friseure und andere Dienstleister erhalten etwa 10 % der Gesamtsumme.
- Taxifahrer erwarten kein Trinkgeld, aber man kann 2 bis 4 € hinzufügen, um guten Service zu belohnen.
- In Hotels beschränkt sich das Trinkgeld im Prinzip auf die Spitzenklassehäuser, die meist einen anständigen Zimmerservice und Gepäckträger haben, die alle ein Trinkgeld erwarten.

nen befinden sich in Vilnius, Kaunas, Klaipėda und Trakai, die alle zahlreiche, sehr informative Broschüren führen.

Infos über die vier litauischen Stätten des Unesco-Weltkulturerbes – Altstadt von Vilnius, Kurische Nehrung, Archäologische Stätte Kernavė und Geodätische Vermessungspunkte des Struve-Bogens – erteilt die **Litauische Unesco-Kommission** (Karte S. 308; ☎5-210 7340; www.unesco.lt; Šv. Jono gatvė 1) in Vilnius.

UNTERKUNFT

Litauen bietet eine breite Auswahl an Unterkünften für jeden Geldbeutel, wie Hotels, Pensionen, Privatzimmer, Hostels und Campingplätze. Die Preise sind in den vergangenen Jahren in allen Kategorien gestiegen, aber im Allgemeinen immer noch günstiger als in vergleichbaren Unterkünften in Westeuropa.

Zur Budgetkategorie gehören Hostels, billigere Pensionen, Privatzimmer und Campingplätze. Die Mittelklassekategorie umfasst die meisten Hotels und besseren Pensionen. Spitzenklasse bedeutet meist Hotelketten, Luxushotels und Edelboutiquehotels.

- Am teuersten sind die Badeorte an der Ostsee in der Sommersaison, gefolgt von Vilnius und Kaunas.
- Die Preise schwanken oft je nach Saison. Ferienorte, besonders an der Ostsee, haben in der Hochsaison (Juni–Aug.) weit höhere Preise. In der „kalten Saison" (Okt.–Mai) fallen sie bis um die Hälfte. Viele Unterkünfte schließen dann auch ganz.
- Frühstück ist im Preis nicht immer enthalten, besonders in Pensionen, die oft 4–7 € extra für ein Frühstück berechnen.
- Parkgebühren gehören ebenfalls nicht immer zum Zimmerpreis und können 4–7 € extra pro Nacht betragen.

Hotels

Ein *viešbutis* (Hotel) ist die gängigste Unterkunftsart. Davon gibt es zahlreiche alte und neue Häuser, die von sehr schlicht bis sehr luxuriös reichen.

Zur Spitzenkategorie gehören die internationalen Hotelketten, die überwiegend Geschäftsleuten hochklassige Unterkunft bieten, meist zu Preisen, die für Spesenkonten gedacht sind. Darunter gibt es viele kleinere Hotels in Privatbesitz, die zur Mittelklassekategorie gehören. Die Preise sind zwar unterschiedlich, aber für ein Einzelzimmer ist mit etwa 45 € und für ein Doppelzimmer ab 60 € zu rechnen.

Pensionen

Svečių namai (Pensionen) gibt es in ganz Litauen, mehr noch in den größeren Städten. Sie umfassen ein breites Spektrum, von schlichten Zimmern in Privathäusern bis zu nahezu luxuriösen Schmuckstückchen, sind aber meist preiswerter als Hotels und haben oft sehr viel mehr Charakter. Die Preise hängen zwar vom Standort und gebotenen Komfort ab, liegen aber bei etwa 35/50 € für ein Einzel-/Doppelzimmer meist ohne Frühstück.

Privat- & Bauernhofunterkünfte

Übernachtungen auf einem Bauernhof oder in einem Privathaus *(sodyba)* sind eine beliebte und höchst empfehlenswerte Art, das Land zu erleben. Privatzimmer sind weitaus häufiger in ländlichen Gebieten und kleinen Orten zu finden. Im zentralen und östlichen Litauen, besonders in Kleinstädten wie Utena oder Anykščiai oder um die Nationalparks, sind sie oft die einzigen Unterkünfte.

Die jeweiligen Touristeninformationen haben meist ein Verzeichnis mit Privatzimmern und empfehlen eine Auswahl je nach Ansprüchen. Die hilfreiche Website des Verbands des Litauischen Landtourismus (www.countryside.lt) listet Unterkünfte nach Region auf und bietet gute Informationen zu den Angeboten.

Die Preise sind je nach Komfort und Saison höchst unterschiedlich, liegen aber bei etwa 40 € pro Zimmer in der Hochsaison (Juni–Aug.). Außerhalb der Saison sind sie um die Hälfte günstiger. Frühstück ist üblicherweise nicht im Preis enthalten.

Hostels

Jugendherbergen sind in Litauen nicht gerade weit verbreitet und die vorhandenen sind meist eher altbacken, also Schulschlafsäle oder sehr schlichte Sporthotels. Die meisten Hostels sind in Großstädten zu finden. Ansonsten ist man mit Pensionen oder Privatzimmern besser bedient.

Der Litauische Jugendherbergsverband (www.lha.lt) hat ein Hostelverzeichnis mit Links zu den jeweiligen Häusern.

Je nach individuellem Haus, dem Standort und der Jahreszeit kostet ein Bett im Schlafsaal zwischen 9 und 11 €.

Campingplätze

Campingplätze gibt es in Litauen reichlich, manche in traumhaften Gegenden wie an der Ostseeküste oder in gefragter Lage in den Nationalparks. Auf den meisten Campingplät-

PREISKATEGORIEN SCHLAFEN

Die folgenden Preiskategorien beziehen sich auf ein Doppelzimmer mit Bad.

€ unter 50 €

€€ 50–100 €

€€€ über 100 €

zen können sowohl Zelte als auch Caravans aufgestellt werden. Manche vermieten auch einfache Bungalows oder dergleichen.

Die hilfreiche Website des Campingverbands Litauen (www.camping.lt) führt ein Verzeichnis von Campingplätzen samt Infos und Fotos. Der Verband gibt auch die sehr nützliche Broschüre *Kempingai Lietuvoje (Campingplätze in Litauen)* heraus, die in Touristeninformationen oder als Download von der Verbandswebsite erhältlich ist.

Die Preise sind unterschiedlich, liegen aber bei etwa 5 € pro Person und zusätzlichen 5 € für einen Stellplatz. In der Regel muss für einen Parkplatz und für Stromanschluss extra bezahlt werden. Einige Campingplätze sind nur in der Sommersaison geöffnet (Mai–Sept.). Außerhalb dieser Zeit ist es ratsam, beim Campingplatz vorher zu anzufragen, ob er geöffnet ist.

ZOLL

Die Litauische Zollbehörde (www.cust.lt) in Vilnius informiert online über aktuelle Änderungen.

Für EU-Bürger gibt es für Waren des persönlichen Bedarfs bei der Ein- und Ausfuhr keine Beschränkungen.

Litauen beschränkt den Export von Bernstein, doch ein paar Souvenirs sind natürlich erlaubt, wenn ihr Wert 1000 € nicht übersteigt. Für den Export von Kunstwerken, die über 50 Jahre alt sind, ist eine Genehmigung des Kulturministeriums erforderlich, außerdem werden 10 % bis 20 % Zoll fällig. Auskünfte erteilt das Kulturerbe-Komitee (www.kpd.lt).

An- & Weiterreise

AUTO & MOTORRAD

Die drei baltischen Staaten sind Teil des Schengener Abkommens, es gibt also zwischen Litauen und Lettland keine Grenzkontrollen. Mietwagen können normalerweise problemlos über die Grenze mitgenommen werden, doch ist es sinnvoll, das dem Autoverleih bei Vertragsabschluss mitzuteilen.

BUS

Simple Express (☎5-233 6666; www.simpleexpress.eu) Billigbuslinie mit den niedrigsten Preisen nach Litauen aus den anderen baltischen Ländern, darunter tägliche Busverbindungen nach Vilnius von Riga und Tallinn und nach Kaunas von Riga.

FLUGZEUG

AirBaltic (☎+371 6700 6006; www.airbaltic.com) Fliegt mehrmals täglich von Riga und an den meisten Tagen von Tallinn nach Vilnius. Hinzu kommen gelegentliche Linienflüge von Riga nach Palanga, meistens jedoch nur im Sommer (Mai–Sept.).

Estonian Air (☎5-232 9300; www.estonian-air.com) Zwei Flüge pro Werktag zwischen Tallinn und Vilnius.

ZUG

Es gibt keine direkte Zugverbindung mehr zwischen Vilnius und Riga. Nur ein Zug fährt täglich nach Riga, aber mit Umsteigen und sechsstündigem Aufenthalt im Bahnhof Rēzekne 2 in Lettland. Der Bus ist somit eine weitaus bessere Alternative.

Zugverbindungen von Vilnius nach Tallinn sind schlichtweg unpraktisch. Auf der umständlichen Strecke muss zweimal umgestiegen werden und die Fahrt dauert 36 Stunden. Auch hier ist der Bus besser.

Unterwegs vor Ort

BUS

Das landesweite Busnetz ist gut ausgebaut und verbindet alle größeren Städte miteinander und kleinere Orte mit ihren regionalen Zentren. Die meisten Verbindungen sind auf der äußerst praktischen Website Bus Tickets (www.autobusubilietai.lt) zusammengefasst.

FAHRRAD, AUTO & MOTORRAD

Litauische Straßen sind im Allgemeinen sehr gut und einfach zu befahren. Vierspurige Autobahnen verbinden die großen Städte Vilnius, Kaunas und Klaipėda; die Fahrt von Vilnius zur Ostseeküste (330 km) dauert um die drei bis vier Stunden.

Das flache Gelände Litauens ist für Fahrradfahrer ein Segen. In ländlichen Gebieten sind einige Straßen unbefestigt, aber meist gut gepflegt. Im Winter können Eis und Schnee das Fahren für Reisende, die nicht daran gewöhnt sind, schwierig gestalten. In allen größeren Städten gibt es Auto- und Fahrradverleihe.

ZUG

Die Litauische Bahn (www.litrail.lt) betreibt alle Regionalzüge; Knotenpunkte sind Vilnius, Kaunas und Klaipėda. Die Website der Bahn ist ein Vorbild für Benutzerfreundlichkeit und zeigt Strecken, Fahrpläne und Preise auch auf Englisch an. Ob Bus oder Bahn günstiger sind, hängt von der Strecke ab. Für einfache Strecken, wie von Vilnius nach Kaunas oder Klaipėda, ist der Zug oft komfortabler und preisgünstiger als der Bus. Für andere Strecken ist es oft umgekehrt.

Ausflug nach Kaliningrad

☎4012 / 423 000 EW.

Inhalt ➜

Gut essen

- ➜ Dolce Vita (S. 425)
- ➜ Borschtsch i Salo (S. 425)
- ➜ Sarja (S. 425)

Schön übernachten

- ➜ Chaika (S. 424)
- ➜ Skipper Hotel (S. 424)
- ➜ Amigos Hostel (S. 424)

Auf nach Kaliningrad

Ein wenig bekanntes, aber spannendes Reiseziel: Kaliningrad ist eine der größten verblassten Legenden auf der europäischen Landkarte. Die altehrwürdige, ehemals so prunkvolle ostpreußische Stadt Königsberg ist heute Hauptstadt einer allseits von EU-Ländern umgebenen russischen Exklave und trägt den Namen eines Parteibonzen der Stalinära.

Doch das Erbe der deutschen Bewohner, die am Ende des Zweiten Weltkriegs aus Ostpreußen vertrieben und deportiert wurden, bleibt hinter dem Brutalobeton der Sowjetarchitektur spürbar und hat seine Auswirkungen auf die Russen, die hier vom Mutterland abgeschnitten leben und eine eigenartig verwestlichte Mentalität entwickelt haben.

Das zur Zeit der Recherche noch erhältliche 72-Stunden-Touristenvisum (s. „Visa" S. 427) für Bürger der Schengen-Länder bietet eine gute Möglichkeit, diese faszinierende Region mit mittelalterlichen Ruinen aus der Deutschordenszeit, weiten Sandstränden und Dünen voller Bernstein zu erkunden und gleichzeitig einen Blick auf Russland zu erhaschen, das die Welt gerade mal wieder in Atem hält.

Reisezeit

➜ Am 9. Mai zieht eine Militärparade samt Panzern durch die Innenstadt, um den sowjetischen Sieg im Zweiten Weltkrieg zu feiern. Mitte Mai heißen die Museen Besucher zur Museumsnacht willkommen.

➜ Der Tag der Russischen Flotte zu Beginn der vierten Juliwoche ist eine der seltenen Gelegenheiten, den nahen Marinehafen Baltijsk zu besichtigen, der ansonsten für Touristen tabu ist (Ausnahme: geführte Touren).

➜ Im August findet das alljährliche Kaliningrad Jazz-Festival statt. Die wichtigsten Gigs steigen dabei im Zentralpark der Stadt.

Highlights

1 Das Grab des Philosophen Immanuel Kant besuchen und einem Orgelkonzert im **Königsberger Dom** (S. 421) lauschen.

2 Sich im faszinierenden **Museum der Weltmeere** (S. 421) über die Geschichte der russischen Seefahrt schlau machen.

3 Im **Bernsteinmuseum** (S. 421) wunderschöne Schmuckstücke und Kunstwerke aus fossilem Kiefernharz bewundern.

4 Am **Friedländer Tor** (S. 421) einen Hauch vom alten Königsberg spüren.

5 Einen feuchtfröhlichen Abend im **Kmel** (S. 425) verbringen, wo mitteleuropäische Bierkultur auf die exotische Kochkunst Sibiriens trifft.

Sehenswertes

Kantinsel & Umgebung

Früher war diese Insel eng bebaut, heute ist sie eine Park- und Skulpturenlandschaft. Dominiert wird sie vom wiedererrichteten gotischen Dom. Ein paar Gebäude in der Nähe – die **alte Börse** aus den 1870er-Jahren (heute sind darin verschiedene soziale Einrichtungen untergebracht) und die auf alt getrimmten Fassaden der Läden, Restaurants und Hotels im sogenannten **Fischdorf** – lassen zumindest erahnen, wie dieses Viertel am Fluss vor dem Zweiten Weltkrieg ausgesehen hat.

Königsberger Dom KIRCHE

(Кафедральный собор Кёнигсберга; ☎4012-631 705; www.sobor-kaliningrad.ru; Kantinsel; Erw./Stud. 150/130 R, Fotos 50 R, Konzerte 250–300 R; ⏲10–17 Uhr) Im Inneren des als Unesco-Welterbe geschützten Doms zeigen Fotos, wie ramponiert das Bauwerk, das ursprünglich aus dem Jahr 1333 stammt, bis Anfang der 1990er-Jahre aussah. Der hohe Innenraum wird von der reich verzierten Orgel dominiert, die regelmäßig bei **Konzerten** zum Einsatz kommt. Im Turm ist die **Wallenrodtsche Bibliothek** mit kunstvollem Schnitzwerk und interessanten Exponaten zum alten Königsberg untergebracht. Die Ausstellung in der obersten Etage ist Immanuel Kant gewidmet und zeigt unter anderem die Totenmaske des Philosophen. Kants **Grabmal** (Могила Канта) befindet sich draußen, an der Nordfassade des Doms.

KALININGRAD IN ...

... einem Tag

Wer nur einen Tag in Kaliningrad verbringt, sollte sich Zeit für den **Dom**, das **Museum der Weltmeere** und das **Bernsteinmuseum** nehmen und durch die schattigen **Stadtparks** schlendern. Der Tag klingt bei einem Essen im **Fish Club** aus.

... zwei Tagen

Mit etwas mehr Zeit kann man die Sowjetkunst in der **Kaliningrader Kunstgalerie** bestaunen und durch die grünen Stadtviertel **Amalienau** und **Maraunenhof** bummeln, die noch ans ostpreußische Königsberg erinnern. Das **Stoned Pony** im Zentrum ist ein guter Einstieg in die städtische Kneipenszene.

Museum der Weltmeere MUSEUM

(Музей Мирового океана; www.world-ocean.ru; nab Petra Welikowo 1; Erw./Stud. 300/200 R, einzelne Schiffe 100/80 R; ⏲Mi–So 10–18 Uhr) Das ausgezeichnete Museum besteht aus mehreren Schiffen, einem U-Boot, maritimen Gerätschaften und Ausstellungshallen am Ufer des Pregel. Seine Hauptattraktion ist das stattliche ehemalige Forschungsschiff *Witjas*. Gleich daneben liegt die *Wiktor Pazajew* mit Exponaten aus der Raumforschung; ihr Inneres ist nur bei Führungen zu besichtigen (im Eintrittspreis enthalten; alle 45 Min.). Im U-Boot B-413 (aus der Ära vor den Atomantrieben) bekommen Besucher einen Einblick in den Alltag der einst 300 Mann starken Besatzung.

Stadtmauern & -tore

Überall in der Stadt sind Reste der Königsberger Stadtbefestigung, Basteien und Stadttore zu finden. Der Wall aus rotem Backstein entstand in mehreren Etappen zwischen dem 17. und 19. Jh. Einzelne Abschnitte wurden vor dem Verfall bewahrt und zu Museen umfunktioniert.

Bernsteinmuseum MUSEUM

(Музей янтаря; www.ambermuseum.ru; pl Marschala Wasilewskowo 1; Erw./Stud. 190/130 R; ⏲Di–So 10–18 Uhr) Das Museum im Dohnaturm (Башня Дона) zeigt über 6000 Exponate aus Bernstein, u. a. phantastische Kunstwerke, einen gigantischen, 4,28 kg schweren Harzklumpen und diverse Stücke mit eingeschlossenen Insekten und Pflanzenteilen aus prähistorischer Zeit. Im Museum und bei den Händlern draußen gibt es Bernsteinschmuck zu kaufen. Im **Rossgärter Tor** (Росгартенские Ворота) gleich nebenan residiert das Restaurant **Sonnenstein** (Солнечный камень; Hauptgerichte 280–2000 R; ⏲12–2 Uhr).

Friedländer Tor MUSEUM

(Ворота Фридланд; www.fvmuseum.ru; pr Kalinina 6; Erw./Kind 20/10 R, Multimediashow 30 R; ⏲Mai–Aug. 10–19 Uhr, Sept.–April 10–18 Uhr, 1. Fr. im Monat geschl.) Wer wissen will, wie das alte Königsberg vor dem Zweiten Weltkrieg aussah, besucht am besten die beeindruckende 40-minütige **Multimediashow** in diesem Museum, das in einem der ursprünglich 13 Stadttore untergebracht ist. Gezeigt werden

Kaliningrad

Fotos aus der Zeit zwischen 1908 und 1913 und körniges Filmmaterial über das Schloss aus dem Jahr 1937.

Königstor MUSEUM

(Королевские ворота; ul Frunse 112; Erw./Stud. 60/30 R; ⏲Mi–So 11–19 Uhr) Dieses aufgemotzte Stadttor hat sich der Großen Gesandtschaft Peters des Großen verschrieben, die 1697 zu Gast in der Stadt war. Außerdem zu sehen sind gut gemachte Modelle des alten Königsberg und Ausstellungen über Persönlichkeiten, die die regionale Geschichte geprägt haben. Etwas weiter südlich (Ecke Moskowski Prospekt/Litowski-Wall) steht das **Sackheimer Tor** (Закхаймские ворота) mit zwei Türmen.

Noch mehr Sehenswertes

Amalienau & Maraunenhof STADTVIERTEL

(Амалиенау и Марауненхоф) Ein gemütlicher Spaziergang unter den Lindenbäumen von Amalienau (im Westen, entlang dem Prospekt Mira) und Maraunenhof (am Nordufer des Oberen Teichs – Werchni Prud) erlaubt einen Blick auf das gediegene frühere Königsberg. Besonders hübsch ist die Amalien-

Kaliningrad

au mit den vielen unterschiedlichen Villen an der Uliza Kutusowa, die den Prospekt Pobedy und den Prospekt Mira verbindet. In Maraunenhof liegen einige ansprechende kleine Hotels und das **Deutsche Konsulat** (ul Telmana 14).

Museum für Geschichte & Kunst MUSEUM
(Калининградский областной историко-художественный музей; ☎4012-453 844; www.westrussia.org; ul Klinitscheskaja 21; Erw./Stud. 80/70 R; ⏲Di–So 10–18 Uhr) Das Museum in einer restaurierten Konzerthalle aus dem Jahr 1912 am hübschen Unteren Teich (Nischni Prud) hat seinen Schwerpunkt auf den Ereignissen seit der Eroberung der Region durch die Rote Armee, streift aber auch kurz die deutsche Vergangenheit der Stadt Königsberg.

Bunkermuseum MUSEUM
(Музей "Бункер"; ul Universitetskaja 3; Erw./Stud. 100/70 R; ⏲Di–So 10–18 Uhr) In diesem unterirdischen Kommandoposten kapitulierte der letzte deutsche Kommandant von Königsberg, Otto Lasch, 1945 vor den Sowjets. Heute ist dort eine informative Ausstellung über Ostpreußen im Zweiten Weltkrieg untergebracht.

Kaliningrader Kunstgalerie MUSEUM
(Калинингадская художественная галерея; www.kaliningradartmuseum.ru; Moskowski pr 60–62; Erw./Stud. 100/80 R; ⏲Di & Mi, Fr–So 10–18, Do 10–21 Uhr) Moderne und zeitgenössische Arbeiten von Kaliningrader Künstlern, darunter einige bemerkenswerte Werke aus der Sowjetzeit. Im Museumsladen gibt es Kunstbücher und Kreatives aus der Region.

Ploschtschad Pobedy PLATZ
(Площадь победы) Der Platz im Zentrum der Stadt hat sich seit 1934, als er Adolf-Hitler-Platz hieß, sehr verändert. Heute umrahmen ihn Einkaufszentren und die Christ-Erlöser-Kathedrale (Кафедральный Собор Христа Спасителя), die 2006 im russisch-byzantinischen Stil mit goldenen Kuppeln erbaut wurde.

Kaliningrader Zoo ZOO
(Калининградский Зоопарк; www.kldzoo.ru; pr Mira 26; Wochenende/werktags 150/100 R; ⏲Mai–Sept. 9–20 Uhr, Okt.–April 9–17 Uhr) Bären, Nilpferde, Seelöwen, Flamingos und viele andere Tiere sind in diesem Zoo zu Hause.

Zentralpark PARK
(Центральный парк; Haupteingang pr Pobedy 1) Der waldreiche Park auf dem Gelände eines ehemaligen deutschen Gutes und Friedhofs hat einiges zu bieten: Skulpturen, Kirmesattraktionen und ein Amphitheater für sommerliche Konzerte.

KALININGRAD AUF EINEN BLICK

- **Fläche** 15 100 km² (Region)
- **Währung** Rubel, 1 € = 76,86 R, 1 sfr = 70,42 R
- **Amtssprache** Russisch
- **Visa** Zur Einreise nach Kaliningrad ist ein russisches Visum nötig. Bürger der Schengen-Länder können über ein Reisebüro im Baltikum ein 72-stündiges Touristenvisum beantragen, s. „Visa“ S. 427.

ABSTECHER

NATIONALPARK KURISCHE NEHRUNG

Mehr als die Hälfte der 98 km langen Kurischen Nehrung liegt auf russischem Gebiet. Dieser Teil ist als **Nationalpark Kurschskaja Kosa** (Национальный парк Куршская коса; www.park-kosa.ru; Eintritt Pers./Auto 40/300 R) geschützt. Ein Ausflug von Kaliningrad zur Nehrung ist locker an einem Tag drin. Die Gegend ist faszinierend; man kann Wildtiere und Vögel bestaunen oder einfach an einem der traumhaften Strände relaxen. Zu den Highlights gehören der spektakuläre Blick über die Dünen von der Aussichtsplattform bei **Wistota Efa** und der **Tanzende Wald** (Танцующий лес; Kilometer 37), wo die vom Wind gekrümmten Nadelbäume tatsächlich aussehen, als wären sie mitten im Boogie-Woogie erstarrt.

Von Kaliningrad aus fahren Busse zur Nehrung (101 R; 2 Std.; 4-mal tägl.), sie halten in beiden Richtungen auch im Seebad Selenogradsk. Das regionale Touristeninformationszentrum in Kaliningrad hat den aktuellen Fahrplan. Andere Möglichkeiten hinzukommen, sind ein Mietauto (ab etwa 1500 R) oder eine Bustour (etwa 700 R) von Kaliningrad oder Selenogradsk aus.

Schlafen

Mit Hotels der oberen und mittleren Preisklasse ist Kaliningrad gut bestückt; Budgetunterkünfte sind dagegen rar. Wenn nicht anders angegeben, ist das Frühstück inbegriffen.

Amigos Hostel HOSTEL €
(Амигос Хостел; ☎8-911-485 2157; www.amigoshostel.ru; ul Jablonewaja Alleja 34; B 500–550 R, DZ 1200 R; 📶) Das Amigos, eines der ersten Hostels von Kaliningrad, hat ein neues, sehr hübsches Zuhause in einem reizvollen Stadtteil gefunden. Die Zimmer sind hell und luftig, Küche und Gemeinschaftsbereiche supersauber, und es gibt jede Menge Nahverkehrsanschlüsse gleich vor der Tür. Außerdem vermietet das Hostel auch Fahrräder (250 R/Std.) und sogar Rollschuhe (70 R/Std.).

Akteon Lindros Hostel HOSTEL €
(Хостел Актеон Линдрос; ☎8-900-568 3333; ul Engelsa 14; B/DZ ab 500/1190 R; 📶) Dieses neue Hostel ist ruhig und sauber und bietet außer den üblichen Etagenbetten auch eine gute Küche und hilfsbereites Personal. Die Anbindung an den öffentlichen Nahverkehr ist gut: Die Busse 5, 9, 12, 14 und 35 fahren von hier ins Stadtzentrum.

★ **Skipper Hotel** HOTEL €€
(Гостиница Шкипер; ☎4012-307 237; www.skipperhotel.ru; ul Oktjabrskaja 4a; Zi. ab 2800 R; ❄📶) Superlage, ahoi! Das urige Haus besticht mit Traumlage im Fischdorf, direkt am Fluss und in fußläufiger Entfernung zu vielen Hauptsehenswürdigkeiten, Cafés und Bars der Stadt. Die Zimmer sind sauber, mit nautischen Akzenten eingerichtet und mit bestem Blick auf die wuselige Umgebung gesegnet.

Villa Severin PENSION €€
(Вилла Северин; ☎4012-365 373; www.villa-severin.ru; ul Leningradskaja 9a; EZ/DZ ab 1600/2200 R; ❄@📶) Die Villa mit lauschigem Garten erinnert an ein Puppenhäuschen und liegt sehr schön am Oberen Teich (Werchni Prud). Sie hat zehn bequem eingerichtete Zimmer, darunter auch ein einfaches Studentenzimmer (1000 R ohne Frühstück). Sogar eine kleine Sauna und ein Café sind vorhanden.

Chaika HOTEL €€€
(Чайка; ☎4012-352 211; www.hotelchaika.ru; ul Pugatschowa 13; EZ/DZ ab 3500/4450 R; ❄@📶) Die „Möwe" hat ihr Domizil in einer Allee in der Nähe der malerischen Amalienau. Die 28 herrlichen Zimmer sind mit eleganten alten Stilelementen verziert. Zum Chaika gehören ein Restaurant, eine gemütliche Lounge und ein Fitnessraum.

Heliopark Kaiserhof HOTEL €€€
(☎4012-592 222; www.heliopark.ru; ul Oktjabrskaja 6a; EZ/DZ ab 4500/4950 R; ❄@📶🏊) Das nette Hotel im neu aufgebauten Fischdorf

PREISKATEGORIEN SCHLAFEN

€ günstigstes Doppelzimmer unter 1500 R

€€ günstigstes Doppelzimmer 1500–4000 R

€€€ günstigstes Doppelzimmer über 4000 €

hat hübsche, helle Zimmer und einen kompletten Wellnessbereich mit Sauna. Von Freitag bis Sonntag fallen die Preise fast auf die Hälfte.

Essen

Selbstverpfleger bekommen alles, was sie benötigen, im quirligen **Zentralmarkt** (Центральный рынок; ul Tschernjachowskowo; ⏲8–18 Uhr).

Tabasko INTERNATIONAL €
(Табаско; pr Mira 19; Pizza 140–630 R, Sushi 35–100 R; ⏲So–Do 11–23.30, Fr & Sa 11–1.30 Uhr) Die bewährten russischen Klassiker Pizza und Sushi kommen in diesem beliebten Laden in allen erdenklichen Variationen auf den Tisch.

Borschtsch i Salo UKRAINISCH €€
(Борщ и Сало; pl Pobedy 10; Hauptgerichte 300–500 R; ⏲So–Do 12–24, Fr & Sa 12–2 Uhr;) Das schnuckelige, auf ukrainische Dorfhütte gestylte Café serviert genau die schmackhaften Dickmacher, die sein Name („Rote-Bete-Suppe und Speck") erwarten lässt. Außerdem führt es eine gewaltige Auswahl aromatisierter Schnäpse; wer nett ist, bekommt vielleicht einen aufs Haus.

Sarja RUSSISCH, EUROPÄISCH €€
(Заря; ☎4012-300 388; pr Mira 43; Hauptgerichte 200–540 R; ⏲10–3 Uhr;) Die modische Brasserie in der Lobby des Scala-Kinos ist hübsch eingerichtet und hat eine attraktive Terrasse. Das Sarja ist ein beliebter Treffpunkt auf einen Happen vor oder nach der Vorstellung und zaubert alles von Steaks und Meeresfrüchten bis zum sündhaft leckeren frittierten Camembert.

★**Fish Club** FISCH & MEERESFRÜCHTE €€€
(Рыбный клуб; ul Oktjabrskaja 4a; Hauptgerichte 500–1500 R; ⏲12–24 Uhr) Für einen luxuriösen Fischschmaus mit toller Aussicht gibt es keine bessere Adresse als dieses elegante Uferrestaurant. Bei allem, was auf der Karte steht, kann man sich darauf verlassen, dass es frisch ist und kunstvoll angerichtet wird. Und der Service ist der beste der Stadt. Wer nicht draußen in der Sonne speist, sollte sich einen Tisch neben dem Aquarium geben lassen.

Dolce Vita EUROPÄISCH, RUSSISCH €€€
(☎4012-351 612; www.dolcevita-kaliningrad.ru; pl Marschala Wasilewskowo 2; Hauptgerichte 420–1450 R; ⏲12–24 Uhr;) Viele der kreativen Rezepte klingen auf der Speisekarte etwas überkandidelt, aber der kompetente Küchenchef sorgt dafür, dass sie schmecken. Außer genialen Gerichten mit Fisch und Meeresfrüchten gibt es auch göttliche Pasta und eine ausgezeichnete Auswahl für Vegetarier.

PREISKATEGORIEN ESSEN

Die angegebenen Preisspannen gelten für ein Hauptgericht.

€ unter 500 R

€€ 500–1000 R

€€€ über 1000 R

Ausgehen & Nachtleben

Namhafte DJs aus Russland und Westeuropa fliegen nach Kaliningrad ein, um hier aufzulegen. Die Clubs der Stadt machen gegen 21 Uhr auf, kommen aber meist erst weit nach Mitternacht in Fahrt.

In Teehäusern und Kneipen wird oft auch sättigende Kost serviert – eine überlegenswerte Alternative zu den Restaurants und Cafés.

Kmel KLEINBRAUEREI
(Clover City Centre, pl Pobedy 10; ⏲12–2 Uhr) In dieser ansprechenden mehrstöckigen Gastrokneipe werden vier Biersorten gebraut. Auf der spannenden Speisekarte (350–600 R) steht auch Ausgefallenes wie Rentier oder Wildschwein.

Stoned Pony CLUB
(ul Tschernjachowskowo 2a; ⏲Mo–Do 11–2, Fr & Sa 11–6, So 11–24 Uhr) Der spaßige Indie-Club lockt ein junges, aufgeschlossenes Publikum an; den Treibstoff für die Gaudi mischen talentierte Barmixer.

Bar Verf WEINBAR
(ul Oktjabrskaja 4a, Fischdorf; ⏲11–24 Uhr;) Die relaxte Weinbar hat Tische im Freien mit Blick auf den Dom und veranstaltet auch Filmvorführungen. Wer will, bekommt Buntstifte und Papier, um sich meditativ-künstlerisch zu betätigen.

Universal CLUB
(☎4012-921 005; pr Mira 43; Eintritt ab 500 R) Im schicksten Club von Kaliningrad gibt es DJ-Abende und Modeschauen. Er logiert im selben Gebäude wie das Scala-Kino.

NICHT VERSÄUMEN

KWARTIRA

Kwartira (☎ 4012-216 736; ul Serschanta Koloskowa 13; 📶) versteckt sich im Erdgeschoss eines Wohnblocks und ist ohne Frage einer der coolsten Läden von Kaliningrad. Die gesamte Einrichtung, vom stilvollen Mobiliar bis zur faszinierenden Auswahl an Büchern zur Popkultur, CDs, Schallplatten und DVDs, ist käuflich oder ausleihbar. Außerdem serviert Kwartira (russisch für „Wohnung") auch Getränke und Snacks; eine Speisekarte gibt es allerdings nicht.

An mehreren Abenden der Woche werden kostenlos Filme gezeigt, an anderen steigt vielleicht eine Party oder ein Kunstevent. Was auch immer gerade abgeht, hier kommt man garantiert mit Einheimischen ins Gespräch. Die beste Zeit für einen Besuch ist der frühe Abend, aber da die Öffnungszeiten völlig willkürlich sind, sollte man besser vorher anrufen.

Amsterdam CLUB
(www.amsterdam-club.ru; 38/11 Litowski-Wall; Eintritt 1000 R; ⌚ Fr & Sa 9–6 Uhr) Der große alternative und schwulenfreundliche Club in einem alten Backsteinbau liegt 200 m vom Litowski-Wall in einer namenlosen Seitenstraße, die von diesem abzweigt.

☆ Unterhaltung

Im Dom finden manchmal klassische Konzerte statt.

Reporter LIVEMUSIK
(Клуб Репортёр; ☎ 4012-571 601; www.reporter-club.ru; ul Oserowa 18; ⌚ 11–1 Uhr) Fast jeden Abend ab 21 Uhr gibt es in diesem Club im coolen Industrieschick Livemusik der unterschiedlichsten Facetten. Außerdem sind Mittagsmenüs für 150 R zu haben.

Philharmonie KLASSIK
(Филармония; ☎ 4012-643 451; www.kenigfil.ru; ul Bogdana Chmelnizkowo 61a; Karten ab 200 R) Die schön restaurierte neugotische Kirche hat eine prima Akustik – ideal für Orgelkonzerte, Kammermusik und gelegentliche Darbietungen von Sinfonieorchestern.

ℹ Praktische Informationen

Baltma Tours (☎ 4012-931 931; www.baltma.ru; 4. OB, pr Mira 94) Die mehrsprachigen Mitarbeiter arrangieren Visa, Unterkünfte, Stadtrundfahrten und Ausflüge in die Umgebung.

Konigsberg.ru (www.konigsberg.ru) Jede Menge Infos über Visa, Hotels und Veranstaltungen in Kaliningrad.

Krankenhaus-Notaufnahme (Городская больница скорой медицинской помощи; ☎ 4012-466 989; ul A. Newskowo 90; ⌚ rund um die Uhr)

Koroljewski Samok (☎ 4012-350 782; www.kaliningradinfo.ru; Hotel Kaliningrad, Leninski pr 81; ⌚ Mo–Fr 8–20, Sa 9–16 Uhr) Die Touristeninformation „Königsschloss" bietet Internetzugang und organisiert Touren auf die Kurische Nehrung (Kurschskaja Kosa) und zu anderen Zielen.

Regionales Touristeninformationszentrum (☎ 4012-555 200; www.visit-kaliningrad.ru; pr Mira 4; ⌚ Mai–Sept. Mo–Fr 9–20, Sa 11–18 Uhr, Okt.–April Mo–Fr 9–19, Sa 11–16 Uhr) Die hilfsbereiten Mitarbeiter sprechen Englisch und haben jede Menge Informationen über die Region auf Lager.

KALININGRAD VERSTEHEN

Kaliningrad aktuell

Die aktuellen Querelen zwischen Russland und dem Westen haben in Kaliningrad, das ringsum von Nato-Staaten umgeben ist, eine Art Belagerungskomplex ausgelöst. Besonders deutlich wird das bei den pompösen Militärparaden zum Tag des Sieges am 9. Mai. Aber für die meisten Kaliningrader wird das Zerwürfnis mit den Nachbarländern allmählich vom lästigen Ärgernis zum echten Problem. Schließlich ist die Wirtschaft der Region stark auf den grenzüberschreitenden Handel mit Polen und Litauen angewiesen. Mit dem enormen Wertverlust des Rubels infolge des Ölpreisverfalls und der westlichen Sanktionen gegen Russland ist die Kaufkraft für Importwaren aus der EU gesunken. Andererseits ist die Region für ausländische Besucher viel billiger geworden.

Die anhaltende Wirtschaftskrise tut zwar weh, aber das finanzielle Polster aus den „goldenen" 2000er-Jahren bewahrt viele Kaliningrader bislang noch vor Arbeitslosigkeit und echter Armut. Derzeit baut die Stadt an einem neuen Fußballstadion für die Gruppenspiele der Fußball-Weltmeisterschaft 2018.

Geschichte

Das 1255 gegründete Königsberg wurde 1340 Mitglied des Hansebundes und war von 1457 bis 1618 Sitz der Hochmeister des Deutschen Ordens und ihrer Nachfolger, der Herzöge von Preußen. Friedrich I., der erste Preußenkönig, ließ sich 1701 im Stadtschloss krönen. Die beiden folgenden Jahrhunderte waren die Blütezeit der Stadt, die Größen wie den Philosophen Immanuel Kant hervorbrachte.

Die britischen Luftschläge im August 1944 und der Angriff der Roten Armee (6.–9. April 1945) machten das Stadtzentrum dem Erdboden gleich. Die sowjetische Obrigkeit ließ die verbliebenen deutschen Bewohner deportieren und besiedelte die Region neu – hauptsächlich mit Russen. Am 4. Juli 1946 bekam die Stadt den neuen Namen Kaliningrad verpasst, anschließend wurde sie als sowjetische Betonwüste wieder aufgebaut, wobei Parks, Teiche, Kanäle und die Lage am Frischen Haff das Schlimmste verhinderten.

Was vom Schloss übrig war, wurde abgetragen, und an seiner Stelle in den 1960er-Jahren das ausnehmend hässliche Dom Sowjetow (Haus der Räte) errichtet. Noch während der Bauzeit stellte man fest, dass der Boden unter dem Schandfleck hohl war und ein (inzwischen gefluteter) unterirdischer Gang auf vier Ebenen zum Königsberger Dom führte. Heute zerfällt das halb fertiggestellte Gebäude, das nie in Betrieb genommen wurde.

PRAKTISCHE INFORMATIONEN

An- & Weiterreise

BUS

Vom **Südlichen Busbahnhof** (ul Schelesnodoroschnaja 7) fahren vor allem Regionalbusse los, aber auch Busse von **Ecolines** (☎4012-758 733; www.ecolines.net) nach Warschau und Deutschland. Die internationalen Buslinien von **KënigAvto** (☎4012-999 199; www.kenigavto.ru) in die baltischen Staaten nutzen einen eigenen Busbahnhof. Es gibt Verbindungen nach Vilnius, Klaipeda und Riga.

FLUGZEUG

Der **Flughafen Chrabrowo** (☎4012-610 620; www.kgd.aero) liegt 24 km nördlich der Stadt. Täglich fliegen Maschinen nach Moskau, St. Petersburg und Berlin; weitere Verbindungen siehe Website.

VISA

Die Visa-Bürokratie ist ein großes Hindernis für die Entwicklung eines Massentourismus nach Russland. Allerdings bildet Kaliningrad bislang eine rühmliche Ausnahme. Zur Zeit der Recherche stand noch nicht fest, ob Russland das bisherige Experiment fortsetzen würde, das Bürgern der Schengen-Staaten (also auch Deutschen, Österreichern und Schweizern) erlaubt, nach Kaliningrad mit einem 72-Stunden-Visum einzureisen, das erst an der Grenze ausgestellt wird. Zeitweise befürchtete man, dass diese Möglichkeit schon Ende 2014 abgeschafft würde, aber sie wurde inzwischen bis Ende 2016 verlängert. Da in Kaliningrad auch Gruppenspiele der Fußball-Weltmeisterschaft 2018 stattfinden sollen, ist mit weiteren Verlängerungen der Regelung zu rechnen.

Das Ganze funktioniert so: Reisende müssen spätestens zehn Tage vor dem geplanten Besuch eine Kopie ihres Reisepasses, ihre Adresse und das Ankunftsdatum an eines der zugelassenen Reisebüros schicken, die unter www.visit-kaliningrad.ru aufgelistet sind. Auf dieser Website kann man auch die genauen Erfordernisse noch mal nachlesen, die sich von Zeit zu Zeit ändern können. Nachdem man die Reisepass-Kopie und die Daten abgeschickt hat, bekommt man das Visum bei der Einreise am Kaliningrader Flughafen Chrabrowo oder an den Grenzübergängen Bagrationowsk und Mamonowo an der polnischen Grenze. Die beiden Letzteren sind günstig für Besucher, die von Danzig anreisen, wo es einen internationalen Flughafen gibt. Zu beachten ist, dass für die Einreise über die Grenze von Litauen kein 72-Stunden-Visum angeboten wird.

ZUG

Alle Fern- und die meisten Regionalzüge starten am **Juschny Wokzal** (Южный вокзал, Südbahnhof; pl Kalinina); manche, aber nicht alle, halten auch am **Sewerny Wokzal** (Северный вокзал, Nordbahnhof; pl Pobedy).

Fernzüge fahren u. a. nach Moskau, St. Petersburg und Minsk, Regionalbahnen nach Swetlogorsk und Selenogradsk.

Unterwegs vor Ort

Mit Straßenbahnen (10 R), Obussen (10 R), Bussen (12 R) und Minibussen (12–17 R) kommt man fast überall hin. Zum Flughafen fährt die Buslinie 144, Start am Busbahnhof (30 R, 30 Min.). Taxis von **Taxi Kaliningrad** (☎ 4012-585 858; www.taxi-kaliningrad.ru) 600 R zum Flughafen.

Autos vermietet **City-Rent** (☎ 4012-509 191; www.city-rent39.com; Moskowski pr 182a); die Firma hat auch eine Filiale am Flughafen.

Praktische Informationen

Allgemeine Informationen

Arbeiten im Baltikum

Die baltischen Staaten haben genug damit zu kämpfen, den Einheimischen einen Job zu verschaffen. Für Besucher bleibt somit wenig übrig. Die meisten Ausländer, die hier arbeiten, tun dies im Dienste ihrer heimatlichen Arbeitgeber. Allerdings ist noch immer viel im Umbruch und wer eine Weile bleiben möchte, findet vielleicht eine Nische. Reich wird man davon allerdings wohl kaum. Gefragt ist sicherlich die englische Sprache, sodass Englisch sprechende Leute sich ihren Aufenthalt (oder einen Teil davon) mit Sprachunterricht in einer der größeren Städte verdienen können. Solche und andere Angebote finden sich auf www.goabroad.com.

Botschaften & Konsulate

Estland, Lettland und Litauen haben Vertretungen in Berlin und Wien. Umgekehrt sind Deutschland und Österreich mit Botschaften in allen drei baltischen Hauptstädten vertreten; die Schweizer Botschaft in Riga ist auch für Estland und Litauen zuständig. Details s. Estland (S. 186), Lettland (S. 295) und Litauen (S. 415).

Eine Botschaft kann ihren Staatsbürger nicht aus jedem Schlamassel heraushelfen. Die Gesetze des Gastlandes gelten auch für Besucher und für Verstöße haben Botschaften meist auch dann kein Verständnis, wenn dieselbe Tat zu Hause legal ist.

Ermäßigungen

City Cards

Alle drei Hauptstädte bieten diese Ermäßigungskarten an. In Ventspils gibt es sogar eine virtuelle Währung, die durch Besuch der Sehenswürdigkeiten verdient und ausgegeben werden kann.

Hostel-Ausweis

Mit einer Mitgliedskarte von Hostelling International (HI) bekommt man bis zu 20 % Ermäßigung in den angeschlossenen Hostels (in den baltischen Ländern gibt es jedoch viele unabhängige Hostels). Die Ausweise gibt's direkt in den Hostels oder vor der Reise bei den nationalen **Jugendherbergsverbänden** (www.hihostels.com/de).

Seniorenkarten

Älteren Menschen stehen oft gewisse Vergünstigungen zu, z. B. beim Eintritt in Museen oder bei Konzerten und Theateraufführungen. Nachfragen lohnt sich. Viele Fähren und Fernbusse bieten einen Seniorentarif an (rund 10 % billiger). Wer in den Genuss dieser Ermäßigungen kommen möchte, muss seinen Ausweis als Altersnachweis vorlegen.

Studentenausweise & Youth Cards

Überall im Baltikum winken mit einem Studentenausweis Ermäßigungen. Der geläufigste Ausweis ist der **Internationale Studentenausweis** (ISIC; www.isic.org), der an Schüler und Studenten ab zwölf Jahren ausgegeben wird. Ermäßigungen gibt's auf Übernachtungen, Bahn- und Bustickets sowie bei Eintrittspreisen zu einigen Attraktionen. Der Ausweis ist bei Studentenvertretungen, Jugendherbergsverbänden und in einigen Reisebüros erhältlich. Details hat die Website der **International Student Travel Confederation** (ISTC; www.istc.org).

Für alle bis 26, die keine Vollzeitstudenten sind, gibt die ISTC die **International Youth Travel Card** (IYTC bzw. Go25) aus, die ähnliche Ermäßigungen wie die ISIC bietet.

Ebenfalls eine Erfindung der ISTC ist die **International Teacher Identity Card** (ITIC) für Lehrer.

Frauen unterwegs

Die Balten haben zum Teil noch recht traditionelle Vorstellungen über die Rollen der Geschlechter, andererseits sind sie ziemlich zurückhaltend und werden nur selten aufdringlich. Für Frauen ist die Gefahr im Baltikum zwar gering, von Männern belästigt zu werden, trotzdem sollten sie nicht unbedingt allein in die heruntergekommensten Bars und Bierkeller gehen. Viele Frauen reisen solo in Nachtbussen und -zügen. Dann sollten vorsichtshalber die Eisenbahnabteile verriegelt werden.

Freiwilligenarbeit

Estland hat einen eigenen WWOOF-Verband (World Wide Opportunities on Organic Farms), der Freiwillige gegen Kost und Logis an ökologische Bauernhöfe vermittelt. Der litauische Ableger wird gerade aufgezogen (www.wwoof.lt), während es in Lettland bislang nur ein paar Höfe auf die Liste von **WWOOF Independents** (www.wwoof.org/wwind) geschafft haben. Hin und wieder stehen Kleinanzeigen für Englisch sprechende freiwillige Helfer in der *Baltic Times* (www.baltictimes.com).

Geld

Geldautomaten

In allen größeren Städten kommt man mit Cirrus, Visa und MasterCard rund um die Uhr zu Bargeld. Die Automaten sind meist mehrsprachig.

Geldwechsel

Wer Geld wechseln muss, findet in jeder Stadt Banken, Wechselstuben und Wechselkioske. Letztere sind an allen möglichen Orten aufgestellt, vor allem an Bahnhöfen, Busbahnhöfen und Flughäfen. Die Kurse schwanken von Anbieter zu Anbieter stark. Die Geschäftszeiten entsprechen meist den normalen Ladenöffnungszeiten.

Kreditkarten

Viele Hotels, Restaurants und Läden nehmen Kreditkarten, vor allem im gehobenen Preissegment. Am geläufigsten sind Visa und MasterCard, aber auch Diners Club und American Express werden immer häufiger akzeptiert. Bei Autovermietern geht ohne Kreditkarte nichts. Am Automaten gibt's mit Visa oder MasterCard unkompliziert Bargeld.

Reiseschecks

Durch die explosionsartige Zunahme von Geldautomaten gehören Reiseschecks zu den aussterbenden Arten. Die Banken in den größeren Städten lösen sie zwar noch ein, schlagen aber meist eine saftige Provision drauf.

Trinkgeld & Feilschen

Die Restaurantrechnung um 5 bis 10 % aufzurunden, ist ziemlich verbreitet, aber keine Pflicht. Feilschen ist auf Flohmärkten möglich, aber nicht an der Tagesordnung und es lassen sich höchstens 10 bis 20 % raushandeln.

Gesundheit

Das Baltikum birgt zwar insgesamt keine besonderen Gesundheitsrisiken, aber außerhalb der Hauptstädte entsprechen nicht alle medizinischen Einrichtungen westlichem Standard. So ziemlich alle Apotheken in den größeren Städten führen auch importierte Medikamente. Die Privatkliniken in den Hauptstädten sind auf westeuropäischem Niveau und das Personal spricht Englisch, allerdings ist die Versorgung dort oft teuer. Im Notfall ist das eigene Hotel die erste Anlaufstelle; in einigen größeren Häusern gibt es sogar einen diensthabenden Arzt. Die Notfallversorgung ist in allen drei baltischen Staaten kostenlos.

EU-Bürger sollten die Europäische Krankenversicherungskarte (EHIC) einstecken. Sie ist bei den gesetzlichen Krankenversicherungen erhältlich und deckt den Großteil der ärztlichen Versorgung ab, sofern es sich um Notfälle handelt. Ein eventuell nötiger Rücktransport ins Heimatland gehört allerdings nicht dazu. Vor Reiseantritt erkundigen.

Insektenbisse & -stiche

Das Baltikum ist FSME-Gebiet. Diese Form der Hirnhautentzündung wird von Zecken übertragen. Wer viel Zeit in Wäldern verbringen will (das gilt auch für die Küste mit den vielen Kiefernwäldern), sollte sich impfen lassen. Zwei Impfungen schützen ein Jahr, drei Dosen bis zu drei Jahren. Nach dem Aufenthalt in einem zeckengefährdeten Gebiet sollte man seinen Körper immer gründlich absuchen. An der litauischen Küste weisen Schilder Wanderer und Badegäste auf besonders befallene Bereiche hin. Wer sich eine Zecke eingefangen hat, umfasst deren Kopf mit einer Pinzette und zieht sie vorsichtig heraus. Nie am Rumpf ziehen, da sonst Sekrete aus dem Inneren des Tiers in die Haut gedrückt werden können und so die Infektionsgefahr noch steigt.

Mücken sind eine wahre Plage in der Region. Ihre Stiche können zu Hautreizungen und Infektionen führen. Am besten hilft ein Mückenmittel auf DEET-Basis.

Wasser

Einige offizielle Reiseratgeber empfehlen, baltisches Leitungswasser zu meiden und nur abgekochtes Wasser oder Mineralwasser aus der Flasche zu trinken. Die Menschen vor Ort bestehen allerdings darauf, dass ihr Leitungswasser absolut sicher ist (wenn auch nicht besonders schmackhaft). Auf keinen Fall das Wasser aus Bächen, Flüssen und Seen trinken. Es ist manchmal mit Bakterien und Viren belastet, die Durchfall und Erbrechen verursachen.

Internetzugang

Das Internet hat sich im Baltikum mit atemberaubender Geschwindigkeit ausgebreitet und Westeuropa weitgehend überflügelt.

WLAN, bezahlbare Laptops und günstige Smartphones haben dazu geführt, dass immer mehr Balten das Internet nutzen. Für Besucher heißt das weniger Internetcafés und mehr Hotspots – vor allem Estland ist praktisch flächendeckend mit WLAN überzogen. Die meisten größeren Städte haben noch ein, zwei Internetcafés, aber auf dem Land: Fehlanzeige. Die größten Chancen, dort online zu gehen, gibt es noch bei den Touristeninformationen und in Bibliotheken. Letztere bieten auch meist kostenloses WLAN an.

Fast alle Spitzenhotels und immer mehr Häuser im mittleren Preissegment und sogar viele Billigunterkünfte haben in den Zimmern einen Internetzugang. Allerdings ist die Geschwindigkeit höchst unterschiedlich.

Die billigste Möglichkeit, zu jeder Zeit eine Internetverbindung zu haben, ist eine lokale Internet-SIM-Karte fürs Smartphone. Damit lässt sich dann ein eigener Hotspot schaffen, mit dem auch andere Geräte ins Internet kommen.

Listen mit WLAN-Hotspots in den einzelnen Ländern stehen auf den folgenden Websites:

Estland www.wifi.ee

Lettland http://wifi.inbox.lv

Litauen www.wifi.lt

Karten & Stadtpläne

Auch außerhalb des Baltikums gibt es überall anständige Karten der Region zu kaufen; vor Ort bekommt man gute Stadtpläne. Für die Planung ist eine Übersichtskarte nützlich: *Estonia, Latvia, Lithuania* von **Cartographia** (www.cartographia.hu) zeigt die drei Staaten im Maßstab 1:700 000; ähnliche Karten gibt's von vielen anderen Verlagen. *Baltic States* von Insight Travel Maps im Maßstab 1:800 000 enthält auch Stadtpläne von Tallinn und Riga.

Gute Karten vor Ort sind z. B. *Eesti Latvija Lietuva* (1:700 000) von **Briedis** (www.briedis.eu) in Vilnius. Ebenfalls zu empfehlen ist die Karte *Baltimaad* (Baltische Staaten, 1:800 000) des estnischen Verlags **EO Map** (www.eomap.ee), die es in vielen Buchläden des Landes gibt.

Der lettische Marktführer ist **Jāņa Sēta** (www.kartes.lv) mit *Baltic Countries & Kaliningrad Region* (1:500 000). Der 152-seitige spiralgebundene Straßenatlas im Taschenbuchformat enthält außerdem 72 Stadtpläne. Die Straßenkarte *Baltic Countries* (1:700 000) vom selben Verlag ist genauso gut.

Eine brauchbare Onlineadresse ist www.maps.com.

Näheres zu Estland S. 186, zu Lettland S. 296 und zu Litauen S. 416.

Öffnungszeiten

Die üblichen Öffnungszeiten im gesamten Baltikum:

Banken Mo–Fr 9 bis 16 oder 17 Uhr.

Bars So–Do 11 oder 12 bis 24 Uhr, Fr & Sa bis 2 oder 3 Uhr.

Cafés tgl. 8 oder 9 bis 22 oder 23 Uhr.

Clubs Do–Sa 22 bis 4 oder 5 Uhr. In Lettland mittwochs bis samstags ab 23 Uhr bis gegen 6 Uhr; in den wärmeren Monaten ist oft auch sonntags bis dienstags geöffnet.

Läden Mo–Fr 10 bis 18 oder 19, Sa 10 bis 15 oder 16 Uhr.

Post Mo–Fr 8 bis 18 oder 19, Sa 8 oder 9 bis 14 oder 15 Uhr.

Restaurants tgl. 12 bis 23 oder 24 Uhr.

Supermärkte tgl. 8 bis 21 oder 22 Uhr

Klima

Riga

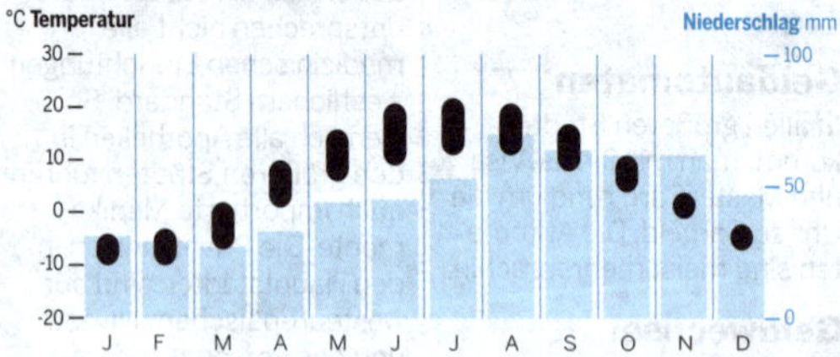

Tallinn

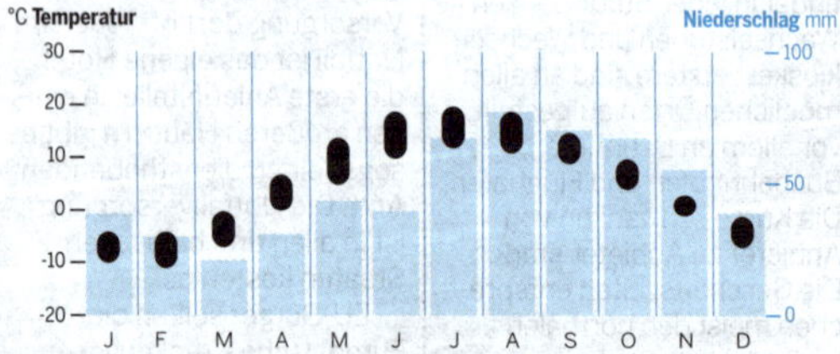

Vilnius

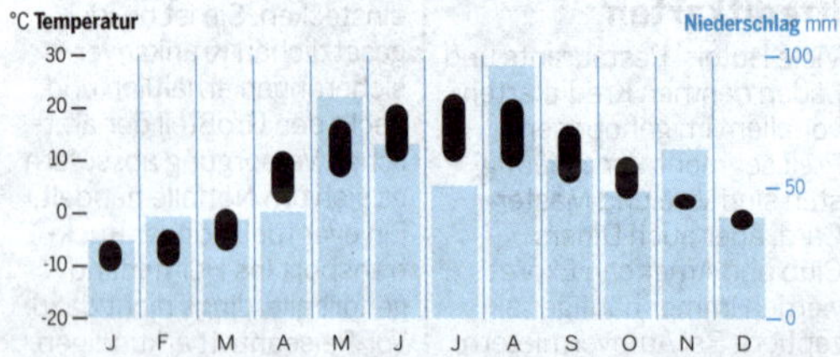

PRAKTISCH & KONKRET

Druck- & Onlinepresse Internationale englischsprachige Publikationen, z. B. *Economist* und *National Geographic*, sind in allen drei Hauptstädten an zentral gelegenen Zeitungskiosken erhältlich. Die *Baltic Times* aus Riga deckt Politik und Alltag in allen drei baltischen Ländern ab. Das englischsprachige Portal des estländischen öffentlich-rechtlichen TV- und Radiosenders ist news.err.ee, des lettischen lsm.lv/en und des litauischen en.delfi.lt. Reportagen über lettische und internationale Politik, die ins Englische übersetzt sind, stehen auf www.rebaltica.lv/en.

Radio Der BBC World Service sendet auf 100.5 FM in Riga, 103.5 FM in Tallinn und 95.5 FM in Vilnius.

TV In den meisten Hotels und via Kabelfernsehen gibt es englischsprachige Programme.

Maße & Gewichte Alle drei Länder nutzen das metrische System für Maße (Meter), Gewichte (Kilogramm) und Temperatur (Celsius).

Rauchen In allen drei Ländern ist Rauchen in Restaurants, Bars und Clubs (mit Ausnahme von Freiluftterrassen) verboten. In Lettland ist Rauchen auch in der Nähe von Schulen nicht gestattet.

Post

Briefe und Ansichtskarten aus dem Baltikum brauchen zwei bis vier Tage nach Mitteleuropa. Hin und wieder kann es wie überall sonst passieren, dass mal eine Sendung für ein paar Wochen verschwunden ist, aber normalerweise kommt alles an.

Briefmarken gibt's bei der Post (Estnisch: *postkontor;* Lettisch: *pasts;* Litauisch: *paštas*), in Estland auch in anderen Läden.

Weitere Informationen (z. B. zum Porto) stehen auf den Internetseiten der Postunternehmen:

Eesti Post (www.post.ee) Estland.

Latvijas Pasts (www.pasts.lv/en/) Lettland.

Lietuvos Paštas (www.post.lt) Litauen.

Internationale Kurierdienste haben Niederlassungen in den Hauptstädten, sind aber teuer.

Adressen sind wie in Mitteleuropa aufgebaut:

Kazimiera Müller
Veidenbauma iela 35-17
LV-5432 Ventspils
Lettland

Veidenbauma iela 35-17 bedeutet Veidenbaumstraße Nr. 35, Wohnung 17. Estnische und litauische Postleitzahlen sind fünfstellig, lettische vierstellig. Vor der Postleitzahl steht EE (ohne Bindestrich) für Estland, LV- (mit Bindestrich) für Lettland und (nicht verpflichtend) LT für Litauen.

Wer unterwegs Sendungen empfangen möchte, kann sie sich postlagernd an die Hauptpostämter von Tallinn und Vilnius oder ans Postamt neben dem Hauptbahnhof von Riga schicken lassen. Die Post wird dort jeweils ein Monat lang aufbewahrt. Als Adresse kommt dabei Folgendes hinter den Namen des Empfängers:

Estland Poste Restante, Narva maantee 1, EE10101 Tallinn, Eesti

Lettland Poste Restante, Riga, LV-1050, Latvija

Litauen Poste Restante, Vilnius ACP, Gedimino prospektas 7, LT-01001 Vilnius, Lietuvos Respublika

WELCHES STOCKWERK?

Halt, nicht gleich die Treppen stürmen: Im Baltikum gilt das Erdgeschoss als 1. Stock!

Rechtsfragen

Wer im Baltikum verhaftet wird, hat dieselben Rechte wie überall in Europa. Dazu gehört, dass man den Grund der Verhaftung erfährt, bevor es ab auf die Polizeiwache geht, dass man ein Familienmitglied über sein Missgeschick informieren kann (spätestens auf der Wache) und dass man beim Verhör Anspruch auf einen Anwalt hat. Ohne richterlichen Beschluss darf niemand länger als 72 Stunden festgehalten werden.

In allen drei Staaten ist das Rauchen in Restaurants, Bars, Clubs und Cafés verboten. Ausnahmen sind Freiluftterrassen und abgetrennte Raucherzimmer mit angemessener Entlüftung.

Der Konsum von alkoholischen Getränken außerhalb von Restaurants und Bars ist prinzipiell verboten. In den Hauptstädten ist das Risiko einer Geldstrafe sehr hoch.

Reisen mit Behinderung

Kopfsteinpflaster, heruntergekommene Bürgersteige und Altbauten (oft ohne Aufzug) machen das Reisen im Baltikum für Rollstuhlfahrer zu einer echten Herausforderung. Andererseits haben viele Hotels in den Städten barrierefreie Zimmer. Erste Anlaufstelle für entsprechende Infos sind die Touristeninformationen in den Hauptstädten. An ein paar Stränden in Nida und Palanga im Westen Litauens gibt es Rollstuhlrampen zum Sand.

Gute Internetadressen:

Able Travel (www.able-travel.com) Hat Infos zu Estland, leider aber nichts zu Lettland und Litauen.

Apeirons (☎6729 9277; www.apeirons.lv) Diese Organisation für Menschen mit Behinderung und deren Freunde ist eine gute Adresse in Lettland.

Liikumisvabadus („Bewegungsfreiheit"; http://liikumisvabadus.invainfo.ee) Dieses geniale Portal bietet Menschen mit Mobilitätseinschränkungen detaillierte Informationen (auf Englisch) zur Barrierefreiheit in Estland, sortiert nach Region, Stadt und Sehenswürdigkeit.

Schwule & Lesben

Nach der Unabhängigkeit wurden homosexuelle Handlungen in allen drei baltischen Staaten legalisiert und heute gilt für Schwule, Lesben und Heteros jeweils dasselbe Mindestalter beim Sex. Und doch ist nicht alles eitel Sonnenschein. Das säkulare Estland ist noch am tolerantesten, im katholisch geprägten Litauen wird Schwulen und Lesben das Leben bedeutend schwerer gemacht und in Lettland dürfte die Lage noch schlimmer sein. Auf der Website der *Rainbow Europe Map* von 2015, die den rechtlichen Status von Schwulen, Lesben, Bisexuellen und Transgendern darstellt, kommt Estland auf 34 %, Litauen auf 19 % und Lettland auf 18 %. Im Vergleich erhielten Österreich 65 %, Deutschland 57 % und die Schweiz 27 %.

Offen schwul oder lesbisch zu sein, birgt in allen drei Ländern Risiken, da kleine öffentliche Liebesbekundungen ziemlich üble Reaktionen hervorrufen können. Es gibt zwar in Tallinn (S. 82), Riga und Vilnius (S. 328) eine bescheidene Schwulenszene, aber ansonsten tut sich fast nichts.

Gleichwohl hat sich Baltic Pride zu einem Fest entwickelt, das erfolgreich und ohne Probleme jedes Jahr in einem der drei Hauptstädte gefeiert wird. 2015 war Riga die erste baltische Hauptstadt, die Europride veranstaltete; der Umzug verlief ohne Zwischenfälle.

Infos im Internet

Estnisches LGBT-Portal (www.gay.ee)

ILGA Europe (www.ilga-europe.org) Ausgezeichnete Infos für Schwule und Lesben für alle Staaten Europas.

Lettisches LGBT-Portal (www.gay.lv)

Litauisches LGBT-Portal (www.gay.lt)

Strom

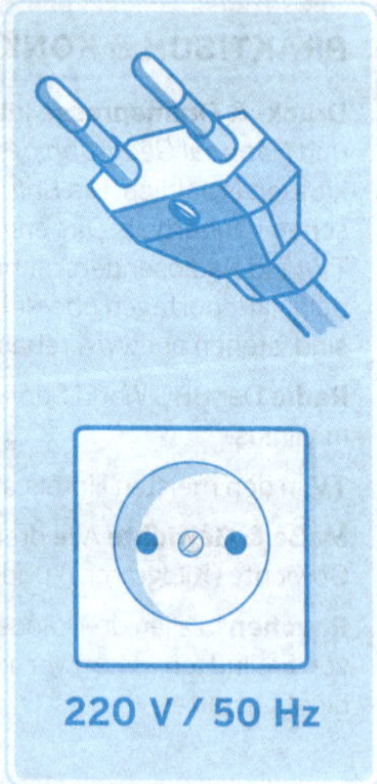

Telefon

Vorwahlen gibt es in Estland und Lettland nicht mehr. Wer also aus dem Ausland dort anruft, wählt nach der Ländervorwahl gleich die Anschlussnummer. In Litauen ist es etwas komplizierter. Weitere Infos stehen im Abschnitt Telefon der jeweiligen Kapitel Estland (S. 187), Lettland (S. 296) und Litauen (S. 416).

Handys funktionieren im Baltikum mit dem in Europa üblichen GSM 900/1800-System. Die Handys werden vor Ort mit einer der günstigen SIM-Karten bestückt, die in allen drei Ländern von verschiedenen Providern angeboten werden.

Toiletten

Die öffentlichen Toiletten im Baltikum haben eine erstaunliche Wandlung durchgemacht: Waren es früher stinkende, dunkle Löcher mit einem siffigen Eimer in der Ecke, so gibt es dort heute meist saubere, moderne Anlagen mit funktionierender Spülung. Natürlich laden die öffentlichen Bedürfnisanstalten auf Bahnhöfen

WELCHE TÜR IST WELCHE?

Um auch im dringendsten Notfall schnell die richtige Tür zu finden, sollte man sich rechtzeitig mit den verwirrenden Bezeichnungen der baltischen Toiletten vertraut machen. Ein „M" bezeichnet die Herrentoilette in Estland, in Lettland und Litauen steht dafür ein „V". Damentoiletten sind in Estland mit „N" gekennzeichnet, in Lettland mit „S" und in Litauen mit „M". Manchmal sind stattdessen Dreiecke aufgemalt: Mit der Spitze nach oben (ein Rock) sind Frauen gemeint, mit der Spitze nach unten (breite Schultern) prangt es am Männerklo. Und dann gibt es in Litauen (wie im benachbarten Polen) noch ein weiteres System: Dort haben dann Herrentoiletten ein Dreieck und Damentoiletten einen Kreis.

und Busbahnhöfen nicht unbedingt zum Verweilen ein. Auch wenn öffentliche Toiletten leicht zu finden sind, regt sich das Personal in den größeren Hotels nicht allzu sehr auf, wenn ein Fremder dort aufs Klo geht. Ansonsten bleibt natürlich der nächste McDonald's.

Touristeninformation

Die meisten Städte und Seebäder haben eine gut funktionierende Touristeninformation. Unterkunftslisten und Infobroschüren sind oft auch auf Englisch vorhanden – und ein Lächeln gibt's meist gratis dazu. Die Touristeninformationen unterstehen dem jeweiligen Dachverband des Landes. Details hierzu sind in den Länderkapiteln zu finden (Estland: S. 187; Lettland: S. 296; Litauen: S. 416). Ziemlich alle Orte, die im Buch erwähnt sind, haben eine touristische Website.

Unterkunft

Das triste Einerlei der Sowjetzeit in Sachen Unterkunft ist im Baltikum inzwischen passé. Viele Hotels wurden renoviert und auch wenn es noch ein paar graue Scheußlichkeiten aus der Sowjetära gibt, so bieten sich heute doch reichlich Alternativen. In den Hauptstädten ist die Auswahl tendenziell am größten – von Hostels bis zu internationalen Hotelketten –, allerdings ist es dort an Sommerwochenenden oft schwierig, ein Bett zu finden.

Im Allgemeinen fallen Hostels, Campingplätze und billigere Pensionen in die günstigste Kategorie. Der Großteil der Pensionen zählt zusammen mit den billigeren Hotels zur Mittelklasse und zur Spitzenklasse gehören Nobelschuppen und Boutiquehotels. In den Hauptstädten, besonders in Tallinn, ist ein gutes Doppelzimmer in der Budgetkategorie nur schwer zu finden. Aber die Konkurrenz ist hart und so lässt sich in den meisten Fällen nach ein bisschen Internetrecherche etwas Passendes finden.

Die Hauptsaison für Touristen läuft von Juni bis August (Skigebiete haben eine zweite Hauptsaison im Winter). Wer in dieser Zeit reist, sollte weit im Voraus buchen. In Tallinn, Vilnius und Riga ist das ebenso unerlässlich wie in den beliebten Sommerfrischen überall an der Küste und auf den estnischen Inseln.

Von Oktober bis April (in geringerem Umfang auch im September und Mai) fallen die Zimmerpreise meist um etwa 30 %. Wer gut im Verhandeln ist, kann auch noch deutlich höhere Nachlässe rausschlagen. Wichtig zu wissen: Wo es vor allem Wochenendausflügler hinzieht (z. B. in Tallinn und in den angesagten Orten an der Küste), ist es am Freitag und Samstag teurer als unter der Woche.

Camping

Viele Campingplätze im Baltikum liegen zwar wunderbar am See oder im Wald, sind aber in den meisten Fällen ohne eigenes Gefährt nur schwer zu erreichen. Auf manchen stehen Holzhütten, gelegentlich auch gemauerte Bungalows. Die Hütten kommen in verschiedenen Größen und Formen daher, meist bestehen sie aus einem einzigen Raum mit drei oder vier Betten. Die Gemeinschaftsduschen und -toiletten (andere gibt's nicht) sind von höchst unterschiedlicher hygienischer Qualität.

Campingplätze haben meist von Mai oder Juni bis Mitte/Ende September geöffnet. Die Übernachtung in einer Holzhütte kommt auf 10 bis 30 € pro Person, im Zelt sind 4 bis 10 € fällig.

Estland hat einen richtig gut organisierten Campingverband. **RMK** (☎676 7500; www.rmk.ee) unterhält Dutzende kostenloser Waldzeltplätze im ganzen Land: Einzelheiten stehen auf der entsprechenden Website www.loodusegakoos.ee.

Hotels

Im Baltikum gibt es Hotels für jeden Geldbeutel, auch wenn Doppel- und Einzelzimmer in der Budgetkategorie in den zunehmend schickeren Hauptstädten inzwischen frustrierend selten geworden sind (die Hostelszene hingegen floriert). In dem Maße, in dem billige Hotels ihr Image aufpolieren, schrauben sie auch die Preise nach oben. Es gibt auch noch schaurig-schöne Überbleibsel aus der Sowjet-

ONLINE BUCHEN

Noch mehr Beschreibungen von Unterkünften von Lonely Planet Autoren stehen auf www.lonelyplanet.com/hotels. Die Besprechungen sind unabhängig und es gibt Empfehlungen für die besten Herbergen. Und das Beste: Man kann online buchen.

zeit, die von außen noch immer klotzig wirken, innen jedoch – zumindest meistens – modernisiert wurden.

Im mittleren Preissegment finden sich überall auch kleine Familienbetriebe. Einziger Haken: Sie haben so wenige Zimmer, dass sie ruck, zuck ausgebucht sind.

Spitzenhotels gibt's wie Sand am Meer. Bei vielen kommt das Management aus dem Westen oder sie gehören zu einer renommierten internationalen Kette, wieder andere (z. B. das Dome Hotel (S. 226) in Riga, das Radisson Blu Royal Astorija (S. 322) in Vilnius und das Three Sisters (S. 73) in Tallinn) befinden sich in tipptopp restaurierten historischen Gebäuden aus dem 13. bis 19. Jh.

Hostels

Überall in den baltischen Staaten öffnen neue Hostels, vor allem in den größeren Städten. In den Hauptstädten kommt das Bett im Schlafsaal auf 10 bis 15 €. Im Sommer sollte man weit im Voraus buchen.

Hostels des Verbands **Hostelling International** (www.hihostels.com) gibt es in allen drei baltischen Staaten. Empfehlungen für Backpacker gibt's bei **Hostelworld** (www.hostelworld.com). Einige Websites mit einem (unvollständigen) Hostelverzeichnis in jedem Land:

- **Estland** www.hostels.ee
- **Lettland** www.hostellinglatvia.com
- **Litauen** www.lha.lt

Kurhotels

Kurhotels sind genau das Richtige für alle, die sich mal so richtig verwöhnen lassen wollen. Wenn dann noch ein Aquapark dazugehört, ist auch für die Kleinen gesorgt. Die Anwendungen wie Schlammbäder, Massagen, Kräuterbäder und vieles mehr stehen nicht nur den Hotelgästen offen.

Die meisten Häuser gibt's in Estland und Lettland, wobei das lettische Jūrmala als baltisches Kurzentrum schlechthin gilt. Die beliebtesten Kurorte in Litauen sind Druskininkai und Birštonas. Kuressaare auf Saaremaa gilt als das Kurzentrum Estlands.

Pensionen

Private Pensionen sind etwas größer als B&Bs, aber kleiner als Hotels und für bezahlbare Reisen im Baltikum eine gute Wahl. Zudem bieten sie oft ein ungezwungenes und gemütliches Ambiente. Meist haben sie nur weniger als ein Dutzend Zimmer, aber abgesehen davon sind sie höchst unterschiedlich. Einige haben Zimmer mit Bad, andere Gemeinschaftsbäder, einige bieten Frühstück, andere nicht. Kostenloses WLAN setzt sich immer mehr durch. Der Hygienestandard schwankt ebenfalls, aber insgesamt ist die Qualität recht hoch. Pro Zimmer darf man mit 20 bis 90 € rechnen.

Urlaub auf dem Bauernhof

Dieser Begriff kann im Baltikum alles Mögliche bedeuten und nicht immer tatsächlich Unterbringung auf einem Bauernhof. Viele „Touristenbauernhöfe" sind eigentlich kleine Pensionen, andere vermieten Ferienwohnungen oder ganze Ferienhäuser. Wie auch immer, ein solcher Urlaub kann unvergesslich werden. Oft kochen die Gastfamilien gegen Aufpreis für ihre Gäste, arrangieren Angelausflüge, Bootstouren oder Ausritte, geben Tipps zur Pilz- und Beerensuche und Ähnliches mehr.

Urlaub im Baltikum (Lauku Ceļotājs; ☎6761 7600; www.traveller.lv) Die lettische Agentur vermittelt Unterkünfte auf dem Land in allen drei baltischen Staaten. Im Programm sind B&Bs, Pensionen, Ferienhäuser und Campingplätze.

Verband des litauischen Landtourismus (☎37-400 354; www.countryside.lt) Der Verband bietet Unterkünfte auf Bauernhöfen und ländliche Ferienhäuser in ganz Litauen an.

Estnischer Landtourismus (☎600 9999; www.maaturism.ee) Dieser Dachverband vermittelt die ganze Bandbreite von Campingplätzen über B&B auf dem Bauernhof bis hin zu Zimmern in Schloss- oder Burghotels.

FERIENHÄUSER

Baltcott (www.baltcott.com) Ein estnisches Unternehmen mit Dutzenden Ferienhäusern und -wohnungen in ganz Estland (☎648 5788) und Lettland (☎6756 9435). Soll's eine Blockhütte im Nationalpark Lahemaa sein oder ein Gehöft auf Saaremaa? Eine Ferienwohnung am Strand von Pärnu oder Jūrmala? Eine Stadtwohnung in Tallinn oder Riga? Einfach die Website durchkämmen.

Lauku Celotajs (www.celotajs.lv) Das lettische Touristikunternehmen hat auf seiner exzellenten Website ein Verzeichnis von Dutzenden Landhotels und Gehöften in Lettland und anderen Ländern.

Versicherung

Oft lohnt sich eine Auslandsreiseversicherung gegen Diebstahl und Verlust von Wertgegenständen und für medizinische Zusatzleistungen. Eine weltweit gültige Reiseversicherung ist z. B. über www.lonelyplanet.com/travel-insurance erhältlich. Sie kann auch von unterwegs jederzeit abgeschlossen, verlängert und beansprucht werden.

Der Versicherungsrahmen (z. B. die Selbstbeteiligung bei Krankenzusatzversicherungen) unterscheidet sich manchmal deutlich, also immer das Kleingedruckte lesen. So greifen manche Versicherungen nicht bei „gefährlichen Aktivitäten", worunter auch schon Wandern fallen kann.

Oft müssen Patienten die fälligen Kosten vor Ort vorstrecken; das Geld wird dann später von der Krankenzusatzversicherung rückerstattet. In diesem Fall unbedingt alle Dokumente aufheben! Gelegentlich fordern die Versicherungen einen Rückruf in ihrer Zentrale, wo sich die Mitarbeiter dann um alles Weitere kümmern. Auf jeden Fall sollte darauf geachtet werden, ob und inwieweit Kranken- und eventuell notwendige Rücktransporte abgedeckt sind.

Visa

Für EU-Bürger und Schweizer ist nur der Personalausweis nötig. Alle anderen sollten sich am besten vor der Reise auf den Seiten der Außenministerien der baltischen Staaten schlau machen:

Estland www.vm.ee

Lettland www.pmlp.gov.lv

Litauen www.migracija.lt

Weißrussisches Visum

Wer weißrussisches Gebiet auch nur durchquert, braucht ein Visum. Es wird nicht an der Grenze ausgestellt, sondern muss im Voraus bei einer weißrussischen Botschaft (z. B. in den baltischen Hauptstädten) beantragt werden. Für Kontaktadressen s. www.belembassy.org. Die wichtigsten Infos stehen auf den Seiten des **Außenministeriums der Republik Belarus** (www.mfa.gov.by).

Russisches Visum

Ausländer dürfen nur mit Visum russisches Territorium betreten. Ein solches Dokument zu bekommen kann eine zeitaufwendige Angelegenheit sein, deshalb ist am besten beraten, wer sich schon vor der Reise darum kümmert. Touristenvisa gibt's nur mit einer Einladung, die z. B. von einem Hotel oder einigen Hostels in Russland kommen kann oder auch von spezialisierten Internetagenturen (z. B. www.visitrussia.com). Der Visumsantrag geht mitsamt der Einladung ans russische Konsulat und ein paar Wochen später gibt's das Einreisedokument. Das kann auch eine Agentur (gegen Gebühr) erledigen, was empfehlenswert ist, da diese sich mit der Bürokratie auskennen.

Wen erst im Baltikum die Lust auf Russland überkommt, der kann sein Glück in den russischen Botschaften in Tallinn, Riga und Vilnius versuchen. Hier gibt's Bürokratie vom Feinsten und eventuell auch ein Visum, allerdings ohne Garantie, was mit der Nationalität zusammenhängen kann. Unter Umständen kann ein Reisebüro vor Ort helfen.

Für Bürger aus dem Schengenraum (also z. B. Deutsche, Österreicher und Schweizer) wird ein spezielles Expressvisum für Kaliningrad angeboten. Es gilt 72 Stunden, muss ebenfalls im Voraus beantragt werden und gilt nur für die Einreise per Flugzeug oder über Polen. In vielen Fällen dürfte ein im Vorfeld organisiertes, reguläres russisches Visum besser sein.

Zeit

Estland, Lettland und Litauen liegen in der osteuropäischen Zeitzone, sind Mitteleuropa also eine Stunde voraus. Da die drei Länder gleichzeitig mit dem Rest Europas von Winter- auf Sommerzeit und zurück umstellen, gilt der Zeitunterschied von einer Stunde das ganze Jahr.

Uhrzeiten werden in Fahrplänen oder bei Öffnungszeiten im 24-Stunden-System angegeben, Wochentage entweder mit Buchstaben (Anfangsbuchstabe des jeweiligen Tages) oder Ziffern (1 oder I = Montag, 7 oder VII = Sonntag). Das Datum steht in der europäischen Reihenfolge (Tag/Monat/Jahr).

Zoll

Wer glaubt, dass ein Gemälde oder ein Kunstgegenstand für den Zoll interessant sein könnte oder eine Sondergenehmigung zum Export benötigt, sollte das vor dem Kauf mit dem Händler abklären. Manchmal ist für die Ausfuhr eine behördliche Genehmigung nötig. Länderspezifische Zollbestimmungen stehen in den entsprechenden Kapiteln zu Estland (S. 187), Lettland (S. 297) und Litauen (S. 418).

Verkehrsmittel & -wege

AN- & WEITERREISE

Viele Wege führen in die baltischen Staaten – direkt oder über eines der Nachbarländer. So ist es durchaus möglich, über Warschau mit dem Zug nach Litauen zu reisen oder erst nach Helsinki zu fliegen und von dort nach Estland überzusetzen. Innerhalb der einzelnen baltischen Staaten sind die Entfernungen überschaubar.

Dieser Abschnitt konzentriert sich auf die Anreise nach Estland, Lettland und Litauen. Tickets für Flüge, Züge und Touren gibt's auch online auf www.lonelyplanet.com/bookings.

Einreise

Egal, ob per Bus, Schiff, Flugzeug oder Zug: Die Einreise geht kurz und schmerzlos vonstatten. Wer aus dem Schengen-Raum anreist (also z. B. aus Deutschland, Österreich, der Schweiz, Polen oder Finnland), bekommt überhaupt keine Grenzformalitäten mit.

Reisepass

Wer aus einem Staat außerhalb des Schengen-Raums kommt, braucht einen Reisepass, der nach dem Aufenthalt noch mindestens drei Monate gültig ist. Für alle anderen genügt ein Personalausweis. Weitere Informationen siehe S. 437.

Auf dem Landweg

Auto & Motorrad

Wer mit dem eigenen Gefährt ins Baltikum reist, sollte es zuvor gründlich durchchecken.

Bei den Verkehrsclubs gibt's Infos zu Verkehrsregeln usw. Vor Ort leisten die baltischen Verkehrsclubs Pannenhilfe.

ADAC (www.adac.de)

AvD (www.avd.de)

ÖAMTC (www.oeamtc.at)

TCS (www.tcs.ch)

Eesti Autoklubi (www.autoclub.ee; Pannenhilfe ☎1888) Estland

LAMB (www.lamb.lv; Pannenhilfe ☎1888) Lettland

LAS (www.las.lt; Pannenhilfe ☎1888) Litauen

PAPIERE

Wer noch keinen der seit 1999 eingeführten EU-Führerscheine hat, sollte sich bei den Zulassungsbehörden einen internationalen Führerschein holen. Grüne Versicherungskarte und Fahrzeugschein sind ebenfalls verbindlich.

An den Grenzübergängen von allen drei Ländern können Teilkaskoversicherungen abgeschlossen werden. Wichtig: Die Transferländer haben teils eigene Regelungen in puncto

REISEN & KLIMAWANDEL

Jede Form des Reisens, die auf Brennstoff auf Kohlenstoffbasis beruht, erzeugt CO_2, die Hauptursache des von Menschen verursachten Klimawandels. Modernes Reisen ist von Flugzeugen abhängig, die zwar pro Kilometer und Person weniger Kraftstoff als die meisten Autos verbrauchen, aber sehr viel weitere Strecken zurücklegen. Auch die hohen Luftschichten, in die Flugzeuge Treibhausgase (auch CO_2) und Schadstoffe ausstoßen, verstärken ihren Einfluss auf den Klimawandel. Viele Websites bieten „Emissionsrechner", mit denen Reisende die CO_2-Emissionen ihrer Reise ausrechnen und die Auswirkung dieser Treibhausgase mit einem Beitrag für klimafreundliche Projekte in der ganzen Welt ausgleichen können. Lonely Planet gleicht die CO_2-Bilanz aller Reisen der Mitarbeiter und Autoren aus.

Fahrzeugpapiere und Versicherungen. Hier helfen die Automobilclubs weiter.

AUS DEUTSCHLAND

Die Anreise mit dem Auto aus Deutschland erfolgt meist mit der Fähre von Kiel oder Lübeck nach Klaipėda (Litauen) oder nach Ventspils oder Liepāja (Lettland). Möglich ist aber auch der Landweg durch Polen nach Litauen.

ÜBER FINNLAND

Die schnellste und häufigste Fährverbindung führt von Helsinki nach Tallinn. Eine Alternative ist der Landweg durch Russland. Von der finnisch-russischen Grenze bei Vaalimaa-Torfjanowka sind es 360 km bis ins estnische Narva. Diese Strecke ist an einem Tag zu schaffen, sie ist aber nur dann wirklich sinnvoll, wenn man sich unterwegs St. Petersburg anschauen will.

ÜBER POLEN

Es braucht einen Moment bis man merkt, dass die Grenze überschritten ist, da sie weder bewacht noch markiert ist. Da Litauen und Polen beide dem Schengen-Raum angehören, gibt es nur minimale oder gar keine Grenzformalitäten. Die Fahrt auf den einspurigen, von unzähligen Lastwagen befahrenen Straßen in Ostpolen ist jedoch nervenaufreibend und mühsam. Es wird aber besser, sobald Litauen erreicht ist oder auf der Rückfahrt hinter Warschau.

ÜBER RUSSLAND

Von St. Petersburg bis zur estnischen Grenze bei Iwangorod-Narva sind es nur 140 km. Die einfachste Strecke von allen drei baltischen Staaten nach Moskau ist die Autobahn Riga–Moskau, die nun auch auf russischer und lettischer Seite gut in Schuss ist. Von Estland aus geht es über den Grenzübergang Lütä (für den ein Zeitfenster auf www.estonianborder.eu gebucht werden sollte, um Schlangestehen zu vermeiden) weiter nach Süden zur Autobahn Riga–Moskau. Von Litauen aus ist ein weißrussisches Transitvisum nötig, um über die praktische Autobahn Minsk–Moskau fahren zu können. Wer keines bekommt, muss den Grenzkontrollpunkt Zilupe an der Autobahn Moskau–Riga nehmen, wo die Wartezeit oft gut einen halben Tag betragen kann.

ÜBER SCHWEDEN

Autofähren fahren von Stockholm nach Tallinn und Riga, von Nynäshamn nach Ventspils und Liepāja (Lettland) und von Karlshamn nach Klaipėda.

ÜBER WEISSRUSSLAND

Es gibt keinen besonderen Grund, nach Weißrussland zu fahren, es sei denn, es ist das Reiseziel oder das Transitland in die Ukraine. Dafür muss zuvor ein weißrussisches Transitvisum beantragt werden.

Es sollte nur niemand versuchen, ohne Transitvisum einen Fuß auf weißrussisches Territorium zu setzen. Ein solches Visum gibt es nur bei den weißrussischen Botschaften – nicht aber bei den Grenzstationen. Selbst mit Visum dürfen sich Reisende auf Wartezeiten von (mindestens) mehreren Stunden einstellen.
Weißrussland und Russland haben zwar eine Zollunion und es gibt an den Grenzen zwischen den beiden Ländern keine Kontrollen, aber mit einem russischen Visum ist die Einreise nach Weißrussland dennoch nicht möglich.

Bus

Mit wenigen Ausnahmen sind Busse die günstigste, aber auch unbequemste Art, ins Baltikum zu kommen. Aus allen Himmelsrichtungen und aus ganz Europa fahren Busse hierher, dabei muss man meist höchstens einmal in Warschau umsteigen. Europaweite Busgesellschaften fahren von unzähligen Städten in der EU in die baltischen Hauptstädte.

Auf den Websites der Busgesellschaften stehen Streckenpläne, Preise, Fahrpläne, Verkaufsstellen und weitere Informationen. Fahrkarten sind auch online erhältlich. Wer unter 26 oder über 60 Jahre alt ist, bekommt 10 % Rabatt. Rückfahrkarten sind etwa 20 % günstiger als zwei Einzeltickets.

Ecolines www.ecolines.net

Eurolines www.eurolines.com

Lux Express www.luxexpress.eu

Simple Express www.simpleexpress.eu

Fahrrad

Fahrräder kommen auf den Fähren zwischen Deutschland, Skandinavien und dem Baltikum für wenig Geld (oder ganz kostenlos) mit; Fährrouten s. S. 441. Wer von Polen aus nach Litauen radeln will, hat dieselben Strecken zur Auswahl wie Autofahrer; weitere Infos hierzu S. 438.

Grenzübergänge

Estland grenzt an Russland und Lettland; Lettland grenzt an Estland, Russland, Weißrussland und Litauen; Litauen wiederum grenzt an Lettland, Weißrussland, Polen und die Region Kaliningrad (zu Russland).

Seit die baltischen Staaten in der EU sind und zum Schengen-Raum gehören, sind die Grenzkontrollen zwischen Estland, Lettland, Litauen und Polen verschwunden.

Die Einreise nach Weißrussland und Russland ist eine ganz andere Geschichte. Diese Grenzen werden nach wie vor sehr streng kontrolliert und es ist ein Visum erforderlich, das im Voraus beantragt werden muss (S. 437). Unabhängig davon darf man sich auf mindestens eine Stunde Wartezeit einstellen.

Privatfahrzeuge stehen stundenlang in der Schlange, um an größeren Grenzkontrollpunkten nach Russland und Weißrussland ein- und wieder auszureisen. In Estland lässt sich jedoch die Wartezeit vermeiden, wenn ein Zeitfenster für die Grenzüberquerung über www.estonianborder.eu gebucht wird (funktioniert leider nicht für Autos auf dem Rückweg nach Estland). Internationale Busse umgehen die Schlange.

Die Grenzübergänge zwischen Litauen und der Region Kaliningrad sind ruhiger: die Grenzstation Panemunė–Sowetsk zwischen Kybartai (Litauen) und Nesterow und der Übergang auf der Straße von Klaipėda nach Selenogradsk auf der Kurischen Nehrung. Zu beachten ist, dass das dreitägige Visum für die Region Kaliningrad, das im Voraus beantragt werden muss, nur für die Einreise über Polen oder über den Flughafen Chrabrowo (Kaliningrad) gültig ist.

Zug

Bahnreisen in die baltischen Länder sind heutzutage nicht wirklich eine Option, es sei denn, man reist aus Russland oder Weißrussland an. Es gibt auch eine dürftige Verbindung mit dem Rest der EU über Polen.

POLEN

Merkwürdigerweise gibt es keine Direktverbindung mehr zwischen Warschau und Vilius. Es gibt jedoch die Möglichkeit, mit Regionalzügen innerhalb eines Tages von Warschau nach Kaunas und Vilnius zu kommen. Dabei müssen alle Reisende in Šeštokai (kurz hinter der polnisch-litauischen Grenze) umsteigen. Laut Fahrplan sind dafür 15 Minuten Zeit eingeplant. Insgesamt dauert die Fahrt ca. 9½ Std. Gut zu wissen: Diese Route führt nicht über Weißrussland.

RUSSLAND & WEISSRUSSLAND

In den meisten Nachfolgestaaten der UdSSR ist noch das sowjetische Bahnnetz in Betrieb. Züge zwischen Moskau und den größten baltischen Städten ermöglichen es, das Baltikum mit einer Fahrt auf der Transsibirischen Eisenbahn oder zu anderen Zielen in Russland und Zentralasien verbinden. Infos stehen auf der Website der russischen Bahn http://pass.rzd.ru.

Wer durchblickt, kann online unter www.poezda.net die Zugfahrpläne in der ehemaligen Sowjetunion durchforsten. Einfacher geht das auf den Seiten der Deutschen Bahn (www.bahn.de), allerdings werden dort keine Preise angezeigt.

Nachtzüge verbinden Riga und Tallinn mit Moskau und St. Petersburg. Letztere Stadt hat auch Schnellzugverbindungen mit Helsinki (Finnland), was zusammen mit der Fähre zurück nach Tallinn eine schöne Rundreise ermöglicht (vorausgesetzt, man hat ein russisches Visum).

Von Vilnius fahren täglich zwei Züge zum Weißrussischen Bahnhof in Moskau. Da die Strecke durch weißrussisches Gebiet führt, ist ein entsprechendes Transitvisum nötig. Von Vilnius gehen auch zwei Züge täglich Richtung Westen nach Kaliningrad (ca. 7 Std.).

Mit dem Flugzeug

Flughäfen & Fluglinien

Die staatliche Fluggesellschaft von Estland heißt **Estonian Air** (www.estonian-air.ee), die lettische nennt sich **airBaltic** (☎9000 1100; www.airbaltic.com). Litauen hat keine eigene Fluglinie mehr. Im Baltikum liegen die folgenden internationalen Flughäfen:

Kaunas Airport (KUN; ☎6124 4442; www.kaunas-airport.lt)

Palanga Airport (Palangos Oro Uostas; ☎ 6124 4442; www.palanga-airport.lt; Liepaja plentas 1) Direktflüge nach Kopenhagen.

Riga International Airport (Starptautiskā Lidosta Rīga; ☎1817; www.riga-airport.com; Mārupe District; 🚌22)

Tallinn Airport (TLL; ☎605 8888; www.tallinn-airport.ee; Tartu mnt 101; 🚌2)

Tartu Airport (TAY; ☎605 8888; www.tartu-airport.ee; Lennu tn 44, Reola küla)

Vilnius International Airport (Tarptautinis Vilniaus Oro Uostas; ☎6124 4442; www.vno.lt; Rodūnios kelias 10a; 📶; 🚌1, 2) Größter internationaler Flughafen Litauens mit ein paar Direktverbindungen zu europäischen Städten.

Tickets

Flugtickets übers Internet zu kaufen ist eine feine Sache, wenn es nur um die An- und Abreise an zuvor festgelegten Tagen geht. Für kompliziertere Arrangements ist nach wie vor das Reisebüro erste Wahl. Dort kennt man sich in Sachen Ermäßigungen, Umsteigezeiten und anderen hilfreichen Dingen bestens aus.

Die Bezahlung mit Kreditkarte bietet etwas Schutz, falls man feststellt, dass die Buchungsagentur nicht ganz koscher war. Die meisten Kreditkartengesellschaften erstatten den Preis, wenn die Leistung nachweislich nicht erbracht wurde. Falls Zweifel über die Agentur aufkommen, sollte zumindest die Fluggesellschaft angerufen werden, um die Buchung bestätigen zu lassen.

Preiswerte Flugverbindungen mit den baltischen Ländern sind reichlich und dank der Billigflieger auch günstig. Die airBaltic aus Riga fliegt mehrere Städte in Deutschland, Österreich und der Schweiz an. **Ryanair** (FR; www.ryanair.com), **Wizz Air** (W6; ☎Lettland 9020 0905; www.wizzair.com) und **easy Jet** (U2; www.easyjet.com) fliegen ebenfalls von zahlreichen europäischen Städten (hauptsächlich von Deutschland) in die baltischen Länder.

Mit Reiseveranstaltern

Mehrere Reiseanbieter haben sich auf Reisen durch das Baltikum spezialisiert.

Baltic Travel (☎Deutschland 040 227 39 333; www.baltictravel.de) Service für Individualreisende, Visabeschaffung für Russland, Fahrradtouren und Städtereisen.

Baltikum exklusiv (☎Deutschland 0421 577 358 76; www.baltikum-exklusiv.com) Hat sich auf Städte- und Studienreisen, Aktivreisen und Familienurlaub spezialisiert.

RadelReisen Wilke Touristik (☎Deutschland 040 601 3738; www.radelreisen.de) Hamburger Anbieter für individuelle und geführte Radtouren durchs Baltikum.

Schnieder Reisen (☎Deutschland 040 380 2060; www.baltikum24.de) Organisiert Gruppenreisen, Autoreisen, Motorradreisen und Wanderreisen.

Übers Meer

Fähren

Unzählige Schiffsverbindungen erlauben eine langsamere, aber auch entspanntere Anreise: Schiffe aus Deutschland steuern Lettland und Litauen an; von Dänemark geht's nach Litauen, von Schweden in alle drei baltischen Staaten und Finnland ist von Estland nur 85 km entfernt. Auf der Route Tallinn–Helsinki konkurrieren so viele Anbieter, dass es zu keiner Zeit ein Problem sein sollte, einen Platz zu bekommen. Einige andere Strecken – vor allem Stockholm–Tallinn und die Frachtfähren nach Dänemark – können dagegen weit im Voraus ausgebucht sein.

Fahrpläne und Preise ändern sich schnell, also besser vor Fahrtantritt nochmal auf den Websites der Anbieter den aktuellen Stand checken.

Dänemark

Die Reederei **DFDS Seaways** (☎in Dänemark 7620 6700, in Litauen 4639 5088; http://freight.dfdsseaways.com) betreibt zweimal wöchentlich Frachtfähren zwischen Fredericia (Dänemark) und Klaipėda (Litauen) über Kopenhagen. Für Passagiere gibt's eine begrenzte Zahl an Kabinen. Ohne Vorbestellung wird's schwierig.

Deutschland

Scandlines (☎in Deutschland 01802 116699, in Lettland 4631 0561; www.scandlines.de) Zwei Fähren sind jede Woche von Travemünde (Lübeck) nach Ventspils und Liepāja in Lettland unterwegs. DFDS Seaways verkehrt zwischen Klaipėda und Kiel.

Finnland

Eine ganze Armada von Fähren transportiert jedes Jahr weit über zwei Millionen Passagiere über den Finnischen Meerbusen zwischen Helsinki und Tallinn. Jeden Tag sind Dutzende Schiffe in beiden Richtungen unterwegs (Fähren brauchen 2–3½ Std., Tragflügelboote rund 1½ Std.). Bei Sturm und schlechtem Wetter bleiben Tragflächenboote oft im Hafen. Außerdem fahren sie nur, wenn das Meer eisfrei ist (meist Ende März/April bis Ende Dez.); die größeren Fähren fahren das ganze Jahr über.

Ein Preisvergleich lohnt sich: Oft sind online im Voraus gekaufte Tickets am günstigsten. Die Preise variieren enorm und hängen von der Jahreszeit, dem Wochentag, der Uhrzeit und anderen Faktoren ab (checken, ob im angegebenen Fahrpreis ein Treibstoffzuschlag enthalten ist oder nicht!). Insgesamt sind die Fahrpreise zu Stoßzeiten (z. B. Freitagabend, Samstagvormittag und Sonntagnachmittag) höher. Auf den meisten Fähren gibt's für Schüler, Studenten und Senioren einen Rabatt von 10 bis 15 %, Kinder zwischen sechs und 17 Jahren zahlen die Hälfte, noch jüngere kommen umsonst mit. Fast alle Betreiber haben Sonderangebote für Familien und Mehrfachtickets für Vielfahrer im Angebot.

VON/NACH ESTLAND

Tallink Silja (☎in Estland 640 9808, in Schweden 8222 140; www.tallinksilja.com) Die Fähren verkehren ganzjährig jeden Abend zwischen Tallinn und Stockholm und legen unterwegs in Mariehamn und den finnischen Åland-Inseln an. Die Überfahrt dauert 17 Stunden. Abfahrt ist in Tallinn am Terminal D und in Stockholm am Värtahamnen-Terminal. Die Fährverbindung wird stark genutzt, eine Reservierung ein oder zwei Monate im Voraus ist daher ratsam.

VON/NACH LETTLAND

Tallink Silja betreibt Nachtfähren zwischen Riga und Stockholm.

Die Fähren von Scandlines verbinden jeweils fünfmal pro Woche Liepāja und Ventspils mit Nynäshamn (etwa 60 km von Stockholm).

VON/NACH LITAUEN

DFDS Seaways (☎in Lithuania 4632 3232, in Schweden 4543 3680; www.dfdsseaways.com) Tägliche Fährverbindung von Karlshamn nach Klaipėda (Sitz/Koje 38/80 €; 14 Std.).

Jachten

Das Baltikum – vor allem Estland mit seinen Inseln und den vielen Buchten – zieht jedes Jahr Hunderte von Jachten an, vor allem aus Finnland und Skandina-

Schienennetz & Fährverbindungen

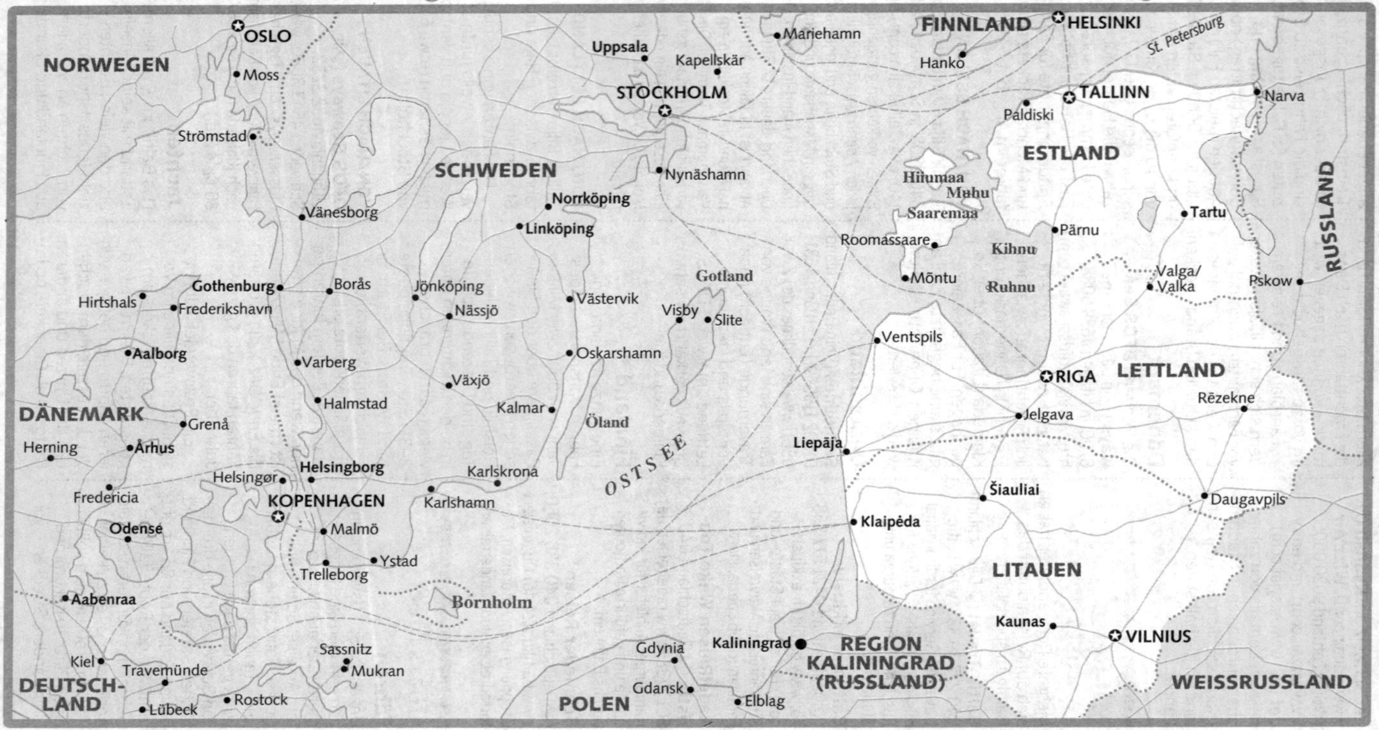

vien. Hilfreiche Infos gibt's auf den folgenden Websites:

http://marinas.nautilus.ee Infos zu Einreisebestimmungen, eine Jachthafendatenbank und Details zur Bestellung des *Estonian Cruising Guide*.

www.balticyachting.com Für Südfinnland und den Westen Estlands.

Überall in der Region kann man Jachten auch mieten.

UNTERWEGS VOR ORT

Auto & Motorrad

In puncto Flexibilität und Erreichbarkeit von entlegenen Gegenden ist der eigene fahrbare Untersatz unschlagbar.

Tanken & Ersatzteile

Die Tankstellen der Multis an den Hauptstraßen haben rund um die Uhr geöffnet. Viele haben Selbstbedienung, die Kunden zahlen bar oder mit Kreditkarte plus PIN am Automaten. Das Benzin genügt westlichen Standards, auch bleifrei ist im Angebot.

Verkehrsregeln

Im Baltikum gilt Rechtsverkehr. Die Promillegrenze schwankt von Land zu Land (Estland 0,2‰, Lettland 0,5‰; Litauen 0,4‰). Alle Insassen müssen sich anschnallen und auch tagsüber heißt es Licht an. Die Höchstgeschwindigkeit in geschlossenen Ortschaften liegt bei 50km/h, außerhalb der Ortschaften zwischen 70 und 110 km/h – die entsprechenden Schilder stehen nicht zum Spaß da; strenge Tempokontrollen sind häufig. Bußgelder müssen oft sofort bezahlt werden. Die Beträge sind unterschiedlich – man sollte eine Quittung verlangen, damit die Beamten kein persönliches Zusatzhonorar draufschlagen können.

Beim Fahren ist das Handy tabu, Freisprechanlagen sind aber erlaubt. Von Dezember bis März sind Winterreifen Pflicht. Sollte das Wetter auch außerhalb dieser Monate Winterbereifung erfordern (was in den meisten Jahren der Fall ist), kann diese Frist entsprechend ausgedehnt werden; zwischen Oktober und April also immer die Straßenverhältnisse im Auge behalten.

In einigen Gegenden sind immer noch altmodische Parkuhren zu finden; in Tallinn und Vilnius wurde allerdings inzwischen auf ein elektronisches Parksystem umgestellt. Die Fahrer zahlen per SMS, indem sie ihr Kennzeichen und die Ortskennung auf den Parkschildern an eine bestimmte Nummer senden.

Die Einfahrt in die Altstädte von Riga, Tallinn, Vilnius und Kaunas ist kostenlos, dafür sind die Parkgebühren gesalzen und die Parkregelungen ziemlich verwirrend. Am besten im Hotel oder bei der Touristeninformation um Rat fragen, um ein Knöllchen zu vermeiden. Jūrmala, das wichtigste Seebad Lettlands, und der Nationalpark Kurische Nehrung verlangen von motorisierten Gästen eine Gebühr.

In den Städten heißt es Vorsicht bei Straßenbahnen, O-Bussen und Bussen. Hin und wieder laufen Passanten über die Straße, um eine schon fahrende Straßenbahn noch zu erwischen. An der Haltestelle müssen alle anderen Fahrzeuge hinter der haltenden Straßenbahn warten. O-Busse scheren oft weit aus, wenn sie von der Haltestelle wieder losfahren.

Bus

Das Busnetz in den baltischen Staaten ist insgesamt recht gut, allerdings werden abgelegenere Orte nicht besonders oft angefahren. Zwischen den drei Hauptstädten sind Schnellbusse unterwegs und auch andere größere Orte werden von grenzüberschreitenden Linien bedient.

Insgesamt sind Busse schneller und häufig etwas billiger als Züge. Fahrzeuge im Regionalverkehr (also mit Fahrzeiten von bis zu zwei Stunden) kommen ohne jeden Luxus aus. Wenn es regnet, schneit oder sehr kalt ist, sind Fensterplätze nicht der Brüller; wer eine Reisebegleitung dabei hat, kann sich notfalls gegen die Kälte aneinander kuscheln. Die Platzreservierung ist ernst gemeint; wer auf dem falschen Platz sitzt, riskiert Zoff mit einer unbarmherzigen Babuschka, die auf ihrem Platz besteht.

Auf ein paar kürzeren Routen sind flottere, modernere Minibusse für etwa 15 Passagiere unterwegs. Sie halten offiziell nicht so oft wie die großen Busse.

Im Gegensatz dazu haben die grenzüberschreitenden Busse einen Standard, den man auch sonst von europäischen Fernbussen kennt. Sie sind meist sauber und beheizt, haben eine Toilette, einen Kaffeeautomaten und Bordfernsehen. Linienbusse zwischen Tallinn, Riga und Vilnius fahren oft nachts; auch für alleinreisende Frauen eine bequeme und sichere Variante.

Busse innerhalb der baltischen Staaten

BussiReisid (☎12550; www.bussireisid.ee) Dachorganisation der estnischen Busunternehmen.

Ecolines (☎in Riga 6721 4512, in Tallinn 606 2217, in Vilnius 5213 3300; www.ecolines.net) Zu den wichtigsten Routen zählen: Riga–Salacgrīva–Pärnu–Tallinn; Riga–Valmiera–Valga–Tartu–Narva; Riga–Panevėžys–Vilnius–Kaunas; Liepāja–Palanga–Klaipėda sowie Rēzekne–Daugavpils–Utena–Vilnius–Kaunas.

Hansabuss (☎627 9080; www.hansabuss.ee) Vier Busse täglich zwischen Riga und Tallinn, davon drei mit Halt in Pärnu.

Lux Express (☎680 0909; www.luxexpress.eu) mit der Billigtochter Simple Express (www.simpleexpress.eu) Zu den wichtigsten Routen zählen: Tallinn–Pärnu–Riga–Vilnius; Narva–Tartu–Valga–Riga; Riga–Vilnius; Riga–Kaunas; Riga–Šiauliai sowie Vilnius–Kaunas.

Tickets & Information

Ticketschalter für Reisen im Land und für internationale Fahrten sind deutlich in der Landessprache gekennzeichnet, hin und wieder auch auf Englisch. Die Fahrkarten selbst werden ausschließlich in der Landessprache ausgestellt. Das ist aber kein Problem, wenn man die Wörter für „Sitz", „Haltestelle" usw. kennt.

Tickets für Fernbusse gibt's im Voraus beim Startbusbahnhof. Im Regionalverkehr und auf Mittelstrecken zahlen die Fahrgäste meist im Bus. Wenn viele Leute mitwollen, gibt's manchmal einen Run auf die Sitzplätze.

In den meisten Städten haben die Bahnhöfe und Busbahnhöfe Informationsschalter, an denen im Allgemeinen jemand etwas Englisch spricht.

Fahrpläne & Preise

Bevor's losgeht, lohnt sich ein Vergleich der Fahrpläne auf den Websites der Busunternehmen. Vor Ort kennen auch die Touristeninformationen die Abfahrtszeiten; vor allem die Büros in Tallinn, Riga und Vilnius haben immer die aktuellen Pläne da. Die Stadtführer der Reihe **In Your Pocket** (www.inyourpocket.com) enthalten recht umfangreiche Fahrpläne für das entsprechende Land und für das gesamte Baltikum, die alle zwei Monate aktualisiert werden.

In den Schalterhallen der Busbahnhöfe sind die Fahrpläne ausgehängt. Einige wenige sind so kompliziert, dass sie erst sorgfältig entschlüsselt werden müssen; auf den meisten ist einfach die Uhrzeit und der Wochentag (in römischen oder arabischen Ziffern; 1=Montag) aufgelistet, an dem der Bus fährt.

Die Fahrpreise unterscheiden sich etwas von Land zu Land und von Unternehmen zu Unternehmen und variieren auch nach Schnelligkeit, Komfort und Wochentag.

Busfahrpläne online:

Estland www.tpilet.ee

Lettland www.autoosta.lv

Litauen www.stotis.lt

Fahrrad

Estland, Lettland und Litauen sind ideal zum Radeln: Die drei Länder sind klein, flach und auf den meisten Straßen ist kaum was los. Vor allem auf den estnischen Inseln sind im Sommer Horden von Pedalrittern zu sehen. Die meisten haben ihren eigenen Drahtesel dabei, aber es gibt auch genügend Fahrradverleihe, auch in den Hauptstädten und in den meisten größeren Städten.

Wichtig für Radler ist wasserdichte Kleidung – und vielleicht ein Zelt: In den abgelegeneren Gegenden ist es nicht immer einfach, eine Unterkunft zu finden. Radtouren werden von Reisebüros und Organisationen vor Ort organisiert, aber auch internationale Anbieter haben Touren im Programm.

Flugzeug

Zwischen den drei Hauptstädten gibt's regen Flugverkehr, aber für Inlandsflüge hebt kaum eine Maschine ab.

Flüge innerhalb der baltischen Staaten

airBaltic (☎17107; www.airbaltic.com) Fliegt von Riga nach Palanga, Tallinn und Vilnius und von Vilnius nach Tallinn.

Avies (U3; ☎680 3501; www.avies.ee) Fliegt von/nach Tallinn und Kärdla (Hiiumaa).

Estonian Air (OV; ☎640 1160; www.estonian-air.ee) Fliegt von Tallinn nach Vilnius.

Geführte Touren

Unzählige Anbieter vor Ort haben sich auf Reisen im Baltikum spezialisiert und organisieren Ausflüge.

City Bike (☎in Estland 511 1819; www.citybike.ee) Der alteingesessene, seriöse Anbieter aus Tallinn organisiert mehrtägige Radtouren durch Estland, Lettland und Litauen.

Scanbalt Experience (☎in Estland 5301 9139; www.scanbaltexperience.com) Das Unternehmen mit Schwerpunkt Backpacker hat Abenteuerbusreisen durch Skandinavien und das Baltikum im Angebot.

TrekBaltics (☎in Estland 5623 3255; www.trekbaltics.com) Der estnische Anbieter hat eine tolle Auswahl für alle drei baltischen Staaten im Programm: Campingwanderungen, Abenteuer- und Sportarrangements (z. B. Radtouren) und Wellness. Wer beim umfassenden 19-tägigen Grand Baltics Trek nicht campen will, kann sich auch mehr Komfort gönnen und in Hütten, auf Bauernhöfen und in Hostels übernachten.

Nahverkehr

Bus, Straßenbahn & O-Bus

In den Städten der drei baltischen Staaten sind flächendeckend Straßenbahnen, Busse und O-Busse (Oberleitungsbusse) unterwegs. In allen kann es voll werden, vor allem zu den Stoßzeiten am Morgen und am frühen Abend.

Die Betriebszeit ist etwa von 5.30 bis 0.30 Uhr, Außenbezirke werden ab 19 Uhr oft nur sporadisch bedient. In Tallinn und Vilnius gilt eine einzige Fahrkarte für alle Verkehrsmittel (außer für Minibusse). In Riga haben Busse eigene Fahrkarten (im Wagen zu bekommen); für O-Bus und Straßenbahn gibt's dagegen gemeinsame Tickets. Alle Karten müssen an Bord entwertet werden. Zu kaufen gibt's die Tickets an bestimmten Zeitungskiosks (dort, wo sie im Fenster ausgestellt sind) und manchmal beim Fahrer. Der ist zwar leichter zu finden, dafür sind die Karten dort etwas teurer. Es gibt Mehrfahrtenkarten, Wochen- und Monatstickets. Dass man einsteigen kann, ohne dem Fahrer sein Ticket zu zeigen, verführt zwar zum Schwarzfahren, aber es gibt regelmäßige Kontrollen. Wer ohne gültig entwertetes Ticket erwischt wird, riskiert eine Strafe, die sofort fällig wird.

Für Straßenbahn, Bus und O-Bus gilt der Knigge, dass junge, fitte Menschen, die während der Fahrt stehen können, nicht auf den vorderen Sitzen Platz nehmen – die sind für Babuschkas und kleine Kinder reserviert. Außerdem will das Aussteigen gut vorbereitet sein. Sinnvoll ist es, das Wort für „Entschuldigung" in der jeweiligen Landessprache oder auf Russisch zu kennen, damit die Leute verstehen, dass man in einem überfüllten Bus zum Ausgang will.

Zu allen Flughäfen kommt man per Taxi wie auch mit den Öffentlichen.

Taxi

An Taxis herrscht kein Mangel und sie kosten meist nicht viel. Zwischen 22 und 6 Uhr gilt allgemein der höhere Nachttarif. Um sich nicht übers Ohr hauen zu lassen, sollte man darauf bestehen, dass das Taxameter läuft. In den größeren Städten ist es immer günstiger und sicherer, das Taxi telefonisch zu bestellen.

Zug

In den großen Städten fahren Vorortzüge in die Außenbezirke und in umliegende Orte. Für Besucher sind sie von geringem Nutzen; sie bedienen hauptsächlich Wohn- und Industriegebiete, in denen es nicht viel zu sehen gibt. Ein paar Linien taugen trotzdem für den einen oder anderen Ausflug.

ENTFERNUNGEN (KM)

	Tallinn	Tartu	Pärnu	Narva	Valka/Valga	Riga	Liepāja	Daugavpils	Ventspils	Vilnius	Kaunas	Klaipėda	Panevėžys
Tartu	190												
Pärnu	130	205											
Narva	210	194	304										
Valka/Valga	276	86	140	268									
Riga	310	253	180	435	167								
Liepāja	530	473	400	655	387	220							
Daugavpils	540	377	410	559	291	230	450						
Ventspils	510	453	380	635	367	200	119	430					
Vilnius	600	543	470	725	457	290	465	167	584				
Kaunas	575	523	460	715	447	280	230	267	349	100			
Klaipėda	620	538	490	745	477	310	155	477	274	310	210		
Panevėžys	460	403	330	585	317	150	270	168	350	140	110	235	
Šiauliai	465	383	310	565	297	130	192	387	330	220	140	155	80

Schiff

Fähren

Bei Redaktionsschluss gab es keine Fährverbindungen zwischen den baltischen Staaten. Viele estnische Inseln sind per Fähre zu erreichen, allerdings bleiben die kleineren Schiffe im Hafen, wenn im Winter das Meer zufriert. In Lettland sind nur wenige Fähren unterwegs; zwischen Riga und Jūrmala tuckert allerdings ein Boot. In Litauen verkehren Boote zwischen Klaipėda und der Kurischen Nehrung.

Jachten

Mit der eigenen Jacht die baltische Küste abzuschippern, ist groß in Mode. Vor allem Estland mit seinen vielen Inseln und Buchten bietet sich an. **Sailing.ee** (☎in Estonia 5333 1117; www.sailing.ee; Regati puiestee 1, Tallinn) vermietet Jachten mit und ohne Skipper.

http://marinas.nautilus.ee Informationen zu Dutzenden estnischen Jachthäfen.

www.marinaslatvia.lv Adressen von lettischen Jachthäfen.

Trampen

Trampen ist nirgendwo in der Welt sicher und wir empfehlen es nicht. Wer sich dennoch dazu entschließt, sollte sich darüber im Klaren sein, ein potenzielles Risiko einzugehen. Wenn es denn sein muss, sollte man wenigstens zu zweit losziehen und vorab jemanden darüber informieren, wohin die Reise geht.

Die Balten selbst trampen gern. Beim **Vilnius Hitchhiking Club** (VHHC; www.autostop.lt) gibt's praktische Infos und Adressen für Tramper in allen drei baltischen Staaten. Auf den Schwarzen Brettern in den Hostels der Hauptstädte sind oft Angebote und Gesuche für Fahrgemeinschaften zu finden. Eine hilfreiche Adresse ist www.digihitch.com.

Zug

Alle drei baltischen Staaten haben zwar ein Schienennetz, aber das Angebot wurde in den letzten Jahren ziemlich zusammengestrichen; größere Entfernungen legt man meist im Bus oder Flieger zurück. Ein geplantes länderübergreifendes Bahnnetz (das Rail Baltica Project) schien zur Zeit der Recherche auf Eis gelegt worden zu sein.

Derweil sind die Züge im Baltikum langsam, billig und nicht gerade komfortabel. Die Fenster lassen sich fast nie öffnen, es kann also stickig werden (je nach Mitreisenden auch geruchsintensiv). Die Chancen stehen fifty-fifty, dass das Abteil einem Backofen oder einem Eisschrank gleicht; das hängt davon ab, ob die Heizung läuft oder nicht. Nahverkehrszüge sind deutlich langsamer als Fernzüge, und sie halten auch häufiger.

Fahrpläne

Die folgenden Websites enthalten Zugfahrpläne:

Estland www.elron.ee

Lettland www.pv.lv

Litauen www.slotis.lt

Auf den Fahrplänen in den Bahnhöfen sind die Zugnummern, Ankunfts- und Abfahrtszeiten und der Bahnsteig vermerkt. Auf manchen stehen auch Hin- und Rückfahrtzeiten, die Aufenthaltsdauer der Züge oder die Abfahrtszeit am Ursprungsbahnhof. Auch das Kleingedruckte kann entscheidend sein, da viele Züge nur an bestimmten Wochentagen oder saisonal fahren.

Strecken

Zwischen den Hauptstädten gibt es keine Direktverbindungen. Um mit dem Zug von Tallinn nach Riga zu kommen, heißt es an der estnisch-lettischen Grenze in Valga umsteigen.

Tickets & Information

In Lettland und Litauen bekommt man Tickets im Voraus und bis unmittelbar vor der Abfahrt am Bahnhof. In den größeren Bahnhöfen, z. B. in Riga gibt's eigene Schalter für verschiedene Zugtypen und Ziele.

Bis auf Tallinn sind estnische Bahnhöfe verwaist. Ticketschalter sind wie jeder andere Service Fehlanzeige. Die Passagiere kaufen ihre Tickets im Zug. Da die Bahnhöfe oft ziemlich weit vom Stadtzentrum entfernt liegen, bringt es nichts, aufs Geratewohl hinzumarschieren, wenn man die genaue Abfahrtszeit nicht weiß. Tickets für Fahrten im Land sind auch online über www.elron.ee erhältlich.

In Fernzügen zwischen dem Baltikum und anderen Ländern sammelt der Schaffner die Tickets ein. 15 Minuten vor dem Aussteigen bekommen die Fahrgäste ihre Fahrkarte dann wieder zurück – im Nachtzug ein praktischer Weckdienst.

Sprache

ESTNISCH

Das Estnische gehört zum baltofinnischen Zweig der finno-ugrischen Sprachfamilie. Es ist eng mit dem Finnischen und entfernt mit dem Ungarischen verwandt. Zwar verstehen die meisten Esten, vor allem die jüngeren Semester, Englisch und Finnisch, aber wenn Gäste versuchen, estnisch zu sprechen, kommt das immer gut an.

Die estnischen Konsonanten werden meist wie im Deutschen ausgesprochen. Ausnahme: *p*, *t* und *k* kommen ohne die typisch deutsche Behauchung aus und das *h* wird immer ausgesprochen (ist also kein Dehnungszeichen). Auch die Vokale dürften kein Problem darstellen: Das *a* ist dumpfer als im Deutschen und tendiert zum o (in der Lautschrift å), das *ä* ist dagegen ein sehr helles „a" wie im südenglischen „cat". Eine Spezialität des Estnischen ist das *õ*. Es klingt wie eine Mischung aus „o" und „ö" – etwa so wie das „o" im sächsischen Dialekt.

In der Lautschrift wird die betonte Silbe kursiv dargestellt. Im Allgemeinen wird die erste Silbe betont.

Wichtige Redewendungen

Hallo.	*Tere.*	*te*·re
Tschüs.	*Head aega.*	he·ad *ai*·gå
Ja.	*Jah.*	jåch
Nein.	*Ei.*	ej
Danke.	*Tänan.*	*ta*·nån
Bitte. auch: **Gern geschehen.**	*Palun.*	på·lun
Entschuldigung	*Vabandage.*	wå·bån·då·ge
Wie geht's?	*Kuidas läheb?*	*kui*·dås *la*·heb
Gut.	*Hästi.*	*has*·ti

Wie heißen Sie?
Mis te nimi on? — mis te *ni*·mi on

Ich heiße ...
Mu nimi on ... — mu *ni*·mi on ...

Sprechen Sie Deutsch/English?
Kas te räägite saksa/inglise keelt? — kas te *rah*·gi·te *ßåxå*/*ing*·li·se kehlt

Ich verstehe nicht.
Ma ei saa aru. — må ej ßåh å·rru

NOCH MEHR ESTNISCH, LETTISCH UND LITAUISCH?

Zusätzliche Informationen zu den drei Sprachen und nützliche Wendungen für diejenigen, die fit in Englisch sind, gibt es im *Baltic Phrasebook* von Lonely Planet. Es kann auch online auf **shop.lonely planet.com** erworben werden.

Unterkunft

Wo gibt's ein(e/n) ...?	*Kus asub ...?*	kus *å*·ßub ...
Campingplatz	*kämping*	*kam*·ping
Hotel	*hotell*	ho·*tell*
Pension	*võõras-temaja*	*võh*·rås·te·må·jå

Ich möchte ein Einzel-/Doppelzimmer.
Ma tahaksin ühe/ kahe voodiga tuba. — må *tå*·håk·sin *ü*·he/ *kå*·he wo·di·gå *tu*·bå

Was kostet eine Person/Nacht?
Kui palju maksab voodikoht/ööpäev? — kuj *pål*·ju *må*·xåb wo·di·kocht/*öh*·pa·ew

Richtungsangaben

Wo ist ...?
Kus on ...? — kus on ...

Wie weit ist es?
Kui kaugel see on? — kuj *kau*·gel ßeh on

SCHILDER – ESTNISCH

Sissepääs	Eingang
Väljapääs	Ausgang
Avatud/Lahti	Offen
Suletud/Kinni	Geschlossen
WC	Toiletten
Meestele	Herren
Naistele	Damen

Können Sie es mir auf der Karte zeigen?
Palun näidake mulle seda kaardil. — på·lun nei·då·ke mul·le ße·då kahr·dil

Essen & Trinken

Kann ich die Speisekarte haben?
Kas ma saaksin menüü? — kås må såh·xin me·nüü

Ich möchte ...
Ma sooviksin ... — må so·vi·xin ...

Ich bin Vegetarier(in).
Ma olen taimetoitlane. — må o·len tei·me·teut·lå·ne

Guten Appetit!
Head isu! — herd i·ßu

Prost!
Terviseks! — ter·wi·ßex

Die Rechnung bitte.
Palun arve. — på·lun år·we

Im Notfall

Hilfe! *Appi!* — åp·pi

Verschwinde! *Minge ära!* — min·ge a·rå

Rufen Sie einen Arzt!
Kutsuge arst! — kut·zu·ge årst

Ich bin krank.
Ma olen haige. — må o·len hai·ge

Ich habe mich verlaufen.
Ma olen eksinud. — må o·len exi·nud

Einkaufen & Dienstleistungen

Wann ist geöffnet/geschlossen?
Mis kell see avatakse/suletakse? — mis kell seh å·vå·tåxe/su·le·tåk·se

Was kostet das?
Kui palju see maksab? — kui pål·ju ßeh måxåb

Bank	*pank*	pånk
Apotheke	*apteek*	åp·tehk
Markt	*turg*	turrg
Polizei	*politsei*	po·li·zej
Post	*postkontor*	post·kon·torr
Toilette	*tualett*	tua·lett
Touristeninformation	*turismibüroo*	tu·ris·mi·bü·roo

Zeitangaben & Zahlen

Wie spät ist es?	*Mis kell on?*	mis kell on
Es ist (ein) Uhr.	*Kell on (üks).*	kell on (üx)
morgens	*hommikul*	hom·mi·kul
abends	*õhtul*	õch·tul

1	*üks*	üx
2	*kaks*	kåx
3	*kolm*	kolm
4	*neli*	ne·li
5	*viis*	wies
6	*kuus*	kuhs
7	*seitse*	ßejt·se
8	*kaheksa*	kå·hexå
9	*üheksa*	ü·hexå
10	*kümme*	küm·me

Verkehrsmittel & -wege

Wo ist der ...?	*Kus on ...?*	kus on ...
Flughafen	*lennujaam*	len·nu·jåhm
Busbahnhof	*bussijaam*	bus·si·jåhm
Fährhafen	*sadam*	ßå·dåm
Bahnhof	*rongijaam*	ron·gi·jåhm

Welche(r) ... fährt hin?	*Mis ... ma sinna saan?*	mis ... må ßin·nå såhn
Bus	*bussiga*	bus·si·gå
Straßenbahn	*trammiga*	tråm·mi·gå
O-Bus	*trolliga*	trol·li·gå

Wann fährt der nächste Bus/Zug?
Mis kell on järgmine buss/rong ? — mis kell on jarg·mi·ne bus/rong

Eine Einzel-/Rückfahrkarte, bitte.
Palun üks/edasi-tagasi pilet. — på·lun üx/e·då·ßi·tå·gå·ßi pi·let

LETTISCH

Das Lettische gehört zu den baltischen Sprachen. Nur rund 55% der Bevölkerung Lettlands und gerade mal 45% der Einwohner von Riga sprechen es als Muttersprache. Auch wenn Lettisch und Litauisch einen großen gemeinsamen Wortschatz haben, sind die beiden Sprachen gegenseitig nicht verständlich.

Die lettischen Vokale werden meist wie die deutschen ausgesprochen, nur das „o" tanzt aus der Reihe: Es klingt wie das „Ur" in der lässigen Aussprache von „Urwald". Ein Strich über einem Vokal heißt, dass er lang gesprochen wird. Die Konsonanten werden wie im Deutschen ausgesprochen, mit Ausnahme der folgenden:

c	ts	wie in „Katze"
č	tsch	wie in „Matsch"
dz	ds	das „s" weich und stimmhaft wie imenglischen „beds"
dž	dsch	wie das „j" in „Jenny"
ģ	dj	wie der Anfang der englischen Wörter„duty" und „during"
ķ	kj	wie in „Kyoto"
ļ	lj	wie das „lli" in „Million"
ņ	nj	wie in „Anja"
r	r	leicht mit der Zungenspitze gerollt
s	ss	wie in „Riss"
š	sch	wie in „Schiff"
v	w	wie in „Wald"
z	s	stimmhaftes „s" wie in „Hase"
ž	zh	wie das „j" in „Journalist" oder das zweite „g" in „Garage"

Wichtige Redewendungen

Hallo. — *Sveiks.* (m) — swäix
Sveika. (w) — *swäi*·ka

Tschüs. — *Uz redzēšanos.* — uss *redd*·säh·scha·nurs

Ja. — *Jā.* — jah

Nein. — *Nē.* — näh

Bitte. — *Lūdzu.* — *luh*·dsu

auch: Gern geschehen.

Danke. — *Paldies.* — pall·*diäss*

Entschuldigung

(vor einer Frage)
Atvainojiet. — *att*·wei·nur·ji·ett

(beim Anrempeln)
Piedodiet. — *piä*·dur·di·ett

Wie geht's?
Kā jums klājas? — kah jumms *klah*·jas

Gut, danke.
Labi, paldies. — *lab*·bi pall·*diäss*

Wie heißen Sie?
Kā jūs sauc? — kah juhs sauz

Ich heiße ...
Mani sauc ... — *man*·ni sauz ...

Sprechen Sie Deutsch/Englisch?
Vai jūs runājat vāciski/angliski? — wei juhs *run*·nah·jatt *wah*·ziss·ki/*ann*·gliss·ki

Ich verstehe nicht.
Es nesaprotu. — ess *ness*·sap·prur·tu

Unterkunft

Ich suche ... — *Es meklēju ...* — ess *meck*·läh·ju ...

ein Hotel — *viesnīcu* — *wjäss*·nie·zu

eine Jugendherberge — *jauniešu mītni* — *jau*·niä·schu *miet*·ni

Ich möchte ein Einzel-/Doppelzimmer.
Es vēlos vienvietīgu/ divvietīgu istabu
ess *wäh*·lurs *wiänn*·wjätt·tie·gu/ *di*·wjät·tie·gu *is*·tab·bu

Wie viel kostet eine Nacht?
Cik maksā diennaktī?
Zick *max*·sah *djänn*·nack·tie

Richtungsangaben

Wie komme ich nach ...?
Kā es tieku līdz ...? — kah ess *tjäck*·ku lieds ...

Ist es weit von hier?
Vai tas atrodas tālu? — wei tass *att*·rur·dass *tah*·lu

Können Sie es mir bitte (auf der Karte) zeigen?
Lūdzu parādiet man (uz kartes)? — *luh*·dsu *par*·rah·djät mann (us *karr*·tes)

Essen & Trinken

Einen Tisch für ... Personen, bitte.
Lūdzu galdu ... personām. — *luh*·dsu *gall*·du ... *per*·so·nahm

Haben Sie eine Speisekarte?
Vai jums ir ēdienkarte? — wei jumms irr *äh*·djenn·karr tä

Was empfehlen Sie?
Ko jūs iesakat? — kur juhs *jess*·sack·kat

Ich bin Vegetarier(in).
Es esmu veģetārietis/te. (m/f) — ess *ess*·mu ved·dje·tah·*rjet*·tis/te

Ich möchte ...
Es vēlos ... — ess *wäh*·lurs ...

Die Rechnung, bitte.
Lūdzu rēķinu. — *luh*·dsu *räh*·kji·nu

Im Notfall

Hilfe! — *Palīgā!* — *pal*·lie·ga

Verschwinde! — *Ejiet projam!* — *Äj*·jett *prur*·jam

Rufen Sie einen Arzt!		
Izsauciet ārstu!	*is*·sauz·jett *ahrs*·tu	
Ich bin krank.		
Es esmu slims/ slima. (m/w)	ess *ess*·mu slims/ slim·ma	
Ich habe mich verlaufen.		
Es esmu apmaldījies/ apmaldījusies. (m/w)	ess *ess*·mu *app*·mall·die·jess *app*·mall·die·jussi·jess	

Einkaufen & Dienstleistungen

Wann ist geöffnet?		
No cikiem ir atvērts?	nur *zick*·jemm irr *att*·wehrts	
Wann schließen Sie?		
Cikos slēdz?	*zick*·koss slähds	
Wie viel kostet das?		
Cik tas maksā?	zick tass *mack*·sah	
Wo sind die Toiletten?		
Kur ir tualetes?	kurr irr *tu*·a·let·tes	
Bank	*banka*	*bang*·ka
Apotheke	*aptieka*	*app*·tjeck·ka
Wechselstube	*valūtas maiņa*	*wall*·luh·tass *mein*·ja
Markt	*tirgus*	*tirr*·guss
Post	*pasts*	passts

Zeitangaben & Zahlen

Wie spät (ist es)?		
Cik (ir) pulkstenis?	zick (irr) *pulks*·tennis	
Es ist (fünf) Uhr.		
Ir (pieci).	irr *pjätt*·zi	
morgens	*rīts*	riez
abends	*pēcpusdiena*	*pähz*·puss·djänn·na
nachts	*nakts*	nackts

1	*viens*	viäns
2	*divi*	*div*·vi
3	*trīs*	tries
4	*četri*	*tschätt*·ri
5	*pieci*	*piätt*·zi
6	*seši*	*säsch*·schi
7	*septiņi*	*sepp*·tin·ji
8	*astoņi*	*ass*·turn·ji
9	*deviņi*	*dew*·win·nji
10	*desmit*	*dess*·mit

SCHILDER – LETTISCH

Ieeja	Eingang
Izeja	Ausgang
Atvērts	Offen
Slēgts	Geschlossen
Tualetes	Toiletten
Vīriešu	Herren
Sieviešu	Damen

Verkehrsmittel & -wege

Wo ist der/die ...?	*Kur atrodas ...?*	kurr *att*·rur·dass ...
Flughafen	*lidosta*	*lid*·durs·ta
Busbahnhof	*autoosta*	*au*·to·urs·ta
Fährhafen	*pasažieru osta*	*pass*·sa·schiä·ru *urs*·ta
Bahnhof	*dzelzceļa stacija*	*dsels*·zel·ja *s*-*tatt*·zi·ja
Straßenbahnhaltestelle	*tramvaja pietura*	*tramm*·wei·ja *piä*·tur·ra

Ich möchte ein(e)	*Es vēlos nopirkt ... biļeti.*	äss *wäh*·lurs *nur*·pirrkt ... *bill*·jett·ti
Einzelticket	*vienvirziena*	*viän*·wirr siänn na
Rückfahrkarte	*turp-atpakaļ*	*turrp*·*att*·pack·kall

LITAUISCH

Das Litauische gehört zusammen mit dem Lettischen zu den baltischen Sprachen. Der niederlitauische Dialekt *(Žemaičiai)* im Westen unterscheidet sich vom Oberlitauischen *(Aukštaičiai)*, das im Rest des Landes gesprochen wird und als Standard gilt.

Die richtige Aussprache hinzubekommen, ist relativ schwer. Als Faustregel gilt aber: Wenn ein Vokal von irgendeinem Sonderzeichen (Haken, Strich, Punkt) begleitet wird, ist er lang, sonst meist kurz. Allerdings lässt die Schreibung nicht erkennen, wo ein Wort betont wird. Hier ist die betonte Silbe in der Lautschrift kursiv gesetzt. Die Konsonanten werden ungefähr wie im Deutschen ausgesprochen, mit Ausnahme der folgenden:

c	ts	wie in „Katze“
č	tsch	wie in „Matsch“
ch	h	wie in „Helm“
dz	ds	das „s“ weich und stimmhaft wie im englischen „beds“
dž	d	sch wie das „j“ in „Jenny“
r	rr	das „r“ wird immer gerollt, also mit der Zunge am Gaumen gebildet
š	sch	wie in „Schiff“
v	w	wie in „Wald“
z	s	stimmhaftes „s“ wie in „Hase“
ž	zh	wie das „j“ in „Journalist“ oder das zweite „g“ in „Garage“

Wichtige Redewendungen

Hallo.	*Labas.*	*lah*·bas
Tschüs.	*Sudie.*	sud·*djä*
Ja./Nein.	*Taip./Ne.*	taip/nä
Bitte.	*Prašau.*	pra·*schau*
Danke.	*Dėkoju.*	deh·*ko*·yu
Gern geschehen.	*Prašau.*	pra·*schau*

Entschuldigung.
(Vor einer Frage)
Atsiprašau. atzi·pra·*schau*
(Beim Anrempeln)
Atleiskite. att·*läis*·kit·tä

Wie geht's?
Kaip gyvuojate? kaip gie·*wuo*·ja·tä

Wie heißen Sie?
Kaip jūsų vardas? kaip *juh*·ßuh *varr*·dass

Ich heiße ...
Mano vardas yra ... man·no *warr*·dass ih·*ra* ...

Sprechen Sie Deutsch/English?
Ar kalbate vokiškai/angliškai?
arr *kall*·ba·tä *wock*·kisch·kai/*ang*·glisch·kai

Ich verstehe nicht.
Aš jūsų nesuprantu.
asch *juh*·ßuh ness·ßu·prann·*tu*

Unterkunft

Ich suche ein Hotel.
Aš ieškau viešbučio. asch *jäsch*·kau *wjäsch*·butt·scho

Ich möchte ein Einzel-/Doppelzimmer.
Aš noriu vienviečio/ dviviečio kambario. asch *norr*·ju wjänn·*wjätt*·scho/ dwi·*wjätt*·scho *kamm*·barr·jo

Wie viel kostet es pro Nacht und Person?
Kiek kainuoja apsistoti nakčiai asmeniui? kjäck kai·*nuo*·ja app·siss·tot·ti nack·tschai ass·män·jui

Richtungsangaben

Wie komme ich nach ...?
Prašom pasakyti, kaip patekti į ...? *pra*·schom pass·sa·*kih*·ti kaip pa·*teck*·ti ih ...

Ist es weit?
Ar toli? arr tol·*li*

Können Sie es mir (auf der Karte) zeigen?
Galėtumėt man parodyti (žemėlapyje)? gal·*leh*·tu·meht mann pa·*ro*·dih·ti (schämm·*meh*·lapp·pih·jä)

Essen & Trinken

Ein Tisch für ... Personen, bitte.
Stalą ..., prašau. s·*tal*·lah ... pra·*schau*

Kann ich bitte die Speisekarte sehen?
Ar galėčiau gauti meniu prašau? arr gal·*leh*·tschau gau·ti männ·*ju* pra·*schau*

Haben Sie die Speisekarte auf Deutsch/ Englisch?
Ar jūs turite meniu vokiškai/ angliškai? arr juhs *tur*·rit·tä männ·*ju* *wock*·kisch·kai/ *ang*·glisch·kai

Ich möchte das probieren.
Aš norėčau išbandyti to. asch no·*reh*·tschau isch·bann·*dih*·ti to

Ich esse kein (Fleisch).
Aš nevalgau (mėsiško). asch nä·*wall*·gau (*meh*·sisch·ko)

Im Notfall

Hilfe!	*Gelbėkite!*	*gäll*·beh·ki·tä
Verschwinde!	*Eik šalin!*	äik schall·*lin*
Ich bin krank.	*Aš sergu.*	asch särr·*gu*

Rufen Sie einen Arzt!
Iššaukite gydytoją! isch·*schau*·ki·tä *gie*·die·to·jah

Ich habe mich verlaufen.
Aš paklydusi/ paklydęs. (m/w) asch pack·*lie*·duss·si/ pack·*lie*·däss

Einkaufen & Dienstleistungen

Wann ist geöffnet/geschlossen?
Kelintą valandą atsidaro/ užsidaro? käll·*linn*·tah *wall*·lann·dah att·zi·*da*·ro usch·ßi·*da*·ro

Wie viel kostet das?
Kiek kainuoja? kjäck kai·*nuo*·ja

Ich suche ...	*Aš ieškau ...*	asch *jäsch*·kau ...
eine Bank	*bankas*	*bang*·kass
eine Apotheke	*vaistinė*	*wais*·tin·neh
eine Wechselstube	*valiutos*	wall·*ju*·toss
den Markt	*turgus*	*tur*·guss
die Polizei	*policijos*	poll·*litt*·zi·joss
die Post	*pašto*	*pasch*·to
eine Toilette	*tualeto*	tual·*lätt*·to

SCHILDER – LITAUISCH

Įėjimas	Eingang
Išėjimas	Ausgang
Atidara	Offen
Uždara	Geschlossen
Dėmesio	Vorsicht
Patogumai	Öffentliches WC

Zeitangaben & Zahlen

Wie spät ist es?
Kiek dabar laiko? kjäck da·barr *lai*·ko

Es ist zwei Uhr.
Dabar antra valanda. da·*barr* ann·*tra* wall·lann·*da*

morgens	*rytas*	*rie*·tass
abends	*popietė*	*pop*·jä·teh
nachts	*naktis*	nack·*tis*

1	*vienas*	*wjänn*·nass
2	*du*	du
3	*trys*	tries
4	*keturi*	kätt·tu·*ri*
5	*penki*	päng·*ki*
6	*šeši*	schä·*schi*
7	*septyni*	säp·tie·*ni*
8	*aštuoni*	asch·tuo·*ni*
9	*devyni*	dä wie·*ni*
10	*dešimt*	*dä*·schimt

Verkehrsmittel & -wege

Wo ist...? *Kur yra ...?* kurr ie·*ra* ...

der Flughafen	*oro uostas*	*or*·ro *uoss*·tass
die Bushaltestelle	*autobuso stotelė*	au·*tobb*·bus·so s·tott·*täll*·leh
der Fährhafen	*kelto stotis*	*käll*·to s·tott·*tiss*
der Bahnhof	*geležinkelio stotis*	gäll·lä·*schinn*·käll·jo s·tott·*tiss*

Ich möchte eine ... *Aš norėčiau bilietą į ...* asch no·*reh*·tschau *bill*·jätt·tah ie ...

einfache Fahrkarte	*vieną galą*	*wjänn* ·nah *gal*·lah
Rückfahrkarte	*abu galus*	ab·*bu* gal·*luss*

GLOSSAR

Viele nützliche Vokabeln und Redewendungen, die mit Essen und Trinken zu tun haben, sind in speziellen Kästen in den Länderkapiteln zu finden. Im Kapitel „Sprache" (S. 447) stehen Vokabeln und Redewendungen aus anderen Bereichen. Dieses Glossar enthält estnische (Est), finnische (Fin), deutsche (Deu), lettische (Let), litauische (Lit) und russische (Rus) Ausdrücke, die häufig in den baltischen Staaten zu hören sind.

aikštė (Lit) – Platz
aludė (Lit) – Bierkeller
alus (Let, Lit) – Bier
apteek (Est) – Apotheke
aptieka (Let) – Apotheke
Aukštaitija (Lit) – Oberlitauen
autobusų stotis (Lit) – Bushaltestelle
autoosta (Let) – Bushaltestelle
autostrāde (Let) – Schnellstraße

baar (Est) – Kneipe, Bar
babushka (Rus) – Oma, alte Frau mit Kopftuch
bagāžas glabātava (Let) – Gepäckaufbewahrung
bagažinė (Lit) – Gepäckaufbewahrung
bāka (Let) – Leuchtturm
Baltischer/Estnischer Glint – Kalksteinbank, die sich von Schweden aus entlang der Nordküste Estlands bis nach Russland erstreckt.
baras (Lit) – Kneipe, Bar
baznīca (Let) – Kirche
bažnyčia (Lit) – Kirche
brokastis (Let) – Frühstück
bulvāris (Let) – Boulevard
bussijaam (Est) – Bushaltestelle

ceļš (Let) – Eisenbahngleis, Straße
centras (Lit) – Stadtzentrum
centrs (Let) – Stadtzentrum

daina (Let) – kurzer, mündlich vorgetragener poetischer Vers oder Gesang
datorsalons (Let) – Internetcafé
dzintars (Let) – Bernstein

ebreji (Let) – Juden
Eesti (Est) – Estland
ežeras (Lit) – See
ezerpils (Let) – Seefestung
ezers (Let) – See

gatvė (Lit) – Straße
geležinkelio stotis (Lit) – Bahnhof
gintarinė/gintarinis (Lit) – Bernstein

hinnakiri (Est) – Preisliste
hommikusöök (Est) – Frühstück

iela (Let) – Straße
iezis (Let) – Fels
informacija (Lit) – Informationszentrum
internetas kavinė (Lit) – Internetcafé
interneti kohvik (Est) – Internetcafé

järv (Est) – See

kafejnīca (Let) – Café
kalnas (Lit) – Berg, Hügel
kalns (Let) – Berg, Hügel
kämping (Est) – Campingplatz
katedra (Lit) – Kathedrale
kauplus (Est) – Laden
kavinė (Lit) – Café
kelias (Lit) – Straße
kempingas (Lit) – Campingplatz
kempings (Let) – Campingplatz
kesklinn (Est) – Stadtzentrum
kirik (Est) – Kirche
kohvik (Est) – Café
kõrts (Est) – Wirtshaus, Taverne
krogs (Let) – Kneipe, Bar
Kurschskaja Kossa (Rus) – Kurische Nehrung
Kursių marios (Lit) – Kurisches Haff
Kursių Nerija (Lit) – Kurische Nehrung
Kurzeme (Let) –Kurland

laht (Est) – Bucht
Latvija (Let) – Lettland
laukums (Let) – Platz
lennujaam (Est) – Flughafen
lidosta (Let) – Flughafen
Lietuva (Lit) – Litauen
looduskaitseala (Est) – Natur-/Landschaftsschutzgebiet
loss (Est) – Burg, Schloss

maantee (Est) – Schnellstraße
mägi (Est) – Berg, Hügel
Metsavennad (Est) – Waldbrüder (Widerstandsbewegung gegen die Sowjetregierung nach dem Zweiten Weltkrieg)
midus (Lit) – Met
mõis (Est) – Gutshaus
muzejs (Let) – Museum
muziejus (Lit) – Museum

nacionālais parks (Let) – Nationalpark

õlu (Est) – Bier
oro uostas (Lit) – Flughafen
osta (Let) – (Flug-)Hafen

pakihoid (Est) – Gepäckaufbewahrung
parkas (Lit) – Park
parks (Let) – Park
paštas (Lit) – Post
pasts (Let) – Post
Peko (Est) – Fruchtbarkeitsgott in der heidnischen Mythologie der Seto
perkėla (Lit) – Hafen
piletid (Est) – Tickets
pilies (Lit) – Burg
pils (Let) – Burg, Schoss
pilsdrupas (Let) – Ritterburg
pilskalns (Let) – Burgberg
plats (Est) – Platz
plentas (Lit) – Autobahn
pliažas (Lit) – Strand
pludmale (Let) – Strand
pood (Est) – Laden
postkontor (Est) – Post
prospektas (Lit) – Boulevard
prospekts (Let) – Boulevard
pubi (Est) – Kneipe
puhketalu (Est) – Urlaub auf dem Bauernhof
puiestee (Est) – Boulevard
pusryčiai (Lit) – Frühstück

raekoda (Est) – Rathaus
rahvuspark (Est) – Nationalpark
rand (Est) – Strand
rātsnams (Let) – Rathaus
raudteejaam (Est) – Bahnhof
Reval (Deu) – alter deutscher Name für Tallinn
rezervāts (Let) – Reservat
Riigikogu (Est) – Parlament
rotušė (Lit)- Rathaus
rūmai (Lit) – Schloss

saar (Est) – Insel
sadam (Est) – Hafen
Saeima (Let) – Parlament
Seimas (Lit) – Parlament
Seto (Est) – Volksgruppe mit estnischen und orthodoxen Traditionen
Setomaa (Est) – Siedlungsgebiet der Seto in Südost-Estland und Russland
sild (Est) – Brücke
smuklė (Lit) – Taverne
stacija (Let) – Bahnhof
švyturys (Lit) – Leuchtturm

Tallinna (Fin) – Tallinn
talu (Est) – Bauernhof
tänav (Est) – Straße
tee (Est) – Straße
tiltas (Lit) – Brücke
tilts (Let) – Brücke
tirgus (Let) – Markt
toomkirik (Est) – Kathedrale, Dom
trahter (Est) – Taverne
Tschudskoje Osero (Rus) – Peipussee
tuletorn (Est) – Leuchtturm
turg (Est) – Markt
turgus (Lit) – Markt
turismitalu (Est) – Urlaub auf dem Bauernhof

vanalinn (Est) – Altstadt
vaistinė (Lit) – Apotheke
väljak (Est) – Platz
Vecrīga (Let) – Altstadt von Riga
Via Baltica – Internationale Fernstraße (E67) von Estland nach Polen

žydų (Lit) – Juden

Hinter den Kulissen

WIR FREUEN UNS ÜBER EIN FEEDBACK

Post von Travellern zu bekommen ist für uns ungemein hilfreich – Kritik und Anregungen halten uns auf dem Laufenden und helfen, unsere Bücher zu verbessern. Unser reiseerfahrenes Team liest alle Zuschriften genau durch, um zu erfahren, was an unseren Reiseführern gut und was schlecht ist. Wir können solche Post zwar nicht individuell beantworten, aber jedes Feedback wird garantiert schnurstracks an die jeweiligen Autoren weitergeleitet, rechtzeitig vor der nächsten Auflage.

Wer Ideen, Erfahrungen und Korrekturhinweise zum Reiseführer mitteilen möchte, hat die Möglichkeit dazu auf www.lonelyplanet.com/contact/guidebook_feedback/new. Anmerkungen speziell zur deutschen Ausgabe erreichen uns über www.lonelyplanet.de/kontakt.

Hinweis: Da wir Beiträge möglicherweise in Lonely Planet Produkten (Reiseführer, Websites, digitale Medien) veröffentlichen, ggf. auch in gekürzter Form, bitten wir um Mitteilung, falls ein Kommentar nicht veröffentlicht oder ein Name nicht genannt werden soll. Wer Näheres über unsere Datenschutzpolitik wissen will, erfährt das unter www.lonelyplanet.com/privacy.

DANK VON LONELY PLANET

Vielen Dank an die folgenden Leser, die mit der letzten Ausgabe unterwegs waren und uns wertvolle Hinweise, Tipps und interessante Anekdoten geschickt haben:
Alan Porter, Alessio Fabrizi, Amanda Kiilerich, Ben Boodman, Benjamin Deissler, Carlos Azpeitia, Chiara Manenti, Daniëlle Wolbers, Dean Meservy, Jyoti Careswell, Kingsley Ashford-Brown, Marju Mätas, Martin Hellwagner, Rodrigo Lopez, Sigitas Zemaitis

DANK DER AUTOREN

Peter Dragicevich

Besonderen Dank verdient mein leidgeprüfter Reiseberater David Inglis von Travel Managers, Auckland. Nachdem eine Fluggesellschaft es geschafft hatte, alle meine Flüge Richtung Heimat zu annullieren (eine Verspätung hatte schon meinen Flug nach Tallin zu einem 76-Stunden-Tür-zu-Tür-Alptraum gemacht, aber das ist eine andere Geschichte), trat er in Aktion und organisierte mir extrem kurzfristig einen Ersatzflug.

Hugh McNaughtan

Mein herzlicher Dank geht an Helen, Tasmin, Irmantas, Saulius, Milda und, natürlich, meine kleinen Damen.

Leonid Ragozin

Als erstes danke ich Lettland dafür, dass es in Zeiten der Unruhe in Russland zu meiner Heimat geworden ist. Riesendank an meine lieben Freunde Ilze und Ģirts Jankovskis, die dafür sorgten, dass ich mich in ihr Land verliebt habe, und an Reinis Norkārkls, der es mir erklärte. Außerdem möchte ich den großartigen lettischen Journalistinnen Sanita Jemberga und Rita Ruduša für ihre wertvollen Ratschläge zu allen Aspekten des Lebens und Reisens in Lettland danken. Besonderer Dank geht auch an Vita Viļuma, die mich durch das Universum der lettischen Sprache begleitet. Und schließlich wäre dieses ganze Projekt nicht ohne die fortwährende Unterstützung und Abenteuerlust meiner Frau Masha Makeeva möglich gewesen.

QUELLENNACHWEIS

Die Angaben auf der Klimakarte stammen von Peel MC, Finlayson BL & McMahon TA (2007) „Updated World Map of the Köppen-Geiger Climate Classification", *Hydrology and Earth System Sciences*, 11, 163344.

Titelfoto: Tallinn, Estland, Altstadt-Skyline vom Toompea-Hügel, Sean Pavone/Shutterstock

ÜBER DIESES BUCH

Dies ist die 4. deutsche Auflage von *Estland, Lettland & Litauen*. Sie basiert auf der 7. englischen Auflage von Peter Dragicevich, Hugh McNaughtan und Leonid Ragozin. Die 6. Auflage schrieben Brandon Presser, Peter Dragicevich, Mark Baker, Simon Richmond und Andy Symington. Dieser Reiseführer wurde produziert von:

Titelredaktion Helen Elfer

Koordination Andrea Dobbin

Produktredaktion Elizabeth Jones, Vicky Smith

Kartografie Valentina Kremenchutskaya

Layout Mazzy Prinsep

Redaktionsassistenz Sarah Billington, Bruce Evans, Kate Evans, Ali Lemer, Gabrielle Stefanos

Umschlaggestaltung Naomi Parker

Sprachkapitel Valentina Kremenchutskaya

Dank an Gemma Graham, Anne Mason, Kirsten Rawlings, Alison Ridgway, Angela Tinson, Lauren Wellicome

Register

ABKÜRZUNGEN

Est - Estland
Hel - Helsinki
Kal - Kaliningrad
Lett - Lettland
Lit - Litauen

A

B

Kartenverweise **000**
Fotoverweise 000

Kartenverweise **000**
Fotoverweise 000

P

R

S